# 증권투자
# 권유자문인력

## 한권으로 끝내기

**SD에듀**
㈜시대고시기획

# 증권투자
# 권유자문인력
## 한권으로 끝내기

## Always **with you**

사람의 인연은 길에서 우연하게 만나거나 함께 살아가는 것만을 의미하지는 않습니다.
책을 펴내는 출판사와 그 책을 읽는 독자의 만남도 소중한 인연입니다.
SD에듀는 항상 독자의 마음을 헤아리기 위해 노력하고 있습니다.
늘 독자와 함께하겠습니다.

# 머리말 PREFACE

<증권투자권유자문인력 한권으로 끝내기>로 수험생 여러분들을 만나게 되어 가슴벅찬 기쁨과 보람을 느낍니다.

'증권투자권유자문인력 적격성 인증시험'은 금융투자판매ㆍ권유인력 자격제도의 개편으로 2013년부터 새롭게 시행되어 온 시험입니다. 응시자격은 금융투자업 관련회사의 현직자로 제한되며, 합격커트라인도 70점으로 상향조정되었습니다. 그만큼 투자업계에 종사하는 전문인력의 질적인 능력을 강화하고자 하는 것이므로, 시험을 준비하는 교재 역시 더 높아진 난이도에 맞추어져야 하겠습니다.

본서는 금융투자협회에서 발간하는 증권투자권유자문인력 시험의 기본서에 준거한 문제집입니다. '적격성 인증시험'에 합격한다는 것은 판매인으로서의 법정자격을 취득하는 의미가 우선이겠으나, 방대한 커리큘럼을 볼 때 금융분야 전문가로서의 기본소양을 갖춘다는 측면도 크기 때문에 협회 기본서의 정독은 매우 중요한 과정이라고 하겠습니다. 다양한 문제풀이를 통해 기본서에 담긴 내용을 체계적으로 파악하고 시험장에서 고득점을 할 수 있도록 하는 것이 본서의 역할입니다. 금융기관 16년의 현장경력과 다수의 금융수험교재를 집필한 경험을 본서에 반영하여, 높아진 증권투자권유자문인력 적격성 인증시험의 수준에 부응하고자 노력하였습니다.

'2배수의 핵심유형문제'로 해당 이슈의 핵심을 파악하고, '2배수의 보충문제'로 완성도를 높이며, '3배수의 출제예상문제'를 통해 응용력을 키워 '모의고사 2회분'으로 최종정리가 되도록 구성하였습니다.

아무쪼록 본서로 학습하는 모든 분들이 소기의 목적을 달성하기를 바라며, 이를 바탕으로 더 높은 곳으로 도전하시기를 기원합니다. 다른 시험을 준비하면서도 본서를 찾아볼 수 있는 '탄탄한 참고서'가 되기를 소망합니다. 마지막으로 본서가 나오기까지 물심양면으로 격려와 배려를 아끼지 않으신 ㈜SD에듀 임직원 여러분께 진심으로 감사의 말씀을 드립니다.

유창호ㆍ강성국 씀

# 자격시험안내

## 증권투자권유자문인력이란?

증권투자권유자문인력은 투자자를 상대로 증권(파생결합증권 제외)에 대하여 투자권유 또는 투자자문업무를 수행하거나 단기금융집합투자기구의 집합투자증권에 대하여 투자권유업무를 수행하는 인력을 말합니다. 증권투자권유자문인력은 금융투자업 관련 회사의 현직자만 응시할 수 있으며, 관련 투자자보호교육을 사전 이수한 후 해당 자격시험에 합격한 자만이 업무 수행이 가능합니다.

## ✓ 시험구성

| 구 분 | 과목명 | 문항수 | |
|---|---|---|---|
| | | 총 | 과 락 |
| 1과목 | 증권분석 | 15 | 8 |
| 2과목 | 증권시장 | 20 | 10 |
| 3과목 | 금융상품 및 직무윤리 | 30 | 15 |
| 4과목 | 법규 및 세제 | 35 | 18 |
| 1교시(120분) : 총 4과목 | | 100 | 51 |

## ✓ 시험일정

| 회 차 | 접수기간 | 시험일자 | 합격자 발표 |
|---|---|---|---|
| 27회 | 23.12.18(월)~23.12.22(금) | 01.14(일) | 01.25(목) |
| 28회 | 24.04.01(월)~24.04.05(금) | 04.28(일) | 05.09(목) |
| 29회 | 24.09.23(월)~24.09.27(금) | 10.20(일) | 10.31(목) |

※ 상기 시험일정은 금융투자협회(www.kofia.or.kr) 사정 등에 따라 일부 변경될 수 있으며, 응시인원에 따라 응시지역이 축소될 수 있습니다.

## ✓ 응시원서 접수 방법

접수기간 내에 금융투자협회 자격시험센터 인터넷 홈페이지(http://license.kofia.or.kr)에서 작성 및 접수

## ✓ 시험 관련 세부정보

시험주관처 — 금융투자협회 (license.kofia.or.kr) → 응시자격 — 사전교육이수 (금융투자교육원) + 금융기관 종사자 → 응시료 — 50,000원 → 시험시간 — 10:00 ~ 12:00 (1교시 : 120분) → 문제형식 — 객관식 4지선다형

## ✓ 합격기준

응시과목별 정답비율이 50% 이상인 자 중에서, 응시과목의 전체 정답비율이 70%(70문항) 이상인 자
(과락 기준은 시험구성 참조)

# 과목별 학습전략

**LEARNING STRATEGIES**

## 1과목 | 증권분석(15문항)

### 1장 | 경기분석(6문항)

경기이론, 경기예측, 거시경제변수 등 거시경제분석의 기본 틀을 이해하면 무난하게 고득점이 가능한 편이다.

### 2장 | 기본적 분석(5문항)

문항수는 경기분석보다 적어도 학습요구량은 경기분석보다 더 많다. 재무비율과 시장가치비율, 배당평가모형에서 계산문제에 대비할 필요가 있다.

### 3장 | 기술적 분석(4문항)

의외로 암기부담이 많은 편인데, 그림으로 이해하는 것이 첩경이다. 문항수가 적으므로 핵심개념 위주로 학습하도록 한다.

## 2과목 | 증권시장(20문항)

### 1~2장 | 유가증권시장 · 코스닥시장(8+3문항)

이해의 수준은 높지 않지만 암기사항이 많아 증권시장 경험이 부족할 경우 학습에 어려움이 있는 편이다. 4과목과 연관된 부분이 있으니(일부 중복), 집중학습을 권장한다. 코스닥시장은 유가증권시장과의 차이점 위주로 학습하는 것이 효과적이다.

### 3장 | 기타 증권시장(2문항)

코넥스시장과 K-OTC시장이 있으며, 2문항밖에 되지 않으나 유가증권시장과 코스닥시장을 같이 정리하는 효과도 있다.

### 4장 | 채권시장(7문항)

채권의 종류, 채권가격계산, 듀레이션과 볼록성, 채권수익률곡선 등 이해할 부분이 많다. 첫 학습 시 어려움이 있으나 잘 이해해두면 더 이상 암기 부담이 없는 전략편이 될 수 있다.

# 과목별 학습전략

**LEARNING STRATEGIES**

## 3과목 | 금융상품 및 직무윤리(30문항)

### 1장 | 금융상품분석(1,2장 총 13문항)

평이한 수준이나 암기사항이 다소 많다. 금융투자회사별로 상품특성을 이해하되, 가볍게 반복학습하는 것이 효과적이다.

### 2장 | 투자전략(1,2장 총 13문항)

분산투자이론 자체는 어려운 편이나 상급시험에 비해서는 평이한 수준이다. 분량 대비 문항수가 많으므로 깊이 있는 집중학습이 필요하다.

### 3장 | 영업실무(5문항)

공부하기가 가장 편한 편이나 자칫 내용의 요점을 놓칠 수 있으므로 문제풀이를 통하여 핵심을 찾는 노력이 필요하다.

### 4장 | 직무윤리 및 투자자분쟁예방(12문항)

출제비중이 확대되었으며, 4과목 법규의 선행학습이기도 하기 때문에 집중학습이 필요하다. 새롭게 추가된 금융소비자보호법은 직무윤리와 함께 이 장에서 학습하게 된다.

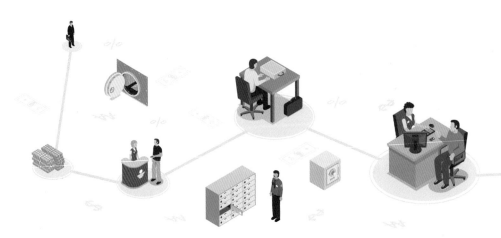

## 4과목 | 법규 및 세제(35문항)

### 1~2장 | 자본시장 관련 법규 · 한국금융투자협회규정(24문항)

「자본시장법」은 기본 틀이며, 금융위원회규정과 한국금융투자협회규정은 그 세부내용을 다룬다. 4과목 법규는 수험생의 평균성적이 가장 낮은 편인데, 이해가 어려운 법규편의 특성과 분량 또한 방대하기 때문이다. 다른 과목에 비해 더 많은 문제를 풀어야 하며, 반복적으로 이해와 암기가 동시에 해결되는 학습을 하는 것이 좋다.

### 3장 | 회사법(6문항)

「자본시장법」보다는 학습이 쉬운 편이다. 또한 「상법」을 공부하면 「자본시장법」이 좀 더 잘 보이는 효과도 있다. 6문항 이상 맞추는 효과가 있으므로 집중학습을 권장한다.

### 4장 | 증권세제(5문항)

단기간에 종합과세 · 양도소득세 · 상속세 · 증여세의 기본틀을 잡는 것은 쉽지 않지만 과세 Flow를 정리할 수 있을 정도로 문제를 많이 푸는 것이 중요하다.

# 이 책의 구성

## STEP 1 해당 이슈의 핵심을 파악하는 핵심유형문제

핵심유형문제는 방대한 분량의 이론을 단기간에 개념정리할 수 있도록 엄선하여 출제되었습니다. 상세하고 친절한 해설로 중요이론을 정리하였으며, '더알아보기'로 확실하게 마무리할 수 있도록 구성했습니다.

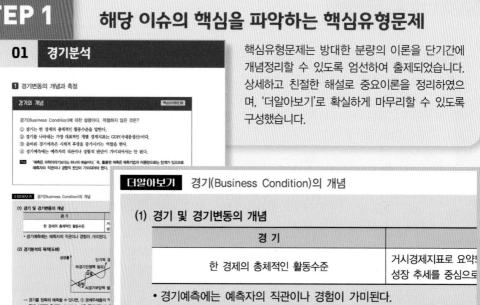

## 학습 완성도를 높이는 보충문제 STEP 2

보충문제는 추가적으로 숙지해야 할 내용을 짚어주기 위한 것으로, 놓치기 쉬운 이론 및 개념을 다시 한 번 정리할 수 있도록 구성했습니다.

### 보충문제

**01** 구주주배정방식과 주주우선공모방식을 비교한 내용이

| 번 호 | 구 분 | 구주주배 |
|---|---|---|
| ① | 실권위험 | 높 |
| ② | 실권주처리 절차 | 이사회결의 |
| ③ | 인수 수수료 | 부 |
| ④ | 효력발생기간 | 7일 |

# STEP 3

## 문제의 응용력을 키우는 출제예상문제

실제 시험에 출제되는 유형을 수록한 출제예상문제는 난이도 있는 시험에 대비할 수 있도록 응용문제 및 심화문제만을 엄선했습니다. 출제경향을 면밀하게 분석한 수준 높은 문제로 응용력을 키울 수 있습니다.

CHAPTER 04 채권시장

### 단원별 출제예상문제

**01** 다음 중 기대수익률과 위험이 가장 높은 채권은 무엇인가?

① 국 채
② 지방채
③ 은행채
④ 후순위채

해설 후순위채는 청산 시에 선순위채를 먼저 지급한 후 잔여재산이 있을 때 지급하는 것으로 안전성이 낮기 때문에 상대적으로 높은 수익률을 지급한다. 즉 선순위채에 비해 기대수익률도 높고 위험도 크다.그런 의미에서 '가시 많은 장미'라고 불린다.

정답 ④

**02** 다음 중 가장 적절하지 않은 것은?(액면 10,000원 기준)

① 만기 5년, 표면금리 3%인 연단위복리채의 만기상환금액은 $10,000(1+0.03)^5$이다.

② 만기 3년, 표면금리 8%인 3개월단위복리채의 만기상환금액은 $10,000\left(1+\dfrac{0.08}{4}\right)^{3\times4}$ 이다.

③ 만기 3년, 표면금리 8%인 6개월단위복리채의 만기상환금액은 $10,000\left(1+\dfrac{0.08}{2}\right)^{3\times2}$ 이다.

④ 만기 3년, 표면금리 8%인 할인채의 발행가액은 $\dfrac{10,000}{(1+0.08)^3}$ 이다.

해설 $10,000(1-0.08\times3)=7,600$원이다. 즉 ④의 할인채는 7,600원에 매입하여 만기에 10,000원을 받게 된다. $\dfrac{10,000}{(1+0.06)^3}$ 은 만기수익률 8%로 잔존만기 3년의 할인채를 매매할 때의 가격공식이다.

정답 ④

# STEP 4

## 실전감각을 익히는 최종모의고사

어떤 부분이 취약하고 어느 부분을 보완해야 하는지 점검할 수 있는 최종모의고사 2회분을 수록하였습니다. 수험생들이 헷갈릴 수 있는 문제만을 엄선했으므로 모르는 내용들은 꼭 체크하여 복습할 것을 권장합니다.

부 록

### 제1회 최종모의고사

**01** 경기순환의 4분법의 순서로 옳은 것은?

① 불황 → 후퇴 → 회복 → 호황
② 후퇴 → 불황 → 회복 → 호황
③ 회복 → 호황 → 불황 → 후퇴
④ 호황 → 불황 → 회복 → 후퇴

**02** 보기가 해당하는 경기변동이론은?

- 개인과 기업은 합리적 기대에 의거 최적화 행동을 한다는 루카스 비판을 받아들였다.
- 가격과 임금의 경직성은 이론적 가정이 아닌 경제주체들의 합리적 행동의 결과로 나타난 것이다.

① 케인즈학파의 경기변동이론
② 통화주의학파의 경기변동이론
③ 새고전학파의 경기변동이론
④ 새케인즈학파의 경기변동이론

**03** 보기는 통화정책의 파급경로 중 어디에 가장 부합하는가?

우리나라는 은행의 대출경로를 통한 통화정책의 파급경로가 아직도 상당하다. 그러나 통화긴축정책을 집행하여도 기업의 재무상

**04** 다음 중 외부시차가 가장 긴 것은?

① 정부의 실업급여 보조금 지급
② 소득세율 인상
③ 재정지출 확대
④ 금리인하

**05** 다음 중 경기의 선행종합지수에 속하는 것은?

① 코스피지수
② 광공업생산지수
③ 취업자수
④ CP유통수익률

**06** 소비자태도지수(CSI)에 대한 설명이다. 가장 거리가 먼 것은?

① 설문조사를 이용한 경기예측방법이다.
② CSI의 값이 90이면 경기수축국면에 있음

# 4주 완성 학습플랜

시험편과 시험시간 등 시험 관련 정보를 숙지한 후 목차를 보고 스스로의 학습량과 학습기간을 고려하여 자신만의 스터디플랜을 세워봅니다. 다음은 SD에듀에서 제안하는 4주 완성 및 8주 완성 스터디플래너로, 교재의 내용을 차근차근 학습하며 4주 또는 8주 안에 시험 준비를 완벽히 마칠 수 있도록 도와줍니다.

**1주**

| 1일차 | 2일차 | 3일차 | 4일차 | 5일차 | 6일차 | 7일차 |
|---|---|---|---|---|---|---|
| 제1편~제4편 | | 제1편 | | | | 제2편 |
| 워밍업 핵심정리 | | 1장 | 2장 | 3장 | 복습 | 1~2장 |
| 달성 □ | 달성 □ | 달성 □ | 달성 □ | 달성 □ | 달성 □ | 달성 □ |

**2주**

| 8일차 | 9일차 | 10일차 | 11일차 | 12일차 | 13일차 | 14일차 |
|---|---|---|---|---|---|---|
| 제2편 | | | | 제3편 | | |
| 1~2장 | 3장 | 4장 | 복습 | 1장 | 2장 | 3장 |
| 달성 □ | 달성 □ | 달성 □ | 달성 □ | 달성 □ | 달성 □ | 달성 □ |

**3주**

| 15일차 | 16일차 | 17일차 | 18일차 | 19일차 | 20일차 | 21일차 |
|---|---|---|---|---|---|---|
| 제3편 | | 제4편 | | | | |
| 4장 | 복습 | 1~2장 | | | 3장 | 4장 |
| 달성 □ | 달성 □ | 달성 □ | 달성 □ | 달성 □ | 달성 □ | 달성 □ |

**4주**

| 22일차 | 23일차 | 24일차 | 25일차 | 26일차 | 27일차 | 28일차 |
|---|---|---|---|---|---|---|
| 제4편 | | 총 복습 및 모의고사 풀이 | | | | |
| 복습 | | 전체 문제 풀어보기 | 1회 모의고사 | 2회 모의고사 | 모의고사 복습 | 총 복습 |
| 달성 □ | 달성 □ | 달성 □ | 달성 □ | 달성 □ | 달성 □ | 달성 □ |

# 8주 완성 학습플랜

**LEARNING PLAN**

## 1주

| 1일차 | 2일차 | 3일차 | 4일차 | 5일차 | 6일차 | 7일차 |
|---|---|---|---|---|---|---|
| 제1편~제4편 | | 제1편 | | | | |
| 워밍업 핵심정리 | | 1장 | | 2장 | | 3장 |
| 달성 ☐ | 달성 ☐ | 달성 ☐ | 달성 ☐ | 달성 ☐ | 달성 ☐ | 달성 ☐ |

## 2주

| 8일차 | 9일차 | 10일차 | 11일차 | 12일차 | 13일차 | 14일차 |
|---|---|---|---|---|---|---|
| 제1편 | | | 제2편 | | | |
| 3장 | 복 습 | | 1~2장 | | | |
| 달성 ☐ | 달성 ☐ | 달성 ☐ | 달성 ☐ | 달성 ☐ | 달성 ☐ | 달성 ☐ |

## 3주

| 15일차 | 16일차 | 17일차 | 18일차 | 19일차 | 20일차 | 21일차 |
|---|---|---|---|---|---|---|
| 제2편 | | | | | | 제3편 |
| 3장 | | 4장 | | 복 습 | | 1장 |
| 달성 ☐ | 달성 ☐ | 달성 ☐ | 달성 ☐ | 달성 ☐ | 달성 ☐ | 달성 ☐ |

## 4주

| 22일차 | 23일차 | 24일차 | 25일차 | 26일차 | 27일차 | 28일차 |
|---|---|---|---|---|---|---|
| 제3편 | | | | | | |
| 1장 | 2장 | | 3장 | | 4장 | |
| 달성 ☐ | 달성 ☐ | 달성 ☐ | 달성 ☐ | 달성 ☐ | 달성 ☐ | 달성 ☐ |

## 5주

| 29일차 | 30일차 | 31일차 | 32일차 | 33일차 | 34일차 | 35일차 |
|---|---|---|---|---|---|---|
| 제3편 | | 제4편 | | | | |
| 복 습 | | 1~2장 | | | | |
| 달성 ☐ | 달성 ☐ | 달성 ☐ | 달성 ☐ | 달성 ☐ | 달성 ☐ | 달성 ☐ |

## 6주

| 36일차 | 37일차 | 38일차 | 39일차 | 40일차 | 41일차 | 42일차 |
|---|---|---|---|---|---|---|
| 제4편 | | | | | | |
| 1~2장 | | 3장 | | | 4장 | |
| 달성 ☐ | 달성 ☐ | 달성 ☐ | 달성 ☐ | 달성 ☐ | 달성 ☐ | 달성 ☐ |

## 7주

| 43일차 | 44일차 | 45일차 | 46일차 | 47일차 | 48일차 | 49일차 |
|---|---|---|---|---|---|---|
| 제4편 | | 총 복습 및 모의고사 풀이 | | | | |
| 복 습 | | 전체 문제 풀어보기 | | 1회 모의고사 | | 2회 모의고사 |
| 달성 ☐ | 달성 ☐ | 달성 ☐ | 달성 ☐ | 달성 ☐ | 달성 ☐ | 달성 ☐ |

## 8주

| 50일차 | 51일차 | 52일차 | 53일차 | 54일차 | 55일차 | 56일차 |
|---|---|---|---|---|---|---|
| 총 복습 및 모의고사 풀이 | | | | | | |
| 2회 모의고사 | 모의고사 복습 | | 총 복습(문제풀이 + 오답 정리) | | | |
| 달성 ☐ | 달성 ☐ | 달성 ☐ | 달성 ☐ | 달성 ☐ | 달성 ☐ | 달성 ☐ |

# 워밍업!

# 핵심정리노트

훌륭한 가정만한 학교가 없고,
덕이 있는 부모만한 스승은 없다.

- 마하트마 간디 -

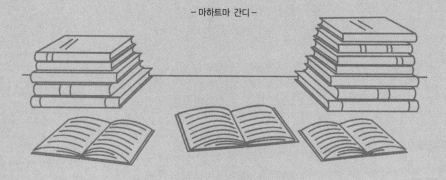

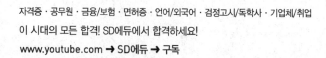

# 제1편 증권분석

## 1장 경기분석(6문항 대비)

**01** (경기 / 경기변동 / 경기순환)이란 거시경제지표로 요약되는 총체적 활동이 경제의 장기적 성장추세를 중심으로 상승과 하강을 반복하는 현상을 말한다.

**02** 경기순환은 (반복적 / 비반복적)이고, (주기적 / 비주기적)이며, (대칭적 / 비대칭적)이다.

**03** 전통적인 4분법으로 경기순환을 나누면 (         ), (         ), (         ), (         )이다.

**04** 경기순환을 2분법으로 구분할 때, 경기저점에서 경기고점까지의 구간을 (         )이라고 한다.

**05** 경기저점으로부터 다음 경기저점 간의 거리를 (         )(이)라 하고, 경기저점과 경기고점 간의 높이를 (         )(이)라 한다.

**06** 경기의 정점 또는 저점이 발생한 구체적인 시점을 (         )이라고 한다.

**07** (         )의 조사대상품목은 가계소비지출 중에서 차지하는 비중이 1/10,000 이상인 460개 품목이다.

**08** (         )의 조사대상품목은 현재 거래액이 국내시장에서 거래되는 상품거래 총액의 1/10,000 이상인 892개 품목이다.

---

**정답**
**01** 경기순환 ▸참고로 경기는 '경제의 총체적인 활동수준'을 말한다.
**02** 반복적, 비주기적, 비대칭적 ▸비대칭적이라 함은 '확장국면 > 수축국면'을 말한다.
**03** 회복기, 호황기, 후퇴기, 불황기
**04** 확장국면(Expansion) ▸경기고점에 경기저점까지의 구간은 수축국면(Contraction)이다.
**05** 순환주기, 경기진폭 또는 경기심도 ▸진폭이 낮을수록 경기가 안정적이다.
**06** 기준순환일(Reference Date)
**07** 소비자물가지수(CPI)
**08** 생산자물가지수(PPI) ▸PPI의 조사대상품목이 CPI보다 많다.

**09** 명목GDP를 실질GDP로 나누면 (　　　　　)가 된다.

**10** 기업어음은 통화지표의 분류상 (M1 / M2 / Lf / L)에 속한다.

**11** ☐○☐× 통화유통속도는 경기변화 및 인플레이션 압력 등을 예측하는 데 유용하게 활용된다.

**12** 물가상승률이 3%, 실질GDP성장률이 2%, 통화유통속도가 1%라면 EC 방식으로 산정한 적정통화증가율은 (　　　　　)이다.

**13** 우리나라 금리의 종류 중, 초단기금융시장의 지표로는 (　　　　　), 단기금융시장의 지표로는 (　　　　　), 장기금융시장의 지표로는 (　　　　　) 등이 있다.

**14** 경기변동이 동일방향으로 계속 움직이는 것을 경기의 (　　　　　), 반대방향으로 변하는 것을 경기의 (　　　　　)이라 한다.

**15** 경기순환과정에서 생산, 고용, 투자, 소비 등의 경제지표들이 대부분 같은 방향으로 움직이는 것을 (　　　　　)이라 한다.

**16** ☐○☐× 우리나라는 1972년부터 최근까지의 경기순환 중 순환주기 모두가 확장기간이 수축기간보다 긴 비대칭성을 보였다.

**17** 1970년대부터 현재에 이르기까지 우리나라의 경제순환에 가장 큰 영향을 미친 요소는 (건설투자 / 해외부문)이다.

---

정답　**09** GDP디플레이터 ▶ 국민경제전체의 물가압력을 측정하는 지수이다.
　　　**10** L ▶ 국채, 회사채, 기업어음 등은 전체유동성인 L에 속한다.
　　　**11** X ▶ 통화유통속도는 사후적으로만 추계가 가능하여 예측에는 유용하지 않다.
　　　**12** 4% ▶ MG = PG + YG − VG = 3% + 2% − 1% = 4%
　　　**13** 콜금리, CD금리, 국채수익률
　　　**14** 지속성, 변동성
　　　**15** 공행성(Comovement)
　　　**16** X ▶ 8순환주기에서 유일하게 수축기간이 더 길었다.
　　　**17** 건설투자 ▶ 해외부문은 두 번째 요인이다.

**18** 가격과 임금의 경직성을 전제로 한 ( 가 )의 이론은 ( 나 ) 비판을 받게 되며, 새케인즈학파는 ( 다 )을 통해 ( 나 ) 비판을 극복하였다.

**19** 케인즈학파와 통화주의학파는 총수요변동이 경기변동을 일으킨다는 측면에서는 동일하나, ( )는 재량적 정책을, ( )는 준칙에 입각한 통화정책을 주장한 점에서 차이가 있다.

**20** 경제성장률이 3%인데 통화증가율이 5%라면 통화충격(Monetary Shock)으로 경기가 변동한다고 본 것은 ( )학파의 이론이다.

**21** 신고전학파의 방법론을 받아들이되, 임금과 가격의 경직성과 승수효과를 계승하여 경기변동이론을 정립한 것은 ( )이다.

**22** 경기변동에 대한 이론의 경제사적 흐름은 '케인즈학파 → ( ) → 균형경기변동이론 → 새케인즈학파'이다.

**23** 통화정책은 통화당국이 정책결정을 하면 즉각 시행할 수 있다는 점에서 ( )가 짧다. 그러나 통화정책은 여러 가지 전파경로를 통해 경제에 영향을 미침에 따라 ( )는 상당히 길고 가변적이다.

**24** 통화정책의 파급경로 중 토빈의 q비율로도 설명이 가능한 것은 (금리경로 / 자산가격경로 / 환율경로 / 신용경로)이다.

**25** 기업의 재무상태가 좋을 경우 통화정책의 파급영향이 줄어들 수 있는데, 이는 통화정책의 파급경로 중 (자산가격경로 / 신용경로)에 속한다.

---

정답 18 가 : 케인즈학파, 나 : 루카스, 다 : 메뉴비용 ▸ 맨큐는 메뉴비용 이론을 통해 가격과 임금의 경직성을 전제가 아닌 실제 결과임을 입증하였다.
19 케인즈학파, 통화주의학파 ▸ 재량적 정책은 재정정책, 통화정책을 포함하는 개념이다.
20 통화주의
21 새케인즈학파 ▸ 맨큐 교수의 메뉴비용이 대표적 이론이다.
22 통화주의자
23 내부시차, 외부시차 ▸ 반대로 재정정책은 내부시차가 길고 외부시차가 짧다.
24 자산가격경로 ▸ 자산가격경로는 토빈의 q, 부의 효과로도 설명이 된다.
25 신용경로

**26** ⚪❌ 2024년 현재 한국은행의 기준금리는 7일물 RP매각에 적용되는 RP금리이다.

**27** ⚪❌ 우리나라의 통화정책은 인플레이션 타게팅 정책, 즉 물가안정목표제를 택하고 있다.

**28** 경기를 예측하는 방법은 CI나 DI 등을 활용하는 (            )이용방법, BSI나 CSI 등을 활용하는 (            )이용방법, 시계열모형이나 거시경제계량모형 등의 (            )이용방법의 3가지로 나눌 수 있다.

**29** 경기확산지수(DI)가 60일 때보다 90일 때의 경기확장속도가 1.5배 빠르다고 할 수 (있다 / 없다).

**30** 경기변동의 진폭이나 속도는 측정하지 않고 변화방향만을 파악하는 것으로, 경기국면이나 전환점을 판단에 유용한 경기예측지표는 (            )이다.

**31** 경기확산지수가 지난 달에 49, 이번 달에 51이라면 경기국면이 전환되었다고 볼 수 (있다 / 없다).

**32** 경기의 변화방향뿐 아니라 진폭이나 속도도 측정할 수 있는 경기지표는 (            )이다.

**33** 코스피지수는 (선행 / 후행) 종합지수의 구성지표이고, CP유통수익률은 (선행 / 후행) 구성지표이다.

**34** 건설수주액은 (            ), 건설기성액은 (            )이다.

**35** 경제심리지수는 (            ), 비농림어업취업자수는 (            ), 취업자수는 (            )이다.

---

**정답** **26** ○
**27** ○ ▸ 금리나 통화량 등의 중간목표를 두지 않는다.
**28** 경기지표, 설문조사, 모형
**29** 없다 ▸ DI는 경기변화의 속도를 측정할 수 없다(CI는 가능함).
**30** 경기확산지수(DI)
**31** 있다 ▸ 50이 전환점이므로 경기수축국면에서 경기확장국면으로 전환되었다고 할 수 있다.
**32** 경기종합지수(CI)
**33** 선행, 후행
**34** 경기선행지표, 경기동행지표
**35** 경기선행지표, 경기동행지표, 경기후행지표

**36** 기업가의 판단이나 전망에 대한 설문조사로 구하는 기업경기실사지수(BSI)는 경기의 (단기적인 / 중장기적인) 예측에 적합하다.

**37** 전체응답자 100명, 긍정적 응답자 70명, 부정적 응답자 30명일 경우 BSI 지수는 (　　　　　)이며, 경기는 (상승 / 하강)국면에 있다고 본다.

**38** BSI나 CSI의 경기전환점은 (50 / 100)이다.

**39** 경기수축기에 있어서 BSI보다 일정기간 선행하는 특성이 있어 경기저점이나 경기수축국면을 예측하는 데 유용한 지표로 활용되는 것은 (　　　　　)이다.

**40** (　　　　　)는 BSI와 CSI를 합성해서 산출하는 경기예측지표이다.

---

**정답**　36　단기적인　▸ 설문인 만큼 주관성이 많이 반영되므로 단기 경기예측수단으로 활용된다.
　　　　37　140, 상승　▸ 100 위에 있으면 상승, 밑에 있으면 하강이다(속도는 측정불가).
　　　　38　100　▸ DI의 경기전환점이 50이다(해석방식은 동일함).
　　　　39　CSI(소비자태도지수)
　　　　40　ESI(경제심리지수)

**01** 내재가치분석을 통해 저평가종목을 선정하고자 하는 것이 (              ) 분석이며, 시장의 수요공급분석을 통해 매매타이밍을 선정하고자 하는 것이 (              ) 분석이다.

**02** 통화량이 증가하면 단기적으로는 (              )효과, (              )효과에 의해 주가가 상승하나, 장기적으로는 (              )효과에 의해 주가가 하락한다.

**03** 일반적으로 이자율이 상승하면 주가는 (상승 / 하락)한다.

**04** ○× 물가가 완만히 상승하든지 급격히 상승하든지 그와 관계없이 주가는 하락한다.

**05** 수출기업의 경우 환율이 상승하면 주가가 (상승 / 하락)한다.

**06** 부존자원이 많은 국가에서는 해당 원자재 가격이 하락하면 주가에 (긍정적 / 부정적)이다.

**07** (              )는 일정시점에서 현재 기업이 보유하는 재산이 어느 정도인지를 파악할 수 있는 재무제표이다.

**08** 재무상태표는 (              ) 통계이고, 손익계산서는 (              ) 통계이다.

**09** 재무상태표의 차변은 (              )으로서 자금의 사용현황을 보여주며, 대변은 (              )와 (              )의 합으로서 자금의 조달현황을 보여준다.

**10** 1년 이내에 현금화될 수 있는 자산을 (              ), 1년 이내로 갚아야 하는 부채는 (              )이다.

---

**정답**  **01** 기본적, 기술적 ▶ 기본적 분석은 하향식 또는 상향식, 질적 또는 양적 분석으로 구분된다.
**02** 유동성, 소득, 피셔
**03** 하락
**04** X ▶ 완만한 물가상승에는 주가가 상승하고, 급격한 물가상승에는 주가가 하락한다.
**05** 상승 ▶ 환율상승은 수출기업의 주가에는 유리하나, 수입제품의 가격이 올라서 물가상승 압력이 커지는 단점이 있다.
**06** 부정적 ▶ 일반적으로는 원자재 가격의 하락은 주가상승으로 이어진다.
**07** 재무상태표
**08** 저량(Stock), 유량(Flow)
**09** 자산, 부채, 자본
**10** 유동자산, 유동부채

**11** ☐○ ☐× 기업이 1년 이내로 갚아야 할 유동부채보다, 1년 이내에 현금화를 할 수 있는 유동자산이 더 많다면 유동성이 양호하다고 할 수 있다.

**12** 선급금과 선급비용은 (　　　　　)계정이며, 선수금 또는 선수수익은 (　　　　　)계정이다.

**13** 자본계정 내에서 주식발행초과금은 (자본잉여금 / 이익잉여금)에 속한다.

**14** 자본계정 내에서 주식발행할인차금은 (　　　　　)에 속한다.

**15** 액면가 5천원의 기업이 발행가 30,000원으로 유상증자를 실시하였다. 이때 발생하는 잉여금을 (주식발행초과금 / 주식발행차금)이라 하며 (자본잉여금 / 이익잉여금 / 자본조정)에 계상된다.

**16** 손익계산서상에서 영업이익은 '매출총이익 − (　　　　　)'이다.

**17** 직원급여와 광고비는 (매출원가 / 판매비 및 관리비 / 영업외비용)에 속한다.

**18** 이자수익이나 지분법이익, 외환차익 등은 (　　　　　)으로 기재된다.

**19** 유동비율은 (높을수록 / 낮을수록), 부채비율은 (높을수록 / 낮을수록), 이자보상비율은 (높을수록 / 낮을수록) 재무안정성이 높다.

**20** 총자본에 대한 수익성을 알아볼 수 있는 지표는 (　　　　　), 타인자본을 제외한 자기자본에 대한 수익성을 알아볼 수 있는 지표는 (　　　　　)이다.

---

**정답**
**11** O ▸ 유동비율이 100% 이상이라는 의미이다.
**12** **자산, 부채** ▸ 먼저 지급한 것은 자산, 미리 받은 것은 부채이다.
**13** **자본잉여금** ▸ 재무활동으로 인한 잉여금의 창출이므로 자본잉여금에 속한다.
**14** **자본조정** ▸ 주식할인발행차금은 자본계정이 줄게 하므로 자본조정에 속한다.
**15** **주식발행초과금, 자본잉여금** ▸ 반대로 주식발행차금은 자본조정 항목에 계상한다.
**16** **판매비 및 관리비**
**17** **판매비 및 관리비** ▸ 영업외비용으로는 이자비용, 외환차손 등이 있다.
**18** **영업외수익** ▸ 본연의 영업활동이 아니므로 영업외수익으로 기재한다. 반대로 이자비용이나 지분법손실 등은 영업외비용이 된다.
**19** **높을수록, 낮을수록, 높을수록** ▸ 분자항목으로 판단하면 된다.
**20** ROA(ROI), ROE

**21** 기업의 비유동자산은 자기자본으로 조달하는 것이 적절하다는 측면에서 산출하는 재무비율은 ( )이다.

**22** 매출액이 200억원이고 총자본이 100억원이라면 ( )은 2회전 또는 200%가 된다.

**23** $\dfrac{\text{당기순이익}}{\text{매출액}} \times \dfrac{\text{매출액}}{\text{총자본}}$ 으로 분해될 수 있는 것은 (ROA / ROE)이다.

**24** ( )은 주가가 주당순이익의 몇배로 거래되고 있는지를 보여주는 지표이다.

**25** 인플레이션이 진행되면 PER은 (높게 / 낮게) 평가되는 경향이 있다.

**26** PER이 높아도 PCR이 낮다면 (고평가 / 저평가)된 것으로 본다.

**27** 적자기업이더라도 평가할 수 있어 신생벤처기업 평가에 유용하게 사용되는 시장가치 비율지표는 ( )이다.

**28** ROE × PER로 표현될 수 있는 것은 ( )이다.

**29** ROS × PER로 표현될 수 있는 것은 ( )이다.

**30** 당기순이익이 100억원, 자기자본이 1,000억원, 발행주식수 100만주, 주가 150,000원일 경우 PBR은 ( )이다.

---

**정답**
**21** 고정비율 또는 비유동비율
**22** 총자산회전율 ▸ 대표적인 활동성지표이다.

**23** ROA ▸ $\text{ROA} = \dfrac{\text{당기순이익}}{\text{매출액}} \times \dfrac{\text{매출액}}{\text{총자본}}$ = 매출액순이익률 × 총자본회전율

**24** PER(주가수익비율)
**25** 낮게 ▸ 물가↑→ 매출↑→ EPS↑, 즉 PER은 낮아진다.
**26** 저평가 ▸ PCR은 PER의 보완지표로 활용된다(PCR을 중심으로 평가하면 됨).
**27** PSR ▸ 단, PSR은 저부가가치기업을 고평가하는 단점이 있다.
**28** PBR ▸ 본문을 참조하여 PBR의 듀퐁분석을 이해할 것
**29** PSR
**30** 1.5 ▸ PBR = ROE × PER, ROE = 100/1,000 × 100(%) = 10%, PER = 주가/EPS = 150,000/10,000 = 15
따라서 PBR = 0.1 × 15 = 1.5

**31** 재무제표는 과거자료라는 점, 손익계산서와 재무상태표상의 시간상의 차이가 있다는 점, 회계처리기준이 상이하다는 점은 (재무비율 분석 / 기본적 분석)의 한계점이다.

**32** 내재가치의 다양성, 적정성, 그리고 분석시간이 오래 걸린다는 점은 (          )의 한계점이다.

**33** (제로성장모형 / 정률성장모형)의 경우 1주당 배당금이 1,000원이고 할인율이 10%이면 주당가치는 10,000원이 된다.

**34** (          )이 성립하기 위해서는 '성장에 필요한 자금을 내부자금으로만 조달하고, 기업의 이익과 배당이 매년 g%로 성장하며, 요구수익률(k)이 성장률(g)보다 크고, 사내유보율(f)과 배당성향, 재투자수익률(ROE)이 일정하다'는 전제가 있어야 한다.

**35** 정률성장모형에서 '배당금이 증가할수록, 요구수익률이 낮을수록, 배당성장률이 높을수록' 기업의 주식가치는 (높아진다 / 낮아진다).

**36** 당기순이익이 100억원, 배당성향이 20%, 자기자본이 1,000억원이라면 배당성장률은 (          )이다.

**37** 예상 EPS가 1만원, 주당배당금이 2,000원, 요구수익률이 10%, 이익성장률이 5%인 기업의 PER은 (          )이다.

**38** 배당으로 내재가치를 추정하는 것을 배당평가모형, 이익으로 내재가치를 추정하는 것을 (          )이라 한다.

**39** ○× EV/EBITDA 모형에서 EV는 시가총액을 의미한다.

**40** ○× EV/EBITDA 비율은 철강업 등 자본집약적 산업의 평가에 특히 유용하다.

---

**정답** 31 재무비율 분석

32 기본적 분석

33 제로성장모형

34 정률성장모형(또는 항상성장모형)

35 **높아진다** ▸ 정률성장모형식 $P_0 = \dfrac{D_1}{k-g}$ 에 대입하여 이해한다.

36 **8%** ▸ $g = f \times ROE = 0.8 \times 0.1 = 0.08$

37 **4배** ▸ $PER = \dfrac{1-f}{k-g} = \dfrac{0.2}{0.10 - 0.05} = 4$배이다.

38 **이익평가모형** ▸ EPS를 기반으로 평가한다.

39 X ▸ EV = 시가총액 + 순차입금

40 O ▸ 감가상각비가 높은 대규모 장치산업의 현금흐름을 잘 반영하기 때문이다.

**01** ☐O ☐X 기술적 분석은 시장의 수요와 공급에 의해서만 가격이 결정된다고 가정한다.

**02** (기본적 분석 / 기술적 분석)은 계량화가 어려운 심리적인 요인도 반영한다.

**03** (기본적 분석 / 기술적 분석)은 시장이 변화하는 근본적인 원인을 알 수 없다.

**04** 미국식 차트에서 없는 것은 (시가 / 고가 / 종가 / 저가)이다.

**05** 평균주가는 전체 주가흐름을 정확히 반영한다고 보는 이론은 (          )이다.

**06** 다우이론의 장기추세 6국면은 (          ), (          ), (          )의 상승 3국면과
(          ), (          ), (          )의 하락 3국면으로 구성된다.

**07** 기술적 분석으로 가장 많은 투자수익을 올릴 수 있는 국면은 (          )이다.

**08** '경제여건이 본격적으로 악화되며 거래량이 급감하면서 주가는 수직하락하는' 국면은 다우의 장기추세진행 6국면 중 (          )이다.

**09** 일반투자자의 실망매물로 투매양상이 나타나며, 시간이 흐를수록 주가의 낙폭이 작아지는 국면은 (          )이다.

**10** 다우이론을 활용한 그랜빌의 투자기법에서 점차 매도해야 하는 국면은 (          )이다.

---

**정답** 01 **O** ▶ 기본적 분석에서 할 수 없는 심리적 요인까지 반영하는 장점이 있으나, 시장변화의 근본원인을 알 수 없는 등의 단점이 있다.
02 **기술적 분석** ▶ 기술적 분석의 장점이다(기본적 분석은 심리요인을 반영하지 못함).
03 **기술적 분석** ▶ 기술적 분석의 단점이다.
04 **시가** ▶ '시가, 고가, 종가, 저가' 4개 모두 있는 것은 일본식 차트이다.
05 **다우이론**
06 **매집, 상승, 과열, 분산, 공포, 침체**
07 **상승국면**
08 **공포국면**
09 **침체국면**
10 **상승국면** ▶ 상승국면에서 점차 매도, 공포국면에서 점차 매수이다.

**11** 엘리어트파동에서 상승국면에서 가지고 있던 매입포지션을 정리할 마지막 기회로 삼아야 하는 것은 (              )이다.

**12** 엘리어트파동에서 2번파동과 4번파동은 다른 형태로 나타난다는 것은 엘리어트파동의 기본법칙 중 (              )이다.

**13** 적삼병은 (              )에서 출현할 경우 의미있는 상승신호로 이해할 수 있으며, 흑삼병은 (              )에서 출현할 경우 의미있는 하락신호가 된다.

**14** 매매시점포착을 위한 적극적인 휴식기간을 의미하는 사케다전법은 (              )이다.

**15** (십자형 / 반격형 / 유성형 / 샅바형) 중 하나의 캔들로 구성된 것이 아닌 것은 (              )이다.

**16** 전일에 음봉이 발생하고 다음 날에 음봉의 몸체보다 큰 양봉이 출현할 경우 (              ) 캔들이 된다.

**17** 전일에 양봉이 발생하고 다음 날에 양봉의 몸체보다 큰 음봉이 출현할 경우 (              ) 캔들이 된다.

**18** 두 개의 캔들 중에 상승에너지가 강한 순서는 '상승장악형 – (              ) – (              )'이다.

**19** 〇✕ 추세분석은 패턴분석보다 객관적이다.

**20** 상승저항을 받고 있는 고점들을 연결한 선을 (              ), 하락추세를 멈추게 하는 저점을 연결한 선을 (              )이라고 한다.

---

**정답**  **11** **b파동** ▶ 다우의 분산국면과 유사하다.
  **12** **파동변화의 법칙** ▶ 2번이 단순하면 4번이 복잡하게 나타난다.
  **13** **바닥권, 천정권**
  **14** **삼법(三法)** ▶ 깃발형 패턴과 유사하다.
  **15** **반격형** ▶ 반격형은 '전일종가와 당일종가가 일치'하는 형태이다.
  **16** **상승장악형**
  **17** **하락장악형**
  **18** **관통형, 반격형**
  **19** **O**
  **20** **저항선, 지지선**

**21** 저항선과 지지선의 논리상, 주가추세가 오랫동안의 저항선을 돌파하게 되면 기존의 저항선은 새로운 (　　　　　)의 역할을 한다.

**22** 상승추세선은 (　　　　　)끼리 연결하며, 하락추세선은 (　　　　　)끼리 연결한다.

**23** 이동평균선 분석방법은 (　　　　　), (　　　　　), (　　　　　), (　　　　　)의 4가지가 있다.

**24** ○×  이동평균선의 기준기간(Time Span)이 길수록 이동평균선은 더욱 유연해진다.

**25** '이동평균선이 상승하고 있을 때 주가가 이동평균선을 하향돌파하는 경우' 이동평균선 분석상 (　　　　　)신호가 나타난다.

**26** 단기이동평균선이 장기이동평균선을 상향돌파할 경우 (　　　　　), 하향돌파할 경우 (　　　　　)라고 한다.

**27** 헤드앤쇼울더형(H&S형)이 완성되면 주가는 (상승한다 / 하락한다)고 본다.

**28** 헤드앤쇼울더형(삼봉천정형)에서 거래량이 가장 작게 나타나는 국면은 (왼쪽 어깨 / 머리 / 오른쪽 어깨)이다.

**29** 삼각형과 깃발형은 (반전형 / 지속형) 패턴이다.

**30** 주가가 수직에 가까울 정도로 급등이나 급락을 한 뒤에 나타나며, 단기간에 거래량이 급감하면서 완성되는 패턴은 (　　　　　)이다.

---

**정답**
**21** 지지선
**22** 저점, 고점
**23** 방향성분석, 배열도분석, 지지·저항분석, 크로스분석
**24** O  ▶ 5일보다는 20일, 20일보다는 60일 MA가 더 유연하게(완만하게) 나타난다.
**25** 매 도
**26** 골든크로스, 데드크로스
**27** 하락한다  ▶ H&S형은 하락전환형 패턴이다.
**28** 오른쪽 어깨  ▶ 갈수록 거래량이 줄어든다.
**29** 지속형
**30** 깃발형  ▶ 강력한 지속형패턴이다.

**31** 상승추세에서 나타나는 쐐기형은 (　　　　　), 하락추세에서 나타나는 쐐기형은 (　　　　　)이다.

**32** 엘리어트의 3번 파동에서 나올 수 있으며, 추세를 돌파한 후 가속도가 붙어 나오는 갭의 형태는 (　　　　　)이다.

**33** 외환딜러들 사이에 널리 사용되며 천정과 바닥을 잡으려하기보다는 전체 추세움직임의 1/2만을 취하려는 전략을 (　　　　　)이라고 한다.

**34** 거래량관련지표 중 횡보국면에서 매집인지 분산인지를 판단할 수 있는 지표는 (　　　　　)이다.

**35** 거래량은 주가에 선행한다는 전제 하에 상승거래량에서 하락거래량을 차감하여 누적적인 수치로 집계하는 지표는 (　　　　　)이다.

**36** OBV의 결점을 보완하는 거래량지표는 (　　　　　)이다.

**37** 추세의 전반적인 감(느낌)을 얻을 수 있고, 현재의 시장가격 움직임이 정상적인 범위 내에 있는지의 여부를 알 수 있는 지표는 (엔빌로프 / 볼린저밴드)이다.

**38** 이동평균선을 활용한 보조지표 중에서 표준편차의 신뢰구간을 이용하여 측정하는 지표는 (엔빌로프 / 볼린저밴드)이다.

**39** 단기지수이동평균에서 장기지수이동평균을 뺀 것을 (　⊙　)이라 하며, (　⊙　)의 이동평균을 (　ⓛ　)이라고 한다.

**40** 스토캐스틱지표에서 %K가 %D를 상향돌파하면 (매수신호 / 매도신호)이다.

---

**정답** **31** 하락쐐기형, 상승쐐기형
**32** 계속갭 ▸그림을 연상하면서 순서를 이해(보통갭 → 돌파갭 → 계속갭 → 아일랜드갭)
**33** 트라이던트 시스템 ▸본문에 있는 그림으로 이해할 것
**34** OBV ▸VR은 OBV를 보완하는 지표이고, 역시계곡선은 중기적인 예측에 유용하며, 이큐볼륨은 거래량을 차트에 반영하는 특징이 있다.
**35** OBV ▸그랜빌이 개발한 거래량 지표이다.
**36** VR(Volume Ratio)
**37** 엔빌로프
**38** 볼린저밴드 ▸볼린저밴드의 상하한폭은 '추세중심선±$\sigma$'이다.
**39** ⊙ : MACD, ⓛ : 시그널
**40** 매수신호 ▸%K의 이동평균이 %D이므로 주가와 이평선의 관계로 이해할 수 있음

# 제2편  증권시장

## 1장   유가증권시장(8문항 대비)

**01** 증권시장은 발행된 증권이 투자자에게 최초로 매각이 되는 (           )과, 이미 발행된 증권이 투자자들 간에서 매매가 되는 (         )으로 구분된다.

**02** 유통시장은 (1차적 시장 / 2차적 시장)이며, 협의의 증권시장을 의미한다.

**03** 50인 이상의 투자자를 대상으로 증권의 취득을 권유하는 것을 (공모 / 사모)라고 하며, 이는 새롭게 발행되는 증권의 취득의 청약을 권유하는 (         )과 이미 발행된 증권의 청약을 권유하는 (         )(으)로 구분된다.

**04** 발행자인 A사가 회사채 1천억원을 모집하였는데 300억원의 모집부족액이 발생하였다. 이때 인수회사인 B가 당초계약에 따라 모집부족액 300억원을 인수하였다면 (총액인수 / 잔액인수)에 해당한다.

**05** 주식의 발행시 액면가는 100원, (          ), 500원, 1천원, 2,500원, 5천원 그리고 5천원을 초과할 경우에는 1만원의 배수로 정해야 한다.

**06** 주식의 분류상 '주주의 성명이 주권과 주주명부에 기재된 주식'을 (액면주 / 기명주)라고 한다.

**07** 혼합주는 보통주에 비해 이익배당청구권은 (          )하고, 잔여재산청구권은 (          )하며, 상환우선주는 (          )로만 가능하다.

---

**정답**  **01**  **발행시장, 유통시장**
   **02**  **2차적 시장** ▸ Secondary Market이다(발행시장은 Primary Market, 즉 본원적 시장 또는 1차적 시장이다). 또한 발행시장은 추상적, 유통시장은 구체적이다.
   **03**  **공모, 모집, 매출** ▸ 공모는 모집과 매출을 포함하는 개념이다.
   **04**  **잔액인수** ▸ 본문을 참조하여 간접발행의 3종류인 '위탁모집 – 잔액인수 – 총액인수'의 차이를 구분할 것. 우리나라의 경우 회사채발행은 대부분 총액인수방식으로 함
   **05**  **200원**
   **06**  **기명주**
   **07**  **우선, 열위, 우선주** ▸ 추가로 전환주는 보통주, 우선주의 전환이 가능한 것을 말함

**08** (            )란 개인이나 소수의 주주로 구성되어 있는 기업이 주식분산요건 등 상장요건을 충족시킬 목적으로 행하는 공모행위를 말한다.

**09** 유가증권시장에 상장하기 위해서는 최종 3사업연도의 재무제표를 제출해야 하지만, 코스닥시장에 상장하기 위해서는 (            )의 재무제표를 제출하면 된다.

**10** 상장준비단계에서 대표주관계약을 체결할 경우, 대표주관회사(금융투자회사)는 계약 체결 후 (            ) 이내에 협회에 신고해야 한다.

**11** 기업공개절차는 '상장예비심사신청서 제출 → (            ) → 투자설명서 제출 → 공모희망가격 산정 → 수요예측 → 청약 및 납입'으로 진행된다.

**12** 초과배정 주식수량은 공모주식의 (            ) 이내이며, 초과배정옵션의 행사는 매매개시일로부터 (            ) 이내이다.

**13** 가장 일반적인 유상증자의 방법으로써, 신주의 인수권을 기존주주에게 부여하고 실권주 발생 시 이사회가 인수하는 방식을 (            )이라고 한다.

**14** 발행주체가 발행가액을 자유롭게 정할 수 있는 증자방식은 (            )과 (            )이 있다.

**15** 일반공모방식은 청약일 전 3거래일로부터 5거래일까지의 가중산술평균주가를 기준으로 하여, 당해 기준주가의 (            ) 이상으로 발행가액을 결정해야 한다.

**16** 시가제도정착에 가장 필요한 유상증자 방식은 (            )증자방식이다.

---

**정답** **08** **기업공개(Initial Public Offering)** ▶ IPO라고 한다.
**09** **최종연도** ▶ 코스닥시장의 상장심사요건은 유가증권시장보다 완화된 차원
**10** **5영업일**
**11** **증권신고서 제출** ▶ 증권신고서가 수리된 후 투자설명서를 제출하고 공모에 들어가게 된다.
**12** **15%, 30일**
**13** **주주배정방식** ▶ 구주주배정방식이라고도 한다.
**14** **주주배정방식, 주주우선공모방식**
**15** **70%**
**16** **일반공모** ▶ 일반공모시 발행가액 산정방법이 시가와 가장 가깝기 때문

**17** 제3자배정방식은 기준주가의 (　　　　　) 이상의 가격으로 발행가액을 정해야 한다.

**18** 이익의 자본화라고 할 수 있는 재무활동은 (유상증자 / 무상증자 / 주식배당)이다.

**19** 전환사채를 전환할 경우 (　　　　)은 증가하고 (　　　　)의 변화는 없다.

**20** '전환사채의 주식전환, 신주인수권부사채의 신주인수권행사, 교환사채의 교환권행사'에서 신주발행에 해당하지 않는 것은 (　　　　　)이다.

**21** 자본시장법상 시장의 개념의 변화가 있는데, 종전의 장내시장은 전산의 발달로 장시장처럼 매매체결시스템을 갖춘 장외시장도 포함하는 개념으로 발전되었다. 따라서 그 명칭도 (　　　　)으로 변경되었다.

**22** 유통시장에는 (자본조달기능 / 자본조달을 돕는 기능)이 있다.

**23** 한국거래소가 개설하고 있는 시장은 (　　　　), (　　　　), (　　　　), (　　　　)의 4가지 종류가 있다.

**24** 한국거래소는 (영리 / 비영리)법인이며, 복수의 거래소가 설립될 수 (있다 / 없다).

**25** 중소기업 및 기술중심의 시장은 (　　　　)이며, 초기 중소기업을 위한 시장은 (　　　　)이다.

**26** (　　　　)이란 발행한 주권이 증권시장에서 거래될 수 있는 자격이 부여되는 것을 말한다.

---

**정답**
17 **90%** ▸ 일반공모보다 엄격하게 기준을 적용한다.
18 **주식배당** ▸ 현금으로 배당하는 현금배당 대신 주식으로 배당하므로 이익이 자본화됨
19 **자본, 자산**
20 **교환사채의 교환권행사**
21 **금융투자상품시장**
22 **자본조달을 돕는 기능** ▸ 자본조달기능은 발행시장에 해당된다.
23 **유가증권시장, 코스닥시장, 코넥스시장, 파생상품시장**
24 **영리, 있다** ▸ 자본금 1천억원 이상의 주식회사이므로 영리법인이며, 2013년 자본시장법 개정으로 허가제로 전환되면서 복수의 거래소가 설립될 수 있다.
25 **코스닥시장, 코넥스시장**
26 **상장(Listing)**

**27** 상장주식의 양도차익은 소득세법상 대주주가 아닐 경우 과세가 되지 않는데, 소득세법상의 대주주로서 유가증권시장은 '지분율 (          ) 또는 종목별 시가총액 (          )' 이상을 보유한 자를 말한다.

**28** ⃞O⃞X⃞ 액면미달 발행의 경우 비상장주식은 법원의 인가와 주총의 특별결의를 갖추어야 하나, 상장기업은 법원의 인가를 받지 않아도 된다.

**29** 비상장기업은 이익배당총액의 (          )까지 주식배당이 가능하나, 상장기업은 시가가 액면가 이상인 것을 전제로 하여 이익배당총액의 전액을 주식배당을 할 수 있다.

**30** 무상증자나 주식배당, 전환사채의 주식전환 등으로 상장하는 것을 (신규상장 / 추가상장)이라 한다.

**31** 상장폐지기업은 상장폐지일로부터 (3년 / 5년) 이내에 재상장 신청이 가능하며, 재상장시 상장심사는 (면제된다 / 면제되지 않는다).

**32** 유가증권시장에 상장하기 위해서는 자기자본은 (          ) 이상, 상장주식수는 보통주 (          ) 이상, 일반주주수는 (          ) 이상이어야 한다.

**33** 유가증권시장에 상장하기 위한 매출액 요건 중 하나는 '최근 3사업연도 평균매출액이 700억원 이상 그리고 최근 사업연도 매출액이 (          ) 이상'이어야 한다.

**34** 내부의 불공정한 거래로부터 다수의 소액투자자를 보호하기 위해 일정요건에 해당하는 주주의 매도를 일시적으로 제한하는 것을 (          )라 한다.

**35** 최대주주의 경우 의무보유기간은 대형법인의 경우 (          ), 일반 또는 벤처기업은 (          ), 기술성장기업은 (          )이다.

---

정답    **27**   1%, 50억원  ▸ 2024년 현재, 주식 양도소득세 부과 기준인 대주주 요건이 과거 종목별 10억원 이상에서 50억원 이상으로 상향 조정되었다.

      **28**   O

      **29**   1/2

      **30**   추가상장  ▸ 추가상장을 신주상장이라고도 한다.

      **31**   5년, 면제되지 않는다  ▸ 기업단위의 상장은 모두 상장심사가 필요하다(8번 참조).

      **32**   300억원, 100만주, 500명

      **33**   1천억원

      **34**   의무보호예수

      **35**   6개월, 6개월, 1년

**36** 벤처금융 및 전문투자자의 경우, 일반·벤처기업과 기술성장기업에 대한 의무보유기간은 (　　　　　　)을 적용한다.

**37** 유가증권시장 상장주식이 최근연도 매출액이 50억원 미만이면 (관리종목에 편입 / 퇴출)된다.

**38** 유가증권시장 상장주식의 보통주 시가총액이 50억원 미만인 상태가 30일 이상 지속될 경우 (관리종목에 편입 / 퇴출)된다.

**39** 회생절차개시를 신청하면 (관리종목에 편입 / 상장폐지)된다.

**40** 상장폐지가 결정되면 (　　　　　)의 정리매매가 진행된다.

**41** 증권신고서는 (발행시장 / 유통시장) 공시이다.

**42** 자율공시에 해당하는 것은 (　　　　　), (　　　　　)가 있다.

**43** 풍문 등의 조회공시를 요구받은 시점이 오전인 경우에는 (　　　　　), 오후인 경우에는 (　　　　　) 조회공시를 해야 한다.

**44** 불성실공시유형에는 (　　　　　), (　　　　　), (　　　　　)이 있다.

**45** KOSPI200종목 중 일평균거래대금이 상위 50%에 해당되는 종목의 대용증권 사정비는 (　　　　　)이다.

---

**정답**　**36**　**1개월** ▶ 벤처투자 촉진차원에서 의무보유기간이 없거나 1개월로 국한함
　　　　**37**　**관리종목에 편입**
　　　　**38**　**관리종목에 편입**
　　　　**39**　**관리종목에 편입** ▶ 파산신청은 바로 상장폐지가 되는 사유이지만, 회생절차개시신청은 일단 관리종목에 편입된 후 법원에서 기각시 상장폐지됨(상장적격성실질심사를 거침)
　　　　**40**　**7일**
　　　　**41**　**발행시장** ▶ 대표적인 발행시장 공시는 증권신고서와 투자설명서, 대표적인 유통시장의 공시는 정기공시(사업보고서 등)이다.
　　　　**42**　**수시공시, 공정공시**
　　　　**43**　**오후까지, 다음날 오전까지**
　　　　**44**　**공시불이행, 공시번복, 공시변경**
　　　　**45**　**80%**

**46** 대용증권 사정비율에서 채권형 수익증권은 (　　　　　), 그 외의 수익증권은 (　　　　)이다.

**47** 상장주식수가 (　　　　) 미만인 종목의 매도주문을 수탁한 경우, 위탁증거금의 100%를 징수해야 한다.

**48** 결제일까지 매수대금을 납부하지 않은 투자자에 대하여는 결제일의 다음 매매일부터 (　　　) 동안 위탁증거금을 100% 징수한다. 만일 매도증권을 납부하지 않은 경우에는 (　　　　) 동안 위탁증거금을 100% 징수한다.

**49** 정규시장의 거래시간은 (　　　　)부터 (　　　　)까지이다.

**50** 유가증권시장의 매매수량단위는 1주인데, ELW의 경우는 (　　　　)이다.

**51** 유가증권시장, 코스닥시장 그리고 코넥스시장에서의 호가가격의 최고단위는 공통적으로 (　　　　) 이다.

**52** 유가증권시장의 가격제한폭은 (　　　　)인데, 주식과 DR, ETF, ETN이 이에 해당된다.

**53** 아침에 열리는 시간외종가시장에서는 (전일종가 / 당일종가)로 거래되며, 장 마감 후 열리는 시간외종가 시장에서는 (전일종가 / 당일종가)로 거래된다. 또한 시간외단일가시장에서는 가격이 변동하는데 그 변 동폭은 ±(　　　　)이다.

**54** 지정가주문이 미체결시 종가결정을 위한 단일가매매에서 시장가호가로 전환하는 조건부호가를 (조건부 지정가호가 / 최유리지정가호가 / 최우선지정가호가)라고 한다.

---

**정답** **46** 80%, 70%
**47** 5만주
**48** 30일, 90일 ▸ 미수계좌에 대한 제재조치이다.
**49** 09:00, 15:30 ▸ 2016.8.1부터 정규시장의 마감시간이 30분 연장되었다.
**50** 10주
**51** 1천원 ▸ 단 ETF 및 ELW는 상품의 특성상 가격범위와 무관하게 5원 단위로 일괄 적용한다.
**52** 30% ▸ 유동성이 부족한 ELW, 신주인수권증서 등에는 가격제한폭이 적용되지 않는다.
**53** 전일종가, 당일종가, 10%
**54** 조건부지정가호가 ▸ 본문을 참조하여 각 호가의 개념을 구분할 것

**55** 거래소에 주문이 체결된 즉시 체결 가능한 수량은 체결하고 미체결된 잔량은 취소하는 조건을 부여하는 것은 (FOK / IOC) 조건이다.

**56** 시가로 출발한 09:00 직후부터 종가결정을 위한 단일가매매호가 접수시간인 15:20 직전까지 체결이 이루어지는 방식을 (단일가매매방식 / 복수가매매방식)이라 한다.

**57** ☐O ☒X☐ 단일가매매에서 합치가격이 2개 이상일 경우에는 직전가격에 가장 가까운 가격으로 결정한다.

**58** 동시호가에 적용되는 호가는 (            ), (            )이다.

**59** 신규상장종목의 호가범위는 평가가격의 (            ) ~ (            )이다.

**60** 시간외매매의 대상은 주권, DR, (            ), (            )이 있다.

**61** 시간외단일가매매는 (            ) 이후부터 매 (            ) 단위로 주문을 받아 단일가로 매매체결을 하며, 가격변동폭은 상하 (            )이다.

**62** ☐O ☒X☐ 시간외 대량매매시 최소주문수량은 유가증권시장의 경우 매매수량단위의 5,000배 또는 1억원 이상이다.

**63** 시간외바스켓매매의 요건은 유가증권시장은 '(            ) 이상으로서 (            ) 이상'이며, 코스닥시장은 '(            ) 이상으로서 (            ) 이상'이다.

---

**정답**  **55** IOC(Immediate Or Cancel)
**56** 복수가매매방식 ▶ 단일가는 하루 2회이다(시가산정시, 종가결정시).
**57** O
**58** 위탁매매우선의 원칙, 수량우선의 원칙
**59** 60%, 400%
**60** ETF, ETN ▶ 유동성이 작은 ELW는 시간외매매를 할 수 없다.
**61** 16:00, 10분, 10% ▶ 종전 '15:30, 30분, 10%'에서 변경되었다(2016~). 그리고 정리매매종목이나 단기과열종목의 경우는 30분 단위로 매매한다.
**62** O ▶ 코스닥은 수량요건 없이 5천만원 이상이다.
**63** 5종목, 10억원, 5종목, 2억원 ▶ 코스닥시장도 시간외바스켓매매가 허용됨(2016~)

**64** 유가증권시장의 서킷브레이커제도는 코스피지수 또는 코스닥지수가 전일 종가지수 대비 (        )%, (        )% 이상 하락하여 (        )분 이상 지속될 경우 CB가 발동되며, 이때 채권을 제외한 모든 종목의 매매거래를 (        )분간 중단한다. 그리고 3차 발동요건인 주가지수가 (        )% 이상 하락하여 1분간 지속되는 경우 매매거래를 중단한 후 즉시 당일의 매매거래를 종결한다. 다만 2단계 (15% 이상 하락 시) 매매중단 시점의 주가지수 수치보다 1% 이상 하락하지 아니하거나, 1% 이상 하락하였으나 1분간 지속되지 아니한 경우는 3단계로 넘어가지 않는다.

**65** (        )는 모든 단일가매매 시 가격결정을 위한 호가접수시간을 정규마감시간 이후 30초 이내의 임의시간까지 연장하여, 매매체결시점이 임의적으로 결정되도록 하는 제도이다.

**66** 변동성완화장치에는 (        )와 (        )가 있다.

**67** (        )는 특정호가에 의해 주가가 체결직전가격 대비 정규시장 중에는 3%, 종가단일가에서는 2%, 시간외시장에서는 3% 이상 변동할 경우(코스피200주식의 경우) 발동된다.

**68** 동적VI가 발동되면 단일가매매시간의 경우 호가접수시간이 (        ) 연장되고, 정규시장시간의 경우 (        ) 단일가매매로 전환된다.

**69** 정적VI는 참조가격대비 (        ) 이상 변동한 경우 발동되며, 발동시에는 동적VI와 동일하게 2분간 단일가매매로 전환된다.

**70** 프로그램매매에서 비차익거래는 동일인이 코스피지수 구성종목 중 (        )개 종목 이상을 매수 또는 매도하는 거래를 말한다.

**71** 사이드카(Sidecar)는 유가증권시장의 경우 선물가격이 기준가 대비 (        ) 이상 변동하여 그 상태가 1분 이상 지속될 때 발동이 되는데, 발동시 프로그램호가의 효력이 (        )간 정지되며, 하루 1회가 가능하다.

---

**정답**
**64** 8(%), 15(%), 1(분), 20(분), 20(%)
**65** 랜덤엔드(Random End) ▶ 단일가매매시간 중 허수성호가의 가격왜곡을 방지하기 위함
**66** 동적VI, 정적VI ▶ VI ; Volatillity Interruption
**67** 동적VI
**68** 2분간, 2분간
**69** 10%
**70** 15(개) ▶ 지수차익거래와는 달리 파생상품시장과의 연관성 여부와 관계없이 일시에 매매하고자 하는 주문이 일정 규모 이상인 경우 비차익 프로그램매매에 해당한다.
**71** 5%, 5분 ▶ 코스닥시장의 경우 '선물지수 6% & 현물지수 3%' 이상의 요건을 충족시 발동된다.

**72** 시장경보제도는 '(          ) → (          ) → (          )'의 3단계로 운영된다.

**73** 공매도는 현행규정상 (무차입공매도 / 차입공매도)에 한해서 허용된다.

**74** ☐O ☐X 공매도는 원칙적으로 직전가격 이하로 호가할 수 없으나, 가격이 상승하는 경우는 직전가격으로 호가할 수 있다.

**75** ☐O ☐X 직전가격이 1만원이면 9,900원으로 공매도를 할 수 없다. 그런데 직전가격이 9,850원으로 하락한 후에 다시 9,900원으로 거래될 경우에는 9,900원으로 공매도를 할 수 있다.

**76** 장 개시 전을 기준으로, 자사주 매수는 전일종가의 (          )까지 주문이 가능하며, 자사주 매도는 전일종가보다 (          ) 낮은 가격까지만 주문이 가능하다.

**77** 자사주매매의 1일 수량 제한은 '총발행주식수의 (          ) 이내에서, 신고한 예정수량의 (          )에 해당하는 수량과 최근 1개월 간의 일평균거래량의 (          )에 해당하는 수량 중 많은 수량 이내'로 한다.

**78** ☐O ☐X 착오매매를 구제하는 수단으로 호가일괄취소(Kill Switch)와 대규모 착오매매 구제제도가 있다.

**79** 대규모 착오매매 구제제도는 착오매매로 인하여 손실금액이 (          ) 이상일 경우, 착오매매 체결가격이 직전가격대비 상하 10%를 초과하는 체결분에 대해 결제가격을 상하 10%로 조정하는 것을 말한다.

**80** 우리나라 주식결제는 (          ), (          ), (          )을 택하고 있다.

---

**정답**
**72** 투자주의종목, 투자경고종목, 투자위험종목
**73** 차입공매도 ▸ 차입공매도는 개인투자자의 대주거래, 기관투자가의 대차거래를 통한 공매도를 말한다.
**74** O ▸ Uptick Rule이라고 한다(올라갈 때는 직전가격으로 매도가 가능함).
**75** O ▸ Uptick Rule에 의해 가능하다.
**76** +5%, 2호가 ▸ 자사주 매매가 주가견인의 수단 또는 하락유발이 되지 않도록 하기 위함이다.
**77** 1%, 10%, 25%
**78** O
**79** 100억원
**80** 실물결제방식, 차감결제방식, 집중결제방식 ▸ 각각 차금결제, 전량결제, 개별결제가 반대용어가 된다.

**81** 회원 간에 성립된 매매거래에 개입하여 모든 매도자 또는 매수자의 상대방이 됨으로써, 중앙거래당사자 (CCP)의 지위에서 회원과 CCP 간의 채권·채무를 차감하여 확정하고 결제기관에 결제지시를 하며 결제 이행이 완료될 때까지 결제를 보증하는 일련의 절차를 (청산 / 결제)(이)라고 한다.

**82** (          )란 결제개시시점부터 결제시한까지 납부된 결제증권을 납부 즉시 수령가능한 회원에게 인 도하고, 결제시한까지 미납된 증권은 익일로 이월한 후 익일 결제할 증권과 차감하여 익일에 결제함으로 써 증권결제를 결제시한에 종결하는 제도이다.

**83** ☐○☐✕ 거래소는 청산기관으로서 결제이행을 보증해야 하므로, 거래소자산의 일부를 결제적립금으로 적 립한다.

**84** 거래소의 (          )는 불공정거래 예방활동과 함께 시장감시 및 심리, 회원감리활동 등의 업무를 수행한다.

**85** 거래소의 시장감시위원회의 분쟁조정기구를 통해서 조정이 성립되면 (재판상 화해 / 민법상 화해)의 효 력을 지닌다.

**86** ☐○☐✕ 2024년 현재 유가증권시장에서 양도되는 주권에 대한 증권거래세율은 0.03%로서 농어촌특별세 율 0.15%를 포함할 경우 사실상 투자자는 0.18%의 세율을 부담한다.

---

**정답** **81** 청산 ▸ 결제는 '청산과정에서 확정된 CCP와 회원 간의 채권채무를 증권의 인도 및 대금지급으로 매매거래를 종결시키 는 행위'를 말함

**82** 이연결제제도(CNS)

**83** O ▸ 참고로 현재 결제적립금수준은 4천억원이다.

**84** 시장감시위원회

**85** 민법상 화해 ▸ 거래소와 협회는 자율규제기관이므로 민법상 화해의 효력을 지닌다.

**86** O ▸ 코스닥시장에서의 세율은 0.18%이며, 코넥스시장은 0.1%이다.

**01** 성장성이 높은 벤처기업과 유망 중소기업을 대상으로 하는 시장은 (　　　　　)이며, 중소기업기본법상의 중소기업을 대상으로 하는 시장은 (　　　　　)이다.

**02** ⃞O⃞X⃞ 코스닥시장은 유가증권시장의 보완적 역할을 한다.

**03** ⃞O⃞X⃞ 최대주주의 의무보유기간은 유가증권시장과 코스닥시장이 동일하게 적용되나, 기술성장기업에 대해서는 코스닥시장이 더 엄격한 기준을 적용한다.

**04** 공모(IPO)를 통해 조달한 자금을 바탕으로 다른 기업과 합병하는 것을 유일한 목적으로 하는 명목회사를 (　　　　　)이라 한다.

**05** 상장심사 경과연수 요건에서 유가증권시장은 (　　　　　) 이상, 코스닥 일반기업은 (　　　　　), 코스닥 벤처기업은 (　　　　　), 코스닥 기술성장기업은 (　　　　　)이다.

**06** 코스닥시장 상장요건으로 일반기업(벤처포함)은 소액주주가 (　　　　　) 이상이어야 하고, 감사의견은 (　　　　　)사업연도 중 적정이어야 하며, 경영투명성은 사외이사와 상근이사 조건을 충족하여야 하고, (　　　　　)의 제한이 없어야 한다.

**07** ⃞O⃞X⃞ 감사의견 요건에서 유가증권시장과 코스닥시장의 요건은 동일하다.

**08** 코스닥시장에서 매출액이 최근년 (30억원 / 50억원) 미만인 경우 관리종목으로 지정된다.

**09** 코스닥상장주식이 사업연도 말 자본잠식률이 (　　　　　) 이상이거나 또는 사업연도 말 자기자본이 (　　　　　) 미만일 경우이거나, 또는 반기보고서 기한경과 후 (　　　　　) 내 미제출시 or 감사의견 부적정·의견거절·범위제한 한정일 경우 관리종목으로 지정된다.

---

**정답** **01** 코스닥시장, 코넥스시장
**02** X ▸ 독립적인 시장이다.
**03** O
**04** SPAC ▸ Special Purpose Acquisition Company이다. SPAC을 통하면 일반투자자도 M&A시장에 참여할 수 있다.
**05** 3년, 면제, 면제, 면제
**06** 500명, 최근, 주식양도
**07** X ▸ 코스닥은 최근연도가 무조건 적정이어야 하고, 유가증권시장은 3사업연도로 평가한다.
**08** 30억원 ▸ 유가증권시장의 매출액요건은 50억원이다.
**09** 50%, 10억원, 10일

**10** 월평균거래량이 유동주식수의 1% 미만 상태가 (2분기 / 2반기) 연속 시 코스닥시장에서 상장폐지된다.

**11** 코스닥150지수의 구성종목 중 일평균거래대금이 상위 50%에 해당하는 종목의 대용증권 사정비율은 (          )이다.

**12** 코스닥150지수를 기초지수로 하는 ETF의 대용증권 사정비율은 (          )이다.

**13** ☐O☐X  유가증권시장, 코스닥시장, 코넥스시장의 매매수량단위는 모두 1주이다.

**14** 한국거래소의 유가증권시장, 코스닥시장, 코넥스시장과 협회의 K-OTC시장의 호가가격단위는 주권의 가격대별로 (          )로 통일되어 있다.

**15** 코스닥시장의 바스켓매매의 구성요건은 최소주문수량이 '(          ) 이상으로서 (          ) 이상'이면 된다.

---

정답  **10**  2분기 ▶ 2반기는 유가증권시장의 상폐요건이다.
　　　**11**  80% ▶ 코스피200지수 구성종목과 동일하다.
　　　**12**  80% ▶ 코스피200지수의 경우와 동일하다.
　　　**13**  O ▶ 그러나 주식워런트증권(ELW)의 경우 매우 낮은 수준으로 가격이 형성되는 당해 증권의 성격을 감안하여 10주 단위로 매매거래하고 있다.
　　　**14**  7단계
　　　**15**  5종목, 2억원 ▶ 유가증권시장의 경우 '5종목 이상 & 10억원 이상'이다.

**01** 코넥스시장은 (유망중소기업 / 중소기업기본법상의 중소기업 / 비상장기업)을 위해 개설한 시장이다.

**02** 코넥스 상장법인이 상장기간 중 지정자문인과의 선임계약을 해지할 경우 (　　　　　)영업일 이내로 다른 지정자문인과 계약을 체결하지 않으면 상장폐지요건이 충족된다.

**03** 유가증권시장이나 코스닥시장의 상장심사기간은 약 4개월이지만, 코넥스시장의 경우 약 (　　　　)영업일에 불과할 정도로 신속한 상장이 가능하다.

**04** 지정기관투자자로부터 발행주식총수의 (　　　　) 이상 또는 투자금액 (　　　　) 이상의 투자를 받고 있는 피투자기업은 코넥스시장에 특례상장이 가능하다.

**05** (분산의무면제 / 의무보호예수 미적용 / 반기·분기보고서 제출의무 면제 / 2종류의 호가만 운영)하는 제도 중에서 코넥스시장의 상장요건 완화장치와 가장 거리가 먼 것은 (　　　　)이다.

**06** 코넥스시장은 코스닥시장에 비해 자율공시대상이 (확대 / 축소)되었다.

**07** (코넥스시장 / K-OTC시장)은 금융투자협회가 자본시장법과 금융위규정에 따라 증권시장에 상장되지 않은 주권의 장외거래를 위하여 운영되는 시장을 말한다.

**08** (　　　　　)은 장내시장이지만 전문투자자가 주로 참여하는 시장이며, (　　　　)은 장외시장이지만 일반투자자들이 참여하는 시장이다.

---

**정답** **01** **중소기업기본법상의 중소기업** ▸유망중소기업이나 성장잠재력이 높은 벤처기업은 코스닥, 비상장기업은 K-OTC시장을 말한다.
　　　**02** 30
　　　**03** 15 ▸지정자문인이 상장적격성심사를 먼저 하므로 신속한 상장이 가능함
　　　**04** 10%, 30억원 ▸특례상장이라 함은 지정자문인 계약의 체결이 없는 상태에서도 상장이 가능함을 말한다.
　　　**05** **2종류의 호가만 운영** ▸나머지 셋과 달리 '2종류 호가(지정가호가, 시장가호가)만 운영'하는 것은 유동성이 낮은 코넥스의 특징을 감안한 것이다.
　　　**06** **확대** ▸코스닥시장에 비해 의무공시사항이 대폭 축소된 만큼(예 반기분기보고서 면제 등) 자율공시대상이 확대되었고, 매반기 기업설명회 개최의무도 있다.
　　　**07** K-OTC시장 ▸코넥스시장은 상장시장이다.
　　　**08** 코넥스시장, K-OTC시장 ▸코넥스는 거래소가, K-OTC시장은 협회가 운영한다.

**09** 코넥스시장에서는 경매매제도가 허용되는데, 경매매는 (매수 / 매도)측이 단수이고 상대측이 복수인 경우에 해당되며, 경매매신청이 가능한 최소수량은 상장주식 총수의 (          ) 이상으로서 금액은 (          ) 이상이어야 한다.

**10** 코넥스시장의 가격제한폭은 (          )이며, K-OTC시장의 가격제한폭은 (          )이다.

**11** K-OTC시장에 등록되기 위해서는 최근 사업연도말 자본전액잠식상태가 아니어야 하고, 최근 사업연도의 매출액은 (          ) 이상이어야 하며, 외부감사인의 감사의견은 (          )이어야 한다.

**12** ☐○☒ K-OTC시장에서 주식을 매도할 경우 양도소득세 과세대상이 된다. 단, K-OTC시장의 등록·지정법인 중 벤처기업 또는 중소기업, 중견기업이며 해당 기업의 소액주주가 K-OTC 내에서 주식양도 시에는 양도소득세가 비과세된다.

**13** K-OTC시장의 호가종류에는 (          )만 있으며, 호가가격단위는 (          )이다.

**14** K-OTC시장의 등록·지정법인을 매도하면 (    가    )로 간주되고, (    가    )의 금액이 10억원을 상회하면 (    나    )를 제출해야 하며, 10억원 미만이면 (    다    )를 제출해야 한다.

**15** K-OTC지정법인은 K-OTC시장에 정기공시를 제출할 의무가 (있다 / 없다).

**16** K-OTC시장에서 불성실공시법인으로 지정되는 횟수가 2년에 4회 이상이면 (          ), 2년에 6회 이상이면 (          )가 된다.

**17** K-OTC시장의 불성실공시 유형은 공시불이행, 공시번복, (          )이다.

**18** K-OTC시장에서 등록·지정해제가 되면 (          )의 매매거래정지가 있으며, 이후 (          ) 이내의 기간에서 정리매매가 주어진다.

---

**정답**  **09** 매도, 0.5%, 2,500만원
　　　**10** 15%, 30%
　　　**11** 5억원, 적정
　　　**12** ○
　　　**13** **지정가호가, 7단계** ▸ 참고로 코넥스시장은 지정가·시장가호가 2종류만 있으며 호가가격단위는 유가증권시장과 코스닥시장과 동일하게 7단계이다.
　　　**14** **가 : 매출, 나 : 증권신고서, 다 : 소액공모공시서류** ▸ 참고로 소액출자자의 경우에는 소액매출서류(약식서류)를 제출하면 소액공모공시 서류를 제출한 것으로 간주한다.
　　　**15** **없다** ▸ 등록법인과 달리 지정법인은 K-OTC시장에 유통시장공시를 할 필요가 없다(대신 DART사이트에 공시해야 함).
　　　**16** **투자유의사항지정, 등록해제** ▸ 투자유의사항지정은 거래소의 관리종목지정과 유사한 개념이다.
　　　**17** **허위공시** ▸ 거래소 상장시장은 '공시변경'이다.
　　　**18** **3영업일, 10영업일**

**01**  ☐☑  채권은 주식에 비해 안전하지만 만기 이전에 매매가 불가능하다는 단점이 있다.

**02**  채권의 권면에 표시된 금액으로 지급이자 산출을 위한 기본단위가 되는 것을 (          )라고 한다.

**03**  채권을 매입 후 채권수익률이 하락하면 보유채권의 가격은 (상승 / 하락)한다.

**04**  '채권의 만기까지 단위기간별로 발생하는 이자와 액면금액에 의해 이루어지는 총현금흐름의 현재가치의 합을 채권가격과 일치시키는 할인율'을 (표면이율 / 만기수익률)이라 한다.

**05**  만기가 1년 이하이면 (          ), 1년 초과 5년 이하이면 (          ), 5년을 초과하면 (          )로 분류한다.

**06**  발행한 채권에 대해서 이자지급이 변동하는 것을 (          )이라고 하는데, 이때 국내에서는 변동의 기준금리를 주로 (          )금리로 한다.

**07**  표면이율 6%, 만기 3년, 6개월 단위복리채의 만기상환금액을 공식으로 표현하면 (          )이다.

**08**  채권을 '국채, 지방채, 특수채, 회사채 등'으로 구분하는 것은 (          ) 분류이고, '복리채, 할인채, 이표채 등'으로 구분하는 것은 (          ) 분류이다.

**09**  특수채에는 한국은행이 발행하는 (          ), 특별법에 의해 설립된 특수은행인 (          ), (          ) 등에서 발행한 금융특수채가 있다.

---

**정답**  **01**  X  ▸주식투자수익 = 자본소득 + 배당수익, 채권투자수익 = 자본소득 + 이자수익. 표면이율보다 시장수익률이 하락하면 자본차익을 거둘 수 있다.

**02**  액면가

**03**  상승  ▸매입 후 시장금리가 상승하면 채권가격은 하락한다(채권수익률과 채권가격은 역의 관계).

**04**  만기수익률  ▸CR(표면이율)과 YTM(만기수익률)의 차이를 잘 이해해야 함

**05**  단기채, 중기채, 장기채  ▸미국의 경우 장기채(Bond)는 10년 이상이다.

**06**  변동금리부채권, CD  ▸변동금리부채권(FRN)은 채권수익률 변동에 따른 가격위험에는 노출되지 않는다.

**07**  $S = 10,000 \times (\frac{0.06}{2})^{3 \times 2}$  ▸1년 단위, 6개월 단위, 3개월 단위의 복리계산법 차이에 유의

**08**  발행주체별, 이자지급별

**09**  통화안정증권(또는 통화안정채권), 수출입은행, 산업은행  ▸특수은행(수출입은행, 산업은행, 중소기업은행, 농수협중앙회)에서 발행한 채권을 금융특수채라고 함

**10** ⃞O ⃞X 특별법에 의해 설립된 한전이나 가스공사 등이 발행한 채권은 비금융특수채이다.

**11** ⃞O ⃞X 국채나 지방채를 제외한 채권을 신용물(Credit Bond)이라고 하는데 통안채는 신용물로 본다.

**12** ⃞O ⃞X 모든 채권은 발행시 증권신고서를 제출해야 한다.

**13** 채권의 공모가액이 (              ) 이상이면 증권신고서를 제출해야 한다.

**14** 채권의 발행은 공모와 사모로 구분되고, 공모는 다시 직접모집과 간접모집으로 구분된다. 직접모집에는
매출발행과 공모입찰발행이 있으며 간접모집에는 (            ), (            ), (            )(이)가 있다.

**15** 입찰자의 입찰금리대로 낙찰되는 경쟁입찰방식을 (Conventional / Dutch)방식이라 한다.

**16** 국채시장조성을 위해 국채의 자기매매인가업체들이 경쟁매매를 하는 것이 (IDM / IDB)이며, 대 고객
상대매매를 함에 있어서 자기거래를 금지하는 차원에서 중립적인 위치에서 채권딜러 간의 중개업무를
수행하는 회사를 (IDM / IDB)라고 한다.

**17** ⃞O ⃞X 채권시장의 장내거래 대상은 상장채권으로 제한되며, 장외거래대상은 비상장채권으로 제한된다.

**18** 채권투자위험에는 (            ), (            ), (            ), (            ), (            ),
(            )이 있다.

---

정답  **10** O
**11** X ▸ 한국은행은 국가에 준하므로 신용물로 보지 않는다.
**12** X ▸ 증권신고서는 발행의 진실성을 검증하는 것이므로 국가가 직간접으로 보증하는 국채, 지방채, 특수채는 증권신고서
제출의무가 면제된다.
**13** 10억원
**14** 위탁모집, 잔액인수, 총액인수 ▸ 회사채는 대부분 간접모집을 통해 발행한다.
**15** Conventional ▸ 입찰자의 입찰금리대로 복수가로 낙찰되는 방식을 컨벤셔널방식, 커트라인이 되는 금리로 단일하게
낙찰되는 방식을 더치방식이라 함
**16** IDM, IDB ▸ IDM(Inter Dealer Market)과 IDB(Inter Dealer Broker)의 차이를 구분할 것
**17** X ▸ 채권의 장외거래는 비상장채권뿐 아니라 상장채권도 포함한다.
**18** 가격변동위험(시장위험), 채무불이행위험(신용위험), 유동성위험, 재투자위험, 환율변동위험, 수의상환위험 ▸ 유동성
위험 등 기본적인 위험에 이표채에서 발생하는 재투자위험이 포함되는 것이 특징이다.

**19** 채권공급량은 채권발행사가 결정하므로 (내적 / 외적)요인이 되지만, 채권수요결정에 큰 영향을 주는 자금수급동향은 국가 전체 차원에서 결정되므로 (내적 / 외적)요인이 된다.

**20** 채권액면 1만원, 표면이율 5%, 만기 3년, 연단위복리채를 발행일에 만기수익률 6%로 매입한다면, 매입가격을 구하는 공식은?

**21** ☐O☐X☐ 말킬의 정리에서 '만기가 일정할 때 수익률 하락으로 인한 가격상승폭이 수익률 상승으로 인한 가격의 하락폭'보다 크다.

**22** 향후에 금리가 하락할 것이 확실시된다면 (표면금리가 4%인 채권 / 표면금리가 6%인 채권)을, (잔존만기가 3년 / 잔존만기가 5년)인 채권을 구입하는 것이 수익률에 더 유리하다.

**23** (              )은 채권가격의 민감도와 채권투자원금의 가중평균회수기간으로 정의된다.

**24** 듀레이션은 표면이율이 낮을수록, 잔존만기가 길수록, 만기수익률이 낮을수록 (상승 / 하락)한다.

**25** 3년만기 이표채의 경우 듀레이션은 3년보다 무조건 (길다 / 짧다).

**26** ☐O☐X☐ 무이표채의 경우 듀레이션은 무조건 잔존만기와 동일하다.

**27** ☐O☐X☐ 할인채와 복리채의 만기와 듀레이션은 동일하다.

**28** 잔존만기가 3년인 국채, 만기수익률이 10%에서 9%로 하락했다면 당해 채권의 가격변동폭을 계산하는 식은 (              )이다.

---

**정답**　**19**　**내적, 외적** ▶ 채권수익률을 변동하게 하는 요인 중 '수급동향'은 외적요인, '금융기관 수신고나 채권공급량'은 내적요인이다.

**20** $P = \dfrac{10,000(1+0.05)^3}{(1+0.06)^3}$

**21** O ▶ 말킬의 4정리이다. 동일한 변동이라도 수익률 하락시의 가격상승폭이 수익률 상승시의 가격하락폭보다 더 큰데, 이는 채권의 볼록성 때문이다(볼록성이 큰 채권이 선호됨).

**22** **표면금리 4%, 잔존만기 5년** ▶ 듀레이션은 표면이율은 낮을수록, 잔존만기는 길수록 커진다.

**23** **듀레이션(Duration)**

**24** **상 승**

**25** **짧다** ▶ 이표채는 중도에 이자를 지급하므로 평균상환기간이 잔존만기보다 짧다.

**26** O

**27** O

**28** $(-) \times \dfrac{3}{(1+0.1)} \times (-)1\%$

**29** 수정듀레이션이 3이다. 채권수익률이 1% 하락한다면 볼록성까지 고려한 채권가격의 변동율은 (3%보다 많이 상승한다 / 3%만큼 상승한다 / 3%보다 작게 상승한다).

**30** 볼록성은 표면이율이 낮을수록, 잔존만기가 길수록, 만기수익률이 낮을수록 (상승 / 하락)한다.

**31** 실제 채권의 가격은 듀레이션 측정치보다 항상 (크다 / 작다).

**32** 매입가격 10,000원, 매도가격 11,500원, 표면이자수입과 재투자수입 합계 1,000원일 때 실효수익률을 구하는 공식은 $[\sqrt[2]{\dfrac{12,500}{10,000}} - 1 \ / \ \dfrac{1}{2}(\dfrac{12,500}{10,000} - 1)]$이다.

**33** 채권수익률의 신용스프레드는 (경기호황 / 경기불황) 시 더욱 확대된다.

**34** 수익률곡선의 유형은 (          ), (          ), (          ), (          )의 4가지가 있다.

**35** 자금사정의 악화로 단기적으로 금리가 높아지지만 장기적으로 금리가 안정될 것으로 기대되는 상황에서 나타나는 수익률곡선의 형태는 (          )이다.

**36** 불편기대이론에서 장기수익률은, 현물이자율과 (          )의 기하평균으로 계산된다.

**37** 현실적으로 수익률곡선이 우상향하는 점을 가장 잘 설명하는 것은 (          )이다.

---

**정답**

**29** **3%보다 많이 상승한다** ▸ 말킬의 4정리 또는 채권의 볼록성에 의해 채권수익률이 하락할 경우 실제 채권가격은 듀레이션측정치보다 '더 많이 올라가고' 반대의 경우 '덜 내려간다'.

**30** **상승** ▸ 듀레이션과 볼록성은 같은 방향으로 움직인다.

**31** **크 다**

**32** $\sqrt[2]{\dfrac{12,500}{10,000}} - 1$ ▸ 후자는 연평균수익률의 공식이다(항상 '실효수익률 < 연평균수익률')

**33** **경기불황** ▸ 경기불황 시에 자금경색이 생기므로 무위험채권과 위험채권(Credit Bond)의 격차가 더욱 확대된다.

**34** **상승형, 하강형, 낙타형, 수평형**

**35** **낙타형(Bumped)**

**36** **내재선도이자율**

**37** **유동성선호이론**

**38** 법적, 제도적 요인 등에 의한 구조적 경직성이 존재함으로써 채권시장이 몇 개의 하위시장으로 분할되어 있다는 이론은 (　가　)이며, 이는 (　나　)과 극단적 차이를 보인다.

**39** 수익률곡선타기 전략에서 단기채의 기간스프레드를 활용한 전략을 (　　　)라고 하고 장기채의 기간스프레드를 활용한 전략을 (　　　)이라 한다.

**40** 단기채의 유동성과 장기채의 수익률효과를 모두 고려한 전략이며, 사다리형의 비용부담을 완화하고자 하는 패시브전략의 하나인 전략은 (　　　)이다.

**41** 채권의 소극적인 운용전략으로서 포트폴리오의 채권별 비중을 각각의 잔존기간별로 동일하게 유지하는 전략은 (　　　)이다.

**42** 투자기간과 채권의 듀레이션을 일치시키는 전략은 (　　　)이다.

**43** 자산유동화 과정에서, 유동화 자산으로부터 발행하는 수입을 발행기관인 SPV를 대신하여 회수하거나 추심하는 업무를 하는 기관은 (자산보유자 / 자산관리자)이다.

**44** 채무증권이 회계적 자본으로 인정받는 세 가지 요건은 (　　　), (　　　), (　　　)이다.

**45** 후순위채무가 자본으로 인정되기 위해서는 후순위성, 만기의 영구성, 이자지급의 임의성을 갖추어야 한다. 그리고 여기에 '이자지급 정지조건'이 추가되면 (　　　)으로 인정된다.

**46** (　　　)은 발행기관에 대한 상환청구권과 함께 발행기관이 담보로 제공하는 기초자산집합에 대해서 우선 변제받을 권리를 가지는 채권이다.

---

**정답**　**38**　가 : 시장분할이론, 나 : 불편기대이론　▶참고로, 불편기대이론은 시장참여자의 기대에 따라 모든 형태의 수익률곡선이 가능하다.

**39**　쇼율더효과, 롤링효과　▶쇼울더전략, 롤링전략이라고도 함. 단, 이 전략은 수익률곡선의 형태가 예상대로 유지되어야 한다는 한계가 있다.

**40**　바벨형 만기운용전략　▶액티브전략으로서 바벨형전략과 차이가 있음에 유의

**41**　사다리형 만기운용전략

**42**　면역전략

**43**　자산관리자(Servicer)

**44**　후순위성, 만기의 영구성, 이자지급의 임의성

**45**　신종자본증권

**46**　이중상환청구권부채권(Covered Bond)　▶신종자본증권이나 조건부자본증권은 후순위성을 가지는 자본의 성격이 강하지만, 커버드본드는 우수한 신용을 가진 장기채의 성격을 지닌다.

**47** 전환가격이 1만원, 전환대상 주식의 시가가 16,000원이라고 할 때 패리티는 (            )이고 패리티가
격은 (            )이다.

**48** 전환사채의 시장가격이 11,000원이고 주식으로 전환하였을 때의 전환가치가 10,500원이라면 전환프리
미엄은 (            )이다.

**49** 전자단기사채는 발행금액 (            ) 이상, 만기 1년 이내 등의 요건으로 발행된다.

**50** 전자단기사채의 요건은 발행금액 (            ), 만기 (            ), 발행금액의 전액일시 납입, 주권관
련권리의 부여금지 등이다.

**51** '원리금 지급능력이 양호하지만 상위등급에 비해서 경제여건 및 환경악화에 따라 장래 원금의 지급능력
이 저하될 가능성을 내포하고 있다'는 것은 회사채의 (            )등급을 말한다.

**52** 신용평가사는 기업환경 변화의 신속한 반영을 위하여 평가사가 부여한 등급을 신용상태 변화요인이 발생
할 경우, 등급변경검토에 착수하였음을 외부에 공시하는 것을 (            )라 한다.

**53** 현재의 등급체계와는 무관하지만 중장기 관점에서의 신용등급의 방향성에 대한 의견을 (            )라
한다.

**54** Outlook제도의 4가지 종류는 (            ), (            ), (            ), (            )이다.

**55** 채권발행자의 장기적인채무상환능력을 선순위 보증채무에 준하여 평가하고 이를 신용등급화하는 것을
(            )이라 한다.

---

정답

**47** 160%, 16,000원 ▸ 패리티 $= \dfrac{16,000}{10,000} \times 100 = 160\%$

패리티가격 $= \dfrac{주식의 \; 시장가격}{전환가격} \times 10,000원 = 16,000원$

**48** +500원 ▸ 주가상승시 전환사채에 가격이 반영되며, 주식으로 전환된 상태보다 채권으로 들고 있는 것이 더 안전하므로
채권가격이 전환가치보다 높게 된다. 따라서 전환프리미엄은 플러스를 보이는 것이 일반적이다.

**49** 1억원

**50** 1억원 이상, 1년 이내

**51** BBB ▸ BBB 이상이 투자적격이다.

**52** 신용상태감시대상제도(Watchlist제도)

**53** 등급전망제도(Outlook제도)

**54** 긍정적, 안정적, 부정적, 유동적

**55** Issuer Rating

# 제3편 금융상품 및 직무윤리

**1장 　금융상품분석·투자전략(13문항 대비)**

**01** 금융회사는 (　　　　), (　　　　), (　　　　), (　　　　), (　　　　), (　　　　)
의 6개 그룹으로 분류된다.

**02** 은행은 (　　　　)과 (　　　　)으로 구분된다.

**03** 일반은행에는 (　　　　), (　　　　), (　　　　)이 있다.

**04** 특수은행에는 (　　　　), (　　　　), (　　　　), (　　　　), (　　　　)(이)가 있다.

**05** ☐O☐X☐ 비은행예금취급기관에는 상호저축은행과 신용협동기구가 속한다.

**06** 보험회사는 업무특성에 따라 (　　　　), (　　　　), 우체국, 공제조합으로 구분된다.

**07** 금융지주회사, 여신전문금융회사('여전사'), 벤처캐피탈회사, 증권금융회사, 기타 공적금융기관은
(　　　　)으로 분류된다.

**08** (　　　　)에는 한국거래소, 예탁결제원, 금융결제원, 신용보증기금, 신용정보회사, 자금중개회사 등
이 있다.

**09** 일반은행의 고유업무는 (　　　　), (　　　　), (　　　　)이다.

---

**정답** **01** 은행, 비은행예금취급기관, 보험회사, 금융투자회사, 기타 금융기관, 금융보조기관
　　　　**02** 일반은행, 특수은행
　　　　**03** 시중은행, 지방은행, 외국은행국내지점
　　　　**04** 한국산업은행, 한국수출입은행, 중소기업은행, 농협중앙회, 수협중앙회
　　　　**05** O ▸ 신용협동기구에는 새마을금고, 신협, 농수협단위조합(상호금융)이 해당된다.
　　　　**06** 생명보험회사, 손해보험회사
　　　　**07** 기타금융기관
　　　　**08** 금융보조기관
　　　　**09** 예금수입과 대출, 어음의 할인, 내외국환업무

**10** 일반은행의 겸영업무는 (          ), (          ), (          ) 등이 있다.

**11** 특수은행 중 개발금융기관으로 분류되는 은행은 (          )이다.

**12** 영세상공인과 서민의 금융편의와 저축증대를 목적으로 일정지역을 대상으로 예금 및 대출업무를 영위하는 서민금융기관은 (상호저축은행 / 신용협동기구)이다.

**13** 투자매매·투자중개업자의 업무는 위탁매매업무, (          ), 인수주선업무, 펀드판매 및 자산관리업무, 신용공여 등이 있다.

**14** 집합투자기구는 설립형태에 따라 계약형, 회사형으로 구분하는데 투자신탁은 (          )에 속한다.

**15** ○✕ 투자신탁의 조직은 위탁회사(집합투자업자), 수탁회사, 판매회사, 일반사무관리회사로 구성된다.

**16** 사모집합투자기구는 투자자의 총수가 (          ) 이내여야 하고, (          ) 사모집합투자기구와 (          ) 사모집합투자기구로 구분된다.

**17** 사모집합투자기구 중 (          ) 사모집합투자기구는 강화된 투자자 보호규정이 적용되고 전문투자자와 (          ) 이상 투자하는 일반투자자가 가입대상이다.

**18** 투자대상별로 분류한 집합투자기구는 (          ), (          ), (          ), (          ), (          )의 5가지로 구분된다.

---

**정답**
**10** 신용카드업무, 펀드판매업무, 보험대리점업무(방카슈랑스)
**11** 한국산업은행 ▸ 다른 특수은행과 달리 예금비중이 낮거나 예금통화의 신용창조 기능이 낮아서 편제상 개발금융기관으로 분류됨
**12** 상호저축은행
**13** 자기매매업무 ▸ 위탁매매업무(Brokerge), 자기매매업무(Dealing), 인수주선업무(Underwriting)가 3대 업무라고 할 수 있다.
**14** 계약형 ▸ 투자회사는 회사형이다.
**15** X ▸ 일반사무관리회사는 투자회사에만 존재한다.
**16** 100명, 일반, 기관전용 ▸ 2021년 4월 자본시장법 개정 이후로, 사모집합투자기구는 일반 사모집합투자기구와 기관전용 사모집합투자기구로 구분되며, 투자자 수는 100명 이하이다.
**17** 일반, 3억원
**18** 증권집합투자기구, 부동산집합투자기구, 특별자산집합투자기구, 혼합자산집합투자기구, 단기금융집합투자기구 (MMF)

**19** 펀드재산의 50%를 초과하여 증권과 부동산이 아닌 경제적 가치가 있는 자산에 투자하는 펀드를 (          )라 한다.

**20** ☐O☐X 펀드재산의 50%를 초과하여 혼합자산에 투자하면 혼합자산집합투자기구이다.

**21** 단기금융집합투자기구는 (          )에만 투자할 수 있다.

**22** 로보어드바이저(Robo-advisor)는 (          )에 해당한다.

**23** 신탁은 재산의 종류에 따라 (          ), (          )으로 구분하는데 금전채권신탁은 (          )에 해당된다.

**24** ☐O☐X 금전채권신탁은 수익자를 위해 금전채권을 추심할 목적으로 운용한다.

**25** 생명보험은 보험금지급조건에 따라 (          ), (          ), (          )의 3가지로 구분된다.

**26** 사망보험의 보험사고는 (          )이며, 생존보험의 보험사고는 (          )이다.

**27** 손해보험회사가 취급하는 보험종목은 담보위험에 따라 (          ), (          ), (          ), (          ), (          ), (          ), 장기저축성보험, 해외원보험의 8가지로 구분된다.

**28** ☐O☐X 우체국보험은 생명보험뿐만 아니라 손해보험도 취급한다.

---

**정답**  **19**  특별자산집합투자기구
**20**  X ▸ 혼합자산펀드는 증권, 부동산, 특별자산의 비중제한이 없는 것을 말한다.
**21**  증권 ▸ 예를 들어 부동산펀드는 재산의 50%를 초과하여 부동산에 투자하면 되고 나머지는 위험도가 높은 파생상품에도 투자할 수 있다. 그러나 MMF는 안정성이 중요하므로 증권에만 투자할 수 있다.
**22**  투자자문 또는 투자일임업자
**23**  금전신탁, 재산신탁, 재산신탁
**24**  X ▸ 추심보다는 유동화를 목적으로 한다.
**25**  사망보험, 생존보험, 생사혼합보험
**26**  사망, 생존 ▸ 예를 들어 사망보험은 사망해야 보험금을 지급하며, 생존보험은 연금개시시점 이후로 생존하고 있어야 보험금이 지급된다.
**27**  화재보험, 해상보험, 자동차보험, 보증보험, 특종보험, 연금보험
**28**  X ▸ 우체국보험은 생명보험만 취급한다.

**29** (            )이란 개별특별법에 의해 생명보험이나 손해보험과 유사한 보험을 취급하는 기관이다.

**30** 여신전문금융회사에는 (          ), (          ), (            )가 대표적인데 수신은 하지 않고 여신만 한다.

**31** (            )는 주로 소액자금을 신용도가 낮은 소비자에게 대부하거나 이러한 금전의 대부를 중개하는 자를 말한다.

**32** 요구불예금에는 (          ), (          ), (          )이 있다.

**33** (보통예금 / 저축예금 / MMDA / CD) 중 환금성이 상대적으로 떨어지는 상품은 (          )이다.

**34** '보통예금, MMDA, 수익증권' 중에서 유동성과 수익성을 동시에 충족시킬 수 있는 상품은 (            )이다.

**35** 은행의 MMDA, 제2금융권의 CMA와 경쟁하는 집합투자기구 상품은 (          )이다.

**36** 해외펀드는 국내 자산운용사에서 운용하고 원화로 투자되는 (          ), 해외투자운용사가 해외에서 운용하는 (          )로 구분된다.

**37** (모자형 / 종류형 / 전환형) 집합투자기구는 판매보수와 판매수수료의 차등을 둘 수 있고 투자된 자산을 합쳐서 운용하므로 규모의 경제를 달성할 수 있다.

**38** 우량회사채와 CP(기업어음)에 투자하여 안정성과 수익성을 동시에 추구하는 펀드는 (          )이다.

---

**정답** **29** 공제기관 ▶ 자동차공제조합, 신협공제 등이 있다.
**30** 신용카드회사, 할부금융회사, 리스회사
**31** 대부업자 ▶ 대부업에는 최저자본금의 진입요건이 없고, 영업지역제한도 없으며, 자금조달에 관한 규제도 없다.
**32** 보통예금, 당좌예금, 가계당좌예금
**33** CD ▶ CD는 통상 91일 만기가 가장 많은데 환금성이 높은 편이다. 그러나 보통예금, 저축예금과 MMDA는 수시입출금기능이 있으므로 CD보다 환금성이 더 높다.
**34** MMDA ▶ 시장금리부 수시입출금식 예금이다(수시입출금이 되면서 실세금리를 지급함).
**35** MMF ▶ 단기금융집합투자기구이다.
**36** 역내펀드, 역외펀드 ▶ 역내펀드는 On-shore Fund, 역외펀드는 Off-shore Fund라고 한다.
**37** 종류형
**38** 회사채펀드

**39** ☑☒ 배당주펀드는 배당을 많이 주는 중소형주를 주로 편입한 펀드로 시세차익은 기대하지 않는다.

**40** 리츠(REITs) 중에서 '자산의 투자 및 운용 등 전반적인 관리를 외부의 전문투자회사에 맡기는 형태'는 (          )에 해당된다.

**41** 주식시장에서 실시간으로 거래되는 인덱스펀드를 (          )라 한다.

**42** (          )이란 '기초자산의 가격, 이자율 등의 지수와 연계하여 미리 정해진 방법에 따라 지급하는 권리가 표시된 것'을 말한다.

**43** 대표적인 파생결합증권은 (          ), (          )이다.

**44** 기초자산의 가격이 상승하면 콜ELW의 가격은 (          )하고, 풋ELW의 가격은 (          )한다.

**45** ☑☒ 기초자산의 변동성이 커지면 콜, 풋을 가리지 않고 ELW의 가격이 상승한다.

**46** 기초자산에서 배당을 하면 콜ELW의 가격은 (상승 / 하락)한다.

**47** ELS는 은행에서 판매하는 (          ), 증권회사에서 판매하는 (          ), 운용사에서 판매하는 (          )로 구분된다.

**48** 투자기간 중 사전에 정해둔 주가 수준에 도달하면 확정된 수익으로 조기상환되며, 그 외의 경우에는 만기시 주가에 따라 수익이 결정되는 ELS 유형은 (          )이다.

---

**정답** **39** X ▸ 일반적으로 배당을 많이 주는 중소형주는 기업가치가 우수한 편이므로 시세차익도 기대할 수 있는 펀드이다.
　　　 **40** 위탁관리리츠 ▸ 리츠는 자기관리리츠, 위탁관리리츠, 기업구조조정리츠(CR-REIT's), 개발전문리츠의 4가지 종류이다.
　　　 **41** ETF(상장지수펀드)
　　　 **42** 파생결합증권
　　　 **43** ELS, ELW ▸ 각각 주가연계증권, 주가워런트증권으로 불린다.
　　　 **44** 상승, 하락
　　　 **45** O
　　　 **46** 하락 ▸ 배당락으로 기초자산이 하락하는데 콜ELW는 불리, 풋ELW는 유리하다.
　　　 **47** ELD, ELS, ELF
　　　 **48** Knock-Out형 ▸ 수익구조에 따라 Knock-Out, Bull Spread, Digital, Reverse Convertible의 4가지 유형이 있다.

**49** (ELD / ELS / ELF) 중에서 절대 원금보전이 불가능한 것은 (　　　　　　)이며, 유일하게 예금자보호가 되는 것은 (　　　　　)이다.

**50** (　　　　　　)이란 채무증권, 지분증권, 수익증권, 투자계약증권, 파생결합증권을 예탁받은 자가 해외에서 발행한 것으로서, 예탁받은 증권을 수령할 수 있는 권리가 표시된 것을 말한다.

**51** ｜O×｜ 대부분의 CMA(현금자산관리계좌)는 MMF, RP, MMW에 재투자되며, 일부 증권사는 종금형 CMA를 판매한다.

**52** 랩어카운트에는 (　　　　　), (　　　　　), (　　　　　)의 종류가 있다.

**53** ｜O×｜ 랩어카운트 상품은 회사와 고객 간의 이익상충이 적고, 장기적으로 안정적인 영업기반이 될 수 있으나, 단기적으로 수수료 수입총액이 감소할 수도 있다.

**54** 랩어카운트 상품은 영업직원 입장에서 고객과의 이익상충이 (많아지고 / 작아지고), 영업직원이 고객에게 미치는 영향력이 (커진다 / 작아진다)는 특징이 있다.

**55** 만기에 납입보험료가 보험금을 초과하지 않는 것을 (저축성보험 / 보장성보험)이라 한다.

**56** ｜O×｜ 연금저축에는 크게 보험, 신탁, 펀드가 있으며 현재 신탁은 신규로 가입할 수 없다.

**57** 인플레이션에 의한 보장가치의 하락을 방어할 수 있는 보험상품은 (　　　　　)이다.

**58** ｜O×｜ ISA(Individual Savings Account)의 특징은 예적금뿐 아니라 펀드나 파생결합증권 등 투자상품도 편입할 수 있고, 납입금 한도 내에서 횟수에 제한 없이 중도인출할 수 있다.

---

**정답** 49 ELF, ELD ▶ ELF는 펀드상품이므로 원금보장자체가 불가. ELS는 원금보장설계가 가능함. 예금자보호는 은행상품인 ELD만 가능함
50 증권예탁증권(DR) ▶ 주식예탁증서라고도 함
51 O ▶ CMA는 MMF, RP, MMW, 종금CMA 등에 자동 재투자되는 금융투자상품이다.
52 일임형, 자문형, 펀드형
53 O
54 작아지고, 작아진다 ▶ 이익상충이 작아지는 것은 장점, 영향력이 작아지는 것은 단점이다.
55 저축성보험 ▶ 만기보험료 > 납입보험료 → 저축성보험, 만기보험료 < 납입보험료 → 보장성보험
56 O
57 변액보험
58 O

**59** ☐O☐X☐ 총급여 5천만원 이하, 종합소득 3,800만원 이하인 ISA 가입자는 운용수익의 일정부분을 초과한 금액에 대하여 9.9%로 분리과세한다.

**60** ISA의 의무가입기간은 (        )년이다.

**61** ☐O☐X☐ ISA에 가입하려면 만 19세 이상의 거주자 또는 근로소득이 있는 만 15세 이상인 대한민국 거주자여야 한다.

**62** 개인투자용국채는 개인의 장기 자산형성 지원을 목적으로 한 저축성 국채로서, 만기가 10년 이상인 개인투자용국채를 그 발행일부터 만기일까지 보유하는 경우 매입액의 (        )원까지 이자소득 14%를 분리과세한다.

**63** ☐O☐X☐ '소장펀드'는 납입금액의 40%에 한해서 연간 240만원까지 소득공제를 받을 수 있다.

**64** 월적립식 저축성보험의 비과세 요건은 계약기간이 (        )년 이상, 납입기간이 (        )년 이상으로 월보험료가 (        )원 이하이어야 한다.

**65** (        )이 서민과 중산층의 재산형성지원과 저축률의 제고에 그 목적이 있다면, (        )는 20, 30대의 젊은층과 중산층의 재산형성을 지원하고 주식시장을 지원하는 데 그 목적이 있다.

**66** 양도성예금증서(CD)는 (기명식 / 무기명식), (복리식 / 할인식), (중도해지가능 / 중도해지불가능) 상품이다.

**67** 종합금융회사나 증권금융회사가 발행하는 융통어음은 (발행어음 / 기업어음)이다.

**68** 증권사 CMA는 자동투자대상에 따라 (        ), (        ), (        )의 3가지 유형으로 분류된다.

---

**정답** **59** O
  **60** 3(년)
  **61** O
  **62** 2억(원)
  **63** O
  **64** 10(년), 5(년), 150만(원)
  **65** 재형저축, 소득공제펀드 ▸ '소장펀드'가 주식시장지원의 기능도 있는 것은 재산의 40% 이상을 국내 주식시장에 투자해야 한다는 요건이 있기 때문이다.
  **66** 무기명식, 할인식, 중도해지불가능 ▸ 무기명·할인식이며, 만기가 짧아 중도해지가 안 되지만 환금성이 높은 편이다 (시장에서 매도가능).
  **67** 발행어음 ▸ 기업어음(CP)는 일반기업이 발행하는 어음이다. 통화지표상으로 발행어음은 M2, 기업어음은 L에 속한다.
  **68** RP형, MMF형, MMW형(투자일임형)

**69** ⃞O⃞X 모든 연금저축상품은 예금자보호상품이다.

**70** 주택연금을 받기 위해서는 부부 중 연장자가 만 (                ) 이상이어야 하고, 공시가격 (                )
이하인 1세대 1주택이어야 한다.

**71** 비과세종합저축의 비과세한도는 (                )이다.

**72** ⃞O⃞X 우리나라의 예금보장제도는 원금과 약정이자를 포함하여 동일 금융기관 내에서 개인별 5천만원까
지 보호를 하는 부분보장제도를 택하고 있다.

**73** CMA 중 예금자보호를 받는 것은 (증권사CMA / 종금사CMA)이다.

**74** 예금자보호를 받지 못하는 상품은 (위탁자예수금 / 선물옵션예수금), (신용대주담보금 / 유통대주담보
금), (일반보험계약 / 보증보험), (청약부금 / 청약저축)이다.

**75** ⃞O⃞X 주택청약부금은 예금자보호상품이나 주택청약저축은 예금자비보호이다.

**76** 기대수익률과 위험수준이 다양한 여러 자산집단(Asset Class)을 대상으로 투자자금을 배분하여 최적의
자산포트폴리오를 구성하는 일련의 과정을 (                )이라고 한다.

**77** '하나의 자산집단은 자산집단 내에 분산투자가 가능하도록 충분히 많은 개별증권이 존재해야 한다'는
자산집단의 속성은 (분산가능성 / 독립성)이다.

**78** 자산집단에 대한 투자성과와 위험도를 측정하기 위해서는 자산집단에 대한 각각의 벤치마크가 (사전에
/ 사후에) 설정되어야 한다.

---

**정답** 69 X ▸ 금융투자회사에서 운용하는 연금저축펀드는 예금자비보호이다.
68 70 55세, 12억원 ▸ 주택연금은 고령자가 주택을 담보로 금융기관이 제공하는 노후생활자금을 매달 연금처럼 지급받는 대
출을 말한다.
71 5천만원
72 X ▸ 약정이자가 아니고 소정의 이자이다(본문참조).
73 종금사CMA ▸ 종금사CMA는 원금보장상품을 주로 매입하여 예금자보호를 받는다.
74 선물옵션예수금, 유통대주담보금, 보증보험, 청약저축 ▸ 본문참조
75 O ▸ 주택청약저축은 공적기관인 국민주택기금에서 관리하므로 별도의 예금자보호가 필요하지 않다.
76 자산배분 ▸ 자산배분은 단기적으로는 수익률 제고를 위해 자산집단의 구성비율을 적극적으로 변경하는 행위라고 할
수 있다.
77 분산가능성 ▸ 충분성이라고도 한다.
78 사전에 ▸ 벤치마크는 운용성과를 운용자가 추적하는 것이 가능해야 하며, 적용되는 자산의 바람직한 운용상을 포함해
야 한다.

**79** 기대수익률을 분석하는 방법은 (          ), (          ), (          ), (          )의 4가지가 있다.

**80** '기대수익률(k) = 배당수익률 + EPS성장률'로 기대수익률을 구하는 방식은 (          )이다.

**81** 어떤 주식의 기대수익률은 10%, 위험(표준편차)은 6%인 표준정규분포를 따른다. 신뢰구간을 95.54%로 할 때 주식 X의 기대수익의 분포는 (          )이다.

**82** 지배원리를 충족하는 증권을 연결한 선을 (          )이라 한다.

**83** 위험회피형의 효용함수는 (오목 / 볼록)하며, 보수적투자자의 무차별효용곡선의 기울기는 (완만하다 / 가파르다).

**84** 최적증권은 지배원리를 충족하는 효율적증권 중에서 (          )과 접하는 증권을 말한다.

**85** 자산배분전략을 수정함에 있어서, 시장상황의 변화로 기존 포트폴리오의 비중의 변화가 발생하였을 때 최초의 비율대로 환원하는 전략을 (리밸런싱 / 업그레이딩)이라 한다.

**86** 전략적 자산배분의 경우 3년 이상의 중장기적 관점에서 접근하고 보통 (          )의 간격을 두고 전략을 반영하며, 전술적 자산배분의 경우 (          ) 단위로 고객과 자본시장의 변화를 자산배분에 반영한다.

**87** (증권시장의 과잉반응현상 / 가격착오현상 / 평균반전현상 / 지배원리) 중 전술적 자산배분에 해당되지 않는 것은 (          )이다.

---

정답    **79**   추세분석법, 시나리오분석법, 펀드멘탈분석법, 시장공동예측치사용법

       **80**   시장공동예측치사용법 ▸ 본문을 참조하여 기대수익률을 구하는 4가지 방식을 확실히 이해할 것

       **81**   −2% ~ 22% ▸ 95.54%의 신뢰구간은 '10% ± 2표준편차'이므로 '−2% ~ 22%'이다.

       **82**   효율적 투자기회선(또는 효율적 프런티어(Efficient Frontier)라고도 한다)

       **83**   오목, 가파르다 ▸ 효용함수는 '효용과 투자수익의 공간'이며 무차별효용곡선은 '평균과 분산의 공간'이다.

       **84**   무차별효용곡선

       **85**   리밸런싱(Rebalancing)

       **86**   6개월, 1개월 ▸ 자산배분실행과정의 3단계인 '모니터링단계'에 대한 설명이다.

       **87**   지배원리 ▸ 지배원리는 전략적 자산배분(마코위츠모형)의 핵심개념이다.

**88** 마코위츠모형은 기대수익률과 위험을 모두 추정해야 하고 이는 현실적으로 매우 어려운 일이다. 따라서 오차를 줄이기 위해 효율적 투자기회선을 선으로 추정하지 않고 영역(밴드)으로 추정하는 것을 '(          ) 투자기회선'이라 한다.

**89** 시장에서의 시가총액비율과 동일하게 포트폴리오를 구성하는 방법인데, 소규모 자금의 경우 포트폴리오 구성이 어렵다는 단점이 있는 것은 (          )이다.

**90** (전략적 자산배분 / 전술적 자산배분)을 실행하는 것은 '가치평가과정'과 '투자위험인내과정'이라 할 수 있다.

**91** 20개의 자산으로 마코위츠의 평균–분산모델을 실행하고자 할 경우 투입되어야 하는 공분산의 수는 (          )이다.

**92** 무위험자산과 시장포트폴리오를 연결한 선을 (자본배분선 / 자본시장선)이라 한다.

**93** ☐O ☒X 합리적인 투자자라면 시장포트폴리오를 먼저 선택하고, 다음은 무위험자산과 시장포트폴리오의 비중을 조절하는 투자를 실행한다.

**94** ESG란 Environmental, Social 그리고 (          )의 약어이다.

**95** 우리나라의 국민연금 기금운용 6대 원칙에는 ESG와 관련하여 (          ) 원칙이 있다.

---

**정답** **88** 퍼지(Puzzy) ▶ 투자기회선 마코위츠모형의 단점인 극단적인 자산편중문제 등을 완화할 수 있음

**89** 시장가치접근법 ▶ 전략적 자산배분의 실행방법이다.

**90** 전술적 자산배분 ▶ 투자위험인내과정은 '시장가격에 따라 위험수용도가 주관적으로 변해가는 것'을 말한다.

**91** 190개

**92** 자본시장선(CML) ▶ 자본배분선 중에서 위험보상비율이 가장 높은 선이 자본시장선이다.

**93** O ▶ 시장포트폴리오(M점)가 위험보상비율이 가장 높으므로 먼저 선택하고, 이후에는 위험선호도에 따라서 대출 또는 차입포트폴리오를 선택하는 것이 합리적인 투자이다(참고 이를 '토빈의 분리정리'라고 함).

**94** Governance(거버넌스) ▶ 거버넌스란 세계와 국가의 문제를 관리하기 위한 경제적·정치적·행정적 권한의 행사이며 인류가 그들의 이익을 지켜나가되, 법적 권리를 행사하고, 의무를 이행하며, 차이점을 중재하는 메커니즘, 프로세스 및 제도라고 해석한다.

**95** 지속가능성 ▶ 6대 기금운용의 원칙은 수익성의 원칙, 안정성의 원칙, 공공성의 원칙, 유동성의 원칙, 지속가능성의 원칙, 운용독립성의 원칙이다. 지속가능성(Sustainable)이란 현재 세대의 필요를 충족시키기 위하여 미래 세대가 사용할 경제·사회·환경 등의 자원을 낭비하거나 여건을 저하(低下)시키지 아니하고 서로 조화와 균형을 이루는 것이다.

**01** 금융소비자가 판매직원의 투자권유 없이 특정상품을 청약하는 경우, 금융회사의 임직원 등은 금융소비자로부터 '투자권유 희망 및 투자자정보 제공 여부 확인' 내용이 포함된 확인서를 수령하고 판매절차를 진행할 수 있다. 이때 두 가지 중요사항으로는 (　　　　　)(와)과 (　　　　　)(을)를 충분히 이해시켜야 한다.

**02** (　　　　　)투자자란 고령자, 은퇴자, 미성년자, 주부, 투자경험이 없는 자 등으로, 금융회사 임직원은 금융소비자 본인이 (　　　　)투자자로 선택할 수 있음을 안내하고 '(　　　　　)투자자 유의사항'을 설명한 후 금융소비자로부터 '(　　　　)투자자 유의사항 설명 확인서'를 수령하여야 한다.

**03** 투자자정보확인서는 '표준투자권유준칙 별표'를 활용할 수 있는데, 여기에는 일반적인 투자자 성향과 현재 (　　　　　)의 성향을 확인하는 항목이 포함된다.

**04** 투자정보수집은 (　　　　), (　　　　), (　　　　　)으로 3가지 측면에서 이루어진다.

**05** ｏⓧ 부모가 미성년 자녀의 법정대리인으로서 회사에서 투자권유를 받는 경우에 자녀에 대한 친권이 존재한다는 사실을 증명할 수 있는 서류를 제출하여 법정대리권이 있음이 확인되어도 별도로 자녀에 대한 투자자정보 작성권한이 있는지 여부를 확인하여야 한다.

**06** ｏⓧ MMF, 국채증권, 지방채증권, 특수채증권 및 RP 등의 상품에 투자하는 금융소비자에 대하여서는 투자목적, 재산상황, 투자경험의 정보만을 간략하게 파악할 수 있다.

**07** 고객의 현 자산상태와 부채상태, 가계의 연간소득금액 등 고객의 현재와 미래의 재무적 상황을 파악하는 것은 (투자능력파악 / 투자성향파악 / 투자정보분석)에 해당한다.

---

**정답** **01** 확인서의 취지, 유의사항 ▶ ① 확인서의 취지 : 투자권유 없이 특정상품에 대하여 투자를 희망하는 경우 판매자는 금융소비자보호법상 적합성원칙이 적용되지 않는다는 사실을 고지하기 위하여 확인서가 사용된다는 사실을 금융소비자에게 설명하여야 한다.
　　　② 유의사항 : 금융소비자보호법상 적합성원칙과 설명의무 적용대상에서 제외되며 판매직원의 관련 법 위반에 대해 금융소비자의 권리를 주장할 수 없다는 사실 등을 설명하여야 한다.
　**02** 취 약
　**03** 투자자금
　**04** 투자목표파악, 투자능력파악, 투자성향파악
　**05** X ▶ 서류를 제출하여 법정대리권이 있음이 확인되면 별도로 미성년 자녀에 대한 투자자정보 작성권한이 있는지 여부를 확인할 필요가 없다.
　**06** O ▶ 만일 동일한 금융소비자(투자자정보의 파악 간소화 대상)에 대해 펀드와 같은 일반 금융상품을 투자권유하려는 경우는 일반적인 투자자정보확인서를 수령하는 등 일반절차를 준수하여야 한다.
　**07** 투자능력파악 ▶ 투자능력파악은 투자정보수집단계에 속해 있다.

**08** 금융회사가 투자자정보 유효기간을 설정하고 이에 금융소비자가 동의한 경우 금융소비자가 별도의 요청이 없는 한 투자자정보를 파악한 날로부터 (              ) 동안 투자자정보가 변경되지 않은 것으로 간주할 수 있다.

**09** 투자자정보의 유효기간의 예외사항으로, 투자일임계약이 체결된 경우에는 금융소비자의 재무상태 및 투자목적 등 변경여부를 금전신탁계약(특정금전신탁 제외)이 체결된 경우에는 재무상태 등 변경여부를 연 (              ) 이상 확인하여야 하며, 매 분기 (              ) 이상 금융소비자의 재무상태, 투자목적 등의 변경이 있는 경우 이를 회신해 줄 것을 서면, 전자우편, 인터넷 또는 모바일 시스템 그 밖에 이와 비슷한 전자통신의 방법으로 통지하여야 한다.

**10** 자신의 정보제공을 거부하는 투자자에 대해서는 (              )의 내용이 포함된 확인서를 징구받아야 한다.

**11** ○× MMF, RP 등 저위험도의 상품을 거래하는 투자자에게는 간단한 수준의 투자자정보확인서를 사용해도 무방하다.

**12** 장외파생상품을 거래하는 투자자에게는 (              )를 징구받아야 한다.

**13** ○× 투자자성향 파악을 위한 배점기준 등은 회사별로 자율적으로 정할 수 있으며, 그 유형 역시 회사의 판단에 따라 분류할 수 있다.

**14** 만 65세 이상의 고령투자자는 판매과정을 (              )하고, 금융소비자가 요청하는 경우 해당 녹취파일을 제공할 의무가 있으며, 판매과정에서 (              )영업일 이상의 숙려기간을 부여하여야 한다.

**15** (초)고령투자자인 금융소비자에게는 올바른 투자판단을 할 수 있도록 (              )와(과) (              ) 등을 기재한 '적합성 보고서'를 계약체결 (이전 / 이후)에 제공하여야 한다.

---

**정답** **08** 12~24개월
**09** 1회, 1회
**10** 투자권유불원
**11** ○
**12** 장외파생상품 투자정보확인서
**13** ○
**14** 녹취, 2
**15** 추천사유, 유의사항, 이전

**16** 투자자정보의 유효기간에도 예외가 있는데 투자일임계약이 체결된 경우에는 금융소비자의 재무상태 및 투자목적 등 변경여부를 연 (       ) 이상 확인하여야 하며, 매 분기 (       ) 이상 금융소비자 의 재무상태, 투자목적 등의 변경이 있는 경우 이를 회신해 줄 것을 서면 등으로 통지하여야 한다.

**17** 만 (       ) 이상의 투자자에게는 고령투자자 보호기준을, 만 (       ) 이상의 투자자에게는 초고령투자자 보호기준을 적용하는 것이 적정하다.

**18** 신규투자자, 고령투자자 및 초고령투자자에게 적용되는 투자권유 유의상품에는 (       ), (       ), ELT, DLS, DLF, DLT가 있다.

**19** 장외파생상품의 위험도를 분류할 때 금리스왑과 옵션매수는 (       ), 통화스왑과 선도거래, 옵 션매도는 (       ), 나머지 장외파생상품은 (       ) 등급으로 분류한다.

**20** ○× 계속적으로 발생하는 단순한 구조의 상장증권(예 주식, 채권, ETF 등) 및 장내파생상품(예 선물옵 션) 등을 거래소시장에서 거래하는 경우에는 실질적으로 매 투자권유시마다 거래의 방법 및 위험성을 설명할 수 없으므로, 최초 계좌개설 또는 투자권유시 설명의무를 이행하는 것도 가능하다.

**21** 성공적인 CRM이 되기 위해서는 (고객획득 / 고객유지), (고객점유율 / 시장점유율), (고객차별화 / 제품 차별화), (자동화 / 정보화)에 중점을 두어야 한다.

**22** '한 사람의 고객을 더 확보하려는 다점포전략보다는 해당 금융기관에 대한 고객의 기여도를 더욱 제고시 키려는 노력이 중요하다'는 전략은 (고객점유율제고전략 / 고객차별화전략)에 해당한다.

**23** 상담활동은 영업활동을 수행하는 데 가장 핵심이 되는 것으로 가장 완벽하게 실시해야 하는 (       )활동이다.

---

**정답**   16   1회, 1회
        17   65세, 80세
        18   ELS, ELF  ▶ ELW는 상장상품이므로 별도의 교육이수 등의 절차가 있다.
        19   주의, 경고, 위험
        20   O
        21   고객유지, 고객점유율, 고객차별화, 정보화
        22   고객차별화전략
        23   설득  ▶ 상담활동은 곧 설득활동이라고 이해할 수 있음

**24** 고객상담프로세스의 4단계는 '(　　　　　) → (　　　　　) → (　　　　　) → (　　　　　)'이다.

**25** '고객으로 하여금 스스로 생각하게 한다'는 (개방형질문 / 확대형질문)의 장점이다.

**26** '지금 바쁘니 다음에 봅시다' '고객님이 바쁘신 만큼 보장관리는 전문가인 제게 맡기실 필요가 있습니다'는 (Yes But화법 / 부메랑법)이다.

**27** '선택해 주셔서 감사합니다. 가입서류를 준비하겠습니다'는 (반감처리화법 / 추정승낙법)이다.

**28** ☐O☐X 방문판매인력은 고객에게 방문판매등의 과정이 녹취(화상권유판매의 경우 녹화를 말한다)된다는 사실을 안내하고 녹취를 진행하여야 한다. 고객이 녹취하기를 거부할 경우 추후 발생한 민원·분쟁에서 증빙자료 확보가 어려워 권리구제에 불리할 수 있다는 사실을 재차 안내하여야 하며, 그럼에도 불구하고 고객이 녹취를 거부하는 경우 방문판매등을 중단하여야 한다.

**29** ☐O☐X "방문판매"란 방문판매인력이 고객을 방문하는 방법으로 회사의 영업소, 지점, 출장소 등("사업장"이라 한다) 외의 장소에서 고객에게 계약 체결의 권유를 하거나, 계약의 청약을 받아 계약을 체결(사업장 외의 장소에서 계약 체결을 권유하는 방법으로 고객을 유인하여 사업장에서 또는 온라인 매체를 이용하여 계약의 청약을 받아 계약을 체결하는 경우를 포함한다)하여 투자성 상품 및 대출성 상품을 판매하는 것을 말한다.

**30** ☐O☐X 회사 및 방문판매인력은 고객의 평온한 생활 유지를 위해 야간(오후 8시 이후부터 다음 날 오전 9시까지를 말한다)에 고객에게 방문판매등을 하는 행위를 할 수 없다. 단, 고객이 요청하는 경우에는 제외한다.

**31** 방문판매시 일반금융소비자인 경우에는 고난도금융투자상품(고난도투자일임계약, 고난도금전신탁계약 포함), (　　　　　), 장내 및 장외파생상품은 사전안내를 할 수 없으며, 이들 상품 중에서 상대방이 전문금융소비자인 경우 (　　　　　)에 대해서는 사전안내할 수 없다.

---

**정답** **24** 관계형성 → 니즈탐구 → 설득 및 해법 제시 → 클로징 ▸ 각 단계별로 핵심내용이 어떤 것이 있는지 이해해야 함(본문 표 참조)

**25** 확대형질문 ▸ 두 질문의 차이를 이해할 것

**26** 부메랑법 ▸ 반감처리화법의 하나이다.

**27** 추정승낙법 ▸ 클로징화법은 '추·실·양·기·가'로 암기한다. 이는 추정승낙법, 실행촉진법, 양자택일법, 기회이익상실은 손해화법, 가입조건 문의법을 의미한다.

**28** O

**29** O

**30** X ▸ 야간(오후 9시 이후부터 다음 날 오전 8시까지를 말한다)

**31** 사모펀드, 장외파생상품

**01** 도덕규칙을 지킬 경우 나쁜 결과가 예상된다면 도덕규칙을 지키지 않아도 된다는 것은 (의무론 / 목적론)적 윤리기준이다.

**02** 윤리에 합당한 법, 정의에 좀 더 부합하는 법은 (있는 그대로의 법 / 있어야 할 법)이다.

**03** 기업윤리가 (거시적 / 미시적) 개념이라면 직무윤리는 (거시적 / 미시적) 개념이다.

**04** 기업윤리는 (윤리강령 / 임직원 행동강령)으로 반영되는 것이 일반적이다.

**05** '이윤추구를 최고의 목표로 삼고 이익추구와 상충하는 경우 직무윤리는 물론 법규조차 준수하지 않는' 경영방식을 (비윤리경영 / 합법경영 / 윤리경영)이라 한다.

**06** '경영과 윤리를 별개의 영역으로 인식하고 합법적인 테두리 안에서는 직무윤리를 무시해도 좋다'는 경영방식을 (비윤리경영 / 합법경영)이라 한다.

**07** '경영의 적법성뿐만 아니라 법과 제도의 취지 및 직무윤리를 경영에 적용하는 경영방식'으로 경제적 책임, 법적 책임 및 윤리적 책임을 부담하는 경영방식을 (          )이라 한다.

**08** 직무윤리는 오늘날과 같은 포스트 산업사회에서는 신용 또는 믿음이라는 (          )으로 인식된다.

**09** ◯✕ 윤리는 경제적으로 이득이 되지는 않지만 신뢰(Reliability)나 평판(Reputation)에 중대한 영향을 주므로 최대한 준수하는 것이 좋다.

---

**정답**
01 **목적론** ▸칸트의 도덕이론은 의무론, 밴담과 밀의 공리주의는 목적론을 대표한다.
02 **있어야 할 법** ▸법은 최소한의 윤리이며, 윤리를 최대한 반영하는 법은 '있어야 할 법'이다.
03 **거시적, 미시적**
04 **윤리강령** ▸임직원 행동강령은 직무윤리이다.
05 **비윤리경영**
06 **합법경영**
07 **윤리경영**
08 **무형의 자본** ▸직무윤리는 무형의 자본이자 기업의 지속성장을 위한 윤리인프라이기도 하다.
09 ✕ ▸윤리는 결과적으로는 경제적으로도 이득이 된다(Ethics Does Pay).

**10** (                    )에서 직무윤리의 중요성이 더 큰 이유는 판매대상인 금융투자상품의 원본손실가능성, 고객
자산의 수탁, 불특정다수와의 비대면거래 등의 산업특성 때문이다.

**11** ☐O☐X☐ 직무윤리준수가 자기보호(Safeguard)의 역할을 하는 것은 모든 산업에 해당된다.

**12** ☐O☐X☐ 직무윤리는 강행규정이 아니다.

**13** '금욕적인 생활윤리에 기반한 노동과 직업은 신성한 것이다'라는 사상으로 초기 자본주의 발전의 토대를
마련한 사람은 (칼뱅 / 베버)이다.

**14** 국제투명성기구(TI)가 평가한 국가별 부패인식지수를 볼 때, 한국은 경제규모에 비해 윤리 수준이 (높게
/ 낮게) 평가되고 있다.

**15** 윤리경영을 평가하는 국제적인 지표 중 사회적 책임을 평가하는 것은 (BITC / CR Index)이다.

**16** 2016년 9월 28일부터 시행된 법률로써 소위 '김영란법'이라고도 불리는 법은 (                    )이다.

**17** ☐O☐X☐ 직무윤리는 직무행위에 종사하는 일체의 자를 대상으로 하는데, 여기에서 '일체의 자'란 회사와의
고용관계에 있지 않는 자, 무보수로 일하는 자, 금융투자전문인력 자격이 없는 자 등을 포함한다.

**18** (                    )는, 금융투자업과 관련된 일체의 직무활동으로서 투자정보의 제공, 투자의 권유, 금융투자
상품의 매매 또는 그 밖의 거래, 투자관리 등과 이에 직접 또는 간접으로 관련된 일체의 행위를 말한다.

---

**정답** **10** **금융투자산업** ▸ 산업특성상 이해상충발생가능성이 높아 직무윤리 준수의 필요성이 더 강조된다.
**11** O ▸ 금융투자산업에 좀 더 크게 작용하지만 모든 산업에 공통된다.
**12** X ▸ 강행규정이 맞다. 직무윤리 위반시에는 강행법 위반이 되어 법적처벌을 받을 수 있는데, 이에는 형사처벌도 포함된다.
**13** **칼뱅** ▸ 베버는 '프로테스탄티즘의 윤리와 자본주의 정신'이라는 사상으로 근대 자본주의 발전의 동인이 되었다고 평가
된다.
**14** **낮게** ▸ 또한 2006년 이래로 부패인식지수가 정체된 모습을 보여 상당기간 개선이 되지 않고 있음을 보여준다.
**15** **CR Index** ▸ Corporate Responsibility Index는 사회적 책임을 평가하는 지표이다.
**16** **청탁금지법** ▸ 공직자 등이 동일인으로부터 '1회 100만원, 1년에 300만원'을 초과하는 금품을 받으면 대가성과 직무관련
성을 따지지 않고 법적처벌을 하는 법률이다.
**17** O ▸ 정식의 고용관계여부, 보수의 유무 등을 불문하고 오직 관련 직무에 종사할 경우 직무윤리의 준수대상이 된다.
**18** **직무행위**

**19** 2015년 12월에 개정된 '금융투자회사의 표준윤리준칙'은 16개의 조항으로 구성되어 있는데, 윤리준수의 대상이 어디인가에 따라 분류를 하면 (                ), (                ), (                ), (                )의 4가지로 분류할 수 있다.

**20** 직무윤리에서 가장 기본적이고 핵심이 되는 2가지 원칙은 (                ), (                )이다.

**21** 금융투자업에서 준수해야 할 가장 중요한 2가지 직무윤리인 '고객우선의 원칙'과 '신의성실의 원칙'의 기본적인 근거가 되는 의무를 (                )(이)라 한다.

**22** '회사와 임직원은 항상 고객의 입장에서 생각하고 고객에게 보다 나은 금융서비스를 제공하기 위해 노력해야 한다'는 내용은 금융투자회사의 표준윤리준칙 제2조인 (                )에 해당된다.

**23** '회사의 임직원은 (                )(와)과 (                )(을)를 가장 중요한 가치관으로 삼고, 신의성실의 원칙에 입각하여 맡은 업무를 충실히 수행해야 한다'는 내용은 금융투자회사의 표준윤리준칙 제4조인 '신의성실의 원칙'에 해당된다.

**24** (                )은 금융투자회사의 임직원이 준수해야 할 직무윤리이면서 동시에 법적 의무이기도 하다.

**25** 금융투자업 직무윤리의 기본원칙에 따라 발생하는 의무를 법제화시킨 것은, (                ), (                )이다.

**26** 금융투자업을 영위하는 회사 내에서 (공적업무 / 사적업무)에서 얻은 정보를 (공적업무 / 사적업무)에 이용할 경우 이해상충이 발생한다.

---

**정답** **19** 고객에 대한 의무, 본인에 대한 의무, 회사에 대한 의무, 사회에 대한 의무 ▶ 고객에 대한 의무의 예로는 '제2조 고객우선, 제4조 신의성실'이 있다.
**20** 고객우선의 원칙, 신의성실의 원칙 ▶ 이 두 가지는 금융투자회사의 표준윤리준칙 제2조와 제4조에 해당되기도 한다.
**21** 선량한 관리자로서의 주의의무 ▶ 즉 '선관주의 의무'라고 한다.
**22** 고객우선의 원칙
**23** 정직, 신뢰
**24** 신의성실의 원칙 ▶ 신의성실원칙의 양면성이라고 한다.
**25** 이해상충방지의무, 금융소비자보호의무
**26** 사업무, 공적업무 ▶ 사적업무란 미공개 중요정보를 얻을 수 있는 M&A관련 업무를 말한다.

**27** 이해상충이 발생하는 대표적인 예는 (과당매매 / 과잉권유)이다.

**28** ⬜O⬜X⬜ 이해상충발생가능성이 있다고 판단되는 경우 먼저 해당 고객에게 알려야 하고, 거래를 하기 전에 이해상충발생가능성을 투자자보호에 문제가 없는 수준까지 낮추어야 하며, 낮추는 것이 곤란하다고 판단되는 경우에는 해당 거래를 하지 말아야 한다.

**29** 고유자산운용업무와 집합투자업 간에는 정보교류를 차단해야 하는데, 이때의 정보 차단벽을 (         )이라고 한다.

**30** 고객이익과 회사이익과 직원이익이 충돌할 경우 올바른 업무처리순서는 (         ) → (         ) → (         )의 순서이다.

**31** 투자매매업자 또는 투자중개업자는 금융투자상품에 관한 매매에 있어서, 자신이 본인이 됨과 동시에 상대방의 투자중개업자가 되어서는 안 되는데, 이를 (         )라 한다.

**32** 자기거래금지의무는 (증권 / 장내파생상품 / 장외파생상품)만을 대상으로 적용된다.

**33** 금융소비자보호의무는 신중한 투자자의 원칙과 (         )에 그 바탕을 둔다.

**34** ⬜O⬜X⬜ 신중한 투자자의 원칙(Prudent Investor Rule)과 전문가로서의 주의의무는, 금융투자업종사자에게 금융소비자보호의무를 준수하는 차원에서 부과되는 원칙과 의무이다.

**35** ⬜O⬜X⬜ 전문가로서의 주의의무는 금융회사가 금융소비자에게 판매할 상품을 개발하는 단계에서부터 판매이후 단계까지 전 단계에 걸쳐 적용되는 의무이다.

---

**정답** **27** 과당매매 ▶ 과잉권유는 적합성원칙에 위배되는 사항이다.
**28** O ▶ 이해상충의 '공시 또는 회피의 원칙'이라고도 한다. Disclosure → Control → Avoid.
**29** Chinese Wall ▶ 만리장성처럼 견고한 벽을 쌓아야 한다는 의미이다. 이해상충방지의무의 일환이며 충실의무의 개념에 속한다.
**30** 고객이익, 회사이익, 직원이익 ▶ 금융투자회사 내부통제기준 제50조의 내용이다.
**31** 자기거래금지의무
**32** 장외파생상품 ▶ 증권과 장내파생상품은 의도한다고 해도 상대방을 특정할 수 없으므로 자기거래를 한다고 해도 투자자이익을 해칠 수 없으므로 허용된다(장내시장의 개념이 전산의 발달로 '다자간 매매체결회사를 통한 거래'의 개념으로 확대됨).
**33** 전문가로서의 주의의무
**34** O
**35** O

**36** 금융투자업종사자가 고객 등의 업무를 수행함에 있어서 '① 그때마다 구체적인 상황에서 ② 전문가로서의 ③ 주의를 기울여야 한다'는 주의의무 중에서 결과론적으로 판단하지 말아야 한다는 것은 (① / ② / ③)에 해당하는 의미이다.

**37** 금융회사는 관련 규정에 따라 금융소비자보호업무를 총괄하는 금융소비자보호 총괄책임자인 (CEO / CFO / CCO)를 지정해야 한다.

**38** '요청하지 않는 투자권유의 금지, 부당한 투자권유의 금지 등 준수'는 (상품판매이전 단계 / 상품판매 단계 / 상품판매이후 단계)의 금융소비자보호의무 이행사항이다.

**39** '미스터리쇼핑, 해피콜서비스, 위법계약해지권 등의 운영'은 (상품판매이전 단계 / 상품판매 단계 / 상품판매이후 단계)의 금융소비자보호의무 이행사항이다.

**40** ELS가 포함된 특정금전신탁은 파생상품투자권유자문인력 자격증이 있는 임직원이 권유할 수 있는데, 이처럼 임직원의 자격의 적격성을 확보하는 것은 (상품개발 단계 / 상품판매이전 단계 / 상품판매 단계 / 상품판매이후 단계)의 금융소비자보호 조치에 해당된다.

**41** KYC Rule(Know Your Customer Rule)은 투자자의 (          ), (          ), (          ) 등을 면담·설문조사 등을 통해 파악하고 이를 투자자로부터 서명·기명날인·녹취·ARS 등의 방식으로 확인받아 이를 투자자에게 제공하고 유지·관리하는 것을 말한다.

**42** 적합성의 원칙은 '고객에게 적합하지 않은 상품을 권유하지 않을 것'이라는 (          )인 적합성의 원칙과 '고객에게 가장 적합한 상품을 권유할 것'이라는 (          )인 적합성의 원칙을 모두 포함한다.

**43** 설명의무란 '중요한 내용'에 대해서는 일반투자자가 (          ) 설명하여야 하고, 허위나 누락해서는 안 되며, 위반시 손해배상책임을 지는 것을 말한다.

---

**정답**  **36** ① ▸주의의무에 대한 설명이다. ② '일반인 이상의 수준으로' ③ '사전적으로 주의(Care)'해야 한다는 의미이다.
**37** CCO ▸Chief Consumer Officer이다.
**38** 상품판매 단계
**39** 상품판매이후 단계
**40** 상품판매이전 단계
**41** 투자목적, 투자경험, 재산상황 ▸참고로 자료의 유지기간은 10년이다.
**42** 소극적, 적극적 ▸과잉권유(Boiler Room)의 경우 적합성의 원칙을 위배한다.
**43** 이해할 수 있도록 ▸종전보다 강화된 부분으로 투자권유관련 자본시장법상 손해배상책임이 명시된 것은 설명의무가 유일하다.

**44** ☐O☐X☐ 금융소비자에게 제공하는 정보는 알아보기 쉽도록 글자크기가 크고, 읽기 쉽게 제작하여야 하며, 이해도를 높이기 위해 그림이나 기호 등 시각적인 요소를 적극 활용해야 한다.

**45** 금융투자상품의 취득으로 인하여 일반투자자가 지급하였거나 지급하여야 할 금전 등의 총액에서 그 금융투자상품의 처분, 그 밖의 방법으로 그 일반투자자가 회수하였거나 회수할 수 있는 금전 등의 총액을 뺀 금액을 제1항에 따른 손해액으로 추정하는데, 이는 금융소비자보호법상 (          ) 위반시의 손해배상 책임의 추정금액을 말한다.

**46** 금융투자업자는 일반투자자에게 투자권유를 하지 않고 파생상품, 그 밖에 대통령령으로 정하는 금융투자상품('파생상품 등')을 판매하려는 경우에는 면담·질문 등을 통하여 그 일반투자자의 투자목적·재산상황 및 투자경험 등의 정보를 파악해야 하는데, 이를 (          )이라고 한다.

**47** 투자권유대행인은 파생상품 등을 권유할 수 (있다 / 없다).

**48** ☐O☐X☐ 고객에게 제공하는 정보는 객관적인 사실과 미래의 예측을 포함한 담당자의 의견을 명확히 구분하여 제공해야 한다.

**49** 중요한 사실이 아닐 경우, 그것을 설명함으로 인해 고객의 판단에 혼선을 가져올 수 있는 사항은 (설명을 생략해도 된다 / 설명을 생략할 수 없다).

**50** 투자자로부터 투자권유의 요청을 받지 아니하고 방문·전화 등 실시간 대화의 방법을 이용하는 행위는 금지되는데 이를 (          )이라고 한다.

**51** 투자권유를 받은 자가 거부의사표시를 한 후 1개월이 지나 다시 투자권유를 하는 행위, 다른 종류의 금융투자상품에 대하여 투자권유를 하는 행위는 (          )의 예외가 된다.

---

정답
**44** O ▸ 금융소비자에게 제공하는 자료의 '접근성과 용이성'에 해당되는 내용이다.
**45** 설명의무 ▸ 금융소비자보호법 제19조에 해당한다.
**46** 적정성의 원칙 ▸ 금융소비자보호법 제18조에 해당한다.
**47** 없다.
**48** O ▸ 주의의무 중 판매 전 단계인 '합리적 근거의 제공 및 적정한 표시의무'에 속하는 내용이다.
**49** 설명을 생략해도 된다 ▸ '중요한' 사실은 반드시 설명해야 한다.
**50** 불초청권유금지 원칙 ▸ 불초청권유의 금지대상은 장외파생상품에 국한된다(자기거래금지의 예외사유와 동일한 논리).
**51** 재권유금지원칙 ▸ 참고로 투자성이 있는 보험계약(변액보험)은 예외대상에서 제외되었다.

**52** ☐×  A회사 주식에 대한 투자권유를 거부한 투자자에게 다음 날에 B회사 채권을 투자권유하는 행위는 재권유금지원칙의 예외가 된다.

**53** ☐×  금융투자업종사자가 허위·과장·부실표시를 하지 않음에 있어 '부실표시'는 문서에 의한 표시만을 제약한다.

**54** ☐×  업무수행과정에서 알게 된 고객의 정보를 누설하거나 부당하게 이용하는 것은 예외 없이 금지된다.

**55** 임의매매와 일임매매를 구분하는 것은 투자일임약정이 실제 존재하는가의 여부인데, 이는 보고 및 기록의무와 관련이 있으며 금융투자업종사자의 의무 중 (상품판매 단계 / 상품판매이후 단계)에 해당된다.

**56** 판매 후 모니터링 제도상, 금융회사는 판매계약을 맺은 날로부터 (            ) 이내에 판매직원이 아닌 제3자가 금융소비자와 통화하여 불완전판매가 없었는지를 확인해야 한다.

**57** 금융소비자는 금융상품의 계약체결일로부터 (            ) 이내, 위법계약 사실을 안 날로부터 (            ) 이내인 경우 서면 등으로 계약의 해지를 청구할 수 있다.

**58** 금융투자회사의 표준윤리준칙 제3조 법규준수는 (고객에 대한 의무 / 본인에 대한 의무)이다.

**59** 금융투자회사의 표준윤리준칙 제8조 상호존중은 (본인에 대한 의무 / 회사에 대한 의무)이다.

**60** 금융투자회사의 표준윤리준칙 제9조 주주가치 극대화는 (회사에 대한 의무 / 사회에 대한 의무)이다.

---

**정답**  **52**  O  ▶ 다른 종류의 금융투자상품은 자본시장법상의 분류를 적용한다(지분증권과 채무증권은 다른 상품이다).
**53**  X  ▶ 구두와 문서를 불문하고 허위·과장·부실표시를 해서는 안 된다.
**54**  X  ▶ 법원명령이나 영장에 의한 정보 제공은 가능한데 이 경우에도 최소한의 범위 내에서 이루어져야 한다.
**55**  상품판매이후 단계
**56**  7영업일  ▶ 해피콜서비스라고도 한다.
**57**  5년, 1년  ▶ 위법계약해지권에 대한 설명이다.
**58**  본인에 대한 의무  ▶ 본인에 대한 의무에는 '법규준수(제3조), 자기혁신(제7조), 품위유지(제13조), 사적이익 추구금지(제14조)'가 있다.
**59**  회사에 대한 의무  ▶ 회사에 대한 의무로는 '정보보호(제6조), 상호존중(제8조), 경영진의 책임(제11조), 위반행위의 보고(제12조), 고용계약 종료 후의 의무(제15조), 대외활동(제16조)'이 있다.
**60**  사회에 대한 의무  ▶ 사회에 대한 의무로는 '시장질서 존중(제5조), 주주가치 극대화(제9조), 사회적 책임(제10조)'이 있다.

**61** 법규를 모르고 위반했을 경우 관련 당사자에게 구속력이 (있다 / 없다).

**62** '금융투자산업은 글로벌 경제환경의 변화를 많이 받는 산업으로서 그 변화의 속도가 매우 빠르므로, 금융투자업종사자는 이에 맞추어 전문성을 갖추기 위한 노력을 해야 한다'는 것은 금융투자회사의 표준윤리준칙 중 (          )에 해당한다.

**63** '하급자는 상급자의 부당한 명령이나 지시를 거부해야 한다'는 것은 금융투자회사의 표준윤리준칙 중 (          )에 해당한다.

**64** 동일 거래상대방에게 제공한 재산상의 이익이 (          )을 초과할 경우 인터넷홈페이지를 통해 즉시 공시해야 하는데, 이는 금융투자회사의 표준윤리준칙 제14조 사적이익 추구금지에 해당되는 사항이다.

**65** ○× 거래상대방만이 참석한 여가 및 오락활동 등에 수반되는 비용을 제공하는 것은 부당한 재산상의 이익이 되어 제공 및 수수가 금지된다.

**66** ○× 금융투자업개정(2017.3)으로 재산상이익의 1인당 제공한도, 회사별 한도가 모두 폐지되었다.

**67** 상명하복(上命下服)이라는 조직문화는 금융투자회사의 표준윤리준칙 제8조 (          )을 저해하는 요소라고 할 수 있다.

**68** 회사와 중간책임자가 소속직원에 대한 지도지원의무를 이행하지 못하여 소속직원이 고객에 대한 손해배상책임을 질 경우, 회사는 사용자책임을 지고 중간책임자는 일반 불법행위책임을 지는데, 이는 금융투자회사의 표준윤리준칙 중 (          )에 해당한다.

---

**정답**  **61** 있다 ▸ 법규는 알고 모르고를 떠나서 준수해야 하는 것이다. 금융투자회사의 표준윤리준칙 제3조 법규준수에 해당한다.
**62** 자기혁신 ▸ 금융투자회사의 표준윤리준칙 제7조 자기혁신에 해당한다.
**63** 품위유지 ▸ 넓은 의미의 품위유지는 공정성과 독립성의 의미를 지닌다.
**64** 10억원
**65** ○
**66** ○ ▸ 금융투자회사의 영업자율성 보장을 위하여 위의 한도가 폐지되었다.
**67** 상호존중
**68** 경영진의 책임 ▸ 금융투자회사의 표준윤리준칙 제11조에 해당한다.

**69** 회사의 비밀정보를 제공해야 할 경우에는 (                    )의 사전승인과 (                    )의 요건을 충족할 경우 제공할 수 있다.

**70** ⃞O⃞X⃞ 비밀정보 여부가 불투명할 경우 준법감시인의 사전확인을 받아야 하는데, 사전확인절차가 결정되기 전까지는 비밀정보로 추정된다.

**71** 내부제보제도(Whistle Blower)는 금융투자회사의 표준윤리준칙 제12조 (                    )에 해당되며, 동시에 금융투자회사의 내부통제기준상 준수사항이기도 하다.

**72** ⃞O⃞X⃞ 금융투자회사의 표준윤리준칙 제16조의 대외활동 조항에 의거하여, 금융투자업종사자는 대외활동으로 인하여 회사의 업무수행에 어떠한 지장도 주어서는 안 된다.

**73** 임직원이 웹사이트나 인터넷게시판에 특정 금융투자상품을 분석한 내용 또는 투자권유를 하는 내용을 게시하고자 할 경우 사전에 준법감시인의 사전승인을 받아야 한다. 단, 자료 출처를 명시하고 인용하는 경우나 (                    )에 따른 투자권유는 준법감시인의 사전승인을 받지 않아도 된다.

**74** ⃞O⃞X⃞ 시장질서교란행위 규제는 '내부자, 준내부자, 1차 수령자뿐만 아니라 미공개정보임을 알면서도 이를 수령하거나 전달한 모든 자'를 대상으로 한다.

**75** ⃞O⃞X⃞ 시장질서교란행위에 대한 규제는 불공정거래의 목적성이 인정되어야 적용된다.

**76** 금융투자업종사자의 직무윤리준수를 독려하고 감독하는 내부통제의 수단에는 (                    ), (                    )(이)가 있다.

**77** 내부통제기준의 제정과 변경은 (이사회결의 / 주총 보통결의)로 한다.

---

정답 **69** 준법감시인, 필요성에 의한 제공원칙(Need to Know Rule)
　　 **70** O
　　 **71** 위반행위의 보고
　　 **72** X ▶ 주된 업무수행에 지장을 주어서는 안 된다.
　　 **73** 기술적 분석
　　 **74** O ▶ 종전에는 내부자, 준내부자, 1차 수령자까지만 처벌이 가능하였다.
　　 **75** X ▶ 목적성 요건을 제외한 포괄주의를 적용한다.
　　 **76** 내부통제기준, 준법감시인제도
　　 **77** 이사회결의

**78** (　　　　　)는 회사의 임직원 모두가 선량한 관리자로서의 의무에 입각하여 금융소비자의 이익을 위해 최선을 다했는지, 업무를 수행함에 있어 윤리기준을 포함한 제반 법규를 엄격히 준수하고 있는지에 대하여 사전적으로 또는 상시적으로 통제, 감독하는 장치를 말한다.

**79** 준법감시인을 임면할 경우 (　　　　　)(을)를 거쳐야 하며, 특히 해임시에는 이사 총수의 (　　　　) 이상의 찬성으로 의결한다.

**80** 최근 사업연도말 자산총액이 (　　　　　) 미만인 금융투자회사, 보험회사, 여신전문금융회사와 7천억원 미만의 상호저축은행은 내부통제위원회를 설치하지 않아도 된다.

**81** (위험관리업무 / 자산운용업무 / 회사의 겸영업무 / 회사의 부수업무) 중 준법감시인의 겸임금지대상에 속하지 않는 것은 (　　　　)이다.

**82** ☐O☐X 내부제보제도의 운영상 내부제보자에게 인사상, 금전적인 혜택을 줄 수는 있어도 미제보자에 대한 불이익을 줄 수는 없다.

**83** 준법감시체계의 하나로써 금융사고의 우려가 높은 업무를 담당하는 직원에게 일정기간 휴가를 명령하고 당해기간에 해당직원의 업무적정성을 평가, 점검하는 제도는 (　　　　)이다.

**84** 직무윤리위반시 가해지는 제재 중에서 자율규제는 (금융투자회사 / 금융투자협회)의 제재를 말한다.

**85** 감독권, 등록취소권, 6개월 이내의 업무의 전부 또는 일부의 정지명령권은 외부통제의 하나로써 (　　　　)가 (　　　　)에 가하는 제재의 수단이다.

**86** ☐O☐X 금융투자회사의 임직원에 대한 해임요구나 면직요구, 정직요구는 청문의 대상이 된다.

---

**정답**
**78** 준법감시인제도 ▸ 사전적·상시적으로 통제·감독하는 장치이다.
**79** 이사회결의, 2/3
**80** 5조원 ▸ 단, 금융투자회사의 경우 운용재산이 20조원 이상인 경우는 예외가 인정되지 않는다.
**81** 회사의 부수업무
**82** X ▸ 내부제보제도는 미제보자에 대한 불이익부과의 규정까지 포함해야 한다.
**83** 명령휴가제도
**84** 금융투자협회 ▸ 협회가 자율규제기관이므로 자율규제라 한다.
**85** 금융위원회, 금융투자회사 ▸ 행정제재에 속한다.
**86** X ▸ 정직요구는 청문의 대상이 아니다(정직은 해임이나 면직에 비해 사안이 중대하지 않음).

**87** 청문 및 이의신청권이 인정되는 외부통제의 종류는 (　　　　　)이다.

**88** 민사상 책임에는 (　　　　　), (　　　　　)의 두 가지 종류가 있다.

**89** 민사책임을 부담하는 방법의 하나로써, 중요한 부분에 중대한 하자가 있을 경우에는 (　　　　　), 경미한 하자가 있을 경우에는 (　　　　　)로써 법률행위의 효력을 실효시킬 수 있다.

**90** 고객이나 시장으로부터 신뢰상실과 명예실추, 고객과의 관계단절 등은 (　　　　　)통제라고 하는데, 직접적인 외부통제는 아니지만 가장 무섭고 어려운 제재라고 할 수 있다.

**91** 보호되어야 하는 고객의 정보 중에서 계좌개설시 얻게 되는 금융거래정보는 (　　　　　)인 정보이며, 매매주문동향을 통해 알게 되는 정보는 (　　　　　)인 정보이다.

**92** (　　　　　)은 개인정보를 대량으로 처리하는 기관 등에서 대규모 개인정보가 유출되는 사고의 예방 및 개인정보의 수집·유출·남용으로부터 사생활의 비밀 등을 보호하기 위해 만든 법률이다.

**93** ○✕ 개인정보 중 정보주체와의 계약 체결 및 이행에 불가피한 정보는 정보주체의 동의를 받지 않아도 수집 가능하다.

**94** 개인정보는 (실명처리 / 익명처리)를 우선으로 한다.

**95** 개인정보보호법에는 징벌적 손해배상제도가 도입되어 있는데, 고의 또는 중과실로 개인정보를 유출한 기관에 대해서는 피해액의 최대 (　　　　　)까지 가중책임이 부과되며, 피해자 입장에서는 피해액을 입증하지 못하더라도 (　　　　　) 이내에서 법원판결금액을 보상받을 수 있다.

---

**정답**　87 행정제재
88 손해배상책임, 실효
89 무효, 취소
90 시 장
91 정적, 동적
92 개인정보보호법
93 O
94 익명처리
95 3배, 300만원

**96** 고객의 개인정보보호를 위한 법령근거 중에서 가장 후순위로 적용되는 것은 (금융실명법 / 신용정보법 / 전자금융거래법 / 개인정보보호법)이다.

**97** 회원사 간의 영업 관련 분쟁이나 착오매매로 인한 분쟁은 (              )의 분쟁조정기구에서 조정한다.

**98** 금융분쟁조정위원회는 신청일로부터 (              ) 내로 회부하며, 회부일로부터 (              ) 내로 심의·의결한다.

**99** 금융감독원의 분쟁조정기구에서 쌍방 간에 조정안이 수락되면 (재판상 화해 / 민법상 화해)의 효력을 가진다.

**100** 당초 체결한 일임계약의 취지를 위반하여 과도한 매매(수수료수입 증대 목적)를 하여 고객에게 피해를 입힌 경우는 (              )로 인한 금융분쟁유형이라 할 수 있다.

**101** 금융투자회사의 직원이 고객의 주문을 받지 않았음에도 불구하고 고객의 예탁자산을 마음대로 매매하여 발생하는 분쟁유형은 (임의매매 / 일임매매)이다.

**102** [분쟁사례] 고객이 증권사직원에게 주식매매를 일임한 기간의 일부 기간에 월매매 회전율이 약 1,400%에 달했고 단기매매를 했어야 할 특별한 사정이 없었던 점 등을 고려컨대 (              )가 인정된다. 또한 고객의 당일 '전부 처분 지시'에도 불구하고 직원의 지정가주문으로 일부 수량만 매도되었다면 (              )를 해태한 것으로 본다.

**103** [분쟁사례] 직원이 '혼자만 알고 있는 호재인데 소문이 날까 봐 이를 밝힐 수 없다. 지금 당장 투자하지 않으면 시기를 놓친다'는 등의 말로 매매를 권유한 것은 (임의매매 / 일임매매 / 부당권유)로 인정되는 사례이다.

---

**정답** **96** 개인정보보호법 ▸ 나머지는 개인정보보호법의 특별법이다.
　　　**97** 한국금융투자협회
　　　**98** 30일, 60일 ▸ 협회나 거래소의 분쟁조정기구는 '30일-30일'이 적용된다.
　　　**99** 재판상 화해 ▸ 민법상 화해와 달리 재판상 화해가 성립되면 이후 어떠한 법적다툼도 인정되지 않는다.
　　　**100** 일임매매 ▸ 금융분쟁의 유형은 '임의매매, 일임매매, 부당권유, 불완전판매, 주문관련 횡령 등'이 있다.
　　　**101** 임의매매 ▸ 임의매매는 형사상책임까지 부과되는 무거운 사안이다.
　　　**102** 과당매매, 선관주의의무 ▸ 일임매매로 인한 분쟁사례의 하나이다.
　　　**103** 부당권유 ▸ 부당권유란 '거짓의 내용을 알리는 행위 및 불확실한 사항에 대해 단정적인 판단을 제공하는 행위, 불초청권유금지의 위반, 재권유금지의 위반' 등을 말한다.

**104** ◯× 적극적인 적합성의 원칙을 준수할 경우 자금세탁을 방지하기 위한 의심거래보고(STR)는 필요하지 않을 수 있다.

**105** 투자매매업자 또는 중개업자는 투자자가 채무상환, 추가납입담보, 수수료납입을 하지 않았을 때 그 다음 영업일에 투자자계좌에 예탁된 (              )을 투자자의 채무변제에 우선 충당하고 담보증권, 그 밖의 순서로 필요한 수량만큼 임의 처분하여 투자자의 채무변제에 충당할 수 있다.

**106** ◯× 투자자가 신용거래에 의한 매매를 할 경우 거래소가 투자주의종목, 투자위험종목 또는 관리종목으로 지정한 증권에 대해서는 신규의 신용거래를 할 수 없다.

**107** 자금세탁방지제도의 하나로써 금융회사직원의 주관적 판단에 의존하는 것은 (              )이다.

**108** 고액현금거래보고제도(CTR)는 1거래일 동안의 거래가 원화는 (              ), 외화는 미달러 (              )와 동일한 가치의 금액 이상일 경우에 적용된다.

**109** 고객확인제도(CDD/EDD)에 적용대상이 되는 세 가지 경우는 (              ), (              ), (              ) 이다.

**110** 고객확인제도(CDD/EDD)의 적용대상 3가지 경우 중 '금융거래목적'까지 파악해야 하는 것은 (              )이다.

**111** 강화된 고객확인제도(EDD)는 위험기반접근법에 의해 고위험군으로 분류된 고객에 대해서 (              ) 과 (              )을 파악하는 제도이다.

**112** 금융기관 등 임직원의 판단에 의존하는 의심스러운 거래보고제도를 보완하기 위한 것으로 비정상적인 금융거래를 효율적으로 규제하기 위해 도입한 자금세탁방지제도의 종류는 (              )이다.

---

정답  **104** O ▸ 적극적인 적합성의 원칙은 자금세탁방지효과가 있다.
　　　**105** 현금
　　　**106** X ▸ 투자주의종목은 신용거래가 가능하지만 투자경고종목은 불가하다.
　　　**107** 의심거래보고제도(STR)
　　　**108** 1천만원, 1만달러 ▸ 이 경우 일단 온라인보고를 하고 금융거래발생 후 30일 이내에 보고해야 한다.
　　　**109** 계좌의 신규개설, 일회성 거래가 1천만원 이상, 자금세탁의 우려가 있는 경우
　　　**110** 자금세탁의 우려가 있는 경우
　　　**111** 금융거래목적, 자금의 원천
　　　**112** 고액현금거래보고제도(CTR)

**113** 회사의 임직원이 자금세탁 등에 이용되지 않도록 채용시 임직원의 신원사항을 확인하고 관련 정보를 지속적으로 파악·관리하는 것을 (고객확인제도 / 직원알기제도)라 한다.

**114** ○ × FATF 40 권고사항은 자금세탁방지를 위한 국제협력을 권장하는 사항이며, 법적·실질적 구속력이 없는 다자간 협력체계라고 할 수 있다.

**115** 원화 (           )을 초과하는 모든 전신송금에 대해서는 고객관련 정보를 확인하고 보관해야 한다.

**116** ○ × 금융실명제는 해당 거래고객에 대해서 실명확인(실지명의)을 하지만 자금세탁방지제도는 신원확인과 함께 금융거래목적과 자금의 원천까지 확인을 할 수 있다.

**117** ○ × 차명거래금지제도(2014.11~)에 의해 모든 차명거래는 금지된다.

**118** (           )(이)란 개인의 경우 성명과 주민등록번호, 법인의 경우 법인 명칭과 사업자등록번호를 말하며, (           )(이)란 실지명의에 추가하여 주소와 연락처를 확인하는 것을 말한다.

**119** 해외금융계좌 납세자협력법(FATCA)은 미국시민권자, 영주권자, 세법상 미국거주자를 적용대상으로 하며, 개인의 경우 기존계좌잔액이 (           )를 초과하는 경우를 신고대상으로 한다.

**120** 해외금융계좌신고제도(FBAR)는 미국의 납세의무자가 1여 년 동안 어느 시점이든 모든 금융계좌잔고의 합계액이 (           )를 초과하는 경우 미국 재무부에 해외금융계좌 잔액을 신고해야 한다.

---

**정답** 113 직원알기제도(Know Your Employee)
114 X ▶ 실질적인 구속력이 있다.
115 100만원
116 O ▶ 자금세탁방지제도의 법적근거가 되는 주요법률은 특정금융거래보고법이다.
117 X ▶ 합법적인 차명거래는 허용된다.
118 실지명의, 신원확인
119 5만달러
120 1만달러

# 제4편 법규 및 세제

## 1장    자본시장 관련 법규(20문항 대비)

**01** 자본시장법의 규제 패러다임 4가지는 (          ), (          ), (          ), (          )이다.

**02** 투자권유대행인제도의 도입, 부수업무에 대한 Negative System 도입, 외국환업무의 범위 확대는 자본시장법의 4가지 의의 중 (          )에 속한다.

**03** 규제차익을 최소화하는 역할을 하는 자본시장법의 4가지 패러다임의 하나는 (          )이다.

**04** ○× 금융위원회는 9명으로 구성되는데, 위원장 1인, 부위원장 1인, 그리고 당연직 4인, 금융전문가 2인, 상공회의소 추천 1인으로 구성되어 있다.

**05** 당연직위원 4인은 (          ), (          ), (          ), (          )이다.

**06** ○× 금융위는 위원장 단독 또는 3인 이상의 위원의 요구로 소집이 가능하며, 의결은 재적 과반수의 출석과 출석 과반수의 찬성으로 의결한다.

**07** 자본시장 및 기업회계 관련 주요업무를 수행하기 위해 금융위원회 내에 설치된 기구는 (증권선물위원회 / 금융감독원)이다.

**08** 금융기관의 업무 및 재산상황에 대한 검사는 (금융위 / 증선위 / 금융감독원)의 업무이다.

---

**정답** 01 열거주의에서 포괄주의로 전환, 기관별규제에서 기능별규제로 전환, 겸영허용, 투자자보호의 강화
02 업무범위의 확대(겸영 허용) ▸ 업무범위의 확대를 통한 시너지효과 기대, 대형화를 통한 경쟁력 강화를 목적으로 함
03 기능별규제
04 ○
05 기획재정부 차관, 한국은행 부총재, 금융감독원 원장, 예금보험공사 사장
06 ○
07 증권선물위원회 ▸ 자본시장 조사와 회계 관련 업무는 증선위 소관이다.
08 금융감독원

**09** 금융투자업 관계기관 중에 자율규제기관은 (          ), (          )이다.

**10** 회원의 영업행위와 관련된 분쟁에 대한 자율조정업무, 비상장주식의 장외매매거래에 관한 업무는 (          )의 업무이다.

**11** 금융투자상품거래청산회사는 자본시장법에 따라 금융위로부터 청산업 인가업무단위의 전부나 일부를 택하여 금융투자상품거래청산업 (인가를 받은 / 등록을 한) 회사이다.

**12** 우리나라 금융법규 체계는 국회에서 제개정되는 (          ), 대통령령인 (          ), 국무총리령 인 (          ), 금융위가 제개정하는 (          ) 등이 있고, 원이 제개정하고 금융위에 보고하는 (          )으로 이루어져 있다.

**13** (          )란 신청인의 요청에 따라 금융당국이 경제주체의 특정행위에 대하여 제재 등의 조치를 취할 지 여부에 대한 의사를 사전에 표면하는 제도이다.

**14** ☐Ⓧ 비조치의견서는 금융위원장 또는 증선위원장, 금융감독원장 명의로 회신하게 되며, 비조치의견 회신사항에 대해서는 사후에 법적조치를 취하지 않는다.

**15** 행정지도를 한 경우 그 내용을 (공개 / 비공개)하는 것이 원칙이다.

**16** 금융위원회와 금융감독원, 금융기관이 공동으로 상호준수할 것을 약속하는 것으로써 모범이 되는 규준을 (          )이라 한다.

**17** 자본시장법은 금융투자상품을 (          )으로 포괄적으로 정의한다.

---

**정답** 09 한국거래소, 한국금융투자협회
09 10 한국금융투자협회 ▶ 협회가 운영하는 장외거래매매시장은 K-OTC시장이다.
11 인가를 받은 ▶ 등록대상이 아니라 인가대상이다.
12 법, 시행령, 시행규칙, 감독규정, 시행세칙
13 비조치의견서 ▶ 비조치의견서는 당해 행위에 적용할 법령 등의 공백이 있는 경우, 법의 제·개정 당시에는 예상치 못한 상황이 발생하여 당해 행위에 적용할 수 있는지 불명확한 경우 적용한다.
14 O
15 공개
16 모범규준 ▶ 이를 위반시에는 제재를 부과할 수 있다.
17 투자성이 있는 것 또는 원본손실가능성이 있는 것

**18** 투자성을 판단함에 있어서 '판매수수료, 보험계약의 사업비, 위험보험료' 등은 투자금액 산정시 (포함 / 제외)된다.

**19** 투자성을 판단함에 있어서 '환매수수료, 거래상대방의 채무불이행으로 지급하지 않은 미지급금' 등은 투자금액 산정시 (포함 / 제외)된다.

**20** 원화로 표시된 CD, (          ), (          )은 금융투자상품으로 인정되지 않는다.

**21** 금융투자상품에 대한 포괄주의 정의상, 원본손실가능성이 있으나 원금초과손실가능성은 없는 것은 (          )이다.

**22** 금융투자상품에 대한 포괄주의 정의상, 원본초과손실가능성이 있는 것은 (          )이다.

**23** 증권의 종류에는 (          ), (          ), (          ), (          ), (          ), (          )의 6가지가 있다.

**24** ☐○☐× '일반적인 금전채권(사적인 금전채권)'은 채무증권에 속한다.

**25** 특정 투자자가 그 투자자와 타인 간의 공동사업을 금전 등에 투자하고 주로 타인이 수행한 공동사업의 결과에 따른 손익이 귀속되는 계약상 권리가 표시된 것을 (          )이라 한다.

**26** 파생결합증권에는 ELS, (          ), DLS, CLN, CAT Bond 등이 있다.

**27** ☐○☐× 금융투자상품에 대한 포괄주의 규제상 정의되는 장내파생상품은 한국 KRX에서만 거래되는 파생상품을 말한다.

---

**정답** **18** 제 외
**19** 포 함
**20** 관리신탁의 수익권, 주식매수선택권
**21** 증 권
**22** 파생상품
**23** 채무증권, 지분증권, 수익증권, 투자계약증권, 파생결합증권, 증권예탁증권
**24** X ▶ 일반적인 금전채권은 유통성이 없으므로(손실가능성이 없으므로) 증권에서 제외된다.
**25** 투자계약증권
**26** ELW ▶ ELS(주가연계증권), ELW(주식워런트증권), DLS(파생연계증권), CLN(신용연계증권), CAT Bond(재해연계증권)
**27** X ▶ KRX뿐 아니라 해외의 정형화된 파생상품거래소에서 거래되는 파생상품을 포함한다.

**28** 파생상품을 거래구조에 따라 분류하면 (          ), (          ), (          )의 3가지로 분류된다.

**29** 금융투자업의 종류는 (          ), (          ), (          ), (          ), (          ), (          ), (          ), (          )의 8가지이다.

**30** 누구의 명의로 하든지 자기의 계산으로 금융투자상품의 매매, 증권의 발행·인수 또는 그 청약의 권유, 청약, 청약의 승낙을 영업으로 하는 것은 6개 금융투자업 중 (          )이다.

**31** 일반 사모집합투자기구에 대한 효율적인 신용공여와 담보관리 등을 위해 주로 증권대차, 금전의 융자, 자산의 수탁관리 등의 업무를 수행하는 금융투자업은 (          )이다.

**32** 온라인상으로 누구의 명의로 하든지 타인의 계산으로 채무증권, 지분증권, 투자계약증권의 모집 또는 사모에 관한 중개를 영업으로 하는 투자중개업을 (          )이라 한다.

**33** 온라인소액투자업의 영업대상이 되는 금융투자상품은 (          ), (          ), (          )으로 제한된다.

**34** 전문투자자는 (          ), (          ), (          )의 3종류로 분류된다.

**35** 주권상장법인이나 지자체는 일반투자자의 대우를 받겠다는 의사를 금융투자업자에 서면으로 통지하면 일반투자자로 간주되는데, 이러한 전문투자자를 (          )라 한다.

**36** '주권상장법인 등'은 일반투자자로의 전환이 (가능 / 불가능)하고, 장외파생상품을 매매하고자 할 경우 별도의 의사표시를 하지 않는 한 (전문투자자 / 일반투자자)로 취급된다.

---

정답   **28**   선도 또는 선물, 옵션, 스왑
　　　**29**   투자매매업, 투자중개업, 집합투자업, 투자자문업, 투자일임업, 신탁업, 종합금융투자업, 온라인소액투자업
　　　　　　　▸ 기존의 6개에 종합금융투자업(Prime Broker)과 온라인소액투자업이 추가되었다.
　　　**30**   **투자매매업**   ▸ 투자매매업은 '자기의 계산' '발행인수업이 있다는 점'에서 투자중개업과 다르다.
　　　**31**   종합금융투자사업자
　　　**32**   온라인소액투자업   ▸ 크라우드펀딩업이라고도 함
　　　**33**   채무증권, 지분증권, 투자계약증권
　　　**34**   절대적 전문투자자, 상대적 전문투자자, 자발적 전문투자자
　　　**35**   상대적 전문투자자
　　　**36**   가능, 일반투자자

**37** 100억원 이상의 금융투자상품잔고를 보유한 법인은 전문투자자로 전환할 수 있는데 이러한 전문투자자를 ( )라 한다.

**38** 개인투자자가 자발적 전문투자자가 되기 위해서는 '최근 5년 중 1년 이상의 기간 동안 금융투자상품 (MMF 등 저위험상품 제외)을 월말평균잔고 기준으로 ( ) 이상 보유한 경험'이 있는 가운데, '소득기준, 자산기준, 전문성기준' 중의 하나를 충족하면 된다.

**39** ☐○☒ 자발적 전문투자자가 되기 위해서는 일정요건을 갖춘 상태에서 금융위에 신고하면 2년간 전문투자자 대우를 받을 수 있다.

**40** 금융투자업은 인가와 등록을 받아야 영업을 할 수 있는데, 등록대상 금융투자업은 ( ), ( ), ( )이다.

**41** 금융투자업의 인가요건은 ( ), ( ), ( ), ( ), ( ), ( ), ( )의 7가지이다.

**42** 자기자본요건에서 자기자본은 인가업무단위별 ( )과 대통령령에서 정하는 금액 중 큰 금액 이상이어야 한다.

**43** 인력에 관한 요건에서 집합투자증권에 대한 투자매매업자·중개업자가 되기 위해서는 투자권유자문인력을 ( ) 이상 갖추어야 한다.

**44** 금융투자업자는 인가·등록을 받은 후에도 그 요건을 유지할 필요가 있는데, 자기자본요건에서는 매 회계연도말 기준 자기자본이 인가업무 단위별 최저 자기자본의 ( ) 이상으로 유지해야 한다.

**45** 금융위는 인가신청서 접수 후 ( ) 이내에 인가여부를 결정하여 신청인에게 통지한다. 등록여부 결정은 ( ) 이내, 예비인가를 받은 경우에는 ( ) 이내이다.

---

정답 **37** 자발적 전문투자자

**38** 5천만원 ▸ 소득기준 : 본인소득 1억원 또는 배우자합산 1억 5천만원, 자산기준 : 5억원(거주부동산을 제외한 순자산기준), 전문성기준 : 전문자격 또는 금융투자업 주요 종사자 등으로서 1년 이상 종사자

**39** ○ ▸ 상대적 전문투자자가 일반투자자가 되기 위해서는 금융투자회사에 서면통지, 일반투자자가 자발적 전문투자자가 되기 위해서는 금융위에 신고해야 한다.

**40** 투자자문업, 투자일임업, 온라인소액투자업

**41** 법인격요건, 자기자본요건, 인력에 관한 요건, 물적시설에 관한 요건, 사업계획, 대주주에 관한 요건, 이해상충방지체계 요건

**42** 5억원

**43** 5인

**44** 70%

**45** 3개월, 2개월, 1개월 ▸ 인가보다 등록요건이 완화되므로 인가는 3개월, 등록은 2개월임

**46** 금융투자업의 등록요건에서 투자자문업은 (　　　　　) 이상, 투자일임업은 (　　　　　) 이상의 금융투자전문인력을 확보해야 한다.

**47** 금융투자업의 등록요건에서 투자자문업과 투자일임업을 모두 영위할 경우는 (　　　　　) 이상의 금융투자전문인력을 확보해야 한다.

**48** 금융투자업자는 매분기마다 자산 및 부채에 대한 건전성을 (　　　　), (　　　　), (　　　　), (　　　　), (　　　　)의 5단계로 분류해야 한다.

**49** 금융투자업자는 매분기마다 자산 및 부채에 대한 건전성을 5단계로 분류하고, (　　　　)과 (　　　　)에 대해서는 조기에 상각을 해야 하며, (　　　　) (　　　　) (　　　　)에 대해서는 적정한 회수예상가액을 산정해야 한다.

**50** 충당금 적립기준은 정상이 (　　　　), 요주의가 (　　　　), 고정이 (　　　　), 회수의문이 (　　　　), 추정손실이 (　　　　)이다.

**51** 금융투자업자의 자기자본규제인 (　　　　)는 급변하는 시장환경하에 금융투자업자의 재무건전성을 확보하기 위한 것으로써, 금융투자업자의 파산을 조기에 예방하고 파산이 일어나는 경우에도 고객과 채권자의 재산이 안전하게 변제될 수 있도록 유도하기 위한 제도이다.

**52** 순자본비율이 50% 이상 100% 미만일 경우 (　　　　), 0% 이상 50% 미만일 경우에는 (　　　　), 0% 미만일 경우에는 (　　　　)의 적기시정조치가 부과된다.

**53** ○✕ 순자본비율을 작성하는 기본원칙상, 금융투자업자의 자산, 부채, 자본은 연결재무제표에 계상된 장부가액을 기준으로 하고, 시장위험과 신용위험을 동시에 내포하는 자산에 대해서는 더 큰 위험만을 산정한다.

---

**정답** **46** 1인, 2인
　　　**47** 3인 ▸둘 다 영위할 경우는 합산한다(1인＋2인＝3인 이상).
　　　**48** 정상, 요주의, 고정, 회수의문, 추정손실
　　　**49** 회수의문, 추정손실 / 고정, 회수의문, 추정손실 ▸'고정이하(고정/회수의문/추정손실)'에 대해서는 적정한 회수예상가액을 산정해야 하며, 이 중에서 '회수의문/추정손실'에 대해서는 조기에 상각해야 한다.
　　　**50** 0.5%, 2%, 20%, 75%, 100%
　　　**51** 순자본비율제도 또는 영업용순자본비율제도
　　　**52** 경영개선권고, 경영개선요구, 경영개선명령
　　　**53** ✕ ▸시장위험과 신용위험 둘 다 내포하는 경우에는 둘 다 반영한다.

**54** ⃞O⃞× 영업용순자본의 산정원칙에서, 영업용순자본 산정시 차감항목에 대해서는 원칙적으로 위험액을 산정하지 않는다.

**55** ⃞O⃞× 영업용순자본은 순재산액에서 현금화가 곤란한 자산은 차감하고 유동성에 도움이 되는 보완자본은 가산한다.

**56** 총위험액은 (          ), (          ), (          )의 합산금액이다.

**57** ⃞O⃞× 순자본비율을 구하는 공식은 '$\dfrac{영업용순자본 - 총위험액}{필요유지자기자본}$'이다.

**58** 순자본비율의 산출내역은 매월 말 기준으로 1개월 이내에 (          )를 통해 금융위에 제출해야 한다.

**59** 적기시정조치 판단상 필요한 레버리지 규제는 1종 금융투자업에 속하는 (          ) 또는 (          )에 적용한다.

**60** 경영실태평가등급상 경영개선권고는 종합등급이 (          )으로써, 세부부문인 자본적정성 부문의 평가등급이 4등급 이하인 경우에 부과된다.

**61** 2년 연속 적자이면서 레버리지비율이 900%를 초과하는 경우 (          )가 부과된다.

**62** 경영실태평가 종합등급이 4등급 이하 또는 순자본비율이 50% 미만 또는 2년 연속 적자이면서 레버리비비율이 1,100%가 초과되는 경우 또는 레버리지비율이 1,300%를 초과하는 경우 (          ) 조치가 부과된다.

---

**정답** **54** O ▸ 또한 차감항목과 위험액 산정대상 자산 사이에 위험회피효과가 있는 경우에는 위험액 산정대상 자산의 위험액을 감액할 수 있다.

**55** O ▸ 후순위채무액은 부채에 속하지만 자본에 준하는 보완자본이므로 가산항목이다.

**56** 시장위험액, 신용위험액, 운영위험액

**57** O

**58** 업무보고서

**59** 투자매매업, 투자중개업 ▸ 레버리지비율은 '$\dfrac{총자산}{자기자본}$'이다.

**60** 3등급 이상 ▸ '3등급 이하'가 아니다.

**61** 경영개선권고 ▸ 2년 연속 적자 요건이 없는 경우는 레버리지비율이 1,100%인 경우 경영개선권고 조치가 부과된다.

**62** 경영개선요구

**63** 적기시정조치의 이행기간에서, 경영개선권고는 (          ) 이내, 경영개선요구는 (          ) 이내, 경영개선명령은 (          ) 이내로 한다.

**64** 금융투자업자의 외화유동성비율은 잔존만기 (          ) 이내의 외화부채에 대한 외화자산의 비율을 (          )% 이상으로 유지해야 한다.

**65** 외국환업무를 취급하는 금융투자업자의 경우에는, 잔존만기 1개월 이내의 외화부채가 외화자산을 초과하는 비율이 (          ) 이내이어야 한다.

**66** 금융투자업자는 매 사업연도 개시일부터 3개월간, 6개월간, 9개월간, 12개월간의 (          )를 작성하여 해당 기간 경과 후 45일 이내에 금융위에 제출해야 한다.

**67** 부실채권 발생규모가 직전 분기말 자기자본의 100분의 10을 초과하는 경우, 금융사고 등으로 인한 손실 규모가 직전 분기말 자기자본의 100분의 2를 초과하는 경우, 그리고 적기시정조치를 받은 경우에 하는 공시를 (          )라 한다.

**68** ☐O☐X☐ 금융투자업자는 대주주가 발행한 증권을 소유할 수 없는 것이 원칙이다.

**69** 금융투자업자는 계열회사가 발행한 주식이나 채권, 약속어음 등을 자기자본의 (          )를 초과하여 소유할 수 없다.

**70** ☐O☐X☐ 금융투자업자는 대주주 및 대주주의 특수관계인에 대하여 예외적으로 신용공여를 할 경우에는 재적이사 전원의 찬성에 의한 이사회결의를 거쳐야 한다.

---

**정답** **63** **6개월, 1년, 금융위가 정한 별도의 기간** ▶ 만일 적기시정조치 요건에 해당하더라도, 자본확충 또는 자산매각 등으로 단기간 내에 적기시정조치의 요건에 해당되지 않을 것으로 판단되는 경우에는 일정기간 조치를 유예할 수 있다.

**64** **3개월, 80** ▶ 3개월 만기 외화부채에 대한 자산비율이 80% 이상이 되어야 한다.

**65** **100분의 10** ▶ 다르게 표현하면, 1개월 만기 외화부채에 대한 외화자산의 비율은 90% 이상이어야 한다는 것이다.

**66** **업무보고서**

**67** **경영공시** ▶ 민사패소시의 손실이 100분의 1을 초과시에도 경영공시의 대상이 된다.

**68** **O** ▶ 단, 시장조성이나 안정조작 등의 경우에는 예외로 일정기간 소유할 수 있다.

**69** **8%** ▶ 단, 시장조성이나 안정조작 등의 경우에는 예외로 일정기간까지 한도가 초과될 수 있다.

**70** **O**

**71** 금융투자업자는 다른 업무를 겸영하고자 하는 경우 그 업무를 영위하기 시작한 날로부터 (                    ) 이내에 (사후) 보고하여야 하며, 금융투자업에 부수업무를 영위하고자 할 경우에는 그 업무를 영위하기 시작한 날로부터 (                ) 이내에 (사후) 보고하여야 하며, 금융투자업자가 제3자에게 업무를 위탁하는 경우 실제 업무수행일의 (                )일 전까지 금융위에 (사전) 보고하여야 한다.

**72** 금융투자업의 (본질적업무 / 겸영업무 / 부수업무)를 위탁하는 경우에는 위탁받는 자가 당해 업무수행에 필요한 인가나 등록을 받은 자이어야 한다.

**73** 준법감시인 및 위험관리책임자의 업무 등의 (                ) 업무는 위탁이 금지된다.

**74** ⃞O⃞X⃞ 금융투자업의 영위업무 일부를 위탁받은 자는 원칙적으로 재위탁을 할 수 없으나, 단순업무 및 외화자산 운용·보관 업무는 위탁자의 동의를 받아 재위탁할 수 있다.

**75** ⃞O⃞X⃞ 금융투자업자는 이해상충이 발생할 가능성이 있는 경우 투자자에게 그 사실을 미리 알리고, 이해상충의 발생가능성을 내부통제기준에 따라 투자자보호에 문제가 없는 수준으로 낮춘 후에 거래를 해야 하며, 낮추는 것이 어려울 경우에는 해당 거래를 하지 않아야 한다.

**76** ⃞O⃞X⃞ 집합투자업과 '고유재산운용업무, 투자매매업, 투자중개업'을 같이 영위하는 금융투자업자는 양자 간에 정보교류차단장치를 두어야 한다.

**77** ⃞O⃞X⃞ 고유재산운용업무 중 '금융기관 예치, 국공채, MMF'의 경우에는 정보교류차단장치를 설치하지 않아도 된다.

**78** ⃞O⃞X⃞ 국공채, MMF, RP의 매매에 대한 정보는 준법감시인의 사전승인을 받은 후 정보제공을 할 수 있다.

---

**정답** 71 2주, 2주, 7(일) ▶ 출제빈도가 높으므로 잘 암기할 것. 단, 금융투자업자가 제3자에게 업무를 위탁하는 경우 그 업무가 본질적 업무가 아닌 경우에는 (중요도가 약하므로) 업무수행일로부터 14일 이내에 (사후) 보고한다.
　　　 72 본질적업무
　　　 73 내부통제
　　　 74 O
　　　 75 O
　　　 76 O ▶ 고유재산운용업무·투자매매업·투자중개업 ↔ 집합투자업·신탁업·기업금융업무
　　　 77 O
　　　 78 X ▶ 국공채, MMF, RP는 저위험상품으로써 정보교류차단대상에서 원초적으로 제외된다(즉 준법감시인의 사전승인이 필요 없음).

**79** ☐○☐✕ 금융투자업자 중 집합투자업, 신탁업, 투자자문업, 투자일임업에게는 자본시장법상 선관주의 의무가 명시되어 있다.

**80** 이해상충 관리를 위한 3가지 규제체계 중 선행매매 금지와 과당매매 금지는 (일반 규제 / 직접 규제 / 정보교류차단장치(Chinese Wall))에 해당한다.

**81** ☐○☐✕ 투자자가 예탁한 증권의 총액정보는 별도의 제한없이 제공이 가능하다.

**82** 금융투자업자는 일반투자자에게 투자권유를 하는 경우 그 일반투자자의 투자목적에 비추어 적합하지 않다고 인정되는 투자권유를 할 수 없는데, 이는 (            )이다.

**83** 투자권유에 관한 금융소비자보호법상의 의무 중에서 자본시장법상의 손해배상책임을 부담하는 것은 (            )가 유일하다.

**84** ☐○☐✕ 투자권유대행인은 위탁한 금융투자업자를 대리하여 계약을 체결할 수 있다.

**85** 집합투자증권의 광고에는 (            ), (            ), (            )이 반드시 포함되어야 한다.

**86** 금융투자업자는 금융투자업을 폐지하거나 지점 등의 영업을 폐지하는 경우에는 폐지 (        ) 전에 일간신문에 공고하여야 하며, 알고 있는 채권자에게는 각각 통지하여야 한다.

**87** 금융투자업자의 임직원은 자기계산으로 특정 금융상품을 매매하는 경우 자기의 명의로 (            )의 투자중개업자를 통해서 매매해야 하며(투자중개업자 임직원은 그가 소속된 회사에 한함), 매매명세를 (            )로 소속회사에 통지해야 한다. 그러나 주요직무종사자(조사분석사 등)는 (            )로 통지하여야 한다.

---

**정답** 79 ○ ▸ 이 선관주의 의무는 이해상충 관리의 규제체계 중 금융투자업자에 대한 일반적 규제이지만 자본시장법상 명시적으로 표시된 금융투자업자는 집합투자업, 신탁업, 투자자문업, 투자일임업이다.

80 **직접 규제** ▸ 금융투자업자에 대한 선관주의 의무는 일반 규제이며, 사내·외 정보차단벽 간 정보제공금지와 사무공간·전산설비 공동이용 등의 정보교류금지는 Chinese Wall에 속한다.

81 ○

82 **적합성의 원칙(Suitability)**

83 **설명의무** ▸ 적합성의 원칙 등 나머지는 손해배상책임이 없다는 것이 아니라 민법상의 손해배상책임을 질 수 있다.

84 ✕ ▸ 대리하여 계약을 체결할 수 없다(권유만 가능함).

85 **취득 전 투자설명서를 읽어볼 것, 원금손실이 발생할 수 있다는 사실, 과거운용실적이 미래수익률을 보장하지 않는다는 것**

86 **30일**

87 **1개, 분기별, 월별**

**88** ☐O ☐X 투자매매업자 또는 투자중개업자는 투자자로부터 금융투자상품에 대한 청약 또는 주문을 받는 경우에는 사전에 그 투자자에게 자기가 투자매매업자인지 또는 투자중개업자인지를 밝혀야 한다. 그리고 밝히는 방법상의 제한은 없다.

**89** ☐O ☐X 투자매매업자 또는 투자중개업자는 모든 금융투자상품의 매매에 있어서 자신이 본인이 됨과 동시에 상대방의 투자중개업자가 될 수 없다.

**90** 최선집행기준은 (          )나 (          )의 의무에 속하며, '금융투자상품의 가격, 수수료등 비용, 매매체결가능성 등을 고려한 최선의 거래조건을 위한 기준'을 말하며, 금융투자업자는 (          )마다 최선집행기준의 내용을 점검해야 한다.

**91** ☐O ☐X 투자매매업자 또는 투자중개업자는 투자자로부터 금융투자상품의 가격에 중대한 영향을 미칠 수 있는 매수 또는 매도의 주문을 받은 경우, 고객의 주문을 체결하기 전에 자기의 계산으로 매수 또는 매도하거나 제3자에게 매수 또는 매도를 권유하는 행위를 할 수 없다.

**92** 투자매매업자 또는 투자중개업자는 조사분석자료를 공표함에 있어서 그 조사분석자료가 공표된 후 (          )이 경과하기 전까지 자기의 계산으로 매매를 할 수 없다.

**93** ☐O ☐X 조사분석자료의 작성을 담당하는 자에 대해서는 기업금융업무와 연동된 성과보수를 지급할 수 없다.

**94** 투자매매업자 또는 투자중개업자는 증권의 모집 또는 매출과 관련한 계약을 체결한 날로부터 그 증권이 최초로 증권시장에 상장된 후 (          ) 이내에는 그 증권과 관련한 조사분석자료를 공표할 수 없다.

**95** ☐O ☐X 신용공여업무는 투자매매업자의 고유업무이다.

---

정답 88 O ▸ 서면이든 구두이든 밝히는 방법상의 제한은 없다.
89 X ▸ 장내시장을 통할 경우에는 상대방을 특정할 수 없으므로 적용되지 않는다.
90 **투자매매업자, 투자중개업자, 3개월** ▸ 최선집행의무는 투자매매업자 또는 투자중개업자에 주어지는 의무이다(집합투자업자 · 신탁업자 · 일임업자 등에게는 선관주의의무 부과).
91 O ▸ 선행매매(Frontrunning)의 금지를 말한다.
92 **24시간**
93 O ▸ 기업금융업무란 M&A 관련 업무 등을 말한다.
94 **40일**
95 X ▸ 신용공여업무는 투자매매업자 또는 투자중개업자의 고유업무에 해당하지 않지만, 증권과 관련된 신용공여(예 주식 매수를 위한 신용대출)는 예외적으로 허용된다.

**96** 투자매매업자 또는 투자중개업자는 투자자의 신용상태 및 종목별 거래상황 등을 고려하여 신용공여금액의 (                ) 이상에 상당하는 담보를 징구해야 한다.

**97** ☐O☐X☐ 신용공여 후 담보로 제공된 증권을 평가하는 방법에서, 상장채권은 당일종가로 평가한다.

**98** ☐O☐X☐ 신용계좌에서 채무가 상환되지 않을 경우에는, 계좌에 예탁된 현금을 투자자의 채무변제에 우선 충당하고, 담보증권, 그 밖의 증권의 순서로 필요한 수량만큼 임의로 처분한다.

**99** ☐O☐X☐ 거래소가 투자주의종목, 투자경고종목, 투자위험종목 또는 관리종목으로 지정한 증권에 대하여서는 신규의 신용거래를 할 수 없다.

**100** 투자매매업자는 증권의 인수일로부터 (              ) 이내에 투자자에게 그 증권을 매수하기 위한 신용공여를 할 수 없다.

**101** ☐O☐X☐ 투자자예탁금은 투자자로부터 금융투자상품의 매매와 관련하여 예탁받은 금전을 말하는데, 투자매매업자 또는 투자중개업자는 이를 고유재산과 구분하여 증권금융회사에 예치하거나 신탁업자에 신탁해야 한다.

**102** 투자자예탁금을 신탁회사에 신탁할 수 있는 금융투자업자는 (            ), (            ), (            ), (            )이며, 이들은 예외적으로 자기거래를 할 수 있다.

**103** 은행 또는 보험회사가 투자성 있는 예금 또는 투자성 있는 보험계약을 체결하는 경우 (            ) 또는 (            )의 인가를 받은 것으로 본다.

**104** (            )는 정보통신망이나 전자정보처리장치를 이용하여 다수의 투자자 간에 자본시장법상 매매체결대상상품의 매매나 중개를 수행하는 투자매매업자나 투자중개업자를 통칭하는 말이다.

---

정답 **96** 100분의 140
**97** X ▸ 상장주권은 당일종가, 상장채권은 둘 이상의 채권평가회사가 제공하는 가격정보를 기초로 정한다.
**98** O ▸ 임의상환순서 : 현금 → 담보증권 → 그 밖의 증권
**99** X ▸ 투자주의종목은 신용거래가 가능하다.
**100** 3개월
**101** O ▸ 일반적으로 증권금융에 예치하고 예외적으로 신탁업자에 신탁한다.
**102** 은행, 한국산업은행, 중소기업은행, 보험회사 ▸ 예외적으로 자기거래를 할 수 있다고 함은 스스로 신탁할 수도 있다는 의미이다.
**103** 투자매매업자, 투자중개업자 ▸ 기능별 규제의 일환이다.
**104** 다자간매매체결회사

**105** 다자간매매체결회사의 인가를 받기 위해서는 투자매매업은 (                    ), 투자중개업은 (                    )의 자기자본을 갖추어야 한다.

**106** 종합금융투자사업자의 지정요건은 (                ), (                ), (                ), (                )이다.

**107** 발행공시제도는 모집시 정보의 진실성확보를 위해 금융위의 수리를 받아야 하는 (                )와 이후 투자자에게 교부하는 (                )로 구성된다.

**108** 50인을 산출하는 경우 청약을 권유하는 날 이전 (                ) 이내에 청약의 권유를 받은 자를 합산한다.

**109** ⊙|✕ 국가나 한국은행 등의 전문투자자, 신용평가업자, 발행주식총수의 5% 이상의 소유 주주, 발행인의 임원, 우리사주조합원 등은 50인의 산정대상에서 제외된다.

**110** 청약의 권유를 받은 자의 수가 50인 미만으로서 증권의 모집에 해당하지 않는 경우라도, 해당 증권이 발행일로부터 1년 이내에 50인 이상의 자에게 양도될 수 있는 경우를 모집으로 간주하는데 이를 (                )이라 한다.

**111** 공모총액이 (                ) 미만인 경우 증권신고서 제출의무가 면제되며, 이 경우 (                )를 제출해야 한다.

**112** (                )는 같은 종류의 증권을 지속적으로 발행하게 될 경우 향후 일정기간 동안 발행예정증권을 일괄하여 신고하고, 실제 발행시 추가서류의 제출만으로 증권신고서 제출로 갈음하는 것을 말한다.

**113** 지분증권이 아닌 경우 50매 이상으로 발행되거나 발행 후 50매 이상으로 권면분할되어 거래될 수 있는 경우 (                )이 있다고 본다.

---

**정답** 105 300억원, 200억
106 상법상 주식회사일 것, 증권의 인수업을 영위할 것, 3조원 이상의 자기자본을 갖출 것, 내부통제기준과 이해상충방지 체계를 갖출 것
107 증권신고서, 투자설명서
108 6개월 ▸ 청약권유대상자 = 청약권유를 받은 자 + 합산대상 − 제외대상
109 O
110 간주모집 ▸ 청약권유일 이전 6개월간 합산하며, 간주모집은 발행일 후 1년 이내에 50인 이상에게 전매될 수 있는 경우에 모집으로 간주하는 것을 말함
111 10억원, 소액공모공시서류 ▸ 과도한 업무부담을 줄여주는 차원이나 소액공모공시서류는 제출해야 함
112 일괄신고서 제도
113 전매가능성 ▸ 전매가능성이 있으면 간주모집에 해당된다.

**114** ☐O☐X☐ 50매 미만으로 발행하여 발행 후 1년 이내에 분할금지특약을 기재하는 경우 전매가능성이 없다고 본다.

**115** 사업보고서·반기보고서·분기보고서 또는 증권신고서를 제출한 사실이 있는 법인이, 증권신고서의 기재사항이 이미 제출한 것과 동일한 내용인 증권신고서를 제출하는 경우, 무보증사채권의 발행을 위한 신고서는 수리된 날로부터 (          ), 보증사채권·담보사채권의 발행을 위한 신고서는 수리된 날로부터 (          )이 경과한 날에 각각 효력이 발생한다.

**116** ☐O☐X☐ 증권분석기관이 공모대상법인의 지분을 3% 이상 출자하고 있는 경우 또는 공모대상법인이 증권분석기관의 지분을 3% 이상 보유하고 있을 경우 증권분석이 금지된다.

**117** 동일인이 증권분석기관의 지분과 공모대상법인의 지분을 동시에 (          ) 이상을 보유하고 있는 경우 증권분석이 금지된다.

**118** 증권신고서가 수리된 후 효력이 발생하기 전에 (예비투자설명서 / 간이투자설명서)를 사용할 수 있는데, 이 경우 아직 신고서의 효력이 발생하지 않았음을 명시하여야 한다.

**119** 투자설명서나 간이설명서를 제출한 후에는 (          )마다 1회 이상 내용을 수정 반영해서 제출해야 한다.

**120** 최초로 사업보고서를 제출해야 하는 법인은 사업보고서 제출대상법인에 해당하게 된 날로부터 (          ) 이내에 그 직전연도 사업보고서를 금융위와 거래소에 제출해야 한다.

**121** 파산 등 사업보고서제출이 사실상 불가능한 경우 또는 증권별로 증권의 소유자가 (          ) 미만인 경우로서 금융위가 인정한 경우에는 사업보고서의 제출의무가 면제된다.

**122** 주주수가 500인 기준에 해당된 발행인의 경우 각 증권의 소유자가 (          ) 미만이 된 경우는 사업보고서 제출의무가 면제된다.

---

**정답** 　**114** O ▸ 전매제한조치에 해당된다.
　　　　**115** 5일, 3일 ▸ 최초의 증권신고서 제출시에는 각각 7일, 5일인데 이틀씩 단축이 됨
　　　　**116** O
　　　　**117** 5%
　　　　**118** 예비투자설명서 ▸ 간이투자설명서는 효력발생시기와 관계없이 사용이 가능함
　　　　**119** 1년 ▸ 1년에 1회 이상 업데이트를 해야 한다는 의미이다.
　　　　**120** 5일 ▸ 정기보고서상 사업보고서는 90일 이내로 제출하나 최초의 경우는 5일이다.
　　　　**121** 25인
　　　　**122** 300인 ▸ 단, 300인으로 감소한 당해의 사업보고서는 제출해야 한다.

**123** 발행어음이 부도가 나거나 영업활동의 일부나 전부가 정지되는 등의 사유가 발생할 경우에 (          )를 해당 사실이 발생한 다음날에서 3일 이내에 제출해야 한다.

**124** 영업의 양수 또는 양도대상의 자산금액이 자산총액의 (          ) 이상인 경우 주요사항보고서를 제출해야 한다.

**125** ⓞⓧ 상품, 원재료 등 매출과 관련하여 일상적인 영업활동으로 인한 자산의 양수나 양도는 주요사항보고서의 제출대상이 아니다.

**126** ⓞⓧ 영업활동에 사용되는 기계, 설비 등의 주기적 교체를 위한 자산의 취득이나 처분은 주요사항보고서의 제출대상이 아니다.

**127** ⓞⓧ 자기주식의 취득이나 처분에 대한 결의를 한 경우 주요사항보고서의 제출대상이다.

**128** (          )는 상장기업이 증권시장을 통해 공시되지 아니한 중요정보를 애널리스트, 기관투자자 등 특정인에게 선별적으로 제공하고자 할 경우, 형평성차원에서 모든 시장참가자들이 알 수 있도록 특정인에게 정보를 제공하기 전에 공시를 하는 제도를 말한다.

**129** 주식 등을 (          ) 동안 증권시장 밖에서 (          ) 이상의 자로부터 매수를 하고자 하는 경우, 본인과 특별관계자가 보유한 주식수의 합계가 발행주식총수의 (          ) 이상이 되는 경우에는 공개매수를 해야 한다.

**130** ⓞⓧ 주주가 주식매수청구권을 행사함으로써 회사가 매수하는 경우, 소각을 목적으로 하여 주식을 매수하는 경우 등은 공개매수요건이 되더라도 공개매수가 면제된다.

**131** 공개매수는 (          ) 이상 (          ) 이내에 실시해야 하며, 공개매수기간 중 별도의 매수는 (금지되며 / 허용되며), 공개매수하는 경우 그 매수가격은 균일해야 한다.

---

**정답**　**123** 주요사항보고서
　　　　**124** 10%
　　　　**125** O
　　　　**126** O
　　　　**127** O ▸ 단, 결의에 따라 자기주식을 취득하거나 처분하는 행위는 대상에서 제외된다.
　　　　**128** 공정공시제도
　　　　**129** 6개월, 10인, 5%
　　　　**130** O
　　　　**131** 20일, 60일, 금지되며 ▸ 공개매수신고서에 위의 내용을 포함하여 신고하고 투자자에게는 공개매수설명서를 교부해야 함

**132** ○× 공개매수자는 공개매수공고일 이후에는 공개매수를 철회할 수 없으나, 대항공개매수가 있거나 해당 기업이 해산 또는 파산한 등의 경우 공개매수기간의 말일까지 철회할 수 있다.

**133** 5% Rule은 '신규로 5% 이상을 보유하게 된 경우, 5% 이상의 보유자가 보유비율이 (          ) 이상 변동되는 경우, 보유목적이 변경되는 경우' 주식 등의 보유상황을 공시하는 제도를 말한다.

**134** ○× 일반투자자가 경영권에 영향을 줄 목적이 없는 '일반투자목적'인 경우에는 보유상황 변동이 있었던 달의 다음달 10일까지 보고하여야 한다.

**135** ○× 특례적용 전문투자자(국가, 한국은행, 국민연금 등)의 경우, '5% Rule'에 의거 경영권 영향 목적이 아닌 스튜어드십 코드 도입 활성화를 위한 보유인 경우 그 보유상황 변동이 있었던 달의 다음달 10일까지 보고하여야 한다.

**136** 5% 보고시 보유목적이 경영권에 영향을 주기 위한 것으로 보고한 자는, 그 보고사유가 발생한 날로부터 보고한 날 이후 (          )까지는 그 발행인의 주식 등을 추가로 취득하거나 보유주식 등에 대해서 의결권을 행사할 수 없다.

**137** 회사의 경영진이나 주주 기타 제3자가 주총에서 다수의 의결권확보를 목적으로 기존주주에게 의결권행사의 위임을 권유하는 것을 (의결권대리행사권유 / 공개매수)제도라 하며, 권유시에는 (          )와 (          )를 교부하여야 한다.

**138** 금융위원회의 승인을 얻어 공공적 법인의 주식을 취득한 자는 취득기간의 종료일부터 (          ) 이내 에 대량주식취득보고서를 제출해야 한다.

**139** ○× 증권의 대차거래는, 차입자로부터의 담보제공과 대차증권의 인도를 동시에 이행하는 방식으로 진행하는데 이 때 외국인 간의 대차거래의 경우는 예외가 적용된다.

---

**정답**  **132** ○
    **133** 1% ▶ 5% Rule의 3가지 보고사유 : 신규보고사유, 변동보고사유, 변경보고사유
    **134** X ▶ 일반투자자가 경영권에 영향을 줄 목적이 없는 '일반투자목적(임원보수, 배당 관련 주주제안 등의 적극적인 주주활동)'인 경우에는 보유상황 변동일로부터 10일 이내에 보고하여야 한다. 그러나 일반투자자가 경영권에 영향을 줄 목적이 없는 주주의 일반적 권리행사를 위한 '단순투자목적(의결권, 이익배당청구권, 신주인수권 등)'인 경우에는 보유상황 변동이 있었던 달의 다음달 10일 이내에 보고하여야 한다.
    **135** ○
    **136** 5일 ▶ 5일은 냉각기간에 해당된다.
    **137** 의결권대리행사권유, 위임장용지, 참고서류 ▶ 단, 10인 미만의 자에게 대리행사를 권유하는 경우는 법에 의한 의결권 대리행사로 보지 않는다.
    **138** 10일 ▶ 나머지 경우(5%룰, 임원의 주식소유상황보고 등)에는 모두 5일이다.
    **139** ○

**140** 투자매매업자 또는 투자중개업자가 기업어음증권을 매매 또는 중개하고자 할 경우, 해당 기업어음증권은 (                ) 이상의 신용평가를 받은 것이어야 한다.

**141** ☐O☐X☐ 투자매매업자 또는 투자중개업자가 일반투자자를 대상으로 장외파생상품을 매매나 중개하고자 할 경우, 그 일반투자자가 위험회피목적의 거래를 하는 경우에 한한다.

**142** 채권의 매수·매도호가를 동시에 제시하는 방법으로 채권거래를 활성화시키는 역할을 수행하는 자로 금융위원회가 지정하는 투자매매업자를 (채권전문자기매매업자 / 채권중개전문회사)라 한다.

**143** 영업용순자본에서 총위험액을 차감한 금액을 인가업무 또는 등록업무 단위별 자기자본을 합계한 금액으로 나눈 값이, (                )에 미달하는 경우에는 그 미달상태가 해소될 때까지 새로운 장외파생상품의 매매를 중단하고, 미종결거래의 정리나 위험회피에 관련된 업무만을 수행해야 한다.

**144** ☐O☐X☐ 장외파생상품에 대해서는 매매시마다 파생상품업무책임자의 승인을 받아야 하며, 매매 후에는 월별 매매내역을 다음 달 10일까지 금융위원회에 보고해야 한다.

**145** 공공적 법인의 개별종목에 대한 외국인의 전체 취득한도는 (                )%이며, 종목별 외국인 또는 외국법인등의 1인 취득한도는 해당 공공적 법인의 정관에서 정한다.

**146** 미공개중요정보의 이용금지의 대상법인은 상장법인 및 (                ) 이내에 상장이 예정된 법인이다.

**147** ☐O☐X☐ 상장법인이 발행한 채무증권 중 전환사채(CB), 신주인수권부사채(BW), 교환사채(EB), 이익참가부사채(PB)는 미공개중요정보 이용금지 대상 증권이다.

**148** 미공개정보이용금지의 규제가 적용되는 대상은 (                ), (                ), (                )이다.

---

**정답**   **140** 2(또는 둘)
　　　**141** O
　　　**142** 채권전문자기매매업자 ▶ 채권전문딜러라고도 함. 투자중개업자는 자기매매가 불가하다.
　　　**143** 100분의 150(순자본비율 150%를 말함)
　　　**144** O
　　　**145** 40(%) ▶ 자본시장법상의 공공적 법인의 개별종목에 대한 외국인 전체 취득한도는 40%이다.
　　　**146** 6개월 ▶ 비상장법인이라도 6개월 이내에 상장예정이라면 대상이 된다.
　　　**147** O
　　　**148** 내부자, 준내부자, 정보수령자

**149** 미공개라 함은 '거래소에 신고되거나 기재된 서류가 비치된 날로부터 (                    ), 전자전달매체를 통해 그 내용이 공개된지 (                ), 일간신문을 통하여 공개된지 (                ), 지상파방송을 통하여 방송이 된 때부터 (                ), 연합뉴스사를 통해 제공된지 (                )'이 경과하기 전의 정보를 말한다.

**150** (                )는 일정범위의 내부자에 대해 미공개중요정보의 이용 여부와 관계없이 특정증권 등을 매수한 후 6개월 이내에 매도하거나 매도한 후 6개월 이내에 매수하여 얻은 이익을 회사에 반환하도록 하는 것을 말한다.

**151** 인수계약을 체결한 투자매매업자가 해당증권의 공모시, 청약기간의 종료일 전 20일부터 그 청약기간의 종료일까지 증권의 가격을 안정시킴으로써, 원활한 청약을 돕는 매매거래를 (안정조작 / 시장조성)이라 하고, 이러한 6개월 이내의 거래를 통해 얻은 이익은 단기매매차익반환제도의 대상이 (된다 / 되지 않는다).

**152** 시세조종행위로서    규제대상은  (                ),  (                ),  (                ),  (                ),  (                )이다.

**153** 위장거래에 의한 시세조종행위는 (                )와 (                )가 있다.

**154** 그 증권 또는 장내파생상품의 매매를 함에 있어서 그 권리의 이전을 목적으로 하지 않는 거짓으로 꾸민 매매를 하는 행위를 (                )라 한다.

**155** 2015년 7월부터 도입된 (                )는 기존의 미공개중요정보이용 금지 조항이 2차 이상의 정보수령자 등을 규제할 수 없었던 점과 달리 이들에 대해서도 규제가 가능하게 하였다.

---

**정답** 149 1일, 3시간, 6시간, 6시간, 6시간
150 단기매매차익반환제도 ▶ 미공개정보의 이용 여부와 관계없이 적용된다는 점에 유의해야 한다.
151 안정조작, 되지 않는다 ▶ 투자매매업자의 안정조작과 시장조성은 불공정거래의 규제대상이 아니다.
152 위장거래에 의한 시세조종, 현실거래에 의한 시세조종, 허위표시에 의한 시세조종, 가격고정 또는 안정조작 행위, 현선연계 시세조종행위 ▶ 단, 가격고정이나 안정조작의 경우 투자매매업자가 인수업무의 일환으로 하는 행위는 규제대상에서 제외된다.
153 통정매매, 가장매매
154 가장매매(Wash Sale)
155 시장질서교란행위규제 ▶ 규제의 대상이 되는 시장질서교란행위는 정보이용교란행위와 시세관여교란행위로 구분된다.

**156** ☐☒ 2015년 7월부터 도입된 시장질서교란행위규제는 기존의 시세조종행위규제가 목적성을 전제로 한 것과 달리 목적성이 없다 하더라도 규제가 가능하게 하였다.

**157** 거래성립가능성이 희박한 호가를 대량으로 제출하거나 호가를 제출한 후 해당 호가를 반복적으로 정정·취소하는 행위는 시장질서교란행위 중 (정보이용교란행위 / 시세관여교란행위)에 해당된다.

**158** 시장질서교란행위에 대해서는 5억원 이하의 과징금을 부과할 수 있으며, 위반행위와 관련된 거래로 얻은 이익 등의 (1.5배 / 5배)가 5억원을 넘는 경우에는 그 금액 이하의 과징금을 부과할 수 있다.

**159** 금융기관에 대한 업무 및 재산상황에 대한 검사를 함에 있어서, 검사의 종류는 종합검사와 부문검사가 있으며, 검사의 방법에는 현장검사, 서면검사가 있다. 그리고 종합검사는 대부분 (현장검사 / 서면검사)의 방식으로 진행된다.

**160** ☐☒ 금융기관에 대해 검사 실시 후 금감원장이 제재조치를 할 때에는 위규행위사실, 관련법규, 제재예정내용 등을 제재대상자에게 구체적으로 사전통지하고 상당한 기간을 정하여 구술이나 서면에 의한 의견진술의 기회를 주어야 한다.

**161** 금융기관은 민사소송에서 패소가 확정되거나, 소송물 가액이 분기말 현재 자기자본의 (            ) 또는 (            )을 초과하는 민사소송에 피소된 경우, 해당 정보사항을 금융감독원장에게 보고해야 한다.

**162** ☐☒ 자본시장의 조사업무규정상 불공정거래에 대한 조사는 원칙적으로 당사자의 동의와 협조를 전제로 한 행정상 임의조사의 성격을 띠지만, 시세조종에 대한 조사의 경우 압수나 수색 등의 강제조사의 성격을 띠기도 한다.

**163** ☐☒ 자본시장조사 업무규정의 주요 조사 대상에는 상장회사 임직원의 횡령도 포함한다.

---

**정답** 156 O
157 시세관여교란행위
158 1.5배 ▸ 시세조종행위나 부정거래행위는 5배가 적용된다.
159 현장검사
160 O
161 100분의 1, 100억원
162 O ▸ 행정상조사와 강제조사의 성격이 혼재되어 있다.
163 X ▸ 미공개정보 이용행위, 시세조종 등 불공정행위, 내부자의 단기매매차익 취득, 상장법인의 공시의무 위반, 상장법인 임원 등의 특정증권 및 변동상황 보고의무 위반 등, 주식의 대량보유 등의 보고(5% Rule)가 주요 대상이다.

**01** 적합성의 원칙상 확인된 투자자정보의 내용은 해당 일반투자자에게 지체없이 제공해야 하며 ( ) 이상 기록·보관해야 한다.

**02** ☐O☐X 적정성원칙과 관련하여, 파생상품 등은 위험도가 높은 만큼 투자권유불원고객이라도 파생상품 등을 판매하려는 경우에는 그 일반투자자의 투자자정보를 파악해야 하며, 해당 일반투자자가 파생상품 등의 투자에 적정하지 않다고 판단되는 경우에는 매매를 권유할 수 없다.

**03** 파생상품 등에 대한 일반투자자에 대한 보호장치는 '투자권유대행인에게 파생상품 등의 권유가 불허되는 점, 금융투자업자와 일반투자자가 ( )을 매매할 때, 일반투자자가 위험회피목적의 거래를 하는 경우로 한정되는 점, 투자목적이나 투자경험을 고려하여 일반투자자의 등급을 차등화하는 점, 주권상 장법인이 ( )을 매매할 경우 일반투자자로 간주되는 점' 등이 있다.

**04** 적정성원칙상 '파생상품 등'은 '파생상품과 파생결합증권, 파생결합증권을 편입하는 파생상품펀드, 파생상품 매매에 따른 위험평가액이 펀드자산총액의 ( ) 이상인 파생상품펀드'를 통칭한다.

**05** 금융투자회사는 일반투자자가 공모의 방법으로 발행된 파생결합증권(ELW, ETN, 금적립계좌는 제외)을 매매하는 경우 ( )를 교부하여야 한다. 다만 간이투자설명서를 사용하는 경우에는 그러하지 아니하다. 일반투자자 또는 개인전문투자자가 공모 또는 사모의 방법으로 발행된 고난도금융투자상품을 매매하거나 고난도금전신탁계약, 고난도투자일임계약을 체결하는 경우 ( )를 교부하고 그 내 용을 설명하여야 한다. 또한, 일반투자자가 신용융자거래 또는 유사해외통화선물거래를 하고자 하는 경 우에도 ( )를 교부하고 그 내용을 충분히 설명하여야 한다.

**06** ☐O☐X 금융투자업자는 일반투자자가 최초로 ELW(주식워런트증권)나 ETN(상장지수증권)을 매매하 고자 하는 경우 기존의 위탁매매거래를 하고 있는 경우라도, 서명 등의 방법으로 매매의사를 별도로 확인해 야 한다.

---

**정답** 01 10년
02 X ▸투자정보제공을 거부하면 거래가 불가하지만, 정보제공 후에 적정하지 않다고 판단되는 경우에는 그 적정하지 않음을 고지한다.
03 장외파생상품, 장외파생상품
04 100분의 10
05 (빈칸 모두) 핵심설명서
06 O ▸ELW와 ETN에 대한 특례이다.

**07** (판매절차 적정성 점검 등) 금융투자회사는 일반투자자를 대상으로 금융투자상품을 매매하거나 투자자문계약, 투자일임계약 또는 신탁계약을 체결하는 경우, (              )영업일 이내에 판매절차가 관계법규 및 당해 회사가 마련한 투자권유준칙에서 정하는 방법과 절차에 따라 적정하게 이행되었는지 여부를 (투자자 / 준법감시인)(으)로부터 확인하여야 한다. 다만, 금융투자회사는 금융투자회사의 인력현황, 계약건수, 금융투자상품의 위험도 등을 감안하여 확인하고자 하는 금융투자상품 또는 투자자의 범위 등을 조정할 수 있다.

**08** 파생상품시장(선물 및 옵션)에 신규진입을 하고자 하는 개인투자자는 (              ) 이상의 파생상품교육과정(협회 또는 금융투자회사)과 (              ) 이상의 파생상품 모의거래과정(한국거래소, 또는 금융투자회사)을 사전에 이수하여야 한다.

**09** ⃞O⃞×⃞ 펀드판매의 대가로 집합투자재산의 매매주문을 판매회사나 제3자에게 요구하는 행위는 금지된다.

**10** ⃞O⃞×⃞ 일반투자자에게 계열회사인 집합투자업자가 운용하는 집합투자증권을 투자권유하는 경우 그 집합투자회사가 자기의 계열회사 등이라는 사실을 고지해야 한다.

**11** 일반투자자가 전문투자자로 전환하기 위해서는 법인의 경우 금융투자상품잔고가 (              ) 이상이어야 한다.

**12** 일반투자자가 장외파생상품거래를 하는 경우 위험회피목적의 거래만 가능하기 때문에, 위험회피목적 이외의 거래를 하기 위해서는 (              )로의 전환이 필요하다.

**13** 개인투자자가 자발적 전문투자자가 되기 위해서는 '최근 5년 중 1년 이상의 기간 동안 금융투자상품(MMF 등 저위험상품 제외)을 월말평균잔고 기준으로 (              ) 이상 보유한 경험'이 있는 가운데, '소득기준, 자산기준, 전문성기준' 중의 하나를 충족하면 된다.

**14** 전문투자자로 한번 지정이 되면 (              )간 해당 금융투자회사에 대하여 전문투자자로서 대우를 받지만, 다시 일반투자자로 전환하고 싶다면 해당 금융기관에 서면으로 통지해야 한다.

---

정답  **07**  7(영업일), 준법감시인
　　 **08**  1시간, 3시간
　　 **09**  O ▸ 일종의 '꺾기'에 해당된다(금지대상).
　　 **10**  O
　　 **11**  100억원
　　 **12**  **전문투자자** ▸ 전환시 자발적 전문투자자가 된다.
　　 **13**  **5천만원** ▸ 소득기준 : 본인소득 1억원 또는 배우자 합산 1억5천만원, 자산기준 : 5억원(거주부동산을 제외한 순자산기준), 전문성기준 : 전문자격 또는 금융투자업 주요 종사자 등으로서 1년 이상 종사자
　　 **14**  2년

**15** ☐☒ 펀드투자권유대행인은 펀드상품에 대해서만 투자권유를 할 수 있다.

**16** '방문판매등'에는 방문판매, 전화권유판매 그리고 (            )판매를 포함하는 개념이다.

**17** ☐☒ 방문판매인력의 요건으로는 ⓐ 금융투자회사의 임직원 또는 소속 투자권유대행인일 것, ⓑ 금융투자전문인력으로 등록하였거나 투자권유대행인으로 등록하였을 것, ⓒ 협회가 주관하는 방문판매인력 사전교육을 이수할 것, ⓓ 협회가 주관하는 직무교육을 연간 1회 이상 이수할 것의 요건을 모두 갖추어야 한다.

**18** 금융투자회사가 발행주식총수의 5% 이상의 주식을 보유하고 있을 경우에는 조사분석 자료의 공표가 (불가 / 제한적으로 가능)하며, 발행주식총수의 1% 이상(5% 미만)의 주식을 보유하고 있는 경우에는 조사분석자료의 공표가 (불가 / 제한적으로 가능)하다.

**19** ☐☒ 최근 사업연도 재무제표에 대한 감사의견이 부적정 또는 의견거절이거나 한정인 법인은 어떠한 경우에도 조사분석자료를 공표할 수 없다.

**20** 회사는 증권시장에 최초로 상장하는 법인에 대해 대표주관업무를 수행하였다면 해당 법인에 대해 최초거래일로부터 1년간 (            ) 이상의 조사분석자료를 무료로 공표해야 한다.

**21** 금융투자회사는 최근 1년간 3회 이상의 조사분석자료를 공표한 경우, 최종 공표일이 속하는 월말로부터 (            ) 이내에 조사분석자료를 추가로 공표해야 한다.

**22** 금융투자분석사는 소속 금융투자회사에서 조사분석자료를 공표한 금융투자상품을 매매하는 경우에는 공표 후 (            )이 경과해야 하며, 해당 금융투자상품의 공표일로부터 (            ) 동안은 공표한 투자의견과 같은 방향으로 매매해야 한다.

---

**정답**

**15** X ▶ 펀드상품(파생상품펀드 제외)뿐 아니라 투자자문·일임계약, 신탁계약(파생상품등에 투자하는 특정금전신탁, 고난도금전신탁계약 및 고난도투자일임계약은 제외)도 체결을 권유할 수 있다.

**16** 화상권유(판매)

**17** O

**18** 불가, 제한적으로 가능 ▶ 5% 이상 지분을 보유하면 연고법인으로 간주하기 때문에 이해상충방지를 위해 공표를 금지한다.

**19** X ▶ 이 경우 투자등급을 하향조정하기 위한 조사분석자료의 공표는 가능하다(이는 투자자보호에 유익하므로).

**20** 2회 ▶ 단, 조사분석자료에 대표주관업무를 수행하였다는 사실을 고지해야 한다.

**21** 6개월 ▶ 만일 추가로 공표를 하지 않을 경우에는 중단사실과 사유를 고지해야 한다.

**22** 24시간, 7일

**23** 금융투자분석사는 자신의 재산적 이해에 영향을 미칠 수 있는 금융투자상품의 매매를 권유하는 경우 그 재산적 이해관계를 고지해야 하며, 만일 금융투자상품 및 주식매수선택권의 보유가액합계가 (            ) 이하인 경우에는 고지대상에서 제외한다.

**24** 금융투자회사는 소속 금융투자분석사에 대해 연간 (            ) 이상의 윤리교육을 실시해야 하며, 교육실시결과를 협회에 보고해야 한다.

**25** 금융투자업자는 투자광고를 시행하기 전에 (            )의 사전확인을 거친 후에 (            )의 심사를 받아야 한다.

**26** '최소비용을 표기하는 경우 그 (            ), 최대수익을 표기하는 경우 그 (            )'은 투자광고시 일반적 의무표시사항의 하나에 해당된다.

**27** ○|× 집합투자기구는 운용결과에 따라 투자원금의 손실이 발생할 수 있고, 그 손실은 투자자에게 귀속된다는 사실은, 펀드투자 광고시 의무표시사항이다.

**28** 위험고지와 관련된 사항은 광고시 식별이 쉽도록 표시하도록 하는데, A4용지 기준 (            ) 이상의 활자체(신문의 전면광고는 10포인트 이상)로, 그리고 영상매체를 이용한 투자광고의 경우 1회당 투자광고 시간의 (            ) 이상의 시간 동안 충분한 면적에 걸쳐서 위험고지내용이 표시되어야 한다.

**29** ○|× 금융투자회사의 경영실태평가와 영업용순자본비율 등에 대해 비교광고를 할 경우 명확한 근거없이 타회사의 그것과 비교하면 안 된다.

**30** 펀드의 운용실적표시는 펀드설립일로부터 (            ) 이상 경과하고 순자산총액이 (            ) 이상인 펀드에 국한한다.

---

**정답** 23 300만원
　　　 24 2시간
　　　 25 준법감시인, 협회
　　　 26 최대비용, 최소수익 ▸ 보수적인 회계처리기준이다.
　　　 27 ○
　　　 28 9포인트, 3분의 1
　　　 29 X ▸ 경영실태평가와 영업용순자본비율은 매우 중요하므로 아예 비교대상에서 제외함
　　　 30 1년, 100억원 ▸ 유형별 수익률을 표시하고자 할 경우에는 유형별 펀드의 순자산총액이 500억원 이상이어야 한다.

**31** 펀드의 운용실적을 표시할 경우, 기준일로부터 과거 (　　　　　) 이상 기간 동안의 수익률을 사용하되, 과거 (　　　　) 및 (　　　　)을 함께 표시한다.

**32** MMF의 운용실적을 표시할 경우, 과거 (　　　　) 수익률을 표시해야 한다.

**33** ☐O☐X 투자광고시 단순한 이미지광고라 하더라도 협회의 심사를 거쳐야 한다.

**34** ☐O☐X 금융투자업자가 아닌 자 중에서 협회, 금융지주회사 및 증권의 발행인·매출인은 투자광고를 할 수 있다.

**35** 경제적 가치가 (　　　　　) 이하인 물품이나 식사, (　　　　　) 이하의 경조비 및 화환은 재산상이익으로 보지 않는다.

**36** 최근 5개 사업연도를 합산하여 (　　　　)을 초과하는 재산상이익을 수수할 경우에는 제공기간, 제공받는 자 등에 대해서 공시할 의무가 부과된다.

**37** 파생상품과 관련하여 추첨 등으로 선정된 일반투자자에게 1회당 제공할 수 있는 재산상이익은 (　　　　)을 초과할 수 없다.

**38** ☐O☐X 자체적으로 개발한 소프트웨어 및 해당 소프트웨어의 활용에 불가피한 컴퓨터 등 전산기기의 제공은 금지된다.

**39** ☐O☐X 투자자가 자신의 계좌를 관리하는 직원의 징계내역을 서면으로 열람신청할 경우 회사는 지체없이 열람신청결과를 투자자에게 알려야 한다.

---

**정답** 31 1개월, 6개월, 1년
32 1개월
33 X ▶ 단순한 이미지광고나 지점광고는 준법감시인의 사전승인만으로 가능하다.
34 O
35 3만원, 20만원
36 10억원
37 300만원
38 X ▶ 금지대상의 예외이다.
39 X ▶ 해당 직원이 동의하지 않으면 열람신청을 하지 않으며, 이 경우 해당직원이 징계열람에 동의하지 않는다는 사실을 투자자에게 알려야 한다.

**40** 금융투자회사가 심의위원회의 배타적사용권 부여결정에 대해 이의신청을 한 경우 (분쟁조정위원회 / 자율규제위원회)에서 재심의를 하며, 재심의결과에 대해서는 더 이상 이의신청을 할 수 없다.

**41** 상장주권, ELW, ETF의 예탁자산평가는 (전일 종가 / 당일 종가)로 한다.

**42** 계좌의 자산평가액이 10만원 이하인 상태에서 6개월간 무거래일 경우 계좌를 (통합 / 폐쇄)할 수 있다.

**43** 장내파생상품거래예수금 중 (          )에 대해서는 고객예탁금 이용료를 지급하지 않아도 된다.

**44** ○×  신용공여시 담보가격의 산정방법에서, 상장채권이나 공모파생결합증권에 대해서는 당일종가로 평가한다.

**45** 유사통화선물거래(FX마진거래)는 자본시장법상 (장내파생상품 / 장외파생상품)에 속하고, 양방향포지션이 (가능 / 불가)하며, 원화를 제외한 이종통화 간의 거래만 가능하다.

**46** FX마진거래의 거래단위는 기준통화의 (          ) 단위이다.

**47** 파생결합증권 발행시 조기상환조건이 있는 경우 최초 조기상환기간은 (          ) 이상으로 설정해야 한다.

**48** 기업공개를 위한 주식의 공모가격 산정에 대한 방법은 협회가 구체적인 가격평가모형을 (제시하고 / 제시하지 않고) 있으며, 수요예측결과를 감안하여 인수회사와 발행회사가 협의하여 공모가격을 정하도록 하고 있다. 단, 공모금액이 (          ) 미만인 경우에는 수요예측을 생략한다.

**49** 공모예정금액이 (          ) 미만인 경우에는 인수회사와 발행회사가 협의하여 공모가격을 설정할 수 있다.

---

정답  **40** 자율규제위원회  ▶ 신상품보호에 관한 심의는 자율규제위원회의 소관이다.
  **41** 당일 종가
  **42** 통합  ▶ 폐쇄는 잔액잔량이 0인 상태에서 6개월이 경과한 경우
  **43** 현금필요예탁액
  **44** X  ▶ 2 이상의 채권평가회사가 제공하는 가격정보를 기초로 투자매매업자나 투자중개업자가 산정한 가격으로 평가한다.
  **45** 장내파생상품, 불가  ▶ 거래단위는 미화 10만불이며 위탁증거금은 1만불 이상이다(증거금은 미화만 가능).
  **46** 100,000  ▶ 증거금은 10%이다. 즉 기준통화가 미달러일 경우 거래단위는 10만불, 증거금은 1만불이다.
  **47** 3개월
  **48** 제시하지 않고, 50억원  ▶ 50억원 미만시 인수회사와 발행사 간의 협의로 결정한다.
  **49** 50억원

**50** 발행회사와 발행회사의 이해관계인이 금융투자회사의 지분을 (          ) 이상 보유할 경우 해당 금융투자회사는 발행회사의 주관회사가 될 수 없다.

**51** 동일인이 금융투자회사의 지분과 발행회사의 지분을 동시에 (          ) 이상 보유할 경우 주관회사업무를 할 수 없다.

**52** 금융투자회사와 그 이해관계인의 보유지분 합계가 (          )인 경우에는 주관회사업무를 할 수 없다.

**53** ☐O☐X 금융투자회사와 이해관계인의 지분합계가 5% 이상이지만 10%를 초과하지 않을 경우에는 다른 금융투자회사와 공동으로 주관업무를 수행할 수 있다.

**54** 기업공개시 주식의 배정은, 우리사주조합원에게 먼저 (          )를 배정한 후 일반청약자에게 (          )을 배정하며, 다음 고위험고수익투자신탁에 (          )을 배정한다. 그리고 잔여주식은 기관투자자에게 배정된다.

**55** 초과배정수량은 공모주식수의 (          ) 이내에서, 행사일은 매매개시일로부터 (          ) 이내에서 발행회사와 대표주관회사가 결정한다.

**56** ☐O☐X 인수회사가 무보증사채를 인수하는 경우 2이상의 신용평가전문회사의 평가를 받은 것이라야 한다.

**57** 인수회사가 무보증사채를 공모할 경우 공모예정금액이 (50억원 / 100억원) 미만인 경우에는 수요예측을 하지 않는다.

---

**정답** **50** 5% ▶ 반대의 경우도 마찬가지이다.

**51** 5%

**52** 10% ▶ 예를 들어, 금융투자회사의 보유지분이 2%이며 자체로는 제한이 없으나, 이해관계인의 지분이 8%이면 합산 10%가 되어 주관회사업무가 불가하게 된다.

**53** O

**54** 20%, 25% 이상, 5% 이상

**55** 15%, 30일

**56** O

**57** 100억원

**58** 기업공개와 관련하여 불성실 수요예측참여행위를 한 자에 대해서는, 위반금액 규모에 따라 최대 (　　　　　)까지 수요예측 참여가 제한된다.

**59** 협회는 건전거래질서를 위한 표준약관을 정할 수 있으며, 금융투자회사는 표준약관을 우선적으로 사용해야 하나, 그 본질을 해하지 않는 범위 내에서 수정하여 사용할 수 있는데 이를 (수정약관 / 개별약관)이라 하고, 외국집합투자증권에 대한 표준약관은 수정하여 사용할 수 (있다 / 없다).

**60** 금융투자회사가 개별약관을 제정하거나 변경할 경우 시행예정일 (　　　　　) 전까지 협회에 보고해야 한다.

**61** ○ × 약관의 보고특례란 약관 변경시 보고를 하지 않아도 되는 것을 말한다.

**62** 금융분쟁조정위원회는 '회부기간 30일 – 심의기간 60일'이나 협회의 분쟁조정위원회는 '회부기간 (　　　　　) – 심의기간 (　　　　　)'이다.

**63** 금융분쟁조정위원회의 조정안이 수락된 경우 (　　　　　), 협회의 분쟁조정위원회의 조정안이 수락된 경우는 (　　　　　)의 효력을 지닌다.

---

정답　**58**　24개월
　　　**59**　수정약관, 없다 ▸ 개별약관은 표준약관이 없는 경우 사용하는 약관이다.
　　　**60**　10영업일
　　　**61**　X ▸ 고객의 권리나 의무와 관련이 없는 내용을 변경한다거나, 협회가 제정한 표준약관을 그대로 사용하는 등의 경우 제정 또는 변경 후 7일 이내로 보고해야 함을 말한다(보고면제가 아님).
　　　**62**　30일, 30일
　　　**63**　재판상 화해, 민법상 화해 ▸ 단순히 '화해'로 표시될 경우 민법상 화해를 의미한다.

**01** (　　　　　)는 2인 이상의 무한책임사원만으로 구성된다.

**02** (　　　　　)는 1인 이상의 무한책임사원과 1인 이상의 유한책임사원, 그리고 사원합계는 49인 이하이다.

**03** (　　　　　)는 합명회사의 규정을 적용받으면서 사원이 대외적으로 유한책임을 진다.

**04** (　　　　　)는 유한책임을 진다는 점에서는 주식회사와 동일하나 소규모이면서 폐쇄적이라는 점에서 차이가 있다.

**05** 대규모에 적합하며 오늘날 가장 발달한 회사형태는 (　　　　)이다.

**06** 액면주를 발행할 경우 자본금은 (　　　　) × (　　　　)이며, 무액면주를 발행할 경우에는 주식 발행가액의 (　　　) 이상의 금액으로 이사회에서 결정한 금액이 자본금이 된다.

**07** 주식회사의 자본의 3대원칙은 (　　　　), (　　　　), (　　　　)이다.

**08** 이익배당의 제한, 주식의 액면미달발행의 제한, 법정준비금 제도는 자본의 3대원칙 중 (　　　　)에 해당한다.

**09** 감자를 할 경우 주총의 특별결의와 채권자보호절차 등 엄격한 법정절차를 거쳐야만 가능하게 한 것은 (　　　　)의 일환이다.

---

| 정답 | | |
|---|---|---|
| | 01 | 합명회사 |
| | 02 | 합자회사 |
| | 03 | 유한책임회사 |
| | 04 | 유한회사 |
| | 05 | 주식회사 |
| | 06 | 액면가, 주식수, 2분의 1 |
| | 07 | 자본확정의 원칙, 자본충실의 원칙, 자본불변의 원칙 |
| | 08 | 자본충실의 원칙 |
| | 09 | 자본불변의 원칙 |

**10** 주식회사의 설립절차는 '발기인조합 → (　　　　　) → (　　　　　) → (　　　　　)'이며 회사는 설립등기를 통해 비로소 법인격을 취득하고 완전한 사단법인이 된다.

**11** ☐○☐× 발기인의 자격에는 제한이 없으므로 법인도 발기인이 될 수 있다.

**12** 정관에서 기재흠결이 있으면 전체가 무효가 되는 기재사항을 (　　　　　)이라 하며, 목적, 상호, 주식 총수, 본점소재지 등이 기재된다.

**13** 원시정관은 공증인의 인증을 받아야 그 효력이 발생하는데, 자본총액이 (　　　　　) 미만인 경우는 예외이다.

**14** 발기인이 인수하고 남은 주식을 모집으로 인수하면 (발기설립 / 모집설립)이 된다.

**15** 실체구성절차가 종료된 후 (　　　　　) 이내에 설립등기를 해야 한다. 설립등기에 의해 회사는 법인격을 취득하고 완전한 사단법인이 된다.

**16** 주식은 (　　　　　), (　　　　　)의 2가지 의미가 있다.

**17** ☐○☐× 주식회사에 있어서 발행주식 전부를 1인이 소유하는 1인 회사도 인정된다.

**18** ☐○☐× 주식은 일정한 사항을 기재해야 하므로 요식증권에 해당되며, 수표나 어음과 같이 엄격한 요식성을 띤다.

**19** 주권은 (　　　　　)과 (　　　　　)으로 구분된다.

---

**정답** 10 정관작성, 실체구성, 설립등기 ▸ 실체구성 후 2주 내로 설립등기한다.
　　　 11 O
　　　 12 절대적 기재사항
　　　 13 10억원 ▸ 원시정관은 처음 만들어지는 정관을 말한다.
　　　 14 모집설립
　　　 15 2주
　　　 16 자본의 구성단위, 주주권
　　　 17 O ▸ 1인 회사도 인정된다. 단 상장을 하기 위해서는 주식분산을 통한 기업공개를 해야 한다.
　　　 18 X ▸ 수표나 어음과 같이 엄격하지는 않다.
　　　 19 자익권, 공익권

**20** 이익배당청구권, 잔여재산배분청구권, 신주인수권 등은 (　　　　　)에 해당되고, 의결권, 재무제표열람권, 신주발행유지청구권 등은 (　　　　　)에 해당된다.

**21** 신주인수권은 (　　　　　)이며, 신주발행유지청구권은 (　　　　　)이면서 단독주주권이다. 또한 회계장부열람권은 (　　　　　)이면서 3%의 소수주주권에 해당한다.

**22** (　　　　　)은 주주의 재산적 이익을 위하여 인정한 개인적 권리이며, (　　　　　)은 주주가 자기의 이익뿐만 아니라 주주공동의 이익을 위하여 행사하는 권리이다.

**23** '신주발행유지청구권, 위법행위유지청구권, 회계장부열람권, 해산판결청구권' 중 소수주주권이 아닌 것은 (　　　　　)이다.

**24** '회계장부열람권, 주주제안권, 집중투표권, 해산판결청구권' 중 상법상 3% 소수주주권이 아닌 것은 (　　　　　)이다.

**25** 주총소집청구권은 상법상 3% 소수주주권이나 상장법인특례상 (　　　　　) 이상의 보유요건으로 (　　　　　)의 소수지분으로 행사할 수 있다.

**26** 일정한 시기에 주주 또는 질권자로서의 권리를 행사할 자를 확정하기 위해 일정기간 (　　　　　)을 초과하지 않는 범위 내에서 주주명부의 기재를 정지시키는 것을 (　　　　　)이라 한다.

**27** ◯✕ 주주명부폐쇄기간에는 전환사채의 전환권행사는 인정되나, 의결권행사는 인정되지 않는다.

**28** (　　　　　)제도는 주주명부의 기재변경을 정지하지 않고 주주를 확정하는 방법이므로 주식의 자유양도성을 제약하지 않는다는 장점이 있다.

---

**정답** **20** 자익권(自益權), 공익권(共益權)
**21** 자익권, 공익권, 공익권
**22** 자익권, 공익권 ▸ 공익권은 1주만 가지고도 행사할 수 있는 단독주주권과 일정비율 이상의 주주만 행사가 가능한 소수주주권으로 구분된다.
**23** 신주발행유지청구권(단독주주권)
**24** 해산판결청구권(10% 소수주주권)
**25** 6개월, 1.5%
**26** 3개월, 주주명부폐쇄기간
**27** ◯
**28** 주주명부의 기준일 ▸ 주주명부폐쇄기간을 정하는 경우나, 기준일을 정하는 경우에는 2주 전에 공고해야 한다.

**29** (　　　　　)은 법률이나 정관에 의하지 않고서는 제한하지 못하며, 주주유한책임과 더불어 주식회사의 중요한 특징에 해당한다.

**30** 비상장법인이 적대적 M&A에 대비하여 주식양도를 제한할 수 있는데 이는 (　　　　　)에 의한 양도제한이다.

**31** 회사가 성립된 후이지만 주권이 아직 발행되기 전에는 주식양도를 제한하는 것을 (권리주의 양도 / 주권발행 전의 양도)라고 하며, 이는 법률상의 양도제한이다.

**32** 회사의 주식취득제한은 (　　　　　)과 (　　　　　)이 있다.

**33** ○× 회사가 예외적으로 자기주식을 취득할 경우 취득가능총액은 배당가능이익을 초과할 수 없다.

**34** ○× 비모자회사 간의 상호주식의 취득비율이 10%를 초과할 경우 그 초과분의 의결권은 인정되지 않는다.

**35** (　　　　　)은 질권설정과 주권의 교부로 효력이 발생하며, (　　　　　)은 주주명부에 기재함으로써 효력이 발생하는 것을 말한다.

**36** ○× 주식의 입질(약식질, 등록질) 후에도 공익권은 주주가 행사한다.

**37** 주식매수선택권의 부여한도는 발행주식총수의 100분의 10을 초과할 수 없다. 다만, 상장법인의 경우 100분의 (　　　　　)까지 부여가 가능하다.

---

**정답** 　29　주식양도자유의 원칙
　　　　30　정 관
　　　　31　**주권발행 전의 양도**　▶ 그리고 주권발행 전의 양도는 무제한 금지되는 것이 아니라 회사성립 후 6개월 후에는 양도가 가능하다.
　　　　32　자기주식 취득제한, 상호주식 취득제한
　　　　33　○
　　　　34　○
　　　　35　약식질, 등록질
　　　　36　○
　　　　37　15

**38** ☐Ⓧ 주식매수선택권은 양도가 불가하나 상속이 된다.

**39** 완전모회사가 되는 회사가 기존의 회사이면 (                   ), 신설회사이면 (                   )이 된다.

**40** 회사의 발행주식총수의 (                   ) 이상을 자기계산으로 보유하고 있는 주주는 회사의 다른 주주(소수주주)에게 주식의 매도를 청구할 수 있는데, 이를 지배주주의 매도청구라고 한다.

**41** 지배주주가 있는 회사의 소수주주는 언제든지 보유주식을 지배주주에게 매수해 줄 것을 청구할 수 있으며, 이때 지배주주는 청구일로부터 (                   ) 이내에 소수주주의 주식을 매수해야 한다.

**42** 주주총회는 법률과 정관에 규정된 사항만을 결의할 수 있으며, 보통결의의 요건은 (                   )이며, 특별결의의 요건은 (                   )이다.

**43** 상장회사의 준법지원인 선임은 (주주총회 / 이사회)결의 사항이며, 그 임기는 (2년 / 3년)으로 한다.

**44** 주식의 신주발행은 (                   )결의 사항이며, 주식배당은 (                   )결의, 자본감소는 (                   )결의 사항이다.

**45** 자본금 (                   ) 미만 주식회사의 경우, 주총소집통지 기간을 주총일 10일 전으로 단축하고, 주주전원 동의시 소집절차 생략이 가능하며, 서면에 의한 총회결의도 허용된다.

**46** 상장법인의 경우 의결권의 100분의 1 이하의 주주에게는, 주총일 (                   ) 전에ㆍ(                   ) 이상의 일간지에ㆍ(                   ) 이상의 공고로써 소집통지에 갈음할 수 있다.

---

**정답** 38 O
39 주식의 포괄적교환, 주식의 포괄적이전
40 95% ▶ 매도청구를 받은 소수주주는 2개월 이내에 보유주식을 지배주주에게 매도해야 한다.
41 2개월
42 출석주식의 과반수 & 발행주식총수의 1/4 이상의 찬성, 출석주식의 2/3 이상 & 발행주식총수의 1/3 이상
43 주주총회, 3년
44 이사회, 주총 보통, 주총 특별
45 10억원 ▶ 소규모 회사에 대한 편의제공 차원이다.
46 2주, 2개, 2회 ▶ '2-2-2원칙'으로 암기

**47** 다수의 주식을 소유하는 경우 그 의결권을 하나의 방향이 아닌 불통일행사가 (가능하다 / 가능하지 않다).

**48** 이사는 (          ) 이상이어야 하며, 이사 임기는 (          )을 초과하지 못한다. 그리고 자본금 10억원 미만의 회사는 1인 이사제도가 가능하다.

**49** ☐○☐☒ 이사의 임기만료·해임·사임 등 이사 자격이 종료되면 당연히 대표이사의 지위도 잃게 되나, 대표이사의 직위를 상실한다고 해서 당연히 이사 자격을 잃는 것은 아니다.

**50** ☐○☐☒ 집행임원은 대표이사를 대신하는 업무집행기관으로서, 상법상 회사는 집행임원을 둘 수 있고 집행임원을 둔 회사는 대표이사를 따로 둘 수 없다.

**51** 최근사업연도말 현재 자산총액이 1천억원 이상인 상장회사와 금융투자업자는 주총의 결의에 의하여 상근감사를 1인 이상 두어야 한다. 그리고 자본금 (          ) 미만의 회사설립시에는 감사를 두지 않아도 된다.

**52** 회사가 정관에 의해 감사위원회를 두는 경우 감사는 둘 수 없으며, 자산총액 (          ) 이상의 대형상장법인과 금융투자회사는 감사위원회의 설치가 강제된다.

**53** ☐○☐☒ 준법지원인 선임의무가 있는 상장회사가 준법지원인을 두지 않았을 경우 별도의 벌칙이나 불이익은 없다.

**54** 주식의 액면미달발행요건은 '회사가 성립한 날로부터 (          )이 경과하고, 주총의 (          )와 법원의 인가를 받아야 하며, 신주는 법원의 인가를 받은 날로부터 (          ) 이내에 발행하여야 한다.

---

**정답** 47 **가능하다** ▶ 이 경우 주주는 주총일 3일 전까지 회사에 서면으로 통지해야 하고, 회사는 불통일행사를 거부할 수 있다.
48 **3인, 3년** ▶ '3-3원칙'으로 암기
49 **O**
50 **O** ▶ 집행임원과 대표이사는 병립불가이다.
51 **10억원**
52 **2조원**
53 **O**
54 **2년, 특별결의, 1개월** ▶ 상장법인의 경우 법원인가가 생략된다.

**55** 법률규정에 의해 주주의 자격에서 갖는 일반적 권리를 (          )이라 하고, 이사회결의에 의해 일정한 신주를 우선적으로 받을 수 있는 채권적 권리를 (          )라고 한다.

**56** ☐O☐X☐ 신주발행의 유지는 사전적인 구제방법이므로 신주발행의 효력이 발생하기 전인 신주의 납입기일까지만 할 수 있다.

**57** 자본감소의 결의일로부터 2주 내에 '회사채권자에 대하여 이의가 있으면 (          ) 이상의 기간 내에 이의를 제출한 것으로 공고하고, 알고 있는 채권자에 대해서는 따로 최고해야 한다'.

**58** 이익준비금은 매 결산기 이익배당의 (          ) 이상의 금액을 자본의 (          )에 달할 때까지 적립해야 한다.

**59** ☐O☐X☐ 법정준비금은 원칙적으로 자본의 결손을 전보하는 목적에만 사용할 수 있다.

**60** 과도한 준비금의 적립은 배당가능이익의 산출을 어렵게 한다. 따라서 회사는 법정준비금이 자본금의 (          )를 초과하는 경우에 그 초과분에 한해서 감액이 가능하다.

**61** 이익의 자본화라고 불리는 것은 (          )이다.

**62** ☐O☐X☐ 연 1회에 한해서 중간배당을 실시할 수 있는데 이는 상법상의 권리이다.

**63** ☐O☐X☐ 재무제표열람권, 회계장부열람권, 업무와 재산상태검사권은 모두 소수주주권이다.

**64** ☐O☐X☐ 일반주식회사가 채권발행을 할 경우 매출발행은 불가하다.

---

정답 **55** **추상적인수권, 구체적인수권** ▸ 구체적인수권은 주식과 분리(신주인수권)하여 양도할 수 있다.
**56** O ▸ 납입기일의 익일부터 효력이 발생하므로 납입기일까지 신주발행유지(단독주주권)의 청구를 해야 한다.
**57** **1개월** ▸ 채권자 보호절차이다. 채권자가 이의를 제기하려면 사채권자의 집회에서 결의가 있어야 한다.
**58** **10%, 1/2**
**59** O ▸ 자본의 결손은 먼저 이익준비금으로 전보하고 이것이 부족한 때가 아니면 자본준비금으로 충당하지 못한다.
**60** **1.5배**
**61** **주식배당** ▸ 현금이 유출되지 않고 자본금의 증액으로 나타난다.
**62** O ▸ 상장법인에게는 분기배당이 특례로 인정된다.
**63** X ▸ 재무제표열람권은 단독주주권, 나머지는 소수주주권이다.
**64** O ▸ 상법상 사채금액이 납입완료된 후가 아니면 채권을 발행할 수 없으므로 '선매출—후납입'에 해당하는 매출발행은 불가하다. 그러나 특수은행의 채권인 산금채나 한국은행의 통안채는 매출발행이 가능하다.

**65** 사채총액의 (          ) 이상에 해당하는 사채를 소유하는 소수사채권자는 그 소집을 청구할 수 있다.

**66** ⊙× 사채권자집회는 사채 총액의 500분의 1 이상을 가진 사채권자 중에서 1인 또는 수인의 대표자를 선임하여 그 결의한 사항의 결정을 위임할 수 있다.

**67** (          )는 전환청구서를 회사에 제출한 때에 그 효력이 발생하며, (          )는 신주발행가액의 전액을 납입한 때에 그 효력이 발생한다.

**68** ⊙× 합병으로 소멸하는 회사는 청산절차를 거치지 않는다.

**69** 합병은 특별결의 대상이나, 간이합병과 소규모합병의 경우 이사회승인으로 가능하다. 간이합병은 소멸회사의 주식을 이미 (          ) 이상 보유한 상태에서의 합병을 말하며, 소규모합병은 합병존속회사가 발행하는 합병신주규모가 발행주식총수의 (          ) 이내인 경우를 말한다.

**70** 회사의 분할은 (          )에서만 인정된다.

---

| 정답 | 65 | 10분의 1 |
|---|---|---|
| | 66 | O |
| | 67 | 전환사채, 신주인수권부사채 |
| | 68 | O |
| | 69 | 90%, 5% |
| | 70 | 주식회사 |

**01** 조세는 과세주체에 따라 ( ), ( )로, 조세의 전가성에 따라 ( ), ( )로, 지출의 목적성에 따라 ( ), ( )로, 과세표준단위에 따라 ( ), ( )로, 세율의 구조에 따라 ( ), ( )로 구분한다.

**02** 직접세에는 ( ), ( ), ( ), ( ), ( )가 있다.

**03** 간접세에는 ( ), ( ), ( ), ( ), ( )가 있다.

**04** 목적세에는 ( ), ( )가 있다.

**05** '보통세와 목적세'로 구분하는 것은 (조세의 전가성 / 지출의 목적성)에 따른 분류이다.

**06** 우편으로 서류를 제출하는 경우에는 (통신일부인이 찍힌 날 / 도착하는 날)에 신고가 된 것으로 본다.

**07** 서류의 송달에는 ( ), ( ), ( ), ( )이 있다.

**08** 공시송달은 해당 서류의 요지를 공고한 날로부터 ( )이 경과함으로써 서류가 송달된 것으로 보는 것을 말한다.

**09** 소득세, 법인세, 부가가치세는 ( )에 납세의무가 성립한다.

**10** 상속세는 ( )에, 증여세는 ( )에 납세의무가 성립된다.

---

**정답** **01** 국세, 지방세, 직접세, 간접세, 보통세, 목적세, 종가세, 종량세, 비례세, 누진세
**02** 소득세, 법인세, 상속세, 증여세, 종합부동산세
**03** 부가가치세, 주세, 인지세, 증권거래세, 개별소비세
**04** 교육세, 농어촌특별세
**05** 지출의 목적성 ▸조세의 전가성에 따라 직접세와 간접세로 분류한다.
**06** 통신일부인이 찍힌 날
**07** 교부송달, 우편송달, 전자송달, 공시송달
**08** 14일
**09** 과세기간이 종료하는 때 ▸과세기간이 종료해야 1년간의 소득이 확정되고 납세의무가 성립하는 것(상속은 상속이 개시되는 때, 증여는 증여재산을 취득하는 때)
**10** 상속이 개시된 때, 증여재산을 취득한 때

**11** 종합부동산세는 (          )에 납세의무가 성립한다.

**12** 납세의무는 (          ), (          ), (          )으로 확정된다.

**13** 소득세나 부가가치세는 (          ), 상속세나 증여세는 (          ), 인지세나 원천징수하는 소득세 등은 (          )이다.

**14** 납세의무가 소멸되는 것은 (          ), (          ), (          )의 3가지에 의한다.

**15** 5억원 이상의 국세채권에 대한 소멸시효는 (5년 / 10년)이다.

**16** 제2차 납세의무자의 4가지 유형은 (          ), (          ), (          ), (          )이다.

**17** 소득세의 과세방법은 (          ), (          ), (          )이다.

**18** 비거주자의 경우, 국내사업장이나 부동산임대소득이 있는 비거주자는 국내원천소득에 대해서 (          )로 과세한다.

**19** 비거주자의 경우, 국내사업장이나 부동산임대소득이 없는 비거주자는 국내원천소득에 대해서 (          )로 과세한다.

**20** 분류과세의 대상이 되는 소득은 (          ), (          )이다.

---

**정답** 11  과세기준일
　　　　12  신고확정, 부과확정, 자동확정
　　　　13  신고확정, 부과확정, 자동확정
　　　　14  납부나 충당 또는 부과취소가 있는 때, 제척기간이 만료된 때, 소멸시효가 완성된 때
　　　　15  10년
　　　　16  청산인 등, 출자자, 법인, 양수인
　　　　17  종합과세, 분류과세, 분리과세
　　　　18  종합과세
　　　　19  분리과세
　　　　20  양도소득, 퇴직소득　▸ 분류과세와 분리과세는 다른 개념이다.

**21** ⃞O ⃞X 소득세는 과세기간의 소득에 대해서 다음 연도 5월 1일부터 31일까지 주소지 관할세무서에 신고해야 하는데, 근로소득만 있는 거주자, 퇴직소득만 있는 거주자는 신고를 하지 않아도 된다.

**22** 상속재산은 민법상의 상속재산에 추가하여 (            ), (            ), (            ), (            ), (            ), (            )이 있다.

**23** 상속세과세가액은 상속재산가액에서 (            ), (            ), (            )(을)를 공제한 금액으로 한다.

**24** 생전 증여재산가액은 상속재산가액에 합산하는데, 생전 증여재산가액은 '상속개시일 전 (            ) 이내에 피상속인이 상속인에게 증여한 재산가액' 그리고 '상속개시일 전 (            ) 이내에 피상속인이 상속인이 아닌 자에게 증여한 재산가액'을 말한다.

**25** ⃞O ⃞X 생전 재산처분가액은 상속재산가액에 합산하는데, 생전 재산처분가액은 '피상속인이 재산을 처분하여 받거나 피상속인의 재산에서 인출한 금액이 상속개시일 전 1년 이내에 재산종류별로 계산하여 2억원 이상인 경우와 2년 이내에 재산종류별로 5억원 이상인 경우로서 그 용도가 명백하지 아니한 것'을 말한다.

**26** 법정공제액으로 인정되는 장례비용은 (            )을 한도로 하고 봉안시설 등에 소요된 (            ) 이내의 금액을 합한 금액을 인정한다.

**27** 상속세의 과세표준이 (            ) 미만인 때에는 상속세를 부과하지 않는다.

**28** 상속세의 세액공제에는 (            ), (            ), (            ), (            )가 있다.

---

정답   **21**  O
     **22**  유증재산, 사인증여재산, 특별연고자분여재산, 보험금, 신탁재산, 퇴직금
     **23**  공과금, 장례비, 채무
     **24**  10년, 5년
     **25**  O
     **26**  1,000만원, 500만원  ▶ 봉안시설비용까지 합하면 1,500만원이 한도이다.
     **27**  50만원
     **28**  증여세액공제, 외국납부세액공제, 단기재상속세액공제, 신고세액공제

**29** 신고세액공제는 상속세나 증여세의 경우 신고기한 내에 과세표준신고를 한 경우 산출세액에서 (          )를 공제하는 것을 말한다.

**30** 증여세의 납세의무자는 (수증자 / 수유자)이다.

**31** 동일인으로부터 (          ) 이내에 받은 1천만원 이상의 증여재산은 증여재산가액에 합산된다.

**32** 증여세 과세표준이 (          ) 미만인 때에는 증여세를 부과하지 않는다.

**33** 상속 및 증여세는 상속 또는 증여개시일이 속하는 달의 말일을 기준으로 상속세는 국내거주자의 경우 (          ) 이내, 국외거주자의 경우 (          ) 이내, 증여세는 (          ) 이내에 신고 및 납부를 해야 한다.

**34** 가산세는 무신고의 경우 일반적인 경우 (          ), 부정행위의 경우 (          )이다.

**35** 가산세는 과소신고의 경우 일반적인 경우 (          ), 부정행위의 경우 (          )이다.

**36** 미납부가산세는 미납세액의 (          )에 일수를 곱하여 산정한다.

**37** 물납은 '상속재산 중 부동산과 유가증권의 가액이 해당 상속재산가액의 (          )을 초과해야 하고, 상속세 납부세액이 (          )을 초과해야 하며, 상속세 납부세액이 상속재산가액 중 금융재산가액을 초과할 것'의 요건을 갖출 경우 가능하다.

**38** 분납은 상속세 또는 증여세액이 (          )을 초과하는 경우 해당되며, 납부기일 경과일로부터 2개월 이내에 분납할 수 있다.

---

**정답**
**29** 3%
**30** 수증자 ▶ 수유자는 유언을 통해 상속을 받는 자를 말한다.
**31** 10년
**32** 50만원
**33** 6개월, 9개월, 3개월
**34** 20%, 40% ▶ cf 국제거래가 수반된 부정행위의 경우 60% 가산세가 적용된다.
**35** 10%, 40%
**36** 1만분의 3 ▶ 환산하면 연 10.95%이다.
**37** 1/2, 2천만원
**38** 1천만원

**39** 납부세액이 1,600만원이라면 납부기한 내에 (                ), 그리고 납부기한 경과 후 2개월에 걸쳐서 (                )을 분납하게 된다.

**40** 납부세액이 3천만원인 납세의무자가 납부기한 내에 2,000만원을 납부하였다면, 납부기한 경과 후에는 납부세액의 (                )% 이하 금액인 1,000만원을 2개월에 걸쳐서 분납할 수 있다.

**41** 연부연납은 (                )을 초과하는 경우에 세무서의 허가를 얻어서 가능하다.

**42** 환매조건부채권의 매매차익은 (이자소득세 / 배당소득세)로 과세한다.

**43** 저축성보험의 보험차익은 (이자소득세 / 배당소득세)로 과세한다.

**44** 보통예금은 실제로 이자를 지급받는 날, 통지예금의 이자는 (                )이 이자소득의 수입시기이다.

**45** 법인세법에 의하여 배당으로 처분된 금액은 (인정배당 / 의제배당)으로써 배당소득으로 과세된다.

**46** 이중과세를 방지하기 위해서 배당소득이 부담한 법인세상당액을 배당소득금액에 가산한 후 소득세액에서 공제하는 (                )를 두고 있다.

**47** 배당세액공제제도에서의 배당가산액(Gross-up)은 배당소득의 (                )이다.

**48** 원천징수세율은 비영업대금의 이익은 (                ), 직장공제회 초과반환금은 기본세율, 출자공동사업자의 배당소득은 (                ), 법원에 납부한 보증금 및 경락대금에서 발생하는 이자소득은 (                )이다.

---

**정답** **39** 1,000만원, 600만원 ▸ 납부세액이 2천만원 이하일 때는 1천만원 초과액을 납부기한 경과일로부터 2개월에 걸쳐 분납할 수 있다.
**40** 50(%) ▸ 납부세액이 2천만원을 초과하는 경우에는 50% 이하 금액을 납부기한 경과 후 2개월에 걸쳐 분납할 수 있다.
**41** 2천만원
**42** 이자소득세
**43** 이자소득세
**44** 인출일
**45** 인정배당
**46** 배당세액공제제도
**47** 11%
**48** 25%, 25%, 14%

**49** 지급받는 자가 조세조약이 체결된 국가의 거주자인 경우 조세조약상의 제한세율로 부과하고, 조세조약이 체결되지 않는 국가의 거주자인 경우에는 (          )로 과세한다.

**50** 거주자의 연간 금융소득합계액에서 비과세 및 분리과세되는 금융소득을 공제한 금액 중 (          )을 초과하는 금액이 종합과세 금융소득이 된다.

**51** 금융투자협회를 통해서 장외주식을 매매하는 경우에는 (          )이, 금융투자회사를 통해서 주식을 매매하는 경우에는 (          )가 증권거래세의 납세의무자가 되며, 개인 간 매매의 경우에는 (          )이 증권거래세의 납세의무자가 된다.

**52** 증권거래세는 주권의 양도가액을 과세표준으로 하는데, 만일 특수관계자에게 시가액보다 낮은 가액으로 양도한 것으로 인정되면 (          )을 과세표준으로 한다.

**53** 거주자 A는 비상장영리내국법인으로부터 현금배당을 3백만원, 영리내국법인으로부터 비영업대금이익 1백만원을 받을 경우 소득세 원천징수액의 합계는 (          )이다(단, 지방소득세는 고려하지 않음).

**54** (          )란 간접 국세의 경우 해당 과세거래가 이루어질 때 거래상대방의 세액을 징수하는 제도이다.

**55** 거주자인 갑이 예탁결제원과 금융투자회사를 거치지 않고 을에게 주식을 양도하였다(4월 20일). 이 경우 (갑 / 을)이 (          )까지 신고납부를 해야 한다.

---

정답
49  20%
50  2천만원
51  예탁결제원, 금융투자회사, 양도인
52  시가액
53  3,000,000 × 14% + 1,000,000 × 25% = 670,000원(단, 상기 소득자료는 원천징수세액을 차감하기 전의 금액을 가정함)
54  **거래징수제도** ▸ 국세의 원천징수제도와 같은 맥락이다.
55  **갑(양도인), 8월 31일** ▸ 양도일이 속하는 반기말로부터 2개월 이내에 신고납부한다.

교육은 우리 자신의 무지를 점차 발견해 가는 과정이다.

– 윌 듀란트 –

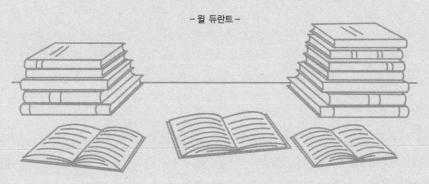

교육이란 사람이 학교에서 배운 것을 잊어버린 후에 남은 것을 말한다.

– 알버트 아인슈타인 –

# 제1편

# 증권분석

우리 인생의 가장 큰 영광은 결코 넘어지지 않는 데 있는 것이 아니라
넘어질 때마다 일어서는 데 있다.

– 넬슨 만델라 –

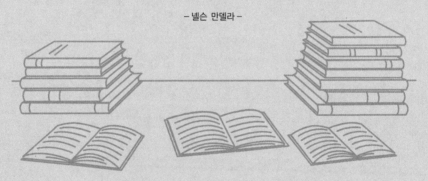

# 01 경기분석

## 1 경기변동의 개념과 측정

### 경기의 개념 핵심유형문제

경기(Business Condition)에 대한 설명이다. 적절하지 않은 것은?

① 경기는 한 경제의 총체적인 활동수준을 말한다.
② 경기를 나타내는 가장 대표적인 개별 경제지표는 GDP(국내총생산)이다.
③ 올바른 경기예측은 사회적 후생을 증가시키는 역할을 한다.
④ 경기예측에는 예측자의 직관이나 경험적 판단이 가미되어서는 안 된다.

> **해설** '예측은 과학이라기보다는 하나의 예술이다.' 즉, 훌륭한 예측은 예측기법과 이론만으로는 한계가 있으므로 예측자의 직관이나 경험적 판단이 가미되어야 한다.
>
> **정답** ④

**더알아보기** 경기(Business Condition)의 개념

**(1) 경기 및 경기변동의 개념**

| 경 기 | 경기변동 |
|---|---|
| 한 경제의 총체적인 활동수준 | 거시경제지표로 요약되는 총체적 활동이 경제의 장기적 성장 추세를 중심으로 상승과 하강을 반복하는 현상 |

• 경기예측에는 예측자의 직관이나 경험이 가미된다.

**(2) 경기분석의 목적(도해)**

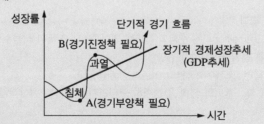

→ 경기를 정확히 예측할 수 있다면, ① 경제주체들의 적절한 대응과 ② 효과적인 경기안정화정책 수행을 통해 사회적 후생(Social Welfare)을 증가시킬 수 있다.

경기순환과정에 대한 설명이다. 적절하지 않은 것은?

① 경기순환이란 거시경제지표로 요약되는 총체적 활동이 경제의 장기적 성장추세를 중심으로 상승과 하강을 반복하는 현상을 말한다.

② 전통적인 방법은 경기순환을 회복(Recovery), 호황(Boom), 후퇴(Recession), 불황(Depression)의 네 국면으로 나누는데, 현실적으로 확장(Expansion)과 수축(Contraction)의 이분법을 더 많이 사용한다.

③ 경기정점이 발생한 구체적인 시점만을 기준순환일(Reference Date)이라 한다.

④ 경기정점과 다음 정점 혹은 경기저점과 다음 저점까지의 기간을 순환주기(Cycle)라 하고, 정점과 저점 간의 차이를 순환진폭 혹은 심도(深度)라고 한다.

해설    기준순환일은 경기의 정점 또는 저점이 발생한 구체적인 시점을 말한다.

정답 ③

---

**더알아보기** 경기순환과정(도해)

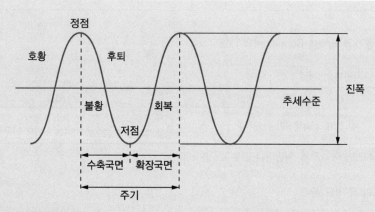

① 경기진폭은 작을수록 좋다.
   → 진폭 혹은 순환강도(Amplitude)는 순환의 강도를 의미하는데 진폭이 작을수록 안정적인 순환을 한다는 의미이다(클수록 경기불안정성이 높다).

② 현실적으로 경기확장국면, 경기수축국면의 이분법을 사용한다.
   → 4분법은 '회복과 호황', '후퇴와 불황'을 정확히 구분하기 어렵다는 현실적인 한계가 있어서 2분법을 주로 사용한다.

③ 경기순환은 반복적이고 지속적이며, 비주기적이고 비대칭적이다.
   → '비주기적'은 각 주기의 기간이 동일하지 않다는 것이고 '비대칭적'은 확장과 수축의 기간이 동일하지 않다는 것이다(일반적으로 확장기간 > 수축기간).
   • 추세수준 : 장기적 경제성장추세를 말한다(추세요인을 제거하면 수평이 된다).

**01** '한 나라 경제의 총체적인 활동수준'을 말하는 것은?

① 경 기                              ② 경기순환
③ 경기종합지수                       ④ 국내총생산(GDP)

해설  경기(Business Condition)를 말한다. 경기순환은 '경기가 장기성장추세를 중심으로 상승과 하강을 반복하는 현상'을 의미한다. ③은 경기를 측정하는 지표, ④는 대표적인 거시경제지표이다.

정답 ①

**02** 빈칸을 옳게 채운 것은?

( )의 초기에는 기업매출과 영업이익이 감소하고 재고가 증가하지만, ( )가 심화되면 생산량 조정을 통해서 재고는 줄어든다.

① 회복기                              ② 호황기
③ 후퇴기                              ④ 불황기

해설  불황기이다. 불황기가 심화될 경우 재고가 더 증가할 것으로 생각할 수 있지만, 생산량 조정을 통해 재고가 감소한다는 점에 유의한다.

정답 ④

**03** 경기저점에서 경기정점까지의 구간에 대한 설명으로 가장 거리가 먼 것은?

① 확장국면(Expansion)이라 한다.
② 회복기와 호황기가 차례로 나타난다.
③ 순환주기라 한다.
④ 순환진폭이라 한다.

해설  순환주기는 '저점~다음 저점' 또는 '고점~다음 고점'을 말한다.

정답 ③

**04** 기준순환일(Reference Date)을 말하는 것은?

① 경기저점의 구체적 일자
② 경기고점의 구체적 일자
③ 경기저점과 경기고점의 구체적 일자
④ 경기순환의 순환주기(Cycle)상 가운데 기준점(중심추세선)

해설  기준순환일은 경기저점과 경기고점의 구체적인 일자를 말한다.

정답 ③

## 경기변동의 4가지 종류

경기변동에는 추세변동, 순환변동, 계절변동, 불규칙변동의 4종류가 있다. 그렇다면 경기변동을 분석하기 위해 사용되는 가장 적절한 변동치는?(경제성장속도가 완만하다고 가정함)

① 추세변동, 순환변동, 계절변동, 불규칙변동이 모두 반영된 변동치
② 추세변동, 순환변동, 계절변동이 반영된 변동치
③ 추세변동, 순환변동이 반영된 변동치
④ 추세변동만이 반영된 변동치

**해설**   경기와 관련성이 낮은 불규칙변동과 계절변동을 제거한 '추세-순환변동치'로 분석하는 것이 가장 적절하다.

**정답** ③

---

**더알아보기**   경기변동의 4종류

| 추세변동 | 순환변동 | 계절변동 | 불규칙변동 |
|---|---|---|---|
| Secular Trend | Cyclical Movement | Seasonal Variation | Irregular Fluctuation |
| '추세-순환변동치'[주1] | | 제 거 | 제 거 |

*주1 : 고도성장하는 경제는 추세요인이 강하므로, 추세변동까지 제거하여 '순환변동치'만으로 분석하는 것이 적합하다.

---

## 거시경제지표 – 물가지수

물가지수에 대한 설명이다. 적절하지 않은 것은?

① 소비자물가지수는 소비자가 일상 소비생활에 쓸 용도로 구입하는 재화의 가격변동을 조사한 것이다.
② 생산자물가지수는 국내시장의 제1차 거래단계에서 기업 간 거래되는 최종재, 원자재, 중간재 등 상품 및 상품성격의 일부서비스 가격을 조사대상으로 한다.
③ 소비자물가지수와 생산자물가지수는 각각 전체에서 차지하는 비중이 1/10,000 이상인 460개, 892개 품목을 조사대상으로 한다.
④ GDP디플레이터 = 명목GDP/실질GDP×100으로써, 국민경제 전체의 물가압력을 측정하는 지수로 사용된다.

**해설**   소비자물가지수 조사대상은 재화 가격뿐만 아니라 서비스요금 변동도 포함한다.

**정답** ①

| 소비자물가지수 | 생산자물가지수 | GDP디플레이터 |
|---|---|---|
| 재화와 서비스, 약 460개 품목 | 재화와 서비스, 약 892개 품목 | $\dfrac{\text{명목GDP}}{\text{실질GDP}} \times 100$ |

• PPI의 품목 > CPI의 품목(국내시장 상품거래총액의 1만분의 1 이상이 되는 품목을 선정, 조사)

---

**보충문제**

---

**01**    **국민경제 전체의 물가압력을 측정하는 지수는?**

① 소비자물가지수(CPI)

② 생산자물가지수(PPI)

③ GDP디플레이터

④ 수출입물가지수

해설    GDP디플레이터 = 명목GDP/실질GDP × 100

정답 ③

**02**    **통상적으로 경기변동의 주요 연구대상에 가장 가까운 것은?**

① 추세변동

② 계절변동

③ 순환변동

④ 불규칙변동

해설    추세변동은 장기적인 인구증가나 기술혁신에 해당하므로 단기적 연구대상은 순환변동이다.

정답 ③

**03**    **소비자물가지수(CPI)에 대한 설명이다. 틀린 것은?**

① 도시가계의 평균생계비 내지 구매력 변동을 측정하는 지수이다.

② 최종소비재와 서비스를 조사대상으로 한다.

③ 가계소비지출 중에서 차지하는 비중이 1만분의 1 이상이 되는 품목을 대상으로 조사하여 산출한다.

④ 경기변동에 크게 민감한 지수이다.

해설    CPI는 경기변동에 크게 민감하지 않다고 평가된다.

정답 ④

## 거시경제지표 - 통화지표

통화지표의 범위가 큰 순서대로 나열된 것은?

① M1 ⊃ M2 ⊃ L ⊃ Lf

② M1 ⊃ M2 ⊃ Lf ⊃ L

③ L ⊃ Lf ⊃ M2 ⊃ M1

④ Lf ⊃ L ⊃ M2 ⊃ M1

**해설**  L(광의유동성) ⊃ Lf(금융기관유동성) ⊃ M2(광의통화) ⊃ M1(협의통화)

**정답** ③

**더알아보기**  통화지표별 포괄범위

| 통화지표 | 포괄범위 |
|---|---|
| M1 | 현금통화 + 요구불예금 + 수시입출식 저축성예금 |
| M2 | M1 + 기간물 정기예적금 + 시장형 상품(CD, RP, CMA, 표지어음 등) + 실적배당형 상품 + 금융채 + 기타(투신사 증권저축 및 종금사 발행어음) - 유동성이 낮은 만기 2년 이상의 금융상품 제외 |
| Lf | M2 + M2 포함 금융상품 중 만기 2년 이상 정기예적금 및 금융채 등 + 한국증권금융 예수금 + 생명보험회사의 보험계약준비금 등 |
| L | Lf + 정부 및 기업 등이 발행한 유동성 시장금융상품(국채, 지방채, 회사채, 기업어음, 자산유동화증권 등) |

• 수시입출식 저축성예금 − 은행의 저축예금과 MMDA
• 표지어음, 발행어음은 금융기관의 단기성 상품이므로 M2에 포함되지만, 기업어음은 일반 기업이 발행한 것이므로 광의유동성 L에 속한다.

**01** '현금통화 + 요구불예금 + 수시입출식예금'으로 정의되는 통화지표는?

① M1
② M2
③ Lf
④ L

해설  M1 또는 협의의 통화이다.

정답 ①

**02** 유동성이 낮은 만기 2년 이상의 금융상품도 포괄하는 통화지표로만 묶인 것은?

① M2
② M2, Lf
③ Lf, L
④ L

해설  M2에는 제외되고, Lf와 L에 포함된다.

정답 ③

**03** 만기 2년 이상의 저축상품을 포함하는 통화지표는?

① M2
② Lf
③ L
④ Lf, L

해설  Lf(금융기관유동성)에 포함되므로 L에도 포함된다.

정답 ④

**04** 금융상품과 해당금융상품이 속하는 통화지표가 옳지 않게 연결된 것은?

① 저축예금, MMDA = M1
② CD, RP, CMA, 표지어음, 발행어음 = M2
③ 증권금융예수금, 생명보험회사의 보험계약준비금 = Lf
④ 국채, 회사채, 기업어음 = M2

해설  국채, 지방채, 회사채, 기업어음 등은 금융기관 발행상품이 아니라(총유동성 Lf에 포함되지 않음) 정부 및 기업이 발행하는 유동성 상품이므로 광의유동성 L에 속한다.

정답 ④

통화유통속도에 대한 설명이다. 옳지 않은 것은?

① 통화유통속도(V) = $\dfrac{\text{명목GDP}(P \times Y)}{\text{통화량}(M)}$ 이다.

② 일정량의 통화량이 일정기간 동안 몇 번을 회전하여 명목GDP에 해당하는 거래를 뒷받침하였는가를 반영한다.

③ 통화유통속도는 경기변화 및 인플레이션 압력 등을 예측하는 데에 유용하게 활용된다.

④ 우리나라의 경우 통화유통속도는 장기적으로 하락하는 추세에 있다.

해설　통화유통속도는 사후적으로만 추계가 가능하여 경기예측의 유용성은 높지 않다.

정답 ③

---

더알아보기　통화유통속도 및 적정통화증가율(EC방식)

(1) **통화유통속도** : '명목GDP(P × Y)를 달성하기 위해 통화량(M)이 몇 번 회전하였는가?'를 의미하며, 우리나라의 통화유통속도는 장기적으로 하락추세이다.
- 통화유통속도는 사후적으로만 추계가 가능하여 경기예측의 유용성은 높지 않다.
- 통화유통속도의 이론적 배경
  피셔의 화폐교환방정식 : MV = PY(M : 통화량, V : 통화속도, P : 물가, Y : 실질GDP)
  → 이를 V를 중심으로 풀면, $V = \dfrac{PY}{M}$, 이를 M을 중심으로 풀면, $M = \dfrac{PY}{V}$

(2) **EC방식의 적정통화증가율 산정**

$M = \dfrac{PY}{V}$를 미분하면, MG = PG + YG − VG가 된다. PG = 3%, YG = 4%, VG = 1%라면, 그 나라의 적정통화증가율은 6%가 된다(MG = 3% + 4% − 1%).

**01** $M = \dfrac{P \times Y}{V}$ (M : 통화량, P : GDP디플레이터, Y : 실질국민소득, V : 통화유통속도)에 대한 설명이다. 가장 적절하지 않은 것은?

① 통화유통속도(V)는 명목GDP를 통화량으로 나눈 값이다.
② 통화량(M)은 명목GDP를 통화유통속도로 나눈 값이다.
③ 통화량(M)은 명목GDP가 통화유통속도의 몇 배인가를 말한다.
④ 통화량(M)은 화폐의 평균거래횟수를 말한다.

해설  화폐의 평균거래횟수는 통화유통속도(V)이다.

정답 ④

**02** 보기의 경우 적정통화증가율은 얼마인가?

> 실질GDP 증가률 : 5%, GDP디플레이터 상승률 : 3%, 유통속도변화율 : 0.5%

① 3.5%  ② 5.5%
③ 7.5%  ④ 8.5%

해설  화폐의 교환방정식으로부터 통화증가율 목표치를 구할 수 있다(더알아보기 참조).

정답 ③

**03** 통화증가율(MG)에 대한 설명이다. 가장 거리가 먼 것은?

① GDP디플레이터가 상승할수록 증가한다.
② 실질GDP가 증가할수록 증가한다.
③ 통화유통속도가 증가할수록 증가한다.
④ EC방식의 통화증가율지표는 연간 통화증가율 목표설정의 중요변수로 사용된다.

해설  통화유통속도가 감소할수록 통화가 증가한다(MG = PG + YG − VG).

정답 ③

## 거시경제지표 - 금리

다음 중 금리(金利)에 대한 설명으로 옳지 않은 것은?

① 금리는 자금의 용도, 사용기간, 차입자의 신용도 등에 따라 다르게 형성된다.
② 중앙은행이 시중 금융기관에게 대출할 때 부과하는 금리를 공정할인율이라 한다.
③ 금리는 자본의 한계수익률이나 장기적인 명목성장율, 현재와 미래에 대한 시간선호도 등에 의해 결정된다.
④ 2000년대 이후 우리나라의 자본 한계수익률은 완만한 상승추세를 보이고 있다.

해설   하향 안정추세를 보이고 있다. 경제가 발전할수록 자본의 한계수익률(실질금리)은 하향 안정추세를 보이는 것이 일반적이다.

정답 ④

---

**더알아보기**   금리(金利)

**(1) 금리 개요** : 핵심유형문제

**(2) 금융시장별 대표금리** : 보충문제 1

| 초단기금융시장 | 단기금융시장 | 장기금융시장 |
|---|---|---|
| 콜금리 | CD수익률 | 국고채수익률 |

---

**보충문제**

**01**   단기금융시장의 자금상황을 알아보기 위해서 가장 유익한 금리는?

① 콜금리                      ② CD금리
③ 국채수익률                  ④ 회사채수익률

해설   ①은 초단기금융시장, ③·④는 장기금융시장의 자금상황을 알 수 있는 지표이다.

정답 ②

## 2 경기변동의 원인과 특징

### 경기변동의 4가지 원인

경기변동의 네 가지 동인(動因) 중 공급충격을 말하는 것은?

① 민간기업의 투자지출의 변화가 총수요를 변화시켜 경기변동을 유발한다는 것이다.

② 통화당국의 자의적인 통화량 조절로 인해 경기변동이 발생한다는 것이다.

③ 불완전한 정보하에서의 경제주체들의 기대는 정보에 대한 판단오류로 인해 경제주체들이 수요와 공급을 변화시킴으로써 경기가 변동한다는 것이다.

④ 기술이나 생산성의 변화, 예를 들어 기술혁신이 경기를 변동시킨다는 것이다.

해설　① 수요충격, ② 화폐충격, ③ 불완전한 정보하에서의 수요·공급충격에 해당한다.

정답 ④

---

**더알아보기** 경기변동의 4가지 동인('제1편-제1장-제3절 경기변동이론과 경기안정화정책'에서 상세히 다룸)

**(1) 4가지 동인**

| 수요충격<br>(Demand Shock) | 화폐충격<br>(Monetary Shock) | 불완전한 정보하에서의<br>경제주체들의 기대 | 공급충격<br>(Supply Shock) |
|---|---|---|---|
| 케인즈학파 | 통화주의학파 | 화폐적 경기변동이론 | 실물적 경기변동이론 |

**(2) 경기변동의 특징**

① 지속성 : 무엇이 현재의 경기를 지속시키는가? → 상관계수가 높을수록 지속성이 높다.

② 변동성 : 무엇이 현재의 경기를 전환시키는가? → 표준편차가 높을수록 변동성이 높다.

③ 공행성(Comovement) : 경기순환과정에서 여러 거시경제지표들이 같은 방향으로 움직이는 성질을 말함(∵ 여러 거시지표들은 일정한 상관관계를 가지고 있으므로)

---

**보충문제**

**01** 보기는 경기변동의 원인 중 어디에 부합하는가?

> 기업가의 동물적 감각(Animal Spirit) → 불안정한 투자의 변화 → 총수요의 변화 → 경기변동

① 수요충격　　　　　　　　　　② 화폐충격

③ 경제주체들의 불완전한 기대　　④ 공급충격

해설　총수요를 변화시켜 경기변동을 유발하는 것이므로 수요충격이다(케인즈학파).

정답 ①

※ 아래 표를 보고 질문에 답하시오(보충문제 2~4).

<우리나라의 거시경제지표별 GDP대비 상관계수와 표준편차(1970~2009)>

| 거시지표 | GDP대비 상관계수 | GDP대비 표준편차 |
|---|---|---|
| 소 비 | 0.73 | 86% |
| 투 자 | 0.76 | 325% |
| 수 출 | 0.40 | 305% |
| 수 입 | 0.80 | 289% |
| 고 용 | 0.63 | 49% |
| 실질임금 | 0.86 | 77% |
| 실질이자율 | -0.15 | 75% |
| 물가 수준 | -0.42 | 137% |
| 화폐(M1)공급 | 0.40 | 332% |
| 정부지출 | 0.74 | 53% |

**02** 위의 표에 따를 때, GDP대비 공행성이 가장 높은 지표는?

① 투 자 　　　　　　　　　② 수 입
③ 실질임금 　　　　　　　　④ 물가수준

해설　상관성이 높을수록 공행성이 높다. 실질임금의 상관성이 가장 높다.

정답 ③

**03** 위의 표에 따를 때, GDP대비 변동성이 가장 큰 지표는?

① 투 자 　　　　　　　　　② 수 출
③ 고 용 　　　　　　　　　④ 화폐공급

해설　표준편차가 클수록 변동성의 크다. 변동성이 가장 큰 것은 화폐공급(332%)이며, 변동성이 가장 작은 것은 고용(49%)이다.

정답 ④

**04** 위의 표에 따를 때 GDP와 역행하는 지표는?

① 고 용 　　　　　　　　　② 실질임금
③ 실질이자율 　　　　　　　④ 정부지출

해설　상관계수가 마이너스이면 GDP와 역행한다. 실질이자율(-0.15)과 물가수준(-0.42)이 GDP 대비 역행한다고 할 수 있다.

정답 ③

**우리나라의 경기순환과정에 대한 설명이다. 가장 적절하지 않은 것은?**

① 장기적 성장추세선을 중심으로 경기의 기복현상이 나타나는 성장순환(Growth Cycles)을 보인다.

② 우리나라는 1970년의 1순환주기부터 현재에 이르기까지 모든 순환주기상 확장기간이 수축기간보다 긴 비대칭성을 보였다.

③ 우리나라 외환위기(1997년)의 대외적 요인은 인도네시아, 태국에서 촉발된 동아시아의 외환위기의 전염(Contagion)이다.

④ 우리나라 외환위기(1997년)의 대내적 요인은 산업과 금융의 부실, 취약한 외채구조이다.

> 해설   제8순환(2001.7~2005.4)은 예외적으로 수축기간이 더 길었다.
> - ① 성장순환을 보이고 있으므로 추세변동요인을 제거해야 순수한 경기순환변동치를 파악할 수 있다.
>
> 정답 ②

---

보충문제

**01**   빈칸이 올바르게 채워진 것은?

> 우리나라는 1972년 3월 이후 전체 기간을 통하여 가장 큰 영향을 끼친 부문은 ( ㉠ )이며, 가장 미미하게 영향을 끼친 부문은 ( ㉡ )이다.

|  | ㉠ | ㉡ |
|---|---|---|
| ① | 해외부문 | 건설투자부문 |
| ② | 건설투자부문 | 농업부문 |
| ③ | 해외부문 | 농업부문 |
| ④ | 농업부문 | 해외부문 |

> 해설   건설부문의 순환변동 기여율은 제2, 3, 5순환에 걸쳐 20%를 상회하였다. 두 번째로 영향을 많이 준 부문은 해외부문이었다. 농업생산은 총생산에서 차지하는 비중이 꾸준히 감소되어 왔으므로 그 영향력도 미미하였다.
>
> 정답 ②

## 3 경기변동이론과 경기안정화정책

### 경기변동이론의 종류 핵심유형문제

케인즈학파의 경기변동이론에 대한 설명이다. 적절하지 않은 것은?

① 1930년대의 대공황은 대량의 실업상태를 낳았으며, 당시의 주류경제학인 고전학파의 이론으로는 비자발적 실업을 설명할 수 없었고, 이에 따라 케인즈학파가 등장하게 되었다.

② 기업가의 동물적 감각이 독립투자와 내구소비재에 대한 지출을 변동시킴으로써 경기변동이 발생한다고 보았다.

③ 사무엘슨은 승수효과와 가속도의 원리를 결합하여 경기순환을 설명하였는데, 이는 케인즈학파의 독립투자와 내구소비재 지출의 변화에서 나타나는 총수요변동이 더욱 증폭되어 나타난다는 것을 보여준 것이다.

④ 케인즈학파는 경기변동이란 기본적으로 총공급측면의 교란요인에 의해 발생하는 불균형현상이라고 보았다.

**해설**   총공급측면이 아니라 총수요측면이다.

정답 ④

---

**더알아보기**   경기변동이론 – (1) 케인즈학파의 경기변동이론(케인즈, 사무엘슨)

〈경기변동이론의 발전史〉

| 케인즈학파<br>(1930's) | 통화주의학파<br>(1970's) | 새고전학파(1980's) | | 새케인즈학파<br>(~현재) |
| --- | --- | --- | --- | --- |
| | | 화폐적<br>경기변동이론 | 실물적<br>경기변동이론 | |
| 케인즈, 사무엘슨 | 프리드만, 슈워츠 | 루카스 | 키들랜드, 프레스컷 | 맨 큐 |
| 독립투자와 내구소비재지출의 변화 | 불안정한 통화공급 | 예상치 못한 통화공급(오인모형) | 기술변화 | 변동요인은 기존 케인즈학파와 동일 |
| 가격과 임금이 경직적이라는 전제 | 준칙에 입각한 통화정책 | 루카스비판(케인즈학파의 경직적인 전제에 대한 비판) | 기간 간 노동대체로 임금의 경기순응적 현상을 잘 설명함 | 메뉴비용 이론을 통해 가격과 임금의 경직성을 증명함 |

**(1) 케인즈학파**

① 총수요충격으로 경기변동 : '기업가의 동물적 감각(Animal Spirit) → 독립투자 및 내구 소비재 지출의 변화 → 총수요의 변동 → 경기변동 유발'. 이를 조정하기 위해 재정정책(G의 조절)이 필요

**참고**   Y(총생산) = C(소비) + I(투자) + G(정부지출)에서 'C + I + G'를 총수요라 함(수요충격)

② 사무엘슨의 승수효과, 가속도 원리 : 재정지출을 늘리면(G↑), 소득이 증가하는데(Y↑), Y는 다시 C를 증가시켜(승수효과) 또는 I를 증가시켜(가속도효과) 추가적인 Y의 증가로 나타난다.

즉, Y의 증가가 한계소비성향만큼(C↑), 가속도계수만큼(I↑) 증폭되어 나타남을 말함

③ 가격과 임금의 경직성 전제 : ②에서의 승수효과나 가속도효과를 결정짓는 계수가 단기적으로는 변동이 없음을 전제함(→ 이는 나중에 루카스 비판의 대상이 됨)

**01** 통화주의학파의 경기변동이론에 대한 설명이다. 옳지 않은 것은?

① 1970년대 오일쇼크가 발생하면서 공급측면의 충격에 의한 스태그플레이션이 발생하였고 케인즈학파의 총수요이론으로 더 이상 설명이 어려워지면서 통화주의학파가 등장하였다.

② 통화주의학파는 경제는 완전고용수준으로 회귀하려는 경향이 있기 때문에 정책당국은 통화공급량을 경제의 적정 성장속도에 맞추어 해마다 일정한 비율로 증가시켜야 한다고 주장했다.

③ 통화주의학파는 경제의 적정 성장속도를 무시한 불안정한 통화공급에 의해 경기변동이 유발된다고 보았다.

④ 통화론자들은 하나의 균형상태로부터 다른 균형상태로 옮겨가는 데는 경제주체들이 적응적 기대(Adaptive Expectation)를 하기 때문에 급격한 조정이 이루어진다고 보았다.

> **해설** 같은 고전학파류이지만 통화론자와 합리적 기대학파의 입장은 약간 다르다. '통화론자 = 적응적 기대 = 완만한 조정', '합리적 기대학파 = 합리적 기대(Rational Expectation) = 급격한 조정'이다.
>
> **정답** ④

---

**더알아보기** 경기변동이론 - (2) 통화주의학파의 경기변동이론(프리드만, 슈워츠)

**(2) 통화주의학파**
① 경제의 적정 성장속도를 무시한 통화당국의 자의적인 조절(불안정한 통화공급)로 인해 경기변동이 발생함
② 케인즈학파와 통화주의학파는 총수요변동이 경기변동을 일으킨다는 측면에서는 동일하나, 케인즈는 재량적 재정정책을, 통화주의자는 준칙에 입각한 통화정책을 주장한 점에서 차이가 있음
  • 통화량 증가(M↑) → 이자율 하락 → 투자 증가 → 총수요(C + I + G) 변동
③ 통화주의학파는 완만한 조정을, 합리적 기대학파(화폐적 경기변동이론)는 급격한 조정을 주장함

---

**02** 새고전학파의 화폐적 경기변동이론에 대한 설명이다. 잘못된 것은?

① 케인즈의 거시경제모형은 개별함수의 계수들이 변화하지 않고 안정적이라는 전제를 하고 있는데, 이것이 잘못되었으며 소비·투자함수의 계수들이 변할 수 있는 가능성을 모형에 도입해야 한다고 주장한 것이 '루카스 비판'이다.

② 외부충격으로서의 예상치 못한 통화량의 변동이 경기변동을 유발한다고 보았다.

③ 합리적 기대를 하는 경제주체들이 상대가격 변화와 일반물가수준의 변화를 구별하지 못함으로써 수요공급을 변화시켜 경기변동이 발생한다는 것이며, 이를 오인모형이라고도 한다.

④ 일반 물가수준에 영향을 미치는 것이 개별적 충격이며, 소비자의 기호변화나 특정 부문의 기술발전은 총체적 충격에 해당한다.

> **해설** 총체적 충격과 개별적 충격의 내용이 바뀌었다.
>
> **정답** ④

**03** 루카스 비판(Lucas Critique)에 대한 설명으로 옳지 않은 것은?

① 루카스는 새고전학파에 속한다.

② 개인과 기업은 합리적 기대로 의사결정을 한다.

③ 소비함수나 투자함수의 계수는 고정적이므로 이를 임의적으로 설정해서는 안 된다.

④ 개별 경제주체들의 최적화로 균형경기변동이론을 도출할 수 있다.

> **해설** 소비함수나 투자함수의 계수는 가변적이므로 이를 임의적으로 설정해서는 안 된다. 즉, 루카스 비판이란 과거 케인즈가 투자함수나 소비함수의 계수가 고정(한계소비성향 등의 고정)되어 있다고 주장한 것을 반박한 것이다.

정답 ③

**04** 다음 중 새고전학파와 거리가 먼 것은?

① 루카스 비판

② 소비함수 계수의 비신축성을 가정

③ 개인 또는 기업의 불확실성하의 합리적 기대

④ 균형경기변동이론

> **해설** 새고전학파는 가격 신축성을 주장하므로 케인즈와는 달리 소비함수나 투자함수의 계수(기울기값)는 신축적이라고 주장한다.(예를 들어, 소비함수 = a + 0.8Y이라고 한다면 케인즈는 0.8(계수)는 항상 고정된 상수값이라고 본다. 즉 소득(Y)의 일정부분이 소비되고 그 값이 고정되었다고 가정하지만 새고전학파는 이 계수를 시계열상 가변적이라고 본다.)

정답 ②

**더알아보기** 경기변동이론 – (3) 새고전학파의 화폐적 경기변동이론(루카스)

**(3) 화폐적 경기변동이론(합리적 기대학파)**

① 총체적 충격(예상치 못한 통화공급으로 인한 물가변동)을 개별적 충격(자사제품에만 영향을 주는 충격)으로 오인하고 생산량을 변화시킴으로써 경기변동이 발생함('오인모형'이라고도 함)

② 합리적 기대학파의 정책무용성 : 예상된 정책변화는 경제주체들의 합리적 대응으로 실물 변수에 전혀 영향을 못 주고 물가만 상승하는 부작용을 낳게 된다는 이론

③ 루카스 비판 : 케인즈학파의 '가격과 임금이 경직적'이라는 전제를 비판(경제주체들이 합리적 대응을 하면 가격과 임금이 신축적으로 되므로, 경직적이라는 전제는 오류라는 것)

**05** 새케인즈학파의 경기변동이론에 대한 설명이다. 잘못된 것은?

① 케인즈학파의 전통을 따르는 새케인즈학파는 새고전학파의 방법론은 받아들이되, 임금·가격의 경직성과 승수효과의 아이디어를 계승하고자 했다.

② 새케인즈학파는 메뉴비용을 통해 가격·임금의 경직성이 이론적인 가정이 아닌 경제주체들의 최적화 행동의 결과로 나타나는 합리적인 것임을 증명하였다.

③ 재화가격의 경직성이 존재하기 때문에 개인의 최적화 행동이 사회적으로 최적의 결과와 일치하지 않을 수 있음을 보여주었고, 이는 정부의 시장개입에 대한 정당성을 제공한다는 점에서 의의가 있다.

④ 새케인즈학파 또한 가격의 경직성과 소비함수 등 주요 행태방정식의 계수들을 임의로 추정함으로써 방법론적인 오류에 대해서 '루카스 비판'을 면할 수 없었다.

> **해설** 새케인즈학파는 메뉴비용이론을 통해서 '루카스 비판'을 극복하였다고 볼 수 있다(즉, 계수를 임의로 추정하지 않고 메뉴비용을 통해 경직성을 설명함).

> **정답** ④

---

**더알아보기** 경기변동이론 – (4) 새케인즈학파의 경기변동이론(맨큐)

**(4) 새케인즈학파**
① 경기변동논리는 케인즈학파와 동일. 케인즈는 '가격과 임금의 경직성을 전제'하였지만, 맨큐는 메뉴비용(Menu Cost)을 통해 실제로도 가격과 임금이 경직적이다는 것을 증명함('루카스 비판'을 극복함)
  • 메뉴비용 : 가격상승요인이 있어도 마찰적 비용의 존재로 인해 가격이 올라가지 않는다는 것
② 시장실패(Market Failure)를 통한 정부개입의 당위성을 뒷받침하는 가격과 임금의 경직성 존재 → 시장실패가 존재하게 됨 → 자원의 비효율적 배분을 보정하기 위해 정부가 개입하여야 함

---

**06** 경기변동이론과 그 내용을 연결한 것이다. 다음 중 적절하지 않은 것은?

| 학 파 | 학 자 | 주요 내용 |
|---|---|---|
| 케인즈학파 | 케인즈, 사무엘슨 | ① 동물적 감각 |
| 통화주의학파 | 프리드만, 슈워츠 | ② 재량적 통화정책 |
| 새고전학파 | 루카스 | ③ 루카스 비판 |
| 새케인즈학파 | 맨 큐 | ④ 임금·가격의 경직성 |

> **해설** 재량적 통화정책이 아니라 준칙에 입각한 통화정책이다. 케인즈학파가 경기진작을 하기 위해서는 재량적 재정정책을 써야 한다고 주장하였다.

> **정답** ②

**07** 경기변동이론에 대한 설명 중 가장 적절하지 않은 것은?

① 경기순환의 원인으로 케인즈학파들은 투자 및 내구소비재에 대한 불안정한 지출이라고 보았고, 통화주의자들은 통화량 변화와 같은 통화공급의 불안정성 때문이라고 보았다.

② 사무엘슨은 승수·가속도원리로 루카스비판을 극복하였다.

③ 통화주의자로 대표되는 프리드먼과 슈워츠는 시계열 분석자료를 통해 통화량 증가는 시차를 두고 GDP 증가로 이어진다는 것을 보았다.

④ 케인즈학파의 경기순환이론이 총수요의 불안정성을 중심으로 전개되어 온 데 반하여 실물적 경기변동이론은 기술충격과 같은 총공급이 불안하기 때문에 경기순환이 발생한다고 보았다.

해설 승수·가속도원리는 한계소비성향($\beta$)과 가속도계수($\alpha$)가 일정하다고 전제하는데 이것은 루카스비판(Lucas Critique)의 대상이 된다(이를 극복한 것은 맨큐의 메뉴비용).

정답 ②

---

## 경기안정화정책

핵심유형문제

빈칸이 올바르게 연결된 것은?

통화정책은 통화당국이 정책결정을 하면 즉각 시행할 수 있다는 점에서 ( ㉠ )가 짧다. 그러나 통화정책은 여러 가지 전파경로를 통해 경제에 영향을 미침에 따라 ( ㉡ )가 상당히 길고 가변적이다.

|   | ㉠ | ㉡ |
|---|------|------|
| ① | 외부시차 | 내부시차 |
| ② | 내부시차 | 외부시차 |
| ③ | 정책시차 | 내부시차 |
| ④ | 정책시차 | 외부시차 |

해설 통화정책은 내부시차가 짧고, 외부시차가 길다.

정답 ②

**(1) 통화정책과 재정정책의 시차(Time Lag)**

| 구 분 | 재정정책 | 통화정책 |
|---|---|---|
| 내부시차 | 길 다 | 짧 다 |
| 외부시차 | 짧 다 | 길 다 |

① 내부시차란 정책이 입안되기까지의 시간, 외부시차는 정책이 집행된 후 효과가 나타나는 시간을 말한다.
② [내부시차] 통화정책은 중앙은행이 결정하므로 짧고, 재정정책은 국회동의가 필요하므로 길다.
③ [외부시차] 재정정책(G)은 즉각적으로 총수요를 변동시켜 Y의 증가로 나타나지만(짧다), 통화정책(M)
은 여러 가지 파급경로를 거쳐 간접적이고 장기적으로 경제에 영향을 미친다(길다).

**(2) 자동안정화장치** : 자동안정화장치(조세, 실업급여)의 내부시차 = 0

$G\uparrow \Rightarrow Y\uparrow \Rightarrow T\uparrow \Rightarrow C\downarrow \Rightarrow Y\downarrow$, 즉 확대재정정책을 집행하면 총소득(총생산)이 증가하는데 소득증가
로 인해 세금이 자동적으로 증가한다. 세금증가는 소비감소를 통해 Y를 일정부분 감소시킨다. 즉, 조세는
경기의 지나친 과열을 억제해주는 기능을 하므로(반대경우도 마찬가지), 이를 자동안정화기능이라 한다.

**(3) 준칙과 재량**

① 케인즈학파는 재량적인 통화정책을, 고전학파는 준칙에 입각한 통화정책을 주장한다.
② 통화공급의 증가는 이자율하락, 투자증가를 통해(총수요증가) 단기적으로는 총소득(Y)을 증가시키지
만, 장기적으로는 물가상승으로 인해 총소득의 증가효과는 상쇄되고 금리상승이라는 부작용만 남는다
(실증분석의 결과).

　㉠ 장기적 부작용에도 불구하고, 통화공급으로 단기적으로 실물경기의 호전효과를 얻을 수 있는 바,
　　이를 '인플레이션 편의'라고 한다(예 미국의 양적완화, 일본의 아베노믹스 등).
　㉡ 준칙에 입각한 통화정책은 '인플레이션 편의'를 발생시키지 않는다.

---

**보충문제**

**01**　재량적 통화정책이 단기적 효과만을 유발할 수 있다는 것과 가장 가까운 용어는?

① 준 칙
② 장기적 외부시차
③ 인플레이션 편의(Inflationary Bias)
④ 합리적 기대

**해설**　재량에 의한 통화정책은 단기적으로는 경제주체들을 속일 수 있는 깜짝 인플레이션 효과를 낼 수 있지만
경제주체들이 합리적 기대를 하므로 지속적으로 속지 않고 정책당국의 인플레이션 편의(Inflationary Bias)를
미리 예상하고 의사결정을 하므로 재량적 통화정책은 효과가 없다는 것이다.

정답 ③

**02**　통화정책에 대한 준칙(Rule)과 재량(Discretion)에 대한 설명이다. 다음 중 틀린 것은?

① 통화주의자들은 통화정책에 대한 재량보다는 준칙을 선호하였다.

② 통화주의자들은 통화정책은 단기적으로 경제에 영향을 미칠 수 있지만, 길고 가변적인 외부시차 문제가 있기 때문에 통화정책을 재량적으로 사용하는 것은 반대하였다.

③ 통화주의자들은 경제의 자율조정기능(신축적인 조정)을 믿기 때문에 재량적인 통화정책은 경기 과열과 물가상승을 가져와 경제를 불안정하게 할 수 있다고 보았다.

④ 준칙에 입각한 통화정책은 단기적으로 인플레이션을 통한 경제성장 효과에 집착할 수 있는 유인이 있다.

> **해설**　④는 인플레이션 편의를 말하는데, 재량적 통화정책의 경우 인플레이션 편의가 발생한다(준칙에 입각한 통화정책은 인플레이션 편의를 제거).
> ※ 인플레이션 편의(Inflationary Bais)란?
> 　재량적 통화정책을 쓰게 되면 단기적으로는 실물경제를 성장시키나 장기적으로는 실물경제의 성장효과가 사라지고 물가만 상승한다(실증적인 분석).
> 　→ 즉, 재량적 통화정책은 장기적으로 물가상승이라는 부작용이 있음에도 불구하고 단기적으로는 실물경제를 부양할 수 있는데 이를 '인플레이션 편의'라고 한다.
>
> **정답** ④

---

## 통화정책의 파급경로　　　　　　핵심유형문제

빈칸이 올바르게 연결된 것은?

> • 통화량증가 → 금리하락 → 투자증가 → 경기호전 : ( ㉠ )
> • 통화량증가 → 금리하락 → 자산가격상승 → 소비증가 → 경기호전 : ( ㉡ )

| | ㉠ | ㉡ |
|---|---|---|
| ① | 금리경로 | 자산가격경로 |
| ② | 신용경로 | 자산가격경로 |
| ③ | 자산가격경로 | 금리경로 |
| ④ | 자산가격경로 | 신용경로 |

> **해설**　금리가 투자를 통하여 실물경제에 영향을 주는 것을 금리효과라고 하고, 자산가격의 움직임을 통해 실물경제에 영향을 주는 것을 자산가격경로라고 한다.
>
> **정답** ①

통화정책의 파급경로

※ GDP방정식[Y = C + I + G + (X − M)]과 M, R을 통해서 통화정책의 파급경로를 설명하였다.
[Y : GDP, C : 소비, I : 투자, G : 재정지출, M : 통화량, R : 금리, X : 수출, M : 수입]

① 금리경로 : M↑ ⇒ R↓ ⇒ I↑ ⇒ Y↑

② 자산가격경로 : M↑ ⇒ R↓ ⇒ 자산가격상승 ⇒ C↑ ⇒ Y↑
  ㉠ 금리가 하락하면 예금, 채권투자보다는 주식이나 부동산투자가 증가하게 된다.
  ㉡ '토빈의 q'와 '피구의 부의 효과(Wealth Effect)'로도 설명이 가능하다.

③ 환율경로 : M↑ ⇒ R↓ ⇒ 환율인상(통화가치하락) ⇒ 수출↑ & 수입↓ ⇒ (X − M)↑(경상수지호전)
  ⇒ Y↑

④ 신용경로
  ㉠ M↓ ⇒ 은행예금감소 ⇒ 은행대출여력감소 ⇒ 신용이 취약한 중소기업, 개인에 대한 대출감소 ⇒
    투자 혹은 소비의 위축 ⇒ 경제위축
  ㉡ 신용경로는 ①, ②, ③과 달리 '금리변동' 없이도 설명될 수 있다.
  ㉢ 통화정책의 재무상태표 효과 : 보충문제 2

• [토빈의 q = 시장가치/실물자본대체비용] 주가상승으로 'q > 1'인 경우, 신주를 발행하여 실물자본에 투자하면 이윤을 남길 수 있다. 즉, 토빈의 q로 자산가격경로의 설명이 가능하다.

• [피구의 富의 효과] 금리하락 → 주식이나 부동산 가격상승 → 소비증가 → 국민소득증가

• 통화정책의 파급경로는 국제간 자본이동 자유화, 국내에서의 자금조달방식 다양화 등으로 그 중요성은 감소하고 있다.

---

**보충문제**

---

**01** 통화정책의 파급경로 중 '토빈의 q'로 설명할 수 있는 경로는?

① 금리경로                   ② 자산가격경로
③ 환율경로                   ④ 신용경로

해설    자산가격경로는 '토빈의 q'와 '부의 효과'를 통해서도 설명이 가능하다.

정답 ②

---

**02** 보기는 통화정책의 파급경로 중 어디에 가장 부합하는가?

> 긴축통화정책 → 금리상승 → 부채부담증가로 기업의 대차대조표 리스크 프리미엄 상승 → 은행
> 대출감소 → 소비 및 투자 감소

① 금리경로                   ② 자산가격경로
③ 환율경로                   ④ 신용경로

해설    '통화정책의 재무상태표 효과'라고도 하는데 신용경로에 포함되는 개념이다.

정답 ④

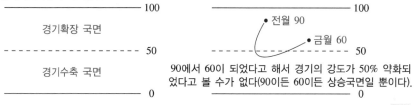

**4** 경기예측방법

---

## 경기예측방법 – (1) 경기지표에 의한 경기예측　핵심유형문제

경기동향지수(DI)에 대한 설명이다. 적절하지 않은 것은?

① '경기확산지수 = [전월비 증가지표수 + (0.5 × 보합지표수)]/구성지표 × 100'으로서 0~100 사이에 위치한다.

② 경기확산지수가 50이면 전환점, 50~100이면 경기확장국면, 0~50이면 경기수축국면으로 해석한다.

③ 경기확산지수는 경기종합지수(CI)와는 달리 경기변동의 진폭이나 속도는 측정하지 않고 변화방향만을 파악하는 것으로서 경기의 국면 및 전환점을 판단할 때 유용하다.

④ 경기확산지수가 60일 때보다 100일 때의 경기확장속도가 1.7배 빠르다고 할 수 있고, 반대로 20일 때보다 40일 때의 경기수축속도가 2배 빠르다고 볼 수 있다.

해설 경기확산지수는 변화방향만을 말할 수 있기 때문에 ④처럼 그 강도를 말할 수는 없다.
• 경기확산지수의 해석방법

경기확장 국면 ─── 100
────────────── 50
경기수축 국면
─── 0

전월 90 ─── 100
금월 60
────────────── 50
90에서 60이 되었다고 해서 경기의 강도가 50% 약화되었다고 볼 수가 없다(90이든 60이든 상승국면일 뿐이다).
─── 0

정답 ④

---

더알아보기　경기예측방법 – (1) 경기지표에 의한 예측

※ 경기예측수단에 의한 분류

| 경기지표에 의한 방법 | 설문조사에 의한 방법 | 모형에 의한 방법 |
|---|---|---|
| DI(경기확산지수)[주1]<br>CI(경기종합지수) | BSI(기업경기실사지수)<br>CSI(소비자태도지수) | 시계열모형(ARIMA모형)<br>거시경제계량모형 |

*주1 : DI의 종류 : 보충문제 1

(1) DI 대 CI

| DI(해석방식은 위 그림 참조) | CI |
|---|---|
| ① 50 : 경기전환점, 0~50 : 경기수축국면, 50~100 : 경기확장국면<br>② 변화방향만을 파악하며 전환점 판단에 용이하나 경기의 속도(진폭)를 파악하기는 곤란함 | ① 전월대비증감률이 (+)이면 경기상승, (–)이면 경기하강을 나타냄<br>② 변화방향뿐만 아니라 경기의 속도까지 파악이 가능함 |

- DI 해석의 유의점 : DI가 전월 90에서 60으로 하락했다고 해서 경기상승에너지가 50% 감소했다고 말할 수 없다(단순히 50 초과면 경기확장국면, 50 미만이면 경기수축국면으로 해석).
- CI 해석의 유의점 : 선행지표 7개 중 2개가 큰 폭으로 (+)이고, 나머지 5개가 (−)이어서 전체적으로 (+)로 나타날 경우에는 외형상 경기상승이지만 실질적으로는 경기하강일 수 있다.

### (2) 경기종합지수(CI)의 구성(2019.9 개편)

| 선행종합지수(7개) | 동행종합지수(7개) | 후행종합지수(5개) |
|---|---|---|
| ① 재고순환지표 | ① 비농림어업취업자수 | ① 취업자수 |
| ② 경제심리지수 | ② 광공업생산지수 | ② 생산자제품재고지수 |
| ③ 기계류내수출하지수 | ③ 건설기성액 | ③ 소비자물가지수변화율 |
| ④ 건설수주액 | ④ 서비스업생산지수 | ④ 소비재수입액 |
| ⑤ 수출입물가비율 | ⑤ 소매판매액지수 | ⑤ CP유통수익률 |
| ⑥ 코스피지수 | ⑥ 내수출하지수 | |
| ⑦ 장단기금리차 | ⑦ 수입액 | |

보충문제

**01** 다음 중 경기확산지수(DI)에 대한 설명으로 옳지 않은 것은?

① 경기확산지수에는 역사적 경기확산지수, 당면적 확산지수, 누적 경기확산지수의 3종류가 있다.
② 역사적 경기확산지수(HDI)는 과거의 기준순환일을 추정하는 데 사용하므로 경기변동의 예측에는 사용할 수 없다.
③ 당면적 경기확산지수는 현재의 경기국면 파악이나 미래의 경기변동 예측에 사용할 수 있다.
④ 누적 경기확산지수(CDI)는 월별 변동폭이 심할 경우에 누적DI를 산출하여 경기변동의 신뢰성을 높이기 위한 지수이며, 누적DI의 수치가 낮을수록 경기변동이 안정적임을 의미한다.

해설  누적DI의 수치는 경기전환점만을 확인하기 위한 것이므로 그 수치의 높고 낮음은 의미가 없다.
※ 경기확산지수의 종류

| 역사적 경기확산지수(HDI) | 당면적 경기확산지수 | 누적 경기확산지수(CDI) |
|---|---|---|
| 과거의 기준순환일을 추정하기 위함 | 현재의 경기국면과 미래경기 예측수단으로 사용 | 월별DI의 변동폭이 심할 경우 이를 보완하기 위해 사용 |

정답 ④

**02** 경기종합지수(CI)에 대한 설명이다. 적절하지 않은 것은?

① DI가 각 개별 시계열의 변화방향만을 감안하여 작성하는 데 비하여 CI는 각 지표의 전년대비변화율을 통계적으로 종합·가공하여 산출한다.

② CI의 전월대비증가율이 (+)인 경우에는 경기상승을, (−)인 경우에는 경기하강을 나타낸다.

③ CI는 경기변동의 방향, 국면 및 전환점은 물론 변동속도까지 동시에 분석할 수 있으며 경기조정정책 수립에 필요한 기초자료로 제공된다.

④ CI는 기준순환일에 대한 시차(Time Lag) 정도에 따라 선행·동행·후행종합지수의 3개군으로 구분된다.

> 해설　전년대비변화율이 아니라 전월대비변화율이다.

정답 ①

**03** 다음 중 경기를 예측하는 데 도움이 되는 지표는?

① CP유통수익률

② 소비재수입액

③ 기계수주액(기계류내수출하지수)

④ 소비자물가지수변화율

> 해설　선행지표를 묻는 문제이다. ③은 선행지표, ①·②·④는 후행지표이다.

정답 ③

**04** 경기변동을 사후적으로 확인할 수 있는 지표에 해당하는 것은?

① 건설수주액　　　　　　　　　　② 건설기성액

③ 서비스업생산지수　　　　　　　④ 취업자수

> 해설　후행지표를 묻는 문제이다. ①은 선행지표, ②·③은 동행지표이다.

정답 ④

**05** 기업 및 소비자를 대상으로 하되 별도의 조사를 실시하지 않고 한국은행이 BSI와 CSI 통계를 이용하여 가공한 지표는?

① 경기종합지수　　　　　　　　　② 경기확산지수

③ 경제심리지수　　　　　　　　　④ 내수출하지수

> 해설　기업과 소비자 모두를 포함한 민간의 경제상황에 대한 심리를 종합적으로 파악하기 위하여 BSI 및 CSI 지수를 합성한 경제심리지수(ESI : Economic Sentiment Index)를 한국은행이 작성한다.

정답 ③

## 경기예측방법 - (2) 설문조사에 의한 경기예측 핵심유형문제

**밑줄 친 부분 중에서 잘못된 것은?**

기업경기실사지수(BSI)란 경기에 대한 ① 기업가들의 판단, 예측 및 계획 등이 ② 장기적인 경기변동에 중요한 영향을 미친다는 경험적인 사실에 바탕을 두고 ③ 설문지를 통해 조사하여 지수화한 것으로서 조사방법으로는 기업활동의 수준 및 변화방향만을 조사하는 판단조사와 매출액 중 영업결과의 실제금액을 조사하는 계수조사의 ④ 2가지 형태가 있다.

해설  단기적이다. BSI는 설문조사로서 기업가의 심리상태를 반영하여 조사하는데, 심리상태는 주관적인 것이고 가변적이기 때문에 주로 단기적인 해석에 사용된다.

정답 ②

---

더알아보기  경기예측방법 - (2) 설문조사에 의한 예측

| BSI | CSI |
|---|---|
| 기업가들의 경기동향 판단 및 예측을 설문조사하여 지수화함(단기적 예측수단으로 활용) | 소비자들의 구매의도 및 전망을 설문조사하여 지수화함(경기수축국면 및 저점예측에 유용) |

- BSI나 CSI는 0에서 200까지의 값을 가지며, 변화방향은 나타내지만 경기속도는 파악할 수 없다(DI와 해석방법이 동일).
- BSI는 기업가들의 심리상태에 기반하기 때문에 단기적 예측수단으로만 활용되며, 심리상태가 경기변동을 유발할 수 있다는 측면에서 케인즈의 '기업가의 동물적 감각(Animal Spirit)'과 피구의 '富의 효과'와 유사한 측면이 있다.
- ※ 경제심리지수(ESI)
  1) BSI와 CSI를 합성하여 산출한다(기업과 소비자의 심리를 종합적으로 반영함).
  2) ESI지수가 100을 초과하면 경제심리지수가 직전보다 호전됨을, 100을 하회하면 경제심리지수가 직전보다 악화됨을 의미한다.

**01**   **기업경기실사지수(BSI)에 대한 설명 중 잘못된 것은?**

① 전체응답자 100명, 긍정적 응답자 70명, 부정적 응답자 30명일 경우 BSI 지수는 40이다.

② BSI는 경기동향 등에 대한 기업가의 판단, 전망 및 이에 대비한 계획을 설문지를 통하여 조사·분석함으로써 전반적인 경기동향을 파악하고자 하는 단기적인 경기예측수단의 하나이다.

③ 피구(Pigou)나 케인즈(Keynes)의 심리적 경기이론에서 근원을 찾을 수 있다.

④ BSI는 DI(경기확산지수)와 마찬가지로 경기변동의 방향을 파악하기에는 유용하나 경기변동의 심도를 파악할 수는 없다.

> **해설**   $BSI = \dfrac{(긍정응답업체수 - 부정응답업체수)}{전체응답업체수} \times 100 + 100 = \dfrac{(70-30)}{100} \times 100 + 100 = 140$
>
> ($0 \le BSI \le 200$), BSI가 100을 초과하므로 경기상승(확장)국면으로 해석한다.
>
> **정답** ①

**02**   **소비자태도지수(CSI)에 대한 설명 중 잘못된 것은?**

① $0 \le CSI \le 200$이다.

② 설문조사하여 지수화하는 면에서 BSI와 동일하다.

③ CSI는 경기확장기에 있어서 BSI보다 일정기간 선행하는 특성을 갖고 있어 경기확장국면 및 경기정점을 예측하는 데 유용하다.

④ CSI가 100 이상이면 경기를 긍정적으로 보는 소비자의 수가 부정적으로 보는 소비자의 수보다 더 많다는 것을 의미한다.

> **해설**   CSI는 경기수축기에 있어서 BSI보다 일정기간 선행하는 특성을 갖고 있어 경기수축국면 및 경기저점을 예측하는 데 유용하다. 소비자는 아무래도 경기호황보다는 경기불황에 더욱 민감하기 때문이라고 볼 수 있다.
>
> **정답** ③

**03**   **경제심리지수(ESI)에 대한 설명이다. 틀린 것은?**

① 기업과 소비자의 경기상황을 종합적으로 반영하기 위해 산출하는 지표이다.

② 설문조사를 통해 작성한다.

③ 기업경기실사지수와 소비자태도지수를 합성해서 산출한다.

④ 동 지수가 100을 상회하면 민간의 경제심리가 과거 평균보다 좋은 것으로 해석한다.

> **해설**   BSI와 CSI를 합성해서 산출한다(설문조사는 하지 않음).
>
> **정답** ②

**04** 경제심리지수(ESI)의 산출에 반영되는 구성 항목 중 반영의 가중치가 가장 낮은 것은?

① 수출전망

② 가동률전망

③ 업황전망

④ 소비지출전망

해설 ESI는 BSI(75%)와 CSI(25%)를 합성해서 산출한다. 소비지출전망은 CSI의 구성항목으로서 CSI항목의 가중치는 BSI항목보다 낮다.

※ ESI의 구성항목 및 가중치 : ( )은 가중치

| BSI | | CSI(0.25) |
|---|---|---|
| 제조업(0.45) | 비제조업(0.30) | |
| 수출전망, 가동률전망, 자금사정전망(각 0.150) | 업황전망, 자금사정전망(각 0.150) | 가계수입전망, 소비지출전망(각 0.125) |

정답 ④

**05** 다음 설명 중 잘못된 것은?

① DI가 100을 초과하면 경기확장국면을 의미한다.

② BSI가 100을 초과하면 경기확장국면을 의미한다.

③ CSI는 BSI보다 일정기간 선행하는 특성을 가진다.

④ ESI는 원계열에서 계절 및 불규칙 변동을 제거한 순환변동치도 함께 산출한다.

해설 DI는 0~100이며 균형점인 50을 초과하면 경기확장국면을 의미한다.

정답 ①

# 단원별 출제예상문제

**01** 경기에 관한 다음 설명 중 잘못된 것은?

① 우리나라의 소비자물가지수의 조사대상품목은 최종 소비재와 서비스이기 때문에 임금이 차지하는 비중이 높고 경기변동에는 크게 민감하지 않은 것으로 나타나고 있다.

② 인구증가, 자본축적, 기술진보 등에 의한 장기적 변동요인은 순환요인이다.

③ 한국의 경기순환 모습은 선진국과는 달리 장기적 성장추세선을 중심으로 경기의 기복현상이 나타나는 성장순환(Growth cycles)을 보여 왔다.

④ 경기순환은 전통적으로 회복(Recovery), 호황(Boom), 후퇴(Recession), 불황(Depression)의 네 국면으로 구분한다.

**해설**　순환요인이 아니라 추세요인이다.

**정답** ②

**02** 경기호황기에서 나타나는 현상이 아닌 것은?

① 실업률하락　　　　　　　　② 물가하락

③ 투자증가　　　　　　　　　④ 가동률상승

**해설**　물가상승이다. Y = C + I + G에서 경기호황이란 총수요(C + I + G)가 증가하여 Y가 증가하는 상황을 말한다. Y의 증가는 곧 실업률하락을 의미하며, 경기호황국면에서는 총수요가 증가하므로 물가가 상승하고 금리도 상승하게 된다.
- 거시경제지표는 서로 균형을 이루면서 변화하기 때문에 C나 I, G, Y, P(물가), R(금리) 등이 같은 방향으로 움직이는 경우가 많다. 이를 공행성(Comovement)이라고 한다.

**정답** ②

**03** 다음 설명 중 가장 적절하지 않은 것은?

① 일정기간 동안 우리나라와 외국 간의 모든 대외거래를 총괄하여 미 달러화로 표시한 것을 국제수지라고 한다. 여기서 대외거래란 외국 간의 상품거래, 용역거래, 자본거래 및 국제 간 증여 등을 모두 포함하는 개념이다.

② GDP란 한 나라에 있는 모든 경제 주체가 일정시점을 기준으로 생산한 상품의 부가가치를 금액으로 환산하여 합한 것으로 각 부문의 생산활동은 물론 소비, 투자, 수출 등 수요동향까지도 함께 나타내는 종합지표라고 할 수 있다.

③ GDP디플레이터는 명목GDP와 실질GDP 간의 비율로서 국민경제 전체의 물가압력을 측정하는 지수로 사용된다.

④ 2002년 3월 개편된 통화지표에 의하면 양도성예금증서(CD)는 M1(혹은 新M1)로 표시하고 MMDA는 M2(혹은 新M2)로 분류된다.

> 해설  수시입출식 저축성예금에 속하는 MMDA는 M1(혹은 新M1)에 속하며 CD는 시장성상품으로써 M2(혹은 新M2)로 분류된다.
>
> 정답 ④

---

**04**  **거시경제지표에 대한 설명이다. 가장 거리가 먼 것은?**

① 소비자물가지수는 조사대상품목이 최종 소비재와 서비스이기 때문에 임금이 차지하는 비중이 상대적으로 높고 경기변동에 크게 민감하지 않은 것으로 평가된다.

② 만기 2년 이상의 금융상품과 증권금융예수금, 생명보험회사의 계약준비금이 포함되는 지표는 M2이다.

③ 우리나라의 통화유통속도는 장기적으로 하락하고 있다.

④ 장기금융시장의 동향을 파악할 수 있는 적절한 지표는 국채수익률이다.

> 해설  금융기관유동성(Lf)에 포함된다.
>
> 정답 ②

---

**05**  **다음 중 M2에만 속하는 금융상품을 모두 묶은 것은?**

| | |
|---|---|
| ㉠ CD | ㉡ RP |
| ㉢ CMA | ㉣ MMDA |

① ㉠

② ㉠, ㉡

③ ㉠, ㉡, ㉢

④ ㉠, ㉡, ㉢, ㉣

> 해설  MMDA는 M1이고, 나머지(CD, RP, CMA)는 M2에 속한다. 그리고 M2는 M1을 포함하지만, M2에만 속하는 것을 묻고 있으므로 ㉠, ㉡, ㉢이 해당된다.
>
> 정답 ③

**06** 경기순환의 공행성 측정방식은?

① 생산과 소득의 증가로 인한 유발투자
② 경기의 확장기와 수축기에 나타난 변동폭
③ 경기변수 증가율의 표준편차
④ 경기전환점과 시차분석

해설 경제변수들이 상호간 안정적인 관계를 가지고 일정한 방향으로 함께 움직이는 특성을 공행성이라고 하며 경기전환점과 시차분석을 통해서 측정된다.

정답 ④

**07** '루카스 비판' 내용과 거리가 먼 것은?

① 새고전학파의 이론
② 경제주체들의 합리적 기대
③ 소비함수 및 투자함수의 경직적인 계수
④ 경제주체별 최적화로 인한 균형경기변동이론

해설 새고전학파인 루카스 교수는 케인즈학파의 가격 경직성을 비판하면서 소비함수 및 투자함수의 계수는 (경직적이지 않고) 변화 가능하다고 하였다.

정답 ③

**08** 경기변동이론을 역사적 순서대로 나열한 것은?

> ㉠ 통화당국의 자의적인 통화량 조절
> ㉡ 경제주체들의 합리적 기대와 가격 경직성
> ㉢ 기업가의 동물적 감각에 의한 독립투자와 내구소비재 지출의 변화
> ㉣ 루카스 비판과 경제주체들의 합리적 기대로 인한 최적화 행동

① ㉠ → ㉡ → ㉢ → ㉣     ② ㉡ → ㉠ → ㉣ → ㉢
③ ㉢ → ㉠ → ㉣ → ㉡     ④ ㉢ → ㉡ → ㉠ → ㉣

해설 케인즈학파 → 통화주의학파 → 새고전학파 → 새케인즈학파의 순이다.
새케인즈학파는 새고전학파의 루카스 비판을 받아들이되, 경기변동 유발요인은 케인즈학파와 동일하다. 새고전학파의 맨큐는 메뉴비용(마찰적 비용) 이론으로 과거 케인즈학파가 주창한 가격과 임금의 경직성이 합리적임을 증명하였다.

정답 ③

**09** 경기변동이론의 역사에서 각 학파들이 주장하는 정책적 관점에 대한 설명이다. 가장 적절하지 않은 것은?

① 케인즈학파는 총수요관리를 통해 경기를 진작시킬 수 있으며, 따라서 정부의 재량적인 정책집행이 옳다고 주장하였다.

② 통화주의자들은 1930년대 대공황도 정책당국이 적절한 통화조절을 못했기 때문에 발생한 것이며, 따라서 준칙에 입각한 통화정책(통화증가율 조절)이 중요하다고 주장하였다.

③ 실물적 경기변동이론은 새고전학파이면서도 정책차원에서는 케인즈적인 접근을 했는데 재정정책을 통해서 실물경기를 호전시킬 수 있다고 주장하였다.

④ 새케인즈학파는 시장실패(Market Failure)의 존재를 설명했으며, 따라서 시장실패를 해소하기 위해 정부의 시장개입은 당연하다고 주장하였다.

> **해설** 화폐적 경기변동이론(합리적 기대학파-루카스), 실물적 경기변동이론(키들랜드)은 모두 새고전학파로서 정부의 정책개입을 반대하는 입장은 기본적으로 동일하다.
> 다만, 실물적 경기변동이론은 타 고전학파의 이론과 달리 기술변화와 같은 실물요인에 의해 경기변동이 발생한다고 주장했다는 점에서 차이가 있다.
>
> **정답** ③

**10** EC방식으로 산정한 적정 통화증가율이 5%인데 실제 통화증가율은 9%이었다. 이 차이의 원인을 설명할 수 있는 용어는?

① 준 칙
② 재 량
③ 가격의 신축성
④ 가격의 경직성

> **해설** 경제의 적정 통화성장속도를 무시한 통화당국의 재량적인 통화량 조절 때문에 경기변동이 발생한다.
>
> **정답** ②

**11** 다음의 경기안정화 정책들 중에서 외부시차가 가장 긴 것은 무엇인가?

① 정부의 재정지출 확대
② 소득세율 인하
③ 특별소비세 인하
④ 통화당국의 국채매입

해설 재정정책의 외부시차는 짧고 통화정책의 외부시차는 길다. $Y = C + I + G$인데, 좀 더 상세히 표시하면 $Y = C(Y-T) + I(R) + G$이다. 즉 ① → G↑이고, ②·③ → C↑이다.
이들은 직접적으로 총수요를 변화시켜 Y를 변화시킨다(그래서 외부시차가 짧음). 그러나 국채매입은 통화량을 확대하는 것인데, 통화정책(M)은 총수요에 직접적으로 영향을 미치지 못하고 이자율(R)을 통해서 간접적으로 총수요에 영향을 미친다.
TIP 통화정책의 파급경로라는 말 자체가 '간접적이고 장기적인' 의미가 포함되어 있으므로 외부시차가 길다고 이해할 수 있다.

정답 ④

**12** 통화정책의 파급경로 중 금리가 변화하지 않아도 실물경제(Y)에 영향을 줄 수 있는 경로는 무엇인가?

① 금리경로
② 자산가격경로
③ 환율경로
④ 신용경로

해설 신용경로는 대출가용자원이 감소하면 소비하락으로 이어져 경기위축이 발생할 수 있다(금리변동이 없어도 설명이 가능함).

정답 ④

**13** 경기확산지수(DI)와 경기종합지수(CI)에 대한 설명으로 옳지 않은 것은?

① 경기확산지수는 50%이면 경기전환점이고 경기종합지수는 100%이면 경기전환점이다.
② 경기확산지수(DI) 이용의 한계는 DI가 이론적 접근이 아닌 과거의 경험에 의한 시계열의 통계적 종합에 불과하므로 경기변동의 심도를 나타내지 못하고 단지 경기국면의 파악 및 전환점을 나타내는 데 불과하다는 것이다.
③ DI가 각 개별시계열의 변화 방향만을 감안하여 작성하는 데 비하여 CI는 각 지표의 전월대비변화율을 통계적으로 종합·산출하므로 그 증감률의 크기에 의해 경기변동의 방향, 국면 및 전환점은 물론 변동속도까지 동시에 분석할 수 있다.
④ 경기종합지수의 구성지표 중에서 재고순환지표, 장단기금리차, 기계류내수출하지수는 모두 선행지표이다.

해설 경기확산지수는 50이 경기전환점, 50~100이 경기확장국면, 0~50이 경기수축국면이다. 경기종합지수는 전환점이 따로 없고, 저점(Trough)~정점(Peak)까지를 경기확장국면, 정점~저점까지를 경기수축국면이라 한다.

정답 ①

**14** 앞으로의 경기를 예측하는 데 사용할 수 있는 지표는?

① 경제심리지수
② CP유통수익률
③ 광공업생산지수
④ 내수출하지수

**해설** 선행지수를 묻는 것이다. ②는 후행지수, ③·④는 동행지수이다.

정답 ①

**15** 다음 중 경기선행지수를 모두 묶은 것은?

> ㉠ 코스피지수
> ㉡ 건설수주액
> ㉢ 장단기금리차
> ㉣ 건설기성액

① ㉠
② ㉠, ㉡
③ ㉠, ㉡, ㉢
④ ㉠, ㉡, ㉢, ㉣

**해설** 건설수주액은 선행지표이나 건설기성액은 동행지표이다.

정답 ③

**16** BSI지수가 전월 40에서 금월 90으로 상승하였다. 이에 대한 해석으로 가장 적절한 것은?

① 경기가 하강국면에 있다.
② 경기가 하강국면에 있지만 그 에너지가 좋아져서 조만간 경기가 상승 전환할 것으로 예상된다.
③ 경기가 상승국면에 있다.
④ 경기가 상승국면에 있지만 그 에너지가 나빠져서 조만간 경기가 하락 전환할 것으로 예상된다.

**해설** BSI는 100 미만이면 경기하강국면, 100 초과이면 경기상승국면이다.
②처럼 경기진폭의 속도(에너지)를 측정할 수 없다. 즉 40이든 90이든 100 미만이므로 경기하강국면(또는 수축국면)에 있다는 의미는 동일하다.

정답 ①

**17** 우리나라의 경기순환 중 제6순환은 1993년 1월을 저점으로 1998년 8월에 마무리되었고, 1996년 3월이 정점이라고 한다. 다음 중 1997년 8월에 해당하는 국면으로 가장 부적절한 것은?

① 확장국면
② 수축국면
③ 후퇴국면
④ 불황국면

전통적인 4분법으로 하면 후퇴국면 혹은 불황국면인데 이는 확실히 구분하기가 어렵다.
따라서 2분법을 많이 사용하는데 '확장국면-수축국면'이 이분법의 분류이다.
∴ 확장국면이 가장 거리가 멀다.

정답 ①

**18** 전체 응답자수가 100명이다. 향후 경기에 대해 긍정적으로 대답한 사람이 70명, 부정적으로 대답한 사람이 30명이다. BSI지수는?

① 30%  ② 40%
③ 130%  ④ 140%

BSI지수 $= \dfrac{(70-30)}{100} \times 100 + 100 = 140\%$이므로 경기확장국면이다.

정답 ④

**19** 경제심리지수에 대한 설명이다. 틀린 것은?

① 경제심리지수(ESI)는 기업과 소비자의 경기상황을 종합적으로 반영하기 위해 산출하는 지표이다.
② 경기종합지수의 선행지표와 동행지표를 합성하여 산출한다.
③ 경제심리지수가 100을 상회하면 기업과 소비자를 포함한 민간의 경제심리가 과거 평균보다 좋아진 수준으로 해석한다.
④ 장기평균 100을 중심으로 대칭적으로 분포하고 표준편차가 10이 되도록 작성한다.

BSI와 CSI를 합성하여 산출한다. BSI의 제조업 분야를 0.45, 비제조업 분야를 0.30, CSI를 0.25 가중치로 반영하여 산출한다.

정답 ②

**20** 경기가 확장국면에 있음을 보여주는 것과 가장 거리가 먼 것은?

① DI가 80이다.
② BSI가 110이다.
③ 경기종합지수가 150이다.
④ 경제심리지수가 110이다.

CI는 DI, BSI, CSI와 달리 경기확장, 경기수축을 구분하는 기준점이 없다. 따라서 그 수치의 증감율로 경기국면을 판단하는데, 예를 들어 CI수치가 2연속 또는 3연속 증가하면 경기확장으로 본다(수치의 크기는 해당국면의 에너지를 말함).

정답 ③

# 02  기본적 분석

## 1  기본적 분석의 의의

### 기본적 분석 VS 기술적 분석  핵심유형문제

다음 중 기본적 분석과 거리가 먼 것은?

① 시장에서 형성된 주식의 가격은 그 주식을 발행한 기업의 가치에 의하여 결정된다.
② 내재가치(Intrinsic Value) 또는 본질가치(Fundamental Value)를 찾는 분석이다.
③ 좋은 증권의 선택과 그 매매시점의 결정에 관한 모든 분석을 지칭한다.
④ 거시경제변수, 산업변수, 기업자체 변수들을 살펴서 분석하는 방법이 일반적이다.

해설    ③은 증권분석을 말한다. '증권분석 = 기본적 분석 + 기술적 분석'이다. ④는 하향식 분석(Top-down 분석)
을 말한다.

정답 ③

---

더알아보기  증권분석의 분류

**(1) 기본적 분석 VS 기술적 분석**

| 구 분 | 기본적 분석 | | 기술적 분석 |
|---|---|---|---|
| 분석의 목적 | 저평가종목 선정(Stock Selection) | | 매매타이밍 선정(Market Timing Selection) |
| 분석의 대상 | 내재가치 분석 | | 시장의 수요·공급 분석 |
| 분석의 수단 | 질적분석 | 비계량 분석 | 차트분석(거래량, 추세, 패턴 등) |
| | 양적분석 | 계량분석(재무제표) | |

**(2) Top-down VS Bottom-up : 대표적인 기본적 분석의 방법**

• Top-down 방식은 '경제 → 산업 → 기업'순으로 분석(하향식), Bottom-up은 Top-down의 반대로
거시경제변수보다는 '기업'을 주로 분석하는 방식이다(상향식).

**01** 다음 중 기술적 분석과 거리가 먼 것은?

① 주가는 시장에서의 수요와 공급에 의해서 결정된다.

② 기술적 분석은 기본적 분석이 담아낼 수 없는 투자자들의 심리상태까지도 반영이 된다.

③ 주가가 일정한 형태를 지니고 있으므로 과거 주가 움직임을 살펴봄으로써 미래의 주가를 예상할 수 있다고 본다.

④ 기본적인 분석은 Top-down 분석을, 기술적 분석은 Bottom-up 분석을 활용한다.

해설  Top-down(하향식)과 Bottom-up(상향식) 분석은 모두 기본적 분석에 해당된다.

정답 ④

## 거시경제변수와 주가

핵심유형문제

거시경제변수와 주가와의 일반적인 관계이다. 가장 거리가 먼 것은?

① 경기가 좋아지고 나면 주가가 상승한다.

② 통화량이 증가하면 단기적으로는 주가가 상승한다.

③ 금리가 상승하면 주가는 하락한다.

④ 부존자원이 많은 국가의 경우 원자재가격이 상승하면 주가는 상승한다.

해설  주가는 경기변동에 선행한다. 만일 경기가 좋아질 것이라면 그러한 시장상황을 주가는 미리 반영하기 때문에 주가가 선행한다. 통상적으로 주가는 경기에 6개월 정도 선행한다고 한다.

정답 ①

※ 아래의 설명은 '일반적인 관계'를 말한다. 통상적으로 아래의 관계가 성립이 되나, 사회현상의 복잡성에 비추어 예외 현상이 있을 수도 있다.

| 거시경제변수 | 주가와의 관계 |
|---|---|
| 경기 | ① 장기적으로는 경제성장률과 주가는 정(+)의 관계이다.<br>② 단기적으로는 주가는 경기에 선행한다(통상 6개월 정도). |
| 통화량 | 단기적으로는 '① 유동성효과 ② 소득효과'에 의해 주가가 상승하나 장기적으로는 '③ 피셔효과'로 인해 실물호전 없이 금리만 상승하여 주가에 부정적인 영향을 줌 |
| 금리 | ① 금리하락 → 자금조달 비용하락 → 기업투자증가 → 실적호전 → 주가상승<br>② 금리상승 → 자금조달 비용상승 → 기업투자감소 → 실적악화 → 주가하락 |
| 물가 | ① 완만한 물가상승 → 기업매출증가 → 실적호전 → 주가상승<br>② 급격한 물가상승 → 제조비용증가 및 실질구매력급감 → 실적악화 → 주가하락 |
| 원자재 가격 | 원자재 가격과 주가는 역(−)의 관계. 단, 부존자원이 많은 국가는 정의 관계 |
| 환율 | ① 수출기업의 입장에서는 환율상승이 유리<br>　환율상승 → 달러표시 단가인하로 수출경쟁력 강화 → 수출기업의 주가상승<br>② 외국인투자자금유입의 측면에서는 환율하락이 유리<br>　환율하락 → 환차익 메리트로 외국인투자자금의 유입 → 수급호전 → 주가상승<br>∴ 즉, 환율변동은 ①, ② 중 어떤 측면이 더 우세한가로 결정되는 문제로, 어느 한쪽으로 단정하기 어렵다. |

- 피셔효과(Fisher Effect)란? (통화공급 시 : ① 유동성효과 → ② 소득효과 → ③ 피셔효과) 피셔효과란 정확하게는 '물가가 올라갈 경우 명목금리가 올라가는 현상($i \approx r + \pi$)'을 말하는데, 통화공급을 확대할 경우 장기적으로 '물가상승 → 금리상승'의 현상이 나타나 국민소득의 증대효과는 사라지고 금리만 상승하여 경제에 부담을 주는 것을 말한다.
- J−Curve Effect
환율이 상승하면 무역수지가 개선되는데 2단계를 거친다. 먼저 가격조정(수출가격하락/수입가격상승)으로 적자가 나지만, 수출단가인하의 효과가 물량조정(수출물량증가/수입물량감소)을 거쳐 결국 무역수지가 개선된다(→ 즉, 초반악화 후 호전의 모양, J자 모양을 보임).

**01** 빈칸에 옳게 연결된 것은?(순서대로)

> 화폐공급의 증가가 이자율에 미치는 효과는 시간의 흐름에 따라 (　　　), (　　　), (　　　)가 있다.

① 유동성효과, 피셔효과, 소득효과
② 유동성효과, 소득효과, 피셔효과
③ 피셔효과, 소득효과, 유동성효과
④ 피셔효과, 유동성효과, 소득효과

해설　차례대로 '유동성효과, 소득효과, 피셔효과'이다.

정답 ②

① 유동성효과 : 통화량 증가 → 이자율 하락
② 소득효과 : 통화량 증가 → 이자율 하락(여기까지 유동성효과) → 투자 증가 → 국민소득 증가 → 화폐수요 증가 → 이자율 상승
③ 피셔효과 : 통화량 증가 → 인플레이션 발생 → 이자율(명목금리) 상승(피셔방정식에 의해)

⇒ 주가와의 관계 : 이자율이 하락하므로 주가가 상승한다(유동성효과). 또한 이자율이 하락하면 투자 증가로 국민소득이 증가하므로 주가가 상승한다(소득효과). 그러나 통화량 증가는 장기적으로 인플레이션을 유발하여 금리를 상승시키고 따라서 주가가 하락한다(피셔효과).
⇒ 결론적으로 통화량 증가는 단기적으로는 주가에 긍정적인 영향을 주지만, 장기적으로는 이자율을 상승시켜 주가에 부정적인 영향을 주게 된다.

참고 통화량공급과 이자율의 관계

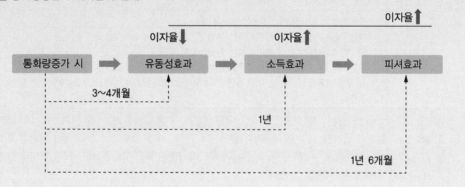

02  다음 중 주가가 상승하는 경우는?(일반적인 경우)

① 이자율이 상승하는 경우
② 물가가 완만하게 상승하는 경우
③ 원자재가격이 상승하는 경우
④ 수출기업의 경우 환율이 하락하는 경우

해설  완만한 물가상승의 경우는 주가가 상승한다(급격한 물가상승 시는 주가하락).

정답 ②

## 2 기업분석

재무상태표에 대한 설명이다. 적절하지 않은 것은?

① 일정기간 동안 현재 기업이 보유하고 있는 재산이 어느 정도인지를 파악하기 위해서 작성하는 것이다.

② 보통 재무제표는 회계기간을 1년 단위로 보아 그 기간 말에 작성하기 때문에 대차대조표는 연말 시점의 기업재무상태를 나타낸다고 볼 수 있다.

③ 재무상태표는 크게 자산, 부채, 자본의 세 가지 항목으로 구성되어 있다.

④ 자산은 왼쪽(차변)에 기입하고 부채와 자본은 오른쪽(대변)에 기록하며 차변과 대변은 같아야 한다.

> **해설**   일정기간이 아니라 일정시점이다.
>       ④ → 총자산이 1,000억원, 타인자본이 400억원이라면 자기자본은 600억원이 되어야 한다(차변 = 대변, 총자산 = 총자본).
>
>                                     **정답** ①

---

**더알아보기**   재무제표 종류 및 작성원칙

**(1) 재무제표 작성원칙** : 취득원가로 계상하고(시가가 아님), 판매기준 또는 생산기준에 따라 수익을 인식하는데 대부분은 판매기준을 매출로 인식한다(건설공사의 경우 공사진행기준에 따라 매출인식). 수익에는 반드시 비용이 대응되는 것이 수익대응의 원칙이다.
   ① 취득원가주의
   ② 수익인식의 원칙
   ③ 수익대응의 원칙

**(2) 재무제표의 종류**
   ① 재무상태표(B/S : Balance Sheet) : A = L + C
     ㉠ 자산(Asset)

| | | |
|---|---|---|
| 유동자산 | 당좌자산 | 현금 및 현금등가물, 선급비용, 미수금 등 |
| | 재고자산 | 상품, 제품, 반제품, 원재료 등 |
| 비유동자산 | 투자자산 | 장기금융상품, 투자유가증권, 장기대여금 등 |
| | 유형자산 | 토지, 건물, 구축물 등 |
| | 무형자산 | 영업권, 산업재산권, 개발비 등 |

   • 1년 내로 현금화될 수 있는 자산을 유동자산, 1년 내로 현금화될 수 없는 자산을 비유동자산이라 함
   • 투자유가증권은 장기성 투자(지분투자 등)로써 유동자산에 속하지 않는 유가증권을 말함

ⓛ 부채(Liability)

| 유동부채 | 매입채무, 단기차입금, 선수수익, 선수금 등 |
|---|---|
| 비유동부채 | 회사채, 장기차입금, 이연법인세 |

- 1년 내로 갚아야 할 부채를 유동부채, 1년이 지나서 갚아도 되는 부채를 비유동부채라고 함

ⓒ 자본(Capital)

| (납입)자본금 | 보통주자본금, 우선주자본금(액면가 × 발행주식수 = 자본금) |
|---|---|
| 자본잉여금 | 자본거래를 통한 잉여금. 주식발행초과금, 감자차익 등 |
| 이익잉여금 | 영업활동으로 얻은 이익을 유보한 금액. 이월이익잉여금, 이익준비금 등 |
| 자본조정 | 자본의 미확정상태 또는 자본의 차감항목(주식발행할인차금 등) |

- 자본잉여금보다는 기업 본연의 활동인 영업활동으로 얻은 이익잉여금의 가치가 더 크다.

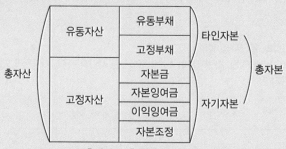

재무상태표

총자산 = 총자본

예시 기업이 부도가 나지 않기 위해서는? → 기업은 유동부채를 상환하지 못해 부도가 나는데, 유동부채를 상환할 수 있는 유동자산이 많으면 된다(즉, 유동비율이 양호해야 함).

② 손익계산서(P/L : Profit and Loss Statement)

| 손익계산서 | 계정별 내용 |
|---|---|
| 매출액 | Sales 혹은 Gross Income |
| (−)매출원가 | 기초제품재고액 + 당기제품제조원가 − 기말제품재고액 |
| 매출총이익 | Gross Profit |
| (−)판매관리비 | 급여 · 복리후생비 · 임차료 · 접대비 · 감가상각비 · 광고료 등 |
| 영업이익(Operating Profit) | 매출총이익 − 판매관리비 |
| (+)영업외이익(Other Incomes) | 이자 · 배당수익, 유가증권평가 · 처분이익, 외환차익, 지분법 평가이익, 임대료, 유형자산처분이익, 법인세환급액 등 |
| (−)영업외손실 (Other Expenses) | 이자비용, 유가증권평가 · 처분손실, 외환차손, 지분법 평가손실, 기부금, 유형자산 처분손실, 법인세 추납액 등 |
| 법인세차감전순이익 | Net profit before income tax |
| (−)법인세 | Income Tax |
| 당기순이익 | Net Profit |

- 현대 재무관리에서는 당기순이익보다는, 기업본연의 영업활동을 잘 반영하는 영업이익을 더 중시함

③ 현금흐름표

　㉠ 발생주의에서 보고되지 않는 현금흐름이 보고됨. 따라서 발생주의 기준으로 작성되는 재무상태표
　　와 손익계산서는 현금주의 기준으로 작성되는 현금흐름표로 보완해야 함

　㉡ 외상매출금이 많을 경우 발생주의 회계상 이익이 나더라도(장부상 이익 = 이익흐름), 현금흐름이
　　악화되어 도산으로 연결될 수 있는데 이를 '흑자도산'이라 한다(아래 표 참조).

※ 총비용은 전액 현금으로 지불한다고 가정

| 손익계산서 | 현금흐름표 | |
|---|---|---|
| 이익흐름 | 현금흐름1<br>(전액 현금매출) | 현금흐름2<br>(50% 현금매출) |
| 매출액 100억원 총비용 70억원 | 현금유입 100억원 현금유출 70억원 | 현금유입 50억원 현금유출 70억원 |
| 순이익 30억원 | 순현금유입 30억원 | 순현금유입 −20억원 |

④ 이익잉여금처분계산서 : 당기순이익의 사용용도를 나타낸다(배당성향 등 파악가능).

## (3) 재무상태표와 손익계산서의 차이

| 재무상태표(B/S) | 손익계산서(P/L) |
|---|---|
| 일정시점의 재무상태 평가 | 일정기간의 경영성과 평가 |
| Stock(貯量) 통계 | Flow(流量) 통계 |
| 발생주의 회계(B/S, P/L) ⇔ 현금주의 회계(현금흐름표) | |

---

**보충문제**

**01** 재무상태표의 작성기준에 대한 설명으로 적절하지 않은 것은?

① 재무상태표는 자산·부채 및 자본으로 구분하고, 자산은 유동자산과 고정자산으로, 부채는 유동
부채 및 고정부채로, 자본은 자본금, 자본잉여금, 이익잉여금 및 자본조정으로 각각 구분한다.

② 자산·부채 및 자본은 총액에 의하여 기재함을 원칙으로 하고, 자산의 항목과 부채 또는 자본의
항목을 상계함으로써 그 전부 또는 일부를 재무상태표상에서 제외하여서는 안 된다.

③ 자산과 부채는 1년을 기준으로 하여 유동자산 또는 고정자산, 유동부채 또는 고정부채로 구분하
는 것을 원칙으로 한다.

④ 자본거래에서 발생한 이익잉여금과 손익거래에서 발생한 자본잉여금을 혼동하여 표시하여서는
안 된다.

해설　자본거래 → 자본잉여금, 손익거래 → 이익잉여금

정답 ④

**02** 재무상태표 계정에 대한 설명으로 잘못된 것은?

① 유동자산과 고정자산의 구분은 1년 내 현금화가 가능한가의 여부로 결정한다.

② 유동부채와 고정부채의 구분은 1년 내 부채상환이 가능한가의 여부로 결정한다.

③ 판매를 목적으로 제조한 생산품, 부산물 등을 상품이라 한다.

④ 자본거래를 통한 이익은 자본잉여금으로, 영업활동을 통해 얻은 이익은 이익잉여금으로 편입되는데 이익잉여금이 많을수록 바람직하다.

> **해설** 상품이 아니라 제품이라 한다. 상품은 판매를 목적으로 구입한 것을 말하며, 상품매출보다는 제품매출이 많을수록 부가가치가 높아지게 된다.
> ④ 기업입장에서 잉여금은 많을수록 좋지만 기업 본연의 영업활동에서 꾸준하게 잉여금이 창출되는 것이 가장 좋은 형태라고 할 수 있다.
>
> **정답** ③


**03** 당좌자산에 대한 설명으로 적절하지 않은 것은?

① 큰 거래비용 없이 현금으로 전환이 용이하거나 이자율변동에 따른 가치변동의 위험이 중요하지 않은 유가증권 및 단기금융상품은 당좌자산에 포함된다.

② 유동자산 중에서 현금화속도가 가장 빠른 자산을 당좌자산이라고 한다.

③ 만기 1년 이내의 단기금융상품은 유동자산에 속하고, 그 중에서도 만기가 3개월 이내인 단기금융상품은 당좌자산에 속한다.

④ 선급금, 선급비용, 선수금, 선수수익은 모두 당좌자산에 속한다.

> **해설** 선급금 ↔ 선수금, 선급비용 ↔ 선수수익이다. 선급금과 선급비용은 자산(당좌자산)이나 선수금, 선수수익은 부채(유동부채)이다.
> **TIP** 미수자선급재('미수'와 '선급'은 자산), 미지부선수부('미지급'과 '선수'는 부채)
>
> **정답** ④


**04** 손익계산서에 대한 설명으로 잘못된 것은?

① 손익계산서는 일정기간 동안 기업이 경영활동을 얼마나 잘 하였는가를 파악하기 위해 작성하는 재무제표이다.

② 단순히 당기순이익만 높다고 해서 좋은 경영성과를 나타냈다고 볼 수는 없다.

③ 수익과 비용은 총액기준으로 기재하는 것이 원칙이며, 수익항목과 비용항목을 직접 상계함으로써 그 전부 또는 일부를 손익계산서에서 제외해서는 안 된다.

④ 매출총이익에서 판매비와 일반관리비를 차감하면 경상이익이 된다.

> **해설** 매출총이익에서 판매관리비를 차감하면 영업이익이다.
> ① 재무제표는 일정시점(Stock 통계), 손익계산서는 일정기간(Flow 통계)이다.
> ② 당기순이익에는 영업이익 외의 영업외수익과 영업외비용이 반영되기 때문에 당기순이익이 높다고 해서 무조건 경영성과가 좋다고는 말할 수 없다.
> ③ 총액기준기재가 원칙이다(상계기재는 금지).
>
> **정답** ④

**05** 다음 중 제조업자의 판매관리비에 속하지 않는 항목은?

① 직원급여

② 감가상각비

③ 광고비

④ 이자비용

해설 이자비용은 영업외비용으로 손익계산서에서 분리표시된다.

정답 ④

**06** 빈칸에 알맞은 말은?

( )는 일정기간 동안 기업이 영업활동에 필요한 자금을 어떻게 조달했으며, 조달한 자금을 어디에 사용하였는지를 명확하게 보여주기 위하여 작성하는 재무제표의 종류이다.

① 재무상태표 ② 손익계산서

③ 현금흐름표 ④ 이익잉여금처분계산서

해설 현금흐름표이다. ①·②·③과 자본변동표 그리고 주석(Foot-note)을 5대 재무제표의 종류라고 한다.
• 현금흐름표를 통하여 당기순이익과 현금흐름의 차이를 알 수 있다.

정답 ③

## 재무비율의 이해

핵심유형문제

다음 중 재무비율의 산식이 옳지 않은 것은?

① 총자본이익률 = 당기순이익/총자본×100

② 유동비율 = 유동부채/유동자산×100

③ 부채비율 = 타인자본/자기자본×100

④ 총자산회전율 = 매출액/총자산×100

해설 '유동비율 = 유동자산/유동부채×100'이다. 유동부채 대비 유동자산의 비율이므로 높을수록 단기부채상환능력이 높다.

TIP 해당 재무비율이 '높을수록 또는 낮을수록 좋은 것인지'를 먼저 판단하면 이해하기 편하다.

정답 ②

※ 재무비율의 구분

| 구 분 | 개 념 | 형 식 | 예 |
|---|---|---|---|
| 수익성비율 | 순이익 ÷ ~ | ~ 이익률 | 총자본이익률 등 |
| 안정성비율 | ~ ÷ ~ | ~ 비율 | 유동비율, 재무비율 등 |
| 활동성비율 | 매출액 ÷ ~ | ~ 회전율 | 총자산회전율 등 |
| 성장성비율 | (당기 − 전기)/전기 | ~ 성장률 | 매출액성장률 등 |

**(1) 수익성비율**

| 총자본이익률(ROA) | 자기자본이익률(ROE) | 매출액이익률(ROS) |
|---|---|---|
| $\dfrac{당기순이익}{총자본} \times 100$ | $\dfrac{당기순이익}{자기자본} \times 100$ | $\dfrac{당기순이익}{매출액} \times 100$ |

① 총자본이익률(ROA 또는 ROI) $= \dfrac{당기순이익}{매출액} \times \dfrac{매출액}{총자본} =$ 매출액순이익률 × 총자본회전율

→ 총자본이익률의 변화가 매출액이익률의 변화인지, 총자본회전율의 변화인지를 알 수 있음
② 자기자본이익률(ROE) : 타인자본을 제외한 순수한 자기자본의 수익성을 측정함
③ 매출액순이익률(ROS) : 합리적인 기업경영활동의 정도를 평가함(영업마진)

**예제** 총자본 1,000억원, 자기자본 500억원, 당기순이익이 60억원이라면 ROA와 ROE는?
→ ROA는 6%, ROE는 12%

**(2) 안정성비율**

| 유동비율 | 부채비율 | 비유동비율 | 이자보상비율 |
|---|---|---|---|
| $\dfrac{유동자산}{유동부채} \times 100$ | $\dfrac{타인자본}{자기자본} \times 100$ | $\dfrac{비유동자산}{자기자본} \times 100$ | $\dfrac{영업이익}{이자비용} \times 100$ |

① 유동비율은 높을수록, 부채비율은 낮을수록, 이자보상비율은 높을수록 재무안정성이 높음(← 분자로 판단)
② 비유동비율은 '회수위험이 높은 비유동자산'을 '가장 위험이 낮은 자기자본'으로 얼마나 커버할 수 있는가를 보여줌(지나치게 높을 경우 재무안정성 위험)

**(3) 활동성비율**

| 총자산회전율 | 비유동자산회전율 | 재고자산회전율 |
|---|---|---|
| $\dfrac{매출액}{총자산}$ (회) | $\dfrac{매출액}{비유동자산}$ (회) | $\dfrac{매출액}{재고자산}$ (회) |

→ 회전율이 높을수록 효율적인 영업활동을 의미하지만, 회전율이 지나치게 높으면 자산의 부족을 의미함

**(4) 성장성비율**

| 매출액증가율로 판단하는 방법 | 산업평균과 비교하는 방법 |
|---|---|
| 전년 매출이 100억, 금년 매출이 120억이라면 매출액증가율은 20%임 | 매출액증가율이 20%인데, 만일 산업평균 매출액증가율이 30%라면 시장점유율은 후퇴한 것 |

→ 즉, 성장성은 재무비율과 산업평균을 같이 평가하여 산업 내 위치를 파악함이 바람직함

**01** 다음 재무비율 중에서 안정성비율과 가장 거리가 먼 것은?

① 유동비율
② 부채비율
③ 총자본이익률
④ 이자보상비율

**해설** 총자본이익률은 수익성비율에 속한다.

**정답** ③

**02** 보기는 어떤 재무비율을 말하는가?

> • 기업의 생산활동에 투입된 자본이 효율적으로 운영이 되고 있는가를 측정한다.
> • 아무리 많은 자본을 보유하고 있어도 이를 효율적으로 운영하지 못한다면 진정한 자본의 가치를 높일 수가 없는 것이다.

① 총자본이익률
② 자기자본이익률
③ 납입자본이익률
④ 매출액순이익률

**해설** 총자본이익률(ROI) 또는 총자산이익률(ROA)이라고 한다.

**정답** ①

**03** A기업의 재무비율이 보기와 같다. 이에 대한 설명으로 적절하지 않은 것은?

> 매출액 100억원, 당기순이익 40억원, 총자본(총자산) 2,000억원

① 매출액순이익률은 40%이다.
② 총자본이익률은 2%이다.
③ 총자본회전율은 0.05회이다.
④ 총자본이익률을 개선하기 위해서는 매출액순이익률을 좀 더 높여야 한다.

**해설** A기업의 문제는 낮은 총자본이익률(2%)에 있다. 듀퐁분석을 통해서 보면, 'ROI = 당기순이익/매출액 × 매출액/총자본 × 100(%) = 매출액순이익률(40%) × 총자본회전율(0.05회)', 즉 총자본회전율이 너무 낮다. 따라서 총자본회전율을 올려야 하며 이를 위해 ⓐ 유휴자본을 처분하거나, ⓑ 일정수준까지 매출액을 증가시키면 된다.

**정답** ④

**04** 한 기업의 ROA가 4%이고 총자산회전율은 0.5회이다. 이 기업의 ROA를 10%로 증가시키기 위한 매출액순이익률은 몇 %인가?

① 8%

② 10%

③ 15%

④ 20%

해설   ROA(또는 ROI) = 매출액순이익률 × 총자산회전율

10% = 매출액순이익률 × 0.5(회)

∴ 매출액순이익률 = 20%

정답 ④

**05** B기업의 재무비율은 보기와 같다. 그렇다면 이자보상비율은 얼마인가?

> 매출액영업이익률 = 20%, 총자본회전율 = 1회, 총자본 = 1,000억원, 이자비용 = 100억원

① 40%

② 100%

③ 150%

④ 200%

해설   이자보상비율 $= \dfrac{\text{영업이익}}{\text{이자비용}} \times 100(\%)$

이자비용이 주어졌으므로 영업이익을 구하면 된다.

매출액은 1,000억원이다(∵ 총자본회전율 $= \dfrac{\text{매출액}}{1{,}000억원} = 1$회).

따라서 영업이익은 200억원이다(∵ 매출액영업이익률 = 영업이익/1,000억 × 100 = 20%).

즉, 이자보상비율 $= \dfrac{200억원}{100억원} \times 100 = 200\%$이다.

정답 ④

**06** A기업의 2020년도 매출액은 1,000억원이고 2021년도 매출액은 1,200억원이다. 해당 기간 매출액증가율은 얼마인가?

① 10%

② 16.7%

③ 20%

④ 22.5%

해설   매출액증가율 $= \dfrac{(1{,}200억원 - 1{,}000억원)}{1{,}000억원} \times 100\% = 20\%$

정답 ③

**시장가치비율에 대한 설명으로 적절하지 않은 것은?**

① PER은 기업의 수익창출능력을 가장 잘 반영한다고 평가되지만 적자기업은 평가할 수 없다는 단점이 있다.

② PER은 계속기업을 전제로 하고 있지만 PBR은 청산가치로 평가하기 때문에 계속기업의 전제가 필요하지 않다.

③ PCR은 기술력은 있으나 아직 적자시현 중인 벤처기업의 평가에 특히 유용하며, 매출액은 다른 항목에 비해 조작가능성이 작다는 장점이 있다.

④ PCR은 발생주의 회계기준에서 반영되지 않는 현금흐름을 반영하기 때문에 PER의 보완지표로써 널리 쓰인다.

해설 ③은 PSR에 대한 내용이다.

정답 ③

---

더알아보기 **시장가치비율 비교분석**

### (1) 시장가치비율 비교

| 구 분 | PER | PBR | PSR | PCR |
|---|---|---|---|---|
| 산 식 | 주가/EPS | 주가/BPS | 주가/SPS | 주가/CPS |
| 내재가치 | $EPS = \dfrac{당기순이익}{발행주식수}$ | $BPS = \dfrac{자기자본}{발행주식수}$ | $SPS = \dfrac{매출액}{발행주식수}$ | $CPS = \dfrac{현금흐름}{발행주식수}$ |
| 평가가치 | 수익성 | 자산가치(청산가치) | 성장성 | 현금흐름 |
| 특 징 | • 기업 본연의 가치인 수익창출능력을 가장 잘 반영함<br>• 적자기업 적용불가<br>• 계속기업의 전제가 필요 | • 적자기업에도 적용이 가능함<br>• 계속기업의 전제가 필요없음<br>• 인적자원 반영불가<br>• 장부가와 시장가 사이의 괴리 | • 기술력이 있는 신생벤처기업의 평가에 유용<br>• 적자기업 평가가능<br>• 저부가가치 기업의 고평가 여지 | • PER를 보완(발생주의 회계의 단점 보완)<br>• 흑자도산가능성이 있는 기업평가에 유용 |

① PER
  ㉠ PER이 높을 경우의 두 가지 경우
    • EPS가 평균인데 주가가 높을 경우 → 성장성이 높아서 고PER로 평가받음
    • 주가가 평균인데 EPS가 낮을 경우 → 내재가치가 낮으므로 바람직하지 못함
  ㉡ 적정주가 계산 : EPS가 10,000원이고 PER 15배가 적정수준이라면 이 기업의 적정 주가는?
    → 적정주가 = EPS × 적정PER = 10,000 × 15 = 150,000원
  ㉢ 인플레이션이 진행될 경우 PER는 낮게 나타나는 경향이 있다($\because$ 물가↑ → 매출↑ → EPS↑ → PER↓).

    ⓔ PER를 이용한 주가의 추정방법

      ⓐ 동종산업의 평균PER를 이용하는 방법

      ⓑ 동류위험을 지닌 주식군의 PER를 이용하는 방법

      ⓒ 과거 수년간의 평균PER를 이용하는 방법

      ⓓ 배당평가모형을 이용한 PER를 이용하는 방법(PER $= \dfrac{1-f}{k-g}$)

        • PER의 의미 : 기업수익력의 성장성, 위험, 회계처리방법 등 질적인 측면이 총체적으로 반영된 지표(기업수익력의 질적인 측면)

② PBR = ROE × PER $= \dfrac{당기순이익}{매출액} \times \dfrac{매출액}{총자본} \times \dfrac{총자본}{자기자본} \times$ PER

      = 마진 × 활동성 × 부채레버리지 × 기업수익의 질적측면(PER)

  참고  'PBR(주가/BPS) ≠ 1'의 이유

      ㉠ 시간성의 차이 – 분자는 미래지향, 분모는 과거지향

      ㉡ 집합성의 차이 – 분자는 총체적인 개념, 분모는 개별자산과 부채의 단순한 합에 불과

      ㉢ 자산·부채 인식의 차이 – 자산과 부채의 인식기준이 달라 장부가의 정확한 평가가 어려움

③ PCR은 PER를 보완함(현금주의 회계로 발생주의 회계를 보완하는 것과 같은 맥락)

  PER이 높아도 PCR이 낮다면 저평가되었다고 할 수 있으며, PER가 낮아도 PCR이 높다면 저평가 되었다고 말할 수 없다(→ PCR 위주로 보면 됨).

④ PBR VS 토빈의 q

| PBR | | 토빈의 q | |
|---|---|---|---|
| $\dfrac{주가}{주당순자산}$ = | $\dfrac{시가총액}{자기자본}$ | $\dfrac{자산의 시장가치}{순자산의 실물대체비용}$ = | $\dfrac{시가총액}{자기자본의 시가}$ |

  ㉠ 토빈의 q비율은 자기자본을 '시가'로 평가함으로써, PBR의 장부가평가 문제를 보완함

  ㉡ 토빈의 q가 1보다 크다면(q > 1), 기업경영을 효율적으로 하고 있다는 것이며, q비율이 1보다 낮다면(q < 1), 적대적 M&A의 타겟이 된다(∵ 시가총액으로 주식을 매입해서 기업의 순자산을 매각한다면 이익을 볼 수 있기 때문).

---

보충문제

**01** 주가수익비율(PER)에 대한 설명이다. 밑줄 친 부분 중 잘못된 것은?

> 주가수익비율이 높다면 ① <u>주당순이익은 평균수준인데 주가가 높아서인 경우</u>와, ② <u>주가는 평균수준인데 주당순이익이 너무 낮은 경우</u>의 두 가지로 볼 수 있다. 첫 번째 경우라면 이 기업의 주가가 시장에서 높게 평가받고 있으므로 ③ <u>성장성을 높게 평가받고 있는 것</u>이라고 할 수 있다. 두 번째 경우는 ④ <u>성장성이 높은 고PER주</u>라고 할 수 있다.

  해설  두 번째 경우는 '주당순이익이 낮아서 PER이 높은 것'이므로 좋은 현상이 아니다(④에서는, 내재가치가 하락하면 주가도 하락하므로 '성장성 높은 고PER 상태'가 유지될 수 없다).

    • '고PER 상태'의 분해 [PER의 산식($\dfrac{주가}{EPS}$)으로 이해]

    → ①의 경우는 양호(∵ 성장성이 높은 주식), ②는 불량(∵ 내재가치가 낮은 주식)

      정답 ④

**02** A기업의 재무정보가 보기와 같다. 이 경우 업종평균 PER를 이용하여 추정한 A기업의 내년도 적정 주가는 얼마인가?

> A기업의 내년도 예상 당기순이익은 100억원, A기업의 발행주식수 50만주, A기업이 속한 업종의 평균PER 15배

① 5만원                     ② 10만원

③ 20만원                   ④ 30만원

> **해설**    $PER = \dfrac{주가}{EPS}$,   적정주가 = EPS × PER
>
> 따라서, 내년도 적정주가 = 내년도 예상EPS × 업종평균PER
> = 2만원 × 15배
> = 30만원(내년도 예상EPS = 100억원/50만주 = 2만원)

정답 ④

**03** PER의 이용상의 주의점에 대한 설명이다. 가장 적절하지 않은 것은?

① PER계산식에서 분자의 주가자료로 회계년 마지막 날의 종가를 사용하거나 이익발표 직전 일정기간의 주가평균을 사용하는 방법이 있는데, 후자의 방법이 분모인 주당순이익의 정보내용을 좀 더 적절히 반영시킨다고 할 수 있다.

② 분모의 주당이익자료로 최근 12개월의 평균주당이익을 이용하는 것이 정확할 것이나 다음 기의 예측된 주당이익을 이용하는 것이 주가예측에 있어 좀 더 합당할 것이다.

③ 주당이익을 계산할 때 특별손익을 포함한 당기순이익을 사용하는 것이 가장 합당하다.

④ 산업평균PER를 계산할 때 부(-)의 PER기업도 포함시키는 것이 미래이익에 대한 시장의 기대를 좀 더 적절히 반영시키는 것이라고 할 수 있다.

> **해설**    PER의 유용성을 높이기 위해서는 주당이익을 계산할 때 당기순이익보다는 영업이익을 이용하는 것이 좀 더 적절하다. 왜냐하면 당기순이익에는 영업활동과 연관이 작은 손익도 포함되기 때문이다.

정답 ③

**04** PBR평가모형에 대한 설명이다. 틀린 것은?

① 'PBR = 주가/주당순자산'으로써 주가가 주당순자산의 몇 배인가를 나타낸다.

② PER는 수익가치에 대비한 상대적인 주가수준을 나타내는 지표이나 PBR은 자산가치에 대비한 상대적인 주가수준을 측정하는 지표이다.

③ PBR도 PER과 마찬가지로 부(-)의 EPS를 나타내는 기업에 적용할 수 없다는 단점을 가지고 있다.

④ PBR은 현실적으로 1이 될 수 없다.

해설 PER는 수익가치를 기반으로 평가하므로 당기순이익이 있어야 의미가 있는 것이지만 PBR은 자산가치를 기반으로 평가하므로 적자기업에도 적용할 수 있다는 장점이 있다.

정답 ③

---

## 05 PBR평가모형에 대한 설명이다. 틀린 것은?

① 'PBR = ROE × PER'이다.

② PBR은 기업의 마진, 활동성, 부채레버리지, 그리고 기업수익력의 질적측면인 PER이 반영된 지표이다.

③ PBR은 자산가치에 대한 평가뿐만 아니라 수익가치에 대한 포괄적인 정보도 반영한다는 점에서 유용성이 높다.

④ 기술력이 높은 벤처기업들은 일반적으로 저PBR의 경향을 보인다.

해설 'PBR = $\frac{주가}{BPS}$'인데 벤처기업의 경우 장치산업의 기업에 비해 순자산가치가 낮다. 따라서 고PBR의 경향을 보인다.

• 'PBR = ROE × PER'의 도출과정

① $PBR = \frac{시가총액}{자기자본} = \frac{주가 \times 발행주식수}{자기자본} = \frac{순이익}{자기자본} \times \frac{주가}{\frac{순이익}{발행주식수}} = ROE \times PER$

② $PBR = ROE \times PER = \frac{순이익}{자기자본} \times PER = \frac{순이익}{매출액} \times \frac{매출액}{총자본} \times \frac{총자본}{자기자본} \times PER$

정답 ④

---

## 06 乙기업의 재무정보가 보기와 같다면, 乙기업의 PBR은 얼마인가?

> 자기자본 1,000억원, 당기순이익 200억원, 발행주식수 100만주, 주가 120,000원

① 0.5배        ② 1.0배

③ 1.2배        ④ 1.5배

해설 $PBR = \frac{주가}{BPS} = \frac{120,000}{BPS}$, $BPS = \frac{자기자본}{발행주식수} = \frac{1,000억}{100만} = 100,000$

∴ $PBR = \frac{120,000}{100,000} = 1.2$배

• PBR = ROE × PER의 공식을 이용하여 풀 수도 있다.

정답 ③

**07** PSR평가모형에 대한 설명이다. 틀린 것은?

① 'PSR = 주가/주당매출액'으로써 주가가 주당매출액의 몇 배인가를 나타낸다.

② PSR은 기업의 외형적 성과평가 척도이다.

③ 적자기업이지만 기술력이 있는 벤처기업의 평가에 적절하다.

④ 매출액은 회계처리항목 중 조작가능성이 가장 작으므로 PSR은 PER이나 PBR에 비해 신뢰도가 더 높은 것으로 평가받는다.

> **해설** 매출액을 조작하려면 매출 상대방의 회계까지도 같이 조작을 해야 하므로 조작이 어렵다.
> 따라서 회계처리방법에 가장 영향을 작게 받는다는 점은 좋으나, 매출이 많으면서도 이익률이 매우 낮은 저부가가치형 기업의 경우 PSR의 적용은 매우 부적절하다.
> ※ PBR과 PSR

| PBR | PSR |
|---|---|
| PBR = ROE(자기자본이익율) × PER | PSR = ROS(매출액순이익율) × PER |

정답 ④

**08** 주가현금흐름비율(PCR)에 대한 설명이다. 적절하지 않은 것은?

① 주가를 1주당 현금흐름으로 나눈 것을 말한다.

② 현금흐름은 당기순이익에 현금지출을 수반하지 않는 감가상각비는 더하고, 외환 및 유가증권 평가차익 등을 차감해야 한다.

③ PCR이 낮으면 일단 저평가되어 있다고 볼 수 있다.

④ PCR이 높아도 PER이 낮으면 저평가되었다고 볼 수 있다.

> **해설** PER이 높아도 PCR이 낮다면 저평가되었다고 볼 수 있다.
> • PCR은 PER의 보완지표로써, 이익흐름(PER)을 현금흐름(PCR)로 보완하는 것이므로 PCR을 중심으로 이해하면 된다.
>   → 즉, PER이 높아도 PCR이 낮다면 저평가, PER이 낮아도 PCR이 높다면 고평가된 것으로 본다.

정답 ④

EV/EBITDA에 대한 설명으로 옳지 않은 것은?

① EV/EBITDA 비율은 해당 업체의 수익가치와 기업가치를 비교하는 투자지표이다.

② EBITDA는 Earning Before Interest, Tax, Depreciation & Amortization을 뜻한다.

③ EBITDA는 세전 영업현금흐름을 의미한다.

④ EV(Enterprise Value)는 장부상의 자본금 총액 + 순차입금을 나타낸다.

**해설**    EV(Enterprise Value)는 해당 기업 자본금의 시가총액 + 순차입금을 나타낸다.

정답 ④

**더알아보기**    EV/EBITDA

**(1) EV/EBITDA**
  ① EV(Enterprise Value) = 시가총액 + 순차입금
    • 순차입금 = 총차입금 – 현금 및 투자유가증권
  ② EBITDA(Earning Before Interest, Tax, Depreciation & Amortization) = 이자비용, 법인세비용, 감가상각비 차감 전 순이익 [EBIT + 비현금비용(감가상각비)] = 감가상각비가 큰 장치산업의 현금흐름을 잘 반영할 수 있다.
  ③ EV/EBITDA는 PER와 마찬가지로 낮을수록 내재가치 대비 저평가로 본다.

**01** EV/EBITDA 산출에 관여하지 않는 계정과목은?

① 건 물　　　　　　　　　　　② 영업권
③ 차입금　　　　　　　　　　　④ 자본금

> **해설** 유형자산(건물)과 무형자산(영업권)은 EBITDA 산출에 필요하다.
> 그리고 EV = 시가총액 + 순차입금(총차입금 − 현금 및 투자유가증권)이므로 회사의 장부상 자본금 계정이 아닌 그 회사의 시장에서 거래되는 시가총액이 필요하다.
>
> 정답 ④

**02** EV/EBITDA의 값이 6이라면 그 의미에 가장 가까운 표현은?

① 타 회사 인수 합병 시 장부가격의 6배를 지급하여야 한다.
② 타 회사 인수 합병 시 기존 차입금을 6분의 1로 줄일 수 있다.
③ 타 회사 인수 합병 시 투자자금의 회수에 약 6년이 소요된다.
④ 타 회사 인수 합병 시 영업이익이 6배 상승할 수 있다.

> **해설** EV/EBITDA는 EV를 EBITDA로 나눈 값으로 EBITDA 1원당 기업가치의 거래 배수를 의미한다. M&A 관점에서 보면 투자자금을 EBITDA(세전영업현금흐름)로 회수하는 데 소요되는 연수를 6년으로 해석할 수 있다. 즉, EV/EBITDA는 기업가치(EV) 배수이며, PER, PBR, PSR은 주식가치(Equity) 배수이다.
>
> 정답 ③

**03** 丁 회사의 재무정보가 보기와 같다면 EV/EBITDA는 얼마인가?

> 시가총액 100억원, 총차입금 50억원, 현금 10억원, 투자유가증권 20억원, EBITDA 20억원

① 2　　　　　　　　　　　　　② 4
③ 5　　　　　　　　　　　　　④ 6

> **해설** EV/EBITDA = (시가총액 + 순차입금)/EBITDA = (100 + 50 − 10 − 20)/20 = 6배
> • EV/EBITDA의 장점 : ⓐ (−)의 EBITDA기업이 별로 없다는 점, ⓑ 영업 외적인 요인에 의해 영향을 별로 받지 않는다는 점, ⓒ 철강업 등 자본집약적 산업의 평가에 유용하다는 점 등
>
> 정답 ④

**04** EV/EBITDA모형에 대한 설명이다. 틀린 것은?

① EV는 기업가치를 말하는데 주식의 시가총액에 우선주의 시장가치, 순차입금을 합한 금액이다.

② EBITDA는 영업이익에 이자, 세금, 감가상각비를 차감하기 전의 이익을 말하는데 당기순이익보다 현금흐름을 더 잘 반영하는 지표이다.

③ EV/EBITDA 비율이 낮게 나타날수록 저평가된 기업이라 할 수 있다.

④ 철강업 등 자본집약산업에는 유용성이 낮다.

> **해설** 철강업 등 대규모설비가 투입된 장치산업에서는 감가상각이 많고, 감가상각을 차감하기 전인 EBITDA는 해당 기업의 현금흐름을 잘 반영한다(유용성 높음).
>
> 정답 ④

**05** 다음 중 기업의 현금흐름을 가장 잘 반영하는 지표는 무엇인가?

① PER

② PBR

③ EV/EBITDA

④ PSR

> **해설** 당기순이익을 계산할 때 감가상각을 차감하지만 감가상각은 기업 밖으로 유출되는 금액이 아니므로 현금흐름상으로는 더해주어야 한다. 이를 잘 반영하는 것은 EBITDA이다.
>
> 정답 ③

다음은 재무비율 분석의 한계점에 대한 설명이다. 가장 거리가 먼 것은?

① 재무제표가 아무리 정확하다 해도 과거의 회계정보라는 한계가 있다.

② 재무비율의 상당수는 대차대조표와 손익계산서를 함께 이용하는 경우가 많은데 대차대조표는 저량통계이고 손익계산서는 유량통계라는 점에서 이 두 가지 재무제표를 동시에 사용하는 것은 이론적인 한계점을 내포하는 것이다.

③ 기업마다 회계처리기준이 상이할 수 있으므로 기업 간 비교, 산업평균과 기업의 비교에 한계를 지닌다.

④ 비율분석은 예비적 분석이므로 분석대상 기업에 대한 대략적인 문제점도 발견할 수 없으며 일반 기업이 아닌 금융기관이나 중앙은행 등의 공공기관은 이러한 분석을 실시하지 않으므로 보편적인 분석방법이 아니다.

> 해설     비율분석은 예비적 분석으로 대략적인 문제점을 발견할 수 있다. 따라서 처음부터 심층분석을 함으로써 소비되는 시간적·경제적 손실을 사전에 예방할 수 있기 때문에 일반기업뿐만 아니라 금융기관, 중앙은행 등도 비율분석을 실시하므로 보편적인 분석방법이라고 볼 수 있다.

정답 ④

---

**더알아보기**    재무분석의 한계

| 재무비율 분석의 한계점 | 기본적 분석의 한계점 |
|---|---|
| ① 재무제표는 과거자료일 뿐이다 : 회계정보에 대한 리얼 업데이팅이 불가한 한계<br>② 손익계산서와 대차대조표의 시간적 차이 : B/S는 일정 시점의 정보, P/L은 일정기간의 정보이므로 양자의 동시비교는 논리적 오류가 됨<br>③ 기업 간 상이한 회계처리기준 : 기업 간 비교가 어려움 | ① 내재가치의 다양성 여부 : 투자자마다 내재가치에 대한 견해가 다를 수 있음<br>② 내재가치의 적정성 여부 : 회계처리기준이 상이하면 재무제표가 달라질 수 있으므로 이 경우 적정성에 문제가 될 수 있음<br>③ 분석에 오랜 시간 소요 : 오랜 시간 소요로 투자적시성 문제가 있을 수 있음 |

---

**보충문제**

**01**    다음은 기본적 분석의 한계점과 거리가 먼 것은?

① 자료입수의 어려움
② 내재가치의 적정성 여부
③ 분석상 오랜 시간 소요
④ 내재가치의 다양성 여부

> 해설    공표된 재무제표를 가지고 분석하므로 자료입수의 어려움은 없다.

정답 ①

## 배당평가모형

주식의 배당평가모형에 대한 설명이다. 적절하지 않은 것은?($P_0$ = 현재의 추정주가, $D_1$ = 차기 예상배당, $D_0$ = 당기의 배당, $k$ = 요구수익률, $g$ = 배당성장률)

① 배당금만을 고려하여 주식의 가치평가를 한다.

② 기업의 성장이 없는 경우를 가정할 때의 주식의 가격은 $P_0 = D/k$로 평가된다.

③ 기업의 성장이 일정한 경우를 가정할 때의 주식의 가격은 $P_0 = D_1/(k-g)$로 평가된다.

④ 일정기간 초과성장이 존재하는 경우의 주식의 가격은 $P_0 = \dfrac{D_0(1+g)}{k-g}$로 평가된다.

> **해설** 일정기간 초과성장이 존재하는 경우는 배당평가모형을 적용할 수 없다.
> ③·④의 산식은 모두 항상성장모형(정률성장모형)이다.
>
> **정답** ④

---

**더알아보기** 배당평가모형

### (1) 배당평가모형 – 3가지 모형

| 제로성장모형 | 정률성장모형(항성성장모형) | 초과성장모형 |
|---|---|---|
| $$P_0 = \dfrac{D}{k}$$ | $$P_0 = \dfrac{D_1}{k-g} = \dfrac{D_0(1+g)}{k-g}$$ | $k < g$이므로, 주식가격(P)가 무한대가 됨(→ 배당평가식이 없음) |
| 매년 배당금이 1,000원, 요구수익률이 10%이면 주식가치는? $$P = \dfrac{1,000}{0.1} = 10,000원$$ | 예상배당이 1,000원, 요구수익률이 10%, 배당성장률이 5%이면 주식가치는? $$P = \dfrac{1,000}{0.1-0.05} = 20,000원$$ | |

• 제로성장모형 vs 정률성장모형

① 항상성장모형의 전제 : 성장에 필요한 자금을 내부적으로만 조달/기업의 이익과 성장이 일정한 비율(g)로 성장/요구수익률은 성장률보다 크다($k > g$)/이익흐름은 영속적이다/사내유보율($f$)과 배당성향($1 - f$)도 일정하다.

② 정률성장모형에서 '배당금이 증가할수록, 요구수익률이 낮을수록, 배당성장률이 높을수록' 주식의 가치는 커진다.

> **TIP** 배당관련식에 변수를 대입해서 해석하면 쉽다.

③ 배당관련식 총정리

| 배당수익률 | 배당성향 | 배당성장률 | 요구수익률 |
|---|---|---|---|
| $\dfrac{\text{주당배당금}}{\text{주가}}$ | $\dfrac{\text{주당배당금}}{\text{주당순이익}}$ | 사내보유율 × 자기자본이익률 | $k =$ 배당수익률 + 배당성장률 |
| $\dfrac{D}{P}$ | $\dfrac{D}{E} = 1 - f$ | $g = f \times ROE$ | $k = \dfrac{D}{P} + g$ |

- 요구수익률($k$)은 배당수익률과 배당성장률의 합으로 구하는데(표 참조), CAPM모형에 의해 $k$를 구할 수도 있다. $k = E(Rf) + [E(Rm) - Rf]\beta$
  예시 무위험이자율이 3%이고 시장수익률이 11%, 베타가 0.5인 자산의 요구수익률은?
  → $k = Rf + [E(Rm) - (Rf)]$, $k = 3\% + 0.5[11\% - 3\%] = 3\% + 4\% = 7\%$이다.

보충문제

**01** 빈칸에 알맞은 것은?

> 미래배당흐름이 매년 일정하게 성장한다고 가정하고 주식의 내재가치를 구하는 방법을 ( ㉠ )이라 하고, 기업이 성장 없이 현상을 유지하고 배당과 요구수익률이 일정하게 유지될 것으로 가정하고 주식의 내재가치를 구하는 방법은 ( ㉡ )이다.

| | ㉠ | ㉡ |
|---|---|---|
| ① | 정률성장모형 | 제로성장모형 |
| ② | 정률성장모형 | 다단계성장모형 |
| ③ | 제로성장모형 | 다단계성장모형 |
| ④ | 제로성장모형 | 정률성장모형 |

해설 정률성장모형 – 제로성장모형이다.

정답 ①

**02** 정률성장모형에 대한 설명 중 옳지 않은 것은?

① 다음 기간의 배당이 클수록 주식의 가치는 상승한다.
② 요구수익률이 낮을수록 주식의 가치는 상승한다.
③ 배당성장률이 클수록 주식의 가치는 상승한다.
④ 내부유보율이 높을수록 주식의 가치는 상승한다.

해설 내부유보율이 높으면 배당성향이 하락하고 배당금이 감소하므로 주식의 가치는 하락하게 된다.
- 이러한 유형의 문제는 $P_0 = \dfrac{D_1}{k - g}$에 변수를 대입해서 해석하면 된다.

정답 ④

**03**  투자자 乙은 매년 배당금이 500원인 주식을 보유하고 있다. 투자자 乙의 요구수익률은 5%이고 무위험수익률은 3%이다. 이 경우 배당평가모형상의 해당 주식의 적정가치는 얼마인가?

① 5,000원

② 6,000원

③ 9,000원

④ 10,000원

> **해설**  제로성장모형이므로 가격은 $P_0 = \dfrac{D}{k}$ 이다. 즉, $\dfrac{500}{0.05} = 10,000$원이다(배당평가모형에서는 무위험이자율이 사용되지 않는다).

정답 ④

---

**04**  B사는 항상 안정적인 경영을 하는 기업으로 매년 순이익의 60%를 사내에 유보하고 나머지를 주주에게 배당하며(배당성향 40%), 20%의 자기자본이익률을 계속 유지한다고 가정한다. 그렇다면 B사에 대한 요구수익률은 얼마인가?(주식의 시가는 25,000원, 예상배당은 800원으로 가정)

① 3.2%

② 12%

③ 12.5%

④ 15.2%

> **해설**  $P_0 = \dfrac{D_1}{k-g}$ 을 $k$를 중심으로 정리하면 $k = \dfrac{D_1}{P_0} + g$가 된다.
>
> 1) $g$ = 유보율 × 자기자본이익률 = $f \times ROE$ = (1 - 배당성향) × 0.2 = 0.6 × 0.2 = 0.12, 즉 12%.
>    - 유보율($f$) = 1 - 배당성향
> 2) 따라서 $k = \dfrac{800}{25,000} + 0.12 = 0.032 + 0.12 = 0.152$, 즉 15.2%

정답 ④

---

**05**  C사의 당기의 순이익은 100억원이고 이 중에서 40억원을 주주에게 배당할 것으로 예상된다. 그리고 자기자본은 1,000억원이다. 그렇다면 C사의 배당성장률은 얼마인가?

① 3%

② 4%

③ 5%

④ 6%

> **해설**  배당성장률 = $f \times ROE$, 배당성향 = $\dfrac{D}{E} = \dfrac{40억원}{100억원} = 0.4$, $f = 1 -$ 배당성향 = 0.6
>
> 그리고 $ROE = \dfrac{100억원}{1,000억원} = 0.1$
>
> ∴ $g = f \times ROE = 0.6 \times 0.1 = 0.06$, 6%이다.

정답 ④

**06** 투자자 甲은 지난해 주당배당이 1,000원이고 성장률이 10%인 A주식에 대해 10,000원의 주가로 매입하라는 권유를 받았다. 갑의 요구수익률이 20%라면, 갑은 A주식을 매수해야 하는가 아니면 매수하지 말아야 하는가? 다음 중 가장 적당한 것을 고르시오.

① 매수한다. 왜냐하면 요구수익률 대비 1,000원만큼 싸기 때문이다.

② 매수하지 않는다. 왜냐하면 요구수익률 대비 1,000원만큼 비싸기 때문이다.

③ 매수하지 않는다. 지금은 요구수익률 대비 적정가격이기 때문이다.

④ 성장률이 요구수익률보다 작기 때문에 적정가격을 산출할 수 없으므로 매수 여부를 알 수 없다.

> **해설** 배당평가모형으로 본 A주식의 가치 : $P = \dfrac{1,000(1+0.1)}{(0.2-0.1)} = 11,000$원
>
> 즉, 요구수익률에 의한 이론가격인 11,000원에 비해 1,000원이 싸므로 사는 것이 좋다.
>
> **정답** ①

---

## 이익평가모형 - PER모형 　　　　　　　　　　　　　　**핵심유형문제**

주가수익비율의 결정요인에 대한 설명이다. 다음 중 잘못된 것은?

① 다른 조건이 동일하다면, 기대되는 배당성향이 클수록 커진다.

② 다른 조건이 동일하다면, 기대되는 이익성장률이 클수록 커진다.

③ 다른 조건이 동일하다면, 기대수익률이 작을수록 커진다.

④ 다른 조건이 동일하다면, 내부유보율이 클수록 커진다.

> **해설** 유보율($f$)이 크면 배당성향($1-f$)가 작아지고, 배당성향이 작아지면 PER도 작아진다.
> ($\because$ '분자=배당성향=($1-f$)'가 작아지면 전체가 작아진다)
>
> **정답** ④

---

**더알아보기** 　배당평가모형으로 보는 PER

(1) 이익평가모형 배당이 불규칙하여 배당성장모형으로 평가하는 것이 어려울 경우, 배당은 곧 이익에서 지급되는 것이므로 이익평가모형으로 할 수 있다.

| 배당평가모형 | 이익평가모형 |
|---|---|
| $\dfrac{D}{k_d}$ [$D$ : 주당배당금, $k_d$는 배당평가모형의 할인율] | $\dfrac{E}{k_e}$ [$E$ : 주당순이익, $k_e$는 이익평가모형의 할인율] |

- 한 기업의 주식가치는 동일하므로 $\dfrac{D}{k_d} = \dfrac{E}{k_e}$ 이다.

  그러나 $D < E$ 이므로 $k_d < k_e$ 이다.

**(2) PER 평가모형(PER 평가모형은 이익평가모형의 하나)**

| PER 평가모형 | 해 석 |
|---|---|
| $\dfrac{1-f}{k-g}$ | 배당성향$(1-f)$이 높을수록, 요구수익률$(k)$이 낮을수록, 배당성장률$(g)$이 높을수록 PER는 커진다. |

- $g$는 배당평가모형에서는 배당성장률로, 이익평가모형에서는 이익성장률로 읽는다.

  참고 배당평가모형으로부터 PER의 도출

  ⓐ 고든의 항상성장모형의 적정주가 : $P = \dfrac{D_1}{k-g}$ ($\leftarrow \dfrac{D_1}{E_1} = 1 - f$를 대입)

  ⓑ $P = \dfrac{E_1(1-f)}{k-g}$ ($\leftarrow$ 양변에 $\times \dfrac{1}{E_1}$)

  ⓒ $\dfrac{P}{E_1} = \dfrac{(1-f)}{k-g}$, 즉 $PER = \dfrac{1-f}{k-g}$ (참고 본 과정에서는 $E_0$ 기준을 사용함)

**(3) PER 이용상의 주의점**

① 분자의 주가자료는 회계연도의 마지막 날 종가 또는 일정기간의 주가평균을 이용하는 방법이 있는데, 일정기간의 주가평균이 더 적절하다.

② 분모의 주당이익자료는 최근 12개월 평균주당이익이 정확할 것이나, 차기의 예상주당이익을 이용하는 것이 주가예측 측면에서 더 적절하다.

③ 당기순이익에 특별이익이 포함된 경우는 제외함이 바람직하고, 전환사채의 주식전환 등을 예상한 희석화된 주식수를 사용함이 바람직하다(영업이익만을 대상으로 할 수도 있음).

④ 산업평균 PER를 구할 때에는 부(−)의 기업도 포함시키는 것이 바람직하다.

---

보충문제

**01** 어떤 기업에 대한 재무정보가 아래와 같다. 이 주식의 기대 주가수익비율(PER)은 얼마인가?

> 기대 주당순이익 : 20,000원, 기대 주당배당금 : 4,000원, 기대성장률 : 10%, 요구수익률 : 15%

① 4배  
② 5배  
③ 6배  
④ 8배

해설 $PER = \dfrac{1-f}{k-g} = \dfrac{배당성향}{k-g} = \dfrac{0.2}{(0.15-0.10)} = \dfrac{0.2}{0.05} = 4$배

정답 ①

# 단원별 출제예상문제

**01** 거시경제변수와 주가의 일반적 관계를 설명한 것이다. 가장 적절하지 않은 것은?

① 낮은 이자율은 투자를 자극시킨다.
② 낮은 이자율은 국내총생산의 증가를 가져온다.
③ 통화공급량의 확대는 단기적으로 금리를 상승시키고 국내총생산을 감소시킨다.
④ 환율이 하락하면 우리나라 구매자의 입장에서 볼 때 미국상품의 가격이 하락한다.

> **해설** 통화공급이 증가하면 단기적으로 금리가 하락하고(유동성효과), 그 결과 국내총생산은 증가하게 된다(이자율 하락 → 투자증가 → 국내총생산증가).
>
> 정답 ③

**02** 빈칸이 올바르게 연결된 것은?

> • 경제가 성장하고 있는데 이 성장을 뒷받침할 만큼 충분한 통화의 공급이 이루어지고 있지 않다면 이자율이 ( ㉠ )할 것이다. 왜냐하면 통화에 대한 수요가 공급보다 커질 것이기 때문이다.
> • 상기 이론은 경기변동이론에서 ( ㉡ ) 학파의 논리와 가장 유사하다고 할 수 있다.

|   | ㉠ | ㉡ |
|---|---|---|
| ① | 상승 | 케인즈 |
| ② | 하락 | 케인즈 |
| ③ | 상승 | 통화주의 |
| ④ | 하락 | 통화주의 |

> **해설** 이자율이 상승한다. 그리고 통화주의 학파의 준칙에 입각한 통화정책과 유사하다.
> • 통화주의 학파의 경기변동이론 – 통화당국은 경제의 적정성장속도에 맞추어 통화공급량의 증가율을 일정하게 유지해야 한다고 주장(준칙에 입각한 통화정책)
>
> 정답 ③

**03** 액면가 5천원의 주식을 시가 20,000원에 발행하였다. 이 경우 자본계정의 변화를 옳게 연결한 것은?(발행주식수 1주, 발행비용은 무시함)

① 자본금 5천원 증가, 자본잉여금 15,000원 증가
② 자본금 5천원 증가, 이익잉여금 15,000원 증가
③ 자본잉여금 20,000원 증가
④ 자본조정 20,000원 증가

> **해설** 2만원 = 5천원(자본금) + 15,000원(주식발행초과금)
> 주식발행초과금은 자본잉여금에 속한다.

정답 ①

**04** 재무비율에 대한 설명으로 가장 적절하지 않은 것은?

① 총자본이익률이 낮다면 매출액순이익률이 낮거나 총자본회전율이 낮기 때문이다.
② 기업의 순수한 영업활동의 효율성을 판단하기 위해서는 매출액순이익률보다는 매출액영업이익률이 더욱 적절하다.
③ 매출액증가율이 상승하였다면 해당 기업의 시장점유율이 증가하였다고 할 수 있다.
④ 유동비율은 단기채무능력을 측정하는 비율인데 업종별로 권장기준은 다를 수 있다.

> **해설** 매출액증가율이 상승하여도 시장점유율이 하락할 수도 있다.
> ④의 경우 현금매출비중이 높은 업종(예 백화점 등)은 일반 제조업에 비해서 유동비율이 낮게 적용되어도 무방하다.

정답 ③

**05** 다음 중 잘못된 설명은?

① 기업의 순자산은 총자산에서 총부채를 차감한 것이다.
② 당기순이익은 기업 본연의 영업활동에서 창출된 이익을 말한다.
③ 총자본이익률은 매출액순이익률과 총자본회전율로 구성된다.
④ 자기자본이익률은 매출액순이익률과 총자산회전율, 그리고 자기자본비율의 역수로 구성된다.

> **해설** 기업 본연의 활동인 영업활동으로부터 창출되는 이익은 영업이익이다. 당기순이익은 영업외활동의 손익도 모두 포함되므로 현대재무관리이론에서는 영업이익이 더욱 중요시된다.
> • 자기자본비율 = $\dfrac{\text{자기자본}}{\text{총자본}}$, 자기자본비율의 역수 = $\dfrac{\text{총자본}}{\text{자기자본}}$

정답 ②

**06** 丁회사는 적정부채수준을 결정하는데 이자보상비율을 이용하고 있다. 이자보상비율의 균형비율은 7.0으로 생각하고, 내년도의 영업이익은 1억 4천만원으로 기대하고 있다. 현재 이 회사의 부채규모는 1억원이고 부채비용은 8%이다. 앞으로도 동일한 이자율에 차입할 수 있을 것으로 보인다. 그렇다면 丁회사가 내년에 추가적으로 이용할 수 있는 부채규모는 어느 정도인가?

① 1억원

② 1억 5천만원

③ 2억원

④ 2억 5천만원

> **해설** 1억 5천만원이다.
>
> 1) '이자보상비율 = $\dfrac{영업이익}{이자비용}$'이다.
>
>    내년도 적정 이자보상비율은 7.0이므로, $\dfrac{1억 4천만원}{이자비용} = 7$
>
>    ∴ 내년도 사용가능한 이자비용은 2천만원이다.
>
> 2) 그런데 현재 부채를 1억원 사용하고 있으므로 해당 부채의 이자비용은 800만원이다.
>    따라서 내년에 추가적으로 부담할 수 있는 이자비용은 규모는 1,200만원이 된다.
>
> 3) 최종적으로, 내년도 추가적으로 사용할 부채규모는 $\dfrac{1,200만원}{0.08} = 1억 5천만원$이 된다.

정답 ②

**07** 다음 중 연결이 잘못된 것은?

| 구 분 | ① PER | ② PBR | ③ PSR | ④ EV/EBITDA |
|---|---|---|---|---|
| 산 식 | 주가/EPS | 주가/BPS | 주가/SPS | 주가/EBITDA |
| 주요 산식 | EPS = 당기순익/<br>발행주식총수 | BPS = 순자산가액/<br>발행주식총수 | SPS = 매출액/<br>발행주식총수 | EV = 시가총액 +<br>순차입금 |
| 평가의 특징 | 수익가치 | 자산가치 | 성장가치 | 현금흐름가치 |
| 단 점 | 적자기업 평가불가 | 인적자본등<br>평가불가 | 저부가가치기업에<br>부적합 | 감가상각비가 없는<br>서비스기업의<br>평가에는 부적합 |

> **해설** EV/EBITDA의 산식은 (시가총액 + 순차입금)/EBITDA이며, PER와 마찬가지로 배수로 나타난다.
> EV/EBITDA는 자본적 지출이 있고 감가상각비라는 비현금지출이 많은 전통적인 제조업(설비투자기업)에 적합하다.

정답 ④

**08** 다음 설명 중에서 잘못된 것은 어느 것인가?

① 주당순이익(EPS)이 크면 클수록 주식의 가격이 높은 것이 보통이다.

② 주가이익비율(PER)이 높다면 주당순이익은 평균수준인데 주가가 높아서인 경우와 주가는 평균수준인데 주당순이익이 너무 낮은 경우 두 가지로 볼 수 있다.

③ 주가순자산배율(PBR)에서는 주가를 1주당 순자산으로 나누게 되는데 이는 시가총액을 자기자본으로 나눈 것과 같다.

④ 주가이익비율이 높은 경우에도 주가현금흐름비율이 낮으면 해당 주식에 대한 주가의 과대평가의 가능성이 높다.

> **해설** PER이 높더라도 PCR이 낮다면 저평가된 것으로 본다.
>
> - ③의 경우 '$PBR = \dfrac{주가}{주당순자산} = \dfrac{주가 \times N}{주당순자산 \times N} = \dfrac{시가총액}{순자산(자기자본)}$'이다.

**정답** ④

**09** 보기와 같은 상황에서 유용한 시장가치비율 분석방법은 무엇인가?

> - 기업도산이 크게 증가할 정도로 경제상황이 악화되는 기간에서는 현금흐름의 중요성이 높아진다.
> - 주가수준이 극도로 낮아진 상황이어서 주당이익, 주당순자산, 주당매출액에 기초한 상대가치평가가 별다른 의미가 없는 것으로 지적되곤 한다.

① PER

② PBR

③ PSR

④ EV/EBITDA

> **해설** 현금흐름을 잘 반영하는 것은 EV/EBITDA이다.

**정답** ④

**10** 다음 중 PER에 대한 설명으로 적절하지 않은 것은?

① 인플레이션이 진행되면 PER이 높게 나타나는 경향이 있다.

② 적자기업의 경우 PER로 평가할 수 없다는 단점이 있다.

③ PER이 낮을수록 내재가치가 저평가되었다고 할 수 있으며 가치투자의 대상이 된다.

④ 성장성이 높은 기업은 그렇지 못한 기업에 비해 PER이 높게 나타난다.

> **해설** 인플레이션이 진행되면 매출증가로 기업수익이 증가하게 된다. 즉 EPS가 높아지므로 PER은 낮아지는 경향이 있다.

**정답** ①

**11** 甲회사의 자기자본의 장부가치는 200만원이고, 발행주식수는 100주이며, 주가 대장부가치비율은 2이다. 그렇다면 甲회사의 주가는 얼마인가?

① 25,000원                 ② 40,000원

③ 50,000원                 ④ 60,000원

> **해설** 주가 = PBR × BPS, BPS = $\dfrac{\text{자기자본}}{\text{발행주식수}}$ = $\dfrac{200만원}{100주}$ = 2만원
>
> ∴ P = 2배 × 2만원 = 4만원

**정답** ②

**12** 다음 중 PCR 평가모형에 대해서 잘못 설명한 것은?

① 기업의 청산가치에 의한 평가모형이다.

② 대규모 시설투자에 따른 감가상각비의 증가로 공표이익이 과소평가될 가능성이 있는 경우에 활용한다.

③ PER과 함께 기업의 수익성을 바탕으로 한 내재가치를 파악하는 지표이다.

④ PER이 낮은 경우에 PCR이 높다면 현재의 주가가 낮다고 할 수 없다.

> **해설** 청산가치로 평가하는 것은 PBR이다.

**정답** ①

**13** 다음 중 현금흐름이 반영된 지표가 아닌 것은?

① PCR

② PER

③ EV/EBITDA

④ 정답 없음(모두 맞음)

> **해설** PER은 당기순이익이 반영되는데 당기순이익은 발생주의 회계를 기초로 하기 때문에 현금흐름이 반영되지 않는다. 이를 보완하기 위해 PCR과 EV/EBITDA가 사용된다.

**정답** ②

**14** 토빈의 q에 대한 설명이다. 가장 적절하지 않은 것은?

① 'q비율 = 자산의 시장가치/자산의 대체원가'인데 자산의 대체원가는 장부가로 대체하는 비용을 의미한다.

② q비율이 낮을수록 적대적 M&A의 대상이 되는 경향이 있다.

③ q비율이 높을수록 투자수익성이 양호하고 경영이 효율적임을 말한다.

④ q비율이 높은 상태에서는 유상증자를 하여 상대적으로 저렴한 실물자산에 투자하면 이윤을 남길 수 있음을 의미하는데, 이는 통화정책의 파급경로 중 자산가격 경로와 유사한 측면이 있다.

> **해설** 자산의 대체원가는 실물대체원가, 즉 장부가로 대체하는 비용이 아니라 실제의 가격으로 대체하는 비용을 의미한다. 이러한 측면에서 토빈의 q는 PBR을 보완하는 의미가 있다고 하는 것이다(PBR = 주가/BPS, BPS 는 주당순자산인데 장부가에 기반한다).

**정답 ①**

**15** 'PBR = (　　　) × PER'이다. 빈칸을 채우면?

① ROE         ② ROA(또는 ROI)

③ ROS         ④ PSR

> **해설**
> $$PBR = ROE \times PER = \frac{당기순이익}{매출액} \times \frac{매출액}{총자본} \times \frac{총자본}{자기자본} \times PER$$
> $$= 마진 \times 활동성 \times 부채레버리지 \times PER$$
> 매출액순이익률(ROS)은 기업의 재무상태와 경영성적을 간편하게 진단할 수 있는 재무비율 분석의 하나로서 매출액 대비 순이익의 비율을 나타낸다.

**정답 ①**

**16** '기업 수익력의 성장성, 위험, 회계처리방법 등 질적인 측면이 총체적으로 반영된 지표'는 무엇 인가?

① PER         ② PBR

③ PSR         ④ EV/EBITDA

> **해설** PER을 해석한 것이다.

**정답 ①**

**17** 보기의 경우 배당평가모형으로 평가한 주식의 가치는 얼마인가?(CAPM이론의 증권시장선에서 결정되는 할인율을 사용함)

---

- 주당배당금 1,000원이 매기에 지속될 것으로 예상한다.
- 무위험이자율은 4%이며 위험프리미엄은 6%이다.

---

① 1,000원  ② 4,000원
③ 6,000원  ④ 10,000원

**해설** 제로성장모형이므로, $P = \dfrac{D}{k} = \dfrac{1,000}{10\%} = 10,000$원

- CAPM이론상의 할인율 : 요구수익률$(k) = Rf + \beta[E(Rm) - Rf]$이며, '무위험이자율 + 위험프리미엄'이다.

정답 ④

---

**18** 보기의 경우 배당평가모형으로 평가한 주식의 가치는 얼마인가?(CAPM이론의 증권시장선에서 결정되는 할인율을 사용함)

---

배당성향 = 20%, 당기의 주당배당액 = 500원, 매출액순이익률 = 3%, 자기자본회전율 = 5.0, 무위험이자율 = 8%, 위험프리미엄 = 14%

---

① 5,600원  ② 6,000원
③ 6,400원  ④ 7,800원

**해설** 항상성장모형으로 주식의 가치를 계산하는 문제인데, 항상성장모형의 산식을 완벽하게 적용할 수 있는가의 문제이며, 재무비율까지도 적용해야 하는 복합적인 문제이다. 중요한 산식은 외운 상태에서 주어진 재무정보를 활용해서 차근차근 풀면 된다.

**풀이**

1) $P_0 = \dfrac{D_1}{k-g}$, 당기 배당이므로 $P_0 = \dfrac{D_0(1+g)}{k-g}$의 공식을 적용해야 한다.

   즉, $P_0 = \dfrac{500(1+g)}{k-g}$이다. 그리고 $g$와 $k$를 구해야 한다.

2) 배당성장률$(g) = f \times ROE$ 배당성향이 20%이므로 유보율$(f)$은 80%이다.
   '$ROE$ = 순이익/매출액 × 매출액/자기자본'으로 표시할 수 있다.
   ∴ $ROE = 3\% \times 5.0 = 15\%$ 따라서, '$g = f \times ROE$'에 적용하면
   '$g = 0.8 \times 0.15 = 0.12$'이다. 즉 $g = 12\%$

3) 요구수익률$(k)$ = 무위험이자율 + 위험프리미엄 = 22%
   ∴ 종합하면, $P_0 = \dfrac{500(1+g)}{k-g} = \dfrac{500(1+0.12)}{0.22-0.12} = \dfrac{560}{0.1} = 5,600$
   즉 5,600원이다.

정답 ①

**19** 다음 설명 중에서 옳은 것은?

① 주가순자산비율(PBR)은 기업의 마진, 활동성, 부채레버리지, 기업 수익성의 질적 측면(PER)이 반영된 지표이다.

② 주가수익비율(PER)은 기대되는 배당성향이 클수록 작아진다.

③ 배당수익률이 크다는 것은 주가가 높다는 것을 의미한다.

④ 항상성장모형(정률성장모형)에서 요구수익률이 클수록 주가는 상승한다.

> **해설** PBR의 듀퐁분석 참조
> ② $PER = (1-f)/(k-g)$, 여기서 배당성향 $= D/E = (1-f)$이다. $(1-f)\uparrow \Rightarrow P\uparrow$
> ③ 배당수익률 $\Rightarrow D/P$, 따라서 배당수익률이 높다 $\Rightarrow$ D가 크거나 P가 낮음을 의미
> ④ $P = D/(k-g)$, $k\uparrow \Rightarrow P\downarrow$
>
> **정답** ①

**20** 빈칸에 들어갈 말로 잘못된 것은?

> - 기대수익률(k) = 배당수익률$\left(\dfrac{D_1}{P_0}\right)$ + ( ① )
> - 배당성장률 = [(1 − ( ② )] × 자기자본이익률
> - 이자보상비율 = $\dfrac{( ③ )}{\text{이자비용}}$ × 100
> - PBR = 자기자본이익률 × ( ④ )

① 배당성장률          ② 배당성향

③ 당기순이익          ④ 주가수익비율(PER)

> **해설** 이자보상비율은 기업의 영업이익이 지급해야 할 이자비용의 몇 배에 해당하는가를 나타내는 비율이다(당기순이익이 아니라 영업이익을 쓴다).
>
> **정답** ③

**21** PBR이 1이 아닌 이유와 거리가 먼 것은?

① 시간성의 차이

② 집합성의 차이

③ 자산·부채의 인식기준 차이

④ 계속기업(Going Concern) 가정과 청산기업 가정의 차이

> **해설** PBR이 기업 청산을 전제로 청산가치를 추정할 때 보통주 가치평가의 기준이 될 수 있다는 유용성은 있지만 미래의 수익 발생 능력을 반영하지 못해 계속기업을 전제로 한 평가기준이 될 수 없다는 결점이 있다는 유용성의 한계를 가진다. 이는 PBR이 1이 아닌 것과는 무관하다.
>
> **정답** ④

# 03 기술적 분석

## 1 기술적 분석의 이론

### 기술적 분석의 의의 핵심유형문제

**기술적 분석에 대한 내용과 가장 거리가 먼 것은?**

① 시장에서 형성된 주식의 가격은 그 주식을 발행한 기업의 가치에 의하여 결정된다.

② 시장에서의 수요와 공급에 의해서 가격이 결정된다.

③ 주가움직임의 추세와 패턴과 지표 등을 분석하는 방법이다.

④ 기본적 분석에서 반영할 수 없는 심리적 요인까지 반영할 수 있다.

해설 ①은 기본적 분석을 말한다(내재가치에 의해 주가가 결정). 정답 ①

---

**더알아보기** 기술적 분석이란?

**(1) 기술적 분석의 개념**

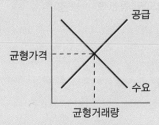

매일 매일의 균형가격을 연결한 도표(Chart)를 그리고 추세와 패턴 등을 분석하여 주가의 움직임을 예측하고자 하는 기법이 기술적 분석이다.

**(2) 기술적 분석의 기본적 가정**

① 증권의 시장가치는 수요와 공급에 의해서만 결정된다.

② 주가의 추세는 상당기간 지속되는 경향이 있다.

③ 주가의 추세는 시장의 수요와 공급의 변화에 의해 변화한다.

④ 도표(Chart)에 나타나는 주가모형(패턴)은 스스로 반복하는 경향이 있다.

**(3) 장점 및 한계**

| 장 점 | 한계점 |
|---|---|
| • 계량화가 어려운 심리적 요인도 반영<br>• 매매시점 포착에 유용 | • 기존의 추세와 패턴이 미래에도 반복된다는 가정은 지극히 비현실적임<br>• 시장변화의 근본적인 원인을 알 수 없음 |

## 차트분석

차트분석의 의미에 대한 설명이다. 가장 거리가 먼 것은?

① 기술적 분석을 차트분석이라고도 한다.

② 시장의 수요와 공급에 모든 호재와 악재가 반영된다고 본다.

③ 캔들차트분석, 추세분석, 패턴분석, 지표분석 등으로 나누어진다.

④ 주가차트를 통한 매매신호는 선행성을 띠고 있어 주가예측에 매우 유용하다.

> **해설**  모든 기술적 분석(차트분석)은 본질적으로 선행성보다 후행성을 띤다. 즉, 시세의 흐름에 한발 늦게 대응할 수 밖에 없다는 단점을 지니고 있다.

**정답** ④

---

**더알아보기** | 차트의 종류

| 선도표 | 차 트 | | 점수도표 |
|---|---|---|---|
| | 미국식 | 일본식(캔들차트) | |
| 매일의 종가를 연결한 선 | 고가-저가-종가 | 시가-고가-저가-종가 | P&F차트, 삼선전환도 등 |

• 일본식 차트와 달리 미국식 차트에서는 시가가 없다.
• 점수도표는 주가를 매일 기록하는 것이 아니라 일정폭 이상의 변동이 있을 때에만 기록한다.
• '종가가 시가보다 높으면'이면 양선 또는 양봉, '종가가 시가보다 낮으면' 음선 또는 음봉이다.

**▼ 차트(Chart)**

① 미국식 차트

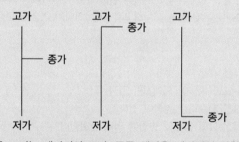

② 일본식 차트(보통 몸통 크기는 에너지의 크기, 몸통 색깔은 에너지의 방향을 말함)

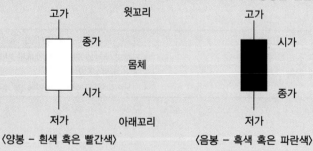

〈양봉 – 흰색 혹은 빨간색〉　　〈음봉 – 흑색 혹은 파란색〉

**01** 기술적 분석에 사용되는 차트(도표)에 대한 설명이다. 틀린 것은?

① 점수도표는 미세한 주가변화도 나타내려고 한다.

② 미국식 차트에서는 저가, 고가, 종가만을 표시한다.

③ 시가보다 종가가 하락 시 음봉이라고 하고 시가보다 상승 시 양봉이라고 한다.

④ 시가와 고가가 같을 경우 윗꼬리가 없는 모양이 된다.

> **해설** 일반적인 도표는 무조건 매일매일 기록하지만, 점수도표는 일정한 크기의 변동폭을 미리 기준하고 이 변동폭을 밑도는 날은 기록하지 않는다. 즉 미세한 주가변화는 무시하므로 매일매일 기록되는 것은 아니다.
>
> **정답 ①**

**02** 일본식 캔들차트에서 양봉(양선)이 되기 위한 조건은?

① 전일종가보다 당일종가가 상승하면 된다.

② 당일시가보다 당일종가가 높으면 된다.

③ 당일시가보다 당일종가가 낮으면 된다.

④ 당일저가보다 당일고가가 높으면 된다.

> **해설** 당일시가보다 당일종가가 높으면 → 양봉
> 당일시가보다 당일종가가 낮으면 → 음봉
>
> **정답 ②**

## 다우이론

**핵심유형문제**

다우이론의 일반원칙에 대한 설명이다. 가장 거리가 먼 것은?

① 모든 시세는 대내외적으로 복합적인 요인들에 의해 결정된다.

② 평균주가개념은 전체주가개념을 정확히 반영한다.

③ 주가는 장기파동, 중기파동, 일일파동과 같은 파동법칙에 의해 형성된다.

④ 하나의 파동은 상승 5파와 하락 3파로 구성된다.

> **해설** ④는 엘리어트파동을 말한다.
>
> **정답 ④**

**(1) 다우이론의 일반원칙(** 참고 **평균주가는 추세의 중심선으로 다우이론에서만 사용되는 용어)**
① 모든 시세는 대내외적으로 복합적인 요인들에 의해 결정된다.
② 평균주가개념은 전체주가흐름을 정확히 반영한다.
③ 주가는 장기파동, 중기파동, 일일파동과 같은 파동법칙에 의해 형성된다.
④ 어떠한 종목의 평균주가변동은 다른 종류의 주가변동을 유발시킨다.

**(2) 다우의 장기추세 진행 6국면**

| 상승추세 3국면 | | 하락추세 3국면 | |
|---|---|---|---|
| ① 매집국면 | 장래전망은 여전히 어두움, 초보자는 매도−전문가는 매수 | ④ 분산국면 | 주가가 조금만 하락해도 거래량이 급증함(전문투자자는 매도−일반투자자는 조정 후 상승기대로 매수) |
| ② 상승국면 | 경제여건 호조, 상승추세 강화로 기술적 분석으로 가장 많은 수익을 올릴 수 있는 국면 | ⑤ 공포국면 | 경제여건 악화, 주가의 수직 하락, 거래량도 급감 |
| ③ 과열국면 | 장래전망 최고조, 초보자들이 적극 매수하여 과열양상 | ⑥ 침체국면 | 투매양상(지친 실망매물), 시간이 지날수록 낙폭은 완화 |

**(3) 다우이론의 한계점**
① 주추세(장기추세)와 중기추세를 명확하게 구분하기 어렵다.
② 추세전환을 확인한다 하더라도 너무 늦게 확인되어 실제 투자에 도움이 되지 못한다.

**(4) 다우이론의 활용(그랜빌의 투자기법)**

| 구 분 | 강세국면 | | | 약세국면 | | |
|---|---|---|---|---|---|---|
| | 매 집 | 상 승 | 과 열 | 분 산 | 공 포 | 침 체 |
| 일반투자자<br>전문투자자 | 공 포<br>확 신 | 공 포<br>확 신 | 확 신<br>공 포 | 확 신<br>공 포 | 확 신<br>공 포 | 공 포<br>확 신 |
| 투자전략 | 매 수 | 점차매도 | 매 도 | 매 도 | 점차매수 | 매 수 |

• '전문가의 확신 = 일반투자자의 공포'(반대도 마찬가지의 해석)
• [점차매수]는 전문가의 확신국면(침체−매집−상승) 바로 전단계인 공포국면에서 미리 매수하는 것을 말하며, 마찬가지 논리로 [점차매도]는 상승국면에서 이루어짐

**01** 다우이론의 기술적 분석을 하는 주식투자자가 가장 높은 투자수익률을 올릴 수 있는 국면은?

① 매집국면　　　　　　　　　　　② 상승국면
③ 과열국면　　　　　　　　　　　④ 침체국면

> **해설** 상승(Mark-up)국면이란 시장의 상승추세가 가장 강하여 기술적 분석으로도 많은 수익을 올릴 수 있는 국면이다.
>
> **정답** ②

**02** 다우이론을 활용한 그랜빌의 투자기법에 따를 때 전문가가 확신하지 않는 국면은 어디인가?

① 매집국면　　　　　　　　　　　② 상승국면
③ 과열국면　　　　　　　　　　　④ 침체국면

> **해설** 전문가가 확신하는 국면은 '침체-매집-상승' 국면이다.
>
> **정답** ③

**03** 다우이론을 활용한 그랜빌(J.E.Granville)의 투자기법 중에서 '점차 매수'와 '점차 매도'가 권장되는 국면이 옳게 연결된 것은?

① 침체국면 – 과열국면
② 상승국면 – 공포국면
③ 과열국면 – 침체국면
④ 공포국면 – 상승국면

> **해설** 공포국면에서 점차 매수하고 상승국면에서 점차 매도한다.
>
> **정답** ④

**04** 다우이론의 한계점에 대한 설명으로 가장 거리가 먼 것은?

① 주추세와 중기추세를 명확하게 구분하기 어렵다.
② 추세전환을 확인할 수 있다 하여도 너무 늦게 확인되어 실제 투자에 도움이 되지 못한다.
③ 추세를 정확히 예측한다고 해도 개별증권의 위험에 대해서는 아무런 정보를 제공할 수 없다.
④ 융통성이 너무 많다.

> **해설** 다우이론의 한계점은 ①·②·③이며, 융통성이 너무 많은 것은 엘리어트파동이론의 한계점이다.
>
> **정답** ④

## 엘리어트파동이론

엘리어트파동에 대한 설명이다. 가장 적절하지 않은 것은?

① 한 번의 가격움직임에는 상승 5파와 하락 3파의 8번의 파동이 존재한다.

② 상승파동을 충격파동, 하락파동을 조정파동이라 한다.

③ 3번파동에서 나타날 수 있는 갭은 돌파갭이나 계속갭뿐이다.

④ 상승국면에서 가지고 있던 매입포지션을 정리할 마지막 기회로 삼아야 하는 것은 b파동이다.

> **해설** 단순히 상승과 하락으로 충격과 조정파동을 구분하는 것이 아니다. 충격파동은 전체적인 시장흐름과 같은 방향으로 움직이는 파동(Main파동)을 말하며, 조정파동은 이러한 움직임을 거스르는 방향으로 나타나는 파동(Sub파동, 되돌림파동)이라 한다.
>
> **정답** ②

---

**더알아보기** 엘리어트파동이론

### (1) 엘리어트파동의 특징

| 충격파동(Impulse Wave) | 조정파동(Corrective Wave) |
|---|---|
| [1번 파동] 새로운 추세의 시작점, 일반적으로 상승파동 중에서 가장 짧다. | [2번 파동] 1번 파동의 38.2% 혹은 61.8%만큼 조정, 반드시 3개의 소파동으로 구성되어 있다. |
| [3번 파동] 가장 강력한 상승파동, 일반적으로 5개 파동 중 가장 길다(보통 1번 파동×1.618). 돌파갭이나 계속갭이 가능하다. | [4번 파동] 3번 파동의 38.2%만큼 되돌리는 경우가 많다. 3번 파동 내의 4번 파동만큼 되돌아가는 경향이 높다. |
| [5번 파동] 추세의 막바지국면, 일반적으로 3번 파동에 비해 거래량도 적게 형성된다. | – |
| [a파동] 이제까지와 다른 새로운 하락추세가 시작, 반드시 5개의 소파동으로 구성된다. | [b파동] 일시적인 반등파동, 매입포지션을 정리할 마지막 기회이다. |
| [c파동] 3번 파동과 유사할 정도의 강한 하락파동, 투매로 급락하는 경향이 있다. | – |

- 하나의 파동은 상승 5파와 하락 3파로 구성되어 있으며, 충격파동(1-3-5-a-c)과 조정파동(2-4-b)으로 구분된다. 충격파동(조정파동)은 다시 5개(3개)의 소파동으로 구성된다.

▼ 엘리어트파동의 구분

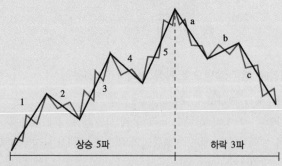

**예시** (④, ⑤, ⓐ, ⓑ)의 파동 중 다우의 분산국면과 가장 유사한 파동은?
→ ⓑ 파동(마지막 매도기회)

### (2) 엘리어트파동의 기본법칙

| 기본법칙 네 가지 | 내 용 |
|---|---|
| ① 절대불가침의 법칙 | ⓐ 2번 파동의 저점은 1번 파동의 저점과 겹칠 수 없다. |
|  | ⓑ 3번 파동은 1-3-5의 상승파동 중 가장 짧은 파동이 될 수 없다. |
|  | ⓒ 4번 파동의 저점은 1번 파동의 고점과 겹칠 수 없다. |
| ② 4번 파동의 법칙 | 4번 파동은 3번 파동 내의 소파동인 4번과 일치하거나, 3번 파동의 38.2%만큼 되돌리는 경향이 있다. |
| ③ 파동변화의 법칙 | 2번 파동과 4번 파동은 모두 조정파동인데, 그 조정의 모습은 다르게 나타난다(복잡 → 단순, 단순 → 복잡). |
| ④ 파동균등의 법칙 | 3번 파동이 연장될 경우에는 5번 파동은 1번 파동과 길이가 같거나, 또는 1번 파동의 61.8%만큼 형성한다. |

- 절대불가침의 법칙을 어긴다면, 지금까지의 파동계산이 잘못되었다는 것으로 파동계산을 다시 해야 함
- 피보나치수열에서 나온 엘리어트 황금비율은 '38.2% : 61.8%'이다. 파동의 길이는 황금비율을 따르는 경향

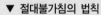

**▼ 절대불가침의 법칙**

### (3) 엘리어트파동이론의 한계 : 융통성이 너무 많다(거의 모든 법칙이 예외를 가지고 있음).

---

**보충문제**

---

**01** 다음의 파동 중에서 내부의 소파동이 5개로 이루어진 것은?

① 2번 파동

② 4번 파동

③ 5번 파동

④ b파동

해설  충격파동이므로 5번 파동이다(충격파동의 내부파동은 5개로 구성됨).

정답 ③

**02** 보기의 내용은 엘리어트의 기본법칙 중 어떤 법칙을 말하는가?

> 4번 파동의 저점은 1번 파동과 겹칠 수 없다.

① 절대불가침의 법칙
② 4번 파동의 법칙
③ 파동균등의 법칙
④ 파동변화의 법칙

해설 절대불가침법칙의 하나이다(4번 파동의 법칙과 혼동하지 말 것).

정답 ①

**03** 엘리어트파동의 4번 파동에 대한 설명이다. 가장 거리가 먼 것은?

① 세부파동이 3개로 구성된다.
② 4번 파동의 저점은 1번 파동의 고점과 겹칠 수 없다.
③ 상승파동에 속하므로 충격파동으로 분류된다.
④ 3번 파동의 38.2%만큼 되돌리는 경향이 있다.

해설 상승5파 중에서 2번과 4번은 조정파동(Sub파동)이다.

정답 ③

**04** 엘리어트파동의 한계점에 대한 설명이다. 가장 거리가 먼 것은?

① 엘리어트파동이론의 가장 큰 약점은 융통성이 너무 많다는 것이다.
② 파동에 대한 명확한 정의가 없다.
③ 예외가 너무 많아 분석가에 따라 파동의 해석이 달라질 수밖에 없다.
④ 추세 확인이 너무 늦어서 실제 매매에 있어 유용성이 너무 낮다.

해설 ④는 다우이론의 한계점이다(①·②·③은 엘리어트파동의 한계점임).

정답 ④

**05** 다우이론과 엘리어트파동이론에서 가장 강력한 상승국면을 연결한 것은?

① 매집 – 1파동
② 상승 – 3파동
③ 상승 – 5파동
④ 과열 – 3파동

해설 다우의 장기추세 6국면에서는 상승 2국면인 상승(마크업)국면, 엘리어트파동이론에서는 3번 파동에서 상승에너지가 가장 강력하다.

정답 ②

**06** 상승국면에서 가지고 있던 매입포지션을 정리할 마지막 기회로 삼아야 하는 국면은 다우의 (　　), 엘리어트의 (　　)이다. 빈칸을 옳게 연결한 것은?

① 과열 – a파동
② 분산 – a파동
③ 과열 – b파동
④ 분산 – b파동

해설 분산(하락 1국면), b파동(하락추세에서의 조정파동)이다.

정답 ④

## 사케다 전법

보기는 사케다 전법 중 무엇을 말하는가?

> 주가가 크게 상승한 후 매수세력이 계속되는 가운데 매물이 출회되는 모양으로 더 이상 상승하지 못하는 양상이며 보통 1개월 정도 소요된다.

① 삼 공　　　　　　　　　　② 삼 병
③ 삼 산　　　　　　　　　　④ 삼 법

해설　사케다 전법 중 三山의 내용이다.

정답 ③

---

**더알아보기**　사케다 전법

| | |
|---|---|
| **삼공(三空)** | 삼공(세 번의 갭) 후에 긴 음선이나 십자형캔들이 나오면 매도신호 |
| **삼병(三兵)** | 바닥권에서의 적삼병은 상승신호, 천정권에서의 흑삼병은 하락신호 |
| **삼산(三山)** | 삼산(세 개의 봉우리)이 완성된 후 대세하락(모형형성에 1개월 이상 소요) |
| **삼천(三川)** | 삼산의 반대. 모형완성 후 대세상승 |
| **삼법(三法)** | 매매시점 포착을 위한 적극적인 휴식기간을 의미 |

• 삼공은 갭, 삼산(삼천)은 헤드앤쇼울더형(역H&S형)과, 삼법은 깃발형 패턴과 유사함

#### ▼ 적삼병(赤三兵)과 흑삼병(黑三兵)

① 적삼병(赤三兵) – 적삼병은 바닥권에서 출현해야 상승전환의 의미가 있다.

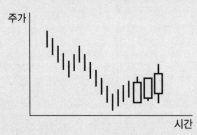

② 흑삼병(흑삼병) – 흑삼병은 천장권에서 출현해야 하락전환의 의미가 있다.

**01** 다음 중 잘못된 설명은?

① 삼공 출현 후 십자형의 캔들이 나타나면 전형적인 천장 패턴이 된다.

② 적삼병은 추세의 바닥권에서 출현해야 상승전환 신호로써 신뢰도가 높다.

③ 삼산은 1개월 정도의 긴 기간 동안 완성이 되면 완성 후에는 대세하락이 지배적이다.

④ 단기에 급등이나 급락 후 잠시 동안의 되돌림이 세 개의 캔들로 나타나면 흑삼병이 된다.

> **해설**　삼법(三法)을 의미한다. 되돌림 파동으로 세 개의 캔들이 나타나고 이어서 기존의 추세로 다시 상승이나 하락이 나타나는데 이때의 세 개의 캔들 패턴을 삼법이라 한다.
>
> 정답 ④

**02** 다음은 사케다 전법과 패턴분석상에 있어 유사한 것끼리 연결한 것이다. 잘못된 연결은?

| 번 호 | 사케다 전법 | 패턴분석(미국식) |
|:---:|:---:|:---:|
| ① | 삼 산 | 헤드 앤 쇼울더 형 |
| ② | 삼 천 | 역 헤드 앤 쇼울더 형 |
| ③ | 삼 법 | V자 모형 |
| ④ | 삼 공 | 갭(Gap) |

> **해설**　삼법은 깃발형(Flag Formation)과 유사하다. V자 모형은 급격한 반전모형으로서 지속형인 깃발형과 차이가 많다.
>
> 정답 ③

**03** 매매시점 포착을 위한 적극적인 휴식을 의미하는 사케다 전법은?

① 삼 법　　　　　　　　　　② 삼 병
③ 삼 산　　　　　　　　　　④ 삼 천

> **해설**　삼법(三法)이다.
>
> 정답 ①

**04** 사케다 전법은 기술적 분석의 종류상 어디에 속하는가?

① 추세분석　　　　　　　　② 패턴분석
③ 지표분석　　　　　　　　④ 심리분석

> **해설**　패턴분석이라고 할 수 있다.
>
> 정답 ②

## 2 캔들차트, 추세분석, 패턴분석, 지표분석

---

### 캔들차트 핵심유형문제

다음 중 상승형 캔들에 속하지 않는 것은?

① 해머형
② 관통형
③ 샛별형
④ 십자형

**해설** 십자형은 전환형이다(고점에서 나오면 하락전환을, 저점에서 나오면 상승전환을 의미함).
해머형은 한 개, 관통형은 두 개, 샛별형은 세 개의 캔들로 이루어진 형태이다.

정답 ④

---

**더알아보기** 캔들차트

**(1) 캔들의 종류**

| 한 개의 캔들 | | 두 개의 캔들 | | 세 개의 캔들 | |
|---|---|---|---|---|---|
| 상승형 | 하락형 | 상승형 | 하락형 | 상승형 | 하락형 |
| 해머형 | 교수형 | 상승장악형 | 하락장악형 | 샛별형 | 석별형 |
| 상승샬바형 | 하락샬바형 | 관통형 | 먹구름형 | | 까마귀형 |
| 역전된해머형 | 유성형 | 상승반격형 | 하락반격형 | – | – |
| 십자형은 전환형 | | 상승잉태형 | 하락잉태형 | | |

* [1개 캔들] 우산형이 샬바형이나 유성형에 비해서 신뢰도가 높다.
* [2개 캔들] 상승에너지의 순서 : 상승장악형 > 관통형 > 상승반격형(둘째날의 캔들위치에 따라 구분)
  - 상승추세에서의 십자잉태형은 강력한 하락전환 신호이다.
* [2개 캔들] 장악형은 둘째날의 캔들이 첫째날의 캔들보다 크며, 둘째날의 거래량이 급증할수록 신뢰도
가 높다고 봄. 반격형은 '전일종가와 당일종가가 일치'하는 형태이다.

**(2) 캔들의 형태**

① 한 개의 캔들

㉠ 우산형(Umbrella) 캔들(몸통은 작고 말꼬리가 긴 형태)

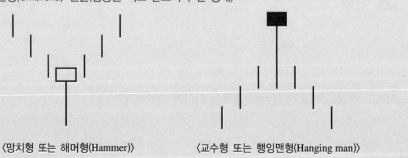

〈망치형 또는 해머형(Hammer)〉　　　〈교수형 또는 행잉맨형(Hanging man)〉

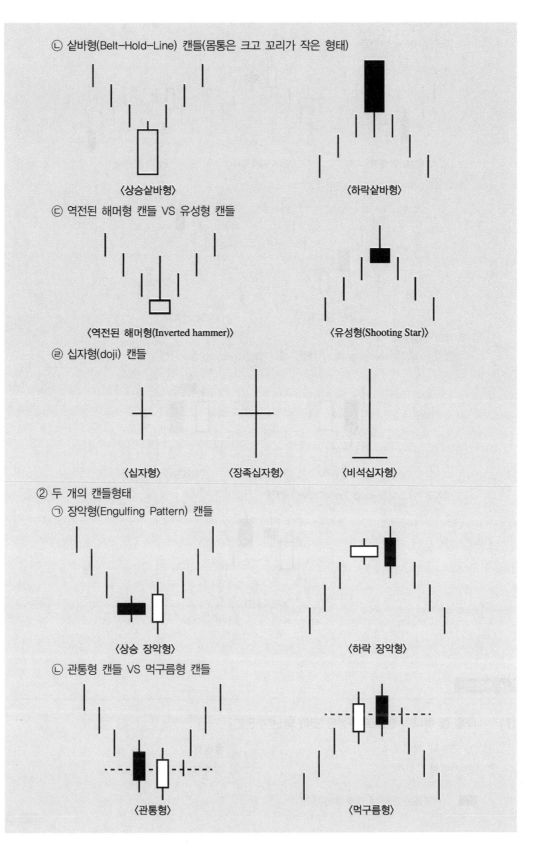

ⓛ 샅바형(Belt-Hold-Line) 캔들(몸통은 크고 꼬리가 작은 형태)

〈상승샅바형〉　　　　　　　　　〈하락샅바형〉

ⓒ 역전된 해머형 캔들 VS 유성형 캔들

〈역전된 해머형(Inverted hammer)〉　　　〈유성형(Shooting Star)〉

② 십자형(doji) 캔들

〈십자형〉　　　〈장족십자형〉　　　〈비석십자형〉

② 두 개의 캔들형태

㉠ 장악형(Engulfing Pattern) 캔들

〈상승 장악형〉　　　　　　　　〈하락 장악형〉

ⓛ 관통형 캔들 VS 먹구름형 캔들

〈관통형〉　　　　　　　　　〈먹구름형〉

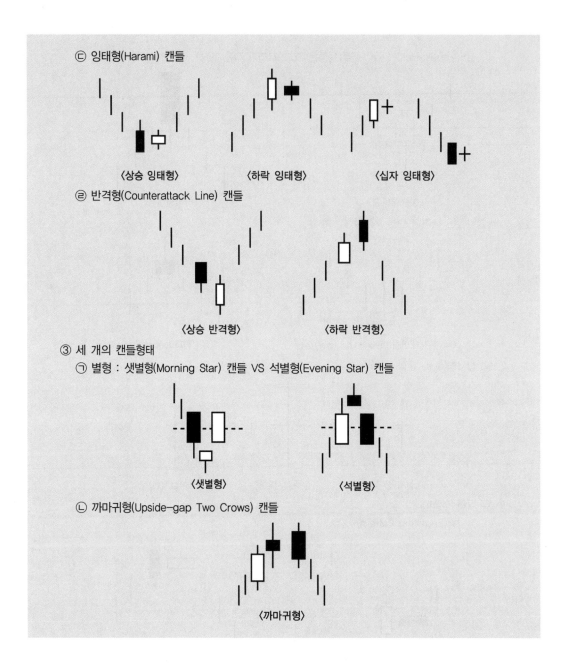

ⓒ 잉태형(Harami) 캔들

〈상승 잉태형〉　　　〈하락 잉태형〉　　　〈십자 잉태형〉

ⓔ 반격형(Counterattack Line) 캔들

〈상승 반격형〉　　　〈하락 반격형〉

③ 세 개의 캔들형태

　　ⓐ 별형 : 샛별형(Morning Star) 캔들 VS 석별형(Evening Star) 캔들

〈샛별형〉　　　〈석별형〉

　　ⓑ 까마귀형(Upside-gap Two Crows) 캔들

〈까마귀형〉

---

보충문제

**01**  다음 중 하나의 캔들로 구성된 것이 아닌 것은?

① 역전된 해머형　　　　　　② 유성형

③ 석별형　　　　　　　　　④ 십자형

해설  석별형은 캔들 세 개의 패턴이다.

정답 ③

**02** 다음 중에서 상승에너지가 큰 순서로 나열된 것은?

① 상승장악형 > 관통형 > 상승반격형
② 관통형 > 상승반격형 > 상승장악형
③ 상승반격형 > 상승장악형 > 관통형
④ 상승장악형 > 상승반격형 > 관통형

해설 ① 반대로 하락에너지는 '하락장악형 > 먹구름형 > 하락반격형'의 순이다.
• 상승에너지의 순서

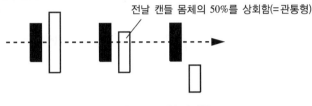

상승장악형 > 관통형 > 상승반격형

정답 ①


**03** 다음 설명 중 가장 적합한 것은?

① 장악형은 첫째날보다 둘째날의 몸체가 짧다.
② 장악형의 둘째날 거래량이 급증하면 추세전환신호이다.
③ 반격형은 전일시가와 당일시가가 일치한다.
④ 십자잉태형은 상승잉태형이나 하락잉태형보다 신뢰도가 낮다.

해설 장악형의 경우 둘째날의 거래량 급증까지 나타난다면 더욱 강력한 추세전환신호로 본다.
① 둘째날의 몸체가 길다.
③ 반격형은 전일종가와 당일종가가 일치한다.
④ 십자잉태형은 상승이나 하락잉태형보다 더욱 강력한 추세전환신호로 여겨진다.

정답 ②


**04** 보기에서 두 개의 캔들로 이루어진 패턴을 모두 묶은 것은?

① 장악형-관통형-유성형
② 우산형-샅바형-잉태형
③ 먹구름형-잉태형-반격형
④ 샛별형-석별형-교수형

해설 두 개의 캔들로 이루어진 것은 '장악형-관통형-먹구름형-반격형-잉태형'이다.
'우산형(망치형, 교수형)-샅바형-유성형'은 한 개, '샛별-석별-까마귀형'은 세 개다.

정답 ③

## 추세분석 핵심유형문제

추세를 이용한 기술적 분석상 가장 강력한 매수신호 자리는?

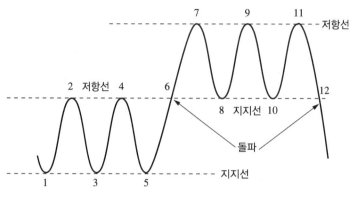

① 1                         ② 3
③ 5                         ④ 6

**해설**   추세를 상향돌파하는 6번 자리는 적극적 매수신호, 1, 3, 5는 소극적 매수신호이다.

정답 ④

---

**더알아보기**   추세분석

### (1) 추세분석의 장단점

| 장 점 | 단 점 |
|---|---|
| ① 패턴분석과는 달리 객관적이다. <br> ② 기술적 분석가들에게 심리적인 안정감을 준다. <br> ③ 시장추세가 강할 경우 추세에 편승하는 매매는 안정적인 거래이익이 가능하다. | ① 사후성(후행성)을 지닌다. <br> ② 과거의 성공이 미래의 성공을 보장하는 것은 아니다. |

### (2) 저항선과 지지선의 특징(위 그림 참조)

① 고점을 연결한 선을 저항선(매도압력), 저점을 연결한 선을 지지선(매수압력)이라 한다.
② 저항선이 상향돌파될 경우 적극매수(6), 지지선이 하향돌파될 경우 적극매도(12) 시점이다.
③ 저항선이 상향돌파되면 저항선은 지지선이 되며, 반대로 지지선이 하향돌파될 경우 지지선은 저항선의 역할을 하는 경향이 크다.
④ 최근에 형성된 것일수록, 장기에 걸쳐 형성된 것일수록 신뢰도가 높다.

**(3) 추세선의 설정(상승추세선, 평행추세선, 하락추세선)**
　① 상승추세선과 평행추세선은 저점끼리 연결하며, 하락추세선은 고점끼리 연결한다(아래 그림).
　② 추세선 반대편에 보조추세선이 있을 경우 추세대(추세통로, 추세채널)라 한다.

▲ 상승추세선　　　　▲ 하락추세선　　　　▲ 평행추세선

---

**보충문제**

**01　저항선과 지지선이 가지는 의미 중에 가장 적절하지 않은 것은?**

　① 주가의 최소·최대목표치를 설정하는 데 유용하다.
　② 최근에 형성된 것일수록 신뢰도가 높다.
　③ 저항선이나 지지선의 길이가 길수록 신뢰도는 높다.
　④ 고점을 연결한 것이 지지선이며 저점을 연결한 것이 저항선이다.

　**해설**　고점을 연결한 것이 저항선, 저점을 연결한 것이 지지선이다.

　　　　　　　　　　　　　　　　　　　　　　　　　　　　　　　　　　　　　**정답** ④

**02　추세선에 대한 설명으로 가장 적절하지 않은 것은?**

　① 상승추세선은 저점끼리 연결하여 설정한다.
　② 하락추세선은 고점끼리 연결하여 설정한다.
　③ 평행추세선은 고점끼리 연결하여 설정한다.
　④ 추세선 반대편에 보조추세선을 그리면 추세대가 설정된다.

　**해설**　평행추세선도 상승추세선처럼 저점끼리 연결하여 추세선을 설정한다.

　　　　　　　　　　　　　　　　　　　　　　　　　　　　　　　　　　　　　**정답** ③

## 이동평균선분석

보기는 기술적 분석에서 어떤 분석기법을 말하는가?

- 일정기간의 주가평균치의 진행방향을 확인하고 현재의 주가방향과 어떤 관계가 있는지를 분석함으로써 미래의 주가방향을 미리 예측하고자 하는 기법이다.
- 계산이 편리하고 기계적인 매수·매도신호를 객관적으로 도출해 낼 수 있는 장점이 있는 반면에 이미 지나가버린 과거 주가를 평균하여 미래의 주가방향을 분석하는 데 따르는 후행성(Time-lag)의 단점이 있다.

① 주가이동평균선 분석　　　　　　　② 패턴분석
③ 갭 분석　　　　　　　　　　　　　④ 사케다 전법

해설　주가이동평균선의 개념과 장점 및 단점을 설명한 것이다.

정답 ①

---

**더알아보기**　이동평균선분석

**(1) 주가이동평균선(M.A.)의 성질(단기|MA : 5일, 중기|MA : 20, 60, 장기|MA : 120, 200)**
　① 일반적으로 주가가 이동평균선을 돌파할 때가 의미있는 매매시점이 된다.
　② 강세장(약세장)에서는 일반적으로 주가가 이동평균선 위(아래)에 위치한다.
　③ 주가가 상승(하락)하고 있는 이동평균선을 하향돌파(상향돌파)할 때는 주가가 조만간 하락반전(상승반전)할 가능성이 크다.
　④ 이동평균의 기준기간(Time Span)이 길수록 이동평균선은 더욱 유연해진다(완만해짐).
　⑤ 주가가 이동평균선으로부터 지나치게 멀어지면 회귀하는 성향이 있다.
　⑥ 주가가 장기이동평균선을 돌파할 때는 주추세의 반전을 기대할 수 있다.

**(2) 이동평균 분석법**

| 방향성 | 배열도 | 지지와 저항 | 크로스 분석 |
|---|---|---|---|
| MA의 방향이 상승하면 매수, 하락이면 매도 | 정배열에서 매수, 역배열에서 매도 | 지지선에서 매수, 저항선에서 매도 | 골든크로스에서 매수, 데드크로스에서 매도 |

　① 정배열이란 '주가 > 단기|MA > 중기|MA > 장기|MA' 순으로 배열된 상태이고 상승에너지가 가장 강한 상태이며, 역배열이란 그 반대로서 하락에너지가 강한 상태를 말한다.
　② 골든크로스(Golden Cross)란 단기|MA가 중장기|MA를 상향돌파하는 것을 말하며, 데드크로스(Dead Cross)는 그 반대를 말한다.
　③ 주가이동평균선 자체가 지지선이나 저항선의 역할을 한다.

**(3) 이동평균선의 매매방법**
　① 한 가지 이동평균선 이용주가가 이평선을 상향돌파하면 매수, 주가가 이평선을 하향돌파하면 매도
　② 두 가지 이동평균선 이용
　　㉠ 단기|MA가 중기 또는 장기|MA를 상향돌파 시 매수, 하향돌파 시 매도
　　㉡ 주가가 단기|MA와 중기|MA 위에 있을 때는 매수, 그 반대의 경우 매도신호

③ 세 가지 이동평균선 이용-매수신호(매도신호는 반대)
　　㉠ 단기MA가 중기·장기MA를 아래에서 위로 상향돌파할 경우 → 단기가 중기를 돌파하는 것보다, 중기가 장기를 돌파하는 것이 더 강력한 신호이다.
　　㉡ 단기·중기·장기MA가 나란히 형성되는 경우(이평선의 정배열)
　　㉢ 중기·장기MA의 상승이 계속되는 가운데 단기MA가 하락세로 돌아선 경우(천정권으로 봄)
　　참고 단기·중기·장기이평선이 얽혀 있는 경우는 매입보류신호이다.

**(4) 거래량이동평균선(매매방법은 주가이평선을 이용한 방법과 동일함)**
　① 거래량이 감소추세에서 증가추세로 전환되면 주가상승이 예상된다(반대는 주가하락 예상).
　② 주가가 천정국면에 진입하면 주가가 상승함에도 불구하고 거래량은 감소한다.
　③ 주가가 바닥국면에 진입하면 주가가 하락함에도 불구하고 거래량은 증가한다.

---

보충문제

**01** 보기는 이동평균선의 어떤 분석방법에 해당하는가?

> • 특정시점에서의 주가와 이동평균선들의 수직적 배열상태를 보고 시장의 추세를 확인하고자 하는 방법이다.
> • 가장 강한 상승추세에서는 '주가 > 단기이동평균선 > 중기이동평균선 > 장기이동평균선'의 순서가 된다.

① 방향성 분석　　　　　　　　② 배열도 분석
③ 크로스 분석　　　　　　　　④ 지지선·저항선 분석

해설　배열도 분석이다. 보기는 정배열상태를 말하며 반대의 경우를 역배열이라 한다.
　　• 주가의 장기추세 순환과정 : 정배열 → 역배열전환과정 → 역배열 → 정배열전환과정 → 정배열
　　　　　　　　　　　　　　　　　　　　　　　　　　　　　　　　　　　　정답 ②

**02** 다음 중 매수신호와 가장 거리가 먼 것은?

① 주가가 이동평균선을 상향돌파하는 경우
② 단기이동평균선이 중기나 장기이동평균선을 상향돌파하는 경우
③ 단기이동평균선이 중기이동평균선과 장기이동평균선을 차례로 상향돌파하는 경우
④ 중·장기이동평균선의 상승이 계속된 후 단기이동평균선이 하락세로 돌아선 경우

해설　④의 경우 천정권으로 본다.
　　①은 한 가지 이동평균선을 활용한 매매신호이며, ②는 두 가지 이동평균선, ③은 세 가지 이동평균선을 활용한 매매신호 포착방법이다.
　　　　　　　　　　　　　　　　　　　　　　　　　　　　　　　　　　　　정답 ④

**03** 다음 설명 중 가장 적절하지 않은 것은?

① 위로부터 현재의 주가, 단기, 중기, 장기이동평균선이 배열되어 있는 것을 정배열이라 하고 이는 주가의 상승국면을 의미한다.

② 단기이동평균선이 중·장기이동평균선을 하향돌파하는 것을 데드크로스라고 하고 이는 매도신호가 된다.

③ 이동평균선의 기준기간이 길어질수록 이동평균선이 유연해진다.

④ 주가가 이동평균선에서 멀어질수록 더욱 멀어지려는 경향이 있다.

해설  주가가 이동평균선에서 멀어질수록 이동평균선에 회귀하려는 경향이 있다.

정답 ④

**04** 다음 중 거래량 이동평균선에 대한 설명으로 옳지 않은 것은?

① 거래량이 감소추세에서 증가추세로 전환되면 주가는 상승할 것으로 예상된다.

② 거래량이 증가추세에서 감소추세로 전환되면 주가는 하락할 것으로 예상된다.

③ 주가가 상승함에도 불구하고 거래량이 감소하고 있다면 천장국면에 근접하는 것으로 예상된다.

④ 중기가 장기를 돌파하는 것보다 단기가 중기를 돌파하는 것이 더욱 강력한 매매신호이다.

해설  ④는 설명이 반대이다. '중기 > 장기'가 '단기 > 중기'보다 더욱 강력한 매매신호가 된다.

정답 ④

## 패턴분석

다음 중 주가의 전환점 포착에 유용하게 사용될 수 없는 것은?

① 삼봉천정형 패턴

② 삼각형 패턴

③ 원형 패턴

④ V자형 패턴

**해설** 반전형 패턴이 아닌 것을 묻는 문제이다(삼각형은 지속형 패턴).

정답 ②

---

**더알아보기** 패턴분석

| 반전형 패턴 | 지속형 패턴 |
|---|---|
| ① 헤드 앤 쇼울더형(H&S형) | ① 삼각형 |
| ② 역 헤드 앤 쇼울더형(Reverse H&S형) | ② 직사각형 |
| ③ 원형천정형/원형바닥형 | ③ 깃발형 또는 페넌트형 |
| ④ V자형(바닥 V자, 천정 V자) | ④ 쐐기형 |
| ⑤ 확대형 | ⑤ 다이아몬드형 |

**(1) 반전형 패턴**

① 헤드 앤 쇼울더형(H&S형, 삼봉천정형)

　㉠ 두 번째 정상이 제일 높고, 왼쪽 어깨에서 가장 많은 거래량을 기록한다(거래량은 갈수록 축소).
　㉡ 1개월~3개월 정도 긴 시간에 완성되며, 완성된 후에는 대세하락한다.

② 역 헤드 앤 쇼울더형(Reverse H&S형, 삼봉바닥형) : H&S형의 반대, 거래량은 오른쪽 바닥에서 제일 많다.

③ 원형천정형(Round top형) : 오랜시간에 걸쳐 상승추세에서 완만하게 하락추세로 반전하는 형태이며, 주가와 거래량의 동향이 반대이다.

④ 원형바닥형(Round bottom형) : 원형천정형의 반대, 주가가 거래량의 동향이 일치한다.

⑤ V자형 : 매도세에서 매수세로 갑작스럽게 변화하는 패턴(돌발재료의 출현)으로 비교적 단기간에 형성됨. 바닥 V자형은 저점을 중심으로 거래량이 증가하며, 천정 V자형은 정점을 전후로 거래량이 감소한다.

⑥ 확대형(Broadening형) : 고점은 상승하고 저점은 하락하는 확대형태(심리가 극도로 불안한 상태), 천정권에서만 형성된다.

▼ 반전형 패턴

• 헤드 앤 쇼울더형(Head & Shoulder형)

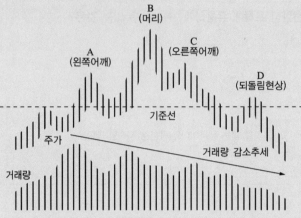

• 원형천정형(Round Top형)

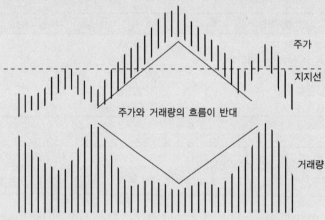

• 원형바닥형(Round Bottom형)

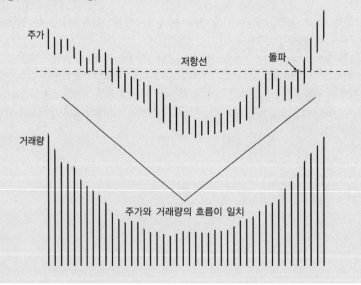

• V자형

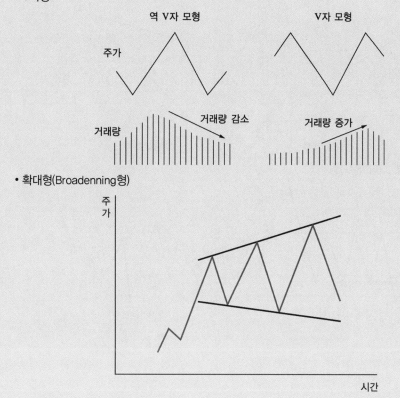

• 확대형(Broadenning형)

### (2) 지속형 패턴

① 삼각형 모형 : 대칭삼각형모형(가장 일반적), 상승직각삼각형, 하향직각삼각형이 있다.

② 직사각형 모형 : 두 개의 산과 두 개의 골이 존재해야 하며(네 번 이상의 주가등락이 있어야 함), 매도세력과 매수세력이 균형을 이룰 때 발생한다(1~3개월 정도 형성기간이 걸림).

③ 깃대형 : 수직에 가까운 상승 후에, 약 45도 각도의 방향으로 깃발모습을 보이며 조정을 보이는데, 이때 거래량은 급감하며 단기간에 형성된다.

④ 쐐기형 : 하락쐐기형 후에는 상승추세가 지속되며, 상승쐐기형 후에는 하락추세가 지속된다.

⑤ 다이아몬드형 : 역삼각형과 대칭삼각형이 합쳐진 형태, 상승추세의 막바지국면에서 반전 패턴을 보이기도 한다.

**▼ 지속형 패턴**

• 상승삼각형, 상승깃발형(하락형은 반대의 모양)

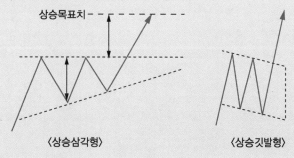

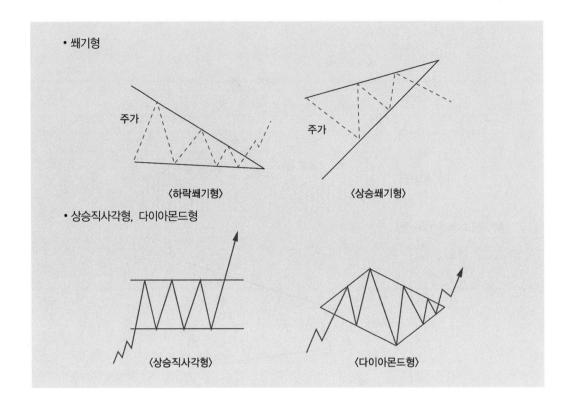

• 쐐기형

〈하락쐐기형〉 〈상승쐐기형〉

• 상승직사각형, 다이아몬드형

〈상승직사각형〉 〈다이아몬드형〉

**01** 삼봉형(Head and Shoulder Formation)에 대한 설명으로 잘못된 것은?

① 두 번째의 정상이 다른 좌우의 정상보다 높은 것이 일반적이다.

② 왼쪽 어깨에서 가장 많은 거래량을 형성한다.

③ 오른쪽 어깨 이후 되돌림현상이 나타날 때가 마지막 매도기회이다.

④ 2~3주 정도의 단기간에 형성되는 패턴이다.

해설 삼봉형(H&S형)은 보통 1개월~3개월 정도의 장기간에 걸쳐 형성되는 패턴이다.

정답 ④

**02** 반전형 패턴과 거래량의 변화추세에 설명으로 잘못된 것은?

① 삼봉형에서는 시간이 갈수록 거래량이 감소하는 추세를 보이나 삼봉바닥형에서는 거래량이 증가하는 추세를 보인다.

② 원형천정형에서는 주가와 거래량의 증감추세가 반대되는 양상을 보인다.

③ 원형바닥형에서는 주가와 거래량의 증감추세가 일치하는 양상을 보인다.

④ V자패턴에서는 저점 이후로 거래량이 감소하지만 역V자 패턴에서는 정점 이후 거래량이 증가한다.

해설  ④는 반대로 설명되었다.

정답 ④

**03** 보기는 어떤 패턴을 말하는가?

> • 고점은 올라가고 저점은 내려가는 패턴이다.
> • 세 개의 고점과 두 개의 저점으로 형성되고 세 번째 고점에 도달한 후에 아래 추세선을 하향돌파할 경우 거래량이 증가하는 경향이 있다.

① 확대형 패턴        ② V자형 패턴

③ 원형 패턴          ④ H&S형

해설  고점은 올라가고 저점은 내려가므로 확대형이다(천정권에서만 발생한다).

정답 ①

**04** 보기는 어떤 패턴을 말하는가?

> • 주가가 거의 수직에 가까운 정도의 기울기 추세에 따라 매우 빠르고 급격한 상승 이후에 형성되는 경향이 있다.
> • 약 45° 각도 방향의 경사진 평행사변형이 보편적이다.

① 깃대형           ② 삼각형

③ 쐐기형          ④ 다이아몬드형

해설  외관상 깃대와 유사하다고 하여 깃대형(Flag Formation)이라고 한다(경사진 평행사변형이 아니고 삼각형의 모양일 때 '페넌트형'이라고 함).

정답 ①

**05** 각 패턴에 대한 설명으로 가장 적절하지 않은 것은?

① 깃발형은 단기간에 형성되는 패턴인데 이때 거래량은 증가해야 한다.

② 다이아몬드형은 지속형 패턴이나 상승추세가 가속화되는 막바지에 반전 패턴이 되기도 한다.

③ 쐐기형이 상승형을 보인다면 이후 주가는 하락한다.

④ 직사각형이 완성되기 위해서는 반드시 두 개의 산과 두 개의 골이 존재해야 한다.

해설  깃발형은 수직상승 이후에 짧은 시간에 형성되며 이때 거래량은 감소한다.
참고 패턴의 형성시간 : 깃발형이 가장 짧고(통상 1주일), 삼봉형과 직사각형은 1~3개월, 원형은 이보다 더 긴 기간이다.

정답 ①

---

## 갭이론                                    핵심유형문제

빈칸에 들어갈 가장 적절한 것은?

> • 주가가 추세선을 돌파한 후 최초에 나타나는 주가갭은 통상 ( ㉠ )이다.
> • ( ㉠ )이 2~3회 이상 나타난 다음에 형성되는 주가갭은 통상 ( ㉡ )이다.

|   | ㉠ | ㉡ |   | ㉠ | ㉡ |
|---|----|----|---|----|----|
| ① | 돌파갭 | 계속갭 | ② | 계속갭 | 소멸갭 |
| ③ | 돌파갭 | 소멸갭 | ④ | 계속갭 | 돌파갭 |

해설  통상 '보통갭 → 돌파갭 → 계속갭 → 소멸갭 → 아일랜드갭'의 순서를 보인다.

정답 ②

**(1) 갭(Gap)의 종류와 순서**

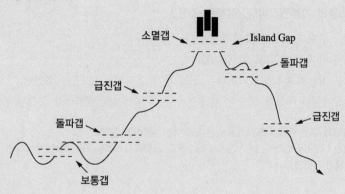

**(2) 갭의 종류별 이해**

주가갭이란 거래가 캔들과 캔들 사이에 빈 공간이 생기는 것인데, 에너지가 강하게 표출되는 것을 의미한다.
① 보통갭(Common Gap) : 특별한 기술적인 의미가 없는 갭
② 돌파갭(Break-away Gap) : 저항선이나 지지선을 완전히 돌파하는 갭. 보통갭은 모형의 진행과정에서 나타나지만 돌파갭은 모형을 완전히 벗어날 때 나타난다.
③ 계속갭(Run-away Gap) : 돌파갭 이후에 가속도가 나타나는 갭. 계속갭이 나타나면 이전 돌파갭이 형성되기 직전의 주가상승율만큼 추가로 상승하는 경향이 있다.
④ 소멸갭(Exhaustion Gap) : 추세반전 직전에 나타나는 갭. 계속갭이 두세 번 이상에 걸쳐 나타난 후에 형성되는 갭은 소멸갭이 될 가능성이 높다.
⑤ 아일랜드갭(Island Gap) : 주가의 추세가 급격히 반전될 때 나타나며 차트상에 섬과 같은 모습이 연출된다고 해서 '섬꼴반전'이라고도 한다. 통상 아일랜드갭은 추세반전 신호로 받아들여지는데 특히 비정상적인 대량거래가 수반될 때는 추세의 대반전 신호가 된다.

**보충문제**

**01** 보기가 뜻하는 갭은 무엇인가?

> • 엘리어트의 3번 파동에서 나올 수 있는 갭의 하나이다.
> • 상향직각삼각형모형에서 주가가 고점경계선을 상향돌파할 경우에는 대부분 이 갭을 수반한다.

① 보통갭　　　　　　　　　　　② 돌파갭
③ 계속갭　　　　　　　　　　　④ 소멸갭

해설　3번 파동에서는 돌파갭이나 계속갭이 나올 수 있는데, 상향직각삼각형모형이 완성된 후 추세상승이 나올 때 대부분 돌파갭을 수반한다.

정답 ②

## 트라이던트 시스템(Trident System)

**트라이던트 시스템의 기본원리이다. 잘못된 것은?**

① 주된 추세에는 반드시 되돌림 움직임이 있다.

② 추세 움직임과 반대 방향의 포지션을 만든다.

③ 천정과 바닥을 잡으려고 노력하기보다는 전체 추세 움직임의 1/2만을 취한다.

④ 시장가격의 움직임이 예상과 다르면 적절한 수준(25%)에서 반대거래를 수행한다.

> **해설** 추세 움직임과 같은 방향의 포지션을 만든다(추세를 추종하는 전략).
> • ③의 설명 : 바닥에서 25% 상승지점에서 매수하고, 고점에서 −25% 수준(바닥에서 75% 수준)에서 매도
> (더알아보기 그림 참조)
>
> **정답** ②

---

**더알아보기** 트라이던트 시스템(Trident System)의 원리

**(1) 개념** : 추세의 움직임은 작용과 반작용에 의해 결정되는데 반작용이 되돌림에 해당하며, 되돌림의 원리를 이용하며 최근 외환딜러 사이에 널리 사용되는 것이 트라이던트 시스템이다.

**(2) 트라이던트 시스템의 기본원리** : 핵심유형문제 참조

**(3) 도 해**

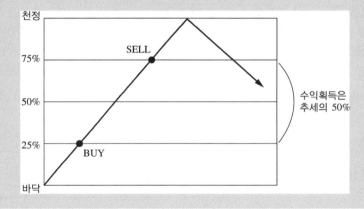

보조지표 중 거래량관련 지표에 대한 설명이다. 틀린 것은?

① OBV는 거래량이 주가에 선행한다는 전제하에, 상승거래량과 하락거래량의 누적치의 변화를 통해서 추세의 변화를 파악하고자 하는 지표이다.

② OBV는 주가가 횡보국면에 있을 때 시세의 흐름이 매집인지 또는 분산인지를 판단할 수 있는 지표이다.

③ VR은 OBV와 달리 누적치가 아닌 비율로 판단하고 OBV에는 반영되지 않는 보합거래량까지 반영하여 OBV를 보완하는 의미가 있다.

④ VR은 바닥권보다 천정권에서 더욱 신뢰도가 높다.

`해설`  VR은 바닥권에서 신뢰도가 더 높다.

`정답` ④

---

`더알아보기`  거래량관련 보조지표

### 〈보조지표의 종류〉

| 거래량관련 지표 | 이동평균선 지표 | 추세반전형 지표 | 기 타 |
|---|---|---|---|
| OBV, VR | MACD, 엔빌로프, 볼린저밴드 | 스토캐스틱, RSI, 투자심리선 | ADL(등락주선), ADR(등락비율) |

### (1) 거래량관련 지표(Volume은 거래량을 의미함)

| OBV | VR |
|---|---|
| 1) 거래량은 주가에 선행한다는 전제<br>2) Σ상승거래-Σ하락거래<br>3) 정체국면에서 매집 또는 분산 구분 가능<br>4) OBV하락폭이 시장 상황보다 축소반영, 자전거래시 분석오류 발생, 하락에너지가 축소반영 | 1) VR은 보합거래량도 가능하고 과거와 비교도 가능함 (OBV 보완지표)<br>2) 바닥권판단에 신뢰도가 높음<br>3) 70% 이하 = 과매도권, 150% = 정상, 450% 이상 = 과매수권 |

[OBV] 직전고점을 상회하면 Up마크, 직전저점을 하회하면 Down마크

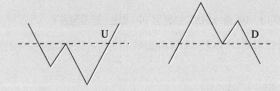

**01** 아래 표에 따르면 OBV는 얼마인가?

| 일 자 | 종합주가지수 | 전일대비(p) | 거래량 |
|---|---|---|---|
| 2012.11.10 | 1950.60 | +10.50 | 200,000주 |
| 2012.11.11 | 1970.60 | +20.00 | 400,000주 |
| 2012.11.12 | 1955.30 | −15.30 | 250,000주 |
| 2012.11.13 | 1955.30 | 00.00 | 100,000주 |
| 2012.11.14 | 1967.30 | +12.00 | 150,000주 |

① 150,000
② 500,000
③ 850,000
④ 900,000

> 해설　OBV = Σ상승거래량 − Σ하락거래량'이므로 '75만 − 25만 = 50만'이다(보합거래량은 제외).
>
> 정답 ②

**02** 다음 중 거래량과 관련이 깊은 지표는?

① OBV
② RSI
③ 스토캐스틱
④ 볼린저밴드

> 해설　OBV는 거래량이 주가에 선행한다는 전제하에, 상승거래량과 하락거래량의 누적치의 변화를 통해서 추세의 변화를 파악하고자 하는 지표이다.
>
> 정답 ①

**03** 다음은 OBV의 한계점을 나열한 것이다. 이 중 VR로 보완할 수 있는 한계점은?

① 주가가 상승할 때가 거래량이 하락할 때의 거래량보다 많은 것이 일반적이므로 OBV는 기본적으로 상승편향이 있다.
② 자전거래가 발생할 경우 OBV의 왜곡이 나타난다.
③ U마크와 D마크가 저점이나 고점에 비해 늦게 나타나서 후행성을 띤다.
④ OBV는 거래량의 누적차수이므로 시세를 판단할 때 과거 수치와 비교하는 것이 불가능하다.

> 해설　VR은 비율(%)로 나타나므로 일정기간 내의 과거 수치와 비교가 가능하다.
> 참고로 VR은 바닥권 판단에서 더 신뢰도가 높다.
>
> 정답 ④

## 지표분석 - (2) 이동평균선이 반영된 지표

다음 중 이동평균선과 관련이 없는 보조지표는?

① MAO(Moving Average Oscillator)

② MACD(Moving Average Convergence & Divergence)

③ 볼린저밴드

④ ADL

**해설**     ADL은 등락주선이라고 하며, '상승종목합계-하락종목합계'로 계산한다.

**정답** ④

---

**더알아보기**    이동평균선과 관련된 보조지표

| MAO | MACD | 엔빌로프 | 볼린저밴드 |
|---|---|---|---|
| ① MAO = 단기이동평균 - 장기이동평균 <br> ② 오실레이터 값이 0에서 (+)로 교차시 매수, (-)로 교차시 매도함 <br> ③ 오실레이터 값과 시장가격의 다이버전시를 활용하여 추세전환포착 | ① MACD = 단기이동평균 - 장기이동평균 <br> ② 시그널 = MACD의 이동평균값 <br> ③ MACD가 시그널을 상향 돌파시 매수, 하향돌파시 매도 <br> ④ 다이버전시 활용하여 추세전환 포착 | ① 이동평균선을 추세중심선으로 하여 ±n%를 동시에 그린 것 <br> ② 지지선(저항선)부근에서 매수(매도), 중심이평선을 상향돌파(하향돌파)시 매수(매도)함 <br> ③ 추세전반에 대한 '감'을 얻을 수 있으며, 현재 움직임이 정상 또는 비정상인지 판단할 수 있음 | ① 이평선을 추세중심선으로 하여 ±σ 상하밴드를 결정 <br> ② 주가가 밴드 안에 머물 확률을 표준편차(σ)의 신뢰구간을 이용·측정 <br> ③ 좁은 밴드폭을 상향 이탈시 매수(반대-매도) <br> ④ 밴드폭이 넓을 경우는 상한선에서 매도, 하한선에서 매수함 |
| 'MACD 또는 MAO = 단기이평선 - 장기이평선'은 크로스기법의 후행성을 극복하고자 만들어낸 기법 | | | |

(MA는 Moving Average로 이동평균을 의미함)

※ 다이버전스(Divergence) 활용법[활용가능 보조지표 : MAO, MACD, RSI, %K, ADL등]
    ① 보조지표가 상승하는데 종합주가지수가 하락하면 → 상승 다이버전시(추세상승신호)
    ② 보조지표가 하락하는데 종합주가지수가 상승하면 → 하락 다이버전시(추세하락신호)

**01** MACD 지표에 대한 설명으로 가장 적절하지 않은 것은?

① MACD가 시그널을 상향돌파하면 매수시점으로 보는데 이는 이동평균선의 골든크로스의 원리와 같다.

② MACD오실레이터(MACD-OSC)가 0에서 (+)로 전환하면(양전환) 매수신호로 본다.

③ MACD OSC의 값은 주가 움직임을 선도하는 경향이 있으므로 크로스기법의 후행성을 보완할 수 있다.

④ MACD OSC가 하락하는데 주가가 상승하고 있다면 조만간 주가의 상승반전을 기대할 수 있다.

해설 '주가상승 & MACD - OSC의 하락' ⇒ 하락 - 다이버전시 ⇒ 주가의 하락반전 신호
'주가하락 & MACD - OSC의 상승' ⇒ 상승 - 다이버전시 ⇒ 주가의 상승반전 신호

정답 ④

**02** 이동평균선을 이용한 보조지표 중에 정규분포의 특성을 이용한 것은 무엇인가?

① MAO
② MACD
③ 볼린저밴드
④ 엔빌로프

해설 볼린저밴드는 일정한 이평선을 중심으로 하고 중심으로부터 $\pm 2\sigma$ (또는 $\pm 1\sigma$)의 상·하한선을 그린 것이다.

정답 ③

**03** 보기가 말하는 지표는?

> 추세에 대한 감(感)을 얻을 수 있고, 현재의 시장가격변동이 정상적인지 비정상적인지를 쉽게 판단할 수 있다.

① MAO
② MACD
③ 볼린저밴드
④ 엔빌로프

해설 엔빌로프의 장점에 대한 설명이다. 단점은 엔빌로프의 상·하한선이 저항선이나 지지선으로 반드시 작용한다는 보장이 없다는 것이다.

정답 ④

## 지표분석 - (3) 추세반전형 지표

**보기가 말하는 지표는 무엇인가?**

> • %K는 일정기간 동안의 주가변동폭 중 금일종가의 위치를 백분율로 나타낸 것이다.
> • %K선이 %D선을 상향돌파하면 매수신호, 하향돌파하면 매도신호이다.

① 스토캐스틱                      ② RSI

③ 투자심리선                ④ ADR

**해설** 스토캐스틱은 '주가가 상승 중일 때는 금일종가가 주가변동폭의 최고가 부근에, 주가가 하락 중일 때는 금일종가가 주가변동폭의 최저가 부근에서 형성된다는 원리'를 이용한 것이다.

**정답** ①

---

**더알아보기** 추세반전형 지표

| 스토캐스틱 | RSI(상대강도지수) | 투자심리선 |
|---|---|---|
| ① %K는 일정기간의 가격변동폭 중 현재의 위치를 말함<br>② %D는 %K의 이동평균<br>③ %K가 70% 이상이면 상승추세, 85% 이상이면 과매수(매도신호), %K가 30% 이하이면 하락추세, 15% 이하이면 과매도(매수신호)<br>④ %K가 %D를 상향돌파하면 매수, 하향돌파하면 매도신호 | ① 일정기간 동안의 개별종목과 업종 간의 주가의 상대강도를 말함(14일의 기간이 가장 적정)<br>② RSI가 75% 이상이면 과매수, 25% 이하이면 과매도를 말함<br>③ RSI가 직전고점을 돌파하지 못하고 반락하는 현상(반대도 마찬가지)을 Failure Swing이라 함 | ① 10일 동안 상승일수의 비중을 말함(10일 중 상승일수 6일 → 투자심리 60%)<br>② 투자심리선이 75% 이상이면 과매수, 25% 이하이면 과매도<br>③ 투자심리선은 단기지표 |

**예시1** 주가(MACD/%K)가 이동평균선(시그널/%D)를 상향돌파하면 매수신호이다.

**예시2** %K가 85 이상 또는 15 이하에서 다이버전시가 발생하면, 더 강력한 추세전호신호이다.

**예시3** RSI가 70 이상 또는 30 이하에서 다이버전시가 발생하면, 더 강력한 추세전환신호이다.

▼ 스토캐스틱-%K의 개념 : %K = $\dfrac{A}{B}$

**01** 다음 설명 중 옳지 않은 것은?

① 스토캐스틱은 주가와 거래량의 관계를 통해 미래의 주가를 예측하는 지표이다.

② RSI의 값이 70 이상 혹은 30 이하에서 Failure Swing이 나타나면 추세반전이 임박했다는 신호이다.

③ %K선이 85 이상 혹은 15 이하인 상태에서 다이버전스가 발생하면 더욱 강력한 추세반전을 예고하는 것이다.

④ 10일간 모두 상승하면 투자심리선은 100%이다.

> **해설** 스토캐스틱은 추세반전형지표인데 거래량은 고려하지 않는다.

> **정답** ①

**02** RSI 등 기술적 지표가 직전의 최고점이나 최저점을 돌파하지 못하고 진행방향을 바꾸는 것을 무엇이라고 하는가?

① Positive-Divergence

② Negative-Divergence

③ Failure Swing

④ Convergence

> **해설** Failure Swing을 말한다. 컨버전스는 동행함을 의미한다(다이버전스와 반대).

> **정답** ③

---

## 지표분석 - (4) 기타의 지표     핵심유형문제

빈칸에 알맞은 말은?

OBV는 (    )거래량이 반영되지 않고, ADL은 (    )종목이 반영되지 않아 지표의 신뢰성이 떨어지는 측면이 있다. 따라서 이를 보완하고자 하는 것이 각각 VR과 ADR이다.

① 상 승                          ② 하 락
③ 보 합                          ④ 횡 보

> **해설** '보합'이다. 보합은 전일 대비 변하지 않은 상태를 말한다.

> **정답** ③

| ADL(등락주선) | ADR(등락비율) |
|---|---|
| ① Σ상승종목 − Σ하락종목 누적치 | ① 비율 개념으로 누적치인 ADL의 단점을 보완함 |
| ② ADL은 주가의 선행지표로 이해되며 종합주가지수와 연동해서 해석 | ② ADL은 상승에너지의 과다 반영으로 바닥권지표로 활용되기 어려운데 ADR은 이를 보완함 |
| ③ 다이버전스를 통한 매매시점 포착 | |
| ④ 항상 종합주가지수와 비교분석해야 하는 번거로움이 있음 | |

**보충문제**

**01** 등락주선(ADL)에 대한 설명이다. 가장 거리가 먼 것은?

① 일정기준일 이후부터 상승종목수에서 하락종목수를 뺀 값을 매일 누적한 수치이다.

② ADL이 상승한다는 것은 상승종목이 늘어난다는 것으로써 시장의 에너지가 유입되는 것으로 해석한다.

③ 종합지수와 ADL이 동반 상승하거나 하락한다면 같은 방향으로 시세가 더욱 진행될 가능성이 높다.

④ 주식시장이 상승추세에 있을 경우 예외 없이 ADL도 상승한다.

해설 소수의 주도주가 시장을 이끄는 상승추세도 가능한데, 이 경우 ADL은 오히려 하락하게 된다. 즉 ADL만으로 판단하기에는 무리가 있다.

정답 ④

**02** 다음 중 등락비율(ADR)에 대한 설명으로 가장 거리가 먼 것은?

① '등락비율(ADR) = $\dfrac{\text{분석대상기간의 상승종목 수}}{\text{분석대상기간의 하락종목 수}} \times 100(\%)$'으로 산출한다.

② ADR은 ADL이 강세장에서 신뢰도가 낮다는 약점을 보완한다.

③ ADL은 권리락이나 배당락을 반영하지 못하는데, ADR은 비율로 표시함으로써 ADL의 이러한 단점을 보완할 수 있다.

④ ADR이 120%를 상회하면 과열로 보며, 70%를 하회하면 침체로 본다.

해설 ADL은 강세장이 아니라, 약세장에서 신뢰도가 낮다(∵ 기본적으로 상승종목이나 상승거래량이 하락종목이나 하락거래량보다 더 많기 때문에 상승에너지가 시장에 더 많이 반영된다).

정답 ②

# 단원별 출제예상문제

**01** 다우이론의 장기추세 6국면과 엘리어트파동을 비교한 것이다. 그 연관성이 가장 적은 것은 무엇인가?

| | 다우의 장기추세 | 엘리어트파동 |
|---|---|---|
| ① | 매집국면 | 1번 파동 |
| ② | 상승국면 | 3번 파동 |
| ③ | 과열국면 | 5번 파동 |
| ④ | 공포국면 | a파동 |

**해설** a, b파동은 분산국면과 가깝고 c파동은 공포국면과 침체국면에 해당한다고 볼 수 있다.

**정답** ④

**02** 다우이론에서 제시한 강세국면과 약세국면에 대한 설명이다. 가장 거리가 먼 것은?

① 전문가들이 점차 매수를 시작하는 국면은 약세 3국면이다.
② 경제여건과 기업의 영업이익이 호전되며 주가가 상승하고 거래량이 늘어나는 국면이 강세 2국면이다.
③ 침체국면은 투매가 나타남에 따라 주가가 계속 하락하지만 시간이 경과할수록 주가의 낙폭이 작아진다.
④ 시장이 지나치게 과열된 것을 감지한 전문투자자들이 투자수익을 취하고 빠져나가는 단계를 분산국면이라 한다.

**해설** 전문가가 확신하는 국면은 '침체(약세 1국면)-매집(강세 1국면)-상승(강세 2국면)'이다.
매매방법은 확신의 전단계인 공포국면에서 점차 매수, 침체·매집국면에서 매수, 공포의 전단계인 상승국면에서 점차 매도한다.

**정답** ①

**03** 보기는 어떤 엘리어트파동의 기본법칙을 말하는가?

> 3번 파동이 연장될 경우 5번 파동은 1번 파동과 같거나 1번 파동의 61.8%만큼 형성된다.

① 절대불가침의 법칙
② 4번 파동의 법칙
③ 파동균등의 법칙
④ 파동변화의 법칙

**해설** 파동변화의 법칙은 '2번-4번 파동'이 '복잡-단순' 또는 '플랫-지그재그'로 변화되어 나타나는 것을 말한다.

**정답** ③

**04** 다음 중 소파동이 3개로 이루어진 파동은?

① 1번 파동

② a파동

③ b파동

④ c파동

> 해설 조정파동(2번, 4번 파동, b파동)을 말한다.

정답 ③

**05** 보기가 말하는 캔들 유형은 무엇인가?

> • 두 개의 캔들로 구성되며, 천정권에서 주로 발생한다.
> • 첫째날에 몸체가 긴 양선이 발생한 후 둘째날 시가는 전일 고가보다 높게 형성되나 종가는 전일 몸체의 절반 수준을 넘어 시간부근에서 형성된다.

① 관통형

② 먹구름형

③ 하락반격형

④ 석별형

> 해설 '양선＋음선'이므로 먹구름형이다. 하락반격형은 종가가 전일 고가 부근에서 형성된다(그림으로 연상할 것). 석별형은 3개의 캔들이다.

정답 ②

**06** 다음 중 이동평균선의 성질과 가장 거리가 먼 것은?

① 주가가 이동평균선을 돌파하는 시점을 매수나 매도신호로 인식한다.

② 이동평균의 기준기간이 길수록 이동평균선은 더욱 유연해진다.

③ 약세장에서는 주가가 이동평균선 아래에서 파동운동을 계속하면서 하락하는 것이 일반적이다.

④ 주가가 상승하고 있는 이동평균선을 하향돌파할 때는 주가의 회귀변화가 일어난다.

> 해설 주가가 상승하고 있는 이동평균선을 하향돌파할 때는 조만간 이동평균선이 하락 반전할 가능성이 크다.
> 참고 주가가 이동평균선으로부터 너무 멀리 떨어지면 회귀변화가 일어난다.

정답 ④

**07** 패턴분석에 대한 설명으로 가장 적절하지 않은 것은?

① 헤드 앤 쇼울더형에서 거래량이 제일 많은 국면은 왼쪽 어깨이다.

② 원형천정형에서는 주가와 거래량의 움직임이 반대로 나타난다.

③ 상승쐐기형이 완성이 되면 주가는 상승추세를 지속한다.

④ V자 모형에서는 급락하는 주가의 기울기와 다시 회복하는 주가의 기울기는 통상적으로 같다.

쐐기형은 지속형패턴이지만 하락 시 상승쐐기형이 나타나며 상승 시 하락쐐기형이 나타남에 주의해야 한다. 상승쐐기형은 주로 추세선의 천장권에서 형성되며 저점과 고점경계선이 모두 상향 기울기를 나타내지만 고점경계선의 기울기가 저점경계선의 기울기보다 완만한 특징을 가진다.

정답 ③

**08** 다음의 지표 중에서 이동평균선과 관련된 지표는?

① OBV
② VR
③ 엔빌로프
④ 스토캐스틱

해설 엔빌로프는 특정기간의 이동평균선이 중심선이 되고 이동평균선의 일정비율을 더한 것이 상한선, 뺀 것이 하한선이 된다. 참고로 ①·②는 거래량관련 지표이며, ④는 추세반전형 지표이다.

정답 ③

**09** 다음의 기술적 지표에 대한 설명으로 가장 옳은 것은?

① VR이 85%를 초과하면 매도신호로 인식한다.
② %K는 %D의 이동평균선으로 볼 수 있다.
③ MACD 곡선은 장기 지수이동평균선에서 단기 이동평균선을 뺀 값이다.
④ 볼린저밴드는 주가이동평균선의 표준편차를 이용한 것이다.

해설 ① 450% 초과 시 매도, 70% 이하이면 매수신호
② %K의 이동평균이 %D으로 간주됨
③ 단기-장기

정답 ④

**10** 다음 중 가장 강력한 매수신호에 해당하는 것은 무엇인가?

① OBV에서 U마크가 나타날 경우
② 종합주가지수는 하락하는데 ADL이 상승하는 경우
③ RSI 값이 30 이하일 때 Failure Swing이 나타나는 경우
④ 주가가 하락하는데 MACD-OSC가 상승하는 경우

해설 RSI 값이 70 이상이나 30 이하에서 Failure Swing이 나타나면 특히 강력한 추세전환신호로 인식한다(일반적인 다이버전시보다 더 강력하게 인식).
• 스토캐스틱의 경우 : %K의 값이 85 이상이거나 15 이하인 상태에서 %K와 %D선이 교차하거나 다이버전시가 나타나는 경우도 더욱 강력한 추세반전신호로 인식한다.

정답 ③

# 제2편

# 증권시장

얼마나 많은 사람들이 책 한 권을 읽음으로써
인생에 새로운 전기를 맞이했던가.

-헨리 데이비드 소로-

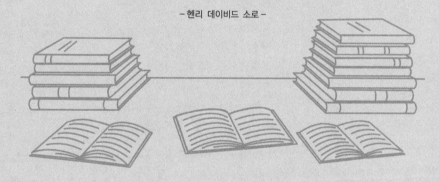

# 01 유가증권시장

## 1 발행시장과 유통시장

### 발행시장 핵심유형문제

발행시장의 기능이라고 볼 수 없는 것은?

① 기업의 단기자금조달에 도움을 준다.
② 증권취득과정을 통해 경제의 양적, 질적 고도화에 기여한다.
③ 금융정책 및 경기조절의 기능을 수행한다.
④ 소득재분배를 촉진한다.

해설 기업의 장기자금조달을 돕는다. 기업의 단기자금은 주로 은행차입 등을 통해 해결하며, 장기자금의 조달은 자본시장에서 증권발행으로 조달한다. 그리고 ③에서의 '금융정책 및 경기조절 기능'이란 통화안정채권의 발행을 통한 통화량 조절을 의미한다.

정답 ①

---

더알아보기 발행시장 개요

(1) **발행시장의 기능** : 핵심유형문제 참조

(2) **발행시장과 유통시장의 차이**

| 발행시장(Primary Market) | 유통시장(Secondary Market) |
|---|---|
| 제1차적/추상적/수직적/직접적 시장 | 제2차적/구체적/수평적/간접적 시장 |

① 발행시장은 새로운 증권이 발행되므로 본원적 시장(또는 1차적 시장)이라 하고, 유통시장은 이미 발행된 증권이 유통되는 단계이므로 2차적 시장이라 한다.
② 유통시장은 거래소라는 '구체적'인 시장조직을 가지고 있으나 발행시장은 일정한 장소를 필요로 하지 않으므로 '추상적'인 시장이라 한다.

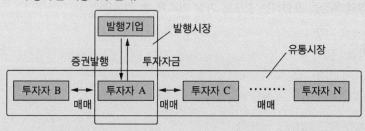

**(3) 증권의 발행형태**

① 공모(모집과 매출)와 사모

    ⊙ 청약권유대상자가 50인 이상 → 공모, 50인 미만 → 사모. 공모는 다시 모집과 매출로 나뉨

    ⓒ 모집은 신규로 발행되는 증권의 취득을 권유하는 것이며, 매출은 이미 발행된 증권의 매수나 매도의 청약을 권유하는 것이다.

    ⓒ 공모는 증권신고서 제출의무가 부과되며, 50인의 산정 시에 전문가와 연고자는 제외된다.

② 직접발행과 간접발행

| 직접발행 | 간접발행 | | |
|---|---|---|---|
| | 위탁모집 | 잔액인수 | 총액인수 |
| 중개기관의 도움없이 자체적으로 발행(발행규모가 간단할 경우) | (발행규모가 간단할 경우) 모집주선만 담당 | 모집부족액을 발행기관이 인수 | 발행기관 책임하에 총액인수 후 청약 |

• 간접발행은 중개기관의 도움을 받는 방식이며, 우리나라의 경우 대부분 총액인수방식이다.

• 발행수수료가 비싼 순서 : 총액인수 > 잔액인수 > 위탁모집

**(4) 발행시장의 조직**

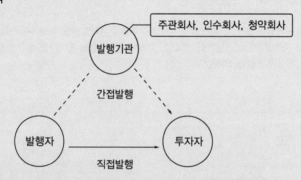

① 발행자 : 발행주체, 증권의 공급자인 동시에 자금수요의 주체가 되는 자

② 발행(중개)기관 : 발행기관은 '주관회사, 인수회사, 청약회사'를 말하는데 가장 중요한 기능은 인수회사로서의 기능이다(발행기관 ≠ 발행자).

---

보충문제

**01** 발행시장의 특징을 표현하는 것으로 가장 거리가 먼 것은?

    ① 추상적인 시장

    ② 제1차적 시장

    ③ 수직적인 시장

    ④ 간접적인 시장

    해설    발행시장은 직접적인 시장이다.

        정답 ④

**02** 다음 설명 중 가장 적절하지 않은 것은?

① 발행주체가 50인 이상의 투자자를 대상으로 증권을 공개적으로 모집하는 발행형태를 모집과 매출이라 한다.

② 발행주체가 자기의 책임과 계산으로 발행위험을 부담하고 발행사무를 모두 담당하여 발행하는 형태를 직접발행이라 한다.

③ 발행시장은 증권이 자금의 수요자인 발행주체로부터 자금의 공급자인 최초의 투자자에게 이전되는 추상적인 시장을 말한다.

④ 보통 공모의 경우 직접발행의 형태를, 사모발행의 경우에는 간접발행의 형태를 띤다.

> **해설** 공모는 간접발행, 사모는 직접발행을 하는 것이 일반적이다.

**정답** ④

**03** 보기에 해당하는 간접발행의 방식은 무엇인가?

> 상장회사 甲은 1,000억원의 회사채를 모집하였는데 300억원의 모집부족액이 발생하였고 인수회사인 乙증권사가 모집부족액 300억원을 인수하였다.

① 모집주선　　　　　　　　　　② 잔액인수
③ 총액인수　　　　　　　　　　④ 직접발행

> **해설** 잔액인수(Stand-by Agreement) 방식이다. 참고로 발행기업의 수수료부담은 '총액인수 > 잔액인수 > 모집주선'의 순이다.

**정답** ②

**04** 다음 중 발행기관에 속하지 않는 자는?

① 발행인　　　　　　　　　　　② 주관회사
③ 인수회사　　　　　　　　　　④ 청약회사

> **해설** 발행인은 자금의 수요자로서 발행기업이다. 발행기관은 주관회사, 인수회사, 청약회사를 모두 합친 개념이다 (발행기관 = 발행중개기관).

**정답** ①

## 유통시장의 기능

유통시장의 경제적 기능에 대한 설명으로 가장 거리가 먼 것은?

① 장기자금의 조달
② 유가증권의 환금성 제고
③ 공정하고 적정한 가격 형성
④ 발행될 유가증권의 가격 결정

해설   유통시장은 장기자금의 조달을 돕는 기능을 한다.
유가증권시장은 불특정다수가 경쟁하여 가격을 결정하는 완전경쟁시장으로써 유가증권시장에서 형성되는
가격은 공정하고 적정한 가격이며, 발행시장의 발행가격의 결정에 큰 지침이 된다.

정답 ①

---

**더알아보기**  금융시장의 구분

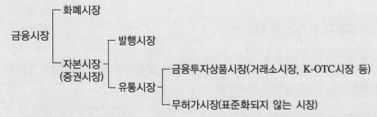

① 금융시장(Financing Market)은 1년 미만의 단기금융상품(CD, RP, CP, 콜 등)이 거래되는 화폐시장
(Monetary Market)과 1년 이상의 장기금융상품(주식, 채권 등)이 거래되는 자본시장(Capital Market) 또
는 증권시장(Security Market)으로 구분된다.
② 증권시장은 발행시장과 유통시장으로 구분되는데, 2013년 4월 자본시장법 개정에 의해 종전 '장내시장과
장외시장'의 구분이 '금융투자상품시장과 무허가시장'의 구분으로 전환되었다.
  ㉠ 금융투자상품시장 : 장외라도 전산발달로 시스템화된 시장(표준화된 시장)이 나올 수 있으며 이 경우
  장내시장과 큰 차이가 없게 되는데, 따라서 종전의 장내시장과 표준화된 장외시장을 '금융투자상품시
  장'으로 포괄하였다.
    • 표준화된 장외시장 : K-OTC시장(종전의 프리보드) 등
    • 한편, 거래소시장은 거래소가 법정설립주의에서 허가주의로 바뀜에 따라 복수의 거래소가 설립될 수
    있는데, 현재는 한국거래소만 존재하여 종전대로 '유가증권시장·코스닥시장·코넥스시장·(장내) 파
    생상품시장'만이 거래소시장에 해당된다.
  ㉡ 무허가시장 : 표준화되지 않은 장외거래시장을 말하며, 종전의 직접탐색시장이 해당된다.

**01** 빈칸이 올바르게 연결된 것은?(차례대로)

> 증권시장은 기업이나 정부가 발행하는 증권이 최초로 투자자에게 매각되는 (          )과 이미 발행된 증권이 투자자들 사이에서 매매되는 (          )으로 구분된다.

① 발행시장, 유통시장      ② 화폐시장, 증권시장

③ 채권시장, 주식시장      ④ 실물시장, 금융시장

해설    발행시장(추상적 시장, 1차적 시장)과 유통시장(구체적 시장, 2차적 시장)이다.

정답 ①

**02** 다음 중 증권시장(자본시장)에서 거래되는 금융투자상품이 아닌 것은?

① 주 식      ② 채 권

③ 기업어음      ④ 주가지수선물

해설    기업어음(CP), CD, RP, 콜 등은 단기금융시장(화폐시장)에서 거래된다.
거래되는 금융상품의 만기가 1년 이상이면 증권시장(자본시장), 1년 미만이면 화폐시장이다.

정답 ③

---

## 유통시장조직 - 한국거래소      핵심유형문제

**한국거래소에 대한 설명이다. 틀린 것은?**

① 한국거래소가 개설한 시장은 유가증권시장, 코스닥시장 및 코넥스시장, 파생상품시장 등이 있다.

② 거래소의 회원 중에서 자기의 명의로 매매거래를 하지만 결제는 결제회원에게 위탁하는 회원을 결제회원이라 한다.

③ 금융위원회로부터 금융투자상품거래청산업 인가를 받아 법적 청산기관으로서의 기능도 하고 있다.

④ 시장참가자에 대한 자율규제기능을 수행한다.

해설    매매전문회원이라고 한다. 자기의 명의로 결제를 하면 결제회원이며, 매매전문회원은 자기의 명의로 매매거래를 하되 결제는 결제회원에게 위탁한다.

정답 ②

**(1) 한국거래소의 조직**

주주총회, 이사회, 감사위원회가 있으며 이사회 아래 5개 본부(경영지원본부/유가증권시장본부/코스닥
시장본부/선물시장본부/시장감시본부)가 있다.

**(2) 거래소 허가주의(2013년 4월 자본시장법 개정)**

각 개설시장 단위로 금융위원회의 허가를 받아 금융투자상품시장을 개설할 수 있다. 즉, 복수의 거래소가
가능하다.
• 자본금 1천억원 이상의 주식회사이며 본점은 부산광역시에 두고 있다.

**(3) 회원조직**

① 거래소 결제회원, ② 매매전문회원, ③ 그 밖에 대통령령으로 정하는 회원으로 구분된다.

**(4) 자율규제기관**

거래소는 법의 구체적 위임과 그 위임에 의한 각종 업무관련규정과 자치규범인 정관 등에 근거하여 회원
등 시장참가자에 대한 자율규제기능을 수행하는 기관이다.

**(5) 한국거래소의 주요업무**

유가증권시장 · 코스닥시장 · 파생상품시장의 개설과 운영에 관한 업무, 증권 및 파생상품의 매매/결제이
행에 관한 업무, 증권의 상장 · 상장법인의 신고 · 공시에 관한 업무, 이상거래의 심리 및 회원의 감리업
무, 분쟁의 자율조정에 관한 업무

**(6) 거래소시장의 구분**

| 유가증권시장 | 코스닥시장 | 코넥스시장 |
|---|---|---|
| • 우리나라를 대표하는 시장<br>• 지분증권, 채무증권, 수익증권, 파생결합증권 등이 상장된 종합증권시장으로서의 기능 | • 일반 중소기업과 벤처기업의 성장을 지원(자금조달 기능, 공신력제고 등) | • 초기 중소기업의 성장을 지원(자금조달 기능, 공신력제고 등) |

---

보충문제

**01** 다음 중 한국거래소에서 운영되는 증권시장이 아닌 것은?

① 유가증권시장
② 코스닥시장
③ 코넥스시장
④ K-OTC시장

해설    K-OTC시장은 금융투자협회가 운영하는 장외시장의 한 종류이다.

정답 ④

## 2 주식발행관련 제도

### 주권의 종류(주식발행의 대상)

주식의 종류에 대한 다음의 설명 중 잘못된 것은?

① 혼합주는 보통주에 비해 이익배당청구권은 우선하고 잔여재산청구권은 열위하다.
② 보통주는 상환권을 붙여서 발행할 수 없다.
③ 보통주도 무의결권주로 발행할 수 있다.
④ 당해 회계연도의 배당이 우선배당율에 미치지 못할 경우 다음 회계연도로 이월해서 배당을 청구할 수 있는 우선주를 참가적 우선주라고 한다.

해설　④는 누적적 우선주를 말한다. ②·③은 모두 개정상법으로 신설된 내용이다.

정답 ④

---

**더알아보기**　주식의 종류

(1) **이익배당 및 잔여재산청구권에 따른 분류(보통주/우선주/후배주/혼합주)** : 권리의 표준이 되는 주식을 보통주, 우선적 지위는 우선주, 후위에 있으면 후배주, 이익배당권에서는 우선하고 잔여재산청구권에서는 후위에 있으면 혼합주이다.
 • 우선주의 종류 : 우선배당이 실현되고 남은 잔여이익이 있을 경우 참가여부에 따라 '참가적 우선주-비참가적 우선주'로, 우선배당이 실현되지 못했을 경우 그 부족액을 다음 기에 청구할 수 있는지의 여부에 따라 '누적적 우선주-비누적적 우선주'로 구분함

(2) **의결권 유무(의결권주/무의결권주)** : 원칙적으로 1주당 하나의 의결권이 부여된다(보통주). '상법개정으로' 보통주도 무의결권주로 발행이 가능하며 또한 우선주에 우선배당권이 실현되지 않으면 자동으로 의결권이 부활되는 의결권부활규정도 삭제되었다(정관으로 정할 수는 있음).
 • 상법상 무의결권주의 발행한도는 발행주식총수의 1/4이다.

(3) **액면표시 유무(액면주/무액면주)** : 액면가(보통 5천원)가 표시되면 액면주, 표시되지 않으면 무액면주. 2012 상법개정을 통해 무액면주의 발행이 허용되었다.
 • 액면가는 자본금의 구성단위 이상의 의미가 없으므로 선진국에서는 무액면제도가 보편화되어 있다.
 • 액면가의 종류 : 100원, 200원, 500원, 1,000원, 2,500원, 5천원, 1만원(또는 1만원의 배수)
 • 회사는 액면주, 무액면주를 선택하여 발행할 수 있다(양자 모두 발행은 불가).
 • 무액면주를 발행할 경우, 회사의 자본금은 발행가액의 1/2 이상의 금액으로 정한다.

(4) **기명여부(기명주/무기명주)** : 주주의 이름이 주권과 주주명부에 표시되는 것을 기명주, 표시되지 않는 것을 무기명주라 한다(무기명주는 2014년 상법개정으로 폐지됨).

(5) **상환주식(상환사유부주식, 상환청구권부주식)**

| 상환사유부주식(강제상환주식) | 상환청구권부주식(의무상환주식) |
| --- | --- |
| 회사가 주주에게 강제상환권을 행사하여 상환한 후 주식을 소각함 | 주주가 회사에게 상환청구권을 행사할 경우, 회사가 의무적으로 상환함 |

### (6) 전환주식(전환사유부주식, 전환청구권부주식)

| 전환사유부주식(강제전환주식) | 전환청구권부주식(의무전환주식) |
|---|---|
| 회사가 주주에게 강제전환권을 행사하여 전환주식을 교부함 | 주주가 회사에게 전환청구권을 행사할 경우, 회사가 의무적으로 전환하여 지급함 |

---

**보충문제**

---

**01** 보통주의 액면가가 될 수 없는 것은?

① 100원
② 250원
③ 500원
④ 1,000원

해설 250원 액면가는 없다(100원, 200원, 500원, 1,000원, 2,500원, 5천원, 1만원 또는 1만원의 배수).

정답 ②

**02** 주식발행에 대한 다음 설명 중 틀린 것은?

① 주식회사는 주식을 발행하되 균등한 단위로 발행해야 한다.
② 액면주식의 경우 액면가는 100원 이상이어야 한다.
③ 회사는 액면주와 무액면주를 골고루 발행할 수 있다.
④ 회사가 무액면주를 발행할 경우에는, 주권 발행가액의 1/2 이상의 금액 중에서 회사가 임의로 정하는 금액을 자본금으로 한다.

해설 회사는 액면주와 무액면주를 선택하여 발행을 하되, 한 가지만 발행해야 한다(양자를 모두 발행할 수는 없음).

정답 ③

**03** 보기가 뜻하는 주권의 종류는?

> 회사가 정관이 정하는 바에 따라, 회사의 이익으로 주식을 강제로 상환한 후 해당 주식을 소각하는 것을 말한다.

① 상환사유부주식
② 상환청구부주식
③ 전환사유부주식
④ 전환청구부주식

해설 회사가 주주에게 권리를 행사하는 것이므로 '사유부주식'이다(주주가 권리를 행사하는 것은 '청구부주식'). 그리고 주식을 상환한 수에 소각을 하므로 '상환사유부주식'에 해당된다. 주식을 상환할 때 상환대금을 지급하지 않고 전환주식을 지급하는 것은 '전환사유부주식'이다.

정답 ①

## 주식발행 - 유상증자

보기의 사례는 어떤 유상증자 방식에 속하는가?

> 신주배정기준일 2022.12.5, 신주배정비율 30%, 신주발행가액 25,000원, 실권주는 이사회결의로 처리함

① 주주배정방식(구주주배정방식)　　　② 주주우선공모방식
③ 일반공모방식　　　　　　　　　　　④ 제3자배정방식

**해설**　구주주를 대상으로 하고, 실권주를 이사회결의로 처리하므로 주주배정방식이며 가장 일반적인 방식이다(실권주를 일반공모로 처리한다면 주주우선공모방식이 된다).

**정답** ①

---

**더알아보기**　유상증자의 종류

| 증자방식 | 특 징 | 발행가 산정 |
|---|---|---|
| 주주배정 (구주주배정) | • 가장 일반적인 유상증자 방식<br>• 기존주주에게 신주인수권부여, 실권주는 이사회결의로 처리<br>• 일반공모에 비해 발행비용이 적게 들고 절차가 간편하다는 장점, 그러나 발행규모가 대규모인 경우에는 적합하지 못함 | 산정방식, 할인율 모두 자율화 |
| 주주우선공모 | 주주배정을 한 후에 실권주에 대해 일반공모를 함 | |
| 일반공모 (완전공모) | • 구주주 신주인수권을 배제, 일반투자자의 청약을 받는 방식<br>• 기존주주에게 피해를 주지 않기 위해 발행가격이 시가에 가깝도록 하고 있음 (→ 시가발행제도 정착에 필요한 증자방식). | 기준주가의 70% 이상 |
| 제3자배정 (연고자배정) | • 특정의 제3자에게 신주인수권을 부여하는 방식<br>• 기존주주의 이해관계와 경영권변동에 중요한 영향을 미치므로 엄격한 규제를 받음(정관이나 주총특별결의가 요구됨) | 기준주가의 90% 이상 |
| 직접공모 | 인수기관을 통하지 않고 발행회사가 직접 신주를 공모하는 방식(상장법인은 거의 사용하지 않음 - 비상장법인이 사용) | |

- 주주배정방식과 주주우선공모방식의 기준주가 산정방식은 2010년부터 자율화되었음
- 일반공모방식의 발행가액 산정방식 : 청약일 전 제3거래일에서 제5거래일까지의 가중산술평균 주가를 기준 주가로 하며, 기준주가의 70% 이상 가격(할인율 30% 이내)으로 발행가액을 결정함
- 제3자배정방식의 발행가액 산정방식 : 기준주가 산정방식은 일반공모와 동일, 할인율은 10% 이내이다. 단, 제3자배정으로 취득한 주식을 1년간 보호예수할 경우에는 다른 방식으로 기준 주가를 산정하고 할인율 도 자율적으로 정할 수 있다(이때 할인율은 10% 이상이 가능함).
- 기업구조조정·기업개선작업의 일환으로 유상증자를 할 경우 발행가액 결정의 예외를 적용

**예시1** 기존주주의 신주인수권이 인정되지 않는 방식은?
　　　→ 일반공모방식, 제3자배정방식
**예시2** 기존주주에게 신주인수권을 주고 그 실권주를 일반공모하는 방식은?
　　　→ 주주우선공모방식

**01** 구주주배정방식과 주주우선공모방식을 비교한 내용이다. 잘못 연결된 것은?

| 번 호 | 구 분 | 구주주배정방식 | 주주우선공모방식 |
|---|---|---|---|
| ① | 실권위험 | 높 다 | 낮 다 |
| ② | 실권주처리 절차 | 이사회결의로 처리 | 일반투자자에 공모 |
| ③ | 인수 수수료 | 부 담 | 더 많이 부담 |
| ④ | 효력발생기간 | 7일 | 10일 |

> **해설** 구주주배정방식은 일반적으로 인수기관의 역할이 발행사무에 국한되므로 인수 수수료를 부담하지 않는다(발행사무비용만 부담). 반면 주주우선공모방식은 실권주에 대한 일반공모 시 인수회사가 먼저 인수하므로 인수 수수료를 부담해야 한다.
>
> **정답** ③

**02** 유상증자 시가발행제도의 정착을 위해 꼭 필요한 증자방식이라고 할 수 있는 것은 무엇인가?

① 주주배정방식  
② 일반공모방식  
③ 주주우선공모방식  
④ 제3자배정방식

> **해설** 일반공모방식이다(발행가액 산정방식이 시가와 가장 근접하기 때문).
>
> **정답** ②

**03** 주권상장법인만이 할 수 있는 증자방식은?

① 구주주배정방식  
② 주주우선공모방식  
③ 일반공모방식  
④ 제3자배정방식

> **해설** 일반공모의 경우 일반청약자를 대상으로 하는데 비상장기업의 경우 거의 불가능하다(자본시장법 특례로 주권상장법인은 일반공모방식의 증자를 할 수 있다 - 법 제165조의 6).
>
> **정답** ③

**04** 빈칸에 알맞은 말은?(차례대로)

> 일반공모증자의 발행가액은 기준주가의 (  ) 이상이어야 하며, 제3자배정증자의 발행가액은 기준주가의 (  ) 이상이어야 한다.

① 70%, 70%  
② 70%, 90%  
③ 90%, 90%  
④ 90%, 70%

> **해설** 할인율은 각각 30% 이내, 10% 이내이다.
>
> **정답** ②

## 기타의 주식발행 - 무상증자, 주식배당

무상증자를 발행하는 사유와 가장 거리가 먼 것은?

① 자본구성의 시정

② 사내유보의 적정화

③ 주주에 대한 자본이득의 환원

④ 자금조달의 목적

**해설** 무상증자(준비금의 자본전입)는 총자산의 변화없이 재무제표상의 항목변경을 통해 신주를 발행하는 것이다
(자금조달목적은 유상증자에 해당).

**정답** ④

---

**더알아보기** 무상증자의 개념

### (1) 무상증자의 개념
무상증자는 자본잉여금의 전부, 이익준비금, 재무구조개선적립금 등 법정준비금을 자본에 전입하고 증가
된 자본금에 해당하는 만큼 신주를 발행하여 구주주에게 소유주식수에 비례하여 무상으로 배정하는 방식
이다(→ 신규자금의 사내유입이 없는 '준비금의 자본전입'에 해당됨).

### (2) 그림 설명

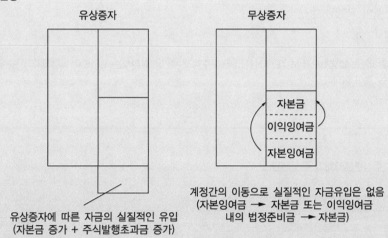

※ 자금유입이 없음에도 무상증자를 하는 이유는 무엇인가?

① 주가가 너무 고가이고 거래량이 부족한 경우 → 유동성부족으로 인한 주식가치의 저평가현상이 발생
할 수 있고 이 경우 무상증자나 액면분할을 통해 유동성을 증가시킬 수 있다(준비금을 재원으로 자본
금을 늘리면 주식수가 늘어남).

② 재평가적립금이 발생한 경우 → 재평가차액에 대해 과세부담이 발생하는데 이 경우 무상증자를 하면
과세부담이 해소된다(재평가차액의 자본전입 시 과세 면제).

**01** '이익의 자본화'라고 할 수 있는 재무활동은 무엇인가?

① 유상증자

② 무상증자

③ 주식배당

④ 현금배당

> 해설 주식배당은 현금배당과 달리 현금이 유출되지 않는다. 대신 배당액만큼 주식이 늘어나므로 '이익의 자본화'라고 한다.
>
> 정답 ③

## 기타의 주식발행 - 주식관련사채의 주식전환  핵심유형문제

다음 중 발행회사의 자본금이 늘어나지 않는 것은?

① 전환사채의 전환권 행사

② 신주인수권부채의 신주인수권 행사

③ 교환사채의 교환권 행사

④ 주식배당

> 해설 교환사채는 발행회사가 보유한 타상장법인의 주식과 채권을 교환하는 것이므로 발행회사의 자본금이 늘어나는 것이 아니다.
>
> 정답 ③

---

**더알아보기** 주식관련사채의 주식전환

**(1) 주식관련사채의 권리행사에 의한 주식발행**

| 구 분 | 권리행사 | 재무항목 변화 | 기존 사채권 | 실질자금유입 |
|------|---------|--------------|------------|-------------|
| CB | 전환권 행사 | 자본↑ & 부채↓ | 소 멸 | × |
| BW | 신주인수권 행사 | 자본↑ & 부채 - | 존 속 | ○ |
| EB | 교환권 행사 | 자산↓ & 부채↓ | 소 멸 | × |

**(2) 도 해**

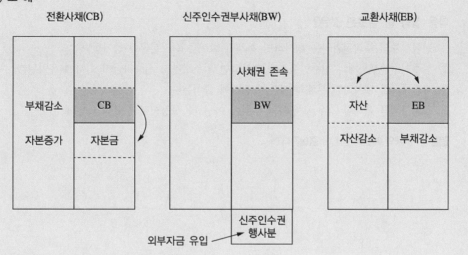

**(3) 주식관련사채의 발행이유**

| 구 분 | 발행사의 입장 | 투자자의 입장 |
|---|---|---|
| 장 점 | 낮은 금리로 자금조달 가능 | 채권의 안정성과 주식의 수익성을 모두 갖춘 투자가 가능 |
| 단 점 | 주식전환에 따른 대주주 지분율 하락 → 경영권 위협 | 주식전환(인수/교환) 불가시에는 낮은 수익률 실현 |

**(4) 전환사채의 전환가격산정방법(신주인수권부사채의 신주인수가격산정방법도 동일함)**

① CB발행을 위한 이사회결의일 전일을 기산일로 하여,

② 그 기산일로부터 소급한 '1개월 가중산술평균주가/1주일 가중산술평균주가/최근일 가중산술평균주가를 산술평균한 가액'과,

③ '최근일 가중산술평균주가/청약일전 제3거래일 가중산술평균주가' 중

④ 높은 가액(②와 ③ 중 높은 금액) 이상으로 한다(단, 일반공모의 경우는 ②와 ③ 중 낮은 금액 이상으로 한다).

**01** 다음 설명 중 잘못된 것은?

① 전환사채의 주식전환권을 행사하면 부채가 줄어들고 자본금이 증가한다.

② 신주인수권부사채의 신주인수권을 행사하면 외부로부터 신규자금이 회사에 유입된다.

③ 교환사채를 행사하면 부채와 자본이 동시에 줄어든다.

④ 교환사채를 행사할 경우 발행사의 주식이 아닌 타 상장회사의 주식을 받게 된다.

> 해설  부채와 자산이 동시에 줄어든다.

> 정답 ③

**02** 주식형사채의 권리행사와 관련한 설명이다. 틀린 것은?

① 공모발행 전환사채는 발행 후 1년이 경과한 후 전환권을 행사할 수 있다.

② 신주인수권부사채를 분리형으로 발행할 경우 사모로 발행할 수 없다.

③ 전환비율이 1:1이 아닌 경우에는 회사의 발행주식총수가 증가 또는 감소하므로, 이에 대한 변경등기를 해야 한다.

④ 전환사채나 신주인수권부사채의 발행가액은 일반공모방식의 경우 타 방식에 비해 더 낮게 결정된다.

> 해설  전환사채의 전환권행사 가능기간은 공모형의 경우 발행일로부터 1개월, 사모형은 발행일로부터 1년 후이다.

> 정답 ①

**03** 다음의 경우 가장 적합한 재무활동은 무엇인가?

> 회사는 설비투자를 위해서 신규자금조달을 필요로 한다. 그런데 주식발행보다는 채권발행을 선호하며, 일반적인 금융비용보다 낮은 비용으로 조달하기를 원한다.

① 유상증자

② 전환사채 발행

③ 신주인수권부채권 발행

④ 교환사채 발행

> 해설  채권발행을 선호하므로 ①은 아니며, ②·③·④ 중에서 신규로 자금이 유입되는 것은 ③이 유일하다.

> 정답 ③

## 3 상장제도

### 상장효과 및 상장종류

상장의 효과라고 볼 수 없는 것은?

① 회사의 공신력 제고

② 기업자금조달의 용이

③ 종업원 사기 진작

④ 적정 배당에 대한 압력

**해설** 적정 배당 압력은 상장의 부정적 측면이다.

정답 ④

---

**더알아보기** 상장제도

### (1) 상장(Listing) 효과 – 긍정적 측면과 부정적 측면

| 긍정적 측면 | 부정적 측면 |
| --- | --- |
| 1) 직접자금 조달기회 및 능력의 증대<br>2) 기업의 홍보효과 및 공신력 제고<br>3) 종업원의 사기진작과 경영권의 안정효과<br>4) 투자자본의 회수효과<br>5) 소유와 경영의 분리 가속화<br>6) 구조조정의 추진이 용이 | 1) 다수의 소액투자자의 경영간섭<br>2) 외부에서의 경영권 위협<br>3) 공시의무 및 위반시 제제<br>4) 적정 배당에 대한 압력<br>5) 기업비밀의 노출<br>6) 시장의 기업평가부진시 경영혼란 초래 |

### (2) 상장의 종류

| 구 분 | 내 용 |
| --- | --- |
| 신규상장 | 처음으로 증권시장에 주권을 상장하는 것(공모상장과 직상장이 있음)<br>• 공모상장 : 모집(또는 매출)을 통한 주식분산 후 상장을 하는 형태<br>• 직상장 : 이미 분산요건을 충족한 경우 모집(매출)없이 상장하는 형태 |
| 추가상장 | 기상장된 기업이 유·무상증자, 주식배당 등으로 발행하여 상장하는 것 |
| 변경상장 | 상호변경, 액면분할·합병 등으로 주권을 재발행하여 상장하는 것 |
| 재상장 | 상장폐지 후 재상장, 상장법인의 분할 등으로 재상장하는 것 |
| 우회상장 | 상장법인과 비상장법인이 합병 등으로 비상장법인이 상장되는 것 |

• 회사단위로 상장하는 '신규상장/재상장/우회상장'은 상장심사가 필요하다.

• 상장폐지된 기업이 재상장을 하는 경우 기존의 심사요건에 비해 완화적용된다.

**(3) 상장대상 증권**

주권/외국주권/외국주식예탁증권(외국DR)/채무증권/신주인수권증서·증권/ETF(상장지수펀드)·
ETN(상장지수증권)/수익증권/투자회사주권/부동산투자회사(REITs) 주권/주식워런트증권(ELW)

① 외국DR : 삼성전자 1주가 뉴욕시장에 2DR로 상장되어 있듯이, 다수의 중국기업이 거래소시장에 DR
로 상장되어 있다.

② 신주인수권증서(증권) : 유상증자(BW의 신주인수권 행사)를 하고 난 후 신주가 상장되기까지 시간이
걸리는데(보통 1~2개월), 이 기간 동안의 유동성 부족을 해소하기 위하여 신주인수권증서(증권)를 상
장하여 매매가 가능하도록 한다.

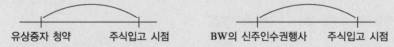

신주인수권증서의 형태로 매매가 가능함    신주인수권증권의 형태로 매매가 가능함

유상증자 청약    주식입고 시점    BW의 신주인수권행사    주식입고 시점

③ ETF : 개별종목이 아닌 지수에 연동하여 운용되는 집합투자증권으로써 반드시 상장하여 주식처럼 실
시간 매매가 가능한 증권이다(2002.9 개설).

④ ELW : 주식워런트증권을 발행할 수 있는 자는 장외파생상품 매매인가를 받은 투자매매업자로서, 영
업용순자본비율이 300% 이상이어야 한다(2005.12 개설).

**01** **추가상장(또는 신주상장)에 해당하지 않는 것은?**

① 유상증자에 따른 발행 후 상장
② 전환사채의 전환권 행사에 따른 발행 후 상장
③ 주식배당에 따른 발행 후 상장
④ 액면분할로 새롭게 발행한 후 상장

해설    ④는 변경상장에 해당한다. 신규상장과 신주상장(추가상장)의 차이에 주의하도록 한다.

정답 ④

**02** **다음 설명 중 옳은 것은?**

① 거래소에 주권이 상장되지 않은 주권발행인이 처음으로 유가증권시장에 주권을 상장하는 것을 추가상장이라 한다.
② 재상장의 경우 신규상장요건보다 강화된 요건을 적용한다.
③ 이미 주식분산요건을 충족한 기업이 공모를 통하지 않고 바로 상장하는 것을 직상장이라 한다.
④ 외국주식예탁증권(외국DR)의 상장신청인은 예탁결제원이다.

해설    신규상장에는 공모상장과 직상장이 있다.
① 신규상장이다.
② 완화된 요건이 적용된다.
④ 외국DR의 상장신청인은 당연히 원주식을 발행한 외국법인이다.

정답 ③

**03** **재상장(再上場)에 해당하지 않는 것은?**

① 상장폐지일로부터 5년이 경과하지 않은 법인이 재상장절차를 거쳐 다시 상장하는 경우
② 주권상장법인 간 분할·분할합병에 의해서 설립된 법인이 상장하는 경우
③ 주권상장법인 간 합병에 의해서 설립된 법인이 상장하는 경우
④ 무상증자로 인해 발행한 주권이 상장하는 경우

해설    ④는 추가상장(또는 신주상장)에 해당한다. ①처럼 상폐기업이 재상장하는 경우 상장요건은 신규 상장요건에 비해 완화 적용된다.
참고    ③과 같은 상장법인 간 합병의 경우, 신설합병으로 신설된 법인이 상장신청을 하고 상장을 하는 것은 재상장에 해당하나, 흡수합병으로 소멸된 법인의 주권이 기존의 상장주권으로 대체하는 경우의 주권상장은 신주상장에 해당한다(신설합병 : A + B = C, 흡수합병 : A + B = A).

정답 ④

# 주권상장법인 특례

주권상장법인만이 할 수 있는 것에 속하지 않는 것은?

① 자사주를 취득할 수 있다.

② 배당가능이익이 있을 경우 분기배당을 할 수 있다.

③ 주식매수청구권을 행사할 수 있다.

④ CB, BW, EB를 발행할 수 있다.

**해설**　CB·BW·EB의 발행은 비상장법인도 발생이 가능하다. 상장법인은 '조건부자본증권'을 발행할 수 있다. 조건부자본증권은 전환형(요건이 되면 주식으로 전환가능)과 상각형(요건이 되면 상각가능)으로 구분된다.

**정답**　④

---

**더알아보기**　주권상장법인의 자본시장법상 특례

| 구 분 | 내 용 |
|---|---|
| 자기주식 취득가능 | 상법상 자사주금지(∵ 자본공동화 때문)나 상장법인은 이익배당가능액 한도에서 취득이 가능함(공로주지급, 주가안정, 적대적 M&A방어차원 등) |
| 합병 특례 | 상장＋비상장＝상장유지, 따라서 비상장법인이 자동 상장되는 효과 |
| 주식매수청구권 | 합병 등의 결의에 반대하는 주주는 해당 법인에게 소유주식의 매수를 청구할 수 있음(주총결의일로부터 20일 이내에 서면으로 청구) |
| 일반공모증자 용이 | 불특정다수를 상대로 한 증자가 용이함(비상장은 유동성부족으로 불가) |
| 우리사주조합원에 대한 우선배정 | 신규상장 또는 신주상장물량의 20% 범위 내에서 우선배정받을 권리, 유가증권상장법인은 법적의무, 코스닥상장법인은 법적의무는 아님 |
| 액면미달발행 특례 | 비상장법인은 '주총특별결의＋법원인가'로 가능하나, 상장법인은 '주총 특별결의'로만 가능하며, 최저발행가액은 기준주가의 70% 이상으로 함 |
| 조건부자본증권의 발행 특례 | CB, BW, EB 외에도 조건부자본증권('전환형'과 '상각형'이 있음)을 발행할 수 있음(핵심유형문제 해설 참조) |
| 이익배당 특례 | 상장법인은 분기배당이 가능하며 이때 반드시 현금배당으로 해야 함 |
| 주식배당 특례 | 상법상 주식배당한도는 이익배당가능액의 50%이나 상장법인은 100%까지 가능함(단, 주가가 액면가 이상이어야 함) |
| 무의결주발행 특례 | 상법상 무의결권주발행한도 → 발행주식총수의 1/4, 상장법인 → 1/2 |
| 주식매수선택권 특례 | 당해 법인 및 계열사 임직원에게 스톡옵션을 부여가능(주총 특별결의), 2년 이상 재직 후 행사가능, 양도는 불가능하나 상속은 가능 |
| 주총소집절차 특례 | 모든 주주에게 주총소집통지를 해야 하나(상법), 상장법인은 1% 미만의 소액주주에게 '주총 2주 전/2개 이상 일간지/2회 이상' 공고로 통지 갈음 |
| 기타 특례 | 주식양도소득세[주1], 주주총회 소집절차의 간소화, 보증금 등 주식대납가능(∵ 유동성이 풍부하므로), 증권거래세율 인하, 상속 및 증여재산 평가기준의 간소화(기준일 전후 2개월의 종가평균) |

**보충문제**

**01**   다음은 주권상장법인에 대한 자본시장법 특례이다. 틀린 것은?

① 발행가액을 액면가에 미달하여 발행할 경우 상장법인은 법원의 인가는 필요없이 주총의 특별결의만으로 가능하다.

② 유가증권시장에서 신규상장 시 공모하는 주식 총수의 20%를 우리사주조합원에게 우선적으로 배정받을 수 있다.

③ 상장법인은 분기배당을 할 수 있다.

④ 상장법인은 시가가 액면가액 이상일 경우 이익배당총액의 50%를 한도로 주식배당을 할 수 있다.

> **해설**   이익배당총액의 100%까지 주식배당이 가능하다. 참고로 ③에서 연 1회 중간배당이 허용되지만 분기당 이익배당은 주식배당이 아닌 현금인 금전으로 배당하여야 한다.
>
> 정답 ④

## 상장준비 및 상장추진(기업공개 절차)

**상장준비단계에 대한 설명이다. 가장 거리가 먼 것은?**

① 거래소의 유가증권시장에 상장하고자 하는 법인은 최근 3사업연도, 코스닥시장에 상장하고자
　 하는 법인은 최근 1사업연도의 재무제표에 대해서 외부감사를 받아야 한다.

② 상장희망 사업연도의 직전 사업연도 또는 당해 사업연도에 한하여 증권선물위원회가 지정한
　 회계감사인의 감사를 받아야 한다.

③ 기업공개를 통해 거래소시장에 상장하기 위해서는 금융투자회사와 대표주관계약을 체결해야
　 하며, 대표주관회사는 계약체결 후 5영업일 이내로 금융위원회에 신고해야 한다.

④ 수권주식수, 회사가 발행할 주식의 종류, 1주의 금액 등을 정관을 통해 정해야 한다.

해설　 금융투자협회에 신고해야 한다.

정답 ③

---

**더알아보기**　기업공개절차

### 〈기업공개절차(상장준비단계 및 상장추진단계)〉

| 상장준비단계 | 상장추진단계 |
|---|---|
| 외부감사인 지정 → 대표주관계약 체결 → 정관정비 → 명의개서대행계약 → 우리사주조합 결성 → 이사회결의 → 회계감리를 위한 상장예비심사신청계획 통보 → 상장신청 사전협의 | 상장신청 사전협의 → 상장예비심사신청서 제출 → 상장예비심사/상장위원회 심의/상장예비심사결과 통지 → 신규상장심사 → 공모(증권신고서 제출 등) → 신규상장 |

### (1) 상장준비단계

① 외부감사인 지정 : 핵심유형문제 지문 ①, ② 참조

② 대표주관계약 체결 : 핵심유형문제 지문 ③ 참조

③ 정관정비 : 수권주식수의 조정, 회사가 발행할 주식의 종류, 1주의 금액(액면가), 주주총회의 소집공고
　 에 관한 사항, 신주의 배당기산일에 관한 사항 등의 결정

④ 명의개서대행계약 : 기업공개에 앞서 이사회결의를 통해 명의개서대행회사를 선정하고 명의개서대행
　 계약을 체결한다.

⑤ 우리사주조합 결성 : 공모하는 주식 총수의 20%[주1]까지 우리사주에 우선적으로 배정받을 수 있으므로
　 우리사주조합을 결성한다.

　*주1 : 유가증권시장은 20% 배정이 법정의무이지만, 코스닥시장은 법정의무는 아니며 정관의 규정에
　　 따라 우리사주조합에 우선 배정할 수 있다.

⑥ 이사회결의 : 신주모집에 관한 사항을 이사회결의로 정한다.

⑦ 회계감리를 위한 상장예비심사신청계획 통보 : 대표주관회사는 상장희망기업의 상장예비심사신청계
　 획을 거래소에 미리 통보한다.

⑧ 상장신청 사전협의 : 보충문제 1
- 외국주권 상장신청인의 경우, 상장예비심사신청서를 제출하기 최소 1개월 전에 거래소와 사전협의
를 실시해야 한다.

(2) 상장추진단계 : 보충문제 2, 3

**보충문제**

**01** 기업공개절차에 있어 보기의 내용에 해당하는 단계는?

> - 상장심사예비청구서 등의 서류에 대해 부실기재를 방지하고자 거래소가 일정 서류를 제출받고
>   확인하는 단계이다.
> - 거래소에 제출하는 서류는 '상장예비심사신청서 초안, 감사보고서, 기업실사(Due-diligence) 체
>   크리스트, 대표주관회사의 종합의견서 등'이다.

① 외부감사인 지정　　　　　　　　② 대표주관계약 체결
③ 상장신청 사전협의　　　　　　　④ 상장예비심사신청서 제출

해설　상장신청 사전협의 단계이다.

정답 ③

**02** 빈칸을 옳게 연결한 것은?(순서대로)

> 상장을 준비하는 기업은 거래소로부터 두 번의 심사를 받아야 한다. (　　　　　)는 상장자격에
> 대한 심사를 뜻하며, (　　　　　)는 분산요건 · 시가총액요건 등의 충족여부를 심사하는 것을
> 말한다.

① 상장예비심사, 신규상장심사
② 상장심사, 신규상장심사
③ 신규상장심사, 상장예비심사
④ 신규상장심사, 상장심사

해설　'상장예비심사, 신규상장심사'이다. '상장심사'는 상장예비심사와 신규상장심사를 합한 개념이라 할 수 있다.[주]
*주1(상장심사의 정의) : 상장예비심사 신청서류를 기반으로 상장예비심사를 신청한 기업이 상장규정상의
상장요건(분산요건, 시가총액 등의 형식적요건 + 질적요건)을 충족하는지 검토하는 과정이다.

정답 ①

**03** 상장추진단계에 대한 설명이다. 가장 거리가 먼 것은?

① 거래소에 발행주권을 상장하고자 하는 법인은 신규상장신청 전에 거래소에 주권의 상장예비심사신청서를 제출하여 상장적격 여부에 대해 심사를 받아야 한다.

② 상장예비심사신청서에 대한 상장공시위원회의 심의 결과는 '승인, 재심의 및 미승인'으로 구분된다.

③ 거래소는 상장예비심사 신청일로부터 영업일 기준으로 45일 이내에 그 심사 결과를 당해 신청인과 금융위원회에 통지하여야 한다.

④ 거래소가 상장예비심사신청서에 대한 심의 결과를 당해 신청인과 금융위원회에 통지한 후에는 그 결과에 대한 효력이 인정되며 이에 대한 예외는 없다.

> 해설   상장예비심사신청에 대한 심의 결과를 통지한 후에는 그 결과의 효력이 발생한다. 단, 심사 결과에 중대한 영향을 미치는 사유[주1]가 확인될 경우 그 결과의 효력을 인정하지 않을 수 있으며, 이 경우 신청인은 상장예비심사신청서를 다시 제출하여 심사를 받아야 한다.
> *주1 : 경영상 중대한 사실이 발생한 경우, 상장예비심사신청서에 거짓의 기재가 있거나 기재되지 않는 사실이 있는 경우(투자자보호에 중요한 사항에 대한), 상장예비심사 결과를 통보받은 날로부터 6개월 내로 신규 상장신청서를 제출하지 않은 경우 등
>
> 정답 ④

**04** 다음 중 신규상장의 질적 요건과 거리가 먼 것은?

① 기업의 계속성

② 경영의 투명성

③ 투자자보호

④ 주식분포도

> 해설   주식분포 또는 주식분산 요건은 상장자격을 위한 형식적 요건(양적 요건, 외형요건)에 해당한다.
>
> 정답 ④

유가증권시장의 신규상장심사요건에 대한 설명이다. 틀린 것은?

① 상장예비심사청구일 현재 설립 후 3년 경과와 계속적인 영업을 하고 있어야 한다.

② 상장예비심사청구일 현재 자기자본은 300억원 이상이어야 한다.

③ 일반주주는 100명 이상이어야 한다.

④ 주식양도의 제한이 없어야 한다.

**해설** 일반주주는 500명 이상이어야 한다(참고로 코스닥의 소액주주도 500명 이상이어야 한다).

**정답** ③

**더알아보기** 유가증권시장 상장심사요건

| 구 분 | | 내 용 |
|---|---|---|
| 규모 요건<br>(모두) | 기업규모 | 자기자본 300억원 이상 |
| | 상장주식수 | 100만주 이상 |
| 분산 요건<br>(모두) | 주식수 | 〈다음 중 하나만 충족하면 됨〉<br>① 일반주주소유비율 25% 이상 또는 500만주 이상<br>　(다만, 상장예정주식수 5천만주 이상 기업은 상장예정주식수의 10% 해당 수량)<br>② 공모주식수 25% 이상 또는 500만주 이상<br>　(다만, 상장예정주식수 5천만주 이상 기업은 상장예정주식수의 10% 해당 수량)<br>③ 자기자본 500억 이상 법인은 10% 이상 공모하고 자기자본에 따라 일정규모 이상 주식 발행<br>　㉠ 자기자본 500억~1,000억원 또는 기준시가총액 1,000억~2,000억원 : 100만주 이상<br>　㉡ 자기자본 1,000억~2,500억원 또는 기준시가총액 2,000억~5,000억원 : 200만주 이상<br>　㉢ 자기자본 2,500억원 이상 또는 기준시가총액 5,000억원 이상 : 500만주 이상<br>④ 국내외동시공모법인은 공모주식수 10% 이상 & 국내공모주식수 100만주 이상 |
| | 주주수 | 일반주주 500명 이상 |
| | 양도제한 | 발행주권에 대한 양도제한이 없을 것 |
| 경영<br>성과<br>요건<br>(택1) | 매출액 및<br>수익성 | ① 매출액 : 최근 1,000억원 이상 및 3년 평균 700억원 이상 &<br>② 최근 사업연도에 영업이익, 법인세차감전계속 사업이익 및 당기순이익 각각 실현 &<br>③ 다음 중 하나 충족<br>　㉠ ROE : 최근 5% & 3년 합계 10% 이상<br>　㉡ 이익액 : 최근 30억원 & 3년 합계 60억원 이상<br>　㉢ 자기자본 1천억원 이상 법인 : 최근 ROE 3% 또는 이익액 50억원 이상이고 영업현금흐름이 양(+)일 것 |
| | 매출액 및<br>기준시가총액 | ① 최근 매출액 : 1,000억원 이상 &<br>② 기준시가총액* : 2,000억원 이상<br>*기준시가총액 = 공모가격 × 상장예정수식수 |

| | 기준시가총액<br>및 이익액 | ① 기준시가총액 : 2,000억원 이상 &<br>② 최근 이익액 : 50억원 이상 |
|---|---|---|
| | 기준시가총액<br>및 자기자본 | ① 기준시가총액 : 5,000억원 이상 &<br>② 자기자본 : 1,500억원 이상 |
| | 기준시가총액 | 1조원 이상 |
| 안정성<br>및<br>건전성<br>요건 | 영업활동기간 | 설립 후 3년 이상 경과 & 계속적인 영업활동<br>(합병 등이 있는 경우 실질적인 영업활동기간 고려) |
| | 감사의견 | 최근적정, 직전 2년 적정 또는 한정(감사범위 제한에 따른 한정의견 제외) |
| | 의무보유 | ① 최대주주 등 소유주식 & 상장예비심사신청 전 1년 이내 최대주주 등으로부터 양<br>수한 주식 : 상장 후 6월간<br>② 상장예비심사신청 전 1년 이내 제3자배정 신주 : 발행일로부터 1년간. 단, 그날이<br>상장일로부터 6월 이내인 경우에는 상장 후 6월간 |

〈자료출처 : 한국거래소 규정 – www.krx.co.kr〉

보충문제

**01** 유가증권 상장심사요건(분산요건)에 대한 내용이다. 빈칸에 들어갈 수 없는 수는?

> • 상장주식수는 (    )만주 이상이어야 한다.
> • 자기자본이 (    )억원 이상이어야 한다.
> • 일반주주수는 (    )명 이상이어야 한다(의결권주 기준).

① 100 　　　　　　　　　　　② 300
③ 500 　　　　　　　　　　　④ 700

해설　차례대로 '100만주, 300억원, 500명'이다.

정답 ④

**02** 유가증권시장 상장심사요건에 대한 내용 중 빈칸이 옳게 연결된 것은?

> 감사인의 감사의견은, 최근 ( ㉠ )사업연도의 재무제표에 대한 감사의견이 각각 ( ㉡ )이어야 한다.
> 다만, 최근 사업연도의 직전 ( ㉢ )사업연도의 경우 ( ㉣ )의견도 가능하다.
> 그러나 이 경우 감사의견범위제한으로 인한 ( ㉣ )의견은 제외된다.

| | ㉠ | ㉡ | ㉢ | ㉣ |
|---|---|---|---|---|
| ① | 3 | 적정 | 2 | 한정 |
| ② | 3 | 적정 | 2 | 부적정 |
| ③ | 2 | 적정 | 1 | 한정 |
| ④ | 2 | 적정 | 1 | 부적정 |

**해설**　참고로 감사인의 감사의견은 '적정-한정-부적정-의견거절'의 4단계이다.
　　　※ 유가증권시장 상장심사요건 – 감사의견요건
　　　　(1) 최근 3사업연도의 감사의견을 받아야 하고
　　　　(2) 최근 사업연도는 무조건 적정이어야 하며
　　　　(3) 최근 사업연도의 직전 2사업연도는 한정의견이어도 무방함

**정답 ①**

**03**　유가증권시장 상장심사요건 중 경영성과요인을 통과하기 위한 경우로써, 최근사업연도 매출액과 최근 3사업연도 평균매출액을 적용하고자 할 경우 적정요건은?

① 최근사업년도 매출액이 300억원 이상 그리고 최근 3사업년도 평균 200억원 이상
② 최근사업년도 매출액이 300억원 이상 또는 최근 3사업년도 평균 200억원 이상
③ 최근사업년도 매출액이 1,000억원 이상 그리고 최근 3사업년도 평균 700억원 이상
④ 최근사업년도 매출액이 1,000억원 이상 또는 최근 3사업년도 평균 700억원 이상

**해설**　유가증권시장의 매출액 및 수익성 기준은, 최근 3사업연도 평균 매출액 700억원 이상 & 최근 사업연도 매출액 1,000억원 이상이어야 한다.

**정답 ③**

**04**　다음 중 빈칸에 들어갈 말을 연결한 것으로 옳은 것은?

> 유가증권시장 상장심사요건 중 '수익성 및 기준시가총액' 요건을 충족하기 위해서는, 최근 사업연도 이익액이 (　　) 이상 그리고 기준시가총액이 (　　) 이상이어야 한다.

① 50억원, 1천억원　　　　　　　② 50억원, 2천억원
③ 100억원, 1천억원　　　　　　　④ 100억원, 2천억원

**해설**　차례대로 '50억원, 2천억원'이다.

**정답 ②**

**05**　유가증권시장의 상장심사요건 중 질적심사요건에 해당하는 것은?

① 재무안정성 유지여부 등의 기업계속성
② 영업활동기간
③ 경영성과
④ 주식의 양도제한

**해설**　기업계속성, 경영의 투명성 및 안정성, 투자자보호, 상법상의 주식회사 및 공익실현 등은 질적심사요건이다.

**정답 ①**

## 신규상장심사요건 - 각종 특례 등

지주회사에 대한 상장심사요건 특례와 관련하여 빈칸에 들어갈 수 없는 것은?

> 지주회사의 경우 (     )의 요건 모두를 충족할 경우 '영업활동기간요건, 경영성과요건'을 적용하지 않는다.

① 모든 상장 자회사의 발행주식 총수를 소유하고 있을 것
② 상장 자회사의 주식가액 합계가 전체 자회사의 주식가액 합계에서 차지하는 비중이 75% 이상일 것
③ 상장 자회사 중 주식가액이 가장 작은 회사보다 주식가액이 큰 비상장 자회사가 있는 경우에는, 해당 비상장 자회사가 상장심사요건 중 수익성요건과 감사의견요건을 충족하고 있을 것
④ 주식의 양도제한이 없을 것

**해설** 지주회사에 대한 심사요건 특례가 적용되기 위해서는 ①·②·③의 요건을 모두 갖추어야 한다(④는 자회사 자체가 요건을 충족하고 있으므로 지주회사에 대해 별도의 요건이 되지 않는다). 또한 상기 요건을 충족하는 지주회사는 영업활동기간요건, 경영성과요건은 적용하지 않는다.

정답 ④

---

**더알아보기** 신규상장심사요건 - 각종 특례

**(1) 공공적법인에 대한 적용특례** : 공공적법인 등에 대해서는 필요 시 최소한의 상장요건[주1]만을 적용한다.
  *주1 : 공공적법인의 최소한의 상장요건은 '주권의 양도제한요건' 한 가지인데, 이 중 정부출자기관의 경우 '주권의 양도제한요건'에 이어 '분산요건'이 추가된다.

**(2) 지주회사에 대한 적용특례** : 핵심유형문제

**(3) 벤처기업 및 기술성장기업에 대한 적용특례**
  ① 벤처기업 : 코스닥시장 상장요건 중 자기자본요건, 이익요건을 완화적용함('코스닥시장 상장요건'에서 추가학습 예정)
  ② 기술성장기업 : 벤처기업 중 '기술성장기업'에 해당될 경우 '경영성과요건, 자기자본이익률요건'을 적용하지 않는다.

**(4) 유가증권시장 상장주권의 보호예수** : 보충문제 1
  ① 대형법인(자기자본 1천억원 이상 또는 기준시가총액 2천억원 이상)의 최대주주 및 특수관계인 : 상장일로부터 6개월
  ② 제3자배정으로 신주를 취득한 주주 : 발행일로부터 1년 또는 상장일로부터 6개월 중 긴 기간
    ⓓ 코스닥시장의 기술성장기업의 경우 ①, ②에서 1년이 적용된다(좀 더 엄격).

**(5) 우회상장(Back-door Listing)심사요건** : 보충문제 2

**(6) 기업인수목적회사(SPAC ; Special Purpose Acquisition Company)** : 보충문제 3

**01** 유가증권시장 상장법인의 의무보호요건과 관련하여 빈칸을 옳게 연결한 것은?

> 최대주주 및 특수관계인은 상장일로부터 (    ) 이상, 제3자배정으로 취득한 주주는 발행일로부터 (    ) 또는 상장일로부터 (    ) 중 긴 기간 이상을 의무보유기간으로 해야 한다.

① 6개월, 6개월, 6개월
② 6개월, 1년, 6개월
③ 1년, 6개월, 1년
④ 1년, 1년, 1년

**해설**  차례대로 '6개월 – 1년 – 6개월'이다.

정답 ②

**02** 우회상장(Back-door Listing)에 대한 설명이다. 틀린 것은?

① 비상장기업의 편법 상장을 방지하기 위해 우회상장에 대해서는 신규상장에 준하는 형식적 요건을 적용하여 심사한다.
② '기업계속성, 경영투명성, 경영안전성, 투자자보호 및 시장건전성' 등 질적 심사요건에 대해서도 신규상장에 준하는 요건을 적용한다.
③ 우회상장법인의 모든 주주에 대해서는 신규상장에 준하는 의무보호요건을 적용한다.
④ 우회상장법인의 주식을 상장예비심사청구일 전 1년 이내에 제3자배정 방식으로 취득한 주주는 신규상장에 준하는 의무보호요건을 적용한다.

**해설**  모든 주주를 대상으로 하는 것이 아니라 주요 주주(또는 주요 출자자)에 대해서 적용한다(의무보유기간은 상장일로부터 6개월이 원칙). 신규상장기업에 대한 의무보호요건도 최대주주 및 특수관계인을 대상으로 하는 것이지, 모든 주주를 대상으로 하는 것은 아니다.

정답 ③

**03** SPAC(기업인수목적회사) 상장에 대한 설명이다. 가장 거리가 먼 것은?

① 다른 법인과의 합병을 목적으로 설립한 기업인수목적회사이다.
② 우량 비상장기업의 건전한 우회상장 기회를 제공하는 취지로 도입되었다.
③ SPAC를 설립하고 공모를 하여 상장을 하므로 공모자금이 조달되며, 이 자금으로 우량한 비상장기업에 투자할 수 있다.
④ 자금난에 시달리는 상장기업이 상장제도를 악용함에 따라 한계기업의 퇴출이 지연될 수 있다.

**해설**  SPAC 상장이 아닌 우회상장의 문제점을 기술한 것이다.

정답 ④

## 재상장요건

유가증권시장에 주권을 재상장하기 위한 신청인이 될 수 없는 자는?

① 상장예비심사청구일 현재 유가증권시장에서 상장폐지된 후 5년 미경과 법인
② 유가증권시장주권상장법인의 분할 또는 분할합병에 따라 설립된 법인
③ 유가증권시장주권상장법인 간의 합병에 의해 설립된 법인
④ 유가증권시장주권상장법인을 인수하여 우회상장하는 비상장법인

해설  우회상장은 재상장과 별개의 것이다(우회상장은 신규상장에 준하여 심사).

정답 ④

---

**더알아보기**  재상장 심사요건

### (1) 재상장의 종류

| 상장폐지기업의 재상장 | 분할·분할합병 후 신설법인의 재상장 | 합병에 의해 신설된 법인의 재상장 |
|---|---|---|

• 상장폐지기업(유가증권시장에 한함)은 상장폐지일로부터 5년 이내에 재상장 신청이 가능

### (2) 상장폐지기업의 재상장 요건 : 보충문제 1

| 구 분 | 신규상장심사요건 | 상장폐지 후 재상장요건 |
|---|---|---|
| 설립 후 경과연수요건 | 3년 | 5년 이내 |
| 자기자본요건(동일)[주1] | 300억원 | 300억원 |
| 일반주주수요건 | 500명 | 500명 |
| 분산요건(완화) | 25% 또는 500만주 이상 | 20% 또는 400만주 이상 |
| 매출액&기준시가총액요건(강화) | 매출액 1천억원 이상 & 기준시가총액 2천억원 이상 | 매출액 2천억원 이상 & 기준시가총액 4천억원 이상 |
| 감사의견요건(완화) | 최근 3년간 평가 (적정 또는 한정)[주2] | 최근 2년간 평가 (적정 또는 한정)[주3] |

*주1 : (  )은 신규상장심사요건 대비 상장폐지기업의 재상장요건의 완화 및 강화 여부를 말함
*주2 : 최근 사업연도는 적정이어야 하며, 그 직전 2년은 한정이어도 무방함
*주3 : 최근 사업연도는 적정이어야 하며, 그 직전 1년은 한정이어도 무방함

### (3) 분할 및 분할합병 기업의 재상장요건 : 보충문제 2

**01** 상장폐지된 기업의 주권 재상장요건으로 잘못된 것은?

① 자기자본은 300억원 이상일 것

② 상장예정주식총수가 100만주 이상일 것

③ 경영성과요건 중 매출액 및 기준시가총액요건 : 매출액이 최근 사업연도에 2,000억원 이상이고 재상장신청일 현재 기준시가총액이 4,000억원 이상일 것

④ 분산요건 중 일반주주수요건 : 의결권을 보유하고 있는 일반주주수가 700명 이상일 것

> **해설** 일반주주수요건은 500명이다(더알아보기 참조).
>
> **정답** ④

**02** 거래소 상장법인의 분할 및 분할합병(물적 분할은 제외)에 따라 신설되는 기업의 주권 상장심사요건이다. 틀린 것은?(유가증권시장)

① 영업활동기간요건은 이전 대상 영업부문이 3년 이상이어야 한다.

② 자기자본은 100억원 이상이고 재상장예정 보통주식수 100만주 이상이어야 한다.

③ 매출액은 최근 사업연도 매출액이 300억원 이상이고 이익액은 25억원 이상이어야 한다.

④ 유통주식수는 100만주 이상이어야 한다.

> **해설** 분할 및 분할합병 기업의 상장심사요건(유가증권시장)은 ①·②·③이다. ④의 요건은 없다.
> > **참고** 단순분할은 분할된 부분이 독립하여 신설회사로 남아있는 형태로 신설분할에 해당한다. 분할합병은 분할된 부분이 기존 상장회사와 합병하는 형태이며, 이 경우 기존 회사가 분할된 부분을 흡수하면 흡수분할합병이고 기존 회사와 분할된 부분이 합병하여 새로운 회사가 설립되면 신설분할합병이다.
>
> **정답** ④

**03** 다음 중 상장예비심사를 받아야 하는 경우로 모두 묶인 것은?

> ㉠ 신규상장 중 공모상장  ㉡ 신규상장 중 직상장
> ㉢ 우회상장  ㉣ 재상장

① ㉠

② ㉠, ㉡

③ ㉠, ㉡, ㉢

④ ㉠, ㉡, ㉢, ㉣

> **해설** 기업차원에서 새롭게 상장하는 경우(신규상장/우회상장/재상장)는 상장예비심사를 받아야 한다. 반면, 기업차원의 상장이 아닌 추가상장, 변경상장은 상장예비심사를 받지 않는다.
>
> **정답** ④

다음 중 유가증권시장의 상장폐지사유 중에서 관리종목을 경유하지 않는 사유는?

① 감사범위제한으로 인한 한정의견
② 감사의견의 부적정 또는 의견거절
③ 자본금 50% 이상 잠식
④ 반기 월평균거래량이 1% 미만

해설  ①·③·④의 경우 관리종목에 지정되고 1회 추가시 상장폐지된다. ②의 경우는 바로 상장폐지된다.

정답 ②

더알아보기  유가증권시장의 관리종목지정 및 상장폐지기준

**(1) 상장폐지요건 : 상장폐지요건의 이원화(관리종목 경유 VS 바로 상장폐지)**

| 구 분 | 관리종목지정 | 상장폐지 기준 |
|---|---|---|
| 정기보고서 미제출 | • 사업보고서 미제출<br>• 반기·분기보고서 미제출 | • 사업보고서 제출기한 후 10일 이내 미제출<br>• 2회 연속 사업·반기·분기보고서 미제출 |
| 감사·검토 의견 | • 감사보고서 감사범위제한으로 인한 한정<br>• 반기보고서 감사의견 부적정, 의견거절 | • 감사보고서 범위제한 2년 연속<br>• 감사보고서 부적정, 의견거절 |
| 자본잠식 | 자본금 50% 이상 잠식 | 2년 연속 '자본금 50% 이상 잠식' |
| 주식분포상황 | • 일반주주수 200명 미만<br>• 일반주주 지분율 10% 미만 | • 2년 연속 일반주주수 200명 미만<br>• 2년 연속 지분율 10% 미만 |
| 거래량 | 반기 월평균거래량이 유동주식수의 1% 미만 | 2반기 연속시 |
| 지배구조 | 사외이사수 1/4 미만 등 | 차기 주총에서 사유 미해소 |
| 매출액 | 최근 사업연도 50억원 미만 | 2년 연속 50억원 미만 |
| 주가, 시가총액 | 보통주 시가총액 50억원 미만 30일간 지속 | 관리종목 지정 후 90일간 '연속 10일&누적 30일간 50억원 이상'의 조건을 충족하지 못하는 경우 |
| 파산신청 | 파산신청 | 법원의 파산선고 결정 |
| 회생절차<br>(상장적격성심사) | 회생절차 개시신청 | 회생절차 기각 시 상장적격성 실질심사로 이관 |
| 공시의무 위반<br>(상장적격성심사) | 최근 1년간 공시위반 관련 누계벌점 15점 이상 | • 관리종목 지정 후 1년간 누계벌점이 15점 이상 추가(상장적격성 실질심사)<br>• 관리종목 지정 후 고의, 중과실로 공시의무를 위반(상장적격성 실질심사) |

| 기타<br>즉시퇴출사유 | – | • 최종부도 또는 은행거래정지<br>• 법률에 따른 해산사유 발생 시<br>• 주식양도에 제한을 두는 경우<br>• 우회상장 시 우회상장 관련 규정 위반 시<br>• 당해 법인이 지주회사의 완전자회사가 되는 경우 |
| --- | --- | --- |

### (2) 상장폐지의 종류

| 당연폐지 | 심사폐지 | 신청폐지 |
| --- | --- | --- |
| 즉시 퇴출사유 등 상장실질 심사를<br>거치지 않는 폐지 | 상장실질심사위원회의 심사를<br>거치는 폐지 | 상장기업 스스로 신청하는 경우 |

- 신청폐지의 경우, 거래소는 투자자보호를 고려 시 폐지신청을 거부할 수 있음
- 당연폐지와 심사폐지를 직권폐지라고 함

### (3) 상장폐지 이의제기

상장폐지결정통보 → 15일 이내(코스닥은 7일)에 이의제기 가능 → 거래소는 15일 이내로 심의를 거치고 이로부터 3일 이내로 최종 상장폐지여부 결정(상장폐지 결정시 7일 동안 정리매매기간 부여)

※ 이의제기가 불가한 상장폐지 사유
- 유가증권시장 : 정기보고서 미제출, 자본잠식, 매출액 미달, 해산, 지주회사 편입

### (4) 상장폐지의 유예

계속기업가정에 대한 불확실성으로 감사의견 부적정 또는 의견거절이 발생하여 상장폐지사유에 해당하는 상장법인이 정리매매를 시작하기 전에 해당 사유가 해소되었음을 증명하는 감사인의 의견서를 제출하는 경우에는 상장공시위원회의 심의를 거쳐 반기보고서 법정 제출기한까지 상장폐지를 유예할 수 있음

### (5) 정리매매

상장폐지가 결정된 종목은 투자자에게 최종 매매기회를 주기 위해 7일간 정리매매를 할 수 있도록 한 후 상장을 폐지함

**01** 보기는 유가증권시장의 관리종목 지정사유이다. 빈칸에 들어갈 수 없는 수는?

> • 1년간 공시위반 관련 벌점 (    )점 이상
> • 최근년 매출액이 (    )억원 미만
> • 일반주주 지분율이 (    )% 미만이거나 일반주주수가 (    )명 미만
> • 반기 월평균거래량이 유동주식수의 (    )% 미만인 경우

① 15        ② 30

③ 50        ④ 200

해설    차례대로 '15, 50억, 10% 또는 200명, 1%'이다.

정답 ②

**02** 다음 중 유가증권시장의 상장폐지 기준에서 즉시 퇴출사항이 아닌 것은?

① 은행거래정지
② 파산신청
③ 주식의 양도제한
④ 법률에 의한 해산사유 발생

해설    파산신청 시 관리종목 대상으로 되며, 법원의 파산선고 결정 시 퇴출된다.

정답 ②

**03** 다음 중 상장적격성 실질심사를 받지 않는 상장폐지사유는?

① 불성실공시법인의 사유로 상장폐지되는 경우
② 회생절차개시신청에 대한 기각 등으로 상장폐지되는 경우
③ 법률에 따른 해산사유 발생
④ 주된 영업이 정지된 경우

해설    법률에 따른 해산사유 발생은 즉시퇴출사유에 속한다(심사가 필요없다).

정답 ③

**04** 거래소의 상장폐지에 대한 설명으로 옳지 않은 것은?

① 자본잠식 등의 일부 상장폐지사유는 이의신청할 수 없다.
② 상장폐지결정 시 7일간의 정리매매 후 상장폐지한다.
③ 상장폐지는 거래소의 직권으로만 가능하다.
④ 이의신청이 불가능했던 재무 관련 형식적 상장폐지사유를 실질심사사유로 전환하였다.

해설  상장폐지는 주권상장법인의 신청에 의하는 경우(신청폐지)와 거래소의 상장폐지기준에 의한 직권폐지가 있다.

정답 ③

**05** 다음의 상장주권의 매매거래 정지사유 중에서 매매거래 정지기간이 가장 긴 것은?

① 주권상장폐지기준에 해당하여 공시하는 경우
② 관리종목지정기준에 해당하여 공시하는 경우
③ 불성실공시법인 지정된 사실을 공시하는 경우
④ 주가에 중대한 영향을 미칠 수 있는 중요내용을 공시하는 경우

해설  상장폐지기준에 해당되면 매매거래 정지사유가 해소될 때까지 거래가 정지됨(1일매매거래 정지사유보다 사안이 크다). ②·③은 1일간, ④는 공시 후 30분간이다.

| 구 분 | 매매거래 정지사유 | 매매거래 정지기간 |
| --- | --- | --- |
| 상장규정 | • 관리종목지정기준에 해당<br>• 위조·변조증권의 발생 | → 1일간 거래정지 |
| | • 상장폐지기준에 해당<br>• 주식병합·분할 등을 위한 구주권 제출요구 시<br>• 상장폐지실질심사대상 사실확인<br>• 그외 공익과 투자자보호상 필요 시 | → 정지사유의 해소 인정 시까지 |
| | 우회상장관련 공시 | → 확인서 제출 시까지 |
| 공시규정 | 불성실공시법인 지정<br>(유가 : 벌점 10점 미만 제외, 코스닥 : 벌점 8점 미만 제외) | → 지정일 당일 |
| | 조회공시 답변공시 기한 내 불응 | → 조회공시 답변공시까지 |
| | 기업의 주가/거래량에 중대한 영향을 미칠 수 있는 중요내용 공시 | → 당해 공시시점부터 30분 |
| | 풍문·보도관련 거래량 급변 예상 | → 조회공시 시점 ~ 답변공시 후 30분이 경과한 때까지 |
| 업무규정 | 매매거래폭주로 매매거래를 시킬 수 없다고 인정되는 경우 | → 호가상황 및 거래상황을 감안하여 거래 재개시기 결정 |
| | 거래내용이 현저히 공정성을 결여한 경우 | 1일(거래소가 필요하다고 인정한 경우 5일 이내) |
| | 투자경고종목 또는 투자위험종목 중 시장감시위원회가 요청한 경우 | → 요청받은 기간 |

정답 ①

---

**기업공시의 종류**

보기는 어떤 공시를 말하는가?

> 주권상장법인은 공시의무사항 이외에 회사의 경영·재산 및 투자자의 투자판단에 중대한 영향을
> 미칠 수 있다고 판단되는 사항이나 장래계획에 관한 사항, 또는 투자자에게 알릴 필요가 있다고 판
> 단되는 주요 경영사항에 대해 그 발생사실 또는 결정내용을 사유발생일 다음날까지 공시할 수 있다.
> 그러나 일단 공시한 후 그 내용을 변경 또는 번복하는 경우에는 불성실공시법인으로 지정된다.

① 자율공시 ② 조회공시

③ 공정공시 ④ 수시공시

해설 자율공시이다(더알아보기 참조).

정답 ①

---

**더알아보기** 기업공시제도 개요

**(1) 기업의 공시의무**

공시는 증권거래의 공정성을 도모하고 합리적인 투자판단자료를 제공하는 기능을 하는데, 기업은 투자자
로부터 자금조달의 혜택을 얻는 대신 공시의무를 부담한다(권장사항이 아닌 의무).

**(2) 기업내용공시의 4가지 요건**

| 정확성 및 완전성 | 신속성 및 적시성 | 이해 및 접근용이성 | 전달의 공정성 |
|---|---|---|---|
| 신뢰성이 있어야 함 | 최신정보를 제때에 | 쉽게 이해, 쉽게 이용 | 비대칭성이 없도록 |

**(3) 자본시장법 공시체계**

| 구 분 | | 내 용 |
|---|---|---|
| 발행시장 공시 | | 증권신고서, 투자설명서, 발행실적보고서 |
| 유통시장 공시 | ① 정기보고서 | 사업보고서(90일 이내), 반기·분기보고서(45일 이내) |
| | ② 주요사항보고서 | 은행거래정지, 주식의 포괄적이전·교환 등 |
| | ③ 기타공시 | 공개매수신고서, 안정조작·시장조성신고서 등 |
| | ④ 지분공시 | 주식 등의 대량보유상황보고, 임원의 소유상황보고서 등 |
| | ⑤ 수시공시 | 주요경영사항의 신고공시, 자율공시, 조회공시 포함 |
| | ⑥ 공정공시 | 공정공시 |

• ①·②·③·④는 법정공시, ⑤·⑥은 자율공시(거래소의 자율규제)이다.

### (4) 주요 공시종류별 세부내용

| 공시의 종류 | 내 용 |
|---|---|
| 자율공시 | 공시의무사항 이외에 회사의 경영 및 투자자판단에 중대한 영향을 미칠 수 있다고 판단되는 사항에 대하여 사유발생일 다음날까지 자율적으로 공시함(자율공시도 불성실공시지정의 대상이 됨) |
| 조회공시 | 기업내용 관련 풍문·보도의 사실 여부에 대해 공시를 요구하거나, 해당 주권의 현저한 주가나 거래량의 변동에 대해 공시를 요구할 경우 당해 법인이 일정기간 내에 공시를 해야 함(아래는 답변공시의 기한)<br>① 일반적인 풍문, 보도의 경우<br>　• 조회공시 요구 시점이 오전인 경우 : 당일 오후까지 공시<br>　• 조회공시 요구 시점이 오후인 경우 : 다음날 오전까지 공시<br>② 조회공시의 대상이 매매거래 정지사항(상장폐지기준 등)에 해당되는 경우 : 요구시점의 다음날까지 공시 |
| 주요경영사항 공시[주1] | 수시로 발생하는 경영사항 중, 투자판단에 중요한 영향을 줄 수 있는 사항에 대해 적시에 공시하도록 함 |
| 공정공시 | 미공개 기업정보(장래 사업계획, 경영계획, 매출액 등 경영실적에 대한 전망 또는 예측 등)의 선별적 제공을 금지하여 투자자 간 정보의 공평성을 확보하고자 하는 공시(단, 비밀유지의무자에 대한 정보제공은 선별제공이 가능함) |
| 기업설명회 (IR) | 주권상장법인의 기업내용, 경영내용, 사업계획 및 전망 등에 대한 공개설명회(설명회 내용과 사실에 중대한 차이가 있을 경우 불성실공시지정이 가능) |

*주1 : '부도발생, 당좌거래정지, 파산신청 등 기업존립에 영향을 주는 사항/영업의 정지 등 영업 및 생산에 관한 사항/합병, 영업양도 등 지배구조에 관한 사항 등'이 주요경영공시사항에 해당하며, 사안의 중요도에 따라 당일공시와 익일공시로 구분함

### (5) 공시책임자

책임있는 공시를 위해 공시책임자 1인과 공시담당자 2인(코스닥시장은 1인) 지정
상장외국법인은 공시책임자 1인과 공시대리인 1인(국내에 주소, 거소를 갖는자)을 지정

### (6) 불성실공시 유형

| 공시불이행 | 공시번복 | 공시변경 |
|---|---|---|
| 기간 내 공시를 하지 않는 경우 | 기공시 내용의 전면 취소, 부인 | 기공시 내용의 일부를 변경 |

• 불성실공시법인 지정에 대한 이의 제기 : 7일 내 이의제기 → 10일간 심의 → 3일 내 최종결정

---

**01** 다음 중 유통시장의 공시에 속하지 않는 것은?

① 증권신고서　　　　　　　　　② 사업보고서
③ 수시공시　　　　　　　　　　④ 주요사항보고서

해설　증권신고서는 발행시장의 공시이다.

정답 ①

**02** 다음 중 발행시장 공시에 속하는 것은 몇 개인가?

> 증권신고서, 투자설명서, 사업보고서, 증권발행실적보고서

① 0개
② 1개
③ 2개
④ 3개

해설 증권신고서, 투자설명서, 증권발행실적보고서는 발행시장 공시에 속한다.

정답 ④

**03** 공시에 관한 설명 중 가장 적절한 것은?

① 기업설명회에서 공개한 내용이 사실과 중대한 차이가 있음이 인정되면 불성실공시 법인으로 지정된다.
② 자율공시사항의 변경 또는 번복은 불성실공시사항에 적용되지 않는다.
③ 풍문 및 보도에 대한 조회공시를 오전에 받은 경우는 1일 이내에 공시하는 것이 원칙이다.
④ 3년 이상 매출액 전망도 선별적 제공 금지대상에 해당된다.

해설 ② 자율공시사항의 변경 또는 번복은 불성실공시사항에 적용된다.
③ 조회시점이 오전이면 당일 오후까지 공시하는 것이 원칙이다.
④ 3년 이내 매출액 전망이나 경영계획은 공정공시의 대상이다.

정답 ①

**04** 빈칸이 올바르게 연결된 것은?(차례대로)

> 불성실공시법인의 지정을 통보받은 경우 당해 법인은, 통보받은 날로부터 (    ) 이내에 거래소에 이의신청을 할 수 있으며, 이 경우 거래소는 (    ) 이내에 공시위원회의 심의를 받고 심의일로부터 (    ) 이내에 불성실공시 지정여부 및 부과벌점을 결정해야 한다.

① 7일, 10일, 3일
② 7일, 12일, 3일
③ 14일, 12일, 7일
④ 14일, 15일, 15일

해설 7일, 10일, 3일이다.

정답 ①

**05** 불성실공시의 종류가 아닌 것은?

① 공시정정
② 공시불이행
③ 공시번복
④ 공시변경

> 해설   불성실공시란 상장법인이 자본시장법 및 유가증권시장공시규정에 의한 공시의무를 성실히 이행하지 아니하여 공시불이행, 공시번복 또는 공시변경에 해당하는 위반행위를 하는 것이다.
>
> 정답 ①

## 5 매매거래제도

### 매매거래의 수탁 　　　　핵심유형문제

매매거래의 수탁과 관련한 다음 설명 중 옳은 것은?

① 회원은 위탁자에게 표준약관을 제공하여야 하며, 약관을 새로 정하거나 변경한 때에는 그 내용을 시행일로부터 7매매거래일 이내에 거래소에 통보하여야 한다.
② 회원은 고객의 의사를 존중해야 하므로 어떤 경우에도 고객의 주문을 거부할 수 없다.
③ 위탁수수료는 회원사가 자율적으로 정하는데 결제 시에만 징수한다.
④ 결제일까지 매수대금을 납입하지 않은 경우에는 결제일 다음 거래일로부터 90일간 위탁증거금 100%를 적용한다.

> 해설   위탁수수료는 주문 시는 받지 않고 결제 시에만 징수한다.
> ① 약관이나 위탁수수료의 변경 시 5매매거래일 이내에 거래소에 통보하여야 한다.
> ② 금지되는 공매도 등의 경우 거부할 수 있다.
> ④ 매수대금의 미결제 시에는 30일, 매도증권의 미결제 시에는 90일이다.
>
> 정답 ③

**(1) 유가증권시장에서 매매를 할 수 있는 자** : 금융투자업 허가를 받은 금융투자회사로서 거래소의 회원(거래소 결제회원, 매매전문회원 등)인 자에 한정

**(2) 주문과 호가**

| 주 문 | 호 가 |
|---|---|
| 고객이 매매거래를 위해 계좌설정 후 매수 또는 매도의 의사표시를 하는 행위 | 고객의 주문을 받은 회원이 증권시장에서 매매거래를 위한 매매의사를 표시하는 행위 |

- '수탁'이란 고객의 주문행위를 받는 것을 말하며, 금지되는 공매도나 불공정거래 등의 경우 회원사는 수탁을 거부할 수 있다.

**(3) 위탁증거금의 징수**
① 징수율과 징수방법은 회원이 자율적으로 정하고, 징수율 변경 시 5거래일 내 거래소에 보고
  - 위탁증거금은 현금에 갈음하여 대용증권으로 납입할 수 있으며 대용증권의 사정비율은 거래소가 정한다.
  - 위탁증거금 징수특례 : ㉠ 투자경고·투자위험종목의 매수, ㉡ 상장주식수가 5만주 미만인 종목의 매도주문을 수탁한 경우 위탁증거금 100%를 징구한다.
② 결제일까지 매수대금을 납부하지 않은 투자자에 대하여는 결제일의 다음 매매일부터 30일(매도증권을 납부하지 않은 경우에는 90일) 동안 위탁증거금을 100% 징수함

**(4) 위탁수수료(징수방법은 회원이 자율적으로 정하며, 변경 시 5거래일 내 거래소에 보고)**
투자자 위탁매매주문의 처리에 제공되는 각종 서비스의 대가성격을 가지는 것으로 결제 시 징수

**(5) 우리나라의 결제방식(결제기관은 예탁결제원, 결제시한은 16:00)**

| 실물결제(차금결제×) | 차감결제(전량결제×) | 집중결제(개별결제×) |
|---|---|---|

- 결제는 시장에서 성립된 매매계약을 이행하는 절차이며, 결제이행으로 매매거래가 종결됨
- 결제기관은 예탁결제원, 결제시한은 16:00. 단, 전산장애 등 시장관리상 필요 시 시한변경이 가능

**참고** 주식매수 시 결제흐름 [가정 : 주식 1천주 × 1만원 매수 시(1천만원), 위탁증거금율 40%]

| 구 분 | | T일 | T+1일 | T+2일 | T+3일 |
|---|---|---|---|---|---|
| 결 제 | | −400만원 | 0 | −600만원 | • 'T+2일'에 미결제 시 반대매매를 통해 강제결제함(미수계좌 반대 매매) |
| 잔 고 | 현금잔액 | 600만원 | 600만원 | 0원 | • 미수계좌는 향후 30일간 위탁증거금 |
| | 주식잔고 | 0주 | 0주 | 100주 | 100%적용 |

→ 주식매수 시 T+2일에 결제된다(보통결제). 첫날에 위탁증거금이 출금되고 결제일(T+2)에 잔액이 결제된다. 만일 T+2에 600만원을 결제하지 않을 경우 '미수'거래가 되어 다음날 아침 반대매매를 통해서 강제결제된다. 그리고 이 경우 미수거래를 억제하는 차원에서 향후 30일 동안 위탁증거금을 100%로 적용한다(매도증권의 미결제 시는 90일 적용).

- 매매거래의 종류 : ㉠ 보통거래(주권, T+2일 결제), ㉡ 당일결제거래(일부 채권), ㉢ 익일결제거래(국채전문유통시장)

**예시1** (위탁증거금율/위탁수수료율/대용증권 사정비율) 중 금융투자회사 자율로 정하는 것이 아닌 것은?
  → 대용증권 사정비율은 거래소가 정한다.
**예시2** (위탁증거금/위탁수수료/증권거래세) 중 주식매도 시 결제하지 않는 것은?
  → 위탁증거금은 매수 시 징수

**01** 보기가 뜻하는 것은?

> 회원이 고객으로부터 증권의 매매거래를 수탁하는 경우, 해당 위탁자의 결제이행을 담보하기 위해 징수하는 현금 또는 증권을 말한다.

① 위탁증거금　　　　　　　　　　② 위탁수수료
③ 대용증권　　　　　　　　　　　　④ 거래대금

**해설** 위탁증거금을 말한다. 참고로 위탁수수료는 '매매거래가 성립되었을 때 매매거래서비스를 제공해 준 대가로 회원이 징수하는 금액'을 말한다. 위탁증거금과 위탁수수료 모두 회원이 자율적으로 정할 수 있으며, 변경시에는 5영업일 내에 거래소에 보고해야 한다.

**정답** ①

**02** 위탁증거금과 관련된 다음 설명 중 잘못된 것은?

① 위탁증거금과 위탁수수료율은 회원이 자율적으로 정한다.
② 위탁증거금으로 납부하는 현금에 갈음하여 대신 납부하는 증권을 대용증권이라 한다.
③ 결제일에 매수대금이나 매도증권을 결제하지 않을 경우 향후 10일간 위탁증거금율이 100%로 적용된다.
④ 위탁증거금이나 위탁수수료율을 변경시 시행일로부터 5거래일 이내에 거래소에 보고하고 투자자에게 사전에 알 수 있도록 이를 공표해야 한다.

**해설** 매수대금 미결제 시는 30일, 매도증권 미결제 시는 90일이 적용된다.

**정답** ③

**03** 상장주식수가 (　　　) 미만인 종목의 (　　　) 주문을 수탁한 경우는 위탁증거금을 100% 징수해야 한다. 빈칸을 옳게 연결한 것은?(순서대로)

① 3만주, 매도　　　　　　　　　　② 5만주, 매도
③ 3만주, 매수 또는 매도　　　　　　④ 5만주, 매수 또는 매도

**해설** '5만주 미만을 매도할 때'이다.

**정답** ②

**04** 우리나라의 증권시장에서 채택하고 있는 결제방식에 해당하지 않는 것은?

① 실물결제　　　　　　　　　　　　② 집중결제
③ 차감결제　　　　　　　　　　　　④ 차금결제

**해설** '실물, 차감, 집중'결제이다. 차감결제는 동일회원으로부터의 주문수량이 1천주 매수, 600주 매도의 경우 400주 매수로 처리하는 것을 말하며, 차금결제는 (증권시장이 아닌) 파생상품시장에서 최종거래일의 정산가격과 최종결제가격의 차에 의해 산출하는 방식이다.

**정답** ④

## 매매거래시간

다음 중 한국거래소 유가증권시장의 정규시장 거래시간은?

① 08:00~09:00

② 09:00~15:00

③ 09:00~15:30

④ 15:40~18:00

**해설**　2016.8.1 거래소 업무규정의 개정으로 정규시장의 매매거래시간은 ②에서 ③으로 변경되었다(마감시간을 30분 연장). ①은 장개시 전 시간외시장이며, ④는 장개시 후 시간외시장이다.

**정답** ③

---

**더알아보기**　매매거래시간

**(1) 정규시장과 시간외시장 : 핵심유형문제**

**(2) 매매거래 휴장일 : 보충문제 1**

---

**보충문제**

**01**　다음 중 한국거래소의 매매거래 휴장일이 아닌 것은?

① 관공서의 공휴일에 관한 규정에 의한 공휴일, 토요일

② 근로자의 날(5월 1일)

③ 12월 31일(단, 동일이 공휴일이나 토요일인 경우는 직전 매매거래일로 함)

④ 대입수학능력시험일

**해설**　연초개장일과 대입수학능력시험일은 매매거래시간을 변경하여 시작한다(휴장일이 아님).

**정답** ④

## 호 가

'종목과 수량은 지정하되 가격은 지정하지 않는 주문'의 유형은?

① 지정가호가
② 시장가호가
③ 최유리지정가호가
④ 최우선지정가호가

**해설**  시장가주문을 말한다(시장가주문은 가격을 불문하고 원하는 수량을 우선 체결하고 싶을 때 하는 주문).

정답 ②

**더알아보기**  호 가

### (1) 호가의 개념

거래소회원인 증권사가 자기명의로 시장에 매도 또는 매수의 의사표시를 하는 것을 말한다.

### (2) 호가의 종류

| 호가의 종류 | 내 용 |
|---|---|
| 지정가호가 | '종목/수량/가격'을 지정한 호가. 가장 일반적인 호가로써 투자자가 지정한 가격 또는 그보다 유리한 가격으로 매매하고자 하는 호가 |
| 시장가호가[주1] | '종목/수량'만 지정. 시장에서 형성된 가격으로 즉시 체결하고자 하는 거래 |
| 조건부지정가호가 | '지정가호가＋시장가호가 전환', 지정가주문이 미체결 시 종가결정을 위한 단일가매매에서 시장가호가로 전환하는 조건부호가를 말함 |
| 최유리지정가호가 | '종목/수량'만 지정하되 즉시 체결이 되도록 상대방의 최우선호가로 가격을 지정하는 호가(가격조건 부여) |
| 최우선지정가호가 | '종목/수량'만 지정하되 자기호가방향의 최우선호가로 가격을 지정하는 호가(가격조건 부여) |
| 경쟁대량매매호가 | '종목/수량'만 지정하되 가격은 장중대량매매 또는 시간외 경쟁대량매매에 따른 가격으로 매매거래를 하고자 하는 호가 |
| 목표가호가 | '종목/수량'만 지정하되, 당일의 거래량가중평균가격(VWAP) 등 향후에 결정될 가격으로 매매거래를 하고자 하는 경우 |

*주1 : '시장가호가'가 불가한 증권에는 신주인수권부증서, ELW, 수익증권, 채권, 정리매매종목(→ **암기** '신.엘.수.채.정')이 있다.

### (3) 가격제한폭

| 가격제한폭 30% | 가격제한폭 없음[주1] |
|---|---|
| 주권, DR, ETF, ETN, 수익증권 등 | 신주인수권부증서(증권), ELW, 정리매매 |

*주1 : 가격제한폭이 없는 것은 '신.엘.정'으로 암기
- 지정가호가만 사용가능한 것은 대부분 가격제한폭이 없다(단, 수익증권은 가격제한폭 있음).

### (4) 호가의 조건

| FOK | IOC |
|---|---|
| 전량체결되지 않으면 전량취소하는 조건 | 체결 후 미체결잔량은 즉시 취소하는 조건 |

- 호가는 '매수/매도, 위탁매매호가/자기매매호가, 호가의 조건(FOK/IOC)'을 구분하여 거래소시스템에 입력한다.

### (5) 공매도호가의 제한

| 공매도의 종류 | | 내 용 |
|---|---|---|
| Naked Short Selling | 금 지 | 보유하고 있지 않은 상태에서의 매도(미국에서는 허용) |
| Covered Short Selling | 허 용 | 결제이행이 보장된 경우에만 허용 – 결제 전 매도, 신주인수권증서(증권) 매도, 대주·대차거래 |

- 공매도의 경우 원칙적으로 직전가격 이하의 가격으로 호가할 수 없다(공매도를 허용하되 의도적인 주가하락은 방지하고자 하는 차원).

### (6) 호가수량단위 VS 매매수량단위

| 구 분 | 호가수량단위 | 매매수량단위 |
|---|---|---|
| 주권/외국DR/ELW/수익증권 | 1주(증권/증서/좌) | 1주/1증권/10증권/1좌 |
| ETF/신주인수권증서(증권) | | 1주/1증서(증권) |
| 채무증권 | 액면 1만원 | 액면 10만원(소액채권 액면 1,000원, 국채 10억원) |
| 외화표시채권 | 1만 포인트 | 1만 포인트 |

### (7) 프로그램매매호가 효력의 일시정지제도(Sidecar)

| 구 분 | 내 용 |
|---|---|
| 요 건 | • 코스피20(코스닥150)지수선물 가격이 기준가격 대비 5%(6%) 이상 상승하거나 하락하여 1분간 지속(코스닥시장은 코스닥150(현물)지수도 3% 이상 변동한 경우에만 발동)<br>• 1일 1회에 한함(장 개시 후 5분 전, 장 종료 40분 전 이후에는 발동하지 않음) |
| 종 류 | • 지수차익거래 : 주식시장(현물)과 파생상품시장(선물·옵션) 간의 가격차이를 이용<br>• 비차익거래 : 코스피지수 구성종목 중 15종목 이상(코스닥150지수는 구성종목 중 10종목 이상)을 매수 또는 매도(파생상품시장과 무관하게 일시에 매매함) |
| 효 과 | • 프로그램매매호가의 효력을 5분간 정지<br>• 신규 취소 및 정정호가의 효력도 정지 |

**01** 호가표가 다음과 같다. 이 경우 매도 최유리지정가 주문의 경우 (가)와 매도 최우선지정가 주문의 경우 (나) 주문가격이 옳게 연결된 것은?

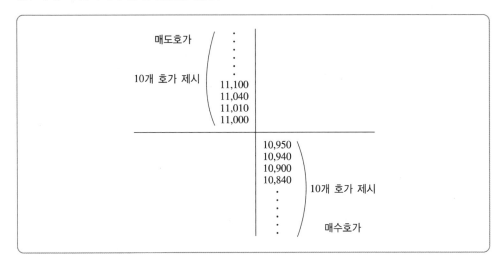

|   | (가) | (나) |
|---|---|---|
| ① | 10,950원 | 11,000원 |
| ② | 11,000원 | 10,950원 |
| ③ | 10,950원 | 11,100원 |
| ④ | 11,000원 | 10,840원 |

해설　최유리지정가 주문은 상대편의 최우선호가의 가격으로 체결되는 주문형태이다. 즉 매도 측의 최유리지정가 주문은 상대방인 매수 측의 최우선호가인 10,950원으로 지정되어 체결된다. 물론 체결수량이 부족할 경우 10,950원에 그대로 주문수량이 남아 있게 된다.

최우선지정가 주문의 경우, 매도 측의 최우선지정가 호가는 자기편의 가장 낮은 호가인 11,000원으로 주문가격이 지정되는 것을 말한다. 물론 이 경우 시간상으로 이미 먼저 나와 있는 주문보다는 후순위가 된다.

정답 ①

**02** 다음 중 시장가호가가 불가한 증권이 아닌 것은?

① 신주인수권부증권
② 주식워런트증권(ELW)
③ 상장지수펀드(ETF)
④ 정리매매종목

해설　ETF는 주권과 동일하게 취급된다. 즉 시장가호가를 포함하여 모든 호가가 가능하다. ①·②·④는 시장가주문이 불가하다.

암기 신.엘.수.채.정(시장가주문 불가), 신.엘.정(가격제한폭 없음)

정답 ③

**03** 다음 중 가격제한폭이 없는 증권은?

① ETF

② ETN

③ ELW

④ DR

> **해설** ELW는 가격제한폭이 없다(신.엘.정). 왜냐하면 ELW는 파생상품인 옵션을 증권화한 것으로서, 옵션은 변동성이 크기 때문에 주식거래에 적용하는 가격제한폭으로 이 변동성을 제한하면 증권 가격의 왜곡이 생기기 때문이다.
>
> 정답 ③

**04** 아래 주문상황에서 호가조건별 설명이 잘못된 것은?

> (매도주문) 20,000원×10,000주 VS 20,000원×15,000주 (매수주문)

① 일반조건이라면 10,000주가 체결되고 미체결잔량 5,000주가 매수로 남아 있다.

② 매수주문에 IOC조건이 부여된다면 10,000주가 체결되고 나머지 잔량은 취소된다.

③ 매수주문에 FOK조건이 부여된다면 체결이 전혀 되지 않는다.

④ 모든 호가에서 FOK와 IOC 조건을 부여할 수 있다.

> **해설** FOK/IOC는 그 성격상 조건부지정가호가와 최우선지정가호가에는 사용할 수 없다.
> - FOK/IOC
>   - FOK(Fill or Kill) : 전량 체결되지 않으면 전량 취소하는 조건
>   - IOC(Immediate or Cancel) : 체결 후 미체결잔량은 즉시 취소하는 조건
>
> 정답 ④

**05** 다음 중 매매수량단위가 잘못된 것은?

① 유가증권시장 상장주권 - 1주

② ETF - 1주

③ 신주인수권부 증서 - 1증서

④ ELW - 1증권

> **해설** ELW는 10증권이다(매매수량단위는 ELW 10증권을 제외하고는 모두 1단위이다).
> **주의** ELW 상품의 호가가격 단위는 가격범위와 무관하게 5원 단위로 일괄적용한다.
>
> 정답 ④

**06** 공매도는 원칙적으로 금지되나, 결제일까지 결제이행이 보장된 경우의 공매도는 허용된다. 그렇다면 다음 중 허용되는 공매도가 아닌 것은?

① 보유하고 있지 않는 종목의 매도
② 신주인수권증권의 매도
③ 결제 전 매도
④ 대주·대차거래로서의 매도주문

해설 ①은 Naked Short Selling이다(원천금지).
※ 결제 전 매도 : 과거에는 주식매입 후 결제 후에 매도가 가능했으나(T+2일에 매도 가능), 결제이행이 확실한 상태이므로 매입 즉시 매도를 허용하고 있다(전산발달이 뒷받침).

정답 ①

**07** 호가의 효력에 대한 설명이다. 옳지 않은 것은?

① 호가는 당일의 호가접수 때부터 매매거래가 성립될 때까지 지속되는데 시간외시장에서도 효력이 지속된다.
② 단일가매매에 참여한 시장가주문과 상한가주문은 동시에 접수된 호가로 간주하여 시간상 우선순위를 배제하여 동시호가로 본다.
③ 차입하는 주식의 공매도의 경우 원칙적으로 직전의 가격 이하로 호가할 수 없다.
④ KOSPI200 지수선물 가격이 기준가 대비 5% 이상 변동하여 1분간 지속되는 경우 프로그램매매의 호가의 효력을 5분간 정지한다.

해설 호가의 효력은 시간외시장에서는 상실된다.

정답 ①

**08** 다음 중 시장가호가가 가능한 것은?

① 정리매매종목
② 공매도
③ 자기주식
④ 관리종목

해설 관리종목으로 지정되더라도 매매는 정상적으로 매매한다.

정답 ④

다음 중 단일가매매(단일가격에 의한 개별경쟁매매)가 이루어지는 경우가 아닌 것은?

① 시가 및 장종료 시의 가격결정 시

② 시장의 전부 또는 일부가 정지된 후 재개하여 최초의 가격결정 시

③ 정리매매종목, 단기과열종목의 가격결정 시

④ 정규시장의 정상적 장중거래 시(장중이라 함은 시가출발 후 종가결정 전까지를 의미)

해설      ①·②·③은 단일가매매가 되는 3가지 경우이다. ④는 복수가격에 의한 경쟁매매(접속매매) 방식이다.

정답 ④

**더알아보기**    매매거래체결방식

**(1) 거래소의 매매체결방식** : 개별경쟁매매방식, 코넥스에서 경매매 허용

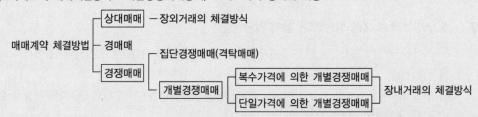

① 경매매 : 매도측 또는 매수측의 어느 한쪽이 단수이고 또 다른 한쪽은 복수일 때만 성립하는 매매거래
방식(입찰방식)이다. 거래소는 매도측이 단수일 경우 코넥스시장에 한해 경매매를 허용한다. 또한 경
매매를 신청하고자 하는 자는 '발행주식총수의 0.5% 이상 & 2,500만원 이상'을 매도해야 한다.

② 격탁매매 : 집단경쟁매매를 하여 매수/매도의 가격과 수량이 일치할 때 격탁을 쳐서 거래를 성립시키
는 매매방법인데 현재 전산의 발달로 개별경쟁매매로 대체되었다.

**(2) 개별경쟁매매의 개념**

▼ 단일가매매와 복수가매매

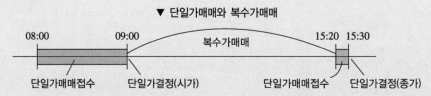

① 단일가격에 의한 개별경쟁매매(단일가매매)

   ⓐ 일정한 시간 동안 호가를 접수하여 거래가 가장 많이 이루어질 수 있는 가격, 즉 매도호가와 매수
호가가 가장 많이 합치되는 합치가격으로 매매를 체결시키는 방법이다.

   ⓑ 만일, 합치가격이 2개 이상이면 가격연속성 유지를 위해 합치가격 중 직전가격에 가장 가까운 가
격으로 매매를 체결한다.

   ⓒ 단일가매매를 해야 하는 경우 시초가와 종가는 단일가매매로 결정하며(하루에 두 번, 매일), 그 밖
에 시장의 중단 또는 개별종목의 거래중단 후 매매가 재개되는 경우 시작가격(최초가격)이 필요한
데 이때 단일가매매로 최초가격을 결정한다.

② 기타의 단일가매매 : '시간외단일가/정리매매/단기과열종목'의 경우
  • 관리종목은 2014.11.7부터 일반종목과 동일한 접속매매방식으로 변경됨
② 복수가격에 의한 개별경쟁매매(복수가매매) 정규시장은 시가로 출발하고 종가로 마감하는데, 시가로 출발한 09:00 직후부터 종가결정을 위한 단일가매매호가 접수시간인 15:20 직전까지 체결이 이루어지는 방식을 복수가매매 방식이라고 한다(호가양상에 따라 가격이 계속 변하므로 복수가매매라고 함).
◉ 동시호가매매제도(동시호가는 단일가에 포함되는 개념 → 동시호가 ⊂ 단일가매매)
  단일가매매를 하는 경우로서 '㉠ 시가를 결정하는 경우 ㉡ 시장임시정지 및 매매거래중단·정지 후 최초가격결정시 ㉢ 신규상장종목 등의 최초가격결정시', 그 가격이 상·하한가로 결정되는 때에는 동시호가를 적용한다.
  • 즉, 출발가격이 상한가 또는 하한가이면 동시호가를 적용한다(종가결정시는 해당 안 됨).
  • 동시호가는 가격과 시간이 同時라는 의미이므로, 수량우선원칙과 위탁매매우선원칙이 적용된다.
  [3단계 안분배분방식] '매매수량단위의 100배 → 잔량의 1/2 → 잔량'의 순으로 체결수량을 배정한다.

**(3) 개별경쟁매매시 매매체결우선의 원칙**

| 가격우선의 원칙 | 시간우선의 원칙 | 위탁매매우선의 원칙 | 수량우선의 원칙 |
|---|---|---|---|

• 위탁매매우선과 수량우선원칙은 동시호가에서만 적용된다.

**01** 유가증권시장의 매매체결방법에 대한 설명이다. 가장 거리가 먼 것은?

① 한국거래소의 매매체결방식은 개별경쟁매매방식이다.
② 경매매는 코넥스시장에서 매도측이 단수인 경우에 한해서 적용된다.
③ 단일가매매에서 합치가격이 2개 이상인 경우에는 합치가격 중 가장 높은 가격으로 매매를 체결한다.
④ 시가출발 후 15시 20분까지는 복수가매매로 체결한다.

해설  단일가매매시 합치가격이 2개 이상인 경우에는 직전가격과 가까운 합치가격으로 결정한다.

정답 ③

**02** 동시호가에 대한 설명이다. 잘못된 것은?

① 단일가매매의 시가(始價)가 상한가나 하한가로 출발하는 경우에 적용된다.

② 단일가매매의 종가가 상한가나 하한가로 결정될 경우 동시호가가 적용된다.

③ 동시호가에는 시간우선의 원칙이 적용되지 않는다.

④ 동시호가가 적용된 주문수량이 전량체결될 때까지는 정규시장에서도 수량배분방식을 계속 적용한다.

**해설** 동시호가는 시가(始價), Circuit Breakers(CB) 또는 Volatility Interruption(VI) 발동, 잔산장애 또는 풍문 등에 의한 거래 중단 후 재개 시의 최초가격이 상·하한가로 결정되는 경우에 적용한다. 그러나 종가(終價) 결정이나 시간외단일가매매 시에는 동시호가제도를 적용하지 않는다.

• 동시호가의 개념

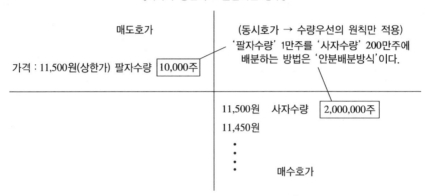

[시가가 상한가로 출발하는 경우]

정답 ②

**03** 다음 중 동시호가에만 적용되는 매매체결우선원칙은?

① 가격우선 – 시간우선

② 가격우선 – 수량우선

③ 위탁매매우선 – 수량우선

④ 수량우선 – 시간우선

**해설** 위탁매매우선의 원칙과 수량우선의 원칙이다.

**예시** 매매체결우선의 원칙

1) 가격우선의 원칙 : '매도 10,000 VS 매수 ① 10,100원, 매수 ② 10,000원'이라면 당연히 매수 ①이 먼저 체결된다(매수호가는 더 비쌀수록 먼저 체결된다).

2) 시간우선의 원칙 : '매도 10,500 VS 매수 ③ 10,500원, 매수 ④ 10,500원(시간順)'일 경우 매수 ③이 먼저 체결된다(동일가격일 경우 시간이 우선).

3) 위탁매매우선의 원칙 : 동시호가인 경우, 고객이익우선의 원칙에 입각하여 위탁매매주문을 자기매매주문보다 우선하여 체결한다.

4) 수량우선의 원칙 : 동시호가의 경우, 가격과 시간 외에 제3의 우선순위가 필요한데 이때 수량우선의 원칙으로 체결한다.

정답 ③

빈칸을 옳게 연결한 것은?

> 시간외매매의 종류에는 종가를 확인한 후 당해 가격으로 매매하고자 하는 수요를 수용하기 위한
> (　　　) 매매시장이 있으며, 쌍방이 합의한 대량매매를 시장의 충격 없이 대량매매 네트워크
> (K-Blox)를 통해 매매하는 (　　　) 시장이 있다.

① 시간외종가, 시간외단일가
② 시간외종가, 시간외대량·바스켓매매
③ 시간외단일가, 시간외종가
④ 시간외단일가, 시간외대량·바스켓매매

해설　차례로 '시간외종가시장 – 시간외대량·바스켓매매시장'이다.
　　• 시간외종가시장은 아침(08:30~08:40)에는 전일종가로, 당일(15:40~16:00)에는 당일종가로 거래된다.

정답 ②

---

더알아보기　매매계약 체결특례

(1) 시간외매매제도(주권, DR, ETF, ETN을 대상으로 함) : 핵심유형문제, 보충문제 1

| 구 분 | 시간외종가 | 시간외단일가 | 시간외대량·바스켓매매 |
|---|---|---|---|
| 매매거래시간 | 08:30~08:40[주1]<br>15:40~16:00[주2] | 16:00~18:00 | 08:00~09:00<br>15:40~18:00 |
| 특 징 | 접수순 매매<br>(시간우선의 원칙만 적용) | 10분 단위 단일가[주3],<br>가격변동폭 상하 10% | 호가수량은 P266, 표1 참조 |

*주1 : 장개시 전 시간외종가시장
*주2 : 장종료 후 시간외종가시장
*주3 : 단기과열종목이나 정리매매종목은 30분 단위가 적용됨

**(2) 대량매매제도**

① 대량매매제도의 의의 : 고객으로부터 위탁받은 주문수량이 시장의 거래수준을 뛰어넘는 대량일 경우, 그 호가를 원활하게 집행하기 위해 거래소가 정한 특정방법으로 체결시키는 제도

② [표1] 매매방법(주권, DR, ETF, ETN을 대상으로 함)[주1]

| 구 분 | (정규시장)대량매매 | | 경쟁대량매매 | |
|---|---|---|---|---|
| | 장중대량매매 | 바스켓매매 | 장 중 | 시간외 |
| 매매방법 | 상대매매(쌍방호가) | | 경쟁매매 | |
| 호가시간 | 09:00~15:30 | | 09:00~15:00[주2] | 08:00~09:00 |
| 매매상대지정 | 지 정 | | 미지정 | |
| 호가수량 | (가)[주3] | (나)[주4] | '호가수량 × 기준가격' 금액이 유가증권 5억원, 코스닥 2억원 이상 | |
| 호가가격 | 가격지정 | 가격지정 | 거래량가중평균가격(VWAP) | |

*주1 : 경쟁대량매매의 경우 '관리종목, 정리매매종목'은 제외된다.

*주2 : 장중대량거래 호가접수시간(09:00~15:00) 동안, 해당 종목에 대하여 경쟁대량매매호가를 접수받아, 해당 경쟁대량매매의 성립 후부터 장종료 시까지 정규시장에서 성립된 해당종목의 VWAP로 매매를 성립시키는 제도

*주3, 주4 : 대량매매의 호가수량

| 구 분 | 장중대량매매 | 바스켓매매 |
|---|---|---|
| 유가증권 시장 | 매매수량단위의 5,000배(ETF는 500배) 또는 1억원 이상 | 5종목 이상 & 10억원 이상 |
| 코스닥시장 | 5,000만원 이상 | 5종목 이상 & 2억원 이상 |

**(3) 신규상장종목의 체결특례** : 신규상장종목의 호가범위는 평균가격[주1]의 60%~400%임

*주1 : 최초가격결정의 기준이 되는 가격으로써 공모가격(또는 이론가격)을 말한다.

**(4) 정리매매종목의 체결특례** : 상장폐지 확정 후 7일(매매거래일) 동안 30분 단위의 단일가매매 방법으로 체결(09:00~15:30), 가격제한폭 없음

**(5) 상장법인의 자사주 매매특례**

| 구 분 | 자사주 매수 | 자사주 매도 |
|---|---|---|
| 장개시 전 | 전일종가~전일종가 + 5% | 전일종가 2호가 낮은 가격~전일종가 |
| 장중(09:00~15:00) | 직전가격과 최우선매수호가의 가격 중 높은 가격으로부터 ±5호가 가격단위 | 직전가격과 최우선매도호가의 가격 중 낮은 가격으로부터 ±5호가 가격단위 |
| 매매거래시간 | 9시부터 15시까지/정규시장 종료 30분 전에는 신규·정정호가 불가 | |
| 1일 최대주문수량 | 종목별로 총발행주식수의 1% 이내에서 신고한 취득(처분) 예정수량의 10% 이내에 해당하는 수량과 최근 1개월간 일평균거래량의 25%에 해당하는 수량 중 많은 수량(다만, 신탁계약을 통한 자기매매에는 1일 수량한도를 총발행주식총수의 1% 이내 요건만 적용함) | |

• '시간외대량매매'방식의 매수는 정부 등으로부터의 취득 또는 금융위승인의 경우에 한해 가능함

**01** '시간외단일가 시장'에 대한 설명이다. 틀린 것은?

① 주권, DR, ETF, ETN을 대상으로 한다.

② 당일종가를 기준으로 상하 10%까지 변동할 수 있는데, 단 당일의 가격제한폭 이내이어야 한다.

③ 거래시간은 '16:00~18:00'이다.

④ 유가증권시장의 경우 매매수량단위의 5천배 또는 1억원 이상의 수량만 거래할 수 있다.

해설  시간외단일가 시장에서 수량요건은 없다. ④는 시간외대량매매의 수량요건이다.

정답 ④

**02** 대량매매제도에 대한 설명이다. 틀린 것은?

① 대량매매(장중, 시간외), 바스켓매매(장중, 시간외), 그리고 경쟁대량매매 제도의 3가지 종류가 있는데, 모두 경쟁매매가 적용된다.

② 대량매매의 호가수량은 유가증권시장의 경우 매매수량단위의 5천배 또는 1억원 이상, 코스닥시장은 수량요건없이 5천만원 이상이어야 한다.

③ 바스켓매매의 호가수량은 유가증권시장의 경우 5종목 이상이면서 10억원 이상, 코스닥시장은 5종목이면서 2억원 이상이어야 한다.

④ 경쟁대량매매의 최소 호가규모는 '호가수량×기준가격'의 금액이 유가증권시장은 5억원 이상, 코스닥시장은 2억원 이상이어야 한다.

해설  경쟁매매가 적용되는 것은 '경쟁대량매매'이며, '대량매매'와 '바스켓매매'에는 쌍방호가가 적용되는 상대매매가 적용된다.

정답 ①

**03** 경쟁대량매매제도에 대한 설명이다. 틀린 것은?

① 장중 경쟁대량매매제도가 적용되는 시간은 '09:00~15:30'이다.

② 주권, DR, ETF, ETN을 대상으로 하며, 관리종목과 정리매매종목은 대상에서 제외된다.

③ 상대매매가 아닌 경쟁매매방식이 적용된다.

④ 최소호가수량은 유가증권시장은 5억원, 코스닥시장은 2억원이다.

해설  대량매매제도의 정규시장 시간은 '09:00~15:30'이지만, 경쟁대량매매제도의 정규시장 시간은 '09:00~15:00'이다. 이는 거래량가중평균가격(VWAP)을 적용하여 매매를 성립시키는 특성상 주문을 정규시장의 마감 30분 전인 15시까지만 받기 때문이다.

정답 ①

**04** 공모가 10,000원인 신규상장종목의 최초가격결정 시 당일 최고가격은 얼마인가?

① 20,000원

② 26,000원

③ 40,000원

④ 52,000원

> **해설** 공모가액이 10,000원일 경우 최저호가(60%)와 최고호가(400%)를 적용하면 시가는 '6,000원~40,000원'에서 결정된다. 이후 상한가(30%)를 기록하면 52,000원, 즉 최고가능가격은 52,000원이다.
>
> **정답** ④

**05** 주권상장법인의 자기주식매매 방법이다. 틀린 것은?

① 주권상장법인의 자기주식은 원칙적으로 정규시장 중에서 경쟁매매를 통하여 매매하여야 하며, 종가결정의 영향력을 방지하기 위하여 정규시장이 종료되기 30분 전 이후에는 신규호가 또는 정정호가를 제출할 수 없다.

② 장개시 전 매수가격은 전일종가와 전일종가의 +5% 이내이어야 한다.

③ 장개시 전 매도가격은 전일종가가 전일종가의 −5% 이내이어야 한다.

④ 자사주매매를 위한 호가의 가격은 정규시장의 매매거래시간 중에 정정할 수 있지만 취소는 불가능하다.

> **해설** 장개시 전 매도가격은 '전일종가~전일종가보다 2호가 낮은 가격' 이내이어야 한다.
>
> **정답** ③

**06** 보기의 경우 자사주매수의 1일 최대주문수량은 얼마인가?

> • 발행주식총수 3,000만주
> • 자사주매수취득예정총수 200만주
> • 이사회결의 전일을 기산일로 하여 소급한 1개월간 일평균거래량 100만주

① 10만주

② 20만주

③ 25만주

④ 30만주

> **해설**
> 1) Max[총 취득예정수량의 10%, 1개월간 일평균거래량의 25%] = 25만주
> 2) 25만주가 발행주식총수의 1%인 30만주보다 적으므로 1일 최대주문수량은 25만주이다.
>
> **정답** ③

## 6 시장관리제도

---

### 서킷브레이커 등 핵심유형문제

서킷브레이커의 발동요건에 대한 내용이다. 밑줄친 부분이 잘못된 것은?

> 종합주가지수가 ① <u>전일종가보다 10% 이상 하락하여 1분간 지속되는 경우</u>에는 거래소 시장의 ② <u>모든 종목의 매매거래를 중단</u>한다. ③ <u>중단 후 20분이 경과하면</u> 매매거래를 재개하며 재개 시 최초의 가격은 10분간 호가를 접수하여 ④ <u>단일가격에 의한 경쟁매매의 방법에 의하여 결정</u>하며, 그 이후에는 접속매매방식(복수가격에 의한 경쟁매매)으로 매매를 체결한다.

| 해설 | '전일종가대비, 8%, 15% 이상 하락 시'이다. 단, 20% 이상 하락할 경우 매매재개를 하지 않고 당일 장을 종료한다.

정답 ①

---

**더알아보기**  기타의 시장관리조치

**(1) 서킷브레이커(Cricuit Breakers)와 사이드카(Side-car)**

| 서킷브레이커(매매거래의 중단) | 사이드카(호가의 효력일시정지) |
|---|---|
| • KOSPI지수(또는 코스닥지수)가 전일보다 8%, 15%, 20% 이상 하락한 상태가 1분 이상 지속되면 모든 주식의 매매거래를 20분간 정지한다. 이후 10분간의 단일가호가 접수를 거쳐 매매가 재개된다(20% 이상 하락하여 C.B 발동되면 당일 장이 종료된다).<br>• 1일 1회만 가능, 장종료 40분전 이후에는 불가<br>• 목적 : 시장전체가 패닉에 빠지는 경우 심리적 안정을 위한 냉각기를 갖기 위함 | • KOSPI200선물의 가격이 기준가격대비 5% 이상 상승(하락)하여 1분 이상 지속되면 주식시장에서 프로그램 매수호가(매도호가)의 효력을 5분간 정지한다(이후 자동재개).<br>• 1일 1회만 가능, 장 종료 40분전 이후는 불가<br>• 목적 : 프로그램매매가 주식시장에 지나친 영향력을 주는 것을 억제하기 위함 |

• KOSPI200선물은 3, 6, 9, 12개월물 중 거래량이 가장 많은 종목을 말한다(보통 최근월물).

> **비교** 코스닥시장의 사이드카 요건은 유가증권시장과 달리 '코스닥150 선물지수가 6% 이상 & 코스닥150 현물지수가 3% 이상'의 변동요건이 동시에 충족되어야 함(나머지 요건은 동일함)

**(2) 종목별 매매거래 정지**

서킷브레이커 시에는 시장의 모든 종목(채권 제외)이 거래정지되나, 불성실공시법인 지정, 투자경고・위험종목 지정, 관리종목 지정, 기타 상장관리상 필요하다고 인정되는 종목에 대해서는 개별적으로 매매거래정지를 할 수 있다.

**(3) 예납조치**

증권시장이 과다투기현상을 보일 경우 매수대금 또는 매도증권을 사전 예납하도록 하여 증시의 유동성을 억제하는 조치이다(호가 전 예납조치, 결제 전 예납조치가 있음).

### (4) 대용증권 사정비율[대용증권의 가격 = 기준시세 × 사정비율, (사정비율 : 대용가치 인정비율)]

| 구 분 | 유가증권시장의 대용증권 | 사정비율 |
|---|---|---|
| 주 식 | KOSPI200/KOSPI 중 일평균거래대금 상위 50% | 80% |
| | KOSPI 중 일평균거래대금 하위 5% | 60% |
| | 그 밖의 KOSPI 종목 | 70% |
| ETF(지수를 구성하는 증권의 사정비율을 적용) | 국채/지방채/특수채/금융채/CD로 구성된 ETF | 95% |
| | 일반회사채/CP로 구성된 ETF | 85% |
| | KOSPI50/100/200으로 구성된 ETF | 80% |
| | 그 밖의 ETF | 70% |
| 수익증권 | 채권형 수익증권 | 80% |
| | 채권형이 아닌 수익증권(주식형 등) | 70% |
| 채 권 | 주식관련사채 80%/일반회사채 85%/국채·지방채·특수채 95% | |

> **비교 1** 코스닥시장의 대용증권 사정비율 : 코스닥150종목과 일평균거래대금 상위 50%는 80%, 일평균거래대금 하위 5%는 60%, 그 밖의 종목은 70%이다. 참고로 코넥스시장은 전 종목이 60%로 인정된다.
>
> **비교 2** ETF는 70%~95%이며, ETN은 70%이다.

### (5) 권리락 및 배당락 조치

| 구 분 | 권리락 | 배당락 |
|---|---|---|
| 재무활동 종류 | 유무상증자 | 배 당 |
| 권리 기준일 | 신주배정기준일 | 배당기준일(결산기말일) |
| 권리락(배당락) 조치일 | 신주배정기준일(배당기준일)의 하루 전 | |
| 권리락(배당락)의 의미 | ① 증자(배당) 전과 이후의 이론적인 가치가 동일하도록 늘어나는 주식(현금)만큼 주가를 하락시키는 조치 ② 신주인수권(배당수령권)이 소멸되었음을 알리는 조치 | |

---

보충문제

**01** 다음 중 매매거래정지의 성질이 다른 하나는?

① 투자위험종목 지정 후 요건 충족으로 매매거래정지
② 불성실공시법인 지정으로 인한 매매거래정지
③ 서킷브레이커 발동으로 인한 매매거래정지
④ 관리종목지정에 따른 매매거래정지

**해설** 서킷브레이커는 모든 종목의 거래가 중단되는 것이고 나머지는 종목별 정지이다.

정답 ③

**02** 보기가 뜻하는 것은?

> 유가증권시장이 과열을 보일 경우 매수대금 또는 매도증권을 사전에 예납하도록 하여 증시주변자금의 유동성을 억제하여 증시안정화를 도모하기 위한 조치이다.

① 권리락                          ② 배당락
③ 예 납                          ④ 서킷브레이커

> **해설** 예납조치이다(호가 전 예납과 결제 전 예납, 두 가지가 있음).

**정답** ③

---

**03** 다음 중 대용증권의 사정비율이 잘못 연결된 것은?

① 채권형 수익증권 : 80%
② 주식형 수익증권 : 70%
③ ETF(KOSPI200) : 80%
④ ETF(국채, 지방채) : 85%

> **해설** 국채/지방채/특수채/금융채/CD로 구성된 ETF의 사정비율은 95%이다.

**정답** ④

---

**04** 그림에서, 6월 30일이 신주배정기준일이다. 그렇다면 권리락 또는 배당락의 조치일자가 옳게 연결된 것은?

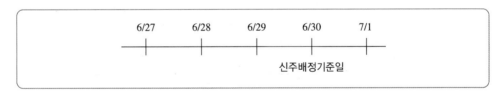

① 권리락-6/29                      ② 권리락-6/30
③ 배당락-6/29                      ④ 배당락-7/1

> **해설** 신주배정기준일이므로 증자를 한다는 것이며 따라서 권리락이 6/29에 이루어진다(기준일 하루 전에 권리락 조치).
> **주의** (앞의 그림설명) 6/30이 신주배정기준일이라는 것은, 6/30기준으로 주식을 보유하고 있는 상태가 되어야 신주인수를 할 수 있다는 것이고, 그렇게 하기 위해서는 주식을 계속 보유하고 있거나 또는 6/28까지 신규로 매수해야 한다(주식은 보통결제이므로). 따라서 6/29에 권리락조치가 되며 6/29부터는 신주인수권이 소멸되었음을 의미한다.

**정답** ①

매매와 관련된 시장관리제도에 대한 내용이다. 변동성완화장치(VI)제도에 해당하는 것은?

① 단일가매매시간 중 허수성 호가에 의한 가격왜곡 문제를 방지하여 선의의 투자자 피해를 최소화하고 시장의 투명성 제고 및 균형가격 발견기능을 강화하기 위한 제도이다.

② 비정상적인 주가 급등락이 우려되는 경우 단일가매매방식으로 매매체결방법을 변경시켜 투자자에게 주가급변의 이유를 파악할 수 있는 냉각기간을 제공하여 투자자의 불측의 손실을 예방하기 위한 제도이다.

③ 주식시장과 파생상품시장의 가격차이를 이용하여 이익을 얻을 목적으로 코스피200 지수 구성종목의 매수와 동시에 코스피200선물·옵션을 매도하는 전략 또는 그 반대의 매매거래전략을 말한다.

④ 미확인된 정보 등의 시장확산으로 인한 불특정다수 투자자의 추종매매로 특정 종목의 주가가 단기간에 급등락을 반복하는 단기과열현상을 예방하기 위한 제도이다.

> 해설   ① 랜덤엔드제도, ② 변동성완화장치(VI)제도, ③ 프로그램매매제도, ④ 단기과열종목지정제도(단기과열종목지정제도에 대해서는 다음 Topic에서 학습함)
>
> 정답 ②

---

**더알아보기**   기타의 매매제도

**(1) 단일가매매 임의연장제도(Random End, 랜덤엔드제도)**
　① 의의 : 랜덤엔드는 허수성 호가에 대한 가격왜곡문제를 방지하고, 시장의 투명성을 강화하기 위해 도입되었음
　② 내용 : 랜덤엔드는 모든 단일가매매에 대해서 30초 이내의 임의시간까지 거래소가 연장함

**(2) 변동성완화장치(VI) : 보충문제 1**
　① 개념 : 갑작스러운 주가변동이 발생할 경우 투자자를 보호하기 위한 가격안정화장치이다. 주가가 직전 체결가격 대비 일정비율(아래 표)을 초과하여 변동할 경우 동적VI 또는 정적VI가 작동한다(시장참여자의 주의를 환기하여 돌발적인 손실을 방지하고자 하는 제도).
　② 동적VI와 정적VI

| 구 분 | 동적VI | | | 정적VI |
| --- | --- | --- | --- | --- |
| | 접속매매시간<br>(09:00~15:20) | 종가단일가<br>(15:20~15:30) | 시간외단일가<br>(16:00~18:00) | |
| 코스피200 구성종목 | 3% | 2% | 3% | 10% |
| 그외 종목(코스닥 포함) | 6% | 4% | 6% | |

　• VI가 작동되면 2분간 단일가매매로 전환되거나(접속매매 시), 단일가호가 접수시간이 2분간 연장된다(단일가매매 시).

### (3) 프로그램매매

① 정의 : 시장분석, 투자분석판단, 주문제출 등을 컴퓨터로 처리하는 거래기법을 통칭함

② 프로그램매매의 종류

　㉠ 차익거래 : 주식시장과 파생상품시장 간의 가격괴리를 이용한 무위험거래전략

　㉡ 비차익거래 : 차익거래와 관계없이 여러 종목을 일시에 거래하는 전략을 말하는데, 유가증권시장
은 15종목 이상, 코스닥시장은 10종목 이상이어야 함

③ 프로그램매매관리제도 : 프로그램매매가 주는 충격을 완화하고 투자자보호 및 시장의 안정적 관리차
원에서 아래의 관리제도를 두고 있음

* 프로그램매매호가의 구분표시, 차익거래잔고 공시, 선물옵션최종거래일 사전신고제도(Sunshine제
도), 프로그램매매호가의 효력일시정지제도(Side-car제도) 등

---

**보충문제**

**01** 접속매매시간(09:00~15:20) 중에 코스피200 구성종목이 직전 체결가격 대비 4% 상승하였다.
이 경우 시장관리제도 관련해서 취해질 수 있는 조치의 종류와 내용은?(VI ; 변동성 완화장치)

① 동적VI, 매매체결방식이 2분간 단일가방식으로 전환됨

② 정적VI, 매매체결방식이 2분간 단일가방식으로 전환됨

③ 동적VI, 매매체결방식이 5분간 단일가방식으로 전환됨

④ 정적VI, 매매체결방식이 5분간 단일가방식으로 전환됨

> **해설** 동적VI이다. 접속매매시간의 동적VI는 일반종목은 6% 이상, KOSPI200종목이나 채권은 3% 이상 변동시
> 요건이 되며, 이 때 2분간 단일가매매체결로 전환된다. 참고로 정적VI는 종목구분없이 10% 이상 가격변동
> 시 2분간 단일가매매체결로 전환된다.
>
> **정답** ①

**02** 안정적인 주가형성을 위한 시장관리제도 중 선물시장과 관련이 없는 것은?

① 프로그램매매제도

② 사이드카(Sidecar)

③ 프로그램매매의 지수차익거래

④ 변동성완화장치(VI)

> **해설** 변동성완화장치(동적VI, 정적VI)는 주가가 비정상적으로 급등락할 경우 2분간 단일가매매체결로 변경되는
> 제도인데, 선물시장과 관련이 없다.
>
> **정답** ④

**03** 빈칸에 들어갈 수 없는 것은?

> - 호가제출시점 직전에 체결된 단일가격 체결가격을 참조가격(Reference Price)으로 하여 동 참조가격 대비 (    )% 이상 변동하면 (    )분간 매매체결방식이 단일가매매로 전환되는데, 이를 정적VI라 한다.
> - 비차익거래는 동일인이 일시에 코스피지수 구성 종목 중 (    ) 종목 이상을 매수 또는 매도하는 거래를 말한다.

① 2

② 5

③ 10

④ 15

해설   차례대로 '10(%), 2(분), 15(종목)'이다.

정답 ②

**04** 시장관리제도 중 랜덤엔드(Random End)와 관련이 없는 것은?

① 단일가매매 결정

② 2분 이내의 정규마감시간의 연장

③ 가격 왜곡 방지

④ 한국거래소의 임의적 결정

해설   호가접수시간을 정규마감시간보다 30초 이내로 연장한다.
   ※ 랜덤엔드란 한국거래소가 임의적으로 시가(始價)나 종가(終價) 등의 정규마감시간을 30초 이내로 연장하여 단일가매매의 가격을 결정하는 제도이다. 이 제도가 필요한 이유는 단일가가 결정될 마지막 순간에 대량의 취소주문이 발생하면 가격결정의 왜곡이 발생하기 때문이다. 따라서 거래소가 임의로 거래시간을 연장(투자자는 시간이 연장된 사실을 모름)하여 단일가를 결정한다. 예를 들어 오전 9시 정각에 결정되는 단일가매매가격을 왜곡하고자 허수성 주문을 낸 투자자가 8시 59분 59초에 취소주문을 낼 경우, 거래소는 임의로 9시가 아닌 9시 30초 이내로 임의로 시간을 연장(30초)하여 시초가를 결정한다. 즉 허수성 호가에 의한 가격왜곡 문제를 방지하고 선의의 투자자 피해를 최소화하며 시장의 투명성 제고 및 균형가격 발견 기능을 강화하기 위한 제도이다.

정답 ②

## 단기과열종목 지정제도

핵심유형문제

단기과열완화장치의 발동대상이 되는 종목이 아닌 것은?

① 거래소 일반종목 중 주가상승율과 회전율과 변동성의 3가지 중 한 가지 요건을 충족한 종목

② 투자경고종목 지정으로 매매거래가 정지되는 종목

③ 투자위험종목 지정으로 매매거래가 정지되는 종목

④ 관리종목 지정으로 매매거래가 정지되는 종목

해설   거래소 일반종목(시장경보제도에 의한 투자주의, 경고, 위험종목이 아닌 종목)의 경우, 3요건을 모두 충족해야 한다. 참고로, 관리종목의 경우 1요건만 충족해도 된다.

정답 ①

## (1) 의 의

단기적으로 이상 급등·과열 현상이 지속되는 종목의 과도한 추종매매 및 불공정거래를 예방하고 효율적 균형가격 발견을 도모하기 위해 '단기과열 완화장치' 제도를 도입, 2012.11.5부터 시행 중에 있음('단기과열 완화장치'라고도 함)

## (2) 발동기준

| 구 분 | 단기과열지표 |
|---|---|
| 단기과열종목 지정 요건 | 상장주권 등이 아래 ①~③ 요건에 모두 해당하여 최초 적출된 날의 다음 매매거래일로부터 10매매거래일 이내에 동일 요건으로 재적출되는 경우 단기과열종목 지정 예고를 하고, 그 후 10매매거래일 이내에 다시 동일 요건을 충족하는 경우 또는 ④ 요건에 해당하여 지정 예고된 날로부터 10매매거래일 이내에 다시 동일 요건을 충족하는 경우 단기과열종목으로 지정한다. |
| | ① [주가상승률] 당일 종가가 직전 40거래일 종가 평균의 130% 이상<br>② [거래회전율] 당일을 포함한 최근 2거래일 일별 거래회전율 평균이 직전 40거래일 일별 거래회전율 평균의 600% 이상<br>③ [주가변동성] 당일을 포함한 최근 2거래일 일별 주가변동성 평균이 직전 40거래일 일별 주가변동성 평균의 150% 이상<br>④ [괴리율] 당일 종가를 기준으로 종류주식의 가격과 해당 보통주식의 가격간 괴리율(아래 산식으로 계산)이 0.5를 초과할 것<br>　• 괴리율 = (종류주식가격 − 해당 보통주식가격) / 해당 보통주식가격 |
| | ※ 단, 투자경고종목 또는 투자위험종목(익일 지정예정 종목 포함)인 경우에는 위 요건을 적용하지 않음 |

- 일반종목의 경우 위의 3가지 요건을 동시충족 시 단기과열지정요건이 되나, 관리종목이나 감자 등으로 인해 장기간 거래정지 후 매매가 재개되는 종목의 경우 1가지만 충족해도 지정요건이 된다.
- 단기과열종목으로 지정 시 '3거래일간 단일매매'로 전환된다.

## (3) 발동내용

3거래일간 정규시장의 접속매매방식이 아닌 30분 단위의 단일가매매방식으로 변경한다(시간 외단일가매매의 경우 10분단위에서 30분단위로 변경됨).

## (4) 해제기준

발동기간(3거래일) 경과 후 익일부터 자동해제한다. 단, 발동종료일(3거래일)의 종가가 발동일 전일종가 대비 20% 이상 상승한 경우에는 해제일이 3거래일간 연장될 수 있다.

---

**보충문제**

**01**　단기과열종목의 매매체결방법은?

① 단일가경쟁매매　　　　　　　　② 복수가경쟁매매
③ 경매매　　　　　　　　　　　　④ 상대매매

> **해설**　30분 단위의 단일가매매방식을 취한다(1일 13회). 복수가는 정규시장의 매매거래 시간 중의 거래로써 접속매매라고도 하며, 경매매는 매도측이 단수이고 매수측이 복수인 코넥스시장에서 허용되며, 상대매매는 비표준화된 방식의 거래(종전 '장외거래'의 개념)를 말한다.
>
> **정답 ①**

**02** 빈칸에 들어갈 수 없는 것은?

> • 당일종가가 직전 40거래일 종가의 평균대비 (　　) 이상 상승하고,
> • 최근 2거래일 대비 평균회전율이 직전 거래일 평균회전율 대비 (　　) 이상 증가하고,
> • 최근 2거래일 대비 일중변동성이 직전 40거래일의 일중변동성 평균대비 (　　) 이상 증가하는 3가지 요건을 모두 충족 시 단기과열종목으로 지정예고가 된다.

① 30%　　　　　　　　　　　　　　　　② 50%

③ 300%　　　　　　　　　　　　　　　④ 600%

해설　차례대로 '30%, 600%, 50%'이다.

정답 ③

---

## 시장경보제도　　　　　　　　　　　핵심유형문제

다음 중 투자주의종목 지정요건과 가장 거리가 먼 것은?

① 소수지점 거래집중종목
② 투기적이거나 불공정거래 개연성이 있는 종목
③ 지정예고없이 1일간 지정되며 익일 자동해제
④ 단기급등 시 특정계좌의 시세관여율이 높은 경우

해설　투자경고종목의 지정요건이다.

정답 ④

---

더알아보기　시장경보 조치(이하 내용 KRX 홈페이지 참조)

**(1) 시장경보 조치의 개념**
　① 투자주의종목 : '투기적이거나 불공정거래의 개연성이 있는 종목'을 투자주의종목으로 공표하여 일반 투자자들의 뇌동매매방지 및 잠재적 불공정거래 행위자에 대한 경각심을 고취
　② 투자경고종목 : 특정 종목의 주가가 비정상적으로 급등한 경우 투자자에게 주의를 환기시키고 불공정 거래를 사전에 방지하기 위함. 아래는 투자경고종목으로 지정될 경우의 조치임
　　㉠ 해당종목을 매수할 경우 위탁증거금을 100% 납부해야 하며,
　　㉡ 신용융자로 해당종목을 매수할 수 없으며,
　　㉢ 해당종목은 대용증권으로 인정되지 않으며,
　　㉣ 주가가 추가적으로 급등할 경우 매매거래정지 및 투자위험종목으로 지정될 수 있다.

③ 투자위험종목 : 투자경고종목 지정에도 불구하고 투기적 가수요 및 뇌동매매가 진정되지 않고 주가가 지속적으로 상승할 경우 투자위험종목으로 지정함(아래 투자위험종목 지정 시 조치)
  ㉠ 해당 종목을 매수할 경우 위탁증거금을 100% 납부하여야 하며,
  ㉡ 신용융자로 해당종목을 매수할 수 없으며,
  ㉢ 해당 종목은 대용증권으로 인정되지 않으며,
  ㉣ 지정과 동시에 매매거래가 1일간 정지되며, 주가가 추가로 급등할 경우 1일간 매매거래정지가 될 수 있다.
④ 투자유의안내 : 시장 및 투자자에게 피해를 줄 수 있는 사건발생이 예상되며, 거래소가 투자자 주의를 촉구하기 위해 사건별 투자위험정보 및 투자유의사항 등을 안내문 형식으로 제공하는 것

## (2) 시장경보 조치의 요건

| 투자주의 | 투자경고 | 투자위험 |
|---|---|---|
| 소수계좌 거래집중종목 등 투기적이거나 불공정거래 개연성 종목에 대한 뇌동매매방지, 잠재적 불공정거래 행위자에 대한 경각심 고취 목적 | 단기급등 또는 중장기급등, 또는 급등 시 특정계좌의 시세관여율이 높은 경우 | 투자경고 상태가 해소되지 않고 지속되는 경우 |
| 1일 지정(매매거래정지 아님) | 1일간 매매거래정지 | |
| 다음 날 자동해제 | 지정일로부터 10일 후의 날에 지정예고요건에 해당되지 않는 경우에 해제 | |

보충문제

**01** 시장경보제도에 의한 3단계 지정제도의 순서가 올바른 것은?

① 투자주의종목 → 투자위험종목 → 투자경고종목
② 투자주의종목 → 투자경고종목 → 투자위험종목
③ 투자경고종목 → 투자위험종목 → 투자주의종목
④ 투자경고종목 → 투자주의종목 → 투자위험종목

해설 '투자주의 → 투자경고 → 투자위험'이다.

정답 ②

**02** 다음 중 신용거래가 금지되는 경우가 아닌 것은?

① 투자주의종목                    ② 투자경고종목
③ 투자위험종목                    ④ 관리종목

해설 투자주의종목은 가장 가벼운 단계로서 기타 매매상의 제한이 없다.

비교

| 구 분 | 대용증권 불인정 | 신용거래 불가 | 위탁증거금 100% |
|---|---|---|---|
| 투자경고 | ○ | ○ | ○ |
| 투자위험 | ○ | ○ | ○ |
| 관리종목 | ○ | ○ | ○ |

정답 ①

**03** 다음 설명 중 잘못된 것은?

① 투자경고종목은 주가가 단기간(5일) 또는 중장기적(15일)으로 급등하는 경우에 지정된다.

② 투자경고종목 지정에도 불구하고 투기적인 가수요 및 뇌동매매가 진정되지 않고 주가가 지속적으로 상승할 경우 투자위험종목으로 지정한다.

③ 투자위험종목의 지정예고 및 지정은 투자경고종목 상태에서만 가능하다.

④ 시장경보조치 중 매매거래정지(1일간) 조치는 투자위험종목에서만 취해진다.

해설 투자경고종목도 요건이 되면 매매거래정지가 취해진다.

정답 ④

---

## 공매도 관리제도

핵심유형문제

공매도 관리제도에 대한 설명이다. 틀린 것은?

① 공매도는 주가하락을 가속화시키는 등 역기능이 많아서 세계 대부분의 시장은 공매도를 금지하고 있다.

② 공매도란 소유하고 있지 않은 증권을 매도하는 것으로써, Short Selling이라 한다.

③ 우리나라에서 예외적으로 허용되는 공매도는 차입공매도의 개념으로써, 기관투자자의 차입공매도인 대차거래와 일반투자자의 차입공매도인 대주거래로 구분된다.

④ 우리나라에서 예외적으로 허용되는 공매도는 원칙적으로 직전가격 이하의 가격으로 호가할 수 없다.

해설 공매도는 주가하락 가속화, 결제불이행 등의 역기능도 있지만, 주가버블을 해소하고 변동성을 줄이는 순기능도 있기 때문에 세계 대부분의 국가에서 공매도를 수용하고 있다. 다만, 역기능에 대비하여 다양한 관리제도를 두고 있다.

정답 ①

---

**더알아보기** 공매도(Short Selling) 관리제도

**(1) 공매도의 개요** : 핵심유형문제 참조

**(2) 공매도의 결제불이행 예방을 위한 방안**
① 자본시장법상 공매도로 보지 않는 경우 : 보충문제 1
  • 매수계약 체결 후 결제일 전에 해당 증권을 매도하는 경우 등은 자본시장법상 공매도로 보지 않는다 (→ '결제 전 매도'는 제도적으로 허용).
② 차입공매도의 예외적 허용 : 대주거래 또는 대차거래를 허용

③ 공매도호가의 절차이행
- 공매도주문을 수탁 시, 공매도 여부를 확인한 후 차입증권을 확인한다.
  - 확인한 내용은 3년 이상 보관한다.
- 회원은 공매도를 구분하여 호가를 제출해야 한다.

**(3) 시장불안방지를 위한 공매도호가의 가격제한(Uptick Rule)**
① 공매는 원칙적으로 직전가격 이하의 가격으로 호가할 수 없다. 단, 가격이 상승하는 경우에는 예외가 허용된다.
② 예시 : 보충문제 2

**(4) 공매도거래의 투명성 제고**
① 회원은 공매도 거래현황(종목별, 업종별 현황)을 공표해야 한다.
② 공매도 순보유잔고가 발행주식총수의 0.01% 이상이며 순보유잔고평가액이 1억원 이상이거나, 순보유잔고비율과 관계없이 순보유잔고평가액이 10억원 이상인 투자자는 당해 기준이 해당하게 된 이후 2영업일 오후 6시까지 인적사항 및 순보유잔고 등을 금융위원회와 거래소에 보고해야 한다.
- 공매도 순보유잔고비율이 발행주식총수의 0.5% 이상 보유한 투자자는 공시의무가 발생한다.

---

**보충문제**

---

**01** 공매도로 보지 않는 경우를 나열한 것으로 옳지 않은 것은?

① 매수계약 체결 후 결제일 전에 해당 증권을 다시 매도하는 경우
② 주식 관련 채권의 권리행사 등으로 취득할 주식이 결제일까지 상장되어 거래가 가능한 경우의 그 주식의 매도
③ ETF환매청구에 따라 교부받을 주식 등의 매도로서 결제일까지 결제가 가능한 주식 등의 매도
④ 현재 증권으로 소유하지 않고 결제일 이후에 소유권 취득이 가능한 무차입 매도

> 해설 현재 증권으로 소유하고 있지 않지만 결제일까지 소유하게 될 예정인 증권의 매도는 공매도가 아니지만 결제일 이후 소유하게 되면 공매도가 된다.

정답 ④

**02** 보기의 경우 공매도의 Uptick Rule을 따를 때 매도가 가능한 경우를 모두 묶은 것은?

> 10,000 → 9,000(가) → 9,000원(나) → 9,300원(다) → 9,200원(라) → 10,500원(마)

① 마                                  ② 다, 마
③ 나, 라, 마                    ④ 나, 다, 라, 마

> **해설**   직전가격 이하로 매도할 수 없다는 규정(Uptick Rule)에 따르면 '다'와 '마'의 경우에만 공매도가 가능하다.
>
> **정답** ②

**03** 빈칸을 옳게 연결한 것은?

> • 공매도 과열종목으로 지정되면 익일 (　　　)일간 공매도거래를 금지한다.
> • 공매도 순보유잔고가 발행주식총수의 (　　　)% 이상이며 순보유잔고평가액이 1억원 이상인 투자자는 인적사항, 순보유잔고 등을 금융위원회와 거래소에 보고해야 한다.

① 3, 0.01                              ② 1, 0.01
③ 1, 0.5                                ④ 7, 0.5

> **해설**   차례대로 1(일), 0.01(%)에 해당하며, 보고의무가 있다. 또한 공매도 잔고 공시제도 도입에 따라 상장주식수 대비 순보유잔고비율이 0.5% 이상인 투자자에게는 공시의무가 발생한다.
>
> **정답** ②

---

## 착오매매 정정 및 구제           **핵심유형문제**

착오매매의 정정 및 구제 제도에 대한 설명이다. 틀린 것은?

① 회원사가 투자자의 주문을 처리하는 과정에서 주문내용과 다르게 호가한 경우, 거래소가 회원의 신청을 받아 매매계약의 체결내용을 정정하는 것이 착오매매정정제도이다.
② 투자자의 주문을 누락하거나 투자자의 주문수량보다 적게 체결된 것도 착오매매로 인정된다.
③ 착오매매가 발생할 경우 회원사는 거래일의 다음 영업일 15:00까지 정정신청서를 거래소에 접수해야 한다.
④ 착오매매로 인한 손실이 100억원 이상일 경우는 종합적으로 고려하여 착오매매의 구제여부를 결정하며, 구제가 결정될 경우 착오매매의 체결가격은 직전가격대비 ±10%를 초과하는 체결분에 한하여 체결가격을 ±10%로 조정하여 대규모 손실을 축소할 수 있도록 한다.

> **해설**   착오매매는 투자자의 주문과 다르게 체결된 것을 말하는데, 여기서 '다르게'의 의미는 투자자의 주문보다 '더 불리한 가격으로, 더 많은 수량'이 체결된 것을 의미하므로 ②의 경우는 착오매매로 인정되지 않는다.
>
> **정답** ②

(1) 착오매매 정정 및 구제제도의 개요 : 핵심유형문제

(2) 착오매매의 구제제도
　① 호가일괄취소제도(Kill Switch제도) : 착오주문발생 시 미체결호가를 일괄 취소한다.
　② 대규모 착오제도 구제제도 : 보충문제 1
　　cf 착오매매분에 대해서 ±10%까지의 손실로 구제를 한다(단 ELW의 경우에는 ±15%까지 구제함).

---

**보충문제**

**01**　회원사(금융투자업자)의 착오매매에 대한 설명으로 옳지 않은 것은?

① 회원이 투자자의 주문을 누락한 경우는 착오매매에 해당하지 않는다.
② 회원이 투자자의 주문내용보다 적은 수량을 호가한 경우는 착오매매에 해당하지 않는다.
③ 착오분을 회원사의 자기상품계정으로 인수하여 정정할 수 없다.
④ 회원은 거래소에 착오매매 정정을 신청한 경우에 한한다.

해설　위탁자(투자자)의 주문을 회원이 착오매매한 것이므로 일단 착오분을 위탁자의 계정에서 회원사의 자기상품
계정으로 인수하여 착오매매 정정을 신청하여야 한다.

정답 ③

**02**　다음 중 착오매매와 관련된 용어는?

① Kill Switch 제도
② CNS 제도
③ Random End 제도
④ Green Shoe Option 제도

해설　회원이 사전에 신고한 알고리즘거래 계좌 등에서 프로그램 오류 등으로 인한 착오주문 발생 시, 회원이 신청
할 경우 해당 계좌의 미결제 호가를 일괄취소하고 호가접수 취소 해제를 신청하기 전까지 추가적인 호가접수
를 차단하는 것을 호가일괄취소(Kill Switch) 제도라고 한다.

정답 ①

**7** 시장감시

시장감시제도　　　　　　　　　　　　　　　　　　　　　　　　　핵심유형문제

다음 설명 중 옳은 것은?

① 거래소는 자율규제기관이지만 이상거래의 심리 및 회원감리를 위하여 필요한 경우에는 회원관계자의 출석 및 진술을 요청할 수 있다.

② 거래소는 이상거래와 관련한 사후감리만 실시한다.

③ 회원감리는 서면감리로만 실시한다.

④ 거래소의 분쟁조정제도는 장내시장의 거래뿐만 아니라 일반 소비자분쟁까지 조정할 수 있다.

해설　② 사전예방조치도 있다, ③ 서면감리와 실지감리가 있다, ④ 장내시장의 거래만 조정한다.

정답 ①

**더알아보기** 시장감시제도

**(1) 시장감시제도의 개요**

자율규제기관인 거래소에 이상거래심리권, 회원감리권을 부여하여 불공정거래를 예방하고 그 규제를 효율적으로 수행하기 위한 제도

| 사전예방 | 사후제재 |
|---|---|
| 1차, 2차 예방조치제도 | 이상거래심리 및 회원감리결과에 따른 조치 |

• 회원감리방법에는 서면감리와 실지감리가 있으며, 사후제재는 회원제재, 임직원제재가 있음

**(2) 거래소 분쟁조정제도(한국거래소 시장감시본부 분쟁조정팀)**

| 특 징 | 분쟁조정절차 |
|---|---|
| 자율적인 분쟁해결, 신속한 분쟁해결, 전문성과 공정성을 도모할 수 있음(소송보다 편리) | 30일 이내 회부 → 30일 이내 심의 → 조정결정 후 15일 이내 성립 → 민법상 화해계약 성립 |

• 거래소의 분쟁조정대상은 장내시장의 매매거래와 관련된 분쟁만을 대상으로 한다.

• 분쟁조정심의위원회(거래소)는 20인 이내의 심의위원을 위촉하고, 개별사건 심의를 위해서는 전문성을 가진 5인 이상의 위원으로 위원회를 구성한다.

**01** **분쟁조정절차 및 효력에 대한 설명이다. 잘못된 것은?**

① 분쟁조정을 신청한 후 당사자 간의 합의가 성립되지 않으면 분쟁조정접수일로부터 30일 이내에 시장감시위원회에 회부한다.

② 시장감시위원회는 회부 후 30일 이내에 조정심의 및 조정결정을 해야 한다.

③ 분쟁조정당사자는 시장감시위원회의 조정결정 후 15일 이내에 조정안에 대한 수락의 의사표시를 해야 조정이 성립된다.

④ 조정이 성립되는 경우 그 법적효력은 재판상 화해계약이 성립된 것으로 본다.

해설 자율규제기관(한국거래소, 협회)의 조정은 민법상 화해계약으로, 공적규제기관(금융감독원)의 조정은 재판상 화해계약의 효력이 성립한다.

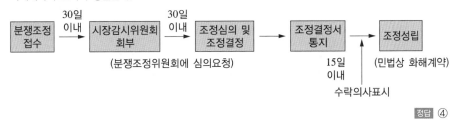

정답 ④

## 8 청산결제제도

**청산 및 결제에 대한 다음 설명 중 틀린 것은?(CCP : 중앙거래당사자)**

① 우리 증권시장에서는 거래소가 채무인수의 방식으로 CCP 역할을 한다.

② 주식, 국채 및 RP거래에 따른 대금결제는 중앙은행을 통하며, 일반채권 거래에 따른 대금결제는 시중은행을 통해 이루어지고 있다.

③ CCP와 회원 간의 채무를 증권의 인도 및 대금지급을 통해 이행하여 매매거래를 종결시키는 것을 결제라 한다.

④ 결제증권을 거래소에 납부하여야 할 결제회원이 결제시한인 17시까지 결제증권을 결제계좌에 납부하지 않은 경우 증권미납부(Fail)로 확정된다.

> **해설** 16시(결제시한)까지 결제증권을 납부하지 못하면 Fail이 되며, 해당 회원은 이연결제대금을 17시까지 거래소에 납부하고 거래소는 이를 증권을 수령하지 못한 회원에게 지급한다.
> ※ 이연결제제도(CNS ; Continuous Net Settlement) : 더알아보기 참조
>
> **정답** ④

---

**더알아보기** 청산결제제도(이하 내용 KRX 홈페이지 참조)

**(1) 청산(Clearing)**

① 의의 : 회원 간에 성립된 매매거래에 개입하여 모든 매도자 또는 매수자의 상대방이 됨으로써, 중앙거래당사자(CCP)의 지위에서 회원과 CCP 간의 채권·채무를 차감하여 확정하고 결제기관에 결제지시를 하며 결제이행이 완료될 때까지 결제를 보증하는 일련의 절차를 말한다.
  • 우리시장에서는 거래소가 채무인수방식을 통하여 CCP 역할을 수행한다.

② 청산결제의 의의 : 익명성이 보장되고 결제에 대한 확신을 주어 거래의 활성화가 가능하다.

**(2) 결제(Settlement)**

① 의의 : 청산과정을 통해 확정된 CCP와 회원 간의 채권·채무를 증권의 인도 및 대금지급을 통해 이행함으로써 매매거래를 종결시키는 것을 말한다.
  • 주식, 국채, RP의 대금결제는 중앙은행, 일반채권의 대금결제는 시중은행에서 한다.

② 결제방법 : 실물결제·차감결제·집중결제

③ 결제시간 : 결제회원은 결제증권과 결제대금을 결제시한(16시)까지 납부해야 하는데, 거래소는 결제개시시점(9시)부터 조건을 충족한 회원순으로 당해 매도대금과 매수증권을 지급한다.
  • 09시부터 결제하는 결제개시시점을 둠으로써 결제방식이 '일중수시결제'방식으로 변경되었다(결제안정성 제고 및 편의성 제고의 효과기대, 참고로 종전은 16시에 일괄결제하였음).

④ 이연결제제도(CNS) 도입 : 결제개시시점(09시)부터 결제시한(16시)까지 결제증권을 결제계좌에 납부 즉시 수령 가능한 회원에게 인도하고, 결제시한까지 미납된 증권은 익일로 이연한 후 결제하게 함으로써 당일의 증권결제를 결제시한에 종결하는 제도

    ⊙ 결제증권 미납부시 증권미납부(Fail)로 확정되고, 해당 회원은 이연결제대금을 17시까지 거래소에 납부하며, 거래소는 이를 증권을 수령하지 못한 결제회원에게 지급함

    ⓒ 지급한 이연결제대금은 다음날 결제내역과 차감(Cross-day Netting)하여 최종결제를 확정함

⑤ 결제지연손해금제도 : 증권미납부(Fail)를 최소화하는 차원에서 손해금을 부과함

    ⊙ 증권결제지연손해금 : 이연결제대금$^{주1}$ × 0.02%

        *주1 : 국채의 경우 지연손해금은 '이연결제대금 × 0.01%'이다.

    ⓒ 대금결제지연손해금 : 결제대금의 0.02%(주식) 또는 0.01%(채권). 단, 결제시한 이후 15분 이내에 납부하는 경우에는 손해율을 50% 경감한다.

## (3) 결제리스크 관리제도

① 결제이행 재원

| 손해배상공동기금 | 결제적립금 등(거래소자산) | 회원보증금 |
|---|---|---|
| • 결제회원이 거래소에 적립한 기금, 공동기금의 적립범위 내에서 결제불이행으로 인한 손해에 대해 연대책임을 짐<br>• 증권시장·파생상품시장의 공동기금은 각 2천억원<br>• 매 분기별로 회원의 공동기금필요액을 산출하여 기존적립금과의 차액을 매분기 초 20일 이내에 거래소와 수수함 | • 거래소는 청산기관으로서 모든 회원에 대해 결제이행을 보증하는데, 이를 위해 자산의 일부를 결제적립금(현재 4천억원)으로 적립<br>• 결제적립금 외에도 은행 및 증권금융과 신용한도를 설정 | 회원은 매매거래와 관련하여 발생할 수 있는 채무이행보증을 위해 거래소에 보증금 예치(최저한도 100만원 이상) |

② 결제불이행 예방제도

    ⊙ 결제회원이 결제대금을 16시까지 미납 시 거래소는 지체없이 결제이행재원(손해배상 공동기금 등)으로 유동성을 공급한다.

    ⓒ 거래소는 결제가 현저하게 곤란하다고 인정되는 경우에는 현금 또는 유사한 종목의 증권으로 결제할 수 있는 특례를 두고 있다.

③ 결제불이행 시의 처리 : 회원의 결제불이행 발생시 CCP가 결제불이행을 처리한다(결제불 이행회원에 대한 조치, 결제이행재원의 투입, 최종결제이행책임 등).

**01** 빈칸에 들어갈 수 없는 것은?

> • 이연결제제도(CNS)는 결제개시시점인 (　　)부터 결제시한인 (　　)까지 납부된 결제증권을 납부 즉시 수령가능한 회원에게 인도하고, 결제시한까지 미납된 증권은 익일로 이연한 후 익일 결제할 증권과 차감하여 익일에 결제함으로써 증권결제를 결제시한에 종결하는 제도이다.
> • 증권미납부(Fail)로 확정된 경우, 거래소는 회원에게 Fail 확정 내역 및 이연결제대금 내역을 통보하고, 해당 회원은 이연결제대금을 (　　)까지 거래소에 납부하며, 거래소는 이를 증권을 수령하지 못한 결제회원에게 지급한다.

① 9시  
② 15시 30분  
③ 16시  
④ 17시  

해설　차례대로 '9시, 16시, 17시'이다.

정답 ②

**02** 보기는 결제이행 재원 중 무엇에 해당하는가?

> 거래소는 청산기관으로서 모든 회원에 대해 결제이행을 보증하는데, 이를 위해 자산의 일부를 결제이행 재원으로 마련해야 한다.

① 손해배상공동기금  
② 결제적립금  
③ 회원보증금  
④ 결제지연손해금  

해설　결제적립금이다. 이외에도 거래소는 은행과 증권금융과 신용한도를 설정하는 등의 조치를 하여 결제이행에 대비해야 한다.

정답 ②

# 단원별 출제예상문제

**01** 빈칸이 올바르게 연결된 것은?(순서대로)

> 회사가 (　　)을/를 발행하는 경우에는 주주로서의 권리행사자를 명확하게 알 수 있고, 그 통지를 함에 있어서도 편리하다는 장점이 있다. 반면 (　　)은/는 신속하게 유통될 수 있다는 장점이 있다.

① 기명주, 무기명주　　　　　　　② 무기명주, 기명주

③ 액면주, 무액면주　　　　　　　④ 상환주식, 전환주식

> **해설**　상법은 기명주를 원칙으로 하고, 사실상 무기명주는 2014 상법개정을 통해 완전폐지되었다.
>
> **정답** ①

**02** 2013년 4월에 자본시장법 개정으로 종전의 '장내시장과 장외시장'의 구분이 '금융투자상품시장과 무허가시장'의 개념으로 전환되었다. 그렇다면 금융투자상품시장에 속하지 않는 것은?

① 코스닥시장　　　　　　　　　　② 코넥스시장

③ K-OTC시장　　　　　　　　　　④ 점두시장

> **해설**　점두시장(OTC시장)은 딜러·브로커를 통해 매매하는 시장을 말하는데 종전기준으로는 장외시장, 개정 후의 기준으로는 '표준화되지 않은 무허가시장'으로 분류된다.
> 참고로 K-OTC(프리보드의 전신)는 종전에는 장외시장, 개정 후에는 금융투자상품시장으로 분류된다.
>
> **정답** ④

**03** 유상증자 방식 중에서 구주주의 신주인수권이 완전히 배제되어 구주주의 입장에서 불평등도가 가장 큰 방식은 무엇인가?

① 구주주배정방식　　　　　　　　② 주주우선공모방식

③ 일반공모방식　　　　　　　　　④ 제3자배정방식

> **해설**　구주주의 신주인수권이 배제된다는 점은 일반공모와 제3자배정방식이 동일하나 일반공모는 공모에 참여가 가능하다. 그러나 제3자배정은 공모참여 자체도 불가능하므로 불평등도가 가장 높다고 할 수 있다.
>
> **정답** ④

**04** 빈칸에 알맞은 것은?(차례대로)

> - 제3자배정방식으로 유상증자를 할 경우 할인율은 (       ) 이내이어야 한다.
> - 신주전체에 대하여 제3자배정방식으로 발행한 후 지체없이 예탁결제원에 예탁하고 (       )간 인출하거나 매각하지 않는 조건으로 하면, 기준주가 산정방식이 달라지며 이 경우 기존의 기준가격보다 낮게 적용될 수 있다.

① 10%, 6개월
② 10%, 1년
③ 30%, 6개월
④ 30%, 1년

**해설** 기준주가의 90% 이상이어야 하는데 이는 할인율이 10% 이내인 것과 같다. 제3자배정으로 받은 신주를 1년간 보호예수를 할 경우 더 낮은 기준가격 적용이 가능하다.

**정답** ②

**05** 주식이 신규로 발행되는 여러가지 경우 중 외부로부터 회사내부로 자금이 유입되는 경우로 모두 묶은 것은?

> ㉠ 유상증자
> ㉡ 신주인수권부사채의 신주인수권 행사
> ㉢ 주식배당
> ㉣ 무상증자

① ㉠
② ㉠, ㉡
③ ㉠, ㉡, ㉢
④ ㉠, ㉡, ㉢, ㉣

**해설** 주식배당과 무상증자는 실질적인 자금유입이 없다.

**정답** ②

**06** 다음 중 상장법인특례로 주권상장법인에게만 허용되는 것으로 묶인 것은?

> ㉠ 자사주매입
> ㉡ 조건부자본증권의 발행
> ㉢ 분기배당
> ㉣ 액면미달발행

① ㉠
② ㉠, ㉡
③ ㉠, ㉡, ㉢
④ ㉠, ㉡, ㉢, ㉣

**해설** 액면미달발행은 비상장법인도 할 수 있으나 조건의 차이가 있다. 비상장법인은 법원의 인가를 받아야 가능하나(상법상 요건), 상장법인은 법원의 인가 없이도 주총의 특별결의로 액면미달발행이 가능하다.

**정답** ③

**07** 상장 단계 중 가장 나중에 진행되는 것은?

① 주권상장예비심사신청서 제출

② 증권신고서 제출

③ 청약 및 납입

④ 주권의 발행 및 교부

해설  ① → ② → ③ → ④이다.

정답 ④


**08** 다음 중 상장예비심사를 받을 필요가 없는 경우는?

① 신규상장

② 추가상장(또는 신주상장)

③ 재상장

④ 우회상장

해설  추가상장은 기상장된 기업이 증자나 우선주발행에 해당되는데, 기업단위의 상장이 아니므로 상장예비심사
(상장예비심사청구서 제출)를 받지 않는다.

정답 ②


**09** 유가증권시장의 신규상장심사요건에 대한 설명이다. 가장 거리가 먼 것은?

① 상장주식예정수는 무조건 100만주 이상이어야 한다(액면 5천원 기준).

② 의결권 있는 주식을 소유하고 있는 일반주주의 수가 무조건 500명 이상이어야 한다.

③ 자기자본은 무조건 300억원 이상이어야 한다.

④ 최근연도 매출액은 최소한 500억원 이상이어야 한다.

해설  매출액 기준은 '최근매출액 1천억원 & 3년 평균 700억원 이상' 또는 '최근매출액 2천억원 이상 & 기준시가총
액 2천억원 이상'의 요건을 충족해야 한다. 따라서 최소한 1천억원 이상이어야 한다.

정답 ④


**10** 다음은 그 자체로 유가증권시장에서 상장폐지가 되는 사유들이다. 해당되지 않는 것은?

① 감사의견 부적정 또는 의견거절

② 주식양도에 제한을 받을 경우

③ 최종부도발생 및 은행거래정지

④ 주된 영업이 정지된 경우

해설  ①·②·③과 자본전액잠식, 해산사유발생 등은 즉시 상장폐지가 되는 사유이다. 그러나 ④는 상장적격성
실질심사를 거친다.

정답 ④

**11** 불성실공시에 대한 내용이다. 가장 거리가 먼 것은?

① 기공시한 내용을 전면취소 또는 부인하는 것을 공시번복이라 하며 이는 불성실공시의 유형에 속한다.

② 불성실공시법인으로 지정되면 매매거래정지, 관리종목지정, 주권상장폐지 등의 제재를 받을 수 있다.

③ 불성실공시법인으로 지정예고가 되고 당해기업은 통보받은 날로부터 7일(매매일 기준) 이내로 금융위원회에 이의를 신청할 수 있다.

④ 불성실공시법인의 공시책임자 및 공시담당자는 거래소가 실시하는 불성실공시 재발 방지 및 예방을 위한 교육을 의무적으로 이수해야 한다.

> 해설  금융위가 아니라 거래소에 이의신청을 한다. 거래소는 이의신청일로부터 10일 이내에 공시위원회의 심사를 받고 심의일로부터 3일 이내에 불성실공시지정 여부 및 부과벌점을 결정해야 한다.
>
> 정답 ③

**12** 다음 중 위탁증거금의 징수특례로서 위탁증거금의 100%를 징수하도록 의무화하고 있는 경우에 해당하지 않는 것은?

① 상장주식수가 5만주 미만인 종목의 매도주문을 수탁한 경우

② 시장감시위원회에서 투자경고종목 또는 투자위험종목으로 지정한 종목에 대해 매수주문을 수탁한 경우

③ 변동성 완화장치(동적VI 또는 정적VI)가 발동된 종목에 대해 매수주문을 수탁한 경우

④ 결제일에 매수대금 또는 매도증권을 납부하지 않은 투자자의 주문을 수탁한 경우

> 해설  위탁증거금 징수특례(100%)가 적용되는 것은 ① · ② · ④이다. 변동성 완화장치가 발동된다는 것은 장중에 '2분간 단일가매매로 전환'하여 매매거래를 하는 것이므로 위탁증거금 징수특례와는 관계없다.
>
> 정답 ③

**13** 호가에 대한 다음 설명 중 옳은 것은?

① 모든 상장증권에 대해 시장가주문을 할 수 있다.

② 모든 공매도호가는 금지된다.

③ 모든 시간외매매는 시간우선의 원칙만 적용된다.

④ 모든 호가는 위탁매매와 자기매매, 매도와 매수로 구분하여 거래소시스템에 입력하여야 한다.

> 해설  ① 시장가호가는 유동성이 작은 채무증권, 수익증권, ELW 등에는 사용할 수 없고, 또한 공매도 등의 경우에도 사용할 수 없다(본문 참조).
> ② 결제이행이 확실한 경우 공매도가 허용된다(Covered Short Selling).
> ③ 시간외종가의 경우 접수순(시간우선)이나 시간외단일가는 가격우선원칙이 먼저 적용된다.
>
> 정답 ④

**14** 공매도 시 직전가격으로 호가할 수 있는 경우는?

> **[직전가격의 흐름]**
> 20,300원 → ① 20,000원 → ② 19,500원 → ③ 19,500원 → ④ 19,800원

**해설** 공매도(Short Selling)는 직전가격 이하의 가격으로 호가할 수 없다. 다만, 가격이 상승하는 경우(직전가격이 그 직전가격보다 높은 경우)에는 예외적으로 직전가격으로 호가할 수 있다. 즉 ①, ②, ③은 공매도호가 불가, ④는 가능하다(∵ 직전가격을 초과). 만일 ④ 다음 가격이 19,800원인 경우에도 공매도호가는 가능하다. 왜냐하면 가격이 상승하는 경우는 직전가격으로 호가할 수 있기 때문이다.

**정답** ④

**15** 빈칸에 들어갈 수 없는 것은?

> 단일가격에 의한 개별경쟁매매를 하는 경우로써, (                    ) 그 가격이 상한가나 하한가로 결정되는 때에는 동시호가를 적용한다.

① 시가를 결정하는 경우
② 시장임시정지 및 매매거래중단·최초가격결정 시
③ 신규상장종목 등의 최초가격결정 시
④ 신주상장종목 등의 최초가격결정 시

**해설** 신주상장은 기상장된 보통주와 같이 거래되므로 신규상장과 같은 별도의 최초가격결정 과정이 필요 없다.

**정답** ④

**16** 다음 중 유가증권시장의 시간외매매시장에 대한 내용이다. 틀린 것은?

① 시간외종가매매 – 시간우선원칙(접수순)
② 시간외단일가매매 – 가격제한폭은 당일종가의 ±10% 범위
③ 시간외바스켓매매 – 바스켓의 구성은 5종목 이상, 거래금액 10억원 이상
④ 시간외경쟁대량매매 – 상대매매(쌍방호가)

**해설** 시간외경쟁대량매매에서는 상대매매가 아니라 경쟁매매이다.

**정답** ④

**17**  서킷브레이커(Circuit Breakers)에 대한 설명이다. 틀린 것은?

① 종합주가지수가 각각 8%, 15%, 20% 이상 하락하여 1분간 지속되면 발동되며, 동일 발동요건으로 1일 1회, 장종료 40분 전 이후에는 발동되지 않는다.

② 종합주가지수가 8%, 15%, 20% 하락하여 CB가 발동되면 채권을 제외한 증권시장의 모든 종목과 주가지수파생상품의 매매거래를 20분간 중단한다.

③ 매매거래중단 후 20분이 경과된 때에 매매거래를 재개하는데, 재개시 최초의 가격은 재개시점으로부터 10분간 호가를 접수하여 단일가매매방법에 의해 결정한다.

④ 종합주가지수라 함은 유가증권시장은 코스피지수, 코스닥시장은 코스닥지수를 말한다.

> 해설   20% 이상 하락시에는 ②의 규정을 적용하지 않고 당일의 장을 종료한다.

> 정답 ②

**18**  다음 설명 중 가장 적절하지 않은 것은?

① 랜덤엔드는 모든 단일가매매 시 가격결정을 위한 호가접수시간을 정규 마감 시간 이후 30초 이내의 임의시간까지 연장하는 제도이다.

② 주가가 참조가격대비 10% 이상 변동한 경우 2분간 단일가매매로 전환되는 것을 동적VI(변동성완화장치)라 한다.

③ 단기과열종목에 지정되면 일반종목의 경우 3거래일 동안 30분 단위의 단일가매매 방식으로 체결한다.

④ 공매도의 순보유잔고가 발행주식총수의 0.01% 이상인 투자자는 보유한 순보유잔고 등을 금융위 및 거래소에 보고해야 한다.

> 해설   ②는 정적VI를 말한다.

> 정답 ②

**19**  다음 설명 중 옳은 것은?

① 우리나라 증권시장의 결제방법은 실물결제, 차금결제, 집중결제이다.

② 시장경보조치 중 매매거래가 정지되는 것은 투자위험종목에 한한다.

③ 장 개시 전의 자사주 매수와 자사주 매도의 가격호가범위는 전일종가의 +5% 이내의 범위이다.

④ 발동요건의 각 단계에서 전 단계 매매거래 중단 시점의 주가지수 수치보다 1% 이상 하락하지 아니하거나, 1% 이상 하락하였으나 1분간 지속되지 아니한 경우는 다음 단계로 진행하지 않는다.

> 해설   ① 차금결제가 아니라 차감결제이다. ② 투자경고종목도 매매거래정지가 될 수 있다. ③ 장 개시 전의 자사주 매도는 전일종가보다 2호가 낮은 가격까지이다.

> 정답 ④

# 02 코스닥시장

## 1 코스닥시장 개요

### 코스닥시장의 개념

**코스닥시장의 특징으로 잘못된 것은?**

① 성장기업 중심의 시장
② 유가증권시장의 보완적 단계
③ 고위험고수익의 시장
④ 유가증권시장에 비해 완화된 상장기준 적용

**해설**  과거의 코스닥시장은 유가증권시장으로 가기 위한 전 단계적 역할을 하기도 했지만 현재는 성장성이 높은 기업 중심의 독립된 경쟁시장이다.

**정답** ②

---

**더알아보기**  코스닥(KOSDAQ)시장 개요

성장성이 높은 벤처기업과 유망중소기업이 자금조달을 용이하게 할 수 있으며 성장성이 높은 기업 중심의 독립된 경쟁시장이다.

| 성장기업 중심의 시장 | 독립적 경쟁시장 | 금융투자업자의 역할과 책임이 중시되는 시장 | 투자자 자기책임원칙이 강조되는 시장 |
|---|---|---|---|
| 성장성이 높은 벤처기업과 유망중소기업이 자금조달을 용이하게 할 수 있음 | 유가증권시장과 함께 성격이 다른 독립된 시장 (전 단계시장 ×) | 우량 종목 발굴을 위한 금융투자업자의 선별기능이 중요(∵ 유가증권시장보다 완화된 상장기준이 적용) | 고위험 고수익(High Risk High Return)의 새로운 투자수단이므로, 투자자의 자기관리(책임)가 중요 |

• 코스닥시장의 기능 : 자금조달기능/자금운용시장기능/벤처산업의 육성 등

**비교**  코넥스(KONEX)시장은 중소기업기본법상의 중소기업(초기 중소기업)만 상장이 가능함

**2 코스닥시장 상장제도**

## 코스닥시장의 상장절차

상장주권의 의무보호에 대한 설명 중 가장 거리가 먼 것은?

① 코스닥시장의 기술성장기업의 경우 의무보호요건이 유가증권시장보다 더 엄격하다.

② 최대주주 지분에 대한 의무보유기간은 6개월이며 6개월 동안은 해당 지분을 전혀 매각할 수 없다.

③ 벤처금융 및 전문투자자가 코스닥의 일반기업, 벤처기업, 기술성장기업에 투자한 경우 투자기간과 관계없이 1개월의 의무보유기간이 적용된다.

④ 최대주주로부터 코넥스 상장법인의 보유주식을 취득한 경우 의무보유기간이 적용되지 않는다.

해설 '투자기간이 2년 미만'인 벤처금융이나 전문투자자에 한해 의무보유기간이 적용된다(즉, 투자기간이 2년 이상인 경우에는 의무보유기간 없이 매도가 자유롭다는 의미이다).

정답 ③

---

**더알아보기** 코스닥 상장절차

**(1) 상장심사예비서류 등 상장절차**
유가증권시장과 동일하지만 '유가증권시장은 3사업연도의 재무제표를 제출해야 하나 코스닥시장은 최근 연도(1년치)의 재무제표만 제출하면 된다'.

**(2) 코스닥시장의 주식매각 제한기간(의무보호제도)**
① 코스닥시장의 기술성장기업의 경우 의무보유기간 요건이 더 엄격함(1년)

| 구 분 | 대형법인<br>(유가증권, 코스닥) | 일반·벤처기업<br>(코스닥) | 기술성장기업<br>(코스닥) |
|---|---|---|---|
| 최대주주 및 그 특수관계인 | 6개월 | 6개월 | 1년 |
| 최대주주로부터 취득시 | 6개월 | 6개월 | 1년 |
| 벤처금융 및 전문투자자<br>(투자기간 2년 미만) | 미적용 | 1개월<br>(코넥스시장은 미적용) | |
| SPAC 주주 | 합병 후 6개월 | | |

- 대형법인이란 자기자본 1천억원 이상 또는 기준시가총액 2천억원 이상을 말함
- 최대주주로부터 코넥스 상장법인의 주식을 취득한 경우에는 의무보호가 적용되지 않음

**01** SPAC(기업인수목적회사)에 대한 설명이다. 가장 거리가 먼 것은?

① 우회상장과 달리 부실기업의 시장진입가능성이 낮다.

② 우회상장과 달리 시장건전성을 저해할 우려가 낮다.

③ 우회상장과 달리 공모자금조달 효과를 기대할 수 있다.

④ SPAC 주주에 대한 의무보호는 면제된다.

해설   SPAC가 상장하여 비상장기업을 합병할 경우 합병기일로부터 6개월간 매각이 제한된다(의무보유기간 6개월).

정답 ④

유가증권시장과 코스닥시장의 신규상장요건 비교이다. 틀린 것은?

| 번 호 | 구 분 | | 유가증권시장 | 코스닥시장 1년 이상 | |
|---|---|---|---|---|---|
| | | | | 일반기업 | 벤처기업 |
| ① | 경과연수 | | 3년 이상 | 면 제 | 1년 이상 |
| ② | 규모요건 | 자기자본 | 300억원 이상 | 30억원 이상 | 15억원 이상 |
| | | 기준시가총액 | – | 90억원 이상 | |
| ③ | 의결권 있는 주주수 | | 일반주주수 500명 이상 | 소액주주수 500명 이상 | |
| ④ | 이익요건中<br>(최근연도의) | ROE | 5% | 10% | 5% |
| | | 이익액 | 30억원 | 20억원 | 10억원 |

**해설**　벤처기업은 경과연수 적용이 면제된다.
　　**비교**　일반주주–최대주주 및 주요주주가 아닌 자, 소액주주–지분율이 1% 미만인 자

**정답 ①**

**더알아보기**　코스닥시장 신규상장심사요건

| 요 건 | 일반기업 | 벤처기업 | 기술성장기업 |
|---|---|---|---|
| 자기자본 | – | – | 10억원 이상 |
| 시가총액 | – | – | 90억원 이상 |
| 경영성과,<br>시장평가<br>(택일) | ① 법인세차감전 계속사업이익 20억원 & 시총 90억원<br>② 시총 1,000억원 이상<br>③ 자기자본 250억원 | | (기술평가특례)<br>전문평가기관의 기술 등에 대한 평가를 받고 평가 결과가 A등급 & BBB 등급 이상일 것<br><br>(성장성 추천)<br>상장주선인이 성장성을 평가하여 추천한 중소기업일 것 |

**01** 신규상장심사요건 중 유가증권시장과 코스닥시장에서 동일한 기준이 적용되는 것은?

① 경과연수요건
② 감사의견요건
③ 의무보호요건
④ 주식양도제한이 없을 것

> **해설** ④는 공통이다.
> ① 유가증권시장은 3년, 코스닥은 면제
> ② 유가증권시장은 최근 적정, 직전 2년은 한정이어도 무방, 코스닥은 최근연도 적정
> ③ 유가증권시장은 6개월, 코스닥 일반·벤처는 6개월, 코스닥 기술성장기업은 1년

정답 ④

**02** 코스닥시장 상장심사요건에서 기술성장기업이 일반기업에 비해 완화·적용되는 것에 속하지 않는 것은?

① 이익규모, 매출액 및 기준시가총액 요건
② 규모요건
③ 분산요건
④ 경영성과요건

> **해설** 분산요건은 동일하게 적용된다.

정답 ③

**03** 코스닥 기술성장기업에 적용되는 상장심사특례에 해당하지 않는 것은?

① 경영성과요건
② 이익규모, 매출액 및 기준시가총액 요건
③ 의무보호요건
④ 감사의견요건

> **해설** ①·②는 면제, ③은 강화(1년) 적용된다. 감사의견요건은 일반기업이나 벤처기업, 기술성장기업 모두 동일하게 적용된다.

정답 ④

## 코스닥시장의 상장폐지요건

다음은 코스닥상장법인이 상장폐지되는 경우이다. 틀린 것은?

① 2년 연속 매출액이 30억원에 미달할 경우

② 시가총액 40억원 미만 상태가 30일간 지속되는 경우

③ 감사보고서의 부적정의견

④ 월평균거래량이 총유동주식수의 1% 미만 상태가 2분기 연속될 경우

**해설**  ②는 관리종목지정사유이다. 나머지는 상장폐지사유이다.

정답 ②

---

**더알아보기**  코스닥시장 관리종목지정 및 상장폐지기준(표1)

### (1) 상장폐지사유의 분류

| 부실화된 기업 | 공개기업으로서의 의무를 다하지 못하는 경우 | 조직변경, 경영방침변경 등으로 인한 경우 |
|---|---|---|
| 자본잠식, 매출액 등 요건 미달 | 주식분산요건, 거래량 등 요건 미달 | 합병, 유가증권 상장 등 |

### (2) 코스닥시장 관리종목지정 및 상장폐지기준(2014.4.18 거래소규정개정 기준)

| 구 분 | 관리종목지정 | 상장폐지기준 |
|---|---|---|
| 매출액 | 최근연도 30억원 미만 | 2년 연속 시 |
| 법인세비용 차감전계속 사업손실(= 경상손실) | • 최근 3사업연도 중 2회 이상 자기자본 50% 이상(&10억원 이상)의 경상 손실이 있는 경우<br>• 기술성장기업은 상장 후 3년간 미적용 | 관리지정 후 자기자본 50% 이상(&10억원 이상)의 경상손실 발생 |
| 자본잠식, 자기자본 | ① 사업연도(반기)말 자본잠식율 : 50% 이상<br>② 사업연도(반기)말 자기자본 : 10억원 미만<br>③ 반기검토(감사)의견 부적정·의견거절·범위 제한 한정 또는 반기보고서 제출기한 경과 후 10일 내 미제출 | ① 또는 ③ 후 다음 회차에 자본잠식율 50% 이상을 기록한 경우<br>② 또는 ③ 후 다음 회차에 자기자본 10억원 미만을 기록하는 경우<br>① 또는 ② 또는 ③ 후 다음 회차에 반기감사의견이 부적정·의견거절·범위 제한 한정 or 반기보고서 기한 경과 후 10일 내 미제출 시 |
| 공시서류 | 분기, 반기, 사업보고서 기한 내 미제출 | 2년간 3회 이상 분기, 반기, 사업보고서 미제출 |
| 감사의견 | 반기보고서에 대한 부적정, 의견거절, 범위제한 한정 | 감사보고서에 대한 부적정, 의견거절, 범위제한 한정 |
| 시가총액 | 시가총액 40억원 미만이 30일간 지속 (시가총액은 보통주 기준) | 지정 후 90일간 '연속 10일 & 누적 30일 동안 40억원 이상'의 조건 미충족 시 |
| 거래량 | 분기 월평균거래량이 유동주식수의 1%에 미달 | 2분기 연속 시(= 3개월 이상 계속되는 경우) |

| 주식분산 | 소액주주 200인 미만 & 소액주주지분 20% 미만[주1] | 2년 연속 시 |
|---|---|---|
| 기업지배구조 | 사외이사·감사위원회 요건 미충족 | 2년 연속 시 |
| 파산신청 | 파산신청 | 법원의 파산신고 결정 |

| 상장적격성실질심사 | 불성실공시 | 불성실공시로 인한 누계벌점이 최근 1년간 15점 이상인 경우 | 누계벌점이 최근 1년간 15점 이상 추가 시 또는 고의나 중과실로 인해 추가로 불성실공시법인으로 지정 시 |
|---|---|---|---|
| | 회생절차개시 | 회생절차개시 신청 | 회생절차개시신청 기각·취소·불인가 시 |
| | 허위 서류 제출 | 상장신청서·첨부서류 중요사항에 대한 허위기재 또는 누락 | 관리지정후 1년 이내 동사유 추가 발생 시 |
| | 종합요건 | – | 일정 사유발생 시[주2], 기업의 계속성·경영의 투명성·기타 공익과 투자자보호를 종합적으로 고려하여 상장폐지가 필요하다고 인정되는 경우 |
| 즉시 상장폐지 기준 | | – | • 최종부도 또는 은행거래정지<br>• 법률규정에 의한 해산사유 발생<br>• 최근사업연도말 전액자본잠식<br>• 감사의견이 부적정·의견거절·범위 제한으로 인한 한정<br>• 2년간 3회 이상 분기·반기보고서 미제출<br>• 사업보고서 제출기한 후 10일 내 미제출<br>• 주식양도제한을 두는 경우<br>• 유가증권시장 이전상장, 피흡수합병,<br>• 우회상장기준 위반 |

*주1 : 소액주주지분율이 10% 이상으로서 소액주주 300인 이상이 100만주 이상을 소유하는 경우는 적용을 배제함

*주2 : 유상증자 등 재무구조개선행위가 상폐기준을 회피위한 것으로 인정될 경우/상당한 규모의 횡령·배임 등/주된 영업이 정지된 경우/기타 공익을 위해 필요한 경우 등

※ 정리매매 : 상장폐지시에는 7일을 초과하지 않는 범위 내에서 정리매매기간이 부여됨. 정리매매는 지정가호가만 가능하고, 가격제한폭이 없으며, 30분 단위의 단일가방식으로 체결된다.

※ 상장수수료 : 상장신청인은 증권의 상장에 대한 소정의 수수료를 부담하는데, 국채·지방채·통안채는 수수료가 면제된다(유가증권시장도 동일).

**01** 보기는 코스닥시장의 상장폐지사유이다. 빈칸에 들어갈 수 없는 것은?

> • 사업보고서 미제출로 관리종목지정 후 그 제출기한으로부터 (　)일 이내 미제출 시
> • 연간 매출액이 (　)억원 미만으로 관리종목지정 후 1회 추가 시
> • 영업손실이 (　)년 연속 발생할 경우
> • 월평균거래량이 유동주식수의 1% 미만인 상태가 2(　) 연속 시

① 5 　　　　　　　　　　　　② 10
③ 30 　　　　　　　　　　　④ 반기

해설　차례대로 '10일, 30억원, 5년, 분기'이다. 반기는 유가증권시장의 기준에 해당된다.

정답 ④

**02** 빈칸이 올바르게 연결된 것은?(차례대로)

> 시가총액 40억원 미만인 상태가 30일 지속되어 관리종목으로 지정된 후, 90일 동안 40억원 미만인 상태가 (　) 이상 계속되지 않고 누적일수가 (　) 이상이 아닌 경우 상장폐지된다.

① 10일, 20일 　　　　　　　② 10일, 30일
③ 20일, 30일 　　　　　　　④ 20일, 40일

해설　유가증권시장 상장폐지기준과 설명방식 동일 – 도해 참조

정답 ②

**03** 코스닥시장 상장폐지사유 중 관리종목을 경유하지 않고 즉각 상장폐지되는 사유에 해당하지 않는 것은?

① 최종부도 또는 은행거래 정지
② 해산사유 발생
③ 반기보고서를 법정기한 익일부터 10일 이내까지 미제출 시
④ 감사보고서에 대한 감사범위제한으로 인한 한정의견

해설　③은 사업보고서의 경우이고, 반기·분기보고서는 2회연속 미제출 시 상폐된다.

정답 ③

**04** 상장폐지사유에 대한 유가증권시장과 코스닥시장의 비교이다. 잘못된 것은?

| 번호 | 구분 | 유가증권시장 | 코스닥시장 |
|---|---|---|---|
| ① | 매출액 기준 | 50억원 미만 시 관리종목지정, 2년 연속시 상장폐지 | 30억원 미만 시 관리종목지정, 2년 연속시 상장폐지 |
| ② | 시가총액 기준 | 50억 미만 상태가 30일간 지속 시 관리종목지정, 이후 상장유지요건 미충족 시 상장폐지 | 40억 미만 상태가 30일간 지속 시 관리종목지정, 이후 상장유지요건 미충족 시 상장폐지 |
| ③ | 감사의견 (감사보고서) | 감사범위제한으로 인한 한정의견 시 관리종목에 지정되고, 1회 추가 시 상장폐지 | |
| ④ | 거래량 기준 | 월평균거래량이 유동주식수의 1% 미만 상태가 2반기 지속 시 상장폐지 | 월평균거래량이 유동주식수의 1% 미만 상태가 2분기 지속 시 상장폐지 |

해설  감사보고서에 대한 감사범위제한으로 인한 한정의견이 있을 때, 유가증권시장의 경우 관리종목에 편입 후 1회 추가되면 상장폐지된다. 그러나 코스닥시장은 즉시 상장폐지된다.

정답 ③

**05** 다음 중 관리종목지정사유에 해당되지 않는 것은?

① 최근 사업연도 매출액이 30억원 미만인 경우
② 최근 반기말 또는 사업연도 말을 기준으로 자본잠식률이 100분의 50 이상이거나 자기자본이 10억원 미만인 경우
③ 최근 4사업연도 연속 당기순손실을 기록한 경우
④ 시가총액이 40억원 미만인 상태가 30일간 지속되는 경우

해설  당기순손실이 아니라 영업손실이다. 이상의 사유로 관리종목에 지정되고 1회 추가 시 또는 요건 미해소 시에는 상장폐지가 된다.

정답 ③

## 코스닥시장의 매매관련제도

코스닥시장의 매매제도와 관련된 다음의 설명 중에서 옳은 것은?

① 코스닥시장의 매매체결원칙은 '가격우선의 원칙 → 시간우선의 원칙 → 위탁매매우선의 원칙 → 수량우선의 원칙'이다.

② 코스닥시장의 호가가격단위는 7단계이고, 기준가격이 5,000원 이상 20,000원 미만인 경우의 Tick은 10원이다.

③ 코스닥시장은 유가증권시장에 비해 규모가 작으므로 시장가호가가 인정되지 않는다.

④ 코스닥시장에서도 대량매매가 허용되는데 대량매매를 하기 위해서는 매매수량단위의 5,000배 또는 '호가×수량'이 1억원 이상이다.

> 해설  ① 일반적인 경우 '가격우선 → 시간우선'이 적용되나, 동시호가에서는 '위탁매매우선 → 수량우선'이 적용된다(네 가지가 순서대로 지켜지는 것이 아님).
> ③ 유가증권시장과 코스닥시장은 둘 다 장내시장으로써 호가 방법이 같다.
> ④ 대량매매의 요건이 다르다. 코스닥은 거래금액 5천만원 이상이면 된다.
> • 유가증권시장 = 매매수량의 5,000배 또는 거래금액 1억원 이상
>
> 정답 ②

---

**더알아보기**  코스닥시장의 매매제도

### (1) 유가증권시장과 동일한 제도

매매체결의 일반원칙(가격우선/시간우선/위탁매매우선/수량우선), 매매시간(정규시장과 시간외시장의 매매), 호가의 방법(지정가호가, 시장가호가 등), 호가가격단위(Tick Size), 가격제한폭(30%), 결제 전 매매제도, 공매도 제한, 신용거래, 권리락·배당락, 서킷브레이커(사이드카는 기준이 다름), 신규상장종목의 최초가격결정방식(90%~200%) 등

※ 결제 전 매도 : 유가증권시장과 코스닥시장 간의 결제 전 매도도 가능하다.

※ 배당락 : 주식배당의 경우에만 배당락조치를 취한다(현금배당 시에는 배당락이 없음).

### (2) 유가증권시장과 다른 제도

| 구 분 | 유가증권시장 | 코스닥시장 |
|---|---|---|
| 매매수량단위 | 1주(ELW는 10주) | 1주 |
| 호가의 종류 | 모든 호가 | 모든 호가 |
| 대량매매 | 매매수량단위의 5,000배 또는 '호가×수량' 금액이 1억원 이상 | 매매수량단위요건 없음 '호가×수량' 금액이 5,000만원 이상 |
| 경쟁대량매매 | 거래금액이 5억원 이상 | 거래금액이 2억원 이상 |

| 바스켓매매 | 5종목 이상 & 10억원 이상 | 5종목 이상 & 2억원 이상 |
|---|---|---|
| 사이드카 | KOSPI200선물의 변동기준 ±5% | 코스닥150선물의 변동기준 ±6% |
| 대용증권 | 80%~60% | 80%~60% |

### (3) 한국거래소의 호가가격단위(Tick Size)

| 구 분 | 유가증권시장/코스닥시장/코넥스시장 |
|---|---|
| 2,000원 미만 | 1원 |
| 2,000원 이상 ~ 5,000원 미만 | 5원 |
| 5,000원 이상 ~ 20,000원 미만 | 10원 |
| 20,000원 이상 ~ 50,000원 미만 | 50원 |
| 50,000원 이상 ~ 200,000원 미만 | 100원 |
| 200,000원 이상 ~ 500,000원 미만 | 500원 |
| 500,000원 이상 | 1,000원 |

• ETF 및 ELW는 가격범위와 무관하게 5원 단위를 일괄 적용함

---

**보충문제**

**01** 코스닥시장에 상장된 B주식의 가격이 100,000원이라면 호가가격단위(Tck Size)는 (    )이고 상한가가격은 (    )이다. (    )는 얼마인가?(순서대로)

① 100원, 115,000원

② 500원, 115,000원

③ 100원, 130,000원

④ 500원, 130,000원

해설    코스닥시장의 호가가격단위는 유가증권시장과 코넥스시장과 동일하다.

정답 ③

**02** 코스닥시장의 '사이드카'에 대한 설명 중 밑줄 친 부분이 잘못된 것은?

> ① 코스닥150선물가격이 ② 기준가격대비 5% 이상 상승(하락)하고 ③ 코스닥150현물가격의 수치
> 가 직전 매매거래일의 최종수치 대비 3% 이상 상승(하락)한 상태가 1분간 지속되는 경우 해당 시점
> 부터 ④ 접수된 프로그램 매수호가(매도호가)의 효력을 5분간 정지한다. 그리고 효력정지기간 5분
> 이 경과하면 자동으로 재개된다(접수순에 따라 가격결정).

해설  유가증권시장은 5%이나 코스닥시장의 경우 '코스닥150선물이 6% & 코스닥150현물이 3%' 이상 변동해야
하는 조건을 동시에 충족시켜야 한다.
• 장종료 40분 전 이후에는 요건이 충족되어도 발동되지 않음

정답 ②

**03** 다음 중 대용증권 사정비율이 가장 낮은 것은?

① 코스피200종목 중 일평균거래대금이 상위 50%에 해당하는 종목
② 코스피200을 기초지수로 한 ETF
③ 코스닥150지수 구성종목 중 일평균거래대금이 상위 50%에 해당하는 종목
④ 코넥스종목

해설  코넥스종목은 일률적으로 60%이며, ①·②·③은 모두 80%이다(대용증권 사정비율은 p.270 표 참조).

정답 ④

# 단원별 출제예상문제

**01** 코스닥시장의 특징과 거리가 먼 것은?

① 중소기업법상의 중소기업만이 상장할 수 있다.

② 유가증권시장과 함께 독립된 경쟁시장으로서의 지위를 가지고 있다.

③ 금융투자업자의 역할과 책임이 중시되는 시장이다.

④ 투자자의 자기책임원칙이 강조되는 시장이다.

> **해설** 중소기업법상의 중소기업(초기 중소기업)만이 상장할 수 있는 시장은 코넥스이다.
> 코스닥시장은 성장잠재력이 높은 벤처기업, 유망중소기업 등을 위한 시장이다.
>
> 정답 ①

**02** 코스닥시장의 보호예수제도와 관련한 설명이다. 옳은 것은?

① 일반기업과 벤처기업의 최대주주 소유지분은 상장 후 1년까지 보호예수된다.

② 기술성장기업의 최대주주 소유지분은 상장 후 2년까지 보호예수된다.

③ 대형법인(자기자본 1천억원 이상 기업)의 최대주주 소유지분은 상장 후 6개월까지 보호예수된다.

④ 벤처금융이 기술성장기업에 투자한 경우 상장 후 3개월까지 보호예수된다.

> **해설** ① 상장 후 6개월까지 보호예수된다.
> ② 기술성장기업은 상장 후 1년까지 보호예수된다.
> ④ 상장 후 1개월까지 보호예수된다.
>
> 정답 ③

**03** 다음 중 코스닥시장의 상장심사요건으로 가장 거리가 먼 것은?

① 일반기업, 벤처기업, 기술성장기업 모두 기준시가총액이 90억원 이상이어야 한다.

② 일반기업, 벤처기업, 기술성장기업 모두 소액주주는 500명 이상이어야 한다.

③ 일반기업, 벤처기업, 기술성장기업 모두 법인세 차감 전 계속사업이익이 있어야 한다.

④ 일반기업, 벤처기업, 기술성장기업 모두 최근사업연도 감사보고서에 대한 감사의견은 적정이어야 한다.

> **해설** 코스닥의 기술성장기업은 경영성과요건이 면제된다. 즉, 법인세 차감 전 계속사업이익(세전순이익 상태)이 있어야 하는 것은 일반기업, 벤처기업에 적용되는 요건이다. 참고로 분산요건(②)과 감사요건(④)은 요건이 동일하다.
>
> 정답 ③

**04** 코스닥시장의 상장폐지기준에 해당하는 것은?

① 반기보고서 부적정, 의견거절, 범위제한
② 최근년 매출액 30억원 미만
③ 법원의 파산선고 결정
④ 사업보고서 기한 내 미제출

해설 법원에 회생절차개시 신청 시 또는 파산신청 시에는 관리종목으로 편입되지만, 법원의 파산선고 결정 시에는 퇴출(상장폐지)된다.

정답 ③


**05** 다음 중 코스닥시장의 즉시퇴출 사유가 아닌 것은?

① 최종부도 또는 은행거래 정지 시
② 피흡수합병등 해산사유 발생 시
③ 정관에 주식양도제한을 두는 경우
④ 1년간 공시위반 관련 벌점 합계 15점 이상인 경우

해설 1년간 공시위반 관련 벌점 합계 15점 이상인 경우에는 관리종목으로 된다.

정답 ④


**06** 매매제도와 관련해서 유가증권시장과 코스닥시장을 비교한 것으로 잘못된 것은?

| 번 호 | 구 분 | 유가증권시장 | 코스닥시장 |
|---|---|---|---|
| ① | 최고호가단위 | 1,000원 | 1,000원 |
| ② | 매매수량단위(주권의 경우) | 10주 | 1주 |
| ③ | 대량매매 | 매매수량단위의 5,000배 또는 '호가 × 수량' 금액 1억원 이상 | '호가 × 수량' 금액 5,000만원 이상(수량요건은 없음) |
| ④ | 바스켓매매 | 5종목 이상 & 10억원 이상 | 5종목 이상 & 2억원 이상 |

해설 유가증권시장의 매매수량단위는 코스닥시장과 마찬가지로 1주이다.
(단, ELW는 10주 단위로 매매한다.)

정답 ②


**07** 다음의 경우 코스닥시장에서 호가가 가능하지 않은 경우는?

① 전일종가 4,000원인 주식을 4,556원에 매수주문을 냈다.
② 전일종가 8,000원인 주식을 6,980원에 매도주문을 냈다.
③ 전일종가 30,000원인 주식을 32,450원에 매수주문을 냈다.
④ 전일종가 100,000원인 주식을 108,600원에 매도주문을 냈다.

기본적으로 유가증권시장, 코스닥시장 그리고 코넥스시장의 호가단위(7단계)는 공통이다. 2천원 이상 5천원 미만은 호가단위가 5원이므로 4,556원으로 호가할 수 없다.
④의 경우 5만원 이상 20만원 미만은 100원이므로 가능한 호가이다.

**08** 다음 설명 중 코스닥시장의 매매제도에 해당하는 것은?(거래금액 = 호가 × 수량)

① 매매수량단위가 100주이다.
② 대량매매 시 매매수량단위의 5,000배 또는 거래금액이 1억원 이상이어야 한다.
③ 바스켓매매 시 5종목 이상 그리고 10억원 이상의 요건을 갖추어야 한다.
④ 경쟁대량매매 시 거래금액이 2억원 이상이어야 한다.

경쟁대량매매요건은 거래금액기준 유가증권시장은 5억원, 코스닥은 2억원이다.
참고 (정규시장) 장중대량매매와 거래량가중평균(VWAP)이 적용되는 경쟁대량매매(Dark Pool 제도)는 다른 것이므로 혼동하면 안 된다.

**09** 경쟁대량매매의 대상이 될 수 없는 종목은?

① 관리종목                    ② 주 식
③ DR                         ④ ETF

시간외매매와 대량매매 대상은 '주식, DR, ETF, ETN'이다. 단, 경쟁대량매매에서는 관리종목과 정리매매종목은 제외된다

**10** 다음 설명 중 잘못된 것은?

① 주권상장법인이 상장폐지 결정을 받고 이에 대해 이의가 있는 경우에는, 그 통지를 받은 날로부터 유가증권시장은 15일, 코스닥시장은 7일 내에 거래소에 이의를 제기해야 한다.
② 동시호가에만 적용되는 매매체결원칙은 위탁매매우선과 수량우선의 원칙이다.
③ 공모가격이 20,000원인 신규상장종목이 최초거래를 시작할 경우 당일날 상승할 수 있는 최고가격은 104,000원이다.
④ 사이드카는 코스피200선물 또는 코스닥150선물이 5% 이상 상승한 상태가 1분 이상 지속될 경우에 발동된다.

코스닥시장은 코스닥150선물이 6% 이상 상승(하락)하여 1분간 지속되어야 하는데, 이 경우 코스닥150현물지수도 3% 이상 변동하는 요건을 동시에 갖추어야 사이드카가 발동된다.

# 03 기타 증권시장

## 1 코넥스(KONEX)시장 개요

### 코넥스시장 개요 핵심유형문제

**다음 중 코넥스시장의 특징과 거리가 먼 것은?**

① 초기 중소기업에 특화된 시장으로 중소기업기본법상의 중소기업만이 상장가능하다.

② 코넥스시장에 상장된 기업은 유가증권시장, 코스닥시장에 상장된 기업과 동일하게 주권상장법인의 지위를 갖는다.

③ 상장부담완화를 위해 사업보고서, 반기보고서, 분기보고서 제출의무가 면제된다.

④ 코넥스시장은 합병요건 등을 완화하여 M&A 등의 구조조정을 지원하는 시장이다.

> **해설**     분기, 반기보고서만 면제이다(사업보고서는 제출해야 함).
>
> 정답 ③

---

**더알아보기**    코넥스(KONEX)시장

**(1) 코넥스시장의 특징 : 핵심유형문제**
- 코넥스상장은 어려운 초기 중소기업의 지원을 강화하는 차원에서 2013.7에 개설됨
- 상장요건 크게 완화, 상장사 부담완화(공시의무 완화 등), M&A 지원

**(2) 상장제도**
    ① 지정자문인 제도 : 보충문제 1
       ㉠ 지정자문인의 역할

| 구 분 | 지정자문인의 역할 |
|---|---|
| 상장 전 | • 초기 중소·벤처기업이 코넥스시장에 상장할 수 있도록 지원함<br>• 부실기업의 경우 지정자문인 계약해지 등을 통해 선제적 퇴출이 이루어짐(시장건전성 유지에 도움) |
| 상장 단계 | 지정자문인의 상장적격성을 통과한 기업의 경우 상장심사기간이 15일로 대폭 단축됨(유가증권, 코스닥시장은 약 3개월) |
| 상장 후 | 유동성공급업무, 공시 및 신고대리업무 지원 등 상장기업의 의무이행에 도움을 줌(상장기업의 부담완화) |

ⓛ 지정자문인 선임계약
- 코넥스상장을 원하는 기업은 지정자문인 선임계약을 체결해야 상장신청이 가능
- 만약 지정자문인계약을 해지할 경우 30영업일 내로 다른 지정자문인과 계약을 체결해야 한다(그렇지 않을 경우 상장폐지요건에 해당됨).
- 기술평가기업, 크라우딩펀딩기업의 경우에는 지정자문인 선임계약을 하지 않아도 상장할 수 있다(상장특례 인정).
② 지정기관투자자 제도 : 보충문제 2
- ㄱ '지정기관투자자가 6개월 이상 투자 & 지분율 10% 이상 또는 투자금액 30억원 이상'인 피투자중소기업 → 지정기관투자자의 특례상장에 대한 동의를 얻어 코넥스시장에 상장이 가능함
- ㄴ 상장 후 1년 이내에 피투자기업이 지정자문인 계약을 체결할 수 있도록 후원함

## (3) 상장요건
① 코넥스시장의 상장요건 : 보충문제 3

| 양적 요건(외형 요건) | 질적 요건 |
|---|---|
| 중소기업기본법상의 중소기업에 해당할 것, 지정자문인 1사와 선임계약을 체결할 것 등 | 지정자문인이 상장적격심사보고서 제출 → 거래소가 이를 토대로 질적 심사 수행 |

② 특례상장

| 구 분 | 기술평가기업 | 크라우딩펀딩기업 |
|---|---|---|
| 특례내용 | 지정자문인 선임계약 없이 상장신청 가능 | |
| 상장심사시간 | 신청일로부터 45일 | 신청일로부터 15일 |

※ 특례상장기업의 요건 : '투자유치[주], 기술력, 투자자 동의'의 요건을 갖추어야 함
*주1 : '지정기관투자자로부터 6개월 이상의 기간 동안 지분율 10% 이상 또는 투자금액 30억원 이상'의 투자를 받는 피투자기업을 의미함

## (4) 상장폐지 : 보충문제 4

| 즉시 폐지요건 | 위원회심사 후 폐지결정 |
|---|---|
| • 특례상장기업의 지정자문인 미선임<br>• 감사의견 : 부적정, 의견거절, 범위제한으로 인한 한정<br>• 사업보고서 미제출, 재무제표 미승인<br>• 2반기 연속 또는 3년 내 4회 이상 기업설명회 미개최<br>• 기타사유 : 지정자문인선임계약 해지 후 30일 내 미체결, 해산사유발생, 은행거래정지 등 | • 불성실공시(최근 1년간 누계벌점 15점 이상)<br>• 회생절차개시 신청<br>• 주된 영업의 정지, 횡령, 배임 등<br>• 상장관련서류의 허위기재 및 누락 등 |

## (5) 공시제도 : 보충문제 5
① 의무공시
- 주요경영사항 의무공시
- 조회공시(단, 주가나 거래량 급변으로 인한 조회공시는 면제)
- 자율공시(의무사항이 축소되는 만큼 자율공시는 확대)
- 기업설명회 개최의무(2반기 연속, 3년에 4회 이상)
② 공시의무 면제대상 : 유가증권시장, 코스닥시장에서 부과되는 반기보고서, 분기보고서 제출의무는 면제됨

③ 불성실공시에 대한 제재 : 불성실공시의 유형은 '공시불이행, 공시번복, 공시변경'의 3종류인데, 코넥스시장은 '공시변경'을 적용하지 않는다(공시부담 완화차원).

## (6) 매매제도
① 상장시장별 비교 : 보충문제 6

| 구 분 | 유가증권, 코스닥시장 | 코넥스시장 |
|---|---|---|
| 매매수량단위(동일) | 1주 | 1주 |
| 매매방식(동일) | 경쟁매매(접속매매) | 경쟁매매(접속매매)[주1] |
| 호가의 종류 | 모든 호가 가능 | 지정가호가, 시장가호가 |
| 가격제한폭 | 30% | 15% |
| 경매매 | 없 음 | 있 음 |

② 경매매 : 보충문제 7

---

**보충문제**

---

**01**  **지정자문인 제도를 두고 있는 시장은?**

① 유가증권시장
② 코스닥시장
③ 코넥스시장
④ K-OTC시장

해설    지정자문인 제도는 코넥스시장의 핵심요소이다.

정답 ③

**02** 코넥스시장의 상장과 관련하여 빈칸에 들어갈 수 없는 것은?

> • 지정자문인을 통해 코넥스에 상장할 경우 상장심사기간은 약 (      )로 유가증권시장이나 코스닥시장에 비해 신속한 상장이 가능하다.
> • 코넥스시장에 상장 후 지정자문인 계약을 해지한 경우, 해지 후 (      ) 이내로 지정자문인계약을 체결하지 않으면 상장폐지사유가 된다.
> • 지정기관투자자로부터 '(      ) 이상의 기간 동안 지분율 (      ) 이상 또는 투자금액 30억원 이상의 투자'를 받고 있는 피투자기업(중소기업)은 지정기관투자자로부터 특례상장의 동의를 얻어 코넥스시장에 상장이 가능하다.

① 10%
② 6개월
③ 15영업일
④ 20영업일

> **해설** 차례대로 '15영업일–30영업일–6개월–10%'이다. 지정자문인제도와 지정기관 투자자제도는 코넥스시장에만 존재하는 것이므로 잘 이해해야 한다.
>
> **정답** ④

**03** 다음 중 코넥스시장의 상장요건으로 가장 거리가 먼 것은?

① 중소기업기본법 제2조에 따른 중소기업에 해당할 것
② 주식의 양도제한이 없을 것
③ 최근 3개 사업연도의 감사의견이 적정일 것
④ 지정자문인 1사와 선임계약을 체결할 것(특례상장은 예외)

> **해설** 최근사업연도의 감사의견이 적정이면 된다. 코넥스시장의 상장요건(외형요건)은 위 ① · ② · ④ 외에 '액면가는 100원, 200원, 500원, 1,000원, 2,500원, 5천원 중 하나일 것'이 추가된다.
>
> **정답** ③

**04** 다음은 코넥스상장기업의 상장폐지사유이다. 이 중에서 위원회의 심의를 필요로 하는 것은?

① 지정자문인 선임계약 해지 후 30일 이내로 지정자문인 계약을 체결하지 않은 경우
② 특례상장기업이 상장 후 1년 이내에 지정자문인 선임계약을 체결하지 않은 경우
③ 감사의견의 부적정인 경우
④ 최근 1년간 누계벌점이 15점 이상으로 불성실공시법인이 된 경우

> **해설** ① · ② · ③은 즉시폐지요건이며, ④의 경우에는 위원회의 심의 후 폐지가 결정된다.
>
> **정답** ④

**05** 코넥스상장기업의 의무공시사항이 아닌 것은?

① 2반기 연속 또는 3년에 4회 이상의 기업설명회 개최의무

② 중요한 경영사항과 관련된 풍문이나 보도에 대한 조회공시

③ 주가나 거래량 급변에 대한 조회공시

④ 회사의 경영이나 투자자의 투자판단에 영향을 줄 수 있는 사항에 대한 자율공시

> **해설** 조회공시는 의무공시사항인데, 주가나 거래량 급변에 대한 조회공시는 의무사항이 아니다(∵ 코넥스는 거래량이 많지 않기 때문).
>
> **정답** ③

**06** 다음 중 코넥스시장의 매매제도에 대한 설명으로 가장 거리가 먼 것은?

① 호가는 지정가호가와 시장가호가의 2종류만 허용된다.

② 매매방식은 유가증권시장, 코스닥시장과 동일한 접속매매방식의 경쟁매매이다.

③ 가격제한폭은 유가증권시장, 코스닥시장과 동일한 30%이다.

④ 매매수량단위는 유가증권시장, 코스닥시장과 동일한 1주이다.

> **해설** 코넥스시장은 15%이다(∵ 유동성 부족).
>
> **정답** ③

**07** 다음 중 경매매 신청요건으로 가장 거리가 먼 것은?

① 상장주식총수의 0.5% 이상의 매도 또는 매수로서 금액은 2,500만원 이상이어야 한다.

② 최저입찰가격(매도희망가격)은 당일 가격제한폭의 15% 이내로 제시해야 한다.

③ 신청기간은 3매매거래일 전일 및 직전매매거래일(17시 30분)까지 회원사를 통해 경매매를 신청해야 한다.

④ 정리매매종목이나 배당락, 권리락종목은 신청할 수 없다.

> **해설** 코넥스시장의 주요주주 등이 대량보유한 지분을 효과적으로 분산매매할 수 있도록 경매매는 매도만 가능하다(매도란 주요주주의 매도자 1과 매수자가 다수인 경우를 말한다. 그러나 매수자 1에 매도자 다수이면 공개매수가 되어 공개매수 조건에 해당해야 하므로 금지시킨 것이다).
>
> **정답** ①

**08** 코넥스시장 투자자에 대한 설명으로 옳지 않은 것은?

① 소액투자자전용 계좌 제도가 있다.

② 투자자에 대한 기본예탁금제도가 없다.

③ 증권사는 투자자 유의사항을 개인별 1회 고지하여야 한다.

④ 투자전문성이 인정되는 투자자는 투자자 유의사항을 면제할 수 있다.

해설 법 개정(2022.1.10.)으로 투자자에 대한 기본예탁금제도와 소액투자자전용 계좌 제도는 폐지되었다.

정답 ①

**09** 코넥스시장과 관련된 내용이다. 가장 거리가 먼 것은?

① 지정자문인 계약해지 후 30일 내로 체결하지 않으면 상장폐지요건이 된다.

② 기업설명회를 2반기 연속으로 하지 않으면 상장폐지요건이 된다.

③ 자율공시대상이 유가증권·코스닥시장에 비해 대폭 축소된다.

④ 공시부담의 완화를 위해 공시변경은 적용하지 않는다.

해설 공시의무가 완화되는 대신에 자율공시대상이 확대된다.

정답 ③

## 2 K-OTC시장

다음 중 K-OTC시장의 특징과 거리가 먼 것은?

① 장내시장과 장외시장으로 구분할 때 K-OTC시장은 장외시장에 속한다.

② 거래소시장, 다자간매매체결회사(ATS)와 함께 금융투자상품시장에 포함된다.

③ 비상장중소기업, 비상장벤처기업을 위한 시장으로서 비상장중견기업은 지정될 수 없다.

④ 거래소가 아닌 한국금융투자협회가 운영한다.

> **해설**   종전 프리보드와 달리 비상장중견기업까지 포함하여 비상장기업 전체를 대상으로 한다.
> K-OTC는 장외시장이면서 금융투자상품시장이다(①, ②의 개념).
>
>      정답 ③

---

**더알아보기**   K-OTC시장 개요

**(1) 의의** : 비상장주식의 매매거래를 위해 금융투자협회가 자본시장법에 따라 개설 및 운영하는 시장
- ① 거래소시장(유가증권시장/코스닥시장/코넥스시장/파생상품시장)이 아니므로 장외시장이며, 조직화되고 표준화되어 거래된다는 점에서 1:1로 거래되는 장외시장과는 구분된다.
- ② K-OTC시장은 자본시장법상 금융투자상품시장[주1]으로 분류된다.
  - *주1(금융투자상품시장) : 거래소시장, 다자간매매체결회사(ATS), K-OTC시장을 포함

**(2) K-OTC출범배경(2014.8.25)**
- ① 비상장중소·벤처기업을 대상으로 한 프리보드의 범주를 넘어서 비상장기업(중견기업 포함)의 자금조달과 유동성제고를 위해 개설된 시장
  - 코넥스시장 개설(2013.7)로 유명무실화된 종전의 프리보드 시장을 대체
- ② 비상장주식 투자의 편의성과 결제안정성 제공
  - 비상장기업 투자의 'High Risk, High Return' 속성상 투자자에게는 새로운 투자기회가 제공되는 측면과 동시에 자기책임원칙도 강조됨

**(3) K-OTC시장의 종류**

| K-OTC(14.8.25~) | K-OTCBB(15.4.27~) | K-OTC PRO(17.7.17~) |
|---|---|---|
| 협회가 정한 공시의무 등을 준수하는 비상장법인의 주식이 거래 | 주식유통에 필요한 최소요건을 충족하고 있는 모든 비상장주식이 거래 | 비상장주식거래와 자금조달수요를 공유하는 전문투자자 전용의 회원제 거래시장 |

## K-OTC시장 등록 · 지정제도

K-OTC시장의 신규등록요건에 해당하지 않은 것은?

① 자본전액잠식상태가 아닐 것
② 매출액이 5억원 이상일 것
③ 감사인의 감사의견이 적정 또는 한정일 것
④ 주식양도제한이 없을 것

**해설**  외부감사인의 감사의견이 적정이어야 한다.

정답 ③

---

**더알아보기**  K-OTC시장 신규등록 · 신규지정 요건

### (1) 등록 또는 지정이란?

협회가 일정한 요건을 충족하는 비상장주식을 K-OTC시장의 호가중개종목 목록에 올리는 행위를 말함
(등록법인 중에서 거래자격을 부여하는 것을 지정이라 함)

### (2) 등록요건(핵심유형문제 참조) 및 지정요건(보충문제 1, K-OTC홈페이지 참조)

| 구 분 | 등록법인 | 지정법인 |
|---|---|---|
| 개 요 | 기업의 신청에 따라 협회가 그 발행주권을 K-OTC시장 등록기업부에 등록 | 기업의 신청없이 협회가 직접 매매거래 대상 주권을 지정(비신청지정제도) |
| 자기자본 | 최근 사업연도말 현재 자본전액잠식 상태가 아닐 것 | |
| 매출액 | 5억원 이상(최근 사업연도 기준) | |
| 감사의견 | 최근 사업연도의 재무제표에 대한 감사인의 감사의견이 적정일 것 | |
| 주식유통관련 | 명의개서대행계약 체결하고 있을 것, 주식양도제한이 없을 것 등 | |
| 기 타 | − | • 최근 사업보고서(반기보고서포함) DART공시(K-OTC의 공시는 없음)<br>• 해당 주식 공모실적이 있거나 지정동의서를 제출하였을 것 |

### (3) 재등록 및 재지정요건

등록이나 지정이 해제된 경우 해당일로부터 1년이 경과해야 재등록 · 재지정이 가능함

### (4) 등록신청 시 제출서류 및 등록 · 지정절차

① 등록신청서, 정관, 법인등기부등본, 증권신고서 또는 소액공모공시서류 또는 소액매출공시서류, 감사보고서 등(증권신고서 · 소액공모공시서류 등은 '제2편-제4장-제2절 KOTC 공시제도' 참조)
② 등록신청 후 10영업일 내에 등록여부가 결정되며, 등록승인일로부터 2영업일째에 매매개시
③ 신규지정요건 충족 시 협회가 직접 지정하며, 지정결정일 익일부터 2영업일째에 매매개시

자금조달에 도움, 주주의 환금성 제고, 코스닥상장 시 혜택, 벤처기업소액주주의 양도소득세 비과세, 기업홍보효과 및 공신력 제고
 • 코스닥상장 시 혜택 : ㉠ 우선심사권 부여, ㉡ 상장수수료 면제, ㉢ 분산비율인정(5% 한도), ㉣ 기술성장기업에 대한 벤처캐피탈의 매각제한규제(1개월)가 없음

---

**보충문제**

**01** K-OTC시장의 신규지정요건에 해당하지 않은 것은?

① 최근사업연도의 사업보고서(반기가 지난 경우 반기보고서 포함)를 공시하고 있을 것
② 모집·매출 실적 또는 증권신고서를 제출한 사실이 있거나, K-OTC시장에 지정동의서를 제출하였을 것
③ 증권시장에 상장되어 있지 않을 것
④ 코스닥시장과 동일한 분산요건을 충족할 것

해설  분산요건은 면제(K-OTC 등록·지정요건 : ①·②·③에 추가하여 '등록요건을 모두 충족할 것')

정답 ④

---

## K-OTC시장 매매거래제도

핵심유형문제

K-OTC시장의 매매거래제도에 대한 설명으로 잘못된 것은?

① 매수주문 시 매수대금의 전액(100%)을 위탁증거금으로 납부해야 한다.
② 신규등록이나 신규지정 후 최초로 매매를 개시할 때 기준가격은 공모가의 60%에서 400% 이내의 가격으로 정한다.
③ 매수호가 제출시점에서 가장 낮은 매도호가보다 5호가 가격단위를 초과한 호가는 접수가 거부된다.
④ 호가가격단위는 유가증권시장과 같은 7단계가 적용된다.

해설  신규종목의 최초 매매거래 개시일에 공모가의 60%~400%는 상장기업에 해당하며, K-OTC시장은 기준가격(주당순자산가치)의 30%~500% 이내이다.

정답 ②

| 구 분 | | 유가증권/코스닥시장(거래소운영) | K-OTC시장(협회운영) |
|---|---|---|---|
| 매매거래 시간 | 정규시장 | 09:00~15:30 | |
| | 시간외시장 | 있 음 | 없 음 |
| 매매방식 | | 경쟁매매 | 상대매매 |
| 체결원칙 | | 가격우선/시간우선 | 가격일치/시간우선 |
| 호가가격단위 | | 7단계 | 7단계[주1] |
| 호가방법 | | 모든 호가(지정가, 시장가 등) | 지정가호가만 가능 |
| 가격제한폭 | | 30% | 30% |
| 위탁증거금 | | 금융투자회사 자율 | 100%(현금 또는 주식) |
| 신용거래 | | 가 능 | 불 가 |
| 양도소득세[주2] | | 소액주주 비과세 | 과세(벤처기업 소액주주 제외) |
| 신규종목 최초거래 시 기준가격 | | 공모가 60%~400% | 주당순자산가치의 30%~500% |
| 결제 전 매매 | | 가 능 | |
| 위탁수수료 | | 징수/금융투자회사 자율 | |
| 수도결제 | | 보통결제(T + 2일 결제) | |
| 결제기관 | | 한국예탁결제원 | |

*주1 : 호가가격단위는 7단계로 거래소시장과 같다. – 또한 협회는 불합리한 호가를 제한하는데 기준보다 5호가를 초과하여 높거나 낮은 경우는 호가접수를 거부함

*주2 : 주식을 양도한 개인투자자는 주식양도일이 속하는 반기의 말일로부터 2개월 내에 예정신고 및 자진납부를 해야 한다.

**보충문제**

**01** 다음 중 K-OTC시장에서도 적용되는 매매제도는?

① 시간외시장

② 경쟁매매

③ 결제전매매

④ 신용거래

**해설** 결제전매매, 결제기관(예탁결제원), 보통결제는 거래소시장과 동일하다.

정답 ③

## K-OTC시장 공시제도

**K-OTC시장의 공시의무에 대한 내용이다. 가장 거리가 먼 것은?**

① K-OTC등록법인은 K-OTC시장에서 정기공시, 수시공시, 조회공시를 할 의무가 있다.

② K-OTC지정법인은 K-OTC시장에서 공시를 할 의무가 없다.

③ K-OTC등록법인은 DART(금융감독원공시시스템)에서 사업보고서, 반기·분기보고서와 주요 사항보고서를 제출할 의무가 있다.

④ K-OTC등록법인은 공시책임자와 공시담당자를 각 1명씩 지정해야 한다.

> **해설** 지정법인이 될 수 있는 요건에 '사업보고서 제출요건'이 포함되어 있으므로 지정법인은 K-OTC에서 공시의무가 부과되지 않는다(②). 대신 DART에 대한 공시의무는 부과된다(③). K-OTC등록법인은 K-OTC시장에서 정기공시, 수시공시, 조회공시 및 주요사항보고서를 제출할 의무가 있다.
>
> **정답** ③

---

**더알아보기** K-OTC시장 공시제도

**(1) 공시의무** : 핵심유형문제 참조

**(2) 공시의 종류**

| 발행시장 공시 | 유통시장 공시 |
|---|---|
| ① 증권신고서 | ④ 정기공시 |
| ② 소액공모공시서류 | ⑤ 수시공시 |
| ③ 소액매출공시서류 | ⑥ 조회공시(공정공시는 K-OTC에 없음) |

①, ② 모집 또는 매출이 10억원 이상이면 증권신고서를, 10억원 미만이면 소액공모공시서류를 제출해야 한다(K-OTC시장에서 주식을 매도하는 것은 '매출'로 보므로 발행공시를 해야 함).

③ 소액출자자(지분 1% 미만 & 3억원 미만)는 소액매출공시서류(약식서류)로써 소액공모공시서류를 제출한 것으로 갈음한다.

④ 정기공시
   ㉠ 등록법인은 사업보고서는 90일 이후, 반기보고서는 45일 이후에 협회에 제출의무
   ㉡ 지정법인은 K-OTC(협회)에 제출할 의무는 없으므로 DART를 통해 금융위에 제출

⑤ 수시공시
   ㉠ 수시공시사항 : 등록법인의 수시공시사항은 상장법인보다 축소된다(∵ 장외시장의 특성감안).
   ㉡ 주요사항보고서 : 수시공시의무와는 성격이 다른 법정공시이다(협회에 제출)

⑥ 조회공시 : 등록법인은 조회공시 요구를 받은 날로부터 1일 이내에 공시해야 한다(FAX제출).

**01** 상장법인과 K-OTC등록법인의 공시의무이다. 틀린 것은?

| 번 호 | 구 분 | 상장법인 | K-OTC등록법인 |
|---|---|---|---|
| ① | 정기공시 | 연 4회 제출 | 연 2회 제출 |
| ② | 정기공시 제출처 | 금융위, 거래소 | 금융위, 협회 |
| ③ | 조회공시 | 요구받은 날로부터 1일 이내 | 요구받은 날로부터 1일 이내 |
| ④ | 공정공시의무 | 있 음 | 없 음 |

해설  K-OTC등록법인은 요구받은 날로부터 1일 이내이나, 상장법인은 다르다.
- 상장법인의 조회공시 : 풍문·보도의 경우 요구시점이 오전이면 오후까지, 오후이면 다음날 오전까지이며 풍문보도의 내용이 퇴출기준에 해당하는 경우(1일 매매거래정지가 취해지는 사항)와 시황급변의 경우에는 요구일의 다음날까지이다.

정답 ③

## K-OTC시장 공시불이행에 대한 조치

핵심유형문제

거래소와 K-OTC시장의 불성실공시 및 제제에 대한 비교이다. 틀린 것은?

| 구 분 | | 거래소 상장법인 | K-OTC 등록법인 |
|---|---|---|---|
| ① 불성실공시유형 | | 공시불이행/공시번복/공시변경 | 공시불이행/공시번복/허위공시 |
| 제 재 | ② 1단계 | 누계벌점 1년 15점 이상이면 관리종목 편입 | 최근 2년간 불성실공시가 4회 이상이면 투자유의사항 공시 |
| | ③ 2단계 | 관리편입 후 누계벌점이 추가되거나 고의나 중과실에 의한 공시의무 위반 시 상장폐지 | 최근 2년간 불성실공시가 6회 이상이면 등록해제 |
| ④ 매매거래정지 기간 | | 1거래일 정지 | 없 음 |

해설  K-OTC에서도 1거래일 매매정지된다.
※ '불성실공시 유형'에 대한 시장 간 비교

| 상장시장 | | 비상장시장 |
|---|---|---|
| 유가증권·코스닥시장 | 코넥스시장 | K-OTC시장 |
| 공시불이행, 공시번복, 공시변경 | 공시불이행, 공시번복 | 공시불이행, 공시번복, 허위공시 |

정답 ④

**(1) 불성실공시지정** : 핵심유형문제 표 참조

① 불성실공시 유형 : 공시불이행, 공시번복, 허위공시

② 불성실공시에 대한 제재

| 등록법인의 공시불이행시 조치 | 지정법인의 공시불이행시 조치 |
|---|---|
| 불성실공시법인 지정 및 매매거래정지 → 투자유의안내 → 등록해제 | 매매거래정지 → 투자유의안내 → 지정해제 |

• '2년 4회' 이상이면 투자유의안내, '2년 6회' 이상이면 등록해제

• 불성실공시내용 : 정기공시서류의 기한 내 미제출, 수시공시 · 조회공시불이행 등

**(2) 매매거래정지** : 보충문제 1

① 정기공시서류미제출 시는 '제출일의 다음날부터 제출일'까지 매매거래정지

② 불성실공시 발생 시 1일 매매거래정지

③ 등록해제, 지정해제 사유발생 시 3영업일간 매매거래정지(단, 거래소 이전 상장 시는 제외)

**(3) 투자유의사항 공시** : 투자유의사항은 거래소의 관리종목과 유사한 개념

• 자본잠식상태, 매출액 5억원 미만, 감사의견 부적정 등, 정기공시미제출, 2년간 4회 이상의 불성실공시, 소액주주분산기준에 미달 등

**(4) 소속부지정제도** : 소속부는 등록기업부와 지정기업부로 나뉘며, 소속부의 변경은 '지정법인 → 등록법인' 만 가능하다.

**(5) 부정거래행위 예방활동**

부정거래행위 예방조치를 취한 경우 그 결과를 매분기종료일의 익월 10일까지 협회에 통보. 단, 금융투자회사가 위탁자의 주문수탁 거부 시는 해당일의 익일까지 협회에 통보해야 한다.

---

**보충문제**

**01**　K-OTC 등록 및 지정법인의 거래정지기간이 잘못된 것은?

| 사 유 | | 매매거래정지기간 |
|---|---|---|
| 불성실공시 | 90일 이내 제출해야 할 정기공시서류를 제출기한 내에 미제출 시 | ① 제출기한 다음날부터 제출일까지 |
| | 그 밖의 불성실공시 발생 시 | ② 1영업일 |
| 등록 · 지정해제사유 발생 시(이전상장 제외) | | ③ 1영업일 |
| 주권의 액면분할 또는 병합 시 | | ④ 사유해소 시까지 |
| 그 밖에 투자자보호를 위해 필요하다고 인정되는 경우 | | 1영업일 |

해설　등록 · 지정해제사유 발생 시는 3영업일이다(1영업일보다 사안이 더 크다).

정답 ③

## K-OTC시장 등록 · 지정해제

**K-OTC시장의 등록 · 지정해제사유가 아닌 것은?**

① 최근사업연도말 기준으로 자본이 전액잠식된 경우

② 최근 2개연도 연속하여 매출액이 5억원 미만인 경우

③ 최근 2년 내 불성실공시법인으로 지정횟수가 6회 이상인 경우

④ 지정법인이 지정해제를 신청한 경우

**해설**  지정법인은 비신청지정이므로 지정법인의 신청을 통한 지정해제도 없다. 등록법인이 신청한 경우는 등록해제 사유가 된다.

**정답** ④

---

**더알아보기**  K-OTC시장 등록 · 지정해제

**(1) K-OTC시장 등록 · 지정종목 해제사유**
 ① 등록신청서와 첨부서류의 투자자보호를 위해 중요한 사항이 허위 또는 누락된 경우
 ② 발행한 어음 또는 수표가 최종부도로 결정되거나 거래은행과의 거래가 정지된 경우
 ③ 최근사업년도말 기준으로 자본이 전액잠식된 경우
 ④ 최근 2개연도 연속하여 매출액이 5억원 미만인 경우(첫 년도–투자유의사항)
 ⑤ 최근연도의 감사의견이 부적정, 의결거절이거나 최근 2개연도 연속 감사범위제한 한정 시
 ⑥ 주된 영업이 6개월 이상 정지된 경우
 ⑦ 법원의 회생절차개시신청 기각, 취소 또는 회생절차폐지 결정 시
 ⑧ 법률에 따른 해산사유 발생 시
 ⑨ 피흡수합병 시
 ⑩ 정기공시서류를 제출하지 않고 제출기한 다음날부터 30일(반기는 15일) 내 미제출 시
 ⑪ 최근 2년 내 불성실공시법인 지정횟수가 6회 이상인 경우(2년 4회 이상시 투자유의사항)
 ⑫ 소액주주의 수가 50인 미만이거나 소액주주지분이 1% 미달 시
 ⑬ 등록법인이 등록해제를 신청한 경우(지정법인은 해제를 신청할 수 없음)
 ⑭ 증권시장에 이전 상장하는 경우
 ⑮ 주식양도제한이 없을 것 등의 규정이 충족되지 않는 경우
 ⑯ 고의 · 중과실로 인한 법령위반이 기업존립에 중대한 영향을 미쳐서 등록해제가 필요하다고 협회가 인정하는 경우
  • '11–12–13'은 등록법인에만 해당되는 '등록법인 특칙'이다.

**(2) 등록 또는 지정해제 절차** : 해제사유발생 → 매매거래정지 → 안내공시 → 정리매매 → 해제
 • 정리매매 : 매매거래정지기간(3영업일) 종료 후 10영업일 이내의 기간, 가격제한폭(30%) 내에서 상대매매로 거래

**01** 정리매매에 대한 비교이다. 잘못된 것은?

| 번 호 | 구 분 | 거래소 | K-OTC |
|---|---|---|---|
| ① | 매매기간 | 7영업일 | 10영업일 내 |
| ② | 매매방식 | 경쟁매매(단일가방식) | 상대매매 |
| ③ | 가격제한폭 | 15% | 30% |
| ④ | 사전 매매거래정지 | 매매거래정지기간 없음 | 3영업일간 매매정지 후 정리매매 |

해설 상장법인의 정리매매는 30분 단위의 단일가방식으로 체결하며, 지정가호가만 가능하고 가격제한폭은 없다 (K-OTC는 상대매매방식, 가격제한폭 30% 적용).

정답 ③

# 단원별 출제예상문제

**01** 코넥스시장에 대한 설명이다. 가장 거리가 먼 것은?

① 지정기관투자자 제도가 도입되어 있다.

② 지정자문인이 기업의 상장적격성을 판단한다.

③ 투자자보호를 위해 코스닥시장보다 강화된 상장요건을 적용한다.

④ 코넥스시장은 현물과 선물 간의 차익거래가 없는 점 등을 감안하여 시장가호가와 지정가호가 2종류의 호가만을 허용하고 있다.

> **해설** 코넥스시장에서는 지정자문인이 상장적격성을 판단하므로 거래소의 심사는 최소화하여 코스닥보다 완화된 상장요건을 적용한다.
>
> **정답** ③

**02** 코넥스시장의 상장제도에 대한 설명이다. 가장 거리가 먼 것은?

① 주식분산요건을 적용하지 않는다.

② 상장승인 후 공모절차가 의무사항이 아니다.

③ 지정자문인 선임계약을 해제한 경우 30일 내로 다른 지정자문인을 재선임하지 않으면 상장폐지 요건이 된다.

④ 기술특례상장의 기술평가를 위한 지정기관투자자는 협회가 지정한다.

> **해설** 기술특례상장의 기술평가를 위한 지정기관투자자는 거래소가 지정한다.
> ①·②는 같은 맥락이다.
>
> **정답** ④

**03** 코넥스시장의 매매제도에 대한 설명으로 옳은 것은?

① 일반투자자가 코넥스상장주식을 매수하기 위해서는 기본예탁금이 1억원 이상이어야 한다.

② 매매수량단위는 1주, 호가가격단위는 코스닥과 동일한 5단계이다.

③ 경매매는 매수측이 단수이고 매도측이 복수인 경우에 한해 코넥스에 도입하고 있다.

④ 코넥스시장은 현물과 선물 간의 차익거래가 없는 점 등을 감안하여 시장가호가와 지정가호가 2종류의 호가만을 허용하고 있다.

> **해설** ① 코넥스의 기본예탁금제도가 폐지되었다.
> ② 코넥스의 매매수량단위는 코스닥과 동일한 7단계이다.
> ③ 경매매는 매도측이 단수이고 매수측이 복수이어야 한다.
>
> **정답** ④

**04** 다음 중 K-OTC시장에서 적용되는 용어가 아닌 것은?

① 등록법인
② 지정법인
③ 지정자문인제도
④ 허위공시

> 해설  지정자문인제도는 코넥스시장의 핵심요소이다.

정답 ③

**05** 각 시장의 감사의견 요건에 대한 비교이다. 잘못된 것은?

| 번 호 | 시 장 | 상장(지정)을 위한 감사의견 요건 |
|---|---|---|
| ① | 유가증권시장 | 최근 3사업연도에 대한 감사의견이 적정이어야 한다. 단 직전 2사업연도는 한정이어도 가능하다. |
| ② | 코스닥시장 | 최근 1사업연도에 대한 감사의견이 적정이어야 한다. |
| ③ | 코넥스시장 | 최근 1사업연도에 대한 감사의견이 적정이어야 한다. |
| ④ | K-OTC시장 | 최근 1사업연도에 대한 감사의견이 적정 또는 한정이어야 한다. |

> 해설  K-OTC의 감사의견 요건도 코스닥이나 코넥스와 동일하다(최근연도 적정).

정답 ④

**06** K-OTC시장의 주문 상황이 보기와 같다. 체결여부에 대한 설명으로 가장 적절한 것은?

> 매도호가 25,750원, 매도수량 1,000주 VS 매수호가 25,800원, 매수수량 500주

① 체결된다. 왜냐하면 가격우선의 원칙이 적용되기 때문이다.
② 체결되지 않는다. 왜냐하면 가격일치의 원칙에 위배되기 때문이다.
③ 체결된다. 왜냐하면 시간우선의 원칙이 적용되기 때문이다.
④ 체결되지 않는다. 왜냐하면 수량우선의 원칙이 적용되기 때문이다.

> 해설  경쟁매매의 경우 바로 체결이 된다(가격우선의 원칙). 그러나 상대매매의 경우 가격이 일치해야 체결이 된다(가격일치의 원칙). 이 경우 체결을 위해서는 매도호가를 25,800원으로 올리거나 매수호가를 25,750원으로 낮추어야 한다.

정답 ②

**07** 빈칸에 들어갈 말로 알맞게 연결된 것은?(순서대로)

> K-OTC에서 '해당법인의 발행한 주식총수의 (　　)에 해당하는 금액 또는 (　　) 중 적은 금액 미만'
> 의 지분을 소유하고 있는 소액출자자가 K-OTC시장에서 매출하는 경우에는 소액매출공시서류로
> 소액공모공시서류에 갈음할 수 있다.

① 1%, 3억원

② 3%, 5억원

③ 3%, 100억원

④ 5%, 5억원

해설 　'Min[1%, 3억원]'의 금액 미만의 지분을 소유하고 있는 자이다.
　　• 그리고 소액출자자가 아닌 최대주주 등이 매출하는 경우에는 그 매출금액이 10억원 이상이면 증권신고서
　　　를, 10억원 미만이면 소액공모공시서류를 금융위와 협회에 제출해야 한다.

정답 ①

**08** K-OTC시장의 공시제도에 대한 설명이다. 틀린 것은?

① 정기공시, 수시공시, 조회공시, 공정공시제도가 있다.

② 수시공시는 문서 또는 모사전송(FAX)의 방법으로 금융투자협회에 신고하여야 한다.

③ 조회공시는 금융투자협회로부터 조회공시 요구를 받은 날로부터 1일 이내에 공시하여야 한다.

④ 등록법인은 연 2회 정기공시를 해야 한다.

해설 　K-OTC에는 공정공시가 없다. K-OTC시장 등록법인은 공시의무사항이 존재하지만, 지정법인에게 협회에
　　대한 정기공시, 수시공시, 조회공시 등 새로운 유통시장 공시의무가 부과되지 않는다. 다만 지정법인은 금융
　　위에 사업보고서, 분반기보고서, 주요사항 보고서 등을 제출하는 방식으로 유통공시를 한다.

정답 ①

**09** K-OTC시장의 시장관리제도에 대한 설명이다. 가장 거리가 먼 것은?

① K-OTC시장에서 공시불이행, 공시번복, 공시변경의 경우 불성실공시법인으로 지정된다.

② 거래소이전 상장을 제외하고 그 밖의 K-OTC 등록·지정해제사유가 발생한 경우에는 3영업일간
　　매매거래가 정지된다.

③ 최근 2년간 불성실공시법인으로 지정된 횟수가 4회 이상이면 투자유의사항으로 공시된다.

④ K-OTC시장에 대한 등록신청이 있을 경우 협회는 등록신청이 있는 다음날로부터 10영업일 이내
　　에 등록 여부를 결정해야 한다.

해설 　K-OTC시장의 불성실공시지정사유는 '공시불이행, 공시번복, 허위공시'이다.

정답 ①

**10** 빈칸에 들어갈 말로 올바르게 연결한 것은?

> 상장법인은 사업보고서를 법정기한 내 제출하지 않고 그 기한 후 (      ) 내에 미제출 시 상장폐지
> 된다. 등록·지정법인은 사업보고서를 90일 이내 제출하지 않은 경우는 제출기한 다음날부터
> (      ) 이내 제출하지 않으면 지정해제된다.

① 10일, 10일
② 10일, 30일
③ 30일, 30일
④ 30일, 10일

<u>해설</u>  상장폐지의 경우 10일, 등록·지정해제의 경우 30일이다.

정답 ②

# 04 채권시장

## 1 채권의 기초

### 채권의 기본개념 핵심유형문제

채권의 기본적 특성을 설명한 것이다. 가장 거리가 먼 것은?

① 상환능력이 있으면 누구나 발행할 수 있다.
② 이자지급증권이다.
③ 기한부 증권이다.
④ 장기증권이다.

**해설** 발행주체의 자격요건 및 발행요건 등이 법으로 제한되어 있다.

정답 ①

**더알아보기** 채권과 주식의 비교

| 구 분 | 채 권 | 주 식 |
|---|---|---|
| 투자자의 지위 | 채권자 | 주 주 |
| 만기 여부 | 만기 있음(기한부 증권) | 만기 없음 |
| 이자지급주 의무 | 이자지급의무 있음 | 이자지급의무 없음 |
| 권 리 | 원리금상환청구권 | 의결권 |
| 특 징 | 안전하지만 기대수익이 한정되어 있다는 단점 | 원금손실의 우려가 있지만 기대수익의 제한이 없다는 장점 |

**01** 다음 중 채권과 주식의 특징을 비교한 것이다. 잘못된 것은?

① 채권은 이자지급증권으로써 투자자의 입장에서는 미래의 현금흐름을 알고 이에 맞는 전략을 세울 수 있다는 장점이 있다.

② 채권은 만기가 있어서 원금을 상환받는 시기를 미리 알 수 있다.

③ 국채·지방채·특수채는 채무불이행위험이 매우 낮고, 회사채는 채무불이행이 있다 하더라도 주식에 비해 선순위청구권이 있으므로 주식에 비해 매우 안전하다고 할 수 있다.

④ 채권은 안전하지만 만기이전에 매매가 불가능하다는 단점이 있다.

> **해설** 채권도 중도매매가 가능하다(채권수익 = 이자수익 + 자본차익).
>
> **정답** ④

---

## 채권 용어      핵심유형문제

채권 용어에 대한 내용이다. 빈칸이 바르게 연결된 것은?

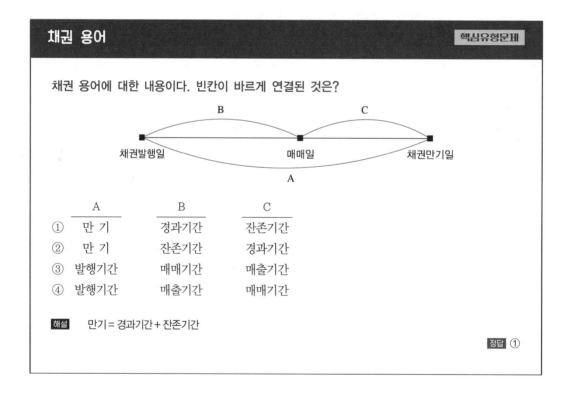

| | A | B | C |
|---|---|---|---|
| ① | 만 기 | 경과기간 | 잔존기간 |
| ② | 만 기 | 잔존기간 | 경과기간 |
| ③ | 발행기간 | 매매기간 | 매출기간 |
| ④ | 발행기간 | 매출기간 | 매매기간 |

> **해설** 만기 = 경과기간 + 잔존기간
>
> **정답** ①

(1) **액면가(F)** : 채권의 권면에 표시된 금액으로, 지급이자 산출을 위한 기본단위가 된다.

(2) **표면이율(CR)** : 발행시점에 결정되어 채권액면에 기재된 이율로 발행자가 지급하는 액면금액에 대한 연 단위 이자율을 의미한다(표면이율 = 발행금리 = 액면금리 = Coupon Rate).

(3) **발행일과 매출일** : 발행일은 채권을 '찍어낸' 날짜를 말하며, 매출일은 채권을 '판매한' 날을 의미한다. 동일한 발행일을 가져도 매출일은 서로 다를 수 있다.

(4) **만기(T)** : 채권의 발행일로부터 원금상환이 이루어지기까지의 기간

(5) **경과기간(t)** : 채권의 발행일 혹은 매출일로부터 매매일까지의 기간

(6) **잔존기간(T-t)** : 기발행된 채권을 매매할 경우 매매일로부터 만기일까지의 기간

(7) **이자지급 단위기간** : 이자가 나누어 상환되는 단위기간. 예를 들어 연이율 6% 채권의 이자를 3개월 단위로 지급한다면 단위기간은 3개월이며 단위기간이자율은 1.5%가 된다.

(8) **만기수익률(YTM)** : '채권의 만기까지 단위기간별로 발생하는 이자와 액면금액에 의해 이루어지는 총현금흐름의 현재가치의 합을 채권가격과 일치시키는 할인율'로 정의한다.
   • 만기수익률 = 유통수익률 = 시장수익률 = 채권수익률
   • 표면이율은 발행회사가 정하지만 만기수익률은 시장수급에 따라 정해진다.

(9) **단가** : 채권액면 10,000원 단위의 가격을 말한다. 채권의 매매는 단가를 기준으로 한다.

　**예시**　( )은 발행사가 정하지만, ( )은 시장에서 결정된다.
　　→ 표면이율(CR), 만기수익률(YTM)

## 채권의 분류 - 발행주체별 분류　　핵심유형문제

발행주체별 채권의 분류에 해당하지 않는 것은?

① 국 채　　　　　　　　　② 이표채
③ 은행채　　　　　　　　　④ 지방채

　**해설**　이표채는 이자지급별 분류방식이다.

　　　　　　　　　　　　　　　　　　　　　　　　　**정답** ②

**더알아보기**　채권의 분류

### (1) 발행주체별 분류

| 국 채 | 지방채 | 특수채 | 회사채 |
|---|---|---|---|
| 국채법으로 발행 | 정부의 간접적 지원, 이자는 국채보다 높다 | 정부의 간접적 지원, 비금융특수채/금융특수채 | 위험채권(Credit Bond), 회사별 상환능력의 차이 |
| '국공채'라 함. 증권신고서 제출의무×(∵ 안전하므로) | | | 증권신고서 제출의무 O |

① 예 국채 : 국고채권, 재정증권, 외국환평형기금채권, 국민주택채권
② 예 지방채 : 서울도시철도채권, 지역개발공채, 각 지역의 도시철도채권, 상수도공채 등
③ 예 특수채

| 비금융특수채 | 금융특수채 |
|---|---|
| 한국전력채권/가스공사채권/수자원공사채권 등 | 산금채/중기채/수출입은행채권/통화안정증권 등 |

cf 금융회사채 : 은행채·카드채·리스채 등 회사채 중 주식회사인 금융기관이 발행한 채권을 말함
－ 금융채＝금융특수채＋금융회사채. 금융회사채는 금융특수채와 달리 증권신고서 제출의무 有

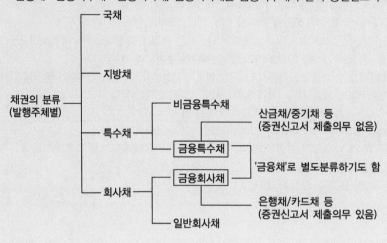

---

**01** 다음 중 증권신고서 제출의무가 있는 채권은?

① 통안채(통화안정증권)　　　　　② 한전채(한국전력채권)
③ 산금채(산업금융채권)　　　　　④ 은행채

해설　은행채(금융회사채)는 회사채이므로 증권신고서를 제출해야 한다.

정답 ④

**02** 다음 중 신용물채권(Credit Bond)에 속하지 않는 채권은?

① 통안채　　　　　　　　　　② 공사채
③ 은행채　　　　　　　　　　④ 여전채

해설　신용물채권(또는 위험물채권)이란 신용위험이 있는 채권을 말한다. 국채, 지방채, 통안채를 제외한 모든 채권은 신용물채권(Credit Bond)이라 한다. '여전채'는 카드채, 캐피탈채 등 여신전문금융회사가 발행한 채권을 말한다.

정답 ①

## 채권의 분류 - 이자지급별 분류

만기 이전에 이자를 지급하지 않고, 만기금액을 기간 이자율로 할인해서 발행하는 채권은 어떤 채권인가?

① 복리채
② 할인채
③ 이표채
④ 후순위채

해설   할인채이다. 만기원금이 10,000원이고 할인율이 10%라면 9천원에 채권을 발행하고 만기에 1만원의 원금을 수령하는 방식이다.

정답 ②

---

**더알아보기**   채권의 분류

### (1) 이자지급별 분류

① 복리채(Compound Bond) : 가장 일반적인 이자지급방식. 이자지급기간 동안 이자를 복리로 재투자하여 만기상환시에 원금과 이자를 동시에 지급하는 채권(국민주택채권 1종 등)

| 연단위 복리채 | 3개월 단위 복리채 |
|---|---|
| $S = F \times (1 + CR)^N$ | $S = F \times (1 + \dfrac{CR}{m})^{N \times M}$ |

(S : 만기상환금, F : 액면금액, CR : 표면금리, N : 만기연수)

예시   표면금리 8%, 만기 3년, 3개월단위복리채의 만기상환금액은?

$$\rightarrow S = 10,000 \times \left(1 + \frac{0.08}{4}\right)^{3 \times 4} = 12,682\ 원$$

(만기상환금액 : 3개월복리 > 6개월복리 > 연단위복리)

② 단리채 : 발생된 이자가 재투자되는 과정을 거치지 않는 채권. $S = F \times (1 + CR) \times N$

③ 할인채(Discount Bond) : 만기금액을 이자율로 할인하여 발행하고 만기에 원금을 수령하는 방식이다 (일종의 先이자 지급식).

발행가액 $= 10,000 \times (1 - CR \times N)$

• 종류 : 통안증권 일부, 금융채 일부

예시   표면이율 8%, 만기 3년인 할인채의 발행가액은?

$$\rightarrow 발행가액 = 10,000 \times (1 - 0.08 \times 3) = 7,600\ 원(7,600원에 매입, 만기 1만원 수령)$$

④ 이표채(Coupon Bond) : 정해진 단위기간마다 이자를 주기적으로 지급하는 방식의 채권. 국고채 및 금융채 일부, 통안채 일부와 대부분의 회사채가 이표식

• '표면금리 8%, 만기 3년, 3개월단위이표식(액면 1만원)'인 회사채의 현금흐름

참고   복·단리채 : 일정기간은 복리로 부리되다가 나머지 기간은 단리로 부리된 후 만기시점에 원금과 함께 지급되는 형태의 채권이다(서울도시철도채권이 대표적).

### (2) 기타의 분류

| 보증여부 | 담보제공여부 | 지급순위 | 이자지급 고정여부 |
|---|---|---|---|
| 보증채/무보증채 | 담보채/무담보채 | 선순위채/후순위채 | 고정금리채/변동금리채 |

### (3) 기간에 따른 분류

| 단기채(만기 1년 이하) | 중기채(만기 1년 초과 5년 이하) | 장기채(만기 5년 초과) |
|---|---|---|
| 통안증권, 금융채 일부 | 대부분의 회사채, 금융채 일부 제1종 국민주택채권(만기 5년) | 제2종 국민주택채권(만기 10년) 서울 도시철도(만기 7년) |

**보충문제**

**01** 다음 중 채권의 분류방식과 종류가 잘못 연결된 것은?

① 발행주체별 분류 – 국채, 지방채, 특수채, 회사채
② 이자지급방식별 분류 – 복리채, 단리채, 할인채, 이표채
③ 보증여부에 따른 분류 – 선순위채, 후순위채
④ 담보제공여부에 따른 분류 – 담보채, 무담보채

> **해설** 보증유무에 따라서는 보증채, 무보증채이다. 보증채, 담보채, 선순위채가 상대적으로 안전하나 무보증채, 무담보채, 후순위채에 비해 이자율이 낮다.

정답 ③

**02** 채권의 신용등급에서 투자등급 중 최하위 등급은?

① AA+
② A0
③ BBB–
④ BB+

> **해설** 투자적격등급 : AAA– AA– A– BBB, 투기등급 : BB– B– CCC– CC– C– D(각 등급은 '+, 0, –'의 세부등급으로 나뉨)

정답 ③

**03** 다음 설명 중 맞는 것은?

① 국채, 지방채, 회사채 모두 발행총액 제한을 받게 된다.
② 통화안정증권은 발행주체에 따른 분류시 국채에 속한다.
③ 신용카드채권은 특수채이므로 발행시 증권신고서 제출이 면제된다.
④ 일정 단위기간마다 정해진 기준금리에 연동된 표면이율에 이자를 지급하는 채권을 변동금리채권이라 한다.

> **해설** ① 회사채만 총액제한(순자산의 4배)이 있었으나 2012년 개정 상법에서 폐지되었다.
> ② 특수채에 속한다(금융특수채–증권신고서제출의무 없음).
> ③ 금융특수채(신금채 등)와 달리 금융회사채(신용카드채 등)는 증권신고서를 제출해야 한다.

정답 ④

**04** 다음 설명 중 맞는 것은?

① 채권의 권면에 기재된 이율로 액면금액에 대해 연단위로 지급하는 이자율을 만기수익률이라한다.

② 채권의 매매일로부터 만기일까지의 기간을 경과기간이라 한다.

③ 표면이율이 6%인 3년 만기 할인채의 액면 10,000원당 발행금액은 8,200원이다.

④ 표면이율 10%. 만기기간 2년인 복리채의 만기상환금액은 12,000원이다(액면 10,000원 기준).

해설  ① 표면이율 또는 발행금리·쿠폰레이트, ② 잔존기간, ④ 12,100원이다.

정답 ③

---

## 채권 발행시장

핵심유형문제

채권의 입찰방식에 대한 설명으로 잘못된 것은?

① Conventional Auction은 단일가격 경매방식이다.

② 채권의 발행조건을 정한 후 일정기간 내에 개별적으로 투자자에게 매도하여 매도한 금액 전체를 발행총액으로 하는 발행방식은 매출발행방식이다.

③ 최고 낙찰수익률 이하 응찰수익률로 일정 간격 그룹화하여 각 그룹별로 최고 낙찰수익률을 결정하는 공모입찰방식을 차등가격낙찰방식이라 한다.

④ 비경쟁입찰방식은 당일 이루어진 경쟁입찰에서의 가중평균낙찰금리로 발행금리가 결정된다.

해설  컨벤셔널은 복수가격, 더치는 단일가격 경매방식이다.

정답 ①

---

더알아보기  채권 발행시장

(1) **채권의 발행자와 발행기관** : 보충문제 1

| 발행자(채권발행주체) | 발행기관(발행중개기관) |
|---|---|
| 정부, 지자체, 특수법인, 주식회사 등 | 주관회사, 인수회사, 청약회사 |

(2) **채권의 발행방법** : 핵심유형문제, 보충문제 2, 3

| 직접발행 | | | | | 간접발행 | | |
|---|---|---|---|---|---|---|---|
| 공모입찰발행 | | | | 매출발행 | 위탁 모집 | 잔액 인수 | 총액 인수 |
| 경쟁입찰방식 | | | 비경쟁입찰 | 발행조건 미리 정함 (산금채) | 대부분의 회사채는 총액 인수방식 | | |
| 컨벤셔널 | 차등가격 낙찰방식 | 더 치 | 당일의 경쟁입찰금리로 낙찰 금리 결정 | | | | |
| 복수가낙찰 | 구간별낙찰 | 단일가낙찰 | | | | | |

**(3) 발행시장현황** : 보충문제 4
① 발행규모의 점진적 확대(국공채 위주의 성장)
② 무보증사채의 비중확대(IMF 이후)
③ 자산유동화증권(ABS)의 발행
④ 발행만기의 점진적 장기화
⑤ 발행물의 정형화(국채발행통합제도)와 다양화(물가연동국고채권 등의 발행)

**(4) 국채관련제도**
① 국채발행통합제도 : 국채의 지표채권으로서의 유동성과 거래의 연속성을 제고하기 위한 조치로 만기와 표면금리 등이 동일한 동일종목의 국채를 계속적으로 발행하는 제도
• 대상물은 '국고채와 통안채'이다.
② 국고채 원금 · 이자분리제도(STRIPS) : 재투자위험을 원치않는 장기국채투자자들을 위해 국고채의 원금과 이자를 분리함
③ 물가연동국고채권 : 장기국채의 고정금리에서 발생하는 인플레위험을 줄일 수 있는 채권
④ 국채조기상환제도(Buy Back) : 만기가 도래하지 않는 국고채를 현금으로 매입해주는 제도. 국고채 만기가 단기적으로 집중되어 수익률 상승에 따라 발생할 수 있는 유동성 저하를 방지하고 만기 분산을 통해 차환위험을 줄이기 위한 제도(2000. 12. 도입)
⑤ 국고채교환제도 : 유동성이 낮은 기발행물을 신규발행 지표 국고채와 교환해주는 제도. 국고채의 만기집중을 방지하고 지표채 신규물량을 늘려 유동성을 높이기 위한 것(2009. 5. 도입)

---

보충문제

**01** 발행기관 중 인수기관(인수회사)에 대한 설명으로 가장 옳은 것은?

① 정부 · 지자체 · 특수회사 · 주식회사 등 채권의 신규창출(발행)을 통해 자금을 조달하려는 금융주체를 말한다.
② 채권발행에 대한 사무처리, 자문, 발행업무를 총괄하고, 인수단을 구성하는 역할을 하며, 증권회사, 산업은행, 종금사가 주관회사가 될 수 있다.
③ 주관사와 협의하여 발행채권을 직접 매입하여 채권발행자로 하여금 거액의 자금조달을 가능하게 하는 기관으로서 인수수수료를 받고 총액인수나 잔액인수를 한다.
④ 불특정다수의 투자자를 대상으로 청약업무를 대행하고, 인수위험을 부담하지 않으며, 청약은 인수업(투자매매업)을 허가받은 증권사들의 본 · 지점망을 통해 이루어진다.

해설   ① 발행기관, ② 주관회사, ④ 청약회사

정답 ③

**02** 통화안정증권 1,000억원을 경쟁입찰방식으로 발행하고자 한다. 입찰금리(응찰수준)와 낙찰금리가 아래 표와 같다면, 더치(Dutch)방식의 낙찰방식은 무엇인가?

| 기 관 | 응찰수준 | | 낙찰금리 | | |
|:---:|:---:|:---:|:---:|:---:|:---:|
| | 입찰금리 | 입찰금액 | ① | ② | ③ |
| A | 3.50% | 100억원 | 3.50% | | 3.60% |
| B | 3.60% | 200억원 | 3.60% | | 3.60% |
| C | 3.70% | 250억원 | 3.70% | 4.00% | 3.80% |
| D | 3.80% | 150억원 | 3.80% | | 3.80% |
| E | 3.90% | 200억원 | 3.90% | | 4.00% |
| F | 4.00% | 100억원 | 4.00% | | 4.00% |
| G | 4.05% | 300억원 | 이하 낙찰실패 | | |

해설　①은 컨벤셔널(Conventional), ②는 더치(Dutch), ③은 차등가격낙찰방식이다.

정답 ②

**03** IMF금융위기 이후 변화된 채권 발행시장 현황에 대한 설명으로 가장 적절하지 않은 것은?

① 발행규모가 점진적으로 증대하였으며 회사채 위주에서 국공채 위주의 성장세를 보이고 있다.
② IMF 이후에는 원리금상환의 문제로 보증채권의 발행비중이 무보증채권의 발행비중보다 급격히 증대하였다.
③ 발행만기기간이 점진적으로 장기화되고 있다.
④ IMF금융위기 중에 발생한 부실자산의 처리와 금융기관들의 BIS비율 및 유동성확보 차원에서 자산유동화증권(ABS)이 발행되기 시작하였다.

해설　IMF금융위기 이후 회사채 지급보증 금융기관들에 대한 신뢰도가 급격히 하락함에 따라 1998년을 기점으로 보증사채에서 무보증사채 위주로 급격히 재편되었다.
　• 추가로 '발행물의 정형화와 다양화'가 있음 - 국채통합발행제도(정형화), 물가연동국고 채권(다양화)

정답 ②

**04** 빈칸에 들어갈 말로 알맞은 것은?

> 국채나 지방채 등의 경우는 발행조건이 기존의 발행조건에서 유지되거나 혹은 더욱 단순화, 정형화되는 경향을 띠고 있다. 대표적으로 국고채권의 경우 지표채권으로서의 유동성과 거래의 연속성을 제고하기 위한 조치의 하나로 만기와 표면금리 등이 동일한 동일종목의 국채를 계속적으로 발행하는 (　　　　　　　)가/이 2000년 5월부터 도입되었다.

① 국채발행통합제도
② 국고채 원금·이자 분리제도
③ 물가연동국고채권 발행제도
④ 국채전문유통시장

해설　국채발행통합제도(Fungible Issue)이다.

정답 ①

**채권 유통시장의 기능이라고 볼 수 없는 것은?**

① 채권의 유동성 부여
② 채권의 공정한 가격형성의 기능
③ 신규로 창출되는 채권의 가격결정에 지표제공
④ 기업의 장기자금 조달기능

해설　④는 발행시장의 기능이다.

정답 ④

---

**더알아보기**　채권 유통시장

### (1) 채권 유통시장의 기능

| 채권의 유동성 부여 | 공정한 가격형성의 기능 | 발행시장의 가격결정지표 역할 |
| --- | --- | --- |
| 유통시장이 없다면<br>장기채권의 발행은 불가능 | 완전경쟁시장에서 결정되는<br>가격이므로 공정하고 신뢰성이 높음 | 유통시장의 가격은 발행시장의<br>가격결정에 지표 역할을 함 |

### (2) 채권의 매매방법 : 보충문제 1, 2

| 구 분 | 장내시장 | | 장외시장 | | |
| --- | --- | --- | --- | --- | --- |
| | 일반채권<sup>주1</sup> | 국채딜러 간 | K-Bond | 대고객상대매매 | 채권딜러 간 |
| 매매수량단위 | 1,000원 | 10억원 | 매매수량 제한 없음(관행적으로 100억원) | | |
| 특 징 | 일반채권시장으로 통합 | IDM/KTS | BQS/15분룰 | DVP | IDB |
| 매매방식 | 경쟁매매 | | 상대매매 | | |
| 결제방식 | 당일결제 | 익일결제 | 30일 내 원칙이나 보편적으로 익일결제<br>(50억원 미만의 소매거래 시 당일결제도 함) | | |
| 기 타 | 상장채권만 매매 | | 상장채권, 비상장채권 모두 대상 | | |

*주1 : 2014.3월부터 종전의 '일반채권시장, 소매채권시장, 주식관련채권시장'을 '일반채권시장'으로 통합하고 매매수량단위는 1,000원으로 함
• 국채딜러의 요건 : 자기자본비율(BIS비율)이 8% 이상인 은행・종금사와 영업용순자본비율(NCR)이 150% 이상인 증권회사 중에서 선정됨(자산운용사 X)
① 채권의 장내거래 : 보충문제 1, 2
　국채전문유통시장(IDM : Inter Dealer Market)의 호가수량단위는 액면 1만원이며, 매매수량단위는 10억원의 정수배임
② 장외거래
　㉠ K-Bond(기존의 프리본드를 대체하는 채권거래전용시스템, 2017년 3월 도입) : 채권 장외거래내역 통보 및 공시(15분 룰)와 사전적 투명성확보를 위해 도입한 BQS(Bond Quotation System : 채권 장외호가 집중시스템)를 근간으로 운영되고 있음
　• BQS : 50억원 이상의 모든 채권에 대한 호가정보를 금융투자협회에 실시간 통보함
　• '15분 룰' : 채권거래체결시점부터 15분 이내에 거래관련사항을 협회에 통보함

ⓛ 대고객상대매매 : 증권사의 영업점 내에서 영업시간 중에 매매함. 호가는 10,000원 단위이고, 매매수량단위는 제한이 없으며, 가격제한폭도 없다.
- 장외거래 결제는 원칙적으로 체결일의 익일부터 30일 이내로 하나, 익일결제가 보편적임
  다만, 50억원 미만의 소매채권매매나 RP매매, MMF편입 채권의 경우 당일결제가 가능
- 상장채권, 비상장채권을 모두 대상으로 하나, 액면 5천만원 이하의 첨가소화채권(국공채)과 전환사채는 원칙적으로 장내거래를 하도록 되어 있음
- DVP(채권동시결제제도) : 채권과 대금의 결제를 동시에 하는 제도
③ 채권딜러 간 장외거래 : 자신의 채권포지션 없이 중립적인 위치에서 채권딜러들 간의 중개업무를 수행하기 위해서 IDB(Inter Dealer Broker, 채권자기매매업자 간 중개회사)가 설립되었음

**(3) 채권의 유통시장 현황**
① 장외거래 중심(주식과 달리 장외비중이 압도적으로 많음)
② 기관투자자 중심의 시장
③ 국채의 지표수익률로서의 중요성 증대(IMF 이후 회사채에서 국채로 지표 변화)
④ 새로운 채권관련 상품의 도입(Repo거래, 채권대차거래, 채권전문딜러제도 등)

---

**보충문제**

**01**  다음 중 채권시장별 매매수량단위가 잘못 연결된 것은?

① K-Bond - 50억원
② 일반채권 - 1천원
③ 국채전문유통시장(IDM) - 10억원
④ 정답없음

해설  장외시장(K-Bond, 대고객상대매매, 채권딜러 간 중개)에서는 매매수량단위 제한이 없다.

정답 ①

**02**  다음 설명 중 가장 적절하지 않은 것은?
① 국채시장조성을 위해 국채의 자기매매인가업체들이 경쟁매매를 하는 것이 IDM이다.
② 대고객상대매매를 함에 있어서 자기거래를 금지하는 차원에서 중립적인 위치에서 채권딜러 간의 중개업무를 수행하는 회사를 IDB라고 한다.
③ 액면 5천만원 이하의 소액채권과 전환사채는 원칙적으로 장내에서만 거래해야 한다.
④ 채권의 장내거래와 장외거래는 지정가호가만 사용할 수 있으며 가격제한폭이 없다.

해설  ④는 장내거래인 일반채권시장에 해당하는 내용이다.

정답 ④

**03** 채권 유통시장현황에 대한 설명이다. 가장 거리가 먼 것은?

① 장외거래 중심
② 기관투자자 중심의 시장
③ 회사채 중심의 시장
④ 국채의 지표수익률로서의 중요성 증대

> **해설** 국공채 위주의 시장이다.

정답 ③

**04** 다음 설명 중 옳은 것은?

① 자산운용사는 국채딜러로서 국채딜러간시장(IDM)에 참여할 수 있다.
② 통화안정증권은 특수채에 속하므로 국채딜러간시장(IDM)의 거래대상이 아니다.
③ 채권의 장외시장에서는 비상장채권만 거래된다.
④ 장외시장에서 거래되는 거래액 50억원 이상의 모든 채권에 대한 호가정보를 협회에 실시간 통보하고, 협회가 이를 공시하는 제도를 BQS라고 한다.

> **해설** ④는 BQS(채권장외호가 집중시스템)의 내용이다.
> ① 국채전문딜러는 BIS비율이 8% 이상인 은행·종금사, NCR(영업용순자본)이 150% 이상인 증권사 중에서 선정한다.
> ② 국채전문유통시장은 '국고채와 통안채의 일부 기준물'을 거래대상으로 한다.
> ③ 장내시장은 상장채권만, 장외시장은 상장채권과 비상장채권이 모두 거래된다.

정답 ④

## 2 채권투자분석

### 채권투자수익과 위험

채권투자위험에 대한 설명이다. 잘못 설명된 것은?

① 채권은 만기까지 보유하면 원리금을 지급받는 것이 보장되어 있으므로 가격변동위험이 없다.
② 채권은 주식보다 안전하지만 채권발행사가 채무불이행상태가 되어 원리금을 지급하지 못할 위험이 있고 이를 신용위험이라 한다.
③ 채권을 매도할 때 제값을 받지 못하는 위험을 유동성위험이라 한다.
④ 채권발행자가 만기 이전에 채권의 원리금을 조기상환하게 되면 채권보유자가 추가 이익을 볼 기회를 상실하는데 이를 콜위험이라 한다.

> **해설** 채권에도 가격변동위험이 있다. 채권투자는 1) 만기까지 보유하는 방법, 2) 중도에 매도하여 자본차익을 획득하고자 하는 방법, 두 가지가 있는데 금리변동에 따라 채권가격이 변동하게 되고 이에 따라 자본수익이나 자본손실이 모두 가능하다. 이를 가격변동위험(Market Price Risk)라 한다.
> ※ 이자율변동위험은 가격변동위험과 재투자위험을 포함한다.
>
> **정답** ①

---

**더알아보기** 채권투자수익과 위험

**(1) 채권의 투자수익률** $= \dfrac{(P_1 - P_0) + I}{P_0}$ $[(P_1 - P_0) : 자본소득, \ I : 이자소득]$

- 채권의 투자수익은 자본소득(매매차익)과 이자소득으로 구성되어 있다. 만기에 만기상환금을 받으면 투자손실이 없으나 중도에 매매할 경우 자본손실(매매차손)을 입을 수 있다.

**(2) 채권투자위험**

| 체계적 위험 | 비체계적 위험 |
|---|---|
| • 분산불가능위험(Non-diversifiable Risk)<br>• 이자율변동위험(Interest Rate Risk)<br>• 구매력위험(Inflation Risk)<br>• 환율변동위험 | • 분산가능위험(Diversifiable Risk)<br>• 신용위험(Credit Risk)<br>• 유동성위험(Liquidity Risk)<br>• 중도상환위험(Call Risk) |

① 체계적 위험 = 시장전체위험(Market Risk), 비체계적 위험 = 개별위험 또는 고유위험
  • 채권의 비체계적 위험은 발행사 차원에서 조절할 수 있는 위험으로, '채무불이행위험·유동성위험·중도상환위험 등'이 있다.
② 이자율변동위험 = 채권가격변동위험 + 재투자위험
③ 구매력위험(Purchasing Power Risk, 인플레이션 위험)이란 채권투자로 실현된 수익이 해당 기간 물가의 상승으로 구매력이 저하되는 위험을 말한다(장기채권일수록 구매력위험이 높다).
④ 신용위험(Credit Risk) = 채무불이행위험(Default Risk) + 신용등급하락위험(Downgrading Risk)

⑤ 중도상환위험(Call Risk ; 콜위험)은 조기상환위험, 수의상환채권위험이라고도 한다.
⑥ 유동성위험(Liquidity Risk)은 보유하고 있는 채권을 '제때 또는 제값으로'매각할 수 없는 위험을 말하고 시장성위험이라고도 한다(시장위험 ≠ 시장성위험).

**(3) 채권시장의 수익률변동 요인**

| 외적 요인 | 내적 요인 |
|---|---|
| 물가/국제수지/환율/자금수급동향 등 | 신규발행공급량/금융기관수신고 및 자금포지션현황 등 |

---

보충문제

**01** 복리채에 투자를 한 결과가 보기와 같다. 투자수익률은 얼마인가?

> 채권매입가격 10,000원, 채권매도가격 10,500원, 표면이자수입 400원

① 4%  ② 5%

③ 9%  ④ 15%

해설  채권의 투자수익 = $\dfrac{(P_1 - P_0) + I}{P_0} = 9\%$

채권의 투자수익은 자본소득(매매차익)과 이자소득으로 구성되어 있다(채권투자에서도 매매차익이 있다는 점을 간과하기 쉽다).

정답 ③

**02** 다음의 채권투자위험 중에서 체계적 위험에 속하지 않는 것은?

① 가격변동위험  ② 재투자위험
③ 유동성위험  ④ 인플레이션위험

해설  유동성위험은 채권을 발행하는 기업에 따라 달라지므로 분산이 가능하고 따라서 비체계적 위험이다.

정답 ③

**03** 신용위험(Credit Risk)에 대한 설명이다. 옳지 않은 것은?

① 발행사가 이미 정해진 원리금을 지급하지 않을 위험으로, 모든 채권은 신용위험을 보유하고 있다.
② 신용위험에는 부도위험(Default Risk)과 신용등급하향위험(Downgrade Risk), 신용 스프레드 확대 위험(Credit Spread Risk) 등이 있다.

③ 크레딧물(Credit Bond)은 신용위험이 있는 채권을 말한다.

④ 일반적으로 경기가 침체기일 때 신용스프레드가 확대되는데 이를 신용스프레드 확대위험이라 한다.

해설 국채는 정부가 원리금을 보증하므로 신용위험이 없다. 따라서 국채를 무위험채권(Risk Free Bond)이라고 한다. 채권을 매수한 후 신용등급이 하락하면 채권의 수익률이 상승하고 따라서 채권가격이 하락하게 된다. 이를 'Downgrade Risk'라 한다.

정답 ①

**04** 채권수익률을 변동하게 하는 요인 중 내적요인에 속하는 것은?

① 신규발행채권 공급량

② 자금수급동향

③ 소비지출, 설비투자 등 총수요동향

④ 국제수지와 환율

해설 신규발행채권 공급량은 발행사가 결정하는 것이므로 내부적 요인, 즉 채권시장의 내적요인이 된다.
※ 채권공급량은 채권발행사가 결정하므로 내적요인이 되지만, 채권수요결정에 큰 영향을 주는 자금수급동향은 국가전체차원에서 결정되므로 외적요인이 된다.

정답 ①

## 채권가격계산 핵심유형문제

채권액면 1만원, 발행금리 5%, 만기 3년의 연단위복리채를 발행일에 만기수익률 6%로 매입하였다. 이와 관련한 설명으로 옳은 것은?(단가 = 채권액면 1만원 단위의 가격)

① 만기상환금액을 구하는 공식은 $S = 10,000(1+0.06)^3$이다.

② 채권단가를 구하는 공식은 $P = \dfrac{10,000(1+0.05)^3}{(1+0.06)^3}$이다.

③ 채권단가를 구하는 공식은 $P = \dfrac{10,000(1+0.06)^3}{(1+0.05)^3}$이다.

④ 채권단가를 구하는 공식은 $P = \dfrac{10,000}{(1+0.05)^3}$이다.

해설 $P = \dfrac{S}{(1+YTM)^n}$ 이다. (S : 만기상환금액, YTM : 만기수익률, n : 잔존기간)

정답 ②

## (1) 채권가격계산

① 채권가격 $P = \dfrac{S}{(1+YTM)^n}$ 이다. (S : 만기상환금액, YTM : 만기수익률, n : 잔존기간)

② S를 YTM으로 n만큼 할인하면 채권가격 P가 된다.

    ⊙ S를 구한다 → $S = 10,000 \times (1+CR)^n$

        예 발행금리 3%, 만기 5년, 연단위복리채라면 → $S = 10,000(1+0.03)^5$이다.

    ⓛ S를 구했으면 YTM으로 n년 d일만큼 할인하되 '관행적 복할인법'을 사용한다.

      → $P = \dfrac{S}{(1+YTM)^n(1+YTM \times \dfrac{d}{365})}$ 이다(할인기간이 연단위가 아니면 일수만큼 추가로

      곱해준다).

      비교 이론적 복할인방법은 '$P = \dfrac{S}{(1+YTM)^{n+d/365}}$'인데 이러한 이론적 복할인법과 관행적 복할

      인법의 차이는 아주 작은 근사치로 나타난다. 즉, 계산하기 쉬운 관행적 복할인법을 사용함

## (2) 채권종류별 채권가격 계산방법

① 만기일시상환채

    ⊙ 연단위복리채 $P = \dfrac{S}{(1+YTM)^n(1+YTM \times \dfrac{d}{365})}$

    ⓛ 할인채 $P = \dfrac{10,000}{(1+YTM)^n(1+YTM \times \dfrac{d}{365})}$ (∵ 할인채는 만기에 원금 10,000원을 받으므로)

② 이표채

만기일시상환채는 만기에 S라는 현금흐름이 하나 밖에 없으나 이표채는 만기 중 여러 개의 현금흐름이 존재하므로 각각 할인하고 그 값을 모두 합한 것이 이표채의 가격이 된다.

예시 표면이율 8%, 만기 3년인 연단위후급이표채를 발행일에 만기수익률 6%로 매입하였을 경우 매입가격은?

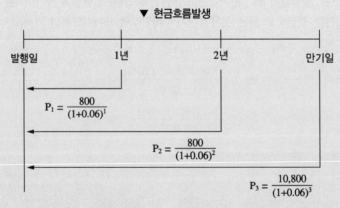

▼ 현금흐름발생

$$\Rightarrow P = P_1 + P_2 + P_3 = \frac{800}{(1+0.06)^1} + \frac{800}{(1+0.06)^2} + \frac{10,800}{(1+0.06)^3}$$

$$= 754.717 + 711.997 + 9,067.888 = 10,534원(원 미만 절사)$$

※ 보기의 채권을 매매함에 있어 아래 질문에 답하시오(보충문제 1~2).

> 채권액면 1만원, 표면이율 3%, 만기 5년, 연단위복리채

**01** 발행일에 만기수익률 5.5%에 매입하였다. 매입가격을 구하는 공식은?

① $P = \dfrac{10,000}{(1+0.055)^5}$

② $P = \dfrac{10,000(1+0.03)^5}{(1+0.055)^5}$

③ $P = \dfrac{10,000(1+0.55)^5}{(1+0.055)^5}$

④ $P = \dfrac{10,000(1+0.055)^5}{(1+0.03)^5}$

> **해설** $P = \dfrac{10,000(1+0.03)^5}{(1+0.055)^5}$ 이다.
>
> $P = \dfrac{11,592}{(1+0.055)^5} = 8,869$원(원 미만 절사)
>
> • 채권가격계산문제에는 금리가 두 개가 나오는데, 분자에는 CR(표면금리), 분모에는 YTM(만기수익률)을 넣으면 된다.

> **정답** ②

**02** 잔존만기가 3년 94일에 만기수익률 4.5%로 매도했을 경우 매도가격을 구하는 공식은?(관행적 복할인으로 구할 것)

① $P = \dfrac{10,000(1+0.03)^5}{(1+0.045)^3(1+0.045 \times \dfrac{94}{365})}$

② $P = \dfrac{10,000(1+0.03)^5}{(1+0.045)^{3+94/365}}$

③ $P = \dfrac{10,000}{(1+0.045)^3(1+0.045 \times \dfrac{94}{365})}$

④ $P = \dfrac{11,592}{(1+0.03)^3(1+0.03 \times \dfrac{94}{365})}$

①이 관행적 복할인, ②가 이론적 복할인 방식이다. 만일 할인채라면 정답은 ③이다.

$$※ \ P = \frac{10,000}{(1+0.045)^3(1+0.045 \times \frac{94}{365})} = 8,662원(원 미만 절사)$$

정답 ①

**03** 91일 후 1억원을 지급받는 CD(양도성예금증서)의 가격을 구하는 공식으로 옳은 것은? (만기수익률 5.5%, CD는 할인식으로 거래됨, 단위 : 원)

① $P = \dfrac{100,000,000}{(1+0.055)^1(1+0.055 \times \frac{91}{365})}$

② $P = \dfrac{100,000,000}{(1+0.055 \times \frac{91}{365})}$

③ $P = \dfrac{100,000,000(1+0.055)}{(1+0.055 \times \frac{91}{365})}$

④ $P = \dfrac{100,000,000}{(1+0.055)^{1+91/365}}$

해설 할인채이므로 S가 1억원이다. 그리고 1년 미만이므로 ②의 방식으로 계산한다.

정답 ②

---

## 말킬의 채권가격정리 핵심유형문제

**말킬의 채권가격정리에 대한 설명 중 바르지 않은 것은?**

① 채권가격과 채권수익률은 역(逆)의 관계에 있다.
② 장기채가 단기채보다 일정한 수익률변동에 대한 가격변동폭이 크다.
③ 이자율변동에 따른 채권가격변동폭은 만기가 길어질수록 체감하면서 증가한다.
④ 만기가 일정할 때 수익률 상승으로 인한 가격하락폭이 수익률 하락으로 인한 가격상승폭보다 크다.

해설 만기가 일정할 때 수익률 하락으로 인한 가격상승폭이 수익률 상승으로 인한 가격하락폭보다 크다.

정답 ④

### (1) 말킬의 채권가격정리

| 구 분 | 말킬의 정리 |
|---|---|
| 정리 1 | 채권가격은 수익률과 반대방향으로 움직인다. |
| 정리 2 | 채권의 잔존기간이 길수록 동일한 수익률변동에 대한 가격변동율은 커진다. |
| 정리 3 | 채권의 잔존기간이 길어짐으로써 발생하는 가격변동율은 체감적으로 증가한다. |
| 정리 4 | 동일한 크기의 수익률변동이 발생할 때, 수익률 하락 시의 채권가격변동율이 수익률 상승 시의 채권가격변동율보다 크다. |
| 정리 5 | 표면이율이 높을수록 동일한 크기의 수익률변동에 대한 가격변동율은 작아진다. |

### (2) 말킬의 정리로부터 듀레이션의 함수 추출

말킬의 정리에서 나오는 '채권가격의 변동성'이 곧 듀레이션이다. 따라서 말킬의 정리로부터 듀레이션의
성질을 추출할 수 있는데 듀레이션은,
① 표면이율이 낮을수록 커지고(말킬의 5정리),
② 잔존만기가 길어질수록 커지고(말킬의 2, 3 정리)
③ 만기수익률이 낮을수록 커진다(말킬의 4정리)
→ 이를 함수로 표현하면, '듀레이션↑=f (표면이율↓, 잔존만기↑, 만기수익률↓)'이다.

### (3) 말킬의 채권가격정리(Bond Pricing Theorem) – 5가지

① 채권가격과 채권수익률은 역(逆)의 관계에 있다.

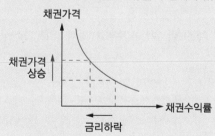

→ 채권가격공식, $P = S/(1+r)^n$ 에서 r이 상승하면 P가 하락하게 됨(역의 관계)을 알 수 있다.
② 잔존만기가 길어질수록 일정한 수익률변동폭에 대한 가격 변동폭이 크다.

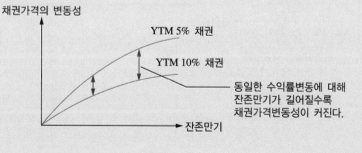

③ 이자율변동에 대한 채권가격변동폭은 만기가 길수록 증가하나, 그 증가율은 체감한다.

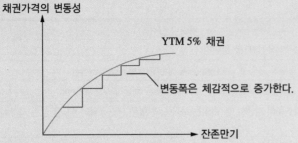

④ 만기가 일정할 때 수익률 하락으로 인한 가격상승폭이 수익률 상승으로 인한 가격하락폭보다 크다. 이러한 현상은 채권가격의 볼록성(Convexity) 때문에 발생한다.

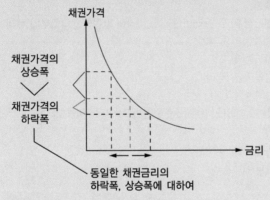

⑤ 표면이자율이 낮은 채권이 표면이자율이 높은 채권보다 일정한 수익률변동에 따른 가격변동률이 크다.

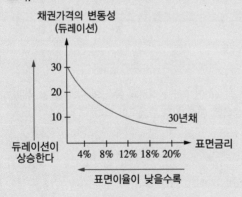

**01** 말킬의 가격정리와 관련해서 빈칸이 옳게 연결된 것은?

> • 채권의 잔존기간이 길어질수록 동일한 수익률변동에 대한 가격변동폭은 ( 가 )한다.
>
> • 채권의 잔존기간이 길어질수록 발생하는 채권의 가격변동폭은 ( 나 )한다

|  | 가 | 나 |
|---|---|---|
| ① | 감소 | 증가 |
| ② | 증가 | 감소 |
| ③ | 감소 | 감소 |
| ④ | 증가 | 증가 |

해설  '증가-증가'이다. 단, 잔존기간이 길어짐에 따른 채권가격의 변동폭은 증가하되 체감적으로 증가한다.

• '체감적 증가'의 설명 : $P = \dfrac{S}{(1+YTM)^n} = \dfrac{CF_t}{(1+YTM)^t}$ 의 식으로도 이해할 수 있다.

잔존기간(t)이 길어지면 분모는 기하급수적으로 늘어나고(제곱이므로) 분자는 산술급수적으로 늘어난다. 따라서 P는 증가하되 체감적으로 증가하는 것이다.

정답 ④

**02** 듀레이션이 길어지는 경우가 아닌 것은?

① 표면이율이 낮아진다.

② 잔존만기가 길어진다.

③ 만기수익률이 낮아진다.

④ 이자지급횟수가 많아진다.

해설  듀레이션↑ = f(표면이율↓, 잔존만기↑, 만기수익률↓)
이자지급횟수가 많아진다는 것은 표면이자율이 높아진다는 것과 동일한 개념으로 볼 수 있다.

정답 ④

듀레이션의 개념에 대한 설명이다. 가장 거리가 먼 것은?

① 듀레이션은 채권가격의 변동성과 동일하다.

② 듀레이션은 '현재가치로 환산된 가중평균 상환기간'과 같은 개념이다.

③ 할인채와 복리채의 경우 듀레이션은 잔존만기보다 짧다.

④ 듀레이션은 표면이율과 잔존만기를 동시에 고려하여 채권을 선택할 수 있는데 이는 다른 변수가 모두 동일한 가운데 하나의 변수만을 고려하는 말킬의 정리의 한계점을 보완한 것이다.

> **해설** 듀레이션은 '투자원금의 회수기간'으로 이해할 수 있다. 이표채는 중도에 현금흐름이 있어 듀레이션이 만기보다 짧게 되지만 만기일시상환채(복리채, 할인채)는 듀레이션과 만기가 동일하다.
>
> **정답** ③

---

**더알아보기** 듀레이션(Duration)

### (1) 듀레이션의 두 가지 개념

| 가격의 민감도 | 투자원금의 가중평균회수기간 |
|---|---|
| '주식 = 베타, 채권 = 듀레이션, 옵션 = 델타'와 같은 민감도 지표 예 시장수익률이 1% 변화했을 때 채권수익률이 3% 변화했다면 듀레이션은 3이다. | 듀레이션 계산식 → '가중평균현금흐름/투자원금' 예 만기 3년 이표채의 듀레이션이 2.65라면, 동채권의 투자원금회수기간은 2.65년이다. |

[듀레이션 산식] 듀레이션은 이표채에서만 나타난다(복리채·할인채의 듀레이션 = 잔존만기)

$$Duration = \frac{\sum_{t=1}^{n} \dfrac{t \times CF_t}{(1+r)^t}}{\sum_{t=1}^{n} \dfrac{CF_t}{(1+r)^t}} = \frac{\sum_{t=1}^{n} \dfrac{t \times CF_t}{(1+r)^t}}{P}$$

### (2) 민감도를 이용한 채권운용전략

[수익률 하락예상] → 채권가격↑ → 수익률극대화전략 → 듀레이션확대전략 → 저쿠폰채/장기채 매입

[수익률 상승예상] → 채권가격↓ → 손실최소화전략 → 듀레이션축소전략 → 고쿠폰채/단기채 매입

### (3) 듀레이션으로 측정하는 가격변동률

$$\frac{\triangle P}{P} = (-) \times \frac{Duration}{1+r} \times \triangle r$$

[$\triangle r$ : 만기수익률의 변동폭, 수정듀레이션(Modified Duration) $= \dfrac{Duration}{(1+r)}$]

**01** 채권액면 1만원, 잔존기간이 3년, 표면이율 6%인 연단위후급이표채의 만기수익률이 4%일 경우 듀레이션은 얼마인가?

① 2.75                        ② 2.83

③ 2.90                        ④ 3.0

**해설** 아래 계산방식 참조

〈듀레이션 계산예시〉

| t | $CF_t$ | $\dfrac{CF_t}{(1+YTM)}$ | $t \times \dfrac{CF_t}{(1+YTM)^t}$ |
|:---:|:---:|:---:|:---:|
| 1 | 600 | 576.92 | $1 \times 576.92 = 576.92$ |
| 2 | 600 | 554.73 | $2 \times 554.73 = 1,109.46$ |
| 3 | 10,600 | 9,423.36 | $3 \times 9,423.36 = 28,270.08$ |
| 합 계 | – | 10,555.01 | 29,926.46 |

(잔존만기 3년, 표면이율 6%, 만기수익률 4%의 경우 – 소수점 둘째자리 미만 절사)

⇒ 듀레이션 = 29,956.46/10,555.01 = 2.838

∴ 2.83년, 즉 가중평균회수기간이 2.83년이다.

정답 ②

**02** 위의 문제에서 듀레이션은 2.83년이다. 그렇다면 다른 조건은 동일하고 표면이율이 5%인 다른 채권의 듀레이션과 가장 가까운 것은?

① 2.57                        ② 2.75

③ 2.83                        ④ 2.87

**해설** 계산할 것 없이, 표면이율이 하락하면 듀레이션이 길어지므로 ④가 된다.

정답 ④

**03** 잔존기간 3년, 표면이율 8%인 연단위후급이표채가 만기수익률이 10%일 경우의 가격은 9,502.63 원이다. 만일 만기수익률이 8%로 하락할 경우 이 채권의 가격 변화율은 얼마인가? (듀레이션은 2.78로 가정함)

① -5.05%                   ② +5.05%

③ -5.56%                   ④ +5.56%

**해설** 채권가격변동률 = $(-) \times \dfrac{2.78}{(1+0.1)} \times (-)2\% = 5.05\%$ 즉 5.05% 상승한다.

만일 채권가격 변동폭을 묻는다면 '5.05% × 9,502.63원 = 480.45원'이다.

※ 만일 수정듀레이션이 2.78이라면 정답(+5.56%)이 달라지므로 주의할 것

정답 ②

**04** 다음과 같은 네 종류의 채권이 있다. 채권의 만기수익률이 10%에서 9%로 변동했을 경우 채권가격 상승폭이 큰 순서대로 나열된 것은?

> ㉠ 듀레이션이 2.35인 이표채
> ㉡ 듀레이션이 2.74인 이표채
> ㉢ 잔존만기가 3년인 할인채
> ㉣ 잔존만기가 5년인 복리채

① ㉠ → ㉡ → ㉢ → ㉣                    ② ㉠ → ㉢ → ㉡ → ㉣
③ ㉣ → ㉡ → ㉢ → ㉠                    ④ ㉣ → ㉢ → ㉡ → ㉠

**해설** 채권가격변동률은 듀레이션 순서대로이다(만기일시상환채의 듀레이션 = 잔존만기).

※ 실제 계산을 하면, ㉠ $= (-) \times \dfrac{2.35}{1.1} \times (-)1\% = 2.14\%$, ㉡ $= (-) \times \dfrac{2.74}{1.1} \times (-)1\% = 2.49\%$,

㉢ $= (-) \times \dfrac{3.00}{1.1} \times (-)1\% = 2.72\%$, ㉣ $= (-) \times \dfrac{5.00}{1.1} \times (-)1\% = 4.54\%$이다.

**정답** ④

**05** 아래 그림에 대한 설명이다. 가장 거리가 먼 것은?

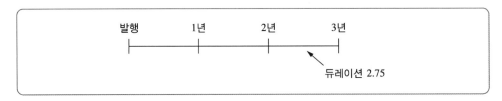

① 채권의 종류는 이표채이다.
② 가중평균회수기간이 2.75년이다.
③ 만일 표면이율이 높아진다면 듀레이션은 2.75보다 커질 것이다.
④ 위의 채권을 보유한 상태에서 만기수익률이 −2% 변동한다면 약 +5.5% 수익률이 발생한다.

**해설** 표면이율이 높아지면 듀레이션이 짧아진다(아래 2가지 해석).
1) 표면이율이 높아지면 미리 받는 이자가 많아지므로 가중평균회수기간이 짧아진다.
2) 표면이율이 4%인 A채권과 8%인 B채권이 있다. 만기수익률이 2% 변동한다고 할 때 A채권의 가격변동성은 표면이율의 50%, B는 표면이율의 25%이다. 즉 표면이율이 높아지면 가격변동성인 듀레이션이 짧아진다.

**정답** ③

**06** 향후에 금리가 하락할 것으로 예상되는 국면에서 채권형펀드의 운용수익률을 제고하기 위해서는 어떤 채권을 매수하는 것이 유리한가?

| 표면금리 | 잔존만기 |
|---|---|
| 표면금리가 5%인 채권 – (가) | 잔존만기가 3년인 채권 – (다) |
| 표면금리가 8%인 채권 – (나) | 잔존만기가 10년인 채권 – (라) |

① (가), (다)　　　　　　　　　　　　② (가), (라)
③ (나), (다)　　　　　　　　　　　　④ (나), (라)

> **해설**　'금리하락 → 채권가격상승 → 수익률극대화 전략 → 듀레이션을 최대한 길게 만든다' → 수익률극대화 전략
> ※ '듀레이션↑ = f(표면이율↓, 잔존만기↑, 만기수익률↓)'이므로 표면금리가 낮은채권 (가)와 잔존만기가 긴 채권 (라)를 매수하면 된다.
>
> **정답** ②

---

## 볼록성

듀레이션의 한계와 볼록성에 대한 설명이다. 가장 적절하지 않은 것은?

① 듀레이션으로 측정된 채권가격은 직선으로 나타나지만 실제 채권가격은 볼록성을 띄기 때문에 듀레이션 측정치와 실제가격 사이에는 오차가 발생한다.
② 수익률변동이 커질수록 듀레이션 측정치와 실제가격 사이의 오차는 더욱 커진다.
③ 채권의 볼록성이 클수록 듀레이션 측정치와 실제가격 간의 오차가 커진다.
④ 표면이자가 낮을수록 볼록성도 낮아진다.

> **해설**　CR, t, YTM에 대한 볼록성의 변화는 듀레이션과 동일하다고 보면 된다.
> 즉, '볼록성↑ = $f$(CR↓, t↑, YTM↓)'이다.
>
> **정답** ④

---

**더알아보기**　채권의 볼록성 – 컨벡시티(Convexity)

**(1) 듀레이션과 볼록성**
　① 볼록성의 개념 : 볼록성은 만기수익률에 대한 채권가격의 2차 도함수를 채권가격으로 나눈 값으로 듀레이션은 직선(기울기)으로 나타나지만 볼록성은 곡선(수익률의 변화율을 의미)으로 나타난다.
　　[볼록성 산식] $\sum_{t=1}^{n} \dfrac{t(t+1)\,CF_t}{(1+r)^{t+2}}$

② 듀레이션과 볼록성 간의 관계

| 듀레이션 측정치 | 볼록성 측정치 | 전체 측정치 |
|---|---|---|
| $[(-)\times\dfrac{Duration}{(1+r)}\times\triangle r]$ | $\dfrac{1}{2}\times Convexity\times(\triangle r)^2$ | $\dfrac{(\triangle P)}{P}=[(-)\times\dfrac{Duration}{(1+r)}\times\triangle r]+$ $[\dfrac{1}{2}\times Convexity\times(\triangle r)^2]$ |

㉠ 듀레이션 측정치는 직선으로 나타나는데 실제 채권가격은 곡선이므로 오차가 발생한다.
㉡ 이 오차부분은 볼록성 공식으로 보완한다(△듀레이션 + △볼록성 = △전체).
㉢ 오차는 수익률변동폭이 클수록, 볼록성이 클수록 더욱 크게 나타난다.
㉣ 실제 채권가격은 항상 듀레이션으로 측정한 가격보다 높다.

▼ 듀레이션과 볼록성의 관계

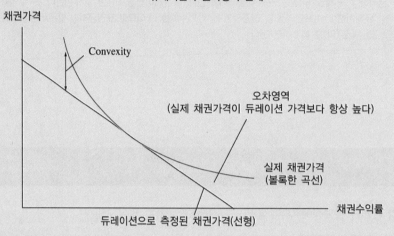

③ 볼록성과 채권가격의 결정요인과의 관계 : 볼록성↑ = f(표면이율↓, 잔존만기↑, 만기수익률↓)
 • 듀레이션과 볼록성은 그 값의 차이가 있지만 방향성은 동일하므로 같이 해석하면 된다.
 • 볼록성은 표면이자율이 낮을수록, 잔존만기가 길수록, 만기수익률이 낮을수록 커진다.

---

**보충문제**

**01** 수정듀레이션이 3, 컨벡시티가 60인 회사채의 경우 채권수익률이 1% 상승하면 채권가격의 변동률은 얼마인가?

① -0.27%
② +0.27%
③ -2.7%
④ +2.7%

**해설**

$$\frac{(\triangle P)}{P}=[(-)\times\frac{Duration}{(1+r)}\times\triangle r]+=[\frac{1}{2}\times Convexity\times(\triangle r)^2]$$

$$=[(-)\times 3\times 0.01]+[\frac{1}{2}\times 60\times(0.01)^2]$$

$$=(-)0.03+0.003=(-)0.027$$

즉 2.7% 하락한다(듀레이션 측정치는 -3%이다).

정답 ③

**02** 빈칸이 올바르게 연결된 것은?(순서대로)

> 채권가격이 상승하는 경우 듀레이션 측정치는 실제가격의 변동폭보다 (        )되고 반대로 채권가격이 하락하는 경우 듀레이션 측정치는 실제가격의 변동폭보다 (        )된다.

① 과대평가, 과소평가        ② 과대평가, 과대평가

③ 과소평가, 과대평가        ④ 과소평가, 과소평가

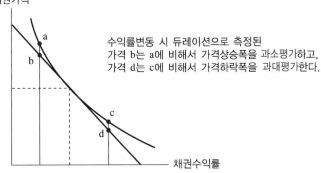

해설

수익률변동 시 듀레이션으로 측정된 가격 b는 a에 비해서 가격상승폭을 과소평가하고, 가격 d는 c에 비해서 가격하락폭을 과대평가한다.

실제 채권가격이 듀레이션가격보다 항상 높다(그림 참조). 따라서 채권가격이 변동할 경우 듀레이션가격은 실제가격에 비해 '덜 올라가고 더 하락한다'고 이해할 수 있다. 덜 올라가므로 과소평가되고, 더 하락하므로 과대평가된다.

정답 ③

**03** 듀레이션과 볼록성에 대한 설명이다. 가장 적절하지 않은 것은?

① 듀레이션을 추정한 채권가격의 변동은 직선으로 나타난다.

② 볼록성은 채권가격함수의 2차 도함수를 채권가격으로 나누어 준 것으로 곡선으로 나타난다.

③ 표면이율이 낮을수록, 잔존만기가 길수록, 만기수익률이 낮을수록 듀레이션과 볼록성은 커진다.

④ 볼록성이 작을수록 듀레이션과 실제채권가격의 오차는 커진다.

해설 볼록성이 클수록, 만기수익률의 변동이 클수록 실제가격과 듀레이션 측정치의 오차가 커진다(아래 그림에서 보듯이 볼록성이 더 클수록 오차가 커지게 된다).

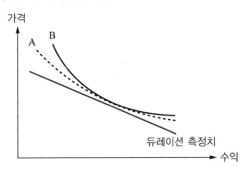

정답 ④

빈칸에 알맞은 것은?

> 채권의 만기까지 단위기간별 원리금액에 의한 현금흐름의 현재가치 합을 채권의 가격과 일치시키는 할인율을 (　　　)이라고 한다.

① 만기수익률
② 실효수익률
③ 연평균수익률
④ 표면수익률

해설    $P = \dfrac{S}{(1+YTM)^n}$ 에서 'S의 현재가치와 P를 일치시키는 수익률(할인율)'이 만기수익률이다.

일반적으로 채권수익률이라 함은 만기수익률을 말한다.

정답 ①

---

**더알아보기**   채권수익률의 종류

**(1) 만기수익률과 실효수익률, 연평균수익률**

| 만기수익률(YTM) | 실효수익률 | 연평균수익률 |
|---|---|---|
| 미래 총현금흐름의 현재가치와 채권의 현재가격을 일치시키는 할인율 | 최종총수입(FV)의 투자원금(P) 대비 수익성을 일정기간단위 복리방식으로 측정한 수익률 | 최종총수입(FV)의 투자원금(P) 대비 수익성을 일정기간단위 단리방식으로 측정한 수익률 |
| $P = \dfrac{S}{(1+YTM)^n}$ | $\sqrt[n]{\dfrac{FV}{P}} - 1$ | $\dfrac{1}{n}\left(\dfrac{FV}{P} - 1\right)$ |

[만기수익률이 실현되기 위한 조건] ① 만기까지 보유, ② 재투자를 최초투자 시의 만기수익률로 해야 함

[실효수익률과 연평균수익률의 관계] 동일한 만기상환금에 동일한 기간이라면, '실효수익률 < 연평균수익률'

**(2) 세전수익률과 세후수익률**

① 채권에서 발생하는 소득에 대한 세금의 반영 여부에 따라 구분함(보충문제 4 참조)
② 원천징수대상에서 제외되는 채권 : 만기 1개월 이내로 발행되는 전자단기사채
  • 전자단기사채는 1억원 이상, 1년 이내의 만기로 발행된다(옵션부, 담보부 불가).

**01** 채권수익률에 대한 설명이다. 옳지 않은 것은?

① 채권의 현재가격과 미래 현금흐름을 일치시키도록 하는 할인율을 만기수익률이라 한다.

② 중간에 현금흐름이 여러 번 있더라도 채권의 현재가격과 미래현금흐름을 일치하게 하는 한 개의 수익률을 만기수익률이라 한다.

③ 이표채가 아닌 경우 만기수익률과 실효수익률은 동일하게 나타난다.

④ 만기수익률은 채권의 발행시장에서 결정된다.

> **해설** 만기수익률은 채권의 유통시장에서 결정되는 가격이라 할 수 있다(만기수익률 = 유통수익률 = 시장수익률). 발행시장에서는 발행사가 발행금리(표면이자, CR)를 결정하는 데 시장의 유통수익률(만기수익률)과 자신의 위험프리미엄 등을 고려하여 발행금리를 결정한다.
>
> 정답 ④

**02** 채권투자를 한 결과이다. 매입가격 10,000원, 매도가격 11,500원, 표면이자수입과 재투자수입 합계 1,000원이라면 수익률은 몇 %인가(투자기간 2년, 세전수익률), 그리고 이때의 실효수익률과 연평균수익률은 각각 얼마인가?

|     | 실효수익률 | 연평균수익률 |
|-----|----------|------------|
| ① | 11.8% | 12.5% |
| ② | 12.5% | 11.8% |
| ③ | 11.8% | 11.8% |
| ④ | 12.5% | 12.5% |

> **해설**
> • 실효수익률 $= \sqrt[2]{\dfrac{12,500}{10,000}} = \sqrt[2]{1.25} - 1 = 1.118 - 1 = 0.118 = 11.8\%$
> • 연평균수익률 $= \dfrac{1}{2}\left(\dfrac{12,500}{10,000} - 1\right) = \dfrac{1}{2}(1.25 - 1) = 12.5\%$(항상 연평균수익률이 더 크다)
>
> 정답 ①

**03** 아래 식에 대한 설명이다. 옳은 것은?

$$\frac{800}{(1+0.1)^1} + \frac{800}{(1+0.01)^2} + \frac{10,800}{(1+0.1)^3} = 9,502$$

① 액면 1만원, 만기수익률 8%, 연단위이표지급식의 이표채이다.

② 잔존만기 3년에 만기수익률 10%로 매입할 경우 채권가격은 9,502원이다.

③ 위의 채권을 매입 후 만기수익률이 10% 아래로 하락하면 채권가격은 9,502원보다 하락한다.

④ 위의 채권을 매입 후 만기수익률이 10% 위로 상승하면 채권가격은 9,502원보다 상승한다.

① 표면이율 8%, ③ 9,502원보다 높아진다. ④ 9,502원보다 낮아진다.
- 채권가격(9,502원)과 만기상환금(800 + 800 + 10,800)의 현재가치를 일치시키는 할인율은 10%이다(만기 수익률 YTM = 0.1).

## 04 채권에 대한 과세이다. 가장 적절하지 않은 것은?

① 채권에서 발생하는 과세대상소득은 표면이자와 할인액에 한정된다.

② 만기수익률 변동으로 인한 자본소득은 과세대상이 아니다.

③ 매입 후부터 이자락(利子落) 혹은 매도 시까지 보유기간 이자상당액을 과표로 삼아 이자발생시점 또는 매도 시에 원천징수한다.

④ 원천징수세율은 20%이다.

이자소득의 원천징수세율은 14%이다(원천징수는 계좌가 소속된 증권사가 함).

---

## 채권수익률곡선(Yield Curve)의 기본개념 　　핵심유형문제

**채권수익률곡선(Yield Curve)에 대한 설명 중 적절하지 않은 것은?**

① 채권수익률곡선은 신용위험이 동일한 채권이 잔존만기에 따라 이자율이 다르게 나타나는 것을 표시한 곡선이다.

② 채권수익률이 채권마다 다르게 나타나는 이유는 채권마다 위험구조와 기간구조가 다르기 때문인데 채권수익률곡선은 기간구조가 다르기 때문에 나타나는 것이다.

③ 채권수익률의 신용스프레드는 경기호황기에 더욱 확대된다.

④ 수익률곡선은 채권의 가격정보를 효율적으로 제공해 주기 때문에 채권시장의 현황을 파악할 수 있다는 장점이 있다.

채권수익률곡선(Yield Curve)의 신용스프레드는 경기불황기에 더욱 확대된다.

**(1) 모든 채권의 수익률이 각기 다른 이유(아래 그림 참조)**

| 위험구조가 다르기 때문이다. | 기간구조가 다르기 때문이다. |
|---|---|
| 예 국채 4%/회사채 8% → 회사채가 국채보다 위험하기 때문(신용스프레드 4%)이다. | 예 국채 1년물 3.7%/국채 2년물 3.9% → 기간이 길수록 수익률이 높아진다(기간스프레드 0.2%). |
| 신용스프레드는 경기불황기에 더욱 확대된다(∵ 자금경색). | 기간에 따라 수익률이 다르게 나타나는 것을 연결한 곡선을 수익률곡선(Yield Curve)이라 한다. |

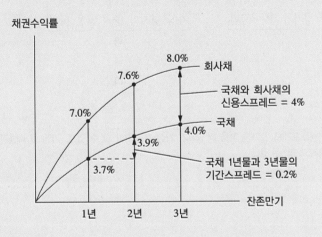

▼ 수익률곡선의 두 스프레드(신용스프레드와 기간스프레드)

**(2) 채권수익률곡선의 형태**

| 상승형 | 하강형 | 낙타형(Humped) | 수평형 |
|---|---|---|---|
| 가장 일반적인 형태로, 안정된 금융시장에서 나타남 | 고금리상태의 금융시장에서 나타남 | 자금시장의 일시적 악화 후 장기적 안정이 기대되는 시장 | 상승 → 하강, 또는 하강 → 상승시 일시적으로 나타나는 경향 |

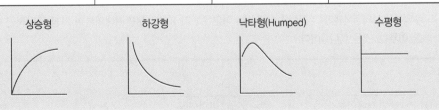

**01** 다음은 3년만기 회사채와 국채의 신용스프레드이다. 신용스프레드로 추정해 보았을 때 일반적으로 가장 경기가 좋은 국면과 가장 경기가 좋지 않은 국면은 각각 무엇인가?

> 가. 3년만기 회사채 9.0% − 3년만기 국채 4.0%
> 나. 3년만기 회사채 8.0% − 3년만기 국채 3.8%
> 다. 3년만기 회사채 7.5% − 3년만기 국채 3.5%
> 라. 3년만기 회사채 7.0% − 3년만기 국채 3.3%

| | 가장 경기가 좋은 국면 | 가장 경기가 좋지 않은 국면 |
|---|---|---|
| ① | 가 | 라 |
| ② | 가 | 나 |
| ③ | 라 | 다 |
| ④ | 라 | 가 |

**해설** 신용스프레드가 가장 작을 때 (라)가 가장 호경기라 할 수 있고, 가장 클 때 (가)가 가장 불황의 정도가 클 때라고 할 수 있다.

**정답 ④**

## 채권수익률곡선(Yield Curve) 이론   핵심유형문제

수익률곡선이론에 대한 설명이다. 빈칸에 옳게 연결된 것은?

> 수익률곡선의 우상향을 가장 잘 설명하는 이론은 ( 가 )이며, 불편기대이론과 가장 극단적인 대조를 이루는 것은 ( 나 )이다.

| | 가 | 나 |
|---|---|---|
| ① | 불편기대이론 | 유동성프리미엄이론 |
| ② | 유동성프리미엄이론 | 시장분할이론 |
| ③ | 불편기대이론 | 시장분할이론 |
| ④ | 유동성프리미엄이론 | 선호영역가설 |

**해설** 유동성프리미엄이론−시장분할이론이다. 불편기대이론은 시장참여자의 예상에 따라 모든 형태의 수익률곡선이 가능하나 시장분할이론은 단기, 중기, 장기가 구분되어 있다는 점에서 불편기대이론과 극단적인 대조를 이룬다고 평가된다.

**정답 ②**

〈수익률곡선 이론정리〉

| 수익률곡선이론 | 내 용 |
|---|---|
| 불편기대이론 | ① 미래의 단기현물이자율에 대한 예상수익률[$E(_tS_1)$]이 내재된 선도이자율[$_tf_1$]과 동일하다 (unbiased) → $f = E(_tS_1)$<br>② 시장참여자들의 미래 이자율을 확실하게 예측할 수 있다고 가정하고 위험에 대한 선호를 무시하고 있다(위험중립가정).<br>③ 장기채권의 수익률은 현물이자율과 내재선도이자율의 기하평균이다.<br> • 내재선도이자율을 구하는 계산문제는 '보충문제 3' 참조 |
| 유동성프리미엄이론 | ① 모든 투자자들은 기본적으로 유동성을 선호하는데 만기가 길어질수록 유동성을 포기해야 하므로 이에 대한 유동성프리미엄을 요구하게 된다.<br>② 수익률곡선은 시장참여자들의 기대뿐만 아니라 유동성프리미엄을 반영한다. 따라서 장기채권의 수익률은 기대현물이자율에 유동성프리미엄을 가산한 값의 기하평균과 같다 → $_tf_1 = E(_tS_1) + _tL_1 (_tL_1 > 0)$<br>③ 유동성프리미엄은 우상향하므로(기간이 길수록 증가함) 수익률곡선의 우상향 형태를 잘 설명한다. |
| 시장분할가설 | ① 법적, 제도적 요인 등에 의한 구조적 경직성이 존재함으로써 채권시장이 몇개의 하위시장으로 분할되어 있다는 이론(불편기대이론과 극단적 차이)이다.<br>② 이 이론하에서는 채권수익률이 각 하위시장 내부의 수요와 공급에 의해서 결정되기 때문에 단기채, 중기채, 장기채의 수익률이 별도로 형성된다. |
| 선호영역가설 | 시장분할가설에 따라 투자자들이 특정만기의 채권을 선호한다고 하더라도 다른 만기채권의 수익률이 충분히 높다면 이들 채권에 투자하기도 한다. 즉 충분한 대가가 주어진다면 다른 만기의 채권에도 투자하게 된다는 이론이다. |

예시1 다양한 형태(우상향·우하향·수평형 등)의 수익률곡선을 잘 설명할 수 있으나, 위험중립적인 시장 참여자들의 편차(Bias)가 없는 미래예측이 가능하다는 엄격한 전제를 필요로 하는 이론은?
→ 불편기대이론

예시2 장기채권의 수익률은 기대현물이자율에 유동성프리미엄을 가산한 것과 같으며 우상향하는 수익률곡선을 잘 설명하는 이론은? → 유동성프리미엄이론

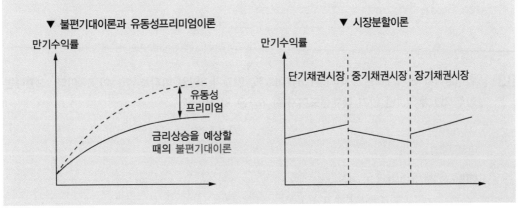

**01** 불편기대이론에 대한 설명이다. 가장 적절하지 않은 것은?

① 불편기대이론은 미래 현물이자율에 대한 예상이 내재된 선도이자율과 일치한다는 것을 말한다.

② 불편기대이론은 시장참여자들의 성향이 위험중립형이라는 전제를 필요로 한다.

③ 불편기대이론은 수익률곡선이 우상향함을 잘 설명하고 있다.

④ 장기채권의 수익률은 현물이자율과 내재선도이자율의 기하평균과 같다.

> **해설** 불편기대이론은 투자자의 예상에 따라 수익률곡선이 우상향, 우하향, 수평, 낙타형 모두 가능하다. 우상향을 잘 설명하는 것은 유동성프리미엄이론이다.

**정답 ③**

**02** '$_tf_1 = E(_tS_1) + _tL_1$'으로 내재이자율이 결정되는 수익률곡선이론은?

> $_tf_1$ : t기부터 이후 1년간의 내재이자율, $E(_tS_1)$ : t기부터 이후 1년간의 현물이자율에 대한 예상이
> 자율, $_tL_1$ : t기부터 이후 1년간의 유동성프리미엄

① 불편기대이론

② 유동성프리미엄이론

③ 시장분할이론

④ 선호영역가설

> **해설** 불편기대이론은 $_tf_1 = E(_tS_1)$, 유동성프리미엄이론은 $_tf_1 = E(_tS_1) + _tL_1$ 이다.

**정답 ②**

**03** 현시점에서 만기가 2년인 이자율($_0R_2$)이 7%, 만기가 3년인 이자율($_0R_3$)이 8%이다. 그렇다면 향후 2년 후의 1년 만기 내재선도이자율($_2R_3$)은 얼마인가?

① 7.53%

② 8.89%

③ 9.08%

④ 10.03%

> **해설** 내재선도이자율($_2f_1$ 또는 $_2R_3$)
>
> $$= 1 + _2f_1 = \frac{(1+_0R_3)^3}{(1+_0R_2)^3} = \frac{(1+0.08)^3}{(1+0.07)^2} = 0.10028$$이므로 $_2f_1$는 10.03%이다.
>
> • 약식계산 : $_2R_3 = \frac{r_3t_2 - r_2t_2}{t_3 - t_2} = \frac{(8\% \times 3년) - (7\% \times 2년)}{3년 - 2년} = 10\%$

**정답 ④**

## 3 채권투자전략

### 채권투자전략 – 액티브 운용

다음의 채권운용전략 중에서 적극적(Active) 운용에 속하지 않는 것은?

① 수익률예측전략
② 수익률곡선타기전략
③ 사다리형 만기운용전략
④ 불릿형 포트폴리오

**해설** 사다리형 전략은 소극적(Passive) 전략에 속한다.

**정답** ③

---

**더알아보기** 채권투자전략 – 적극적인 운용전략

**(1) 적극적 VS 소극적**

| 적극적인 투자전략<br>(시장이 비효율적이라고 가정, 초과수익전략) | 소극적인 투자전략<br>(시장이 효율적이라고 가정, 평균수익전략) |
|---|---|
| 수익률예측전략, 채권교체전략, 수익률곡선타기전략(쇼울더효과/롤링효과), 바벨형 포트폴리오(나비형 투자전략), 불릿형 포트폴리오 전략(역나비형 투자전략) | 만기보유전략, 인덱스전략, 현금흐름일치전략, 사다리형 및 바벨형 만기운용전략, 면역전략 |

• 중립전략으로는 상황대응적 면역전략이 있음

**(2) 적극적인 투자전략(액티브전략)**

① 수익률예측전략 : 수익률을 예측하여 듀레이션을 조절함. 듀레이션 조절전략이라고도 함
② 채권교체전략
   ⊙ 동종채권 간 전략 : 일시적인 시장불균형을 이용해 저평가채권을 교체하는 전략
   ⓒ 이종채권 간 전략 : 경기불황기에 스프레드가 커지는 성질을 이용한 스프레드 전략
   **예시** 국채 4%, 회사채 7%, 향후 스프레드의 확대 또는 축소 예상에 따른 매매전략

| 스프레드 확대 예상시<br>(스프레드매수전략 = Long Spread) | 스프레드 축소 예상시<br>(스프레드매도전략 = Short Spread) |
|---|---|
| **예시** (비싼) 국채 매수 – (싼) 회사채 매도 | **예시** (비싼) 국채 매도 – (싼) 회사채 매수 |

**TIP 1** 프리미엄을 지불하는 거래를 Long이라 하고, 프리미엄을 수취하는 거래를 Short이라 한다. 따라서 '비싼 국채를 매수하고 싼 회사채를 매도하는' 거래는 Long spread가 된다.
**TIP 2** 수익률 4%의 국채가격(100 – 4% = 96원)이 수익률 7%의 회사채가격(100 – 7% = 93원)보다 비싸다.
③ 수익률곡선타기전략

| 쇼울더 효과(Shoulder Effect) | 롤링 효과(Rolling Effect) |
|---|---|
| 단기채의 기간스프레드를 활용한 매매차익전략 | 장기채의 기간스프레드를 활용한 매매차익전략 |

- 롤링효과는 장기채의 기간스프레드가 작기 때문에 매매를 반복(Rolling)한다는 의미이다.
- 수익률곡선타기전략은 수익률곡선의 형태가 예상대로 유지되어야 하는 한계가 있다.

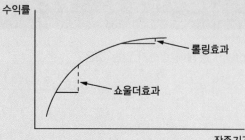

④ 바벨형(Barbell형)/불릿형(Bullet형) 포트폴리오

| 구 분 | 나비형 투자전략<br>(Barbell형 포트폴리오) | 역나비형 투자전략<br>(Bullet형 포트폴리오) |
|---|---|---|
| 수익률곡선 형태 | | |
| 금리예측 | 단기↓ 중기↑ 장기↓ | 단기↑ 중기↓ 장기↑ |
| 채권가격예상 | 단기채(+) 중기채(−) 장기채(+) | 단기채(−) 중기채(+) 장기채(−) |
| 포트폴리오 구성 | 단기채○ 중기채× 장기채○<br><br>단기 중기 장기 | 단기채× 중기채○ 장기채×<br><br>단기 중기 장기 |

**01** 시중금리가 하락하여 채권시장의 강세장이 예상된다. 이 때 수익률예측 전략상 매입대상으로 가장 적절한 것은?

① 단기채 & 저율쿠폰채
② 단기채 & 고율쿠폰채
③ 장기채 & 저율쿠폰채
④ 장기채 & 고율쿠폰채

해설  듀레이션이 클수록 유리하므로 '장기채 & 저율쿠폰채'를 매입한다.
  ※ 저율쿠폰채 : 표면금리가 낮은 채권

정답 ③

**02** 현재 국채의 수익률은 4%, 회사채의 수익률은 8%이다. 그런데 향후 스프레드가 더 확대될 것으로 예상한다면 어떤 전략을 취하는 것이 적절한가?

① 국채 매수 + 회사채 매도
② 국채 매수 + 회사채 매수
③ 국채 매도 + 회사채 매수
④ 국채 매도 + 회사채 매도

**해설**  '스프레드확대전략 = 스프레드매수 = long spread' → 비싼 국채 매수 + 싼 회사채 매도(더알아보기 참조)

**정답** ①

**03** 빈칸에 알맞은 것은?

> • 수익률곡선의 기간스프레드와 신용스프레드를 이용해서 다양한 채권전략을 수립할 수 있는데 기간 스프레드를 이용한 대표적인 전략으로서 ( ㉠ )과(와) ( ㉡ )이(가) 있다.
> • ( ㉠ )은(는) 단기채의 기간스프레드를 이용한 것이고 ( ㉡ )은(는) 장기채의 기간스프레드를 이용한 것이다.

|   | ㉠ | ㉡ |
|---|-----|-----|
| ① | 롤링 효과 | 쇼울더 효과 |
| ② | 쇼울더 효과 | 롤링 효과 |
| ③ | 롤링 효과 | 스프레드 효과 |
| ④ | 쇼울더 효과 | 스프레드 효과 |

**해설**  '쇼울더 효과 – 롤링 효과'이다.

**정답** ②

**04** 불릿형(Bullet형) 전략에 대한 설명이다. 가장 적절하지 않은 것은?

① 현재 평평한 수익률곡선이 단기와 장기물은 상승하고 중기물은 하락할 것으로 예상하는 경우 취하는 전략이다.
② 단기채와 장기채의 가격은 하락할 것으로, 중기채의 가격은 상승할 것으로 전망된다.
③ 단기채와 장기채는 편입하지 않고 중기채를 편입한다.
④ 소극적인 운용전략에 속한다.

**해설**  역나비형 전략(불릿형 전략)은 수익률예측을 통하여 초과수익을 얻고자 하는 적극적인 투자전략이다.

**정답** ④

보기에 해당하는 채권운용전략은 무엇인가?

> • 사다리형 전략에 비해서 보유채권을 단순화함으로써 비용부담을 완화할 수 있다.
> • 수익률예측을 전제로 하지 않는다는 점에서 소극적인 전략으로 분류한다.

① 만기보유전략

② 바벨형 만기운용전략

③ 현금흐름일치전략

④ 불릿형 투자전략

**해설** 　바벨형 만기운용전략이다(적극적 전략으로서 바벨형 투자전략과 구분한다).

　　　　　　　　　　　　　　　　　　　　　　　　　　　　　　　　　　　 **정답** ②

---

**더알아보기** 　채권투자전략 - 소극적인 운용전략

**(1) 소극적(Passive) 운용전략**

① 만기보유전략 : 매매차익을 보지 않고 만기에 원리금을 수령하는 전략이다.

② 인덱싱전략 : 채권시장 전체의 평균수익률을 달성하는 전략이다(벤치마크 추종).

③ 현금흐름일치전략 : 현금유입액과 현금유출액을 서로 일치시키는 전략이다(ALM전략).

④ 사다리형 만기운용전략 : 바벨형과 불릿형과 달리 단기, 중기, 장기채를 골고루 편입하면 어떤 상황하에서도 평균적인 수익률을 기대할 수 있다.

⑤ 바벨형(아령) 만기운용전략 : 사다리형의 경우 평균효과는 높지만, 비용이 많이 든다는 단점이 있다. 이러한 사다리형의 단점을 보완하고자 한 것이 바벨형 만기운용전략이며, 단기채의 유동성과 장기채의 수익률 효과를 모두 고려할 수 있다(**비교** 만기운용이라는 점에서 매매차익을 주목적으로 하는 바벨형포트폴리오 전략과 차이가 있음).

⑥ 채권면역전략 : 투자목표기간과 포트폴리오의 듀레이션을 일치시키면 어떤 외부상황의 변화가 있더라도 일정한 목표를 달성하게 된다(채권가격과 재투자수익의 상쇄효과 = 면역 효과).

**01** 면역전략을 적용함에 있어서의 현실적인 제약점이라고 볼 수 없는 것은?

① 수평적인 형태의 수익률곡선과 이 곡선의 수평적 이동만을 전제로 해야 면역을 달성할 수 있다.

② 원하는 투자시기와 일치되는 듀레이션을 가진 채권포트폴리오의 구성이 쉽지 않다.

③ 수익률변동으로 변화된 포트폴리오의 듀레이션을 투자기간과 재일치시키기 위한 채권거래비용이 증가할 수 있다.

④ 추적오차가 발생할 수 있다.

> **해설** 추적오차가 발생할 수 있는 것은 인덱스전략의 단점이다. ①·②·③은 면역전략의 현실적인 제약점에 해당된다.
>
> **정답** ④

## 4 기타 채무증권

신종자본증권은 채무증권이 일정요건을 충족할 경우 회계적으로 자본으로 인정받는 것을 말하는데, 해당하는 일정요건에 속하지 않는 것은?

① 후순위성　　　　　　　　　　　　② 만기의 영구성
③ 이자지급의 임의성　　　　　　　　④ 배당지급

> **해설**　①·②·③의 요건을 충족 시 해당 채무증권은 회계적으로 자본으로 인정된다. 참고로 ①에서의 후순위성은 그 상환순위가 후순위채보다도 더 후순위성이 있어야 함을 말한다.
>
> **정답** ④

---

**더알아보기**　신종자본증권

**(1) 신종자본증권이 되기 위한 3가지 요건 : 핵심유형문제**
　① 후순위성 : 채권의 상환순위는 '담보채권 → 선순위채권 → 후순위채권'인데 기존의 후순위채권보다 상환순위가 더 후순위일 경우 신종자본증권으로 인정됨
　② 만기의 영구성 : 현실적으로 만기가 30년 이상인 채권 또는 동일조건으로 계속 연장이 가능한 채권일 경우 인정됨
　③ 이자지급의 임의성 : 발행기업이 이자를 지급할 시에, 이자지급유예요건이 있거나 비누적적으로 이자를 지급할 경우 인정됨

**(2) 신종자본증권의 개념체계**
　① 신종자본증권과 후순위채(양자는 후순위성의 차이가 있음)

| 실질적인 자기자본[주1] | |
|---|---|
| 기본자본[주2] | 보완자본[주2] |
| '신종자본증권'은 기본자본으로 반영됨 | '후순위채'는 보완자본으로 반영됨 |

　*주1 : 실질적인 자본이란 '재무제표상의 자기자본을 말하는 것이 아니라 금융회사의 유동성을 반영한 실질적인 자기자본'의 개념이며, 금융회사의 재무안정성 판단의 핵심기준이 된다.
　*주2 : 자기자본을 기본자본(Tier1)과 보완자본(Tier2)으로 구분하는 것은 '바젤2'의 기준이다.
　② 조건부자본증권과의 관계

| 조건부자본증권[주1] | |
|---|---|
| 신종자본증권 | 후순위채 |
| 하이브리드채권, 코코본드 | – |

　*주1 : 조건을 충족하면 자본으로 인정된다는 의미에서 신종자본증권과 유사한 개념이지만, 협의로 조건부자본증권은 후순위채까지 포함하는 개념으로 사용한다.
　　cf 신종자본증권은 금융상품상의 용어이지만, 조건부자본증권은 자본시장법상의 용어이다.
　　**참고** 조건부자본증권은 전환형(요건 충족 시 주식으로 전환)과 상환형(채권 상각)의 2종류가 있음

**01** 다음 중 발행자(은행)의 자본으로 인정될 수 있는 채권이 아닌 것은?

① 이익참가부사채(PB)

② 하이브리드채권(Hybrid Bond)

③ 후순위채

④ 코코본드(Contingent Convertible Bond)

해설　②·③·④는 '조건부자본증권'의 범주에 속한다. 즉, 일정 조건이 되면 현재의 채권이 상각되거나 주식으로 전환될 수 있는 가능성이 있으므로 BIS비율 산정상 자본으로 인정되는 채권을 말한다. 이익참가부사채는 일반 선순위채권 중 배당에도 참가할 수 있는 채권을 말하며, 조건부자본증권과는 거리가 멀다.

정답 ①

**02** 보기에서 기업파산 시 변제순위는?

> ㉠ 선순위채권　　　　　　　　　㉡ 코코본드
> ㉢ 우선주　　　　　　　　　　　㉣ 보통주

① ㉠ → ㉡ → ㉢ → ㉣

② ㉡ → ㉠ → ㉢ → ㉣

③ ㉠ → ㉡ → ㉣ → ㉢

④ ㉡ → ㉠ → ㉣ → ㉢

해설　'선순위채권 → 코코본드(조건부자본증권) → 우선주 → 보통주'이다. 코코본드는 유사 시 자본으로 전환되므로 기업파산 시 청산순서에서는 주식과 다를 바 없다. 따라서 BIS 비율산정 시 자본에 가산된다(보완자본).

정답 ①

**다음 보기가 뜻하는 것은?**

> 발행기관에 대한 상환청구권과 함께 발행기관이 담보로 제공하는 기초자산집합에 대하여 제3자에 우선하여 변제받을 권리를 가지는 채권이다.

① 하이브리드채권
② 코코본드
③ 이중상환청구권부채권
④ 조건부자본증권

**해설** 이중상환청구권부채권(Covered Bond)이다.

정답 ③

---

**더알아보기** 이중상환청구권부채권

**(1) 개 념**

기초자산을 담보로 은행(또는 은행이 설립하는 SPC)이 발행하는 ABS의 일종이다. 기초자산을 담보로 하므로 유사시 투자자는 기초자산에 대해 우선변제를 받을 권리를 보장받고, 담보자산의 상환재원이 부족할 경우 발행기관의 다른 자산으로부터 변제받을 수 있다(이중적 상환 청구).

**(2) 이중상환청구권부채권의 담보가 되는 기초자산의 적격요건**

① 기초자산 : 주택담보대출채권(LTV 70% 이하), 국가·지방자치단체·공공법인에 대한 대출채권, 국채, 지방채, 특수채, 선박·항공기 담보대출(LTV 70% 이하)
② 유동성 자산 : 현금, 만기 100일 이내의 양도성예금증서, 3개월 이내에 현금화 자산 등

---

**보충문제**

**01 커버드본드(Covered Bond)의 특징이다. 가장 거리가 먼 것은?**

① 우수한 신용을 가진 장기 은행채 투자가 가능하다.
② 은행의 입장에서는 담보를 제공하므로 조달금리를 낮출 수 있다.
③ 은행의 우량자산이 우선변제권으로 제공됨에 따라 예금자나 일반채권자의 입장에서는 청산시 배당률이 불리해질 수 있다.
④ 주택담보대출, 가계신용대출, 중소기업대출도 담보자산인 적격기초자산이 될 수 있다.

**해설** 주택담보대출은 적격기초자산이 가능하지만 가계신용대출, 중소기업대출은 담보력이 약하므로 적격기초자산이 될 수 없다.

정답 ④

## 5 기타 채권관련 증권

### 옵션이 첨부된 채권 - CB, BW, EB

전환사채의 주식전환가격이 10,000원이고 전환대상 주식의 시장가격이 16,000원이다. 이 경우 다음의 설명 중 적절하지 않은 것은?(전환비율 100% 가정)

① 패리티비율은 160%이다.

② 패리티가격은 16,000원이다.

③ 액면이 10만원인 전환사채라면 전환가치는 16,000원이다.

④ 주식으로 전환하고 현재의 시장가격으로 처분할 경우 60%의 수익을 얻을 수 있다.

> **해설**    전환가치(패리티가치)는 160,000원이다(전환주수 × 전환대상주식의 시장가격).

정답 ③

### 더알아보기

**(1) 전환사채의 전환가치 및 패리티 계산**

① 전환주수 $= \dfrac{\text{채권의 액면금액}}{\text{전환가격}}$

→ 액면이 10만원, 전환가격이 10,000원이면 전환주수는 10주이다(전환비율 100% 가정).

② 전환가치 = 전환대상 주식의 시장가격 × 전환주수

→ 전환대상주식의 시장가격이 16,000원이라면, 전환가치(패리티가치)는 160,000원이다.

→ 전환사채의 최소가치 = Max[채권가치, 전환가치]

③ 전환프리미엄(괴리) = 전환사채의 시장가격 − 전환가치

→ 전환사채의 액면이 10만원이고 패리티가격(전환가치)이 16만원, 전환사채의 시장가격이 17만원이라고 가정하면, '전환프리미엄 = 170,000원 − 160,000원 = (+)10,000'원이다.

→ 주식으로 전환하는 것보다는 전환사채인 상태로 있는 것이 더 안전하기 때문에, 일반적으로 전환프리미엄은 (+)이다.

④ 패리티(Parity) $= \dfrac{\text{주식의 시장가격}}{\text{전환가격}} \times 100\%$

→ 패리티 $= \dfrac{16,000}{10,000} \times 100 = 160\%$

→ 패리티는 시가대비 전환가격을 백분율로 나타낸 것으로 전환사채를 전환할 경우 얼마의 전환차익이 발생하는가를 판단하는 지표이다(여기선 60%의 전환수익률).

⑤ 패리티가격 $= \dfrac{\text{주식의 시장가격}}{\text{전환가격}} \times 10,000$원

→ 패리티가격은 16,000원이다. 즉 10,000원에 채권을 매입하여 주식전환을 하여 처분을 하면 6,000원의 수익을 올릴 수 있는 상태임을 말한다.

→ 패리티가격은 채권의 단가가 10,000원 단위로 표시되는 점을 감안하여 10,000원을 곱한 것이며, 패리티비율보다는 좀 더 쉽게 알아볼 수 있는 장점이 있다.

→ 해당 전환사채를 액면가인 10,000원에 매입하면 6,000원의 전환수익을 올릴 수 있으나 만일 유통시장에서 12,000원에 매입을 하였다면 4,000원의 전환수익을 올릴 수 있게 된다.

### (2) 주식관련사채 비교

〈CB, BW, EB의 비교〉

| CB(전환사채) | BW(신주인수권부사채) | EB(교환사채) |
|---|---|---|
| 전환권 | 신주인수권 | 교환권 |
| 행사 후 사채소멸 | 행사 후 사채존속 | 행사 후 사채소멸 |
| 신규자금유입 X | 신규자금유입 O | 신규자금유입 X |
| 발행사 주식 취득 | 발행사 주식 취득 | 타상장사 주식 취득 |
| 자본↑ & 부채↓ | 자본↑ | 자산↓ & 부채↓ |

**보충문제**

**01** 다음은 전환사채와 교환사채와의 차이점이다. 잘못된 것은?

| 번호 | 구분 | 전환사채 | 교환사채 |
|---|---|---|---|
| ① | 부가된 권리 | 전환권 | 교환권 |
| ② | 권리행사 후 사채권 | 소멸 | 존속 |
| ③ | 행사 후 재무구조변화 | 부채↓ 자본↑ | 부채↓ 자산↓ |
| ④ | 취득하는 신주의 종류 | 발행사의 주식 | 타상장사의 주식 |

**해설** 전환사채나 교환사채는 권리를 행사하면 사채권이 소멸된다(BW는 존속).

정답 ②

**02** 주식관련사채에 대한 설명이다. 옳은 것은?

① 전환사채는 일반적으로 전환권행사에 대한 대가로 표면이율이 일반채권보다 높게 형성된다.

② 전환사채의 전환권행사 시 신규로 주금을 납입할 필요가 없다.

③ 신주인수권부사채에서 신주인수권을 행사하고 신주가 입고되기 전에는 그 신주인수권이 상장되어 거래될 수 없다.

④ 교환사채의 교환권이 행사되면 자본금 증가가 유발된다.

**해설** ① 전환사채는 표면이율이 일반채권보다 낮게 형성된다, ③ 보통주가 입고되기 전에 신주인수권증서로 상장되어 거래된다, ④ EB는 자본금과 관계없다.

정답 ②

기업어음(CP)에 대한 설명이다. 가장 거리가 먼 것은?

① 기업들이 단기 운용자금을 조달하기 위해 발행하는 융통어음으로써, 발행어음이라고도 한다.
② A3등급까지가 투자적격이다.
③ 채권과 달리 표면이율이 없고, 만기는 제한이 없으나 주로 91일물이 발행된다.
④ 기업어음의 등급은 2개 이상의 신용평가기관으로부터 복수의 신용평가등급을 받는다.

해설    발행어음은 종금사가 발행하는 융통어음이다(기업어음은 일반기업이 발행하는 융통어음).

정답 ①

### 더알아보기

(1) 기업어음 개요 : 핵심유형문제

〈기업어음(CP)의 신용등급체계〉

| 투자적격 | 투자부적격 |
| --- | --- |
| A1, A2, A3 | B, C, D |

• 등급감시 기호(3가지) : 상향(↑), 하향(↓), 불확실(◆)
  예 A3↑ : 현재 A3에서 등급상향 검토

(2) 전자단기사채 : 보충문제 1
• 만기 3개월 내로 발행 시 증권신고서를 제출의무가 면제되며, 만기 1개월 내로 발행 시에는 원천징수대상이 되지 않는다.

### 보충문제

**01**    전자단기사채(Short Term Bond)에 대한 설명이다. 가장 거리가 먼 것은?

① 사채권으로 전자단기사채법에서 정한 요건을 갖추고 전자적 방식으로 등록한 채무증권을 전자단기사채라 한다.
② 발행금액 1억원 이상, 만기 1년 이내, 발행금액 전액을 일시납입 등의 요건을 갖추어야 한다.
③ 만기 1개월 이내로 발행되는 전자단기사채에 투자하여 발생되는 이자소득에 대해서는 원천징수하지 않는다.
④ 전자적으로 등록하지만 투자자가 원할 경우 실물발행을 할 수 있다.

해설    전자단기사채이므로 실물발행은 금지된다.

정답 ④

빈칸에 들어갈 적합한 말이 잘못된 것은?

> 자산유동화는 일반적으로 ( ① )가 보유한 자산을 ( ② )라고 불리는 ( ③ )에 양도하고 ( ③ )는
> 이 자산을 기초로 하여 ( ④ )을 발행하여 투자자에게 판매하는 과정을 밟게 된다.

① 자산관리자
② SPV 또는 SPC
③ 유동화전문회사
④ 자산유동화증권(ABS)

해설　자산관리자(Servicer)가 아니라 자산보유자(Originator)이다.

정답 ①

---

더알아보기　자산유동화증권(ABS)

(1) **자산유동화증권(ABS ; Asset Backed Securities)의 개념** : 기업이나 금융기관이 보유하고 있는 유동성
이 낮은 자산을 표준화하고 특정조건별로 집합(Pooling)하여 이를 바탕으로 새롭게 발행하는 증권(유동
화증권＝ABS)을 말함
- 발행Flow : 자산보유자(Orignator)가 유동화전문회사(SPC)에 보유자산을 양도, SPC는 양도받은 자산
의 현금흐름을 바탕으로 신용이 보강된 새로운 증권을 발행하여 투자자에게 매각

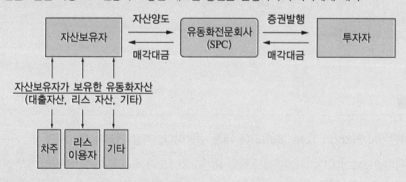

(2) **자산유동화증권의 발행참여자**

| 자산보유자<br>(Orignator) | 유동화전문회사<br>(특수목적회사 : SPC) | 자산관리자<br>(Servicer) | 수탁기관(Trustee) | 투자자 |
|---|---|---|---|---|

① 자산보유자 : 보유하고 있던 기초자산을 특수목적기구(SPV)에 양도하고 대가를 수취함으로써 자금을
조달하는 주체. ABS프로그램의 실질적인 수혜자(유동성확보, 조달비용 절감 등)임
② 유동화전문회사(Sepecial Purpose Vehicle) : 자산보유자로부터 받은 기초자산을 분리하여 양수받
고 자산유동화증권(ABS)을 발행함

③ 자산관리자 : SPV 또는 SPC는 실체가 없는 서류상의 회사이므로 이를 대신해 기초자산관리를 함
④ 투자자 : 투자선택의 다양성 확보. 또한 ABS는 신용이 보강되므로 동급채권에 비해 좀더 유리한 투자
수단이 됨
⑤ 기타
• 수탁기관(Trustee) : 자산의 안전보관 및 SPV를 대신하여 원리금상환 등 실무업무를 담당
• 신용보강기관(Credit Enhancer) : 신용보강을 통해 자산유동화증권의 상환안정성을 제고하는 역할

### (3) ABS의 종류

① 기초자산에 따른 분류

| CBO | CLO | MBS |
|---|---|---|
| 회사채 | 대출채권 | 모기지 |

참고 CDO는 CLO와 CBO를 포괄하는 개념이며 기초자산을 양도하고 유동화한다는 점에서 ABS와 동일
하다. CDO가 기초자산을 양도하여 유동화하는 것과 달리, 합성 CDO는 기초자산을 양도하지 않고
CDS를 활용하여 유동화함으로써 채무자와의 우호적 관계를 유지할 수 있다는 장점이 있다.

② 발행증권의 형태에 따른 분류

| ABS | ABCP | ABSTB |
|---|---|---|
| 일반적인 자산유동화증권 | CP의 형태로 발행되는 자산유동화증권 | 전자단기사채의 형태로 발행되는 자산유동화증권 |

### (4) 신용보강방식(내부보강에서는 상환순위설정이, 외부보강에서는 지급보증이 많이 사용됨)

| 내부보강 방식 | 외부보강 방식 |
|---|---|
| 상환순위설정(선순위–중순위–후순위)/현금흐름 차액적립/풋백옵션/초과담보설정 | 지급보증/신용공여 |

### (5) 자산유동화증권 발행의 장단점 : 보충문제 2

| 장 점 | 단 점 |
|---|---|
| 낮은 자금조달비용, 비유동성자산의 양도를 통한 유동성확보 등 | 높은 부대비용, 자금조달의 경직성 등 |

**01** 보기는 어떤 신용보강 방식을 말하는가?

> - 기초자산에서 발생하는 현금흐름을 상환받는 순위를 설정하는 방식이다.
> - 이 경우 선순위(Senior) 투자자는 후순위(Junior 또는 Subordinate) 투자자에 비해 원리금지급에 우선권을 가진다.

① 상환순위설정(Subordination) 방식
② 현금흐름 차액적립(Excess Spread) 방식
③ 풋백옵션(Put Back Option)
④ 초과담보 설정(Over-collateralization) 방식

**해설** 선순위(Senior)증권이 후순위(Junior)증권보다 당연히 비쌀 것이다(∵ 더 안전). 참고로 상환순위설정 방식을 '선·후순위 구조화 방식'이라고도 한다.

**정답** ①

**02** 자산유동화증권(ABS) 발행의 단점이다. 가장 거리가 먼 것은?

① 조달비용이 높다.
② 자산보유자의 입장에서 최후순위(Equity Tranche)의 일부를 보유할 경우 위험도 일부가 잔존한다.
③ 우량자산의 유동화가 많아질 경우 자금조달주체의 자산이 부실화될 수 있다.
④ 은행차입에 비해 자금조달의 유연성이 떨어진다.

**해설** ABS는 자금조달비용을 낮출 수 있다는 것이 장점이다. 비교하여 '높은 부대비용'은 단점인데, 이는 ABS의 상품구조복잡성으로 인해 각종 법률비용, 자문비용이 부담되기 때문이다.

**정답** ①

## 6 기업신용평가

다음의 신용평가 유형 중 '발행물 평가(Issue Rating)'에 해당하는 것은?

① 개별채무의 특성이나 회수가능성 등을 고려하지 않고, 채무증권 발행자의 모든 금융상 채무에 대한 전반적인 채무상환가능성(신용도)을 평가한다.

② 발행자 평가등급을 기초로 개별 금융투자상품의 약정내용과 파산 혹은 청산 시의 지급 우선순위, 보증 혹은 신용보강 등과 같은 채무특성을 고려하여 채무불이행 위험과 궁극적 손실 위험을 동시에 감안하여 행하는 개별 발행물에 대한 신용등급평가이다.

③ 신용평가대상 또는 그 대리인과의 계약에 의거해 발행자 또는 특정발행 채무에 대해 신용등급을 신규로 부여하는 것을 말한다.

④ 채권 등의 채무에 대한 구체적 발행계획 또는 조건이 확정되지 않은 상황에서 일정 조건으로 발행하는 경우를 전제로 하여 평가대상의 등급을 예비적으로 평가하는 것을 말한다.

해설    ① 발행자 평가(Issuer Rating), ③ 본평가, ④ 예비평가

정답 ②

**더알아보기**

(1) **신용평가의 유형** : 핵심유형문제 참고

| 신용평가 대상별 분류 | 신규 등급부여 평가 | 사후관리평가 | 의뢰여부에 따른 분류 |
|---|---|---|---|
| • 발행자 평가<br>• 발행물 평가 | • 본평가<br>• 예비평가 | • 정기평가(1년 단위)<br>• 수시평가[주1] | • 의뢰평가<br>• 무의뢰평가 |

*주1 : 신용등급에 영향을 줄 수 있는 중대한 상황변화 발생 시 실시하는 평가를 '수시평가'라고 하며, 수시평가의 일환으로서 'Watch List' 제도가 있다.
• Watch List(등급감시대상 등록) : 중대한 신용등급 변화요인이 발생할 경우, 등급조정검토의 착수와 검토방향(상향/하향/미확정)을 외부에 공시하는 제도

(2) **등급전망(Rating Outlook) 제도** : 보충문제 1

(3) **장기신용등급과 단기신용등급** : 보충문제 2

| 장기신용등급(1년 초과의 기간에 대한 신용위험 등급) | 단기신용등급(1년 이내의 기간에 대한 신용위험 등급) |
|---|---|
| AAA, AA, A, BBB, BB, B, CCC, CC, C, D | A1, A2, A3, B, C, D |
| 무보증 회사채 평가에 주로 사용 | CP, STB, ABCP의 평가에 주로 사용 |

**01** 등급전망(Rating Outlook) 제도에 대한 설명이다. 틀린 것은?

① 발행자 또는 특정채무의 신용등급에 대하여 향후 6개월(또는 1년)에서 2년 이내의 등급방향성을 평가시점에서 전망하는 것을 말한다.

② 신용평가등급의 변경검토에 착수하였음을 알리는 절차상의 예고에 해당된다.

③ 등급전망은 'Positive(긍정적), Negative(부정적), Stable(안정적), Developing(유동적)'의 4가지로 구분된다.

④ 등급전망(Outlook)은 회사채 등 장기채권에만 적용된다.

> 해설 등급의 변경검토에 착수하였으며 그 검토방향을 예고하는 것은 'Watch List'이다. 'Rating Outlook'은 해당 전망대로 향후 등급의 변동이 꼭 일어나는 것을 말하지 않는다(신용등급에 대한 보조지표일 뿐).
>
> 정답 ②

**02** 장기신용등급 중 'BBB'에 해당하는 것은?

① 원리금 지급능력이 우수하지만 상위등급보다 경제여건 및 환경악화에 따른 영향을 받기 쉬운 면이 있다.

② 원리금 지급능력이 양호하지만 상위등급에 비해서 경제여건 및 환경악화에 따라 장래 원리금의 지급능력이 저하될 가능성을 내포하고 있다.

③ 원리금 지급능력이 당장은 문제가 되지 않으나 장래 안전에 대해서는 단언할 수 없는 투기적인 요소를 내포하고 있다.

④ 원리금 지급능력이 결핍되어 투기적이며, 불황 시에는 이자지급이 확실하지 않다.

> 해설 ① A, ③ BB, ④ B
>
> 정답 ②

# 단원별 출제예상문제

**01** 다음 중 기대수익률과 위험이 가장 높은 채권은 무엇인가?

① 국 채
② 지방채
③ 은행채
④ 후순위채

> **해설** 후순위채는 청산 시에 선순위채를 먼저 지급한 후 잔여재산이 있을 때 지급하는 것으로 안전성이 낮기 때문에 상대적으로 높은 수익률을 지급한다. 즉 선순위채에 비해 기대수익률도 높고 위험도 크다(그런 의미에서 '가시 많은 장미'라고 불린다).
>
> **정답** ④

**02** 다음 중 가장 적절하지 않은 것은?(액면 10,000원 기준)

① 만기 5년, 표면금리 3%인 연단위복리채의 만기상환금액은 $10,000(1+0.03)^5$이다.

② 만기 3년, 표면금리 8%인 3개월단위복리채의 만기상환금액은 $10,000\left(1+\dfrac{0.08}{4}\right)^{3\times4}$이다.

③ 만기 3년, 표면금리 8%인 6개월단위복리채의 만기상환금액은 $10,000\left(1+\dfrac{0.08}{2}\right)^{3\times2}$이다.

④ 만기 3년, 표면금리 8%인 할인채의 발행가액은 $\dfrac{10,000}{(1+0.08)^3}$이다.

> **해설** $10,000(1-0.08\times3)=7,600$원이다. 즉 ④의 할인채는 7,600원에 매입하여 만기에 10,000원을 받게 된다. $\dfrac{10,000}{(1+0.08)^3}$은 만기수익률 8%로 잔존만기 3년의 할인채를 매매할 때의 가격공식이다.
>
> **정답** ④

**03** 다음 중에서 발행기관이 발행에 대한 위험을 부담하지 않는 것으로 모두 묶은 것은?

> ㉠ 직접모집　　　　　　　㉡ 위탁모집
> ㉢ 잔액인수　　　　　　　㉣ 총액인수

① ㉠
② ㉠, ㉡
③ ㉠, ㉢
④ ㉠, ㉡, ㉢

> **해설** 직접모집은 발행자(기업)가 발행위험을 감수한다. 발행기관(증권사)의 중개를 받는 간접모집은 대부분 발행(중개)기관이 발행위험을 부담하나 위탁모집의 경우는 주선, 알선만 하고 발행에 대한 부담을 지지 않는다.
>
> **정답** ②

**04** 다음은 어떤 제도를 말하는가?

> 만기가 도래하지 않은 국고채를 현금으로 매입해 줌으로써, 국고채가 만기에 단기적으로 집중되어 수익률 상승에 따라 발생할 수 있는 유동성 저하를 방지하고 만기분산을 통하여 재정부담이 일시에 발생하여 생길 수 있는 차환위험을 줄이기 위한 제도이다.

① 국채통합발행제도
② 국채조기상환제도
③ 국고채교환제도
④ 국고채 원금·이자분리제도

> **해설** 국채조기상환제도(Buy Back)를 말한다.
>
> 정답 ②

<br>

**05** 다음 중 IDM(국채전문유통시장)에서 채권의 자기매매를 할 수 없는 자는?

① 은 행
② 종금사
③ 투자매매업자
④ 투자중개업자

> **해설** 은행·종금사·증권사가 가능한데 여기서 증권사는 자본시장법상 투자매매업자에 해당한다(투자중개업자는 자기매매업 불가).
>
> 정답 ④

<br>

**06** 채권투자의 특징에 대한 설명이다. 옳은 것은?

① 채권투자는 발행기업이 원리금이지급을 보장하고 있기 때문에 발행기업이 채무불이행만 되지 않는다면 손해를 볼 경우가 전혀 없다.
② 채권투자에도 1인당 원리금합산 5천만원까지 예금자보호가 된다.
③ 10년 만기 채권을 매입한 후 중도에 자금이 필요한 경우 발행사에 요청하면 중도환매를 할 수 있다.
④ 채권매입 후 시장수익률이 하락할 경우 매매차익을 얻을 수 있다.

> **해설** 채권수익률과 채권가격은 역의 관계이다. 예를 들어 채권가격은 '100 – 수익률'로 이해하면 된다 (예 8% = 92원, 5% = 95원, 2% = 98원).
> ① 만기까지 보유하지 않고 중도환매시 시장수익률 변동에 따라 손실을 볼 수 있다.
> ② 채권은 투자상품이므로 예금자보호대상이 될 수 없다.
> ③ 장기채권 매입 후 중도에 자금이 필요할 경우 유통시장에서 매도해야 한다(발행사는 만기에만 원리금을 상환함).
>
> 정답 ④

**07** 다음 중 가격이 가장 싼 채권은?

① 국민주택채권

② 예금보험기금채권

③ 은행채(신용등급 AAA)

④ 무보증 회사채(신용등급 AA)

> **해설** ①은 국채, ②는 특수채, ③, ④는 회사채이다. 회사채를 크레딧물(Credit Bond ; 채무불이행위험이 있는 채권)이라 하는데 ④의 신용등급이 더 낮으므로 채권수익률은 ④가 가장 높을 것이다(채권가격은 가장 싸다).
>
> 정답 ④

**08** 다음 중 특수채에 해당하는 것은?

① 국고채

② 외국환평형기금채권

③ 통화안정증권

④ 국민주택채권

> **해설** 통화안정증권은 한국은행이 발행하는 특수채이다. 나머지는 모두 국채에 해당한다.
>
> 정답 ③

**09** 빈칸에 알맞은 것은?

> • 채권투자에 있어서 해당 채권에 대한 매수세가 부족하여 제 값을 받지 못할 위험을 (  ㉠  )이라 한다.
> • 신용등급이 낮은 종목은 (  ㉡  )뿐만 아니라 (  ㉠  )이 추가되어 채권수익률이 높게 형성된다.

| | ㉠ | ㉡ |
|---|---|---|
| ① | 신용위험 | 콜위험 |
| ② | 유동성위험 | 신용위험 |
| ③ | 유동성위험 | 가격변동위험 |
| ④ | 신용위험 | 유동성위험 |

> **해설** 신용등급이 낮은 종목은 신용위험뿐만 아니라 유동성위험이 추가되어 채권수익률이 높게 형성된다(채권가격은 낮게).
>
> 정답 ②

**10** A와 B가 올바르게 연결된 것은?

> 채권액면 1만원, 만기 5년, 표면금리 6%인 연단위복리채를 잔존만기가 3년인 시점에서 만기수익률 4%로 매입하였다. 이 경우 이 채권의 매입가격은 $\dfrac{10,000(1+A)^5}{(1+B)^3}$ 이다.

|   | A | B |
|---|---|---|
| ① | 0.04 | 0.06 |
| ② | 0.06 | 0.04 |
| ③ | 0.04 | 0.04 |
| ④ | 0.06 | 0.06 |

**해설** 분자에는 CR, 분모에는 YTM이 들어간다.

**정답** ②

**11** 채권의 액면 1만원, 표면금리 8%, 잔존만기 2년인 채권을 유통수익률 8%로 매입하였다. 이후 유통수익률이 8%보다 하락한 상태에서 매도하려고 할 경우(다른 조건은 동일) 다음 중 매도가격이 될 수 없는 것은?

① 8,400원  
② 10,100원  
③ 10,800원  
④ 11,600원

**해설** 유통수익률이 8%보다 하락한 상태에서 매도하게 되면 채권가격은 10,000원보다 올라야 한다. 따라서 ①은 나올 수 없는 가격이 된다.

**정답** ①

**12** 5년 만기 복리채인 산업금융채권에 투자하여(매출가액 10,000원, 표면이율 12.2%), 만기에 총상환금 17,800원을 수령하였다. 이 경우 연평균수익률은 몇 %인가?

① 11.7%  
② 15.6%  
③ 17%  
④ 78%

**해설** 연평균수익률은 만기가 1년 이상인 채권에서 만기까지의 총수익률을 원금으로 나눈 후 단순히 해당연수로 나눈 단리수익률을 말한다.

→ 연평균수익률 $= \dfrac{(17,800-10,000)}{10,000} \times \dfrac{1}{5} = 0.156$, 즉 15.6%이다.

참고로 실효수익률의 공식은 $\sqrt[5]{\dfrac{(17,800-10,000)}{10,000}}$ 이며 15.6%보다 반드시 작게 나타난다.

**정답** ②

**13** 말킬의 정리에 대한 설명이다. 잘못된 것은?

① 채권의 잔존기간이 길수록 동일한 수익률변동에 대한 채권가격변동률은 커진다.

② 채권의 잔존기간이 길어질수록 발생하는 채권가격변동률은 체감한다.

③ 채권수익률이 상승할 때의 가격하락폭이 채권수익률이 하락할 때의 가격상승폭보다 더 크다.

④ 표면이율이 높을수록 채권가격변동률이 낮아진다.

해설  반대이다. 수익률 하락으로 인한 채권가격상승폭이 더 크다(볼록성 때문).

정답 ③

**14** 채권수익률이 상승하여 채권시장이 위축될 것으로 예상한다. 그렇다면 다음 중 어떤 채권으로 교체하는 것이 가장 유리한가?

① 표면이율 3% – 만기 10년인 채권

② 표면이율 5% – 만기 5년인 채권

③ 표면이율 5% – 만기 3년인 채권

④ 표면이율 7% – 만기 3년인 채권

해설  채권수익률 상승국면에서는 채권가격이 하락하므로 손실최소화를 목표로, 포트폴리오의 듀레이션을 감소시켜야 한다. ① · ② · ③ · ④는 듀레이션이 큰 순서대로이다.

정답 ④

**15** 잔존만기 3년, 표면금리 8% 연단위 후급 이표채의 만기수익률이 10%일 때 채권가격은 9,502원이다. 이 채권의 만기수익률이 9%로 1% 포인트 하락할 경우 볼록성(Convexity)에 기인한 가격변동금액은? (단 볼록성은 8.9이며 근사치를 구하시오)

① 2원  ② 4원

③ 6원  ④ 8원

해설  가격변동치 = 1/2 × 9,502 × 8.9 × $(0.01)^2$ = 4원

정답 ②

**16** 만기수익률이 10%에서 9%로 변동시 (수정 전) 듀레이션이 2.6이고 볼록성이 8인 채권의 가격변동률 공식으로 옳은 것은?

① $\dfrac{dP}{P} = [(-)\dfrac{2.6}{(1+0.1)} \times (-)0.01] + [\dfrac{1}{2} \times 8 \times 0.01^2]$

② $\dfrac{dP}{P} = [(-)\dfrac{2.6}{(1+0.09)} \times (-)0.01] + [\dfrac{1}{2} \times 8 \times (-0.01)^2]$

③ $\dfrac{dP}{P} = [(-)2.6 \times (-)0.01] + [\dfrac{1}{2} \times 8 \times (-0.01)^2]$

④ $\dfrac{dP}{P} = [(-)8.0 \times (-)0.01] + [\dfrac{1}{2} \times 2.6 \times 0.01^2]$

해설　전체의 '채권가격변동률 = 듀레이션 측정치 + 볼록성 측정치'이다.

정답 ①

**17** 보기는 수익률곡선에 대한 이론 중 무엇을 말하는가?

> 법적, 제도적 요인 등에 의한 구조적 경직성이 존재함으로써 채권시장이 몇 개의 하위시장으로 분할되어 채권수익률과 잔존기간 간에 어떤 체계적인 관계가 존재하지 않는다.

① 불편기대가설　　　　　　　② 유동성선호가설
③ 시장분할가설　　　　　　　④ 선호영역가설

해설　시장분할이론(Market Segmentation Theory)이다.

정답 ③

**18** 2년 만기 현물이자율(Spot Rate)이 6%이다. 3년 만기 현물이자율이 7%라 할 때 2년 후로부터 향후 1년간의 내재선도이자율(Implied Forward Rate)은 얼마인가?(근사치로 함)

① 5%　　　　　　　　　　　② 6.5%
③ 8%　　　　　　　　　　　④ 9%

해설　약식으로 풀면,

$$_2R_3 = (r_3 t_3 - r_2 t_2)/(t_3 - t_2) \rightarrow {}_2R_3 = \frac{(3년 \times 7\%) - (2년 \times 6\%)}{(3년 - 2년)} = 9\%$$

참고　기하평균식 $= (1 + {}_0R_3)^3 = (1 + {}_0R_2)^3(1 + {}_2R_3)$, $(1 + {}_2R_3) = (1 + 0.07)^3/(1 + 0.06)^2$
따라서 $_2R_3 = 0.0903$ 즉 9.03%이다.

정답 ④

**19** 액면 10,000원인 전환사채를 12,000원에 매수하였다. 전환사채 액면 10,000원당 전환주수가 2주이고 주식의 주당 시가는 5,500원이면 다음 내용 중 옳은 것은?

| | 패리티(%) | 전환프리미엄(원) | 괴리율(%) |
|---|---|---|---|
| ① | 110 | 1,000 | 9.1 |
| ② | 120 | 2,000 | 10.0 |
| ③ | 110 | 1,000 | 10.0 |
| ④ | 120 | 2,000 | 9.1 |

해설
- 패리티(%) = 주식의 시장가격 / 전환가격 = 5,500 / 5,000 × 100 = 110%
- 전환가치 = 패리티 가치 = 주식의 시장가격 × 전환주수 = 5,500 × 2 = 11,000(원)
- 전환프리미엄 = 전환사채의 시장가격 - 전환가치 = 12,000 - 5,500 × 2 = 1,000(원) (전환사채의 전환권 가치로서 옵션 프리미엄의 성격을 지닌다)
- 괴리율 = 전환프리미엄 / 전환가치 = 1,000 / 11,000 = 9.1%
- (※ 최근 출제경향은 상기 3개 질문 중 1개를 묻고 있음)

정답 ①

**20** 자산유동화증권(ABS ; Asset Backed Securities)에 대한 설명이다. 틀린 것은?

① 부동산, 매출채권, 유가증권, 주택저당채권(Mortage) 등과 같이 유동성이 낮은 자산을 기초로 하여 유동성을 제고하고자 발행하는 새로운 증권을 말한다.

② 일반적으로 자산보유자가 자산유동화를 위한 별도의 서류상의 회사인 특수목적기구(SPC ; Special Purpose Company)를 설립하여, 동 법인에게 자산을 양도하고 SPC가 이를 기초로 하여 증권을 발행하고 매각하여 자금을 조달한다.

③ ABS에는 주택저당담보부증권(MBS), 채권담보부증권(CBO), 대출채권담보부증권(CLO), 신용카드매출채권담보부증권, 자동차할부대출담보부증권 등 다양한 종류가 있다.

④ 자산유동화를 통해 기초자산보유자(주로 금융기관)는 자금조달비용을 줄이고 재무상태를 개선할 수 있으나 투자자의 입장에서는 구조가 복잡하고 일반사채에 비해 위험하다는 단점이 있다.

해설
투자자 입장에서 보면, 신용평가기관의 엄밀한 평가와 신용보강을 거쳐 발행되므로 상대적으로 안전하면서도 일반회사채보다 수익률이 높은 편이어서 양호한 투자대상이 된다. 즉 ABS는 자산보유자와 투자자 간의 'WIN–WIN' 관계를 바탕으로 발전되었다.

정답 ④

지식에 대한 투자가 가장 이윤이 많이 남는 법이다.

– 벤자민 프랭클린 –

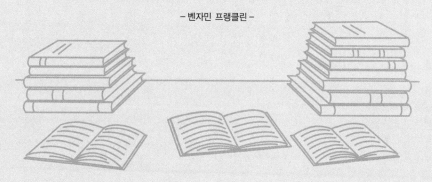

# 제3편

# 금융상품 및
# 직무윤리

행운이란 100%의 노력 뒤에 남는 것이다.

- 랭스턴 콜먼 -

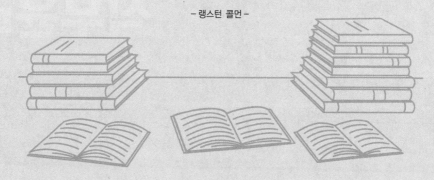

# 01 금융상품분석

## 1 금융기관의 종류

### 금융기관의 분류 핵심유형문제

**우리나라 금융기관의 분류상 은행에 속하지 않는 것은?**

① 시중은행
② 지방은행
③ 특수은행
④ 상호저축은행

**해설** 우리나라에서는 은행법이나 특수은행법에 의해 설립된 기관을 은행으로 보고 이들이 아닌 예금취급기관(상호저축은행 등)을 비은행예금취급기관으로 분류한다.

정답 ④

**더알아보기** 금융기관의 분류

〈금융기관의 분류〉

| 구 분 | | 종 류 | 내 용 | |
|---|---|---|---|---|
| 은행권 | 은 행 | 한국은행 | 무자본특수법인, 통화정책의 수립·운영 | |
| | | 일반은행 | 시중은행 | KB국민, 신한, 하나KEB 등 |
| | | | 지방은행 | 부산, 대구, 광주 등 |
| | | | 외국은행 국내지점 | Deutche Bank 서울지점 등 |
| | | 특수은행 | 산업은행, 수출입은행, 중소기업은행, 농협중앙회, 수협중앙회 | |
| | 비은행 예금취급기관 | 상호저축은행 | 상호저축은행법에 의해 설립된 서민금융기관 | |
| | | 신용협동기구 | 신용협동조합, 새마을금고, 농·수협단위조합(상호금융) | |
| | | 우체국예금 | 우체국예금·보험에 관한 법률에 따른 은행서비스 | |
| 제2금융권 | 보험사 | | 생명보험회사, 손해보험회사, 공제(신협공제, 새마을금고공제 등) | |
| | 금융투자회사 | | 투자매매업·투자중개업·집합투자업·투자자문업·투자일임업·신탁업자 | |
| | 기타금융회사 | | 여신전문회사(카드사, 할부금융사, 벤처금융, 창업투자회사), 금융지주회사, 증권금융회사 등 | |
| | 금융보조기관 | | 예탁결제원, 예금보험공사, 한국거래소, 금융결제원, 신용보증기금, 신용정보회사, 자금중개회사 등 | |

**(1) 중앙은행의 기능** : 통화량의 조절, 은행권의 발행 등(일반대중으로부터의 예금수입하지 않음)

**(2) 은행** : 가계나 기업 등으로부터 예금·신탁을 받거나 채권을 발행하여 조달한 자금을 자금 수요자에게 대출해주는 업무를 주로 취급한다.
  ① 시중은행의 고유업무 등

| 고유업무 | 겸영업무 | 부수업무 |
|---|---|---|
| 여수신, 어음할인, 내외국환업무 | 신탁업, 신용카드업, 펀드판매업 등 | 금고대여, 팩토링업무 등 |

  ② 지방은행은 시중은행과 달리 영업구역이 전국이 아닌 특정지역에 제한되어 있음
  ③ 외국은행 국내지점은 국내 은행법의 규제를 받으며, 외국환거래법의 적용도 받음
  ④ 특수은행은 상업금융의 취약점을 보완하는 취지로 특별법에 의해 설립된 은행(위의 5가지). 금융기관과 특정부문에 대한 전문금융기관으로서의 역할을 담당하며, 재원조달면에서도 예금 수입에 주로 의존하는 일반은행과는 달리 정부출자자본, 정부 및 해외차관, 채권발행 등에 많은 부분을 의존(예 산금채, 중금채 등)
   • 특수은행 중 한국산업은행은 다른 특수은행과 달리 예금비중이 낮거나 예금통화의 신용창조기능이 낮아서 편제상 예금은행이 아닌 개발금융기관으로 분류

**(3) 상호저축은행** : 영세상공인과 서민의 금융편의와 저축증대를 목적으로 일정지역을 대상으로 예금 및 대출업무를 영위하는 서민금융기관으로 여수신업무, 부대업무를 한다.

**(4) 신용협동기구** : 영세소득자의 저축증대와 금융편의를 도모하기 위해 조합원에 의해 운용되는 저축기관으로 조합원 상호 간의 공동이익을 추구할 목적으로 운용된다.

**(5) 우체국예금** : 경영주체가 정부로서 영리만을 목적으로 하지 않는 데다, 원리금이 전액 보장되며 전국에서 가장 많은 점포망을 갖추고 있다(대출업무는 담당하지 않는다).

**(6) 종합금융사** : 1975년 종합금융사법에 의해 외자도입촉진을 위해 설립되었으나 현재는 예금, 보험업무를 제외한 국내 은행 및 비은행금융기관이 취급하는 모든 업무를 취급하고 있다.

**(7) 증권금융** : 증권의 발행촉진 및 원활한 유통을 도모하기 위하여 주로 증권회사와 일반투자자를 상대로 자금을 공급하거나 증권을 대여하는 업무를 수행하는 금융기관이다.

**(8) 금융지주회사** : 금융업을 영위하는 회사를 지배하는 것을 주된 사업으로 하는 회사(2001.4 우리금융지주가 최초설립)이다. 금산분리원칙이 적용되어, 일반지주회사와 금융지주회사는 금융자회사와 비금융자회사를 동시에 지배할 수 없다.

**(9) 금융투자회사** : 종전의 '증권회사, 자산운용회사, 투자자문회사 등'의 기관중심의 분류가, 2009년 자본시장법 시행에 따라 '투자매매업, 투자중개업, 집합투자업 등'의 업무로 변경되었으며 6개 업무를 통칭하여 '금융투자업'이라 한다.

**(10) 보험회사** : 생명보험업, 손해보험업, 우체국보험, 각종 공제 등 유사보험으로 구분한다.

**(11) 여신전문회사** : 신용카드사, 할부금융, 리스회사, 벤처캐피탈 등 수신 기능 없이 여신을 전문으로 하는 금융회사(규제가 매우 작은 편)이다.
  • 대부업법에 의한 대부업자도 광의의 여신전문금융회사로 볼 수 있다.

**01** 다음 중 특수은행에 속하지 않는 것은?

① 도이치뱅크 서울지점
② 한국산업은행
③ IBK중소기업은행
④ 수협중앙회

**해설** 외국은행 국내지점은 일반은행에 속한다.
③ IBK중소기업은행은 현재 기능면에서 시중은행과 거의 동일하다고 볼 수 있으나 중소기업은행법에 의해 설립되었으므로 특수은행에 속한다.
④ 농수협중앙회는 특수은행에 속하나 농수협단위조합은 신용협동기구에 속한다.

**정답** ①

**02** 보기에 해당하는 금융기관은 어디인가?

> 영세소득자의 저축증대와 금융편의를 도모하기 위하여 조합원들에 의해 운용되는 저축 기관이며 조합원 상호 간의 공동이익을 추구할 목적으로 설립되었다.

① 상호저축은행
② 신용협동기구
③ 농·수협중앙회
④ 우체국

**해설** 신용협동기구를 말한다(상호저축은행의 개념과 혼동하지 말아야 함).

**정답** ②

**03** 우체국예금에 대한 설명으로 가장 거리가 먼 것은?

① 경영주체가 정부이므로 비영리기관이다.
② 농어촌 및 도시지역가계에 소액 가계저축수단을 제공하는 등 서민금융역할을 하고 있으나, 서민 금융기관으로 분류되지는 않는다.
③ 전국에서 가장 광범위한 점포망을 갖추고 있다.
④ 우정사업본부가 '우체국예금·보험에 관한 법률'에 따라 제공하는 은행서비스이다.

**해설** 정부직영이라고 해서 완전 비영리인 것은 아니다. 영리목적이 있지만 공익성도 띠고 있으므로 '영리만을 목적으로 하지 않는다'는 것이다.

**정답** ①

**04** 다음 중 비은행예금취급기관에 속하지 않는 것은?

① 수산업협동조합중앙회
② 신용협동조합
③ 새마을금고
④ 상호금융

해설 농·수협중앙회는 특수은행에 속한다. 즉 ②·③·④는 예금을 취급하지만 은행법에 의한 은행이 아니므로 '비은행예금취급기관'으로 불린다.

정답 ①

**05** 금융투자회사가 영위할 수 있는 업무에 해당하지 않는 것은?

① 투자매매업        ② 투자중개업
③ 집합투자업        ④ 여신전문업

해설 금융투자업자의 6개 고유업무는 '투자매매업, 투자중개업, 투자자문업, 투자일임업, 집합투자업, 신탁업(4과목 법규에서 상세하게 학습예정)'이다.

정답 ④

**06** 생명보험상품과 가장 거리가 먼 것은?

① 종신보험        ② 변액보험
③ 우체국보험        ④ 재보험

해설 재보험은 손해보험으로 분류된다.
① 종신보험, 정기보험은 사망보험으로 대표적인 생명보험상품이다.
② 변액보험은 생명보험업에서만 취급할 수 있다.
③ 우체국보험은 생명보험상품만 취급할 수 있다.

정답 ④

**07** 다음 중 손해보험에서 취급하지 않는 것은?

① 자동차보험

② 변액보험

③ 연금보험

④ 화재보험

> 해설 변액보험은 생명보험에서만 취급한다(∵ 변액보험은 투자형으로서 투자이익을 얻을 수 있는데 이는 손해보험의 실손보상원칙에 위배되기 때문). 연금보험은 생명보험, 손해보험에서 모두 취급하고 있다.
> ※ 손해보험의 8종목 : 화재보험, 해상보험, 자동차보험, 특종보험, 보증보험, 연금보험, 장기(저축성)보험, 해외원보험(재보험)
>
> 정답 ②

**08** 다음 중 진입규제가 가장 작아서 금융위 등록만으로 설립이 가능한 금융회사는?

① 신용카드회사

② 은 행

③ 금융투자회사

④ 생명보험회사

> 해설 여신전문회사(신용카드사, 할부금융회사, 벤처캐피탈)는 수신기능이 없으므로 고객보호차원의 규제가 상대적으로 적다. 따라서 금융위 등록으로 설립이 가능하다. ②·③·④는 인가를 받아야 한다.
>
> 정답 ①

**09** 대부업자에 대한 설명이다. 가장 거리가 먼 것은?

① 주로 소액자금을 신용도가 낮은 소비자에게 대부하거나 대부를 중개하는 업을 영위하는 자이다.

② 2002년 대부업법이 개정되면서 대부업이 양성화되기 시작하였다.

③ 등록대부업자는 미등록대부업자로부터 양도받은 채권에 대해 추심을 할 수 있다.

④ 대부금리는 연 27.9%를 상한으로 하되 대통령령(20%)이 정하는 이율을 초과할 수 없다.

> 해설 미등록대부업자를 위한 대부중개나 그로부터 양도받은 채권에 대한 추심은 금지되며, 3년마다 등록을 갱신해야 한다. 이외의 규제는 거의 없다(아래 참조).
> ※ 대부업자에 대한 규제 : 최저자본금 요건 없음(진입장벽 없음), 영업지역제한 없음, 자금조달방법에 대한 규제 없음
>
> 정답 ③

## 2 각 금융기관의 금융상품

### 금융상품 - 은행의 예금상품 핵심유형문제

다음 중 수시입출식 기능이 없는 상품은?

① 보통예금
② 저축예금
③ MMDA
④ CD

> **해설** CD는 단기금융상품으로 환금성이 높은 편이지만 수시입출기능이 있는 것은 아니다.
> ※ 저축성예금 중에서도 수시입출기능이 있는 상품이 있다는 것에 주의하자(MMDA, 저축예금).
>
> 정답 ④

---

**더알아보기** 은행의 금융상품 - 예금

#### (1) 예금의 종류

예금자가 금융기관에 대하여 일정한 금전의 보관을 위탁하고 금융기관은 이를 수탁함으로써 성립하는 금전소비임치계약이다.

| 예 금 | 요구불예금 | | 보통예금, 당좌예금, 별단예금 |
|---|---|---|---|
| | 저축성예금 | 확정금리 | 정기예금, 정기적금, 저축예금, MMDA, 주택청약 관련 상품, 상호부금(대출상품) |
| | | 실세금리 | 양도성예금증서, 환매조건부채권, 표지어음 |

① 요구불예금 : 언제든지 고객의 출금에 대비하는 예금, 이자가 없거나 저리의 이자를 지급
  ㉠ 당좌예금 : 거래은행을 지급은행으로 하는 당좌수표, 약속어음을 발생할 수 있는 예금
  ㉡ 가계당좌예금 : 가계수표로 지급결제. 전 금융기관을 통산하여 1인 1계좌만 가능
  ㉢ 별단예금 : 자기앞수표발행자금, 부도대금 등 미결제, 미정리자금의 일시적 예치
② 저축성 예금
  ㉠ 확정금리상품
    • 정기예금 : 일정기간 예치기간을 미리 정하여 일정금액을 예치하는 기한부예금으로 가장 저축성이 강한 상품이다.
    • 저축예금 : 은행이용인구의 저변확대를 도모하고 가계예금의 획기적 증대를 도모하기 위해 도입된 가계우대 예금제도의 하나(수시입출기능이 있는 저축성 예금)이다.
    • MMDA(시장금리부 수시입출식 예금) : 높은 금리에 수시입출기능이 적용되는 저축성예금이라는 점에서 저축예금과 동일하나, 예치금액에 따라 이자를 차등지급한다는 점에서 다르다(CMA, MMF의 대항상품으로 개발됨).
    • 정기적금 : 일정 기간 동안 매월 특정일에 일정액을 적립하는 예금으로, '푼돈을 모아 목돈을 마련하는' 가장 보편적인 장기저축성 예금이다.
    • 비과세저축(제3편-제1장-제3절 비과세상품 참조) : 비과세종합저축, 재형저축이 있다.

**01** 다음 중 은행의 요구불예금이 아닌 것은?

① 보통예금
② 당좌예금
③ 별단예금
④ 시장금리부 수시입출식예금(MMDA)

해설 시장금리부 수시입출식예금(MMDA)은 저축성예금으로 분류된다.

정답 ④

**02** 다음 중 예금보험공사의 보호대상 금융상품은?

① 은행발행채권
② 표지어음
③ CD
④ RP

해설 표지어음은 보장상품이다.

정답 ②

**03** 다음 중 할인식으로 거래되는 것을 모두 묶은 것은?

| ㉠ CD | ㉡ 표지어음 |
| ㉢ RP | ㉣ MMDA |

① ㉠
② ㉠, ㉡
③ ㉠, ㉡, ㉢
④ ㉠, ㉡, ㉢, ㉣

해설 CD와 표지어음이 할인식으로 거래된다. 할인식거래는 일반적으로 1년 미만의 단기금융상품에서 이루어지는데 CD, 표지어음 외에도 CP, 발행어음 등이 해당된다.

정답 ②

**04** 양도성예금증서에 대한 설명으로 잘못된 것은?

① 무기명 할인식으로 발행한다.

② 중도해지가 불가하나 유통시장에서 활발히 거래가 되므로 환금성이 뛰어난 편이다.

③ 만기까지 보유를 하면 증서소지자는 액면금액을 수령하게 된다.

④ 만기가 지나게 되면 해당 일수만큼 실세금리를 반영하여 추가지급한다.

> 해설  할인식상품(CD, 표지어음)은 만기가 되면 액면금액을 받게 되며 추가로 보유한다고 해도 액면금액만을 받게 된다. 참고로 할인식이 아닌 RP도 만기가 지난다고 해서 이자가 가산되지 않는다는 점에 주의하자.
>
> 정답 ④

**05** 다음 설명 중 옳은 것은?

① MMDA는 수시로 입출금할 수 있으며, 높은 이자를 지급한다는 점에서 저축예금과 차이는 없으나 예치기간에 따라 지급이자율을 차등적용한다는 점에서 다르다.

② 은행이 보유하고 있는 할인한 어음을 지급인을 은행으로 하여 새롭게 발행하는 어음을 발행어음이라 한다.

③ 주택소유 여부와 관계없이 누구나 가입이 가능하고, 공공주택뿐 아니라 민영주택에도 청약할 수 있는 상품은 주택청약종합저축이다.

④ 외화정기예금은 예금자보호에서 제외된다.

> 해설  ① 예치금액에 따라 차등적용한다. ② 표지어음에 대한 설명이다. ④ 외화예금도 예금자보호가 된다.
>
> 정답 ③

**06** 다음 중 환금성이 가장 떨어지는 상품이라고 할 수 있는 것은?

① MMDA  ② CD

③ RP  ④ 상호부금

> 해설  상호부금은 은행의 대출성저축성예금에 속하는데 환금성이 낮은 편이다.
> ① MMDA는 수시입출기능이 있으며, ② CD와 ③ RP는 수시입출기능은 없으나 만기가 짧으므로(1년 이내의 단기금융상품, 보통 3개월 내외) 환금성이 높은 편이다.
>
> 정답 ④

## 금융상품 - 은행의 신탁상품

신탁과 예금에 대한 비교이다. 잘못 연결된 것은?

| 번 호 | 구 분 | 신 탁 | 예 금 |
|---|---|---|---|
| ① | 계약관계인 | 3면관계(위탁자 - 수탁자 - 수익자) | 2면관계(예금자 - 은행) |
| ② | 계약의 설정 | 신탁행위(신탁계약 또는 유언) | 금전소비임치계약 |
| ③ | 운용방법 | 실적배당 | 약정금리 |
| ④ | 원금보전 | 원금보장 절대불가 | 원금과 약정이자 보전의무 있음 |

**해설** 신탁은 실적배당이므로 원금을 보장하지 않는 것이 원칙이나 상품의 특성상 노후생활 연금신탁, 개인연금신
탁 등은 원금보전신탁에 해당된다.

**정답** ④

---

**더알아보기** 은행의 금융상품 - 신탁(信託, Trust)

**(1) 예금과 신탁의 비교 : 핵심유형문제**

신탁계약은 위탁자와 수탁자 간의 계약(대부분) 또는 위탁자의 유언으로 설정된다. 신탁은 실적배당상품
이나, 연금신탁의 경우 그 특수성을 감안해서 예외적으로 원금을 보장한다(원금보전신탁).

**▼ 신탁상품의 구조**

신탁의 구조와 신탁관계인

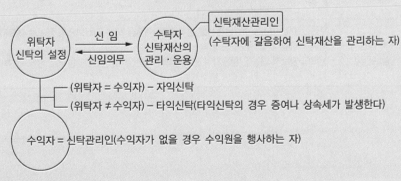

**(2) 신탁상품의 종류**

| 금전신탁 | 맞춤형신탁, 분리과세특정금전신탁, 불특정금전신탁, 노후생활연금신탁, 개인연금신탁 등 |
|---|---|
| 재산신탁 | 금전채권신탁, 유가증권신탁, 부동산신탁 |

① 맞춤형 신탁 : 기존의 특정금전신탁을 변형한 상품, 고객의 지시에 따라 운용하여 신탁 기간 종료 시
운용수익을 배당하는 주문형 신탁상품이다.

② 분리과세 특정금전신탁 : 발행일로부터 상환일까지의 기간이 10년 이상인 장기채권에 투자하는 경우
그 이자소득에 대해서 분리과세를 신청할 수 있다(분리과세율 30%).

③ 불특정 금전신탁 : 다수의 고객으로부터 금전의 신탁을 받아 운용하고 운용수익에서 신탁 보수 등 일정비용을 차감한 후 실적배당한다(연금신탁에만 해당함).

④ 개인연금(신탁) : 3층보장의 일환으로 개인의 노후보장을 장려하기 위해 소득공제의 혜택을 주고 있는 장기금융상품. 금융기관별로 다양한 형태로 판매되고 있음
  • 2013.2.15 소득세법 개정을 통해 개인연금제도가 신연금저축제도(연금계좌)로 변경되었음

⑤ 금전채권신탁 : 금전의 급부를 목적으로 하는 금전채권을 신탁재산으로 인수한 후 신탁된 금전채권의 관리, 추심업무 및 추심된 자금의 운용업무 등을 수행하는 재산신탁이다.

⑥ 증권신탁 : 고객소유증권을 신탁재산으로 수탁. 증권의 보관, 이자 또는 배당금의 수령, 담보제공 등 증권을 관리·처분운용하고 신탁종료 시 신탁원본 및 수익을 운용현상대로 교부하는 재산신탁(수익자 요청시 금전으로 환가하여 교부함)

⑦ 부동산신탁 : 고객소유의 부동산을 관리·처분·담보 등을 목적으로 수탁받아 운용하고, 신탁종료 시 그 현상대로 교부하는 재산신탁이다.

## (3) 부동산신탁

① 부동산신탁의 의의 : 신탁재산의 독립성에 의해 신탁 중인 부동산에 대해서는 강제집행 등이 금지되고 파산재단에 편입되지 않으므로 신탁재산을 확실하게 보호할 수 있다.

② 부동산신탁의 종류

| 종류 | | 내용 |
|---|---|---|
| 부동산 관리신탁 | 갑 종 | 임대차관리, 시설의 유지관리 등 부동산을 신탁업자가 종합적으로 관리하고 그 수익을 수익자에게 지급하는 신탁 |
| | 을 종 | 신탁업자는 소유권이전등기 및 신탁등기 후 소유권을 관리하고(소유권 관리만), 임대차시설의 유지·관리는 위탁업자가 수행하는 신탁 |
| 부동산 처분신탁 | 갑 종 | 신탁업자가 신탁부동산에 대한 관리 및 처분 행위일체를 종합적으로 수행하는 신탁 |
| | 을 종 | 고객명의의 신탁재산을 신탁받아 등기명의를 보존·관리 후 처분하여 그 처분대금을 수익자에게 교부(소유권 처분만) |
| 부동산 담보신탁 | | • 부동산을 신탁하고 수익권증서를 받아 이를 대출금 또는 지급보증의 담보로 대출기관에 제공하여 대출을 받을 수 있는 신탁<br>• 신탁의 담보적 기능을 활용하여 관리신탁과 처분신탁을 결합한 형태로 현행 저당제도를 대체할 수 있는 새로운 구조의 담보제도 |

**01** 다음 중 재산신탁에 해당하지 않는 것은?

① 맞춤형 신탁　　　　　　　　　② 금전채권신탁
③ 증권신탁　　　　　　　　　　　④ 부동산신탁

해설　신탁은 크게 금전신탁과 재산신탁으로 분류되는데, 맞춤형 신탁은 특정금전신탁의 일종으로 금전신탁에 속한다.

정답 ①

**02** 신탁재산을 관리, 처분, 운용한 후 신탁종료시에 금전 또는 운용현상 그대로 수익자에게 교부하는 신탁에 속하지 않는 것은?

① 금전채권신탁　　　　　　　　　② 분리과세형 특정금전신탁
③ 유가증권신탁　　　　　　　　　④ 부동산신탁

해설　운용현상 그대로 수익자에게 교부할 수 있는 것은 재산신탁을 말한다. ②는 금전신탁이다.

정답 ②

**03** 보기가 뜻하는 신탁의 종류는?

> 고객이 소유하고 있는 부동산의 소유권을 신탁업자에게 이전, 신탁등기하고 수익권증서를 발급받아 이를 근거로 대출을 받을 수 있는 신탁

① 부동산관리신탁 – 갑종
② 부동산관리신탁 – 을종
③ 부동산처분신탁
④ 부동산담보신탁

해설　부동산담보신탁이다. 부동산담보신탁은 신탁의 담보적 기능을 이용하여 관리신탁과 처분신탁을 결합한 형태로 현행 저당제도를 대체할 수 있는 새로운 구조이며 현행 민법상의 저당제도에 비해 장점을 가진 것으로 평가된다.

정답 ④

신연금저축(2013.3.1 이후 가입분)에 대한 설명이다. 잘못된 것은?

① 가입자 연령제한이 없다.

② 분기별 납입한도의 제한없이 연간 1,800만원까지(퇴직연금 포함) 납입이 가능하다.

③ 세제혜택을 받기 위해서는 5년 이상 의무납입하고 연금개시 후 10년 이상 연금수령을 해야 한다.

④ 연금수령 시 분리과세율은 수령 시의 나이에 관계없이 5.5%(지방세 포함)가 적용된다.

**해설** 　연령별로 5.5%~3.3%이다.

**정답** ④

---

**더알아보기**　노후자금마련을 위한 금융상품

### (1) 연금저축(신연금저축 또는 연금저축계좌, 2013.3.1 이후 시행)

① 연금저축의 상품특징

| (구)연금저축 | 신연금저축 |
| --- | --- |
| 01.1.1~13.2.28 | 13.3.1~ |
| 만 18세 이상 국내거주자 | 가입연령제한 없음 |
| 납입한도 : 분기 300만원 | 납입한도 : 연간 1,800만원[주1] |
| 의무납입 10년 & 의무수령 5년 | 의무납입 5년 & 의무수령 10년 |
| 소득공제(납입액 100%, 연 400만원 한도) | 세액공제(×16.5% 또는 13.2%)<br>(납입액 100%, 연 600만원 한도) |
| 분리과세한도 초과분은 종합과세 | 연금수령액 한도(신설)까지 분리과세,<br>연금수령액 한도 초과분은 기타소득세[주2] |
| 분리과세율 5.5% | 분리과세율 3.3%~5.5% |
| 기타소득세 22% | 기타소득세 16.5% |
| 중도해지가산세(2.2%) ○ | 중도해지가산세 × |

*주1 : 연간 1,800만원은 퇴직연금을 합산한 한도를 말함

*주2 : 부득이한 사유(가입자 사망, 해외이주, 부양가족 포함 3개월 이상 요양, 파산선고 등)로 연금 외 수령을 할 경우에는 기타소득세(16.5%)가 아닌 분리과세율을 적용함

② 취급기관 : 은행(농수협중앙회 포함)/금융투자회사/자산운용사/보험사/우체국/농수협회원 조합/신협 중앙회/금융투자회사

③ 수익률 : 실적배당, 금리연동형 또는 금리확정형

　• 은행(농수협중앙회 포함)과 금융투자회사, 자산운용사는 실적배당상품의 취급이 가능하며 나머지는 확정금리형과 연동금리형만 가능함

④ 예금자보호 : 상시보호하나 연금투자신탁(증권사, 자산운용사 운용)은 제외

⑤ 연금저축의 금융기관 간 이전 : 소득공제 등 세제혜택은 계속 유지하면서 다른 취급기관으로 이전이 가능함

　• 이전제한 : 연금저축과 개인연금저축 간 상호이전불가, 계좌의 일부이전불가, 압류 등 법적 문제가 있는 계좌의 이전금지

## (2) 주택연금(역모기지론)

고령자가 주택을 담보로 금융기관이 제공하는 노후생활자금을 매달 연금처럼 지급받는 대출을 말함
2007. 7월부터 시행 중

① 대상 : 부부 중 연장자가 만 55세 이상인 1세대 1주택(다중주택자의 경우 합산가격이 12억원 이하, 주거용 오피스텔도 포함)

② 대출금리 : 3개월 CD금리＋1.1%, COFIX＋0.85%

③ 취급금융기관 : 10개 금융기관(국민/신한/우리/하나/기업/농협/대구/광주/부산/전북은행)

④ 대출금 상환 : 대출금 상환은 주택연금 계약종료 시 담보주택 처분가격 범위 내로 한정

| 상환시점 | 상환할 금액 | 비 고 |
|---|---|---|
| 주택가격 > 대출잔액 | 대출잔액 | 남는 부분은 상속인이 수령 |
| 주택가격 < 대출잔액 | 주택가격 | 부족 부분은 청구하지 않음 |

**보충문제**

**01** 연금저축과 신연금저축(2013.3.1 이후)에 대한 설명으로 틀린 것은?

| 번호 | 구 분 | 연금저축(연금계좌 시행 전) | 신연금저축(연금계좌 시행 후) |
|---|---|---|---|
| ① | 가입연령 | 만 18세 이상 | 제한 없음 |
| ② | 납입한도 | 분기별 300만원 | 분기별 300만원 |
| ③ | 의무납입기간 | 10년 | 5년 |
| ④ | 연금수령기간 | 5년 | 10년 |

해설 분기별 300만원 한도가 없어지고 연간한도 1,800만원(퇴직연금 포함)으로 변경된다.
참고 연금계좌 = 연금저축계좌(신연금저축) + 퇴직연금계좌

정답 ②

**02** 주택연금에 대한 세제혜택이다. 빈칸에 순서대로 들어갈 말로 옳은 것은?

주택연금을 받기 위해서는 부부 중 연장자가 만 (    )세 이상이어야 하고, 공시가격은 (    )원 이하여야 한다. 초기 보증료는 주택가격의 (    )%이고, 연보증료는 보증잔액의 (    )% 이다.

① 65, 9억, 1.5, 0.75

② 65, 9억, 0.75, 1.5

③ 55, 12억, 1.5, 0.75

④ 55, 12억, 0.75, 1.5

해설 주택연금을 받기 위해서는 부부 중 연장자가 만 55세 이상이어야 하고, 공시가격이 12억원 이하여야 한다. 초기 보증료는 주택가격의 1.5%이고, 연보증료는 보증잔액의 0.75%이다.

정답 ③

증권사 CMA에 대한 설명이다. 적합하지 않은 것은?

① 수시입출기능이 있을뿐 아니라 급여이체·카드결제자금이체 등 지급결제서비스도 제공하고 있다.

② 투자대상에 따라 RP형, MMF형, MMW형, 종금사 CMA형이 있는데, 고객은 자신의 투자성향에 맞는 유형을 선택할 수 있다.

③ CMA의 4가지 유형 중 투자일임형이라고 할 수 있는 것은 MMF형이다.

④ RP형, MMF형, MMW형 CMA는 예금자비보호상품이다. 단, 증권에 투자하지 않고 남아있는 예수금에 대해서는 예금자보호가 된다.

> **해설** 　투자일임형이라고 할 수 있는 것은 MMW형이다. RP나 MMF는 해당 상품에 자동투자하는 유형이지만, MMW는 증권회사가 적합한 투자대상을 담아서 랩(Wrap)으로 운용하는 것이므로 투자일임형이라고 할 수 있다.
>
> 　　　　　　　　　　　　　　　　　　　　　　　　　　　　　　　　　　　　　　　　　　정답 ③

---

**더알아보기** 　금융투자회사의 금융상품 – (1) 증권사 CMA(Cash Management Account)

① CMA : 현금자산관리계좌의 총칭. 입출금이 자유로우면서도 급여 이체, 각종 공과금 이체 등 각종 지급결제서비스를 제공하여 편리성을 높임과 동시에 상대적 고수익 상품으로 인기가 높다.

② CMA의 4가지 유형 : CMA는 수익을 지급해주는 모계좌가 어떤 상품인가에 따라 MMF형, RP형, MMW형, 종금형의 4가지로 구분된다.

---

**보충문제**

**01**　다음 중 랩어카운트의 특성에 부합되지 않는 것은?

①　증권사에서 판매한다.

②　금융투자업의 분류에 따르면 투자자문업이나 투자일임업에 해당한다.

③　펀드투자와 유사하므로 집합투자업으로 분류한다.

④　잔고평가금액에 근거하여 일정수수료를 받는 상품이다.

> **해설** 　랩어카운트는 집합투자업이 아니라 운용형태에 따라 투자자문업 또는 투자일임업으로 분류한다.
>
> 　　　　　　　　　　　　　　　　　　　　　　　　　　　　　　　　　　　　　　　　　　정답 ③

① 랩어카운트는 여러 종류의 자산운용서비스를 하나로 싸서(Wrap) 고객의 기호에 적합하게 제공하는 자산 종합관리계좌이다. 수수료는 투자자산의 일정비율로 결정. 증권매매수수료 없음
② 자산운용방식, 투자대상 등에 따라 일반적으로 일임형, 자문형, 펀드형 랩어카운트로 분류

| 펀드형 WRAP | 자문형 WRAP | 일임형 WRAP |
|---|---|---|
| 적합한 펀드를 권유 | 운용이 아닌 자문서비스 | 운용서비스 |

• 가장 수수료(비용) 부담이 높은 WRAP은 일임형이다.
③ 랩어카운트의 장단점

| 구 분 | 장 점 | 단 점 |
|---|---|---|
| 금융투자 회사 | • 자산규모를 근거로 수수료 부과 → 고객의 이해관계와 증권사의 전략이 일치 → 이익상충이 적음<br>• 장기적으로 안정적인 수익기반<br>• 투자상담사의 소속의식 강화 | • 수수료수입총액이 감소할 가능성 존재(단기적 관점)<br>• 랩 체제구축에 소요되는 비용 발생(영업직원 재교육) |
| 영업직원 | 이익상충 가능성 없음 | • 증권사에 대한 독립성 약화<br>• 고객에 대한 영향력의 상대적 약화 |
| 고 객 | • 이익상충 가능성 적음<br>• 거래가 많아도 일정수수료만 부담<br>• 영업직원에 대한 의존 탈피 | 주가하락 시 수수료 부담이 상대적으로 증가 (거래가 없어도 보수를 지급해야 함) |

**02** 랩어카운트에 대한 설명으로 가장 적절하지 않은 것은?

① 잔고금액이 증가해야 수수료 수입이 증가하므로 장기적으로 증권사와 고객의 이해관계가 일치하여 이해상충이 적다는 장점이 있다.
② 영업직원의 입장에서는 고객에 대한 자신의 영향력이 상대적으로 감소한다는 단점이 있다.
③ 고객의 입장에서는 시장이 침체되어 수익률이 악화되어도 일정한 수수료를 부담해야 한다는 단점이 있다.
④ 일임형, 자문형, 펀드형 세 가지 형태 중에서 고객이 지불하는 수수료 부담이 가장 큰 것은 펀드형이다.

**해설** 일임형이 가장 많은 수고(서비스)를 필요로 하므로 수수료가 가장 높다. 가장 활성화되고 있는 랩이며, 실제 일임형랩의 규모가 가장 크다.

정답 ④

**03** 주가연계증권(ELS)에 대한 내용으로 잘못 연결된 것은?

| 번 호 | 구 분 | ELD | ELS | ELF |
|---|---|---|---|---|
| ① | 발행사 | 은 행 | 증권사 | 자산운용사 |
| ② | 원금보전여부 | 원금보전 | 원금보전가능 | 원금보전불가 |
| ③ | 수익지급 | 사전확정 | 사전확정 | 사전확정 |
| ④ | 일반적 구조 | 대출＋옵션 | 채권＋옵션 | 포트폴리오 |

해설  ELD나 ELS는 금융기관이 사전에 약속한 원리금(＝ 제시수익률 ＝ 쿠폰)을 확실히 지급보장하지만 ELF는 펀드
라는 상품적 특성 때문에 실적배당을 해야 한다.
　참고  ELS의 수익에 대해서는 배당소득과세한다(원천징수율 15.4%).

정답 ③

**더알아보기**  금융투자상품의 금융상품 - (3) ELS(Equity Linked Securities ; 주가연계증권)

| 구 분 | ELD | ELS | ELF |
|---|---|---|---|
| 상품형태 | 정기예금 | 증권(공모, 사모) | 수익증권(펀드가입) |
| 자금운용구조 | 대출＋옵션 등 | 채권＋옵션 등 | 금융공학적 포트폴리오 |
| 원금보장 여부 | 원금 100% 보장 | 다양한 설계가능<br>(100%, 95%, 90% 등) | 원금보장불가(원금보존추구형 실적배당) |
| 예금자보호 여부 | 보 호 | 비보호 | 비보호 |
| 수익결정방법 | 주가지수에 따른 사전확정수익 지급 | | 운용수익의 실적배당 |
| 중도해지 여부 | 중도환매 어려움(중도환매시 높은 수수료 부담) | | 중도환매 가능(수수료 부담 상대적 미미) |

① ELS의 개념
　기존의 금융투자상품에 주식관련 파생상품을 혼합한 형태의 복합상품으로 주가지수의 성과에 따라 수익
　률이 달라진다.
② ELS의 특징
　㉠ 안정성 : 기초자산의 가격하락시에도 원금 또는 원금의 일정부분 보장이 가능함
　㉡ 수익성 : 기초자산 실적과 연계, 초과수익 향유가 가능함
　㉢ 확정성 : 주가지수 움직임에 따라 사전에 약정된 수익률 확보
　㉣ 다양성 : 다양한 상품 구성이 가능함(즉, 원금보장수준 100%, 95%, 90%, 비보장 등)
③ ELS의 수익구조
　㉠ 원금보장형 ELS를 만들기 위해서는, '95%의 채권매수＋5%의 옵션매수'를 한다. 매수한 채권 95%에
　　만기까지 5%의 이자가 추가되면 원금 100%를 보장할 수 있다(→ 즉 이자만 가지고 수익자산에 투자
　　하는 결과가 되므로 이를 이자추출전략(Cash Extraction)이라고 한다).
　㉡ 다만, 만기까지 보유해야 발행사에서 약속한 수익지급이 가능하므로 만일 중도에 해지를 하게 되면
　　일정부분 손실이 불가피하다(ELF에 비해서 ELD · ELS의 중도환매부담이 큰 이유).

④ ELS의 유형

| 유 형 | 상품 구조 |
|---|---|
| Knock-out | 채권 + Knock-out 콜옵션매수 |
| Bull Spread | 채권 + 낮은 행사가격 콜옵션매수 & 높은 행사가격 콜옵션매도 |
| Reverse Convertible | 채권 + 외가격 풋옵션매도 |
| Digital | 채권 + Digital 콜(풋)옵션매수 |

▼ (순서대로)Knock-out형, Bull Spread형, Reverse Convertible

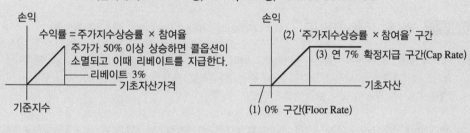

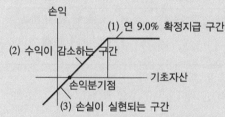

예시 주가가 일정수준을 상회하면 리베이트를 지급하고 계약이 소멸되는 유형은 (　　　)이며, 풋옵션매도를 통해 기대수익률을 올릴 수 있으나 주가가 일정수준 이하로 하락시 큰 폭 손실이 발생할 수 있는 유형은 (　　　)이다.
(→ 차례대로, Knock-out형, Reverse Convertible형)

**04** 다음의 ELS 유형 중에서 잠재손실이 가장 큰 것은 무엇인가?

① 낙아웃형
② 디지털형
③ 리버스컨버티블형
④ 불스프레드형

해설　리버스컨버티블의 구조는 '주식 + 외가격 풋옵션매도'이다. 즉 주가가 일정수준 이하로 하락하면 손실이 발생한다. 나머지는 모두 손실이 제한되도록 설계가 되는 유형이다.

정답 ③

**05** 다음 중 ELW에 대한 설명으로 가장 거리가 먼 것은?

① 주식워런트증권이라 하며 ELS와 달리 상장증권이다.

② ELW구조에는 옵션이 가미되므로 최대손실은 무한대이다.

③ ELW에는 옵션매수 포지션만이 내재되어 있다.

④ ELW는 장외파생상품의 인가를 받은 금융투자회사가 발행한다.

> 해설  ELW콜과 ELW풋 공통으로 기초자산인 주식가격과 무관하게 ELW의 최대손실은 ELW 매수가격으로 한정된다. 그리고 콜ELW, 풋ELW 각각에는 옵션매수만 내재되어 있다(∵ 옵션매도는 발행자인 증권사가 함).
>
> 정답 ②

---

**더알아보기** 금융투자상품의 금융상품 – (4) ELW(Equity Linked Warrant ; 주식워런트증권)

**(1) ELW의 개념** : ELW란 주식워런트증권이라고 하며, 주식 및 주가지수 등의 기초자산을 사전에 정해진 가격, 즉 행사가격(X)에 사거나(Call) 팔(Put) 수 있는 권리를 가진 신종금융상품이다.

  비교 ELW VS 주식옵션(→ 보충문제 6 참조)

**(2) 상장요건**(학습안내 : '기초자산요건, 발행총액요건'은 2018개정으로 시험범위 밖이 되었으므로 참고)

| 발행자 | 기초자산 | 발행총액 | 유동성공급계약 체결 |
|---|---|---|---|
| 장외파생상품인가를 받은 금융투자회사 | KOSPI100 구성주식 및 주식 바스켓, KOSPI200지수 | 10억원 이상 | 회원 금융투자회사 중 1사 이상 LP로 기정 |

- ELW를 발행하기 위해서는 영업용순자본비율이 300% 이상이어야 한다.
- 유동성공급자(LP)는 투자매매업을 영위하는 거래소 회원이라야 한다(ELW를 발행한 당사도 가능함).

**(3) ELW의 거래**

① 지정가호가만 가능하고 가격제한폭은 없으며 FOK, IOC의 조건부여는 가능하다.

② 매매 시 보통결제(T + 2결제)이며, 만기결제는 현금결제방식이다(실물인수도는 없음).

③ ELW에는 주가지수옵션과 같은 표준형의 콜옵션과 풋옵션의 매수포지션만 내재되어 있다.

④ ELW는 대용증권으로 인정되지 않고 신용거래도 불가하다(가격변동성이 높기 때문).

⑤ 주식시장에서 서킷브레이커가 발동되면 ELW도 거래가 정지되며, 기초주권의 거래정지나 ELW를 발행한 회사에 대한 중요한 풍문(부도발생, 은행거래정지 등)이 발생한 경우 당해 ELW의 매매거래도 정지된다.

⑥ ELW는 현금결제 방식을 택하고 있다(실물결제 아님).

**(4) ELW의 종류**

① 바스켓 워런트 : 포트폴리오를 기초자산으로 하는 워런트(예 우리나라의 경우 코스피100 구성종목을 바스켓으로 하는 워런트)

② 지수 워런트 : 특정 지수를 기초자산으로 하는 워런트(예 우리나라의 경우 코스피200지수를 기초자산으로 하는 워런트)

③ Exotic 워런트 : 워런트에 다양한 옵션기법을 접목시켜 프리미엄을 낮추는 등의 효과를 기대할 수 있는 워런트를 통칭함

④ Installment 워런트 : 할부로 기초자산을 매입할 권리가 부여된 워런트(호주에서 인기)

**(5) ELW의 특징 및 위험**

| ELW의 특징 | ELW의 위험 |
|---|---|
| • 레버리지 효과<br>• 한정된 투자위험(옵션매수포지션만 존재) · 위험헤지 가능(풋ELW매수 = 하락 헤지수단)<br>• 시장상황과 무관한 새로운 투자수단<br>• 높은 유동성(금융투자회사가 유동성공급) | • 상품의 복잡성<br>• 높은 프리미엄으로 인한 높은 투자위험<br>• 자본소득만 존재(배당수익이 없음)<br>• 의결권 행사 불가 |

**(6) ELW의 가격** = 내재가치(행사가치) + 시간가치

**(7) ELW의 가격결정요인 : ELW = f(S, X, σ, T−t, r, d)**
- ELW는 기초자산가격, 행사가격, 변동성, 잔존기간, 금리, 배당에 영향을 받는다.
  – '기초자산가격이 상승할수록, 행사가격이 낮을수록, 변동성이 클수록, 잔존기간이 길수록, 금리가 상승할수록' 콜ELW의 가격은 상승한다.
- 배당을 하게 되면 배당락을 통해 주가가 낮아지는데, 따라서 콜ELW의 가격은 하락하고 풋ELW의 가격은 상승한다.

---

**06** ELW와 주식옵션을 비교한 것으로 잘못 연결된 것은?

| 번 호 | 구 분 | ELW | 주식옵션 |
|---|---|---|---|
| ① | 상품특성 | 파생상품 | 파생상품 |
| ② | 발행주체 | 장외파생상품인가를 받은 금융투자회사 | 옵션매도자(일반투자자) |
| ③ | 유동성관리 | 유동성공급자가 호가제시로 유동성공급 | 시장수급에 의존<br>(유동성공급자 없음) |
| ④ | 결제방식 | 현금결제 | 현금결제 |

해설　자본시장법의 분류상 ELW는 증권(파생결합증권)이고, 주식옵션은 파생상품이다.
- 일반옵션거래에서는 투자자들이 매도도 할 수 있는데(옵션매도는 위험이 커서 많은 증거금을 요구한다), 매도가 곧 발행(Underwrite)이 된다. 즉 일반옵션은 투자자가 발행을 하는데, ELW는 인가를 받은 증권사가 발행을 하고 유동성공급자가 호가를 제시하며 시장의 유동성을 관리한다.
- 위의 네 가지 외에도 ELW의 만기는 '3개월~3년'이고 주식옵션은 6개월 이하로 만기의 차이가 있다.

정답 ①

**07** 다음은 ELW의 특징에 대한 설명으로 적절하지 않은 것은?

① 일반 증권과 달리 시장상황과 무관한 새로운 투자수단의 기회를 제공한다.

② 발행자인 금융투자회사는 보유주식을 담보로 ELW를 발행함으로써 보유주식의 활용도를 제고할 수 있다.

③ 레버리지효과를 누릴 수 있을 뿐 아니라 위험헤지도 가능하다.

④ ELW는 현물이 아니므로 배당을 받을 수 없지만 의결권 행사는 가능하다.

해설  ELW는 현물이 아니므로 배당금 수령, 의결권 행사가 모두 불가하다.

정답 ④

**08** 빈칸에 가장 적당한 것은?

> ELW는 투자위험이 한정된다. 이는 (               ) 때문이다.

① ELW의 프리미엄이 일반 주식옵션보다 높기

② ELW에는 옵션의 매수포지션만 있기

③ ELW의 기초자산이 될 수 있는 개별종목은 모두 우량종목이기

④ 풋 ELW를 매입하면 위험을 헤지할 수 있기

해설  옵션매수포지션만 있기 때문에 위험은 한정되고 이익가능성은 무한대로 확장된다. ①은 ELW의 '높은 투자위험'의 이유가 된다.

정답 ②

**09** ELW에 대한 설명이다. 틀린 것은?

① 기초자산가격이 상승하면 콜ELW의 가격은 상승하고 풋ELW의 가격은 하락한다.

② 기초자산의 변동성이 커지면 콜ELW, 풋ELW 모두 가격이 상승한다.

③ 잔존기간이 길수록 콜ELW, 풋ELW 모두 가격이 상승한다.

④ 배당을 하게 되면 콜ELW, 풋ELW 모두 가격이 하락한다.

해설  '배당 → 배당락 → 기초자산가격 하락 → 콜ELW 하락 & 풋ELW 상승'이다.

정답 ④

투자대상자산에 따른 분류 중 잘못된 설명을 모두 묶은 것은?

> ㉠ 집합투자재산의 50%를 초과하여 증권에 투자하면 증권집합투자기구이다.
> ㉡ 집합투자재산의 50%를 초과하여 부동산에 투자하면 부동산집합투자기구이다.
> ㉢ 집합투자재산의 50%를 초과하여 혼합자산에 투자하면 혼합자산집합투자기구이다.
> ㉣ 집합투자재산의 50%를 초과하여 단기금융상품에 투자하면 단기금융집합투자기구이다.

① ㉠, ㉡
② ㉡, ㉢
③ ㉢, ㉣
④ ㉠, ㉣

**해설** 혼합자산펀드는 증권, 부동산, 특별자산의 비중제한이 없으며, MMF는 집합투자재산의 전부를 단기금융상품에 투자하는 것이다.

**정답** ③

---

**더알아보기** 자산운용사의 금융상품 – 집합투자기구

**(1) 집합투자기구의 개념** : 집합투자란 2인 이상에게 판매를 하여 모은 금전 등을 투자자로부터 일상적인 운용지시를 받지 아니하면서 재산적 가치가 있는 투자대상자산을 취득·처분, 그 밖의 방법으로 운용하고 그 결과를 투자자에게 배분하여 귀속시키는 것이다.

**(2) 집합투자기구의 3면 관계(판매회사는 3면 당사자가 아님)**

| 위탁자 | 수탁자 | 수익자 |
| --- | --- | --- |
| 펀드의 설정·해지, 운용지시 | 자산의 보관·관리 | 투자, 실적의 투자자 귀속 |

**(3) 집합투자기구의 8가지 법적 형태(공모형은 사모전문투자회사를 제외한 7가지)**

| 투자신탁 | 투자회사 | 투자유한 회사 | 투자합자 회사 | 투자유한 책임회사 | 투자합자 조합 | 투자익명 조합 | 사모집합 투자기구 |
| --- | --- | --- | --- | --- | --- | --- | --- |
| 신탁계약 | 발기인 설립 | 상 법 | 상 법 | 상 법 | 상 법 | 상 법 | 자본시장법 |

**(4) 집합투자기구의 분류**
  ① 법적 형태에 따른 분류

| 계약형 | 회사형 | 조합형 |
| --- | --- | --- |
| 투자신탁 | 투자회사, 투자유한회사, 투자합자회사, 투자유한책임회사 | 투자합자조합, 투자익명조합 |

② 운용대상에 따른 분류(자본시장법상의 분류)

| 내 용 | | | 펀드의 구분 |
|---|---|---|---|
| 펀드재산의 50%를 초과하여 | 증 권 | 에 투자하면 | 증권집합투자기구 |
| | 부동산 등 | | 부동산집합투자기구 |
| | 특별자산 | | 특별자산집합투자기구 |
| 펀드재산을 투자함에 있어 투자대상의 비중제한이 없으면 | | | 혼합자산집합투자기구 |
| 펀드재산의 전부를 단기금융상품에 투자하면 | | | 단기금융집합투자기구 |

ⓐ 특별자산의 포괄적 정의 : 증권과 부동산을 제외한 투자대상자산을 말한다.
ⓑ 단기금융집합투자기구(MMF) : 집합투자재산의 전부를 만기 6개월의 양도성예금증서, 만기 5년 이하의 국채, 만기 1년 이하의 지방채, 특수채, 어음 등 단기금융상품에 투자하는 집합투자기구(MMF의 운용재산 전체의 가중평균잔존만기는 75일 이내이어야 한다)

※ 증권의 투자비율에 따른 분류(증권집합투자기구의 세부 구분)

| 채권형 | 혼합형 | | 주식형 |
|---|---|---|---|
| | 채권혼합형 | 주식혼합형 | |
| 채권비중이 60% 이상 (주식투자 불가) | 주식비중이 50% 미만 | 주식비중이 50% 이상 60% 미만 | 주식비중이 60% 이상 |

③ 그 외의 분류-1

| 공모/사모 | 개방형/폐쇄형 | 추가형/단위형 | 액티브/패시브 | 국내투자펀드/ 해외투자펀드 |
|---|---|---|---|---|
| • 50인 이상 : 공모 • 50인 미만 : 사모 | • 환매가능 : 개방형 • 환매불가 : 폐쇄형 | • 추가설정O : 추가형 • 추가설정✕ : 단위형 | • 적극운용 : 액티브 • 소극운용 : 패시브 | • 투자대상 : 국내 • 투자대상 : 해외 |

ⓐ 환매가 불가한 폐쇄형펀드는 설정(설립)일로부터 90일 이내에 증권시장에 상장해야 한다.
ⓑ 일반적으로 환매가 가능한 펀드는 추가설정도 가능하므로 개방형은 곧 추가형이다.
ⓒ 해외투자펀드는 다시 역내펀드(On Shore Fund)와 역외펀드(Off Shore Fund)로 구분되는데, 국내법으로 설정된 국내펀드를 역내펀드, 국외법으로 설정된 해외펀드를 역외펀드라고 한다.
  • 해외투자의 경우 환위험에 노출되는데 역외펀드의 경우 투자자가 별도의 환위험관리를 해야 함(이 경우 환위험헤지비용은 투자원금의 0.5% 정도) 또한 환매기간도 국내펀드보다 길다.
  • 대표적인 패시브펀드는 인덱스펀드이며, 대표적인 액티브펀드는 스타일펀드이다.

④ 그 외의 분류-2

| 적립식펀드 | 배당주펀드 | 인덱스펀드 | 엄브렐러펀드 | 부동산투자회사 |
|---|---|---|---|---|
| 평균매입단가를 낮추는 효과 | 배당수익이 많은 중소형주에 투자 | 평균수익률을 목표로 한 장기투자 | 다른 펀드로의 전환가능한 펀드 | 부동산투자회사법에 따른 간접투자 |

ⓐ 부동산투자회사(REITs) = 부동산투자회사법의 규제, 부동산펀드 = 자본시장법의 규제
ⓑ 재간접펀드(FOFs) : 타 펀드에 40% 이상 투자하는 펀드. 아웃소싱 가능
ⓒ 헤지펀드(Hedge Fund) : 차입, 공매도 등을 활용하여 다양한 투자를 할 수 있는 사모펀드
ⓓ 회사채펀드 : 우량회사채와 CP에 재산의 60% 이상을 투자하는 펀드

⑤ 투자신탁과 투자회사 비교 : 보충문제 4

| 구 분 | 투자신탁 | 투자회사 |
|---|---|---|
| 설정·설립 형태 | 신탁계약에 의한 신탁관계 | 발기인이 설립하는 주식회사 |
| 발행증권 | 수익증권/수익자 | 주식/주주 |
| 환매 여부 | 중도환매(개방형) | • 주식시장에서 매도(대부분리 폐쇄형)<br>• 중도환매(일부 개방형) |

[투자회사의 장점과 단점]
(+) 자산운용의 기동성이 뛰어나다(소수정예로 구성된 투자회사의 의사결정이 빠르다).
(+) 중도환매에 구애됨이 없이 일관성 있는 운용을 할 수 있다.
(+) 투자회사는 법인격이 있으므로 법률적 행위의 주체가 될 수 있다. 즉 M&A펀드나 부동산에 투자하는 경우 투자회사가 적합하다(∵ 집합투자기구 명의로 소유나 등기가 가능).
(−) 투자회사의 경우에는 운용보수외에도 상법상 회사이기 때문에 발생하는(투자신탁에는 없는) 등록세, 임원보수, 회계감사보수 등의 비용을 투자자가 추가부담해야 한다.
⑥ ETF(Exchange Traded Fund ; 상장지수집합투자기구)
  ㉠ 일반주식처럼 시장에서 실시간으로 매매할 수 있다는 것이 가장 큰 의의이다.
  ㉡ ETF는 가장 분산효과가 뛰어난 펀드이며, ETF의 평균수수료는 펀드 중 가장 낮은 수준이다.
  ㉢ 주요 ETF 유형
    • 레버리지ETF : '지초지수 × 배수'의 수익률지급, 차입효과가 있다.
    • 인버스ETF : '기초지수 × (−)'의 수익률지급, 공매도효과가 있다.

---

**보충문제**

**01** 집합투자기구의 분류에 대한 설명 중 옳지 않은 것은?

① 집합투자기구의 법적 설정·설립 형태에 따라 계약형과 회사형, 조합형으로 구분된다.
② 운용대상에 따라 증권, 부동산, 특별자산, 혼합자산, 단기금융집합투자기구의 5가지로 분류한다.
③ 증권의 취득, 청약의 권유대상자가 50인 이상이면 공모, 50인 미만이면 사모로 구분한다.
④ 환매 여부에 따라 추가형과 단위형으로 분류한다.

해설  환매 여부로 분류하는 것은 개방형과 폐쇄형이다.

정답 ④

**02** 다음 설명 중 인덱스펀드를 설명하는 것은?

① 목돈을 한번에 투자하지 않고 정기적금처럼 분산투자해서 평균매입단가를 낮추어 안전하게 투자할 수 있는 펀드

② 우량회사채와 기업어음(CP)에 투자해서 안정성과 고수익을 동시에 추구하는 펀드

③ 일반 주식형펀드와 비슷하지만 대형주보다는 경기에 민감하지 않고 배당을 많이 주는 중소형종목을 주로 편입하는 펀드로 배당은 물론 시세차익도 기대할 수 있는 펀드

④ 증권시장의 장기적 성장추세를 전제로 하여 주가지표의 움직임과 연동되게 포트폴리오를 구성하고 운용함으로써 시장의 평균수익을 실현하는 것을 목표로 하는 펀드

> 해설 ① 적립식펀드 ② 회사채펀드 ③ 배당주펀드

> 정답 ④

**03** 해외펀드에 대한 내용으로 잘못 연결된 것은?

| 번 호 | 구 분 | 역내펀드(On Shore Fund) | 역외펀드(Off Shore Fund) |
|---|---|---|---|
| ① | 설립근거 | 국내법 | 외국법 |
| ② | 운용주체 | 국내 자산운용사 | 해외 자산운용사 |
| ③ | 환위험관리주체 | 투자자 | 펀드운용자 |
| ④ | 환매기간 | 주로 3~4일 | 주로 8~10일 |

> 해설 역외펀드에 투자할 경우는 펀드운용자가 별도의 환위험관리를 하지 않으므로 투자자가 필요할 경우 역내펀드는 펀드운용자가, 역외펀드는 투자자가 개별적으로 환위험관리를 한다.

> 정답 ③

**04** 투자신탁과 투자회사를 비교한 것이다. 잘못된 것은?

| 번 호 | 구 분 | 투자신탁 | 투자회사 |
|---|---|---|---|
| ① | 설정·설립 형태 | 신탁계약에 의한 신탁관계 | 발기인이 설립하는 주식회사 |
| ② | 발행증권 | 수익증권 | 주 식 |
| ③ | 투자자의 지위 | 채권자 | 주 주 |
| ④ | 환매 여부 | 중도환매(개방형) | 주식시장에서 매도(폐쇄형). 단, 일부 개방형도 있음 |

> 해설 수익증권 보유자-수익자, 주식 보유자-주주, 채권 보유자-채권자

> 정답 ③

**05** 다음 중 펀드의 설정·설립에 있어 투자회사의 형태가 더 적합한 것이 아닌 것은?

① 단기금융펀드(MMF)

② 기업인수증권투자회사(M&A Fund)

③ 사모투자전문회사

④ 부동산 및 선박펀드

**해설**  단기금융펀드는 개방형펀드로서 ②·③·④와 같이 특별한 사유가 있지 않는 한 투자회사가 투자신탁보다 비용이 많이 들기 때문에 투자신탁형태가 유리하다.
※ M&A펀드나 사모투자펀드, 부동산펀드 등은 집합투자기구 명의로 취득하는 것이 경영권지배 등의 운용목적이나 세제상의 혜택에서 유리하다.

**정답** ①

---

## 보험회사의 금융상품
**핵심유형문제**

보험상품에 대한 설명이다. 가장 적절하지 않은 것은?

① 보험금 지급조건에 따라 사망보험, 생존보험, 생사혼합보험으로 구분된다.

② 보험의 기능에 따라 보장성보험, 저축성보험으로 구분된다.

③ 생존보험은 피보험자가 보험만기일까지 생존한 경우에만 보험금이 지급되는데, 연금보험이나 교육보험이 이러한 형태로 판매된다.

④ 우체국보험은 생명보험만을 취급한다.

**해설**  순수한 생존보험은 생존 시에만 보험금을 지급한다(사망 시에는 보험금을 지급하지 않음). 그런데 이러한 상품은 현실적으로 거부감이 강하여, 연금보험이나 교육보험은 사망 시에도 보험금을 지급하는 형태로 판매되고 있다(즉 연금보험이나 교육보험은 순수한 생존보험 상품은 아님).

**정답** ③

---

**더알아보기**  보험회사의 금융상품 – 보험

**(1) 보험사고의 원인에 따른 분류(또는 보험금 지급조건에 따른 분류)**

| 사망보험(보험사고가 사망) | 생존보험(보험사고가 생존) | 생사혼합보험(양로보험) |
|---|---|---|
| 사망시 보험금 지급 | 생존해야만 보험금 지급 | 사망보험 + 생존보험 |
| 종신보험, 정기보험 | 연금보험, 교육보험 | 변액유니버셜 적립형 보험 |

• 생존보험에서 만기 전 사망 시 원칙적으로 보험금이 전혀 지급되지 않으나, 현실적인 정서상 만기 전 사망 시 기납입보험료를 보험금으로 지급하는 사망보험성격을 가미하였다.

**(2) 보험기능에 따른 분류(또는 보험가입목적에 따른 분류)**

| 보장성 보험 | 저축성 보험 |
|---|---|
| 위험보장에 중점<br>납입보험료 > 만기보험금 | 저축기능에 중점<br>납입보험료 < 만기보험금 |

- 세제혜택 : 저축성보험을 10년 이상 유지하고 요건충족 시 비과세함
- 보장성 보험의 종류 : 종신보험, 정기보험, CI보험, 건강보험, 실손의료보험(건강보험과 실손의료 보험은 손해보험사도 취급)

**(3) 보험금변동여부에 따른 분류(보험료가 아니라 보험금이 변동하는 것 = 변액보험)**

| 정액보험 | 변액보험 |
|---|---|
| 보험금액(보장금액)이 가입 당시 확정됨 | 보험료의 일부를 펀드에 투자하여 그 결과에 따라 보험금이 변동함 |

- 변액보험은 보험금의 실질가치보전이 주목적이며, 펀드변경기능이 있다(펀드지시가 아님).

**(4) 유사보험(체신보험과 공제)**
국가에서 운용하는 우체국보험과 조합원의 상호부조를 위해 운영되는 공제 등을 유사보험이라 한다. 우체국보험은 산간벽지의 주민들에게 보험혜택을 주는 공익적 차원, 공제는 주로 조합원을 대상으로 한다는 점이 특징이다.

---

보충문제

**01** 보험상품에 대한 다음 설명 중 옳지 않은 것은?

① 공제가 생명보험과 다른 점은 가입대상이 불특정다수가 아니라는 점이다.
② 손해보험은 화재보험, 해상보험, 자동차보험, 보증보험, 특종보험, 연금보험, 장기저축성보험 및 해외원보험의 8가지로 구분된다.
③ 변액보험은 정액보험과 달리 보험료와 보험금이 모두 변동하는 것을 말한다.
④ 저축성보험을 10년 이상 유지 시에는 이자소득세를 면제받을 수 있다.

해설  보험료는 변하지 않고 보험금이 변하는 것을 변액보험(Variable Life)이라 한다.

정답 ③

## 종금사의 금융상품

종금사 CMA와 증권사 CMA를 비교한 것으로 잘못된 것은?

| 번 호 | 구 분 | 증권사 CMA | 종금사 CMA |
|---|---|---|---|
| ① | 원금보장여부 | 실적배당 | 원리금보장 |
| ② | 예금자보호 | 비보호 | 보 호 |
| ③ | 운용대상 | 국공채, 콜, 보증사채 등 | 정기예금, CD, RP, 각종어음 등 |
| ④ | 결제서비스 | 모두 급여이체·공과금이체·신용카드대금이체 등 결제서비스 제공 | |

해설　둘 다 실적배당상품이다. 다만, 종금사 CMA는 주로 원금이 보장되는 상품을 편입하여 증권사 CMA와는 달리 예금자보호가 된다.

정답 ①

---

**더알아보기**　종금사의 금융상품

| 발행어음 | 기업어음(CP) | CMA(종금형) |
|---|---|---|
| 종금사가 발행한 융통어음, 실세금리연동형 확정금리, 예금자보호 O, 할인식 거래 | 기업이 자체신용으로 발행하는 융통어음(종금사 중개), 예금자보호 × | 실적배당형상품, 증권사 CMA와 달리 예금자보호대상 |

• 기업어음 발행요건 : 2개 이상의 신용평가기관으로부터 투자적격등급(A3 이상)을 받아야 한다.

〈어음의 종류〉

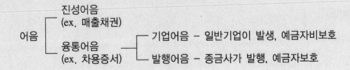

---

**보충문제**

**01**　발행어음과 기업어음에 대한 설명으로 가장 거리가 먼 것은?

① 둘 다 융통어음에 속한다.
② 기업어음은 일반기업이 발행한 것이고 발행어음은 금융기관이 발행한 것이다.
③ 발행어음과 기업어음은 실세금리 연동형 확정금리를 제공하므로 둘 다 예금자보호대상이다.
④ 기업어음은 2개 이상의 신용평가기관에서 투자적격 등급을 받아야 발행할 수 있다.

해설　둘 다 실세금리연동 확정금리상품이지만 기업어음은 무담보부거래가 많아서 예금자비보호이며, 발행어음은 종금사가 발행한 것이기 때문에 예금자보호이다.

정답 ③

## 상호저축은행의 금융상품

다음 중 상호저축은행의 금융상품에 해당하지 않은 것은?

① 보통예금          ② 상호부금

③ 정기예금          ④ 정기적금

**해설**   상호부금은 은행의 대출상품이다. 상호저축은행의 상품은 신용부금이다.
- 신용부금 : 가입 즉시 계약금액 범위 내에서 대출을 받을 수 있는 적금식 상품으로 1개월 이상 선납하였을 경우 선납이자를 지급하며 세금우대로 가입이 가능하다.
- 상호저축은행 상품 : 보통예금, 정기예적금, 자유적립예금, 신용부금, 상호신용계 등

**정답** ②

---

**보충문제**

**01**    보기는 어떤 상품인가?

> 상호저축은행만이 취급하는 저축 및 대출상품으로, 일정 수의 계좌로 조를 편성하고 정기적으로 일정한 금액을 계원으로부터 납입받아 추첨에 의하여 선정된 계원에게 급부(대출)하는 저축상품이다(계약기간은 100일부터 32개월까지 있음).

① 상호부금
② 신용부금
③ 상호신용계
④ 자유적립금

**해설**   상호신용계에 해당한다.

**정답** ③

다음 중 신용협동기구의 금융상품에 해당하지 않는 것은?

① 보통예탁금　　　　　　　　　② 신용부금

③ 출자금　　　　　　　　　　　④ 농어가목돈마련저축

해설　신용부금은 상호저축은행 상품이며, 나머지는 신용협동기구만의 상품이다. 신용협동기구의 금융상품은 자금의 과부족을 조합원들 스스로 해결하려는 금융조직이기 때문에 금리 및 세제 면에서 은행의 예적금에 비해서 유리한 면이 있다.

정답 ②

---

┃더알아보기┃ 신용협동기구의 금융상품

| 구 분 | | 세제혜택 및 내용 |
| --- | --- | --- |
| 예탁금 | 보통예탁금 | 은행의 보통예금과 유사 |
| | 자립예탁금 | 은행의 저축예금과 유사 |
| | 자유저축예탁금 | 은행의 자유저축예금과 유사 |
| | 정기예탁금 | 은행의 정기예금과 유사 |
| 출자금 | | 1인당 2천만원 이하까지 배당소득 비과세(농특세부과 안됨＝완전비과세) |
| 농어가목돈마련저축(상호금융에서만 취급) | | 농어가의 생활안정과 재산형성을 위한 특별우대 3년 이상의 장기저축상품. 월납 5천원 이상, 연간 240만원까지 납입금액에 대한 이자소득 비과세 |
| 적 금 | | 정기적금, 자유적립적금(은행상품과 유사) |

세제혜택 및 내용 (예탁금 행): 1인당 3천만원 한도 이자소득세 비과세(농특세 1.4%만 부과)

• 출자금 : 신용협동기구의 조합원이 되기 위해서는 누구나 1인 1좌 이상 출자해야 하며, 이 출자금은 신용협동기구의 자본금이 되며, 조합원은 이에 대한 배당을 받게 된다.
• 농어가목돈마련저축의 대상은 '① 2ha 이하 농경지를 보유하거나 임차한 농업인, ② 20t 이하 동력선 소유 어업인, ③ 10ha 이하 산림을 소유하거나 임차한 임업인'

---

┃보충문제┃

**01** 신용협동기구의 금융상품 중 세제혜택의 내용이 가장 다른 것은?

① 보통예탁금　　　　　　　　　② 자립예탁금

③ 정기예탁금　　　　　　　　　④ 출자금

해설　예탁금(①·②·③)은 3천만원까지 이자소득 비과세(농특세 1.4% 부담)되나 출자금은 2천만원까지 완전비과세이다.

정답 ④

## 3 기 타

우리나라의 예금자보호제도에 대한 설명으로 가장 거리가 먼 것은?

① 예금자보호대상이 되기 위해서는 원리금지급이 보장되는 예금이어야 한다.

② 예금자보호제도는 다수의 소액예금자를 우선보호하고 부실금융기관을 선택한 예금자도 일정한 책임을 분담한다는 차원에서 예금의 전액을 보호하지 않는 것이 원칙이다.

③ 금융기관별로 1인당 원리금합계 5천만원까지 보호받을 수 있다.

④ 예금자 1인이라 함은 개인을 말하는 것이며 법인예금은 보호대상에서 제외된다.

**해설**    개인뿐만 아니라 법인도 보호대상이다.

**정답** ④

---

**더알아보기**    예금자보호제도

**(1) 예금보험가입 금융기관(또는 부보금융기관)**

| 은 행 | 보험사 | 증권사 | 종금사 | 상호저축은행 |
|---|---|---|---|---|

① 증권회사는 정확하게는 '투자매매업자 또는 투자중개업자'이다(자본시장법으로 개편).

② 위의 부보금융기관은 아니지만, 우체국은 정부에 의해 원리금 전액 지급보증되며, 신용협동기구(신협, 새마을금고, 농수협단위조합)는 자체 연합회(중앙회) 기금에 의해서 보호된다.

**(2) 예금부분보장제도**

① 원금과 소정의 이자를 포함하여 1인당 5천만원까지 예금자보호(소정의 이자 ≠ 약정이자)
  • 소정의 이자 : 금융기관의 약정이자와 예보공사의 결정이자 중 적은 금액에 해당하는 이자

② 예보공사로부터 보호받지 못한 나머지 금액은 파산한 금융기관이 선순위채권을 변제하고 남은 재산이 있는 경우 채권자로서 파산절차에 참여하여 그 전부 또는 일부를 받을 수 있다.

③ 보호금액 5천만원은 개인별, 동일 금융기관 내에서 예금자 1인이 보호받을 수 있는 총액이며, 이 때 예금자는 개인뿐 아니라 법인도 대상이 된다.

④ 예금보험은 보험의 원리로 운영되나, 법에 의해 운영되는 공적보험이기 때문에 예금보험 기금이 부족할 경우 채권발행(예금보험기금채권) 등을 통해 재원을 조성하여 보호를 한다.

⑤ 예금보험 지급사유 : 지급정지, 인가취소・해산・파산, 금융기관의 합병 시
  • 합병 시에는 합병 후 1년까지는 각각 5천만원, 1년 후에는 합산 5천만원까지 예금자보호함

### (3) 예금자보호상품

| 부보금융기관 | 주요 보호상품 | 주요 비보호상품 |
|---|---|---|
| 은 행 | 각종예금, 청약부금, 청약예금, 외화예금, 표지어음, 원금보전신탁 | CD, RP, 청약저축, 청약종합저축, 신탁, 펀드 등 금융투자상품 |
| 증권회사 | 예수금(위탁자예수금/수익자예수금/조건부예수금), 신용거래설정보증금, 신용대주담보금, 원금보전신탁 | 선물옵션거래예수금, 청약자예수금, 제세금예수금, 유통금융대주담보금, CMA |
| 보험회사 | 일반 보험계약 | 법인계약보험, 변액보험(주계약만), 보증보험, 재보험 |
| 종금사 | 발행어음, 표지어음, CMA | CP, 신탁, 펀드 등 금융투자상품 |
| 상호저축은행 | 은행과 유사 | |

① 청약부금, 청약예금은 예금자보호인 반면 공영주택을 청약할 수 있는 '청약저축/청약종합저축'은 비보호인데, 이는 국민주택기금에서 관리하기 때문에 별도의 예금자보호의 필요성이 없기 때문이다.

② 증권사의 예수금이란 '투자계좌에서 투자되지 않고 남아있는 현금잔액'을 말한다.

③ 증권사 CMA는 비보호이나, 종금사 CMA는 보호상품이다.

④ 정부·지자체·한국은행·금융감독원·예보공사·부보금융기관이 가입한 예금은 예금자비보호이다.

---

**01** 다음 중 예금보험가입 금융기관에 속하지 않는 것은?

① 농협중앙회

② 외국은행 국내지점

③ 신용협동조합

④ 상호저축은행

> 해설    신협은 부보금융기관이 아니다(자체기금으로 보호). 농협중앙회는 특수은행, 외국은행 국내지점은 일반은행으로서 모두 은행에 속하므로 부보금융기관에 해당한다.
>
> 정답 ③

**02** 다음 중 예금자보호대상인 것은?

① 양도성예금증서

② 청약자예수금

③ 표지어음

④ 보증보험

> 해설    표지어음 외에는 모두 예금자비보호대상이다.
>
> 정답 ③

**03** 다음 금융기관의 상품 중 예금자보호대상에 속하는 것은?

① 보증보험계약

② 환매조건부채권(RP)

③ 종금사 어음관리계좌

④ 후순위채권

> **해설** 종금사 CMA는 보호대상이며, 증권사 CMA는 비보호이다.
>
> ※ 후순위채권은 선순위채권을 모두 변제한 후에 상환이 되는 채권으로 '고위험고수익'채권('가시 많은 장미' 라고도 불림)이다.

정답 ③

**04** 다음 증권사 상품 중 예금자보호대상에 속하지 않는 것은?

① 자기신용대주담보금

② 신용공여담보금

③ 선물옵션거래예수금

④ 원금보전신탁

> **해설** 금융상품 중 고객계좌에 남아있는 현금잔액(위탁자예수금, 수익자예수금 등)은 예금자보호가 원칙이나 '선물 옵션거래예수금'은 그 위험성을 감안하여 예외적으로 비보호이다.

정답 ③

## 4 세제혜택이 있는 금융상품

### 세제혜택금융상품 - (1) 연금저축

연금저축의 제 조건 등에 대한 설명이다. 틀린 것은?

① 누구나 가입이 가능하다.

② 납입한도는 연간 1,800만원 + ISA계좌의 만기금액 + 1주택 고령가구 주택 다운사이징 차액(1억원 한도)이며, 이 연간 1,800만원 납입한도는 퇴직연금을 합산한 한도금액이다.

③ 가입 후 5년이 경과하여야 하며, 55세 이후에 연금으로 수령하여야 한다.

④ 연금수령 시 연간 수령금액이 1,500만원을 초과할 경우 종합과세되어야 한다.

> **해설**  연금수령 시 연간 수령금액이 1,500만원을 초과할 경우 수령인이 분리과세(16.5%의 기타소득세)와 종합과세 중 선택할 수 있다.
>
> **정답** ④

---

**더알아보기**  세제혜택 금융상품 - (1) 연금저축(신탁/펀드/보험)

| 구 분 | | 내 용 |
|---|---|---|
| 가입대상 | | 누구나 가입 가능(요람에서 무덤까지!) |
| 납입한도(퇴직연금 합산) | | 연간 1,800만원 + ISA계좌의 만기금액 + 1주택 고령가구 주택 다운사이징 차액(1억원 한도) |
| 세액공제 한도 | | 연간 600만원 + ISA 만기전환금액의 10%(최대 300만원) |
| 세액공제율 | | • 16.5%(종합소득 4,500만원, 총급여 5,500만원 이하자)<br>• 13.2%(종합소득 4,500만원, 총급여 5,500만원 초과자) |
| 연금수령시 | 요 건 | 가입 후 5년 경과하여야 하며, 만 55세 이후에 수령하여야 함 |
| | 연간한도 | 연금수령한도 = 연금신청일 현재 평가액 / (11 - 연금수령연차) × 120%<br>**예시** 만약 연금계좌의 평가액이 1억원일 경우 수령 첫 해(1년차)의 수령금액은, 1억 / (11 - 1년) × 1.2 = 1,200만원으로서 수령가능금액이 1,500만원 이하이므로 수령자의 나이대별로 적용한 연금소득세 (3.3%, 4.4%, 5.5%) 중 하나를 적용한 원천징수 후 수령한다. |
| | 과 세 | <table><tr><td>수령나이(만 나이)</td><td>연금소득세율</td><td>종신형 연금</td></tr><tr><td>55~69세</td><td>5.5%</td><td rowspan="2">4.4%</td></tr><tr><td>70~79세</td><td>4.4%</td></tr><tr><td>80세 이상</td><td>3.3%</td><td>3.3%</td></tr></table>• 연금외 수령(중도해지, 연금수령 한도초과 인출 시) 시에는 기타소득세 (16.5%)의 분리과세를 적용한다.<br>• 단, 부득이한 경우(사망, 해외이주, 천재지변, 파산선고, 개인회생)에는 3.3~5.5%를 적용한다. |

**01** 연간급여소득이 5,000만원인 봉급생활자 A씨는 2024년 한 해 동안 연금저축펀드에 총 1,500만원, IRP에 300만원을 불입하였다. 또한 3년 만기된 ISA의 2,000만원을 연금저축펀드로 전환 이동하였다. A씨의 연말정산 시 돌려받을 수 있는 세액공제 금액은 얼마인가?

① 1,584,000원

② 1,980,000원

③ 2,376,000원

④ 2,970,000원

> **해설** 연금저축의 세액공제 한도는 600만원이므로 IRP는 자동으로 300만원(전체 한도 900만원－600만원)이다. 따라서 총급여 5,500만원 이하자이고 또한 ISA는 세액공제 한도가 300만원이므로, (600만원＋300만원＋300만원)×16.5%＝1,980,000원의 세액공제가 가능하다.
>
> > **주의** A씨가 낸 세금에서 돌려받는 것이므로 A씨의 세금이 세액공제 금액보다 작을 경우에는 낸 세금만큼 돌려받는다.
>
> **정답** ②

**02** 연금수령요건을 충족한 만 65세 은퇴자 B씨의 연금저축펀드의 수령시점 평가액이 2억원이다. 수령 첫 해에 받을 수 있는 세전 연금수령액은 얼마인가?

① 2,400만원

② 2,000만원

③ 1,800만원

④ 1,500만원

> **해설** 2억원/(11－1)×1.2＝2,400만원이다. 그러나 소득세는 한해 수령금액이 1,500만원 초과이므로 분리과세(16.5%) 또는 (본인의 다른 소득이 있을 경우) 종합소득세로 할지 선택하여야 한다.
>
> **정답** ①

소득공제장기펀드(일명 '소장펀드')에 대한 설명이다. 틀린 것은?

① 가입 당시 직전 과세연도의 총급여액이 5천만원 이하인 근로소득자 그리고 종합소득 3,500만 원 이하인 자는 누구나 가입할 수 있다.

② 납입금액의 40%에 한해서 연간 240만원까지 소득공제를 받을 수 있다.

③ 최소 5년 이상 가입해야 하며 최장 10년까지 소득공제를 받을 수 있는데, 만일 가입자의 총급여 가 8천만원을 초과할 경우에는 소득공제를 더 이상 받을 수 없다.

④ 납입한도는 연간 600만원이다.

해설　소장펀드는 총급여 5천만원 이하의 근로소득자를 대상으로 한다(소득공제 혜택이 있으므로 근로소득자에게 만 해당된다).

정답 ①

더알아보기　세제혜택 금융상품 – (2) 소득공제장기펀드

(2) 소득공제장기펀드('소장펀드')
① 소장펀드 VS 재형저축 가입자격 및 혜택

| 구 분 | 소장펀드(2015년 말 일몰됨) | 재형저축(2015년까지 판매) |
|---|---|---|
| 가입대상 | 총급여 5천만원 이하 근로소득자 | 총급여 5천만원 이하 근로소득자 3,500만원 이하 종합소득자 |
| 납입한도/가입기간 | 연간 600만원/5년~10년 | 연간 1,200만원/7년~10년 |
| 세제혜택 | 납입액의 40%에 대해 소득공제 (600만원×40% = 연 240만원 한도) | 이자·배당소득 비과세 (단, 농특세 1.4% 부과) |
| 운 용 | 실적배당상품 | 원금보장형 상품 |

비과세종합저축(2015.1.1 이후)에 대한 설명이다. 틀린 것은?

① 만 65세 이상이면 누구나 가입할 수 있다.

② 2015년부터 신규판매가 중지된 생계형비과세저축을 대체하는 상품이다.

③ 전 금융기관 통틀어 3천만원까지 가입가능하다.

④ 이자소득세, 배당소득세가 비과세된다.

해설　가입한도는 5천만원이다.

정답 ③

---

더알아보기　기타 비과세상품

### (1) 비과세종합저축(2015.1.1 이후 적용, 일몰시한이 경과한 생계형비과세저축을 대체)

① 가입대상 : 기존의 생계형가입자(장애인, 유공자, 기초생활수급자, 고엽제후유증환자 등)에 연령요건 이 추가되었음

- 2015년 기준 만 61세, 2016년 만 62세, 2017년 만 63세, 2018년 만 64세, 그리고 2019년 이상부터 는 만 65세 이상이면 누구나 가입할 수 있다.

② 납입한도 : 전 금융기관 통합 5천만원까지 비과세

### (2) 재형저축(2015.12.31 일몰시한 적용으로, 현재 신규판매 중지)

① 근로자, 서민, 중산층의 재산형성을 돕기 위한 우대금리 적용 비과세저축상품이다.

② 연소득 5천만원 이하의 근로소득자 또는 종합소득 3,500만원 이하의 종합소득자가 분기별 300만원 까지 가입이 가능하며 7년 이상 유지 시 비과세혜택(단, 농특세 1.4% 부과)

### (3) 기타상품

| 구 분 | 내 용 |
|---|---|
| 퇴직연금(DC, IRP) | 납입한도(연간 1,800만원 + ISA 만기금액), 세액공제는 연간 900만원에 대한 13.2%(단, 총급여 5,500만원 이하, 종합소득 4,500만원 이하는 16.5%) |
| 조합출자금 | 농어민의 금융기관 출자금 1인당 2,000만원 이하 |
| 조합예탁금 | 만 19세 이상의 농어민 등의 조합원, 회원의 3,000만원 이하 불입한도 |
| 농어가목돈마련저축 | 농업·어업·임업인 대상, 연간 240만원 불입한도에 대한 이자소득세 비과세 |
| 주택청약종합저축 | 국민개인, 외국인거주자대상, 매월 2만원 이상 50만원 이하의 자유적립, 연간납입 300만원 한도의 40%(120만원) 소득공제, 예금자보호 제외대상이지만 정부가 관리 |

※ 단, 연금계좌(연금저축 + 퇴직연금)의 소득공제한도는 각각 연금저축(600만원), 퇴직연금(900만원)이 지만 전체 총한도는 900만원 이내이다. 예를 들어 연금저축펀드에 가입하여 연금저축한도인 연간 600만원을 채울 경우 퇴직연금은 연간 300만원이 한도이다.

**01** 연금저축에 대한 설명이다. 틀린 것은?

① 미성년자도 가입이 가능하다.

② 연간 납입한도는 1,800만원(+ ISA 만기금액)이다.

③ 가입기간과 무관하며 55세 이후 연금으로 수령하여야 한다.

④ 만기 시 연금소득세는 나이별로 차등 과세한다.

> **해설** 연금저축은 가입 후 5년 이상이어야 하며, 55세 이후 연금으로 수령할 수 있다. 운용기간 중에는 과세하지 않아 과세이연이 가능하며, 만 55세 이후 연금으로 수령 시 연금소득세로 저율과세가 가능하다(만 55세~69세 : 5.5%, 70세~79세 : 4.4%, 80세 이상 : 3.3%)
>
> **정답** ③

**02** 세제혜택상품 중에 소득공제가 가능한 상품을 모두 묶은 것은?

> ㉠ 소득공제장기펀드　　　　　　　㉡ 주택청약저축
> ㉢ 연금저축　　　　　　　　　　　㉣ 비과세종합저축

① ㉠

② ㉠, ㉡

③ ㉠, ㉡, ㉢

④ ㉠, ㉡, ㉢, ㉣

> **해설** 소장펀드는 연간납입한도 600만원의 40%(소득공제금액 연 240만원), 주택청약저축은 연간납입한도 240만원의 40%(소득공제금액 96만원)까지 소득공제가 가능하다.
> ※ 연금저축상품은 세액공제상품이다(13.2% 또는 16.5%).
>
> **정답** ②

**03** 세제혜택상품 중 한도 내에서 2023년도에 발생하는 이자소득(배당소득 포함) 등에 대한 완전비과세상품을 묶은 것은?

> ㉠ 비과세종합저축　　　　　　　　㉡ 조합출자금
> ㉢ 조합예탁금　　　　　　　　　　㉣ 재형저축

① ㉠

② ㉠, ㉡

③ ㉠, ㉡, ㉢

④ ㉠, ㉡, ㉢, ㉣

> **해설** 비과세종합저축은 납입한도가 5천만원이며 비과세이다.
> 조합출자금(2천만원 한도)과 조합예탁금(3천만원 한도)은 2023년도에 발생한 배당소득과 이자소득에 대하여 5%의 세율을 적용한다. 재형저축(1200만원 한도)에는 농특세 1.4%가 부과된다.
>
> **정답** ①

# 단원별 출제예상문제

**01** 빈칸이 올바르게 연결된 것은?

> - ( 가 )은 주로 요구불예금으로 조달한 자금을 단기대출로 운용하는 상업금융업무와 함께 장기금융업무를 취급한다.
> - ( 나 )은 ( 가 )이 재원, 채산성의 제약으로 필요한 자금을 공급하기 어려운 특정 부문에 자금을 공급하며 대부분 정부계 은행이다.

| | 가 | 나 |
|---|---|---|
| ① | 시중은행 | 특수은행 |
| ② | 일반은행 | 특수은행 |
| ③ | 시중은행 | 한국은행 |
| ④ | 일반은행 | 한국은행 |

> **해설** '가'는 일반은행의 개념이다(일반은행 = 시중은행 + 지방은행 + 외국은행 국내지점).

**정답 ②**

**02** 다음 중 특별법에 의해 설립된 은행이 아닌 것은?

① 한국산업은행      ② 한국수출입은행
③ IBK중소기업은행      ④ 외국은행 국내지점

> **해설** 특별법에 의해 설립된 은행이란 특수은행(산업·수출입·중소기업은행, 농협중앙회, 수협중앙회)을 말한다. 외국은행 국내지점은 법제상으로 은행법에 의한 일반은행에 속한다.

**정답 ④**

**03** 다음 중 저축성이 가장 강한 상품은?

① 정기예금      ② 정기적금
③ 저축예금      ④ MMDA

> **해설** 적립식보다는 거치식의 저축성이 강하며, 수시입출금기능이 있는 저축예금이나 MMDA보다는 정기예금의 저축성이 더 강하다고 볼 수 있다.

**정답 ①**

**04**  증권사 CMA에 가입 시 자동투자대상이 아닌 것은?

① CD

② RP

③ MMF

④ MMW

해설  자동투자대상에 따라 RP형, MMF형, MMW형, 종금형 CMA의 4가지 유형이 있다.

정답 ①

**05**  다음 설명 중 옳은 것은?

① 기업어음은 종금사에서 발행한다.

② 농어가목돈마련저축은 상호금융에서만 취급할 수 있다.

③ 모든 신탁은 예금자보호를 받을 수 없다.

④ CD와 RP, 표지어음은 확정금리 보장형 상품이며 모두 할인식으로 거래된다.

해설  농어가목돈마련저축은 신용협동기구 내에서도 상호금융(농수협단위조합)에서만 취급이 가능하다.
① CP는 기업이 발행, 발행어음은 종금사가 발행한다.
③ 원금보전신탁은 예금자보호를 받을 수 있다.
④ 실세금리연동형 보장이며, CD와 표지어음, 발행어음 등 단기금융상품은 대부분 할인식거래이나 RP는 할인식이 아니다.

정답 ②

**06**  ELF에 대한 설명이다. 가장 적절하지 않은 것은?

① 자산운용회사에서 판매한다.

② 지급수익을 사전확정하는 ELD, ELS와 달리 실적배당형이다.

③ ELD나 ELS에 비해 중도환매가 용이하다.

④ 만기 시 원금지급비율을 다양하게 설계할 수 있다.

해설  ELS에 해당하는 내용이다.

정답 ④

**07** 보기의 수익구조를 볼 때 ELS 중 어떤 유형인가?

> • 만기시점의 주가지수가 기준지수보다 낮을 경우 : 0%
> • 만기시점까지 주가지수가 기준지수보다 50% 이상 상승한 적이 없는 경우 : 주가지수상승률×
>   참여율
> • 만기까지 한 번이라도 50% 이상 상승한 적이 있을 경우 : 3%(리베이트)

① 낙아웃(Knock-out)형
② 디지털(Digital)형
③ 불스프레드(Bull Spread)형
④ 리버스컨버티블(Reverse Convertible)형

<u>해설</u>  낙아웃형이다.

정답 ①

**08** 랩어카운트에 대한 설명이다. 가장 거리가 먼 것은?

① 증권회사의 입장에서 장기적으로 안정적인 수입을 기대할 수 있다.
② 고객과 이익상충의 여지가 작다는 장점이 있다.
③ 직원의 입장에서 고객에 대한 영향력이 강화될 수 있다.
④ 고객의 입장에서 장세하락 시 불필요한 수수료부담이 커질 수 있다.

<u>해설</u>  랩어카운트상품은 영업직원의 입장에서 자신의 고객에 대한 영향력이 상대적으로 약화될 수 있다.

정답 ③

**09** 다음 중 ELW에 대한 설명으로 가장 거리가 먼 것은?

① 자본시장법상 파생결합증권에 속한다.
② ELW에는 옵션의 매수포지션만 내재되어 있어 최대손실은 워런트 매입가격으로 제한된다.
③ 결제방식으로는 현금결제 또는 실물결제를 선택할 수 있다.
④ 기초자산가격이 상승하면 콜ELW가격은 상승하고, 풋ELW가격은 하락한다.

<u>해설</u>  ELW는 현금결제만 가능하다(주식한도보유제한이 있어 실물결제는 하지 않음).

정답 ③

**10** 다음은 집합투자기구의 법적 형태에 따른 분류이다. 잘못된 것은?

| 번호 | 구 분 | 투자신탁 | 투자회사 |
|------|------|---------|---------|
| ① | 투자자의 지위 | 수익자 | 주 주 |
| ② | 법원(法源) | 신탁계약 | 상 법 |
| ③ | 집합투자증권 | 수익증권 | 주 식 |
| ④ | 가능한 펀드 형태 | M&A펀드, 부동산펀드, PEF펀드 등 | MMF, 주식형, 채권형 등 일반적 투자상품 |

**해설** ④의 가능한 펀드 형태의 내용이 서로 바뀌었다(본문 설명 참조).

**정답** ④

**11** 보기에 해당하는 집합투자기구는?

> • 주된 투자대상 및 최저투자한도의 제한이 없다.
> • 자산별 비중제한 없이 자유로운 투자가 가능하다는 장점이 있으나 환매금지형으로 설립해야 한다.

① 단기금융집합투자기구
② 혼합자산집합투자기구
③ 특별자산집합투자기구
④ 부동산집합투자기구

**해설** 혼합자산펀드이다. 유동성이 부족한 부동산·특별자산·혼합자산펀드는 환매금지형으로 설립하는 것이 원칙이다.

**정답** ②

**12** 다음 중 보험금지급조건에 따른 분류에 해당하는 것은?

① 보장성보험
② 생존보험
③ 변액보험
④ 단체보험

**해설** 보험금지급조건에 따른 분류는, '사망보험, 생존보험, 생사혼합보험(양로보험)'이다.

**정답** ②

**13** 절세상품 중 절세혜택이 나머지 셋과 다른 것은?

① ISA(개인종합저축계좌)

② 소득공제 장기펀드

③ 재형저축

④ 조합출자금

> **해설** 소득공제 장기펀드('소장펀드')는 소득공제혜택이 있다(납입액의 40%, 연 240만원 한도). 나머지는 비과세혜택이 있다.
>
> 정답 ②

**14** 다음 중 예금자보호대상이 아닌 것은?

① 연금저축신탁

② 주택청약종합저축

③ 신용거래담보금

④ 종금사 어음관리계좌

> **해설** 주택청약저축과 주택청약종합저축은 예금자비보호 대상이다(∵ 청약예금, 청약부금과는 달리 공적기금에서 보호하므로 별도의 예금자보호가 필요없음).
>
> 정답 ②

**15** 예금자보호제도에 관한 설명으로 가장 적절하지 않은 것은?

① 부보금융기관이란 은행, 증권사(투자매매업자, 투자중개업자), 보험사, 종금사, 상호저축은행의 5개 기관을 말한다.

② 우리나라는 2001년부터 예금부분보장제도를 채택하고 있다.

③ 보호대상금액은 동일 금융기관 내에서 예금자 1인이 받을 수 있는 총액이며 원리금 합계가 5천만원이고 이때의 원리금은 원금과 약정이자를 말한다.

④ 예보공사로부터 보호받지 못한 나머지 금액은 파산한 금융기관이 선순위채권을 변제하고 남은 재산이 있는 경우 채권자로서 파산절차에 참여하여 그 전부 또는 일부를 돌려 받을 수 있다.

> **해설** 원리금 합계 5천만원은 '원금＋소정의 이자'를 말한다. 소정의 이자라 함은 금융기관 약정이자와 예보공사의 결정이자 중 적은 금액을 말한다.
>
> 정답 ③

# 02 투자전략

## 1 투자분석

---

### 자산배분의 의의 · 핵심유형문제

빈칸에 알맞은 것은?

> (     )은(는) 기대수익률과 위험수준이 다양한 여러 자산집단(Asset Class)을 대상으로 투자자금을 배분하여 최적의 자산포트폴리오를 구성하는 일련의 과정을 말한다.

① 자산배분  ② 포트폴리오

③ 분산투자  ④ 벤치마크

해설 자산배분의 개념이다. 자산배분은 포트폴리오보다 더 큰 개념이다.

정답 ①

---

더알아보기 자산배분(Asset Allocation)

**(1) 자산배분이란?**

기대수익률과 위험수준이 다른 다양한 여러 자산집단(Asset Class)을 대상으로 투자자금을 배분하여 최적의 자산 포트폴리오를 구성하는 일련의 투자과정을 말함

- 단기적인 의미 : 수익률 제고를 위해 자산집단의 구성비율을 적극적으로 변경하는 행위
- 자산배분의 종류 : 자산배분에는 '동종(同種)자산 간 배분'과 '이종(異種)자산 간 배분'이 있는데, 일반적인 의미의 자산배분은 이종(異種)자산 간의 배분을 말한다.

**(2) 자산배분의 필요성**

| 투자대상 자산군의 증가 | 자산규모증대에 따른 투자위험의 관리필요성 인식 | 자산배분이 투자수익률에 절대적인 영향을 미친다는 인식의 증가 |
|---|---|---|

[실증분석-대형연기금의 장기적 성과요인분석]

자산배분 91.5% > 증권선택 4.6% > 시장예측 1.8% → 장기적으로 자산배분의 영향이 절대적 → 자산배분이 매우 필요하다는 인식의 증가

| 자산배분 | 증권선택 | 시장타이밍의 선택 |
|---|---|---|

- 투자관리의 3요소 중 근간이 되는 것은 '자산배분과 증권선택의 문제'이며, 이에 대한 분석방법에는 '하향식(Top-down)'과 '상향식(Bottom-up)'이 있다.
- 상향식 접근은 증권선택을 먼저 하므로 자산배분이 수동적으로 이루어지는 면이 있으며, 과학적이고 체계적인 하향식 접근의 성과가 더 높은 것으로 평가된다.

**보충문제**

**01  자산배분의 필요성 또는 중요성에 대한 설명이다. 적절하지 않은 것은?**

① 투자대상자산군이 증가하고 있기 때문이다.
② 자산규모 증대에 따른 투자위험에 대한 관리의 필요성이 높아지고 있기 때문이다.
③ 자산배분이 투자수익률의 결정에 절대적인 영향을 미친다는 인식이 높아지고 있기 때문이다.
④ 직접투자보다 간접투자가 늘어나고 있기 때문이다.

> **해설** 자산배분과 간접투자는 비교할 수 있는 개념이 아니다.

정답 ④

**02  시장예측이나 증권선택이 자산배분에 비해 총수익률에 미치는 영향도가 낮은 이유이다. 가장 거리가 먼 것은?**

① 단기변동성에 대한 적극적인 대응이 늘 성공할 수는 없기 때문이다.
② 펀드매니저가 자산시장의 높은 변동성을 지속적으로 따라가기 어렵다.
③ 시장의 변동성보다 나은 성과를 위한 잦은 매매를 통해 거래비용이 발생한다.
④ 기본적 분석이나 기술적 분석의 도구의 정교함이 아직 부족하기 때문이다.

> **해설** 기본적 분석의 도구가 아무리 정교하다 하더라도 증권선택이나 시장예측활동이 장기적으로는 자산배분정책에 따른 수익률을 따라 잡기 어렵다는 것이다.
> ※ 투자의 3요소 : '자산배분-시장예측-증권선택'

정답 ④

## 자산배분 설계 시의 주요개념

보기는 자산집단의 어떤 속성을 말하는가?

> 하나의 자산집단에는 자산집단 내에 분산투자가 가능하도록 충분히 많은 개별증권이 존재해야 한다.

① 분산가능성
② 독립성
③ 투자성
④ 유동성

**해설** 분산가능성을 말한다. 자산집단(Asset Class)은 분산가능성과 독립성의 두 가지 속성을 가져야 한다.

**정답** ①

---

**더알아보기** 자산배분 설계 시의 주요개념

**(1) 재무목표와 투자목표의 설정**
　① 투자목표의 설정 이전에 재무목표(내집마련자금, 은퇴자금 등)가 선행되어야 함
　② 투자목표의 설정시의 제약조건 : 투자시계(Time Horizon), 위험수용도, 세금관계, 법적 관계, 기대수
　　익률, 투자자의 특별한 요구 등

**(2) 자산집단의 속성과 벤치마크**
　① 자산집단(Asset Class)의 정의 : 자산집단이란 개별증권이 모여 큰 개별증권처럼 움직이는 것을 자산집
　　단이라 함(주식, 채권, 예금, 부동산 등의 대안투자상품이 있으며, 이자지급자산과 투자자산으로 구분)
　② 자산집단의 속성

| 분산가능성(= 충분성) | 독립성 |
| --- | --- |
| 충분하게 많은 개별증권이 있어야 분산투자가 가능함 | 자산집단 간의 상관성이 같다면<br>분산투자효과(위험저감효과)를 얻을 수 없음 |

　• 독립성 : '상관성이 일치하지 않는 것'을 말함. 상관성이 낮을수록 독립성이 크다. 즉, '현대차-기아
　　차' 간의 분산투자효과보다 '현대차-농심' 간의 분산투자효과가 더 크다.
　③ 벤치마크의 선정 벤치마크는 운용성과와 위험을 측정할 때 기준이 되는 포트폴리오임과 동시에 특별
　　정보가 없는 경우 바람직한 포트폴리오라고 정의할 수 있다.
　　㉠ 벤치마크가 되기 위한 요건 : 명확성/측정가능성/투자가능성/바람직한 운용상의 표현
　　㉡ 벤치마크의 종류 : 국내 주식시장의 경우 KOSPI 또는 KOSPI200, 채권시장은 KOBI120 등, 해외
　　　주식시장의 경우 MSCI ACWI, FTSE지수 등이 있음

**01** 다음 금융시장별 벤치마크가 잘못 연결된 것은?

① 국내주식시장 – KOSPI 또는 KOSPI200

② 국내채권시장 – KRX 채권종합지수

③ 국내단기금융시장 – 국고채 3년물

④ 해외주식시장 – MSCI ACWI

> 해설　국내단기금융시장의 벤치마크는 CD91일물이다.
> • MSCI ACWI(Morgan Stanley Capital International All Country World Index)
>
> 정답 ③

---

## 기대수익률의 측정 　　핵심유형문제

보기가 말하는 기대수익률 측정방식은 무엇인가?

> • 자산집단의 과거 장기간 수익률을 분석하여 미래의 수익률로 사용하는 방법이다.
> • 자본시장의 역사가 짧은 우리나라에서는 사용하기가 부적절한 방식이다.

① 추세분석법　　　　　　　　　② 시나리오분석법

③ 펀드멘탈분석법　　　　　　　④ 시장공동예측치 사용법

> 해설　추세분석법의 내용이다.
>
> 정답 ①

---

**더알아보기**　기대수익률의 정의와 측정방법

**(1) 투자가치 = $f$[기대수익률(+), 위험(−)]**

① 기대수익이 높을수록, 위험이 낮을수록 투자가치는 증가한다.

② 기대수익률은 예상수익의 기대치로 구하며, 위험은 기대수익률의 분산 또는 표준편차로 측정한다.
즉, 투자가치를 파악하는 첫 걸음은 기대수익률을 추정하는 것이다.

　• 예금자산과 달리 투자자산의 기대수익률을 측정하는 것은 용이하지 않다. 따라서 기대수익률을 얻
을 수 있는 최선의 방법은 '미래 투자수익률의 확률분포'를 예상하는 것이다.

**(2) 기대수익률과 위험의 측정**

① 기대수익률의 측정방법

| 추세분석법 | 시나리오분석법 | 펀드멘탈분석법 | 시장공동예측치 사용법 |
| --- | --- | --- | --- |

⊙ 추세분석법 : 과거 장기간의 수익률을 분석(주로 회귀분석)하여 미래수익률로 사용함. 자본시장의 역사가 짧은 경우에는 부적절

　⊙ 시나리오분석법 : 거시경제변수의 예상변화과정을 시나리오로 구성하고 각각의 시나리오별로 발생확률을 부여하여 자산별 기대수익률을 추정하는 방법(가장 보편적인 방법)
　　• 계산방법은 보충문제 1 참조

　⊙ 펀드멘탈분석법 : 과거의 시계열자료를 토대로 각 자산별 리스크 프리미엄 구조를 반영하는 기법이다. '자산의 기대수익률 = 무위험수익률 + 자산의 위험프리미엄'. 즉 무위험수익률이 3%이고, 회사채의 위험프리미엄이 4%라면 회사채 기대수익률은 7%이다.

　　비교 과거시계열자료를 이용한다는 점은 추세분석법과 펀드멘탈분석법이 동일하지만, 추세분석법은 기대수익률 자체를 추정하며, 펀드멘탈분석법에서는 '위험프리미엄만을' 구한다는 점에서 차이가 있다.

　　• 무위험수익률에 각 자산의 위험프리미엄을 '블록 쌓기'처럼 더한다고 해서 'Building Block'방식이라고도 함

　㉣ 시장공동예측치 사용법(시장공동예측치란 '주가'를 활용한 방법을 말함)

　　• PER의 역수(기대수익률 = $\dfrac{1}{PER}$ )

　　• 기대수익률(k) = 배당수익률 + EPS장기성장률

　㉤ 위험의 측정 : 시장위험은 정규분포를 보이므로 분산 또는 표준편차를 이용하여 측정함
　　기대수익률의 분포는 표준정규분포의 신뢰구간을 이용하여 구한다.

　　• 개별자산의 위험(분산과 표준편차)

| 기대수익률 | 분 산 | 표준편차 |
|---|---|---|
| $\sum_{t=1}^{N}(P_i \times r_i)$ | $\sum(r_i - E(R))^2 \times P_i$ | $\sqrt{\sum(r_i - E(R))^2 \times P_i}$ |

　　*표의 기대수익률은 '시나리오분석법'을 뜻함
　　• 위험에 따른 기대수익률의 분포(표준편차를 이용함) : 보충문제 3 참조

---

**01**　시나리오분석법에 의한 기대수익률 추정치는 얼마인가?

| 구 분 | 확 률 | 주식A의 투자수익률 |
|---|---|---|
| 호경기 | 0.3 | 40% |
| 정 상 | 0.5 | 10% |
| 불경기 | 0.2 | −30% |

① 10%　　　　　　　　　　　　② 11%
③ 12%　　　　　　　　　　　　④ 13%

　해설　$E(R_A) = (0.3 \times 40\%) + (0.5 \times 10\%) + (0.2 \times -30\%) = 12\% + 5\% - 6\% = 11\%$
　　　※ 개별자산의 기대수익률과 위험(기대수익률은 시나리오분석법)

정답 ②

**02**  보기는 어떤 기대수익률 측정방식을 말하는가?

> 채권의 기대수익률은 수익률곡선에서 추정해내며, 주식의 기대수익률은 배당평가모형(배당할인모형)이나 PER의 역수 등으로부터 추정한다.

① 추세분석법  
③ 펀드멘탈분석법  

② 시나리오분석법  
④ 시장공동예측치 사용법  

해설   시장가격을 이용하여 추정하는 방법이다.

정답 ④

**03**  주식 X의 기대수익률은 15%, 위험(표준편차)은 10%인 표준정규분포를 따른다. 신뢰구간을 95.54%로 할 때 주식 X의 기대수익의 분포는 어떻게 되는가?

① 5%~25%  
③ -15%~45%  

② -5%~35%  
④ 10%~15%  

해설   95.54%의 신뢰구간은 '15%±2표준편차'이다.

▼ 표준정규분포상의 기대수익률 분포

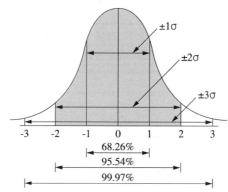

1) 평균(표준정규분포상으로는 0)으로부터 1표준편차 내에 분포할 확률은 68.26%이다.
   → 즉, '평균±1σ = 5%~25%' 내에 분포할 확률이 68.26%라는 것이다.
   • 다른 말로 '5%~25%'의 범위를 벗어날 확률이 31.74%이다(→ Z = 1의 신뢰구간).
   • 수익률이 5% 이하일 확률은 약 16%, 즉 6번에 1번쯤 될 수 있음을 의미한다.
2) 평균(표준정규분포상으로는 0)으로부터 2표준편차 내에 분포할 확률은 95.54%이다.
   → 즉, '평균±2σ = -5%~35%' 내에 분포할 확률이 95.54%라는 것이다.
   • 다른 말로 '-5%~35%'의 범위를 벗어날 확률이 4.46%이다(→ Z = 2의 신뢰구간).
   • 수익률이 -5% 이하일 확률은 약 2%, 즉 50번에 1번쯤 될 수 있음을 의미한다.
3) 평균(표준정규분포상으로는 0)으로부터 3표준편차 내에 분포할 확률은 99.97%이다.
   → 즉, '평균±3σ = -15%~45%' 내에 분포할 확률이 99.97%라는 것이다.
   • 다른 말로 '-15%~45%'의 범위를 벗어날 확률이 0.03%이다(→ Z = 3의 신뢰구간).
   • 수익률이 -15% 이하일 확률은 약 0.015%, 66번에 1번쯤 될 수 있음을 의미한다.

정답 ②

## 최적증권의 선택

개별주식의 기대수익률과 위험이 아래 표와 같다. 이에 대한 설명으로 적절하지 않은 것은?

| 주식 수익성과 위험 | X | Y | P | Q | R |
|---|---|---|---|---|---|
| 기대수익률(%) | 10 | 5 | 10 | 4 | 8 |
| 표준편차(%) | 14.14 | 3.54 | 18 | 3.54 | 10 |

① 주식 X는 주식 P를 지배한다. 왜냐하면 기대수익률이 같다면 위험이 작은 증권을 선택하는 것이 당연하기 때문이다.

② 주식 Y는 주식 Q를 지배한다. 왜냐하면 위험이 같다면 기대수익률이 높은 증권을 선택하는 것이 당연하기 때문이다.

③ 주식 X, Y, P, Q, R을 모두 연결한 선을 효율적 투자기회선이라 한다.

④ 효율적 투자기회선에 있는 여러 증권 중에서 투자자의 위험회피도에 따라 선택하는 하나의 증권을 최적증권이라 한다.

**해설**    X > P, Y > Q (= In Dominant Condition). 지배원리를 충족하는 X, Y, R을 연결한 선을 효율적 투자기회선(Efficient Frontier)이라 한다. 그리고 보수적인 투자자라면 Y를 선택하며, 공격적인 투자자라면 X를 선택한다(∵ 보수적인 투자자는 기대수익률이 낮더라도 위험이 낮은 Y를 선호하기 때문).

**정답** ③

---

**더알아보기**    최적증권(Optimal Portfolio)의 선택과정

(기대수익률과 위험의 측정) → 지배원리에 의한 효율적 투자기회선의 도출 → 효용함수를 통한 무차별효용곡선의 도출 → 효율적 투자기회선과 무차별효용곡선의 접점에서 최적증권을 선택

**(1) 지배원리에 의한 효율적 투자기회선(Efficient Frontier)의 도출**

① 지배원리(Dominance Principle)는, 위험이 같다면 기대수익이 높은 증권을 선택하고, 기대수익이 같다면 위험이 낮은 증권을 선택하는 것을 말한다.

② 지배원리를 충족하는 증권(상기 핵심유형문제의 X, Y, R)을 연결한 선을 효율적 투자기회선이라 한다.

**(2) 효용함수에 의한 무차별효용곡선(Indifferent Utility Curve)**

| 효용과 투자수익의 공간 | 평균과 분산의 공간 → 무차별효용곡선 |
|---|---|
| • 위험회피형 : 오목(Concave)<br>• 위험중립형 : 선형<br>• 위험선호형 : 볼록(Convex) | • 보수적 투자자 : 무차별효용곡선의 기울기가 가파르다.<br>• 공격적 투자자 : 무차별효용곡선의 기울기가 완만하다. |

• 효용함수 : $U = E(R) - c \times \sigma^2$ (U : 효용의 크기, c : 위험회피계수)

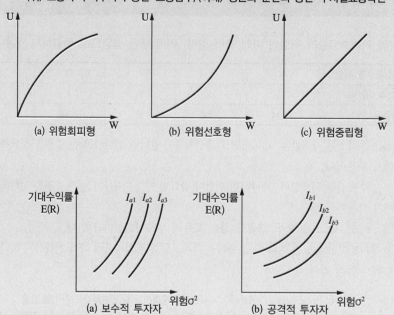

▼ (위) 효용과 투자수익의 공간-효용함수/(아래) 평균과 분산의 공간-무차별효용곡선

(a) 위험회피형   (b) 위험선호형   (c) 위험중립형

(a) 보수적 투자자   (b) 공격적 투자자

**(3) 최적증권의 선택**

효율적 투자기회선과 무차별효용곡선의 접점이 최적증권이다. 투자자의 효용은 각기 다르기 때문에 투자자별 최적증권은 오직 한 개만 존재한다(보수적인 투자자의 최적증권은 $P_d$이며, 공격적인 투자자의 최적증권은 $P_e$이다).

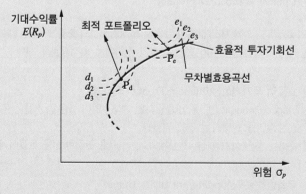

**01** 투자자의 위험성향에 대한 설명이다. 가장 적절하지 않은 것은?

① 효용함수는 U = E(R) − c × $\sigma^2$이며, 투자자들의 효용은 기대수익이 높을수록 증가하고 위험이 높을수록 감소하며 위험회피도(c)가 클수록 더 크게 감소한다.

② 위험회피형의 효용함수는 원점에 대해 오목하게(Concave) 나타난다.

③ 투자자의 효용함수는 투자수익과 효용의 공간에 직접 표시할 수 있지만, 평균−분산 기준의 공간에 표시할 수 있으며 평균−분산의 공간에 나타낸 것을 '무차별효용곡선'이라 한다.

④ 무차별효용곡선의 기울기가 가파를수록 위험선호도가 크다는 것을 의미한다.

> **해설**  위험회피형은 무차별효용곡선의 기울기가 가파르게 나타나고 위험선호형은 완만하게 나타난다.
>
> **정답** ④

**02** 다음 설명 중 잘못된 것은?

① 지배원리에 의해 효율적 투자기회선이 도출된다.

② 최적증권은 효율적 투자기회선과 효용함수가 만나는 접점에서 결정된다.

③ 각 투자자에게 최적증권은 오직 하나만 존재한다.

④ 위험선호형의 효용함수는 원점에 대해 볼록하게 나타난다.

> **해설**  최적증권은 효율적 투자기회선과 무차별효용곡선의 접점에서 결정된다.
>
> **정답** ②

---

## 자산배분의 실행    핵심유형문제

다음 중 자산배분실행의 순서가 올바른 것은?

① 고객성향파악&자본시장예측 → 최적자산배분 → 모니터링 → 투자성과 측정 및 피드백

② 고객성향파악&자본시장예측 → 최적자산배분 → 투자성과 측정 및 피드백 → 모니터링

③ 고객성향파악&자본시장예측 → 모니터링 → 최적자산배분 → 투자성과 측정 및 피드백

④ 고객성향파악&자본시장예측 → 모니터링 → 투자성과 측정 및 피드백 → 최적자산배분

> **해설**  자산배분 → 모니터링 → 성과 측정 및 피드백이다. 모니터링의 결과를 자산배분에 반영하고 최종적으로 성과측정을 하고 피드백한다.
>
> **정답** ①

① 고객성향파악&자본시장예측 → ② 최적자산배분 및 수정 → ③ 투자변수에 대한 모니터링(자산배분에 대한 수정에 반영) → ④ 투자성과 측정 및 피드백

### (1) 고객성향파악&자본시장예측

① 고객성향파악 : 투자자의 투자목적, 제약조건, 선호도를 파악·가공하여 투자자의 투자정책(Investment Policy)을 명확히 한다.

② 자본시장예측 : '경제분석-산업분석-기업분석'을 통하여 자본시장을 예측하고 자산집단의 기대수익률과 위험을 측정한다.

### (2) 최적자산배분 및 수정

① 투자전략 선택기준 : 전략적 자산배분과 전술적 자산배분 중 최적의 전략을 선택

② 자산배분모델선정 : 현재 많이 이용되고 있는 모델로는 '마코위츠의 평균-분산 모델'과 '블랙리터만의 자산배분모델'이다.

③ 자산배분모델 수정

| 리밸런싱(Rebalancing) | 업그레이딩(Upgrading) |
|---|---|
| 자산집단의 투자비중을 최초상태로 유지하는 것 | 현재의 자산을 지배하는 새로운 자산으로 교체하는 것 |

- [리밸런싱의 예] 최초 투자비율이 '주식 : 채권 : 부동산=4 : 3 : 3'인데 3개월 후 비율이 '5 : 2.5 : 2.5'로 변화하였다면 이를 다시 '4 : 3 : 3'으로 환원하는 기법을 말함
- 업그레이딩은 투자환경이 크게 변화하였을 경우 나타날 수 있다.

### (3) 투자변수에 대한 모니터링

고객의 성향과 자본시장의 상황은 시간이 지남에 따라 변하므로, 이를 자산배분전략에 반영·수정하는 것이 필요하다. 전략적 자산배분의 경우 3년 이상의 중장기적 관점에서 접근하고 보통 6개월의 간격을 두고 전략을 반영하며, 전술적 자산배분의 경우 1개월 단위로 고객과 자본시장의 변화를 자산배분에 반영한다.

### (4) 투자성과 측정(Measurement) 및 평가(Evaluation) 그리고 Feedback

주기적으로 투자성과를 측정하고 평가함. 성과평가란 단순한 수익률과 위험의 측정이 아니라 투자과정 전체를 진단하고 피드백 기능을 수행하는 것을 말한다.

〈수익률 측정방식〉

| 단일기간수익률 (투자기간 전체의 수익률) | 다기간수익률(단일기간수익률에 대한 연평균수익률) | | |
|---|---|---|---|
| | 내부수익률법 | 산술평균수익률법 | 기하평균수익률법 |

[단일기간수익률 예시] 매입 10,000원, 매도 12,000원, 해당기간 배당수입 500원이라면?

$$→ \text{단일기간수익률} = \frac{(12,000-10,000)+500}{10,000} \times 100 = 25\%$$

[다기간수익률의 예시] 1년째의 단일기간수익률이 20%, 2년째의 단일기간수익률이 30%이면

$$→ 1) \text{ 산술평균수익률(ARR)} : \frac{20\%+30\%}{2} = 25\%$$

$$→ 2) \text{ 기하평균수익률(GRR)} : \sqrt[2]{(1+0.2)(1+0.3)} - 1 = 1.249 - 1 = 0.249$$

(∴) 항상 '산술평균 > 기하평균'. 즉, 중도현금흐름이 있는 상품의 수익률 평가 → 기하평균이 적합

**01** 자산배분 실행과정에 대한 다음의 설명 중 적절하지 않은 것은?

① 고객성향파악의 목적은 투자정책을 명확히 하는 것이다.

② 자본시장예측의 목적은 자본시장가정을 통해 투자기간 동안의 기대수익률과 위험을 예측하는 것이다.

③ 증시를 효율적으로 본다면 전술적 자산배분을 선택하는 것이 옳다.

④ 성과평가란 단순한 수익률의 측정에 그치지 않고 투자과정 전체를 진단함으로써 궁극적으로는 투자목적을 달성할 수 있도록 피드백 기능을 수행하는 의미가 있다.

> 해설  증시를 효율적으로 본다면 전략적 자산배분, 비효율적으로 본다면 전술적 자산배분이다(전략적, 전술적 자산배분의 차이는 추후 설명 예정).
>
> 정답 ③

**02** 빈칸에 들어갈 말로 옳은 것은?

> 매입가격 : 10,000원, 매도가격 : 14,000원, 주당배당금 : 1,000원일 때의 (          )은 50%이다
>
> (수익률 = $\dfrac{(14,000 - 10,000) + 1,000}{10,000} \times 100 = 50\%$).

① 단일기간수익률  ② 내부수익률
③ 산술평균수익률  ④ 기하평균수익률

> 해설  단일기간수익률이다.
> ※ 단일기간수익률로는 투자대안 간의 비교가 어려우므로(∵ 투자기간이 상이), 연평균수익률의 개념이 반영된 다기간수익률이 필요함
>
> 정답 ①

## 2 자산배분전략

### 자산배분전략의 종류와 이론적 배경    핵심유형문제

다음의 비교에서 잘못 연결된 것은?

| 번 호 | 전략적 자산배분 | 전술적 자산배분 |
|:---:|:---:|:---:|
| ① | 장기적이고 소극인인 전략 | 단기적이고 적극적인 전략 |
| ② | 평균수익률을 목표로 함 | '평균수익률＋초과수익'을 목표 |
| ③ | 시장의 효율성을 전제 | 시장의 비효율성을 전제 |
| ④ | 저평가주 매수전략 | 인덱스전략 |

해설  전략적 배분의 대표적인 전략은 인덱스전략, 전술적 배분의 대표적인 전략은 스타일전략이다.

정답 ④

---

**더알아보기**  자산배분전략의 종류와 이론적 배경

**(1) 전략적(Active) 자산배분 VS 전술적(Passive) 자산배분 : 핵심유형문제 참조**

**(2) 양 전략의 이론적 배경**

| 전략적 자산배분 | 전술적 자산배분 |
|:---:|:---:|
| 시장의 효율성을 전제 | 시장의 비효율성을 전제 |
| 마코위츠의 포트폴리오이론(또는 평균–분산 모형)에 근거(기대수익률과 위험을 측정 → 지배원리로 효율적 투자기회선 도출 → 무차별효용곡선과의 접점에서 최적증권의 선택) | • 증권시장의 과잉반응현상(가격착오현상, 평균반전현상) : 과잉반응이 나타남으로써 초과수익의 기회가 발생<br>• 역투자전략 : 전술적 자산배분은 본질적으로 역투자전략에 해당(상승시 매도/하락시 매수) |

※ 퍼지 투자기회선

마코위츠모형은 기대수익률과 위험을 모두 추정해야 하고 이는 현실적으로 매우 어려운 일이다. 따라서 오차를 줄이기 위해 효율적 투자기회선을 선으로 추정하지 않고 영역(밴드)으로 추정하는 것을 '퍼지(Puzzy) 투자기회선'이라 한다.

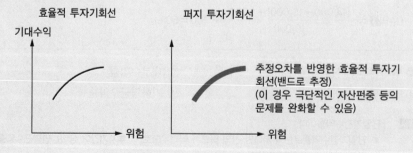

효율적 투자기회선 　 퍼지 투자기회선

추정오차를 반영한 효율적 투자기회선(밴드로 추정)
(이 경우 극단적인 자산편중 등의 문제를 완화할 수 있음)

**01** 전략적 자산배분의 이론적 배경과 가장 거리가 먼 내용은?

① 마코위츠의 포트폴리오이론에 근거를 하고 있다.

② 효율적 투자기회선상의 최적증권에 투자하는 것을 목표로 하고 있다.

③ 현실적인 추정오차를 반영한 퍼지 투자기회선을 사용하기도 한다.

④ 증권시장의 과잉반응현상을 이용하는 전략이다.

해설 과잉반응현상은 전술적 자산배분의 배경이다.

정답 ④

**02** 실제주가와 내재가치의 차이를 이용한 매매전략(아래 그림)에 대한 설명이다. 가장 거리가 먼 것은?

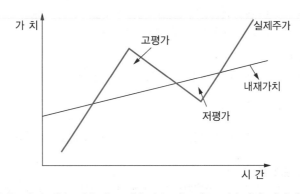

① 내재가치와 실제주가의 갭을 이용해 초과수익을 얻으려는 전술적인 자산배분전략이다.

② 증권시장의 과잉반응현상을 이용하는 전략이다.

③ 단기적인 가격착오현상이 장기적으로 평균반전되는 것을 이용하는 전략이다.

④ 마코위츠의 포트폴리오이론에 근거하고 있다.

해설 마코위츠의 포트폴리오이론은 전략적인 자산배분의 이론적 근거이다. ①·②·③은 전술적인 자산배분전략에 해당하는 내용이다.

※ 전술적인 자산배분은 단기적으로 시장의 비효율성(∵ 가격착오현상)을 전제한다고 하지만 장기적으로는 효율성을 전제로 한다(∵ 장기적으로 평균반전된다고 보기 때문).

정답 ④

## 자산배분전략의 실행도구

전략적 자산배분의 실행방법에 속하지 않은 것은?

① 시장가치분석방법(가치평가모형을 통한 가치분석)

② 위험−수익 최적화방법

③ 투자자별 특수상황을 고려하는 방법

④ 다른 유사한 기관투자가의 자산배분을 모방

해설  시장가치분석방법은 전술적 배분에 속한다(시장가치접근방법이 전략적 배분의 방법이다).

정답 ①

**더알아보기**  자산배분전략의 실행도구

**(1) 양 전략의 실행방법(또는 실행도구)**

| 전략적 자산배분 | 전술적 자산배분 |
| --- | --- |
| ① 시장가치접근방법 | ① 가치평가모형(기본적 분석) |
| ② 위험−수익 최적화방법 | ② 기술적 분석 |
| ③ 투자자별 특수상황을 고려하는 방법 | ③ 포뮬러 플랜 |
| ④ 他기관투자자의 자산배분을 모방 | − |

[시장가치접근방법]
시장에서의 시가총액비율과 동일하게 포트폴리오를 구성하는 방법(시장을 효율적으로 본다는 전제). 소규모자금의 경우 포트폴리오구성이 어려우므로 부적절함

[가치평가모형]
배당평가모형, CAPM, APT모형 등 기본적 분석을 통칭하는 개념. 시장가치접근방법은 전략적, 가치평가모형은 전술적임에 주의할 것

[포뮬러플랜]
단순히 시장과 반대로 투자하여 고수익을 올리고자 하는 기법(역투자전략과 유사)

**(2) 전술적 자산배분의 실행과정의 의미**
전술적인 자산배분을 실행하는 것은 '가치평가과정(내재가치의 변화를 지속적으로 추정)'이며, 또한 '투자위험 인내과정(시장가격에 따라 위험수용도가 주관적으로 변해가는 것)'이라 할 수 있다.

**01** 다음 중 전술적 자산배분과 가장 거리가 먼 것은?

① 역투자전략
② 투자위험의 인내과정
③ 시장가치접근방법
④ 평균반전현상

> 해설    시장가치접근방법은 전략적이다(cf 가치평가모형이 전술적).

> 정답 ③

**02** 보기는 전략, 전술적 자산배분 중 어떤 실행방법을 말하는가?

> 배당평가모형으로 본 甲기업의 적정가치는 3만원이었다. 그런데 현재 갑기업의 시장가격은 25,000원이므로 매수를 하면 초과수익을 얻을 수 있다고 본다.

① 시장가치접근모형
② 위험-수익 최적화방법
③ 가치평가모형
④ 포뮬러플랜

> 해설    전술적 자산배분 중 가치평가모형(내재가치를 평가하는 기본적 분석)에 속한다.

> 정답 ③

---

## 마코위츠 모형

핵심유형문제

다음 괄호 안에 들어갈 수 없는 말은?

> 마코위츠의 평균-분산 모델이란, 수많은 증권과 포트폴리오의 (      )과 (      )이 주어졌을 때 평균-분산 기준(지배원리)에 의해 (      )을 도출해 내고 투자자의 수익률 분포에 대한 선호(위험선호도)에 따라 최적증권(최적 포트폴리오)을 선택하는 투자의사결정 접근법을 말한다.

① 기대수익률
② 위 험
③ 효율적 투자기회선
④ 무차별효용곡선

> 해설    차례대로 '기대수익률(평균), 위험(분산), 효율적 투자기회선(효율적 경계선)'이다.
> ※ 효율적 포트폴리오와 투자자의 무차별효용곡선이 주어지면 마코위츠가 말한 최적증권 또는 최적 포트폴리오가 오직 하나 정해질 수 있다.

> 정답 ④

**(1) 마코위츠의 평균–분산 모델의 개념** : '효율적 투자기회선'에 기초한 이론으로 '위험 – 수익 최적화 모형' 또는 '분산투자이론'으로도 불림(핵심유형문제 참조)

**(2) 평균–분산 모델의 투입정보** : 평균–분산 모델은 반드시 n개의 평균[E(R)]과 n개의 위험($\sigma$)이 필요하며 또한 $\dfrac{n(n-1)}{2}$개의 공분산이 필요하다(무수히 많은 투입정보가 필요 → 모형의 단점).

> **예시** 10개의 자산으로 마코위츠의 평균–분산 모델을 실행하고자 할 경우 투입되어야 하는 공분산의 수?
> → 공분산의 수 $= \dfrac{n(n-1)}{2} = \dfrac{10(10-1)}{2} = 5$개이다.

**(3) 포트폴리오의 분산투자효과** : 포트폴리오 내의 종목 수를 충분히 늘리면 비체계적 위험이 거의 제거되고 체계적 위험만 남게 된다.
- 국제분산투자를 할 경우 국내에서 더 이상 제거되지 않는 체계적 위험의 일부를 제거할 수 있다($\because$ 국가 간 상관성의 차이가 있기 때문)

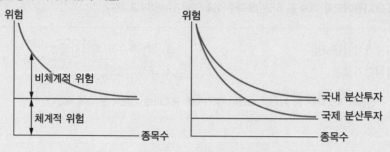

〈체계적 위험과 비체계적 위험〉

| 체계적 위험 | 비체계적 위험 |
| --- | --- |
| • 분산불가능위험(Non–diversifiable Risk)<br>• 시장위험(Market Risk)<br>• 전체위험 | • 분산가능위험(Diversifiable Risk)<br>• 고유위험(Firm–specific Risk)<br>• 개별위험 |

**(4) 무위험자산을 포함할 경우의 최적자산배분**
① 무위험자산(Risk–Free Asset) : 어떠한 상황에서도 확정된 수익이 보장되는 자산, 즉 위험이 영(0)인 투자자산이다(정기예금, 국공채).
② 무위험자산이 포함될 경우의 효율적 포트폴리오 : 무위험자산(Rf)을 포트폴리오에 포함시키면 효율적 투자기회선이 개선된다. 즉, 효율적 투자기회선상의 증권보다는 자본시장선상의 증권에 투자하는 것이 바람직하다.

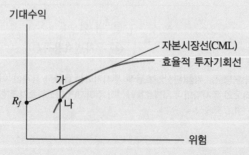

### (5) 자산배분선(CAL)과 위험보상비율(RVAR)

| 자산배분선(CAL) | 위험보상비율(RVAR) |
|---|---|
| $$E(R_p) = R_f + \frac{E(R_A) - R_f}{\sigma_A}\sigma_p$$ | $$\frac{E(R_A) - R_f}{\sigma_A}$$ |

참고 자산배분선의 기울기가 위험보상비율(RVAR)이며, 자산배분선(CAL)에서 분모 $\sigma_A$를 $\sigma_M$으로 바꾸면 자본시장선(CML)이 된다.

[자본시장선 식] $E(R_p) = R_f + \dfrac{E(R_M) - R_f}{\sigma_M}\sigma_p$

[위험보상비율] 위험 한 단위당 초과수익률을 말하며 높을수록 좋다(샤프비율이라고도 함).

예시 기대수익률이 15%, 표준편차가 10%, 무위험수익률이 4%라고 하면 위험보상비율은?

$\rightarrow RVAR = \dfrac{15\% - 4\%}{10\%} = 1.1$ 즉, 위험 한 단위당 1.1단위의 초과수익을 얻음을 의미

그림 자산배분선(CAL)과 자본시장선(CML)

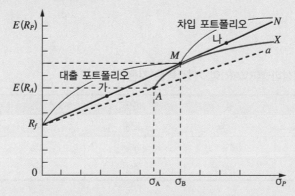

• 자산배분선($R_fAa$)은 효율적 투자기회선(호AMX)선상의 어떤 점과 연결한 선이다. 따라서 무수히 많은 자산배분선이 있는데, 자산배분 중에서 위험보상비율(RVAR)이 가장 높은 선을 자본시장선($R_fMN$)이 된다.

### (6) 대출포트폴리오(Borrowing Portfolio)와 차입포트폴리오(Lending Portfolio)

① 무위험자산과 시장포트폴리오(M)를 연결한 선을 자본시장선(CML)이라 함(또는 무위험자산과 효율적 투자기회선과의 접점을 연결한 선, 또는 자산배분선 중 위험보상비율이 가장 높은 선)
   • 시장포트폴리오(M)는 '가장 분산이 잘 된 포트폴리오'로서 효율적 투자기회선상의 증권 중 가장 RVAR이 높은 점이므로, 지배원리에 의하면 M에 투자하는 것이 바람직하다.
② M에 투자한다는 것은 주식투자비중 100%임을 말하고, 자본시장선 상에서 M의 왼쪽은 주식비중이 100% 미만(예 현금 50% + 주식 50%)을 말하는 것이며, M의 오른쪽은 주식비중이 100%를 초과함을 말한다(예 주식비중 150%).

[대출포트폴리오] '현금 50% + 주식 50%'은 자산의 50%를 주식에 투자하지 않고 무위험자산을 매입한 것, 즉 예금이나 국채를 매입하고 이자를 받는 것인데, 이는 대출과 같다. 따라서 M의 왼쪽 포트폴리오를 대출포트폴리오라고 한다.
[차입포트폴리오] '주식 150%'는 자산의 100%로 주식을 매입한 상태에서 현금을 50% 차입하여 주식을 더 매입한 것이다. 따라서 M의 오른쪽을 차입포트폴리오라고 한다.

**01** 마코위츠의 평균-분산 모델에 대한 설명이다. 가장 거리가 먼 것은?

① 지배원리에 의해 효율적 투자기회선이 도출되며, 효율적 투자기회선과 무차별효용곡선의 접점이 최적증권 또는 최적 포트폴리오가 된다.

② 무위험자산을 포트폴리오에 편입할 경우 기존의 효율적 투자기회선보다 개선된 포트폴리오를 얻을 수 있다.

③ 자본시장선(SML)은 투자기회선선상의 아무 점과 연결한 선이다.

④ 시장포트폴리오의 왼쪽 포트폴리오를 대출포트폴리오라고 하고, 오른쪽을 차입포트폴리오라고 한다.

> **해설** 자산배분선(CAL)은 '무위험자산과 효율적 투자기회선상의 무수히 많은 아무 점과 연결한 선'이며, 이 무수히 많은 자산배분선(CAL) 중에서 위험보상비율(RVAR)이 가장 높은 (가장 효율적인) 선을 자본시장선(SML)이라 한다.
>
> **정답** ③

**02** 다음 중 위험보상비율(RVAR)이 가장 높은 것은?

| 번 호 | ① | ② | ③ | ④ |
|---|---|---|---|---|
| $E(R_A)$ | 10% | 12% | 14% | 16% |
| $R_F$ | 4% | 4% | 4% | 4% |
| $\sigma_A$ | 6% | 8% | 9% | 12% |

> **해설** ③이 1.11로 가장 높으며, 나머지는 모두 1.00이다. 만일 ①·②·③·④가 모두 동일한 효율적 투자기회선상에 위치하는 증권이라면 ③이 시장포트폴리오 M점이 된다. 그리고 M점을 통과하는 선이 CML이 된다.
>
> **정답** ③

**03** 아래 그림에서 차입포트폴리오를 뜻하는 것은?

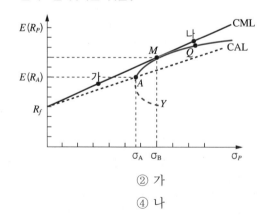

① $R_f$　　　　　　　　　② 가

③ M　　　　　　　　　④ 나

> **해설** M의 왼쪽은 대출포트폴리오, 오른쪽은 차입포트폴리오이다.
>
> **정답** ④

## 블랙리터만 모형

블랙리터만의 자산배분모델에 대한 설명이다. 잘못된 것은?

① 시장포트폴리오에 내재된 균형기대수익률을 산출하고 투자자의 시장전망을 모델에 반영하여 자산배분을 실행하는 모델을 블랙-리터만 모델이라 한다.

② 시장포트폴리오의 균형점인 자산의 시가총액을 이용하여 균형기대수익률을 역산함으로써 특정 자산집단의 기대수익률과 위험을 몰라도 자산배분을 실행할 수 있다.

③ 평균-분산모델의 최대문제점인 극단적인 자산배분비중의 문제를 해결하였으며 자산운용자가 직관적인 대응을 할 수 있다는 장점이 있다.

④ 상대적 시장전망시 시장전망상의 기대수익률 차이가 균형기대수익률 차이보다 크면 수익률이 낮은 자산의 가중치가 증가한다.

**해설**　수익률이 높은 자산의 가중치가 증가한다(더알아보기 참조).

정답 ④

---

**더알아보기**　자산배분모델의 종류 – '블랙리터만(Black-Litterman) 모형'

**(1) 블랙리터만 모형의 개요**

① 마코위츠 모형의 단점을 극복하기 위해 '균형기대수익률'을 도출하여 평균분산에 투입

- 균형기대수익률이란 시장의 수요와 공급이 균형을 이룬 이상적인 상태에서의 시장참여자들의 기대수익률을 말하고, 자산 간의 시가총액비중을 평균분산모형의 비중결정과정에 역산하여 도출한다.

② 블랙리터만 모형은 시장으로부터 균형기대수익률을 역산함으로써, 기대수익률과 위험을 몰라도 자산배분을 실행할 수 있다는 점 등 마코위츠 모형의 여러 가지 단점을 보완하였다.

| 마코위츠 모형의 단점 | 블랙리터만 모형의 장점 |
|---|---|
| • 모든 자산집단에 대해 기대수익률과 위험이 있어야 자산배분을 실행할 수 있다.<br>• 현실적으로 기대수익률과 위험의 예측이 어려워서 추정치의 오류가 발생할 수 있다.<br>• 자산배분의 극단적인 편중문제-Input이 조금만 변해도 Output이 크게 변한다.<br>• 모형의 실행이 난해해서 직관적인 운용이 어렵다. | ⇨ 시장으로부터 균형기대수익률을 얻음으로써, 기대수익률과 위험을 몰라도 자산배분을 실행할 수 있고, 직관적 대응이 가능하며, 따라서 극단적인 자산의 편중배분문제도 해결되었다. |

**(2) 블랙리터만 모형의 직관적 대응방법** : 균형기대수익률을 사용할 경우

| 위험수준이 높고, 타 자산집단과의 상관관계가 높을수록 | 기대수익률이 높아진다. |
|---|---|
| 위험수준이 낮고, 타 자산집단과의 상관관계가 낮을수록 | 기대수익률이 낮아진다. |

→ 이렇게 직관적 대응이 가능하므로, 투자비중이 전 자산에 골고루 분산되는 효과를 얻을 수 있다(마코위츠의 극단적인 편중문제를 해결함).

**(3) 블랙리터만 모형의 실행방법**

블랙리터만 모형은 균형기대수익률에 투자자의 시장전망(절대적 전망/상대적 전망/그룹 간 시장전망)을 반영한 수익률을 최종 균형기대수익률로 사용하여 자산배분을 실행한다. 단, 투자자가 특별한 시장전망을 가지지 않을 경우 균형기대수익률만으로 자산배분을 실행함

- 상대적 전망의 반영방법 : 시장전망상의 기대수익률 차이가 균형기대수익률 차이보다 작으면(크다면), 수익률이 낮은(높은) 자산의 가중치가 증가한다(보충문제 1 참조).

**(4) 블랙리터만 모형의 단점** : 이상의 장점에도 불구하고 블랙리터만 모형 또한 한계점이 있음
① 자산집단의 표준화된 시가총액을 구하기 어렵다.
② 주관적인 시장전망치의 오류가 발생할 수 있다.
③ 시가총액이 작은 자산집단의 비중 변동이 크다.

---

### 보충문제

**01** 빈칸에 들어갈 수 있는 조합을 두 가지 고른다면?

> 블랙리터만 모델의 자산배분은 마코위츠 모델과는 달리 직관적인 이해가 가능하다는 장점이 있다. 예를 들어 블랙리터만 모델에서 시장전망을 가질 경우, 그 시장전망상의 기대수익률 차이가 균형기대수익률보다 ( 가 ) 경우 수익률이 ( 나 ) 자산의 가중치가 증가한다.

|     | 가   | 나   |
| --- | ---- | ---- |
| ①  | 클    | 높은 |
| ③  | 작을  | 높은 |
| ②  | 클    | 낮은 |
| ④  | 정답 없음(모두 적절하지 않음) | |

> 해설 '크면-높은', '작으면-낮은' 두 가지 모두 가능하다.
> - 예를 들어, 국내성장주그룹의 기대수익률이 15%, 국내가치주그룹의 수익률이 7%, 균형기대수익률이 10%라고 하면, 시장전망상의 차이(그룹 간 기대수익률의 차이, 즉 15% − 7% = 8%)가 균형기대수익률과의 차이(15% − 10% = 5%)보다 크다. 이 경우 초과수익의 기회를 얻으므로 기대수익률이 높은 성장주그룹의 가중치를 증가시키면 된다(반대의 경우는 방어적인 입장에서 가치주그룹의 가중치를 증가시킴).
>
> 정답 ①

**02** 다음 설명 중 옳은 것은?

① 우리나라의 국민연금은 블랙리터만의 자산배분모델을 사용하고 있다.
② 포트폴리오의 종목수를 늘릴수록 줄어드는 위험은 체계적 위험이다.
③ 마코위츠 모델은 각 자산 또는 포트폴리오의 기대수익률과 위험을 모른다면 자산배분을 실행할 수 없다.
④ 블랙리터만 모델에서 투자자가 특별한 시장전망을 가지지 않는다면 자산배분을 실행할 수 없다.

해설   마코위츠 모델은 '평균–분산 모델'이라고 하는 것처럼 기대수익률과 위험의 지표가 반드시 필요하다(블랙리 터만 모델은 시장균형상태의 시장포트폴리오로부터 균형기대수익률을 추출하여 사용하므로 개별적인 기대 수익률과 위험이 없어도 자산배분을 실행할 수 있음).
① 마코위츠의 모델을 사용
② 비체계적 위험
④ 특별한 전망이 없을 경우 균형기대수익률을 사용한다.

정답 ③

---

## ESG 투자에 대한 이해 핵심유형문제

### ESG 주요 이니셔티브에 해당하지 않는 것은?

① UNI PRI
② TCFD
③ PSI
④ ESG Washing

해설   ESG Washing은 위장 ESG이다(국제적인 인식과 규제로 지속가능한 소비, 투자를 요구함에 따라 이에 편승해 기업의 이익을 추구하고자 하는 행위).

정답 ④

---

**더알아보기**   ESG와 책임투자의 기본이해 주요내용

ESG(Environmental, Social, Governance)는 금융기관을 중심으로 발전된 개념으로, 기존의 재무정보에 포함되어 있지 않으나, 기업의 중장기 지속가능성에 영향을 미칠 수 있는 요인들을 환경, 사회, 지배구조로 나누어 체계화한 후 평가하는 Tool이며, 자본시장에서 기업을 평가하는 새로운 프레임워크로 발전되었다. 금융의 관점에서 이를 반영한 투자를 ESG 투자 혹은 책임투자라고도 한다.

〈ESG 주요 7가지 투자 방식〉

| 구 분 | 내 용 |
|---|---|
| ESG 통합 | 재무성과에 영향을 미칠 만한 ESG 요인들에 중점을 두고, 재무적 분석과 비재무적 분석을 병행하는 방식 |
| 네거티브 스크리닝 | 특정산업 또는 종목에 대한 투자를 배제 |
| 파지티브 스크리닝 | ESG 기준에 부합하는 종목 또는 산업에만 투자 |
| 국제 규범 기준 스크리닝 | 국제기구 및 NGO 등의 기준에 따라 특정 회사, 섹터, 국가를 투자에서 제외하는 전략 |
| 지속가능/테마투자 | 기후변화, 생태효율성 등 특정 지속 가능성 테마에 관련된 자산 또는 종목에 선별투자하는 전략(수익창출이 일차적 목적) |
| 임팩트투자/커뮤니티투자 | 임팩트투자는 사회 환경에 긍정적 영향을 미치는 기업에 투자, 커뮤니티투자는 소외된 특정 개인이나 커뮤니티에 직접적으로 투자 |
| 기업관여 및 주주활동 | ESG 가이드 라인에 따른 주주제안, 의결권 행사 등 |

〈ESG 주요 글로벌 이니셔티브〉

| 이니셔티브 | 주요 특징 |
|---|---|
| UN PRI | 기준이 되는 6개 원칙(적절한 공시, 의사결정과정 등) |
| UN Global Compact | 글로벌 최대의 기관투자자 연합, 10대 원칙(인권, 노동 등) |
| UN SDGs | 전 세계 빈곤문제를 해결, 17개 목표 |
| GRI | 산업별 차이를 반영 |
| TCFD(Task force on Climate-related Financial Disclosure) | 기후변화 관련 공시 프레임워크(지배구조, 경영전략, 리스크관리, 지표 및 목표의 4가지) 공개 |
| SASB | 지속가능 회계기준위원회(환경, 노동, 사회적 자본 등) |
| IIRC | 재무, 비재무 성과를 통합 보고 |
| CDSB | 환경정보와 천연자본을 포함하는 확정된 개정안 |
| CDP | 탄소배출 등 기후변화 정보 공개 |
| SFDR(Sustainable Financial Disclosure Regulation) | • 금융기관이 투자 및 금융상품을 공시할 때 지속 가능성 정보를 공시하도록 의무화하는 규제<br>• 기업의 지속 가능성과 관련된 정보를 의무적으로 공시(18개 항목으로 피투자기업, 국가, 부동산자산 투자로 구분됨)하도록 하는 유럽연합(EU)의 제도<br>• 주요 공시지표는 온실가스배출량, 온실가스집약도, 에너지 사용량, 화석연료 노출 등 주로 환경적인 지표들이며, 인권, 이사회의 성별 다양성, 논란이 되는 무기에 대한 노출도 등의 사회지표도 포함 |

**보충문제**

**01**  다음 중 글로벌 이니셔티브에 대한 설명으로 옳지 않은 것은?

① TCFD는 크게 지배구조, 경영전략, 리스크 관리, 지표 및 목표의 네 가지 구분에 따라 인권문제와 관련된 정보공시의 틀을 제시하고 있다.

② 그린워싱 논란이 확대되면서 유럽을 선두로 하여 환경영역을 중심으로 금융기관 상품에 대한 ESG공시 규정이 강화되고 있다.

③ UN SDGs는 전 세계의 빈곤문제를 해결하고 지속가능발전을 실현하기 위해 유엔과 국제사회가 달성해야 할 목표를 제시하는 이니셔티브다.

④ 유럽의 금융기관은 지속가능금융공시규제(SFDR)가 2단계에 걸쳐 시행되며, 2단계에서는 주요한 부정적 영향에 대한 18개 지표를 공시해야 한다.

**해설**  TCFD(Task force on Climate-related Financial Disclosure)는 주로 기후변화와 관련된 정보공시의 틀을 제시하고 있다.

정답 ①

**02** **ESG 요소를 반영한 책임투자에 대한 설명으로 옳지 않은 것은?**

① ESG 관련 책임투자방식은 국제금융감독기구에 의해 규정되며, 전 세계에서 의무적으로 적용해야 할 통일된 가이드라인이 수립되어 있다.

② 우리나라 국내금융기관의 ESG 투자 및 상품 관련 정보공시에 대한 제도화 논의는 아직 미진한 상태이다.

③ ESG 관련 책임투자는 마케팅 목적이 아닌 선량한 관리자의 의무와 관련이 깊다.

④ ESG 공시와 관련하여 TCFD는 금융산업을 포함한 전체산업에 적용되는 기후변화 세부지표 7가지를 제시하였다.

> 해설  ESG 관련 책임투자방식은 전 세계적으로 적용 가능한 통일된 가이드라인이 없다.
> • TCFD는 금융산업을 포함한 전체산업에 적용되는 기후 관련 지표가이드 7가지(탄소배출량, 전환위험, 물리적 위험, 기후관련 기회, 자본배치, 내부탄소가격, 보상)를 제시하였다.
>
> 정답 ①

**03** **국민연금 기금운용 지침상 6대 기금운용원칙 중 ESG에 해당하는 것은?**

① 책임투자의 원칙

② ESG공시의 원칙

③ 사회적 책임의 원칙

④ 지속가능성의 원칙

> 해설  국민연금 기금운용 지침상의 6대 기금운용원칙은 수익성·안정성·공공성·유동성·지속가능성 그리고 운용독립성이다.
>
> 정답 ④

# 단원별 출제예상문제

**01** 자산배분의 필요성 또는 중요성이 높아지는 이유와 가장 거리가 먼 것은?

① 자산배분이 증권선택이나 시장 타이밍 예측에 비해서 투자효과가 더 좋다는 실증적인 인식이 증가하고 있기 때문

② 글로벌 금융시장의 벽이 높아지면서 자산의 변동성이 커지고 있기 때문

③ 국민소득 증가로 인한 금융자산 증대로 분산투자를 통한 위험관리 필요성이 증가하고 있기 때문

④ 저금리 상황이 지속되면서 경쟁력향상을 위한 금융기관들의 개발 상품들이 늘어나고 있기 때문

> **해설**  글로벌 금융시장의 벽이 없어지고(또는 낮아지면서) 자산의 변동성이 확대된다.
>
> **정답** ②

**02** 투자전략과 자산배분에 대한 설명으로 가장 적절하지 않은 것은?

① 자산배분이란 자산의 구성비 변동을 통해 초과수익을 얻고자 하는 적극적인 투자전략의 의미가 있다.

② 자산배분은 동종 간, 이종 간 등 두 종류가 있는데 동종 간의 자산배분을 포트폴리오전략이라고도 한다.

③ 투자관리의 3요소는 자산배분, 증권선택, 마켓타이밍의 선택인데 투자관리를 진행함에 있어서 하향식보다는 상향식 접근이 더 효과적이라고 평가된다.

④ 대형연기금의 장기투자실적을 분석해 본 결과 투자관리의 3요소 중 자산배분의 효과가 가장 크게 영향을 미친 것으로 나타났다.

> **해설**  상향식(Bottom-up)보다는 하향식(Top-down)이 더 체계적·과학적이고 성과도 좋은 것으로 평가된다.
> - 상향식은 개별종목선택을 먼저하므로 자산배분은 수동적으로 이루어질 수밖에 없다.
>
> **정답** ③

**03** 자산집단(Asset Class)에 대한 설명이다. 가장 적절하지 않은 것은?

① 개별증권이 모여 마치 큰 개념의 증권처럼 움직이는 것을 자산집단이라 한다.

② 자산집단은 두 가지 기본적인 성격을 갖추어야 하는데, 이는 독립성과 분산가능성이다.

③ 자산집단은 이자지급형 자산, 투자자산, 부동산 등으로 나눌 수 있는데, 채권은 시세차익도 기대할 수 있으므로 투자형 자산에 속한다.

④ 이자지급형 자산은 안정적인 수익이 장점이지만, 높은 인플레이션이 발생할 경우 원금가치가 유지되지 않는 단점이 있다.

> **해설**  이자지급형 자산은 금융기관이나 채권발행자에게 자금을 맡기거나 빌려주고 그 대가로 지급하는 이자수익을 주목적으로 하는 자산으로, 예금과 단기금융상품, 채권 등이 포함된다.
>
> **정답** ③

**04** 과거 시계열 자료를 통해 얻은 각 자산의 위험프리미엄이 다음과 같다. 그렇다면 회사채와 주식의 기대수익률은 얼마인가? 그리고 이러한 기대수익률 측정방식을 무엇이라고 하는가?(단, 무위험수익률 3.5%)

> 회사채의 위험프리미엄 4%, 주식의 위험프리미엄 7%

|   | 기대수익률 | 기대수익률의 측정방식 |
|---|---|---|
| ① | 회사채-7.5%, 주식-10.5% | 추세분석법 |
| ② | 회사채-7.5%, 주식-10.5% | 펀드멘탈분석법 |
| ③ | 회사채-7.5%, 주식-14.5% | 추세분석법 |
| ④ | 회사채-7.5%, 주식-14.5% | 펀드멘탈분석법 |

**해설** 펀드멘탈분석법(Building Block 방식)이다. 과거 시계열자료를 토대로 자산의 위험프리미엄을 구해서 무위험수익률에 더하면 된다. 추세분석법은 과거 자료를 바탕으로 기대수익률 자체를 추정한다는 점에서 차이가 있다.
※ 각 자산의 기대수익률 : 회사채 = 3.5% + 4% = 7.5%, 주식 = 3.5% + 7% = 10.5%

**정답** ②

**05** 乙주식은 기대수익률 10%, 위험(분산)이 25%인 정규분포를 따른다. 신뢰구간이 99.97%일 경우의 이 주식의 투자예상수익은?

① 5%~15%  ② 10%~25%
③ 0%~20%  ④ -5%~25%

**해설** 투자예상수익은 신뢰구간이 높을수록 그 분포범위가 넓어진다.
⟨신뢰구간별 수익분포⟩ 68.26% : 평균±1σ, 95.54% : 평균±2σ, 99.97% : 평균±3σ
※ 위 문제에서는 분산이 25%이므로 표준편차는 5%이다.
따라서 99.97%의 신뢰구간에서는 '평균±3σ = 10%±(3 × 5%) = -5%~25%'이다.

**정답** ④

**06** 보기에서 효율적인 증권과 가장 공격적인 투자자가 선택할 수 있는 효율적이 증권은 무엇인가?

| 구 분 | 주식A | 주식B | 주식C | 주식D | 주식E |
|---|---|---|---|---|---|
| 기대수익률(%) | 15% | 15% | 10% | 8% | 7% |
| 위험(%) | 20% | 12% | 8% | 5% | 5% |

|   | 효율적인 증권 | 공격적인 투자자의 최적증권 |
|---|---|---|
| ① | B, C, D | B |
| ② | B, C, D | D |
| ③ | A, B, C, D, E | B |
| ④ | A, B, C, D, E | E |

지배원리에 의해서 주식A와 주식E는 탈락. 효율적인 증권인 B, C, D 중에서 기대수익률과 위험이 가장 높은 증권인 B가 공격적인 투자자의 최적증권이 된다(보수적인 투자자의 최적증권은 D가 된다).

정답 ①

**07** 위험회피형의 효용함수와 무차별효용곡선은 어떻게 나타나는가?

| | 효용함수 | 무차별효용곡선 |
|---|---|---|
| ① | 원점에 대해 볼록(Convex) | 원점에 대해 볼록(Convex) |
| ② | 원점에 대해 오목(Concave) | 원점에 대해 오목(Concave) |
| ③ | 원점에 대해 볼록(Convex) | 원점에 대해 오목(Concave) |
| ④ | 원점에 대해 오목(Concave) | 원점에 대해 볼록(Convex) |

해설 위험회피형인 경우 효용함수(효용과 투자수익의 함수)는 원점에 대해 오목하게 나타나고, 무차별효용곡선(기대수익률과 위험의 함수)은 원점에 대해 볼록하게 나타난다.

정답 ④

**08** 자산배분전략의 실행과 수정에 대한 설명이다. 잘못된 것은?

① 단기적으로 증시의 비효율성을 전제로 하여 저평가된 자산을 매수하여 초과수익을 얻고자 하는 전략은 전술적 자산배분 전략이다.
② 전략적 자산배분은 장기적인 투자전략이므로 한 번 자산배분을 하면 변화를 주지 않고 그대로 유지한다.
③ 자산집단의 상대적인 가격변동이 있을 경우 주기적으로 애초의 자산배분 비율이나 비중으로 환원하는 것을 리밸런싱이라 한다.
④ 위험에 비해 상대적으로 더 높은 기대수익 획득이 가능하거나 기대수익에 비해 상대적으로 더 낮은 위험수준을 부담하는 것이 가능하다면 자산배분전략을 수정할 필요가 있는데, 이를 업그레이딩이라 한다.

해설 전략적 배분이라고 해서 한 번 결정하고 끝까지 유지하는 것이 아니라 보통 6개월 정도의 주기로 시장의 변화상황을 반영한다(전술적 배분은 보통 1개월 주기로 함).

정답 ②

**09** 투자자가 2기간 동안에 거둔 투자수익률은 1기간이 10%, 2기간이 4.9%이다. 이 경우 두 개의 관찰 기간의 산술평균수익률과 기하평균수익률을 구한다면 각각 얼마인가?

| | 산술평균수익률 | 기하평균수익률 |
|---|---|---|
| ① | 7.45% | 7.00% |
| ② | 7.45% | 7.42% |
| ③ | 7.00% | 7.45% |
| ④ | 7.42% | 7.45% |

해설  산술평균식 $= \dfrac{10\% + 4.9\%}{2} = 7.45\%$

기하평균식 $= \sqrt[2]{(1+0.1)(1+0.049)} - 1 = 0.0742$ 즉 7.42%이다.

※ 항상 산술평균이 기하평균보다 더 높게 나타난다. 또 시간의 연속성이 있는 경우(투자수익률, 물가상승률 등)의 데이터는 기하평균이 합리적이다. 반면 시험점수와 같은 시계열성이 없는 데이터는 산술평균이 더 적합하다.

※ 다기간수익률측정방식 = 내부수익률법, 산술평균수익률법, 기하평균수익률법

정답 ②

---

**10**  다음 중 전술적 자산배분전략의 실행도구로만 묶인 것은?

> ㉠ 기본적 분석  ㉡ 기술적 분석
> ㉢ 포뮬러 플랜  ㉣ 시장가치접근방법

① ㉠, ㉡  ② ㉡, ㉢
③ ㉠, ㉡, ㉢  ④ ㉠, ㉡, ㉢, ㉣

해설  시장가치접근방식은 전략적 자산배분에 해당한다.

정답 ③

---

**11**  전술적 자산배분전략의 실행과정에 대한 내용이다. 빈칸이 올바르게 연결된 것은?

> • 전술적 자산배분전략의 투자자의 위험허용치는 포트폴리오의 실현수익률이라는 상황 변화에 영향을 받지 않는다고 가정하나, 운용자의 입장에서 현실적으로는 영향을 받게 된다. 이를 전술적 배분전략의 실행과정에서 나타나는 ( 가 )이라 한다.
> • 시장가격의 상승으로 실현수익률이 높아지면 투자자의 위험허용도가 높아지므로 ( 나 ) 투자자세를 가지게 된다.

| | 가 | 나 |
|---|---|---|
| ① | 가치평가과정 | 낙관적인 |
| ② | 가치평가과정 | 비관적인 |
| ③ | 투자위험인내과정 | 낙관적인 |
| ④ | 투자위험인내과정 | 비관적인 |

해설  전술적 자산배분전략의 실행과정은 자산집단의 가치를 평가하는 가치평가과정과 가치 판단의 결과를 실제투자로 연결할 수 있는 위험허용여부, 즉 투자위험인내과정, 두 과정으로 진행된다.

※ 투자위험인내과정이란, 실현수익률이 좋을 때는 낙관적이 되어 투자위험을 좀 더 허용하게 되고 실현수익률이 안 좋을 때는 반대로 비관적이 되어 투자위험허용폭이 줄어들게 된다.

정답 ③

**12** 마코위츠의 평균-분산 모델의 한계점이다. 가장 적절하지 않은 것은?

① 모든 자산에 대한 기대수익률과 위험이 지표가 있어야 자산배분을 실행할 수 있다.

② 각 자산의 기대수익률과 위험을 정확히 추정하는 것이 어렵기 때문에 추정오차가 발생할 수밖에 없는 것이 현실이다.

③ 기대수익률과 위험(입력변수)이 조금만 변화해도 자산별 배분비중은 큰 폭으로 변화하고 특정자산에 지나치게 과잉 또는 과소배분되는 문제가 있다.

④ 자산집단의 표준화된 시가총액을 구하기 어렵다.

해설 ①·②·③은 마코위츠 모델의 한계점이나 ④는 블랙리터만 모델의 한계점이다(균형기대수익률을 역산하기 위해서는 균형상태에서의 자산 간의 시장규모 즉, 표준화된 시가총액 비중)을 현실적으로 구하기 어렵다는 것).

정답 ④

**13** 다음의 증권 A, B, C, D는 모두 효율적 투자기회선상에 있는 증권들이다. 무위험자산을 편입할 경우 기존의 효율적 투자기회선보다 개선된 자본시장선(CML)을 얻을 수 있는데, 그렇다면 자본시장선은 무위험자산과 증권 A, B, C, D 중 어떤 증권과 연결한 것인가?

| 구 분 | 증권A | 증권B | 증권C | 증권D |
|---|---|---|---|---|
| 기대수익률[E(R)] | 20% | 15% | 14% | 12% |
| 위험(σ) | 10% | 9% | 8% | 6% |

(단, 무위험수익률 $R_f = 6\%$)

① 증권A
② 증권B
③ 증권C
④ 증권D

해설 자본시장선(CML)은 무위험자산과 효율적 투자기회선상에서 위험보상비율(RVAR)이 가장 높은 증권(또는 포트폴리오)과 연결하여 구해진다.

• $RVAR = \dfrac{\text{기대수익률} - \text{무위험수익률}}{\text{표준편차}}$ 이므로, 증권A의 $RVAR = \dfrac{20-6}{10} = 1.4$이다.

같은 방식으로 차례대로 구하면 증권B = 1, 증권C = 1, 증권D = 1이다. 따라서 자본시장선은 무위험자산과 증권A를 연결한 선이 된다.

정답 ①

**14** 그림에서 투자자금의 전액을 시장지수와 같은 인덱스에 투자할 경우 선택할 수 있는 포트폴리오는?

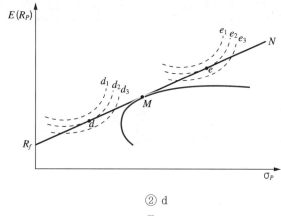

① Rf

② d

③ M

④ e

> **해설** M은 효율적 투자기회선 중 RVAR이 가장 높은 포트폴리오이며, 이를 시장포트폴리오라고 하면 현실적으로는 종합주가지수로 인식한다.
> • $R_f$ = 현금 100%, d = 현금과 주식을 절반 정도씩 보유, M = 주식 100%, e = 주식비중이 100% 초과함을 말한다. 이 중에서 $R_f$, d는 대출포트폴리오라고 하고 e는 차입포트폴리오이다.
>
> 정답 ③

**15** 주식1,2,3에 대한 확률분포와 각 상황에 대한 주식의 투자수익률이다. 각 주식의 기대수익률(%)로 옳은 것은?

| 상 황 | 확률분포 | 주식1 | 주식2 | 주식3 |
|---|---|---|---|---|
| 호경기 | 0.3 | 100% | 40% | 10% |
| 정 상 | 0.3 | 15% | 15% | 12% |
| 불경기 | 0.4 | −70% | −10% | 14% |

|  | 주식1 | 주식2 | 주식3 |
|---|---|---|---|
| ① | 6.0 | 12.0 | 10.0 |
| ② | 6.2 | 13.2 | 8.9 |
| ③ | 6.5 | 12.5 | 12.2 |
| ④ | 6.8 | 13.5 | 12.5 |

> **해설** 주식1 : $0.3 \times 1.0 + 0.3 \times 0.15 + 0.4 \times (-0.7) = 0.065(6.5\%)$
> 주식2 : $0.3 \times 0.4 + 0.3 \times 0.15 + 0.4 \times (-0.1) = 0.125(12.5\%)$
> 주식3 : $0.3 \times 0.1 + 0.3 \times 0.12 + 0.4 \times 0.14 = 0.122(12.2\%)$
>
> 정답 ③

# 03 영업실무

## 1 투자권유

### 투자권유 전 실행절차(1)

핵심유형문제

**투자자정보파악에 대한 설명으로 옳지 않은 것은?**

① 부모가 미성년 자녀의 법정대리인으로 투자권유를 받는 경우 자녀에 대한 투자자정보 작성권한이 있는지 여부를 확인하여야 한다.

② 온라인으로 파생상품펀드판매 시 적정성의 원칙에 따라 투자자정보를 파악하고 투자자가 적정하지 않은 상품의 거래를 원할 경우 경고 등을 하여야 한다.

③ RP 등 위험이 높지 않는 금융투자상품만을 거래하는 투자자의 경우 간략한 투자자정보확인서를 사용할 수 있다.

④ 금융소비자가 장외파생상품을 거래하고자 하는 경우 투자권유 여부와 상관없이 '장외파생상품 투자자정보확인서'를 이용하여 투자자정보를 파악하여야 한다.

해설 부모가 미성년 자녀의 법정대리인으로 회사에서 투자권유를 받는 경우 자녀에 대한 친권이 존재한다는 사실을 증명할 수 있는 서류를 제출하여 법정대리권이 있음이 확인되면 별도로 자녀에 대한 투자자정보 작성권한이 있는지 여부를 확인할 필요는 없다.

정답 ①

투자권유 전 실행절차는 다음 표와 같다.

| 구 분 | | 내 용 |
|---|---|---|
| 방문목적 및 투자권유 희망여부 확인 | 투자권유를 희망하지 않는 금융소비자 | 금융소비자의 요청에 따라 객관적 정보만을 제공하는 것은 투자권유가 아님 |
| | | 투자자정보확인서를 작성할 필요가 없음 |
| | | 적정성원칙 대상상품(ELS, 파생형펀드, WRAP계약 및 신탁계약 등)은 가입이 제한됨을 안내함 |
| | | 투자권유 없이 투자하는 경우라도 원금손실가능성, 투자손익은 금융소비자에게 귀속된다는 주요 유의사항을 알려야 함 |
| | | 투자권유 없이 특정상품 청약 시 '투자권유 희망 및 투자자정보 제공여부 확인' 내용이 포함된 확인서를 금융소비자로부터 수령해야 함(확인서를 받는 취지 + 유의사항을 충분히 설명해야 함) |
| | 적정성원칙 대상상품에 대한 적용 | 투자권유를 하지 않더라도 적정성 대상상품을 판매하는 경우 금융상품의 취득 및 처분목적, 재산상황, 취득 및 처분경험 등 투자자정보를 파악하여야 함 |
| | | 투자자정보에 의거하여 판매가 적정하지 않을 경우, 금융소비자에게 이 사실을 알려야 함(서면교부, 우편, 전자우편, 전화, 팩스, 메시지 등). 또한 적정성 판단결과와 그 이유를 기재한 서류 및 금융상품에 관한 설명을 서면 등으로 제공하여야 함 |
| 금융소비자 유형 확인 | 일반금융소비자 | "일반금융소비자"란 전문금융소비자가 아닌 금융소비자를 말함 |
| | 전문금융소비자 | 금융상품에 관한 전문성 또는 소유자산규모 등에 비추어 금융상품 계약에 따른 위험감수능력이 있는 금융소비자임 |
| 투자자정보파악 | 취약투자자 여부확인 | 고령자, 은퇴자, 미성년자, 주부, 투자경험이 없는 자 등 상대적으로 투자의 위험성에 대한 인지도가 낮다고 판단되는 금융소비자 |
| | 투자자 성향 분석 | 대리인을 통한 투자자 성향 분석 / 회사는 위임의 범위에 투자자정보 작성 권한이 포함되어 있는지를 확인하여야 함 |
| | | 투자자정보파악 간소화 대상 / MMF 등에 투자 시 투자자정보를 간략하게 파악해도 됨 |
| | | 장외파생상품의 거래 / 투자권유에 상관없이 '장외파생상품 투자자정보 확인서'를 이용하여 투자자정보를 파악하여야 함 |
| | | 투자자정보의 유효기간 / 투자자정보파악일로부터 12~24개월 |

---

**보충문제**

**01**  금융영업에 있어서의 새로운 패러다임과 가장 거리가 먼 것은?

① 금융상품개발에 역량을 집중한다.
② 고객만족을 통해 기존고객의 유지를 중요시한다.
③ 고객만족을 통해 기존고객으로부터의 추가거래를 유발한다.
④ 고객만족을 통해 기존고객으로부터 새로운 고객을 소개받는다.

해설  금융상품개발은 불특정다수를 대상으로 하는 것으로서, 성장중심의 마케팅전략이다(새로운 패러다임은 성장중심이 아닌 관계중심의 마케팅이다. 관계중심마케팅은 CRM을 말하는 것으로 추후 학습예정).

정답 ①

## 투자권유 전 실행절차(2)

투자자의 정보를 파악함에 있어 간략한 양식의 투자자정보확인서를 사용할 수 있는 금융투자상품에 속하지 않는 것은?

① MMF(단기금융집합투자기구)
② 국채
③ 은행채
④ RP

**해설** 국공채(국채, 지방채, 특수채)와 MMF, RP는 저위험상품으로 약식의 투자자정보확인서를 사용할 수 있다. 단, 이들 상품과 일반 금융투자상품을 함께 투자권유하는 경우에는 약식을 사용할 수 없다.

정답 ③

---

## 투자권유절차

핵심유형문제

'적합성보고서'의 교부대상자가 아닌 것은?

① 신규투자자
② 고령투자자
③ 초고령투자자
④ 투자권유불원고객

**해설** 적합성보고서는 ①·②·③의 투자자를 대상으로 'ELS, ELF, ELT, DLS, DLT, DLF'를 권유할 때 투자자에게 교부해야 하는 것이다.

정답 ④

---

**더알아보기** 투자권유절차 – 적합성원칙, 적정성원칙

**(1) 적합성원칙 이행 단계**
① 회사가 정한 적합성판단기준에 적합한 금융투자상품에 대해 투자권유를 해야 한다.
② 만일, 투자자가 자신의 투자성향에 따른 적합성기준을 초과한 금융투자상품에 스스로 투자하고자 할 경우에는, 투자자에게 부적합사실을 명확히 알리고 판매를 한다(회사기준에 따라 판매를 중지할 수도 있음).

⊙ 이 때 일반 금융투자상품의 경우 '부적합 금융투자상품'의 내용이 포함된 서류를 교부하고, 파생상품 등에 대해서는 '부적정'의 내용이 포함된 서류를 교부함

③ 적합성보고서 : 핵심유형문제

④ 고령투자자에 대한 판매준칙

　⊙ 만 65세 이상을 고령투자자, 만 80세 이상을 초고령투자자로 분류한다. 고령투자자에게 금융투자상품을 판매하려는 경우 일반적인 적합성 판단기준에 더하여 회사별로 설정한 '고령투자자 보호기준'을 준수하여야 한다. 판매과정을 녹취하고 금융소비자가 요청하는 경우 해당 녹취파일을 제공해야 할 의무가 있으며 판매과정에서 2영업일 이상의 숙려기간을 부여하여야 한다.

　⊙ 고령투자자 보호를 위한 일반기준

　　ⓐ 고령투자자 전담기구 설치

　　ⓑ 투자권유 유의상품 지정 및 적용 : 파생상품 등, 조건부자본증권 등의 수익구조가 복잡하거나 위험도가 높은 상품을 '투자권유 유의상품'으로 지정하며, 더 강화된 판매기준을 적용함

| 고령투자자에 '투자권유유의상품' 권유 시 | 초고령투자자에 '투자권유유의상품' 권유 시 |
|---|---|
| 관리직직원(지점장, 준법감시담당자)이 사전에 적정성을 확인해야 함 | • 판매자제가 원칙<br>• 판매허용 시에는, 조력자와 상담하거나 투자숙려기간을 부여함 |

⑤ 장외파생상품에 대한 특칙

　⊙ 일반투자자에게는 위험회피거래만 인정된다.

　⊙ 위험회피거래의 요건 : 외험회피대상을 보유하고 있거나(보유예정포함), 해당 장외파생상품의 거래에서 발생할 수 있는 손익이 위험회피대상자산에서 발생할 수 있는 손익의 범위를 초과하지 말아야 함

**(2) 투자권유 시 유의사항** : 보충문제 3, 4

---

**01** 투자권유 일반원칙에 대한 설명이다. 가장 거리가 먼 것은?

① 회사가 정한 적합성판단에 비추어 투자자에게 적합하지 않다고 인정되는 투자권유를 할 수 없다.

② 회사가 이미 투자자정보를 알고 있는 투자자에 대해서는 기존 투자자성향과 그 의미에 대해 설명하고 투자권유를 하는 것이 바람직하다.

③ 회사가 이미 투자자정보를 파악하고 있는 투자자가 투자자성향에 비해 위험성이 높은 금융투자상품에 투자하고자 할 경우, 그 투자가 진행되지 않도록 해당 상품의 판매를 중단해야 한다.

④ 회사는 고령투자자를 보호하기 위해 고령투자자에 대한 금융투자상품 판매기준을 별도로 마련해야 한다.

　해설　본인의 투자성향보다 위험도가 높은 금융투자상품에 투자하고자 할 경우, '투자성향에 적합하지 않은 투자성상품 거래 확인' 내용이 포함된 확인서를 받아 판매절차를 진행할 수 있다.

　　정답 ③

**02** 고령투자자에 대한 판매보호기준이다. 가장 적절하지 않은 것은?

① 만 65세 이상의 투자자에 대해서는 고령투자자보호기준을, 만 80세 이상 투자자에 대해서는 초고령투자자보호기준을 마련해야 한다.

② 고령투자자에 대한 전담창구 및 전담직원을 확보해야 한다.

③ 사전에 가족 등 조력자의 연락처를 확인해 두는 것이 바람직하다.

④ 고령투자자에게 투자권유유의상품을 권유할 경우 강화된 판매기준을 적용해야 하는데, 이때 투자권유유의상품이란 적정성원칙의 적용대상인 파생상품 등과 같은 개념이다.

> **해설** '투자권유유의상품'과 '파생상품 등'은 유사한 측면이 있으나, 후순위채나 조건부자본증권 등 파생상품 등이 아니라도 투자권유유의상품에 지정될 수 있다.
>
> 정답 ④

**03** 투자권유 시 금지되는 사항에 포함되지 않는 것은?

① 거짓의 내용을 알리거나 불확실한 사항에 대해 단정적인 판단을 제공하는 행위

② 금융투자상품에 대하여 투자자로부터 투자권유의 요청을 받지 않고 방문, 전화 등의 실시간 대화의 방법으로 투자권유를 하는 행위

③ 투자권유를 받은 투자자가 이를 거부하는 취지의 의사를 표시하였음에도 불구하고 투자권유를 계속하는 행위

④ 투자자로부터 금전의 대여나 그 중개, 주선 또는 대리를 요청받지 않고 이를 조건으로 투자권유를 하는 행위

> **해설** ②는 불초청권유의 금지를 말하는데 이는 장외파생상품에만 해당된다.
> ③은 재권유금지원칙을 말하는데 예외가 있다(보충문제 4).
>
> 정답 ②

**04** 다음 중 투자권유가 가능하지 않은 것은?

① 투자자의 거부표시 후 1개월 후에 동일상품을 다시 권유하는 행위

② 지분증권의 투자권유를 거부한 투자자에게 바로 채무증권을 권유하는 행위

③ 장외파생상품의 투자권유를 거부한 투자자에게 바로 장내파생상품을 권유하는 행위

④ 증권에 대한 투자일임계약을 거부한 투자자에게 바로 증권에 대한 투자자문계약을 권유하는 행위

> **해설** 재권유금지원칙의 예외를 말한다. 단, ㉠ 동일상품에 대해 1개월 후에 권유하거나, ㉡ 타상품을 권유하는 경우는 재권유금지의 예외가 허용된다. 여기서 타상품으로 인정되는 것은 금융투자상품 중에서 '채무증권, 지분증권, 수익증권, 투자계약증권, 증권예탁증권, 장내파생상품, 장외파생상품'은 각각 타상품성이 인정된다. 그런데 투자자문계약과 투자일임계약의 타상품성은 인정되지 않는다.
>
> 정답 ④

**설명의무에 대한 설명이다. 가장 적절하지 않은 것은?**

① 투자자에게 투자를 권유하는 경우 금융투자상품의 내용과 위험 등에 대해서 투자자가 이해할
　수 있도록 설명하고, 설명한 내용을 투자자가 이해하였음을 서명 등의 방법으로 확인받아야
　한다.

② 설명의무 이행시 해당 금융투자상품의 복잡성 및 위험도 등 상품측면과 투자자의 투자경험 및
　인식능력 등 투자자측면을 고려하여 설명의 정도를 달리 할 수 있다.

③ 금융투자상품 구조의 단순성이나 복잡성을 떠나서 계속적 거래가 발생하는 경우 매번 설명의무
　를 이행해야 한다.

④ 투자자가 서명이나 기명날인으로 설명서의 수령을 거부하거나, 증권신고서의 효력이 발생한 후
　법에 따라 (간이)투자설명서를 판매 전에 교부하는 경우에는 투자설명서의 교부를 생략할 수
　있다.

> 해설　　주식이나 채권, ETF와 같은 단순구조의 상품을 반복적으로 거래하는 경우 설명의무는, 그 복잡성을 덜어주
> 기 위해서 최초 계좌개설시 최초투자권유로 설명의무를 이행하는 것으로 간주된다. 그리고 해당절차에 따라
> 설명의무를 이행했음에도 불구하고 투자자가 수익구조나 위험을 이해하지 못하는 경우에는 투자권유를 중
> 단해야 한다.
>
> 정답 ③

---

**더알아보기**　설명의무

**(1) 설명의무의 이행 : 핵심유형문제**

**(2) 외환증권 및 조건부자본증권에 대한 설명의무 특칙**
　① 외환증권에 대한 추가설명사항 : 투자대상국가의 경제상황의 특징, 환율변동위험뿐 아니라 해당국가
　　의 제도상의 위험, 환위험헤지에 대한 사항 등
　② 조건부자본증권에 대한 추가설명사항 : 보충문제 1

**(3) 금융투자상품의 위험도 분류 : 보충문제 2, 3**
　① 정량적 요소(원금손실범위, 레버리지정도 등)와 정성적 요소(수익구조의 복잡성 등)를 감안하여 분류
　　하고, 해당 분류표를 상담창구에 비치함
　② 장외파생상품에 대한 위험도분류

| 주 의 | 경 고 | 위 험 |
|---|---|---|
| 옵션매수, 금리스왑 | 옵션매도, 통화스왑, 선도거래 | '주의, 경고'를 제외한<br>그 밖의 장외파생상품 |

**01** 조건부자본증권을 투자 권유할 경우 추가적으로 설명해야 하는 사항을 나열하였다. 가장 거리가 먼 것은?

① 일정사유가 발생하면 원리금이 전액 지급되거나 보통주로 전환되는 특약이 있다는 사실

② 상각이나 전환의 사유 및 효과

③ 특정사유 발생시 또는 발행인의 재량에 따라 이자가 지급되지 않을 수도 있다는 사실

④ 장기간 현금화가 불가능하거나 유동성이 보장되지 않을 수도 있다는 사실

> **해설** '지급'이 아니라 '상각'이다. 지급불능 등의 사유가 발생할 경우 원리금을 지급하지 않고 상각할 수도 있다는 것을 의미한다.
> ※ 조건부자본증권에 대한 설명의무 특칙
> 가. 일정 사유가 발생하면 원리금이 전액 상각되거나 보통주로 전환되는 특약이 있다는 사실
> 나. 상각·전환의 사유 및 효과
> 다. (이자지급제한에 관한 특약이 있는 경우) 특정한 사유 발생 시 또는 발행인의 재량에 따라 이자가 지급되지 않을 수 있다는 사실
> 라. (만기가 장기이거나 발행인의 임의만기연장 특약이 있는 경우) 장기간 현금화가 불가능하거나 유동성이 보장되지 않을 수 있다는 사실
> 마. (중도상환 조건이 있는 경우) 만기가 짧아질 수 있다는 사실
> 바. 사채의 순위
>
> **정답** ①

**02** 금융투자상품의 위험도를 분류할 경우 고려하는 정량적 요소가 아닌 것은?

① 가격의 변동성

② 기초자산의 종류 및 구성 비중

③ 신용등급

④ 거래구조의 복잡성

> **해설** 정량적 요소는 계량화가 가능한 것이다. ①·②·③ 외에 레버리지정도, 목표투자기간 등이 있으며, 정성적 요소로는 거래구조의 복잡성, 거래상대방위험, 조기상환위험, 유동성위험 등이 있다.
>
> **정답** ④

**03** 장외파생상품의 위험도 분류상 위험도가 가장 낮은 것은?

① 금리스왑      ② 통화스왑

③ 옵션매도      ④ 선도거래

> **해설** 금리스왑과 옵션매수는 위험도가 가장 낮은 '주의' 단계이다.
>
> **정답** ①

# 그 밖의 투자권유 유의사항

**투자성 상품의 청약철회에 대한 설명으로 적절한 것은?**

① 청약철회가 가능한 투자성 상품에는 금전신탁계약도 포함된다.

② 계약서류를 받은 날로부터 또는 계약체결일로부터 7영업일 이내에 철회의사를 표시할 수 있다.

③ 철회의 효력은 금융소비자가 발송한 서면 등이 금융회사에 도달한 때에 효력이 발생한다.

④ 금융회사는 청약철회를 접수한 날로부터 3영업일 이내에 이미 받은 금전 등을 금융소비자가 지정하는 입금계좌로 반환하여야 한다.

> **해설**
> ① 청약철회가 가능한 신탁상품에는 고난도 금융투자상품, 고난도 투자일임계약, 고난도 금전신탁계약, 비금전신탁이다.
> ② 계약서류를 받은 날로부터 또는 계약체결일로부터 7일 이내(→ 7영업일이 아님에 유의)에 철회의사를 표시할 수 있다.
> ③ 철회의 효력은 금융소비자가 서면 등을 발송한 때에 효력이 발생한다(발송주의). 따라서 서면 등을 발송한 때에는 지체 없이 발송사실을 금융회사에 알려야 한다.
>
> **정답** ④

---

**더알아보기** 그 밖의 투자권유 유의사항

그 밖의 투자권유 유의사항은 다음 표와 같다.

| 구 분 | 내 용 |
|---|---|
| 계약서류의 제공 | 금융소비자와 계약을 체결하는 경우 그 계약서류를 지체없이 제공하여야 하며, 계약서류를 전자우편, 휴대전화 문자메시지 등의 전자적 의사표시로 제공하는 경우에는 해당 계약서류가 위조·변조되지 않도록 기술적 조치를 취해야 함 |
| 청약의 철회 | • 투자성 상품 중 청약철회가 가능한 상품(고난도 금융투자상품, 고난도 투자일임계약, 고난도 금전신탁계약, 비금전신탁)은 계약서류를 제공받은 날 또는 계약체결일로부터 7일 이내에 가능<br>• 대출성 상품은 계약서류를 제공받은 날 또는 계약체결일로부터 14일 이내에 가능 |
| 위법계약의 해지 | • 적합성의 원칙·적정성의 원칙·설명의무·불공정영업행위금지·부당권유행위금지를 위반한 경우에는 청약 철회가 가능<br>• 해당계약 체결일로부터 5년 이내 가능(단, 5년 내에서도 금융소비자가 위법계약임을 안 날로부터 1년 이내에 위법계약해지 요청이 가능함) |
| 손실보전 등의 금지 | 금융투자상품 매매 등의 거래와 관련하여 손실보전은 금지, 다만 신노후생활연금신탁, 연금신탁, 퇴직일시금신탁의 상품가입 시 법에 따라 손실을 보전 또는 이익을 보장하는 경우는 예외임 |
| 투자매매업자 및 투자중개업자의 금지행위 | 과당매매의 권유금지, 자기매매를 위한 권유금지, 부당한 권유금지(예를 들어 투자자에게 회사가 발행한 주식의 매매를 권유할 수 없음) |
| 투자자문업자 및 투자일임업자의 준수사항 | 실제로 수행하는 임직원의 성명 및 주요 경력(로보어드바이저의 경우, 투자자문 또는 투자일임이 로보어드바이저에 의해 이루어진다는 사실)을 미리 금융소비자에게 제공하고 확인을 받아야 함 |

| 투자자문업자 및<br>투자일임업자의 금지행위 | 계약으로 정한 수수료 외의 대가를 추가로 받는 행위는 금지됨 |
|---|---|
| 투자일임 및<br>금전신탁에 대한 적용 | • 금융소비자에 대한 정보확인서에 따라 투자자를 유형화하여야 함<br>• 금융회사는 하나 이상의 자산배분유형군을 마련하여야 함 |
| 로보어드바이저에<br>대한 적용 | 로보어드바이저 알고리즘의 중대한 변경 등 주요사항 변경 시에는 금융소비자에게 미리<br>고지하여야 함 |
| 판매관련 자료의 보존 및<br>금융소비자 제공 | 금융상품판매업등의 업무와 관련된 자료를 10년 또는 5년의 범위 내에서 유지·관리하여<br>야 함 |

---

**보충문제**

**01  위법계약의 해지에 대한 설명으로 옳지 않은 것은?**

① 금융회사가 금융상품의 계약체결과 관련하여 설명의무를 위반한 경우에 적용이 가능하다.

② 금융상품 계약체결일로부터 5년이 경과하지 않은 상태에서, 위법해지의 대상임을 안 날로부터 1년 이내에 계약을 해지할 수 있다.

③ 금융회사는 위법계약해지를 요구받은 날로부터 10일 이내에 조건 없이 계약의 해지를 수락하여야 한다.

④ 계약기간 종료 전 금융소비자가 계약을 해지하는 경우 그 계약에 따라 금융소비자의 재산에 불이익이 발생하는 계속적 계약형태이어야 한다.

> **해설**  금융소비자의 해지를 요구받은 날로부터 10일 이내에 수락여부를 통지하여야 하는데, 일정한 경우에는 금융소비자의 요구를 거절할 수 있고 거절의 통지를 한 경우에는 거절사유를 함께 통지하여야 한다.
>
> **정답** ③

**02  투자매매업자 또는 투자중개업자의 금지되는 투자권유행위를 나열한 것으로 옳지 않은 것은?**

① 금융투자상품의 가치에 중대한 영향을 미치는 사항을 미리 알고 있는 상태에서, 투자자에게 매수를 권유하고 이를 이용하여 매도를 하는 행위

② 회사가 발행한 주식을 투자권유하는 행위

③ 손실보전행위

④ 해당 영업에서 발생하는 통상적인 이해관계에 있는 경우 이를 사전에 투자자에게 알리지 않고 해당 금융투자상품의 매매를 권유하는 행위

> **해설**  통상적인 관계는 알리지 않고 매매를 권유해도 무방하다(지급보증관계나 발행주식의 1% 이상 지분을 보유한 경우 등의 '특수한 관계'일 경우는 사전에 알려야 함).
>
> **정답** ④

**03** 투자자문업자 또는 투자일임업자의 금지행위에 해당하지 않는 것은?

① 투자자로부터 금전, 증권 그 밖의 재산의 보관, 예탁을 받는 행위

② 투자자에게 금전, 증권 그 밖의 재산을 대여하거나 투자에 대한 제3자의 금전, 증권 그 밖의 대여를 중개·주선 또는 대리하는 행위

③ 계약으로 정한 수수료 외의 대가를 추가로 받는 행위

④ 신용공여를 통한 매매거래를 원하지 않는 투자자에게 이를 부추기거나 조장하는 행위

**해설** 투자매매업자 또는 투자중개업자의 금지행위이다. 투자자문업자나 투자일임업자는 신용공여를 영업으로 할수 없다.

**정답** ④

---

## 고객관리의 실행
**핵심유형문제**

다음 중 성공적인 CRM전략이라고 볼 수 없는 것은?

① 고객획득보다는 고객유지 전략

② 판매촉진 중심에서 고객서비스 중심으로의 전환

③ 규모의 경제에서 범위의 경제로 전환

④ 고객점유율에서 시장점유율 위주의 영업으로 전환

**해설** 시장점유율에서 고객점유율로의 전환이 옳은 내용이다.

**정답** ④

---

**더알아보기** 성공적인 CRM전략(관계마케팅)

### 매스마케팅 VS 관계마케팅

| 매스마케팅(Mass Marketing) | 관계마케팅(Relationship Marketing) |
| --- | --- |
| 고객획득(Customer-getting) | 고객유지(Customer-keeping) |
| 판매촉진 중심(Promotion, Campaign) | 고객서비스 중심(Service) |
| 시장점유율(Market Share) 목표 | 고객점유율(Customer Share) 목표 |
| 제품차별화(Product Differentiation) | 고객차별화(Customer Differentiation) |
| 단기적 거래 중심(Transaction) | 장기적 관계형성(Relationship) |
| 규모의 경제(Economy of Scale) | 범위의 경제(Economy of Scope) |
| 자동화(to Automate) | 정보화(to Informate) |
| 사후처리지향(Cure) | 사전처리지향(Care) |

[고객획득 → 고객유지(Costomer Keeping)]
'마케팅의 양동이이론'에 따르면 성장시대에서는 신규고객의 유입이 이탈보다 많지만, 성숙시대에서는 유입보다 이탈이 더 많게 된다. 즉 성숙단계인 지금은 고객이탈 방지를 위한 '고객유지 전략'이 필요하다.

[판매촉진 → 고객서비스(Service) 중심]
관계를 제고시키는 고객서비스 3원칙은 '개별적일 것, 주기적일 것, 도움이 될 것'이다.

[시장점유율 → 고객점유율]
성장시대에서는 금융기관의 시장점유율 확대정책(다점포전략 등)을 통해 한 명의 고객이라도 더 확보하고자 했으나, 관계마케팅에서는 기여도가 높은 우량고객중심의 고객점유율 확대가 주요전략이 된다(고객점유율은 고객의 총 운용가능한 가용자금 중 해당금융기관이 보유하는 금액의 비율을 말하며, 고객의 지갑점유율(Customer's Pocket Share)이라고도 함).

[규모의 경제(Economy of Scale) → 범위의 경제(Economy of Scope)]
신상품을 개발하여 대량판매에 목표를 둔 과거의 '규모의 경제'적 접근에서, 관계마케팅은 고객에 도움이 되는 다양한 서비스를 제공함으로써 시너지효과를 누리고자 한다.

[사후처리지향 → 사전처리지향]
Cure는 사후적으로 잘못된 서비스를 고치는 A/S의 개념이나, Care는 사전적으로 잘못된 부분을 미리 예방하는 것이다. 관계마케팅에서는 고객에 대한 Care의 노력이 필요하다.

---

**보충문제**

**01** CRM(Customer Relationship Management)의 효과라고 할 수 없는 것은?

① 고객과의 친밀한 관계를 통한 예탁자산 증대효과
② 초기고객유인에 있어서의 관리비용 감소
③ 만족스러운 관계형성을 통한 고객이탈률의 감소
④ 만족도 높은 우량고객을 통한 구전효과

해설　'기존고객과의 관계증진을 통한 관리비용 감소'이다. 초기고객유인은 불특정다수를 상대로 하므로 단위당 관리비용이 많지만, 고객과의 관계가 좋아질수록 단위당 관리비용이 감소한다(고객에 대한 정보가 많아지므로 꼭 필요한 부분에 비용을 집중할 수 있기 때문).

정답 ②

**02** 성공적인 CRM의 고객서비스와 가장 거리가 먼 것은?

① 개별적일 것
② 주기적일 것
③ 도움이 될 것
④ 인간적일 것

해설　①·②·③이 '관계제고 고객서비스의 원칙'이다.

정답 ④

**03** 다음 보기가 말하는 관계마케팅의 측면은?

> 현재의 성숙단계의 시장에서는, 한 사람의 고객을 더 확보하려는 다점포전략보다는 해당 금융기관에 대한 고객의 기여도를 더욱 제고시키려는 노력이 중요하다.

① 고객유지 전략
② 고객점유율 제고전략
③ 고객차별화 전략
④ 정보화 전략

해설     고객점유율 제고전략이다. 고객점유율은 '고객지갑 점유율'이라고도 한다.

정답 ②

## 2 고객상담

### 고객상담 개요       핵심유형문제

**고객상담의 정의에 대한 설명으로 적절하지 않은 것은?**

① 상담활동은 영업활동을 수행하는 데 가장 핵심이 되는 것으로 가장 완벽하게 실시해야 하는 영업활동이다.
② 상담은 주로 화법에 의해 이루어지는데 이를 연마, 개발하지 않고서는 좋은 실적을 올릴 수 없다.
③ 자신만의 독특하고 효율적인 화법을 개발하기 위해 부단히 노력해야 한다.
④ 회사는 상품에 따른 또는 고객층에 따른 스크립트(Script) 등을 적극 개발해야 한다.

해설     상담활동은 영업활동을 수행하는 데 가장 핵심이 되는 것으로 가장 완벽하게 실시해야 하는 설득활동이다.

정답 ①

**더알아보기**    고객상담 개요

(1) **상담활동의 정의** : 상담활동은 영업활동을 수행하는 데 가장 핵심이 되는 것으로 가장 완벽하게 실시해야 하는 설득활동이다.

## (2) 상담활동 개요

| 상담활동의 목적 | 상담시간 증대의 요령 | 상담활동의 효율증대 요령 |
|---|---|---|
| • 계약성공률을 높인다.<br>• 고객관리능력을 증대시킨다.<br>• 문제점 도출을 통해 해결의 기초로 삼는다.<br>• 응용과 활용을 통하여 무관심과 반감을 자연스럽게 극복한다. | • 상담활동을 표준화, 정형화한다.<br>• 적극적이며 전략적인 상담활동을 벌인다.<br>• 사전에 철저한 연습과 모델을 제시한다. | • 고객의 최적시간을 적극 활용한다.<br>• 상담진척표를 고객별로 관리한다.<br>• 자신만의 화법 및 테크닉을 발굴하고 개발한다.<br>• 머리의 공감보다 가슴에서 오는 공감대를 형성한다. |

• 의사전달효과에 대한 Harvard Business School의 연구 : 몸짓 > 목소리 > 말

---

### 보충문제

**01** 고객상담활동에 대한 전반적인 내용이다. 가장 적절하지 않은 것은?

① 상담활동의 목적은 계약성공률을 높이는 것이다.
② 응용과 활용을 통하여 고객의 무관심과 반감을 자연스럽게 극복한다.
③ 효율적인 상담을 위해서 사전에 철저한 연습과 모델을 제시한다.
④ 효율적인 상담을 위해서 상담자의 최적시간을 적극 활용한다.

해설   고객의 최적시간을 적극 활용한다.

정답 ④

**02** Harvard Business School의 자료에 따를 때, 의사전달효과가 큰 순서대로 나열된 것은?

① 몸짓 > 목소리 > 말
② 목소리 > 몸짓 > 말
③ 말 > 목소리 > 몸짓
④ 몸짓 > 말 > 목소리

해설   하버드 비즈니스 스쿨의 자료에 따르면 'Body Language 55% > Tone of Voice 38% > Word 7%'이다.
즉 서로 간의 의사소통에 있어서 '몸짓 하나하나'가 매우 중요하다는 것을 말한다.

정답 ①

## 고객상담프로세스

고객상담 Process의 순서가 옳게 나열된 것은?

① 관계형성 → 니즈탐구 → 클로징 → 설득 및 해법제시
② 관계형성 → 니즈탐구 → 설득 및 해법제시 → 클로징
③ 관계형성 → 설득 및 해법제시 → 니즈탐구 → 클로징
④ 니즈탐구 → 관계형성 → 클로징 → 설득 및 해법제시

**해설** 각 단계의 키워드를 이해할 것(더알아보기 참조)

정답 ②

---

**더알아보기** 고객상담 Process 4단계

| 구 분 | 관계형성 | 니즈탐구 | 설득 및 해법제시 | 클로징 |
|---|---|---|---|---|
| 단계의 과제 | 고객과의 신뢰구축과 무관심 극복 | 고객니즈의 확인 및 구체화 | 고객 설득을 통한 반감 해소 | 계약체결로 상담 활동의 종결 |
| 체크 포인트 | Magic Word, Eye Contact | 문의 → 촉진 → 확인(니즈탐구 과정) | 프레젠테이션 Iceberg's Theory | Buying Signal, Cross Selling, MGM |
| 기 타 | 관계형성 시 전화 목적은 약속클로징 : 인사와 소개 → 전화목적 설명 → 거절 처리 → 방문 제의 및 약속 | 〈질문법〉 개방형 질문/확대형 질문/폐쇄형 질문 〈70-30 Rule〉 대화의 70%는 고객이 하도록 함 | 〈반감처리 화법〉 Yes, But화법/부메랑법/보상법/동문서답법/정면격퇴법/질문법 등 〈페이싱3영역 BMW〉 | 〈클로징 화법〉 추정승낙법/실행촉진법/양자택일법/사진제시 등 〈효과적 동의확보기술〉 직설동의요구법/이점요약법/T-방법/결과탐구법 |

### [1단계] 고객과의 관계형성
① 이 단계에서 필요한 두 가지 핵심기술은, 고객과의 신뢰구축과 무관심극복이다.
② Magic Word란 '날씨가 무척 덥죠?', '헤어스타일이 아주 멋집니다' 등의 말로, 첫 만남의 딱딱한 분위기를 부드럽게 해준다.
③ Eye Contact는 대화시에 상대방을 바로 응시하는 것을 말하며, 고객에게 진실을 전달하고 있다는 의미와 상대방을 경청하고 있다는 의미이기도 하다.
④ 관계형성단계에서 상대방에게 전화를 하는 목적은 다음 단계로 가기 위한 방문 또는 다음 약속을 잡는 것이다.

### [2단계] 고객의 Needs 탐구
① 세일즈란 한마디로 고객의 니즈를 파악하여 이에 맞는 상품의 특성과 이점을 소개하고 이를 통해 니즈를 만족시키는 과정이다.
② 니즈(Needs)란 현재 고객이 처하고 있는 상태와 시간의 흐름 속에 바라는 상태와의 갭(Gap)이라고 할 수 있다.

③ 니즈를 찾아가는 바람직한 단계는 '문의(Questioning) – 촉진(Encouraging) – 확인(Confirming)'이다. 문의에는 폐쇄형 질문, 개방형 질문, 확대형 질문의 세 가지 방법이 있다.

㉠ 폐쇄형 질문(Close-end Question) : '예, 아니오'로 대답하는 질문을 말한다. 단체상담에 적합하나, 개별상담의 경우 대화가 쉽게 단절되기 때문에 적절하지 않다. 하지만, 폐쇄형 질문을 무조건 사용하지 말라는 것은 아니다(아래 폐쇄형 질문이 필요한 경우).

> 확대형 및 개방형 질문을 해도 고객의 반응이 없거나 시큰둥할 때 / 상담자가 새로운 화제나 다른 화제로 전환시키고자 할 경우 / 시간상 고객의 빠른 결정을 유도할 필요가 있을 때

㉡ 개방형 질문(Open-end Question)
- 영업사원이 선택한 화제나 고객의 관심사에 대해 고객이 자유로이 이야기하여 주도록 유도하는 질문이다('Why, What, How' 등의 형식).
- 고객이 스스로의 상황에 대해 좀 더 광범위하게 털어놓을 수 있게끔 한다.
- 개방형 질문을 잘못 사용하면 상대방에게 꼬치꼬치 캐묻는 느낌을 줄 수 있다.
- 항상 개방형 질문만을 사용해야 하는 것은 아니다. 경우에 따라 폐쇄형 질문을 적절히 사용함으로써 니즈파악의 효과를 극대화할 수 있다.

㉢ 확대형 질문(High-gain Question) : 확대형 질문은 고객이 자신의 니즈에 대해 잘 이야기할 경우에 사용하는 것이 좋다.
- 고객에게 질문을 통해 생각을 하게 함으로써 제한된 시간 내에 고객과 영업사원 상호 간에 니즈를 구체화하고 확신을 시켜주는 효과를 거둘 수 있는 질문기법
- 확대형 질문에 익숙하지 않은 고객에게는 심문을 당한다는 느낌이나 귀찮게 한다는 느낌을 줄 수 있어서 절제가 필요하며, 어렵고 전문적인 질문은 피해야 한다.
- 확대형 질문의 이점

> 대화시간에 비해 많은 정보를 얻을 수 있다/고객으로 하여금 스스로 생각하게 한다/고객이 더 많은 말을 하게 한다/어떤 문제에 대해 고객이 새로운 시각을 갖게 한다/고부가가치의 정보를 얻을 수 있다/중요한 이슈가 드러난다/고객이 상담자와의 상담이 매우 가치있었다고 느끼게 한다.

〈개방형 질문과 확대형 질문의 비교정리〉

| 개방형 질문 | 확대형 질문 |
| --- | --- |
| (+) 광범위하게 털어놓을 수 있게 한다.<br>(-) 꼬치꼬치 캐묻는 느낌을 줄 수 있다. | (+) 새로운 시각을 갖게 한다.<br>(+) 중요한 이슈가 드러난다.<br>(-) 심문을 당하는 느낌, 귀찮게 한다는 느낌을 줄 수 있다. |

④ 기본규칙
㉠ 70-30 Rule : 대화의 70%는 고객이, 나머지 30%를 세일즈맨이 하는 것이 좋다. 상담 4단계 중에서 고객이 가장 많은 말을 하도록 유도해야 하는 단계는 '니즈탐구'이다.
㉡ No라고 대답할 수 있는 폐쇄형 질문은 가급적 피한다(무조건 금지는 아님).
㉢ 문의하고 경청하고 공감하는 모습을 보인다 : '아, 그러세요', '맞아요' 등의 공감을 표현

**[3단계] 설득 및 해법 제시(프레젠테이션 수행단계)**
① 질문을 통해 파악한 고객의 니즈와 문제점 극복을 위해 제공하는 상품의 서비스가 얼마나 적절하게 니즈와 문제점을 해결하는지에 대한 구체적 설명을 하는 단계이다.
② 설득의 타이밍 : 고객이 회사의 상품이나 평판에 대해서 호의적인 발언을 할 때

③ 설득의 순서 : '고객의 니즈에 동의하고 확인할 것 → 그 니즈를 만족시키는 상품의 이점을 소개할 것'
④ 고객의 반감
　　㉠ 과거에 겪었던 나쁜 경험, 현재의 상황에 대한 불만족, 아직까지 판매사원의 설득에 동의할 준비가 안된 경우에 반감의 형태로 나타난다.
　　㉡ 반감은 또 하나의 고객관심의 표현이다(무관심하면 반감도 없다).
　　㉢ Iceberg's Theory : 반감은 빙산의 일각으로 비유된다. 겉에 드러난 부분(반감)보다 보이지 않는 빙산의 부분(관심)이 더 많다.
　　㉣ 고객의 반감직면시 주의점 : 고객과 절대 논쟁하지 말고 침착하고 차분하게 응대한다. / 고객의 반감을 일단 인정하는 자세로 임하고 긍정을 유도하는 질문으로써 고객의 반감을 확인시킨다. '~라고 생각하지 않습니까?'
⑤ 고객의 반감처리 단계 : '경청 → 인정 → 응답 → 확인'
⑥ 반감처리 화법
　　㉠ Yes, But화법('맞습니다, 맞고요. 그러나 ~'화법) : 고객의 주장을 받아들여 고객의 마음을 부드럽게 한 다음 이 쪽 주장을 내세우는 방법
　　㉡ 부메랑법 : 고객이 거절한 내용에 대해 반전을 노리는 화법

> 고객 : 너무 바빠서 투자할 시간이 없습니다.
> 상담원 : 네, 정말 바쁘시군요. 그래서 더더욱 재테크는 전문가에게 맡기시고 고객님은 고객님의 일에 더 전념하는 것이 좋지 않겠습니까?

　　㉢ 보상법 : 사실을 사실대로 인정하면서 그 대신 다른 이점을 이용하여 보충하는 방법

> 고객 : 상품차이도 거의 없는데 굳이 바꿀 필요가 있겠습니까?
> 상담원 : 네, 이자 차이만 보면 그렇습니다. 그렇지만 도움될 만한 새로운 서비스가 많이 추가되어 있습니다.

　　㉣ 질문법 : 고객의 거절을 질문으로 되돌려 보냄. 질문을 통해 고객이 다시 그 문제에 대해 생각을 정리하고 긍정적인 반응을 이끌어내는 대응 방법
　　㉤ 사례법 : 알맞은 사례로 거절을 극복하는 방법
　　㉥ 동문서답법(화제전환법) : 고객의 거절이 뜻밖이어서 시간을 벌어야 할 필요가 생긴 경우 등에 화제를 전환할 필요로 대응하는 것
　　㉦ 정면격퇴법(직접부정법) : 고객의 오해가 확실할 경우 정면으로 부정하는 방법. 단 고객과 논쟁이 되지 않도록 주의해야 함
⑦ 무반응이 일어나는 경우
　　㉠ 영업사원의 대화테크닉이 부족한 경우
　　㉡ 영업사원의 예절 및 진실성의 결여
　　㉢ 핵심이 없는 단순한 나열식 설명과 일방통행식 상담진행
⑧ 페이싱 3영역 BMW(Body language, Mood, Words) : 고객을 설득할 때 고객 마음을 사로잡아 좋은 관계를 만들어가는 기술을 페이싱(Pacing)이라 한다.

## [4단계] 고객의 동의확보 및 클로징(Closing)
① 클로징은 고객의 니즈에 부합하는 상품의 추천, 이에 대한 계약체결로 상담활동을 종결하는 것이다.
② 클로징 성공을 위한 주의점
　　㉠ 비유나 예를 통해 고객의 결정이 옳다는 것을 확신시켜라.

   ⑥ Buying Signal을 감지하고 놓치지 마라.

    • 의자에 편하게 앉아있다가 몸을 앞으로 당기는 등의 행동은 호감과 몰입의 신호이다.

   ⑥ Cross-Selling과 고객소개(MGM)를 부탁하라.

    • 크로스 셀링 : 장기상품에 가입한 고객에게 '부담 없는' 단기상품을 크로스 세일즈하여 고객과의 밀
착도 및 세일즈 성과도를 높일 수 있다.

    • MGM(Members Get Members) : 고객으로부터 소개를 받는 것이 성공확률이 높다.

 ③ 클로징의 플로우(Closing's Flow)

   ⑦ 클로징 타이밍 포착(Buying Signal) → 클로징 → 클로징 성공

   ⑥ 클로징 실패 → 확대형 질문으로 그 이유를 묻는다. → 새로운 고객의 니즈를 파악한다. → 니즈를
만족시키는 새로운 이점을 소개한다. → 고객이 동의한다. → 재차 클로징한다.

 ④ 클로징 화법

   ⑦ 추정승낙법 : 고객이 확실한 대답을 하기 이전이라도 긍정적인 반응이 나올 경우

    예 '선택해 주셔서 감사합니다. 가입서류를 준비하겠습니다.'

   ⑥ 실행촉진법 : 긍정적 답변은 하지 않으나 부정적이지 않을 경우

    예 '다른 질문사항이 없으시면 계약서류를 준비하겠습니다. 여기 서명하시면 됩니다.'

   ⑥ 양자택일법 : 구매의사는 감지되나 고객이 결정을 늦추고 있을 경우 A와 B 중에서 양자택일하도록
함으로써 은연 중에 구매를 기정사실화하는 방법

   ⑧ '기회이익상실은 손해'화법 : 지금 가입하지 않으면 '+알파'의 메리트가 상실된다든지 등

   ⑩ 가입조건 문의법

 ⑤ 성공적인 동의확보 방법 : 긍정적인 태도를 유지하라 / 고객의 속도에 맞추어라 / 공격적이 아닌 모습으로
주장하라

 ⑥ 효과적인 동의확보 기술

   ⑦ 직설동의요구법 : 직설적으로 고객에게 동의를 요구하는 방법. 단순판매의 경우 적합하나 자칫 잘못하
면 고객의 반발을 유발할 수 있다.

   ⑥ 이점요약법 : 프레젠테이션 과정에서의 상품 이점을 한 번 더 요약해서 보여줌으로써 고객의 확신을
유도하는 방법

   ⑥ T-방법(대차대조표 방법 또는 Franklin Approach) : 고객이 이 상품을 선택했을 때의 이점과 선택을
하지 않았을 때의 손해를 T막대 형태의 대차대조표를 사용하여 비교설명함

   ⑧ 결과탐구법 : 고객이 미심쩍어하는 부분을 되물어 동의가 가져다줄 결과를 설명하는 방법

 ⑦ 클로징 성공과 실패

   ⑦ 성공의 요건 : Buying Signal을 감지하는 법을 터득한다. / 클로징을 하기 전에 시험 클로징을 한다
(Trial Closing). / 긍정적이고 자신감 있으며 열정적인 태도로 클로징에 임한다. / 모든 것은 고객의
입장에서 출발해야 한다. / 고객의 최종결정을 요청한 후 영업사원은 침묵을 통해 답을 기다리는 마음
을 전달한다.

   ⑥ 실패요인 : 잘못된 자세 및 태도, 부족한 프레젠테이션, 나쁜 습관 등

**01** 고객상담 Process 중에서 질문을 가장 많이 사용해야 하는 단계는?

① 관계형성  ② 니즈탐구
③ 설득 및 해법제시  ④ 클로징

해설  고객에게 질문을 하고(개방형 질문 또는 확대형 질문), 고객이 많은 말을 하게 함으로써(70-30 Rule) 니즈파악을 잘할 수 있다.
※ 70-30 Rule : 고객 70%, 영업사원 30%의 비중으로 대화하는 것이 가장 좋다는 것

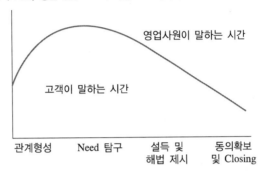

정답 ②

**02** 고객상담 프로세스에 대한 설명 중 옳은 것은?

① Magic Word란 상담시 자신감을 표현하는 말을 뜻한다.
② 관계형성단계에서 고객에게 전화를 할 경우 클로징 목적은 고객과의 만남(약속)을 성사시키는 것이다.
③ 고객의 니즈탐구를 위해서는 질문을 많이 사용해야 하는데 이때 폐쇄형 질문은 대화가 쉽게 단절될 수 있기 때문에 절대 사용하지 말아야 한다.
④ Iceberg's Theory는 눈에 보이는 거절보다 눈에 보이지 않은 관심이 더 크다는 것을 의미한다.

해설  관계형성단계에서 고객에게 전화를 거는 목적은 방문 또는 만남의 약속을 잡기 위한 것이다.
① Eye Contact이다.
③ 대부분의 경우 사용하지 않는 것이 적절하나, 확대형 및 개방형 질문을 해도 고객의 반응이 없거나 시큰둥할 때, 새로운 화제로 전환시키고자 할 경우 등의 경우는 폐쇄형 질문을 사용한다.
④ 거절이 아니라 반감이다.

정답 ②

**03** 다음 중 확대형 질문의 장점에 해당하지 않은 것은?

① 대화시간에 비해 많은 정보를 얻을 수 있다.

② 고객으로 하여금 스스로 생각하게 한다.

③ 중요한 이슈가 드러난다.

④ 고객이 스스로의 상황에 대해 광범위하게 털어놓게 한다.

> 해설 광범위하게 털어놓게 하는 것은 개방형 질문의 기능이고, 확대형 질문은 단순히 털어놓은 것 이상으로 고객이 질문을 통해 생각을 하게 하는 것이다(고객 스스로 생각하게 한다 등).

> 정답 ④

**04** 다음 중 반감처리 화법에 속하지 않은 것은?

① 부메랑법  ② 실행촉진법
③ 보상법  ④ 질문법

> 해설 • 화법의 종류

| 반감처리 화법 | 종결 화법[추·실·양·기·가] |
|---|---|
| Yes, But화법/부메랑법/보상법/질문법 | 추정승낙법/실행촉진법/양자택일법/'기회이익상실은 손해'화법/가입조건 문의법 |

> 정답 ②

**05** 다음은 어떤 화법을 말하는가?

> '이 상품은 특판상품이어서 지금 가입하지 않으시면 2% 이자를 더 받을 수 있는 기회를 놓치게 됩니다.'

① 부메랑법  ② 실행촉진법
③ '기회이익상실은 손해'화법  ④ 보상법

> 해설 보기는 클로징 화법 중 '기회이익상실은 손해'화법을 말한다.

> 정답 ③

**06** 다음은 고객동의확보 기술 중에 무엇을 말하는가?

> 고객에게 직접적인 동의를 요구하는 방법인데, 이 방법은 시간이 없고 결정이 쉬운 고객에게는 적합할 수 있으나 다른 고객의 경우 동의를 그르칠 수도 있다.

① 직설동의 요구법          ② 이점요약법
③ T-방법(대차대조표 방법)      ④ 결과탐구법

**해설** 직설동의 요구법이다.

**정답 ①**

**07** 클로징에 실패하였을 경우 어떤 질문으로 다시 시작해야 하는가?

① 폐쇄형 질문             ② 개방형 질문
③ 확대형 질문             ④ 유도형 질문

**해설** 확대형 질문으로 고객니즈를 좀 더 구체화시킨 다음 재차 클로징한다.

**정답 ③**

**08** 다음 설명 중 옳은 것은?

① 고객과의 관계형성 단계에서 필요한 핵심기술은 고객과의 신뢰구축과 고객의 거절극복이다.
② 영업사원의 입장에서는 반감이나 거절처리보다는 무반응 고객을 대하는 것이 더 쉬운 편이다.
③ Buying Signal은 고객이 구매에 대한 결정을 한 후 취하는 태도이다.
④ 70-30 Rule은 영업사원이 설명하는 것보다 고객 스스로 말을 많이 하게 해서 자신의 니즈 및 정보를 자연스럽게 말하도록 하는 것이 좋다는 것이다.

**해설** ① 고객과의 신뢰구축 및 무관심극복이다, ② 무반응 고객을 대하기가 제일 어렵다, ③ Buying Signal은 구매하기 전의 신호이다.

**정답 ④**

# 단원별 출제예상문제

**01** 다음 중 고객관리를 해야 하는 이유로 묶은 것은?

> ㉠ 시장의 고도성장
> ㉡ 성장성 위주의 금융기관 경영전략
> ㉢ 경쟁의 가열
> ㉣ 고객욕구의 개별화와 다양화

① ㉠, ㉡  ② ㉡, ㉢
③ ㉢, ㉣  ④ ㉠, ㉣

해설   ㉠ 시장의 성숙단계 진입, ㉡ 수익성 위주의 금융기관 경영전략

정답 ③

**02** 다음 중 CRM전략(관계마케팅)과 가장 관련이 깊은 것은?

① 고객획득  ② 시장점유율
③ 제품차별화  ④ 정보화

해설   고객의 다양한 금융수요를 충족시켜 주기 위해서는 고객에 대한 정보수집, 정보활용능력이 필요하다.
※ 관계마케팅의 특징
① 고객유지, ② 고객점유율, ③ 고객차별화

정답 ④

**03** 투자권유에 대한 설명으로 옳지 않은 것은?

① 투자권유 전 고객이 일반금융소비자인지 전문금융소비자인지 여부를 확인하여야 한다.
② 투자권유를 희망하지 않는 금융소비자는 '투자자정보확인서'를 작성할 필요가 없다.
③ 투자권유는 금융소비자의 희망여부에 상관없이 진행할 수 있다.
④ 금융소비자 본인이 '취약투자자'를 선택할 수 있음을 안내하고 '취약투자자 유의사항'을 설명한 후 금융소비자로부터 '취약투자자 유의사항 설명확인서'를 수령하여야 한다.

해설   투자권유를 하기 전에 투자권유를 희망하는지 여부를 확인해야 하며, 투자권유를 희망하지 않는 경우 투자권유를 하여서는 안 된다. 금융소비자 본인이 '취약투자자(고령자, 은퇴자, 미성년자, 주부, 투자경험이 없는 자 등)'를 선택할 수 있음을 안내하고 취약투자자 유의사항을 설명한 후 금융소비자로부터 '취약투자자 유의사항 설명확인서'를 수령하여야 한다.

정답 ③

**04** 투자자정보파악에 있어서 간단한 수준의 '투자자정보확인서'를 사용할 수 있는 투자대상이 아닌 것은?

① 채권형펀드                        ② 단기금융펀드

③ 국고채                          ④ 도로공사채권

> **해설** 단기금융펀드(MMF)나 RP, 국공채는 무위험에 가까운 상품이어서 약식 투자자정보확인서를 사용할 수 있다. 채권형펀드는 주식형펀드에 비해 안정성이 높다고 해도 MMF에 비해서는 위험이 높다.
>
> 정답 ①

**05** 투자자성향을 파악하는 방식 중에서 불완전판매가능성이 가장 높은 것은?

① 점수화방식                  ② 혼합방식

③ 추출방식                   ④ 상담보고서방식

> **해설** 불완전판매가능성은 점수화방식이 가장 높고 상담보고서방식이 가장 낮은 것으로 평가된다.
>
> 정답 ①

**06** '일반적 투자자성향정보'를 통해서 적합한 상품군을 설정하고, '현재 투자자금성향정보'로 적합한 개별상품을 고르는 방식은?

① 점수화방식                  ② 추출방식

③ 혼합방식                   ④ 상담보고서 활용방식

> **해설** 점수화방식과 추출방식을 혼합한 혼합방식이다.
>
> 정답 ③

**07** 판매직원의 전문성이 가장 높게 요구되며, 포트폴리오투자시 투자권유에 적합한 방식은?

① 점수화방식

② 추출방식

③ 혼합방식

④ 상담보고서활용방식

> **해설** 상담보고서활용방식이다.
>
> 정답 ④

**08** 고령투자자에 대한 금융투자상품 판매시 보호기준에 있어서 '강화된' 보호기준의 준수가 요구되는 상품이 아닌 것은?

① 채권형펀드  ② ELS
③ ELW  ④ 조건부자본증권

> 해설  수익구조가 복잡한 구조화상품(파생결합증권, 파생상품 등)이나 가격변동성이 큰 상품(원자재펀드, 환율상품 등)은 '강화된' 판매보호기준을 준수해야 한다.
>
> 정답 ①

**09** 투자자로부터 투자권유를 요청을 받지 아니하고 방문, 전화 등 실시간 대화의 방법을 이용하는 행위는 금지된다. 이 때 금지의 대상이 되는 금융투자상품은?

① 채무증권  ② 지분증권
③ 장내파생상품  ④ 장외파생상품

> 해설  불초청권유(Unsolicited Call)는 장외파생상품에 대해서만 금지된다.
>
> 정답 ④

**10** CRM의 특징과 가장 거리가 먼 것은?

① 고객유지전략  ② 시장점유율 제고전략
③ 장기적 관계형성  ④ 고객차별화 전략

> 해설  시장점유율이 아니라 고객점유율 제고전략이다.
>
> 정답 ②

**11** 고객상담 프로세스에 대한 설명이다. 가장 거리가 먼 것은?

① 관계형성 단계에서 필요한 두 가지 핵심기술은 고객과의 신뢰구축과 무관심극복이다.
② 니즈탐구 단계에서는 확대형 질문을 통하여 고객이 스스로의 상황에 대해 좀 더 광범위하게 털어 놓도록 해야 한다.
③ 고객의 반감처리 단계는 경청하고 인정하고 응답하고 확인하는 것이다.
④ 클로징에 실패했을 경우에는 확대형 질문을 통해 고객의 니즈를 구체화해야 한다.

> 해설  광범위하게 털어놓는 효과를 가져오게 하는 것은 개방형 질문이다(개방형 질문과 확대형 질문의 차이를 확실히 이해할 것).
>
> 정답 ②

**12** 다음은 어떤 화법에 해당하는가?

> 고객 : "지금 바쁘니 다음에 봅시다."
> 영업직원 : "네, 참 바쁘신 것 같습니다. 그럴수록 재테크 같은 문제는 전문가에게 맡기시고 보다 여유로워지실 필요가 있습니다."

① Yes, But 화법       ② 보상법
③ 질문법       ④ 부메랑법

**해설** 고객의 주장을 받아들이면서도 고객이 거절한 내용을 활용하여 반전을 노리는 화법으로, 고객의 반감처리 화법 중 부메랑법에 해당한다.

정답 ④

**13** 다음 중 상담종결화법으로만 묶인 것은?

> ㉠ 추정승낙법       ㉡ 실행촉진법
> ㉢ 양자택일법       ㉣ '기회이익상실은 손해'화법

① ㉠       ② ㉠, ㉡
③ ㉠, ㉡, ㉢       ④ ㉠, ㉡, ㉢, ㉣

**해설** 모두 클로징 화법이다.

정답 ④

**14** 다음 중 Iceberg's Theory와 관련이 가장 깊은 고객상담 프로세스의 단계는?

① 관계형성       ② 니즈탐구
③ 설득 및 해법제시       ④ 클로징

**해설** Iceberg's Theory는 반감처리를 의미한다(설득 및 해법제시 단계에 속함).

정답 ③

**15** 성공적인 클로징을 위해 판매직원이 갖추어야 할 태도와 가장 거리가 먼 것은?

① 긍정적인 태도를 유지한다.
② 판매직원의 속도에 맞추어서 고객을 이끈다.
③ 편안한 분위기와 자세로 고객동의를 도출한다.
④ 적합한 상품을 권유한다.

**해설** 고객의 속도에 맞추어 동의를 구한다.

정답 ②

# 04 직무윤리 및 투자자분쟁예방

## 1 직무윤리 개요

### 두 가지 윤리설

핵심유형문제

두 가지 윤리설 중 의무론설에 대한 설명이다. 가장 적절하지 않은 것은?

① 의무론설을 대표하는 것은 칸트의 도덕이론이다.
② 도덕규칙을 따르는 행위가 나쁜 결과를 유발할지라도 이를 무시하고 도덕규칙을 따라야 한다는 설이다.
③ 어떤 규칙이 모든 사람이 따를 수 있는 보편적인 법칙이 될 수 있을 때, 이 규칙을 따라야 한다는 것이 의무론설이다.
④ 어떤 규칙을 따르는 것이 결과적으로 더 큰 도덕규칙을 위배할 수 있다면, 그 규칙은 따르지 않아도 된다고 본다.

해설 　목적론설에 해당된다.

정답 ④

**더알아보기**

(1) 개 요
윤리는 옳고 그름을 판단하는 기준인데, 그 기준에는 의무론적 입장과 목적론적 입장이라는 두 가지 입장이 있다

(2) 두 가지 입장의 비교

| 의무론적 윤리설(의무론설) | 목적론적 윤리설(목적론설) |
|---|---|
| 칸트의 도덕이론 | 벤담과 밀의 공리주의 |
| 행위의 결과는 무시하고, 당면한 도덕규칙을 준수해야 한다는 입장 | 당면한 도덕규칙을 따를 경우 나쁜 결과가 예상된다면, 규칙은 지키지 않아도 된다는 입장(결과론주의). |

예 도덕적 딜레마에서의 의무론설과 목적론설의 구분

| [상황] 친구의 부모님이 위독하여 약간의 충격적인 소식에도 생명이 위태로울 수 있는 상황이다. 그런데 친구가 재난으로 사망하였다. 이 사실을 부모님에게 알려야 하는가? 알리지 말아야 하는가? | |
|---|---|
| [의무론설] 거짓말은 나쁜 것이므로 사실대로 알려야 한다. | [목적론설] 사실대로 알릴 경우 부모님이 사망할 수 있으므로, 알리지 않아야 한다. |

## 법과 윤리

법과 윤리를 비교한 설명이다. 가장 거리가 먼 것은?

① 법은 사회질서를 지키는 것이 가장 큰 목적이지만, 윤리는 개인의 도덕심을 지키는 것이 가장 큰 목적이다.

② 법은 인간의 외면적인 행위를 평가하지만, 윤리는 내면의 행위를 평가한다.

③ 법은 결과를 문제 삼지만, 윤리는 동기를 중요시한다.

④ 법이 '있어야 할 법'이라면 윤리는 '있는 그대로의 법'에 해당된다.

해설  법 – 있는 그대로의 법, 윤리 – 있어야 할 법(더알아보기 참조)

정답 ④

### 더알아보기

**(1) 법과 윤리의 차이점 : 핵심유형문제**

| 법(Law) | 윤리(Ethics) |
| --- | --- |
| 법은 사회질서 유지를 목적으로 한다(법이 지키고자 하는 것은 정의). | 윤리는 개인의 도덕심(양심)을 지키는 것을 목적으로 한다. |
| 법은 외면적 행위를 평가하고, 결과를 문제 삼는다. | 윤리는 내면의 행위를 평가하고, 동기를 중시한다. |
| 모든 사회에 존재하는 '있는 그대로의 법'을 말한다. | 윤리에 부합하는 법, 즉 정당한 법을 '있어야 할 법'이라 한다.[주1] |

*주1 : '있는 그대로의 법'은 현실을 반영하는 법을 말하며, '있어야 할 법'은 윤리를 최대한 반영할 수 있는 이상적인 법이라 할 수 있다.

**(2) 법과 윤리 개요 : 보충문제 1**

① 법과 윤리는 모두 인간의 사회적 관계에 있어서 필요한 규범이다(공통점).

② 법은 기본적으로 윤리를 바탕으로 하며, 윤리에서 용납될 수 없는 반윤리적 행위를 억제하는 데 목적을 둔다(법은 최소한의 윤리이다).

③ 윤리를 지나치게 강조하여 실정법을 무조건 배척하거나, 합법적이기만 하다면 비윤리적 행위라도 문제 삼지 않는 법만능주의 모두 잘못된 것이다(법과 윤리의 상호보완성).

④ 법은 기본적으로 보수적인 것이므로, 법은 윤리를 반영하되 후행하며 반영한다(보충문제 1 지문 ④).

**01** 법(Law)에 대한 다음 설명 중 가장 적절하지 않은 것은?

① 법은 법전에 나와 있는 법만을 말하는 것이 아니라 법전에 나와 있지 않은 법도 포함한다.

② 인간의 내면적인 규범을 도덕(또는 윤리)이라 하며, 내면적 규범이 사회적인 범위로 확장되면 정의(또는 법)라고 한다.

③ 법은 최소한의 윤리이다.

④ 과학기술이 급속도로 발달하는 현대사회에서 '낡은 법'과 '새로운 윤리'가 충돌할 수 있으므로, 법도 시류에 따라 신속하게 변경될 필요가 있다.

> 해설   법은 사회구성원 다수가 합의한 후에 제정되므로 기본적으로 보수적인 성격을 지닌다. 시대상에 맞게 변화할 필요는 있지만, 시류에 따라 신속하게 변경되다 보면 오히려 사회의 법질서가 혼란에 빠질 수 있다.
>
> 정답 ④

---

## 기업윤리와 직무윤리 <sub>핵심유형문제</sub>

기업윤리와 직무윤리에 대한 설명이다. 옳은 것은?

① 통상적으로 국내 기업에서는 기업윤리는 '윤리강령'으로, 직무윤리는 '임직원 행동강령'의 형태로 반영되고 있다.

② 경영환경에서 발생할 수 있는 모든 도덕적, 윤리적 문제들에 대한 판단기준으로, 경영 전반에 걸쳐 모든 조직구성원에게 요구되는 포괄적 개념으로서의 윤리를 직무윤리라 한다.

③ 조직 구성원 개개인들이 자신이 맡은 업무를 수행하면서 지켜야 하는 윤리적 행동과 태도를 구체화한 것을 기업윤리라 한다.

④ 기업윤리와 직무윤리는 엄격히 구분된다.

> 해설   ② 기업윤리에 해당됨
> ③ 직무윤리에 해당됨
> ④ 기업윤리와 직무윤리는 혼용되어 사용되는 경우가 많다.
>
> 정답 ①

## (1) 기업윤리와 직무윤리의 개념 비교 : 핵심유형문제

기업윤리와 직무윤리는 통상적으로 혼용되어 사용되지만, 엄격히 구분하자면 아래의 표와 같이 볼 수 있다.

| 기업윤리 | 직무윤리 |
|---|---|
| 기업의 관점에서 조직구성원에게 요구하는 윤리에 대한 포괄적 개념 | 조직구성권 개개인들이 맡은 업무를 수행시에 준수해야 하는 구체적 개념 |
| 거시적 개념 | 미시적 개념 |
| '윤리강령'의 형태로 반영 | '임직원 행동강령'으로 반영 |

## (2) 윤리경영의 개념

① 단순개념 : 기업경영에 직무윤리를 접목한 경영으로 정의된다.

② 통합개념 : 기업의 경제적 목표인 이익극대화의 추구와 비경제적 목표인 윤리기준[주1]의 준수를 모두 충족시키고자 하는 경영을 말한다.

*주1 : 이해상충의 방지, 기업의 사회적 책임 등

---

## 직무윤리의 필요성                                    핵심유형문제

**오늘날 직무윤리와 윤리경영이 강조되는 이유로 보기 어려운 것은?**

① 직무윤리는 오늘날과 같은 포스트 산업사회에서 새로운 무형의 자본이 되고 있다.

② 고도의 정보와 기술, 시스템이 잘못 사용될 경우 엄청난 재난을 가져올 수도 있기 때문에 구성원들에게 고도의 직무윤리가 요구되고 있다.

③ 상대방(금융투자업자)이 자신(고객)의 이익에 반하는 행동을 할 경우에 발생하는 위험비용(예 : 부실한 자산관리에 따른 손해 위험)까지 거래비용에 포함시켜서 그 거래비용이 가장 적은 쪽을 선택하게 된다.

④ 윤리는 경제적으로 이득이 되지는 않지만 신뢰(Reliability)나 평판(Reputation)에 중대한 영향을 주므로 최대한 준수하는 것이 좋다.

> **해설**  윤리는 결과적으로는 경제적으로도 이득이 된다(Ethics Does Pay). 기업이 높은 수준의 윤리성을 유지하면 기업과 기업구성원, 사회 모두에게 이득을 주는 결과를 가져온다는 실용적인 측면을 말한다.
>
> 정답 ④

**(1) 직무윤리가 강조되는 이유**

① Era of Ethics(윤리의 시대) : 비윤리적 기업은 결국 퇴출된다.
  • 시대의 변화로 윤리경영은 단순히 '선한 기업의 추구'가 아니라, 장기적으로 생존기반이 된다.

② Rule of Game(게임의 룰) : 기업윤리는 공정하고 자유로운 경쟁의 전제조건이다.
  • 올바른 기업윤리의 구축은 기업성장의 튼튼한 인프라가 된다.

③ Ethics Does Pay : 윤리는 결과적으로 경제적 이득을 가져다준다.
  • 윤리경영을 실천할 경우 조직과 구성원의 만족도가 상승하므로 생산성이 증가하여 경영성과가 개선되는 실용적인 이득과도 연결된다.

④ Agency Problem(대리인비용) : 윤리는 대리인비용을 사전에 예방하는 유용한 수단이다.

⑤ Reputation(평판) : 기업이나 개인이 비윤리적인 행동으로 평판이 나빠진다면 경쟁력을 상실한다(회복에는 더 많은 비용이 소요).

⑥ Credit(신용) : 오늘날과 같은 포스트산업사회에서는 윤리가 무형의 자본이 되고 있다. 즉, 높은 수준의 직무윤리 구축을 통한 상대방으로부터의 믿음, 신용(Credit)은 기업경영에도 도움이 되므로 이를 무형의 자본, 신종자본이라 할 수 있다.

⑦ Transaction Cost(거래비용) : 금융투자산업에서 임직원의 위험은 거래비용의 증가로 나타날 수 있는데(예를 들어 임의매매를 하여 손해배상책임을 지는 경우), 직무윤리는 이러한 위험을 사전에 예방하여 거래비용을 줄이는 역할을 한다.

⑧ Technology(기술) : 기술이 고도로 발전될수록 직무윤리의 수준도 고도화되어야 한다(기술을 잘못 사용할 경우 그 부작용도 클 수밖에 없기 때문).

**(2) 금융투자산업에서 직무윤리가 더욱 강조되는 이유 : 보충문제 1**

① 금융투자산업은 불특정다수와의 비대면거래라는 특성상 불공정성이 크다.

② 금융투자상품은 본질적으로 원본손실가능성이 있으므로 이로 인한 분쟁가능성이 타 산업에 비해 훨씬 크다.

③ 금융투자산업은 고객의 자산을 위탁받게 되는 바, 높은 수준의 직무윤리가 뒷받침되지 않는다면 고객의 이익침해가능성이 발생할 수 있다.

④ 직무윤리의 준수는 그 자체로 자기보호(Safeguard)가 된다. 직무윤리의 'Safeguard' 역할은 타 산업에 비해 분쟁여지가 많은 금융투자산업에 더욱 필요하지만, 근본적으로 모든 산업에 공통된다.

**(3) 직무윤리의 성격**

① 사전예방기능 : 아무리 법이 잘 만들어져도 빠져나갈 여지가 있는데(회색지대 ; Grey Area), 이러한 법의 맹점을 보완하는 훌륭한 수단이 직무윤리를 통한 사전예방이다.

회색지대(Grey Area)

② 강제적 제재수단의 성격을 포함 : 직무윤리는 자율규제로서의 성격이 강하지만, 직무윤리를 위반 시 강제적 제재수단(민사적, 형사적, 행정책임)의 대상이 될 수 있다.

**01** 직무윤리가 더욱 강조되는 금융투자산업만의 이유로서 가장 거리가 먼 것은?

① 오늘날은 전문가조차도 금융투자상품의 정확한 내용을 파악하기 어려울 정도로 전문화·복잡화·다양화되었으므로 보다 적극적인 금융소비자보호가 필요하다.

② 금융투자산업은 고객의 자산을 위탁받아 운영·관리하는 것을 주요 업무로 하기 때문에 그 속성상 고객의 이익을 침해할 가능성이 다른 산업에 비해서 훨씬 높다.

③ 자본시장에서 취급하는 금융투자상품은 대부분 원본손실가능성(투자성)을 띠고 있기 때문에 고객과의 분쟁가능성이 상존한다.

④ 직무윤리를 준수하는 것은 금융투자업종사자들을 보호하는 안전장치(Safeguard)가 되는데 이러한 역할은 금융투자산업에 국한된다.

> **해설** 직무윤리 준수가 직원을 보호하는 안전장치(Safeguard) 역할을 하는 것은 모든 산업에 공통된다(다만 금융투자업의 특성상 그 역할이 금융투자업에서 좀 더 클 뿐이다).
> ※ 금융투자산업에서 직무윤리가 강조되는 이유
>   (1) 산업의 고유속성 : 고객자산을 위탁관리
>   (2) 상품의 특성 : 원본손실가능성
>   (3) 금융소비자의 질적 변화 : 금융시장의전문성·복잡성에 따른 소비자보호 필요성 증대
>   (4) 안전장치 : 분쟁가능성이 더욱 높은 산업
>
> **정답** ④

**02** 금융투자회사의 직무윤리 특성에 대한 설명이다. 가장 거리가 먼 것은?

① 직무윤리는 자율규제의 성격이 강하다.

② 금융투자회사의 내부통제기준으로 직무윤리준수를 요구한다.

③ 금융투자회사의 준법감시인은 내부적인 직무윤리준수를 감독한다.

④ 직무윤리위반시 강제적 제재수단이 미흡한 편인데, 예를 들어 손해배상책임과 같은 민사책임은 인정되나 형사책임은 인정되지 않는 것이다.

> **해설** 행정책임, 민사책임, 형사책임 모두 해당될 수 있다(법규에 비해서 강제적 제재수단이 미흡하다고 할 수 있지만, 강제적 제재수단이 없는 것은 아님).
>
> **정답** ④

## 직무윤리의 사상적 배경과 윤리경영의 국제적 환경

다음은 직무윤리의 사상적 배경 중 어디에 해당하는가?

> 금욕적인 생활윤리에 기반한 노동과 직업은 신성한 것이다.

① 루터(Martin Luther)의 소명적 직업관
② 칼뱅(Jean Calvin)의 금욕적 생활윤리
③ 마르크스(Karl Marx)의 유물사관
④ 막스 베버(Max Weber)의 프로테스탄티즘의 윤리와 자본주의 정신

**해설** 칼뱅의 '금욕적 생활윤리'로서, 초기 자본주의가 발전하는 토대가 되었다.

**정답** ②

---

**더알아보기**

**(1) 직무윤리의 사상적 배경**
 ① 칼뱅(Jean Calvin, 1509~1564)의 금욕적 생활윤리 : 세속적인 일(직업, 직무)이라도 금욕적 생활윤리에 기반을 둔다면 신성한 것이다. → 초기 자본주의 발전의 정신적 토대가 되었다.
 ② 베버(Max Weber)의 프로테스탄티즘의 윤리와 자본주의 정신 : 자본주의의 합리성, 체계성 등은 금욕적인 생활과 직업윤리에 의해 형성되었다. → 근대 자본주의 발전의 동인을 설명한다.

> **직무윤리의 사상적 배경의 변천**
> 루터의 소명적 직업관 → 칼뱅의 금욕적 생활윤리 → 마르크스의 유물론 → 막스베버의 프로테스탄티즘의 윤리와 자본주의 정신

**(2) 직무윤리의 국제적인 환경** : 보충문제 1
 ※ 국제적으로 윤리경영을 평가하는 지수
   1) 국제투명성기구(TI)에서 발표하는 부패인식지수(CPI)
   2) 영국 BITC(Business In The Community)
   3) CR Index(Composite Responsibility Index) : 사회적 책임을 평가하는 것이 특징

**01**  **직무윤리의 국내외적인 환경에 대한 설명이다. 적절치 않은 것은?**

① 국제적으로 강한 기업(Strong Company)은 윤리적으로 선한 기업(Good Company)이라는 인식이 수용되고 있다.

② WTO와 OECD 등의 세계무역기구는 New Round라는 규범으로 국제무역을 규제하고 있는데 윤리라운드(ER)가 적용되고 있어 윤리의 준수는 선택사항이 아닌 필수사항이 되고 있다.

③ OECD는 2000년에 국제공통의 '기업윤리강령'을 발표하고 각국의 기업으로 하여금 이에 준하는 윤리강령을 제정하도록 요구하였다.

④ 우리나라는 경제규모에 비하여 윤리수준이 높게 평가됨으로써 국제신인도와 국제경쟁력에 긍정적인 영향을 미치고 있다.

> 해설  우리나라는 경제규모에 비하여 윤리수준이 낮게 평가됨으로써 국제신인도에 부정적인 영향을 미치고 있는 실정이다.
>
> ※ 부패인식지수(CPI)는 국제투명성기구(TI)가 매년 발표하는 각 나라별 부패인식지수로, 정부를 포함한 공공부문 부패수준에 대한 인식지수이다. 국제투명성기구(Transparency International, TI)가 1995년부터 세계은행(World Bank) 등 13개 국제기관의 국가분석 전문가들을 대상으로 각국의 공공부문 부패수준에 대해 어떻게 인식하는지를 조사하여 매년 작성한다. 점수가 낮을수록 부패함을 의미하고 높을수록 청렴함을 의미하며, 우리나라의 2021년도 CPI는 62점으로, 180개국 중에서 32위(상위 17.7% 수준)이다.
>
> 정답 ④

윤리경영을 촉진하기 위한 국내의 제도나 법률에서 가장 최근에 도입된 것은?

① 부패방지법 및 부패방지위원회의 출범

② 공직자윤리강령 제정

③ 국민권익위원회의 출범

④ 청탁금지법('김영란'법) 제정

해설　청탁금지법(2016.9.28), 일명 '김영란법'이다.

정답 ④

**더알아보기**

(1) 윤리경영 촉진을 위한 국내의 제도 및 법률
　① 부패방지법 제정 및 부패방지위원회 도입(2003.1)
　② 공직자윤리강령(2003.5)
　③ 국민권익위원회(2008.2)
　④ 청탁금지법(2016.9.28)
　※ 전경련의 '윤리경영에 대한 기업인식의 변화' 조사(2008)
　　우리 기업들은 초창기(1999년)에는 윤리경영추진을 사회적 책임의 이행 차원에서 접근하였으나, 10년
　　후(2008)에는 윤리경영이 기업의 매출과도 직결되는 중요한 경영전략으로 인식하고 있음을 보여준다.

(2) 청탁금지법 : 부정청탁 및 금품 등 수수금지에 관한 법률(일명 '김영란법') : 보충문제 1
　공직자 등이 동일인으로부터 '1회 100만원, 1년에 300만원의 초과금품 등'을 받으면 대가성과 직무관련성
　을 따지지 않고 '3년 이하의 징역 또는 3천만원 이하의 벌금'의 처벌을 받는다.

(3) 윤리경영실천의 정도를 평가하는 척도 : 보충문제 2
　① KoBEX(Korea Business Ethics index, 산업정책연구원, 2003)의 CI지표, SI지표

| CI지표(Common Index ; 공통지표) | SI지표(Supplementary Index ; 추가지표) |
|---|---|
| 공기업과 민간기업 구분없이 모든 조직에<br>공통적으로 적용되는 지표 | 공기업과 민간기업의 특성을 반영하여<br>개발된 지표 |

　② FKI-BEX(FKI-Business Ethics Index ; 전경련, 2007) : 윤리경영을 추진할 수 있는 종합적 지침서
　　역할을 하기 위해 개발된 지표. 공통항목 외에 5대 업종별로 특화된 지표가 있는 점이 특징이다.
　③ Sobex(서강대 윤리경영지표, 2010) : 학계에서 개발된 지표

**01** 다음 내용에 해당하는 것은?

> 우리사회의 고질적인 병폐인 연고주의(혈연·학연·지연)와 온정주의가 부정부패를 양산한다고
> 보고, 그 연결고리가 되는 청탁을 금지하여 부정부패를 근절하고자 제정된 법률이다.

① 부패방지법(2003.1)
② 청탁금지법(2016.9)
③ 자금세탁방지법(2001.9)
④ 공정거래법(1980.12)

해설  청탁금지법(일명 '김영란법')이다.
　※ 주의 : 김영란법은 공직자만을 대상으로 하는 것은 아니다(공직자, 언론사임직원, 교원 등 범위가 일반국
　　 민 수준에 가까움).

정답 ②

**02** 윤리경영에 관한 다음의 지표 중 국내지표가 아닌 것은?

① KoBEX　　　　　　　　　　　② FKI-BEX
③ CR-Index　　　　　　　　　　④ Sobex

해설  CR-Index는 국제적인 지표이다. 다른 지표와 달리 사회적 책임을 평가하는 지표라는 점에서도 특징이 있다.
　※ 국내지표 : KoBEX(산업정책연구원), FKI-BEX(전경련), Sobex(서강대 경영연구소)
　※ 국제지표 : TI, BITC, CR-Index

정답 ③

직무윤리는 투자관련 직무에 종사하는 일체의 자를 대상으로 하는데, 여기서 '일체의 자'를 모두 묶은 것은?

> ㉠ 회사와 정식의 고용관계에 있지 않은 자
> ㉡ 무보수로 일하는 자
> ㉢ 투자권유자문인력 등의 관련 전문자격증을 소유하고 있지 않으나 관련 업무에 실질적으로 종사하는 자
> ㉣ 아무런 계약관계가 없는 잠재적 고객을 대상으로 투자관련 직무를 수행하는 자

① ㉠, ㉡                           ② ㉠, ㉡, ㉢
③ ㉠, ㉢, ㉣                     ④ ㉠, ㉡, ㉢, ㉣

해설  어떠한 경우라도 관련업무에 실질적으로 종사하는 자는 모두 직무윤리를 준수해야 한다.

정답 ④

---

**더알아보기**  직무윤리의 적용대상

① 금융회사의 지배구조에 관한 법률, 금융투자협회 표준내부통제기준을 준용한다.
② 적용대상자(투자관련 직무에 종사하는 자)

> • 투자권유자문인력(펀드/증권/파생상품) 등 관련 전문자격증을 보유하고 있는 자
> • 전문자격증을 소유하고 있지 않으나 관련 업무에 실질적으로 종사하고 있거나 또는 직·간접적으로 업무와 관련되어 있는 자
> • 회사와의 정식의 고용계약이나 위임계약, 보수의 유무에 관계없이 업무와 관련되어 있는 자
> • 회사와 아무런 계약관계를 맺지 않은 잠재적 고객을 대상으로 투자관련 업무를 수행하는 자

## 2 금융투자회사의 표준윤리준칙

**부록** **금융투자회사의 표준윤리준칙**

※ '금융투자회사의 표준윤리준칙(2015.12.4 개정)'의 기본서 반영에 따른 학습안내

### 1) 종전의 학습기준 : '직무윤리강령과 기준'

| 직무윤리강령(Code of Ethics) | 직무윤리기준(Standard of Ethics) | | |
| --- | --- | --- | --- |
| | 실체적 규정 | 절차적 규정 | |
| | | 내부통제 | 외부통제 |
| 1) 신의성실의무<br>2) 전문지식 배양의무<br>3) 공정성 및 독립성유지의무<br>4) 법규 등 준수의무<br>5) 소속회사 등의 지도·지원의무 | 1) 고객에 대한 의무<br>2) 자본시장에 대한 의무<br>3) 소속회사에 대한 의무<br>4) 그 밖의 직무상의 의무 | 1) 내부통제기준<br>2) 준법감시인 | 1) 자율규제<br>2) 행정제재<br>3) 민사책임<br>4) 형사책임<br>5) 시장통제 |

### 2) 기본서개정(2017) 개정 후 학습기준 : '금융투자회사의 표준윤리준칙'

[추가개정안내] 2018년 기본서에서는 금융투자회사의 표준윤리준칙을 바탕으로 하되, '금융투자업 직무윤리'를 '기본원칙, 이해상충방지의무, 금융소비자보호의무, 본인·회사·사회에 대한 의무'의 4가지로 체계화하여 설명하고 있음.

---

#### 금융투자회사의 표준윤리준칙(2015.12.04 개정)

– 운영부서 : 자율규제기획부 –

**제1조(목적)**
이 준칙은 금융투자회사(이하 '회사'라 함)의 윤리경영 및 임직원의 올바른 윤리의식 함양을 통해 금융인으로서의 책임과 의무를 성실히 수행하고, 투자자를 보호하여 자본시장의 건전한 발전 및 국가경제발전에 기여함을 목적으로 한다.

**제2조(고객우선)**
회사와 임직원은 항상 고객의 입장에서 생각하고 고객에게 보다 나은 금융서비스를 제공하기 위해 노력해야 한다.

**제3조(법규준수)**
회사와 임직원은 업무를 수행함에 있어 관련 법령 및 제 규정을 이해하고 준수해야 한다.

**제4조(신의성실)**
회사와 임직원은 정직과 신뢰를 가장 중요한 가치관으로 삼고 신의성실의 원칙에 입각하여 맡은 업무를 충실히 수행하여야 한다.

**제5조(시장질서 존중)**
회사와 임직원은 공정하고 자유로운 시장경제 질서를 존중하고, 이를 유지하기 위하여 노력해야 한다.

---

**제6조(정보보호)**
회사와 임직원은 업무수행 과정에서 알게 된 회사의 업무정보와 고객정보를 안전하게 보호하고 관리하여야 한다.

**제7조(자기혁신)**
회사와 임직원은 경영환경 변화에 유연하게 적응하기 위하여 창의적 사고를 바탕으로 끊임없이 자기혁신에 힘써야 한다.

**제8조(상호존중)**
회사는 임직원 개개인의 자율과 창의를 존중하고 삶의 질 향상을 위하여 노력하여야 하며, 임직원은 서로를 존중하고 원활한 의사소통과 적극적인 협조자세를 견지해야 한다.

**제9조(주주가치 극대화)**
회사와 임직원은 합리적인 의사결정과 투명한 경영활동을 통하여 주주와 기타 이해관계자의 가치를 극대화하기 위하여 최선을 다해야 한다.

**제10조(사회적 책임)**
회사와 임직원 모두 시민사회의 일원임을 인식하고, 사회적 책임과 역할을 다해야 한다.

**제11조(경영진의 책임)**
회사의 경영진은 직원을 대상으로 윤리교육을 실시하는 등 올바른 윤리문화정착을 위하여 노력하여야 한다.

**제12조(위반행위의 보고)**
임직원은 업무와 관련하여 법규 또는 윤리강령의 위반사실을 발견하거나 그 가능성을 인지한 경우, 회사가 정하는 절차에 따라서 즉시 보고해야 한다.

**제13조(품위유지)**
임직원은 회사의 품위나 사회적 신뢰를 훼손할 수 있는 일체의 행위를 해서는 안 된다.

**제14조(사적이익 추구금지)**
임직원은 회사의 재산을 부당하게 사용하거나 자신의 지위를 이용하여 사적인 이익을 추구해서는 안 된다.

**제15조(고용계약 종료 후의 의무)**
임직원은 회사를 퇴직하는 경우 업무관련자료의 반납 등 적절한 후속조치를 취하여야 하며, 퇴직 이후에도 회사와 고객의 이익을 해하는 행위를 해서는 안 된다.

**제16조(대외활동)**
임직원이 외부강연이나 기고, 언론매체 접촉(SNS) 등 전자통신수단을 이용한 대외활동을 하는 경우 다음 각 호의 사항을 준수해야 한다.
1. 회사의 공식의견이 아닌 경우 사견임을 명백히 밝혀야 한다.
2. 대외활동으로 인하여 회사에 주된 업무수행에 지장을 주어서는 안 된다.
3. 대외활동으로 인하여 금전적인 보상을 받게 되는 경우 회사에 신고해야 한다.
4. 공정한 시장질서를 유지하고 건전한 투자문화 조성을 위해 최대한 노력해야 한다.
5. 불확실한 사항을 단정적으로 표현하거나 다른 금융투자회사를 비방해서는 안된다.

## '금융투자회사의 표준윤리준칙'의 분류

표준윤리준칙상 '고객에 대한 의무(또는 원칙)'를 모두 묶은 것은?

> ㉠ 고객우선의무  ㉡ 신의성실의무
> ㉢ 법규준수의무  ㉣ 시장질서 존중의무

① ㉠
② ㉠, ㉡
③ ㉠, ㉡, ㉢
④ ㉠, ㉡, ㉢, ㉣

해설  고객에 대한 의무에는 '고객우선의무, 신의성실의무'가 해당된다.

정답 ②

---

**더알아보기**  '금융투자회사의 표준윤리준칙'의 분류

### (1) 표준윤리준칙의 4가지 분류

| 고객에 대한 의무 | 본인에 대한 의무 | 회사에 대한 의무 | 사회에 대한 의무 |
|---|---|---|---|
| 고객우선의무(제2조)<br>신의성실의무(제4조) | 법규준수의무(제3조)<br>자기혁신의무(제7조)<br>품위유지의무(제13조)<br>사적이익 추구금지(제14조) | 정보보호의무(제6조)<br>상호존중의무(제8조)<br>경영진의 책임(제11조)<br>위반행위의 보고의무(제12조)<br>고용계약 종료 후의 의무(제15조)<br>대외활동(제16조) | 시장질서 존중의무(제5조)<br>주주가치 극대화(제9조)<br>사회적 책임(제10조) |

---

**보충문제**

**01** 금융투자회사의 표준윤리준칙 중에서 '본인, 회사, 사회'에 대한 윤리기준이 아닌 것은?

① 고객우선의무(제2조)
② 법규준수의무(제3조)
③ 자기혁신의무(제7조)
④ 상호존중의무(제8조)

해설  고객우선의무는 대고객 의무이며, ② · ③은 본인을 위한 의무, ④는 회사를 위한 의무이다.

정답 ①

**02** 금융투자회사의 표준윤리준칙 중에서 '회사에 대한 의무'가 아닌 것은?

① 정보보호의무(제6조)  ② 상호존중의무(제8조)

③ 사적이익 추구금지의무(제14조)  ④ 고용계약 종료 후의 의무(제15조)

해설  ③은 본인에 대한 의무이다.

정답 ③

---

## '금융투자업 직무윤리'의 체계                    핵심유형문제

금융투자회사의 표준윤리준칙의 16개 조항 중 '금융투자회사 직무윤리'의 기본원칙에 해당하는 두 조항은?

① 고객우선의무, 신의성실의무

② 고객우선의무, 법규준수의무

③ 신의성실의무, 법규준수의무

④ 신의성실의무, 시장질서 존중의무

해설  금융투자회사의 표준윤리준칙상의 두 조항(제2조 고객우선의무 또는 고객우선원칙, 제4조 신의성실의무 또는 신의성실원칙)은 '금융투자업 직무윤리'의 기본원칙으로도 인정된다.

정답 ①

---

**더알아보기**  '금융투자업 직무윤리'의 체계

(1) '금융투자업 직무윤리'의 4가지 의무(또는 원칙)

| 기본원칙 | 이해상충방지의무 | 금융소비자보호의무 | 본인, 회사 및 사회에 대한 윤리 |
|---|---|---|---|
| 금융투자회사의 표준윤리준칙 | 자본시장법, 금융소비자보호법 등 법률에 근거함 | | 금융투자회사의 표준윤리준칙 |

(2) 4가지 의무의 세부 내용

① 기본원칙 : '금융투자회사의 표준윤리준칙' 제2조 고객우선원칙, 제4조 신의성실원칙이 금융투자업 직무윤리의 기본원칙이자 근간이 된다.

② 이해상충방지의무 : 이해상충이 자주 발생하는 금융투자업의 특성상 '금융투자업 직무윤리'를 올바르게 수행하기 위해 이행해야 하는 중요한 의무이다.

③ 금융소비자보호의무 : 상품개발 단계, 상품판매전 단계, 상품판매 단계, 상품판매후 단계로 구분하여, 각 단계별로 해당 규정과 절차를 잘 이행함으로써 '금융투자업 직무윤리'를 올바르게 수행할 수 있도록 부여하는 의무이다.

④ 본인, 회사 및 사회에 대한 윤리 : '금융투자회사의 표준윤리준칙' 중 기본원칙(제2조 고객우선원칙, 제4조 신의성실원칙)을 제외한 나머지 조항을 말한다.

**01** 금융투자업 직무윤리에서 준수를 요구하는 4가지 중요한 원칙 또는 의무에 해당하지 않는 것은?

① 기본원칙으로서 고객우선원칙과 신의성실원칙

② 이해상충방지의무

③ 금융소비자보호의무

④ 투자권유준칙 준수의무

> **해설** 4가지 중요한 의무는 '①, ②, ③+본인, 회사, 사회에 대한 의무'이다. ④는 금융소비자보호의무 중 상품판매 단계에 속하는 의무이다.
>
> **정답** ④

---

## '금융투자업 직무윤리'의 체계 - (1) 기본원칙 　　핵심유형문제

**신의성실원칙(신의칙)의 기능에 대한 설명이다. 가장 거리가 먼 것은?**

① 권리의 행사와 의무를 이행함에 있어 행위준칙이 된다.

② 법률관계를 해석함에 있어서 해석상의 지침이 된다.

③ 법규의 형식적 적용에 의해 야기되는 불합리와 오류를 시정하는 역할을 한다.

④ 신의칙위반은 강행법규의 위반은 아니기 때문에, 권리행사가 신의칙에 반하는 경우라도 법률효과가 인정될 수 있다.

> **해설** 권리행사가 신의칙에 반하는 경우에는 그 자체로 권리의 남용이 되어 권리행사의 법률효과가 인정되지 않는다. 또한 신의칙 위반은 강행법규 위반에 해당한다.
>
> **정답** ④

**(1) 기본원칙의 개념체계**
① 직무윤리의 기본원칙(고객우선원칙, 신의성실원칙)은 '선관주의의무'에 근거한다.
　선관주의의무 → 2대 기본원칙 → 직무윤리의 법제화
② 도 해

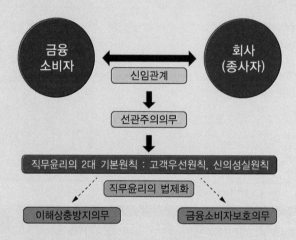

**(2) 2대 기본원칙**
① 고객우선원칙(표준윤리준칙 제2조)

> 회사와 임직원은 항상 고객의 입장에서 생각하고 고객에게 보다 나은 금융서비스를 제공하기 위해 노력해야 한다.

② 신의성실원칙(표준윤리준칙 제4조)

> 회사와 임직원은 정직과 신뢰를 가장 중요한 가치관으로 삼고 신의성실의 원칙에 입각하여 맡은 업무를 충실히 수행하여야 한다.

**01** 직무윤리의 2대 기본원칙이 법률적인 의무로 구체화되는 2가지는?

① 이해상충방지의무, 금융소비자보호의무
② 이해상충방지의무, 신임의무
③ 금융소비자보호의무, 신임의무
④ 신임의무, 설명의무

해설 직무윤리의 2대 원칙은 '이해상충방지의무, 금융소비자보호의무'의 2가지 법률상 의무로 구체화된다. 참고로 '신임의무(Fiduciary Duty)'는 법률상의 의무가 아닌 추상적인 의무이다(위임자로부터 신임을 받은 자의 추상적이고 포괄적인 의무).

정답 ①

**02** 직무윤리의 2대 기본원칙 중 하나인 '신의성실원칙'에 대한 설명이다. 옳지 않은 것은?

① 신의성실이란 '신의에 바탕을 둔 정성스럽고 참됨'의 자세를 말하며, 금융투자업종사자의 직무수행에 있어서 가장 기본적이고도 중요한 원칙이라 할 수 있다.
② 신의성실원칙은 윤리적인 의무에 국한되므로, 신의칙 위반 시 강행법규에 대한 위반은 되지 않는다.
③ 고객우선원칙과 신의성실원칙을 실현하기 위해 자본시장법 등으로 이해상충방지의무와 금융소비자보호의무를 구체적으로 부과하고 있다.
④ 신의성실원칙은 금융투자회사의 표준윤리준칙의 제4조에 해당할 뿐 아니라 자본시장법이나 민법에도 반영되어 있을 정도로 기본적인 의무에 속한다.

해설 신의성실원칙(신의칙)은 윤리적 원칙이자 법적의무이기도 하다(이를 신의성실의 양면성이라고 함).
※ 신의성실원칙과 관련된 자본시장법과 민법 조항
　(1) 자본시장법 조항(제37조 제1항) : 금융투자업자는 신의성실의 원칙에 따라 공정하게 금융투자업을 영위해야 한다.
　(2) 민법(제2조) : 권리의 행사와 의무의 이행은 신의성실에 좇아 성실히 이행해야 한다.

정답 ②

이해상충이 발생하는 3가지 원인을 나열하였다. 해당하지 않는 것은?

① 금융투자업을 영위하는 회사 내에서 사적업무를 통해서 얻은 정보를 공적업무 영역에 이용하기 때문
② 정보의 비대칭을 활용하여 금융투자업자가 금융소비자의 이익을 희생하여 자신이나 제3자의 이익을 추구하기 때문
③ 금융투자업자가 영위할 수 있는 6개 금융투자업 중 복수의 금융투자업을 영위하기 때문
④ 금융투자업자에 대한 규제가 열거주의규제에서 포괄주의규제로 변경되었기 때문

해설　　이해상충과 포괄주의규제는 관련이 없다. 이해상충이 발생하는 원인 3가지는 ①·②·③이다.

정답 ④

---

더알아보기　금융투자업 직무윤리 – (2) 이해상충방지의무

**(1) 이해상충방지의무(자본시장법 제37조 제2항)**

> 금융투자업종사자는 금융투자업을 영위함에 있어서 정당한 사유 없이 투자자의 이익을 해하면서 자기가 이익을 얻거나 제3자가 이익을 얻도록 해서는 아니 된다.

※ 고객 또는 임직원의 이익과 회사의 이익이 상충될 경우의 우선순위 : 보충문제 1

**(2) 이해상충이 발생하는 원인 3가지** : 핵심유형문제
　※ 공적업무와 사적업무

| 공적업무 | 사적업무 |
| --- | --- |
| 투자중개업, 집합투자업 등 공개된 정보를 이용한 투자권유나 거래업무를 말함 | 미공개중요정보가 발생할 수 있는 기업의 인수·합병 등의 업무를 말함 |

※ 금융투자업 간의 이해상충 : 겸영허용 시 '투자매매업 ↔ 집합투자업·신탁업·투자일임업' 간 이해상충이 발생할 수 있음

**(3) 이해상충방지체계** : 보충문제 2
① 이해상충관리의무 : 금융투자업자는 이해상충이 발생할 가능성을 파악·평가하고, 내부통제기준이 정하는 바에 따라 적절히 관리할 의무가 있다(자본시장법 제44조).
② 공시 또는 회피의 원칙 : Disclosure → Control → Avoid(이해상충가능성을 알리고, 낮추되, 만일 투자자보호에 문제가 없는 수준까지 낮추기 곤란한 때에는 해당 거래를 할 수 없다).
③ 정보교류 차단의무(Chinese Wall 구축의무)

> (고유재산운용업무, 투자매매업, 투자중개업) ⇔ (신탁업, 집합투자업, 기업금융업무)

- 왼쪽은 회사의 이익을 위한 업무이며, 오른쪽은 고객이익을 위한 업무이므로 정보교류가 차단되어 야 한다.
- '물리적인 벽'은 이해상충부서 간 칸막이설치, 출입문의 공동사용금지 등을 말하며 '추상적인 벽'은 이해상충부서 간 임·직원의 겸직금지[주1]를 말한다.
  *주1 : 부서 간 겸직금지대상 임원의 범위에서 '대표이사, 감사, 사외이사가 아닌 감사위원회의 위원' 은 제외된다.
- 'Chinese Wall'은 만리장성처럼 견고하고 높은 벽을 의미한다.
④ 조사분석자료의 이해상충방지의무 : 금융투자회사는 자신이 발행한 증권에 대한 조사분석자료의 제공 과 공표는 자신(회사)의 이익을 위해 불특정다수를 이용하는 것이 되므로 이해상충방지차원에서 금지 한다.
⑤ 자기거래금지의무
   ㉠ 개념 : 보충문제 3
   ㉡ 도 해

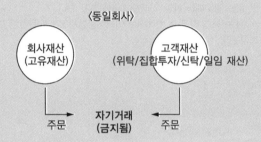

※ 만일 고유재산과 고객자산이 쌍방 간의 거래를 한다면 고유재산에 유리하게 처리될 개연성이 있고 이 경우 고객재산의 침해가 발생하기 때문에 자기거래를 금지한다.
⑥ 이해상충이 발생하는 사례 : 과당매매(Excess Trading), 보충문제 4

---

**01** 이익이 충돌할 경우 금융투자업자가 업무를 처리하는 올바른 순서는?

> ㉠ 기존고객의 이익        ㉡ 신규고객의 이익
> ㉢ 회사의 이익           ㉣ 임직원의 이익

① ㉢ = ㉣ > ㉠ > ㉡
② ㉢ = ㉣ > ㉡ > ㉠
③ ㉠ = ㉡ > ㉢ > ㉣
④ ㉠ = ㉡ > ㉣ > ㉢

해설   모든 고객의 이익은 상호 동등하게 취급되어야 하며, 어떠한 경우에도 고객의 이익은 회사의 이익에 우선하 고, 회사의 이익은 임직원의 이익에 우선한다(금융투자회사 내부통제기준 제50조).

정답 ③

**02** 이해상충방지체계에 대한 설명이다. 가장 거리가 먼 것은?

① 금융투자업자는 고객과의 이해상충이 발생하지 않도록, 이해상충이 발생할 가능성을 파악하고 내부통제기준에 따라 적절히 관리해야 한다.

② 금융투자업자는 이해상충발생가능성을 파악·평가한 결과, 이해상충발생가능성이 인정되면 먼저 해당 투자자에게 그 사실을 알려야 한다.

③ 금융투자업자는 이해상충발생가능성이 있을 경우, 투자자보호에 문제가 없는 수준까지 이해상충 발생가능성을 낮춘 후에 매매 또는 그 밖의 거래를 할 수 있다.

④ 금융투자업자는 이해상충발생가능성이 있을 경우, 투자자보호에 문제가 없는 수준까지 이해상충 발생가능성을 낮출 수 없을 경우에는 준법감시인의 사전승인을 받아 매매 또는 그 밖의 거래를 할 수 있다.

> **해설** '공시 또는 회피의 원칙[Disclosure(②) → Control(③) → Avoid(④)]'을 이해하는가의 문제이다. 이해상충 수준을 낮출 수 없는 경우에는 해당 거래를 회피하여야 한다.
> ①·②·③·④(④는 해설 참조)는 차례대로 이해상충방지체계와 관련한 자본시장법 제44조의 제1항에서 제3항까지에 해당된다.
>
> **정답** ④

**03** 다음 설명에 대한 내용으로 가장 거리가 먼 것은?

> 금융투자업종사자는 고객이 동의할 경우를 제외하고는 자신이 고객과의 거래당사자가 되거나 자기 이해관계인의 대리인이 되어서는 안 된다.

① 자기거래의 금지원칙을 말한다.

② 자기가 스스로 고객에 대하여 거래상대방이 될 경우 고객을 위한 최선의 이익추구가 방해받을 가능성이 있으므로 자기거래는 금지된다.

③ 자기거래는 금융투자업종사자의 도덕적 해이를 조장할 수 있는 심각한 사안으로서 장내시장, 장외시장을 막론하고 금지된다.

④ 금융투자업종사자가 직접 고객의 거래당사자가 되지 않더라도 그 이해관계인의 대리인이 되는 경우에도 금지된다.

> **해설** 장내시장(상장시장, 파생상품시장)에서는 '자기거래의 금지원칙'의 예외가 적용된다. 이는 불특정다수가 참여하는 장내시장에서는 의도한다고 해도 본인이 고객의 거래상대방이 되는 것은 현실적으로 불가능하기 때문이다.

1) 다자간 체결회사를 통한 거래 : 전산의 발달로 장내시장과 장외시장의 경계가 약해지고 있으므로 기존의 장외시장이라도 '다자간매매체결회사를 통한 거래'는 장내시장에 준하여 취급된다. 즉 '다자간 매매체결회사를 통한 거래'의 경우 자기거래금지의 예외가 적용된다.

2) 투자매매업자 또는 투자중개업자가 자기가 판매하는 집합투자증권을 매수하는 경우 : 이는 집합투자증권의 원활한 환매를 돕는 차원(고객이익보호)이다.

3) 그 외 금융위가 정하는 사유

정답 ③

---

**04** 다음 중 과당매매를 판단하는 기준이라고 볼 수 없는 것은?

① 일반투자자가 부담하는 수수료 총액

② 매매회전율이 높았을 경우 계좌의 수익달성 여부

③ 일반투자자의 재산상태 및 투자목적에 적합한지의 여부

④ 일반투자자의 투자지식이나 경험에 비추어 당해 거래에 수반되는 위험을 잘 이해하고 있는지의 여부

해설 과당매매 여부의 판단은 수익률과는 관계없다. 매매회전율이 높았을 경우 그래도 수익이 달성이 되면 문제가 되지 않을 수도 있으나(현실적으로), 그렇다고 해서 과당매매의 책임이 면제되는 것은 아니다.

정답 ②

---

## '금융투자업 직무윤리'의 체계 – (3) 금융소비자보호의무 – ① 개요  핵심유형문제

다음은 '주의의무'에 대한 설명이다. 잘못된 것은?

① 금융투자업종사자가 수행하는 업무에 대해 주의의무를 다했는가의 판단은 그 업무가 행해진 시점을 기준으로 해야 하며, 결과론적으로 판단해서는 안 된다.

② 일반인 이상의 수준으로 주의를 기울여야 한다.

③ 주의는 업무수행에 필요한 관련된 모든 요소에 기울여야 하는 마음가짐이나 태도를 말하는 것으로서 사무처리의 대가가 유상일 경우에 한해서 적용된다.

④ 금융투자업자는 금융기관의 공공성으로 인하여 일반 주식회사에 비하여 더욱 높은 주의의무를 다할 것이 요구된다.

해설 주의의무는 그 업무가 신임관계에 있는 한 사무처리 대가의 유무상 여부를 따지지 않는다.
※ 주의(Care)는 사전적으로 충분히 예방한다는 개념으로써 사후적으로 치료한다는 'Cure'와 구분된다.

정답 ③

## (1) 금융소비자보호의무 개요

① 금융소비자보호의무의 개념 : 금융소비자(금융회사의 서비스를 이용하는 자)와 금융회사 간에는 정보의 비대칭이 존재할 수 있으며, 이로 인해 발생할 수 있는 불공정 또는 불이익으로부터 금융소비자를 보호하기 위해 법제상으로 부과하는 의무이다.

② 금융소비자보호의무 차원에서 부과되는 기본적 원칙과 기본적 의무

   ㉠ 기본적 원칙 – 신중한 투자자의 원칙(Prudent Investor Rule), 보충문제 1

   ㉡ 기본적 의무 – 전문가로서의 주의의무 : 핵심유형문제, 보충문제 2

> 금융투자업종사자는 고객 등의 업무를 수행함에 있어서 '**그때마다의 구체적인 상황에서/전문가로서의/주의를**' 기울여야 한다.

   → **결과론적인 판단을 해서는 안 되며**, 일반인 이상의 수준으로, 사전적인 주의를 해야 함

## (2) 금융소비자보호의무의 적용단계 : 보충문제 3

| 상품개발 단계 | 상품판매이전 단계 | 상품판매 단계 | 상품판매이후 단계 |
|---|---|---|---|
| 사전협의절차에서 금융소비자보호부서의 의견을 반영 | 불완전판매를 방지하기 위해 판매자의 적격성 확보(자격증, 보수교육 등) | • 신의성실의무 이행<br>• 적합성의 원칙과 적정성의 원칙 등, 투자권유준칙의 이행 | 보고 및 기록의무, 정보의 누설 및 부당이용금지, 공정성유지의무 등의 의무 이행 |

• 금융소비자보호의무는 상품판매 전 단계에 걸쳐 이행되어야 한다.

## (3) 금융소비자보호와 관련된 국내외 동향

① 금융소비자보호 10대 원칙 채택(G20, 2011)

② 금융소비자보호 모범규준 제정(금융당국, 2006)

③ 금융소비자보호법 제정

## (4) 금융소비자보호 10대 원칙

① 2011년 칸에서 열린 'G20 정상회의'에서 OECD가 제안한 '금융소비자보호에 관한 10대 원칙'을 채택하였고, 이는 각국의 금융소비자보호 관련 법규 제정 등의 기초가 되고 있음

② 금융소비자보호 10대 원칙

> • 원칙 1 : 법 규제 체계
> • 원칙 2 : 감독기관의 역할
> • 원칙 3 : 공평·공정한 소비자 대우
> • 원칙 4 : 공시 및 투명성
> • 원칙 5 : 금융교육과 인식
> • 원칙 6 : 금융회사의 책임영업행위 강화
> • 원칙 7 : 금융소비자 자산의 보호 강화
> • 원칙 8 : 금융소비자의 개인정보 보호 강화
> • 원칙 9 : 민원처리 및 시정절차 접근성 강화
> • 원칙 10 : 경쟁환경 조성

## (5) 금융소비자보호관련 평가

① 임직원이 업무수행에 있어 금융소비자보호의무를 충실히 이행했는지에 대한 평가를 정기적으로 실시해야 함

② 평가수단 : 해피콜서비스, 미스터리쇼핑, 위법계약해지권 등

**01** 빈칸에 가장 알맞은 것은?

> 고객의 신임을 받아 투자업무를 수행하는 수탁자가 자산운용업계에서 받아들여지고 있는 포트폴
> 리오 이론에 따라서 자산을 운용하는 것이라면 '신중한 투자'로서 인정된다는 것이고, 이러한 원칙
> 은 (          )를 판단하는 기준이 된다.

① 신의성실의무                    ② 신임의무
③ 충실의무                        ④ 주의의무

> **해설**  주의의무이다. 주의의무를 판단하는 기준으로서 '신중한 투자자의 원칙(Prudent Investor Rule)'이 적용될
> 수 있으며, 그 내용은 보기와 같다.
> • 여기서 '투자자'는 고객으로부터 자산의 운용을 위임받은 수임인 즉 수탁자를 말한다.
>
> **정답** ④

**02** 빈칸에 들어갈 말을 짝지은 것으로 옳은 것은?

> • 직무윤리의 2대 원칙인 고객우선원칙과 신의성실원칙은 (          )에 근거한다.
> • 금융소비자보호의무는 신중한 투자자의 원칙과 (          )에 그 바탕을 둔다.

① 선량한 관리자로서의 주의의무, 전문가로서의 주의의무
② 이해상충방지의무, 전문가로서의 주의의무
③ 전문가로서의 주의의무, 이해상충방지의무
④ 전문가로서의 주의의무, 선량한 관리자로서의 주의의무

> **해설**  '선량한 관리자로서의 주의의무(선관주의의무)–전문가로서의 주의의무'이다.
>
> **정답** ①

**03** 금융소비자를 보호하기 위해 상품판매 단계에서 이행해야 하는 의무는?

① 상품개발 단계에서 금융소비자보호를 위한 부서의 의견 반영
② 불완전판매를 예방하기 위해 적정한 자격증확보와 보수교육의 이행
③ 요청하지 않는 투자권유의 금지, 부당한 투자권유의 금지 등 준수
④ 미스터리쇼핑, 해피콜서비스, 위법계약해지권 등의 운영

> **해설**  ① 상품개발 단계, ② 상품판매이전 단계, ③ 상품판매 단계, ④ 상품판매이후 단계
>
> **정답** ③

**04** 금융소비자보호를 위한 각종 제도에 대한 설명이다. 옳은 것은?

① 금융회사는 금융소비자보호 총괄책임자(CCO)를 대표이사의 직속으로 두고, 독립적인 지위를 부여해야 한다.

② 금융소비자모범규준은 금융소비자보호를 위한 제반사항의 이행을 촉구하고 강화하기 위해 자본시장법에서 제정한 것이다.

③ 대표이사는 회사의 금융소비자보호에 관한 내부통제체계의 구축 및 운영에 관한 기본방침을 정하여야 한다.

④ 금융회사는 임직원이 금융소비자보호의무를 충실히 이행하고 있는지에 대한 평가를 정기적으로 실시하는데, 이는 의무가 아닌 권장사항이다.

> **해설** ② 모범규준은 감독당국에서 제시하는 규준 즉 권장사항이다(법률로 제정된 것이 아님).
> ③ 내부통제의 기본방침은 대표이사가 아닌 최고의사결정기구인 이사회가 정하여야 한다.
> ④ 임직원에 대한 평가는 정기적으로 시행하는 의무이다.

> **정답** ①

**05** 금융투자협회의 '금융투자회사의 금융소비자보호 내부통제기준'상의 조직별 업무내용의 설명으로 옳지 않은 것은?

① 이사회는 내부통제체계의 구축 및 운영에 관한 기본방침을 정한다.

② 대표이사는 이사회가 정한 기본방침에 따라 금융소비자보호와 관련된 내부통제체계를 구축·운영하여야 한다.

③ 금융소비자보호 내부통제위원회는 금융소비자보호를 위한 내부통제를 수행하기 위하여 필요한 의사결정기구로서 대표이사가 의장이 된다.

④ 금융소비자보호 총괄기관은 내부통제 업무를 수행하기 위한 조직으로 소비자보호와 영업부서 업무 간의 이해상충 방지 등의 업무를 수행하는 이사회 직속기관이다.

> **해설** 금융소비자보호 총괄기관은 내부통제 업무를 수행하기 위한 조직으로 소비자보호와 영업부서 업무 간의 이해상충 방지 등의 업무를 수행하는 대표이사 직속기관이다.

> **정답** ④

금융소비자보호법에서 규정하는 4가지 금융상품에 해당하지 않는 것은?

① 예금성 상품
② 투자성 상품
③ 보장성 상품
④ 연금성 상품

**해설**   '예금성 상품/투자성 상품/보장성 상품/대출성 상품'의 4가지이다.

**정답** ④

---

**더알아보기**   금융소비자보호법의 주요 내용

**(1) 개요**
① KIKO사태, 우리은행 DLF사태, 라임사모펀드사태 등의 금융사건과 관련하여 금융소비자보호의 필요
성이 증가하였고, 2020.3.5에 '금융소비자보호에 관한 법률'이 최초 발의 8년 만에 국회본회의를 통과
함(2021.3.25 시행)
② 금융소비자란 '금융거래의 상대방으로서 금융업자와 금융상품을 거래하는 자'를 말하는데, 전문금융
소비자가 아닌 일반금융소비자를 동 법률의 보호대상으로 함

**(2) 금융소비자보호법의 주요내용**
① '4×3 매트릭스' 규제

| 상품유형(상품속성) |
| --- |
| 예금성 상품<br>(원본손실 없음) |
| 투자성 상품<br>(원본손실 가능) |
| 보장성 상품<br>(위험보장) |
| 대출성 상품 |

×

| 판매유형(행위속성) |
| --- |
| 직접판매업자<br>(은행 등 금융회사) |
| 판매대리중개업자<br>(보험대리점, 투자권유대행인 등) |
| 자문업자<br>(투자자문업자) |

→ 상품유형과 판매유형을 각각 연결하면 12개의 기능(4×3＝12)이 나오는데, 각각의 동일기능에 대해
동일규제가 적용되도록 함(기능별 규제체계)
② 6대 판매원칙 적용 : 개별법에서 일부 금융상품에 대해 적용하는 것을 모든 금융상품으로 확대 적용함
을 원칙으로 함
㉠ 적합성원칙 준수 : 금융투자상품뿐 아니라 모든 금융상품으로 확대적용
㉡ 적정성원칙 준수 : 자본시장법상의 '파생상품 등'에서 '보장성 상품, 대출성 상품'으로 확대적용
㉢ 설명의무 준수 : 자본시장법, 은행법, 보험법, 여신전문금융법 등에 규정된 설명의무를 금융소비자
보호법으로 통합 이관함
㉣ 불공정영업행위 금지 : 구속성상품계약체결('꺾기')의 금지 등
㉤ 부당권유행위 금지 : 불확실한 사항에 대한 단정적 판단 제공행위 등
㉥ 허위·과장광고 금지 : 허위·과장을 방지하기 위한 필수사항과 금지사항을 준수

③ 금융소비자 권익보호를 위한 제도
  ㉠ 청약철회권 확대 : 기존의 보험상품, 투자자문계약에서만 인정되는 청약철회권을 '투자성/보장성/
    대출성 상품'에도 확대 적용함(아래 표).

| 구 분 | 청약철회기간(숙려기간) |
|---|---|
| 보장성 | 보험증권을 받은 날로부터 15일 이내(단, 청약일로부터 30일을 초과할 수 없음) |
| 투자성(자문계약 포함) | 계약서류제공일 또는 계약체결일로부터 7일 이내 |
| 대출성 | 계약서류제공일(계약체결일, 계약에 따른 금전제공일 등)로부터 14일 이내 |

  • 소비자의 청약철회 시, 판매업자는 조건 없이 소비자가 납입한 금액을 반환함
  ㉡ 위법계약해지권

| 행사 요건 | 내 용 |
|---|---|
| 판매규제 위반 | 적합성의 원칙, 적정성의 원칙, 설명의무, 불공정영업행위금지, 부당권유행위금지를 위반한 경우(광고규제 위반은 제외) |
| 적용상품 | 계속적 거래가 이루어지고(펀드도 해당), 금융소비자가 해지 시 재산상 불이익이 발생하는 금융상품으로 투자일임계약, 금전신탁계약, 금융상품자문계약 등이 해당됨 |
| 적용제외상품 | P2P업자와 체결하는 계약, 원화표시 양도성예금증서, 표지어음 |
| 해지요구기간 | 계약체결일로부터 5년 이내의 범위 기간 내에 해지요구가 가능하되, 금융소비자가 위법사실을 인지한 날로부터 1년 이내의 기간 |
| 수락통지 | 금융상품판매업자등은 10일 이내 해지요구에 대한 수락여부를 통지하여야 함 |
| 위법계약해지의 효력 | 해당 계약은 장래에 대하여 효력(소급 안 됨)이 발생하므로 금융상품판매업자는 원상회복 의무는 없지만 해지 관련 비용(수수료, 위약금 등)을 요구할 수 없음 |

  ㉢ (금융위원회의) 판매제한 명령

| 개 요 | 금융상품의 판매과정에서 소비자 피해가 가시화되거나 확대되는 것을 미연에 방지하여 소비자 피해를 최소화하기 위한 판매제한 또는 금지를 명하는 제도 |
|---|---|
| 명령권 발동요건 | 금융소비자보호법 : 제49조(금융위원회의 명령권) 제②항<br>금융위원회는 금융상품으로 인하여 금융소비자의 재산상 현저한 피해가 발생할 우려가 있다고 명백히 인정되는 경우로서 대통령령으로 정하는 경우(※ 투자성 상품, 보장성 상품 또는 대출성 상품에 관한 계약체결 및 그 이행)에는 그 금융상품을 판매하는 금융상품판매업자에 대하여 해당 금융상품 계약 체결의 권유 금지 또는 계약 체결의 제한·금지를 명할 수 있다. |

  ㉣ 사후구제방안 강화
    • 금융회사의 소 제기를 통한 분쟁조정제도 무력화 방지 : 금융회사가 분쟁의 불리한 결과를 회피
      하기 위한 수단으로 소 제기를 할 경우, 법원이 그 소송을 중지할 수 있는 소송중지제도를 도입함
    • 분쟁조정 또는 소송 시 금융회사 정보에 대한 소비자 열람요구 가능
  ㉤ 금융상품자문업 신설
    • 소비자가 상품선택 시 중립적이고 전문적인 자문서비스를 받을 수 있도록 함
    • 판매와 자문 간의 겸영이 금지되는 독립자문업을 원칙으로 하고, 독립자문업자가 준수해야 하는
      소비자보호원칙을 규정함
  ㉥ 금융상품판매업자에 대한 책임강화
    • 직접판매업체의 금융상품판매대리·중개업자에 대한 관리책임을 부과함
    • 과태료는 최대 1억원이며, 징벌적 과징금제도를 도입함
      – 징벌적 과징금제도 : 위반행위 관련 수입의 최대 50%까지 부과함
    • 대출모집인을 법상 감독대상으로 포함(보충문제 2 참조)

**01** **금융소비자보호법상의 주요내용과 가장 거리가 먼 것은?**

① 12개 기능 각각의 동일 기능에 대해 동일한 규제가 적용되도록 한다.

② 6대 판매원칙 중 적정성원칙은, 자본시장법상으로는 '파생상품 등'을 대상으로 하지만 금융소비자보호법은 '예금성 상품, 투자성 상품, 보장성 상품, 대출성 상품'을 모두 적용한다.

③ 투자성 계약은 계약서류를 제공받은 날 또는 계약체결일로부터 7일 이내에 청약의 철회가 가능하다.

④ 금융소비자보호법상의 위반이 있을 경우 판매업자에게 부과되는 과태료는 최대 1억원이며, 징벌적 과징금도 부과될 수 있다.

> 해설  6대 판매원칙은 모든 금융상품으로 확대 적용하는 것을 원칙으로 하나, 적정성원칙의 경우 예금성 상품은 그 대상에서 제외된다.

정답 ②

**02** **금융상품의 4가지 유형 중 대출성 상품에 대한 내용이다. 가장 적절하지 않은 것은?**

① 대출성 상품에도 적합성원칙과 적정성원칙이 적용된다.

② 대출이자를 일단위로 표시하여 저렴한 것으로 오인하게 하는 행위는 금지된다.

③ 계약서류제공일, 계약체결일 또는 계약에 따른 금전·재화 등 제공일로부터 7일 이내에 청약철회권을 행사할 수 있다.

④ 대출모집인은 기존 법률상 감독의 대상이 되지 않았으나, 금융소비자보호법에 의해 대출모집인도 법상 관리, 감독이 가능하게 되었다.

> 해설  7일은 투자성 상품에 해당하며, 대출성 상품은 14일이다.
> ① 대출성 상품 관련 기존법률상으로는 적합성원칙과 적정성원칙 규제가 없으나, 금융소비자보호법상으로 동 규제가 적용됨
> ② 6대 판매원칙 중 대출성 상품에 대한 '허위·과장금지'에 해당함
> ④ 대출모집인에 대한 감독은 그간은 모범규준으로 하였으나 동법상 감독의 근거가 마련됨

정답 ③

금융소비자보호의무의 이행에 있어 '상품판매 단계'의 내용이 아닌 것은?

① 금융투자업자는 일반투자자에게 투자권유를 하는 경우에는 일반투자자의 투자목적, 재산상황 및 투자경험 등에 비추어 그 일반투자자에게 적합하지 않다고 인정되는 투자권유를 해서는 아니 된다.

② 금융투자업자는 일반투자자의 투자목적, 재산상황 및 투자경험 등에 비추어 해당 파생상품 등이 일반투자자에게 적정하지 아니하다고 판단되는 경우에는 대통령령으로 정하는 바에 따라 그 사실을 알리고, 일반투자자로부터 서명 등의 방법으로 확인을 받아야 한다.

③ 금융투자업자는 일반투자자를 상대로 투자권유를 하는 경우에는 금융투자상품의 내용, 투자에 따르는 위험, 그 밖에 대통령령으로 정하는 사항을 일반투자자가 이해할 수 있도록 설명하여야 한다.

④ 금융투자업자는 직무상 알게 된 정보로서 외부에 공개되지 아니한 정보를 정당한 사유 없이 자기 또는 제3자의 이익을 위하여 이용해서는 아니 된다.

> 해설 '정보의 누설 및 부당이용의 금지'이며 '상품판매이후 단계'에 속한다.
> ①은 적합성의 원칙, ②는 적정성의 원칙, ③은 설명의무이다.
>
> 정답 ④

---

**더알아보기** 금융투자업 직무윤리 - (3) 금융소비자보호의무 - ② 상품판매 전 단계

**(1) 상품개발 단계(1단계)**

① 사전협의절차

ⓐ 사전협의절차에 참여하는 부서 : 상품개발부서, 마케팅담당부서, 금융소비자보호 총괄기관
ⓑ 금융소비자보호 총괄기관은 제기된 민원 등을 참고하여 신상품 판매 시, 충분한 소비자보호가 되도록 협의해야 함

② 사전협의절차 이행 모니터링 : 만일 사전협의가 누락된 경우 금융소비자보호 총괄기관은 금융소비자 보호 표준내부통제기준에 따라 동 사실을 해당 부서의 성과평가 또는 민원평가에 반영하여야 함

**(2) 상품판매이전 단계(2단계)**

① 불완전판매 예방을 위한 상품별 판매교육 이행
② 판매자(임직원)의 자격증 확보, 보수교육 이행
③ 상품별 판매를 위한 자격증 : 보충문제 1

| 펀드투자권유자문인력 | 증권투자권유자문인력 | 파생상품투자권유자문인력 |
|---|---|---|
| 집합투자증권, 신탁<sup>주1</sup> | 주식, 채권, ELB/DLB<sup>주2</sup>, CP, RP, CMA | 선물, 옵션, ELW, ELS/DLS, 파생상품이 포함된 신탁상품 |

*주1 : 파생상품이 포함되지 않는 신탁은 펀드자문인이 권유할 수 있다.
*주2 : ELB/DLB는 원금보장형 파생결합증권이므로 채무증권으로 분류된다. 즉, 지분증권과 채무증권 (채권, ELB, DLB, CP, RP)은 증권자문인이 권유할 수 있다.
• Wrap Account의 경우 운용대상의 종류에 따라 자격이 결정된다.

**(3) 상품판매 단계(3단계)** : 투자권유관련 금융소비자보호법상의 의무이행

① 금융소비자보호법상 투자권유를 하기 전 실행해야 하는 절차

투자권유하기 전에 금융소비자가 투자권유를 원하는지 아니면 원하지 않는지를 확인 → 일반금융소
비자인지 전문금융소비자인지 확인 → 일반금융소비자인 경우 면담, 질문 등을 통하여 금융소비자의
정보를 파악 → 금융소비자가 본인정보 미제공 시 일부상품(파생형 펀드 등 적정성의 원칙 적용대상
상품)의 가입제한 사실 안내 → 파악된 정보를 바탕으로 금융소비자의 투자성향 분석결과 설명 및 확
인서 제공 → 투자성향 분석결과 및 확인서 제공은 1회성이 아니라 금융소비자가 금융상품을 가입할
때마다 실행 → 투자자금의 성향파악 → 가장 적합한 금융상품을 권유

② 투자권유 단계별 세부내용

| 투자권유 전 실행단계 | 적합성의 원칙 | 적정성의 원칙 | 설명의무 |
|---|---|---|---|
| '투자목적/재산상황/투자경험 등'을 조사 후 고객의 확인이 필요 | 고객에게 적합한 금융투자상품을 권유 | '파생상품 등'을 거래하기에 부적합할 경우 그 사실을 알려야 함 | '이해할 수 있도록' 설명해야 하며, 중요사항은 허위 표시 또는 누락금지 |

㉠ 투자권유 전 실행단계 : 보충문제 2, 3

가. 투자자의 투자목적, 투자경험, 재산상황 등을 면담·설문조사 등을 통해 파악하고 이를 투자
자로부터 서명·기명날인·녹취·ARS 등의 방식으로 확인받아 이를 투자자에게 제공하고 유
지·관리하는 것을 말함

나. 투자권유 전 실행단계 자료는 고객관련 중요자료이므로 서명 등으로 확인 후 10년간 보관해야 함

㉡ 적합성의 원칙 : 금융소비자보호법 제17조(보충문제 5)

'고객에게 적합하지 않은 상품을 권유하지 않을 것(소극적 원칙)'과 '고객에게 가장 적합한 상품을
권유할 것(적극적 원칙)'을 모두 포함한다(과잉권유는 제외).

㉢ 적정성의 원칙 : 금융소비자보호법 제18조(보충문제 6)

가. 투자권유불원고객의 경우 본인이 투자권유를 받지 않고 직접 거래를 할 수 있으나, 이 경우에
도 '파생상품 등'을 매매하고자 할 경우에는 본인에 대한 정보제공을 해야 하며, 만일 정보제공
을 하지 않으면 해당 거래를 할 수 없다.

나. 투자권유 전 실행단계에 따라 파악한 고객의 투자성향이 '파생상품 등'을 거래하기에 부적합한
경우에는 '해당 파생상품의 거래가 투자자에게 적정하지 않음'을 알려야 한다(즉, 해당거래를
못하도록 하는 것이 아니라, 해당 거래의 부적정성을 주지하는 것이다).

> ※ 파생상품에 대한 규례
>
> 참고 파생상품에 대한 규제는 적정성원칙과 관련성이 높다.
>
> 1) 투자권유대행인은 파생상품을 권유할 수 없다.
> 2) 파생상품에 대해서는 일반투자자의 투자목적, 재산상황, 투자경험 등을 고려하여 차등
>    화된 투자권유준칙을 마련해야 `한다.
> 3) 금융투자업자는 파생상품업무책임자 1인 이상을 상근임원으로 두어야 한다.
> 4) 위험도가 가장 높은 장외파생상품에 대해서는 엄격한 규제를 한다.
> 5) 일반투자자와의 거래는 위험회피목적에 한한다.
> 6) 매매건마다 파생상품업무책임자(상근임원의 승인)을 받아야 한다.
> 7) '불초청권유의 금지/자기거래금지의 원칙'은 장외파생상품에 한하여 적용된다.

ㄹ. 설명의무 : 금융소비자보호법 제19조(보충문제 7, 8)

　　가. 일반투자자를 상대로 투자권유를 하는 경우에는 일반투자자가 이해할 수 있도록 설명해야 하며(일반투자자의 이해수준에 따라 설명의 정도를 달리 할 수 있음), 설명한 내용을 일반투자자가 이해하였음을 서명, 기명날인, 녹취 등의 방법으로 확인을 받아야 한다.

　　나. 금융투자업자는 중요사항을 거짓 또는 왜곡하여 설명하거나 중요사항을 누락해서는 안 된다.

　　다. 설명의무이행을 위한 안내자료의 적정성 : 안내자료는 '적정성, 시의성, 접근성 및 용이성, 권익침해 표시 금지'의 요건을 갖추어야 한다.

③ 부당한 투자권유의 금지

　　㉠ 부당권유행위 금지 : 금융소비자보호법 제21조(보충문제 9, 10)

④ 손실보전 등의 금지(자본시장법 제55조)

**(4) 상품판매이후 단계(4단계) : 투자권유관련 금융소비자보호법상의 의무이행**

① 보고 및 기록의무, 정보의 누설 및 부당이용금지, 공정성유지의무 : 보충문제 14, 15, 16, 17, 18

　　※ 자본시장법 제54조(직무관련 정보의 이용금지) : 금융투자업자는 직무상 알게 된 정보로서 외부에 공개하지 않은 정보를 정당한 사유 없이 자기 또는 제3자를 위해 이용할 수 없다.

　　※ 금융투자회사의 표준윤리준칙 제6조(정보보호) : 회사와 임직원은 업무수행 과정에서 알게 된 회사의 업무정보와 고객정보를 안전하게 보호하고 관리하여야 한다.

② 상품판매이후 단계의 금융소비자보호의무와 관련된 제도(보충문제 19) : 해피콜서비스(판매 후 모니터링), 미스터리쇼핑, 고객의 소리(VOC), 위법계약해지권 등

---

**보충문제**

---

**01** 다음 중 증권투자권유자문인력의 자격으로서 권유할 수 없는 상품은?

① CMA　　　　　　　　　　　　　② ELB

③ ELW　　　　　　　　　　　　　④ CP

> **해설** ELW는 파생결합증권으로서 파생상품권유자문인력 자격으로 권유가 가능하다.
> ELB는 원금보장형 파생결합증권으로 자본시장법상 채무증권에 해당되어 증권투자자문인력이 권유할 수 있다(CP, RP도 채무상품으로 분류). CMA는 RP나 MMF에 투자되는 투자형상품으로 역시 증권투자자문인력이 권유할 수 있다.
>
> 정답 ③

---

**02** 금융소비자보호법 제17조 적합성원칙과 제19조 설명의무에서 제시하고 있는 투자권유단계 중, 보기가 속하는 단계는?

> 고객의 재무상황, 투자경험, 투자목적 등을 충분하게 파악해야 한다.

① 투자권유 전 실행단계　　　　　② 적합성의 원칙

③ 적정성의 원칙　　　　　　　　　④ 설명의무

투자권유 전 실행단계에 해당한다. 고객에게 적합한 투자권유를 하기 위해서는 우선 고객에 관한 정보파악이 필요하고, 파악한 정보는 서명·녹취 등의 방법으로 고객의 확인을 받고 확인받은 내용은 지체없이 고객에게 제공한다.

정답 ①

**03** 투자권유 전 실행단계에서 파악해야 하는 고객정보와 가장 거리가 먼 것은?

① 고객의 소비성향
② 고객의 재무상황
③ 고객의 투자경험
④ 고객의 투자목적

고객의 소비성향은 투자권유 전 실행단계의 파악대상과는 거리가 멀다.

정답 ①

**04** 투자권유의 순서가 올바르게 연결된 것은?

> ㉠ 해당 고객이 투자권유를 원하는 고객인지 투자권유를 원하지 않는 고객인지 확인한다.
> ㉡ 해당 고객이 일반투자자인지 전문투자자인지를 확인한다.
> ㉢ 해당 고객의 투자목적, 투자경험, 재산상황 등을 파악한다.
> ㉣ 해당 고객의 투자성향에 맞는 금융투자상품을 권유하고 해당 상품에 대한 중요내용을 일반투자자가 이해할 수 있도록 설명해야 한다.

① ㉠ → ㉡ → ㉢ → ㉣
② ㉡ → ㉢ → ㉣ → ㉠
③ ㉡ → ㉠ → ㉢ → ㉣
④ ㉢ → ㉠ → ㉡ → ㉣

'㉠ → ㉡ → ㉢ → ㉣'이다. 전문투자자도 투자권유를 희망할 수 있으므로 ㉠이 먼저이며, 투자권유를 희망하는 고객 중 일반투자자만을 상대로 투자권유준칙을 이행한다(㉡ → ㉢ → ㉣).

정답 ①

**05** 금융소비자보호법 제17조 적합성원칙과 관련하여 빈칸에 들어갈 수 없는 것은?

> 적합성원칙은 KYC Rule로 파악한 고객의 정보를 토대로 하여 고객에게 적합하지 않은 금융투자상품을 권유할 수 없다는 (          )뿐만 아니라, 고객의 투자성향에 맞는 가장 적합한 금융투자상품을 권유해야 한다는 (          )까지를 포함한다. 단, 합리적 근거 없이 투기적인 금융투자상품을 권유하는 (          )는 적합성원칙에 위배되는 것이다.

① 소극적 원칙                    ② 적극적 원칙
③ 과당매매(Excess Trading)     ④ 과잉권유(Boiler Room)

> **해설**    과당매매는 이해상충을 위반하는 대표적인 Case이다.
>
> **정답** ③

---

**06** 적정성원칙에 대한 설명이다. 가장 거리가 먼 것은?

① 금융투자업자는 일반투자자에게 투자권유를 하지 아니하고 파생상품 등을 판매하려는 경우에는 면담·질문 등을 통하여 그 일반투자자의 투자목적·재산상황·투자경험 등의 정보를 파악해야 한다.
② 금융투자업자는 일반투자자의 투자목적·재산상황·투자경험에 비추어 해당 파생상품 등이 일반투자자에게 적정하지 아니하다고 판단되는 경우에는 대통령령이 정하는 바에 따라 그 사실을 해당 일반투자자에게 알리고 그 사실을 서명, 기명날인, 녹취 등의 방법으로 확인을 받아야 한다.
③ 파생상품 등에 대하여는 일반투자자의 투자목적·재산상황·투자경험 등을 고려하여 투자자 등급별로 차등화된 투자권유준칙을 마련하여야 한다.
④ 금융투자업자는 비상근임원인 1인 이상의 파생상품업무책임자를 두어야 한다.

> **해설**    파생상품업무의 중요성을 감안하여 상근임원 1인 이상을 책임자로 둔다. ①에서 '일반투자자에게 투자권유를 하지 아니하고'는 '투자권유불원고객'을 대상으로 함을 의미한다.
>
> **정답** ④

---

**07** 금융투자업종사자의 설명의무와 가장 거리가 먼 것은?

① 중요한 내용에 대해서는 고객이 이해할 수 있도록 설명해야 한다.
② '중요한 내용'이란 사회통념상 투자 여부의 결정에 영향을 미칠 수 있는 사안으로, 투자의 합리적인 투자판단 또는 해당 금융투자상품의 가치에 중대한 영향을 미칠 수 있는 사항을 말한다.
③ 설명의무의 대상인 금융투자상품의 모든 점에 대해서 허위로 설명하거나 누락해서는 안 된다.
④ 금융투자업자는 설명의무를 다한 후 일반투자자가 이해하였음을 서명, 기명날인, 녹취, 그 밖에 대통령령으로 정하는 방법 중 하나 이상의 방법으로 확인을 받아야 한다.

> **해설**    허위나 누락의 금지대상은 '중요한 내용(지문 ② 참조)'에 국한된다.
>
> **정답** ③

**08** 금융투자업자가 설명의무를 이행하기 위해 제공하는 자료의 작성요건에 대한 설명이다. 가장 거리가 먼 것은?

① 객관적인 사실에 근거하여 작성하고, 금융소비자가 오해할 우려가 있는 정보를 작성해서는 안 된다.

② 금융소비자에 대한 정보제공은 금융소비자의 관점에서 적절한 시기에 이루어져야 한다.

③ 금융소비자에게 제공하는 정보는 알기 쉽게 글자크기가 크고, 읽기 쉽게 제작되어야 하며, 가급적 전문용어사용을 피하고 일상적인 어휘를 사용해야 한다. 그리고 그림이나 기호는 이해를 위해 꼭 필요한 경우에만 사용해야 한다.

④ 실제로는 적용되지 않는 금리 또는 수수료를 비교가격으로 함으로써 실제의 것보다도 현저히 유리한 것으로 오인할 여지가 있는 표시는 금지해야 한다.

> **해설** 이해도를 높이기 위해 그림이나 기호의 사용을 적극적으로 활용한다.
> ① 자료의 정확성, ② 자료의 시의성, ③ 자료의 접근성 및 용이성, ④ 권익침해 표시 금지 사항
>
> **정답** ③

**09** 부당권유의 금지사항(금융소비자보호법 제21조) 중 '불초청권유의 금지'에 해당하는 것은?

① 거짓의 내용을 알리는 행위

② 불확실한 사항에 대하여 단정적인 판단을 제공하거나 확실하다고 오인하게 할 소지가 있는 내용을 알리는 행위

③ 투자자로부터 투자권유를 받지 아니하고 방문·전화 등 실시간 대화의 방법을 이용하는 행위

④ 투자권유를 받은 투자자가 이를 거부하는 취지의 의사를 밝혔음에도 불구하고 투자권유를 계속하는 행위

> **해설** ③은 불초청권유(요청하지 않은 투자권유)의 금지, ④는 재권유의 금지를 말한다.
> ※ 불초청권유의 금지와 재권유의 금지
> (1) 내 용
>
> | 불초청권유의 금지(장외파생상품에 한함) | 재권유의 금지 |
> | --- | --- |
> | 고객으로부터 요청이 없으면 방문, 전화 등의 방법에 의해 투자권유 등을 해서는 안 된다. → 이는 개인의 평온한 사생활침해와 충동구매를 방지하고자 하는 것이다. | 투자가가 거부의사를 표시했음에도 불구하고 투자권유를 지속하면 안 된다. |
>
> (2) 예 외
> ① 불초청권유금지대상에서 제외되는 권유 : '증권'과 '장내파생상품'의 경우 투자자보호 및 건전한 질서를 해할 우려가 없으므로 금지대상에서 제외된다(즉 장외파생상품만 금지됨).
> • 증권과 장내파생상품은 거래상대방을 특정할 수 없는 거래특성상 불초청권유를 한다고 해도 고객에게 불이익을 줄 가능성이 없기 때문이다.
> ② 재권유금지에서 제외되는 권유
> ㉠ 투자권유를 받은 자가 거부의사표시를 한 후 1개월이 지나 다시 투자권유를 하는 행위
> ㉡ 다른 종류의 금융투자상품에 대하여 투자권유를 하는 행위([예] 주식 → 채권)
> > **참고** 종전에는 변액보험(투자성이 있는 보험계약)도 재권유금지대상에서 제외되었으나, 자본시장법 시행령 개정으로 금지대상에 포함되었다(2014.6월부터 시행).
>
> **정답** ③

**10** 다음 중 부당한 투자권유의 금지에 해당하는 사항은?

① 투자성이 있는 보험계약을 재권유하는 행위

② A회사 주식에 대한 투자권유를 거부한 투자자에게 다음 날에 A회사 채권을 투자권유하는 행위

③ A회사 주식에 대한 투자권유를 거부한 투자자에게 다음 날에 B회사 채권을 투자권유하는 행위

④ A회사 주식에 대한 투자권유를 거부한 투자자에게 A회사 주식을 1개월 후에 투자권유하는 행위

> 해설 변액보험은 자본시장법 시행령 개정으로 종전 예외에서 금지대상으로 변경되었다.
> ②·③ 금융투자상품의 종류가 다르다면(예 지분증권 ↔ 채무증권), 바로 직후에 재권유를 해도 금지되지
> 않는다.
> ④ 동일한 금융투자상품의 경우 거부된 지 1개월 후에 재권유를 한다면 금지되지 않는다.
>
> 정답 ①

**11** 다음은 '합리적 근거의 제공 및 적정한 표시의무(금융소비자보호법 제21조 부당권유행위 금지와 관련된 규정)'에 관한 설명이다. 잘못 설명된 것은?

① 고객의 의사결정에 중대한 영향을 미칠 수 있는 정보를 제공한 때에는 당해 사실 또는 정보의 출처(또는 정보제공자)를 밝힐 수 있어야 한다.

② 고객에게 제공하는 정보는 객관적인 사실과 미래의 예측을 포함한 담당자의 의견을 명확히 구분하여 제공해야 한다.

③ 고객에게 제안하는 투자안이 높은 수익률을 달성할 가능성이 매우 높은 상황에서 고객이 알면 오히려 수익률 달성에 도움이 되지 않는 중요한 사실이 있다면, 그 중요사실은 알리지 않아도 된다.

④ 투자권유를 위한 상담을 함에 있어서 어떠한 경우에도 미래의 투자수익을 확약해서는 안 된다.

> 해설 '중요한 사실'은 빠짐없이 모두 표시해야 하며(표시방법은 문서·구두를 불문함), 중요하지 않은 사항의 경우 투자자이익에 부합할 경우 알리지 않아도 된다.
>
> 정답 ③

**12** 다음은 허위·과장·부실표시의 금지와 관련된 내용이다. 틀린 것은?

① 소속회사 또는 자신의 운용실적을 좋게 보이기 위하여 자의적으로 부풀려진 운용실적을 제시해서는 안 된다.

② 금융투자업종사자는 자기 또는 자기가 속하는 회사가 고객을 위하여 수행할 수 있는 업무의 내용을 부실하게 표시해서는 안 된다.

③ 금융투자업종사자는 자기의 경력, 학위증명 또는 직무상의 자격증명에 대해서 고객이 오인할 여지를 주는 등의 부실한 표시를 해서는 안 된다.

④ 금융투자업종사자가 허위·과장·부실표시를 하지 않음에 있어 '부실표시'는 문서에 의한 표시만을 제약한다.

> **해설** 금융투자업종사자는 구두와 문서를 불문하고 ②·③의 사항에 대해서 부실표시를 해서는 아니 된다.
>
> **정답** ④

**13** 금융소비자보호법상의 '위법계약해지권'에 대한 설명으로 옳지 않은 것은?

① 금융소비자는 금융상품의 계약체결일로부터 5년 이내이고 위법계약 사실을 안 날로부터 1년 이내에만 해지요구가 가능하다.

② 금융회사는 고객의 해지요구가 있는 경우 해당일로부터 10일 이내에 계약해지 요구의 수락여부를 결정하여 통지하여야 하며, 거절하는 경우 그 거절사유도 같이 알려야 한다.

③ 위법계약해지권은 계약이 최종적으로 체결된 이후라는 전제조건이 있으며, 또한 금융회사의 귀책사유가 있어야 한다는 점에서 청약철회권과 유사하다.

④ 금융회사가 위법계약해지청구권을 수락하여 해지되는 경우에는 별도의 수수료, 위약금 등 계약해지에 따른 비용을 부과할 수 없다.

> **해설** 청약철회권은 금융회사에 별도의 귀책사유가 없음에도 금융소비자보호법 제46조에서 정하고 있는 바에 따라 금융소비자가 각 상품별로 정하여진 해당기간 내에 청약을 철회할 수 있는 권리로서, 금융소비자가 금융상품의 계약을 최종적으로 체결하기 전 계약의 청약을 진행하는 단계에서 행사할 수 있다. 반면, 위법계약해지권은 금융소비자보호법 제47조 제1항에서 명기하고 있는 바와 같이 금융회사의 귀책사유가 있고 계약이 최종적으로 체결된 이후라는 전제조건이 있다.
>
> **정답** ③

**14** 다음은 보고 및 기록의 유지의무에 관련한 설명이다. 잘못 설명된 것은?

① 금융투자업종사자는 고객으로부터 위임받은 업무에 대하여 그 결과를 고객에게 '지체 없이' 보고하고 그에 따라 필요한 조치를 취해야 한다. 여기서 '지체 없이'란 고객으로부터의 주문을 처리한 즉시를 의미한다.

② 금융투자업종사자는 업무를 처리함에 있어서 필요한 기록 등 증거를 상당기간 유지해야 한다.

③ 고객은 금융투자업자로부터의 통지와 자신의 거래내역을 대조함으로써 임의매매 등 위법한 주식거래가 발생할 소지를 미연에 방지할 수 있다.

④ 금융투자업자는 업무처리에 있어 필요하거나 생산되는 기록 및 증거를 항시 유지하고 관리해야하는데, 이는 업무집행의 적정성을 담보하고 후일 분쟁이 발생할 경우를 대비한 것이다.

> **해설** '지체 없이'는 '보고에 필요한 최소한의 조치 후'를 의미한다.
> ①·②는 보고·기록의무의 내용이며, ③·④는 보고·기록의무의 효과이다.
> ※ 상품판매이후의 금융소비자보호의무 : 보고 및 기록의무
> (1) 보고의무
>
>> 금융투자업종사자는 고객으로부터 위임받은 업무를 처리한 후 그 결과를 고객에게 지체 없이 보고하고 그에 따라 필요한 조치를 취해야 한다.
>
> ① '보고'의 의무 : 단순히 업무처리의 결과를 말하는 것이 아니라, 처리와 관련된 구체적 사항을 전달함으로써 고객이 단순 확인뿐 아니라 추가적인 적절한 의사결정이 가능하도록 하는 것을 말한다. 예를 들어, 매도주문을 처리하였다면 '매도되었음'만이 아니라 '매매체결시기, 체결가격, 체결수량, 수수료비용 등'을 구체적으로 알려주어야 한다.
> ② '지체 없이'의 의미 : 예를 들어 매매주문을 하였다면, '주문처리 후 즉시'가 아니라 '주문처리 후 보고에 필요한 최소한의 조치 후'를 말한다.
> ③ 보고의 방법 : 문서나 구두를 불문하지만, 객관적인 증빙을 남기는 방법이 권장된다.
>> ▶ 매매명세통지의무(자본시장법 제73조)
>> 1) 투자매매업자 또는 투자중개업자는 매매가 체결된 이후에는 지체 없이 '매매유형, 종목, 수량, 가격, 수수료 등 모든 비용, 그 밖의 거래내용'을 통지해야 한다.
>> 2) 매매가 체결된 다음 달 20일까지 월간 거래내역(월간 잔액현황 포함)을 통지해야 한다.
> (2) 기록유지의무(자본시장법 제60조)
>
>> ① 금융투자업자는 금융투자업 영위와 관련한 자료를 대통령령으로 정하는 자료의 종류별로 대통령령으로 정하는 기간 동안 기록·유지해야 한다.
>> ② 금융투자업자는 제1항에 따라 기록을 유지해야 하는 자료가 멸실, 위조 또는 변조가 되지 않도록 적절한 대책을 수립하고 시행해야 한다.
>
>> ▶ 임의매매금지(자본시장법 제70조)
>> 1) 자본시장법에서는 임의매매(고객의 허락없이 임직원이 자의적으로 한 매매)를 엄격히 금지한다.
>> 2) 임의매매와 일임매매를 구분하는 기준은 '투자일임약정'의 존재 여부이다.

**정답** ①

**15** 자본시장법 제73조의 '매매명세통지의무'상 고객의 월간 매매내역을 통지하는 기한을 정확하게 표현한 것은?

① 매매가 체결된 날의 당월 말일

② 매매가 체결된 날의 다음달 10일

③ 매매가 체결된 날의 다음달 20일

④ 매매가 체결된 날의 다음 달 말일

> **해설** 매매가 체결된 경우 다음달 20일까지 통지해야 한다[통지내용 : 월간 매매내역, 손익내역, 월말기준 잔액현황·미결제약정 현황(선물옵션계좌의 경우)].
>
> **정답** ③

**16** 임의매매와 일임매매를 구분하는 기준은 금융소비자보호의무 중에서 어떤 의무와 관련이 가장 깊은가?

① 투자권유 시 합리적 근거 제공의무

② 보고 및 기록의무

③ 정보의 누설 및 부당이용금지

④ 공정성 유지의무

> **해설** 임의매매와 일임매매를 구분하는 것은 '포괄일임약정'이라는 기록의 존재유무이다. 즉 '보고 및 기록의무'에 해당된다.
>
> **정답** ②

**17** 다음은 고객정보의 누설 및 부당이용 금지와 관련한 설명이다. 틀린 것은?

① 금융투자업종사자는 업무를 수행하는 과정에서 알게 된 고객의 정보를 다른 사람에게 누설하여서는 안 된다.

② 금융투자업종사자는 매매주문동향 등 직무와 관련하여 알게 된 고객정보를 자기 또는 제3자의 이익을 위하여 부당하게 이용하여서는 아니 된다.

③ 고객정보의 누설금지는 고객정보에 대하여 그 이용의 부당성 여부를 불문하고 고객정보를 누설하는 행위 그 자체를 금지하는 것이고, 부당이용의 금지는 고객정보를 고객이 아닌 자의 이익을 위하여 부당하게 사용하는 행위를 금지하는 것이다.

④ 금융투자업종사자가 업무수행과 관련해서 취득한 고객의 정보의 누설은 자본시장법뿐만 아니라 타 법률에서도 엄격히 금지하는 것으로서 어떠한 경우라도 누설해서는 안 된다.

법원의 제출명령, 영장에 의한 거래정보 제공, 조세 법률로 인한 거래정보 제공, 금융감독원의 불공정거래행위 조사에 의한 거래정보 제공, 예금자보호법에 의한 거래정보 제공 등의 경우 예외가 적용된다.

※ 상품판매이후의 금융소비자보호의무 : 고객정보의 누설 및 부당이용금지

(1) 고객정보의 누설 및 부당이용금지(자본시장법 제54조 직무관련정보의 이용금지)

> 금융투자업종사자는 직무상 알게 된 정보로서 외부에 공개되지 않은 정보를 정당한 사유 없이 자기 또는 제3자의 이익을 위하여 이용해서는 안 된다.

① 업무수행과정에서 알게 된 고객의 정보를 누설하거나 부당이용해서는 안 된다. 단, 법원명령이나 영장에 의한 정보제공은 가능한데, 이 경우도 최소한의 범위 내에서 이루어져야 한다.

② 관련 법령 : 자본시장법(제54조), 신용정보의 이용 및 보호에 관한 법률(신용정보법), 개인정보보호법

(2) 공정성유지의무

> 금융투자업자는 업무를 수행함에 있어서 모든 고객을 공평하게 취급하여야 한다.

• '공평'하게 취급한다는 것은 완전히 동일한 조건으로 취급한다는 것은 아니다(보충문제 18).

④

**18** '공정성유지의무'에 대한 설명이다. 가장 적절하지 않은 것은 무엇인가?

① 금융투자업종사자는 업무를 수행함에 있어서 모든 고객을 공평하게 취급하여야 한다.

② 공평하게 취급한다는 것은 어떤 투자정보를 고객에게 제공하거나 수정하거나 추가정보를 제공함에 있어서 완전히 동일한 조건으로 한다는 의미이다.

③ 회사는 거래소로부터 받은 시세정보를 투자자에게 제공하는 경우 시세정보의 제공 형태나 제공 방식 등에 대해서 투자자가 선택할 수 있도록 고지해야 한다.

④ 금융투자회사 직원이 새롭게 입수한 투자정보나 포트폴리오 교체 노력을 거래규모가 큰 위탁고객과 거래규모가 작은 위탁고객을 차별하여 투입한다면 공정성유지의무를 위반하는 것이 된다.

금융투자업종사자는 업무수행에 있어서 모든 고객을 공평하게 취급해야 한다. 단, '고객의 투자목적·지식·경험·정보제공에 대한 대가 등'에 따라 차별적으로 제공하는 것은 허용된다.

③ 투자성과에 중대한 영향을 줄 수 있는 차별적인 서비스라면 사전에 충분히 고지하여 고객이 직접 선택할 수 있도록 하는 것이 '공정성유지의무'에 부합한다.

②

**19** 다음 중 상품판매 단계에서의 일반금융소비자에 대한 설명의무로 적절하지 않은 것은?

① 투자성 상품의 경우 그 내용, 투자위험, 위험등급 및 중요사항을 일반금융소비자가 이해할 수 있도록 설명하여야 한다.

② 계약의 해제·해지에 관한 사항은 설명해야 할 중요사항이다.

③ 설명서를 제공하여야 하며, 설명한 내용을 이해하였음을 서명, 기명날인, 녹취 등의 방법으로 확인받아야 한다.

④ 설명하였음을 확인받지 아니한 경우, 해당 금융상품의 계약으로부터 얻는 수입의 최대 50% 이내의 과징금 부과 또는 최대 1천만원 이내의 과태료를 부과받을 수 있다.

> **해설** 설명하였음을 확인받지 아니한 경우, 해당 금융상품의 계약으로부터 얻는 수입의 최대 50% 이내의 과징금 부과 또는 1억원 이내의 과태료를 부과받을 수 있다.
>
> **정답** ④

**20** 다음은 금융소비자보호의무 이행을 위한 상품판매이후 단계 관련 제도에 대한 설명이다. 빈칸에 들어갈 수 없는 것은?

> • 해피콜서비스는 금융소비자와 판매계약을 맺은 날로부터 (     )영업일 이내에 금융소비자와 통화하여 불완전판매가 없었는지에 대해 확인하는 제도이다.
> • 금융소비자는 금융상품의 계약체결일로부터 5년 이내, 위법계약 사실을 안 날로부터 (     )년 이내인 경우 서면 등으로 계약의 해지를 청구할 수 있다(위법계약해지권).
> • 금융상품판매업자등은 금융소비자로부터 자료 열람 등을 요구받은 날로부터 (     )일 이내에 해당 자료를 열람할 수 있게 하여야 한다.

① 7 　　　　　　　　　　　　　② 8

③ 5 　　　　　　　　　　　　　④ 1

> **해설** 차례대로 7-1-8이다.
>
> **정답** ③

표준윤리준칙상 '법규 준수의무'에 대한 설명이다. 잘못된 것은?

① 회사와 정식 고용관계에 있지 않은 자나 무보수로 일하는 자도 직무윤리를 준수하여야 한다.

② 법규는 알고 모르고를 묻지 않고 관련 당사자에 대하여 구속력을 갖고, 그 존재여부와 내용을 알지 못하여 위반한 경우에도 그에 대한 법적 제재가 가해진다.

③ 법규는 자본시장법과 같은 직무와 직접적으로 연관된 법령뿐만 아니라 은행법·보험업법 등 인접분야의 법령과 자율규제기관의 규정, 그리고 회사가 자율적으로 만든 사규 등까지를 포함 한다.

④ 법규준수의 '법규'라 함은 법조문으로 명기된 것을 의미한다.

> **해설**   '법규'라 함은 법조문으로 명기된 것뿐만 아니라 그 법정신과 취지에 해당하는 것을 포함한다.
> ① 직무윤리의 준수대상자를 의미한다. → 관련업무에 실질적으로 종사하는 자, 직·간접적으로 관련업무 와 관련되어 있는 자, 회사와 정식 고용관계에 있지 않은 자나 무보수로 일하는 자 등을 포함한다.
> ②·③·④ 준수대상인 법규의 범위를 말한다. → 인접분야 법령이나 회사의 사규까지도 포함하며, 법규는 법조문으로 되어 있는 것은 물론이고 그 법정신과 취지에 해당하는 것도 포함한다.
>
> **정답** ④

---

**더알아보기**   금융투자업 직무윤리 - (4) 본인, 회사 및 사회에 대한 윤리 - ① 본인에 대한 의무

**(1) 표준윤리준칙 제3조 법규준수의무 : 핵심유형문제**

> 회사와 임직원은 업무를 수행함에 있어 관련 법령 및 제 규정을 이해하고 준수해야 한다.

**(2) 표준윤리준칙 제7조 자기혁신의무 : 보충문제 1**

> 회사의 임직원은 개개인의 자율과 창의를 존중하고 삶의 질 향상을 위하여 노력하여야 하며, 임직원 은 서로를 존중하고 원활한 의사소통과 적극적인 협조 자세를 견지해야 한다.

※ 자기혁신의 2가지 방법
  ① 직무능력을 향상시킬 수 있는 관련 이론과 실무능력 배양(자격증취득 포함)
    • 임직원은 직무를 수행함에 있어 필요한 최소한의 전문지식을 갖추어야 한다('충분한 전문지식'이 아님에 유의).
  ② 금융투자회사 표준윤리준칙의 준수 및 적극실천을 위한 노력

**(3) 표준윤리준칙 제13조 품위유지의무**

> 임직원은 회사의 품위나 사회적 신뢰를 훼손할 수 있는 일체의 행위를 하여서는 아니 된다.

### (4) 공정성 및 독립성 유지의무(협회영업규정) : 보충문제 2

> 금융투자업자는 해당 직무 수행 시 공정한 입장에 서야 하고 독립적이고 객관적인 판단을 해야 한다.

① '공정성 및 독립성 유지의무'는 표준윤리준칙상 넓은 의미의 품위유지의무로 볼 수 있으나, 협회영업규정에 근거하여 본인에 대한 윤리로 규정된다.
② 상급자는 하급자에 대한 부당한 지시를 하지 않아야 하고, 부당한 명령이나 지시를 받는 하급자는 이를 거절해야 한다(독립성).
• 공정성과 독립성을 유지해야 하는 대표적인 업무는 조사분석업무이다.

---

**보충문제**

**01**  보기는 금융투자회사의 표준윤리준칙 중 어떤 조항에 가장 부합하는가?

> • 초저금리가 지속되면서 고도화된 전문성을 요하는 금융투자상품의 개발이 증가하고 있다.
> • 금융투자산업은 글로벌 경제환경의 변화를 많이 받는 산업으로서 그 변화의 속도가 매우 빠르다.

① 법규준수의무(제3조)
② 자기혁신의무(제7조)
③ 상호존중의무(제8조)
④ 품위유지의무(제13조)

해설  고도의 전문성을 요구하면서 급속도로 변화하는 금융투자산업에 적응하기 위해서는 부단한 '자기혁신'이 필요하다.

정답 ②

**02**  금융투자업종사자에게 요구되는 본인에 대한 윤리 중에서, 조사분석업무에서 특히 강조되는 것은?

① 법규준수의무
② 자기혁신의무
③ 공정성 및 독립성 유지의무
④ 사적이익 추구금지의무

해설  '공정성 및 독립성 유지의무'를 유지해야 하는 대표적인 업무는 조사분석업무이다(협회 영업규정).

정답 ③

**03** 재산상이익으로서 제공이나 수령이 금지되는 것이 아닌 것은?

① 경제적 가치의 크기가 일반인이 통상적으로 이해하는 수준을 초과하는 경우

② 재산상 이익의 내용이 사회적 상규에 반하거나 거래상대방의 공정한 업무수행을 저해하는 경우

③ 금융투자상품에 대한 가치분석, 매매정보 또는 주문의 집행을 위하여 자체적으로 개발한 소프트웨어 활용에 불가피한 컴퓨터 등 전산기기

④ 거래상대방만 참석한 여가 및 오락활동 등에 수반되는 비용을 제공하는 경우

> **해설** ③은 제공 및 수령이 가능한 경우이다.
>
> ※ 금품수수 금지대상(부당한 재산상의 이익) : 위의 ①·②·④에 추가하여,
> • 재산상이익의 제공 및 수령조건이 비정상적인 조건의 금융투자상품 매매거래, 신탁계약의 체결 등으로 이루어지는 경우
> • 거래상대방에게 금전, 상품권, 금융투자상품을 제공한 경우(단, 문화활동에 사용되는 상품권은 예외가 인정됨)
> • 재산상이익의 제공 및 수령이 위법이나 부당행위의 은닉 또는 그 대가를 목적으로 하는 경우
> • 금융투자상품 및 경제정보 등과 관련된 전산기기의 구입이나 통신서비스 이용에 소요되는 비용을 제공하거나 제공받는 경우
>
> **정답** ③

**04** 빈칸에 알맞은 것은?

> 금융투자회사가 특정 거래상대방에게 제공하거나 수령한 재산상의 이익이 (    )을 초과할 경우, 즉시 인터넷홈페이지를 통해 공시하도록 의무화하였다.

① 300만원                 ② 500만원

③ 1억원                 ④ 10억원

> **해설** 10억원이다.
>
> ※ 재산상이익의 제공 및 수령에 관한 내부통제절차의 강화(2017.5.22 이후)
> (1) 공시의무 강화(금품 수수액이 10억원 초과 시 즉시 공시)
> (2) 재산상이익의 제공에 대한 적정성평가 및 점검
> • 재산상이익의 제공 및 적정성점검결과는 매년 이사회에 보고해야 하며, 재산상이익의 제공 및 수령 내역은 5년 이상 보관해야 한다.
> (3) 기준초과 시 이사회의 사전승인 요구
>
> **정답** ④

다음은 금융투자회사의 표준윤리준칙 중에서 '회사에 대한 의무' 조항에 대한 설명이다. 가장 거리가 먼 것은?

① 상명하복(上命下服)이라는 조직문화는 표준윤리준칙 제8조 상호존중의무를 저해하는 요소라고 할 수 있다.

② 상호존중의무는 회사조직과 직원 간, 직원들 간의 두 가지 측면으로 구분할 수 있다.

③ 회사의 재산은 오로지 회사의 이익자체를 위해 사용되어야 하는데, 회사재산을 유용하거나 유출할 경우 형사처벌의 대상이 될 수 있다.

④ 회사와 중간책임자가 소속직원에 대한 지도지원의무를 이행하지 못하여 소속직원이 고객에 대한 손해배상책임을 질 경우, 회사는 사용자책임을 지고 중간책임자는 일반 불법행위책임을 진다.

해설　회사와 중간책임자 모두 사용자책임(민법 제756조)을 진다.

정답 ④

---

더알아보기　금융투자업 직무윤리 – (4) 본인, 회사 및 사회에 대한 윤리 – ② 회사에 대한 의무

**(1) 표준윤리준칙 제8조 상호존중의무**

> 금융투자회사는 임직원 개개인이 자율과 창의를 존중하고 삶의 질 향상을 위하여 노력해야 하며, 임직원은 서로를 존중하고 원활한 의사소통과 적극적인 협조자세를 견지해야 한다.

① 조직 내 개인과 개인 간의 관계 : 상사와 부하직원 간, 동료직원 간의 상호존중문화는 업무 효율성을 증대시킬 수 있다.

② 조직과 개인 간의 관계 : 회사는 직원을 신임하며, 직원은 회사에 대해 신임의무를 다하는 '신임관계'가 상호존중의 바탕이 될 때 아래의 선순환 기능이 기대된다.
- 개개인에 대한 회사의 존중 → 직원 개개인의 자율과 창의성의 발휘 → 업무성취도 증가 → 금융소비자에 대한 신뢰 제고 → 회사와 직원의 생존에 긍정적 영향

③ 금융투자회사가 성희롱 예방교육(매년 1회)을 실시하는 것도 상호존중의 준수차원이다.

**(2) 회사재산의 사적사용금지 : 보충문제 1**

> 금융투자업종사자는 회사의 재산을 사적으로 사용하거나 회사의 정보를 유출하는 행위는 금지된다.

① '회사의 재산' : 회사의 업무용차량, 부동산, 집기비품 등 유형적인 것뿐 아니라, 무체재산권이나 영업비밀, 영업기회 등의 무형의 것도 포함된다.

② 회사의 재산을 부당하게 유출하거나 유용하는 행위 : 횡령죄, 배임죄 등으로 형사처벌대상이 된다.

**(3) 표준윤리준칙 제11조 경영진의 책임 : 보충문제 2**

> 회사의 경영진은 직원을 대상으로 윤리교육을 실시하는 등 올바른 윤리문화정착을 위하여 노력해야 한다.

① 회사는 소속회사임직원에 대한 직무윤리준수를 위한 지도와 지원의무가 있다. 이때 최종책임자는 대표자이지만, 조직 내 중간책임자도 조직 내 직원에 대한 지도지원의무를 진다.
② 회사나 중간책임자가 지도지원의무를 해태하여 직원이 피해자에 대한 손해배상책임을 질 경우 회사나 중간책임자는 민법상 사용자책임(민법 제756조)을 진다.

**(4) 표준윤리준칙 제6조 정보보호의무(비밀정보의 관리) : 보충문제 3**

> 회사의 임직원은 업무수행 과정에서 알게 된 회사의 업무정보와 고객정보를 안전하게 보호하고 관리해야 한다.

① 비밀정보의 범위

| ㉠ 회사경영에 중대한 영향을 미칠 수 있는 정보 | |
|---|---|
| ㉡ 회사경영전략 또는 신상품에 대한 정보 | ㉣ '㉠, ㉡, ㉢'에 준하는 미공개정보 |
| ㉢ 고객신상정보, 계좌번호, 비밀번호, 매매내역 | |

② 비밀정보의 관리 원칙

| 정보차단벽(Chinese Wall) 구축 | 필요성에 의한 제공원칙(Need to Know Rule) |
|---|---|
| 보안장치 구축 | |

- Need to Know Rule : 비밀정보의 제공은 'Need to Know Rule'에 부합하는 경우에 한해 준법감시인의 사전승인을 받아야 가능하며, 제공된다 하더라도 업무수행에 필요한 최소한의 범위 내에서 제공되어야 한다.

③ 비밀정보의 제공절차 : '필요성에 의한 제공원칙(Need to Know Rule)&준법감시인의 사전 승인' → 제공이 가능

**(5) 표준윤리준칙 제12조 위반행위의 보고 : 보충문제 4**

> 임직원은 업무와 관련하여 법규 또는 윤리강령의 위반사실을 발견하거나 그 가능성을 인지한 경우 회사가 정하는 절차에 따라 즉시 보고해야 한다.

※ 내부제보(Whistle Blower)제도 : 금융투자회사 임직원이 직무윤리와 법규를 위반한 것을 알거나 그 가능성이 있는 경우 신분노출과 불이익이 없도록 하여 내부에서의 제보를 장려하는 제도.

**(6) 표준윤리준칙 제15조 고용계약 종료 후의 의무 : 보충문제 5**

> 임직원은 회사를 퇴직하는 경우 업무관련 자료의 반납 등 적절한 후속조치를 취하여야 하며, 퇴직 이후에도 회사와 고객의 이익을 해하는 행위를 해서는 안 된다.

**(7) 표준윤리준칙 제16조 대외활동 : 보충문제 6, 7**

> 임직원이 외부강연이나 기고, 언론매체 접촉, SNS등을 이용한 대외활동시 '준수사항'<sup>주1</sup>을 준수해야
> 한다.

*주1 : '준수사항'이란 '회사의 공식의견이 아닌 경우 사견임을 명백히 밝혀야 한다.' 등의 사항을 말한다.

---

**보충문제**

**01** 회사재산의 사적사용금지에서 말하는 '회사재산'에 속하는 것을 모두 묶은 것은?

> ㉠ 회사의 업무용 차량
> ㉡ 회사 사무집기 및 비품
> ㉢ 회사의 영업기회
> ㉣ 임직원의 지위

① ㉠

② ㉠, ㉡

③ ㉠, ㉡, ㉢

④ ㉠, ㉡, ㉢, ㉣

해설   모두 해당된다. 회사의 재산에는 ㉠, ㉡, ㉢, ㉣과 같은 유무형의 것을 모두 포함한다.

정답 ④

**02** 금융투자회사의 표준윤리준칙 중 '경영진의 책임'에서 소속 지원의 불법행위책임이 있을 경우 민법
상 사용자책임을 부담할 수 있는 자를 모두 묶은 것은?

> ㉠ 대표이사                     ㉡ 본부장
> ㉢ 지점장                       ㉣ 팀장

① ㉠

② ㉠, ㉡

③ ㉠, ㉡, ㉢

④ ㉠, ㉡, ㉢, ㉣

해설   모두 해당된다. 중간감독자도 모두 사용자책임을 질 수 있다.

정답 ④

**03** 금융투자회사의 표준윤리준칙 제6조 정보보호의무에 대한 설명이다. 틀린 것은?

① 회사의 경영이나 재무건전성에 중대한 영향을 미치는 정보는 기록형태나 기록유무에 관계없이 비밀정보로 본다.

② 특정정보의 비밀정보 여부가 불투명할 경우 당해 정보를 이용하기 전에 준법감시인의 사전확인을 받아야 한다.

③ 비밀정보는 정보차단벽과 보안장치를 구축한 가운데 관리되어야 하며, 비밀정보의 제공은 '필요성에 의한 제공원칙 Need to Know Rule'에 부합할 경우 제공이 가능하다.

④ 비밀정보를 제공받은 자는 제6조 정보보호에 의거, 제공받은 정보를 제공받은 목적 이외의 목적으로 사용하거나 타인으로 하여금 사용하게 해서는 안 된다.

> 해설  비밀정보의 제공은 '필요성에 의한 제공원칙'에 부합될 경우 준법감시인의 사전승인을 받아야 제공이 가능하다.
>  ② 비밀정보 여부가 불투명할 경우 준법감시인의 사전확인을 받아야 하는데, 사전확인절차가 결정되기 전까지는 비밀정보로 추정된다.

> 정답 ③


**04** 금융투자회사의 표준윤리준칙 '제12조 위반행위의 보고' 조항에서 권장하는 내부제보(Whistle Blower)제도에 대한 내용이다. 틀린 것은?

① 육하원칙에 따른 사실만을 제보해야 한다.

② 제보가 있을 경우 제보사실은 공개되어도, 제보자 신분의 비밀은 보장되며, 제보자가 신분상의 불이익이나 근무조건상의 차별이 전혀 없도록 해야 한다.

③ 제보자가 신분상의 불이익을 당하였다면 준법감시인을 통해 원상회복을 신청할 수 있다.

④ 제보의 내용이 회사의 재산상 손실방지나 이익확대에 기여한 경우 포상을 추천할 수 있다.

> 해설  제보자의 신분은 물론 제보사실도 비밀이 보장된다.

> 정답 ②


**05** 금융투자회사의 표준윤리준칙 제15조 고용계약 종료 후의 의무에 대한 내용이다. 틀린 것은?

① 임직원의 회사에 대한 선관주의의무는 재직 중은 물론이고 퇴직 후에도 장기간 지속된다.

② 고용기간이 종료되면 어떠한 경우라도 회사명이나 상표, 로고 등을 사용해서는 안 된다.

③ 고용기간 동안 본인이 생산한 지적재산물은 회사의 재산이므로 고용기간 종료 시 반납해야 한다.

④ 고용기간 동안 본인이 생산한 지적재산물은 회사의 재산이므로 고용기간 종료 후에도 그 사용권은 회사가 가지는 것이 원칙이다.

> 해설  '장기간'이 아니라 '합리적인 기간'이다.
>  참고  일반적으로 3년으로 하는데, 3년을 초과하는 기간 동안 '고용계약 종료 후의 의무'를 부과한다면 부당계약으로 무효가 될 수 있다.

> 정답 ①

**06** 금융투자회사 임직원의 대외활동에 대한 내용이다. 가장 적절하지 않은 것은?

① 임직원이 외부강연이나 기고 등의 대외활동을 할 때 회사의 의견이 아닌 사견은 밝힐 수 없다.

② 회사가 승인하지 않은 중요정보나 홍보물 등을 배포하거나 사용하는 행위는 금지된다.

③ 임직원과 고객이메일은 사용장소에 관계없이 표준내부통제기준 및 관계법령의 적용을 받는다.

④ 임직원의 사외대화방 참여는 공중포럼으로 간주되어 언론기관과 접촉할 때와 동일한 윤리기준을 준수해야 한다.

> **해설** 회사의 공식의견이 아닌 경우는 '사견임을 명백히 표현하고' 의견을 밝힐 수 있다.

> **정답** ①

**07** 금융투자회사의 표준윤리준칙 제16조 대외활동에 대한 내용이다. 가장 거리가 먼 것은?

① 임직원의 대외활동은 준법감시인의 사전승인을 받아야만 가능하다.

② 회사의 공식의견이 아닌 경우 사견임을 명백히 밝혀야 한다.

③ 회사는 대외활동을 하는 임직원이 당해 활동을 통해 회사로부터 부여받은 주된 업무를 충실히 이행하지 못하거나 고객과의 이해상충이 확대되는 경우, 회사는 당해 대외활동의 중단을 요구할 수 있다.

④ 임직원이 웹사이트나 인터넷게시판에 특정 금융투자상품을 분석한 내용 또는 투자권유를 하는 내용을 게시하고자 할 경우 사전에 준법감시인이 정하는 절차와 방법을 따라야 하지만, 자료출처를 명시하고 인용하는 경우나 기술적 분석에 따른 투자권유를 하는 경우에는 준법감시인의 사전승인을 받지 않아도 된다.

> **해설** 대외활동을 하기 위한 사전승인절차는 준법감시인뿐 아니라 대표이사, 소속 부점장으로부터도 받을 수 있다.
> ④ '기술적 분석에 따른 투자권유'는 사전승인을 받지 않아도 게시할 수 있음에 유의하도록 한다.

> **정답** ①

자본시장법상의 '시장질서교란행위 규제'에 대한 내용이다. 옳지 않은 것은?

① 기존의 불공정거래행위에 대한 규제가 포섭할 수 없는 모든 시장질서교란행위를 제재할 수 있도록 강화된 법안이다.

② 시장에 나타나는 불공정거래행위의 목적성이 입증되지 않아도 처벌이 가능하게 되면서 사실상 모든 시장질서교란행위에 대한 제재가 가능하게 되었다.

③ 기존 법령상의 제재대상은 '내부자, 준내부자, 1차 수령자'에 국한되었으나 3차 수령자까지 그 범위가 확대되었다.

④ ETF의 유동성지원의무상 행해지는 업무나, 파생상품의 헤지업무라는 정상적인 직무수행과정 중에서도 과도한 유동성의 변화가 발생하면서 시장질서를 교란시키는 행위가 될 수 있음에 유의해야 한다.

해설　내부자, 준내부자, 1차 수령자뿐만 아니라 미공개정보임을 알면서도 이를 수령하거나 전달한 모든 자를 대상으로 한다.

정답 ③

---

더알아보기　금융투자업 직무윤리 - (4) 본인, 회사 및 사회에 대한 윤리 - ③ 사회에 대한 의무

**(1) 표준윤리준칙 제5조 시장질서 존중의무 : 핵심유형문제**

> 회사와 임직원은 공정하고 자유로운 시장경제질서를 존중하고, 이를 유지하기 위하여 노력해야 한다.

• 기존에는 불공정거래를 감시하는 차원이었으나, 기존의 감시구성요건을 뛰어넘는 신종사례가 출현하면서 '시장질서교란행위에 대한 규제'를 자본시장법으로 법제화하였다.

① 시장질서교란행위에 대한 규제(자본시장법 개정, 2015.7.1~)

| (기존) 불공정거래행위 규제 | (개정) 시장질서 교란행위 규제 |
|---|---|
| 1) 불공정거래행위의 '목적성'이 입증되어야 처벌이 가능함(→ 시장에 영향을 주는 불공정거래행위임에도 불구하고 규제의 구성요건에 해당되지 않는 경우가 다수 발생하였음) | 1) '목적성이 없어도' 처벌할 수 있도록 규제의 구성요건을 포괄적 정의로 함(→ 시장에 불공정한 영향을 주는 모든 사안에 대해 제재가 가능하게 되었음) |
| 2) '내부자, 준내부자, 1차 수령자'만 처벌 대상이었음 | 2) '내부자, 준내부자, 1차 수령자'뿐 아니라, 당해 정보가 미공개정보인 것을 알면서도 수령하거나 타인에게 전달한 자가 모두 처벌대상이 됨 |

② 시장질서교란행위에 대한 과징금 계산 : 보충문제 1

**(2) 표준윤리준칙 제9조 주주가치 극대화**

회사와 임직원은 합리적인 의사결정과 투명한 경영활동을 통하여 주주와 기타 이해관계자의 가치를 극대화하기 위하여 최선을 다해야 한다.

**(3) 표준윤리준칙 제10조 사회적 책임**

회사와 임직원 모두 시민사회의 일원임을 인식하고, 사회적 책임과 역할을 다해야 한다.

---

**보충문제**

**01** 빈칸에 알맞은 것은?

> 시장질서교란행위에 따른 이익이나 회피한 손실액의 (        )에 해당하는 금액이 (        )을 초과할 경우, 그에 상당하는 금액을 과징금으로 부과한다.

① 1.5배, 3억원

② 1.5배, 5억원

③ 2배, 3억원

④ 2배, 5억원

해설  '1.5배 – 5억원'이다. 예를 들어 시장질서교란행위를 통해 얻은 이익 또는 회피손실액이 4억원이라면 '4억원 ×1.5배 = 6억원', 즉 5억원을 초과할 경우 해당 금액(6억원)을 과징금으로 부과한다.

정답 ②

**02** 금융투자회사의 표준윤리준칙 중에서 '사회에 대한 의무'에 속하지 않는 것은?

① 시장질서 존중의무(제5조)

② 주주가치 극대화(제9조)

③ 사회적 책임(제10조)

④ 경영진의 책임(제11조)

해설  '경영진의 책임'은 회사에 대한 의무이다(임직원의 윤리준수를 위한 회사나 중간책임자의 지도감독의무를 말하며 이를 위반할 경우 사용자책임을 지는 조항이다).
※ 주주가치 극대화는 '주주'는 누구나 투자를 하면 주주가 될 수 있으므로 그 범주가 회사를 넘어 사회에 이르므로 '사회에 대한 의무'라고 이해할 수 있다.

정답 ④

## 3 직무윤리위반 시의 내부통제와 외부통제

### 직무윤리위반 시 제재 – (1) 내부통제

금융투자회사 임직원이 직무윤리를 위반할 경우 내부통제로 사용되는 방식을 모두 묶은 것은?

> ㉠ 내부통제기준의 제정 및 준수　　㉡ 준법감시인의 선임 및 독립성 부여
> ㉢ 자율규제　　㉣ 행정규제

① ㉠

② ㉠, ㉡

③ ㉠, ㉡, ㉢

④ ㉠, ㉡, ㉢, ㉣

해설　내부통제방법에는 '내부통제기준, 준법감시인 제도'가 도입되고 있으며, 자율규제(금융투자협회의 자율규제)와 행정제재(금융위원회 등), 민형사상 제재, 시장의 규제 등은 외부통제방법에 속한다.

정답 ②

---

**더알아보기**　직무윤리위반 시의 제재 – (1) 내부통제(내부통제기준, 준법감시인)

#### (1) 내부통제기준

> 금융회사의 지배구조에 관한 법률(약칭 : 금융사 지배구조법) 제24조(내부통제기준)에 따라 회사의 임직원(계약직 및 임시직 포함)이 그 직무를 수행할 때 법령을 준수하고 자산을 건전하게 운용하며 투자자를 보호하기 위해 준수해야 할 적절한 기준과 절차를 정하는 것을 목적으로 한다.

① 내부통제 : 회사의 임직원이 업무수행 시 법규를 준수하고 조직운영의 효율성 제고 및 재무 보고의 신뢰성을 확보하기 위해 회사 내부에서 수행하는 모든 절차와 과정을 말한다.
② 내부통제체제 : 효과적인 내부통제활동을 수행하기 위한 조직구조, 위험평가, 업무분장 및 승인절차(준법감시인의 임면절차 포함), 의사소통·모니터링·정보시스템 등의 종합적 체제를 말한다.
③ 내부통제기준은 '이사회결의'로 제정 또는 변경을 한다.
④ 내부통제의 주체별 역할

| 이사회 | 대표이사 | 준법감시인[주1, 주2] | 지점장 | 임직원 |
|---|---|---|---|---|
| 내부통제기준의 제정 및 변경 | 내부통제정책수립, 내부통제기준의 수행 및 지원 | 내부통제기준의 적정성 점검, 위임받은 업무수행 | 소관영업에 대한 내부통제기준의 적정성 검검, 보고 | 내부통제기준 및 윤리강령을 숙지하고 충실히 준수 |

*주1 : 준법감시인은 이사회 및 대표이사의 지휘를 받아 업무를 수행하며, 대표이사와 감사위원회에 아무런 제한 없이 보고할 수 있다.
*주2 : 준법감시인을 임면(任免)할 경우 이사회결의를 거쳐야 하며, 특히 해임 시에는 이사총수의 2/3 이상의 찬성으로 의결한다(독립성강화를 위한 강제규정). 또한 준법감시인은 사내이사 또는 업무집행자 중에서 선임하고 임기는 2년 이상으로 한다(보충문제 3).

⑤ 내부통제위원회
  ㉠ 표준내부통제기준(제11조)에 의해, 금융투자회사의 경우 내부통제위원회를 두어야 한다.
  ㉡ 내부통제위원회의 위원 : 대표이사(위원장), 준법감시인, 위험관리책임자, 그 밖에 내부통제 관련 업무담당임원
  ㉢ 회의 : 매 반기별 1회 이상 개최하며, '내부통제 점검결과의 공유 및 개선방안 검토, 내부통제 관련 주요사항 협의, 임직원의 윤리 및 준법의식 고취' 등의 역할을 수행한다.
  ㉣ 내부통제위원회 설치가 면제되는 경우(보충문제 4)
⑥ 준법감시부서(보충문제 5)
  ㉠ 준법감시인의 직무수행을 지원을 위해 구성된 부서. 준법감시인과 같이 업무의 독립성이 보장된다.
  ㉡ 준법감시부서의 업무독립성을 확보를 위한 겸임금지업무 : 위험관리업무, 자산운용에 관한 업무, 회사의 본질적 업무, 회사의 겸영업무
  예외 : 최근 사업연도 말 현재 자산총액이 5조원 미만인 금융투자회사(운용재산이 20조원 이상인 경우는 제외), 보험회사, 여신전문회사, 그리고 자산총액이 7천억원 미만인 상호저축은행은 위 업무를 '위험관리업무'와 같이 수행할 수 있다.

**(2) 준법감시인**
① 준법감시인제도의 취지 : 보충문제 6
② 준법감시체제의 운영 : 보충문제 7

1) 준법감시인은 관계법령 및 내부통제기준을 반영한 준법감시프로그램을 구축하고 운영해야 한다.

2) 준법감시프로그램의 운영 결과 업무수행 우수자가 있는 경우 인사상의 또는 금전적 혜택을 부여할 수 있다.

3) 임직원은 회사가 정한 준법서약서를 준법감시인에게 제출해야 한다.

4) 임직원의 겸직이 있을 경우 고객과의 이행상충발생 여부, 회사의 경영건전성 저해 여부를 검토하고 관리해야 한다.

5) 내부제보제도를 운영해야 한다.
  • 내부제보자에 대해서는 비밀보장과 불이익이 없음을 보장해야 하며, 회사에 중대한 악영향을 끼칠 수 있음을 위법사항을 알면서도 제보하지 않은 미제보자에 대한 불이익부과의 내용도 포함되어야 한다.
  • 만일 내부제보자가 내부제보행위로 인해 불이익을 받은 것이 있다면, 준법감시인은 이에 대한 시정을 회사에 요구할 수 있다.

6) 명령휴가제도를 운영해야 한다.
  • 임직원의 위법행위로 인한 금융사고를 미연에 방지하는 차원에서 일정대상의 직원에게 일정기간의 휴가를 명령하고 동기간 중 해당 직원의 업무적정성을 평가하는 제도이다.

7) 직무분리기준을 마련 및 운영하여야 한다.
  • 금융사고 우려가 높은 일부 업무에 대해서 복수의 인력이 참여하게 하거나, '영업일선-후선'으로 분리하는 위험관리시스템을 구축하고 운영해야 한다.

8) 준법감시인은 영업점에 대한 내부통제를 위해 영업점별 영업관리자를 지명(임기 1년 이상)하고 자신의 업무 중 일부를 위임할 수 있다.
- 영업점별 영업관리자는 당해 영업점에 상근하는 자로서 해당 영업점 경력이 1년 이상이거나 준법감시부서의 근무경력이 1년 이상이어야 한다.
- 영업관리자는 영업점장이 아닌 책임자급이어야 하며, 점포의 분포상 요건을 갖추는 경우 2이상의 영업점의 영업관리자 업무를 수행할 수 있다.
- 영업관리자는 준법감시업무로 인한 인사상 불이익이 없도록 하며, 업무수행결과로 적절한 보상을 주어질 수 있다.
- 준법감시인은 연간 1회 이상 영업관리자를 대상으로 법규 및 윤리교육을 실시해야 한다.

### (3) 내부통제기준 위반시의 제재
① 회사는 내부통제기준을 위반한 임직원에 대해서 엄정·공정한 조치를 취해야 한다(보충문제 8).
② 내부통제기준 위반자의 대상 : 보충문제 9

---

**보충문제**

**01**  다음 중 내부통제기준에 포함하여야 할 사항이 아닌 것은?

① 업무의 분장과 조직구조에 관한 사항
② 고유재산과 투자자재산의 운용이나 업무를 수행하는 과정에서 발생하는 위험의 관리지침에 관한 사항
③ 대표이사의 임면절차에 관한 사항
④ 이해상충의 파악·평가와 관리에 관한 사항

> **해설**  내부통제기준은 직무윤리를 잘 준수하게 하기 위한 절차적 규정이다. 따라서 ③은 대표이사의 임면이 아니라 '준법감시인의 임면절차에 관한 사항'이 되어야 옳은 내용이다.
>
> 정답 ③

**02**  준법감시인을 임면하기 위해서 필요한 절차는?

① 대표이사의 전결
② 이사회결의
③ 주총 보통결의
④ 주총 특별결의

> **해설**  내부통제기준은 이사회결의로 제정하거나 변경한다. 참고로 준법감시인의 임면도 이사회결의를 통한다. 반면 이사의 선임은 주총 보통결의로, 이사의 해임은 주총 특별결의로 한다.
>
> 정답 ②

**03**  준법감시인의 임면과 관련하여 빈칸을 옳게 연결한 것은?

> 준법감시인을 해임하기 위해서는 이사총수의 (        ) 이상이 찬성해야 하며, 준법감시인의 임기
> 는 (        ) 이상으로 한다.

① 1/2 - 2년                          ② 1/2 - 3년
③ 2/3 - 2년                          ④ 2/3 - 3년

**해설**  '2/3 이상 - 2년 이상'이다. 준법감시인을 임면하려는 경우에는 이사회의 의결을 거쳐야 하며, 해임할 경우에
는 이사총수의 3분의 2 이상의 찬성으로 의결한다. 또한 준법감시인의 임면일로부터 7영업일 이내에 금융위
원회에 보고하여야 한다.
(※ 금융투자회사의 내부통제로서의 준법감시인은 기본서 3권, 회사법상의 '준법지원인'의 규정과 다르므로
차이를 확인할 필요가 있다.)

**정답** ③

**04**  내부통제위원회 설치의무가 면제되는 기준으로 가장 거리가 먼 것은?

① 최근 사업연도 말 현재 자산총액이 7천억원 미만인 상호저축은행
② 최근 사업연도 말 현재 자산총액이 5조원 미만인 금융투자업자 또는 종금사
③ 최근 사업연도 말 현재 운용재산(집합투자재산, 투자일임재산, 신탁재산 합계)이 20조원 이상인
금융투자업자
④ 최근 사업연도 말 현재 자산총액이 5조원 미만인 보험회사

**해설**  자산총액이 5조원 미만인 금융투자회사라도 운용재산이 20조 이상이면 내부통제위원회를 설치해야 한다.
※ 5조원 미만인 보험회사, 5조원 미만인 여신전문금융회사, 7천억원 미만인 상호저축은행이 예외로 인정된
다(상호저축은행만 7천억원이 적용되는 것에 유의).

**정답** ③

**05**  준법감시부서가 업무의 독립성을 위해 겸임을 할 수 없는 업무를 나열하였다. 가장 거리가 먼
것은?

① 위험관리업무                        ② 자산운용업무
③ 회사의 겸영업무                      ④ 회사의 부수업무

**해설**  회사의 부수업무는 겸임금지의 대상이 아니다.

**정답** ④

**06** 보기가 말하는 것은?

> 회사의 임직원 모두가 선량한 관리자로서의 의무에 입각하여 금융소비자의 이익을 위해 최선을 다했는지, 업무를 수행함에 있어 윤리기준을 포함한 제반 법규를 엄격히 준수하고 있는지에 대하여 사전적으로 또는 상시적으로 통제, 감독하는 장치를 말한다.

① 감사 또는 감사위원회
② 내부통제기준
③ 준법감시인 제도
④ 사외이사제도

해설　준법감시인 제도를 말한다.

정답 ③

**07** 준법감시체제의 운영에 대한 설명이다. 가장 거리가 먼 것은?

① 내부제보제도 운영상 내부제보자에 대해서 비밀보장과 더불어 신분상·인사상의 불이익이 없어야 하며, 만일 불이익이 있는 경우에는 준법감시인이 이의 시정을 회사에 요구할 수 있고 회사는 정당한 사유가 없는 한 이를 수용해야 한다.
② 만일 회사에 중대한 영향을 끼칠 수 있는 임직원의 위법행위를 알고도 묵인한 미제보자에게는 불이익을 부과한다.
③ 금융사고의 우려가 높은 업무를 담당하는 직원에게는 명령휴가제도를 적용하여 일정기간 휴가를 명령하고 당해기간에 해당직원의 업무적정성을 평가, 점검할 수 있다.
④ 회사의 대표이사는 영업점장이 아닌 책임자급으로 영업점별 영업관리자 1명을 임명하여 준법감시인의 업무를 위임, 수행하게 해야 한다.

해설　영업점별 영업관리자(해당 영업점에 상근하고 있는 자로서 1명, 임기 1년)는 준법감시인이 임명하고 자신의 일부업무를 위임하여 업무를 수행하게 한다.

정답 ④

**08** 내부통제기준을 위반할 경우 회사에 대한 조치가 '1억원 이하의 과태료'가 부과되는 대상이 아닌 것은?

① 내부통제기준을 마련하지 않은 경우
② 준법감시인을 두지 않은 경우
③ 사내이사 또는 업무집행책임자 중에서 준법감시인을 선임하지 않은 경우
④ 준법감시인이 금지대상 겸영업무를 겸직한 경우

> **해설** ④는 '3천만원 이하의 과태료'가 부과되는 대상이다.
> ※ 1억원 이하의 과태료가 부과되는 대상 : 위의 ①·②·③에 추가하여 아래가 있음
>   • 이사회결의를 거치지 않고 준법감시인을 임면한 경우
> ※ 3천만원 이하의 과태료가 부과되는 대상 : 위의 ④에 추가하여 아래가 있음
>   • 준법감시인에 대한 별도의 보수기준 및 평가기준을 마련하지 않은 경우
> ※ 1천만원 이하의 과태료가 부과되는 대상(개정신설)
>   • 준법감시인의 임면사실을 금융위원회에 보고하지 않은 경우
>
> **정답** ④

**09** 내부통제기준 위반 시 제재의 대상이 되는 자를 모두 묶은 것은?

> ㉠ 내부통제기준을 직접 위반한 자
> ㉡ 묵인이나 은폐에 관여한 자
> ㉢ 타인의 위반을 고의로 보고하지 않은 자
> ㉣ 타인의 위반을 과실로 보고하지 않은 자

① ㉠
② ㉠, ㉡
③ ㉠, ㉡, ㉢
④ ㉠, ㉡, ㉢, ㉣

> **해설** '고의로 보고 하지 않은 자'는 제재를 받으나 '과실로 보고하지 않은 자'는 제외된다.
>
> **정답** ③

## 직무윤리위반 시 제재 - (2) 외부통제

임직원이 직무윤리를 위반한 경우 금융투자협회의 제재가 부과된다면 이는 어떤 성격의 규제에 해당하는가?

① 자율규제
② 행정제재
③ 민사상 또는 형사상 책임
④ 시장의 통제

해설  '자율규제'란 자율규제기관인 금융투자협회로부터의 제재를 말한다.

정답 ①

---

더알아보기  직무윤리위반 시의 제재방법 - (2) 외부통제

**(1) 외부통제의 개념** : 직무윤리의 위반은 단순히 윤리적인 책임에 그치는 것이 아니라, 강행법규의 위반이 되어 법적책임이 따른다.

**(2) 외부통제의 종류** : 핵심유형문제

| 자율규제 | 행정제재 | 민사책임 | 형사책임 | 시장통제 |
|---|---|---|---|---|
| 협회의 자율규제 | 금융위의 제재 | 손해배상책임과 실효(失效) | 일반불법책임, 양벌규정 등 | 신뢰상실, 명예실추 등 |

① 자율규제 : 회원(금융투자회사)에 대한 제명조치, 회원의 임직원에 대한 제재의 권고
② 행정제재 : 금융위원회로부터의 제재
  ㉠ 금융투자업자에 대한 제재권 : 감독권, 조치명령권, 검사권, 6개월 이내의 업무의 전부 또는 일부의 정지명령권 등
  ㉡ 금융투자업자 임원에 대한 제재권 : 해임요구, 6개월 이내의 직무정지, 문책경고 등
  ㉢ 금융투자업자 직원에 대한 제재권 : 면직, 6개월 이내의 정직, 감봉, 견책 등
  ㉣ 청문 및 이의신청
    • 청문의 대상 : 지정의 취소, 인가·등록의 취소, 임직원에 대한 해임요구 또는 면직요구(보충문제 2).
    • 이의신청 : 위의 청문조치에 대한 고지를 받은 날로부터 30일 이내에 금융위원회에 이의신청을 할 수 있으며, 금융위원회는 해당 이의신청에 대해 60일 내로 심의결정을 해야 한다(부득이한 경우 30일의 기간 이내에서 연장이 가능함).
③ 민사상 책임

| 실 효(失效) | | 손해배상책임 |
|---|---|---|
| 무 효[주1] | 취 소[주1] | • 금융소비자보호법 설명의무 위반시, 민법 제750조 일반불법행위책임 → 손해배상책임을 짐 |
| 해 제[주2] | 해 지[주2] | |

*주1 : 중대한 하자가 있을 경우 '무효', 가벼운 하자가 있을 경우에는 '취소'를 통해 당해 법률행위의 효력이 상실된다.
*주2 : 계약상대방의 채무불이행책임이 있을 경우 일시적 거래는 '해제', 계속적 거래는 '해지'를 통해 당해 법률행위의 효력이 상실된다(해제하면 소급하여 효력이 상실되며, 해지를 하면 해지 이후 시점부터 효력이 상실됨).

④ 형사상 책임 : 자본시장법 또는 형법에 의해 형사처벌이 가능함. 대부분 양벌규정도 둔다.
  • 양벌규정 : 행위자와 법인을 같이 처벌하는 것을 양벌규정이라 한다.
⑤ 시장의 통제 : 금융소비자로부터의 악화된 평판, 시장으로부터의 신뢰상실은 단기간에 회복이 어려운
  것으로, 법적 제재보다 더 큰 제재일 수 있다.

---

**보충문제**

**01** 다음의 행정제재 중 '금융투자업자에 대한 제재'를 말하는 것은?

① 조치명령권(영업질서에 관한 사항 등), 인가·등록 취소권 및 위반행위에 대한 조치권(6개월
  이내의 업무의 전부 또는 일부의 정지명령권, 위법행위의 시정명령 또는 중지명령 등)
② 해임요구, 6개월 이내의 직무정지, 문책경고, 주의적 경고, 주의 등
③ 면직, 6개월 이내의 정직, 감봉, 견책, 경고, 주의 등
④ 청문 및 이의신청권

해설   ② 임원에 대한 조치권, ③ 직원에 대한 조치권, ④ 회사, 임직원 공통

정답 ①

**02** 금융위원회가 처분 또는 조치 중에서 반드시 청문을 실시해야 하는 대상이 아닌 것은?

① 종합금융투자사업자에 대한 지정의 취소
② 금융투자상품거래청산회사에 대한 인가의 취소
③ 임원에 대한 해임요구
④ 직원에 대한 정직요구

해설   지정취소, 인가등록취소, 해임요구, 면직요구는 청문을 실시해야 하는 대상이다(정직은 대상이 아님).

정답 ④

**03** 시장으로부터의 신뢰상실과 명예실추, 고객관계의 단절은 직업인으로서 당해 업무에 종사하는 자에게 가해지는 가장 무섭고 만회하기 어려운 제재가 된다. 이는 무엇을 말하는가?

① 시장의 제재
② 형사책임
③ 민사책임
④ 법률행위의 실효(失效)

**해설** 시장의 제재는 외부통제 중 명시적인 법률적 제재를 받지 않으나 당해 업무에 종사하는 자에게 가장 큰 타격이 될 수도 있다.

**정답** ①

**04** 다음은 직무윤리기준의 위반에 따른 외부통제의 내용이다. 옳지 않은 것은?

① 법 위반에 대한 민사적인 제재로는 손해배상책임이 유일하다.
② 불법행위책임은 계약관계의 존부를 불문하고 '고의 또는 과실'의 '위법행위'로 타인에게 '손해'를 가한 경우를 말하며, 가해자는 피해자에게 손해를 배상하여야 한다.
③ 형사처벌은 법에서 명시적으로 규정하고 있는 것에 한하며(죄형법정주의), 그 절차는 형사소송법에 의한다.
④ 자본시장법은 행위자와 법인 모두를 처벌하는 양벌규정을 두고 있다.

**해설** 민사책임에는 손해배상책임과 실효(失效)가 있다. 참고로 ②에서 계약관계의 존부를 다투는 책임은 일반불법행위책임이 아니라 계약상 책임이다.

**정답** ①

## 4 투자자분쟁예방시스템

### 투자자분쟁예방시스템

**금융투자상품의 권유 및 판매와 관련한 직원의 의무에 대한 설명이다. 가장 거리가 먼 것은?**

① 투자자의 이익을 해하면서 자기의 이익을 얻거나 제3자가 이익을 얻도록 해서는 안 된다.

② 고객이 실현가능한 최대한의 이익을 취득할 수 있도록 업무를 수행하여야 한다.

③ 모든 금융투자업자는 선량한 관리자의 주의의무를 진다.

④ 고객에 불리한 정보도 반드시 제공하여 고객이 이를 이해할 수 있도록 해야 한다.

**해설** 선량한 관리자의 주의의무(선관주의의무)는 고객의 자산에 대한 채무관계에 있는 집합투자업자·신탁업자·일임업자에 국한되는 의무이다(타 금융투자업은 신의성실의무 또는 신임의무를 다하면 된다). ①·②는 고객이익우선의 원칙을 말하는데 ①은 소극적 의무, ②는 적극적 의무로서 '최선집행의무'라고도 한다.

**정답** ③

---

**더알아보기** 금융투자상품의 권유 및 판매와 관련한 각종 의무

**(1) 금융투자상품의 권유·판매와 관련한 직원의 의무**

| 고객이익최우선의 원칙 | 소속회사에 대한 충실의무 | 정확한 정보제공의무 |
|---|---|---|
| 선관주의의무, 이해상충방지의무 | 회사에 대한 신임의무, 직무전념의무 | 고객에게 유리한 정보만을 제공해서는 안 됨 |

① 고객이익우선의 원칙
- 소극적 의무·적극적 의무의 구분, 선관주의의무의 개념은 '핵심유형문제' 참조
- 이해상충발생 시 업무처리의 우선순위 : '보충문제 1' 참조
② 소속회사에 대한 충실의무 : 대외활동 시 준법준수, 고용계약 종료 후에도 비밀유지의무 부과 등
③ 정확한 정보제공의무 : 실적을 위해 좋은 정보만을 제공해서는 안 됨(핵심유형문제 지문 ④)

**(2) 고객정보와 관련된 판매기준**
① 직무수행과정에서 취득한 비밀정보는 누설 또는 타인으로 하여금 이용하게 해서는 안 된다.
② 고객관련사항이 비밀정보인지 아닌지 분명하지 않을 경우 일단 비밀이 요구되는 정보로 취급해야 한다.
③ 보호되어야 하는 정보에는 정적인 정보, 동적인 정보 모두 포함된다.
- 정적(靜的)인 정보 : 계좌개설 시 얻게 되는 금융거래정보
- 동적(動的)인 정보 : 고객의 매매주문동향 등을 통해서 알게 되는 정보

**01** 금융투자업종사자는 신임관계에 기초하여 고객이익을 최우선으로 실현해야 한다. 만일 이해충돌이 발생하는 경우 우선순위를 정하는 세 가지 원칙에 속하지 않는 것은?

① 고객의 이익은 회사와 회사의 주주 및 임직원의 이익에 우선해야 한다.

② 회사의 이익은 임직원의 이익에 우선해야 한다.

③ 임직원의 이익은 주주의 이익보다 우선해야 한다.

④ 정답 없음(①, ②, ③ 모두 적절)

> 해설  '고객의 이익 > 회사의 이익 > 임직원의 이익'이며 모든 고객의 이익은 상호 동등하게 취급한다.
>
> 정답 ③

**02** 회사에 대한 신임의무를 이행하는 것과 가장 거리가 먼 것은?

① 회사와 이해충돌이 발생할 수 있는 직무에 대한 겸임금지

② 회사의 재산이나 회사로부터 부여받은 지위를 이용하여 사적이익을 추구하는 행위를 하지 않을 것

③ 고용계약이 종료된 이후에도 일정 기간 동안 회사의 명함을 사용하지 않는 행위

④ 합리적인 의사결정과 적정한 업무수행을 통해 주주가치를 극대화하고자 하는 행위

> 해설  회사와 임직원 간은 신임관계에 있다. 회사는 직원을 신임하며 직원은 회사에 대해 신임의무(= 충실의무 + 주의의무)를 다해야 하는 바, ①·②·③은 신임의무를 수행하는 것이나 ④는 회사가 아닌 주주(회사보다 큰 범주)를 위한 노력으로 '금융투자회사의 표준윤리준칙'에서는 이를 '사회에 대한 의무'로 분류하고 있다.
>
> 정답 ④

**03** 금융투자회사 임직원이 직무상 얻게 된 정보를 취급하는 기준에 대한 설명이다. 가장 거리가 먼 것은?

① 고객에 관한 사항이 비밀정보인지 아닌지 불명확할 경우에는 일단 비밀정보로 취급한다.

② 고객에 관한 정보는 법원영장에 의한 경우 등의 특수한 경우를 제외하고는 타인에게 제공하거나 누설할 수 없다.

③ 고객의 금융거래정보 외에도 매매주문으로부터 얻게 된 정적인 정보는 본인이나 제3자를 위해 사용해서는 안 된다.

④ 영업비밀정보를 관련법령에 의해 제공해야 할 경우라도 준법감시인의 사전승인을 받아야 하고 최소한의 범위 내에서 제공해야 한다.

> 해설  고객의 금융거래정보를 정적(靜的)인 정보, 매매주문으로부터 얻게 되는 정보를 동적(動的)인 정보라 한다.
>
> 정답 ③

## 개인정보보호법

**개인정보보호법에 대한 설명이다. 가장 거리가 먼 것은?**

① 개인정보보호법은 개인정보를 대량으로 처리하는 기관 등에서 대규모 개인정보가 유출되는 사고의 예방 및 개인정보의 수집·유출·남용으로부터 사생활의 비밀 등을 보호하기 위해 만든 법률이다.

② 개인정보란 살아있는 개인에 관한 정보로서 성명, 주민번호 및 영상 등을 통해 개인을 알아볼 수 있는 정보를 말한다.

③ 개인정보 중 정보주체와의 계약 체결 및 이행에 불가피한 정보는 정보주체의 동의를 받지 않아도 수집 가능하다.

④ 개인정보의 이용은 당초 수집한 목적 범위 내에서 이용 가능한데, 만일 당초 수집된 목적 외로 사용할 경우에는 사후적으로 정보를 사용했음을 통지하면 된다.

**해설**　사전적으로 별도의 동의를 받아야 한다.

**정답** ④

---

**더알아보기**　개인정보보호법

**(1) 개인정보보호법의 정의** : 핵심유형문제 지문 ①
- 개인정보보호법은 일반법으로서 관련 특별법이 있는 경우 해당 특별법이 우선이며 해당 특별법의 적용이 없을 경우에는 개인정보보호법으로 처리하여야 한다.

**(2) 개인정보의 개념(핵심유형문제 지문 ②)과 처리원칙**
① 개인정보 종류 : 고유식별정보(주민번호 등), 금융정보(신용카드번호 등), 민감정보(진료기록 등)
② 개인정보처리원칙
　㉠ 개인정보의 처리목적에 필요한 범위에서 최소한의 개인정보만을 적법하게 수집해야 한다.
　㉡ 개인정보처리방침 등 개인정보의 처리에 관한 사항을 공개해야 하며, 열람청구권 등 정보주체의 권리를 보장해야 한다.
　㉢ 개인정보는 익명처리를 우선으로 한다(익명처리가 가능하지 않을 경우 실명처리).
③ 정보주체의 권리
　㉠ 개인정보처리 정보를 제공받을 권리
　㉡ 개인정보처리에 관한 동의여부와 범위를 선택하고 결정할 권리
　㉢ 열람을 요구할 권리
　㉣ 정정·삭제 및 파기를 요구할 권리
　㉤ 피해를 신속하고 공정한 절차에 따라 구제받을 권리

**(3) 개인정보의 수집원칙** : 핵심유형문제 지문 ③
- 수집목적 : 정보주체의 동의를 받은 경우, 법령상 의무를 준수하기 위해 불가피한 경우, 정보주체와의 계약 체결을 위해 불가피한 경우 등

**(4) 개인정보의 이용원칙 : 핵심유형문제 지문 ④**

• 개인정보의 이용은 당초 수집한 목적 범위 내에서 이용 가능하며, 당초 수집된 목적 외로 사용할 경우에는 정보주체의 별도 동의를 받아야 한다.

**(5) 개인정보 제공원칙**

개인정보제공도 원칙적으로 사전 동의를 받아야 하나 '법령상 불가피한 경우·정보주체의 급박한 생명이나 재산이익을 위해 필요한 경우 등'의 목적으로 정보제공 시에는 정보주체의 동의 없이도 가능하다.

• 사전동의를 받을 경우 정보주체에게 알려야 하는 사항 : 개인정보를 제공하는 항목, 제공받는 자와 그 이용목적, 동의거부권리와 동의거부 시 불이익이 있을 수 있다는 내용 등

• 민감정보 및 고유식별정보의 처리는 좀 더 엄격한데, 특히 주민번호는 법 개정에 따라 정보주체의 동의를 받았다 해도 법령근거가 없이는 처리가 불가하고 기존의 수집된 정보도 2016.8.6까지 삭제조치를 취해야 한다.

**(6) 개인정보유출에 대한 처벌(징벌적 손해배상제도 도입-개인정보보호법)**

① 고의·중과실로 개인정보를 유출한 기관에 대해서 피해액의 최대 3배까지 가중책임을 부과한다.

② 피해액을 입증하지 못하더라도 법원판결금액(300만원 이내)을 보상받을 수 있다.

③ 기관이 아닌 개인에 대해서도 부정한 방법으로 개인정보를 취득하고 타인제공 시 징역 5년 또는 벌금 5천만원 이하로 처벌할 수 있다.

---

보충문제

**01**  금융투자회사가 고객의 개인정보보호를 하기 위한 법령 근거로써 가장 후순위가 되는 법은?

① 금융실명거래 및 비밀보장에 관한 법률(금융실명법)
② 신용정보의 이용 및 보호에 관한 법률(신용정보법)
③ 전자금융거래법
④ 개인정보보호법

해설  ①, ②, ③은 특별법이므로 개인정보보호법에 우선한다(더 알아보기 참조).

정답 ④

**02**  개인정보유출에 대한 처벌과 관련하여 빈칸에 알맞은 것은?

> 고의나 중과실로 개인정보를 유출한 기관에 대해서는 가중책임을 물어 피해액의 (          )까지 중과할 수 있다.

① 1.5배　　　　　　　　　　　② 2배
③ 3배　　　　　　　　　　　④ 5배

해설  3배까지 중과할 수 있다.

정답 ③

**분쟁조정제도의 개념이다. 가장 거리가 먼 것은?**

① 당사자에게 합리적인 분쟁해결방안이나 의견을 제시하여 당사자 간의 합의에 따른 원만한 분쟁 해결을 도모하는 제도이다.

② 분쟁조정신청이 접수되면 양당사자의 제출 자료와 대면 등을 거쳐 분쟁조정기관이 조정안을 제시하는데 조정안은 피해자인 투자자입장을 우선 반영한다.

③ 분쟁조정안을 제시하기 위해 통상적으로 법조계, 학계, 소비자단체, 업계전문가로 분쟁조정위원회를 구성한다.

④ 우리나라의 금융분쟁관련 조정기구로는 금융감독원 산하의 금융분쟁조정위원회, 협회 산하의 분쟁조정위원회, 한국거래소 산하의 시장감시본부 분쟁조정팀이 있다.

> 해설　　피해자, 가해자 구분 없이 '중립적인' 조정안을 제시한다.

> 정답 ②

---

**더알아보기**　분쟁조정제도

**(1) 분쟁조정제도의 개념** : 핵심유형문제

**(2) 분쟁조정제도의 장단점** : 보충문제 1

**(3) 감독기관별 주요 분쟁조정기구**

| 구 분 | 금융감독원 | 한국금융투자협회 | 한국거래소 |
|---|---|---|---|
| 분쟁조정대상 | 금융회사와 금융소비자 간의 분쟁 | 회원사 간의 영업관련 분쟁, 착오매매 등 | 증권시장에서의 매매 거래와 관련한 분쟁 |
| 회부 − 심의기간 | 30일 − 60일[주1] | 30일 − 30일 | 30일 − 30일 |
| 조정의 효력[주2] | 재판상 화해 | 민법상 화해 | |

*주1 : 조정신청일로부터 30일 내로 회부하고, 회부일로부터 60일(협회와 거래소는 30일) 내로 심의, 조정안을 의결한다.

*주2 : 재판상 화해는 더 이상의 법적 다툼을 할 수 없으나, 민법상 화해는 어느 일방의 소제기 등 추가적인 법적다툼이 가능하다.

**01** 분쟁조정제도의 특징이다. 가장 거리가 먼 것은?

① 소송수행으로 인한 추가적인 부담 없이 최소한의 시간 내에 합리적으로 분쟁처리가 가능하다.

② 복잡한 금융관련분쟁에 대한 전문가의 조언 및 도움을 받을 수 있다.

③ 개인투자자가 확인하기 어려운 금융투자회사의 보유자료 등을 조정기관을 통해 간접적으로 확인할 수 있다.

④ 통상적으로 소송결과보다는 분쟁조정안이 투자자에게 더 유리하므로 분쟁조정안을 수용하는 것이 유리하다.

> **해설** 분쟁조정의 단점으로 ㉠ 기관마다 조정안의 결과가 다를 수 있으며, ㉡ 판례나 선례에 따라 공정한 결과를 도출하려고 하지만 투자자입장에서 실제소송결과보다 조정안이 더 유리하다는 보장은 없다.
> ①·②·③은 분쟁조정안의 장점이며, 당사자 합의가 도출되지 않으면 분쟁처리가 지연될 수 있다는 점 등 (④의 해설 포함)이 분쟁조정안의 단점에 해당한다.
>
> 정답 ④

**02** 금융투자협회의 분쟁조정위원회에 대한 설명이다. 틀린 것은?

① 회원사의 영업행위와 관련한 분쟁이나 회원 간의 착오매매 등을 주 분쟁조정 대상으로 한다.

② 조정신청일로부터 30일 내로 위원회에 회부해야 하며, 회부일로부터 60일 내로 조정안을 심의, 의결해야 한다.

③ 당사자가 조정안을 수락할 경우 민법상 화해의 효력을 갖는다.

④ 조정결정을 받은 후라도 조정결과에 중대한 영향을 미치는 새로운 사실이 나타나는 경우에는 조정결정을 받은 날로부터 30일 내에 재조정을 신청할 수 있다.

> **해설** 회부 30일, 심의 30일이다(금융분쟁조정위원회의 경우 심의기간은 60일이다). 그리고 부득이한 경우 15일 이내의 기간으로 심의기간을 연장할 수 있다.
> ※ 금융투자협회의 분쟁조정위원회의 조정대상상품은 금융투자상품에 국한한다(비금융투자상품은 조정대상에서 제외됨).
>
> 정답 ②

금융투자상품관련 분쟁의 특징과 가장 거리가 먼 것은?

① 금융투자상품은 그 특성상 고위험에 노출되어 있고 투자과정에서도 고도의 전문성이 요구되기 때문에 거래과정에서 분쟁이 발생할 여지가 있다.

② 투자중개업이나 집합투자업, 신탁업을 영위하는 금융투자회사의 일반적인 업무형태는 위탁매매업자 또는 수임인으로서 의무를 지는 바, 해당 의무(선관주의의무 등)를 다하지 못할 경우 민법상 불법행위책임이나 채무불이행책임, 형사상 책임이 동반하여 발생하는 것이 일반적이다.

③ 계좌개설부터 결제 등 거래종료까지의 과정 중에서 고객과 임직원 간에 예기치 못한 분쟁이 발생할 개연성이 높으며, 당사자 간의 분쟁해결 또한 쉽지 않은 편이다.

④ 금융투자회사의 표준윤리준칙 또는 금융투자회사 내부통제기준에 따라 직무윤리와 관련법령을 철저히 준수하는 것이 가장 확실한 분쟁예방책이라 할 수 있다.

해설　　형사상 책임이 같이 발생하는 것은 '임의매매'의 경우이다. 임의매매를 제외하면 대부분의 분쟁이 민사상 손해배상책임으로 귀결되는 것이 일반적이다.

정답 ②

---

더알아보기　　주요 분쟁조정 사례

**(1) 금융투자상품 관련 분쟁의 특징 : 핵심유형문제**

**(2) 금융투자상품 관련 분쟁의 유형**
　① 임의매매 : 보충문제 1
　② 일임매매 : 당초 체결한 일임계약의 취지를 위반하여 과도한 매매(수수료수입 증대 목적)를 하여 고객에게 피해를 입힌 경우 민사상 손해배상책임이 발생한다.
　③ 부당권유 : 설명의무 불이행시 또는 적합성원칙 불이행·불초청권유금지의무 위반 등에 따른 민사상 손해배상책임이 발생하는 유형
　　• 금융투자상품의 불완전판매도 부당권유의 한 유형이라고 할 수 있음
　④ 주문관련, 전산장애관련, 무자격자로 인한 분쟁 등

참고　증권사의 주문관련 또는 업무실수로 인한 사고 사례
　• 한맥선물(한맥투자증권) 파산사례 : 직원의 주문실수(2013.12.12)로 회사가 460억원의 손실을 입고, 이익을 본 고객(주로 헤지펀드)으로부터 구제를 받지 못하여 파산하게 되었다. 고객이 이익을 본 사례로 금융소비자 간 분쟁대상은 아니었으나 주문실수위험(운영위험)이 얼마나 큰지를 보여준 사례이다.
　• 삼성증권 '유령주식 매매사고'(2018.4.6) : 우리사주 보유자인 직원들에게 주당 1,000원의 배당금을 지급해야 하나 1,000주의 배당주를 잘못 지급함. 이 매물이 출회되면서 당일 주가가 장중 10%까지 하락하였으며, 이때 매도하여 피해를 본 투자자에게는 삼성증권이 당일 최고가로 보상하겠고 약속함. 회사의 보상약속으로 금융소비자 간 분쟁가능성은 낮으나 회사의 입장에서는 평판리스크(외부통제 중 '시장통제'에 해당)에 의한 영업력 후퇴가 우려되는 사례이다.

**01** 보기에 해당하는 분쟁의 유형은?

> 금융투자회사의 직원이 고객의 주문을 받지 않았음에도 불구하고 고객의 예탁자산을 마음대로 매매하여 발생한 분쟁이다.

① 임의매매　　　　　　　② 일임매매
③ 부당권유　　　　　　　④ 불완전판매

해설　임의매매에 해당한다. 임의매매는 민사상 손해배상책임뿐 아니라 형사상 처벌까지 받을 수 있는 중대한 사안이다.

참고　임의매매와 일임매매를 구분하는 것은 '포괄일임약정'이라는 기록의 존재유무이다. 만일 '포괄일임약정'이 있고 이에 대한 기록유지를 하였다면 임의매매에 대한 처벌을 면할 수 있다(즉, '보고 및 기록의무'는 금융소비자보호뿐만 아니라 금융투자업종사자를 보호하는 역할을 하기도 함).

정답 ①

**02** 보기는 대법원판례이다. 어떤 금융분쟁의 유형에 해당하는가?

> 증권회사 직원이 고객으로부터 포괄적으로 선물·옵션거래에 대하여 위임을 받고 옵션거래를 하던 중 최종거래일의 거래마감시간 직전에 신규로 대량 매수하는 행위는 고객의 투자 상황에 비추어 과도한 위험성을 수반한 거래로 인정하여 증권사에게 배상책임을 물은 사례

① 임의매매　　　　　　　② 일임매매
③ 부당권유　　　　　　　④ 횡령

해설　선물옵션의 최종결제일의 거래마감가격은 마감가격에 따라 이해관계가 크게 달려 있어 그 변동성이 매우 크다. 위임을 받았다고는 하지만, 과도한 변동성을 감수하는 거래는 위험성이 크므로 일임계약의 선관주의의무를 위배했다고 할 수 있다(또는 고객충실의무 위반). 만일 보기에서 위임을 전혀 받지 않은 상태에서 임의로 거래를 수행했다면 임의매매가 된다.

정답 ②

**03** 금융투자상품의 내재적 특성을 기술한 것이다. 가장 거리가 먼 것은?

① 원본손실가능성이 있다.
② 투자의 결과가 투자자 본인에게 귀속된다.
③ 매입 후에도 지속적인 관리가 필요하다.
④ 예금자보호가 되지 않는다.

해설　금융투자상품의 내재적 특성은 ①·②·③이다.

정답 ④

## 자금세탁방지제도 개요

**자금세탁방지와 관련된 내용이다. 가장 거리가 먼 것은?**

① 금융회사는 자신이 제공하는 금융서비스가 자금세탁에 이용되지 않도록 관리능력을 제고하는 엄격한 내부통제시스템을 구축·관리해야 한다.

② 금융투자회사는 투자자보호를 강화하기 위한 내부통제기준을 수립해야 하는데, 내부통제기준의 일부분으로 '자금세탁행위방지를 위한 내부통제'를 포함해야 한다.

③ 소극적인 적합성원칙을 준수하여도 자금세탁을 방지하기 위한 의심거래보고(STR)는 필요하지 않을 수 있다.

④ 적합성원칙에 입각한 영업활동은 자금세탁행위를 방지하기 위한 회사내부통제이며 자금세탁방지제도는 회사 외부의 통제수단이라는 점에서 차이가 있다.

**해설**  적극적인 적합성원칙을 준수할 경우 의심거래보고가 필요하지 않을 수 있다. '소극적인 적합성원칙'은 고객에게 적합하지 않는 상품은 권유하지 말아야 하는 것이며, '적극적인 적합성원칙'은 고객에게 가장 적합한 상품을 권유하는 것이다. 자금세탁방지의 효과가 있는 것은 '적극적인 적합성원칙'이다.

**정답** ③

---

**더알아보기**  자금세탁방지제도 개요

**(1) 자본시장법과 자금세탁방지제도와의 연관성**

① 내부통제기준과 자금세탁방지제도

  ㉠ 금융사 지배구조법은 회사별로 내부통제기준을 수립, 제정할 것을 법적 의무로 하며, 내부통제기준에는 '자금세탁방지를 위한 내부통제'도 포함된다.

  ㉡ 즉, 회사의 내부통제기준을 통해 투자자보호와 자금세탁방지 노력이 이루어진다는 점에서 공통점이 있다.

② 적합성의 원칙과 자금세탁방지제도

  ㉠ '적극적인 적합성원칙'을 준수할 경우, 자금세탁방지제도의 하나인 '의심거래보고제도(STR)'가 필요하지 않다.

  • 적극적인 적합성원칙의 범주를 벗어날 경우 자금세탁의 개연성이 크다고 할 수 있다.

  ㉡ 적합성의 원칙과 자금세탁방지법은 자금세탁방지를 위한 수단이라는 점에서 공통점이 있으나, 적합성원칙은 내부통제수단이며 자금세탁방지법은 회사 외부의 통제수단이라는 점에서 차이가 있다.

**(2) 금융투자회사에서의 자금세탁방지업무를 수행하는 자** : 보충문제 1

**01** 금융투자회사에서 자금세탁방지업무를 수행하는 자를 모두 묶은 것은?

> ㉠ 준법감시부서            ㉡ 본사 영업부서
>
> ㉢ 본사 후선부서            ㉣ 영업점 지점

① ㉠

② ㉠, ㉡

③ ㉠, ㉡, ㉢

④ ㉠, ㉡, ㉢, ㉣

> 해설   회사의 내부통제기준의 준수, 적극적인 적합성원칙의 준수가 곧 자금세탁방지 업무를 수행하는 것이므로 전 직원이 자금세탁 업무수행자라고 할 수 있다.
>
> 정답 ④

---

## 자금세탁방지제도 개념과 절차    핵심유형문제

미국 관세청 3단계 모델이론에 따를 때, 자금세탁의 절차를 옳게 연결한 것은?

① Placement(예치) → Layering(은폐) → Integration(합법화)

② Layering(은폐) → Integration(합법화) → Placement(예치)

③ Integration(합법화) → Placement(예치) → Layering(은폐)

④ Placement(예치) → Integration(합법화) → Layering(은폐)

> 해설   'Placement(예치) → Layering(은폐) → Integration(합법화)'이다.
>
> 정답 ①

---

**더알아보기**   자금세탁방지제도 개념 및 절차

**(1) 자금세탁(Money Laundering)의 개념** : '재산의 위법한 출처를 숨겨 적법한 자산인 것처럼 가장하는 과정'으로서, 범죄행위에 의해 오염된 재산을 깨끗한 재산으로 가장하는 과정을 말함

※ 우리나라의 '특정금융거래정보의 보고 및 이용 등에 관한 법률'에서 정의하는 자금세탁 행위

    1) 범죄수익 등의 은닉, 가장 행위

    2) 불법수익 등의 은닉, 가장 행위

    3) 조세 또는 관세 포탈목적으로 재산의 취득원인을 가장하거나 그 재산을 은닉하는 행위

**(2) 자금세탁의 단계** : Placement(예치) → Layering(은폐) → Integration(합법화)

〈자금세탁의 3단계 모델(미국 관세청 3단계 모델이론)〉

| 배치단계(들어오기) → 예치 | 반복단계(돌리기) → 은폐 | 통합단계(나가기) → 합법화 |
|---|---|---|
| 자금소재이전, 덜 의심스러운 형태로 변형하여 금융권 유입 | 복잡한 거래의 반복을 통해 자금추적을 어렵게 하는 단계 | 더 이상 출처확인이 어렵다고 판단될 때 합법재산과 통합 |

- 자금세탁과정에서 성공하기가 가장 어려운 단계는 '예치단계'이다.
- 반복단계(Layering)는 금융비밀이 엄격히 보장되는 버뮤다, 케이먼제도, 바하마제도 등 역외금융피난처 (Offshore Banking Haven)를 주로 이용한다.

---

**보충문제**

**01** 자금세탁의 3단계 모델이론 중 보기가 뜻하는 것은?

> - 자금세탁행위자가 범죄행위자로부터 취득한 불법재산을 수사기관에 적발되지 않도록 금융체제 안으로 이전하거나 비밀리에 물리적으로 국외로 이전하는 단계이다.
> - 자금세탁을 위해 금융기관 등을 통해 입출금함으로써 자금세탁 행위자의 입장에서는 발각되기 쉬워 자금세탁과정에서 성공하기 가장 어려운 단계이다.

① Placement(예치)　　　　　　　　② Layering(은폐)

③ Integration(합법화)　　　　　　　④ 정답 없음

해설　Placement(예치)단계이다. 금융기관을 이용하는 경우 금융기관에 예치하거나 현금을 수표, 우편환, 여행자 수표 등의 지급수단으로 전환하는 방법을 이용하고, 금융기관을 이용하지 않은 경우 송장위조, 현금밀수 등의 방법을 이용한다.

정답 ①

**02** 자금세탁의 3단계 중 '반복단계(Layering Stage)' 행위가 아닌 것은?

① 입출금의 반복

② 유가증권매매의 반복

③ 전자금융을 통한 자금이체

④ 위장회사를 통한 사치품 등의 구입·매각

해설　①·②·③은 반복단계, ④는 통합단계이다. 통합단계는 불법자금을 합법적 사업체의 예금계좌에 입금하거나 사치품, 부동산 등을 구입하여 합법화하는 단계이다.

정답 ④

다음 중 자금세탁의 주요유형 4가지 중에서 '전통적인 금융시스템을 이용한 방법'에 속하지 않는 것은?

① 해외로 소액분할 반출 후 여행자수표나 우편환을 통한 국내 반입
② 은행어음 이용
③ 소액분산입금
④ 차명계좌 사용

해설     전통적 금융시스템을 사용하는 방식은 ②·③·④이며, 최근에는 비트코인 등 전자화폐를 통한 자금세탁 유형도 포함된다.

정답 ①

---

더알아보기    자금세탁 주요유형 4가지

(1) **전통적인 금융시스템 이용한 자금세탁** : 핵심유형문제 지문 ②, ③, ④

(2) **휴대반출·반입 또는 수출입화물을 이용한 자금세탁**
   ① 현금자체의 밀반출·반입, 수표 등으로 형태 전환
   ② 핵심유형문제 지문 ①

(3) **가격조작, 허위신고 등 수출입을 이용한 자금세탁**
   무역거래를 통해 가격조작, 허위신고 등으로 불법자금을 합법화

(4) **신종기법**
   ① 사업체 또는 조세피난처를 이용한 자금세탁
   ② 비금융기관(부동산거래, 보험회사, 카지노 등)을 이용한 자금세탁

## 자금세탁방지 국제기구

**자금세탁방지의 중추적 역할을 담당하고 있는 국제기구인 FATF에 대한 설명이다. 틀린 것은?**

① 정회원, 준회원, 옵저버로 구성되어 있는데, 정회원은 우리나라를 비롯 37개국과 2개 기구(EC, GCC)를 말한다.

② 준회원은 9개의 지역기구인 FSRB(FATF-Style Regional Bodies)로 구성되어 있다.

③ 옵저버는 세계은행(WB)을 비롯한 24개 국제기구로 구성되어 있다.

④ FATF는 국제기준의 이행수준을 총체적으로 평가하여 연 1회 자금세탁방지활동에 협조하지 않는 '비협조국가'를 결정하고 그 수준에 따라 '대응조치/위험고려' 등으로 구분하여 성명서를 발표하고 있다.

> **해설** 연 3회이다. 그리고 '대응조치' 국가에 해당하는 경우 해당국가 및 금융기관에 대하여 사실상의 거래중단의 효과가 있으며, '위험고려' 국가는 다시 Black List 국가와 Grey List 국가로 분류되는 바, Black List 국가는 자금세탁방지에 중대한 결함이 있음에도 불구하고 충분한 개선이 없거나, 이행계획을 수립하지 않는 상태로 해당국가와 거래관계에 있어 특별한 주의를 기울여야 한다. Grey List 국가는 이행계획을 수립하였으나 이행의 상태에 취약점이 존재하는 상태로 해당국가와의 거래 시 위험이 어느 정도 있음을 나타낸다.
>
> > **참고** 옵저버(Observer) : 참관인·감시자·관찰자 등의 자격으로서 국제회의에서 정회원은 아니지만 출석이 허용된 자를 말한다.
>
> ※ EC(유럽연합집행위원회 : European Commission), GCC(걸프협력회의 : Gulf Cooporation Council)
>
> **정답** ④

---

**더알아보기**  FATF(Financial Action Task Force ; 국제자금세탁방지기구)

**(1) FATF의 구성** : 핵심유형문제

**(2) FATF의 활동, 권고사항 등** : 보충문제 1, 2

**(3) 미국의 해외부패방지법** : 보충문제 3

① FBAR(해외금융계좌신고제도), FATCA(해외금융계좌납세자협력법)

> **제도의 취지** : 미국의 재정수지 개선을 위해 마련된 제도이며, 미국당국의 입장에서 막대한 해외 은닉재산의 신고를 하게 하는 제도(FATCA, FBAR)를 통해 숨은 세원을 발굴하고 재정수지를 개선하고자 하는 것이 주 취지이다.

② MCAA(다자간조세정보자동교환협정)

FATCA는 미국과 다른 개별국가와의 협정으로서 양자 간에 정보교환이 이루어지지만, MCAA는 OECD 및 G20국가 간의 다자간 협정으로서 협정에 참여한 모든 국가 간 정보교환이 이루어진다는 점에서 차이가 있다.

③ FATCA와 MCAA의 비교
- 두 협정 모두 자국민의 과세누락 방지와 해외국가를 통한 자금세탁행위 방지에 목적을 두고 있는데, FATCA는 미국 중심이며, MCAA는 OECD국가 중심이다.
- FATCA는 미국과 상대국 간에 정보교환이 이루어지는데 MCAA는 협정을 체결한 모든 국가 간 정보교환이 이루어진다.
  - MCAA의 보고기준은 OECD에서 규정한 공통보고기준인 CRS(Common Reporting Standard)이다.
- 보고기준

| FATCA | MCAA |
|---|---|
| 기존 계약은 소액 5만불 초과, 고액은 100만불 초과 시 보고한다(단체는 25만달러 초과 시). | 기존 계약은 개인 100만불, 단체 25만불 초과 시 보고한다. |
| 신규계약에 대해서는 금액과 무관하게 적용대상상품에 가입 시 보고대상이 된다. | |

- 신규계약은 FATCA는 2014.7.1, MCAA는 2016.1.1 이후 체결된 계약을 말한다.

(4) 우리나라의 자금세탁방지기구(KoFIU) : 보충문제 4, 5

---

**보충문제**

**01** FATF의 활동에 관한 설명이다. 가장 거리가 먼 것은?

① 국제기준의 이행수준을 총체적으로 평가하여 연 3회 자금세탁방지활동에 협조하지 않은 비협조국가를 결정한다.

② 결정된 비협조국가는 그 수준에 따라 '대응조치'와 '위험고려' 국가로 구분되는데, '대응조치' 국가는 Black List와 Grey List 국가로 구분된다.

③ 자금세탁방지제도에 중대한 결함이 있음에도 불구하고 충분한 개선이 없거나 이행계획을 수립하지 않는 상태로서, 해당 국가와 거래를 할 경우 특별한 주의를 기울여야 하는 국가는 Black List 국가에 해당된다.

④ 이행계획을 수립하였으나 이행상태에 취약점이 존재하는 상태로서, 해당 국가와 거래를 할 경우 위험이 어느 정도 있음을 참고해야 하는 국가는 Grey List 국가에 해당된다.

해설 대응조치 국가는 해당국가 및 금융기관에 대한 사실상의 거래중단효과가 있으며, Black List와 Grey List로 구분하는 것은 '위험고려' 국가이다.

정답 ②

**02** FATF에 대한 설명이다. 가장 거리가 먼 것은?

① 1989년 파리 G7 정상회의에서 자금세탁방지와 이를 위한 국제공조의 중요성을 인식한 정상들의 지시에 따라 설립되었다.

② FATF 40 권고사항은 회원국 35국을 포함한 150여 국가에서 자금세탁방지의 표준으로 채택하여 시행할 정도로, 자금세탁방지 분야에서 가장 영향력이 있는 국제규범이다.

③ FATF 40 권고사항은 자금세탁방지를 위한 국제협력을 권장하는 사항이며, 구속력이 없는 다자간 협력체계라고 할 수 있다.

④ FATF 40 권고사항은 첫 번째 항목은 'Assessing risks and applying a risk-based approach' 즉 위험평가와 위험중심접근법의 적용인데, 이는 자금세탁방지제도의 하나인 '강화된 고객확인 제도(EDD)'의 업무매뉴얼과 유사하다.

> 해설 법정의 의무가 주어지는 것은 아니지만 '자금세탁방지 비협조국가'로 지정하는 것 등을 통한 실질적인 구속력을 지니고 있다는 것이 특징이다.
>
> 참고 FATF 40 권고사항의 20조가 '의심거래보고'이며 10조가 '고객확인제도(CDD/EDD)'이다
>
> 정답 ③

**03** 빈칸을 옳게 채운 것은?

> • 해외금융계좌신고제도(FBAR)는 미국의 납세의무자가 1여 년 동안 어느 시점이든 모든 금융계좌 잔고의 합계액이 (　　　)를 초과하는 경우 미국 재무부에 해외금융계좌 잔액을 신고하도록 하는 제도이다.
>
> • 해외금융계좌 납세자협력법(FATCA)은 미국시민권자, 영주권자, 세법상 미국거주자를 적용대상으로 하며, 개인은 기존계좌잔액이 (　　　)를 초과하는 경우 신고대상으로 한다.

① 1만달러 – 1만달러
② 1만달러 – 5만달러
③ 5만달러 – 1만달러
④ 5만달러 – 5만달러

> 해설 '1만달러 – 5만달러'이다. FATCA는 해당 요건이 충족될 경우 해외금융기관이 계좌의 자산을 신고해야 하며, FBAR은 해외계좌를 보유한 개인이 신고를 해야 하는 점에서 차이가 있다.
>
> 정답 ②

**04** 우리나라의 자금세탁방지기구인 금융정보분석원(KoFIU)에 대한 설명이다. 가장 적절하지 않은 것은?

① 금융실명법에 의해 설립되었다.

② 법무부, 금융위원회, 국세청, 관세청, 경찰청, 한국은행, 금융감독원 등 관계기관의 전문인력으로 구성된다.

③ 금융기관으로부터 혐의거래보고(STR)를 받고 수집·분석하여 자금세탁, 불법거래 등에 관련된다고 판단되는 경우 해당 금융거래자료를 법 집행기관에 제공하는 업무를 주 업무로 한다.

④ 금융기관의 혐의거래보고(STR)가 없더라도 자체적으로 외국환거래, 신용정보 등을 활용하여 자금세탁 행위자를 추출, 분석할 수 있는 기능을 갖추었다.

> 해설  특정금융거래보고법에 의해 설립된 기관이다.

정답 ①

**05** 우리나라 자금세탁방지기구인 금융정보분석원(KoFIU)의 설립 근거법은?

① 특정금융거래보고법

② 마약류불법거래방지에 관한 특례법

③ 범죄수익은닉의 규제 및 처벌에 관한 법률

④ 공중 등 협박목적을 위한 자금조달행위의 금지에 관한 법률

> 해설  참고로 우리나라의 자금세탁방지에 대한 규제는 위의 4가지 법률에 기초한다.

정답 ①

## 주요 자금세탁방지제도

**자금세탁방지제도의 하나로 금융회사종사자의 주관적 판단에 의존하는 것은?**

① 의심거래보고제도(Suspicious Transaction Report)

② 고액현금거래보고제도(Currency Transaction Report)

③ 고객확인제도(Customer Due Diligence)

④ 강화된 고객확인제도(Enhanced Due Diligence)

**해설** 의심거래보고제도이다.

**정답** ①

---

**더알아보기** 주요 자금세탁방지제도

**(1) 의심거래보고제도(STR)**

금융거래가 불법재산 또는 자금세탁행위로 의심되는 합당한 근거가 있는 경우 금융정보분석원장에 보고해야 한다. 금융회사종사자의 주관적 판단에 의존하는 특성이 있으며 보고자는 그 상대방으로부터 면책된다(단, 고의·중과실에 의한 허위보고인 경우는 면책불가).

※ 직원이 허위보고나 보고내용을 누설 시에는 '1년 이하의 징역 또는 500만원 이하의 벌금'에 처하며, 금융기관이 감독기관의 지시·검사를 거부하는 경우는 1천만원 이하의 과태료를 부과한다.

※ 가상통화관련 의심거래보고 대상(2018.1.30 금융위 규정)
  • 가상통화 취급업소 계좌의 1천만원 이상의 현금출금 또는 계좌이체거래 등

**(2) 고액현금거래보고제도(CTR)**

1거래일 동안 1천만원 이상의 현금을 입금하거나 출금할 경우 거래자의 신원, 금액 등을 금융거래발생 후 30일 이내 보고해야 한다(온라인으로 우선 보고).

※ 보고기준금액의 변화 : 5천만원(2006.1~) → 3천만원(2008.1~) → 2천만원(2010.1~) → 1천만원(2019.1~현재)

**(3) 고객확인제도(CDD/EDD)의 파악대상**

① 적용대상
  ㉠ 계좌의 신규개설 : 신원파악 + 실제거래당사자 여부
  ㉡ 1,000만원 이상의 일회성 거래 : 신원파악 + 실제거래당사자 여부
  ㉢ 자금세탁의 우려가 있는 경우 : 신원파악 + 실제거래당사자 여부 + 금융거래 목적 + 자금거래 원천

② 금융회사의 서비스가 자금세탁행위에 이용되지 않도록 하는 합당한 주의의무의 이행차원이며, 'Know-Your-Customer Policy'라고 할 수 있다.
  • 신원파악 : 개인의 경우 '성명과 주민등록번호 + 주소지'

③ 고객확인제도의 실행절차
  ㉠ 고객정보(신원정보) 확인 : 실지명의, 주소 및 연락처 등 기본정보
  ㉡ 요주의리스트(Watch List) 확인
  ㉢ 고객위험평가 : 위험기반접근법 실행(저위험·중위험 3년, 고위험 1년마다 재수행)
  ㉣ 추가정보수집 : 고위험군 또는 자금세탁이 의심스러운 고객의 경우 '금융거래 목적 + 자금거래 원천'을 추가로 파악

### (4) 강화된 고객확인제도(EDD)

고객별·상품별 자금세탁위험도를 분류하고, 자금세탁위험이 클 경우 더욱 엄격한 고객확인과 '금융거래 목적과 자금거래의 원천'을 확인하는 제도

- 위험기반접근법(Risk-based Approach) : 고위험고객·거래에 대해서는 강화된 고객확인을 실시
  - 위험기반접근법에서의 위험은 '국가위험/고객위험/상품위험/사업위험'의 4가지로 분류된다.

※ 도 해

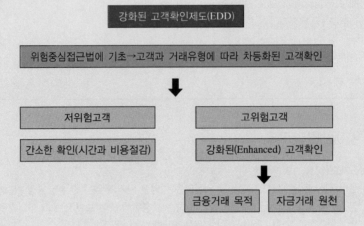

---

**01** 의심거래보고제도(STR)와 관련하여 빈칸을 옳게 연결한 것은?

> - 의심거래를 허위로 보고하거나 보고된 내용을 누설하는 경우, 해당 금융기관과 직원은 1년 이하의 징역 또는 (       ) 이하의 벌금을 부과 받게 된다.
> - 의심거래를 보고하지 않거나 감독기관의 명령, 지시, 검사 등을 거부하는 경우, 건당 (       ) 이하의 과태료 또는 기관의 영업정지가 가능하다.

① 500만원 – 1,000만원       ② 500만원 – 2,000만원
③ 1,000만원 – 2,000만원     ④ 1,000만원 – 3,000만원

해설   '500만원 – 1,000만원'이다.

정답 ①

**02** (    ) 이상의 현금거래가 있으면 거래자의 신원과 거래일시, 거래금액을 자동보고하게 된다. (    )는?

① 1회 거래금액이 1천만원

② 1거래일 거래금액이 1천만원

③ 1회 거래금액이 2천만원

④ 1거래일 거래금액이 2천만원

**해설**    고액현금거래보고제도(CTR)를 말한다(1거래일 1천만원 이상).

**정답** ②

**03** 고객확인의무(CDD/EDD)의 필요성에 대한 설명이다. 가장 거리가 먼 것은?

① 금융기관에서 제공하는 서비스에 합당한 주의를 기울임으로써 해당 서비스가 자금세탁행위에 사용되는지 여부를 판단할 수 있다.

② 금융기관이 고객의 정보를 취득하는 과정에서 고객의 답변과 행태 등을 통해 의심스러운 거래보고 여부를 판단하는데 유용하다.

③ 금융기관 등 임직원의 판단에 의존하는 의심스러운 거래보고제도를 보완하기 위한 것으로 비정상적인 금융거래를 효율적으로 규제하기 위해 도입하였다.

④ 의심되는 거래패턴 등의 분석을 용이하게 함으로써 의심스러운 보고제도의 효용성을 높인다.

**해설**    ③은 고액현금거래보고제도(CTR)를 말하는 것이다.

**정답** ③

**04** 고객확인제도(CDD/EDD)의 실행방법으로서 그 절차를 순서대로 옳게 나열한 것은?

> 가. 고객정보(신원정보) 확인
> 나. 추가정보수집(금융거래 목적 + 자금의 원천)
> 다. 고객위험평가(저위험, 중위험, 고위험)
> 라. 요주의리스트 확인

① 가 → 나 → 다 → 라

② 가 → 라 → 다 → 나

③ 가 → 다 → 라 → 나

④ 가 → 다 → 나 → 라

**해설**    '고객정보 확인(CDD) → 요주의리스트 확인 → 고객위험평가 → 추가정보수집(EDD)'이다.

**정답** ②

**05** 다음 중 금융거래에 있어서 고객에 대해 '금융거래 목적과 자금거래 원천'을 확인해야 하는 경우는?

> 가. 신규로 계좌를 개설하는 경우
> 나. 일회성 거래가 1,000만원 이상일 경우
> 다. 자금세탁의 우려가 있는 경우
> 라. 위험기반접근법(risk-based approach)에 따라 고위험 고객으로 분류된 경우

① 가, 나　　　　　　　　　　② 다, 라
③ 가, 나, 다　　　　　　　　④ 가, 나, 다, 라

해설 '다, 라'에 해당된다.

**〈고객확인제도(CDD/EDD)상의 대고객 확인사항〉**

| 고객확인의무(CDD) | | 강화된 고객확인의무(EDD) | |
|---|---|---|---|
| 신규계좌개설 | 1,000만원(미화 1만달러) 이상의 일회성 거래(연결거래 포함) | 자금세탁행위 우려가 있는 경우 | 고위험군 (위험기반접근법) |
| 신원파악 + 실제거래당사자 여부 | | 신원파악 + 실제거래당사자 여부 + 금융거래 목적 + 자금거래 원천 | |

※ 기본서(2권, p.426)상의 금액이 1,000만원이 아닌 1,500만원으로 아직 미개정상태임(특정금융정보법 시행령 제10조의 3 참조)

정답 ②

**06** 고객확인제도(CDD/EDD)와 관련하여 빈칸을 옳게 연결한 것은?

> 고객이 계좌보유 여부를 불문하고 금융기관 등을 이용하여 국내외의 다른 금융기관 등으로 자금을 이체하는 전신송금을 이용하는 경우, 금융기관 등은 원화 (　　) 또는 미화 (　　)를 초과하는 모든 국내외 전신송금에 대하여 고객과 관련된 정보를 확인하고 보관하여야 한다.

① 100만원 - 1,000달러
② 100만원 - 2,000달러
③ 500만원 - 1,000달러
④ 500만원 - 5,000달러

해설 '100만원 - 1,000달러'이다. 일회성거래로 원화 1,000만원(미화 1만달러) 이상일 경우 고객확인절차를 진행하는 것과 별도로 전신송금이 100만원(미화 1천달러) 이상일 경우 별도로 해당 정보를 확인하고 보관해야 한다.

정답 ①

## 자금세탁방지와 내부통제활동

**자금세탁방지관련 내부통제제도에 대한 설명이다. 가장 거리가 먼 것은?**

① 금융기관의 내부통제활동이 관련 법규의 내용과 취지의 테두리 내에서 이루어지는 회사내부의 통제인 반면, 자금세탁방지제도는 불법자금이 범죄 목적으로 금융기관을 이용하지 못하게 하는 것으로 금융기관의 외부 즉 거래고객과의 관계를 규정하는 것이라 할 수 있다.

② 자금세탁방지업무는 영업과 관련한 금융기관 내 모든 부서와 관련되며, 그 업무의 책임과 역할도 자금세탁방지업무를 주관하는 부서에만 있는 것이 아니라, 본사관리, 본사영업, 영업점 등 여러 부서에 있다.

③ 금융기관은 자금세탁 방지 등에 관련된 교육 및 연수프로그램을 수립하고 운용하여야 하며, 보고책임자는 교육 및 연수를 연 1회 이상 직위 또는 담당업무 등 교육대상에 따라 적절하게 구분하여 실시하여야 한다.

④ 금융기관은 자금세탁 등에 자신의 임·직원이 이용되지 않도록 임·직원을 채용하는 때에 그 신원사항을 확인하는 등 고객바로알기제도(Know Your Customer Rule)를 운영함으로써 지속적으로 대외적인 위험관리뿐만 아니라 대내적인 위험관리를 실시해야 한다.

> **해설** 고객바로알기제도(Know Your Customer Rule)가 아니라 직원바로알기제도(Know Your Employee)이다.
> **정답** ④

---

**더알아보기** **자금세탁방지를 위한 내부통제제도의 주요내용**

**(1) 자금세탁관련 내부통제활동의 의의 : 핵심유형문제**

**(2) 주요 책임자의 역할 및 책임**

| 경영진 | 이사회 | 보고책임자 |
|---|---|---|
| 내부통제정책의 설계·운영·평가 | 내부통제정책에 대한 감독책임 | • 직원알기제도의 수립 및 운영<br>• 자금세탁관련 자료의 보존책임[주1] |

*주1 : 자금세탁방지와 관련한 자료의 보존기간은 5년

**(3) 직원바로알기제도(Know Your Employee)**
회사의 임직원이 자금세탁 등에 이용되지 않도록 채용 시 임직원의 신원사항을 확인하고 관련 정보를 지속적으로 파악·관리하는 것을 말한다.

**(4) 위험기반접근법(RBA ; Risk-Based Approach)에서의 위험의 분류**
① 국가위험 : 자금세탁방지제도 및 금융환경의 취약한 국가에서 발생하는 위험
② 고객위험 : UN 또는 금융위원회의 List, 외국의 주요 정치적 인물로 인해 발생하는 위험
③ 상품위험 : 신상품이나 새로운 유통구조, 신기술사용 등에 따라 발생하는 위험
④ 사업(서비스)위험 : 신규사업을 포함한 전 사업영역에서 발생할 수 있는 위험

**(5) 자금세탁방지관련 제도-차명거래금지제도 : 보충문제 2**

**01** 위험기반접근법(RBA ; Risk-Based Approach)에서 위험으로 정의하는 4가지에 속하지 않는 것은?

① 정치위험
② 고객위험
③ 상품위험
④ 사업위험

해설 '국가위험/고객위험/상품위험/사업(서비스)위험'이다.

정답 ①

**02** 차명거래금지제도에 대한 설명으로 틀린 것은?

① 차명금융거래란 자신의 금융자산을 타인의 명의로 거래하는 것을 말한다.
② 차명거래는 범죄수익은닉, 자금세탁, 조세포탈 등 불법행위나 범죄은닉 수단으로 악용될 수 있으므로 모든 차명거래가 금지된다.
③ 실명이 확인된 계좌에 보유하고 있는 금융자산은 '명의자의 소유'로 추정한다.
④ 금융회사종사자의 불법 차명거래 알선이나 중개는 금지되며 위반 시 형사처벌을 받는다.

해설 불법행위를 목적으로 하는 차명금융거래가 금지된다.

정답 ②

# 단원별 출제예상문제

**01** 직무윤리가 강조되는 이유이다. 가장 거리가 먼 것은?

① 기술이 발달될수록 해당 기술이 잘못 사용될 경우의 부작용이 커질 수밖에 없기 때문에 구성원들의 직무윤리도 더 강하게 요구된다.

② 회사의 영업환경은 다양한 위험에 노출되어 있는 바, 직무윤리를 충실히 준수하는 것 자체가 영업에 있어서의 위험비용을 절감하는 것이라 할 수 있다.

③ 윤리규범도 경영환경 측면에서 중요한 인프라의 하나가 되므로 직무윤리가 생산성 제고에도 기여가 된다.

④ 윤리(Ethics)는 사전적 예방수단으로서 법(Law)망을 피할 수 있는 회색지대(Grey Area)까지 규율할 수 있다는 장점이 있으나, 윤리가 실질적인 경제적 이득을 창출하는 데에는 한계가 있다.

> **해설** Ethics Does Pay(윤리는 경제적으로도 이득이 된다). 기업이 높은 수준의 윤리성을 유지하면 기업과 기업구성원, 사회 모두에 이득을 주는 결과를 가져온다는 실용적인 측면을 말한다.
>
> 정답 ④

**02** 직무윤리에 대한 다음의 설명 중 옳은 것은?

① 신의성실의무는 윤리적인 측면의 의무이고 그 성질상 법적인 의무는 될 수 없다.

② 도덕은 법의 최소한이다.

③ 직무윤리를 준수하는 것은 그 자체로 직원 스스로를 보호하는 안전장치(Safeguard)가 되는데 이는 금융투자산업에 한정되는 것이다.

④ 자본시장법이 도입되면서 금융투자상품의 정의가 포괄적으로 바뀌면서 직무윤리의 적용대상범위가 더 확대되었다.

> **해설** 열거주의에 비해서는 포괄주의의 범주가 더 크므로, 직무윤리의 역할도 더 커졌다고 할 수 있다.
> ① 법적인 의무도 된다(양면성).
> ③ 직무윤리가 Safeguard 역할을 하는 것은 모든 산업에 적용이 된다(금융투자산업에서 더 클 뿐).
>
> 정답 ④

**03** 빈칸에 적절한 것은?

> (    )의 금욕적 생활윤리는 초기 자본주의 발전의 정신적 토대가 된 직업윤리의 중요성을 강조하고 있다.

① 루터(Martin Luther)
② 칼뱅(Jean Calvin)
③ 마르크스(Karl Marx)
④ 베버(Max Weber)

> 해설  금욕적 생활윤리에 바탕을 둔 직무윤리가 초기 자본주의의 정신적 토대가 되었다고 본다.
> ※ 베버는 '프로테스탄티즘의 윤리와 자본주의 정신'을 통해 근대 자본주의가 발전하는 동인이 되었다.
> 정답 ②

**04** 금융투자회사의 표준윤리준칙 중에서 '본인에 대한 의무'가 아닌 것은?

① 법규준수의무(제3조)
② 정보보호의무(제6조)
③ 자기혁신의무(제7조)
④ 품위유지의무(제13조)

> 해설  정보보호의무는 '회사에 대한 의무'이다.
> 정답 ②

**05** 금융투자회사의 표준윤리준칙 중에서 '사회에 대한 의무'가 아닌 것은?

① 시장질서 존중의무(제5조)
② 상호존중의무(제8조)
③ 주주가치 극대화의무(제9조)
④ 사회적 책임(제10조)

> 해설  상호존중의무는 '회사에 대한 의무'이다.
> 정답 ②

**06** 다음 중 금융투자업에서 준수해야 할 가장 중요한 두 가지 직무윤리는?

> ⊙ 고객우선원칙           ⓛ 신의성실원칙
> ⓒ 이해상충방지의무     ⓔ 금융소비자보호의무

① ⊙, ⓛ                     ② ⓛ, ⓒ
③ ⊙, ⓒ                     ④ ⓒ, ⓔ

> **해설**   금융투자업 직무윤리의 기본원칙은 '⊙, ⓛ'이며, 'ⓒ, ⓔ'은 기본원칙을 실현하기 위해 직무윤리를 법제화한 것이다.
>
> **정답** ①

**07** 금융소비자보호의무에 대한 설명이다. 가장 적절하지 않은 것은?

① 금융투자업 직무윤리의 기본 원칙을 실현하기 위해 자본시장법 등으로 부과하는 구체적인 의무로서, 직무윤리가 법제화된 것이라 할 수 있다.
② 금융소비자보호의무의 기본 바탕이 되는 원칙은 '신중한 투자자의 원칙(Prudent Investor Rule)'이다.
③ 금융소비자보호의무의 기본 바탕이 되는 의무는 '전문가로서의 주의의무'인데, 전문가로서의 주의의무는 '상품개발 단계'에서부터 '상품판매이후 단계'까지 전 과정에 적용된다.
④ 금융회사는 관련 규정에 따라 금융소비자보호업무를 총괄하는 준법감시인을 지정하고 독립적인 지위를 부여해야 한다.

> **해설**   금융소비자보호업무를 총괄하는 '금융소비자보호 총괄책임자(CCO)'를 두어야 한다.
>
> **정답** ④

**08** 보기의 이익들이 상충될 경우, 우선순위에 입각하여 처리하는 순서로 옳은 것은?

> ⊙ 기존고객의 이익        ⓛ 신규고객의 이익
> ⓒ 회사의 이익              ⓔ 임직원의 이익

① ⓒ = ⓔ > ⊙ > ⓛ
② ⓒ = ⓔ > ⓛ > ⊙
③ ⊙ = ⓛ > ⓒ > ⓔ
④ ⊙ = ⓛ > ⓔ > ⓒ

모든 고객의 이익은 상호 동등하게 취급되어야 하고(㉠=㉡), 어떠한 경우에도 고객의 이익은 회사와 임직원의 이익에 우선하며, 회사의 이익은 임직원의 이익에 우선한다(금융투자회사 표준내부통제기준 제50조).

**09** 이해상충이 발생하는 원인으로 가장 거리가 먼 것은?

① 금융투자업자 내부의 문제로서 금융투자업을 영위하는 회사 내의 사적업무 영역에서 공적업무 영역의 정보를 활용하는 경우
② 금융투자업자와 금융소비자 간에서 존재하는 정보의 비대칭
③ 자본시장법상 금융투자업의 겸영허용
④ 직무윤리의 기본원칙을 준수하지 않을 경우

사적업무 영역(M&A 등)에서 얻을 수 있는 정보를 공적업무 영역(선관주의의무가 필요한 자산관리업무 등)에서 사용하는 경우에 이해상충이 발생한다.

**10** 신의성실원칙 차원에서 금융투자업종사자는 이해상충방지의무를 준수해야 한다. 이에 관련하여, 이해상충 발생가능성을 관리하는 '공시 또는 회피의 원칙'이 있다. 이 원칙에 따라 이해상충 발생 가능성을 관리하는 순서가 옳게 나열된 것은?

① Disclosure → Control → Avoid
② Control → Disclosure → Avoid
③ Avoid → Control → Disclosure
④ Disclosure → Avoid → Control

'이해상충의 공시 및 거래단념의무(공시 또는 회피의 원칙)'라고 한다. 이해상충이 발생할 가능성이 파악이 되면 먼저 투자자에게 알리고(Disclosure), 거래에 문제가 없도록 이해상충이 발생할 가능성을 낮춘 후(Control)에 거래를 해야 한다. 만일 해당 수준까지 낮출수 없다면 그 거래는 단념(Avoid)해야 한다.

**11** 자본시장법의 정보교류 차단의무에 대한 설명으로 적절하지 않은 것은?

① 금융투자상품의 매매에 관한 정보, 그 밖에 대통령령으로 정한 정보를 제공하는 행위는 금지된다.

② 이해상충이 발생할 가능성이 있는 임원 및 직원의 겸직행위는 금지된다.

③ 이해상충이 발생할 가능성이 있는 공간·설비의 공동이용행위는 금지된다.

④ 이해상충이 발생할 가능성이 있는 부서 간의 공동마케팅행위는 금지된다.

> **해설** 공동광고 및 공동마케팅행위는 금지대상이 아니다.

**정답** ④

**12** 다음 중 금융투자업종사자와 고객 간에서 발생할 수 있는 이해상충에 해당되지 않는 것은?

① 과당매매

② 선행매매

③ 스캘핑

④ 대리인 문제

> **해설** 대리인 문제는 '주인-대리인' 간의 문제로 금융투자업종사자와 고객 간의 문제라고 보기 어렵다. 선행매매는 고객의 주문을 처리하기 전에 해당 정보를 이용해서 자신이나 제3자의 주문을 먼저 실행하는 것을 말하며, 스캘핑은 미공개정보를 활용하여 자신이나 제3자의 이익을 취하고자 하는 거래를 말한다.

**정답** ④

**13** 빈칸이 올바르게 연결된 것은?

> 수탁자가 자산운용업계에서 받아들여지고 있는 포트폴리오(Portfolio) 이론에 따라서 자산을 운용한다면 그것은 적법한 것으로 인정된다. 이것은 미국의 신탁법에서 수탁자의 행위기준으로서 널리 인정받은 바 있는 ( ㉠ )이다. 그리고 이 원칙은 ( ㉡ )의 기준이 될 수 있다.

| | ㉠ | ㉡ |
|---|---|---|
| ① | 신중한 투자자의 원칙 | 설명의무 |
| ② | 신중한 투자자의 원칙 | 주의의무 |
| ③ | 전문가 책임의 원칙 | 신임의무 |
| ④ | 전문가 책임의 원칙 | 충실의무 |

> **해설** 신중한 투자자의 원칙(Prudent Investor Rule)이다. 그리고 이는 '주의의무'를 판단하는 기준이 될 수 있다.

**정답** ②

**14** 금융소비자보호의무 이행시 '상품판매이후 단계'에서 요구되는 의무가 아닌 것은?

① 허위, 과장, 부실표시의 금지

② 보고 및 기록의무

③ 정보의 누설 및 부당이용금지

④ 공정성유지의무

**해설** ①은 상품판매 단계, ②·③·④는 상품판매이후 단계의 의무이다.

**정답** ①

**15** 금융소비자보호법상 청약철회기간에 대한 설명이다. 틀린 것은?

① 보장성 상품은 보험증권 수령일로부터 15일 내로 청약을 철회할 수 있는데, 청약일로부터 30일까지를 한도로 한다.

② 투자성 상품은 계약서류제공일 또는 계약체결일로부터 7일 이내로 청약을 철회할 수 있다.

③ 대출성 상품은 계약서류제공일, 계약체결일 또는 계약에 따른 금전·재화 제공일로부터 14일 이내로 청약을 철회할 수 있다.

④ 예금성 상품은 계약서류작성일로부터 3일 내로 청약을 철회할 수 있다.

**해설** 예금성 상품은 청약철회권이 인정되지 않는다.

**정답** ④

**16** 표준투자권유준칙상의 설명의무에 대한 설명이다. 옳은 것을 모두 묶은 것은?

> ㉠ 금융투자회사 임직원 등은 투자자에게 투자권유를 하는 경우 투자설명사항에 대해서 투자자가 이해할 수 있도록 설명하고, 설명한 내용을 투자자가 이해하였음을 서명 등의 방법으로 확인받아야 한다.
>
> ㉡ 임직원 등은 '㉠'에 따라 설명의무를 이행하는 경우 투자자의 투자경험과 금융투자상품에 대한 지식수준 등 투자자의 이해수준을 고려하여 설명의 정도를 달리 할 수 있다.
>
> ㉢ 임직원 등은 '㉠', '㉡'에 따라 설명하였음에도 불구하고 투자자가 주요 손익구조 및 손실위험을 이해하지 못하는 경우에는 투자권유를 계속해서는 아니 된다.

① ㉠

② ㉡

③ ㉠, ㉡

④ ㉠, ㉡, ㉢

**해설** 모두 옳은 내용이다.

**정답** ④

**17** 다음 중 자본시장법의 투자권유 규제에서 가장 엄격한 규제대상이 되는 것은?

① 주 식
② 주가지수선물
③ 주가지수옵션
④ 금리스왑상품

> **해설** 자본시장법은 위험도가 가장 큰 장외파생상품에 대해 가장 엄격한 규제를 하고 있다. ①은 상장증권시장, ②·③은 장내파생상품시장으로서 ①·②·③은 모두 장내시장의 상품이다. 모든 스왑상품은 장외파생상품이다.
>
> 정답 ④

**18** 투자자 K는 비상장주식 A 10,000주를 1만원에 매수하였다. 금융투자업자는 K에 대해 비상장주식 A에 대한 중요한 내용을 누락하여 설명했고, 이로 인해 K는 A주식을 8,000원에 전량 매도하게 되었다. 이 경우 손해액은 얼마인가?

① 1,000만원
② 2,000만원
③ 3,000만원
④ 4,000만원

> **해설** 취득금액 = 1만원 × 1만주 = 1억원, 처분금액 = 8천원 × 1만주 = 8천만원
> 손해추정액 = 취득금액(지급금액 혹은 지급예정금액) − 처분금액(회수금액 혹은 회수가능금액)
> = 1억원 − 8천만원 = 2천만원
> ※ 금융소비자보호법 투자권유 시 준수해야 할 주의의무 위반 시 손해배상의무가 부과되는 것은 설명의무이며, 동 문제는 설명의무 위반 시의 손해액을 결정하는 방식이다.
>
> 정답 ②

**19** 다음 중에서 직무윤리 규정을 위반한 것이 아닌 것은?

① 주가는 미래의 가치를 반영하는 것이므로 투자정보를 제시할 때에 현재의 객관적인 사실보다는 미래의 전망을 위주로 하여 설명한다.
② 정밀한 조사·분석을 거치지 않았지만 자신의 주관적인 예감으로 수익률이 높을 것으로 전망되는 상품을 권한다.
③ 중요한 사실이 아니라면 오히려 그것을 설명함으로 인하여 고객의 판단에 혼선을 가져올 수 있는 사항은 설명의 생략이 가능하다.
④ 고객을 강하게 설득하기 위하여 필요하다면 투자성과가 어느 정도 보장된다는 취지로 설명하는 것도 무방하다.

> **해설** 설명의무상 중요하지 않은 사항은 필요하다면 생략이 가능하나, 중요한 사항일 경우 무조건 설명해야 한다.
>
> 정답 ③

**20** 보기는 금융투자회사의 본인에 대한 윤리 중 어떤 조항에 속하는가?

> • '좋은 것이 좋은 것이다'는 온정주의나 적당한 타협주의는 공정한 업무수행 유지와 독립성을 해치는 요인이다.
> • 상급자로부터 부당한 지시를 받는 경우 하급자는 이를 거부하여야 한다.

① 법규준수의무(제3조)
② 자기혁신의무(제7조)
③ 상호존중의무(제8조)
④ 공정성 및 독립성 유지의무

해설  공정성 및 독립성 유지의무를 말한다.
※ 본인의 대한 윤리 암기법 : '준.혁.품.독.사'

정답 ④

**21** 금융투자회사의 표준윤리준칙 제14조 사적이익 추구금지에 대한 내용이다. 빈칸에 들어갈 말을 순서대로 나열한 것으로 옳은 것은?

> • 동일한 특정거래 상대방에게 (      )을 초과하는 재산상이익을 제공하거나 수령하는 경우 즉시 인터넷 홈페이지에 공시해야 한다.
> • 금융투자회사 및 임직원은 재산상이익을 제공하거나 수령한 경우 해당 사항을 기록하고 (      ) 이상의 기간 동안 기록을 유지, 관리해야 한다.

① 300만원, 3년
② 500만원, 5년
③ 1억원, 5년
④ 10억원, 5년

해설  '10억원-5년'이다. 참고로 1인당 제공한도 '1회 20만원-연간 100만원' 한도와 회사의 영업이익을 기준으로 한 제공한도는 폐지되고, 10억원 한도가 신설되었다(금융투자업 개정, 2017.3).

정답 ④

**22** 보기는 금융투자회사의 표준윤리준칙 중 어떤 조항에 가장 부합하는가?

> 회사와 중간책임자가 지도지원의무를 게을리하여 직원이 고객에 대하여 손해배상책임을 질 경우,
> 회사와 중간책임자는 민법상 사용자책임을 진다(민법 제756조).

① 법규준수의무(제3조)
② 상호준중의무(제8조)
③ 경영진의 책임(제11조)
④ 품위유지의무(제13조)

**해설** 경영진의 책임이다.

정답 ③

**23** 금융투자회사의 표준윤리준칙 제6조 정보보호의무에 따를 때, 비밀정보의 관리원칙과 가장 거리가
먼 것은?

① 정보차단벽(Chinese Wall)의 구축의무
② 보안장치의 구축
③ 직원알기제도(Know Your Employee)
④ 필요성에 의한 제공원칙(Need to Know Rule)

**해설** 직원알기제도는 자금세탁방지의무의 일환으로 금융투자회사 내부통제기준에 반영되는 내용이다.

정답 ③

**24** 금융투자회사의 표준윤리준칙 제16조 대외활동의 조항을 준수함에 있어서, 사전승인 절차 없이
활동을 할 수 있는 것은?

① 외부강연이나 기고 활동
② 신문, 방송 등 언론매체 접촉
③ 회사가 운영하지 않는 온라인커뮤니티에서 특정회사에 대한 재무분석을 하는 경우
④ 회사가 운영하지 않는 온라인커뮤니티에서 특정회사에 대한 기술적 분석을 하는 경우

**해설** 기술적 분석은 사전신고대상이 아니다(기본적 분석과 비교할 때 중요하다고 보지 않는다는 것).

정답 ④

**25** 금융투자회사의 표준윤리준칙 제5조 시장질서 존중의무에서 '시장질서 교란행위'의 규제대상자의 범위를 가장 적절하게 표현한 것은?

① 내부자

② 내부자와 준내부자

③ 내부자와 준내부자 그리고 1차 정보수령자

④ 내부자와 준내부자 그리고 미공개정보임을 알면서도 정보를 제공하거나 수령한 모든 자

해설 　종전기준으로는 ③이었으나 ④로 기준이 강화되었다.

정답 ④

**26** 금융투자회사 내부통제기준에 대한 설명이다. 가장 적절하지 않은 것은?

① 금융투자회사가 내부통제기준을 수립하고 준수할 것을 법적의무로 부과하고 있다.

② 내부통제기준의 제정은 주총의 보통결의가 필요하며, 이후 변경 시에는 이사회결의로 한다.

③ 내부통제기준에는 이해상충방지를 위한 업무수칙, 자금세탁방지제도를 위한 업무수칙, 업무분장 등이 포함되어야 한다.

④ 내부통제의 주체 중에서 소관영업에 대한 내부통제기준의 적정성을 점검하고 보고하는 자는 지점장이다.

해설 　내부통제기준의 제정과 변경 모두 이사회결의사항이다.

정답 ②

**27** 다음 내부통제기준에 관한 설명 중 옳은 것은?

① 금융투자회사의 경우 내부통제기준을 반드시 두어야 하는 것은 아니다.

② 금융투자회사의 임시직에 있는 자는 내부통제기준의 적용대상이 아니다.

③ 금융투자회사가 내부통제기준을 변경하려면 주총의 특별결의를 거쳐야 한다.

④ 금융투자회사가 준법감시인을 임면하려면 이사회의 결의를 거쳐야 한다.

해설 　① 내부통제기준은 반드시 두어야 한다.
　　　② 정식의 고용계약관계, 보수지급의 유무를 따지지 않는다.
　　　③ 내부통제기준의 변경은 이사회결의로 한다.

정답 ④

**28** 다음 중 준법감시인에 대한 설명으로 가장 적절하지 않은 것은?

① 준법감시인을 임면(任免)하려는 경우에는 이사회의결을 거쳐야 한다.

② 준법감시인을 해임하려는 경우에는 이사 총수의 2/3 이상의 찬성이 요구된다.

③ 통상의 회사를 대상으로 준법감시인은 사내이사 또는 업무집행자 중에서 선임할 것을 요구하고 있다.

④ 금융투자회사가 준법감시인을 두지 않은 경우에는 5천만원 이하의 과태료를 부과한다.

> **해설** 금융사 지배구조법 제43조 제1항에 의거 준법감시인을 두지 아니할 경우 1억원 이하의 과태료가 부과된다.
>
> **정답** ④

**29** 준법감시체제의 운영에 대한 설명이다. 틀린 것은?

① 준법감시프로그램의 운영결과 업무수행 우수자가 있는 경우 인사상의 또는 금전적 혜택을 부여할 수 있다.

② 내부제보제도를 운영해야 하는 바, 내부제보자에 대한 철저한 비밀보장과 불이익 방지를 보장해야 한다. 단, 내부제보를 해야 하는 상황임에도 불구하고 제보하지 않은 미제보자에 대한 불이익 부과의 규정은 아직 마련되어 있지 않다.

③ 금융사고를 미연에 방지하는 차원에서 명령휴가제도를 운영해야 한다.

④ 금융사고 우려가 높은 일부 업무에 대해서 복수의 인력이 참여하게 하거나, 일선과 후선을 분리하는 직무분리 기준을 마련하고 운영해야 한다.

> **해설** 회사에 중대한 영향을 끼칠 것을 알고도 제보하지 않는 '미제보자'에 대한 불이익부과 규정도 마련·운영해야 한다.
>
> **정답** ②

**30** 준법감시체제의 원활한 운영을 위하여 영업점별 영업관리자를 1인(경우에 따라서는 2영업점별로 영업관리자 1인)을 임명하는데, 영업관리자를 임명할 수 있는 자는?

① 대표이사                      ② 준법감시인

③ 대표이사, 준법감시인         ④ 감사 또는 감사위원회

> **해설** 영업관리자는 준법감시인만이 임명할 수 있다.
> ※ 영업점별 영업관리자 : 영업점장이 아닌 책임자일 것, 영업점에서 1년 이상 또는 준법감시업무, 감사업무를 1년 이상 수행한 경력자로서 해당 영업점에서 상근하는 자, 임기는 1년 이상.
>
> **정답** ②

**31** 회사가 특정고객을 위하여 고객전용공간을 설치한 경우, 이에 대한 준법감시업무상 준수사항과 거리가 먼 것은?

① 당해 공간은 직원과 분리되어야 한다.

② 사이버룸의 경우 '사이버룸'을 명기한 문패를 부착하고 외부에서 내부를 관찰할 수 있도록 개방형 형태로 설계되어야 한다.

③ 사이버룸의 경우 해당 공간 내에서 고객에게 개별직통전화 등을 제공할 수 없다.

④ 영업관리자는 사이버룸 등 고객전용공간에서 이루어지는 매매거래의 적정성을 모니터링하고 이상매매가 발견될 경우 한국거래소 시장감시위원회에 신고해야 한다.

> **해설** 준법감시인에게 보고한다(영업관리자는 준법감시인이 임명하고 준법감시인의 업무의 일부를 위임받았으므로).

정답 ④

**32** 직무윤리를 위반 시 가해지는 외부통제 중에서 금융감독기구가 취할 수 있는 제재 방법에 속하지 않는 것은?

① 금융투자업자에 대한 검사권 또는 조치명령권

② 회원사에 대한 제명

③ 금융투자업자 임원에 대한 해임요구

④ 금융투자업자 직원에 대한 면직

> **해설** 회원사(협회에 회원사자격을 가진 금융투자회사) 제명은 금융투자협회의 자율규제사항이다.

정답 ②

**33** 빈칸에 들어갈 수 없는 것은?

> • 고의·중과실로 개인정보를 유출한 기관에 대해서는 피해액의 최대 (    )배까지 배상액을 중과할 수 있다.
> • 개인정보유출로 피해를 입은 개인은 구체적인 피해액을 입증하지 못해도 법원판결을 통해 (    )만원 이내의 일정금액을 보상받을 수 있다.
> • 2016년 8월 6일까지 수집된 (    )에 대한 삭제조치를 취해야 한다.
> • 부정한 방법으로 개인정보를 취득하고 타인에게 제공하는 자는 '5년 이하의 징역과 (    ) 이하'의 벌금에 처한다.

① 3  ② 500

③ 주민등록번호  ④ 5천만원

> **해설** 차례대로 '3배 – 300만원 – 주민등록번호 – 5천만원'이다.

정답 ②

**34** 금융분쟁조정위원회의 분쟁조정절차에 대한 설명이다. 가장 거리가 먼 것은?

① 금융감독원장은 분쟁조정의 신청을 받은 날로부터 30일 이내에 당사자 간에 합의가 이루어지지 않을 경우 지체 없이 조정위원회에 회부해야 한다.

② 조정위원회가 조정의 회부를 받으면 60일 이내에 이를 심의하여 조정안을 작성하여야 한다.

③ 당사자가 조정안을 수락한 경우 당해 조정안은 재판상의 화해와 동일한 효력을 갖는다.

④ 금융감독원장은 조정신청사건의 처리절차 진행 중에 일방당사자가 소를 제기한 경우에도 해당 조정의 처리를 완료하여야 한다.

> **해설** 조정신청사건의 처리절차 진행 중에 일방당사자가 소를 제기하면 조정의 처리는 자동으로 중지된다(이를 당사자에게 통보하여야 함).
>
> 정답 ④

**35** 보기는 협회 분쟁조정위원회의 조정사례이다. 직원이 위반한 것과 가장 거리가 먼 것은?

> 직원은 고객이 안정추구형 투자자임을 이미 알면서도 직원 자신도 정확하게 파악하지 못한 수익증권을 동 고객에게 투자권유하였고, 투자권유 시 수익증권의 수익구조에 대해 사실과 상이하게 설명하고 고객의 올바른 투자판단을 저해한 사례

① 적합성의 원칙  ② 설명의무
③ 부당권유  ④ 일임매매

> **해설** 적합하지 않은 상품을 권유했으므로 적합성의 원칙 위배, 이해할 수 있도록 설명을 하지 못하였으므로 설명의무 위배, 불확실한 사항에 대하여 오인의 소지가 있는 설명을 했을 가능성이 크므로 부당권유에 해당한다. 임의매매와 일임매매는 직접투자에 한하므로 간접투자인 펀드투자에는 적용되지 않는다.
>
> 정답 ④

**36** 다음의 금융분쟁 유형 중에서 일반적으로 판단할 경우, 민사상의 손해배상책임뿐만 아니라 직원 개인에 대한 형사처벌까지 가해질 수 있는 유형은?

① 임의매매  ② 일임매매
③ 부당권유  ④ 불완전판매

> **해설** 임의매매는 형사처벌까지 가해질 수 있는 가장 무거운 불법행위이다(나머지는 일반적으로 손해배상책임이 부과되는 불법행위이다).
>
> 정답 ①

**37** 자금세탁의 3단계 모델(미국 관세청의 3단계 모델이론)에서 '성공하기가 가장 어려운 단계'로 평가 받는 것은?

① 예치(Placement)단계

② 은폐(Layering)단계

③ 합법화(Intergration)단계

④ 반복단계

> 해설　예치단계이다. 은폐단계는 반복단계라고도 한다.

정답 ①

**38** 다음 중 고액현금거래보고(CTR ; Currency Transaction Report) 제도에 대한 설명이다. 가장 거리가 먼 것은?

① 보고된 고액현금거래를 자금세탁거래의 분석에 참고할 수 있다.

② 자금세탁행위를 예방하는 효과가 있다.

③ 금융기관 직원의 전문성을 활용할 수 있다.

④ 자금세탁거래를 파악함에 있어 정확도는 낮은 편이다.

> 해설　금융기관 직원의 전문성을 활용할 수 있는 것은 의심거래보고제도(STR)이다.

〈의심거래보고제도(STR) VS 고액현금거래보고제도(CTR)〉

| 의심거래보고제도(STR) | 고액현금거래보고제도(CTR) |
|---|---|
| (+) 금융기관 직원의 전문성 활용<br>(+) 정확도가 높고 활용도가 큼 | (+) 자금세탁행위 예방효과<br>(+) 분석의 참고자료 |
| (−) 금융기관 의존도가 높음<br>(−) 참고유형 제시 등의 어려움 | (−) 정확도가 낮음<br>(−) 금융기관의 추가비용 발생 |

정답 ③

**39** '고액현금거래를 회피할 목적으로 금액을 분할하여 금융거래'를 하는 계좌가 있다면, 자금세탁방지를 위해 어떤 조치를 취하는 것이 자금세탁방지제도에 가장 부합하는가?

① 분할금액을 합산하여 1일 거래일 동안 2천만원을 상회할 경우 '고액현금거래보고제도(CTR)'를 적용하여 보고를 해야 한다.

② '의심거래보고제도'를 적용하여 보고를 해야 한다.

③ 자금세탁의 우려가 높으므로 고객확인제도(CDD)를 적용하여 실지명의를 파악한다.

④ 자금세탁의 우려가 높으므로 강화된 고객확인제도(CDD)를 적용하여 실지명의뿐만 아니라 금융 거래목적과 거래자금원천을 파악한다.

> 해설　금액분할 결과 1일 거래일 동안 1천만원을 상회하면 CTR이 자동으로 적용되지만, 1천만원이 상회하지 않을 경우는 의심거래보고제도(STR)를 적용하는 것이 적절하다.

정답 ②

**40** 고객확인제도(CDD/EDD)에 대한 설명이다. 가장 거리가 먼 것은?

① 금융기관이 고객과 거래 시 고객의 신원, 실소유자 여부, 거래목적 등을 파악하는 등 고객에 대한 합당한 주의를 기울이는 제도이다.

② 금융기관이 평소 고객에 대한 정보를 파악·축적함으로써 고객의 혐의거래 여부를 파악하는 토대가 되는 것으로 자금세탁방지제도의 필수요건이라 할 수 있다.

③ 금융기관은 계좌의 신규개설이나 1,500만원(미화 1만달러) 이상의 일회성 금융거래 시 고객의 신원에 관한 사항, 고객을 최종적으로 지배하거나 통제하는 자연인(실제소유자)에 관한 사항을 확인해야 하는데, 이를 기본고객확인(CDD)이라 한다.

④ 고객이 실제 소유자인지 여부가 의심되는 등 고객이 자금세탁행위나 공중협박자금 조달행위를 할 우려가 있는 경우에는 기본적인 고객확인사항에 추가하여, 금융거래 목적과 거래자금의 원천을 확인해야 하는바, 이를 강화된 고객확인(EDD)이라 한다.

> **해설** CDD의 적용대상으로서 일회성 거래의 금액은 1,000만원(미화 1만달러) 이상이다.

> **정답** ③

**41** 위험중심접근법에 기초하여 고객별, 상품별 자금세탁위험도를 분류하고, 자금세탁위험이 큰 경우 더욱 엄격한 고객확인을 하는 제도는?

① 의심거래보고제도(STR)  ② 고액현금거래보고제도(CTR)
③ 간소화된 고객확인제도(CDD)  ④ 강화된 고객확인제도(EDD)

> **해설** Enhanced Due Diligence이다.

> **정답** ④

**42** 보기에 해당하는 것은?

> 신규직원채용 시 개인고객에 준하여 신원확인, Watch List 필터링, 범죄사실, 평판, E-mail Check 등의 검증절차를 수행하는 것

① 고객의 상황을 정확히 파악하기(Know Your Customer Rule)
② 직원알기제도(Know Your Employee)
③ 고객확인제도(Customer Due Diligence)
④ 의심거래보고제도(Suspicious Transaction Report)

> **해설** 직원알기제도의 내용이다. 자사의 임직원에 대해 보기와 같은 검증절차를 거침으로써 임직원을 통한 자금세탁의 가능성을 사전에 차단하고자 하는 것이다.

> **정답** ②

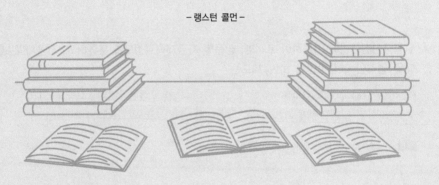

또 실패했는가? 괜찮다. 다시 실행하라.
그리고 더 나은 실패를 하라!

－랭스턴 콜먼－

# 제4편

# 법규 및 세제

이성으로 비관해도 의지로써 낙관하라!

– 안토니오 그람시 –

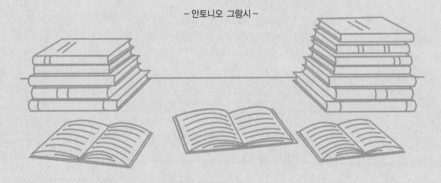

# 01 자본시장 관련 법규

## 1 총 설

### 자본시장법의 기본 제정방향 **핵심유형문제**

자본시장법의 4가지 규제 패러다임에 속하지 않는 것은?

① 열거주의 규제
② 기능별 규제
③ 업무범위의 확대
④ 투자자보호의 선진화

**해설** 포괄주의 규제이다.

**정답** ①

---

**더알아보기** 자본시장법 개요

**(1) 자본시장법의 의의**
자금중개기능 강화, 선진투자은행과 경쟁하는 금융투자회사의 출현기반 마련 등

**(2) 자본시장법의 적용범위**
① 역외적용 명문화 : 국외에서 이루어진 행위로서 그 효과가 국내에 미치는 경우에는 자본시장법을 적용할 수 있다는 것을 명문화함
② 형법상 도박죄의 적용 배제 : 파생상품은 도박에 해당될 속성이 있는데, 금융투자업자가 금융투자업을 영위하는 경우에는 형법상 도박죄 및 상습도박죄가 적용되지 않음을 명확히 함

**(3) 자본시장법의 4가지 규제 패러다임**

| 구 분 | 목 적 | 내 용 |
|---|---|---|
| 포괄주의 규제 | 열거주의의 극복 | 금융투자상품을 추상적으로 정의 |
| 기능별 규제 | 기관별 규제의 극복 | 동일한 기능에 대해 동일한 규제 |
| 업무범위의 확대 | 대형화를 통한 경쟁력 강화 | 6개 금융투자업에 대한 겸영허용 |
| 투자자보호의 선진화 | 투자자보호의 강화 | 공통영업행위 규칙 등 도입 |

① 포괄주의 규제 투자성(원본손실가능성)이라는 특징을 갖는 모든 금융상품을 금융투자상품으로 포괄적으로 정의하여 기존 열거주의의 제약점을 극복할 수 있게 되었음
  • 기존 열거주의의 제약점 : 신상품 판매를 위해서는 법령개정 선행 필요 → 창의적인 상품 설계와 취급을 제약하는 요인으로 작용하였음

② 기능별 규제
　　㉠ 기관별 규제의 폐해 : 동일한 행위를 두고 증권거래법, 선물거래법, 간접투자자산운용법 등의 규제
　　　가 서로 달랐다(어떤 법은 엄격하고 어떤 법은 느슨했음). 이에 따라 규제차익(Regulatory
　　　Arbitrage)과 투자자보호의 공백이 발생하는 문제가 있었음
　　㉡ 동일한 기능에 대해서는 동일한 규제를 함으로써 기관별 규제의 폐해를 극복함

〈기관별 규제 VS 기능별 규제〉

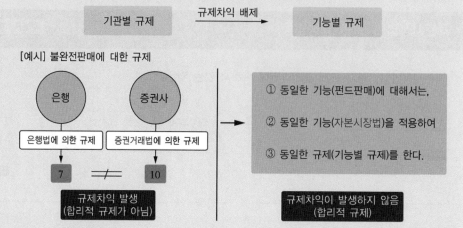

③ 업무범위의 확대(겸영허용)
　　6개의 금융투자업에 대해서 상호겸영을 허용하여 대형화를 통한 글로벌 경쟁력 강화 및 시너지효과
　　창출 기대
　　• 세부내용 : 6개 금융투자업의 상호겸영 허용 외에도, 부수업무에 대한 Negative System 적용(포괄
　　　적 허용), 투자권유대행인제도 도입, 외국환업무 범위확대, 결제 · 송금업무 허용 등
　　• 이해상충방지체계 도입 : 업무범위의 확대에 따른 투자자피해 방지를 위해 정보교류차단장치
　　　(Chinese Wall) 등 이해상충방지체계의 도입 의무화(6개 금융투자업에 대한 인가 · 등록요건)
④ 투자자보호의 선진화
　　자본시장법은 투자자보호를 위해 모든 금융투자업자에게 적용되는 공통영업행위 규칙과 금융투자업
　　자별 특성을 고려하여 세분화된 업자별 영업행위 규칙으로 구분하여 규정

---

**보충문제**

**01** 범위의 경제(Economy of Scope)와 가장 관련이 깊은 자본시장법의 제정 방향은?

① 포괄주의 규제
② 기능별 규제
③ 업무범위의 확대
④ 투자자보호의 선진화

해설 　'업무범위의 확대 또는 겸영허용'이다.

정답 ③

## 금융투자업 감독기관 및 관련기관

금융투자 관련 기관에 대한 설명이다. 잘못된 것은?

① 금융위원회는 9인의 위원으로 구성된 기획재정부의 의결집행 행정기관이다.

② 증권선물위원회는 5인의 위원으로 구성되었으며 자본시장 및 기업회계 관련 주요업무를 수행하기 위해 금융위원회 내에 설치된 기구이다.

③ 금융감독원은 무자본 특수법인이며 금융위와 증선위 소관업무의 상당부분을 위임받아 집행하는 기관으로 자본시장법이 부여한 법률집행권(검사권 등)이 있다.

④ 한국거래소와 한국금융투자협회는 금융위, 증선위, 금감원과 달리 자율규제기관으로 분류한다.

**해설**  공정한 정책입안과 신중한 집행을 위해 합의제 의결기관(국무총리 산하)으로 하였다.

**정답** ①

---

**더알아보기**  금융투자업 감독기관 및 관련기관

| 구 분 | | 내 용 |
|---|---|---|
| 공적규제 | 금융위원회 | • 9인의 위원, 합의제 행정기관(합의체 기구)<br>• 금융에 관한 정책 및 제도에 관한 최고 의결기관 |
| | 증권선물위원회 | • 5인의 위원, 금융위 내에 설치된 기구<br>• 자본시장의 불공정조사 및 기업회계기준 및 감리업무 |
| | 금융감독원 | • 무자본특수법인, 금융위와 증선위의 집행기관<br>• 금융기관의 업무 및 재산상황에 대한 검사기관, 분쟁조정 등 |
| 자율규제 | 한국거래소 | • 자본금 1천억원 이상의 주식회사(본점 – 부산, 지점 1개 – 서울)<br>• 증권시장 개설 및 운영, 매매에 관한 업무, 상장, 공시업무 등 |
| | 금융투자협회 | • 회원조직으로서의 민법상 사단법인(회원 : 금융투자업자 등)<br>• 회원 간 건전한 영업질서유지 및 투자자보호를 위한 자율규제업무 |
| 기 타 | 예탁결제원 | • 증권시장 결제기관(집중예탁, 계좌 간 대체, 실질주주명부제도) |
| | 증권금융 | • 자기자본 20억원 이상의 인가제 설립, 증권시장에 필요한 자금공급 |
| | 금융투자상품<br>거래청산회사 | • 금융위인가를 받아 청산대상거래에서 발생하는 채무를 청산하는 업무를 수행함 |

• 금융위원회(9인) : 위원장 1인, 부위원장 1인, 당연직 4인(기재부 차관, 한국은행 부총재, 금감원 원장, 예보공사 사장), 추천직 3인

**01** 금융위원회에 대한 설명이다. 잘못된 것은?

① 금융정책과 제도, 인허가, 관련법령의 제정 및 개정 등이 소관사무에 해당한다.

② 위원장 1인, 부위원장 1인, 당연직 4인과 추천직 3인, 합계 9인의 위원으로 구성된다.

③ 당연직 위원 4인은 기획재정부 차관, 한국은행 부총재, 금융감독원 부원장, 예금보험공사 부사장으로 구성된다.

④ 3인 이상 위원의 요구나 위원장의 단독으로 회의소집과 의안제안을 할 수 있으며, 과반출석과 출석과반의 찬성으로 의결한다.

> 해설    당연직 위원 4인은 기획재정부 차관/한국은행 부총재/금감원 원장/예보공사 사장으로 구성된다.
>
> 정답 ③

**02** 보기에 해당하는 기관은 무엇인가?

> • 자본시장과 기업회계와 관련된 업무수행을 위해 설치된 의결기구이다.
> • 금융업에 대한 규제가 금융기관만을 대상으로 하는 것과 달리 자본시장 분야는 일반투자자, 상장법인 등도 그 규제 대상으로 한다는 특징이 있다.

① 금융위원회                          ② 증권선물위원회
③ 금융감독원                          ④ 한국거래소

> 해설    증권선물위원회의 주 업무는 '자본시장의 불공정거래 조사 및 기업회계기준 관련 업무, 감리업무'이다.
>
> 정답 ②

**03** 다음 중 금융감독원의 업무에 속하지 않는 것은?

① 금융기관의 업무 및 재산상황에 대한 검사

② 금융기관 업무와 관련한 분쟁조정

③ 금융위 및 증선위 소관업무의 위임집행

④ 자본시장의 불공정거래조사

> 해설    자본시장의 불공정거래조사는 증선위 업무이다(조사와 검사의 용어 차이에 주의).
>
> 정답 ④

**04** 금융투자업 관계 기관에 대한 설명이다. 틀린 것은?

① 한국거래소 시장감시위원회는 불공정거래의 사전예방적 기능뿐만 아니라, 이상거래에 대한 사후적인 심리기능까지 담당한다.

② 한국금융투자협회는 회원 간의 상호업무질서 유지와 비상장주권의 장외거래업무 등을 담당하는 자율규제기관이다.

③ 자본금 20억원 이상, 금융위 인가를 통해 설립되는 증권금융회사는 투자중개업자나 투자자에게 증권의 대여, 자금의 대여, 증권담보대출 등의 업무를 수행한다.

④ 한국예탁결제원은 자본시장법에 의해 금융투자상품거래청산업도 수행한다.

> **해설** 장내상품에 대해서는 한국거래소가 청산소 기능을 수행하며, 장외파생상품에 대해서는 금융투자상품거래청산회사가 청산업을 수행한다.
> ※ 예탁결제원의 업무 : 증권의 집중예탁, 증권의 계좌 간 대체, 보호예수업무 등
>
> **정답** ④

---

## 금융법규체계의 이해      핵심유형문제

우리나라의 금융법규체계 중 금융감독원이 제·개정하는 법규는?

① 시행령
② 시행규칙
③ 감독규정
④ 시행세칙

> **해설** 금융법규체계의 5단계 : '법(국회) − 시행령(대통령) − 시행규칙(국무총리) − 감독규정(금융위원회) − 시행세칙(금융감독원)'이다(괄호 안은 제정·개정의 주체를 말함).
>
> **정답** ④

---

**더알아보기** 금융법규체계

**(1) 금융위 규정의 법적 성격**

① 금융관련 법령의 법규체계는 '법률 − 법시행령 − 법시행규칙 − 감독규정(금융위원회) − 시행세칙(금융감독원)'의 5단계로 구성됨(일반적인 법률은 3단계임)
   • 추가로 유권해석과 비조치의견서, 행정지도 등의 관련체계가 있음
② 금융위 규정은 자본시장법의 법률종속명령의 성격을 가지며, 위임명령과 집행명령의 특성을 가지고 있음(금융위 규정은 구속력이 있음)

**(2) 유권해석과 비조치의견서, 행정지도, 모범규준 : 보충문제 1**

**01** 다음의 설명 중 '비조치의견서'에 해당하는 것은?

① 금융회사가 금융법규와 관련하여 법규적용 여부의 명확한 확인을 요청할 경우 해당 사안에 대한 금융법규를 유권으로 해석하는 것을 말한다.

② 금융회사가 신상품의 개발·판매시 이에 대한 적용법규가 없는 경우, 금융감독원장의 회신으로 해당 사안에 대한 반대나 제재가 없음을 표명하는 것을 말한다.

③ 금융법규에 의해 소관업무가 원활하게 수행될 수 있도록 금융당국이 금융회사에 지도, 권고, 또는 협조요청을 하는 것을 말한다.

④ 금융위와 금감원과 금융회사가 상호 준수할 것을 약속하는 모범이 되는 기준을 말한다.

> 해설 ① 법유권 해석, ③ 행정지도, ④ 모범규준
> ※ 행정지도의 원칙 및 방식
> ㄱ. 행정지도는 필요한 최소한도에 그쳐야 하며 행정지도를 받은 금융회사 등의 의사에 반하여 부당하게 강요하거나 행정지도 불이행 사유로 해당 금융회사 등에게 불이익한 조치를 하지 아니한다.
> ㄴ. 행정지도 시 취지, 내용, 행하는 자의 신분을 명시토록 하고 있으며, 행정지도는 문서가 원칙이나 구두로 하는 경우에도 동 사항을 서면으로 교부하여 줄 것을 요청할 수 있다.
> ㄷ. 행정지도를 한 경우 그 내용을 원칙적으로 공개한다.
>
> 정답 ②

---

## 기능별규제 – 금융투자상품의 3단계 정의　　핵심유형문제

금융투자상품에 대한 포괄적 정의이다. 빈칸의 연결이 틀린 것은?

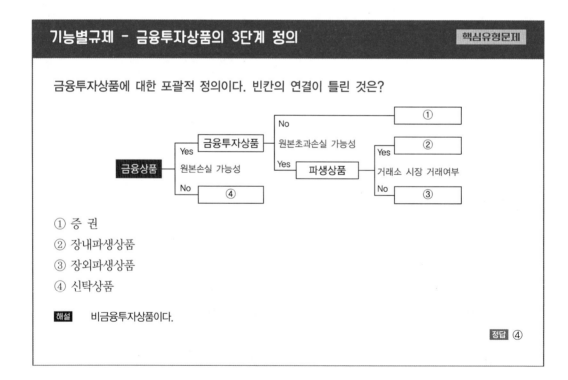

① 증 권
② 장내파생상품
③ 장외파생상품
④ 신탁상품

> 해설 비금융투자상품이다.
>
> 정답 ④

**[1단계] 포괄적 정의**

(1) 금융투자상품은 투자성(원본손실가능성)이 있는 것이다.

- 투자성 판단 시 투자원본산정기준

| 투자원본산정 시 제외되는 것 | 투자원본산정 시 포함되는 것 |
| --- | --- |
| 판매수수료, 보험료 | 환매수수료, 중도해지수수료, 세금 |

(2) 금융투자상품은 추가지급의무(원본초과손실가능성)를 기준으로 증권과 파생상품으로 구분

- 원본대비 손실율이 100% 이하인 경우를 증권이라 하고, 100%를 초과하는 경우 파생상품으로 분류한다.

(3) 파생상품은 다시 정형화된 시장에서의 거래 여부로 장내파생상품과 장외파생상품으로 구분

**[2단계] 명시적 포함**

(1) 포괄적 정의에 이어 이해를 돕기 위한 '명시적 포함' 단계로서 증권을 6가지 종류로 분류

(2) 증권의 정의 : 내국인 또는 외국인이 발행한 금융투자상품으로서 투자자가 취득과 동시에 지급한 금전 등 어떠한 명목으로든지 추가로 지급의무를 부담하지 않는 것

(3) 증권의 6가지 종류

① 채무증권 : 국채, 지방채, 특수채, 사채권, 기업어음증권, 그밖에 이와 유사한 것으로 지급청구권이 표시된 것

- 채무증권은 발행인에 의해 원본이 보장되나 유통과정에서 원본손실이 발생할 수 있으므로 증권에 해당한다.
- 사적인 금전채권의 경우 지급청구권은 표시되어 있으나 유통성이 없다고 볼 수 있으므로 증권으로 볼 수 없다.

② 지분증권 : 주권, 신주인수권이 표시된 것, 법률에 의해 직접 설립된 법인이 발행한 출자증권, 상법에 따른 합자회사·유한회사·익명조합의 출자지분, 민법에 따른 조합의 출자지분, 그밖에 이와 유사한 것으로서 출자지분이 표시된 것

③ 수익증권 : 금전신탁계약에 의한 수익권이 표시된 수익증권, 투자신탁을 설정한 집합투자업자가 투자신탁의 수익권을 균등하게 분할하여 표시한 수익증권, 그밖에 이와 유사한 것으로서 출자지분이 표시된 것

④ 투자계약증권 : 특정 투자자가 그 투자자와 타인(다른 투자자 포함) 간의 공동사업에 금전 등을 투자하고 주로 타인이 수행한 공동사업의 결과에 따른 손익을 귀속받는 계약상의 권리가 표시된 것

⑤ 파생결합증권 : 기초자산의 가격·이자율·지표·단위 또는 이를 기초로 하는 지수 등의 변동과 연계하여 미리 정해진 방법에 따라 지급금액 또는 회수금액이 결정되는 권리가 표시된 것

- 예 ELS(주가연계증권), ELW(주가연계워런트), DLS(파생연계증권), CLN(신용연계채권) 등

⑥ 증권예탁증권 : 위에서 언급한 5가지 형태의 증권들을 예탁받은 자가 그 증권이 발행된 국가 외의 국가에서 발행한 것으로서 그 예탁받은 증권에 관련된 권리가 표시된 것

- 예 국내 증권예탁증권(KDR), 외국 증권예탁증권(ADR, GDR 등)

 참고  투자계약증권과 파생결합증권은 자본시장법이 시행되면서 새롭게 분류됨

(4) 파생상품의 분류

① 파생상품의 정의 : 선도·옵션·스왑에 해당하는 계약상의 권리를 말하며, 증권과는 달리 금전 등의 지급시기가 장래의 일정시점이고 투자원본 이상의 손실이 발생할 수 있다는 특징

② 파생상품의 분류

㉠ 파생상품시장에서의 거래 여부(포괄적 정의) : 장내파생상품, 장외파생상품

ⓛ 거래구조에 따른 분류(명시적 정의) : 선도(Forward), 옵션(Options), 스왑(Swap)

| 분류 | 정의 |
|---|---|
| 선도(Forward) | 기초자산이나 '기초자산의 가격 등'에 의해 산출된 금전 등을 장래의 특정시점에 인도할 것을 약정하는 계약 |
| 옵션(Options) | 당사자의 어느 한 쪽의 의사표시에 의하여 기초자산의 가격 등에 의해 산출된 금전 등을 수수하는 거래를 성립시킬 수 있는 권리를 부여하는 계약 |
| 스왑(Swap) | 장래의 일정기간 동안 미리 정한 가격으로 기초자산의 가격 등에 의해 산출된 금액을 교환할 것을 약정하는 계약 |

**TIP** 키워드(인도-권리-교환)으로 구분하면 됨

### [3단계] 명시적 배제

'원화표시 양도성예금증서(CD)', '관리신탁의 수익권', '주식매수선택권'은 금융투자상품에서 배제하였음
→ CD는 사실상 예금에 준하여 취급되며, 관리신탁의 수익권은 신탁업자가 처분권한을 갖고 있지 않은 점, 주식매수선택권은 유통성이 매우 적음을 고려하여 이들을 증권에서 배제하였음

---

**보충문제**

---

**01** 다음 중 자본시장법의 분류상 금융투자상품에 속하는 것은?

① 원화표시 양도성예금증서  ② 관리신탁의 수익권
③ 투자계약증권  ④ 사적인 금전채권

해설 투자계약증권은 자본시장법상 증권의 6가지 분류에 해당한다.
• 나머지 ① · ②는 '명시적 배제'로서 증권에서 제외되며, 금전채권은 유통성이 없어서 채무증권에 속할 수 없다(따라서 증권이라고 볼 수 없음).

정답 ③

**02** 다음 설명 중 가장 적절하지 않은 것은?

① 투자성을 판단함에 있어서 판매수수료 등 투자자가 지급하는 수수료는 투자원본에서 제외한다.
② 투자성을 판단함에 있어서 환매 · 해지수수료 등 투자자가 중도해지 등에 따라 지급하는 수수료는 투자원본 산정 시 포함한다.
③ 금융투자상품, 통화, 일반상품 및 신용위험 외에는 파생결합증권의 기초자산이 될 수 없다.
④ 장내파생상품이란 파생상품으로서 파생상품시장에서 거래되는 것, 또는 해외 파생상품시장에서 거래되는 것을 말한다.

해설 자연적, 환경적, 경제적 현상에 속하는 위험으로서 합리적으로 측정이 가능하면 무엇이든지 파생결합증권의 기초자산이 될 수 있다.

정답 ③

**투자중개업의 정의이다. 잘못된 것은?**

> 누구의 명의로 하든지 ① 타인의 계산으로 ② 금융투자상품의 매매, ③ 증권의 발행·인수 또는
> ④ 증권의 발행·인수에 대한 청약의 권유, 청약, 청약의 승낙을 중개하는 것을 업으로 하는 것

해설  증권의 발행·인수는 투자매매업이다.

정답 ③

---

**더알아보기**  금융투자업의 종류

**(1) 금융투자업의 분류(기능별 분류에 따른 6개 금융투자업)**
  ① 투자매매업 : 누구의 명의로 하든지 자기의 계산으로 금융투자상품의 매매, 증권의 발행·인수 또는
    그 청약의 권유, 청약, 청약의 승낙을 영업으로 하는 것
    • 자기의 계산으로 하는 금융투자상품의 매매에는 '상품운용업무(dealing)', '안정조작·시장조성을
      위한 매매' 등이 있다.
  ② 투자중개업 : 누구의 명의로 하든지 타인의 계산으로 금융투자상품의 매매, 그 청약의 권유, 청약, 청
    약의 승낙 또는 증권의 발행·인수에 대한 청약의 권유, 청약, 청약의 승낙을 중개하는 것을 영업으로
    하는 것
  ③ 집합투자업 : 집합투자를 영업으로 하는 것('집합투자의 정의'는 제3편-제1장-제2절 집합투자기구
    참조)
  ④ 투자자문업 : 금융투자상품의 가치 또는 금융투자상품에 대한 투자판단에 관하여 자문에 응하는 것을
    영업으로 하는 것
  ⑤ 투자일임업 : 투자자로부터 금융투자상품에 대한 투자판단의 전부, 또는 일부를 일임받아 투자자별로
    구분하여 금융투자상품을 취득·처분, 그 밖의 방법으로 운용하는 것을 영업으로 하는 것
  ⑥ 신탁업 : 신탁을 영업으로 하는 것('신탁'의 정의는 제3편 금융투자상품 및 직무윤리 참조)

**(2) 종합금융투자업과 온라인소액투자중개업**
  ① 기능별 분류 외의 금융위의 '지정'에 의한 금융투자업자임
  ② 종합금융투자업(Prime Broker)으로서 헤지펀드(전문투자형 사모집합투자기구)를 대상으로 증권의 대
    차나 신용공여, 재산의 수탁 및 관리 업무를 수행하는 자
  ※ 한국형 IB 역할을 담당하며, 은행의 업무인 기업에 대한 신용대출(여신)도 가능함

**(3) 온라인소액투자중개업(Crowd Funding)**
  온라인상에서 타인의 명의로 '채무증권, 지분증권, 투자계약증권'의 모집 또는 사모에 관한 중개를 업으로
  하는 투자중개업자
  ※ **인가요건(금융위에 '등록' 시 인가받은 것으로 봄)**
    → 상법에 따른 주식회사이어야 함, 자기자본 5억원 이상, 사업계획이 타당하고 건전할 것, 투자자보
      호가 가능하고 인적·물적 설비를 갖출 것

**01 빈칸에 들어갈 말로 올바르게 연결된 것은?**

> ( 가 )과 ( 나 )은 전문가가 대신 자산을 운용한다는 점에서 동일하나, ( 나 )은 고객의 명의로 된 계좌를 운용하나 ( 가 )은 그렇지 않다는 점에서 차이가 있다.

|  | 가 | 나 |
|---|---|---|
| ① | 집합투자업 | 투자일임업 |
| ② | 집합투자업 | 신탁업 |
| ③ | 투자일임업 | 집합투자업 |
| ④ | 신탁업 | 투자일임업 |

해설 집합투자의 경우 고객은 펀드에 투자하고 그 투자의 증표(지분)를 수익증권으로 받는다. 반면 투자일임업은 고객계좌를 투자일임회사가 직접 관리하는 것이다.
　cf 집합투자업과 신탁업의 차이 : 집합투자업과 신탁업 모두 3면관계라는 점에서 동일하나, 집합투자업에서는 위탁자가 펀드를 설정·운용하고 수탁자는 보관·관리를 하는 데 반해 신탁업에서는 수탁자가 운용까지 한다는 점에서 다르다.

정답 ①

**02 증권사가 운영하는 랩어카운트는 어떤 금융투자업에 해당될 수 있는가?**

> ㉠ 투자자문업　　　　　　　　　　㉡ 투자일임업
> ㉢ 집합투자업　　　　　　　　　　㉣ 신탁업

① ㉠

② ㉠, ㉡

③ ㉠, ㉡, ㉢

④ ㉠, ㉡, ㉢, ㉣

해설 랩어카운트에는 펀드형, 자문형, 일임형이 있는데, 펀드형과 자문형은 투자자문업에 해당되고 일임형은 투자일임업에 해당된다.

정답 ②

**03 종합금융투자사업자에 대한 설명으로 옳지 않은 것은?**

① 종합금융투자사업자란 투자매매업 또는 투자중개업자 중 금융위원회로부터 지정을 받은 자이다.

② 종합금융투자사업자는 상법에 따른 주식회사 또는 유한회사이어야 한다.

③ 종합금융투자사업자가 아니고는 일반 사모집합투자기구 등에 전담중개업무(프라임 브로커)를 할 수 없다.

④ 종합금융투자사업자는 기업에 대한 신용공여업무를 영위할 수 있다.

해설 종합금융투자사업자는 상법에 따른 주식회사이어야 한다. 또한 3조원 이상의 자기자본을 갖추어야 한다.

정답 ②

**04** 온라인소액투자중개업에서 모집 또는 중개하는 대상이 아닌 것은?

① 채무증권

② 지분증권

③ 파생결합증권

④ 투자계약증권

| 해설 | ①·②·④를 대상으로 한다.

※ 온라인소액투자중개업자(또는 온라인소액증권발행인)에 대한 투자한도
  (1) 대통령령에 의한 요건(소득 등)을 갖춘 자 : 동일 업자에 대한 투자한도는 최근 1년간 1천만원, 전체 업자에 대한 누적투자한도는 2천만원이다.
  (2) 대통령령에 의한 요건을 갖추지 못한 자 : 동일 업자에 대한 투자한도는 최근 1년간 500만원, 전체 업자에 대한 누적투자한도는 1천만원이다.

정답 ③

---

## 기능별규제 - 투자자 핵심유형문제

다음 중 일반투자자로 전환이 불가능한 전문투자자는?

① 신용보증기금

② 주권상장법인

③ 지방자치단체

④ 해외증권시장 주권상장법인

| 해설 | 신용보증기금은 절대적 전문투자자이다.

정답 ①

---

**더알아보기** 투자자의 분류

(1) 금융투자상품에 대한 전문성 및 소유자산 규모 등에 비추어 투자에 따른 위험감수능력이 있는 자를 전문투자자라고 하고, 전문투자자가 아닌 자를 일반투자자라고 한다.

(2) **투자자의 종류**

① 전문투자자의 분류

| 절대적 전문투자자 | 상대적 전문투자자 | 자발적 전문투자자 |
|---|---|---|
| 일반투자자 대우를 받을 수 없는 전문투자자<br>• 국가, 한국은행, 금융기관 등 | 일반투자자 대우를 받겠다는 의사를 금융투자업자에게 서면으로 통지시 일반투자자로 간주<br>• 주권상장법인 등 | 일반투자자로서 일정요건을 갖추어 금융위에 신고함으로써 전문투자자가 된 자 |

㉠ 상대적 전문투자자에 대한 장외파생상품 거래제한 : '주권상장법인 등'이 장외파생상품을 거래 시 전문투자자 대우를 받겠다는 별도의 의사표시를 금융투자회사에게 서면통지해야 함

㉡ 일반투자자가 전문투자자가 되기 위한 요건

| 법 인 | 개 인 |
|---|---|
| 100억원 이상의 잔고 보유자<br>(외감법 대상법인은 50억원 이상 보유자) | 최근 5년 중 1년 이상 기간 동안 금융투자상품(MMF 등 초저위험상품 제외)의 월말평균잔고가 5천만원 이상이면서, 나머지 기준[주1] 중 하나를 충족하는 자 |

---

**보충문제**

---

**01** **투자자에 대한 다음 설명 중 옳은 것은?**

① 전문투자자나 일반투자자나 누구나 언제든지 상호전환이 가능하다.

② 주권상장법인이 일반투자자로 전환하고자 할 경우 금융위에 서면통지하여야 한다.

③ 100억원 이상의 투자잔고를 보유한 법인이 금융위에 신고하여 전문투자자가 되었을 경우 향후 2년간 전문투자자 대우를 받을 수 있다.

④ 법인이 아닌 개인은 최근 5년 중 1년 이상의 기간 동안 금융투자상품(MMF 등 초저위험상품 제외)의 월말평균잔고가 5천만원 이상일 것과 나머지 요건(소득요건, 자산요건, 전문성요건)을 모두 충족하면 전문투자자가 될 수 있다.

> 해설 ① 절대적 전문투자자는 일반투자자 전환이 불가능하다.
> ② 금융위가 아니라 금융투자업자에게 서면통지해야 한다.
> ④ 5천만원 이상의 잔고요건을 충족할 경우, 나머지 요건(소득요건, 자산요건, 전문성요건) 중 하나만 충족하면 전문투자자가 될 수 있다.
> ※ '전문 → 일반' 전환시는 금융투자회사에 서면통지하면 되지만, '일반 → 전문'으로의 전환시는 요건을 갖추어 금융위에 신고해야 한다.

> 정답 ③

---

**02** **아무런 제한 없이도 장외파생상품을 매매할 수 있는 투자자는?**

① 새마을금고중앙회                 ② 지방자치단체

③ 주권상장법인                     ④ 투자잔고가 100억원 이상인 법인

> 해설 절대적 전문투자자를 고르면 된다. 주권상장법인이나 지자체 등의 상대적 전문투자자나 자발적 전문투자자가 장외파생상품을 매매하고자 하는 경우에는 전문투자자의 대우를 받겠다는 의사표시를 별도로 해야 한다 (∵ 장외파생상품의 위험도가 가장 크기 때문).

> 정답 ①

## 2 금융투자회사에 대한 규제와 감독

### 금융투자업 인가 · 등록 요건 〔핵심유형문제〕

다음 중 인가대상에 속하지 않는 것은?

① 투자매매업
② 투자중개업
③ 집합투자업
④ 투자일임업

**해설** 투자자문업과 투자일임업은 등록대상이다.

정답 ④

**더알아보기** 금융투자업의 진입규제 – 인가와 등록

**(1) 인가등록 요건**

① 인가 · 등록업무 개요
  ㉠ 경제적 실질에 따른 금융기능을 고려하여 인가등록단위를 세분화한다(42개).
  ㉡ 금융투자업자는 필요한 업무단위를 추가함으로써 업무영역을 확대할 수 있다.
  ㉢ '진입요건 = 유지요건'이다. 단, 자기자본요건과 대주주요건은 완화적용된다.

② 인가와 등록의 구분

| 인가대상 | 등록대상 |
|---|---|
| 투자매매업, 투자중개업, 집합투자업, 신탁업 | 투자자문업, 투자일임업, 온라인소액투자중개업, 일반사모집합투자업 |

  • '고객과 직접 채권채무관계를 가지거나(투자매매업), 고객의 자산을 수탁하는(투자중개업/집합투자업/신탁업)' 업은 등록대상(투자자문, 투자일임)에 비해 투자위험도가 높기 때문에 인가대상으로 함

③ 인가요건(7가지)
  ㉠ 회사형태 : 주식회사, 주식회사가 아닌 특수한 형태의 금융기관, 외국 금융투자업자로서 국내지점, 그 밖에 영업소를 설치한 자
    • 특수한 형태의 금융기관 특수은행, 외국은행 · 보험의 국내지점, 신용협동기구, 체신 관서
  ㉡ 인가업무 단위별로 최저자기자본을 갖출 것
    • 5억원 이상 대통령령으로 정한 금액 중 큰 금액(예 투자매매업 500억원, 투자중개업 30억원, 집합투자업 80억원 등)
    • ㉡의 최저자기자본 규모는 일반투자자 및 전문투자자를 대상으로 할 때이며 전문투자자만을 대상으로 하면 1/2로 줄어든다.
    ※ 인가요건의 유지조건(자기자본요건의 경우) : 매 회계연도 말 기준 자기자본이 인가요건의 70% 이상을 유지할 것
  ㉢ 사업계획이 타당하고 건전할 것(→ 유일한 주관적 기준임)
  ㉣ 인력요건을 갖출 것
    • 인가업무 단위별로 금융투자전문인력을 최소 1명 내지 5명 이상 갖출 것
    • 집합투자증권의 투자자매매업자 · 투자중개업자는 투자권유자문인력을 5인 이상 갖출 것

⑩ 투자자보호가 가능하고 업무수행에 필요한 인력, 전산, 물적설비를 갖출 것

⑪ 대주주 및 신청인이 충분한 출자능력, 건전한 재무상태 및 사회적 신용을 갖출 것

⑫ 이해상충방지체계를 갖출 것 : 내부통제기준, 정보교류차단장치 등을 갖추어야 함

④ 등록요건

1) 등록업무 단위별 최저자기자본(투자자문 2.5억원, 투자일임 15억원, 온라인소액투자업 5억원, 전문사모집합투자업 10억원)

2) 전문인력요건 : 투자자문업의 경우 금융투자전문인력이 1인 이상, 투자일임업은 2인 이상을 확보해야 함

3) 대주주가 최근 5년간 형사처벌이나 신용질서를 해친 사실, 금융거래질서를 해친 사실이 없는 자이어야 함

## (2) 인가 · 등록 절차

① 금융위는 인가신청서 접수 후 3개월 이내에 인가 여부를 결정, 신청인에게 통지한다.
- 예비인가를 받은 경우에는 1개월 이내이다.

② 업무단위 추가시에는 변경인가(또는 변경등록)를 받으면 된다(Add-on방식).

③ 인가 · 등록요건과 그 유지요건은 동일하나 자기자본요건, 대주주요건은 완화적용된다.

㉠ 자기자본요건 진입시 자기자본요건의 70%, 매 회계연도 말을 기준으로 하며 첫 회계 연도에서 미달시 다음 회계연도 말까지는 적합한 것으로 간주한다.

㉡ 대주주요건 출자금 비차입요건, 형사처벌 및 부실대주주의 경제적 책임 요건만을 적용한다.

---

보충문제

**01** 다음 중 인가대상이 될 수 없는 회사형태는?

① 투자합자회사
② 농협중앙회
③ 농협단위조합
④ 외국은행 국내지점

해설　투자합자회사는 주식회사 요건에 위배된다. ②·③·④는 '특수한 형태의 금융기관'에 포함된다.

정답 ①

**02** 다음 중 인가나 등록에 필요한 최저자기자본 규모가 가장 큰 것은?

① 투자매매업
② 투자중개업
③ 신탁업
④ 투자일임업

해설　투자매매업(500억원)이 가장 크고, 투자자문업(1억원)이 가장 적다.
※ 투자매매업이 가장 큰 것은 자금이 많이 필요한 인수업무(Underwriting)가 있기 때문이다.

정답 ①

**03** 다음은 인가·등록 절차에 대한 설명이다. 잘못된 것은?

① 금융위는 인가신청서 접수 후 3개월 이내에 인가 여부를 결정하고 통지해야 한다.

② 등록요건 중 임원에 대한 요건은 인가대상 금융투자업의 임원요건과 동일하다.

③ 자기자본의 유지요건은 인가시 자기자본의 60% 이상이다.

④ 금융위의 인가요건을 유지하지 못하면 인가가 취소될 수 있다.

> **해설**　자기자본유지요건은 인가요건의 70% 이상이다.

> **정답** ③

---

## 건전성규제 - (1) 자산건전성에 따른 자산의 5단계 분류　　핵심유형문제

**자산건전성 분류에 대한 설명으로 잘못된 것은?**

① 요주의자산에는 2%, 고정자산은 20%, 추정손실자산은 75%의 대손충당금을 적립해야 한다.

② 정상자산에 속하는 대출채권 중 콜론과 환매조건부매수에 대하여는 대손충당금을 쌓지 않아도 된다.

③ 금융투자업자는 회수의문과 추정손실로 분류된 채권에 대해서는 조기에 상각을 해야 한다.

④ 자산건전성 분류에 따라 적립한 대손충당금이 기준에 미달할 경우에는 그 미달액은 대손준비금으로 적립해야 한다.

> **해설**　회수의문이 75%, 추정손실은 100%이다.

> **정답** ①

---

**더알아보기**　건전성규제에 관한 금융위 규정 - (1) 자산건전성 분류

**(1) 자산건전성 분류**

① 매분기마다 보유자산에 대해 '정상-요주의-고정-회수의문-추정손실'의 5단계로 분류해야 하며, 매분기말 '고정 이하'로 분류된 채권에 대하여 적정한 회수예상가액을 산정해야 한다. 그리고 '회수의문'과 '추정손실'로 분류된 자산은 조기에 상각하여 자산의 건전성을 확보하여야 한다.

② 충당금적립기준

| 구 분 | 정 상 | 요주의 | 고 정 | 회수의문 | 추정손실 |
|---|---|---|---|---|---|
| 충당금적립기준 | 0.5% | 2% | 20% | 75% | 100% |

　㉠ '정상' 분류자산 중 정형화된 거래로 발생하는 미수금과 콜론, 환매조건부매수에 대해서는 대손충당금을 적립하지 않아도 된다.

　㉡ '고정/회수의문/추정손실'은 적정한 회수예상가액을 산정해야 하며, 그리고 '회수의문과 추정손실'에 대해서는 조기에 상각을 해야 한다.

**01** 자산건전성 분류별 충당금 적립기준이 잘못 연결된 것은?

| 구 분 | 정 상 | 요주의 | 고 정 | 회수의문 | 추정손실 |
| --- | --- | --- | --- | --- | --- |
| 충당금 적립기준 | ① | ② | ③ | ④ | 100분의 100 |

① 100분의 0.5

② 100분의 5

③ 100분의 20

④ 100분의 75

해설  요주의는 100분의 20이다.

정답 ②

## 건전성규제 - (2) 순자본비율규제　핵심유형문제

순자본비율의 공식은?

① $\dfrac{영업용순자본}{총위험액} \times 100$

② $\dfrac{영업용순자본}{필요유지자기자본} \times 100$

③ $\dfrac{영업용순자본 - 총위험액}{필요유지자기자본} \times 100$

④ $\dfrac{필요자기자본}{총위험액} \times 100$

해설  금융투자회사의 건전성지표로는 2016년부터 영업용순자본비율(NCR) 대신 순자본비율을 사용한다.

• 금융투자회사는 순자본비율을 100% 이상 유지해야 한다(종전기준 : 금융투자회사는 영업용순자본비율을 150% 이상 유지해야 한다).

※ 필요유지자기자본의 개념 : 필요유지자기자본은 '금융투자업자가 인가 또는 등록업무 단위별로 요구되는 자기자본(최저자기자본)'의 합계액을 말한다.

예시  일반 및 전문투자자를 상대로 하는 투자매매업과 투자중개업을 모두 영위하고자 할 경우 → 필요유지자기자본은 530억원이다(투자매매업 500억원 + 투자중개업 30억원).

정답 ③

## (2) 순자본비율 규제

① 순자본비율 제도의 의의 : 재무상태가 악화된 금융투자회사에 대한 조기경보를 통해 파산을 사전에 예방하고 투자자와 채권자의 재산이 안전하게 변제될 수 있도록 하여 자본시장의 전체적인 안정을 도모하고자 하는 것

② 금융투자업자는 순자본비율을 100% 이상 유지해야 한다.

  ※ 순자본비율 = (2016년부터 영업용순자본비율 대신 사용함)

③ 영업용순자본비율(NCR)의 산정원칙

> 1) 자산, 부채, 자본은 개별재무제표에 계상된 장부가액을 기준으로 한다.
> 2) 시장위험과 신용위험을 동시에 내포하는 자산에 대해서는 시장위험액과 신용위험액을 모두 산정해야 한다.
> 3) 영업용순자본 산정 시 차감항목에 대해서는 원칙적으로 위험액을 산정하지 않는다.
> 4) 영업용순자본의 차감항목과 위험액 산정대상 자산 사이에 위험회피효과가 있는 경우에는 위험액 산정대상 자산의 위험액을 감액할 수 있다.
> 5) 부외자산과 부외부채에 대해서도 위험액을 산정하는 것을 원칙으로 한다.

④ 영업용순자본의 산정

| 영업용순자본비율(NCR) = $\dfrac{영업용순자본}{총위험액}$ (→ 높을수록 좋다) | |
|---|---|
| 영업용순자본 = 순재산액 − 차감항목 + 가산항목 | |
| 차감항목(유동성을 부족하게 하는 항목) | 가산항목(유동성에 도움이 되는 항목) |
| 예 선급금, 선급비용, 채무보증액, 잔존기간이 1년을 초과하는 예금 및 예치금, 유동화가 어려운 유형자산 등 | 예 '정상, 요주의'로 분류된 자산의 대손충당금, 후순위채권 등 |

⑤ 순자본비율 산출시 총위험액의 산정

  • 총위험액 = 시장위험액(Market R.) + 신용위험액(Credit R.) + 운영위험액(Operating R.)

⑥ 순자본비율의 산정 및 보고

  ㉠ 금융투자업자는 순자본비율을 일별로 산정하고, 매월말 기준으로 1개월 이내에 업무보고서에 반영하여 금감원에 제출해야 한다.

  ㉡ 순자본비율이 100% 미만이 된 경우 지체 없이 금감원장에게 보고해야 한다(적기시정조치의 대상).

**01**　영업용순자본의 산정원칙에 대한 설명으로 옳은 것은?

① 자산, 부채, 자본은 모두 시가를 기준으로 한다.

② 시장위험과 신용위험이 동시에 내포된 자산에 대해서는 둘 중 더 큰 위험을 반영한다.

③ 영업용순자본 산정시 차감항목에 대한 위험액은 반영하지 않는다.

④ 영업용순자본 산정시 부외자산과 부외부채에 대한 위험액은 반영하지 않는다.

> **해설**　차감항목은 영업용순자본에서 제외되므로 위험액도 당연히 제외하는 것이 원칙이다.
> ① 장부가를 기준으로 한다, ② 둘 다 반영한다, ④ 산정하는 것이 원칙이다.
> ※ '부외(Off-Balance)'란 장부에 계상되지 않는 것을 의미하는데, 이 경우 장부에 계상되지 않는다고 해서 '없어지는 것'이 아니므로 위험액을 계상하는 것이 원칙이다.
>
> 　　　　　　　　　　　　　　　　　　　　　　　　　　　　　　　　　　　　　　　　　정답 ③

**02**　영업용순자본의 가산항목과 가장 거리가 먼 것은?

① 후순위차입금　　　　　　　　　② 이익준비금

③ 대손충당금　　　　　　　　　　④ 선급금

> **해설**　선급금은 자산으로 분류되나, '미리 지급한' 만큼 유동성이 부족해지므로 영업용순자본의 차감항목이 된다.
> 대손충당금은 정상과 요주의로 분류된 자산에 설정된 대손충당금만이 가산될 수 있다.
>
> 　　　　　　　　　　　　　　　　　　　　　　　　　　　　　　　　　　　　　　　　　정답 ④

---

## 적기시정조치와 경영실태평가　　　　　　　　　　　핵심유형문제

경영실태평가와 적기시정조치에 대한 내용을 표로 정리한 것이다. 틀린 내용을 고르면?

| 적기시정조치 | 경영실태평가 등급 | 순자본비율 |
|---|---|---|
| 경영개선권고 | ① 종합평가 3등급 이하<br>자본적정성 4등급 이하 | ② 100% 미만 |
| 경영개선요구 | ③ 종합평가 4등급 이하 | 50% 미만 |
| 경영개선명령 | | ④ 0% 미만 |

> **해설**　경영개선권고는 경영실태평가의 경우 '종합평가등급은 3등급 이상이지만, 세부적인 자본적정성평가가 4등급 이하인 경우'이며 순자본비율의 경우 '100% 미만'을 요건으로 한다.
>
> 　　　　　　　　　　　　　　　　　　　　　　　　　　　　　　　　　　　　　　　　　정답 ①

**(1) 경영실태평가**

① 방법 : 감독원장이 검사 등을 통하여 실시하고, 평가대상 금융투자업자의 금융투자업 종류에 따라 공통부문(자본적정성/수익성/내부통제)과 업종부문(유동성/안전성)으로 구분하여 평가하며, 그 결과를 감안하여 종합평가한다.

　예 종합평가등급이 3등급 이상, 이 중 자본적정성에서 4등급 이하일 경우 → 경영개선권고조치

② 등급 : 1등급(우수), 2등급(양호), 3등급(보통), 4등급(취약), 5등급(위험)의 5등급

**(2) 적기시정조치(표1)**

| 적기시정조치 | 경영실태평가 등급 | 순자본비율 |
|---|---|---|
| 경영개선권고 | 종합평가 3등급 이상 & 세부항목 중 자본적정성 4등급 이하 | 100% 미만 |
| 경영개선요구 | 종합평가 4등급 이하 | 50% 미만 |
| 경영개선명령 | – | 0% 미만 |

① 경영개선권고 : ㉠ 순자본비율이 100% 미만인 경우, ㉡ 경영실태평가의 종합평가등급이 3등급 이상 & 자본적정성 부문의 등급이 4등급 이하인 경우, ㉢ 거액의 금융사고 또는 부실채권의 발생으로 ㉠ 또는 ㉡이 명백할 것으로 판단되는 경우 → 경영개선조치를 권고함

② 경영개선요구 : ㉠ 순자본비율이 50% 미만인 경우, ㉡ 경영실태평가의 종합평가등급이 4등급 이하인 경우, ㉢ 거액의 금융사고 또는 부실채권의 발생으로 ㉠ 또는 ㉡이 명백할 것으로 판단되는 경우 → 경영개선조치를 요구함

③ 경영개선명령 : ㉠ 순자본비율이 0% 미만인 경우, ㉡ 부실금융기관에 해당하는 경우 → 경영개선조치를 명령함

　※ 레버리지비율 규제(레버리지비율 $= \dfrac{총자산}{자기자본} \times 100$, 순자본비율규제시 함께 사용됨)

| 경영개선권고 | 경영개선요구 | 경영개선명령 |
|---|---|---|
| • 2년 연속 적자이면서 레버리지비율이 900%를 초과 시<br>• 레버리지비율이 1100%를 초과 시 | • 2년 연속 적자이면서 레버리지비율이 1100%를 초과 시<br>• 레버리지비율이 1300%를 초과 시 | (해당사항 없음) |

**(3) 경영개선조치** : 금융투자업자는 순자본비율이 100%에 미달 시 지체 없이 감독원장에게 보고하고 순자본비율이 100% 이상에 도달할 때까지 매달의 순자본비율을 익월 20일까지 보고해야 한다.

| 적기시정조치 | 경영개선조치 | 이행기간 |
|---|---|---|
| 경영개선권고 | 인력 및 운용조직의 개선/경비절감/점포관리의 효율화/신규업무진출의 제한/부실자산의 처분 등 | 6개월 이내 |
| 경영개선요구 | 자산처분/점포의 폐쇄 및 통합 또는 신설제한/조직의 축소/자회사 정리/임원진 교체요구/영업의 일부정지 등 | 1년 이내 |
| 경영개선명령 | 주식의 일부 또는 전부소각/6개월 이내의 영업정지/계약의 전부 또는 일부의 이전 | 금융위가 정한 별도기간 이내 |

**(4) 경영개선계획의 이행 등**

① 적기시정조치 요건에 해당하더라도, 자본확충 또는 자산매각 등으로 단기간 내에 적기시정조치의 요건에 해당되지 않을 것으로 판단되는 경우에는 일정기간 조치를 유예할 수 있다.

② 적기시정조치를 받은 금융투자업자는 2개월의 범위 내에서 조치의 내용이 반영된 경영개선계획을 감독원장에게 제출하여야 한다(분기별 이행실적은 매분기말 10일 이내에 제출).

**01** 적기시정조치에 대한 내용으로 옳은 것은?

① 적기시정조치를 받은 금융기관은 당해 조치일로부터 2개월의 범위 내에서 경영개선계획을 금융위에 제출해야 한다.

② 경영개선권고의 이행기간은 6개월 이내, '요구'는 1년 이내, '명령'은 2년 이내이다.

③ 금융위는 경영실태평가의 결과로 적기시정조치의 요건에 해당이 되면 예외없이 경영개선권고, 요구, 명령 단계의 조치를 취해야 한다.

④ 금융위는 금융투자업자가 지급불능상태에 빠지는 등 긴급상황이 발생한 경우는 적기시정조치 이외의 긴급조치를 취할 수 있다.

> **해설.** ① 금융감독원장에게 제출해야 한다(금융위가 승인하나 이행상황에 대해선 금감원이 관리).
> ② 경영개선명령의 경우 금융위가 별도의 이행기간을 정한다.
> ③ 예외가 있다(자본확충, 자산매각 등으로 NCR이 개선될 것으로 예상되는 경우).
>
> 정답 ④

**02** 금융투자업자에 대한 경영개선요구 조치가 취해지는 요건과 가장 거리가 먼 것은?

① 순자본비율이 50% 미만인 경우

② 영업용순자본비율이 120% 미만인 경우

③ 2년 연속 적자이면서 레버리지비율이 900%를 초과하는 경우

④ 경영실태평가 결과 종합평가등급이 4등급 이하인 경우

> **해설** 레버리지비율은 900% 초과 시 권고, 1,100% 초과 시 요구단계이다( 암기 권고는 911).
> ※ 적기시정조치요건 정리
>
> | 구 분 | 경영개선권고 | 경영개선요구 | 경영개선명령 |
> |---|---|---|---|
> | 순자본비율 | 100% 미만 | 50% 미만 | 0% 미만 |
> | 영업용순자본비율 | 150% 미만 | 120% 미만 | 100% 미만 |
>
> 정답 ③

**03** 다음 중 경영개선요구에 대한 금융위 조치내용에 속하지 않은 것은?

① 부실자산의 처분                    ② 점포의 폐쇄 및 통합

③ 조직의 축소                        ④ 자회사의 정리

> **해설** 부실자산의 처분은 '경영개선권고' 단계에 속한다.
>
> 정답 ①

## 외환건전성규제

**외국환업무를 취급하는 금융투자업자의 외환건전성에 대한 설명이다. 틀린 것은?**

① 잔존만기가 3개월 이내일 경우 외화자산은 외화부채의 100분의 80 이상이어야 한다.

② 잔존만기가 1개월 이내일 경우 외화부채가 외화자산을 초과하는 비율이 100분의 10 이내이어야 한다.

③ 선물환포지션은 각 외국통화별 선물환매입포지션의 합계에서 선물환매각포지션의 합계를 차감하여 산정한다.

④ 외화부채가 총자산의 100분의 5에 미달하는 경우는 외화유동성비율의 규제를 적용하지 않는다.

해설    100분의 1 미달 시 외화유동성비율 규제를 적용하지 않는다.

정답 ④

---

더알아보기  **외국환업무를 취급하는 금융투자업자에 대한 외화유동성비율 규제**

### (1) 외화유동성비율 규제

① 잔존만기가 짧아질수록 결제위험이 커지므로 외화자산의 비중이 높아져야 한다.

② 외환포지션 한도를 위반한 경우 위반한 날로부터 3영업일 이내에 금감원장에게 보고해야 한다.

③ 잔존만기별 관리비율

| 잔존만기 | 3개월 이내 | 1개월 이내 |
|---|---|---|
| $\dfrac{외화자산}{외화부채}$ | $\dfrac{80}{100}$ 이상 | $\dfrac{90}{100}$ 이상 |

• 1개월 이내는 '외화부채가 외화자산을 초과하는 비율이 100분의 10 이내이어야 한다'로 표현할 수도 있다.

### (2) 외국환포지션한도

① 외국환포지션한도의 산정방식

| 종합포지션 | 선물환포지션 |
|---|---|
| Max(종합매입초과포지션 합계액, 종합매각초과포지션 합계액) | 선물환매입초과포지션 합계액 - 선물환매각초과포지션 합계액 |

② 외국환포지션한도 : 종합매입초과포지션 또는 종합매각초과포지션, 선물환매입초과포지션, 선물환매각초과포지션 각각의 포지션한도는 전월말 자기자본의 100분의 50으로 함

**01** '외화부채가 외화자산을 초과하는 비율이 100분의 10 이내이어야 한다'는 외화유동성에 대한 잔존 만기별 관리비율 중 어디에 해당하는가?

① 3개월 이내에 관리비율

② 1개월 이내의 관리비율

③ 7일 이내의 관리비율

④ 정답없음

해설   '외화자산이 외화부채의 90% 이상이어야 한다'와 동일한 의미이다.

정답 ②

**02** 금융투자업자의 외환건전성에 대한 설명으로 옳지 않은 것은?

① 금감원장은 금융투자업자의 이월이익잉여금에 대한 환위험회피목적의 외국환매입분에 대해 별도 한도를 인정할 수 있다.

② 금융투자업자는 외국환포지션 한도 준수 여부에 대해 매월 잔액을 기준으로 확인하여야 한다.

③ 금융투자업자의 한도 위반 시 3영업일 이내에 금감원장에게 보고하여야 한다.

④ 외국금융투자업자의 지점이 이월이익잉여금에 대한 환위험 회피목적인 포지션은 포지션한도 준수 여부에서 제외한다.

해설   금융투자업자는 외국환포지션 한도에 대해 매 영업일 잔액을 기준으로 확인하여야 한다.

정답 ②

**핵심유형문제**

업무보고서에 대한 설명이다. 빈칸에 알맞은 것은?

> 금융투자업자는 매 사업연도 개시일부터 3개월간, 6개월간, 9개월간, 12개월간의 업무보고서를 작성하여 그 기간 경과 (　　) 이내에 금융위에 제출해야 한다.

① 7일

② 1개월

③ 45일

④ 90일

해설    45일 이내이다.

정답 ③

---

**더알아보기**　업무보고서와 경영공시

**(1) 업무보고서**
① 업무보고서의 제출 : 분기별 업무보고서는 매 분기 종료 후 45일 이내, 매월 업무보고서는 익월 말일까지 제출
② 업무보고서의 내용 : 순자본비율에 관한 사항, 위험관리정책에 관한 사항 등

**(2) 경영공시(공기업과 금융기관을 대상으로 함)**
① 기업의 경영상태와 활동내용 정보를 적기에 알려주어 평가자료를 제공하는 것이며, 나아가서 경영의 투명성을 확보하고 경영의 효율성을 제고하기 위한 제도이다.
② 경영공시 대상

> • 부실채권의 발생규모가 직전 분기말 자기자본의 100분의 10을 초과하는 경우
> • 금융사고 등으로 인한 손실규모가 직전 분기말 자기자본의 100분의 2를 초과하는 경우
> • 민사소송패소 등으로 인한 손실규모가 직전 분기말 자기자본의 100분의 1을 초과하는 경우
> • 적기시정조치, 인가 또는 등록의 취소 등의 조치를 받은 경우 등

---

**보충문제**

**01**　경영공시가 필요한 경우이다. 적절하지 않은 것은?

① 금융투자업자의 직전 분기말 자기자본의 100분의 10을 초과하는 부실채권이 발생한 경우
② 금융사고 등으로 금융투자업자의 직전 분기말 자기자본의 100분의 10을 초과하는 손실 발생 또는 예상되는 경우
③ 민사소송패소 등의 사유로 직전 분기말 자기자본의 100분의 1을 초과하는 손실이 발생한 경우
④ 적기시정조치, 인가 또는 등록의 취소 등의 조치를 받은 경우

해설    금융사고 등의 경우 자기자본의 100분의 2를 초과할 경우이다.

정답 ②

## 대주주와의 거래제한

**빈칸에 들어갈 수 없는 수는?**

- 금융투자업자는 순자본비율을 (   )% 이상으로 유지해야 한다.
- 금융투자업자는 대주주의 계열회사 증권이나 어음 등을 자기자본의 (   )%까지 소유할 수 있다.
- 금융투자업자가 예외적으로 증권취득이나 신용공여 제공 시 그 금액이, 자기자본의 (   )과 (   )억원 중 적은 금액 범위 내의 경우 이사회결의를 받지 않아도 된다.

① 10/10,000  ② 7
③ 10  ④ 100

해설   차례대로 '100%, 8%, 10/10,000, 10억원'이다.

정답 ②

---

**더알아보기**   대주주와의 거래제한

① 대주주 및 그 특수관계인 발행증권은 소유할 수 없다.
  - 단, 담보권실행 등 권리행사, 안정조작·시장조성의 경우는 일정기간 보유가 가능하다.
② 대주주의 계열회사가 발행한 증권, 약속어음은 자기자본의 8%를 초과하여 소유할 수 없다.
③ 대주주 및 그 특수관계인에 대한 신용공여는 원칙적으로 금지된다(사금고화 방지차원).
  - 단, 해외현지법인에 대한 신용공여 등은 허용된다.
④ 금융투자업자가 계열회사 발행증권을 예외적으로 취득하거나(한도초과), 예외적으로 신용공여를 할 경우에는 재적이사 전원의 찬성에 의한 이사회결의를 거쳐야 한다.
  - 단, 단일거래금액이 자기자본의 10/10,000과 10억원 중 적은 금액 범위 내의 경우 이사회결의가 불필요하다.

---

**보충문제**

**01**   다음 설명 중 가장 적절하지 않은 것은?

① 대주주가 발행한 증권을 소유할 수 없다.
② 대주주나 특수관계인이 발행한 증권이라도 투자매매업의 일환으로 안정조작, 시장조성을 하는 경우에는 소유가 가능하다.
③ 대주주의 계열사가 발행한 증권은 자기자본의 8%까지 소유할 수 있다.
④ 대주주의 계열사가 발행한 증권을 한도를 초과하여 소유하고자 할 경우는, 예외없이 재적이사 전원의 찬성을 받아야 한다.

해설   단일거래금액이 'Min(자기자본의 10/10,000, 10억원)'인 경우 이사회결의가 면제된다.

정답 ④

**금융투자업자에 대한 공통영업행위 규칙이다. 잘못된 것은?**

① 금융투자업자는 신의성실에 따라 공정하게 금융투자업을 영위하여야 한다.

② 금융투자업자가 아닌 자는 금융투자업자로 오인할 수 있는 상호를 사용할 수 없다.

③ 다른 금융업무를 겸영하고자 할 때에는 그 업무를 영위하기 시작한 날부터 2주 이내에 금융위에 신고하여야 한다.

④ 금융투자업자는 영위하는 모든 업무에 대하여 제3자에게 위탁이 가능하다.

> 해설   핵심업무는 위탁이 불가능하다.

정답 ④

---

**더알아보기**   공통영업행위 규칙 (1)

**(1) 신의성실의무** : 금융투자업자는 신의성실에 따라 공정하게 금융투자업을 영위하여야 한다.

**(2) 상호(Name) 규제** : 금융투자업자가 아닌 자는 금융투자업자로 오인할 수 있는 상호를 사용할 수 없다(명의대여도 금지됨).

**(3)** 겸영 및 부수업무를 영위하기 위해서는 그 업무를 영위하기 시작한 날부터 2주 이내에 금융위에 신고해야 한다.
  ① 겸영업무의 종류 : 보험대리점, 대출업무(PF대출은 3개월 이내만 가능), 금지금(金地金)의 매매·중개업무, 외국환업무, 일반사무관리회사, 퇴직연금사업자업무, 증권의 대차거래 등
  ② 부수업무는 금고대여, 출판업무, 부동산임대업 등을 말함

**(4) 업무위탁의 가능여부**

| 핵심업무 | 본질적 업무 | 겸영 및 부수업무 |
|---|---|---|
| 업무위탁 불가능함<br>(핵심업무 : 준법감시업무,<br>위험관리업무, 내부감사<sup>주1</sup>, 계약의<br>체결 및 해지업무 등) | 조건부로 업무위탁이 가능함<br>(6개 금융투자업에 대해서는<br>업무위탁을 받는 자가 인가 또는<br>등록업체라야 함) | 언제든지 위탁이 가능함<br>(단, 그 업무를 영위하기 시작한<br>날부터 2주 이내에<br>금융위에 보고해야 함) |

*주1 : '준법감시업무/위험관리업무/내부감사업무'는 의사결정권이 포함된 경우 핵심업무가 됨

**(5) 이해상충관리**
  ① 이해상충관리의 예 : 선행매매, 과당매매, 이해관계인과의 거래 등(→ 이를 제한하는 것)
  ② 이해상충관리의무 : 공시 또는 회피의 원칙(Disclosure → Control → Avoid)
  ③ 정보교류차단장치(Chinese Wall) : 구체적인 벽(방음장치, 전산설비의 공동이용금지 등)과 추상적인 벽(임직원 겸직 금지 등)이 있음
  　㉠ 내부정보교류 차단장치 설치범위

> 고유재산운용업무, 투자매매업, 투자중개업 ↔ 집합투자업, 신탁업, 기업금융업무

- 기업금융업무란 인수업무, M&A중개업무 등을 말하는데, 고객을 위한 업무이므로 집합투자업과 신탁업과 같이 취급함
  - ⓛ 이해상충관리의 규제체계
    - 일반 규제 : 신의성실의무, 투자자의 이익을 해하면서 자기 또는 제3자의 이익도모 금지, 직무 관련 정보이용 금지, 선관주의의무
      - → 선관주의의무는 자산관리업자(집합투자업, 신탁업, 투자자문·일임업)에게만 적용됨
    - 직접 규제 : 선행매매 금지, 과당매매 금지, 이해관계인과의 투자자 재산 거래 제한
    - 정보교류 차단장치(Chinese Wall) : 사내 외 정보차단벽 간 정보제공, 임직원 겸직, 사무공간· 전산설비 공동이용 등 정보교류 금지

### (6) 투자광고 준수사항

① 금융상품판매업자등은 금융상품판매업자등의 업무에 관한 광고 또는 금융상품에 관한 광고를 해서는 아니 된다. 다만, 협회, 금융상품판매업자등을 자회사 또는 손자회사로 하는 금융지주회사, 증권의 발행인·매출인에 대하여 예외적으로 금융상품등에 관한 광고를 할 수 있다.

② 일반 사모집합투자기구의 집합투자증권을 판매하는 금융투자업자가 그 사모집합투자기구의 투자광고를 하는 경우에는 전문투자자 또는 투자광고를 하는 날 전날의 금융투자상품 잔고(투자자예탁금 잔액을 포함한다)가 3억원 이상(레버리지가 200% 초과인 펀드인 경우 5억원 이상)인 일반투자자만을 대상으로만 하여야 한다(※ 사모는 대충매체를 이용한 광고가 아닌 대고객 일대일 광고로 하여야 함).

---

**01** 빈칸에 알맞은 것은?

> 금융투자업자가 겸영업무, 부수업무를 영위하고자 할 경우에는 그 업무를 영위하기 시작한 날로부터 (   ) 이내에 금융위에 신고하여야 한다.

① 5일                 ② 7일

③ 2주                 ④ 1개월

해설    겸영업무, 부수업무 모두 2주 이내의 사후보고사항이다.

정답 ③

**02** 다음 중 금융투자업자의 업무위탁이 불가능한 것은?

① 의사결정권이 포함된 내부감사업무
② 보험대리점 업무
③ 금지금 중개업무
④ 3개월 이내의 PF대출업무

> 해설　핵심업무는 업무위탁을 전혀 할 수 없다. ②·③·④는 겸영업무에 해당되고 겸영업무나 부수업무는 제한없이 위탁이 가능하다.

정답 ①

**03** '교류금지 정보'에서 제외되는 것이 아닌 것은?

① 국채증권
② 단기금융집합투자기구의 집합투자증권
③ 환매조건부매매로 매수 또는 매도한 증권
④ 자회사주식으로서 증권시장에 상장된 증권

> 해설　자회사주식은 비상장일 경우에만 제외된다. 국채, MMF, RP는 '저위험상품'으로서 정보교류차단장치의 대상에서 제외된다.

정답 ④

**04** 다음 중 이해상충관리상 직접규제에 해당하는 것은?

① 선관주의의무
② 과당매매금지
③ 사무공간 공동사용 금지
④ 신의성실의무

> 해설　선행매매금지, 과당매매금지, 이해관계인과의 투자자 재산(집합투자재산, 신탁재산, 투자일임재산) 거래 제한 등은 직접규제에 속한다.

정답 ②

**05** 투자광고 시 포함해야 할 사항으로 가장 거리가 먼 것은?

① 과거의 재무상태 또는 영업실적 등을 표기하는 경우 미래에는 이와 다를 수 있다는 내용
② 최소비용을 표기하는 경우 그 최소비용과 최대수익을 표기하는 경우 그 최대수익
③ 관련법령이나 인허가, 약관 등의 시행일 전에 실시하는 광고의 경우 투자자가 당해 거래 또는 계약 등의 조건 등을 이해하는 데 필요한 내용
④ 통계수치나 도표 등을 인용하는 경우 해당 자료의 출처 등

> 해설　'최소비용은 최대비용으로, 최대수익은 최소수익'으로 표기해야 하는데, 이는 수익과 비용과 관련된 정보는 보수적으로 표시해야 투자자보호에 도움이 되기 때문이다.

정답 ②

다음 중 일반투자자에게만 적용되는 투자권유규제로 묶은 것은?

> ㉠ 고객파악의무　　　　　　㉡ 적합성원칙
> ㉢ 설명의무　　　　　　　　㉣ 적정성원칙

① ㉠　　　　　　　　　　　　② ㉠, ㉡
③ ㉠, ㉡, ㉢　　　　　　　　④ ㉠, ㉡, ㉢, ㉣

**해설**　투자권유규제 자체가 일반투자자를 대상으로 한 것이다.

**정답** ④

---

**더알아보기**　공통영업행위 규칙 (2)

**(1) 투자권유 일반규제**

① 투자권유의 개념 : 특정투자자를 상대로 금융투자상품의 매매 투자자문계약·일임계약·신탁계약의 체결을 권유하는 행위

② 투자권유절차 : 일반투자자를 대상으로 '고객파악의무 → 적합성의 원칙 → 설명의무 → (투자권유불원고객에 한하여) 적정성의 원칙' 준수(금융소비자보호법으로 상당수 이관됨)

③ 부당권유의 금지(아래의 권유를 금지한다는 것)

| 거짓, 단정적 판단 등의 권유 | 불초청권유 | 재권유 |
| --- | --- | --- |

- 불초청권유(Unsolicited Call) : 투자자에게 요청을 받지 않고 방문·전화 등 실시간 대화의 방법을 이용하여 투자권유를 하는 행위

④ 투자권유준칙

금융투자업자는 투자권유를 함에 있어 임직원이 준수하여야 할 구체적인 기준 및 절차(투자권유준칙)를 정하여야 한다. 파생상품 등에 대하여는 일반투자자의 투자목적 등을 고려하여 투자자 등급별로 차등화된 투자권유준칙을 마련해야 한다.

**(2) 투자권유대행인**

① 금융투자업자는 투자권유대행인에게 투자권유를 위탁할 수 있다(투자권유대행인은 파생상품 등에 대한 권유를 할 수 없음). 투자권유대행인의 손해배상책임에는 사용자 책임이 준용된다.

② 투자권유대행인의 자격(1사 전속)

투자권유전문인력·투자운용전문인력 시험에 합격한 자/보험설계사 등으로서 금융투자협회가 지정한 교육을 이수한 자

③ 투자권유대행인의 금지 행위

　㉠ 위탁한 금융투자업자를 대리하여 계약을 체결하는 행위

　㉡ 투자자로부터 금전, 증권 등의 재산을 수탁하는 행위

　㉢ 투자권유대행업무를 제3자에게 재위탁하는 행위

ⓔ 둘 이상의 금융투자업자와 투자권유 위탁계약을 체결하는 행위

ⓜ 보험설계사가 소속사가 아닌 보험회사와 투자권유 위탁계약을 체결하는 행위

④ 투자권유대행인이 투자권유를 대행함에 있어 투자자에게 손해를 끼친 경우 민법상의 사용자 책임이 준용된다(관련한 투자권유대행인의 금지사항은 '보충문제 3' 참조).

### (3) 기 타

① 투자자문계약을 체결한 투자자는 계약서류를 교부받은 날로부터 7일 이내에 계약을 해제할 수 있다. 이 경우 금융투자업자는 해당 수수료 외의 손해배상금이나 위약금의 지급을 청구할 수 없으며, 미리 대가를 지급받은 때에는 투자자에게 반환해야 한다.

② 금융투자업자는 금융투자업을 폐지하거나 지점 등의 영업을 폐지하는 경우에는 폐지 30일 전에 일간 신문에 공고해야 하고, 알고 있는 채권자에게는 각각 통지해야 한다.

③ 금융투자업자의 임직원은 자기 계산으로 특정 금융투자상품을 매매하는 경우 자기의 명의로 하나의 투자중개업자를 통하여 매매하여야 하며, 매매명세를 분기별(주요직무 종사자의 경우 월별)로 소속회사에 통지하여야 한다.

---

**보충문제**

**01** 방문판매원의 사전연락금지에 대한 설명으로 옳지 않은 것은?

① 일반금융소비자에게 사모펀드를 방문판매하기 위한 사전연락을 할 수 없다

② 전문금융소비자에게 장내파생상품을 방문판매하기 위한 사전연락을 할 수 있다.

③ 일반금융소비자에게 장외파생상품을 방문판매하기 위한 사전연락을 할 수 없다.

④ 전문금융소비자에게 장외파생상품을 방문판매하기 위한 사전연락을 할 수 있다.

> 해설 일반금융소비자에게는 방문(전화권유)판매 시 미리 사전연락금지되는 금융투자상품은 고난도금융투자상품, 고난도투자일임계약, 고난도금전신탁계약, 사모펀드, 장내파생상품, 장외파생상품이다. 이 중에서 전문금융소비자에게는 장외파생상품을 제외한 나머지는 사전연락할 수 있다. 즉, 장외파생상품은 전문 및 일반금융소비자 구분 없이 방문판매등을 위한 사전(연락)안내를 할 수 없다.
>
> 정답 ④

**02** 투자권유대행인의 금지행위에 속하지 않는 것은?

① 위탁한 금융투자업자를 대신하여 계약체결을 권유하는 행위

② 투자자로부터 금전, 증권 등의 재산을 수취하는 행위

③ 투자권유대행업무를 제3자에게 재위탁하는 행위

④ 보험설계사가 소속 보험사가 아닌 보험회사와 투자권유 위탁계약을 체결하는 행위

> 해설 투자권유대행인의 본업이라고 할 수 있다('대리하여 계약을 체결하는 행위'가 금지행위이다).
>
> 정답 ①

**03** 투자권유대행인의 금지사항과 가장 거리가 먼 것은?

① 금융투자상품의 매매와 관련하여 일정한도를 초과하여 투자자에게 직접 또는 간접적인 재산상의 이익을 제공하면서 권유하는 행위

② 금융투자상품의 가치에 중대한 영향을 미치는 사항을 사전에 알고 있으면서 이를 투자자에게 알리지 아니하고 매수 또는 매도를 권유하는 행위

③ 투자목적, 재산상황 및 투자경험 등을 감안하여 투자자에게 부적합한 금융투자상품을 권유하지 않는 행위

④ 자기 또는 제3자의 금융투자상품의 가격상승을 목적으로 투자자에게 당해 금융투자상품의 취득을 권유하는 행위

> **해설** ③은 투자권유준칙을 바르게 수행하는 행위이다. '투자목적, 재산상황, 투자경험 등을 고려하지 않고 지나치게 빈번하게 투자권유를 하는 행위'는 금지사항에 해당한다.
>
> 정답 ③

**04** 다음 설명 중 옳은 것은?

① 금융투자업자는 금융투자업을 폐지하거나 지점 등의 영업을 폐지하는 경우에는 폐지 14일 전에 일간신문에 공고하여야 한다.

② 협회가 주관하는 금융투자분석사 시험에 합격한 자도 투자권유대행인이 될 수 있다.

③ 투자자문 계약서류를 받은 날로부터 7일 이내에 계약을 해제할 수 있는데 이 경우 금융투자업자는 손해배상이나 위약금을 청구할 수 없다.

④ 펀드매니저의 경우 자기계산으로 매매를 하되, 그 매매명세를 분기별로 소속회사에 통지하여야 한다.

> **해설** ① 30일이다.
> ② 금융투자분석사 시험은 연관성이 작아서 투자권유대행인으로 인정되지 않는다.
> ④ 펀드매니저나 애널리스트는 월별이다.
>
> 정답 ③

## 3 금융투자업자별 영업행위 규제

**투자매매업자 및 투자중개업자의 영업행위 규제 (1)** 핵심유형문제

보기는 투자매매업자 및 투자중개업자의 영업행위 규제 중 무엇을 말하는가?

> 당해 매매에서 금융투자업자가 거래의 중개에 따른 수수료수입을 올리는 중개인인지, 아니면 투자자와의 거래를 통해 이익을 추구하는 협상의 상대방인지 그 역할을 투자자에게 분명히 알림으로써 투자자가 합리적인 판단을 할 수 있도록 하고자 하는 규제이다.

① 매매형태의 명시의무
② 자기계약의 금지
③ 최선집행의무
④ 임의매매의 금지

해설 매매형태의 명시의무를 말한다.

정답 ①

**더알아보기** 투자매매업자 및 투자중개업자의 영업행위 규제 (1)

**(1) 매매 또는 중개관련 규제**

| 매매형태의 명시의무 | 자기계약의 금지 | 최선집행의무 | 임의매매의 금지 |
|---|---|---|---|

① 매매형태의 명시의무 : 고객이 주문 시에 사전에 그 투자자에게 자기가 투자매매업자인지 투자중개업자인지를 밝혀야 한다. 그리고 이를 알리는 방법상의 제한은 없다.
② 자기계약의 금지 : 금융투자상품의 매매에 있어 자신이 본인이 됨과 동시에 상대방의 투자중개업자가 될 수 없다.
③ 최선집행의무(2013.5 개정 신설)
㉠ 투자매매업자 또는 투자중개업자는 투자자의 주문을 위한 최선집행기준을 마련·공표하고, 그 기준에 따라 주문(또는 청약)을 집행해야 한다.
㉡ 최선집행기준은 '금융투자상품의 가격, 수수료 등 비용, 매매체결가능성 등을 고려한 최선의 거래조건을 위한 기준'을 말하며, 금융투자업자는 3개월마다 최선집행기준의 내용을 점검해야 한다.
④ 임의매매의 금지 : 투자자의 자산을 투자자의 허락없이 매매하는 것은 불가하며, 위반 시 5년 이하의 징역 또는 2억원 이하의 벌금에 처할 수 있다.

**(2) 불건전 영업행위의 금지**

> 선행매매의 금지, 조사분석자료 공표 후 매매금지, 조사분석자료 작성자에 대한 성과보수금지, 투자권유대행인 및 투자권유자문인력이 아닌 자의 투자권유 금지, 일임매매의 금지(투자일임업자는 가능함), 일반투자자의 투자목적·재산상황 등을 고려하지 않은 지나친 투자권유 등의 금지

• 인수계약을 체결한 후 해당 증권이 상장한 후 40일 이내에는 조사분석자료 공표 금지
• 조사분석자료의 작성을 담당하는 자에 대해서는 일정한 기업금융업무와 연동된 성과보수를 지급할 수 없다(자본시장법 제71조).

**(3) 신용공여에 관한 규제(신용공여는 형사처벌의 대상은 아니며, 위반 시 행정제재의 대상이 됨)**

① 신용공여(→ 증권관련 대출업무, 투자매매·중개업자의 고유업무는 아니나, 예외적으로 허용됨)

| 신용융자(금전의 융자) | 신용대주(증권의 대여) |
|---|---|
| 매수증권이 담보가 되며 담보비율은 140% | 매도대금이 담보가 되며 담보비율은 140% |

② 인수증권에 대한 신용공여 제한 : 투자매매업자는 증권의 인수일로부터 3개월 이내에 투자자에게 그 증권을 매수하게 하기 위한 신용공여를 제공할 수 없다.

③ 회사별 신용공여 한도는 자기자본의 범위 이내에서 신용공여 종류별 한도를 금융위에서 정한다.

④ 신용공여의 대상은 상장된 주권(DR포함)과 ETF를 대상으로 한다(보충문제 3).

⑤ 신용공여는 형사처벌의 대상은 아니며, 위반 시 행정제재의 대상이 된다.

---

### 보충문제

**01** 투자매매업자 및 투자중개업자의 영업행위규칙에 관한 설명 중 가장 거리가 먼 것은?

① 투자매매업자 또는 투자중개업자는 금융투자상품의 매매주문을 받았을 경우 거래가 체결된 후에 본인이 투자매매업자인지 투자중개업자인지를 사전에 서면으로 밝혀야 한다.

② 최선집행의무 준수를 위해 금융투자업자는 3개월마다 최선집행기준을 점검해야 한다.

③ 인수계약을 체결한 대상회사의 증권이 상장한 경우 상장일로부터 40일 이내에는 조사분석자료의 공표가 금지된다.

④ 투자매매업자나 투자중개업자의 신용공여는 증권을 담보로 한 금전 융자나 매수자금 융자 그리고 증권을 대여하는 방법을 모두 합하여 말하는 것이다.

> 해설 | 사전에 밝히되 밝히는 방법상의 제한은 없다.

> 정답 ①

**02** 금융투자업자의 신용공여에 관한 규제이다. 가장 적절하지 않은 것은?

① 종합금융투자사업자는 기업에 대한 증권과 관련되지 않은 신용공여를 할 수 있다.

② 투자매매업자 또는 중개업자의 고객에 대한 신용공여의 방법은 증권매수대금을 융자하는 것, 매도하려는 증권을 대여하는 것, 증권담보로 금전을 융자하는 방법의 세 가지 종류가 있다.

③ 투자매매업자는 증권의 인수일로부터 3개월 이내에 인수대상회사의 증권에 대해 신용공여를 제공할 수 없다.

④ 신용공여규제를 위반한 투자매매업자와 투자중개업자에 대해서 1년 이하의 징역 또는 3천만원 이하의 벌금형에 처할 수 있다.

> 해설 | 신용공여위반은 형사벌칙의 대상이 아니며, 회사 및 임직원에 대한 금융위의 행정제재의 대상이 된다.

> 정답 ④

**03**  다음 중 자본시장법 규정상 신용거래가 가능한 것은?

① 상장지수집합투자증권

② 투자경고종목 또는 투자위험종목으로 지정된 증권

③ 관리종목으로 지정된 증권

④ 결제 전 예납조치가 취해진 증권

> 해설  신용거래가 가능한 증권은 상장주권과 ETF(①)인데, 상장주권에서 예외가 되는 것이 ②·③·④이다.
> 정답 ①

---

## 투자매매업자 및 투자중개업자의 영업행위 규제 (2)   핵심유형문제

투자자예탁금의 예치와 관련된 다음 설명 중 옳은 것은?

① 투자매매업이나 투자중개업을 영위하는 자는 누구든지 투자자예탁금을 증권금융에 예치 또는 신탁해야 한다.

② 누구든지 예치기관에 예치된 투자자예탁금을 상계, 압류할 수 없다.

③ 예치하는 비율은 투자자예탁금의 50%이다.

④ 예치기관이 투자자예탁금을 운용할 때에는 안전을 고려하여 국채, 지방채 외에는 매수할 수 없다.

> 해설  상계, 압류가 금지되면 예치금융투자업자는 시행령이 정하는 경우를 제외하고는 양도하거나 담보로 제공할 수 없다.
> ① 겸영금융투자업자(은행, 보험 등이 금융투자업을 영위하는 경우)는 증권금융이 아닌 신탁업자에게 신탁할 수 있다.
> ③ 100%이다.
> ④ 국채, 지방채, 특수채, 그리고 정부나 지자체, 금융기관 등이 보증하는 보증사채, 체신관서 예치, CD를 담보로 한 대출 등이 가능하다(장외파생상품은 불가).
> 정답 ②

---

**더알아보기**  투자매매업자 및 투자중개업자의 영업행위 규제 (2)

**(1) 투자자 재산보호를 위한 규제**

① 투자매매업자 또는 투자중개업자는 투자자예탁금을 고유재산과 구분하여 증권금융사에 예치 또는 신탁해야 한다. 다만, 겸영금융투자업자(은행, 산업은행, 중소기업은행, 증권금융회사)는 투자자예탁금을 증권금융이 아닌 신탁업자에게 신탁할 수 있다.

   cf 증권은 겸영투자업자를 구분하지 않고 예탁결제원에 지체 없이 예탁한다.

② 누구든지 예치기관에 예탁한 예치 또는 신탁한 투자자예탁금을 상계·압류하지 못하며, 예치 금융투자업자는 시행령으로 정하는 경우 외에는 투자자예탁금을 양도 및 담보제공 불가

③ 투자자예탁금의 운용 : 국채, 지방채, 특수채, CD담보대출, 체신관서 예치 등이 가능함

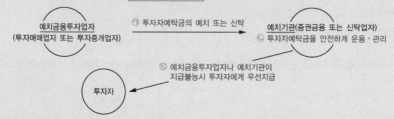

투자계좌에서 남은 현금(투자자예탁금)의 100%를 증권금융에 예치 또는 신탁 해야 하며,
보유증권은 지체 없이 예탁결제원에 예탁 해야 한다.

예치금융투자업자
(투자매매업자 또는 투자중개업자)

㉠ 투자자예탁금의 예치 또는 신탁

예치기관(증권금융 또는 신탁업자)
㉡ 투자자예탁금을 안전하게 운용·관리

㉢ 예치금융투자업자나 예치기관이
지급불능시 투자자에게 우선지급

투자자

## (2) 다자간매매체결회사(ATS)

다자간매매체결회사란 통신망 또는 정보처리장치를 이용해서 다수의 투자자 간 자본시장법상의 매매체
결대상상품을 매매·중개하는 투자매매업자 또는 투자중개업자를 말한다.

※ 금융위원회는 23년 7월 19일 제14차 정례회의를 개최, 넥스트레이드(주)의 다자간매매체결회사(ATS)
투자중개업을 예비인가하였다고 밝혔다.

## (3) 종합금융투자사업자에 대한 특례

① 금융위로부터 종합금융투자사업자의 지정을 받은 투자매매업자 또는 투자중개업자를 말함
② 종합금융투자업은 '일반 사모집합투자기구에 대한 신용공여, 증권대차 등 투자은행업무(전담중개업
무)의 종합적인 수행을 영위하는 업'으로 정의할 수 있음
  • 신용공여한도는 자기자본의 100% 이내로 하는 것이 원칙
③ 지정요건 : 상법상 주식회사, 인수업영위, 3조원 이상의 자기자본요건, 이해상충방지체계 등

## (4) 투자자에 대한 정보제공

투자매매업자 또는 투자중개업자는 투자자계좌에 거래가 있는 경우에는 익월 20일까지, 그 밖의 거래가
없는 계좌에 대해서는 그 반기종료 후 20일까지 매매명세를 통지해야 한다.

## (5) 투자성이 있는 예금·보험에 대한 특례

종전의 기관별규제하에서는 은행이나 보험이 금융투자상품을 취급해도 은행법이나 보험업법상의 규율을
받았으나, 이제는 기능별 규제적용으로 자본시장법의 규율을 받게 됨

| 적용되는 규제 | 적용이 배제되는 규제 |
|---|---|
| 적합성의 원칙, 설명의무, 부당권유금지,<br>직무 관련 정보의 이용금지 등 | 인가요건의 유지, 겸영 관련 규제, 지배구조,<br>건전성 규제, 불초청권유금지 등 |

• '불초청권유금지 원칙'의 배제 이유 : '투자성이 있는 예금보험'은 장외파생상품이 아니기 때문

**01** 다음 설명 중 가장 적절하지 않은 것은?

① 예치금융투자업자는 투자자계좌에 남아있는 현금은 증권금융에 예치 또는 신탁, 증권은 예탁결제원에 예탁해야 한다.

② 다자간매매체결회사의 인가를 받기 위해서는 투자매매업은 300억원, 투자중개업은 200억원의 자기자본을 갖추어야 한다.

③ 다자간매매체결회사의 지분은 15%를 초과하여 투자할 수 없는 것이 원칙이다.

④ 종합금융투자사업자는 기관전용 사모집합투자기구를 대상으로 증권의 대차, 신용공여, 자산의 수탁관리 등의 업무를 수행한다.

> **해설**  기관전용 사모집합투자기구가 아니라 일반 사모집합투자기구를 대상으로 한다.

**정답** ④

**02** 종합금융투자사업자의 내용과 거리가 먼 것은?

① 종합금융투자사업을 위한 금융위에 등록

② 일반 사모집합투자기구의 재산보관과 관리의 프라임 브로커 역할

③ 기업에 대한 무담보 신용공여 업무

④ 증권의 대여 또는 그 중개주선이나 대리업무

> **해설**  금융위원회는 투자매매업자 또는 투자중개업자로서 일정 기준을 충족하는 자를 종합금융투자사업자로 지정할 수 있다(인가나 등록이 아님).

**정답** ①

**03** 매매거래 통지 등에 대한 내용이다. 빈칸이 올바르게 연결된 것은?

> 투자매매업자 또는 투자중개업자는 투자자계좌에 거래가 있는 경우에는 ( 가 )까지, 그 밖의 거래가 없는 계좌에 대해서는 ( 나 )까지 투자자에게 통지해야 한다.

|   | 가 | 나 |
|---|---|---|
| ① | 다음달 10일 | 그 반기종료 후 10일 |
| ② | 다음달 20일 | 그 반기종료 후 20일 |
| ③ | 다음달 10일 | 그 반기종료 후 20일 |
| ④ | 다음달 20일 | 그 반기종료 후 10일 |

> **해설**  익월 20일, 반기 동안 거래가 없는 경우에는 반기종료 후 20일까지이다.

**정답** ②

# 4 공시제도

## 발행시장 - (1) 증권신고서 제도 핵심유형문제

증권신고서에 대한 설명으로 옳은 것은?

① 공모로 발행하는 모든 증권에 대해 증권신고서 제출의무가 있다.

② 공모금액이 10억원 미만이면 증권신고서 제출의무가 면제되므로 공시의무가 전혀 없다.

③ 금융위가 증권신고서가 수리하는 즉시 청약을 할 수 있다.

④ 증권신고서가 수리되었다는 것은 증권신고서의 기재사항이 정확함을 인증한다는 것이지 해당증권의 가치를 정부가 보증하는 것은 아니다.

> 해설
> ① 국채, 지방채, 특수채 등은 안전하므로 증권신고서 제출의무가 면제된다.
> ② 증권신고서 제출의무가 면제되지만 소액공시공모를 해야 한다.
> ③ 수리 후 효력발생기간이 지나야 한다.
>
> 정답 ④

---

**더알아보기** 발행시장 공시제도 - (1) 증권신고서

### (1) 증권신고서

① 개 념

불특정다수인(50인 이상)을 상대로 증권을 새롭게 발행하거나(모집) 이미 발행된 증권을 분매(매출)하는 경우 해당 증권과 발행인에 관한 사항을 투자자에게 알리는 제도이며, 이는 투자자에게 제공되는 정보의 진실성을 확보하여 투자자를 보호하기 위함이다.

② 50인 산정방법 : 청약권유대상자수 = 청약권유를 받은 자 + 합산대상 − 제외대상

    ㉠ 합산대상 : 청약의 권유를 하는 날 이전 6개월 이내에 해당 증권과 같은 종류의 증권에 대하여 모집이나 매출에 의하지 않고 청약권유를 받은 자를 합산한다.

    ㉡ 제외대상

        ⓐ 전문가 : 국가, 한국은행 등 전문투자자, 신용평가업자, 발행인에게 회계, 자문 등의 용역을 제공하고 있는 공인회계사, 변호사 등 공인자격증을 보유한 자

        ⓑ 연고자 : 최대주주와 5% 이상의 주주, 우리사주조합원, 발행사 임원 등

③ 간주모집 : 청약의 권유를 받는 자의 수가 50인 미만으로서 모집에 해당되지 않아도, 해당 증권이 발행일로부터 1년 이내에 50인 이상에게 양도될 가능성이 있는 경우로서 금융위가 정하는 전매기준에 해당하는 경우 모집으로 간주한다.

④ 증권신고서 제출의무가 면제되는 경우

    ㉠ 국가가 지급보증하는 국채, 사실상 지급보증하는 지방채, 특수채 등(∵ 안전하기 때문)

    ㉡ 공모총액이 10억원 미만인 경우(∵ 소액공모 시 과도한 업무부담을 줄여주는 차원)

      • 단, 10억원 미만이라도 소액공모공시 서류는 제출해야 한다.

⑤ 특수한 신고서제도
　⑦ 일괄신고서제도 : 같은 종류의 증권을 지속적으로 발행할 경우 매번 증권신고서를 제출할 필요가 없이 일괄신고서로 대체가능하도록 함(주권, 주식관련사채, 파생결합증권, 개방형 집합투자기구를 대상으로 함)
　ⓛ 정정신고서제도 : 기제출한 증권신고서를 정정하거나 또는 금융위로부터 정정요구를 받아 제출하는 것을 말함(대부분의 경우 후자를 이유로 정정함)
　　• 금융위의 정정요구 사항 : 증권신고서의 형식을 제대로 갖추지 아니한 경우나 중요사항에 대하여 거짓의 기재 또는 표시가 있는 경우 등
　ⓒ 철회신고서제도 : 증권발행인이 증권신고서를 철회하고자 한다면, 그 증권신고서 내에 기재된 증권의 취득 또는 매수의 청약일 전까지 금융위에 제출하면 된다.

보충문제

**01** 다음 설명 중 가장 적절한 것은?

① 지방채를 모집 또는 매출하는 경우에도 일정한 요건에 해당되는 경우 증권신고서를 제출해야 한다.
② 증권신고서의 효력이 발생하였다는 의미는 정부가 그 증권의 가치를 보증하는 것이다.
③ 일정한 방법에 따라 50인 이상에게 새로 발행하는 증권의 취득을 권유하는 것을 매출이라 한다.
④ 일정기간 모집 또는 매출할 증권의 총액을 기재한 증권신고서를 일괄신고서라고 한다.

해설　① 지방채는 면제된다.
　　　② 증권신고서 내용의 진실성을 확보하는 차원이지 그렇다고 보증까지 하는 것은 아니다.
　　　③ 모집이다.

정답 ④

증권의 발행에 대한 다음 설명 중 옳지 않은 것은?

① 청약권유대상자가 50인 이상이면 공모발행이 되어 증권신고서 제출의무가 부과된다.

② 청약권유대상자의 산정시 청약권유를 하는 날 이전 6개월 이내에 해당 증권과 같은 종류의 증권에 대하여 모집이나 매출에 의하지 않고 청약권유를 받은 자를 합산한다.

③ 청약의 권유를 받는 자의 수가 50인 미만으로서 모집에 해당되지 않아도, 해당 증권이 발행일로부터 6개월 이내에 50인 이상에게 양도될 가능성이 있는 경우라면 전매가능성이 인정되어 모집으로 간주된다.

④ 인수인의 명칭이 표시되지 않거나 증권의 발행금액이 확정되어 표시되지 않은 단순광고는 청약권유로 보지 않는다.

> **해설**　간주모집의 판단기간은 '향후 1년'이다(과거 6개월–향후 1년). ④는 청약권유에서 제외되는 기준이다(더알아보기 참조).

　　　　　　　　　　　　　　　　　　　　　　　　　　　　　　　　　　　　정답 ③

---

**더알아보기**　증권신고서제도 – 간주모집

**(1) 청약권유대상자의 산정기준**

　① 청약권유대상자의 산정은 청약의 권유일 이전 6개월과 발행일로부터 1년 이내를 합산하여, 50인 이상이 되면 공모(모집 또는 매출)가 되어 증권신고서를 제출해야 한다.

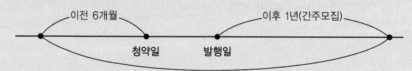

　　이전 6개월　　　　　　　　　　이후 1년(간주모집)
　　　　　청약일　　　발행일

　합산해서 50인 이상이 되면 공모발행이 되어 증권신고서 제출의무가 부과된다.
　② 합산대상에서 제외되는 자 : 전문가, 연고자

**(2) 간주모집** : 발행일로부터 1년 이내에 전매가능성이 있으면 간주모집에 해당되어 청약권유대상자 합산대상이 된다. 간주모집이 되지 않으려면 전매제한조치를 취해야 한다.

| 전매가능성 | 전매제한조치 |
| --- | --- |
| ① 같은 종류의 지분증권이 공모되었거나 상장된 경우 (코넥스시장 제외) | ① 지분증권을 발행한 후 지체없이 예탁결제원에 예탁하고 그 예탁일로부터 1년간 보호예수<sup>주)</sup>하는 경우 또는 전매를 금지하는 조치를 취하는 경우 |
| ② 지분증권 이외의 증권의 경우는, 50매 이상으로 발행되거나 발행 후 50매 이상으로 권면분할되어 거래될 수 있는 경우 | ② 50매 미만으로 발행되는 경우에는 증권의 권면에 발행 후 1년 이내 분할금지특약을 기재하는 경우 |
| ③ CB, BW의 권리행사의 대상이 되는 증권이 ①과 ②에 해당하는 경우 | ③ 전환권 등이 부여된 경우 권리행사금지기간을 발행 후 1년 이상으로 정하는 경우 |

④ 국내 환류가능성이 있는 해외발행증권의 경우

⑤ 기업어음증권이 50매 이상으로 발행되거나 만기가 365일 이상인 경우, 특정금전신탁에 편입되는 경우
 • CP가 50인 이상이 될 수 없다는 조치가 있을 경우 전매제한조치로 인정됨.

④ 국내 환류가능성이 있는 해외발행증권의 경우 발행일로부터 1년 이내에 해당증권 등을 거주자에게 양도할 수 없다는 뜻을 해당 계약서 등에 기재한 경우

⑤ 채무증권(ABS, CP포함)의 경우 적격기관투자자 사이에서만 양도·양수될 경우

*주1 : 전매제한조치로서 보호예수를 할 경우 해당증권의 인출이 금지되지만, 인출이 가능한 예외적 사유가 있다(보충문제 2).

**보충문제**

**01** 다음 중 간주모집의 대상이 되지 않는 것은?

① 지분증권의 경우 같은 종류의 증권이 모집 또는 매출된 사실이 있거나 증권시장에 상장된 경우
② 지분증권이 아닌 경우에는 50매 이상으로 발행되거나 발행 후 50매 이상으로 권면분할되어 거래될 수 있는 경우
③ CB, BW의 권리행사 대상이 되는 증권이 50매 이상으로 발행될 경우
④ 해외에서 증권을 발행하는 경우 해당증권 등을 거주자가 발행 당시 취득하거나 또는 발행일로부터 1년 이내에 취득하는 것이 불가능하다는 조건으로 발행하는 경우

해설　전매제한조치가 있으므로 간주모집에 해당되지 않는다.

정답 ④

**02** 전매제한조치상 보호예수의 예외로서 증권의 인출이 가능한 사유이다. 틀린 것은?

① 공개매수신청에 대해 응모를 하는 경우
② 전환권, 신주인수권 등 증권에 부여된 권리행사를 위한 경우
③ 회사의 합병, 분할, 분할합병 또는 주식의 포괄적 교환·이전에 따라 다른 증권으로 교환하기 위한 경우
④ 액면 또는 권면의 분할 또는 합병에 따라 새로운 증권으로 교환하기 위한 경우

해설　주식의 소유권이 이전되는 경우(①)는 보호예수예외사유로 인정되지 않는다.

정답 ①

금융위 규정상의 효력발생시기의 특례이다. 잘못된 설명은?

① 시행령상 채무증권의 효력발생일은 수리된 후 7일이나, 기재사항이 이미 제출한 증권신고서와 동일한 증권신고서를 제출하는 경우는 수리된 후 5일이 적용된다.

② 보증사채권과 담보사채권은 시행령상 5일이나 기재사항이 이미 제출한 증권신고서와 동일한 증권신고서를 제출하는 경우는 수리된 후 3일이 적용된다.

③ 파생결합증권은 시행령상 15일이 적용되나 만기시 최저지급액을 발행가액 이상으로 정한 경우 7일이 적용된다.

④ 사채권의 발행을 위해 신고서를 제출한 자가 수익률변동으로 인해 발행가액을 변경하는 정정신고서를 제출하는 경우는 정정신고서가 수리된 후 3일에 효력이 발생한다.

해설　④의 경우 정정신고서가 수리된 다음날에 효력이 발생한다(정정신고서의 효력발생일은 대부분 3일이나 ④의 경우는 그 다음날).

정답 ④

---

더알아보기　증권신고서제도 - 효력발생시기 특례

(1) 효력발생시기의 특례
　① 사업보고서 · 반기보고서 · 분기보고서 또는 증권신고서를 제출한 사실이 있는 법인이, 증권신고서의 기재사항이 이미 제출한 것과 동일한 내용인 증권신고서를 제출하는 경우
　　㉠ 무보증사채권의 발행을 위한 신고서는 수리된 날로부터 5일(→ 7일에서 5일로 단축)
　　㉡ 보증사채권, 담보사채권의 발행을 위한 신고서는 수리된 날로부터 3일이 경과한 날에 각각 효력이 발생한다(→ 5일에서 3일로 단축).
　　참고　효력발생일 : 채무증권 7일, 담보 · 보증사채 5일, 상장주권 10일, 기타 15일
　② 만기 시 최저지급액을 발행가액 이상('원금보장형'의 의미)으로 정한 파생결합증권의 모집 또는 매출의 경우 수리된 날로부터 7일이 경과하면 효력이 발생한다.
　③ 일괄신고서의 정정신고서는 수리된 날로부터 3일이 경과한 날에 효력이 발생한다. 다만, 3일 경과한 날이 당초의 일괄신고서 효력발생일보다 먼저 도래시에는 당초의 효력발생일이 적용된다.
　④ 사채권 발행을 위해 신고서를 제출한 자가 수익률변동으로 인해 발행가액 또는 발행이자율을 변경코자 정정신고서를 제출하는 경우는 정정신고서가 수리된 다음날에 효력이 발생한다.

(2) 효력발생시기에 영향을 미치지 않는 정정신고서(아래의 어느 하나에 해당 시)

　• 증권신고서상 발행예정수량의 80% 이상 120% 이하까지 변경하고자 하는 경우
　• 초과배정옵션계약을 추가로 체결하거나 초과배정옵션 수량을 변경하는 경우
　• 공개매수의 대가로 교부하기 위한 신주발행 시 그 발행예정수량을 변경하는 경우
　• 사소한 문구 수정 등 투자판단에 크게 영향을 미치지 않는 사항을 정정하는 경우

**01** 효력발생시기에 영향을 미치지 않는 정정신고서의 요건이다. 잘못 설명한 것은?

① 발행수량을 증권신고서상 발행예정수량의 80% 이상 130%까지 변경하고자 할 경우
② 초과배정옵션계약을 추가로 체결하거나 초과배정옵션수량을 변경하고자 할 경우
③ 공개매수의 대가로 교부하기 위한 신주발행의 발행수량을 변경하고자 할 경우
④ 사소한 문구 수정 등 투자자판단에 별 영향을 주지 않는 사항을 변경하고자 할 경우

**해설** 80% 이상 120% 이하이다.

**정답** ①

---

**발행시장 - (2) 투자설명서제도**　　　　　　**핵심유형문제**

다음은 투자설명서에 대한 내용이다. 잘못된 것은?

① 투자설명서를 일반투자자에게 교부하지 않고서는 모집 또는 매출을 할 수 없다.
② 발행인은 증권신고서가 수리된 날에 투자설명서를 금융위에 제출해야 한다.
③ 투자설명서는 원칙적으로 증권신고서에 기재된 내용과 동일해야 한다.
④ 투자설명서는 1년에 1회 이상 갱신하여야 한다(개방형 집합투자기구의 경우).

**해설** 증권신고서의 효력이 발생한 날에 투자설명서를 제출해야 한다.

**정답** ②

---

**더알아보기** 투자설명서제도

(1) 증권신고서는 최종적으로 투자자에게 청약을 권유하는 법정투자권유문서인 투자설명서를 교부하기 위한 심사청구서류라고 할 수 있다(원칙적으로 양자의 내용은 동일함).

(2) 투자설명서의 종류

| (정식)투자설명서 | 예비투자설명서 | 간이투자설명서 |
| --- | --- | --- |
| 효력발생 후에 사용가능 | 효력발생 전에 사용가능 | 효력발생시기에 관계없이 사용 |

• 발행인은 투자설명서의 효력이 발생하는 날에 (정식)투자설명서를 제출하여야 한다.
• 예비투자설명서 : 증권신고서가 수리된 후 효력이 발생하기 전에 사용할 수 있는데, 이 경우 아직 신고서의 효력이 발생하지 않았음을 명시하여야 함
• 간이투자설명서 : 중요사항만을 발췌한 안내문·홍보전단 등은 수리된 후 효력발생시기와 관계없이 사용이 가능함

- 개방형 집합투자기구의 경우 1년마다 1회 이상 투자설명서를 갱신하여야 한다.
- 누구든지 증권신고의 효력이 발생한 증권을 취득하고자 하는 자에게 투자설명서를 미리 교부하지 않으면 그 증권을 취득할 수 없다(법정투자권유문서). 단, 전문투자자, 수령거부의사를 서면이나 전화 등으로 통지한 자 등은 제외된다.
- 증권신고서가 수리된 후 효력이 발생하기 전에 예비투자설명서를 사용할 수 있는데, 이 경우 '아직 신고서의 효력이 발생하지 않았음'을 명시하여야 한다.

---

보충문제

**01** 다음 중 발행시장 공시에 해당되는 것은?

① 투자설명서

② 사업보고서

③ 주요사항보고서

④ 분기보고서

해설 발행시장 공시로는 증권신고서와 투자설명서가 있다. ②·③·④는 유통시장 공시이다.

정답 ①

---

## 발행시장 - (3) 증권분석기관                          핵심유형문제

증권분석기관의 평가제한에 대한 요건이다. 요건의 내용이 틀린 것은?

① 증권분석기관이 해당 법인에 그 자본금의 100분의 5 이상을 출자하고 있는 경우

② 증권분석기관에 그 자본금의 100분의 5 이상을 출자하고 있는 주주와 해당 법인에 100분의 5 이상을 출자하고 있는 주주가 동일인인 경우

③ 증권분석기관의 임원이 해당법인에 그 자본금의 100분의 1 이상을 출자하고 있거나 또는 그 반대의 경우

④ 증권분석기관 또는 해당 임원이 해당법인 또는 증권분석기관의 주요 주주의 특수관계인인 경우

해설 100분의 5가 아니라 100분의 3이다.

정답 ①

**(1) 증권분석기관의 평가제한**
　① 증권분석기관의 정의 : 모집가액 또는 매출가액의 적정성 등 증권의 가치를 평가하는 기관
　　• 인수업무(투자매매업자), 모집 · 사모 · 매출의 주선업무를 수행하는 자(투자중개업자), 신용평가업
　　　자, 회계법인, 채권평가사
　② 증권분석기관의 평가제한 : 증권분석기관이 공모하려는 법인과 아래의 어느 하나의 관계가 있는 경우
　　는 해당법인에 대한 평가를 할 수 없다.

> • 증권분석기관이 해당 법인에 그 자본금의 100분의 3 이상을 출자하고 있는 경우
> • 증권분석기관에 그 자본금의 100분의 5 이상을 출자하고 있는 주주와 해당 법인에 100분의
> 　5 이상을 출자하고 있는 주주가 동일인 또는 특수관계인인 경우
> • 증권분석기관의 임원이 해당 법인에 그 자본금의 100분의 1 이상을 출자하고 있거나 또는 그
> 　반대의 경우
> • 증권분석기관 또는 해당 임원이 해당 법인 또는 증권분석기관의 주요주주의 특수관계인인 경우
> • 동일인이 증권분석기관 및 해당 법인에 대하여 임원의 임면 등 법인의 주요경영사항에 대하여
> 　사실상 영향력을 행사하는 관계가 있는 경우

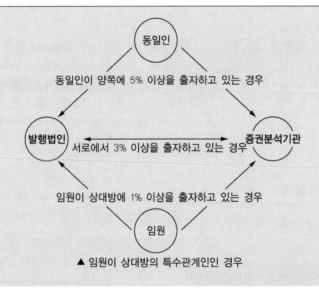

▲ 임원이 상대방의 특수관계인인 경우

**01** 다음 중 증권분석기관이 될 수 없는 자는?

① 일반사무관리회사 　　　　　　　　② 신용평가업자

③ 채권평가회사 　　　　　　　　　　④ 공인회계사법에 따른 회계법인

해설　증권분석기관은 투자매매업자 또는 투자중개업자를 포함하여 ② · ③ · ④가 가능하다.

정답 ①

---

## 유통시장 공시제도 - (1) 사업보고서　　　핵심유형문제

빈칸에 들어갈 수 없는 것은?

- 사업보고서는 사업연도 경과 후 (　　) 이내, 반기 · 분기보고서는 해당 종료일 후 (　　) 이내에 제출해야 한다.
- 최초로 사업보고서를 제출해야 하는 법인은 사업보고서 제출대상법인에 해당하게 된 날로부터 (　　) 이내에 그 직전연도 사업보고서를 금융위와 거래소에 제출해야 한다.

① 5일 　　　　　　　　　　　② 10일

③ 45일 　　　　　　　　　　④ 90일

해설　차례대로 '90일, 45일, 5일'이다.

정답 ②

---

더알아보기　유통시장 공시제도 - (1) 사업보고서

**(1) 기업내용 공시제도**

① 유통시장 공시 = '정기공시 + 주요사항보고서(법정공시)' + 수시공시(자율공시)

- 법정공시는 금융위와 거래소에 제출, 수시공시는 거래소에만 제출하면 된다.

**(2) 사업보고서**

① 사업보고서제출대상법인

㉠ 상장법인 : 주권, 무보증사채권, CB · BW · EB, 증권예탁증권(DR) 등을 상장한 발행인

㉡ 외부감사대상법인으로서 모집 또는 매출한 증권의 소유자가 500인 이상인 발행인(500인 이상인 발행인이 300인 미만으로 되기 전까지는 사업보고서 제출대상임)

② 사업보고서제출기한

  ㉠ 사업보고서는 사업연도 경과 후 90일 이내, 반기·분기보고서는 해당 종료일 후 45일 이내에 제출

   하여야 한다.

  ㉡ 최초로 사업보고서를 제출해야 하는 법인은 사업보고서 제출대상법인에 해당하게 된 날로부터 5일

   이내에 그 직전연도 사업보고서를 금융위와 거래소에 제출해야 함

③ 사업보고서제출면제법인 : 사업보고서 등 제출대상법인에 포함되나 파산, 그밖의 사유로 인해 사업보

 고서 제출이 사실상 불가능하거나 실효성이 없는 경우 면제됨(아래 하나에 해당 시)

> - 파산으로 인하여 사업보고서 제출이 사실상 불가능한 경우
> - 해산사유발생으로 최근 사업연도의 사업보고서 제출이 사실상 불가능한 경우
> - 상장폐지요건에 해당되어 사업보고서 제출이 사실상 불가능하다고 금융위 확인을 받을 경우
> - 증권의 종류가 복수일 경우, 각 증권의 소유자수가 모두 25인 미만인 경우로, 금융위가 인정한 경우
> - 모집 또는 매출한 증권의 소유자가 500인 이상이었다가 300인 미만으로 감소한 발행인
>   (단, 300인 미만이 된 날이 속한 사업연도의 사업보고서는 당해연도에 제출해야 함)

④ 연결재무제표 특례 : 연결재무제표 작성대상법인은 연결재무제표를 기준으로 사업보고서를 제출해야

 하며, 해당 법인이 기업집단결합재무제표를 작성해야 하는 경우(기업집단소속) 사업연도 종료 6개월

 후에 기업집단결합재무제표를 금융위와 거래소에 제출해야 함

---

보충문제

**01**  다음 중 사업보고서 제출을 면제받을 수 없는 경우는?

  ① 파산으로 인하여 사업보고서의 제출이 사실상 불가능한 경우

  ② 해산사유발생으로 최근 사업연도의 사업보고서 제출이 사실상 불가능한 경우

  ③ 상장폐지요건에 해당되어 사업보고서 제출이 사실상 불가능하다고 인정되는 경우

  ④ 증권의 소유자 수가 500인 이상이었다가 500인 미만으로 된 경우

  해설   500인 이상이었다가 300인 미만으로 된 경우가 미제출대상이다.

 정답 ④

**다음 중 주요사항보고서의 제출사유와 가장 거리가 먼 것은?**

① 발행한 어음 또는 수표가 부도로 되거나 은행과의 당좌거래가 정지 또는 금지된 때

② 영업활동의 전부 또는 일부가 정지된 때

③ 자본증가 또는 자본감소에 관한 이사회결의가 있는 때

④ 자사주의 취득 또는 처분의 결의를 한 때

해설    영업활동의 전부 또는 중요한 일부가 정지된 때이다.

정답 ②

---

더알아보기    유통시장 공시제도 - (2) 주요사항보고서, 수시공시

**(1) 주요사항보고서 제도**

① 주요사항보고서 제출대상법인 : 사업보고서 제출대상법인과 일치한다.

② 주요사항보고서 제출기한 : 주요사항보고사유에 해당하는 사항이 발생하면 그 사실이 발생한 날의 다음날까지 금융위에 제출하여야 한다.

③ 주요사항보고서 제출사유

> • 발행한 어음 또는 수표가 부도로 되거나 은행과의 당좌거래가 정지 또는 금지된 때
> • 영업활동의 전부 또는 중요한 일부가 정지된 때
> • 회생절차개시의 신청이 있는 때
> • 해산사유가 발생한 때
> • 자본증가, 자본감소에 관한 이사회결의가 있는 때
> • 중요한 영업 또는 자산을 양수하거나 양도할 것을 결의한 때
>   '중요한'의 의미는, 양수・양도의 대상이 자산총액의 100분의 10 이상임을 말함
> • 자기주식을 취득 또는 처분할 것을 결의한 때
> • 그 밖에 그 법인의 경영・재산 등에 관하여 중대한 영향을 미치는 사항의 발생 시

④ 주요사항보고서 제출면제사유

> • 상품・원재료・저장품 또는 그 밖에 재고자산의 매입・매출 등 일상적인 영업활동으로 인한 자산의 양수・양도
> • 영업활동에 사용되는 기계, 설비 등의 주기적 교체를 위한 자산의 취득 또는 처분(단, 이 경우 주기적 교체의 교체주기는 1년 미만이어야 함)
> • 자기주식의 취득 또는 처분(cf 취득・처분의 결의는 주요사항보고서 제출대상임)
> • 금융위 설치 등에 관한 법률에 따른 검사대상기관과의 거래로서 약관에 따른 정형화된 거래
> • 자산유동화에 관한 법률에 따른 자산유동화에 따른 양도
> • 공개매수에 의한 주식 등의 취득, 공개매수청약에 의한 주식 등의 처분

**(2) 수시공시 제도** : 수시공시의 종류에는 '주요경영사항에 대한 신고・공시, 자율공시, 조회공시, 공정공시'가 있다(보충문제 2 참조).

**01** 중요한 자산의 양수·양도는 주요사항보고서의 공시대상이나 '일정사유'는 주요사항보고서를 제출하지 않아도 된다. 그 '일정사유'와 거리가 먼 것은?

① 상품·원재료·저장품 또는 그 밖에 재고자산의 매입·매출 등 일상적인 영업활동으로 인한 자산의 양수·양도

② 영업활동에 사용되는 기계, 설비 등의 교체를 위한 자산의 취득 또는 처분

③ 자기주식의 취득 또는 처분

④ 금융위설치 등에 관한 법률에 따른 검사대상기관과의 거래로서 약관에 따른 정형화된 거래

해설 ②에서의 '교체'가 주기적 교체(주기가 1년 이내인 주기적 교체)가 아니므로 주요사항보고서 제출사항이 된다.

정답 ②

**02** 다음은 수시공시의 종류들이다. 이 중 자율공시에 해당하는 것은?

① 한국거래소의 공시규정이 정하는 주요경영사항에 해당하는 사실 또는 결정이 있는 경우 그 내용을 사유발생 다음날까지 거래소에 신고하도록 하는 제도이다.

② 상장기업이 주요경영사항 외에 투자판단에 중대한 영향을 미칠 수 있거나 투자자에게 알릴 필요가 있다고 판단되는 경우에는 그 내용을 사유발생일 다음날까지 거래소에 신고해야 한다.

③ 증권의 공정한 거래와 투자자보호를 위하여 기업의 주요 경영사항 또는 그에 준하는 사항에 대한 풍문 등의 사실 여부나 현저한 주가변동이 있는 경우 거래소가 상장기업에게 답변을 요구하고 기업은 이에 응하여 공시하도록 하는 제도이다.

④ 상장기업이 증권시장을 통해 공시되지 아니한 중요정보를 특정인에게 선별적으로 제공하고자 하는 경우 모든 시장참여자들이 해당 정보를 알 수 있도록 그 특정인에게 제공하기전 증권시장에 공시하는 제도이다.

해설 ① 주요경영사항의 신고·공시, ③ 조회공시, ④ 공정공시

정답 ②

## 5 인수합병관련 제도

다음 밑줄친 부분이 잘못된 것은?

> 누구든지 ① 증권시장 밖에서 매수 등을 하는 날로부터 ② 과거 6개월간 10인 이상의 자로부터
> '주식 등'을 매수·교환·입찰 및 유상취득함으로써 ③ 본인과 특수관계인이 합산하여 그 주식
> 등의 총수의 100분의 5 이상을 ④ 보유하게 되는 경우에는 반드시 공개매수에 의해야만 한다.

해설    본인과 특별관계자이다. 특별관계자는 특수관계인과 공동보유자를 포함하는 개념이다.

정답 ③

---

**더알아보기**  기업의 인수합병(M&A)관련 제도 - (1) 공개매수제도

**(1) 개 요**

공개매수(Tender-offer or Take Over Bid)제도는 증권시장 밖에서 불특정다수를 대상으로 이루어지는
주식 등의 장외매수에 대해 그 내용을 공시하도록 하는 제도이다.

**(2) 공개매수의무**

> 누구든지 증권시장 밖에서 매수 등을 하는 날로부터 과거 6개월간 10인 이상의 자로부터 '주식 등'을
> 매수·교환·입찰 및 유상취득함으로써 본인과 특별관계자와 합산하여 그 주식 등의 총수의 100분
> 의 5 이상을 보유하게 되는 경우에는 반드시 공개매수에 의해야만 한다.

① 적용대상 증권('주식 등') : 의결권 있는 주식 및 그와 관련된 증권(주권, CB, BW, EB, 그리고 이상의
증권을 기초자산으로 한 파생결합증권, 증권예탁증권)
    참고  이익참가부사채(PB), 콜옵션부사채는 주식과 관련없으므로 적용대상이 아니다.
② 적용대상 의무자 : 본인과 특별관계자(특별관계자 = 특수관계인 + 공동보유자)
    • 특수관계인이 소유하는 주식 등의 수가 1,000주 미만이거나 공동보유자에 해당하지 아니함을 증명
하는 경우에는 공개매수 및 5% 보고제도를 적용할 때 특수관계인으로 보지 않음
③ 소유형태의 확장 : 소유뿐만 아니라 주식 등을 실제 지배하는 형태의 소유에 준하는 경우를 포함하므
로 '보유'의 개념을 사용한다.

**(3) 공개매수절차**

① 공개매수의공고 : 공개매수신고서 제출에 앞서 둘 이상의 전국일간지에 공고
② 공개매수신고서제출 : 공개매수 공고를 한 자는 공개매수 공고일에 공개매수신고서를 금융위와 거래
소에 제출해야 함(공개매수공고 시의 내용과 동일해야 함)
    • 공개매수신고서의 형식을 제대로 갖추지 못했을 경우, 거짓의 표시나 중요사항의 누락 등이 있을
경우 금융위가 정정요구 가능함

③ 공개매수실시

> - 공개매수기간 : 공개매수신고서 제출일로부터 20일 이상 60일 이내
> - 공개매수설명서 작성 : 공개매수공고일에 금융위와 거래소에 제출하고 공개매수사무취급자의 본점과 지점 등, 금융위 및 거래소에 비치하고 일반인의 열람이 가능하게 해야 한다.
> - 공개매수설명서 교부 : 공개매수설명서의 교부 없이는 그 주식 등을 매수할 수 없다.
> - 공개매수기간 중 별도매수의 금지
> - 전부매수의무 : 응모한 주식 등의 전부를 공개매수기간이 종료한 다음 날 이후 지체없이 매수하여야 한다(무조건적인 전부매수의 의미는 아님).
>   ⓐ 응모한 주식 등의 총수가 공개매수 예정주식에 미달될 경우 응모주식 전부를 매수하지 않는다는 조건
>   ⓑ 응모한 주식 등의 총수가 공개매수 예정주식을 초과할 경우 예정주식의 범위 내에서 안분비례하여 매수한다는 조건
> - 균일가격 매수의무 : 공개매수하는 경우 그 매수가격은 균일해야 한다.

　[cf] '공개매수신고서–공개매수설명서'의 관계는 '증권신고서–투자설명서'와의 관계와 동일함

④ 공매매수의 철회 : 공개매수자는 공개매수공고일 이후에는 공개매수를 철회할 수 없는 것이 원칙이나 아래의 경우에는 공개매수기간의 말일까지 철회가 가능하다.
　㉠ 대항공개매수
　㉡ 공개매수자의 사망·해산·파산한 경우
　㉢ 공개매수자가 발행한 어음·수표가 부도이거나 은행과의 당좌거래가 정지된 경우
　㉣ 공개매수대상회사에서 아래의 사유 발생시(철회조건이 신고서에 기재되어야 함)
　　합병 등, 자산의 양도·양수, 해산 및 파산, 발행한 어음이나 수표의 부도 등의 경우
⑤ 응모주주의 철회 : 응모주주는 공개매수기간 중 언제든지 응모를 취소할 수 있다.

**(4) 공개매수 적용면제** : 매수 등의 목적, 유형 등을 감안해 볼 때 '주식소각을 위한 매수, 주식매수청구에 의한 매수 등' 기업의 인수합병과 직접적 관련이 작은 경우에는 공개매수 적용을 면제한다.

**(5) 공개매수결과보고서의 제출** : 공개매수 종료 시 지체 없이 공개매수자의 보유주식 등의 수, 지분율 등을 기재한 공개매수결과보고서를 금융위와 거래소에 제출하여야 한다.

**(6) 공개매수제도의 실효성확보제도** : 처분명령, 손배책임, 형사처벌 등
위반주식에 대한 의결권 제한 및 처분명령 : 규정을 위반하여 매수한 경우 의결권행사가 불가하며, 금융위는 6개월 이내의 범위를 정하여 해당 주식 등의 처분을 명할 수 있다.

**01** 공개매수의무가 적용되는 대상증권에 속하지 않는 것은?

① 주 권          ② 이익참가부사채

③ 전환사채        ④ 교환사채

> **해설** 주권 및 주권과 관련된 사채권이 그 대상이 되는데 이익참가부사채(PB)는 주권과 상관이 없으므로 해당되지 않는다.

> **정답** ②

**02** 공개매수에 대한 설명으로 적절하지 않은 것은?

① 공개매수기간은 20일 이상 60일 이내이다.

② 전부매수의무란 응모주주의 수량을 무조건 전부 매수해야 함을 말한다.

③ 공매매수신고서와 공개매수설명서는 공개매수공고일 당일에 교부하거나 금융위와 거래소에 제출해야 한다.

④ 공매매수는 원칙적으로 철회가 안 되지만 대항공개매수 등의 경우에는 철회가 가능하다.

> **해설** 무조건 전부가 아니다(예 응모주주의 수량이 공개매수예정수량을 초과하는 경우에는 안분배분하고 남은 수량은 매수하지 않는다).

> **정답** ②

**03** 다음 중 공개매수의 면제사유에 해당되지 않는 것은?

① 기업의 경영합리화를 위하여 법률의 규정 또는 정부의 인허가·승인·지도·권고 등에 따른 주식 등의 매수

② 정보의 공기업민영화계획 등에 의하여 정부가 처분하는 주식 등의 매수

③ 회생절차개시 또는 파산을 법원에 신청한 회사의 주식 등을 법원의 인허가·명령 또는 문서에 의한 권고 등에 따라 처분하는 경우 동주식의 매수

④ 장외에서 부실기업의 대주주로부터 발행주식총수의 100분의 5 이상을 매수하는 경우

> **해설** 공개매수의무사항이다. 단순히 부실기업의 주식이라고 해서 면제사유가 되지는 않는다(경영합리화 등의 사유로 법률에 의한 공식적인 매수일 경우 면제).

> **정답** ④

## 기업의 인수합병관련 제도 - (2) 5% Rule

5% 보고제도의 보고의무와 가장 거리가 먼 것은?

① 새로 5% 이상을 보유하게 된 경우
② 5% 이상 보유자가 +1% 이상이 되는 경우(−1% 이상이 되는 경우는 제외)
③ 보유목적을 단순투자목적에서 경영참가목적으로 변경하는 경우
④ 보유목적을 경영참가목적에서 단순투자목적으로 변경하는 경우

**해설**  5% 이상 보유자가 ±1%의 변동 시이다( 주의 1주 이상의 변동이 아님). 보유목적 변경의 경우 상호 간 변경 모두가 해당된다.

정답 ②

---

**더알아보기**  기업의 인수합병관련 제도 - (2) 주식의 대량보유상황 보고제도(5% Rule)

### (1) 개 요
5% 보고제도는 장내시장에서의 주식의 대량취득에 관한 정보를 신속하게 공시하도록 하여, 기업지배권 시장의 공정경쟁을 유도하는 데 그 목적이 있다.

### (2) 보고대상증권 및 보고의무자
보고의무자는 본인과 특별관계자를 합하여 주권상장법인의 주식 등을 5% 이상 보유하게 된 자 또는 보유하고 있는 자

### (3) 보고사유(3가지 보고사유 : 신규보고/변동보고/변경보고) 및 보고기한

- 새로 5% 이상을 보유하게 되는 경우 → 신규보고
- 5% 이상 보유자의 지분율이 1% 이상 변동(±1%)하는 경우 → 변동보고
- 보유목적을 변경하는 경우(단순투자목적, 경영참가목적 상호 간 모두 적용) → 변경보고

### (4) 보고기한

| 보유목적 유형 | | 투자자 구분 | 보고기한 |
|---|---|---|---|
| 경영권 영향 목적이 있는 경우 | | 일반투자자 | 보유상황 변동일로부터 5일 |
| | | 특례적용 전문투자자 | |
| 경영권 영향 목적이 없는 경우 | 일반투자목적 | 일반투자자 | 보유상황 변동일로부터 10일 |
| | | 특례적용 전문투자자 | |
| | 단순투자목적 | 일반투자자 | 보유상황 변동이 있었던 달의 다음달 10일 |
| | | 특례적용 전문투자자 | |

→ 특례 적용 전문투자자(국가, 한국은행, 예금보험공사 등)의 매수목적은 인수합병과는 거리가 멀지만 기관투자자의 주주활동(스튜어드십 코드 도입) 활성화로 해당 기업 경영진에게 미리 보유상황을 공시할 필요가 있다.

### (5) 보고기준일
① 증권시장에서 주식 등을 매매한 경우에는 그 계약체결일(결제일이 아님)
② 증권시장 외에서 주식 등을 취득한 경우에는 그 계약체결일
③ 비상장주식이 상장하는 경우에는 그 상장일
④ 유상증자로 배정되는 신주를 취득하는 경우에는 주금납입일의 다음날

### (6) 냉각기간(Cooling off Period)
5% 보고 시 보유목적을 발행인의 경영권에 영향을 주기 위한 것으로 보고하는 자는, 보고일로부터 5일까지 그 발행인의 주식 등을 추가로 취득하거나 보유주식 등에 대하여 의결권을 행사할 수 없다(아래 그림 참조).
- 이를 위반하여 추가로 취득한 주식 등에 대해서는 의결권행사가 금지되며, 금융위는 6개월 이내의 기간을 정하여 추가취득분에 대한 처분명령을 할 수 있다.

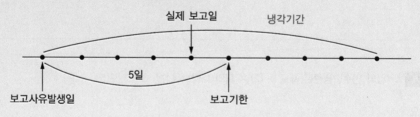

---

보충문제

**01**  5% 보고제도에 대한 설명으로 가장 거리가 먼 것은?

① 5% 보고제도가 장내시장에서의 공정경쟁을 규율하는 것이라면 공개매수제도는 장외시장에서의 공정경쟁을 규율하는 것이다.
② 경영권 영향 목적이 아닌 일반투자목적의 일반투자자는 보유상황 변동이 있었던 달의 다음달 10일까지 보고하여야 한다.
③ 냉각기간이란 경영참가목적을 가진 보고자가 사유가 발생한 날부터 보고한 날 이후 5일까지의 기간을 말한다.
④ 냉각기간 중에는 추가로 주식을 취득할 수 없고, 또한 보유주식의 의결권도 행사할 수 없다.

> **해설**  경영권 영향 목적이 아닌 '일반투자목적'의 일반투자자는 보유상황 변동일로부터 10일 이내에 보고하여야 한다(일반투자자가 '단순투자목적'이 아닌 '일반투자목적'인 경우에는 특례 적용 전문투자자와는 달리 가능한 신속하게 보고하도록 하고 있다).

정답 ②

**02** '5% rule'에 대한 설명이다. 빈칸에 들어갈 수 없는 것은?

> 특정회사의 주식을 (    ) 이상 보유하게 되면 해당 보고기준일로부터 (    ) 이내에 보고해야 한다. 경영참가목적이 없는 경우의 보고방식은 일반투자목적과 단순투자목적의 2가지 형태로 나누며, 이 중에서 일반투자목적인 경우에 일반투자자는 보유상황을 변동일로부터 10일 이내 보고하여야 하고, 특례 적용 전문투자자는 보유상황 변동이 있었던 달의 (    )까지 보고하여야 한다.

① 5%
② 다음달 5일
③ 5일
④ 익월 10일

해설    차례대로 '5%, 5일, 익월 10일'이다.

정답 ②

---

## 기업의 인수합병관련 제도 - (3) 의결권대리행사 권유제도          핵심유형문제

의결권대리행사 권유제도에 대한 설명으로 잘못된 것은?

① 의결권대리행사 권유 시 위임장용지와 함께 송부하는 서류를 참고서류라고 한다.
② 공공적법인에 대해서는 의결권대리행사 권유 시 당해 법인만 그 권유를 할 수 있다.
③ 의결권대리행사를 권유한다는 것은 의결권의 행사만을 말하는 것이지 불행사나 철회는 그 대상에 포함되지 않는다.
④ 위임장용지 및 참고서류를 정정할 때에는 주총 7일 전까지 정정할 수 있다.

해설    의결권대리행사를 권유한다는 것은 행사, 불행사, 철회를 모두 포함한다.

정답 ③

---

**더알아보기**    의결권대리행사 권유제도

**(1) 개 요**
주총에서 다수의 의결권확보를 목적으로 기존주주에게 의결권행사의 위임을 권유하는 것을 말한다. 권유 시에는 위임장용지와 참고서류를 교부하여야 한다.

**(2) 적용범위**

① 적용대상자 : 아래의 어느 하나에 해당하는 행위를 하는 자

- 자기 또는 제3자에게 의결권의 행사를 대리시키도록 권유하는 행위
- 의결권의 행사 또는 불행사를 요구하거나 의결권 위임의 철회를 요구하는 행위
- 의결권확보 또는 그 취소 등을 목적으로 주주에게 위임장을 송부하거나, 그 밖의 방법으로 의견을 제시하는 행위

② 적용제외 및 적용특례

ⓐ 적용제외 : 해당 상장주권의 발행인과 그 임원 이외의 자가 10인 미만의 상대방에게 그 의결권 대리행사의 권유를 하는 경우는 의결권대리행사로 보지 않는다.

ⓑ 공공적법인은 그 공공적법인만이 그 주식의 의결권대리행사의 권유를 할 수 있다.

**(3) 의결권대리행사 권유제도의 실효성 확보제도**

의결권권유자는 위임장용지 및 참고서류의 정정 시 주총 7일 전까지 이를 정정하여 제출할 수 있으며, 위임장용지 및 참고서류, 정정내용 등을 그 접수일로부터 3년간 비치하고 인터넷 홈페이지를 이용하여 공시해야 한다.

---

보충문제

**01** 해당 상장주권의 발행인과 그 임원 외의 자가 (    ) 미만의 상대방에게 그 주식의 의결권대리행사를 권유하는 경우 법에 의한 의결권대리행사로 보지 않는다. (    )에 알맞은 것은?

① 5인                                    ② 7인

③ 10인                                   ④ 15인

해설  10인이다. 이 경우 법 적용이 제외된다.

정답 ③

**02** 다음 중 법인의 주요사항 보고서 제출사유가 아닌 것은?

① 회생절차개시의 신청이 있는 때

② 자본증가 또는 자본감소에 관한 이사회결의가 있는 때

③ 자기주식의 취득 또는 처분할 것을 결의한 때

④ 의결권 대리행사를 권유하고자 할 때

해설  의결권 대리행사 권유는 주요사항 보고사항이 아니다.

정답 ④

## 6 기타(장외거래 규정)

**차액결제거래(CFD)의 요건으로 옳지 않은 것은?**

① 개인 전문투자자는 제외한다.

② 장래의 일정기간 동안 미리 정한 가격으로 기초자산에 의해 산출된 금전등을 교환할 것을 약정하는 계약이어야 한다.

③ 기초자산의 가격 변화의 일정배율(음의 배율 포함)로 연계되어야 한다.

④ 주식, 주가지수, 통화, 일반상품 등 기초자산 가격변화와 연계하여 반대거래 시 차액은 현금으로 결제하여야 한다.

> **해설** 일정요건의 개인 전문투자자도 가능하다(더알아보기 참조).
> 차액결제거래(Contract for Difference : CFD)란 실제 기초자산을 보유하지 않고, 가격변동을 이용한 차익을 목적으로 매매하며, 진입가격과 청산가격의 차액을 현금정산하는 장외파생상품 거래를 의미한다. 차액으로만 결제하는 이와 비슷한 거래는 NDF, 유사해외통화선물거래(FX마진거래), FRA 거래 등이 있다.
>
> **정답** ①

---

**더알아보기**    장외거래(자본시장법 제166조 참고)

### (1) 장외상품의 매매 등

투자매매업자 또는 투자중개업자는 장외파생상품을 대상으로 하여 투자매매업 또는 투자중개업을 하는 경우에는 다음 각 호의 기준을 준수하여야 한다.

① 장외파생상품의 매매 및 그 중개·주선 또는 대리의 상대방이 일반투자자인 경우에는 그 일반투자자가 위험회피 목적의 거래를 하는 경우에 한할 것. 이 경우 투자매매업자 또는 투자중개업자는 일반투자자가 장외파생상품 거래를 통하여 회피하려는 위험의 종류와 금액을 확인하고, 관련 자료를 보관하여야 한다.

② 장외파생상품의 매매에 따른 위험액(시장위험액 + 신용위험액 + 운영위험액)이 금융위원회가 정하여 고시하는 한도를 초과하지 아니할 것

③ 영업용순자본에서 총위험액을 차감한 금액을 인가업무 또는 등록업무 단위별 자기자본을 합계한 금액으로 나눈 값이 100분의 150에 미달하는 경우(겸영금융투자업자의 경우에는 금융위원회가 정하여 고시하는 경우를 말한다)에는 그 미달상태가 해소될 때까지 새로운 장외파생상품의 매매를 중지하고, 미종결거래의 정리나 위험회피에 관련된 업무만을 수행할 것

④ 장외파생상품의 매매를 할 때마다 파생상품업무책임자의 승인을 받을 것. 다만, 금융위원회가 정하여 고시하는 기준을 충족하는 계약으로서 거래당사자 간에 미리 합의된 계약조건에 따라 장외파생상품을 매매하는 경우는 제외한다.

⑤ 월별 장외파생상품(파생결합증권을 포함)의 매매, 그 중개·주선 또는 대리의 거래내역을 다음 달 10일까지 금융위원회에 보고할 것

### (2) 장외거래의 청산의무

금융투자업자는 다른 금융투자업자와 "청산의무거래"(장외파생상품의 매매 및 그 밖의 장외거래를 말하며 그 거래에 따른 채무의 불이행이 국내 자본시장에 중대한 영향을 줄 우려가 있는 경우로 한정)를 하는 경우 금융투자상품거래청산회사에게 청산의무거래에 따른 자기와 거래상대방의 채무를 채무인수, 경개, 그 밖의 방법으로 부담하게 하여야 한다.

### (3) 장외파생상품의 투자요건

개인 전문투자자가 위험회피목적의 거래가 아닌 장외파생상품 거래를 하려는 경우에는 최근 5년 중 1년 이상의 기간 동안 지분증권, 파생상품, 고난도파생결합증권의 금융투자상품을 월말 평균잔고 기준으로 3억원 이상을 보유한 경험이 있어야 한다.

---

**보충문제**

---

**01   다음 중 차액결제방식이 아닌 거래는?**

① CFD거래

② FRA거래

③ 유사해외통화선물거래

④ 통화선물(Futures)거래

> 해설   한국거래소의 통화선물(Currency Futures)거래는 만기 시 실물인수도거래이다.

정답 ④

**02   장외파생상품의 매매 시 투자매매업자와 투자중개업자가 준수해야 하는 기준에 해당하지 않는 것은?**

① 매매상대방이 일반투자자일 경우 그 일반투자자가 위험회피 목적의 거래를 하는 경우라야만 한다.

② 영업용순자본에서 총위험액을 차감한 금액을 필요유지자기자본으로 나눈 값이 200%에 미달하는 경우는 그 미달상태가 해소될 때까지 새로운 장외파생상품의 매매를 중지하고 미종결거래의 정리나 위험회피에 관련된 업무만을 수행해야 한다.

③ 월별 장외파생상품의 매매내역을 다음달 10일까지 금융위에 보고해야 한다.

④ 장외파생상품의 매매를 할 때마다 파생상품업무책임자의 승인을 받아야 한다.

> 해설   200%가 아니라 150%이다. 이는 순자본비율을 설명한 것이다. (p.596 핵심유형문제 참조)

정답 ②

빈칸에 알맞은 것은?(순서대로)

> 누구든지 공공적법인이 발행한 주식을 누구의 명의로 하든지 자기의 계산으로 다음의 기준을 초
> 과하여 소유할 수 없다.
> • 그 주식이 상장된 당시에 발행주식총수의 100분의 (　) 이상을 소유한 주주는 그 보유비율
> • 그 외의 자는 발행주식총수의 100분의 (　) 이내에서 정관이 정하는 비율

① 5, 3　　　　　　　　　　　　　　② 10, 3
③ 5, 5　　　　　　　　　　　　　　④ 10, 5

해설　10%, 3%이다. 또한 금융위의 승인을 받은 경우에는 위의 소유비율한도를 초과할 수 있다.

정답 ②

---

**더알아보기**　공공적법인의 주식소유제한

**(1) 공공적법인의 주식소유제한**
　① 공공적법인의 주식소유제한(핵심유형문제 참조).
　② 주식소유제한 기준을 초과하여 사실상 주식을 소유한 자는 그 초과분에 대해서는 의결권 행사를 할
　　수 없고, 금융위는 그 초과분에 대해서 6개월의 범위 내 기간을 정하여 그 기준을 충족하도록 명할
　　수 있다.

**(2) 외국인 또는 외국법인 등에 대한 증권 또는 장내파생상품의 매매, 그 밖의 거래에 관하여 아래의 기준과**
**방법으로 공공적법인에 대한 취득한도를 제한할 수 있다.**
　① 법 시행령에 의한 제한
　　㉠ 종목별 외국인 또는 외국법인 등의 1인 취득한도 : 해당 공공적법인의 정관에서 정한 한도
　　㉡ 종목별 외국인 또는 외국법인 등의 전체 취득한도 : 해당 종목의 지분증권 총수의 100분의 40
　　※ 우리나라의 경우 자본시장법에서는 공공적법인에 대해서만 한도를 정하고 있으며(한전만 적용),
　　　전체적으로는 22개사에 대해 전기통신사업법, 항공업법 등 다른 법령으로 외국인 투자한도를 제한
　　　하고 있다(예 가스공사 30%, SKT・KT 49%, 대한항공・아시아나항공 49.99% 등).
　② 법 시행령에 추가하여 금융위 규정으로, 그리고 해당 공공적법인의 정관으로도 외국인 주식소유제한
　　을 정할 수 있다.

**01 외국인의 증권 소유제한에 대한 설명이다. 적절하지 않은 것은?**

① 외국인은 국내에 6개월 이상 주소 또는 거소를 두지 아니한 개인을 말한다.

② 공공적법인의 종목별 외국인 및 외국법인 등의 전체 취득한도는 발행주식총수의 100분의 49
이다.

③ 금융위는 시장의 안정과 투자자보호를 위하여 필요하다고 인정하는 경우에는 법령으로 정한 취득
한도 제한 외에 업종별, 종류별 취득한도를 정할 수 있다.

④ 외국인 또는 외국법인 등에 의한 공공적법인의 주식 취득에 관하여는 법령, 금융위에 추가하여
그 공공적법인의 정관이 정하는 바에 따라 따로 이를 제한할 수 있다.

해설    100분의 40이다.

정답 ②

## 7 불공정거래행위 규제

### 내부자거래 규제

**미공개 중요정보의 이용행위 금지에 대한 설명으로 잘못된 것은?**

① 적용대상법인은 상장법인 및 6개월 내 상장이 예정된 법인이다.

② 규제대상이 되는 증권은 당해 증권을 기초자산으로 하는 파생상품도 포함한다.

③ 규제대상자는 내부자, 준내부자, 정보수령자를 포함하는데 그 법인의 주요주주로서 권리를 행사하는 과정에서 미공개중요정보를 알게 된 자를 준내부자라고 한다.

④ 금융위 또는 거래소가 설치, 운영하는 전자전달매체를 통하여 그 내용이 공개된 정보는 공개된 때로부터 3시간이 경과하면 공개정보로 취급한다.

**해설** 준내부자가 아니라 내부자에 해당한다.

**정답** ③

---

**더알아보기** 내부자거래 규제

**(1) 미공개 중요정보의 이용금지**

① 적용대상 법인 : 상장법인 및 6개월 내 상장이 예정된 법인

② 규제대상 증권 : 주권 또는 주권을 기초자산으로 한 ELS, ELW 등의 파생결합증권과 콜옵션, 풋옵션 등 파생상품, 이를 원주로 하는 증권예탁증권, 이와 관련된 CB, BW, EB, PB 등

③ 규제대상자

| 내부자 | 준내부자 | 정보수령자 |
|--------|----------|------------|
| 법인(계열사)의 임직원[주1]·대리인과 주요주주[주2] | 용역제공 과정에서 미공개 중요정보를 알게 된 자(변호사 등) | 내부자나 준내부자로부터 정보를 수령한 자 |

*주1 : 임직원으로서 직무와 관련하여 미공개 중요정보를 알게 된 자(모든 임직원이 아님)

*주2 : 주요주주로서 그 권리를 행사하는 과정에서 미공개 중요정보를 알게 된 자(일반주주는 아님)

• 내부자나 준내부자였다가 해당하지 않게 된 날로부터 1년 미만인 경우는 내부자나 준내부자로 인정함

④ 규제대상행위

㉠ 미공개 중요정보를 특정증권의 매매, 그 밖의 거래에 이용하거나 타인에게 이용하는 행위. 즉, 증권의 매매거래만 금지되는 것이 아니라 이용행위 자체가 금지됨

㉡ '중요정보'의 의미는 투자판단에 중대한 영향을 미칠 수 있는 것을 의미하며, '미공개'란 아래의 방법으로 공개하지 않거나 공개한 후 일정시간이 지나지 않은 상태를 말함

> • 법령에 따라 신고되거나 보고된 서류에 기재되어 있는 정보 : 비치된 날로부터 1일
> • 전자전달매체를 통해 그 내용이 공개된 정보 : 공개된 때로부터 3시간
> • 전국보급단위 둘 이상의 일간신문에 그 내용이 게재된 정보 : 게재된 다음날 0시부터 6시간
> • 전국 가시청권의 지상파방송을 통해 그 내용이 방송된 정보 : 방송된 때로부터 6시간
> • 연합뉴스사를 통하여 그 내용이 제공된 정보 : 제공된 때로부터 6시간

## (2) 내부자의 단기매매차익반환제도

① 단기매매차익반환제도 : 일정범위의 내부자에 대해 미공개 중요정보의 이용 여부와 관계없이 특정증권 등의 단기매매차익을 회사에 반환케하여 미공개 중요정보 이용행위를 예방하는 제도

   ⊙ 단기매매차익 반환대상자로서의 '일정범위 내부자'는 모든 내부자보다 좁은 범위이다('일정범위 내부자'는 '내부자'에서 '계열사 임직원·주요주주'가 제외된 범위에 해당).

   ⓒ '직원'의 의미는 모든 직원을 의미하는 것이 아니라 미공개 중요정보를 알 수 있는 자로 인정된 자에 한함(재무부서 등에 근무하는 직원 또는 혐의가 있어 고발된 자)

② 단기매매차익 : 주권상장법인의 특정증권 등을 매수한 후 6개월 이내에 매도하거나 매도한 후 6개월 이내에 매수하여 얻은 이익을 말함

   ⊙ 동일인이 자기계산으로 다수의 계좌를 이용하여 매매한 경우에는 전체를 1인계좌로 간주함

   ⓒ 단기매매차익의 예외 : 스톡옵션, 안정조작·시장조성 등 불가피하게 매수하는 경우는 예외

③ 투자매매업자에 대한 준용

   ⊙ 투자매매업자가 인수계약을 체결한 날로부터 3개월 이내에 매수 또는 매도하고 그날부터 6개월 이내에 청산하여 얻은 이익은 단기매매차익반환제도 적용의 대상이 된다.

   ⓒ 단, 투자매매업자가 안정조작·시장조성의 차원에서 매매하고 얻은 단기 차익이라면 반환대상이 되지 않는다.

## (3) 임원 및 주요주주의 소유상황보고제도

① 상장법인의 임원 및 주요주주는 임원 또는 주요주주가 된 날로부터 5영업일 이내로 소유상황을 증권선물위원회와 거래소에 보고해야 한다.

② 또한 그 소유상황의 변동이 있는 경우, 해당일로부터 5일(영업일) 이내에 보고해야 한다. 이때 소유상황의 변동이라 함은 '누적변동수량 1천주 이상 또는 취득이나 처분금액이 1천만원 이상'의 변동을 말한다.

---

**보충문제**

---

**01**　단기매매차익반환제도에 대한 설명으로 틀린 것은?

① 단기매매차익 반환대상은 주요주주와 임원 및 회사의 모든 직원을 대상으로 한다.

② 단기매매차익 산정에 있어서 매매과정에서 발생한 미수연체이자, 신용이자 등은 원본에 포함하지 않는다(즉, 매매차익에서 비용으로 공제하지 않는다).

③ 동일인이 자기의 계산으로 다수의 계좌를 이용하여 매매한 경우에는 전체를 1인 계좌로 간주한다.

④ 투자매매업자가 인수업무과정에서의 안정조작·시장조성을 통해 얻은 이익은 반환대상이 아니다.

> |해설|　모든 직원이 아니다. 업무상 해당정보와 관련된 부서, 즉 재무·회계·공시 등 관련부서의 직원에 한정하고 그 외로는 미공개정보 이용혐의가 있어 수사기관에 고발된 직원을 대상으로 한다.
>
> |정답| ①

**02** 다음 설명 중 가장 적합한 것은?

① 미공개 중요정보의 이용금지란 미공개 중요정보를 이용한 매매를 금지한다는 뜻이다.

② 단기매매차익은 먼저 매수하고 6개월 이내에 매도하여 얻은 매매이익만을 말한다.

③ 미공개 중요정보 이용행위의 적용대상 증권에는 의결권과 관계없는 증권은 포함되지 않는다.

④ 단기매매차익을 반환하여야 하는가의 여부는 내부자이용 여부를 따지지 않는다.

해설 ① 매매자체를 금지하는 것이 아니라 이용행위를 모두 포함한다.
② 먼저 매도하고 6개월 후에 매수한 것도 포함된다(이를 회피이익이라 함).
③ 의결권이 없어도 대상이 된다.

정답 ④

**03** 다음 중 빈칸에 들어갈 말을 나열한 것으로 옳은 것은?

임원이나 주요주주가 보유한 특정 증권등의 변동상황이 있을 경우, 누적변동수량이 (　　)이거나 누적취득 또는 처분금액이 (　　)일 경우에는 보고하지 않아도 된다.

① 1천주 미만, 1천만원 미만

② 2천주 미만, 2천만원 미만

③ 1천주 미만, 1억원 미만

④ 2천주 미만, 2억원 미만

해설 '1천주 미만, 1천만원 미만'이다.

정답 ①

## 시세조종행위 규제

보기는 규제대상 시세조종행위 중 어떤 것에 해당하는가?

> 그 증권 또는 장내파생상품의 매매를 함에 있어서 그 권리의 이전을 목적으로 하지 아니하는 거짓으로 꾸민 매매를 하는 행위

① 통정매매
② 가장매매
③ 가격고정
④ 안정조작

**해설** 사전에 '서로 짜고' 매수와 매도를 하는 것을 통정매매(Matched Order)라 하고, 권리의 이전을 목적으로 하지 않고 거짓으로 꾸며서 매매를 하는 것을 가장매매(Wash Sale)라 한다. 이러한 매매는 '그 매매가 성황리에 있는 것처럼' 보이기 위한 목적성이 있으므로 열거주의 규제하에서도 처벌이 된다.

**정답** ②

---

**더알아보기** 시세조종행위 규제

### (1) 열거주의 규제 VS 포괄주의 규제

| 열거주의 규제(시세조종행위에 대한 규제)<br>→ 목적성이 없어도 처벌 가능 | 포괄주의 규제(부정거래행위 규제)<br>→ 장내·장외투자상품 구분 없이 포괄적으로 처벌 가능 |
|---|---|
| 1) 위장거래에 의한 시세조종(통정매매/가장매매)<br>2) 현실거래에 의한 시세조종(예 '작전')<br>3) 허위표시 등에 의한 시세조종<br>4) 가격고정 또는 안정조작행위(→ 투자매매업자의 합법적인 안정조작/시장조성은 예외)<br>5) 현현연계, 현선연계 시세조종행위 | 시세조종행위 규제와는 달리, 목적성이 없어도 처벌이 가능하고, 공개시장에 국한되지 않아, 누구든지 처벌할 수 있다.<br>예 부정한 수단을 사용하는 행위 등 |

• 시세조종행위에 대한 형사처벌규정 : 1년 이상의 유기징역 또는 그 위반행위로 얻은 이익 또는 회피손실액의 3배 이상 5배 이하에 상당하는 벌금에 처한다. 5배에 해당하는 금액이 5억원 이하일 경우는 5억원을 벌금 상한액으로 한다.

### (2) 투자매매업자의 인수업무에 포함되는 안정조작과 시장조성의 개념

| 안정조작 | 시장조성 |
|---|---|
| 인수계약을 체결한 투자매매업자가 해당증권의 공모시, 청약기간의 종료일 전 20일부터 그 청약기간의 종료일까지 증권의 가격을 안정시킴으로써, 원활한 청약을 돕는 매매거래를 말함 | 인수계약을 체결한 투자매매업자가 공모한 증권의 수요·공급을, 그 증권이 상장된 날로부터 1개월 이상 6개월 이내에서 인수계약으로 정한 기간 동안 조성하는 매매거래를 말함 |

**▼ 안정조작과 시장조성에 대한 그림설명**

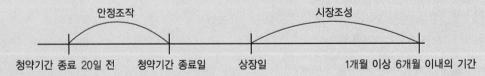

**(3) 시장질서교란행위(2015.7. 도입)**

① 정보이용교란행위 : 기존의 내부자거래규제 대상자는 '내부자, 준내부자, 정보수령자(1차정보수령자)'였지만, 시장질서교란행위 규제는 정보수령자의 범위를 2차 이상으로 확대함

② 시세관여교란행위 : 통정매매, 가장매매가 아닌 허수성주문도 대상이 됨(규제범위 확대)

③ 시장질서교란행위로 인한 과징금은 5억원을 한도로 하는 것이 원칙이나, 위반으로 얻은 차익의 1.5배가 5억원을 초과하는 경우에는 해당금액까지 부과할 수 있음

---

**보충문제**

---

**01** 보기는 규제대상 시세조종행위 중 어떤 것에 해당하는가?

> 특정주식의 옵션을 매수한 후에 만기일에 기초자산 가격을 인위적으로 변동시키는 행위

① 현실거래에 의한 시세조종

② 가격고정 또는 안정조작

③ 현·선연계 시세조종

④ 현·현연계 시세조종

해설 현·선연계 시세조종에 대한 내용이다.
④ 현·현연계 시세조종은 특정주식을 기초자산으로 하는 전환사채를 매수한 후에 기초자산인 주식가격을 변동시키는 행위를 말한다.

정답 ③

---

**02** 시장질서교란행위에 대한 설명이다. 틀린 것은?

① 정보이용교란행위와 시세관여교란행위로 나누어진다.

② 정보이용교란행위는 2차 정보수령자도 그 대상이 되므로 종전의 내부자거래 규제보다 그 규제범위가 넓어졌다.

③ 시세관여교란행위는 허수성주문도 그 대상이 되므로 종전의 시세조종행위 규제보다 그 규제범위가 넓어졌다.

④ 포괄규제인 부정거래행위 규제에 속하는 규제내용이다.

해설 시세조종행위 규제(열거주의 규제) → 부정거래행위 규제(포괄주의 규제) → 부정거래행위 규제에 추가하여 '시장질서교란행위 규제'를 신설(2015.7~)

정답 ④

**금융기관의 검사 및 제재에 관한 규정에 대한 설명이다. 옳은 것은?**

① 금융기관에 대한 검사는 금융기관의 업무를 대상으로 하며, 재산상황은 제외된다.

② 검사의 종류는 종합검사와 부문검사가 있는데, 대부분의 종합검사는 서면검사를 통해 이루어진다.

③ 검사결과조치는 금융위원회의 심의·의결을 거쳐 조치하되, 금융감독원장 위임사항은 금융감독원장이 직접 조치할 수 있다.

④ 검사결과에 대한 조치가 부당하다고 받아들이는 금융기관 또는 임원은 이의신청을 할 수 있는데, 이의신청은 금융감독원에만 제기할 수 있다.

> **해설**   ① 업무뿐 아니라 재산상황, 특정부문의 검사도 할 수 있다.
> ② 대부분의 종합검사는 현장검사로 이루어진다.
> ④ 이의신청은 사안에 따라 금융위원회 또는 금융감독원을 대상으로 제기할 수 있다.
>
>                                            **정답** ③

---

**더알아보기**   금융기관에 대한 검사 및 제재에 관한 규정

**(1) 검사의 주체 및 대상**

① 검사의 주체 : 금융감독원장

② 검사의 대상 : 각종 법령에 의해 설립된 금융기관(은행, 특수은행, 상호저축은행, 금융투자업자, 보험회사, 여신전문금융회사, 신용협동기구 등)

③ 검사의 내용 : 업무, 재산상황, 특정부문에 대한 검사를 실시함

**(2) 검사의 방법 및 절차**

① 검사의 종류 : 종합검사와 부문검사
  - 실시방법에 따라 각각 현장검사와 서면검사로 구분되는데, 대부분의 종합검사는 현장검사로 한다.

② 검사절차 : 사전조사 → 검사실시 → 결과보고 → 검사결과조치 → 사후관리
  - 검사결과조치는 금융위의 심의·의결을 통하되, 금융감독원장 위임사항은 금감원장이 직접 조치[주1]한다.
    *주1 : 금융감독원장이 제재조치를 하는 때에는 위규행위사실, 관련 법규 및 제재예정내용 등을 제재대상자에게 구체적으로 사전통지하고 상당한 기간을 정하여 의견진술기회를 주어야 한다(검사규정 제35조).

**(3) 이의신청**

① 제재를 받은 금융기관 또는 임직원은 제재조치가 부당하다고 인정할 경우 금융위원회 또는 금감원에 이의를 신청할 수 있다.
  - 이의신청이 있다 하더라도, 당해 이의신청이 이유가 없다고 인정할 만한 명백한 사유가 있는 경우에는 금감원장은 이의신청을 기각할 수 있다.

② 이의신청에 대한 금융위원회나 금융감독원의 처리결과에 대해서는 재차 이의신청을 할 수 없다.

# 단원별 출제예상문제

**01** 자본시장법의 기본제정방향 중 보기의 항목과 연관이 가장 깊은 것은 무엇인가?

> 이해상충방지체계/부수업무의 Negative System/투자권유대행인제도의 도입/시너지 효과

① 포괄주의 규제
② 기능별 규제
③ 업무범위의 확대
④ 투자자보호의 선진화

해설 모두 업무범위의 확대(겸영허용)와 관련된 내용이다.

정답 ③

**02** 다음의 자본시장관련기관 중에서 자율규제기관으로만 묶인 것은?

> ㉠ 한국거래소 ㉡ 금융투자협회
> ㉢ 한국증권금융 ㉣ 예탁결제원

① ㉠
② ㉠, ㉡
③ ㉠, ㉡, ㉢
④ ㉠, ㉡, ㉢, ㉣

해설 공적규제기관 – 금융위/증선위/금감원, 자율규제기관 – 한국거래소/금융투자협회
※ 한국증권금융과 예탁결제원은 규제의 기능이 없다.

정답 ②

**03** 보기와 가장 가까운 증권의 종류는 무엇인가?

> 투자가 있을 것, 공동성(Common Enterprise), 수익의 기대, 타인의 노력

① 증권예탁증권
② 파생결합증권
③ 투자계약증권
④ 수익증권(또는 집합투자증권)

보기의 내용은 투자계약증권이 성립하기 위한 구체적인 요건들이다.

※ 투자계약증권의 정의 : 특정투자자가 그 투자자와 타인 간의 공동사업에 금전 등을 투자하고 주로 타인이 수행한 공동사업의 결과에 따른 손익을 귀속받는 것

정답 ③

**04** 주권상장법인은 원칙적으로 전문투자자로 간주되나, 특정 금융투자상품을 거래하는 경우에만 일반투자자로 간주된다. 그 특정 금융투자상품은 무엇인가?

① 증권예탁증권　　　　　　　　　　② 파생결합증권

③ 장내파생상품　　　　　　　　　　④ 장외파생상품

장외파생상품의 위험도가 가장 크기 때문에 엄격한 규제를 하는 것이다.

정답 ④

**05** 자산건전성의 5단계 분류 중에서 조기상각을 필요로 하는 것을 모두 묶은 것은?

> ㉠ 추정손실　　　　　　　　　㉡ 회수의문
> ㉢ 요주의　　　　　　　　　　㉣ 고정

① ㉠　　　　　　　　　　　　② ㉠, ㉡

③ ㉠, ㉡, ㉢　　　　　　　　　④ ㉠, ㉡, ㉢, ㉣

'고정이하(고정/회수의문/추정손실)'를 부실자산이라 하며, 이 중에서 조기상각이 요구되는 것은 '회수의문/추정손실'이다.

정답 ②

**06** 대주주와의 거래제한에 대한 설명으로 옳은 것은?

① 대주주 및 그 특수관계인 발행증권은 어떠한 경우에도 소유할 수 없다.

② 대주주 및 그 특수관계인에 대한 신용공여는 어떠한 경우에도 제공할 수 없다.

③ 대주주의 계열회사가 발행한 증권, 약속어음은 자기자본의 8%를 초과하여 소유할 수 없다.

④ 신용공여란 금전이나 증권 등 경제적 가치가 있는 재산의 대여만을 의미한다.

① 예외가 있음(담보권실행이나 안정조작·시장조성의 경우 일시적 보유 가능)

② 예외가 있음(해외현지법인에 대한 채무보증 등–본문참조)

④ 신용공여란 재산대여뿐만 아니라 채무보증, 담보제공 등도 포함한다.

정답 ③

**07** 금융투자업자의 공통영업행위 규칙에 대한 설명이다. 틀린 것은?

① 겸영업무든 부수업무든 이를 영위하고자 할 때는 그 업무를 영위하기 시작한 날부터 2주 이내에 금융위에 보고하여야 한다.

② 금융투자업자가 위탁할 수 있는 업무는 겸영업무, 부수업무에 국한된다.

③ 고유재산운용업무와 집합투자업 간에는 이해상충이 발생하므로 정보차단벽을 갖추어야 하나 국공채나 MMF의 매매, 금융기관 예치 등의 정보는 예외가 적용된다.

④ 선관주의의무는 자산관리업자에게만 적용되는 의무이다.

> 해설  겸영업무, 부수업무, 그리고 본질적 업무도 위탁이 가능하다(핵심업무는 위탁불가).
> 단, 본질적 업무의 경우 위탁받는 자가 인가나 등록을 받은 자라야 한다.
> • 선관주의의무는 선량한 관리자의 주의의무로서, '집합투자재산/신탁재산/투자일임재산 등 고객의 자산'을 관리하는 자에게만 적용된다.
>
> 정답 ②

**08** 다음 중 투자매매업과의 이해상충이 발생하지 않는 업무는?

① 투자중개업
② 집합투자업
③ 신탁업
④ 기업금융업무

> 해설  투자중개업은 고객이 직접관리하고 금융투자업자는 중개만 하는 입장이기 때문에 다른 셋과는 달리 이해상충이 발생하지 않는다.
>
> 정답 ①

**09** 투자자계좌의 순재산액이 100만원 이상인 경우 신용거래가 가능한데, 다음 중 신용거래의 대상이 될 수 없는 것은?

① 상장주권
② 상장주권을 기초로 한 증권예탁증권
③ 상장주권을 기초자산으로 한 파생결합증권
④ 상장지수집합투자증권

> 해설  신용거래는 '상장주권, DR, ETF'를 대상으로 한다.
>
> 정답 ③

**10** 다음 중 투자성이 있는 예금·보험을 판매하는 겸영투자업자에게 적용되는 규제는?

① 인가요건의 유지

② 겸영관련 규제

③ 불초청권유의 금지

④ 부당권유의 금지

해설 ①·②는 은행이나 보험에는 다른 기준이 적용되므로 적용배제되며, 불초청권유는 장외파생상품에만 적용되므로 적용배제된다.

정답 ④

**11** 집합투자업자는 집합투자재산을 운용함에 있어 이해관계인과 거래를 할 수 있는 예외가 있다. 다음 중 이러한 예외로 인정되지 않는 것은?

① 일반적인 거래조건에 비추어 집합투자기구에 유리한 거래

② 증권시장 등 불특정다수인이 참여하는 공개시장을 통한 거래

③ 각 집합투자기구 자산총액의 50% 범위 내에서 이해관계인과의 단기대출 또는 환매조건부 매수

④ 이해관계인이 되기 6개월 전에 체결한 계약에 따른 거래

해설 각 집합투자기구 자산총액의 10% 범위 내에서는 예외가 인정된다.

정답 ③

**12** 빈칸을 올바르게 채운 것은?(순서대로)

> • 투자자문계약을 체결한 투자자는 계약서류를 교부받은 날로부터 (    )일 이내에 계약을 어떤 불이익도 없이 해제할 수 있다.
> • 금융투자업자는 금융투자업을 폐지하거나 지점 등의 영업을 폐지하는 경우에는 폐지 (    )일 전에 일간신문에 공고하여야 한다.

① 7, 15 　　　　　　　　　　② 7, 30

③ 14, 14 　　　　　　　　　④ 14, 30

해설 7일, 30일이다.

정답 ②

**13** 증권을 공모할 때의 순서가 올바른 것은?

① 증권신고서 제출 → 금융위 수리 → 효력발생 → 투자설명서 교부 → 공모
② 증권신고서 제출 → 효력발생 → 금융위 수리 → 투자설명서 교부 → 공모
③ 투자설명서 교부 → 금융위 수리 → 효력발생 → 증권신고서 제출 → 공모
④ 투자설명서 교부 → 증권신고서 제출 → 금융위 수리 → 효력발생 → 공모

> **해설** 증권신고서를 제출하고 금융위가 수리하고 일정기간 후 효력발생이 되면, 투자설명서를 교부하고 공모활동을 하면 된다.
>
> **정답** ①

**14** 다음 설명 중 가장 적절하지 않은 것은?

① 국민연기금은 청약권유대상자 산정대상에서 제외된다.
② 증권신고서상의 발행예정수량의 80% 이상 120% 이하까지 변경하는 정정신고서를 제출 시에는 당초의 효력발생일에 영향을 미치지 않는다.
③ 전환권 등이 부여된 경우 권리행사금지기간을 발행 후 1년 이상으로 정하는 경우는 전매제한조치로 인정된다.
④ 만기 시 최저지급액을 발행가액 이상으로 정한 파생결합증권의 모집 또는 매출의 경우 수리된 날로부터 5일이 경과하면 효력이 발생한다.

> **해설** 만기 시 최저지급액을 발행가액 이상으로 한다는 것은 '원금보장형'의 의미이다. 따라서 이 경우 채무증권 수준의 위험도로 보고 효력발생일을 7일로 적용한다.
>
> **정답** ④

**15** 사업보고서에 대한 설명이다. 가장 거리가 먼 것은?

① 법정공시이므로 금융위와 거래소에 같이 제출해야 한다.
② 사업보고서는 사업연도 경과 후 90일 이내에 보고해야 하며, 이를 위반 시에는 관리 종목에 지정된다.
③ 최초로 사업보고서를 제출하게 된 법인은 해당하는 날로부터 5일 이내에 그 직전년도의 사업보고서를 제출해야 한다.
④ 모집 또는 매출한 증권의 소유자가 500인 이상이었다가 300인 미만으로 감소할 경우 해당연도부터 사업보고서를 제출하지 않아도 된다.

> **해설** 500인 이상이었다가 300인 미만으로 된 경우에도 해당연도의 사업보고서는 제출해야 하며, 다음연도부터 사업보고서제출의무가 면제된다.
>
> **정답** ④

**16** 다음 중에서 주요사항보고서를 제출해야 되는 경우는?

① 상품·원재료·저장품 또는 그 밖에 재고자산의 매입·매출 등 일상적인 영업활동으로 인한 자산의 양수·양도
② 영업활동에 사용되는 기계, 설비, 장치 등의 주기적 교체를 위한 자산의 취득 또는 처분(그 교체주기는 1년 미만에 한함)
③ 자기주식의 취득 또는 처분의 결의
④ 금융위원회의 설치 등에 관한 법률에 따른 검사대상기관과의 거래로서 약관에 따른 정형화된 거래

> 해설　자사주의 취득/처분의 결의는 주요사항보고서 제출대상이나, 취득하고 처분하는 행위는 중요한 자산의 양수 양도의 예외가 되어 제출대상이 되지 않는다.
>
> 정답 ③

**17** 공개매수(Tender Offer)에 대한 설명이다. 적절하지 않은 것은?

① 증권시장 밖에서 과거 6개월 동안 10인 이상의 자로부터 5% 이상을 매수하고자 할 때 반드시 공개매수를 거쳐야만 한다.
② 공개매수의 적용대상에는 주권, 채무증권, 전환사채, 신주인수권부사채, 교환사채 등이 포함된다.
③ 주식매수청구에 응해서 주식을 매수하는 경우에는 공개매수 적용이 면제된다.
④ 공개매수는 공개매수일 이후에는 철회가 안 되는 것이 원칙이나, 대항공개매수가 있는 등의 경우에는 공개매수기간의 말일까지 철회가 가능하다.

> 해설　채무증권은 제외된다(공개매수는 의결권이 있는 증권을 대상으로 하기 때문).
>
> 정답 ②

**18** 주식등의 대량보유상황 5% 보고제도와 관련된 내용으로 적절한 것은?

① 5% 보고제도를 두는 이유는 대주주의 경영권을 보호하기 위함이다.
② 한국은행·금융기관 등의 특례 적용 전문투자자는 보유상황 변동일로부터 10일 이내에 보고하여야 한다.
③ 보유목적이 경영권에 영향을 주기 위한 것이 아닌 경우에는 적극적인 주주활동을 하기 위한 '일반투자목적'과 이익배당청구권 등의 고유권리를 행사하기 위한 '단순투자목적'으로 구분하여 보고하여야 한다.
④ 5% 보고제도의 사유발생 시 보고기한으로부터 5일까지 냉각기간으로 정하고 냉각기간 중에는 추가로 주식 취득을 하지 못한다.

> 해설　① 공정한 경쟁을 유도하는 목적
> ② 한국은행, 금융기관 등의 특례 적용 전문투자자의 경우 변동이 있었던 분기의 익월 10일까지 보고
> ④ 보고사유발생한 날부터 보고한 날 이후 5일까지
>
> 정답 ③

**19** 2차, 3차 정보수령 등 다차 정보수령자까지 규제대상이 되는 규제의 종류는?

> 가. 시세조종행위 규제
> 나. 부정거래행위 규제
> 다. 시장질서교란행위 규제

① 가, 나　　　　　　　　　　② 가, 다
③ 가, 나, 다　　　　　　　　④ 다

**해설**　다차 정보수령자까지 규제대상자에 포함되는 것은 시장질서교란행위 규제이다.

**정답** ④

---

**20** 위반 시 보기와 같은 제재가 가해지는 규제는 다음 중 무엇인가?

> 1년 이상의 유기징역 또는 그 위반행위로 얻은 이익 또는 회피손실액의 3배 이상 5배 이하에 상당하는 벌금에 처한다. 5배에 해당하는 금액이 5억원 이하일 경우는 5억원을 벌금 상한액으로 한다.

① 시세조종행위 규제
② 부정거래행위 규제
③ 시장질서교란행위 규제
④ 시세조종행위 규제, 부정거래행위 규제

**해설**　'시세조종행위 규제, 부정거래행위 규제'에 대한 제재이다. 시장질서교란행위 규제에서는 징역형이 없고, 벌금 상한액 계산 시 5배가 아니라 1.5배가 적용된다.

**정답** ④

---

**21** 다음 중 시세조종행위의 금지대상과 가장 거리가 먼 것은?

① 위장거래에 의한 통정매매
② 위장거래에 의한 가장매매
③ 인수업을 수행 중인 투자매매업자의 안정조작·시장조성행위
④ 현·선연계 시세조종행위

**해설**　일반적인 안정조작, 시장조성은 가격고정행위로서 시세조종행위의 규제대상이 되나, 투자매매업자가 인수업 수행 차원에서 행한 안정조작, 시장조성행위는 합법적인 거래이다.

**정답** ③

**22** 다음 설명 중 가장 적절하지 않은 것은?

① 장외파생상품의 매매 및 그 중개·주선 또는 대리의 상대방이 일반투자자인 경우에는 그 일반투자자가 위험회피목적의 거래를 하는 경우에 한하여 거래가 가능하다.

② 공공적법인에 대한 지분소유는 해당 법인이 상장될 당시 발행주식총수의 10% 이상을 소유한 주주는 그 보유비율만큼을, 이후에는 발행주식총수의 3% 이내에서 정관이 정하는 비율만큼을 소유할 수 있다.

③ 외국인에 대한 한도제한을 위반하여 주식을 취득한 자는 그 주식에 대한 의결권행사가 불가하며, 금융위는 해당 지분을 6개월 이내의 기간을 정하여 그 시정을 명할 수 있다.

④ 단기매매차익반환제도란 일정범위의 내부자가 당해 법인의 내부자정보를 이용하여 6개월 내에 얻은 매매차익 또는 회피손실이익을 해당 법인에게 반환하는 것을 말한다.

해설 　내부자정보(또는 미공개 중요정보)의 이용 여부와 관계없이 반환해야 한다.

정답 ④

**23** 보기에서 내부자거래 규제대상자에 해당될 수 있는 자를 모두 묶은 것은?

> 가. 계열사 임직원
> 나. 법령에 따라 허가, 인가, 지도, 감독, 그 밖의 권한을 가진 자
> 다. 내부자나 준내부자로부터 미공개 중요정보를 받은 자

① 가, 나　　　　　　　　　　　　　② 나, 다
③ 가, 다　　　　　　　　　　　　　④ 가, 나, 다

해설 　모두 내부자거래 규제대상자에 해당될 수 있다.
　　　※ 내부자거래 규제대상자(미공개 중요정보 이용행위금지 규정)
　　　　(1) 내부자
　　　　　• 해당 법인(계열사 포함)의 임직원으로서 그 직무와 관련하여 미공개 중요정보를 알게 된 자
　　　　　• 해당 법인(계열사 포함)의 주요주주로서 그 권리를 행사하는 과정에서 미공개 중요정보를 알게 된 자
　　　　(2) 준내부자
　　　　　• 해당 법인에 대하여 법령에 따른 허가, 인가, 지도 및 감독 등의 권한을 가지는 자로서 그 권한을 행사하는 과정에서 미공개 중요정보를 알게 된 자
　　　　　• 그 법인과 계약을 체결하고 있거나 체결을 교섭하는 자로서 그 계약을 체결·교섭 또는 이행하는 과정에서 미공개 중요정보를 알게 된 자
　　　　(3) 정보수령자 : 내부자나 준내부자로부터 미공개 중요정보를 받은 자

정답 ④

# 02 한국금융투자협회 규정

## 1 금융투자회사의 영업·업무 규정

### 한국금융투자협회 개요  핵심유형문제

**빈칸에 알맞은 것은?**

> 자본시장에 있어 대표적인 자율규제기관은 ( 가 )와 ( 나 )가 있다. ( 가 )는 시장운영 및 시장감시 부문에 대한 자율규제, ( 나 )는 금융투자의 업무 및 영업행위에 대한 자율규제업무를 수행하고 있다.

| | 가 | 나 |
|---|---|---|
| ① | 한국금융투자협회 | 한국거래소 |
| ② | 한국금융투자협회 | 금융감독원 |
| ③ | 한국거래소 | 한국금융투자협회 |
| ④ | 한국거래소 | 금융감독원 |

**해설** 자율규제기관 : 한국거래소·한국금융투자협회 / 공적규제기관 : 금융위·증선위·금감원

정답 ③

**더알아보기** 한국금융투자협회의 개요

(1) **자율규제기관**
자본시장에 있어 대표적인 자율규제기관은 한국거래소와 한국금융투자협회이다. 한국거래소는 시장운영 및 시장감시 부문에 대한 자율규제, 협회는 금융투자의 업무 및 영업행위에 대한 자율규제업무를 수행하고 있다.

(2) **자율규제기관의 필요성** : 공적규제의 한계와 늘어나는 규제비용을 감당하기 어렵기 때문에 자율규제기관이 필요함(자율규제기관은 전문성·효율성·즉시성·유연성이 뛰어남)

(3) **협회의 업무규정** : 업무관련규정 35개를 8개 규정으로 통합·정비하였음(본 시험은, 금융투자회사의 영업 및 업무에 관한 규정, 증권인수업무에 관한 규정, 분쟁조정에 관한 규정의 세가지 규정을 범위로 함)

적합성의 원칙에 대한 설명이다. 적절하지 않은 것은?

① 고객을 일반투자자인지 전문투자자인지 여부를 확인하고 일반투자자의 경우 면담·질문을 통해 고객의 투자목적·재산상황·투자경험 등의 정보를 파악하도록 하고 있다.

② 투자자정보를 확인하는 방법은 대면만이 아닌 전화 등 사실상 기록, 보관이 가능한 여러가지 매체를 인정하고 있다.

③ 금융투자회사는 자체적으로 정한 적합성판단 기준에 비추어 일반투자자에게 적합하지 않다고 인정되는 경우에는 투자권유를 하면 안 된다.

④ 일반투자자는 자신의 투자성향에 적합하지 않은 금융투자상품을 매매할 수 없다.

해설 투자권유 전 실행단계에 의해 고객(일반투자자)의 투자성향을 파악한 후 그에 적합한 상품을 권유하는 것이 적합성의 원칙이다(만일 고객이 투자성향에 적합하지 않은 상품을 매매하고자 한다면 그 자체를 막을 수는 없다).

정답 ④

---

**더알아보기** 투자권유준칙과 관련된 협회규정 – (1) 적합성원칙 및 적정성원칙

※ 투자권유준칙 Flow(3과목 직무윤리편 참조)

| 투자권유 희망고객 | | 투자권유불원고객 |
|---|---|---|
| 투자권유 전 실행단계 | 투자목적·투자경험·재산상황<br>(고객확인 후 10년 보관) | 적정성원칙(투자권유불원고객이 파생상품 등을 매매하고자 할 경우 투자권유 전 실행단계를 이행해야 함. 고객이 정보를 제공하지 않을 경우에는 판매 불가) |
| 적합성원칙(Suitability) | 적합한 증권을 권유해야 함 | |
| 설명의무[주1] | 위반 시 자본시장법상 손해배상책임 | |

*주1 : 협회규정상 위험도가 높은 거래에 대해서는 '핵심설명서'를 추가로 교부해야 함

(1) **파생상품에 대한 특례** : 파생상품 등의 거래 시 금융소비자보호법상의 '적정성원칙'을 준수해야 함

① '파생상품 등'의 의미

| 파생상품 | 파생결합증권 | 파생상품 집합투자증권 |
|---|---|---|

[파생결합증권(ELS로 통칭)] 원금보장형은 제외된다(원금보장형은 ELB로 채무증권으로 분류됨).
[파생상품 집합투자증권]
  ㉠ 파생상품매매에 따른 위험평가액이 자산총액의 10%를 초과하는 펀드
  ㉡ 파생결합증권을 자산총액의 50%를 초과하여 편입한 펀드

② '파생상품 등'의 경우 투자위험성이 높은 점을 감안, 금융투자회사가 투자권유를 하지 않더라도 일반투자자에게 파생상품 등을 판매하고자 하는 경우에는 면담, 질문 등을 통하여 그 일반투자자의 투자정보를 파악해야 한다. 만일 고객정보를 파악하지 못하면 금융투자회사는 일반투자자에게 파생상품 등을 판매할 수 없다(→ 투자불원고객인 해당 고객이 파생상품 등을 매매하고자 할 때에는 금융투자회사는 고객에 대해 반드시 고객정보확인을 해야 하며, 만일 해당 고객이 고객정보확인절차에 불응할 경우 매매를 할 수 없다).

③ 금융투자회사는 일반투자자의 투자정보에 비추어 해당 파생상품 등이 그 일반투자자에게 적정하지 아니하다고 판단되는 경우에는 그 사실을 알리고 일반투자자로부터 서명 등의 방법으로 확인을 받아야 한다(거래를 못하게 한다는 것이 아님!).

④ 파생상품 등에 대한 특례

> ⊙ '주권상장법인 등'은 일반적으로 전문투자자로 간주되지만 장외파생상품 거래 시에는 전문투자자 대우를 받겠다는 의사를 금융투자회사에 서면으로 통지해야 전문투자자가 될 수 있다.
>
> ⓛ 금융투자업자는 파생상품 등의 권유 시, 투자목적·투자경험 등을 고려하여 일반투자자등급별로 차등화된 투자권유준칙을 마련해야 한다.
>
> ⓒ 파생상품 등에 대해서는 투자권유위탁대행의 위탁을 불허한다.
>
> ⓔ 금융투자업자와 일반투자자가 장외파생상품을 매매할 경우 '일반투자자가 위험회피 목적의 거래를 하는 경우'로 한정한다.

**01** 적정성의 원칙이 적용되는 '파생상품 등'에 속하지 않은 것은?

① 파생상품
② 파생결합증권(원금보장형 제외)
③ 파생상품매매에 따른 위험평가액이 펀드자산총액의 5%를 초과하는 집합투자기구의 집합투자증권
④ 파생결합증권을 자산의 50%를 초과하여 편입하는 집합투자기구의 집합투자증권

해설  10%를 초과하는 경우에 해당된다.

정답 ③

**핵심설명서를 교부해야 하는 상품과 가장 거리가 먼 것은?**

① 공모형 파생결합증권

② 주식워런트증권(ELW)

③ 신용융자거래

④ 유사해외통화선물거래

해설　ELW(주식워런트증권)와 ETN(상장지수증권)은 상장되어 거래되므로 핵심설명서 교부대상이 아니다.

정답 ②

---

더알아보기　설명의무

**(1) 설명의무**

| 핵심설명서 추가교부 | | | |
|---|---|---|---|
| 공모형 파생결합증권 | 신용융자거래 | 유사해외통화선물거래 (FX마진 거래) | 고난도금융투자상품의 매매(고난도금전신탁계약, 고난도투자일임계약을 체결하는 경우) |
| 투자설명서(법정투자권유문서인 '투자설명서'를 포함한 자유형식의 상품설명서) | | | |

※ 투자설명서와 핵심설명서

① 설명서(투자설명서)

ㄱ 투자설명서 설명의무 : 금융투자회사는 일반투자자에게 투자권유를 하는 경우에는 금융투자상품의 내용, 투자에 따르는 위험, 수수료에 관한 사항 등의 투자설명사항을 투자자가 이해할 수 있도록 설명하고, 설명한 내용을 일반투자자가 이해하였음을 서명 등의 방법으로 확인받아야 한다.

ㄴ 투자설명서 교부의무 : 서명 등의 방법으로 설명서의 수령을 거부하는 경우를 제외하고는 투자설명사항을 명시한 설명서를 교부해야 한다.

ㄷ 투자설명서 기본양식 : 협회는 8가지 매매거래에 대해 기본양식을 제공하며, 금융투자회사는 협회의 기본양식을 회사에 맞게 수정하여 사용할 수 있다.

② 핵심설명서

ㄱ 위험도가 높은 거래의 경우 투자위험도 및 수익구조 등 상품의 핵심사항만 중점적으로 설명한 핵심설명서를 추가교부하고 그 내용을 충분히 설명해야 한다.

ㄴ 핵심설명서 교부대상 : 공모형 파생결합증권(ELW 제외), 신용융자거래, FX마진거래, 일반투자자가 공모와 사모의 방법으로 발행된 고난도금융투자상품을 매매하거나 고난도금전신탁계약, 고난도투자일임계약을 체결하는 경우

ㄷ 핵심설명서는 설명을 위한 추가자료일 뿐이므로, 투자설명서의 교부없이 핵심설명서만을 교부해서는 아니 된다.

③ 파생결합증권의 특례(공모형 파생결합증권, 일반투자자에게 적용) : 만기 전에 손실요건이 발생한 경우 지체없이 아래의 사항을 알려야 한다.

> 원금손실 조건에 해당되었다는 사실, 조기상환조건 및 조기상환 시 예상수익률, 환매청구방법, 환매청구기한 및 환매수수료 등

④ ELW(주식워런트증권), ETN(상장지수증권) 특례

| 별도거래신청서 작성 | 사전교육 실시 |
|---|---|
| 최초로 ELW나 ETN을 매매하고자 하는 경우 | 협회가 인정하는 사전교육 실시[주1] |

\*주1 : 법인, 단체, 외국인은 사전교육이 면제됨

⑤ 장내파생상품 적격 개인투자자 제도

선물거래 및 옵션거래를 하고자 하는 경우 1시간 이상의 파생상품교육과정(협회 또는 금융투자회사가 개설하여 운영하는 파생상품교육과정)과 3시간 이상의 파생상품모의과정(한국거래소 또는 금융투자회사가 개설하여 운영하는 파생상품모의과정)을 사전 이수하여야 한다.

⑥ 판매 후 확인절차 : 일반투자자와 체결하는 모든 계약(또는 상품 판매)에 대하여 7영업일 이내에 적정한 절차이행 여부를 투자자로부터 확인해야 한다.

⑦ 위험고지 : 일중매매거래위험고지서, 시스템매매위험고지서를 교부, 설명해야 함

| 일중매매거래(Day Trading) 위험고지 | 시스템매매 위험고지 |
|---|---|
| 장내상품(주식, ELW, 장내파생상품)에 대한 '일중매매거래위험고지서'를 교부하고 충분히 설명하여야 한다.[주1] | '시스템매매고지서'를 교부하고 충분히 설명하여야 한다.<br>[내용] 시스템매매가 반드시 투자수익을 보장해 주지 않는다는 사실 등 |

\*주1, 2 : 종전에는 서명 또는 기명날인을 받을 것을 의무화하였지만, 개정 후에는 홈페이지나 온라인 거래 컴퓨터화면에 위험을 설명하는 설명서를 게시하는 것으로 변경되었음

---

**보충문제**

**01** 다음 중 일반투자자에 대한 핵심설명서 교부대상이 아닌 거래는?

① 고난도금융투자상품 거래

② 신용융자 거래

③ 금적립금계좌 거래

④ 고난도금전신탁계약

해설  주식워런트증권(ELW), 상장지수증권(ETN), 금적립금계좌는 핵심설명서 교부대상이 아니다.

정답 ③

**02** 주식워런트증권(ELW)을 대상으로 한 투자자보호조치와 가장 거리가 먼 것은?

① 별도의 거래신청서 작성

② 사전교육 실시

③ 기본예탁금 부과

④ 핵심설명서 추가교부

> **해설** ELW는 상장되어 거래되므로 핵심설명서를 교부하지 않는다.
>
> 정답 ④

**03** 일중매매거래(Day Trading)의 위험고지 대상에 속하지 않는 것은?

① 주 식                                   ② 주식워런트증권(ELW)

③ 장내파생상품                              ④ 장외파생상품

> **해설** 일중매매거래에 대한 위험고지는 '단기매매 시의 위험성에 대한 고지'인데 장외파생상품은 단기매매 자체가 불가능하므로 위험고지 대상에서 제외된다.
>
> 정답 ④

**04** '방문판매등'에 대한 설명으로 옳지 않은 것은?

① 영업점 등 사업장 이외의 장소로 방문판매인력이 고객을 방문하여 투자권유한다.

② 전화권유판매는 포함하지만 화상권유판매는 제외한다.

③ 금융투자회사는 방문판매인력의 명부를 유지 및 관리하여야 한다.

④ 방문판매인력은 협회가 주관하는 방문판매인력 직무교육을 연간 1회 이상 이수하여야 한다.

> **해설** '방문판매등'이란 방문판매 + 전화권유판매 + 화상권유판매를 포함하는 개념이다.
> "방문판매"란 방문판매인력이 고객을 방문하는 방법으로 회사의 영업소, 지점, 출장소 등("사업장"이라 한다) 외의 장소에서 고객에게 계약 체결의 권유를 하거나, 계약의 청약을 받아 계약을 체결(사업장 외의 장소에서 계약 체결의 권유하는 방법으로 고객을 유인하여 사업장에서 또는 온라인 매체를 이용하여 계약의 청약을 받아 계약을 체결하는 경우를 포함한다)하여 투자성 상품 및 대출성 상품을 판매하는 것을 말한다.
>
> 정답 ②

## 펀드판매와 관련된 협회규정

**펀드판매 시 금지행위와 가장 거리가 먼 것은?**

① 투자자이익에 부합된다는 합리적 근거가 있어 차별적인 판매노력을 하는 행위

② 펀드판매의 대가로 집합투자재산의 매매주문을 판매회사가 제3자에게 배정하도록 집합투자업자에게 요구하는 행위

③ 펀드판매의 대가로 다른 투자자보다 부당하게 높은 매매수수료를 요구하는 행위

④ 예상수익률 보장, 예상수익률의 확정적인 단언 또는 이를 암시하는 표현을 하는 행위

**해설**  합리적 근거가 있을 경우에는 적법하다.

정답 ①

---

**더알아보기**  펀드판매

**(1) 펀드판매 시 금지행위(①, ②, ③, ④ 등)**
① 회사가 받는 판매보수 또는 판매수수료가 높다는 이유로 특정 펀드의 판매에 차별적인 판매촉진노력을 하는 행위(합리적 근거가 있는 차별적인 판매노력은 금지대상이 아님)
② 펀드판매의 대가로 집합투자재산의 매매주문을 판매회사가 제3자에게 배정하도록 집합투자업자에게 요구하는 행위
③ 예상수익률 보장, 예상수익률의 확정적인 단언 또는 이를 암시하는 표현을 하는 행위
④ 정당한 사유없이 공모로 발행하는 집합투자증권의 판매를 거부하는 행위

**(2) 펀드판매 시 준수사항**
① 펀드판매창구의 구분 및 표시 : 통상적인 창구와 구분되도록 별도의 표시를 해야 함
② 펀드 연계 판매 시 준수사항
  ㉠ 펀드투자권유자문인력으로 협회에 등록이 되어 있는 자가 투자권유를 해야 함
  ㉡ 투자자에게 환매제한 등의 부당한 제약을 가하지 않아야 함
  ㉢ 관계법규의 규제를 회피하는 목적이 아니어야 함
③ 펀드판매와 관련된 공시의무
  ㉠ 펀드운용사가 계열회사인 펀드를 판매할 경우, 그 판매비중과 수익률, 비용을 공시해야 함
  ㉡ 불완전판매로 감독당국의 제재를 받은 경우 그 사실을 공시해야 함
④ 잔고통보 : 월 1회 이상 잔고내역을 통지하고 홈페이지에서도 수시로 확인이 가능하도록 해야 함

**01** 집합투자증권의 판매 시 준수사항을 나열하였다. 가장 거리가 먼 것은?

① 판매직원이 펀드투자권유자문인력으로 협회에 등록된 자임을 투자자가 확인할 수 있도록 표시해야 한다.

② 펀드를 다른 상품과 연계하여 판매할 경우 관계법령을 회피할 목적이 아니어야 한다.

③ 일반투자자에게 투자권유를 하지 않고 온라인거래로 펀드를 판매하는 경우, 일반투자자가 원할 경우 해당 투자의 적합성 또는 적정성 여부를 확인할 수 있는 절차를 마련해야 한다.

④ 계열사인 집합투자업자가 운용하는 펀드는 판매대상이 아님을 명시해야 한다.

> **해설** 집합투자업자의 경우 계열사인 펀드의 판매가 금지되는 것은 아니다. 이를 판매 시, 판매대상펀드의 운용자가 계열사임을 명시하고, 그 판매비중과 수익률, 비용 등을 공시해야 한다.
>
> **정답** ④

---

## 투자권유대행인과 관련한 협회규정      핵심유형문제

펀드투자권유대행인이 권유할 수 있는 것으로 모두 묶은 것은?

| | |
|---|---|
| ㉠ 펀드 | ㉡ 투자자문 및 투자일임계약 |
| ㉢ 신탁계약 | ㉣ 파생상품 계약 |

① ㉠

② ㉠, ㉡

③ ㉠, ㉡, ㉢

④ ㉠, ㉡, ㉢, ㉣

> **해설** 펀드투자권유대행인이나 증권투자권유대행인은 파생상품의 투자권유가 불가하다.
>
> **정답** ③

---

**더알아보기**   투자권유대행인과 관련한 협회규정

**(1) 투자권유대행인의 자격요건 및 등록**

| 구 분 | 자격요건 | 권유가능 범위 |
|---|---|---|
| 펀드투자권유 대행인 | 펀드투자권유대행인 or 펀드투자권유자문인력 시험 합격 + 등록교육 이수 | 펀드 투자권유 및 투자자문, 투자일임, 신탁계약의 체결을 권유 |
| 증권투자권유 대행인 | 증권투자권유대행인 or 증권투자권유자문인력 or 투자자산운용사 시험 합격 + 등록교육 이수 | 증권 투자권유 및 MMF형 CMA, 투자자문, 투자일임, 신탁계약의 체결을 권유 |

> **참고** MMF형 CMA : 증권투자권유대행인이 권유할 수 있도록 명시되지만, 펀드투자권유대행인의 경우에는 펀드 안에 포함되므로 별도로 명시되지 않는다.

### 보충문제

**01** 투자권유대행인에 대한 설명으로 가장 적절한 것은?

① 금융투자회사의 임직원도 투자권유대행인 업무가 가능하다.
② 협회가 실시하는 소정의 보수교육을 1년에 2회 이상 이수해야 한다.
③ 투자권유대행인은 절대 파생상품을 권유할 수 없다.
④ 직무정지조치를 부과하거나 보수교육을 이수하지 않았을 경우는 투자권유대행인의 등록효력을 말소할 수 있다.

해설 ① 금융투자회사의 임직원이 아닌 자만 가능하다.
② 2년에 1회 이상 이수해야 한다.
④ 등록의 말소는 취소조치나 위탁계약의 해지 등의 경우이며, 직무정지의 경우에는 등록효력의 정지이다.

정답 ③

**02** 투자권유대행인의 금지행위가 아닌 것은?

① 회사를 대리하여 계약체결을 권유하는 행위
② 고객으로부터 금전이나 그 밖의 재산을 수취하는 행위
③ 고객을 대리하여 계약을 체결하는 행위
④ 둘 이상의 금융투자회사와 투자권유 위탁계약을 체결하는 행위

해설 회사를 대리하여 계약체결을 권유하는 행위는 투자권유대행인의 본업이다.
관련하여 금지되는 것은 '회사를 대리하여 계약을 체결하는 행위'이다.

정답 ①

**조사분석자료의 작성원칙에 대한 설명 중 잘못된 것은?**

① 신의성실의 원칙하에 객관적이고 독립적인 사고와 판단을 가지고 작성하여야 한다.

② 금융투자회사는 금융투자분석사의 확인없이 조사분석자료를 공표하거나 제3자에게 제공해서는 아니 된다.

③ 금융투자분석사와 기업금융업무 관련 부서 간의 의견교환은 절대 금지된다.

④ 임원수의 제한 등으로 겸직이 불가피하다고 인정되는 경우에는 조사분석 담당임원이 기업금융 업무를 겸직할 수 있다.

> 해설   원칙적으로 제한이 되지만 준법감시인의 통제하에 예외로 허용된다.

> 정답 ③

---

**더알아보기**   조사분석자료 작성 및 공표에 관한 협회규정 - (1) 작성원칙

**(1) 조사분석자료의 작성원칙**

① 조사분석의 원칙 : 조사분석자료는 많은 투자자들에게 영향을 미치므로 신의성실원칙에 따라 객관적이고 독립적인 사고와 판단을 가지고 작성해야 한다.

② 금융투자분석사의 확인 : 조사분석자료가 타인의 부당한 압력이나 간섭없이 작성되었음을 명시해야 하며, 금융투자분석사의 확인없이 공표하거나 제3자에게 제공해서는 안 된다.

③ 임직원이 아닌 제3자가 작성한 조사분석자료는 해당 제3자의 성명을 조사분석자료에 기재해야 한다.

> 주의   제3자가 작성한 조사분석자료는 외부에 공표할 수 없다. [O, X]
> → X (제3자의 성명을 기재하고 발표가능).

**(2) 조사분석업무의 독립성 확보를 위한 조치**

- 금융투자회사 및 임직원의 금융투자분석사에 대한 부당압력행사 금지
- 조사분석업무의 독립적 수행을 위한 내부통제기준 제정
- 조사분석자료 공표 전 임직원에 대한 사전 제공 금지 및 이에 대한 명문화
- 금융투자분석사의 기업금융업무부서와의 협의 조건
  금융투자분석사와 기업금융업무관련 부서 간의 의견교환은 원칙적으로 제한되고 있지만, 기업금융을 위한 분석을 위해 별도의 비용이 투입되는 문제가 발생할 수 있으므로, 지나친 억제보다는 준법감시인의 통제하에 예외적으로 사용할 수 있도록 허용함
- 조사분석 담당임원의 기업금융·법인영업 및 고유계정 운용업무를 겸직 금지(단, 불가피한경우 예외가 인정됨)

**01** 금융투자분석사가 기업금융부서와의 협의를 할 수 있는 요건이다. 잘못된 것은?

① 조사분석담당부서와 기업금융업무 관련부서 간의 자료교환은 준법감시부서를 통해야 한다.

② 조사분석담당부서와 기업금융업무 관련부서 간의 협의는 감사실 부서의 통제하에 이루어져야
한다.

③ 회의의 주요내용은 서면으로 기록·유지되어야 한다.

④ 투자등급 변경이나 목표가격 변경 등 금융투자상품의 가치평가와 직접적으로 관련이 있는 부분은
절대 협의가 불가하다.

> 해설    준법감시인 또는 준법감시부서 직원의 입회하에서 이루어져야 한다.

정답 ②

---

## 조사분석자료 작성 및 공표 - (2) 조사분석자료 금지 및 제한대상 핵심유형문제

다음 중 조사분석자료의 공표가 금지되는 대상이 아닌 것은?

① 자신이 인수업무상 안정조작·시장조성을 하고 있는 상대법인

② 자신이 인수·합병의 자문을 수행 중인 법인의 상대법인으로서 해당 인수·합병의 규모가 그
상대법인의 자산총액 또는 발행주식총수의 5%를 초과하는 경우

③ 자신이 공개입찰방식에 의한 지분매입이나 지분매각의 중개 등의 업무를 수행 중인 법인과 그
상대법인

④ 최근 사업연도의 감사의견이 부적정인 법인에 대해서 투자등급을 하향조정하는 경우

> 해설    부적정이나 의견거절이면 조사분석이 불가하지만 투자등급을 하향조정하는 경우는 예외적으로 허용한다
> (투자자보호를 위함).
> ※ ②와 ③의 차이 : 지분매입·매각의 중개업무가 M&A 자문업무보다 더 중요하므로 ③의 경우 조사분석
> 이 모두 제한되며, ②의 경우 소규모합병이 아닌 경우 조사분석을 허용하되 이해관계고지를 하게 하는
> 것이다(아래 그림 참조).

정답 ④

## (1) 조사분석자료의 공표

| 조사분석자료 공표가 금지되는 경우 | 조사분석자료 공표가 조건부로 허용되는 경우 (대상법인과의 이해관계를 명시해야 함) |
|---|---|
| ① 자신이 발행한 금융투자상품 및 자신이 발행한 주식을 기초자산으로 하는 파생상품 등<br><br>② 아래의 관계에 해당하는 법인이 발행한 주식 및 그 주식을 기초자산으로 한 파생상품 등<br>  ㉠ 자신이 안정조작/시장조성 업무를 수행하고 있는 증권을 발행한 법인<br>  ㉡ 자신이 M&A의 중개·주선·대리업무를 수행중인 법인 및 그 상대법인으로서 M&A규모가 자산총액 및 발행주식총수의 5%를 초과하는 법인<br>  ㉢ 공개입찰에 의한 지분매각 또는 지분매입을 위한 중개·주선업무를 수행중인 법인 및 상대법인<br>  ㉣ 자신이 발행주식총수의 5% 이상의 주식을 보유하고 있는 법인(= 연고법인)<br>  ㉤ 감사의견이 부적정 또는 의견거절이거나 한정인 법인. 단, 이 경우 투자등급을 하향조정하기 위한 조사분석자료는 공표가 가능하다. | ① 자신이 보증·배서·담보제공·채무인수의 방법으로 채무이행을 직간접으로 보장하고 있는 법인<br>② 자신이 1% 이상의 주식을 보유하고 있는 법인<br>③ 자신과 계열회사의 관계에 있는 법인<br>④ 자신이 M&A의 중개·주선·대리업무를 수행 중인 법인 및 그 상대법인으로서 M&A규모가 자산총액 및 발행주식총수의 5% 이하인 법인<br>⑤ 자신이 대표주관회사로서 IPO업무를 수행한 법인으로서 1년이 경과하지 않은 법인<br>⑥ 자신과 주권의 모집주선 또는 인수관련계약을 체결한 날로부터 신주가 상장된 후 40일이 경과하지 아니 한 경우로서 해당주권을 발행한 법인<br>⑦ 그 밖에 자신과 상당한 이해관계가 있다고 인정되는 법인 |

▼ 조사분석자료 공표가 금지되는 경우(핵심유형문제 ②의 경우)

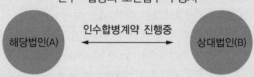

A든 B든 인수·합병의 규모가 <u>자산총액의 5%를 초과하는 경우</u>에 한하여

⇩

조사분석 불가

▼ 조사분석자료 공표가 금지되는 경우(핵심유형문제 ③의 경우)

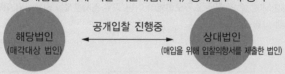

둘 다 조사분석 불가

## (2) 기 타

① 조사분석자료의 의무공표제도 : 증권시장에 주권을 최초로 상장시킨 대표주관회사는 해당 법인에 대하여 최초 거래일로부터 1년에 2회 이상의 조사분석자료를 무료로 제공해야 한다.

② 조사분석자료 공표 중단 사실의 고지 : 금융투자회사는 최근 1년간 3회 이상 조사분석자료를 공표한 경우 최종공표일이 속하는 월말로부터 6개월 이내에 조사분석자료를 추가로 공표하여야 한다. 만일, 더 이상의 자료를 공표하지 않고자 할 경우에는 중단사실을 고지해야 한다.

**01** 다음의 조사분석대상 중 나머지 셋과 다른 경우는?

① 자신이 채무보증을 하고 있는 법인

② 자신이 발행주식총수의 100분의 5 이상을 보유하고 있는 법인

③ 자신이 인수·합병의 자문업무를 수행 중인 법인의 상대법인으로서 그 인수·합병의 규모가 상대법인의 자산총액 및 발행주식총수의 100분의 5 이하인 법인

④ 자신이 대표주관회사로써 IPO업무를 수행한 법인으로서 상장 후 1년 미경과법인

해설 100분의 5 이상을 보유하고 있는 법인은 조사분석을 아예 할 수가 없지만, 100분의 1 이상이고 100분의 5 미만인 법인은 이해관계를 고지하면 조사분석을 할 수 있다.
• 100분의 5 이상의 지분을 보유한 기업을 '연고법인', 주주를 '연고주주'라고 한다.

정답 ②

---

## 조사분석자료 작성 및 공표 - (3) 조사분석자료의 의무공표    핵심유형문제

조사분석자료의 의무공표제도에 대한 설명이다. 틀린 것은?

① 최초로 증권시장에 상장하기 위한 대표주관업무를 수행한 경우 해당 법인에 대해서 1년에 1회 이상 조사분석자료를 무료로 공표해야 한다.

② 조사분석자료의 의무공표제도를 두는 이유는 최초로 상장하는 기업이 소규모기업 등의 이유로 조사분석자료가 거의 공표되지 않을 수 있기 때문이다.

③ 대표주관회사가 의무공표제도에 의해 공표 시 대표주관업무를 수행하였다는 사실을 고지해야 한다.

④ 만일 코스닥시장에서 유가증권시장으로 이전 상장한 경우의 대표주관업무를 수행하였다면 의무공표제도를 이행하지 않아도 된다.

해설 1년에 2회이다. 의무공표제도는 IPO 직후부터 갑작스럽게 조사분석자료의 제공이 단절되는 경우를 방지하기 위한 것으로, 이해관계명시를 조건으로 하는 조사분석대상이다.

정답 ①

**(1) 조사분석자료의 공표**
① 조사분석자료의 의무공표제도 : IPO를 담당한 대표주관회사는 해당 법인에 대하여 최초 거래일로부터 1년에 2회 이상의 조사분석자료를 무료로 제공해야 한다.
② 조사분석자료 공표중단 사실의 고지 : 금융투자회사는 최근 1년간 3회 이상 조사분석자료를 공표한 경우, 최종 공표일이 속하는 월말로부터 6개월 이내에 조사분석자료를 추가로 공표하여야 한다. 만일, 더 이상의 자료를 공표하지 않고자 할 경우에는 중단사실을 고지해야 한다.

**(2) 조사분석자료의 심의 등**
① 투자등급 및 목표가격 등 구체적 내용 표기 : 금융투자회사는 조사분석자료를 공표하는 경우 투자등급과 과거 2년간의 투자등급 및 목표가격 변동추이를 게재하고 변동추이는 그래프로 표시해야 한다(단, 매수·매도 등의 단순한 투자의견만 제시한 경우는 제외).
② 조사분석자료의 인용자료 출처 명기 : 해당 조사분석자료의 작성에 관여한 금융투자분석사의 성명, 재산적 이해관계, 외부자료 인용 시 해당 자료의 출처 등을 명기해야 한다.
③ 투자의견 비율공시의무
　㉠ '매수, 중립, 매도'의 3단계 의견 중 최근 1년간의 투자의견비율을 분기에 1회 이상 갱신하여 조사분석자료에 명기해야 한다.
　㉡ 협회는 모든 증권사가 발표하는 1년간의 투자의견 비율을 종합하여 전자공시시스템을 통해 매분기마다 갱신하여 공시해야 한다.
　㉢ 투자의견비율공시의무는 조사분석자료의 신뢰도제고와 매도리포트의 활성화 등을 목적으로 도입되었다.
④ 괴리율 공시 : 조사분석자료로 목표가격을 제시할 경우 해당 목표가격과 실제주가 간의 괴리율을 명기해야 한다.

**(3) 교육연수**
금융투자회사는 소속 금융투자분석사에 대하여 연간 2시간 이상의 윤리교육을 실시하여야 하며, 교육실시 결과를 교육 종료일로부터 익월 말일까지 협회에 보고해야 한다.

---

**보충문제**

**01** 빈칸에 들어갈 수 없는 것은?

> • 최근 1년간 (　　) 이상 조사분석자료를 공표한 경우, 최종공표일이 속한 월말로 부터 향후 (　　) 이내에 조사분석자료를 추가로 공표해야 한다.
> • 조사분석자료를 공표 시 최근 (　　)간의 투자등급과 목표가격의 추이를 그래프로 표시해야 한다.
> • 투자의견 비율공시 의무는 (　　)리포트의 활성화 등을 목적으로 한다.

① 3회　　　　　　　　　　　② 6개월
③ 2년　　　　　　　　　　　④ 매 수

**해설** 차례대로 '3회 - 6개월 - 2년 - 매도'이다. 매도리포트의 활성화를 목적으로 한다.

정답 ④

금융투자분석사에 대한 매매제한의 내용이다. 가장 거리가 먼 것은?

① 금융투자분석사는 예외적인 경우를 제외하고는 자신이 담당하는 업종에 속하는 주식 등을 매수하면 안 된다.

② 금융투자분석사가 회사의 조사분석자료에서 공표된 금융투자상품을 매수할 수 있다 하여도 공표 24시간 후에 매수해야 한다.

③ 조사분석업무의 이해상충우려를 감안하여 금융투자분석사의 매매거래내역은 일반 임직원과 달리 월별로 회사에 보고하도록 하고 있다.

④ 금융투자분석사는 조사분석자료 공표 시 재산적 이해관계를 고지해야 하는데, 주식이나 주식선물, ELW 등 모든 금융투자상품의 보유합계액이 300만원 이하인 경우에는 재산적 이해관계 고지의무가 면제된다.

> **해설** '300만원 이하'란 일반 금융투자상품을 의미하며, 투자위험도가 높은 파생관련 상품, 즉 주식선물, 주식옵션 및 주식워런트증권은 보유가액의 크기와 관계없이 고지해야 한다.
>
> **정답** ④

---

**더알아보기** 조사분석자료 작성 및 공표에 관한 협회규정 - (4) 금융투자분석사의 매매제한

**(1) 금융투자분석사의 매매거래 제한**

① 회사의 조사분석자료 공표 후의 매매제한 : 공표 후 24시간까지는 회사의 고유재산으로 해당 금융투자상품을 매매할 수 없으며(법 제71조), 금융투자분석사도 이해상충방지 차원에서 매매제한규정을 두고 있다.

② 금융투자분석사의 매매거래 제한

　㉠ 본인이 담당하는 업종 : 예외적인 경우(애널리스트가 되기 이전에 취득한 경우 등)를 제외하고는 자신이 담당하는 업종에 속하는 법인이 발행한 주식 등을 매매해서는 안 된다.

　㉡ 본인이 담당하는 업종이 아닌 경우 : 소속 금융투자회사에서 조사분석자료를 공표한 금융투자상품을 매매하는 경우에는 공표 후 24시간이 경과하여야 하며, 공표일로부터 7일 동안은 공표한 투자의견과 같은 방향으로만 매매하여야 한다. 단, '공표된 조사분석자료의 내용을 이용하여 매매한 것이 아님을 증명하는 경우' 등에는 해당 규정의 예외가 적용된다.

③ 매매거래내역보고 : 금융투자분석사의 이해상충우려를 감안하여, 일반적인 임직원은 매매거래내역을 분기별로 회사에 보고하면 되지만 금융투자분석사는 매월 보고하도록 하고 있다.

④ 금융투자분석사의 재산적 이해관계 고지 : 조사분석자료를 공표는 금융투자분석사의 재산적 이해에 영향을 줄 수 있으므로 그 재산적 이해관계를 고지하여야 한다. 그러나 금융투자상품의 보유가액합계가 3백만원 이하인 경우에는 고지대상에서 제외할 수 있다. 단, 레버리지 효과가 큰 주식선물·주식옵션 및 주식워런트증권은 보유가액의 크기와 관계없이 고지하여야 한다.

## 01 빈칸이 올바르게 채워진 것은?

> 금융투자분석사는 소속 금융투자회사에서 조사분석자료를 공표한 금융투자상품을 매매하는 경우에는, 공표 후 ( ㉠ )이 경과하여야 하며 해당 금융투자상품이 공표일로부터 ( ㉡ )이 경과하지 아니한 때에는 공표내용과 같은 방향으로 매매하여야 한다.

| | ㉠ | ㉡ |
|---|---|---|
| ① | 24시간 | 7일 |
| ② | 24시간 | 2주 |
| ③ | 12시간 | 7일 |
| ④ | 48시간 | 2주 |

해설 24시간, 7일이다. 공표 후 24시간이 지난다는 의미는 '더 이상 미공개 중요정보가 아니라는' 것이며, 7일 동안 같은 방향으로 매매해야 한다는 것은 금융투자분석사들의 모럴해저드(Moral Hazard)를 억제하기 위한 것이다(스캘핑의 금지).

**▼ 금융투자분석사의 매매제한('24시간 경과~7일 경과')**

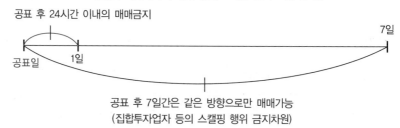

- 여기서 '같은 방향'으로 매매해야 한다는 것은, 예를 들어 조사분석자료가 'BUY' 의견이면 금융투자분석 사도 '매수'를 해야 한다는 것이다.
- 정확히는 '공표 후 24시간 후~7일' 동안 같은 방향의 매매를 해야 한다는 것이다.
- 본인이 담당하는 업종에 속하는 주식 또는 관련된 ELW, CB, BW, EB 등은 매매가 금지된다.

정답 ①

## 투자광고와 관련된 협회규정 - (1) 의무표시사항과 금지사항

집합투자증권에 대한 투자광고 시 의무표시사항이다. 옳은 것으로 모두 묶은 것은?

> 가. 환매수수료
> 나. 환매신청 후 환매금액의 수령이 가능한 구체적인 시기
> 다. 증권거래비용이 발생할 수 있다는 사실과 투자자가 직·간접적으로 부담하게 되는 각종 보수 및 수수료

① 가, 나                        ② 나, 다
③ 가, 다                        ④ 가, 나, 다

해설  모두 의무표시사항이다(특히 환매에 관한 사항은 당연히 의무표시사항이 됨).

정답 ④

---

**더알아보기**  투자광고와 관련된 협회규정 - (1) 투자광고 의무표시사항 및 금지사항

### (1) 투자광고의 정의
불특정 다수인에게 금융투자상품에 관해 광고하는 행위를 말함. 투자광고를 투자권유로 본다면 법정의무인 '적합성의무, 적정성의무 및 설명의무 등'이 모두 적용되는데, 그럴 경우 사실상 투자광고가 불가능해진다. 따라서 투자광고를 허용하는 대신 의무표시사항, 표시금지사항 등을 규정함으로써 투자자를 보호하고 있다.

### (2) 투자광고 시 의무표시사항

| 일반적 의무표시사항(펀드제외) | 펀드광고 시 의무표시사항 |
|---|---|
| ① 금융투자업자의 명칭/금융투자상품의 내용/투자에 따른 위험/수수료에 관한 사항<br>② 회사는 금융투자상품에 대해 충분히 설명할 의무가 있다는 내용<br>③ 회사로부터 설명을 듣고서 투자할 것을 권고하는 내용<br>④ 과거의 재무상태 및 영업실적을 표기 시 투자광고 시점 및 미래에는 이와 다를 수 있다는 내용<br>⑤ 최소비용을 표기하는 경우 그 최대비용과 최대수익을 표기하는 경우 그 최소수익<br>⑥ 통계수치나 도표 등을 인용하는 경우 해당 자료의 출처 | ① 집합투자증권을 취득하기 전에 투자설명서를 읽어볼 것을 권고하는 내용<br>② 펀드운용결과에 따라 투자원금의 손실이 발생할 수 있으며, 그 손실은 투자자에게 귀속된다는 사실<br>③ 펀드운용실적으로 포함하여 투자광고를 하는 경우에는 그 운용실적이 미래의 수익률을 보장하는 것은 아니라는 내용<br>④ 환매수수료<br>⑤ 환매신청 후 환매금액이 가능한 구체적 시기<br>⑥ 투자자가 직·간접적으로 부담하게 되는 각종 보수 및 수수료, 이 경우 보수는 총보수, 운용보수, 판매보수, 기타보수 등으로 구분 표시해야 한다.<br>⑦ 고유한 특성 및 위험성 등이 있는 집합투자기구의 경우 해당 특성 및 위험성 등에 관한 설명 |

### (3) 주요매체별 위험고지 표시기준 강화

| 매체종류 | 활자매체 | 영상매체 | 인터넷 |
|---|---|---|---|
| 표시기준 | A4 기준 9point 단, 신문 전면광고 시 10point | 광고시간의 1/3 이상 충분한 면적에 걸쳐 위험고지내용 표시 | 3초 이상 노출 단, 파생관련상품은 5초 이상 |

• 매체별 위험고지문구의 가독성 강화를 위해 '바탕색과 구별되는 선명한 색상으로 표시할 것'

### (4) 투자광고 시 금지사항
① 투자자들이 손실보전 또는 이익보장으로 오인할 우려가 있는 표시를 하는 행위
② 수익률이나 운용실적이 좋은 기간만을 표시하는 행위(→ 'Cherry Picking')
③ 비교광고 시 명확한 근거없이 다른 비교대상이 열등하거나 불리한 것처럼 표시하는 행위
④ 금융투자회사의 경영실태평가와 영업용순자본비율 등을 다른 금융투자회사의 그것과 비교하는 행위
  (→ ④는 ③과 달리 비교자체가 불가능함에 주의!)
⑤ 그 밖에 투자자의 오인이나 공정거래질서를 저해할 우려가 있는 내용을 표시하는 행위

---

보충문제

**01** 투자광고에 대한 설명으로 틀린 것은?

① 수수료에 관한 사항은 투자광고에 반드시 포함해야 한다.
② 금융투자회사의 경영실태평가와 영업용순자본비율 등에 대해 비교광고를 할 경우 명확한 근거없이 타회사에 그것과 비교하면 안 된다.
③ 신문에 전면광고할 경우 활자의 크기는 A4 기준 10point 이상이어야 한다.
④ 인터넷 배너를 이용한 광고의 경우 위험고지내용이 최소 3초 이상 보이도록 해야 한다.

해설  경영실태평가와 영업용순자본은 아예 비교대상이 아니다.

정답 ②

펀드의 운용실적 표시에 관한 협회규정이다. 가장 거리가 먼 것은?

① 집합투자기구가 운용실적을 표시하기 위해서는 설정·설립일로부터 1년 이상 지나고 순자산총액이 100억원 이상이어야 한다.

② 집합투자기구의 유형별 운용실적으로 표시하기 위해서는 동일 유형 내 집합투자기구의 순자산총액이 500억원 이상이어야 한다.

③ MMF의 운용실적으로 표시할 경우 과거 1개월의 수익률을 사용하여야 한다.

④ 운용실적을 표시하는 모든 펀드는 벤치마크수익률을 같이 표시해야 한다.

해설　MMF나 벤치마크 선정이 어려운 펀드(부동산펀드 등)의 경우는 벤치마크수익률을 생략할 수 있다.

정답 ④

---

**더알아보기**　투자광고와 관련된 협회규정 – (2) 운용실적 표시 및 투자광고 심의

**(1) 펀드의 운용실적 표시**
　① 집합투자기구의 운용실적을 포함하는 경우
　　㉠ 집합투자기구의 설정일이나 설립일로부터 1년 이상 지나고 순자산총액이 100억원 이상일 것
　　㉡ 기준일로부터 과거 1개월 이상의 수익률을 사용하고, 기준일로부터 6개월 수익률을 함께 표시할 것
　② 집합투자기구의 유형별 운용실적을 포함하는 경우 : 투자광고에 집합투자기구의 유형별 운용실적을 표시하기 위해서는 동일 유형 내 집합투자기구의 순자산총액이 500억원 이상이어야 한다.
　③ MMF특례
　　㉠ 기준일로부터 과거 1개월의 수익률을 표시할 것
　　㉡ 다른 회사가 판매·운용하는 MMF와 운용실적에 대한 비교광고를 하지 아니할 것

**(2) 투자광고의 심의**

> 준법감시인의 사전승인 → 협회 심사 → 심사결과 통보 → (이의제기 시) 7영업일 이내 재심사청구
> → 자율규제위원회가 재심사(더 이상의 재심사청구는 불가)

[준법감시인의 사전승인] 단순한 이미지광고나 지점광고 등 일부의 경우에는 준법감시인의 사전승인만으로도 가능하다.
[협회심사] 협회는 신고접수일로부터 3영업일 이내에 심사결과를 금융투자회사에 통보해야 한다(심사결과 : 적격, 조건부적격, 부적격).
[재심사의 청구 및 심의] 심사통보 7영업일 이내에 협회에 재심사를 청구할 수 있으며, 재심사는 자율규제위원회가 심사하며, 자율규제위원회 심사결과에 대해서는 재심사를 청구할 수 없다.

**(3) 투자광고 유효기간** : 운용실적이 포함된 광고는 6개월, 기타 광고는 1년이다.

**(4) 심사필의 표시** : 투자광고물에는 협회 또는 준법감시인으로부터 사전 심사를 받은 사실 및 유효기간을 표시해야 한다. 단, 방송, 인터넷 등 방송매체를 이용한 광고는 그 특성을 감안해 심사필의 표시를 생략할 수 있도록 하고 있다.

**01** 투자광고의 심의에 대한 설명이다. 가장 적절하지 않은 것은?

① 모든 투자광고는 준법감시인의 사전승인을 거친 후에 협회에 심사를 청구해야 한다.

② 협회에 투자광고 심사청구를 위해서는 '투자광고계획서'와 투자광고안을 함께 제출해야 하며 협회는 신고서 접수일로부터 3영업일 이내에 심사결과를 통보해야 한다.

③ 협회의 투자광고 심사결과에 이의가 있는 경우 심사결과 통보서를 받은 날부터 7영업일 이내에 협회에 재심사를 청구할 수 있다.

④ 재심사는 자율규제위원회가 심사하며, 자율규제위원회가 재심사한 심사결과에 대해서는 다시 재심사를 청구할 수 없다.

> 해설  협회 심사청구가 원칙이나, 단순한 이미지광고나 지점광고 등 일부의 경우에는 준법감시인의 사전승인만으로도 가능하다.

정답 ①

---

## 재산상이익의 제공 및 수령  핵심유형문제

**다음 중 제공 및 수령이 가능한 재산상이익으로 보지 않는 것은?**

① 금융투자상품에 대한 가치분석·매매정보 또는 주문의 집행 등을 위하여 자체적으로 개발한 소프트웨어 및 해당 소프트웨어 활용에 불가피한 컴퓨터 등 전산기기

② 금융투자회사가 자체적으로 작성한 조사분석자료

③ 경제적 가치가 3만원 이하의 물품 또는 식사

④ 20만원 이하의 경조비 및 조화·화환

> 해설  '경제적 가치가 3만원 이하인 물품 또는 식사'는 괜찮으나, 백화점상품권 등 현금과 유사한 것은 제공 및 수령의 대상이 될 수 없다.

정답 ③

**(1) '재산상이익의 수수(授受)'에 관한 규정의 의의**

① 자본시장법 시행령은 업무와 관련된 재산상이익의 수수에 대해 규제하고 있으며, 업무와 관련되지 않은 이익제공(예 접대비 등)은 세법이나 내부통제기준을 통해 규제된다.

② 회사의 합리적 통제하에 업무상 재산상이익의 수수를 인정한다(절대적 금지가 아님).

**(2) 재산상이익의 수수가 가능한 경우 : 핵심유형문제**

① 재산상이익의 내용이 사회적 상규에 벗어나지 않는 경우(통상적 관례에서 제공되는 간소한 식사 또는 교통편의, 불특정다수인에게 배포하는 기념품 또는 홍보용 물품 등)

② 금융투자상품에 대한 가치분석, 매매정보 또는 주문의 집행 등을 위하여 자체적으로 개발한 소프트웨어 활용에 불가피한 컴퓨터 등 전산기기

③ 금융투자회사가 자체적으로 작성한 조사분석자료

④ 경제적 가치가 3만원 이하의 물품, 식사, 신유형 상품권(물품제공형 신유형 상품권을 의미), 거래실적에 연동되어 거래상대방에게 차별없이 지급되는 포인트 및 마일리지

⑤ 20만원 이하의 경조비 및 조화, 화환

⑥ 국내에서 불특정다수를 대상으로 하여 개최되는 세미나 또는 설명회로서 1인당 재산상이익의 제공금액을 산정하기 곤란한 경우 그 비용, 이 경우 대표이사 또는 준법감시인은 그 비용의 적정성을 사전에 확인하여야 한다.

**(3) 부당한 재산상이익의 수수 대상 : 보충문제 1**

**(4) 재산상이익의 제공 및 수령한도**

| 제공한도 | 수령한도 |
| --- | --- |
| 금융투자회사의 영업자율성을 보장하기 위해 기존의 제공한도규제를 폐지[주1, 2] | 협회기준으로는 수령한도를 두고 있지 않음(내부통제기준을 통한 회사의 자율준수) |

*주1 : 금융투자업개정(2017.3.22)으로 1인당 제공한도, 회사별 한도가 모두 폐지되었다.

*주2 : 거래위험성이 높은 파생상품 관련 재산상이익의 경우 예외적으로 제공한도를 두고 있다(일반투자자대상 1회당 300만원 한도).

**(5) 재산상이익 수수내역 공시**

① 특정 거래상대방으로부터 고액(최근 5개년도 합산기준 10억원)의 재산상이익을 수수한 경우 공시를 해야 한다.

② 공시대상 : 제공받은 자(제공한 자), 제공목적(수령목적), 제공기간(수령기간), 재산상이익의 경제적 가치의 합계액 등

**(6) 기 타**

① 재산상이익의 제공한도가 폐지됨에 따라 이에 대한 내부통제기능은 더 강화되었다.

② 재산상이익의 수수에 대한 기록은 5년 이상 보관해야 한다.

③ 이사회가 정한 재산상이익의 제공한도를 초과하여 제공하고자 할 경우 미리 이사회의결을 거쳐야 한다.

**01** 다음 중 부당한 재산상이익의 제공 및 수령의 금지대상을 모두 묶은 것은?

> ㉠ 경제적 가치가 일반인이 통상적으로 이해하는 수준을 초과하는 경우
> ㉡ 거래상대방만 참석한 여가 및 오락활동에 수반되는 비용을 제공하는 경우
> ㉢ 금융투자상품 및 경제정보 등과 관련된 전산기기의 구입이나 통신서비스 이용에 소요되는 비용을 제공하거나 제공받는 경우
> ㉣ 집합투자회사가 자신이 운용하는 집합투자기구의 판매실적에 연동하여 이를 판매하는 투자매매회사나 투자중개회사에게 재산상이익을 제공하는 경우

① ㉠, ㉡, ㉢
② ㉠, ㉢, ㉣
③ ㉡, ㉢, ㉣
④ ㉠, ㉡, ㉢, ㉣

**해설** 모두 금지대상이다(아래 금지사항 추가).
• 재산상이익이 사회적 상규에 반하거나 거래상대방의 공정한 업무수행을 저해하는 경우
• 재산상이익의 수수가 위법이나 부당행위의 은닉 또는 그 대가를 목적으로 하는 경우
• 운용을 업무로 하는 자에게 금전, 상품권, 금융투자상품을 제공하는 경우(단, 그 사용범위가 공연이나 운동경기 등 문화활동에 한정된 상품권은 허용된다)

정답 ④

**02** 재산상이익의 제공 및 수령에 대한 협회규정과 관련하여 빈칸에 들어갈 수 없는 것은?

> • 금전, 물품, 편익 등 재산상이익의 가치가 최근 5개년도 합산기준으로 (     )을 초과할 경우, 그 내역을 공시해야 한다.
> • 거래위험성이 높은 파생상품의 경우에는 예외적으로 한도규제를 적용하는 바, 경품 등의 방식으로 일반투자자에게 제공할 수 있는 한도는 (     )이다.
> • 금융투자회사가 재산상이익을 제공하거나 수령한 경우, 그 내역을 기록하고 (     ) 이상 보관해야 한다.

① 5년
② 200만원
③ 300만원
④ 10억원

**해설** 차례대로 '10억원 – 300만원 – 5년'이다.

정답 ②

## 직원채용 및 복무기준(협회규정)

**직원채용 및 복무기준에 대한 설명으로 적절하지 않은 것은?**

① 다른 금융투자회사와의 근로계약관계가 종료되지 아니한 자는 채용할 수 없다.

② 금융투자회사로부터 징계퇴직처분을 받은 자는 처분일로부터 5년이 경과하지 않은 경우 채용될 수 없다.

③ 금융투자회사는 직원에게 주의적 경고 또는 견책이상의 징계처분을 부과한 경우 부과일로부터 7영업일 이내에 그 사실을 협회에 보고해야 한다.

④ 투자자가 징계내역 열람을 서면으로 신청하더라도 해당 직원이 동의하지 않는다면 금융투자회사는 협회에 열람신청을 하지 않아도 된다.

**해설** 10영업일이다.

**정답** ③

---

**더알아보기** 직원채용 및 복무기준

**(1) 채용금지 대상**

타 금융투자회사와 근로계약 미종료자, 징계퇴직처분일로부터 5년 미경과자, 금고 이상의 형을 선고받고 그 집행이 종료되거나 면제된 후 5년이 경과하지 아니한 자

**(2) 징계내역보고 및 열람**

① 징계내역보고 : 직원이 금고 이상의 형을 받거나 주의적 경고나 견책 이상의 징계처분을 받은 경우 인지일 또는 부과일부터 10영업일 이내에 그 사실을 협회에 보고해야 한다.

② 징계내역 열람신청 : 투자자가 직원에 대한 징계내역 열람을 서면으로 신청하는 경우, 회사는 지체 없이 해당 직원의 동의서를 첨부하여 협회에 징계내역 열람신청을 해야 한다.

• 만일, 해당 직원이 열람에 부동의시에는 회사는 협회에 열람신청을 하지 않아도 되며, 대신 해당 투자자에게 '직원이 동의하지 않는다는 사실'을 통보해야 한다.

③ 징계직원에 대한 준법교육 : 보충문제 1

---

**보충문제**

**01** 빈칸을 옳게 채운 것은?

( ) 이상의 징계를 받은 임직원은 제제일로부터 ( ) 내에 자율규제위원장이 정하는 준법교육을 이수해야 한다.

① 견책, 2주일　　　　　　　　② 견책, 1개월

③ 감봉, 2주일　　　　　　　　④ 감봉, 1개월

**해설** '감봉, 1개월'이다.

**정답** ④

## 신상품 보호

신상품 보호에 관한 협회규정을 설명한 것이다. 가장 거리가 먼 것은?

① 신상품이란 새로운 비즈니스 모델을 적용한 금융투자상품 또는 이에 준하는 서비스 등을 말하는데, 단 국내외에서 이미 공지되었거나 판매된 적이 없어야 한다.

② 배타적 사용권이란 신상품을 개발한 금융투자회사가 일정기간 동안 독점적으로 신상품을 판매할 수 있는 권리를 말한다.

③ 배타적 사용권에 대한 직접적인 피해가 발생하고 금융투자회사가 침해배제신청을 한 경우, 협회 심의위원회 위원장은 침해배제 신청접수일로부터 10영업일 이내에 심의위원회를 소집하고 심의해야 한다.

④ 침해배제 신청이 이유가 있다고 결정된 경우 심의위원회는 지체 없이 침해회사에 대해 침해의 정지를 명할 수 있다.

**해설** 7영업일 내로 심의위원회를 소집하고 심의해야 한다.

**정답** ③

---

**더알아보기**

**(1) 신상품의 정의** : 핵심유형문제 지문 ①

**(2) 배타적 사용권의 정의** : 핵심유형문제 지문 ②

**(3) 배타적 사용권의 보호** : 핵심유형문제 지문 ③, ④
배타적 사용권에 대한 침해발생 → 침해배제신청(to 협회) → 신청일로부터 7영업일 이내에 심의

## 계좌관리 및 예탁금이용료의 지급(협회규정)

빈칸에 알맞은 것은?(순서대로)

> 금융투자회사는 예탁자산의 평가액이 (    ) 이하이고, 최근 6개월간 거래가 없는 계좌는 통합할
> 수 있으며, 계좌의 잔액·잔량이 (    )이 된 날로부터 6개월이 경과한 경우에는 해당 계좌를 폐
> 쇄할 수 있다.

① 10만원,  0
② 10만원, 1만원
③ 100만원,  0
④ 100만원, 1만원

해설  '10만원 이하/무거래상태'가 6개월 지속되면 통합, 계좌의 잔량·잔액이 0인 상태가 6개월 지속되면 폐쇄한
다. 통합은 잔액(잔량)이 없어지는 것이 아니라 통합계좌로 별도로 관리한다는 뜻이다.

정답 ①

---

**더알아보기**  계좌의 통합과 폐쇄

**(1) 계좌의 통합과 폐쇄**

| 계좌의 통합 | 계좌의 폐쇄 |
|---|---|
| 자산평가액이 10만원 이하이고 6개월간 무거래시에는 계좌를 통합하여 관리할 수 있다. | 계좌의 잔액·잔량이 0이 된 날로부터 6개월이 경과하면 해당계좌를 폐쇄할 수 있다. |

**(2) 예탁금이용료의 지급**
① 이용료의 지급기준은 내부통제기준으로 제정·변경한다.
② 투자자계좌의 현금잔액(위탁자예수금, 집합투자증권투자자예수금, 장내파생상품거래 예수금[주1])에 대
해 현금으로 입금한다.
*주1 : 장내파생상품거래예수금 중 거래소업무규정에 따른 '현금예탁필요액'에 대해서는 예탁금이용
료를 지급하지 않아도 된다.

## 신용공여와 관련된 협회규정　　　　　　　　　　핵심유형문제

신용공여시 담보가격 산정방법이다. 가장 거리가 먼 것은?

① 상장주권의 경우 당일종가

② 청약하여 취득하는 주식은 취득가격. 단 상장 후에는 당일종가

③ 상장채권은 당일종가

④ 집합투자증권은 당일고시된 기준가격. 단, ETF의 집합투자증권은 당일종가

> **해설**　상장채권은 당일종가로 하지 않는다(∵ 주식시장과 달리 유동성이 풍부하지 않음).
> • 상장채권과 공모파생결합증권은 '2 이상의 채권평가회사가 제공하는 가격정보를 기초로 금융투자회사가 산정한 가격'으로 산정한다.
>
> 　　　　　　　　　　　　　　　　　　　　　　　　　　　　　　　　　정답 ③

---

**더알아보기**　신용공여와 관련된 협회규정

**(1) (광의의) 신용공여** : 신용거래융자, 신용거래대주, 예탁증권 담보융자, 청약자금대출

**(2) 신용공여시 담보가격의 산정** : 핵심유형문제
　① 금융투자업규정상 담보가격 산정방법
　　㉠ 청약하여 취득하는 주식 : 취득가격(단, 당해 주식이 증권시장에 상장된 후에는 당일종가)
　　㉡ 상장주권 또는 상장지수집합투자증권(ETF) : 당일종가
　　㉢ 상장채권 및 공모파생결합증권(ELS만 해당) : 2 이상의 채권평가회사가 제공하는 가격정보를 기초로 투자매매업자 또는 투자중개업자가 산정한 가격
　　㉣ 집합투자증권(ETF는 제외) : 당일에 고시된 기준가격
　② 협회가 정하는 담보가격 산정방법
　　㉠ 비상장주권 중 해외 증권시장에 상장된 주권 : 당일 해당 증권시장의 최종시가
　　㉡ 상장지수증권(ETN) : 당일종가
　　㉢ 기업어음증권, 파생결합사채 및 파생결합증권(ETN제외) : 2 이상의 채권평가회사가 제공하는 가격정보를 기초로 금융투자회사가 산정한 가격
　　㉣ 그 밖의 증권 : 금융투자회사와 투자자가 사전에 합의한 방법

유사해외통화선물거래에 대한 설명으로 틀린 것은?

① FX마진 거래는 자본시장법상 장내파생상품이다.

② 위탁증거금은 US달러만 인정된다.

③ 원-달러 또는 원-엔화 간 거래가 대부분이다.

④ 양방향포지션 보유는 불가하다.

해설 원화를 제외한 이종통화 간 거래이다(엔달러환율 등).

정답 ③

---

**더알아보기** 유사해외통화선물(FX마진) 거래제도

**(1) FX마진 거래제도의 정의**

미국선물협회규정 또는 일본금융상품거래법에 따라 장외에서 이루어지는 외국환거래로서 원화를 제외한 이종통화 간 환율변동을 이용, 시세차익을 추구하는 거래임(자본시장법상 장내파생상품에 속함)

• 거래단위 : 기준통화 100,000단위이며, 증거금은 미국달러(USD)만 인정된다.

**(2) FX마진 거래제도**

① 위탁증거금 및 유지증거금(위탁증거금은 USD만 인정됨)

| 구 분 | 내 용 |
| --- | --- |
| 위탁증거금 | 거래단위당 USD10,000 이상 |
| 유지증거금 | 위탁증거금의 50% 이상 |

[개정목적] 지나치게 낮은 위탁증거금율을 높여 과도한 레버리지효과를 억제시키고자 함

• 금융투자회사는 유지증거금(위탁증거금의 50% 이상 수준)에 미달하는 경우 투자자의 미결제약정을 소멸시키는 거래를 할 수 있음

② 거래방법 : 금융투자회사의 명의와 투자자의 계산으로(해외파생상품거래총괄계좌) FX마진 거래를 해야 한다.

③ 양방향포지션 보유금지 : 양방향포지션의 경우 수량을 상계한다.

④ 기타 : 복수 해외파생상품시장회원(FDM)의 호가정보 제공 의무화, 부적합 설명이나 교육 금지, 설명의무 강화(핵심설명서 교부), 투자광고 심의기준 강화 등

> 주의 FX마진 거래는 투자자의 명의와 투자자의 계산으로 거래해야 한다. [O, X]
> → X

**(3) 손익계좌비율 공시 : 보충문제 1**

**01** 빈칸을 옳게 채운 것은?

> 금융투자회사는 매분기 종료 후 ( ) 이내에, 직전 ( )에 대한 FX마진 거래의 손실계좌비율과
> 이익계좌비율을 협회에 제출해야 한다.

① 15일, 2개 분기
② 15일, 4개 분기
③ 30일, 2개 분기
④ 30일, 4개 분기

해설 '15일, 4개 분기'이다.

정답 ②

## 2 기타의 규정

### 금융투자전문인력과 자격시험에 관한 규정

다음 중 금융투자전문인력에 속하지 않는 자는?

① 투자권유자문인력　　　　　　　　　② 투자자산운용사

③ 금융투자분석사　　　　　　　　　　④ 증권분석사

해설　　증권분석사는 법정자격증이 아니다(즉, 금융투자전문인력은 해당 자격을 취득함으로써 해당 금융투자업무
　　　　를 수행할 수 있는 법정자격을 말한다).

정답 ④

---

더알아보기　금융투자전문인력

**(1) 금융투자전문인력의 종류**

| 투자권유<br>자문인력 | 투자상담<br>관리인력 | 투자자산<br>운용사 | 금융투자<br>분석사 | 위험관리<br>전문인력 | 신용평가<br>전문인력 |
|---|---|---|---|---|---|
| ① | ② | ③ | ④ | ⑤ | ⑥ |

① 투자권유자문인력 3종 : 펀드투자권유자문인력(펀드의 투자권유·투자자문), 증권투자권유자문인력
(펀드와 파생결합증권을 제외한 증권에 대한 투자권유·투자자문업무), 파생상품투자권유자문인력
(파생상품 및 파생결합증권에 대한 투자권유, 파생상품 등을 편입한 특정금전신탁의 체결권유). 보충
문제 1
② 투자상담관리인력 : 보충문제 2, 3
③ 투자자산운용사, 금융투자분석사 : 보충문제 4, 5
④ 펀드관계회사인력(펀드사무관리인력, 펀드평가인력) : 보충문제 6

**(2) 금융투자전문인력의 등록과 관리(등록처 : 협회)**
① 협회에 등록함으로써 금융투자전문인력으로서의 업무수행이 가능하다.
　• 효력정지처분을 받은 경우 해당기간은 제외
② 금융투자전문인력은 신의성실원칙에 따라 업무를 수행해야 한다.
　• 전문성 유지를 위해 보수교육을 받아야 함
③ 퇴직시 10일 이내로 회사는 협회에 보고해야 한다.

**(3) 금융투자전문인력에 대한 제재**
① 협회의 자율규제위원회는 금융투자회사 또는 금융투자전문인력을 대상으로 제재를 부과할 수 있다.
단, 펀드관계회사 및 펀드관계회사인력에 대해서는 위의 제재규정은 적용되지 않음
② 제재의 종류 : 자격취소, 응시제한, 등록말소, 효력정지, 등록거부, 문책요구 등
　• 자격취소의 경우에는 해당 직원이 보유한 금융투자전문인력의 전부가 합격취소됨

**(4) 금융투자회사에 대한 제재** : 6개월 이내의 신규등록 정지조치, 제재금

**01** ELS를 편입한 특정금전신탁에 대해 투자권유를 하고자 한다. 어떤 자격을 갖추어야 하는가?

① 펀드투자권유자문인력

② 증권투자권유자문인력

③ 파생상품투자권유자문인력

④ 펀드투자권유자문인력, 파생상품투자권유자문인력

해설    파생상품투자권유자문인력이 있어야 한다.

정답 ③

**02** 보기에 해당하는 금융투자전문인력은?

> 금융투자회사 영업점에서 해당 영업점에 소속된 투자권유자문인력 및 투자권유대행인의 업무에 대한 관리, 감독업무를 수행하는 인력이다.

① 투자권유자문인력

② 투자권유자문관리인력

③ 위험관리자문인력

④ 신용평가전문인력

해설    '투자권유자문관리인력' 또는 '투자상담관리인력'이다.

정답 ②

**03** 투자상담관리인력으로 등록하기 위한 요건이 아닌 것은?

① 금융투자회사에서 10년 이상 종사한 자

② 투자권유자문인력 시험 중 해당 영업점에서 영업하는 모든 금융투자상품을 투자권유할 수 있도록 해당하는 모든 시험에 합격한 자

③ 해당 영업점의 업무를 실질적으로 관리·감독하는 자

④ 해당 금융투자회사의 영업점장(지점장 등)일 것

해설    ①·②·③이 요건에 해당한다. ④의 요건은 없다.

정답 ④

**04** 투자자산운용사(투자운용전문인력)가 운용하는 대상이 아닌 것은?

① 집합투자재산

② 일임재산

③ 신탁재산

④ 위탁재산

> **해설** 투자자산운용사는 고객의 자산(집합투자재산/일임재산/신탁재산)을 운용하는 법정 운용전문인력이다.
> • 위탁자산은 투자중개업의 대상으로서 금융투자회사는 고객이 직접 매매하는 것을 중개한다.
>
> 정답 ④

**05** 금융투자회사의 금융투자분석사 자격요건이 아닌 것은?

① 금융기관, 채권평가회사, 신용평가사 등의 회사에서 증권분석·평가업무에 2년 이상 종사한 자

② 주식회사(외감법대상)에서 연구개발 또는 산업동향분석업무에 3년 이상 종사한 자

③ 해외 금융투자회사에서 조사분석자료 작성업무 또는 금융투자회사에서 조사분석자료 작성을 보조하는 업무에 1년 이상 종사한 자

④ 집합투자기구 평가전문인력

> **해설** 금융기관, 채권평가회사, 신용평가사 등의 회사에서 증권분석·평가업무에 3년 이상 종사한 자이다.
>
> 정답 ①

**06** 펀드관계회사인력의 3종에 속하지 않는 것은?

① 펀드사무관리인력      ② 펀드평가인력

③ 채권평가인력      ④ 신용평가인력

> **해설** 펀드관계회사의 3종은 펀드사무관리인력(일반사무관리회사에서 계산업무수행), 펀드평가인력(펀드평가회사에서 평가업무수행), 채권평가인력(채권평가회사에서 펀드재산의 평가분석업무수행)이다.
> 금융투자분석사 시험에 합격하거나, 일반사무관리회사의 해당업무에 2년 이상, 펀드평가회사의 해당 업무에 2년 이상, 채권평가회사의 해당 업무에 1년 이상 종사한자는 펀드관계회사인력으로 등록이 가능하다.
>
> 정답 ④

**07** 다음 설명 중 가장 적절하지 않은 것은?

① 금융투자전문인력으로서 해당 업무를 수행하기 위해서는 반드시 협회에 등록을 해야 한다.

② 금융투자전문인력이 퇴직할 경우 10일 이내로 회사는 협회에 보고해야 한다.

③ 협회의 분쟁조정위원회는 금융투자전문인력의 횡령, 배임, 준법교육 미이수 등 사유발생시 제재를 부과할 수 있다.

④ 협회의 제재로 금융투자전문인력의 자격이 취소되는 경우에는 해당 인력이 보유한 모든 금융투자전문인력의 합격이 취소된다.

> 해설    분쟁조정위원회가 아니라 자율규제위원회이다.

> 정답 ③

---

## 증권의 발행과 관련된 협회규정      핵심유형문제

주식공모를 위한 증권인수업무에 관한 규정에 대한 설명이다. 가장 거리가 먼 것은?

① 대표주관계약을 체결한 경우 그 사본을 계약 체결일로부터 5영업일 이내에 협회에 신고해야 한다.

② 수요예측에 참여를 희망하는 자는 기관투자자이어야 한다.

③ 기업공개를 위한 주식의 공모가격 산정에 대하여는 협회가 구체적인 가격평가모형을 제시하고 있다.

④ 공모예정금액이 50억원 미만인 경우에는 수요예측 없이 인수회사와 발행회사가 협의하여 정한 단일가격 등의 방법으로 정할 수 있다.

> 해설    협회는 구체적 가격결정모형을 제시하지 않는다. 왜냐하면 회사의 규모, 산업의 특성에 따라 무수히 많은 평가방법이 있기 때문이다(대신 수요예측결과를 감안하여 결정함).

> 정답 ③

**(1) 대표주관계약의 체결 및 공모가격의 결정**

① 대표주관계약의 체결 : 금융투자회사는 상장예비심사청구서를 거래소에 제출한 날로부터 2개월 전에 대표주관계약을 체결해야 하며, 계약체결일로부터 5영업일 이내에 협회에 신고하여야 한다.

② 주식의 평가 및 공모가격의 결정

㉠ 증권평가시에 주관회사가 2사 이상인 때에는 평가업무를 공동으로 수행하도록 하고 있다.

㉡ 주식공모가격의 결정

> IPO시 주식의 공모가격 산정에 대한 방법은 협회가 구체적인 가격평가모형을 제시하지 않고 있으며, 수요예측 결과를 감안하여 인수회사와 발행회사가 협의하여 공모가격을 정하도록 하고 있다. 단, 발행회사와 인수회사의 우리사주조합원은 수요예측 참여 불가

㉢ 주식공모예정금액이 50억원 이상인 경우 수요예측을 의무적으로 실시하는 규정은 폐지되었다 (2017년 법 개정). 단, 수요예측 없이 합의한 가격이 지나치게 높을 경우 일반청약자의 환매청구권을 인정하고 있다.

**(2) 주관회사의 제한** : 주관사와 발행사가 아래와 같은 이해관계가 있을 경우 주관업무 수행 불가

> • 발행사 및 발행사의 이해관계인이 주관회사의 주식 등을 100분의 5 이상을 보유한 경우
> • 주관회사가 발행회사의 주식 등을 100분의 5 이상 보유한 경우
> • 주관회사와 주관회사의 이해관계인이 합하여 발행회사 주식 등을 100분의 10 이상 보유한 경우
> • 동일인이 주관회사의 주식 등과 발행회사의 주식 등을 동시에 100분의 5 이상을 보유하고 있는 경우(단, 이 경우 동일인이 정부 또는 기관투자자인 경우는 제외).
> • 주관회사의 임원이 발행회사 주식 등을 100분의 1 이상 보유한 경우
> • 주관회사 또는 발행회사의 임원이 발행회사 또는 주관회사의 이해관계인인 경우

※ 공동주관업무 : 금융투자회사가 그 이해관계인이 합하여 100분의 10은 넘지 않지만 100분의 5 이상의 주식 등을 보유하고 있는 경우는 공동으로 주관업무를 수행하도록 하고 있다.

**(3) 모집설립을 위한 주식인수 제한** : 금융투자회사는 모집설립 시 발행되는 주식을 인수할 수 없다.

**(4) 청약 및 배정**

① 일반청약자의 1인당 공모주식 청약한도 : 일반청약자에게 배정하는 전체 수량의 10% 이내

② 기업공개 시 주식의 배정

> 우리사주조합원에 20% 이내 배정(유가증권시장은 법적의무이나 코스닥시장은 강제성이 없음) → 일반청약자에게 공모주식의 25% 이상 배정 → 고위험고수익신탁에 5% 이상 배정 → (코스닥에 한정) 벤처기업투자신탁에 30% 이상 배정 → 남은 주식은 기관투자자에게 배정

• 인수회사 및 인수회사의 이해관계인, 발행사의 이해관계인에겐 공모주식을 배정할 수 없다.

**(5) 초과배정옵션(청약자에게 추가로 배정하기 위한 목적에 한함)**

> 초과배정수량은 공모주식의 15% 이내에서, 옵션행사일은 매매 개시일로부터 30일 이내에서 주관사와 발행사가 정하며, 행사가격은 공모가격으로, 초과배정옵션을 받은 주관사가 순매도 포지션을 해소하기 위한 시장에서 매수하는 경우는 공모가격의 80% 이상으로 한다.

**(6) 신주인수권**

① 대표주관회사가 기업공개를 위한 업무수행에 대한 보상으로 발행회사로부터 신주를 취득할 수 있는 권리를 말함

② 취득 및 행사권리 : 취득수량은 공모수량의 10% 이내, 행사기간은 3개월 후 18개월 이내, 행사가격은 공모가격 이상일 것

**(7) 무보증사채 인수업무에 관한 협회규정**

① 인수대상의 무보증사채는 2 이상의 신용평가기관으로부터 평가를 받은 것이어야 함

② 공모예정금액이 100억원 미만이면 수요예측을 생략함

**(8) 대표주관회사의 실적공시**

① 주식의 실적공시 : 대표주관회사는 공모주식의 상장일로부터 3년간 발행회사와 관련한 사항을 협회에 통보해야 한다.

② 불성실 수요예측 참여자에 대한 제재 : 무보증사채에서 불성실 수요예측 참여자로 지정되면 1~4개월의 수요예측 참여가 제한된다(기업공개의 경우 최대 24개월까지 수요예측 참여가 제한).

---

**보충문제**

---

**01** 주관회사의 제한에 대한 설명 중 가장 거리가 먼 것은?

① 주관회사가 발행회사의 주식 등을 100분의 3만큼 보유하고 있다면 무조건 주관회사 업무를 수행할 수 있다고 할 수 있다.

② 동일인이 주관회사와 발행회사의 주식 등을 동시에 100분의 5만큼 보유하고 있다면 해당 주관회사는 주관업무를 수행할 수 없다.

③ 주관회사와 주관회사의 이해관계인이 합하여 발행회사 주식 등을 100분의 10 이상 보유하고 있다면 주관회사 업무를 수행할 수 없다.

④ 주관회사와 주관회사의 이해관계인이 합하여 발행회사 주식 등을 100분의 5 이상 100분의 10 미만으로 보유하고 있다면 공동으로 주관회사 업무를 수행할 수 있다.

> 해설 이해관계인과의 지분을 합산해서 봐야 한다. 즉 ①의 경우 자체로는 100분의 5 미만으로서 주관회사업무가 가능하나, 만일 이해관계인이 지분이 100분의 7 이상이라면 합산 100분의 10 이상이 되어 주관회사 업무수행이 제한된다.
>
> 정답 ①

**02** 기업공개 시 공모예정주식의 배정순서와 배정수량을 옳게 나열한 것은?(유가증권시장의 경우)

① 우리사주조합 20% 배정 → 일반청약자 20% 이상 → 고위험고수익신탁 10% 이상 → 잔여수량은 기관투자자에게 배정

② 우리사주조합 20% 배정 → 일반청약자 25% 이상 → 고위험고수익신탁 5% 이상 → 잔여수량은 기관투자자에게 배정

③ 우리사주조합 20% 배정 → 고위험고수익신탁 20% 이상 → 일반청약자 10% 이상 → 잔여수량은 기관투자자에게 배정

④ 우리사주조합 20% 배정 → 고위험고수익신탁 10% 이상 → 일반청약자 20% 이상 → 잔여수량은 기관투자자에게 배정

> **해설** 유가증권시장 상장을 위한 기업공개의 경우 우리사주조합원에게 공모주식의 20%를 배정한다(의무적임). 또한 코스닥시장 또는 코넥스시장 상장을 위한 기업공개의 경우 우리사주조합원에게 공모주식의 20%를 배정할 수 있다(의무는 아니란 뜻).
>
> **정답** ②

**03** 대표주관회사의 신주인수권의 행사요건이다. 잘못된 것은?

① 신주인수권을 행사하여 취득할 수 있는 주식의 수량은 공모수량의 10% 이내여야 한다.
② 신주인수권의 행사기간은 상장일로부터 3개월 후 18개월 이내여야 한다.
③ 신주인수권의 행사가격은 공모가격 이상이어야 한다.
④ 초과배정옵션을 행사할 경우에는 신주인수권은 행사할 수 없다.

> **해설** 신주인수권과 초과배정옵션은 연계되지 않는다. 초과배정옵션은 청약자에게 추가로 배정하기 위한 옵션의 행사이며, 신주인수권은 대표주관회사에 대한 인센티브차원에서 부과되는 옵션이다.
>
> **정답** ④

**04** 무보증사채의 인수와 관련한 내용이다. 빈칸에 들어갈 수 없는 것은?

> • 금융투자회사는 무보증사채의 인수의뢰를 받고 대표주관계약을 체결한 경우에는 체결일로부터 ( ) 이내에 협회에 신고해야 한다.
> • 인수회사가 인수하는 무보증사채는 ( ) 이상의 신용평가업자로부터 신용평가를 받은 것이어야 한다.
> • 공모예정금액이 ( ) 미만인 경우 수요예측 실시대상에서 제외된다.
> • 무보증사채 공모 시 불성실 수요예측 참여자로 지정된 자에 대해서는 최대 ( )간 수요예측참여가 제한된다.

① 2
② 5영업일
③ 50억원
④ 4개월

> **해설** 차례대로 '5영업일, 2, 100억원, 4개월'이다.
>
> **정답** ③

## 금융투자회사의 약관운용

**금융투자회사의 약관운용규정에 대한 설명이다. 잘못된 것은?**

① 금융투자업자는 약관을 제정 또는 변경하는 경우에는 약관의 제정 또는 변경 후 7일 이내에 협회에 보고하여야 한다. 다만, 투자자의 권리나 의무에 중대한 영향을 미칠 우려가 있는 경우에는 약관의 제정 또는 변경 시행예정일 10일 전에 미리 협회에 신고하여야 한다.

② 표준약관이 없어서 개별약관을 제정하고자 할 경우 시행예정 10영업일 전까지 협회에 보고해야 한다.

③ 협회가 제정한 표준약관을 그대로 사용하는 경우에는 보고특례가 적용되어 별도의 보고를 하지 않아도 된다.

④ '외국집합투자증권 매매거래에 관한 표준약관'은 표준약관 그대로 사용하여야 한다. 다만, 기관투자자만을 대상으로 외국집합투자증권을 판매하는 경우에는 수정하여 사용할 수 있다.

> **해설** ③은 보고특례의 사유에 해당하는데 보고특례라는 것은 '보고를 하지 않아도 되는 것'이 아니라 '사후에 보고해도 된다는 것'이다.

**정답** ③

---

**더알아보기** 금융투자회사의 약관운용에 관한 협회규정

**(1) 표준약관의 의미**
금융투자회사는 표준약관을 우선적으로 사용해야 하나, 약관이 거래에 부합하지 않을 경우 그 본질을 해하지 않는 범위 내에서 수정하여 사용할 수 있음. 다만, 외국집합투자증권에 대한 표준약관은 수정하여 사용할 수 없다.

**(2) 수정약관 및 개별약관 사용시의 보고기준**

| 수정약관 사용시 | 개별약관 사용시 | 보고특례 적용시 |
|---|---|---|
| 시행예정 10영업일 전까지 보고 | 시행예정 10영업일 전까지 보고 | 변경 후 7일 이내에 보고 |

• 수정약관은 표준약관을 수정해서 사용, 개별약관은 표준약관이 없을 때 사용하는 경우이다.

※ 보고특례 적용사안 : 고객이 권리 또는 의무와 관련이 없는 사항의 변경 시/표준약관을 그대로 사용하는 경우/전문투자자만을 대상으로 하는 약관의 제정 또는 변경 시(→ 중요도가 낮음).

**(3) 약관심사** : 협회는 약관을 심사하여 접수일로부터 10영업일(수정약관의 경우 7영업일) 이내에 해당 금융투자회사에 통보한다(심사목적 : 관계법령위반 또는 고객불이익 등을 방지하는 차원).

**(4) 약관내용의 변경권고**
협회는 약관심사 결과 약관내용의 변경이 필요한 경우 접수일로부터 10영업일(수정약관의 경우 7영업일) 이내에 변경을 권고할 수 있다.

**01** 다음 설명 중 가장 적절한 것은?

① 금융투자업무에 관련한 표준약관은 금융감독원장이 정한다.

② 금융투자업무와 관련한 표준약관이 있는 경우 금융투자회사는 본질을 해하지 않는 범위 내에서만 수정하여 사용할 수 있다.

③ 표준약관이 없어 별도의 약관을 제정하거나 변경하는 것을 수정약관이라 한다.

④ 전문투자자만을 대상으로 하는 약관을 제정 또는 변경하고자 하는 경우에는 시행예정 7영업일 전까지 협회에 보고해야 한다.

해설  ① 협회가 정한다, ③ 개별약관이다, ④ 보고특례대상이다(변경 후 7일 이내).

정답 ②

# 단원별 출제예상문제

**01** 핵심설명서를 교부해야 하는 대상은?

① 사모형 파생결합증권  ② 주식워런트증권(ELW)
③ 신용융자거래  ④ 파생결합사채(ELB)

> **해설** 일반투자자가 공모형 파생결합증권(단, ELW, ETN, 금적립계좌는 제외)의 매매, 신용융자거래, FX마진 거래, 일반투자자 또는 개인전문투자자가 공모 또는 사모의 방법으로 발행한 고난도금융투자상품을 매매하거나 고난도금전투자신탁계약, 고난도투자일임계약의 체결의 경우 핵심설명서를 추가로 교부하여야 한다.
>
> **정답** ③

**02** 보기를 모두 충족하는 자는?

> • 원한다면 일반투자자로 전환할 수 있다.
> • 장외파생상품거래를 할 경우 전문투자자와 같은 대우를 받겠다는 의사를 금융투자회사에게 서면으로 통지해야만 장외파생상품거래를 할 수 있다.

① 주권상장법인  ② 상호저축은행
③ 기술신용보증기금  ④ 새마을금고연합회

> **해설** 보기는 상대적 전문투자자인 '주권상장법인 등'을 의미한다. 나머지는 절대적 전문투자자로서 일반투자자로 전환이 불가하다.
>
> **정답** ①

**03** 투자권유대행인에 대한 설명으로 가장 옳은 것은?

① 회사를 대리하여 계약을 체결할 수 있다.
② 고객을 대리하여 계약을 체결할 수 있다.
③ 고객으로부터 금융투자상품에 대한 매매권한을 위탁받을 수 있다.
④ 하나의 금융투자회사와만 투자권유 위탁계약을 체결할 수 있다.

> **해설** '둘 이상의 금융투자회사와 투자권유 위탁계약을 맺는 행위'는 금지된다.
>
> **정답** ④

**04**  조사분석자료의 공표에 대한 설명 중 옳은 것은?

① 회사가 발행주식총수의 100분의 1 이상의 주식 등을 보유하고 있는 법인에 대해서는 조사분석자료를 공표하거나 특정인에게 제공할 수 없다.

② 대표주관회사가 IPO를 통해 증권시장에 최초로 상장시킨 해당 기업에 대해서는 1년에 2회 이상의 조사분석자료를 무료 공표해야 한다.

③ 금융투자회사는 최근 1년간 3회 이상의 투자의견이 구체적으로 명시된 조사분석자료를 공표한 경우 3개월 이내에 해당 금융투자상품에 대한 조사분석자료를 공표하여야 하며 추가로 공표하지 않고자 할 경우에는 중단사실을 고지해야 한다.

④ 금융투자분석사가 금융투자상품 및 스톡옵션의 보유가액 합계가 5백만원 이하인 경우에는 재산적 이해관계의 고지대상에서 제외된다.

> **해설**  ① 보유지분이 5/100 이상이면 연고법인으로서 조사분석 불가, 그러나 1/100 이상이면 이해관계를 고지하고 조사분석이 가능하다.
> ③ 6개월 이내이다.
> ④ 3백만원이다.

**정답 ②**

**05**  빈칸을 옳게 연결한 것은?

> • 금융투자상품 및 주식매수선택권의 보유액의 합계가 (    ) 이하인 경우에는 금융투자분석사의 재산적 이해관계의 고지의무대상에서 제외된다.
> • 파생상품과 관련하여 추첨 등의 방법으로 선정된 동일 일반투자자에게 1회당 제공할 수 있는 재산상 이익은 (    )을 초과할 수 없다.

① 300만원, 300만원

② 300만원, 200만원

③ 200만원, 200만원

④ 200만원, 300만원

> **해설**  모두 300만원이다.

**정답 ①**

**06** 펀드의 운용실적 표시와 관련하여 빈칸을 옳게 연결한 것은?

> - 개별 펀드의 운용실적으로 표시할 수 있기 위해서는 펀드설립일로부터 1년 이상 경과하고 순자산 액이 (  ) 이상이어야 한다.
> - (  ) 집합투자기구의 운용실적으로 표시하는 경우 해당 집합투자증권에 부과되는 보수 · 수수료 차이로 운용실적이 달라질 수 있다는 사실 표시하여야 한다.

① 100억원, 전환형
② 100억원, 종류형
③ 200억원, 모자형
④ 200억원, 폐쇄형

**해설**　차례대로 '100억원, 종류형'이다.

정답 ②

---

**07** 투자광고에 대한 내용으로 가장 적절하지 않은 것은?

① 금융투자회사가 투자광고를 하고자 하는 경우 준법감시인의 사전 승인을 받아 협회에 심사를 청구하여야 한다.
② 금융투자회사는 영업점에서의 투자광고물 사용의 적정성을 확인하기 위하여 연 2회 이상 현장점검을 실시하여야 한다.
③ 협회는 금융투자회사의 "투자광고 계획신고서"와 투자광고안의 접수일부터 3영업일 이내에 심사결과를 금융투자회사에 통보하여야 한다.
④ 금융투자회사는 협회의 투자광고 심사결과에 이의가 있는 경우 심사결과통보서를 받은 날부터 7영업일 이내에 협회에 재심사를 청구할 수 있다.

**해설**　연 1회 이상 현장점검을 실시하여야 한다.

정답 ②

---

**08** 금융투자회사 직원의 금지행위가 아닌 것은?

① 관계법규를 위반하는 행위
② 투자자에게 금융투자상품의 매매거래, 투자일임계약 등과 관련하여 본인 또는 제3자의 명의나 주소를 사용하도록 하는 행위
③ 본인의 계산으로 금융투자상품의 매매거래, 투자일임계약 등과 관련하여 타인의 명의나 주소를 사용하는 행위
④ 고객의 본인에 대한 징계내역열람신청시 조회를 거부하는 행위

**해설**　④는 정당한 권리이다.

정답 ④

**09** 신용공여 시 담보가격을 산정할 때 당일종가로 평가하지 않는 것은?

① 상장주권
② 상장채권
③ 상장지수집합투자기구(ETF)
④ 상장지수증권(ETN)

해설 상장채권은 상장주권에 비해 유동성이 부족하므로 '2 이상의 채권평가회사가 제공하는 가격정보를 기초로 증권회사가 산정한 가격'으로 평가한다. 나머지는 모두 당일종가로 평가한다.

정답 ②

**10** 다음의 설명 중에서 가장 적절하지 않은 것은?

① 배타적 사용권의 침해배제 신청이 있는 경우 접수일로부터 7영업일 이내에 심의해야 한다.
② 계좌의 잔량이 0이 된 상태에서 6개월이 경과하면 해당 계좌를 통합할 수 있다.
③ 장내파생상품 거래예수금 중 현금예탁필요액에 대해서는 고객예탁금 이용료를 지급하지 않아도 된다.
④ FX마진거래는 자본시장법상 장내파생상품에 해당된다.

해설 계좌의 통합이 아니라 폐쇄이다.

정답 ②

**11** 금융투자전문인력에 대한 제재에 관한 규정이 적용되지 않는 회사는?

① 금융투자회사
② 은 행
③ 신용협동조합
④ 채권평가회사

해설 펀드관계회사(일반사무관리회사, 펀드평가회사, 채권평가회사)의 펀드관계전문인력에게는 적용되지 않는다. 은행이나 신용협동조합은 펀드판매를 영위하므로, 금융투자전문인력에 대한 제재규정이 적용된다.

정답 ④

**12** 다음 설명 중 가장 적합한 것은?

① 기업공개를 위한 주식의 공모가격은 협회가 정하는 표준평가모형에 따라 산정한다.

② 주관회사와 주관회사의 이해관계인이 합하여 발행회사의 주식 등을 100분의 5 이상 보유하는 경우에는 해당 금융투자회사는 주관회사의 업무를 수행할 수 없다.

③ 금융투자회사는 모집설립을 위하여 발행하는 주식의 경우도 인수할 수 있다.

④ 무보증사채의 공모금액이 100억원 미만일 경우 수요예측을 하지 않아도 된다.

> **해설** ① 협회가 모형을 제시하지 않는다(수요예측결과를 감안하여 산정함).
> ② 합산지분이 5/100~10/100이면 공동주관업무가 가능하다.
> ③ 모집설립의 경우 인수하지 않는 것이 원칙이다.
>
> 정답 ④

**13** 금융투자회사의 약관운용에 관한 규정이다. 가장 거리가 먼 것은?

① 표준약관을 금융투자회사에 맞게 수정해서 사용하는 것을 개별약관이라 한다.

② 외국집합투자증권에 대한 표준약관은 표준약관 그대로 사용하여야 한다.

③ 개별약관을 사용할 경우에는 시행예정 10영업일 전까지 협회에 보고해야 한다.

④ 표준약관을 그대로 사용하는 경우는 변경 후 7일 이내에 보고하면 된다.

> **해설** 표준약관을 수정해서 사용하는 것을 수정약관이라 하고, 개별약관은 표준약관이 없을 경우에 사용하는 약관이다.
>
> 정답 ①

**14** 다음 중 금융투자회사의 약관에 대한 설명으로 옳은 것은?

① 협회가 정한 모든 표준약관은 금융투자회사의 사정에 맞게 수정하여 사용할 수 있다.

② 표준약관을 수정하거나 개별약관을 제정하는 경우 모두 시행예정 20영업일 전에 협회에 보고해야 한다.

③ 약관내용 중 고객의 권리 또는 의무와 관련이 없는 사항을 변경하는 경우에는 협회에 보고할 필요가 없다.

④ 외국집합투자증권 매매거래에 관한 표준약관은 표준약관 그대로 사용하여야 한다. 다만, 기관투자자만을 대상으로 외국집합투자증권을 판매하는 경우에는 수정하여 사용할 수 있다.

> **해설** ① 외국집합투자증권 매매에 관한 표준약관은 수정하여 사용할 수 없다.
> ② 수정약관과 개별약관 모두 10영업일 전에 협회에 보고해야 한다.
> ③ 보고를 안 하는 것이 아니라 사후적으로 하는 것이다(변경 후 7일 이내).
>
> 정답 ④

# 03 회사법

## 1 주식회사의 개념

---

**회사의 종류**　　　　　　　　　　　　　　　　　　　　

아래의 표에서 연결이 잘못된 것은?

| 구 분 | 합명회사 | 유한책임회사 | 유한회사 | 주식회사 |
|---|---|---|---|---|
| 사원책임 | ① 무한책임 | 유한책임 | 유한책임 | 유한책임 |
| 회사대표 | 업무집행사원 | ② 대표이사 | 대표이사 | 대표이사 |
| 지분양도 가능 결정 | 전원동의로 가능 | 전원동의로 가능 | 자유로이 양도가능(단, 정관으로 제한가능함) | ③ 자유롭게 양도 |
| 기업형태 | 소수의 공동기업 | 운영-합명회사, 책임-유한책임 | ④ 소수인에 의한 소규모 기업<br>③ 자유롭게 양도 | 대규모 회사 |

> **해설** 유한책임회사의 운영주체는 업무집행사원이다. 유한책임회사는 사원이 유한책임을 진다는 점에서는 유한회사, 주식회사와 동일하나 업무집행사원으로서 합명회사나 합자회사처럼 운영참여도가 높다.
>
> **정답** ②

---

**더알아보기**　회사의 형태

**(1) 회사형태의 개요 및 특징 :** 핵심유형문제, 보충문제 1
합자회사는 무한책임사원 1인 이상과 유한책임사원 1인 이상으로 구성된다.

---

**보충문제**

---

**01** 공개적이며 대규모회사에 적합한 법적 형태는?

① 합명회사　　　　　　　　　　② 유한회사

③ 주식회사　　　　　　　　　　④ 합자회사

> **해설** 주식회사는 공개적이며 대규모회사에 적합한 법적 형태이다.
>
> **정답** ③

빈칸에 들어갈 말을 연결한 것으로 옳은 것은?

> • 액면가 5천원, 발행주식수 100만주, 주가 1만원일 경우 이 회사의 자본금은 (    )이다.
> • 무액면주식 10만주를 발행하였는데, 이때 발행가액 총액은 120억원이다. 이 경우 이 회사의 자본금은 (    ) 이상으로 이사회가 정할 수 있다.

① 50억원, 60억원
② 50억원, 120억원
③ 100억원, 60억원
④ 100억원, 120억원

**해설**  '50억원, 60억원'이다. 액면주를 발행한 경우 자본금은 액면총액(5천원×100만주＝50억원)이며, 무액면주를 발행한 경우 발행가액의 1/2(120억원×50%＝60억원) 이상의 금액으로 자본금을 정할 수 있다.

**정답** ①

---

**더알아보기**  주식회사 개요

### (1) 주식회사의 3대 요소

| 자 본 | 주 식 | 주 주 |
|---|---|---|
| 투자자(주주)가 회사에 투자하고(자본) 그 증표 또는 대가로서 유가증권(주식)을 받는다. | | |

### (2) 자본제도에 대한 상법 관련 법규
• 상법 제329조(자본금의 구성)
  ① 회사는 정관으로 정한 경우에는 주식의 전부를 무액면주식으로 발행할 수 있다. 다만, 무액면주식을 발행하는 경우에는 액면주식을 발행할 수 없다.
  ② 액면주식의 금액은 균일하여야 한다.
  ③ 액면주식 1주의 금액은 100원 이상으로 하여야 한다.
  ④ 회사는 정관으로 정하는 바에 따라 발행된 액면주식을 무액면주식으로 전환하거나 무액면주식을 액면주식으로 전환할 수 있다.
• 상법 제451조(자본금)
  ① 회사의 자본금은 이 법에서 달리 규정한 경우 외에는 발행주식의 액면총액으로 한다.
  ② 회사가 무액면주식을 발행하는 경우 회사의 자본금은 주식 발행가액의 2분의 1 이상의 금액으로서 이사회(단, 주주총회에서 정하기로 한 경우는 주주총회)에서 자본금으로 계상하기로 한 금액의 총액으로 한다. 이 경우 주식의 발행가액 중 자본금으로 계상하지 아니하는 금액은 자본준비금으로 계상하여야 한다.
  ③ 회사의 자본금은 액면주식을 무액면주식으로 전환하거나 무액면주식을 액면주식으로 전환함으로써 변경할 수 없다.

**(3) 자본금의 결정(기존의 액면주에서 무액면주의 발행도 허용함 → 개정상법)**

| 액면주의 자본금 | 무액면주의 자본금 |
|---|---|
| 액면가×발행주식수<br>예 액면가 5천원×주식수 100만주＝50억원 | 주식발행가액의 2분의 1 이상의 금액으로서<br>이사회가 결정한 금액 |

• 액면주의 경우 액면주식의 금액은 균일해야 한다.

---

**보충문제**

---

**01** 주식회사에 대한 설명 중 가장 거리가 먼 것은?

① 주식회사의 3대 요소는 주주, 자본, 주식이다.

② 발행된 액면주식을 무액면주식으로 전환하거나 무액면주식을 액면주식으로 전환할 수 없다.

③ 액면주제도의 자본금은 '액면가×발행주식수'이다.

④ 무액면주제도의 자본금은 주식발행가액의 1/2 이상의 금액에서 이사회가 결정한다.

해설 회사는 정관으로 정하는 바에 따라 발행된 액면주식을 무액면주식으로 전환하거나 무액면주식을 액면주식으로 전환할 수 있다.

정답 ②

다음 중 자본충실의 원칙과 거리가 먼 것은?

① 채권자보호절차

② 주식의 액면미달 발행 제한

③ 자기주식취득금지

④ 법정준비금 제도

**해설**     주주총회의 특별결의 요구, 채권자보호절차 등은 자본불변의 원칙을 말한다.

정답 ①

---

**더알아보기**    자본의 3대 원칙 등

### (1) 주식회사의 자본원칙(상법상 자본의 3대 원칙)

| 구 분 | 내 용 |
|---|---|
| 자본확정의 원칙 | 회사설립 시 일정한 주식의 인수 요구(종전은 정관상 자본의 1/4 이상 요구) → 자본확정은 주식회사의 건전한 존립과 회사 채권자의 보호를 위함 |
| 자본충실의 원칙 (자본유지 원칙) (자본구속 원칙) | 기업의 유지와 회사 채권자 및 장래의 투자자를 보호하기 위해 회사의 자본액을 충실히 유지해야 한다는 원칙<br>• 이익배당의 제한/주식의 액면미달 발행의 제한/법정준비금 제도/변태설립에 대한 엄격한 감독/발기인의 주식인수 · 납입담보책임 |
| 자본불변의 원칙 | 회사의 자본액은 주총 특별결의와 채권자보호절차 등 엄격한 법정절차를 거치지 않고는 변경(감소)할 수 없음 |

**참고** 주식회사의 근간 : 주주의 유한책임[주1]과 주식양도의 자유

*주1 : 주주는 주식의 인수가액(출자금액)을 한도로 하여 책임을 진다(무한책임 ×).

### (2) 주식회사법의 특색

| 강행법규 | 공시주의 | 단체주의 | 민형사상 제재 |
|---|---|---|---|

• 주식회사는 다수의 이해관계인으로 구성되어 있어 이를 조정하기 위해 강행법규적, 집단적 성격을 띠고, 주주 · 채권자를 위해 공시의무를 지며, 형사적 책임도 묻는 엄격한 제재를 함

**01** 주식회사법에 관한 설명 중 가장 적절하지 않은 것은?

① 상법에는 발기인이나 이사의 민사책임은 있으나 형사책임에 대한 규정은 없다.
② 주식회사는 이사회, 주주총회 등의 기관을 설치해야 하는 것은 임시법규가 아니라 강행법규이다.
③ 주식회사법에는 공시주의의 원칙이 지배되고 있다.
④ 주식회사의 법률관계는 집단적인 처리가 필요하다.

해설    민사상, 형사상 제재를 모두 할 수 있다.

정답 ①

**02** 다음 중 자본충실의 원칙과 관계가 있는 것을 모두 묶은 것은?

> ㉠ 자사주취득금지          ㉡ 주식인수가액의 전액납입
> ㉢ 주금납입에 대한 상계금지   ㉣ 회계장부열람권
> ㉤ 우선주식의 발행

① ㉠, ㉡                      ② ㉠, ㉡, ㉢
③ ㉠, ㉡, ㉢, ㉣              ④ ㉠, ㉡, ㉢, ㉣, ㉤

해설    우선주식의 발행은 자금조달 측면이므로 자본유지와 거리가 있다. 또 회계장부열람권은 대주주를 견제하기
       위한 소수주주권으로 역시 자본유지와 거리가 멀다.

정답 ②

주식회사의 설립에 관한 설명으로 가장 거리가 먼 것은?

① 주식회사에는 발기인이 있어야 하고 발기인은 1인이어야 한다.
② 원시정관은 공증인의 인증을 받아야만 그 효력이 발생한다.
③ 변태설립사항은 정관의 상대적 기재사항이다.
④ 회사는 정관공증을 통해서 비로소 법인격을 취득하고 완전한 사단법인이 된다.

해설 　정관공증이 아니라 설립등기이다.

정답 ④

---

**더알아보기** 주식회사의 설립절차

(1) **주식회사의 설립절차** : 발기인 조합 → 정관작성 → 실체구성 → 설립등기
[1단계 : 발기인 조합]
① 발기인 조합은 회사설립을 목적으로 하는 발기인 상호간의 조합계약이다(민법상의 조합계약).
② 발기인 조합의 구성원은 발기인이며 설립 중 회사의 기관이다. 주식회사 설립에는 발기인이 있어야 한다.
③ 발기인은 일반적으로 회사설립사무에 종사하는 자로 이해되나, 법률상으로는 '정관에 발기인으로 기명날인 또는 서명한 자'만을 의미한다.
④ 발기인의 자격제한은 없으며, 1인 1주 이상의 인수의무를 부담한다.

[2단계 : 정관작성]
① 정관은 회사의 목적과 조직, 활동에 관하여 규정한 근본규칙으로 상법의 법원이다.
② 정관에는 일정한 사항을 기재해야 한다.

| 절대적 기재사항 | 상대적 기재사항 |
|---|---|
| • 기재흠결이 있으면 전체가 무효가 되는 기재사항<br>• 목적/상호/수권주식 총수/주금액/설립주식수/본점 소재지/공고방법/발기인의 성명·주민번호·주소 | • 정관기재로 비로소 효력이 발생하는 사항<br>• 발기인이 받을 특별이익/현물출자/재산 인수/회사가 부담할 설립비용과 발기인의 보수액 |

③ 원시정관은 공증인의 인증을 받아야 그 효력이 발생한다(다만, 자본총액 10억원 미만 시 예외)

[3단계 : 실체구성]
① 실체구성의 내용과 방법 : 발행하는 주식의 인수와 출자의 이행을 통해 사원 확정과 자본 확정이 이루어지고, 이사·감사의 선임으로 기관이 확정되며, 사단법인으로서의 실체가 마련된다.
　• 회사설립시의 주식발행사항(종류·액면·수량 등)은 발기인 전원의 동의로 정한다.
② 발기설립과 모집설립

| 발기설립 | 모집설립 |
|---|---|
| • 설립시 발행주식을 발기인이 모두 인수<br>• 이사·감사는 의결권의 과반수로 발기인이 선임한다. | • 발기인이 인수하고 남은 주식을 모집으로 인수<br>• 이사·감사의 선임은 창립총회를 열고 '출석의 결권의 2/3 & 인수주식의 1/2'로 선임한다. |

**[4단계 설립등기]**

회사는 실체구성절차가 종료된 후 2주 내에 설립등기를 해야 한다. 설립등기에 의해 회사는 법인격을 취득하고 완전한 사단법인이 된다.

**(2) 설립하자**

① 주식회사의 설립에 하자가 있는 경우 설립무효소송제도만 인정되며, 합명·합자·유한회사와 같이 설립취소소송제도는 인정되지 않는다.

② 설립무효사유는 강행법규를 위반한 중대한 경우이며, 주주·이사·감사가 회사성립일로부터 2년 내에 소송의 방법에 의해서만 주장할 수 있다.

③ 원고 승소시 판결효력은 소송 당사자 이외의 제3자에게 미치는 대세적 효력을 지닌다.

---

**보충문제**

---

**01**  주식회사 설립에 관한 내용이다. 옳은 것은?

① 정관의 절대적 기재사항은 정관에 기재해야 비로소 그 효력이 발생하는 것을 말한다.

② 회사는 실체구성절차가 종료된 후 2주 내에 설립등기를 해야 한다.

③ 모집설립의 경우 이사·감사의 선임은 발기인이 한다.

④ 주식회사의 설립에 하자가 있는 경우 설립무효소송제도와 설립취소소송 모두 인정된다.

> 해설  ① 상대적 기재사항에 대한 내용이다.
> ③ 창립총회에서 선임한다.
> ④ 주식회사는 설립무효소송제도만 인정된다.

정답 ②

**02**  주식회사의 설립절차가 옳게 나열된 것은?

① 발기인 조합 → 정관작성 → 실체구성 → 설립등기

② 정관작성 → 발기인 조합 → 실체구성 → 설립등기

③ 정관작성 → 실체구성 → 발기인 조합 → 설립등기

④ 발기인 조합 → 정관작성 → 설립등기 → 실체구성

> 해설  발기인 조합이 가장 먼저이고 설립등기로서 법인격을 취득한다.

정답 ①

## 2 주식과 주주

### 주식회사의 설립절차

주식의 개념에 대한 설명이다. 적절하지 않은 것은?

① 주식이란 자본금을 구성하는 기본단위이다.
② 주식이란 주주가 회사에 대해 가지는 권리와 의무의 단위인 주주권이다.
③ 주금액의 최저단위는 100원 이상이며 그 구체적인 금액은 정관으로 정한다.
④ 모든 주식은 의결권을 가지고 있다.

> **해설**  일반적으로 우선주의 경우 우선적 이익배당권리가 있는 대신 무의결권주로 발행한다.
>
> **정답** ④

---

**더알아보기**  주식의 개념과 종류

### (1) 주식의 두 가지 의미
① 자본의 구성단위(액면가 × 주식수 = 자본금)
② 주주권(회사에 대한 주주의 권리·의무의 단위)
  ㉠ 액면주식의 금액은 100원(1주당 액면가) 이상이어야 하며, 균일해야 한다.
  ㉡ 액면주는 보유주식만큼 주주권을 가지는데, 무액면주의 주주권은 발행주식총수에서 주주가 소유하는 주식수의 비율로 표시된다(무액면주의 비례적 지위).

### (2) 주식의 종류('2편-제1장-제2절 주권의 종류'의 내용 참조)
① 이익배당 및 잔여재산청구권에 따른 분류 : 보통주/우선주/열후주/혼합주
  • 우선주는 당해 이익배당에 추가적으로 참가할 수 있는지 여부에 따라 '참가적우선주/비참가적우선주'로, 당해 배당률이 우선배당율에 미달할 경우 차년도에 보충받을 수 있는가 여부에 따라 '누적적우선주/비누적적우선주'로 구분된다.
② 의결권 유무 : 의결권주/무의결권주
③ 액면표시 유무 : 액면주/무액면주
④ 기명 여부 : 기명주/무기명주
  • 2014년 상법개정으로 '무기명주식제도'는 완전히 폐지되었음
⑤ 기타 : 상환주/전환주
  ※ 의결권의 가치 우리 상법에서의 우선주는 보통주보다 '1% 이상 배당을 더 받을 수 있는 우선적 권리'를 부여하는 대신 무의결권주로 발행한다. 그렇다면 우선주의 가치가 보통주보다 더 비싼가?
  → 삼성전자 주가의 예를 들면, 보통주가 7만원일 때 우선주는 대략 5만원에 형성되었다. 즉 2만원의 차이가 나는데(대략 우선주 주가는 보통주의 60~70% 수준), 이는 의결권의 가치라고 볼 수 있다.

**01** 우리나라 상법상의 주식의 종류에 대한 설명으로 적절하지 않은 것은?

① 상환주식의 상환은 배당가능한 이익으로만 할 수 있다.

② 상환주식을 소각할 경우 그만큼 주식이 없어지므로 회사의 자본금이 감소한다.

③ 무의결권주는 주주총회의 소집통지를 생략할 수 있다.

④ 우선적 배당이 실현되지 않으면 보통주로 전환된다.

해설  상환은 이익소각이므로 회사의 자본에는 영향을 주지 않는다.

정답 ②

---

## 주권과 주주 & 주주명부                                    핵심유형문제

다음 중 소수주주권에 속하지 않는 것은?

① 회계장부열람권

② 위법행위유지청구권

③ 주주총회소집청구권

④ 신주발행유지청구권

해설  ④는 단독주주권, ① · ③은 3% 소수주주권, ②는 1% 소수주주권이다.

정답 ④

---

**더알아보기**  주권(株權)과 주주(株主)

**(1) 주권과 주주의 의의**

① 주권의 의의

㉠ 주권은 주주의 지위를 표창(表彰)하는 유가증권이다.

㉡ 주권은 일정한 사항을 기재해야 하므로 요식증권이다.

㉢ 주권발행 강제주의 회사 성립 즉시 또는 신주납입 즉시 회사는 주권을 발행해야 한다.

② 주주의 의의

㉠ 주주란 주식이 표창하는 권리 · 의무의 주체가 되는 자로서, 주주명부상의 주주만이 주주로서의 권리를 가진다(상법 제353조 등).

㉡ 주주의 자격에는 제한이 없다(자연인 · 법인 · 행위무능력자 및 외국인도 가능함).

㉢ 주식회사는 설립 이후에 발행주식의 전부를 1인의 주주가 소유하는 1인 회사가 인정된다.

㉣ 주주평등의 원칙 소유주식의 수에 따라 평등하게 대우하는 것이 원칙이다.

③ 주주의 권리

| 주권 | 자익권 | 이익배당청구권/잔여재산분배청구권/신주인수권/주권교부청구권/주식자유양도권 | | |
|---|---|---|---|---|
| | 공익권 | 단독주주권 | 의결권/설립무효판결청구권/총회결의취소판결청구권/감자무효판결청구권/신주발행유지청구권/정관, 재무제표 등의 열람권 | |
| | | 소수주주권 | 1% | 위법행위유지청구권/대표소송제기권 |
| | | | 3% | 회계장부열람권/주총소집권/업무·재산상태검사청구권/이사·감사 해임청구권/주주제안권/집중투표청구권 |
| | | | 10% | 회사의 해산판결청구권 |

㉠ 자익권(自益權)은 주주의 주주 재산적 이익을 위하여 인정한 개인적 권리이며, 공익권(共益權)은 주주가 자기의 이익뿐만 아니라 주주공동의 이익을 위하여 행사하는 권리이다.

㉡ 공익권은 1주만 가지고도 행사할 수 있는 단독주주권과 일정비율 이상의 주주만 행사가 가능한 소수주주권으로 구분된다.

㉢ 소수주주권의 행사요건 완화

| 상법상 요건 | 상장법인 특례<br>(완화된 비율 + 6개월 이상 보유요건) | 자본금 1천억원 이상의 상장법인 특례<br>(추가완화된 비율 + 6개월 이상 보유요건) |
|---|---|---|
| 3% | 주총소집청구권(1.5%), 업무·재산상태검사권(1.5%), 주주제안권(1%), 집중투표청구권(1%), 이사해임청구권(0.5%), 회계장부열람권(0.1%) 등 | 주주제안권(0.5%), 이사해임청구권(0.25%), 회계장부열람권(0.05%) 등 |

④ 주주의 의무 : 회사에 대한 주주의 유일한 의무는 주식 인수가액에 대한 납입의무뿐이다.

---

보충문제

**01** 주권과 주주에 대한 설명으로 가장 거리가 먼 것은?

① 1주만 가지고도 행사할 수 있는 권리를 자익권이라 한다.

② 상법상 회계장부열람권은 3% 이상의 소수주주권이나 상장법인의 경우 0.1%의 지분을 6개월 이상 보유하고 있을 경우 행사가 가능하다.

③ 행위무능력자도 주주가 될 수 있다.

④ 주주의 의무로는 주식을 인수할 경우 그 납입대금을 납입하는 것이 유일하다.

해설　주권은 자익권과 공익권으로, 공익권은 단독주주권과 소수주주권으로 나뉘는데 ①은 단독주주권의 개념이다.

정답 ①

**02**   주주명부에 대한 설명이다. 적절하지 않은 것은?

① 주주 및 주권에 관한 사항을 명확히 하는 회사의 강제장부를 주주명부라 한다.

② 주주명부의 폐쇄란 일정한 시기에 주주 또는 질권자로서 권리를 행사할 자를 확정하기 위해 일정 기간 동안 주주명부의 기재변경을 정지시키는 것을 말한다.

③ 주주명부 폐쇄기간은 3개월을 초과할 수 없다.

④ 실질주주명부제도는 상장, 비상장을 가리지 않고 예탁결제원에 예탁할 경우 가능하다.

> **해설**   실질주주명부제도는 상장법인에만 두고 있는 제도이다.

> **정답** ④

**더알아보기**   주주명부

① 주주명부의 의의 : 주주 및 주권에 관한 사항을 명확히 하는 회사의 강제장부. 주주와 채권자는 영업시간 내에는 언제든지 그 열람이나 등사를 청구할 수 있다.

② 주주명부 폐쇄기간 VS 주주명부 등록일

| 주주명부 폐쇄기간 | 주주명부 등록일 |
|---|---|
| 일정한 시기에 주주 또는 질권자로서의 권리를 행사할 자를 확정하기 위해 일정기간(3개월을 초과하지 않는 범위) 내에서 주주명부의 기재를 정지시키는 것 | 주주명부의 폐쇄에 갈음하여 일정한 날을 정하고 그 날(기준일 또는 등록일)에 주주명부에 기재되어 있는 주주 또는 질권자를 권리 행사자로 확정할 수 있다. |

㉠ 주주명부 폐쇄기간 중 전환사채의 전환권행사는 인정되나 의결권행사는 할 수 없다.

㉡ 주주명부 기준일(등록일) 제도는 주주명부의 기재변경을 정지하지 않고 주주를 확정하는 방법이므로 주식의 자유양도성을 제약하지 않는 장점이 있다.

㉢ 주주명부 폐쇄기간을 정할 경우나, 기준일을 정할 경우에는 2주 전에 공고해야 한다(정관으로 정할 경우 공지를 하지 않아도 됨).

③ 실질주주명부 : 예탁결제원이 통지한 증권회사별로 고객명부를 기초로 하여 상장법인이 작성한다.

**03**   주주를 확정하는 제도와 가장 거리가 먼 것은?

① 주주명부 폐쇄기간

② 주주명부 기준일

③ 주주총회소집청구권

④ 실질주주명부

> **해설**   주총소집청구권은 소수주주권의 하나로 일정사안을 의결하기 위한 것이다.

> **정답** ③

주식양도에 관한 설명 중 적절하지 않은 것은?

① 주총의 특별결의로 주식양도의 자유를 제한할 수 있다.

② 권리주의 양도는 회사에 대해서는 그 효력이 없다.

③ 주권발행 전의 주식양도는 회사설립이나 신주납입기일 후 6개월이 경과하면 그 효력이 인정된다.

④ 회사가 취득한 자기주식에 대하여는 의결권이 인정되지 않으며 그 밖에 공익권과 자익권도 없다고 본다.

**해설** 법률이나 정관에 의하지 않으면 주식양도를 제한할 수 없다.

**정답** ①

**더알아보기** 주식양도

**(1) 주식양도자유의 원칙**

① 주식양도란 주식매매 등으로 권리를 이전하는 것으로, 투하자본회수를 하는 중요한 법률적 수단이다.

② 주식양도자유의 원칙 : 법률 또는 정관에 의하지 아니하면 주식양도를 제한할 수 없다.

**(2) 주식양도의 자유에 대한 제한**

| 정관상의 제한 | 법률상의 제한 | |
|---|---|---|
| 비상장법인이 적대적 M&A에 대비하기 위해 정관으로 주식양도를 제한할 수 있음 | 권리주의 양도제한 | 주권발행 전의 양도제한 |
| | 회사성립 전 양도는 인정되지 않음 | 회사성립 후 양도는 6개월 경과 전까지만 인정되지 않음 |

[권리주의 양도] 회사 성립 전 즉 주식성립 이전의 주식인수인를 권리를 권리주라 하며, 권리주의 양도는 효력이 없다(∵ 회사설립 시의 투기행위 조장을 방지하는 차원).

[주권발행 전의 양도] 회사 성립 후 또는 신주발행의 효력 후라도 주권이 발행되기 전에 하는 양도를 말하는데, 이는 절차적인 문제(주권발행 전이므로 대항효력이 없음)로 효력이 없다. 다만, 회사가 발행의무를 해태할 수도 있으므로 회사성립 후 6개월 후에는 주권발행 전의 양도라도 효력이 인정된다.

**(3) 주식 취득제한**

| 자기주식 취득제한 | 상호주식 취득제한 | |
|---|---|---|
| 상법상 일부 예외를 제외하고 자사주 취득금지(∵ 자본충실원칙 위배). 단, 상장법인은 재무전략상 유용한 수단이 될 수 있어 자사주취득을 허용함 | 모자회사 간 상호회사 | 비모자회사 간 상호회사 |
| | 자회사의 모회사 주식 취득불가(모자관계 : 모회사가 자회사 주식을 50%초과 보유 시) | (모자관계 : 모회사가 자회사 주식을 50% 초과 보유 시) 상호주 지분비율이 10% 초과 시 의결권 불인정 |

• 자사주의 법적지위 자사주는 의결권이 인정되지 않으며, 공익권과 자익권도 없다.

• 상호주식의 취득제한은 의결권행사제한의 방법으로 규제(∵ 지배구조의 왜곡화를 방지)

**참고** 2012년 상법개정으로 자사주취득규제가 대폭 완화되었으나, 배당가능이익 범위 내에서의 자사주취득한도 등 원칙적인 자사주취득제한은 유지되고 있음

**(4) 주식양도의 효력**

① 주식의 양도는 무기명주뿐 아니라 기명주식도 주권의 교부에 의한다. 주권불소지를 신고한 주주의 경우 주식을 양도하려면 회사에 대해 주권의 발행을 청구해야 한다.

② 주권의 교부는 주식양도의 효력발생요건이며, 기명주의 경우 주주명부에 기재(명의개서)해야 회사에 대항할 수 있다.

**(5) 명의개서** 기명주식을 취득한 자가 회사에 대해 주주의 지위를 주장하려면 자기의 성명과 주소를 주주 명부에 기재해야 하는데 이를 명의개서라 한다.

**(6) 주권의 선의취득** 주권의 점유자는 자격수여적 효력에 의해 적법한 소지인으로 추정된다. 소지인(양도인)이 무권리자라 하더라도 권리자의 외관을 가진 자로부터 주권을 양수한 자는 고의 또는 중대한 과실이 없는 한 주권의 유효한 취득이 인정된다.

---

**보충문제**

---

**01** 주식의 양도에 관한 설명으로 올바른 것은?

① 주권발행이전의 주식양도는 언제나 회사에 대하여 효력이 없다.

② 주식양도의 자유는 정관에 의하여도 제한할 수 없다.

③ 비모자회사 간 상호회사는 상호간의 지분을 100분의 10 초과해서 보유하고 있는 경우를 말하는데 이 경우 상호간 의결권이 제한된다.

④ 무기명주식의 양도는 명의개서를 해야 회사에 대항할 수 있다.

> **해설** 모자회사 간 상호회사, 비모자회사 간 상호회사에 대한 제한내용이 다르다.
> ① 설립등기, 주금납입기일 후 6개월이 경과하면 주권없이 주식을 양도할 수 있다.
> ② 정관에 의하여 주식양도는 이사회승인을 요건으로 할 수 있다.
> ④ 무기명주는 명의개서가 필요없다(기명주는 명의개서를 해야 효력이 인정).

정답 ③

---

**02** 빈칸이 옳게 연결된 것은?

> 주식양도의 효력발생요건은 ( 가 )이며 대항요건은 ( 나 )이다.

| | 가 | 나 |
|---|---|---|
| ① | 주권의 교부 | 주주명부의 명의개서 |
| ② | 주권의 발행 | 주주명부의 명의개서 |
| ③ | 주권의 교부 | 주권의 예탁결제 |
| ④ | 주권의 발행 | 주권의 예탁결제 |

> **해설** 무기명주이든 기명주이든 주식의 양도는 주권의 교부로 그 효력이 발생한다. 그리고 기명주의 경우는 양수한 자가 명의개서를 해야 회사에 대해 주주로서의 권리를 인정받게 된다(대항요건을 갖추는 것).

정답 ①

## 주식담보

주식이 질권의 목적이 될 때, 주권을 계속 점유하고 있어야만 그 효력이 인정되는 것이 아닌 것은?

① 약식질

② 등록질

③ 양도담보

④ 정답없음

**해설**  등록질은 주주명부에 기재함으로써 효력이 발생한다.

정답 ②

**더알아보기**  주식담보/주식매수선택권/주식의 포괄적 교환·이전/지배주주의 매도청구

**(1) 주식의 담보** : 주식은 양도의 대상이 됨과 동시에 질권의 목적이 될 수 있다. 질권의 목적으로서 방법은 주식질과 양도담보가 있다.

① 주식질

| 구 분 | 약식질 | 등록질 |
|---|---|---|
| 효력의 발생 | 질권설정합의와 주권의 교부로 효력발생 | 주주(질권설정자)의 청구로 질권자를 주주명부에 기재하는 입질 방식 |
| 의결권의 행사 | 주식의 입질은 재산적 권리에만 한정하므로 입질 후에도 공익권은 주주가 행사함 | |

② 양도담보 : 주식질 + 처분승낙서. 실제로 양도담보가 주식질보다 선호되고 있음

**(2) 주식의 소각·분할·병합**

① 주식의 소각(무액면주는 자본감소가 없으므로 자기주식 소각절차가 적용되지 않음)

| 자본감소 소각 | 자기주식 소각 | 상환주식 소각 |
|---|---|---|
| 주식수 ↓ & 자본금 감소 ↓ | 주식수 ↓ & 자본금 감소 無(즉, 주식수만 감소하는 소각) | |

**참고**  상법 개정으로 이익소각이 폐지되고 자기주식 소각이 허용됨(자기주식매수는 결국 배당가능이익에서 가능한 점을 고려하면 이익소각과 자사주소각은 대동소이함)

② 주식의 분할과 병합(액면분할과 액면병합은 자본금의 변동없이 주식수만 변동함)

ⓐ 액면분할 : 한 개의 주식을 두 개 이상으로 나누는 것

ⓑ 액면병합 : 두 개 이상을 합해서 액면단위를 크게 하는 것

ⓒ 액면분할은 주총 특별결의가 필요하며, 최저 액면가는 100원이다.

ⓓ 주식병합 시 회사는 1개월 이상의 기간을 정하여 주식병합의 뜻과 주권의 제출을 공고해야 함

**(3) 주식매수선택권**

① 경영, 기술혁신 등 회사에 기여할 수 있는 회사의 이사, 집행임원, 감사 또는 피용자에게 미리 정한 가액으로 신주인수하거나 또는 자기주식매수의 권리를 부여하는 것을 말한다.

② 피용자라 하더라도 10% 이상의 주주, 회사의 주요 경영사항에 사실상 영향력을 행사하는 자에게는 주식매수선택권을 부여할 수 없다.

③ 상장법인은 당해 회사의 임직원 외에 일정한 관계회사의 이사 또는 피용자에게 스톡옵션을 부여할 수 있다.

④ 주식매수선택권의 부여한도는 발행주식총수의 100분의 10을 초과할 수 없다. 다만, 상장법인의 경우 100분의 15까지 부여가 가능하다.
⑤ 주식매수선택권의 요건
  ㉠ 주식매수선택권 부여를 위해서는 정관의 규정과 주총의 특별결의가 있어야 한다. 단, 상장법인의 경우 일정한도까지는 이사회결의로 부여할 수 있다.
  ㉡ 주식매수선택권은 주총결의 후 2년 이상 재임(재직)해야 행사할 수 있다. 단 사망, 정년 또는 본인의 귀책사유가 아닌 퇴임(퇴직)시는 예외적으로 행사가 가능하다. 그리고 본인의 귀책사유가 아닌 퇴임(퇴직)으로 행사할 경우 그 날부터 3개월 이상의 행사기간을 추가로 부여하도록 하고 있다(도덕적해이를 막기 위함).
  ㉢ 주식매수선택권은 양도가 불가하나 상속이 된다(권리자의 상속인이 행사가능).

## (4) 주식의 포괄적 교환·이전

회사 간에 주식 전부를 일괄적으로 주고 받는 방법에 의하여 완전모회사나 완전자회사가 성립되도록 하는 제도. 즉 주식의 포괄적 교환이나 포괄적 이전 모두 완전모회사의 성립을 목적으로 한다.

| 주식의 포괄적 교환 | 주식의 포괄적 이전 |
| --- | --- |
| 기존회사(완전모회사가 되는 회사)의 주식을 완전자회사가 되는 회사의 주식 전부와 교환함으로써 완전母子회사 관계가 성립 | 신설회사(완전모회사가 되는 회사)가 기존회사의 주식을 일괄 이전받고 신설회사의 주식을 발행함으로써 완전母子회사 관계가 성립 |

→ 모회사가 되는 회사가 기존회사이면 '포괄적 교환', 신설회사이면 '포괄적 이전'이다.

## (5) 지배주주의 매도청구 및 소수주주의 매수청구(2012년 상법개정으로 신설)

| 지배주주의 매도청구(주총승인 요구) | 소수주주의 매수청구(주총승인 필요없음) |
| --- | --- |
| 회사의 발행주식총수의 95% 이상을 자기계산으로 보유하고 있는 주주는 회사의 다른 주주(소수주주)에게 주식의 매도를 청구할 수 있음 | 지배주주가 있는 회사의 소수주주는 언제든지 보유주식을 지배주주에게 매수해 줄 것을 청구할 수 있음 |
| 지배주주의 매도청구를 받은 소수주주는 매도 청구를 받은 날로부터 2개월 이내에 보유주식을 지배주주에게 매도해야 함(매매가액은 협의) | 소수주주의 매수청구를 받은 지배주주는 매수 청구일로부터 2개월 이내에 소수주주의 주식을 매수해야 함(매매가액은 협의) |

**01  주식매수선택권에 대한 설명으로 가장 거리가 먼 것은?**

① 상법상 부여한도는 발행주식총수의 100분의 10이나 상장법인은 100분의 15까지 부여할 수 있다.

② 주식매수선택권은 주총결의 후 2년이 지나야 행사가 가능하다.

③ 주식매수선택권은 양도와 상속이 금지된다.

④ 주식매수선택권의 부여를 위해서는 정관규정과 주총의 특별결의가 필요하나 상장법인의 경우는 일정한도까지는 이사회결의만으로 부여가 가능하다.

> 해설  양도는 불가하나 상속은 된다(권리자의 상속인이 행사한다).

정답 ③

**02  다음 설명 중 가장 거리가 먼 것은?**

① 신설회사가 기존회사의 주식을 일괄 이전받고 신설회사의 주식을 발행함으로써 완전 모회사가 되는 것을 주식의 포괄적 교환이라고 한다.

② 회사발행주식수의 95% 이상을 가진 주주는 타주주의 주식매도를 청구할 수 있다.

③ 지분의 95% 이상의 주주가 있는 회사의 소수주주는 지배주주에게 본인이 가진 주식의 매수를 언제든지 청구할 수 있다.

④ 지배주주의 매도청구나 소수주주의 매수청구가 있을 경우 청구일로부터 2개월 이내에 매도 또는 매수를 완료해야 한다.

> 해설  ①은 주식의 포괄적 이전을 말한다.

정답 ①

**03  다음 설명 중 옳은 것은?**

① 주식의 입질 후에는 질권설정자(주주)의 자익권과 공익권 행사가 제한된다.

② 주식의 분할을 할 경우 주금액이 100원 미만이 되어서는 안 된다.

③ 상장법인의 경우 주식매수선택권은 당해 임직원에게만 부여할 수 있다.

④ 무액면주식을 소각할 경우 자본감소절차에 의한 자본금 감소가 발생한다.

> 해설  주금액(액면금액)은 어떤 경우든 100원 이상으로 균일해야 한다.
> ① 공익권(의결권등)은 주주(질권설정자 = 주주 = 채무자)가 행사할 수 있다.
> ③ 관계회사의 임직원에게도 부여가 가능하다.
> ④ 액면주식과는 달리 무액면주식을 소각할 경우 자본금 감소가 없으므로 자본감소절차가 적용되지 않는다.

정답 ②

## 3 회사의 기관

다음 중 주주총회의 결의요건이 나머지 셋과 다른 것은?

① 주식배당          ② 재무제표의 승인
③ 이사・감사의 선임      ④ 이사・감사의 해임

**해설**　이사, 감사의 선임은 보통결의로, 해임은 특별결의 사항이다.

정답 ④

---

**더알아보기**　주주총회

**(1) 회사의 법정상설기관(삼권분립원칙)** : 이사회(대표이사), 주주총회, 감사(또는 감사위원회)
- 주주총회는 회사경영상의 중요사항에 대하여 주주의 의사를 집약하여 회사 내부에서 회사의 의사를 결정하는 필요적 기관이다.

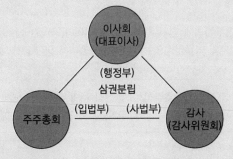

**(2) 주주총회의 권한** : 주주총회는 법률과 정관에 규정된 사항만을 결의할 수 있다(이사회결의와 주총결의사항을 분리하고자 함). 결의사항은 보통결의, 특별결의, 특수결의 사항이 있으며, 이러한 주총의 권한은 전속적인 권한으로서 정관에 의해도 다른 기관이나 제3자에게 위임할 수 없다.

| 구 분 | | 내 용 |
|---|---|---|
| 보통결의 | 결의 요건 | 출석주식의 과반수 이상 & 발행주식총수의 4분의 1 이상으로 결의 |
| | 결의 사항 | 주식배당, 이사・감사・청산인의 선임과 그 보수결정, 재무제표의 승인, 총회 연기 또는 속행의 결정, 청산인의 해임 등 |
| 특별결의 | 결의 요건 | 출석주식의 3분의 2 이상 & 발행주식총수의 3분의 1 이상으로 결의 |
| | 결의 사항 | 이사・감사의 해임, 정관의 변경, 자본감소, 주식의 할인발행, 주식의 포괄적 교환・이전, 영업전부의 양도 또는 중요한 일부의 양도, 합병・분할계획서의 승인, 임의 해산 등 |
| 특수결의 | 결의 요건 | 총주주의 동의 요구 |
| | 결의 사항 | 이사의 회사에 대한 책임 면제, 주식회사의 유한회사로의 조직변경 |

### (3) 주총의 소집
① 소집권자 : 이사회결의로 소집. 소수주주와 감사, 법원도 소집권이 있음
- 임시주총소집권 3% 이상의 소수주주권(상장법인은 1.5% & 6개월 이상 보유요건)
② 소집시기 : 매년 결산횟수에 따라(보통 1회) 일정한 시기에 소집하는 정기총회, 필요한 시기에 수시로 소집하는 임시총회로 구분된다.
③ 소집절차
ㄱ 주총 2주간 전에 각 주주에게 서면 또는 전자문서(동의시)를 발송해야 한다. 통지대상은 주주명부상의 주주이며, 의결권없는 주주에 대해서는 통지를 하지 않아도 된다.
ㄴ 무기명주권을 발행한 경우에는 총회일의 3주간 전에 통지내용과 같은 내용을 공고해야 한다.
ㄷ 자본금 10억원 미만 주식회사의 경우, ⓐ 주총소집통지 기간을 주총일 10일 전으로 단축하고, ⓑ 주주전원 동의시 소집절차 생략이 가능하며, ⓒ 서면에 의한 총회결의도 허용된다.
ㄹ 상장법인의 경우 의결권의 100분의 1 이하의 주주에게는, 주총일 2주 전에 2개 이상의 일간지에 2회 이상의 공고로서 소집통지에 갈음할 수 있다(2-2-2원칙).

### (4) 주주제안권
① 주주가 일정한 사항을 주총의 목적사항으로 할 것을 제안할 수 있는 공익권이다.
② 주주제안권은 3% 이상의 소수주주권이나 상장법인의 경우 6개월 이상의 보유를 전제로 하여 1% 이상 (자본금 1천억원 이상의 상장법인은 0.5% 이상)이면 행사가 가능하다.

### (5) 의결권
① 주주가 주총에 출석하여 결의에 참가할 수 있는 권리이다(공익권-단독주주권).
② 모든 주주는 1주마다 1개의 의결권을 갖는다(주주평등원칙에 의한 강행법규). 단, 아래의 경우 의결권이 제한된다.

> 무의결권주/회사의 자기주식/상호주식/이사 선임 시의 집중투표 배제 시/감사 선임 시/총회결의에 대해 특별한 이해관계가 있는 경우/무기명주의 경우 1주간 전에 미공탁 시

③ 의결권 행사
ㄱ 의결권 행사를 위해서는 기명주주의 경우 명의개서가 되어야 하고, 무기명주의 경우 주총일 1주간 전에 그 주권을 회사에 공탁해야 한다.
ㄴ 의결권의 대리행사 : 대리권을 증명하는 서면을 총회에 제출하면 대리인이 행사 가능하다.
ㄷ 의결권의 불통일행사 : 다수의 주식을 소유하는 경우 그 의결권을 하나의 방향이 아닌 불통일행사가 가능하다. 이 경우 주주는 주총일 3일 전까지 회사에 서면으로 통지해야 하고, 회사는 불통일행사를 거부할 수 있다.
④ 서면결의 : 주주는 총회 출석을 하지 않아도 서면에 의한 의결권 행사가 가능하다.

### (6) 주주총회의 결의하자
① 결의하자 주장방법의 종류 : 주총결의 하자가 있을 때는 당연히 무효이다. 그러나 하자를 주장하는 방법을 무제한으로 인정할 경우 법률관계의 혼란이 있으므로 그 방법을 제한한다.

| 결의취소의 소 | 결의무효확인의 소 | 결의부존재의 소 | 부당결의최소변경의 소 |
|---|---|---|---|
| 경미한 형식적 하자<br>2개월 내 소 제기가능 | 실질적 하자<br>소 제기의 시간적 제한 없음 | 중대한 하자 | 특별관계인이 2개월 내<br>제기가 가능한 소 |

② 판결의 효력 결의하자에 대한 4종의 소송에서 원고승소시 그 판결효력은 대세적 효력

**01** 다음 중 회사의 필요·상설기관에 속하지 않은 것은?

① 주주총회
② 대표이사
③ 감 사
④ 이사회 내의 위원회

해설　이사회 내의 위원회는 법정상설기관이 아니라 임의기관이다.

정답 ④

**02** 다음 빈칸에 들어갈 수 없는 수는?

> • 상법상 발행주식총수의 100분의 (　) 이상을 보유한 주주는 임시주총의 소집을 요구할 수 있다.
> • 상장법인의 경우 의결권의 100분의 (　) 이하의 주주에게는 일간지 등에 공고하거나 전자공시 시스템에 공고하는 것으로 소집통지에 갈음할 수 있다.
> • 자본금 (　)억원 미만의 주식회사의 경우 서면에 의한 총회결의도 허용된다.

① 1　　　　　　　　　　　　② 3
③ 5　　　　　　　　　　　　④ 10

해설　차례대로 '100분의 3, 100분의 1, 10억원'이다.

정답 ③

**03** 주주총회 결의에 대한 설명이다. 옳은 것은?

① 의결권행사를 위해서는 기명주든 무기명주든 주주명부에 명의개서가 되면 된다.
② 우리 상법상 의결권의 서면행사가 인정되지 않는다.
③ 결의취소의 소는 무효를 주장하는 자격과 시기에 대한 제한을 두지 않는다.
④ 결의하자의 대한 소송에서 원고가 승소하면 그 판결은 소송당사자뿐만 아니라 제3자에게까지 미치는 대세적 효력을 지닌다.

해설　① 기명주는 명의개서, 무기명주는 공탁을 해야 의결권 행사가 가능하다.
　　② 서면행사가 가능하다.
　　③ 결의취소의 소는 형식적인 하자 사유로서 주총일 2개월 내로 소를 제기해야 한다(제한을 두지 않는 것은 '결의무효확인의 소'이다).

정답 ④

**04** 다음 중 주주총회의 특별결의사항으로 모두 묶인 것은?

> ㉠ 주식의 포괄적 교환   ㉡ 정관 변경
> ㉢ 이사·감사 해임   ㉣ 유한회사로의 조직변경

① ㉠

② ㉠, ㉡

③ ㉠, ㉡, ㉢

④ ㉠, ㉡, ㉢, ㉣

해설   유한회사로의 조직변경, 이사의 책임면제는 특수결의사항이다.

정답 ③

## 이사, 이사회, 대표이사

핵심유형문제

주식회사의 이사에 관한 설명으로 가장 거리가 먼 것은?

① 상법상 이사는 3인 이상이어야 하나 자본금 10억원 미만의 회사에는 1인 이사가 인정된다.

② 이사는 주주총회에서 선임하여야 하나, 정관으로 정한 경우 이사회결의로 선임이 가능하다.

③ 주주총회의 특별결의로 임기만료 전에 언제나 해임할 수 있다.

④ 상법은 이사선임시 집중투표제를 인정하고 있는데 집중투표의 청구권은 발행주식 총수의 100분의 3 이상의 소수주주에게만 인정된다.

해설   이사는 주주총회의 보통결의로 선임한다(주총의 전속권한이므로 다른 방법은 없다).

정답 ②

### 더알아보기   이 사

**(1) 이 사**

① 이사는 이사회의 구성원으로서 회사의 업무집행에 관한 의사결정에 참여하고, 이사회를 통하여 대표이사 등의 업무집행을 감독할 권한을 가진 자이다. 또한 대표이사로 선임되어 회사의 기관이 될 수 있는 자이다.
  • 업무집행기관의 구성(2012년 상법개정으로 '집행임원제도' 신설) 이사회의 감독기능에 대한 문제점을 해결하기 위해, 이사회의 업무집행기능과 업무감독기능을 분리하였음(업무집행을 담당하는 임원 = 집행임원)

② 이사는 3인 이상이어야 하고, 이사임기는 3년을 초과하지 못하며(3-3원칙), 연임은 가능
  예외 자본금이 10억원 미만인 회사는 1인 이사제도 가능(이 경우 이사회는 없다)

③ 이사는 자연인이어야 하며, 법인은 이사가 될 수 없다(다만 투자회사는 법인이사를 둠).

④ 이사는 주총의 보통결의로 선임되고 특별결의로 해임할 수 있다.

⑤ 사외이사는 회사의 상무에 종사하지 아니하는 이사를 말함. 우리나라에서는 사내이사의 업무집행 감독을 위해 상장법인에 있어서만 강제된다(아래 상장법인의 사외이사 설치의무).

| 구 분 | ⊙ 상장법인 | ⓛ 대형 상장법인 | ⓒ 금융투자회사 |
|---|---|---|---|
| 설치요건 | 상장법인 | 자산총액 2조원 이상의 대형 상장법인 | 자산총액 2조원 & 운용재산합계 6조원 |
| 사외이사 비중 | 이사총수×1/4 | 이사총수×1/2 | 이사총수×1/2 |

- ⊙의 예외로서 '자산총액이 1천억원 미만인 코스닥상장 벤처기업/회생절차개시나 파산 선고를 받은 상장기업/신규상장법인 등'은 사외이사 설치의무가 면제됨
- ⓛ과 ⓒ은 사외이사는 3명 이상, 사외이사의 비중이 이사총수의 1/2 이상이어야 함

⑥ 집중투표제도(Cumulative Voting)

　⊙ 이사선임에 있어 우리 상법은 소수주주의 대표를 이사로 선임할 수 있도록 집중투표제도를 도입하고 있으며, 집중투표청구권은 3% 이상의 소수주주권이다.

　ⓛ 집중투표란 선임되는 이사의 수만큼의 의결권을 1주마다 부여하고, 주주가 이를 분산하여 다수 후보자에 나누어 투표하거나 1인에게 집중투표할 수 있는 제도이다(다득표 순으로 선임).

　ⓒ 집중투표를 배제 시에는, 발행주식총수의 100분의 3을 초과하는 주식을 가진 주주는 그 초과하는 주식에 관하여 의결권을 행사할 수 없다(∵ 공정성을 유지).


---

보충문제

**01　이사회에 관한 설명 중 옳은 것은?**

① 이사회결의는 과반수의 출석과 출석과반수의 찬성으로 의결하는데 이에 대한 예외는 없다.

② 이사회의 서면결의는 일체 인정되지 않는다.

③ 이사회 내의 위원회는 법정필요상설기관이 아니므로 위원회의 결의는 이사회의 결의와 동일한 효력을 미치지 못한다.

④ 이사회는 주주총회의 권한으로 규정된 것을 포함한 모든 회사의 의사를 결정하는 권한을 가지고 있다.

해설　이사회는 주주총회와 달리 서면결의가 인정되지 않는다.
　　① 정관에서 정할 경우 비율을 올릴 수 있다.
　　③ 이사회의 권한을 위임하므로 동일한 효력을 갖는다.
　　④ 주주총회의 권한으로 규정된 것은 제외된다.

정답 ②

**(2) 이사회**

① 이사회는 이사 전원으로 구성되는 법정의 회의체로서 회사의 필요상설기관이다.

② 이사회결의는 이사 과반수의 출석과 출석이사의 과반수로 한다('과반 – 과반'). 단, 정관으로 이 비율을 높게 정할 수 있다.

- 통신수단에 의한 이사회 참석은 인정되며, 이사회의 서면결의는 일체 인정되지 않는다.

③ 이사회의 두 가지 권한 의사결정권 + 업무감독권

ㄱ 의사결정권 : 법률이나 정관으로 주주총회의 권한으로 규정된 것을 제외한 업무집행에 관하여 회사의 의사를 결정하는 권한을 가지고 있다.

- 이사회의 중요한 의사결정권

> 대표이사 선임/공동대표 결정/신주 및 사채 발행/준법감시인의 임면/주총 소집결정 등

ㄴ 업무감독권 : 이사회는 업무집행에 관한 의사결정을 하며, 실제 업무집행은 대표이사가 담당(집행임원제도가 있을 경우 집행임원이 담당)하는데, 이에 대한 업무감독을 한다.

④ 이사회 내 위원회 : 회사는 정관의 규정에 따라 이사회 내 위원회를 설치하고 이사회의 권한을 위임할 수 있다. 그러므로 이사회 내의 위원회의 결의는 전체 이사회의 이사회결의와 동일한 효력을 갖는다.

---

**02** 밑줄친 부분 중에서 가장 잘못된 것은?

> 대표이사는 ① 대외적으로 회사를 대표하고 ② 대내적으로는 업무집행을 담당하는 ③ 회사의 필요·상설·독립기관이며, ④ 이사회 구성원 중에서 1인을 대표이사로 선임한다.

**해설** 1인 또는 수인(공동대표이사 제도)을 대표이사로 선임한다.

**정답** ④

---

**(3) 업무집행 – 대표이사 및 집행임원(상법개정으로 '집행임원' 내용이 포함)**

① 집행임원 미설치회사 – 대표이사

ㄱ 대표이사의 선임 : 이사 중에서 이사회결의로 대표이사를 1인 또는 수인을 정할 수 있다.

ㄴ 대표이사의 종임 : 대표이사의 해임 또는 사임에 의해 종임. 이사의 임기만료·해임·사임 등 이사자격이 종료되면 당연히 대표이사의 지위도 잃게 되나, 대표이사의 직위를 상실한다고 해서 당연히 이사의 자격을 잃는 것은 아니다.

ㄷ 표현대표이사제도의 의의(집행임원이 있을 경우 '표현집행임원'도 같은 내용으로 적용됨)

> '대표권이 없는 이사가 회사를 대표할 권한이 있는 것으로 인정될 만한 외관을 사용할 것/외관의 원인을 회사가 만들었을 것(명함제공 등)/그 외관에 대한 선의의 제3자의 신뢰가 있을 경우'
> → 회사는 선의의 제3자에게 대해 대표이사의 행위와 마찬가지로 그 책임을 져야 한다.

② 집행임원 설치회사 - 집행임원
  ㉠ 집행임원 : 대표이사를 대신하는 업무집행기관으로서, 상법상 회사는 집행임원을 둘 수 있고 집행임원을 둔 회사는 대표이사를 따로 둘 수 없다(병립불가).
  ㉡ 집행임원의 선임, 자격 및 인원수 집행임원은 이사회에서 1인 또는 수인의 집행임원을 선임할 수 있다. 대표이사는 이사의 자격을 전제로 하고 이사 중에서 선임되는 것과는 달리 집행임원의 자격에는 아무런 제한이 없다.

**03** 이사의 업무집행에 대한 주주의 직접적인 감독권과 거리가 먼 것은?

① 유지청구권　　　　　　　　　　② 대표소송제기권
③ 이사해임청구권　　　　　　　　④ 재무제표승인권

해설　직접적인 감독권은 ①·②·③ 외에 회계장부열람권이 있다(④는 거리가 멀다).

정답 ④

**더알아보기** 이사의 의무 및 책임

**(4) 이사의 의무 및 책임**
① 이사의 의무 : 충실의무, 경업(競業)금지의무, 자기거래금지의무, 비밀유지의무, 이사회보고의무, 손해보고의무 등
  • 경업금지는 이사회 승인없이 경쟁회사의 이사가 될 수 없으며, 비밀유지의무는 재임 중은 물론 퇴임 후에도 의무가 부과된다.
② 이사의 책임

| 회사에 대한 책임 | 자본충실의 책임 | 신주발행 시 미인수주식이 있을 경우 공동인수 |
|---|---|---|
| | 손해배상책임 | 이사가 법령 위반 또는 임무해태 시 |
| 제3자에 대한 책임 | | 이사가 악의 또는 중대한 과실, 임무해태로 인한 손해발생 시(제3자−주주도 포함−의 보호를 위해 상법이 특별히 규정한 법적 책임) |

③ 이사책임의 소멸 : 이사책임의 면제는 총주주의 동의로 이사책임의 면제가 가능하다. 단, 자본충실책임은 면제되지 않는다.
④ 이사의 업무집행에 대한 소수주주의 감독이사의 책임은 회사가 추궁해야 하나 그 특수관계로 인해 실효성을 기대하기 어려우므로 소수주주의 감독권을 인정하고 있다. 유지청구권, 회사대표권(대표소송권), 이사해임청구권, 회계장부열람권 등이 있다.
  ㉠ 위법행위유지청구권 : 이사가 법령 등에 위반하는 행위를 하고자 하는 경우 소수주주가 회사를 위하여 이사의 행위를 중지시킬 것을 청구하는 권리이다. 1% 소수주주권이며(상장법인은 완화적용), 손해배상책임과 달리 유지청구권은 사전 예방조치라는 점에서 의의가 있다.
  ㉡ 대표소송제기권(대위소송제기권) : 소수주주가 회사를 위하여 이사의 회사에 대한 책임을 추궁하는 소송이다(이사뿐 아니라 감사에 대한 대표소송제도 또한 인정됨). 대표소송제기권은 1% 소수주주권이며, 대표소송은 소수주주가 직접 제소하기 전에 서면으로 먼저 이사책임을 추궁하는 소송을 제기하고, 회사가 청구받은 날로부터 30일 이내에 소를 제기하지 않으면 비로소 소수주주가 직접 소송을 제기할 수 있다.

감사에 대한 설명으로 가장 거리가 먼 것은?

① 자산총액이 1천억원 이상인 상장법인은 상근감사를 1인 이상 두어야 한다.
② 자산총액이 2조원 이상인 대형상장법인은 감사위원회의 설치가 강제되는데 이 경우 감사는 두지 말아야 한다.
③ 감사는 주총의 보통결의로 선임하는데 이때 누구든지 자기가 보유한 지분만큼 감사선임에 대한 의결권을 행사할 수 있다.
④ 이사도 업무감사를 하지만 감사의 업무감사는 주총에 보고의무가 있다는 점이 다르다.

> **해설**  공정한 감사선임을 위해서 의결권 있는 발행주식총수의 100분의 3까지만 의결권 행사가 가능하다.
>
> **정답** ③

---

**더알아보기**  감 사

**(1) 감사의 의의**

① 상법은 업무집행에 대한 감독권을 이사회에 맡기는 동시에, 감사에게도 회계감독권과 함께 업무감독권을 부여하였다(감사 = 법정필요상설기관).
② 최근사업연도말 현재 자산총액이 1천억원 이상인 상장회사와 금융투자업자(운용재산 3조원 이상 요건 추가)에 의하여 상근감사를 1인 이상 두어야 한다(자본금 10억원 미만의 회사설립 시에는 감사선임 여부는 선택사항으로 함).
③ 회사가 정관에 의해 감사위원회를 두는 경우 감사는 둘 수 없다(병립불가). 자산총액 2조원 이상의 대형상장법인과 금융투자회사(운용재산 6조원 이상 요건 추가)는 감사위원회의 설치가 강제된다.

**(2) 감사의 선임 · 업무감사권 · 권한 · 의무 등**

① 감사의 선임
  ㉠ 감사는 주총의 보통결의로 선임한다. 공정한 선임을 담보하기 위해 의결권 있는 발행주식 총수의 3%를 초과하여 주식을 보유한 주주는 그 초과분에 대해서는 의결권 행사가 불가하다.
  ㉡ 감사의 성명과 주민등록번호는 등기사항이다(대표이사도 마찬가지).

② 이사의 업무감사권 VS 감사의 업무감사권

| 이사의 업무감사권 | 감사의 업무감사권 |
|---|---|
| 업무집행 의사결정의 참여자로서 자율적 감독 | 제3자로서의 타율적 감독 |
| 이사회결의 자체는 감사할 수 없음 | 이사회결의 자체까지 감사가 가능함 |
| 이사회업무감사권은 주총보고의무가 없음 | 감사의 업무감사결과를 주총에 보고해야 함 |
| 이사회감사는 업무집행의 타당성이 주 대상 | 감사의 업무감독은 적법성감사로 한정 |

③ 감사의 권한 : 감사는 언제나 이사에 대해 영업에 관한 보고를 요구할 수 있고 이사는 이에 대해 보고할 의무가 있다(영업보고청구권, 업무 · 재산상태조사권, 이사회참석권 등).
④ 감사의 의무 : 주주총회에 대한 조사보고의무(감사보고서), 이사회에 대한 보고의무(이사의 법령위반 시 이사회에 보고), 감사록작성의무(성실한 감사수행과 감사기능 강화차원)

**01** 감사위원회에 대한 설명으로 옳은 것은?

① 감사위원회 설치의무의 상장회사에서 감사위원회 위원 중 1명은 일정한 자격을 갖춘 법률전문가이어야 한다.

② 감사위원회는 언제나 법정필요상설기관이다.

③ 감사위원회는 3인 이상의 이사로 구성되고 감사위원회의 대표는 반드시 사외이사이어야 한다.

④ 자산총액 2조원 이상 상장회사의 감사 해임은 이사총수의 3분의 2의 동의가 있어야 한다.

> **해설** ① 감사위원회 설치의무의 상장회사에서 감사위원회 위원 중 1명은 일정한 자격을 갖춘 회계 또는 재무전문가이어야 한다.
> ② 2조원 이상의 대형상장법인에게는 설치의무가 강제되므로 법정필요상설기관이나 그렇지 않은 회사에게는 임의적 대체기관이다.
> ④ 자산총액 2조원 이상 상장회사의 감사 선임과 해임 권한은 주주총회가 가진다.
>
> **정답** ③

**02** 빈 칸에 들어갈 수 없는 수는?

> • 이사는 (    )인 이상이어야 하고, 임기는 (    )년을 초과할 수 없다.
> • 상장법인은 이사총수의 (    ) 이상을 사외이사로 해야 한다. 단, 자산총액이 2조원 이상인 상장법인의 경우 사외이사를 (    )명 이상 두어야 하며, 이사총수의 (    ) 이상이어야 한다.
> • 감사위원회는 (    )인 이상의 이사로 구성하며, 감사위원회는 (    ) 이상이 사외이사로 구성되어야 한다.

① 1/2

② 2/3

③ 1

④ 3

> **해설** 차례대로 '3인, 3년, 1/4 이상, 3명, 1/2 이상, 3인, 2/3 이상'이다.
> • 문제는 '이사 – 사외이사 – 감사위원회' 등에 대한 자본시장법과 회사법의 내용을 같이 정리한 것이다.
>
> **정답** ③

**더알아보기** 감사위원회

**(1) 감사위원회**

① 감사위원회는 회사의 업무감독권과 회계감독권을 가지고 있는 이사회 내의 위원회이다.

② 자산총액 2조원 이상의 대형상장법인·금융투자회사에 있어서는 감사위원회가 법정상설기관이다. 그러나, 기타의 회사에 있어서는 감사에 갈음하여 회사가 정관에 의해 설치할 수 있는 임의적 법정대체기관이다.

ㄱ 자산총액 2조원 이상의 대형 상장법인은 감사위원회를 설치해야 한다. 다만, 부동산 투자회사나 회생절차가 개시된 상장법인 등은 예외이다.

ㄴ 감사위원회의 대표는 사외이사, 위원 중 1명 이상은 회계 및 재무전문가이어야 한다.

③ 감사위원회는 3인 이상의 이사로 구성한다. 다만, 감사의 실효성을 확보하기 위해 업무 담당이사나 최대주주 등 회사에 영향력을 가지고 있는 자는 감사위원의 3분의 1을 넘지 못하도록 하였다.

④ 감사위원회 대표는 감사위원회의 결의로 선임하며, 감사위원의 해임에는 이사 전원의 3분의 2의 찬성이 있어야 한다(감사위원의 해임 ≠ 감사의 해임).

## (2) 준법지원인(2012년 상법개정으로 신설)

① 자산규모 등을 고려하여 상법에서 정한 상장회사(준법감시인을 둔 금융기관을 제외한 자산총액 5천억원 이상인 상장사)는 준법통제기준을 마련하고, 준법지원인을 1인 이상 두어야 한다.

② 준법지원인은 이사회결의로 임면하고, 임기는 3년이다. 준법통제기준의 준수여부를 점검하고 그 결과를 이사회에 보고해야 한다.

③ 준법지원인 선임의무가 있는 상장회사가 준법지원인을 두지 않았을 경우 별도의 벌칙이나 불이익은 없다.

---

## 준법지원인제도

**핵심유형문제**

준법지원인제도에 대한 설명이다. 틀린 것은?

① 회사 내부에서 법령을 준수하고 회사경영을 적정하게 하기 위한 준법 통제기준을 준수하게 하는 업무를 담당하는 자를 준법지원인이라 한다.

② 자산총액이 5천억원 이상인 상장회사는 준법지원인을 두어야 한다.

③ 준법지원인을 도입하지 않을 경우에도 법령이나 규정상의 불이익은 없다.

④ 준법지원인은 준법통제기준의 준수 여부를 점검하고 그 결과를 감사나 감사위원회에 보고해야 한다.

> **해설** 금융회사의 준법감시인은 감사(감사위원회)에 보고하고, 상장회사의 준법지원인은 이사회에 보고한다. 준법지원인은 이사회결의로 선임하고, 임기는 3년이다(상근).
>
> **정답** ④

---

**더알아보기** 준법지원인제도

(1) 준법지원인제도의 개요 : 핵심유형문제

(2) 준법지원인 선임요건 : 변호사, 법률학을 가르치는 조교수 이상의 직에 5년 이상 근무한 사람 등

## 4 기 타

**보통의 신주발행(유상증자)에 관한 설명 중 옳은 것은?**

① 주주총회결의에 의함이 원칙이다.

② 발행된 신주에 대해 명의개서를 해야만 신주의 효력이 발생한다(주주가 된다).

③ 신주발행 시는 현물출자가 인정되지 않는다.

④ 무액면주를 발행하는 회사는 신주발행도 무액면주만 가능하다.

해설    ① 이사회결의에 의함이 원칙이다. ② 납입기일의 다음 날 신주발행의 효력이 발생한다. ③ 현물출자가 인정된다.

정답 ④

---

**더알아보기**    신주의 발행

**(1) 신주발행 개요**

신주발행이란 회사설립 후 수권자본의 범위 내에서 주식을 발행하여 회사의 자본을 증가시키는 것을 말한다(유상증자와 무상증자). 회사가 무액면주식을 발행하는 경우 신주발행도 무액면주만 가능하며, 무액면주를 발행하는 경우 자본금은 주식발행가액의 1/2 이상의 금액으로서 이사회가 결정한다.

① 신주발행사항의 결정

   ㉠ 신주발행은 원칙적으로 이사회가 결정한다. 신주인수권은 정관에 다른 규정이 없는한 주주가 가지는 주식수에 비례하여 부여된다(주주평등의 원칙).

   ㉡ 신주인수인은 주금납입 또는 현물출자를 한 경우 납입기일의 익일로부터 신주의 효력이 발생한다(주주가 된다. 즉 주주로서의 권리·의무를 지님).

   ㉢ 회사의 설립 시와 마찬가지로 신주발행의 경우에도 현물출자가 인정된다.

② 신주의 액면미달발행 요건 : 상법상 원칙적으로 금지되나, 아래 요건을 갖출 경우 허용됨

   ㉠ 회사가 성립한 날로부터 2년이 경과/주총의 특별결의/법원의 인가/신주는 법원의 인가를 받은 날로부터 1개월 내에 발행하여야 한다(상장법인의 경우 법원인가 생략).

   ㉡ 액면미달발행 시 최저발행가액은 기준가격의 100분의 70 이상으로 해야 한다.

③ 신주인수권(회사가 신주발행 시 우선적으로 그 신주의 인수를 청구할 수 있는 권리)

| 추상적 인수권 | 구체적 인수권 |
| --- | --- |
| 법률의 규정에 의해 주주의 자격에서 갖는 일반적 권리 (자익권) | 이사회결의에 의해 일정한 신주를 우선적으로 받을 수 있는 채권적 권리이며, 이는 독립된 권리로서 주식과 분리하여 양도할 수 있다(신주인수권증서). |

주주의 추상적 신주인수권은 장래에 발행될 모든 신주에 미치게 되나 특수한 경우는 제외된다[특수한 경우 : 우리사주조합에 신주배정 시(100분의 20 이내), 주식매수선택권 부여 시에는 주주의 신주인수권은 배제].

④ 제3자의 신주인수권

   ㉠ 제3자의 신주인수권은 주주 이외의 자가 신주발행의 경우에 일정한 신주에 대하여 우선적 배정을 받는 권리를 말한다.

ⓛ 제3자의 신주인수권은 정관에 정할 경우에만 부여할 수 있다. 그러나 이 경우에도 신기술의 도입, 재무구조개선 등의 회사의 경영목적달성에 필요한 경우로 국한된다(∵ 주주평등 원칙에 위배되므로 남용을 방지하기 위함).

ⓒ 상장법인의 경우 상법규정에도 불구하고 주주의 신주인수권을 배제하고 불특정다수로부터 신주를 모집하는 일반공모방식으로 신주를 발행할 수 있다.

⑤ 이사의 인수담보책임 신주발행 후 아직 인수되지 않은 주식이 있거나 주식인수의 청약이 취소된 경우에는, 이사가 이를 공동으로 인수한 것으로 본다(이사의 납입담보책임, 발기인의 인수책임 = 자본 충실 원칙).

⑥ 신주발행의 유지(留止)

ⓐ 회사가 법령 등을 위반하여 현저하게 불공정한 방법에 의해 주식을 발행함으로써 주주이익을 해할 우려가 있는 경우에, 그 주주는 회사에 대하여 그 발행을 유지할 것을(못하도록) 청구할 수 있다(신주발행 유지청구권은 단독주주권).

ⓑ 신주발행의 유지는 사전적인 구제방법이므로 신주발행의 효력이 발생하기 전인 주의 납입기일까지만 할 수 있다(∵ 납입기일의 익일부터 효력이 발생하므로).

⑦ 신주발행무효의 소신주발행의 무효는 주주, 이사 또는 감사에 한하여 신주를 발행한 날로부터 6개월 이내에 소를 통해서만 주장할 수 있으며, 대세적 효력을 지닌다.

**보충문제**

**01** 신주의 액면미달발행에 대한 설명이다. 가장 거리가 먼 것은?

① 신주의 액면미달발행은 자본충실원칙에 위배되므로 원칙적으로 금지된다.
② 상장법인의 경우 법원인가 없이 주총의 보통결의로 할인발행을 할 수 있다.
③ 액면미달발행을 할 수 있는 기업은 회사설립 후 2년이 경과한 상태라야 한다.
④ 법원은 인가 시에 최저발행가액의 변경을 요구할 수 있다.

해설  주총 특별결의 후 법원의 인가를 받아야 한다(상장법인은 법원인가 면제).

정답 ②

**02** 신주인수권에 대한 설명이다. 가장 거리가 먼 것은?

① 구체적 신주인수권은 이사회의 신주발행 결의로 발생한다.
② 추상적 신주인수권은 주식과 분리하여 양도할 수 있다.
③ 제3자의 신주인수권은 정관 규정에 의해서만 부여할 수 있다.
④ 신주인수권의 양도는 이사회결의와 신주인수권증서의 교부가 있어야만 가능하다.

해설  분리해서 양도가 가능한 것은 구체적 인수권이다.

정답 ②

**03** 위법적 신주발행에 대하여 주주를 보호하는 사후적 구제방법이 아닌 것은?

① 신주발행유지청구권
② 신주발행무효의 소
③ 통모인수의 책임추궁 대표소송
④ 이사에 대한 손해배상청구권

> 해설  신주발행유지청구권만이 사전적, 예방적 구제방법이다.
>
> 정답 ①

---

## 정관변경 · 핵심유형문제

정관변경에 관한 설명으로 가장 적절하지 않은 것은?

① 정관변경은 주주총회의 특별결의사항이다.
② 정관변경 시 특정 종류의 주주에 피해를 줄 경우 종류주주총회의 결의를 사전에 해야 한다.
③ 원시정관과 달리 정관변경의 경우 공증인의 인증이 불필요하다.
④ 수권자본제도에서 신주발행 시 정관을 변경해야 한다.

> 해설  신주발행 시 정관변경이 필요한 것은 확정자본제도하에서이다.
>
> 정답 ④

---

**더알아보기**  정관의 변경

**(1) 정관변경의 의의**
정관변경은 주주총회의 특별결의로 한다(절대적 기재사항, 변태적 기재사항의 구분없이 그 변경 시는 모두 주총의 특별결의가 필요함). 수종의 주식 중 특정 종류주식에 손해를 미칠 경우에는 주총결의일 전에 해당 종류의 주총결의가 있어야 한다.

**(2) 정관변경의 효력**
주총의 결의와 동시에 효력이 발생하며, 원시정관과 달리 공증이 필요없다.

## 자본의 감소

**자본감소에 대한 설명으로서 가장 거리가 먼 것은?**

① 자본감소를 하기 위해서는 법원인가와 주총 특별결의가 필요하다.

② 자본감소결의일로부터 2주 내에 회사채권자에 대해 이의제출을 공고하는 최고를 해야 한다.

③ 자본감소는 주식수뿐만 아니라 자본금도 감소시킨다.

④ 자본감소의 변경등기가 있는 날로부터 6개월 내에 소를 통해서만 자본감소무효를 주장할 수 있다.

> **해설** 자본감소는 주총 특별결의를 요한다('법원인가&주총 특별결의'의 요건은 비상장법인의 액면미달발행 요건 이다).

> **정답** ①

---

**더알아보기** 자본의 감소

**(1) 자본감소의 의의**

회사의 자본액을 일정한 방법에 의해 감소시키는 것을 자본의 감소라고 하며, 자본의 감소는 회사채권자에게 중대한 영향을 미치므로 법이 정한 절차에 의해서만 가능하다.

① 액면주의 경우, 주금액의 감소시 주금액은 최소 100원 이상이어야 한다.

② 무액면주는 주금액의 감소가 없으며(무액면이므로), 자본금만 감소시키면 된다.

**(2) 주금액의 감소 VS 주식수의 감소**

| 주금액(자본금)의 감소 | | 주식수의 감소 | |
|---|---|---|---|
| 유상감자(실질적 감자) | 무상감자(형식적 감자) | 주식소각 | 주식병합 |
| 감소된 자본을 주주에게 환급, 실질적으로 자본을 회수하기 위한 수단으로 사용한다. | 감소된 자본을 주주가 포기(절기), 부실경영의 책임을 묻는 경우가 대부분이다. | 자사주소각, 상환주의 소각 경우에는 주식수만 줄어들고 자본금은 줄지 않는다. | 단순히 액면을 병합하는 것이며, 주식수는 줄어드나 자본금은 변화가 없다. |

**(3) 자본감소의 절차**

① 자본감소는 주주이해관계에 중대한 영향을 미치므로 주주총회의 특별결의가 있어야 한다.

② 채권자보호절차 자본감소의 결의일로부터 2주 내에 회사채권자에 대하여 이의가 있으면 일정한 기간 (1개월 이상) 내에 이의를 제출한 것으로 공고하고, 알고 있는 채권자에 대해서는 따로 최고해야 함. 사채권자가 이의를 제기하려면 사채권자집회의 결의가 있어야 한다.

**(4) 자본감소의 효력발생**

자본감소의 효력은 자본감소의 절차가 끝났을 때 발생한다.

**(5) 자본감소의 무효의 소**

① 자본감소의 변경등기가 있는 날로부터 6개월 내에 소를 통해서만 가능하다(대세적 효력).

② 자본감소는 그 절차 또는 내용에 하자가 있는 경우 무효가 된다(주총결의가 없었다거나, 채권자보호 절차를 밟지 않는 등).

**01** 다음 중 주금액이 감소하는 방법은?

> ㉠ 환 급  ㉡ 절 기
> ㉢ 주식소각  ㉣ 주식병합

① ㉠, ㉡  ② ㉡, ㉢

③ ㉢, ㉣  ④ ㉠, ㉣

**해설** 환급(유상감자)과 절기(무상감자)는 주금액이 줄어들고, 주식소각과 주식병합은 주식수가 줄어든다.

**정답** ①

---

## 회사의 계산

**핵심유형문제**

주식회사의 준비금에 대한 설명으로 가장 적절한 것은?

① 이익배당금의 10분의 1 이상을 자본준비금으로 적립하여야 한다.

② 준비금으로 이익배당을 할 수 없다.

③ 적극 재산을 실가 이상으로 과대평가할 때 비밀준비금이 발생한다.

④ 이익준비금과 자본준비금의 결손보전에는 그 보전순위가 있다.

**해설** 준비금은 자본충실의 원칙에 따라 결손전보 등을 위해 충당하는 자금으로써 이익배당가능한도에서 제외된다(이익배당가능한도 = 재무상태의 순자산액 - 자본액 - 준비금).
① 이익준비금이다(배당액의 1/10 이상을 자본액의 1/2에 달할 때까지 적립).
③ 적극 재산을 실가 이상으로 과소평가할 때 비밀준비금이 발생한다.
④ 준비금은 자본금의 결손보전에 충당하는 경우 외에는 처분하지 못하며 결손의 전보에 대한 제한은 없다.

**정답** ②

---

**더알아보기** 재무제표 및 영업보고서 및 준비금제도

**(1) 재무제표 및 영업보고서**

① 회사의 이사는 재무제표를 정기총회에 제출하여 승인을 받아야 하며, 영업보고서는 정기총회에 제출하여 그 내용을 보고하기만 하면 된다.

② 절차 이사가 감사에게 총회 6주간 전에 제출 → 감사는 감사보고서를 총회 4주간 전에 이사에 제출 → 이사는 정기총회에 제출 승인을 받음 → 지체없이 공표

### (2) 준비금 제도

① **준비금의 개념** : 회사는 자산이 자본액을 초과하는 금액 중에서 일정액을 회사에 보유해야 하는데, 이때 유보된 금액을 준비금이라 한다(법정준비금과 임의준비금이 있음).

② **준비금의 종류**

| 법정준비금 | | 임의준비금 |
|---|---|---|
| 이익준비금 | 자본준비금 | 이익준비금을 적립한 다음의<br>잔여잉여금을 재원으로 회사가 임의로<br>적립하는 준비금(용도 : 사업확장,<br>주식소각, 사채상환 등) |
| 매결산기 이익배당의 10%<br>이상의 금액을 자본의 1/2에<br>달할 때까지 적립 | 자본거래에서 발생한 잉여금을<br>전액 자본준비금으로 적립<br>(예 주식발행초과금 등) | |

> 참고 2012 상법개정으로 이익준비금의 적립기준이 현금배당의 10%가 아니라 이익배당의 10%로 변경되었음

③ **법정준비금의 용도(자본충실원칙의 일환)**

⊙ 결손의 전보 : 법정준비금은 원칙적으로 자본의 결손을 전보하는 목적에만 사용할 수 있다.
  - 자본의 결손은 먼저 이익준비금으로 전보하고 이것이 부족한 때가 아니면 자본준비금으로 충당하지 못한다.

ⓒ 자본전입(무상증자) : 법정준비금은 자본전입이 인정된다. 법정준비금은 주주에 대한 이익배당을 제약한다는 점에서 자본과 동일하다고 할 수 있다.

④ **법정준비금의 감소** : 과도한 준비금의 적립은 배당가능이익의 산출을 어렵게 한다. 따라서 회사는 법정준비금이 자본금의 1.5배를 초과하는 경우에 그 초과분에 한해서 감액이 가능하다.

⑤ **임의준비금제도** : 사업확장, 주식소각, 사채상환 등을 위해 법정준비금 외에 별도로 적립함

---

**보충문제**

---

**01** 주식회사의 이익배당에 관한 설명이다. 가장 거리가 먼 것은?

① 회사는 주주총회나 이사회에서 따로 정하지 않는 한 배당결의일로부터 1개월 이내에 배당금을 지급하여야 한다.

② 상장법인만이 중간배당과 분기배당을 할 수 있다.

③ 중간배당과 분기배당은 금전으로만 해야 한다.

④ 위법배당의 경우 회사채권자도 주주에 대하여 위법배당의 반환청구를 할 수 있다.

> 해설 중간배당(결산기 외 1회)은 비상장법인도 가능하며, 분기배당(결산기 외 3회)은 상장법인만 가능하다.
> 정답 ②

**02**  주식배당에 관한 다음 설명 중 옳은 것은?

① 주식배당은 이사회결의로 할 수 있다.

② 일부주주에게는 금전배당을, 다른 주주에게는 주식배당을 해도 된다.

③ 주식배당액의 10분의 1 이상을 이익준비금으로 적립하여야 한다.

④ 주가가 액면가에 미달할 경우에도 상장법인은 이익배당의 전액을 주식배당할 수 있다.

**해설**  ① 주총의 보통결의로 가능하다.
② 주주평등원칙에 위배된다.
④ 주가가 액면가 미달시에는 상장법인특례가 적용되지 않는다(상법상한도인 이익배당총액의 50%까지 가능).

**정답** ③

---

**더알아보기**  배당(이익배당 · 주식배당)

**(1) 이익배당**

① 자본충실의 원칙 : 주식회사는 이익배당가능액이 있어야 배당할 수 있다.

② 이익배당가능총액 = 재무상태표의 순자산액 − 자본액 − 기적립된 법정준비금 − 당해 결산기에 적립예정인 이익준비금

③ 위법배당의 경우 회사나 회사채권자는 주주에 대해 반환을 청구할 수 있고, 위법배당의 반환은 회사에게 한다(보통 이사의 손해배상책임으로 연대함).

④ 중간배당과 분기배당

| 중간배당(상법상 권리) | 분기배당(상장법인 특례) |
|---|---|
| 연 1회에 한해 중간배당을 실시할 수 있으며, 중간배당은 현금배당, 현물배당 모두 가능하다. | 상장법인은 연 3회 분기배당을 할 수 있으며, 분기배당은 반드시 현금배당으로만 해야 한다. |

**참고** 중간배당은 개정전 현금배당만 가능했으나 상법 개정으로 현물배당도 가능함

⑤ 배당금지급청구권

㉠ 주주의 구체적인 배당금지급청구권은 주주총회(결산배당) 또는 이사회(중간배당과 분기배당의 경우)의 재무제표 승인결의에 의해 발생한다.

㉡ 회사는 재무제표 승인결의 후 1개월 내에 이를 지급해야 하며, 주주의 배당금지급청구권의 소멸시효는 5년으로 법정되어 있다.

**(2) 주식배당**

① 주식배당의 의의

㉠ 이익배당을 함에 있어서 신주를 발행하여 주식으로 배당하는 것이다(주총 보통결의 요구).

㉡ 주식배당은 배당가능이익이 사외로 유출되지 않으므로 '이익의 자본화'라고 할 수 있다.

② 주식배당의 요건

㉠ 주식배당을 하려면 배당가능이익(이익배당의 배당가능이익과 동일함)이 있어야 한다.

㉡ 주식배당한도 : 상법상 주식배당은 이익배당총액의 2분의 1을 초과할 수 없다. 다만, 상장법인은 이익배당총액 전액까지 가능. 단, 주가가 액면가미달시에는 상법상 한도가 적용됨

㉢ 신주의 효력발생시기 : 주식배당결의를 한 주주총회가 끝난 뒤부터 신주의 효력이 발생함

**03** 주주의 경리검사권에 속하지 않는 것은?

① 신주발행유지청구권
② 업무와 재산상태 검사권
③ 재무제표의 열람권
④ 회계장부열람권

해설 ①은 경리검사권과는 거리가 멀다.

정답 ①

**더알아보기** 주주의 경리검사권

| 재무제표 등의 열람권 | 회계장부열람권 | 업무와 재산상태 검사권 |
|---|---|---|
| 주주, 채권자는 영업시간 중에는 언제든지 열람이 가능함 | 회계장부의 열람이 가능함(남용방지를 위해 3% 소수 주주권으로 함) | 회사의 업무집행에 부정등이 의심되는 경우 법원에 검사인의 선임을 신청할 수 있음 |
| 단독주주권 | 3% 소수주주권 | |

## 회사채

**사채(社債)에 관한 설명이다. 가장 거리가 먼 것은?**

① 사채발행의 결정은 이사회결의사항이다.

② 사채발행의 대부분은 간접발행 방식이다.

③ 사채는 분할납입이 가능하다.

④ 사채권도 매출발행을 할 수 있다.

**해설** 사채권은 전액납입이든 분할납입이든 납입이 완료된 후에만 발행할 수 있으므로 매출발행은 불가하다(통안채나 산금채와 같은 특수채는 매출발행 가능).

**정답** ④

---

**더알아보기** 사채(社債)

**(1) 사채의 발행**

① 사채의 의의 : 일반적으로 사채라고 함은 주식회사가 발행하는 것만을 말하며, 상법은 주식회사의 사채발행에 대한 특별규정을 두고 있다.
- 채권(債券)은 사채를 표창하는 유가증권이다. 요식증권이므로 대표이사가 채권에 기명·날인 또는 서명해야 한다.

② 사채와 주식의 비교(주식은 상법상 기준)

| 사 채 | 채권자 | 타인자본 | 이 자 | 만기상환 | 분할납입가능 | 자기사채 취득가능 |
|---|---|---|---|---|---|---|
| 주 식 | 주 주 | 자기자본 | 배 당 | 만기 없음 | 전액납입주의 | 자기주식 취득불가 |

③ 사채발행에 대한 상법상의 각종제한 폐지(2012년 상법개정으로 아래 제한은 폐지됨)

| 총액제한(순자산의 4배) | 재모집의 제한(상환 후에만 발행가능) | 사채금액의 제한(최소 1만원) |
|---|---|---|

④ 사채발행의 방법 : 사채발행에는 직접발행(직접모집과 매출발행)과 간접발행이 있는데 우리 상법은 사채금액의 납입이 완료된 후가 아니면 발행할 수 없도록 규정하고 있으므로 '선발행–후매출' 방식인 매출발행은 불가하다(매출발행은 산금채만 가능하며, 사채는 대부분 총액인수 방식으로 함).

⑤ 사채발행의 절차 : 사채의 모집이 완료된 때에는 지체없이 그 사채의 전액 또는 제1회의 납입을 완료해야 하며(분할납입 가능), 납입은 상계·대물변제로도 할 수 있다.

⑥ 사채권자집회(상법은 사채권자집회를 법률상의 회의체로 인정함)
- ㉠ 사채총액의 10분의 1 이상에 해당하는 사채를 소유하는 소수사채권자는 그 소집을 청구할 수 있다(사채권자집회의 소집권자는 발행회사 또는 수탁회사).
- ㉡ 사채권자집회의 결의시 의결권은 사채의 최저액마다 1개로 한다. 의결방법은 원칙적으로 주총 특별결의에 준하지만 출석사채권자의 과반수로 결의할 수 있는 사항도 있다.
- ㉢ 사채권자집회의 결의는 법원의 인가를 얻어야 그 효력이 생긴다.
- ㉣ 사채권자집회는 사채 총액의 500분의 1 이상을 가진 사채권자 중에서 1인 또는 수인의 대표자를 선임하여 그 결의한 사항의 결정을 위임할 수 있다.

**01** 특수사채에 대한 설명이다. 가장 거리가 먼 것은?

① 전환사채의 경우 전환청구기간 중에는 언제든지 전환을 청구할 수 있으나, 주주명부 폐쇄기간에는 전환이 불가하다.

② 전환사채의 경우 전환은 사채권자가 전환청구서를 회사에 제출함으로써 효력이 생기고 이때 회사의 승낙은 필요하지 않다.

③ 신주인수권사채의 경우 신주인수권을 행사함에는 신주발행가액 전액을 납입해야 한다.

④ 대용납입이 인정된 신주인수권부사채의 경우에는 사채는 소멸하고 주식만 남게 된다.

> 해설　주주명부 폐쇄기간에도 전환이 가능하나 단, 그 기간에는 의결권행사가 불가하다.

정답 ①

---

**더알아보기** 특수채

**(2) 특수사채의 발행**

| 전환사채 | 신주인수권부사채 |
|---|---|
| 전환청구서를 회사에 제출 시 그 효력이 발생 | 신주발행가액의 전액을 납입한 때 효력이 발생 |
| 주주명부 폐쇄기간 중에서 전환청구나 신주인수권행사가 가능하나, 이 경우 의결권행사가 불가함 ||

※ 효력발생일 정리

> • 신주발행 납입기일의 다음날
> • 정관변경 주총결의와 동시에
> • 자본감소의 실질적 절차가 완료되었을 때
> • 주식배당 배당결의를 한 주총이 끝난 후
> • 전환청구 전환청구서 2통을 회사에 제출 시
> • 신주인수권행사 신주발행가액 전액을 납입 시

## 회사의 합병과 분할

**합병에 관한 설명이다. 가장 거리가 먼 것은?**

① 합병으로 소멸하는 회사는 청산절차를 거치지 않는다.

② 합병으로 인한 존속회사 또는 신설회사는 소멸회사의 권리의무를 포괄적으로 승계한다.

③ 합병결의는 주총 특별결의로 해야 하는데 간이합병이나 소규모합병의 경우 예외적으로 보통결의로 할 수 있다.

④ 합병에 반대한 회사채권자도 합병무효의 소를 제기할 수 있다.

**해설**  간이합병과 소규모합병의 경우는 이사회결의로 주총 특별결의에 갈음한다.

**정답** ③

---

**더알아보기**  회사의 합병·분할

| | |
|---|---|
| 합병 | ① 합병은 경쟁회피·시장독점 등의 목적을 가진다.<br>　• A + B = A(흡수합병), A + B = C(신설합병)<br>② 합병으로 소멸하는 회사는 청산을 거치지 않는다.<br>③ 합병은 특별결의 대상이나 간이합병과 소규모합병의 경우 이사회승인으로 가능하다.<br>　㉠ 간이합병은 소멸회사의 주식을 이미 90% 이상 보유한 상태에서의 합병을 말함<br>　㉡ 소규모합병은 합병존속회사가 발행하는 합병신주규모가 발행주식총수의 5% 이내인 경우를 말함(단, 소규모합병이라도 존속회사 주주의 20% 이상의 주주가 반대하는 경우에는 특별결의가 요구됨)<br>④ 합병존속회사는 소멸회사의 권리의무를 포괄적으로 승계하며 반대주주는 매수청구권의 행사가 가능하다.<br>⑤ 합병무효의 소는 합병등기일 6개월 이내에 소로만 가능하며, 판결효력은 대세적 효력을 지닌다. |
| 분할 | ① 분할은 합병의 반대개념으로, 하나의 회사를 2개 이상으로 분리하는 것을 말한다(재산성제고 등 목적).<br>② 인적분할 : 실질적분할/수평적분할/횡적분할<br>③ 물적분할 : 형식적분할/수직적분할/종적분할(→ 물적분할은 모자회사 관계가 됨을 말하는데 이를 수직적 분할이라 함)<br>④ 분할은 특별결의의 대상이나 소규모분할은 이사회승인으로 가능하다(소규모합병과 같은 개념).<br>⑤ 회사의 분할은 주식회사에서만 인정된다.<br>⑥ 분할에 있어서는 분할합병에 반대하는 주주에게만 주식매수청구권이 인정된다.<br>　• 분할합병은 분할 후 타회사와 다시 합병하는 형태<br>⑦ 분할 또는 분할합병 무효의 소는 등기일로부터 6개월 이내로 소로만 가능하며 대세적 효력을 지닌다. |

**01** 우리 상법상 회사분할제도에 관한 설명이다. 가장 거리가 먼 것은?

① 회사의 분할은 주식회사의 경우에만 인정된다.

② 분할합병 시는 물론 단순분할의 경우에도 주주총회 특별결의에 의한 승인을 요한다.

③ 분할이나 분할합병에 반대할 경우 주식매수청구권을 행사할 수 있다.

④ 물적분할이란 분할 전의 회사가 분할하여 모자회사 간의 관계가 되는 것을 말한다.

해설 순분할은 있는 그대로 지분을 받기 때문에 주주가 반대할 여지가 없다. 그러나 분할합병의 경우는 합병에 반대해서 주식매수청구권을 행사하는 것과 동일한 원리이다.

정답 ③

**02** 빈칸에 들어갈 수 없는 수는?

> • 간이합병이란 흡수합병 시 소멸회사의 총주주의 동의가 있거나 존속회사가 소멸회사의 주식을 (    )% 이상 소유한 회사가 합병을 하는 경우를 말한다.
> • 소규모합병이란 합병존속회사가 합병을 위해 발행하는 신주가 발행주식총수의 (    )% 이내인 경우를 말한다.
> • 합병무효의 소나 분할무효의 소는 그 등기일로부터 (    )개월 이내에 제소해야 한다.

① 3 　　　　　　　　　　　　② 5

③ 6 　　　　　　　　　　　　④ 90

해설 차례대로 '90%, 5%, 6개월'이다.

정답 ①

# 단원별 출제예상문제

**01** 우리나라 주식회사제도에 대한 설명으로 가장 적절하지 않은 것은?

① 주식회사의 근간은 유한책임과 주식양도의 자유라고 할 수 있다.

② 주식회사의 3대 요소는 자본, 주주, 배당으로 요약할 수 있다.

③ 회사재산을 회사에 보유시키는 최소한도의 기준을 자본이라 하며 우리 상법은 5천만원을 최저자본금으로 정하고 있다.

④ 자본충실의 원칙은 실질적으로 회사재산을 유지하는 것에 목적을 두고 있고, 자본불변의 원칙은 자본액의 감소를 방지하고자 형식적인 절차의 엄격성을 두는 것을 말한다.

> **해설** 5천만원을 최저자본금으로 하는 제도는 2009년에 폐지되었다.

> **정답** ③

**02** 주식과 주권에 대한 설명으로 가장 거리가 먼 것은?

① 주금액의 최저단위는 100원 이상이어야 하며 그 금액은 반드시 균일해야 한다.

② 무기명주의 주주는 권리행사를 확정하기 위해 그 주권을 공탁해야 한다.

③ 주권은 어음이나 수표와는 달리 그 요식성에 대한 엄격성이 완화되어 있다.

④ 상법상 무의결권주는 발행주식총수의 2분의 1까지 발행할 수 있다.

> **해설** 무의결권주 발행한도는 상법상은 1/4, 상장법인은 1/2까지이다.

> **정답** ④

**03** 단독주주권상 주주가 그 무효를 주장할 수 없는 경우는?

① 회사의 설립

② 감 자

③ 정 관

④ 총회결의

> **해설** 설립무효판결청구권, 총회결의무효판결청구권, 감자무효판결청구권 등 무효판결 청구권이 있으며 정관이나 재무제표는 열람권이 있다.

> **정답** ③

**04** 다음 중 소수주주권의 행사요건 비율이 가장 낮은 것은?

① 위법행위유지청구권
② 주주제안권
③ 집중투표청구권
④ 회계장부열람권

**해설** 위법행위유지청구권은 1% 소수주주권이며 나머지는 모두 3% 소수주주권이다.

**정답** ①

**05** 주식양도에 관한 다음 설명 중 옳은 것은?

① 상법상 발기인이나 이사가 권리주를 양도할 경우 회사에 대한 효력이 인정된다.
② 주권발행 전에 주식을 양도하는 것은 어떠한 경우라도 그 효력이 인정되지 않는다.
③ 주식양수인이 분실·도난된 주식을 제3자가 선의취득했을 경우 중대한 과실이 없는 한 제3자는 주권을 반환하지 않아도 된다.
④ 기명주식을 입질했을 경우 질권설정자(주주)는 의결권을 행사할 수 없다.

**해설** 선의취득이란 고의나 중대한 과실없이 취득한 것을 말하는데 분실된 주식이라도 제3자가 선위취득했을 경우 반환의무를 지지 않는다(이 경우 분실자가 책임).
　① 권리주는 주식성립전의 주식인수인의 지위에 불과하므로 양도할 수 없다.
　② 주권미발행이 지나치게 장기화될 경우를 감안해 회사성립(납입기일) 후 6개월이 지나면 양도를 인정하고 있다.
　④ 질권설정은 채권적 권리에만 해당하므로 공익권은 주주가 행사 가능하다.

**정답** ③

**06** 보기의 결의요건에 해당되지 않는 사항은?

> 출석주식의 과반수와 발행주식총수의 4분의 1 이상의 찬성으로 의결하는 결의

① 준법감시인의 임면
② 이사·감사·청산인의 선임
③ 주식배당
④ 재무제표의 승인

**해설** 준법감시인의 임면은 이사회결의사항이다(직무윤리편 등 참조).

**정답** ①

**07** 모든 주주는 1주마다 1개의 의결권을 갖는다. 그러나 (   )의 경우 상법상의 규정에 따라 의결권행사를 할 수 없다. (   )에 들어갈 수 없는 것은?

① 우선배당이 실현되지 않은 우선주　　　② 상호주식
③ 감사선임시 대주주의 의결권　　　　　④ 회사의 자기주식

> **해설**　우선주는 무의결권주로 발행되나 우선배당이 실현되지 않을 경우 의결권이 부활된다.

**정답** ①

**08** 다음 설명 중 가장 적절하지 않은 것은?

① 주식회사의 이사는 3인 이상이어야 하고 임기는 3년을 초과할 수 없다.
② 이사는 주총의 보통결의로 선임하나 주총의 특별결의로 해임할 수 있다.
③ 공정한 감사의 선임을 위해서 발행주식총수의 100분의 5를 초과한 주식에 대해서는 의결권행사를 할 수 없도록 하고 있다.
④ 자산총액 2조원 이상의 상장법인과 금융투자회사는 감사위원회의 설치가 강제된다.

> **해설**　100분의 30이다.

**정답** ③

**09** 신주의 액면미달발행의 요건이다. 잘못된 것은?

① 회사가 성립한 날로부터 2년이 경과한 후에만 할 수 있다.
② 주주총회의 특별결의가 있어야 하며 이 결의에서 주식의 최저발행가액을 정해야 한다.
③ 주총 특별결의 후에는 법원의 인가를 받아야 하는데, 상장법인의 경우 주총결의와 법원의 인가 없이도 액면미달발행을 할 수 있다.
④ 신주는 법원의 인가를 받은 날로부터 1개월 내에 발행해야 한다.

> **해설**　상장법인의 경우 법원의 인가만 면제된다(주총의 특별결의는 받아야 함).

**정답** ③

**10** 다음 중 신주를 발행하는 경우와 가장 거리가 먼 것은?

① 유상증자　　　　　　　　　　　② 주식배당
③ 주식의 분할　　　　　　　　　　④ 주식매수청구권행사

> **해설**　주식매수선택권의 경우 신주가 발행되지만 주식매수청구권은 반대주주의 주식을 회사가 매입하는 것이므로 신주가 발행되는 것이 아니다.

**정답** ④

**11** 자본감소에 대한 설명이다. 가장 적절하지 않은 것은?

① 주금액을 감소시키는 방법은 환급과 절기 두 가지가 있는데 납입한 주금액의 일부를 주주에게 반환하는 실질적인 자본감소방법을 환급이라 한다.

② 자본감소를 위해서는 주주총회의 특별결의가 있어야 한다.

③ 상법은 자본감소 시 그 절차를 엄격히 규제하는데 이는 자본충실 원칙에 해당된다.

④ 채권자보호를 위해 회사는 1개월 이상의 기간을 정하여 채권자가 이의를 제출할 것을 공고해야 한다.

해설 절차의 엄격성을 통해 자본감소를 방지하고자 하는 '자본불변 원칙'이다.

정답 ③

**12** 다음 중 법정준비금으로 모두 묶은 것은?

> ㉠ 이익준비금            ㉡ 자본준비금
> ㉢ 임의준비금           ㉣ 비밀준비금

① ㉠

② ㉠, ㉡

③ ㉠, ㉡, ㉢

④ ㉠, ㉡, ㉢, ㉣

해설 법정준비금은 이익준비금과 자본준비금이다.

정답 ②

**13** 다음은 전환사채와 신주인수권부사채를 비교한 것이다. 가장 거리가 먼 것은?

| 번호 | 구분 | 전환사채 | 신주인수권부사채 |
|---|---|---|---|
| ① | 결의 방법 | 이사회결의 원칙 | 이사회결의 원칙 |
| ② | 신주발행가액 납입의무 | 납입의무 없음 | 전액납입의무 |
| ③ | 주주명부폐쇄기간의 전환권(신주인수권) 행사 | 행사가능 | 행사가능 |
| ④ | 효력발생시기 | 전환청구서 제출 시 | 신주인수행사청구서 제출 시 |

해설 전환사채의 효력발생은 전환청구서 제출 시이나, 신주인수권사채는 신주발행가액의 전액을 납입했을 때이다 (여기서 효력발생이란 주주로 인정받는 시기를 말함).
※ 주주명부폐쇄기간에는 양자 모두 전환권 또는 신주인수권의 행사는 가능하지만 동기간의 의결권행사는 불가하다.

정답 ④

**14** 다음 중 그 판결의 효력상 대세적 효력이 있는 것을 모두 묶은 것은?

> ㉠ 회사설립 무효판결　　　　　　㉡ 주주총회의 결의무효판결
> ㉢ 신주발행 무효판결　　　　　　㉣ 자본감소 무효판결

① ㉠

② ㉠, ㉡

③ ㉠, ㉡, ㉢

④ ㉠, ㉡, ㉢, ㉣

**해설** 대세적 효력이란 판결승소 시 제3자에게도 그 판결효력이 미치는 것을 말하는데 회사법이 나오는 판결은 모두 대세적 효력이 있다(소급효와 비소급효는 차이가 있는데, 주총결의무효판결과 자본감소무효판결이 소급효가 있으며 나머지는 모두 비소급효이다).

**정답** ④

**15** 빈칸이 올바르게 연결된 것은?

> ( 가 )은 분할된 부분이 독립하여 신설회사로 남아있는 형태이고, ( 나 )은 분할된 부분이 기존회사나 신설회사에 합병되는 경우를 말하며, 반대주주의 주식매수청구권은 ( 다 )의 경우에만 인정된다.

| | 가 | 나 | 다 |
|---|---|---|---|
| ① | 단순분할 | 분할합병 | 분할합병 |
| ② | 단순분할 | 분할합병 | 단순분할 |
| ③ | 신설분할 | 흡수분할 | 흡수분할 |
| ④ | 신설분할 | 흡수분할 | 신설분할 |

**해설** 분할(단순분할), 분할합병, 분할합병이다.

**정답** ①

# 04 증권세제

## 1 국세기본법

---

**조세의 분류**

조세의 분류 중에서 '조세의 전가성'에 따른 분류에 해당하는 것은?

① 국세 – 지방세
② 직접세 – 간접세
③ 보통세 – 목적세
④ 종가세 – 종량세

**해설** 조세의 전가성에 따른 분류는 직접세와 간접세이다.

정답 ②

---

**더알아보기** 조세의 분류

**(1) 조세의 분류**

| 과세주체 | 조세의 전가성 | 지출의 목적성 | 과세표준단위 | 세율의 구조 |
|---|---|---|---|---|
| 국세/지방세 | 직접세/간접세 | 보통세/목적세 | 종가세/종량세 | 비례세/누진세 |

- 직접세는 소득세처럼 '나에게 직접 부과되는 것', 간접세는 상품에 포함되어 있는 것(주세, 유류세), 목적세는 특별한 목적이 있는 것(농어촌특별세, 지방교육세), 종가세는 %단위로 부과되는 것(소득세율은 6%~45%), 종량세는 인지세처럼 금액으로 정해져 있는 것, 누진세는 소득이 많으면 많은 세금을 내는 것(소득세율 6%~45%)이며, 비례세는 소득의 많고 적음에 관계없이 일률적인 세금을 내는 것이다.

〈조세의 종류〉

| | | 직접세 | 소득세, 법인세, 상속세, 증여세, 종합부동산세 |
|---|---|---|---|
| 국 세 | 내국세 | 간접세 | 부가가치세, 주세, 인지세, 증권거래세, 개별소비세 |
| | | 목적세 | 교육세, 농어촌특별세 |
| | 관 세 | | – |
| 지방세 | 보통세 | | 취득세, 주민세, 자동차세, 재산세, 지방소득세, 지방소비세, 레저세, 담배소비세, 등록면허세 |
| | 목적세 | | 지역자원시설세, 지방교육세 |

**예시** 은행예금으로부터 100만원의 이자소득을 받으면 15.4%의 이자소득세를 낸다. 이때 소득세 14%(14만원)는 국세이며, 주민세 1.4%(소득세의 10% = 14,000원)는 지방세이다.

### (2) 조세일반
① 기한에 대한 세법특례(기간 : 계속된 시간, 기한 : 법률행위의 효력발생을 위한 일정시점)
　㉠ 세법에 정하는 기한이 공휴일(토요일, 근로자의 날)이면 그 다음날을 기한으로 한다.
　㉡ 우편으로 서류제출시 통신일부인이 찍힌 날에 신고가 된 것으로 본다.
② 서류의 송달

| 교부송달 | 우편송달 | 전자송달 | 공시송달 |
|---|---|---|---|
| 행정기관이 정해진 송달 장소에서 송달받을 자에게 교부함 | 우편송달시 등기우편으로 함 | 신청하는 경우에 한함 | 송달이 곤란한 때, 서류의 요지를 공고한 날로부터 14일이 경과함으로써 서류송달로 인정 |

---

보충문제

**01** 다음 중 국세에 해당하지 않는 것은?

① 소득세
② 법인세
③ 부가가치세
④ 취득세

해설　취득세는 부동산 등의 취득과정에 부과하는 세금으로 지방세이다.
　참고　소득세, 법인세, 부가가치세를 3대 국세라 한다.

정답 ④

**02** 조세에 대한 다음 설명 중 잘못된 것은?

① 세법에 정하는 기한이 공휴일, 토요일에 해당하는 때에는 그 다음날을 기한으로 한다.
② 우편으로 서류를 제출할 경우에는 통신일부인이 찍힌 날에 신고가 된 것으로 본다.
③ 당해 행정기관의 소속공무원이 송달장소에서 송달받을 자에게 서류를 교부하는 것을 교부송달이라 한다.
④ 공시송달은 서류의 요지를 공고한 날로부터 30일이 경과하면 서류송달로 갈음한다.

해설　30일이 아니라 14일이다.

> 주의　세법에 정하는 기한이 공휴일, 토요일에 해당하는 때에는 그 전날을 기한으로 한다.
> 　　　[O, X] → X (그 다음날)

정답 ④

**03** 소득세와 부가가치세를 분류한 것이다. 잘못된 것은?

| 소득세 | 국 세 | 직접세 | ( ② ) | ( ③ ) | 누진세 |
|---|---|---|---|---|---|
| 부가가치세 | 국 세 | ( ① ) | 보통세 | 종가세 | ( ④ ) |

① 간접세　　　　　　　　　② 보통세
③ 종량세　　　　　　　　　④ 비례세

해설　소득세는 과세표준의 6%~45%로 부과된다. 즉 %로 표시되므로 종가세이다.
　참고　부가가치세란 재화·용역의 공급과정에서 새로 만들어진 가치인 '마진'에 대해서 부과되는 세금이다 (국세 - 간접세 - 보통세 - 종가세 - 비례세).

정답 ③

---

## 납세의무 　　　　　　　　　　　　　　　　핵심유형문제

다음 중 조세의 종류별 납세의무의 성립시기가 잘못된 것은?

① 소득세, 법인세, 부가가치세 : 과세기간이 종료하는 때
② 상속세 : 상속이 개시되는 때
③ 증여세 : 증여가 개시되는 때
④ 종합부동산세 : 과세기준일

해설　증여세 - '증여에 의해 재산을 취득하는 때'이다.

정답 ③

---

**더알아보기** 납세의무

**(1) 납세의무의 성립시기**
　① 소득세, 법인세, 부가가치세 : 과세기간이 종료하는 때
　② 상속세 : 상속이 개시되는 때
　③ 증여세 : 증여에 의해 재산을 취득하는 때
　④ 인지세 : 과세문서를 작성하는 때(인지를 붙여야 함)
　⑤ 증권거래세 : 매매거래가 확정되는 때(매도거래시 부과)
　⑥ 종합부동산세 : 과세기준일(6월 1일 재산을 평가하여 부과)
　⑦ 원천징수하는 소득세, 법인세 : 소득금액, 수입금액을 지급하는 때

**(2) 납세의무의 확정**

| 신고확정 | 부과확정 | 자동확정 |
|---|---|---|
| 납세자의 신고로 확정됨 | 정부가 과세표준을 결정함 | 납세의무성립과 동시에 확정 |
| 소득세/법인세/부가가치세[주1] | 상속세/증여세 | 인지세 등 |

*주1 : 원천징수하는 소득세와 법인세, 중간예납하는 법인세는 자동확정이다.

설명 소득세의 경우 대상자가 엄청 많으므로 납세자가 스스로 신고하게 하고, 허위신고 등이 있으면 조사하여 추징한다. 상증세의 경우 무상으로 받는 것인데 보통 그 금액도 크므로 정부가 직접 부과확정하며 단, 기한 내 신고를 하면 3%(2018년 5%, 2019년부터는 3%)의 세액공제혜택을 준다(자진신고 유도). 자동확정은 인지대처럼 '그 자리에서 바로' 성립되고 확정되는 것이다.

### (3) 납부의무의 소멸

#### ① 납부의무의 소멸사유

| 납부, 충당 또는 부과취소가 있는 때 | 제척기간이 만료된 때 | 소멸시효가 완성된 때 |
|---|---|---|

#### ② 제척기간과 소멸시효

| 제척기간 | 소멸시효 |
|---|---|
| • 5년~15년<br>• 국세를 부과할 수 있는 법정기간 | • 5년(5억원 이상의 국세채권은 10년)<br>• 부과된 국세를 징수하는 기간 |

ⓐ 제척기간(이 기간 내에 국세가 부과되지 않으면 납세의무가 소멸됨)

| 구 분 | 국세부과제척기간 | |
|---|---|---|
| 상속·증여세 | 사기 등 부정행위, 무신고, 허위·누락 신고[주1] | 15년 |
| | 기타의 경우 | 10년 |
| 일반조세 | 국제거래가 수반되는 부정행위 | 15년 |
| | 사기 등 부정행위로 국세포탈 또는 환급 시 | 10년 |
| | 무신고 | 7년 |
| | 기 타 | 5년 |

*주1 : 상증세에서 사기 등 부정행위로 세금을 포탈한 경우로, 제3자의 명의로 취득한 재산가액이 50억원을 초과하는 경우에는 '확인일로부터 1년' 내로 과세할 수 있다(사실상 평생과세의 개념).

ⓑ 국세징수권의 소멸시효(5년, 5억 이상 국세채권의 소멸시효는 10년)

| 소멸시효의 중단 | 소멸시효의 정지 |
|---|---|
| 납세고지, 독촉, 납부최고, 교부청구, 압류 등 | 분납, 장수유예, 연부연납 등 |
| 이미 경과한 시효기간의 효력이 상실 | 해당 기간동안 시효가 정지되는 것 |

#### ▼ 소멸시효의 중단과 정지

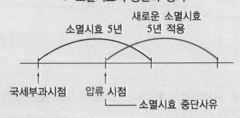

#### ③ 2차 납세의무의 4유형

| 청산인 등 | 출자자 | 법인 | 사업양수인 |
|---|---|---|---|

ⓐ 기업해산 시 청산인이 기업의 체납액에 대한 납부의무를 진다.

ⓑ 법인이 납부하지 못하는 체납액은 출자자(무한책임사원, 과점주주)가 납부의무를 진다.

ⓒ 출자자가 납부하지 못하는 체납액은 법인이 납부의무를 진다.

ⓓ 사업양수인은 양도인에 체납액에 대한 납부의무를 진다.

**01** 납부의무의 소멸사유에 해당되지 않는 것은?

① 납부를 완료한 때
② 충당으로 납부를 완료한 때
③ 소멸시효가 중단된 때
④ 제척기간이 만료된 때

해설 '소멸시효가 완성된 때'이다.

정답 ③

**02** 상속·증여세의 경우 제척기간이 가장 긴 사유는?

① 사기 등 부정한 방법으로 국세를 포탈하거나 환급받은 경우
② 법정신고기한 내에 과세표준신고서를 제출하지 않은 경우
③ 상속·증여세를 허위, 누락 신고한 경우
④ 상속·증여신고의 누락가액이 50억원을 초과하는 경우

해설 ④의 경우 별도의 제척기간(5년~15년)이 적용되지 않고 그 확인일로부터 1년 내로 과세할 수 있다(즉, 평생과세의 개념이다). ①·②·③은 모두 15년이다.

정답 ④

**03** 신고확정으로 납세의무를 확정하는 조세가 아닌 것은?

① 소득세                    ② 법인세
③ 부가가치세                ④ 상속세

해설 상속세는 정부가 과세표준을 확정하는 '부과확정'방식이다.

정답 ④

**04** 자동확정방식으로 납세의무가 확정되는 것에 속하지 않는 것은?

① 인지세
② 원천징수하는 소득세 및 법인세
③ 중간예납하는 법인세
④ 증권거래세

해설 ①·②·③은 별다른 절차 없이 납세의무가 확정되므로 '자동확정'이라 한다. 증권거래세는 납세의무자가 과세표준과 세액을 정부에 신고함으로써 확정하는 '신고확정' 방식이다.

정답 ④

**05** 부과확정으로 납세의무를 확정하는 것은?

① 소득세                  ② 법인세
③ 부가가치세            ④ 증여세

해설   상속세와 증여세는 부과확정이다.

정답 ④

**06** 빈칸에 알맞은 것은?

> 국세의 납부기한 현재 법인의 무한책임사원과 과점주주가 당사자의 재산으로 국세 등을 충당한 후
> 에도 부족한 금액은 당해 (     )이 제2차 납세의무를 진다.

① 청산인                 ② 출자자
③ 법 인                  ④ 사업양수인

해설   출자자(무한책임사원, 과점주주)가 납부하지 못하는 체납액은 법인이 납부의무를 진다.

정답 ③

**07** 밑줄친 부분 중 잘못된 것은?

> 과점주주란 ① 주주 또는 ② 무한책임사원 1명과 그의 특수관계인으로 시행령이 정하는 자로서,
> 그들의 ③ 소유주식 합계 또는 출자금액 합계가 해당법인의 발행주식총수 또는 출자총액의 ④
> 50%를 초과하면서 그에 관한 권리를 실질적으로 행사하는 자들을 말한다.

해설   무한책임사원 1명 → 유한책임사원 1명

정답 ②

## 2 소득세법

**소득세법에 대한 설명으로 가장 거리가 먼 것은?**

① 소득세는 자연인인 개인을 납세의무자로 한다.

② 소득세법은 납세의무자인 개인을 거주자와 비거주자로 구분하여 과세소득의 범위와 과세방법을 달리하고 있다.

③ 거주자는 국내에 주소를 두거나 183일 이상 거소를 둔 개인으로 국내외 모든 소득에 대해 납세의 무를 지나 비거주자는 국내 원천소득에 대해서만 납세의무가 있다.

④ 소득세법은 완전 포괄주의 과세를 택하고 있다.

> 해설　소득세법은 열거주의가 원칙이며 이자소득과 배당소득에 한해 유형별 포괄주의를 띤다.
>
> 정답 ④

---

**더알아보기**　소득세법 개요

**(1) 소득세법 개요**

소득세는 자연인인 개인을 납세의무자로 한다(법인은 법인소득세).

| 거주자 | 비거주자 |
| --- | --- |
| 국내·외 모든 원천소득에 대해 과세 | 국내원천소득에 대해서만 과세 |

• 거주자 : 국내에 주소를 두거나 183일 이상 거소를 둔 개인

**(2) 소득세별 과세이론**

| 열거주의 | 유형별 포괄주의 | 포괄주의 |
| --- | --- | --- |
| 이자·배당소득을 제외한 모든 소득세 | 이자소득, 배당소득 | 상속·증여세, 법인세 |
| 소득원천설 | 열거주의 + 일부 포괄주의 | 순자산증가설 |

[소득원천설] 일정한 원천에서 계속적이고 반복적으로 발생하는 금액만 과세대상으로 보는 것이며 일시적이고 우발적인 소득은 과세대상에서 제외한다는 설

[순자산증가설] 순자산의 증가를 가져온 소득인 계속적·반복적이든 일시적·우발적이든 관계 없이 과세대상이 된다는 설

• 납세의무자의 입장에서는 열거주의보다 포괄주의의 부담이 크다. 본인이 노력하여 '번(Earn)' 소득보다 '무상으로 받은' 소득에 대한 과세부담이 큰 것은 당연하다고 할 수 있다.

• 소액주주가 상장주식을 매매하여 얻은 양도차익은 열거된 소득이 아니므로 비과세한다.

**01** 거주자의 과세방법에 있어서 분류과세의 대상이 되는 소득은?

① 이자소득               ② 사업소득

③ 양도소득             ④ 근로소득

> 해설   양도소득과 퇴직소득은 분류과세이다.

정답 ③

---

**더알아보기**   소득세별 과세방법

**(1) 거주자의 과세방법**

거주자의 모든 소득을 종합하여 과세하는 것을 원칙이지만, 일부 분류과세와 분리과세를 택하도록 하고 있다.

| 이자소득 | 배당소득 | 사업소득 | 근로소득 | 연금소득 | 기타소득 | 양도소득 | 퇴직소득 |
|---|---|---|---|---|---|---|---|
| 종합과세(일부소득에 대해 종합소득에 합산하지 않는 분리과세 인정) | | | | | | 분류과세 | |

① 종합과세 : 해마다 발생하는 경상소득을 합산하여(종합소득) 과세표준별로 누진과세함(종합소득 기본세율은 6%~45%, 종합과세는 누진과세를 주목적으로 함)

② 분리과세 : 종합소득에 속하는 소득이나 종합소득에 합산하지 않고 원천징수만으로 납세의무가 종결되는 제도이다(예 2천만원 이하의 이자소득이나 배당소득은 14%의 원천징수 세율로 납세의무 종결).

③ 분류과세 : 퇴직소득과 양도소득은 비경상적인 소득이므로(장기간에 걸쳐 형성되므로), 종합소득과 구분하여 각 소득별로 별도 과세한다(퇴직소득세, 양도소득세).

**(2) 비거주자의 과세방법**

비거주자는 국내원천소득에 대해 과세한다. 국내사업장이나 부동산소득이 있는 경우는 종합과세하고, 그렇지 않으면 분리과세한다. 또한 퇴직소득과 양도소득이 있는 비거주자는 당해 소득별로 분류과세한다.

---

**02** 국내사업장이나 부동산임대소득이 있는 비거주자에 대한 과세방법은?

① 종합과세             ② 분리과세

③ 분류과세             ④ 비교과세

> 해설   국내사업장이나 부동산소득이 있는 경우는 종합과세하고, 국내사업장이나 부동산임대소득이 없는 경우는 분리과세한다.

정답 ①

## 3 상속세 및 증여세법

### 상속세 핵심유형문제

상속세에 대한 설명 중 잘못된 것은?

① 우리나라 상속세는 유산세방식이다.
② 상속세의 납세의무자는 상속인 또는 수유자이다.
③ 특별연고자는 상속세가 면제되나 수유자가 영리법인인 경우에는 상속세를 부담한다.
④ 법률상의 상속재산 외에도 보험금, 퇴직금, 신탁재산 등도 상속재산에 포함된다.

> **해설** 특별연고자 또는 법인의 상속분에는 상속세가 과세되지 않는다(더알아보기 참조).
>
> **정답** ③

---

**더알아보기** 상속세

**(1) 상속세 개요**

① 유산세 방식 VS 유산취득세 방식

| 유산세 방식(우리나라 상속세 과세방식) | 유산취득세 방식(우리나라 증여세 과세방식) |
|---|---|
| 피상속인의 유산총액을 기준하여 과세하고, 과세된 총액을 각각의 취득비율만큼 나누어 납부 | 증여총액이 아니라 수증자 각자가 취득한 증여분에 대해서 각각 과세하는 방식 |

② 납세의무자 상속인 및 수유자(유증을 받는 자)가 납부의무를 짐. 단, 특별연고자와 영리법인은 상속세를 부담하지 않는다(∵ 특별연고자는 그 상속분의 특수성상, 영리법인은 순자산증가설에 의해 상속분이 있으면 법인세를 부담하게 됨).

**(2) 상속세 과세 FLOW**

| 과세 FLOW | | 세부내용 |
|---|---|---|
| **(1) 상속재산** | 아래 상속재산의 종류를 합산 | |
| | 민법상 상속재산 | 사람의 사망, 또는 실종선고자의 법률상 지위를 포괄승계 |
| | 유증재산 | 유언에 의하여 무상증여받은 재산 |
| | 사인증여재산 | 증여자의 사망으로 증여효력이 발생하는 재산 |
| | 특별연고자분여재산 | 상속인이 없을 경우 특별연고자가 받은 상속재산 |
| | 보험금 | 피상속인의 사망으로 상속인에게 지급된 보험금 |
| | 신탁재산 | 피상속인의 사망으로 상속된 피상속인의 신탁재산 |
| | 퇴직금 | 피상속인의 사망으로 상속된 피상속인의 퇴직금 |
| **(+) 생전증여재산** | ① 상속개시일 전 10년 이내에 상속인에게 증여한 재산가액 ② 상속개시일 전 5년 이내에 상속인이 아닌 자에게 증여한 재산가액 | |
| **(+) 생전재산처분 및 부채 부담액** | 상속개시일 전 1년(2년) 이내 재산의 종류별로 2억원(5억원) 이상 재산을 처분·인출·부채부담을 한 경우로서 그 용도가 명백하지 아니한 것 | |

| | | |
|---|---|---|
| (−) 법정공제액 | 공과금 | 피상속인의 납세의무가 있는 조세, 공공요금, 기타공과금 |
| | 장례비용 | 최저 500만원에서 최고 1천만원. 납골비용 500만원 별도 |
| | 채 무 | 피상속인이 상환해야 하는 실제채무액(생전증여채무 제외) |
| (−) 비과세재산 | 국가·지자체 또는 공공단체에 유증한 재산, 국가지정문화재 등 | |
| (−) 과세가액불산입 | 공익법인 출연재산이나 공익신탁재산은 불산입한다. 단, 공익법인 출연재산이 합산하여, 의결권주식 10%를 초과하는 경우 그 초과분은 산입함 | |
| (2) 상속세 과세가액 | 위의 $\sum(+) - \sum(-)$ | |
| (−) 상속공제 | 기초공제, 인적공제, 물적공제, 감정평가수수료 | |
| (3) 상속세 과세표준 | 상속세과세가액 − 상속공제(과세표준이 50만원 미만 시에는 면제) | |

| | 과세표준 | 세 율 |
|---|---|---|
| × 세 율 | 1억원 이하 | 10% |
| | 1억원 초과 5억원 이하 | 1천만원 + 1억원을 초과하는 금액의 20% |
| | 5억원 초과 10억원 이하 | 9천만원 + 5억원을 초과하는 금액의 30% |
| | 10억원 초과 30억원 이하 | 2억 4천만원 + 10억원을 초과하는 금액의 40% |
| | 30억원 초과 | 10억 4천만원 + 30억원을 초과하는 금액의 50% |
| | • 세대생략 할증과세는 산출세액의 30%이며, 대습상속은 할증과세가 없다. | |

| | | |
|---|---|---|
| (4) 산출세액 | 상속세과세표준 × 세율(10% ~ 50%) | |
| (−) 세액공제 | 증여세액공제 | 상속세에 가산된 증여재산 중 기납부한 증여세액을 공제 |
| | 외국납부세액공제 | 외국소재재산에 대해 외국에서 부과된 상속세은 공제 |
| | 단기재상속세액공제 | 10년 이내에 재상속 시 재상속기간을 고려하여 공제 |
| | 신고세액공제 | '산출세액 5%(2018년 이후에는 3%)' |
| (+) 가산세 | 신고불성실가산세(10% ~ 40%), 납부불성실가산세(지연일수 × 1만분의 3) | |
| (5) 신고납부 상당세액 | 산출세액 − 감면세액 + 가산세 | |
| (−) 분납신청 세액 | 납부세액이 1천만원을 초과하는 경우(납부기한 경과 후 2개월 내로 분납) | |
| (−) 연부연납 신청세액 | 납부세액이 2천만원을 초과하는 경우(연부연납기간은 5년) | |
| (−) 물납신청 세액 | 상속재산 중 부동산·유가증권이 전체의 50% 초과 & 납부세액이 2천만원 초과 시 | |
| (6) 신고납부 | 상속개시일이 속한 달의 말일로부터 6개월(국외에 주소를 둔 경우 9개월) | |

- 비과세는 원천적으로 과세대상이 될 수 없으나 과세가액불산입은 조건부비과세를 의미한다.
- [단기재상속세액공제] 상속개시 후 10년 이내에 재상속이 될 경우 이중과세의 측면이 있으므로 다시 상속된 기간 1년마다 10%씩 차감한 금액을 산출세액에서 공제한다.
- 세대생략한 상속 시(예 부가 상속포기하여, '조부 → 손자'가 되는 경우) 세대생략할증과세 30%(20억원을 초과할 경우에는 40%)가 과세된다(cf 대습상속은 할증과세 없음).

**01** 상속세와 관련된 다음 설명 중 가장 적절하지 않은 것은?

① 상속개시일 전 1년 이내 재산의 종류별로 2억원 이상 재산을 처분한 금액이라도 그 용도가 명백하면 상속세과세가액에 포함되지 않는다.

② 국가에 유증한 재산에 대해서는 과세가액에 불산입한다.

③ 상속인이 미성년자라면 자녀공제와 미성년자공제를 모두 받을 수 있다.

④ 상속재산가액이 20억원을 초과하지 않는 세대생략상속의 경우 30% 할증과세가 된다.

> **해설** 국가에 유증한 것은 비과세이고 공익법인에 출연한 재산 등에 대해서는 과세가액 불산입한다(둘의 차이를 이해할 것). ①은 '그 용도가 명백하지 않은 경우'에 상속세 과세가액에 포함되며, ③은 중복이 가능하다.
> **정답** ②

**02** 빈칸에 들어갈 수 없는 수는?

> • 상속세과세가액 계산 시 장례 관련 비용은 최고 (     )만원까지 공제할 수 있다.
> • 상속세법상 배우자의 공제액 최저액은 (     )억원이며 최고액은 (     )억원이다.
> • 분납신청을 위해서는 납부세액이 (     )천만원을 초과해야 하고, 연부연납 신청을 위해서는 납부세액이 (     )천만원을 초과해야 한다.

① 1                          ② 2

③ 5                          ④ 1,000

> **해설** 차례대로 '1,500만원, 5억원, 30억원, 1천만원, 2천만원'이다. 장례비 자체는 최저 500만원에서 최고 1천만원이나 장례 관련 비용이므로 봉안시설 등의 비용을 합쳐 1,500만원까지 공제가 가능하다.
> **정답** ④

**03** 상속세과세가액에 플러스(+)되는 것이 아닌 것은?

① 사인증여재산

② 상속개시일 전 10년 이내에 상속인에게 증여한 재산가액

③ 상속개시일 전 2년 이내 재산의 종류별로 5억원 이상의 재산을 처분한 경우로, 그 용도가 명백하지 아니한 것

④ 피상속인이 상환해야 하는 실제 채무액

> **해설** ①·②·③은 합산대상, ④를 포함한 법정공제액은 차감대상이다.
> **정답** ④

**04** 상속세과세표준이 (  ) 미만일 경우 상속세부과가 면제된다. 빈칸에 알맞은 것은?

① 50만원                      ② 100만원

③ 500만원                ④ 1,000만원

> **해설**    50만원을 면세점이라 한다.

> **정답** ①

---

## 증여세        **핵심유형문제**

거주자가 비거주자에게 국외에 있는 재산을 증여했을 경우 누가 증여세 납세의무를 부담하는가?

① 증여자                    ② 증여자와 수증자가 연대해서 납부

③ 수증자                    ④ 납세의무 없음

> **해설**    국외재산을 비거주에게 증여시에는 증여자가 납세의무를 진다.

> **정답** ①

---

**더알아보기**   증여세 개요

**(1) 증여세 개요**
  ① 증여란 유·무형의 재산을 타인에게 직·간접적인 방법에 의해 무상으로 이전하는 것(현저하게 낮은 가격으로 이전하는 것도 포함)을 통해 타인의 재산가치를 증가시키는 것을 말한다.
  ② 증여세의 납세의무자는 수증자이다.

| 수증자가 거주자인 경우 | 수증자가 비거주자인 경우 |
|---|---|
| 국내외 증여취득재산 전부에 대해 증여세 납부 | 국내에 있는 증여취득재산(국외예금도 포함) |

 • 수증자가 영리법인이면 증여세 대신에 법인세를 납부한다(비영리법인의 경우 증여세 납부).
 ※ 수증자 납세의무의 예외

| 증여자가 납세의무를 부담하는 경우 | 증여자가 연대납세의무를 짐 |
|---|---|
| 거주자가 비거주자에게 국외에 있는 재산을 증여하는 경우 | 수증자의 주소·거소가 불분명시 또는 수증자가 담세력이 없을 경우 |

  • 단, 수증자의 담세력이 없을 경우는 수증자와 증여자의 연대납세가 원칙이나, '저가·고가양도, 채무면제, 금전무상대부 등'의 의제증여의 경우 증여세를 면제함
  ③ 증여세 과세대상 : 민법상의 증여재산 외에도 증여의제재산, 증여추정재산도 포함한다.

| 증여의제 | 증여추정 |
|---|---|
| 형식상 증여는 아니지만 내용상 증여에 해당하는 경우 증여로 의제함 | 증여받지 않았다는 사실을 입증하지 못하면 증여추정으로 인정(입증책임은 수증자에 있음) |

**01** 증여세에 대한 설명이다. 틀린 것은?

① 수증자가 증여세를 납부하는 것이 원칙이다.

② 증여재산을 취득한 때에 납세의무가 성립된다.

③ 유산취득세 방식으로 과세한다.

④ 사인증여에는 증여세가 과세된다.

해설    사인증여에는 상속세가 부과된다.

정답 ④

**02** 증여세의 면세점은?

① 10만원                         ② 50만원

③ 100만원                    ④ 1,000만원

해설    상속세와 증여세의 면세점은 같다(과세표준 50만원 미만).

정답 ②

**03** 빈칸을 옳게 연결한 것은?

> 증여세과세가액은 증여재산가액에 동일인으로부터 (    ) 이내에 받은 (    ) 이상의 증여재산을 포함한 금액에서 증여재산이 담보된 채무 중 수증인이 인수한 채무를 공제한 금액으로 한다.

① 5년, 1천만원                ② 10년, 1천만원

③ 10년, 2천만원             ④ 5년, 2천만원

해설    증여과세가액 = 증여재산가액 + 동일인으로부터 10년 이내 1천만원 이상 수증액 – 인수 채무

※ 증여세 과세 FLOW

| | |
|---|---|
| (1) 증여재산<br>   (+) 증여의제, 증여추정<br>   (+) 동일인으로부터 10년간 합산 1천만원 이상<br>       의 수증금액<br>   (–) 인수채무, 비과세, 과세가액불산입<br>(2) 증여세과세가액<br>   (–) 증여공제, 감정평가수수료 | (3) 증여세과세표준<br>   × 세율(10%~50%)<br>(4) 산출세액<br>   (–) 신고세액공제(3%), 기납부세액공제,<br>       외국납부세액공제 등<br>(5) 신고납부세액 : 증여취득이 속한 달의 말일로<br>       부터 3개월 이내 신고·납부 |

정답 ②

**04** 빈칸을 옳게 연결한 것은?

> 상속세는 상속일이 속하는 달의 말일로부터 (　) 내에 신고 및 납부를 해야 하며, 증여세는 증여
> 개시일이 속하는 달의 말일로부터 (　) 내에 신고 및 납부를 해야 한다.

① 3개월, 6개월　　　　　　　　　　② 6개월, 9개월

③ 6개월, 3개월　　　　　　　　　　④ 3개월, 3개월

해설　상속세 : 6개월(단, 국외거주 시는 9개월), 증여세 : 3개월

정답 ③

---

더알아보기　상속세와 증여세 납부방법

**(1) 상속세와 증여세의 신고와 납부기한**

| 상속세 | 증여세 |
| --- | --- |
| 상속개시 또는 증여취득이 속한 달의 말일로부터, 아래 기한 내에 신고 및 납부를 해야 한다. | |
| 6월(단, 국외거주 시 9월) | 3월 |

• 참고로 양도세는 양도가 속한 달의 말일로부터 2월 이내이다(주식제외).

**(2) 가산세**

| 구 분 | 가산율 | 비 고 |
| --- | --- | --- |
| 과소신고가산세 | 과소신고세액×10% | 부정행위의 경우 40% |
| 무신고가산세 | 무신고세액×20% | 부정행위의 경우 40% |
| 미납부가산세 | 지연일수×미납세액의 1만분의 3 | 연환산 10.95% |

---

**05** 다음 중 가산세율이 잘못된 것은?

① 무신고가산세 : 20%

② 부정행위의 과소신고가산세 : 20%

③ 부정행위의 무신고가산세 : 40%

④ 국제거래가 수반된 부정행위 : 60%

해설　부정행위로 인한 과소신고나 무신고는 40%로 동일한 가산세율이 적용된다. 그리고 그 부정행위에 국제거래
가 수반된 경우는 과소신고나 무신고 모두 60%의 가산세율이 적용된다.

정답 ②

**06** 다음 설명 중 잘못된 것은?

① 상속재산 중 부동산과 유가증권이 상속재산가액의 50%를 초과하고, 2천만원 초과의 납부세액이 상속재산가액 중 금융재산가액을 초과하면 세무서의 허가를 받아 물납을 할 수 있다.

② 상속세 또는 증여세가 1천만원을 초과할 경우 그 초과한 금액을 납부기한 경과 후 2개월 이내에 분납할 수 있다.

③ 상속세 또는 증여세액이 1천만원을 초과할 경우 연부연납할 수 있다.

④ 증여세와 상속세는 신고기한 내에 신고납부하면 3%(2024년 현재)의 세액공제를 받는다.

> **해설**  연부연납은 2천만원 초과 시 가능하다. 또한 2016년부터 증여세는 물납이 허용되지 않음에 유의하여야 한다.
>
> 정답 ③

**07** 상속세액 또는 증여세액이 2,400만원이다. 이를 분납한다면 분납방법으로 적절하지 않은 것은?

① 납부기일 내에 1,200만원을 납입하고 납부기일 후 2개월 동안 나머지 금액을 분납한다.

② 납부기일 내에 1,000만원을 납입하고 납부기일 후 2개월 동안 나머지 금액을 분납한다.

③ 납부기일 내에 1,500만원을 납입하고 납부기일 후 2개월 동안 나머지 금액을 분납한다.

④ 납부기일 내에 2,000만원을 납입하고 납부기일 후 2개월 동안 나머지 금액을 분납한다.

> **해설**  50% 이하의 금액을 납부기일 경과 후 2개월 동안 분납이 가능하므로 분납금액이 2,400 × 50% = 1,200만원 이하이어야 한다. 따라서 지문의 ②는 분납금액이 1,400만원이므로 허용되지 않는다.
>
> 정답 ②

# 4 이자소득, 배당소득

## 이자소득

**다음 중 이자소득에 속하지 않는 것은?**

① 국외에서 받는 예금이나 적금의 이자

② 환매조건부채권의 매매차익

③ 저축성보험의 보험차익

④ 집합투자기구로부터의 이익

**해설**   집합투자기구로부터의 이익은 배당소득이다.

**정답** ④

---

**더알아보기**   이자소득

### (1) 이자소득의 범위

현행 소득세제는 소득원천설에 기인하므로 열거된 소득만이 과세대상이나 이자소득, 배당소득에 대해서는 유형별 포괄주의를 도입하였다.

### (2) 이자소득의 종류

| 구 분 | 내 용 |
|---|---|
| 이자와 할인액의 형태 | 국가·지자체가 발행한 채권·증권의 이자와 할인액 |
| | 내국법인이 받는 채권·증권의 이자와 할인액 |
| | 외국법인이 발행한 채권·증권의 이자와 할인액 등 |
| 그외의 형태 | 국외에서 받는 예금이나 적금의 이자 |
| | 환매조건부채권·증권의 매매차익 |
| | 저축성보험의 보험차익 |
| | 직장공제회 초과반환금 |
| | 비영업대금의 이익 |
| | 파생결합상품의 이익(파생상품의 법정요건에 따라 이자소득과 결합된 경우) |
| 유형별 포괄주의 | 위의 소득과 유사한 소득으로서 금전사용에 따른 대가의 성격이 있는 것 |

• 비영업대금의 이익이란 대금(貸金)을 영업으로 하지 않는 자가 일시적, 우발적으로 금전을 대여함에 따라 지급받는 이자 또는 수수료를 말함

### (3) 이자소득의 수입시기

보통·정기예금 이자는 '실제로 이자를 지급받는날' 또는 '원본전입일', 통지예금은 '인출일' 등

**01** 다음 중 이자소득의 수입시기가 잘못된 것은?

① 기명채권 : 약정에 의한 이자지급일
② 보통·정기예금의 이자 : 실제로 이자를 지급받는 날 또는 원본전입일
③ 통지예금 : 원본전입일
④ 직장공제회 초과반환일 : 약정에 의한 이자지급일

해설 통지예금은 '인출일'이다.

정답 ③

## 배당소득

핵심유형문제

다음 중 배당소득에 속하지 않는 것은?

① 집합투자기구로부터의 이익
② 법인으로 보는 단체로부터 받는 배당과 분배금
③ 의제배당
④ 저축성보험의 보험차익

해설 저축성보험의 보험차익은 이자소득에 속한다.

정답 ④

더알아보기 배당소득

### (1) 배당소득의 종류

| 구 분 | 내 용 |
|---|---|
| 배당 또는 분배금의 형태 | 내·외국법인으로부터 받는 이익이나 잉여금의 배당 또는 분배금 |
| 그 외의 형태 | 법인으로 보는 단체로부터 받는 배당 또는 분배금 |
| | 의제배당 |
| | 법인세법에 의하여 배당으로 처분된 금액(인정배당) |
| | 국내 또는 국외에서 받은 대통령으로 정하는 집합투자기구로부터의 이익 |
| | 특정 외국법인 유보소득에 대한 간주배당 |
| | 출자공동사업자의 손익분배금 |
| | 파생결합증권으로부터의 이익 |
| | 파생결합상품의 이익(파생상품의 법정요건에 따라 배당소득과 결합된 경우) |
| 유형별 포괄주의 | 위의 소득과 유사한 소득으로서 수익분배의 성격이 있는 것 |

※ 의제배당과 인정배당

| 의제배당 | 인정배당 |
|---|---|
| 자본의 감소/잉여금의 자본전입/해산/합병·분할 또는 분할합병과 같은 재무활동 과정에서 법인의 잉여금이 주주나 출자자에게 이전되는 경우 이를 배당으로 의제한다(의제배당). | 법인세의 과세표준 신고나 과세관청의 결정 또는 경정에 있어 익금산입의 금액을 주주나 출자자에게 소득처분하는 경우 이를 인정배당이라 한다. |

**(2) 배당소득의 수입시기** : 집합투자기구로부터의 이익이나 무기명주의 배당은 지급받는 날, 합병 시 합병등기일, 해산 시 잔여재산이 확정된 날, 잉여금처분 시 잉여금처분결의일 등

---

**보충문제**

**01** 빈칸이 옳게 채워진 것은?

> 형식이나 절차상 본래 의미의 배당은 아니나 법인의 잉여금이 배당 이외의 형태로 출자자에게 이전되는 경우 이를 ( 가 )이라고 하며, 법인세의 과세표준 신고나 과세관청의 결정 또는 경정에 있어 익금산입의 금액을 주주나 출자자에게 소득처분하는 경우 이를 ( 나 )이라고 한다.

|  | 가 | 나 |
|---|---|---|
| ① | 의제배당 | 인정배당 |
| ② | 의제배당 | 간주배당 |
| ③ | 인정배당 | 의제배당 |
| ④ | 인정배당 | 간주배당 |

해설  의제배당과 인정배당의 개념 차이를 구분하는 문제이다.

정답 ①

**02** 다음 중 의제배당 총수입금액의 귀속연도(수입시기)가 틀린 것은?

① 자본의 감소 : 감자결의일

② 합병 : 합병등기일

③ 잉여금의 처분 : 잉여금의 처분결의일

④ 해산일 : 해산결의일

해설  해산일은 '잔여재산가액 확정일'이다.

정답 ④

**03** 배당가산(Gross-up) 적용 대상 배당소득의 경우 배당소득의 (    )를 간주배당으로 가산한다. (    )는?

① 10%

② 11%

③ 12%

④ 15%

해설    11%이다. 추가로 배당세액공제대상을 잘 이해해야 한다(더알아보기 참조).

정답 ②

---

**더알아보기** 배당세액공제제도(Gross-up제도 또는 귀속법인세제도)

**(1) 배당세액공제제도의 개념**

배당소득에는 이중과세의 문제가 발생한다(소득세와 법인세가 각각 부과되는 현행 조세체계에서는 법인세가 과세된 소득이 개인주주에게 배당될 경우 배당소득세가 또 부과되므로 이중으로 과세됨). 이러한 이중과세를 방지하기 위해 배당세액공제제도를 두고 있다.

**(2) 배당세액공제의 절차**

① 법인세로 부담한 만큼의 배당소득을 원래의 배당소득에 가산한다(Gross-Up). 이때 가산하는 금액을 간주배당이라 한다.

> 총 배당소득금액 = 배당소득 + 간주배당(= 배당소득 × 11%)

② 종합소득과세 시 산출세액에서 간주배당액을 차감한다(배당세액공제 – 처음에 이중과세되었던 부분을 환급받는다는 개념).

**(3) 배당세액공제 적용대상 소득**(아래 3가지 요건을 모두 충족해야 함)

① 법인세가 과세된 소득

② 내국법인으로부터 받는 배당소득

③ '종합소득과세표준에서 금융소득이 2천만원을 초과한 경우'를 모두 충족하는 소득이어야 한다.

㉠ 즉, 집합투자기구로부터의 이익은 배당세액공제를 받을 수 없다.

㉡ 금융소득이 2천만원 이하일 경우에는 14%(주민세 제외)의 원천징수세율로 과세를 종료하므로 금융소득이 2천만원 초과 시에만 배당세액공제가 적용된다.

## 원천징수

다음 중 원천징수세율이 잘못된 것은?

① 분리과세를 신청한 장기채권의 이자와 할인액 : 30%

② 비영업대금의 이익 : 25%

③ 직장공제회 초과반환금 : 20%

④ 연간 2천만원 이하의 금융소득(이자소득과 배당소득) : 14%

> **해설**　직장공제회 초과반환금은 기본세율(6%~45%)로 원천징수한다.

> **정답** ③

---

**더알아보기**　원천징수제도 & 분리과세방법

### (1) 원천징수제도

① 원천징수제도의 의의

원천징수란 세원의 탈루방지와 징수편리를 위해서 원천징수의무자(소득의 지급자)가 소득지급 시 과세관청을 대신하여 세금을 징수하여 납부하는 제도. 징수한 세금은 원천징수의무자의 관할세무서에 익월 10일까지 납부한다.

② 원천징수세율(아래 세율은 주민세가 제외된 세율임)

| 구 분 | | 원천징수세율 |
|---|---|---|
| 거주자 | 장기채권의 이자와 할인액(분리과세 신청 시) | 30% |
| | 비영업대금의 이익 | 25% |
| | 출자공동사업자의 배당소득 | 25% |
| | 직장공제회 초과반환금 | 기본세율(6%~45%) |
| | 그 밖의 이자소득·배당소득 | 14% |
| | 비실명금융소득　금융기관 지급 시 | 90% |
| | 비금융기관 지급 시 | 42% |
| 비거주자 | 조세조약이 체결된 국가의 경우 | 조세조약상의 제한세율 |
| | 조세조약에 체결되지 않은 국가의 경우 | 20%(단 채권이자소득은 14%) |

③ 채권 등에 대한 원천징수특례

㉠ 채권으로부터 발생하는 이자소득도 발행 법인이 원천징수할 의무를 가지고 있으며, 채권 보유자가 중도에 매도할 경우에는 '보유기간 이자상당액'에 대한 소득세를 원천징수함

㉡ 보유기간이자과세 특례가 적용되는 대상인 국채, 지방채, 회사채, 표지어음, 발행어음, 기업어음, 양도성예금증서 등 대부분의 채무증권(단, 상업어음-진성어음-은 제외)

㉢ 세율 : 보유기간 이자상당액 × 원천징수세율(14%)

　• 보유기간 이자상당액 = 액면가액 × 보유기간(경과기간) × 표면이자

## (2) 금융소득에 대한 분리과세방법

| ① 비과세 |
|---|
| 공익신탁의 이익/농어가목돈마련저축의 이자소득/비과세저축의 이자소득·배당소득/조합출 자금(1인당 1천만원 이하)의 배당 등 |

| ② 무조건 분리과세 |
|---|
| 분리과세를 신청한 장기채권(만기 10년 이상 & 보유기간 3년 이상)의 이자와 할인액(30%)/법원보관금(경매보증금 등)의 이자(14%)/직장공제회 초과반환금(기본세율)/조특법에 따른 분리과세 이자·배당소득—세금우대종합저축의 이자소득(9%) 등 |

| ③ 조건부 종합과세<br>(비과세분과 무조건분리과세분을 제외한 다음 조건부 종합과세 함) |
|---|
| 비과세 및 무조건 분리과세분을 제외한 금융소득으로서, 연간 개인별 금융소득이 2천만원 이하인 경우 14%의 원천징수로 과세의무를 종결하고, 2천만원 초과분에 대해서는 종합과세한다. |

| ④ 무조건 종합과세 |
|---|
| 금융소득이 2천만원 이하인 경우에도 원천징수대상이 아닌 소득(국외에서 받은 소득 등)에 대해서는 무조건 종합과세한다. |

---

보충문제

**01**  다음 중 무조건 분리과세가 되는 금융소득이 아닌 것은?

① 분리과세를 신청한 장기채권의 이자와 할인액

② 법원보관금의 이자

③ 직장공제회 초과반환금

④ 금융소득(이자소득과 배당소득)

> **해설**  금융소득은 조건부 종합과세이다(2천만원 이하는 14%로 분리과세, 초과분은 종합과세).
> **참고**  분리과세되는 것은 모두 원천징수되나, 원천징수되는 것은 모두 분리과세되는 것은 아니다(즉 원천징수의 개념이 더 큰 개념이다).
> ※ 회사가 종업원(근로소득자)에게 급여지급시 원천징수하는데 이는 분리과세가 아니다.
>
> 정답 ④

## 5 증권거래세법

증권거래세율에 대한 설명으로 옳지 않은 것은?

① 유가증권시장 : 0.03% + 농어촌특별세(0.15%)

② 코스닥시장 : 0.18%

③ 코넥스시장 : 0.10%

④ K-OTC시장 : 0.35%

**해설**    K-OTC시장은 코스닥과 동일하게 0.18%가 적용된다(2024년 현재). 참고로 상기 ①·②·③·④ 이외의 주식에는 0.35%가 적용된다.

정답 ④

---

**더알아보기**    증권거래세 개요

**(1) 과세대상과 납세의무자**

① 과세대상 증권거래세는 주권 또는 지분의 유상양도에 대해 부과하는 조세이다. 따라서 상속 이전인 상속증여 시에는 부과되지 않는다.

② 납세의무자

| 내 용 | 납세의무자 |
|---|---|
| • 장내 또는 협회를 통한 장외거래(프리보드)에서 양도되는 주권을 계좌 간 대체로 매매 결제하는 경우(㉠) | 예탁결제원 |
| • ㉠ 외에 법률상의 금융투자업자를 통하여 주권 등을 양도하는 경우(㉡) | 당해 금융투자업자 |
| • ㉠, ㉡ 이외에 주권 등을 양도하는 경우(㉢) | 당해 양도인 |
| • ㉢의 경우 국내사업장이 없는 비거주자(외국법인 포함)가 주권 등을 양도하는 경우 | 당해 양수인 |

**(2) 비과세양도(아래의 경우 증권거래세가 과세되지 않음)**

'국가 또는 지자체가 주권 등을 양도하는 경우/자본시장법상의 발행업무에 따른 주권 매출의 경우/주권을 목적물로 하는 소비대체의 경우'

**(3) 과세표준** 증권거래세는 주권의 양도금액을 과세표준으로 한다. 그러나 양도금액이 명확히 확인되지 않는 경우 시가액 또는 기준가격으로 평가한 가액을 과세표준으로 한다.

**(4) 세율(2024년 현재)**

증권거래세율의 기본세율은 0.35%이지만 예외적(탄력세율)으로, 유가증권시장은 0.03% + 농특세 0.15% = 0.18%을 적용하고, 코스닥시장과 K-OTC시장의 증권거래세율은 공통적으로 0.18%이며, 코넥스시장은 0.10%을 적용한다.

(5) **거래징수 및 신고 · 납부(증권거래세의 거래징수는 소득세의 원천징수와 유사한 개념)** : 간접 국세의 경우 법이 정한 과세거래가 이루어질 때 거래상대방의 세액을 징수하여, 익월 10일까지 과세표준과 세액을 신고 · 납부를 해야 한다.
  ① 거래징수대상자(한국예탁결제원과 금융투자업자)는 매월분 세액을 거래징수하여 익월 10일까지 신고 납부해야 한다.
  ② 그 외의 납세의무자는 매 반기분의 과세표준과 세액을 양도일이 속하는 반기말로부터 2개월 이내에 신고 · 납부해야 한다.

---

**보충문제**

**01** 빈칸이 올바르게 연결된 것은?

> 증권거래세의 납세의무자가 예탁결제원이나 금융투자업자일 경우, ( 가 )의 세액을 ( 나 )까지 납부하여야 하며, 그외의 납세의무자일 경우, ( 다 )의 세액을 ( 라 )까지 납부하여야 한다.

| | 가 | 나 | 다 | 라 |
|---|---|---|---|---|
| ① | 매월분 | 익월 10일 | 분기분 | 양도일이 속하는 분기말로부터 2개월 이내 |
| ② | 매월분 | 익월 10일 | 반기분 | 양도일이 속하는 반기말로부터 2개월 이내 |
| ③ | 분기분 | 분기의 익월 20일 | 분기분 | 양도일이 속하는 분기말로부터 2개월 이내 |
| ④ | 분기분 | 분기의 익월 20일 | 반기분 | 양도일이 속하는 반기말로부터 2개월 이내 |

해설 차례대로 '매월분 – 익월 10일 – 반기분 – 양도일이 속하는 반기말로부터 2개월 이내'이다(2018.1.1이후 양도분부터는 반기가 적용된다. 개정 전에는 분기 적용).

정답 ②

**02** 거주자인 甲이 乙에게 예탁결제원과 금융투자업자를 거치지 않고 주식을 양도하였다(양도일 2월 5일). 이 경우 납세의무자는 누구이며, 과세표준과 세액의 신고 납부기한은 언제인가?

| | 납세의무자 | 신고납부일 |
|---|---|---|
| ① | 甲 | 5월 31일 |
| ② | 甲 | 8월 31일 |
| ③ | 乙 | 5월 31일 |
| ④ | 乙 | 8월 31일 |

해설 예탁결제원과 금융투자업자가 아니면 양도인(甲)이 납세의무자이다(단, 비거주자가 양도 시에는 양수인이 됨). 양도일이 속하는 반기말로부터 2개월 이내이다.

정답 ②

# 단원별 출제예상문제

**01** 다음 중 간접세에 해당하지 않는 것은?

① 부가가치세        ② 주세

③ 증권거래세        ④ 취득세

> **해설** 취득세는 직접세이다. '조세의 전가성'으로 직접세와 간접세를 구분한다.
> 간접세에는 ①·②·③에 이어 인지세, 개별소비세도 포함된다.
> ※ 간접세의 개념
>   (1) 납세부담자(담세자)와 납세의무자(신고자)가 일치하지 않는 세금을 말한다(예 부가가치세는 소비자
>      가 부담하지만 납세신고는 판매자가 한다).
>   (2) 소득수준과 관계없이 같은 금액(같은 비율)을 부담하는 세금이다.
>
> **정답** ④

**02** 조세의 분류상 '소득세'에 해당하지 않은 것은?

① 직접세        ② 보통세

③ 종량세        ④ 누진세

> **해설** 소득세는 종가세이다. 종량세는 인지세 등이 있다. 소득세는 '국세-직접세-보통세-종가세-누진세'이며, 부
> 가가치세는 '국세-간접세-보통세-종가세-비례세'이다.
>
> **정답** ③

**03** 다음 설명 중 적절하지 않은 것은?

① 공시송달의 경우 서류의 요지를 공고한 날로부터 14일이 경과하면 서류가 송달된 것으로 본다.

② 종합부동산세는 과세기간이 종료하는 때에 납세의무가 성립한다.

③ 5억원 이상의 국세채권의 소멸시효는 10년이다.

④ 과세표준수정신고서를 법정신고기한 경과 후 6월 내에 제출하는 경우에는 최초의 과소해설신고
로 인해 부담하는 가산세의 50%를 경감한다.

> **해설** 종합부동산세는 보유재산에 대한 세금을 부과하는 것으로 과세기준일(6/1)이 납세의무 성립시기이다.
>
> **정답** ②

**04** 다음 중 신고확정으로 납세의무를 확정하는 세금의 종류가 아닌 것은?

① 소득세
② 법인세
③ 부가가치세
④ 상속세

> 해설  신고확정에는 위의 ①·②·③ 외에도 증권거래세가 있다. 상속세와 증여세는 부과확정이며, 자동확정에는 인지세, 원천징수 소득세 등이 있다.
>
> 정답 ④

**05** 소득세에 대한 다음 설명 중 옳지 않은 것은?

① 거주자에 대해서는 국내외의 모든 소득에 대해 납세의무를 부과한다.
② 거주자의 모든 소득은 종합과세하는 것을 원칙으로 하나 일부 소득에 대해서는 분리과세 또는 분류과세를 하고 있다.
③ 비거주자의 경우 국내원천소득에 대해서만 과세하며 과세의 방법은 종합과세이다.
④ 국내 소득세법은 열거주의를 원칙으로 하되 일부에 대해 유형별 포괄주의를 도입하고 있다.

> 해설  비거주자의 소득에 대한 과세방법은 국내원천소득에 대해서 분리과세하는 것이 원칙이다(20% 또는 제한세율). 국내사업장이나 부동산임대소득이 있는 경우에는 종합과세하며, 양도소득·퇴직소득이 있는 경우에는 분류과세한다.
>
> 정답 ③

**06** 다음 중 원천징수세율이 옳지 않은 것은?

① 분리과세를 신청한 장기채권의 이자와 할인액 : 30%
② 비영업대금의 이익 : 20%
③ 직장공제회 초과반환금 : 기본세율
④ 조세조약이 체결되지 않는 국가의 거주자인 경우 : 20%

> 해설  비영업대금의 이익은 25%이다(원천징수세율은 출제빈도가 높으므로 모두 암기해야 한다).
>
> 정답 ②

**07** 다음 중 종합소득 대상은?

① 분리과세 신청한 장기채권의 이자와 할인액
② 직장공제회 초과반환금
③ 연간 2천만원 이하의 금융소득
④ 사업소득

**해설** 사업소득은 종합소득 대상이다. 단, 원천징수 연말정산을 하는 사업소득만 있는 자는 예외이다(보험설계사, 방문판매원, 음료배달원 등).
①은 분리과세 신청 시 무조건 분리과세, ②는 무조건 분리과세, ③은 조건부 분리과세(2천만원 이하는 분리과세로 과세의무 종결) 대상이다.

정답 ④

**08** 다음 중 이자소득의 수입시기를 잘못 나타낸 것은?

① 무기명채권 또는 증권의 이자와 할인액 : 그 지급을 받는 날
② 보통예금과 정기예금의 이자 : 실제로 이자를 지급받는 날 또는 원본전입일
③ 통지예금의 이자 : 통지일
④ 저축성보험의 보험차익 : 보험금 또는 환급일의 지급일

**해설** 통지예금의 이자는 '인출일'이다.

정답 ③

**09** 배당소득세액공제가 적용되기 위해서는 요건을 갖춘 소득이어야 한다. 해당요건에 속하지 않는 것은?

① 법인세가 과세된 소득이어야 한다.
② 내국법인으로부터 받는 배당소득이어야 한다.
③ 종합소득과세표준에서 금융소득이 2천만원을 초과한 경우이어야 한다.
④ 집합투자기구로부터의 이익이어야 한다.

**해설** ①·②·③의 요건을 모두 충족 시 배당소득세액 공제를 받을 수 있다.
④에서, 집합투자기구로부터의 이익은 대상이 아니다. 배당소득세액공제는 이중과세된 부분을 공제해 준다는 차원인데, 집합투자기구로부터의 이익은 법인세가 부과되지 않으므로 이중과세의 여지가 없다.

정답 ④

**10** 조세의 분류 중 '조세의 전가성'으로 분류한 것은?

① 국세 - 지방세

② 직접세 - 간접세

③ 보통세 - 목적세

④ 비례세 - 누진세

> 해설 ① 과세주체, ③ 지출의 목적성, ④ 세율구조에 따른 분류이다.

정답 ②

**11** '과세기간이 끝나는 때'로 납세의무가 성립되는 조세가 아닌 것은?

① 소득세

② 법인세

③ 부가가치세

④ 원천징수하는 소득세, 법인세

> 해설 '소득금액, 수입금액을 지급하는 때' 납세의무가 성립한다.

정답 ④

**12** 일반적인 경우 국세제척기간은 일반조세가 (    ), 상증세가 (    )이다. 빈칸에 들어갈 내용을 바르게 연결한 것은?

① 5년, 7년

② 5년, 10년

③ 7년, 10년

④ 10년, 15년

> 해설 일반조세는 5년, 상증세는 10년이다.

정답 ②

**13** 상속세에 대한 내용이다. 가장 적절하지 않은 것은?

① 상속세를 부담하는 자는 상속인이다.

② 상속재산에는 피상속인의 보험금·신탁재산·퇴직금을 포함한다.

③ 유산취득세방식이다.

④ 영리법인이 상속을 받을 경우 상속세가 면제된다.

> 해설 유산세방식이다. 영리법인이 상속을 받을 경우 법인세를 부담하므로 상속세는 면제된다.

정답 ③

**14** 유언을 통해 상속받는 자는 누구인가?

① 수증자                      ② 수유자

③ 증여자                      ④ 상속인

> **해설**    유언을 통해 받는 상속재산을 유증재산이라 하며, 받는 자를 수유자(受遺者)라고 한다.

정답 ②

**15** 다음 중 상속재산에 포함되지 않는 것은?

① 사인증여재산

② 유증재산

③ 상속개시일로부터 6년 전에 상속인이 아닌 자에게 증여한 재산

④ 피상속인의 퇴직금

> **해설**    생전증여재산의 경우 '상속개시일로부터 10년 전(상속인)/5년 전(비상속인)에 증여한 재산'에 대해서 상속재산에 합산한다.

정답 ③

**16** 다음 중 상속세 과세표준 산정 시 필요한 상속공제액이 아닌 것은?

① 인적공제

② 장례비

③ 감정수수료

④ 기초공제

> **해설**    피상속인의 장례비는 상속세 과세가액 산정 시 차감하는 법정공제액이다.

정답 ②

**17** 상속세과세표준이 40억원이다. 상속세 산출세액은?

① 9억원

② 10억 4천만원

③ 15억 4천만원

④ 20억원

10억 4천만원 + (10억원 × 0.5) = 15억 4천만원(본문 과세표준구간별 상속세율 참조)

정답 ③

**18** 증여세 납세의무에 관한 설명 중 가장 적절하지 않은 것은?

① 증여세의 납세의무자는 수증자이다.

② 수증자가 담세력이 없는 경우에는 예외없이 증여자가 납세의무자가 된다.

③ 비영리법인은 증여세 납세의무가 있다.

④ 영리법인은 증여세 납세의무가 없다.

증여자의 연대납세의무 수증자가 비거주자이거나, 주소 또는 거소가 불분명하거나, 수증자가 담세력이 없는 경우에는 증여자가 연대납세의무를 진다.
• 단, 채무면제, 금전무상대부 등의 증여 시에는 수증자가 담세력이 없을 경우 증여세를 면제한다.

정답 ②

**19** 증권거래세의 과세표준에 대한 설명이다. 가장 거리가 먼 것은?

① 특수관계자에게 시가액보다 낮은 가액으로 양도한 것으로 인정되는 경우 – 시가액

② 비거주자 또는 외국법인이 국외 특수관계자에게 정상가격보다 낮은 가액으로 양도한 경우 – 국세조세조정에 관한 법률상의 정상가격

③ 양도가액이 확인되지 않는 장외거래 – 상장주권은 거래소가 공표하는 양도일의 매매거래 기준가격

④ 국가 또는 지방자치단체가 주권 등을 양도하는 경우 – 양도가액과 시가액 중 높은 가격

국가 또는 지자체가 주권 등을 양도 시에는 '비과세양도'가 된다.

정답 ④

**20** 증권거래세에 대한 내용이다. 빈칸에 들어갈 수 없는 것은?

> 증권거래세의 납세의무자 중 예탁결제원과 금융투자업자는 (   )분의 증권거래세 과세표준과 세액을 다음 달 (   )까지 납부해야 한다. 그리고 그 밖의 납세자는 (   )분의 과세표준과 세액을 양도일이 속하는 반기의 말일로부터 (   ) 이내에 신고, 납부해야 한다.

① 매 월
② 매 년
③ 10일
④ 2개월

**해설**　차례대로 '매월, 10일, 매반기, 2개월'이다.

정답 ②

**21** 신고세액공제 3%가 적용되는 과세종류를 모두 묶은 것은?

> ㉠ 상속세
> ㉡ 증여세
> ㉢ 양도세
> ㉣ 소득세

① ㉠
② ㉠, ㉡
③ ㉠, ㉡, ㉢
④ ㉠, ㉡, ㉢, ㉣

**해설**　상속세와 증여세는 부과확정이지만 성실신고를 유도하는 차원에서 신고세액공제 3%의 혜택이 있다.

정답 ②

**22** 밑줄 친 부분이 가장 적절하지 않은 것은?

| 구 분 | 양도세 | 증여세 | 상속세 |
|---|---|---|---|
| 신고납부기한 | ① 양도·증여·상속이 일어난 날로부터 | | |
| | ② 2개월 | ③ 3개월 | ④ 6개월(국외거주 시 9개월) |

**해설**　양도(주식이 아닌 자산의 양도 시)가 일어난, 증여재산을 취득한, 상속이 개시된 '날이 속한 달의 말일로부터'이다.

정답 ①

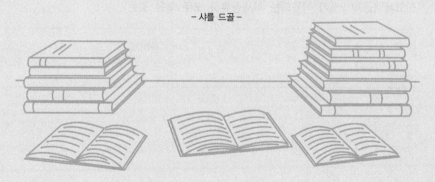

할 수 있다고 믿는 사람은 그렇게 되고,
할 수 없다고 믿는 사람도 역시 그렇게 된다.

－ 샤를 드골 －

# 부록

## 최종모의고사

비관론자는 어떤 기회가 찾아와도 어려움만을 보고,
낙관론자는 어떤 난관이 찾아와도 기회를 바라본다.

– 윈스턴 처칠 –

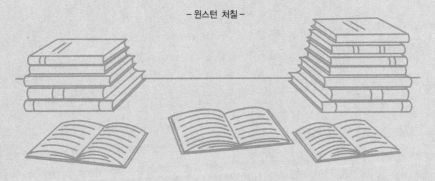

# 제1회 최종모의고사

**01** 경기순환의 4분법의 순서로 옳은 것은?

① 불황 → 후퇴 → 회복 → 호황
② 후퇴 → 불황 → 회복 → 호황
③ 회복 → 호황 → 불황 → 후퇴
④ 호황 → 불황 → 회복 → 후퇴

**02** 보기가 해당하는 경기변동이론은?

> • 개인과 기업은 합리적 기대에 의거 최적화 행동을 한다는 루카스 비판을 받아들였다.
> • 가격과 임금의 경직성은 이론적 가정이 아닌 경제주체들의 합리적 행동의 결과로 나타난 것이다.

① 케인즈학파의 경기변동이론
② 통화주의학파의 경기변동이론
③ 새고전학파의 경기변동이론
④ 새케인즈학파의 경기변동이론

**03** 보기는 통화정책의 파급경로 중 어디에 가장 부합하는가?

> 우리나라는 은행의 대출경로를 통한 통화정책의 파급효과가 아직도 상당하다. 그러나 통화긴축정책을 집행하여도 기업의 재무상태가 양호하다면 대차대조표(재무상태표) 경로를 통한 통화정책의 파급효과는 낮아졌을 것으로 추정된다.

① 금리경로　　② 자산가격경로
③ 환율경로　　④ 신용경로

**04** 다음 중 외부시차가 가장 긴 것은?

① 정부의 실업급여 보조금 지급
② 소득세율 인상
③ 재정지출 확대
④ 금리인하

**05** 다음 중 경기의 선행종합지수에 속하는 것은?

① 코스피지수
② 광공업생산지수
③ 취업자수
④ CP유통수익률

**06** 소비자태도지수(CSI)에 대한 설명이다. 가장 거리가 먼 것은?

① 설문조사를 이용한 경기예측방법이다.
② CSI의 값이 90이면 경기수축국면에 있음을 말한다.
③ 경기저점보다는 경기정점 판단에 신뢰도가 더 높다.
④ 경기변동의 진폭이나 속도는 측정할 수 없다.

**07** '매출액순이익률 × 총자본회전율'로 나타나는 재무비율은?

① ROE(자기자본이익률)

② ROI(총자본이익률)

③ 납입자본이익률

④ EV/EBITDA

**08** PER에 대한 설명이다. 가장 거리가 먼 것은?

① 적자기업은 PER로 평가할 수 없다.

② 당기순이익이 100억원, 발행주식수가 100만주, 주가가 10만원이면 PER은 10배이다.

③ PCR을 보완한다.

④ 배당성향이 높을수록 PER가 높아진다고 할 수 있다.

**09** 다음 중 빈칸에 들어갈 말을 연결한 것으로 옳은 것은?

$$PBR = \frac{순이익}{매출액} \times \frac{매출액}{총자본} \times (\quad) \times (\quad)$$

① $\dfrac{자기자본}{총자본}$, PER

② $\dfrac{총자본}{자기자본}$, PER

③ $\dfrac{총자본}{자기자본}$, PSR

④ $\dfrac{총자본}{매출액}$, PSR

**10** 보기에 따를 때 EV/EBITDA 비율은 얼마인가?

> 주가 40,000원, 발행주식수 100만주, 순차입금 200억원, 세전영업이익 30억원, 감가상각비 20억원

① 8배　　② 12배

③ 13.3배　　④ 20배

**11** ㈜금융의 내년도 당기순이익이 100억원, 이 중 40억원을 배당금으로 지급할 것으로 예상된다(총주식수는 100만주). 요구수익률이 15%이고 배당성장률이 5%라면 적정주가는?

① 20,000원　　② 22,000원

③ 40,000원　　④ 44,000원

**12** 기술적 분석에 대한 다음 설명 중 가장 거리가 먼 것은?

① 증권의 시장가치는 수요와 공급에 의해서만 결정된다.

② 미국식 차트에는 시가가 없다.

③ 일본식 차트에서 시가보다 종가가 낮게 나타난다면 붉은색 혹은 양선형으로 표시한다.

④ 다우이론의 평균주가는 전체 주가흐름을 정확히 반영하는 개념이다.

**13** 엘리어트파동이론에 대한 설명으로 옳지 않은 것은?

① 3번 파동은 돌파갭, 계속갭 그리고 소멸갭이 나타나는 특징이 있다.

② 4번 파동은 조정파동이다.

③ b파동은 상승국면에서 가지고 있던 매수포지션을 정리할 마지막 기회이다.

④ c파동은 갭이 나타나는 등 투매의 영향으로 가격 하락폭도 빨라진다.

**14** 다음 중 패턴분석상 지속형에 해당하는 것은?

① 삼봉형　　　　② 확대형

③ V자 모형　　　④ 깃대형

**15** 다음의 보조지표 중 이동평균선을 활용한 것이 아닌 것은?

① MACD　　　　② RSI

③ 엔빌로프　　　④ 볼린저밴드

**16** 발행시장에 대한 설명이다. 가장 거리가 먼 것은?

① 발행시장은 추상적이다.

② 50인 이상을 대상으로 증권을 공개적으로 모집하는 형태를 공모라고 한다.

③ 보통 공모의 경우 직접발행의 형태를, 사모의 경우에는 간접발행의 형태를 띤다.

④ 발행기관의 가장 중요한 기능은 인수기능을 수행하는 것이다.

**17** 다음 중 액면주의 액면가가 될 수 없는 것은?

① 500원　　　　② 2,500원

③ 5,000원　　　④ 15,000원

**18** '청약일 전 제3거래일부터 제5거래일까지의 가중산술평균주가'를 기준주가로 하여 발행가액을 결정하는 방식을 모두 묶은 것은?

> ㉠ 주주배정방식과 주주우선배정방식
> ㉡ 일반공모방식
> ㉢ 제3자 배정방식
> ㉣ 기업구조조정을 위한 증자

① ㉠, ㉡　　　　② ㉡, ㉢

③ ㉢, ㉣　　　　④ ㉠, ㉣

**19** 다음 중 매매거래의 종류가 아닌 것은?

① 접속거래　　　② 보통거래

③ 당일거래　　　④ 익일거래

**20** 유가증권시장의 상장폐지제도에 대한 설명이다. 가장 거리가 먼 것은?

① 일반주주 200인 미만이거나 일반주주지분이 10% 미만인 경우 상장폐지한다.

② 거래소는 일정한 사유에 해당하는 상장법인에 대하여 상장적격성 실질심사를 실시한 결과에 따라 필요하다고 인정하는 경우에는 상장폐지할 수 있다.

③ 상장폐지결정에 대한 통보일로부터 15일 이내에 이의제기를 할 수 있다.

④ 상장폐지가 결정되면 7일간의 정리매매기간을 부여한다.

**21** 한국거래소가 임의적으로 시가나 종가 등의 정규마감시간을 30초 이내로 연장하여 단일 가매매의 가격을 결정하는 제도는?

① 동적VI 제도
② 랜덤엔드 제도
③ 이연결제 제도
④ Kill Swithch 제도

**22** 상장주식의 매매거래제도에 대한 설명이다. 가장 거리가 먼 것은?

① 매수하고 매수대금을 결제하지 않았을 경우 결제일의 다음 매매일부터 30일 동안 위탁증거금을 100% 징수해야 한다.
② 동시호가제도에서는 가격우선원칙과 시간우선원칙이 아닌 위탁매매우선원칙과 수량우선원칙이 적용된다.
③ 단일가호가를 통한 합치가격이 2개 이상일 경우에는 가장 높은 가격으로 매매를 체결한다.
④ 시간외단일가매매의 가격제한폭은 상하 10%이다.

**23** 유가증권시장에 대한 설명 중 가장 적절하지 않은 것은?

① 예탁결제원의 결제방식은 실물결제, 차감결제, 집중결제 방식이다.
② 사이드카는 장종료 40분 전 이후부터는 발동되지 않으며, 발동 5분 후에는 자동 해제된다.
③ 신규상장종목의 최초가격은 평가가격(공모가)의 60%에서 400% 내에서 결정된다.
④ 소수계좌 거래집중종목 요건에 해당되면 투자경고종목으로 지정된다.

**24** 다음은 코스닥시장의 특징을 설명한 것이다. 가장 거리가 먼 것은?

① 중소기업기본법상의 중소기업만 상장이 가능하다.
② 유가증권시장과 함께 성격이 다른 독립적인 시장이다.
③ 유가증권시장에 비해 상장요건이 완화되어 있어 금융투자업자의 선별기능이 중요하다.
④ 고위험 고수익의 특성을 가지므로 투자자의 자기관리가 중요한 시장이다.

**25** 다음 중 신용거래가 가능한 것은?

① 관리종목
② 투자경고종목
③ 투자유의종목
④ 투자주의종목

**26** 거래소 시장의 호가가격단위(Tick Size) 등의 설명으로 옳지 않은 것은?

① 유가증권시장, 코스닥시장, 코넥스시장의 호가단위는 주권의 가격대별로 모두 7단계이다.
② 20,000~50,000원 사이의 호가가격단위는 50원이다.
③ 상장종목 A(전일종가 42,500원)가 당일 상한가로 마감하였다면 종가는 55,250원이다.
④ ETF 및 ELW는 가격범위와 무관하게 호가가격단위는 5원이다.

**27** 어떤 채권의 가격공식

$$P = \frac{10,000(1+0.03)^5}{(1+0.055)^3\left(1+0.055 \times \frac{100}{365}\right)}$$

에 대한 설명으로 틀린 것은?

① 복리채의 가격공식이다.
② 만기수익률 5.5%로 매매하였다.
③ 이론적 복할인으로 구한 가격공식이다.
④ 잔존만기가 3년 100일이다.

**28** 말킬의 정리에 대한 설명이다. 옳은 것은?

① 채권의 잔존기간이 길어질수록 동일한 수익률변동에 대한 가격변동률은 감소한다.
② 채권의 잔존기간이 길어짐으로써 증가하는 가격변동률은 체증한다.
③ 동일한 크기의 수익률변동이 발생할 때 채권가격의 상승폭이 채권가격의 하락폭보다 크다.
④ 이표채는 표면이율이 낮을수록 동일한 수익률변동에 대한 가격변동률은 작아진다.

**29** 다음 표에 제시된 채권들은 연단위 후급 이표채들이다. 듀레이션이 큰 채권의 순서는?

| 구 분 | 표면이율 (%) | 잔존기간 (년) | 시장수익률 (%) |
| --- | --- | --- | --- |
| 채권 A | 3 | 5 | 4 |
| 채권 B | 6 | 5 | 4 |
| 채권 C | 6 | 5 | 6 |
| 채권 D | 6 | 3 | 6 |

① A > B > C > D
② A > C > D < B
③ C > A > B > D
④ C > B > A > D

**30** 액면 10,000원의 전환사채(전환주수 2주)를 유통시장에서 11,000원에 구입하였다. 전환대상 현재 주가가 주당 5,300원일 경우 다음 설명 중 옳지 않은 것은?

① 패리티는 106%이다.
② 전환가치는 10,600원이다.
③ 전환프리미엄은 400원이다.
④ 현재 전환할 경우 전환차익이 발생한다.

**31** 채권수익률곡선에 대한 설명이다. 가장 거리가 먼 것은?

① 채권수익률의 신용스프레드는 경기불황기에 더욱 확대되는 경향이 있다.
② 불편기대이론에 따르면 우상향, 우하향, 수평형의 수익률곡선 형태가 모두 가능하다.
③ 유동성선호이론의 수익률곡선은 불편기대이론의 수익률곡선보다 항상 위에 있다.
④ 수익률곡선의 우상향을 가장 잘 설명하는 이론은 선호영역가설이다.

**32** A사 주식을 첫해 초에 10,000원에 매입하여 연말에 400원의 배당을 받았다. 둘째 해 초에 동일 주식을 11,000원에 추가 매입하여 그 해 말에 주당 300원의 배당을 받고 주당 11,800원에 A사 주식을 전부 매각하였다. 산술평균(ARR)에 의한 투자수익률은?

① 12%　　② 13%
③ 14%　　④ 15%

**33** 추후에 수익률의 하락이 확실시된다면 투자수익률의 극대화를 위해 취할 수 있는 방법과 가장 거리가 먼 것은?

① 표면이율이 낮은 장기채의 보유비중을 확대한다.
② 국채선물을 매수한다.
③ 단기채의 매매를 통해서 쇼울더효과를 기대한다.
④ 채권의 투자기간과 듀레이션을 일치시킨다.

**34** 코넥스시장에 대한 설명이다. 틀린 것은?

① 중소기업기본법의 중소기업만이 상장할 수 있다.
② 상장신청 후 최초 매매거래 개시일까지 소요기간이 15영업일에 불과하다.
③ 가격제한폭이 30%이다.
④ 매매시 사용할 수 있는 호가는 지정가호가와 시장가호가의 두 가지뿐이다.

**35** K-OTC시장의 매매제도와 관련하여 가장 거리가 먼 것은?

① 매매방식은 다자간 상대매매이다.
② 시간외매매 제도가 없다.
③ 매도측이 단수이고 매수측이 복수일 경우에 한해 경매매가 인정된다.
④ 호가가격단위가 가장 낮은 것은 1원이고 가장 높은 것은 1,000원이다.

**36** 은행법상 일반은행에 속하지 않는 것은?

① 광주은행
② 신한은행
③ 산업은행
④ 도이치뱅크 서울지점

**37** 부동산신탁에 대한 설명으로 옳은 것은?

① 토지신탁은 부동산신탁회사만 취급 가능하다.
② 단순 소유권 보존만 관리하는 것은 갑종관리신탁이다.
③ 임대형 토지신탁은 신탁토지에 택지조성, 건축 등의 사업을 시행한 후 이를 분양하여 발생한 분양수익을 수익자에게 교부하는 것을 목적으로 한다.
④ 부동산담보신탁은 후순위권리설정을 배제할 수 없다.

**38** 예금자보호법상 보호대상 금융상품이 아닌 것은?

① 표지어음
② 외화예금
③ RP
④ 별단예금

**39** ELW의 가격결정요인에 대한 설명이다. 틀린 것은?

① 기초자산가격이 올라갈수록 콜ELW 가격은 상승하고 풋ELW 가격은 하락한다.
② 콜과 풋의 ELW는 기초자산의 변동에 따라 손익이 결정되므로 최대손실을 일정한 금액으로 한정시킬 수는 없다.
③ 기초자산의 변동성이 클수록 콜과 풋의 구분 없이 ELW의 가격은 상승한다.
④ 잔존기간이 길수록 콜과 풋의 구분 없이 ELW의 가격은 상승한다.

**40** ELS의 유형 중에 보기가 뜻하는 것은?

> 만기 시 주가가 일정수준을 상회하는지 여부에 따라 사전에 정한 두 가지 수익률 중 한 가지를 지급하는 구조이다.

① Knock-out형
② Bull-spread형
③ Digital형
④ Reverse Convertible형

**41** 다음 중 투자비율의 제한이 없는 것은?

① 증권집합투자기구
② 부동산집합투자기구
③ 특별자산집합투자기구
④ 혼합자산집합투자기구

**42** 양도성예금증서(CD)에 대한 설명이다. 가장 거리가 먼 것은?

① 무기명할인식으로 거래된다.
② 중도환매가 불가하다.
③ 예금자보호대상이 아니다.
④ 만기가 지나도 추가이자가 가산된다.

**43** 주택연금(역모기지론) 요건에 대한 설명으로 옳지 않은 것은?

① 자격자는 부부 중 연장자가 만 55세 이상이어야 한다.
② 주택가격이 대출잔액보다 작을 경우 부족부분은 상속인이 상환하여야 한다.
③ 2024년 현재, 공시지가 12억원 이하인 주택(주거용 오피스텔도 가능)이어야 한다.
④ 지급방식은 종신방식, 확정기간방식 그리고 대출상환방식 등이 있다.

**44** 다음 설명 중 가장 적절하지 않은 것은?

① 투자가치는 기대수익률의 정의 함수이고, 위험의 부의 함수이다.
② 투자목표를 설정하기 전에 재무목표가 설정되어야 한다.
③ 충분하게 많은 개별증권이 존재해야 하는 것을 자산집단의 독립성이라 한다.
④ 벤치마크는 운용성과측정의 기준이 됨과 동시에 바람직한 포트폴리오라고 할 수 있다.

**45** 빈칸을 차례대로 옳게 채운 것은?

> PER이 5배, 40배인 증권이 있을 때 기대수익률이 더 높은 증권은 PER이 (    )인 증권이며, 이렇게 기대수익률을 측정하는 방식을 (    )라 한다.

① 5배, 펀드멘탈분석법
② 5배, 시장공동예측치 사용법
③ 40배, 펀드멘탈분석법
④ 40배, 시장공동예측치 사용법

**46** 최적증권 선택에 대한 설명이다. 가장 거리가 먼 것은?

① 위험이 같으면 수익률이 높은 증권을 선택하고, 수익률이 같으면 위험이 낮은 증권을 선택하는 것을 지배원리라 한다.

② 위험회피형의 효용함수는 원점에 대해 오목하며, 이는 투자수익과 효용의 공간에서 측정한다.

③ 보수적 투자자의 무차별효용곡선은 기울기가 완만하게 나타나며, 이는 평균과 분산의 공간에서 측정한다.

④ 효율적 투자기회선과 무차별효용곡선의 접점이 최적증권인데, 투자자별로 최적증권은 오직 하나가 존재한다.

**47** 전술적 자산배분전략과 가장 거리가 먼 것은?

① 증권시장의 과잉반응 현상
② 가치평가과정
③ 투자위험 인내과정
④ 퍼지 투자기회선

**48** 다음 중 빈칸에 들어갈 용어로 적절한 것은?

> ESG는 기업의 중장기 지속가능성에 영향을 미칠 수 있는 요인들을 ( ), ( ), ( )로 나누어 체계한 기준으로 자본시장에서 기업을 평가하는 새로운 프레임워크(Framework)로 발전하였다.

① Environmental, Sustainable, Governance
② Environmental, Social, Governance
③ Economic, Sustainable, Government
④ Economic, Social, Government

**49** 금융투자상품의 위험도 분류에서 정성적 요소에 해당하는 것은?

① 과거 가격의 변동성
② 기초자산의 종류
③ 신용등급
④ 거래상대방 위험

**50** 성공적인 관계마케팅(Customer Relationship Marketing)의 특징이 아닌 것은?

① 고객유지전략
② 고객점유율 확보
③ 자동화로 이동
④ 고객차별화

**51** 다음 중 청약의 철회에 대한 설명으로 옳은 내용을 전부 고르면?

> ㉠ 투자성 상품의 경우 금융소비자가 철회의사를 서면 등으로 발송한 때에 철회의 효력이 발생한다.
> ㉡ 투자성 상품의 경우 계약서류를 제공받은 날 또는 계약체결일로부터 7영업일 이내에 철회의사를 표시할 수 있다.
> ㉢ 대출성 상품의 경우 계약서류를 제공받은 날 또는 계약체결일로부터 14영업일 이내에 철회의사를 표시할 수 있다.
> ㉣ 청약이 철회될 경우 손해배상을 청구할 수 있다는 불리한 내용은 특약으로 정할 수 있다.

① ㉠
② ㉠, ㉡
③ ㉠, ㉡, ㉢
④ ㉠, ㉡, ㉢, ㉣

**52** 고객의 동의 확보 및 Closing에 대한 설명으로 옳지 않은 것은?

① Closing은 고객에 따라 달리해서는 안 되며 정형화되어야 한다.
② Closing을 하기 전에 시험 Closing(Trial Closing)을 한다.
③ Closing의 시점을 미리 정하지 않는다.
④ 고객의 가입의사가 나타날 때 Closing 타이밍이라고 할 수 있다.

**53** 조건부자본증권을 투자권유하는 경우에 추가적인 설명 내용으로 올바른 것만 모두 나열한 것은?

> 가. 일정한 사유가 발생하면 원리금이 전액 상각되거나 보통주로 전환되는 특약이 있다는 사실
> 나. 상각 전환의 사유 및 효과
> 다. 중도상환조건이 있는 경우 만기가 짧아질 수 있다는 사실
> 라. 특정한 사유 발생 시 또는 발행인의 재량에 따라 이자가 지급되지 않을 수 있다는 사실

① 가, 나, 다　　② 가, 다, 라
③ 나, 다　　　④ 가, 나, 다, 라

**54** 다음 중 직무윤리 준수의무가 부과될 수 있는 자는?

> 가. 금융투자전문인력인 자(자격취득자)
> 나. 회사와의 고용계약 관계가 없는 자
> 다. 무보수로 일하는 자
> 라. 고객과 아무런 계약관계를 맺지 않는 자

① 가　　　　② 가, 나
③ 가, 나, 다　④ 가, 나, 다, 라

**55** 금융투자회사의 표준윤리준칙 중 '회사에 대한 의무'에 속하는 것은?

① 고객우선의무(제2조)
② 품위유지의무(제13조)
③ 상호존중의무(제8조)
④ 사회적 책임(제10조)

**56** 금융투자회사의 표준윤리준칙 제4조의 '신의성실 원칙'에 대한 설명이다. 가장 거리가 먼 것은?

① 권리의 행사와 의무를 이행함에 있어서 행위준칙이 된다.
② 법률관계를 해석함에 있어서 해석상의 지침이 된다.
③ 법규의 형식적 적용에 의해 야기되는 불합리와 오류를 시정하는 역할을 한다.
④ 신의칙 위반이 법원에서 다투어지는 경우, 이는 강행법규의 위반은 아니므로 당사자의 주장이 있어야만 법원이 신의칙 위반여부를 판단할 수 있다.

**57** 보기에 대한 설명으로 가장 거리가 먼 것은?

> 금융투자업종사자는 고객 등의 업무를 수
> 행함에 있어서 그 때마다의 구체적인 상
> 황에서 전문가로서의 주의의무를 기울여
> 야 한다.

① 전문가로서의 주의의무를 말한다.
② '신중한 투자자의 원칙'과 함께 금융소비자
보호의무의 기본 바탕 또는 근거가 된다.
③ 금융소비자보호의무를 상품개발 단계, 상
품판매이전 단계, 상품판매 단계, 상품판
매이후 단계로 구분할 때, 보기의 의무는
상품판매 단계와 상품판매이후 단계에 적
용된다.
④ 금융투자업종사자가 수행하는 업무에 대해
주의의무를 다했는가를 판단하는 기준 시
점은 그 업무가 행해진 시점이며, 결과론
적으로 판단해서는 안 된다.

**58** 공적업무영역에서 사적업무영역의 정보를
이용하는 경우 이해상충이 발생하는데, 그렇
다면 '공적업무영역'에 속하지 않는 것은?

① 펀드상담업무
② 신탁상담업무
③ 주식중개업무
④ 기업인수합병업무

**59** 다음의 투자권유 중에서 금지되는 권유는?

① 방문판매에 대한 사전안내 후 투자자로부
터 투자권유요청을 받고 방문, 전화 등 실
시간 대화의 방법을 이용하는 행위
② 투자자가 투자권유를 거부한 단기금융펀
드(MMF)를 다시 권유하는 행위
③ 투자자가 투자권유를 거부한 후 1개월이
지난 후 동일한 금융투자상품을 권유하는
행위
④ 투자자가 투자권유를 거부한 후 다른 종류
의 금융투자상품에 대해 투자권유를 하는
행위

**60** 설명의무를 이행하는 차원에서 금융소비자
에게 제공하는 자료는 '정확성, 시의성, 접근
성 및 용이성, 권익침해 표시금지'의 4가지
요건을 충족해야 한다. 그렇다면 아래의 설명
중에서 '접근성 및 용이성'에 해당되는 것은?

① 금융소비자가 알기 쉽게 간단, 명료하게
작성해야 한다.
② 정보제공은 금융소비자의 관점에서 고려
하여 적절한 시기에 이루어져야 한다.
③ 알아보기 쉽도록 글자크기가 크고 읽기 쉽
게 작성되어야 하며, 이해도를 높이기 위
해 그림이나 기호 등 시각적인 요소를 적
극 활용해야 한다.
④ 실제로는 원본이 보전되지 않음에도 불구
하고 마치 원본이 보전되는 것처럼 오인될
우려가 있는 표시는 금지해야 한다.

**61** 금융소비자보호 내부통제위원회의 의장이 되는 자는?

① 대표이사
② 금융소비자보호 총괄책임자(COO)
③ 준법감시인
④ 감사위원

**62** 다음 중 한국거래소의 분쟁조정위원회의 분쟁조정대상이 되는 것은?

① 회원의 영업행위와 관련한 분쟁조정
② 회원 간의 착오매매와 관련한 분쟁조정
③ 금융회사와 금융소비자 간의 금융분쟁에 대한 분쟁조정
④ 유가증권시장에서의 매매거래와 관련한 분쟁조정

**63** 과당매매(Excess Trading)는 분쟁유형 중 어디에 가장 부합하는가?

① 임의매매
② 일임매매
③ 부당권유
④ 펀드의 불완전판매

**64** 다음 중 의심거래보고제도(STR)에 대한 설명으로 가장 거리가 먼 것은?

① 금융기관 종사자의 주관적 판단에 의존한다.
② 의심거래를 허위로 보고하거나 보고된 내용을 누설하는 경우 해당 금융기관과 직원은 1년 이하의 징역 또는 1,000만원 이하의 벌금을 부과받게 된다.
③ 의심거래를 보고하지 않거나 감독기관의 명령, 지시, 검사를 거부하는 경우 건당 1천만원 이하의 과태료 또는 기관의 영업정지가 가능하다.
④ 1거래일 동안 동일인이 창구를 통한 합계 1천만원 이상의 현금거래 중 자금세탁으로 의심되는 거래를 보고하는 제도이다.

**65** 다음 중 빈칸에 들어갈 용어로 알맞은 것은?

> (      )는 미국의 납세의무자가 1년 동안 어느 시점이든 모든 해외금융계좌잔고의 합계액이 1만달러를 초과하는 경우, 미국 재무부에 해외금융계좌잔액을 신고하는 제도이다.

① FACTA
② MCAA
③ FCPA
④ FBAR

**66** 다음 중 자본시장법의 네 가지 패러다임 중 '겸영허용'과 관련이 없는 것은?

① 6개 금융투자업의 상호겸영 허용
② 부수업무에 대한 Negative System 적용
③ 투자권유대행인 제도 도입
④ 랩어카운트의 허용

**67** 다음 중 금융감독원의 업무에 속하지 않는 것은?

① 금융기관의 업무 및 재산상황에 대한 검사
② 금융기관 업무와 관련한 분쟁조정
③ 금융위 및 증선위 소관업무의 위임집행
④ 자본시장의 불공정거래 조사

**68** '온라인소액투자업'에 대한 설명이다. 틀린 것은?

① 누구의 명의로 하든지 타인의 계산으로 채무증권, 지분증권, 투자계약증권의 모집 또는 사모에 의한 중개를 영업으로 하는 투자중개업자를 말한다.

② 인가요건은 5억원 이상의 자기자본을 갖추어야 하는 것과 사업계획이 타당하고 건전할 것 등이 있다.

③ 온라인소액중개업자는 온라인소액투자 중개를 통하여 증권을 발행하고자 하는 자의 신용 또는 투자여부에 대해서, 투자자의 판단에 영향을 줄 수 있는 자문에 응할 수 없다.

④ 온라인소액투자중개업자는 자신의 홈페이지 이외의 수단을 통하여 투자광고를 할 수 없다.

**69** 다음 중 제한 없이 업무위탁이 가능한 것은?

① 준법감시업무
② 계약의 체결 및 해지업무
③ 6개 금융투자업
④ 외국환업무

**70** 금융매매업자 및 금융중개업자의 최선집행의무의 적용에 대한 설명으로 옳지 않은 것은?

① 증권시장에 상장되지 아니한 증권의 매매, 장외파생상품의 매매에도 적용한다.

② 금융투자상품의 가격, 투자자가 매매체결과 관련하여 부담하는 수수료, 청약 또는 주문의 규모 및 매매체결의 가능성 등을 고려하여 최적의 거래시장(거래소 또는 ATS 대체거래소)을 선택하여야 한다.

③ 투자매매업자 또는 투자중개업자는 3개월마다 최선집행기준의 내용을 점검하여야 한다.

④ 채무증권, 지분증권(주권 제외), 수익증권, 투자계약증권, 파생결합증권, 증권예탁증권 그리고 장내파생상품에는 적용하지 않는다.

**71** 빈칸을 올바르게 순서대로 채운 것은?

> • 투자자문계약을 체결한 투자자는 계약서류를 교부받은 날로부터 (     ) 이내에 계약을 어떤 불이익도 없이 해제할 수 있다.
> • 금융투자업자는 금융투자업을 폐지하거나 지점 등의 영업을 폐지하는 경우에는 폐지 (     ) 전에 일간 신문에 공고하여야 한다.

① 7, 15　　　　② 7, 30
③ 14, 14　　　④ 14, 30

**72** 금융소비자보호법상 적정성의 원칙 적용대상 금융투자상품이 아닌 것은?

① 장외파생상품
② 조건부 자본증권
③ 금적립계좌
④ 레버리지 ETF

**73** 사업보고서에 대한 설명이다. 가장 거리가 먼 것은?

① 법정공시이므로 금융위와 거래소에 같이 제출해야 한다.

② 사업보고서는 사업연도 경과 후 90일 이내에 보고해야 하며, 이를 위반 시에는 관리종목에 지정된다.

③ 최초로 사업보고서를 제출하게 된 법인은 해당하는 날로부터 5일 이내에 그 직전년도의 사업보고서를 제출해야 한다.

④ 모집 또는 매출한 증권의 소유자가 500인 이상이었다가 300인 미만으로 감소할 경우 해당 연도부터 사업보고서를 제출하지 않아도 된다.

**74** 다음 밑줄 친 부분의 내용이 잘못된 것은?

> 누구든지 ① 증권시장 밖에서 매수 등을 하는 날로부터 ② 과거 6개월간 50인 이상의 자로부터 주식 등을 매수, 교환 등 유상취득함으로써, ③ 본인과 특별관계자와 합산하여 ④ 100 분의 5 이상을 보유하게 되는 경우에는 반드시 공개매수에 의해야만 한다.

**75** 기업의 인수합병 관련제도이다. 가장 적절하지 않은 것은?

① 공공적법인에 대한 의결권대리행사 권유는 당해 법인만이 할 수 있다.

② 5% 보고 시 보고한 날로부터 10일까지는 주식 등의 추가취득과 의결권행사가 금지되는데 이를 냉각기간이라 한다.

③ 보유목적이 경영권에 영향을 주기 위한 것이 아닌 경우에도 법률에 의해 보장되는 '단순 투자목적'과 주주제안 등 적극적인 주주활동을 위한 '일반 투자목적'으로 구분하여 공시의무를 세분화하고 있다.

④ 소각을 목적으로 하는 주식 등을 5% 이상 매수하고자 할 경우 공개매수를 하지 않아도 된다.

**76** 단기매매차익반환제도에 대한 내용이다. 가장 거리가 먼 것은?

① 모든 내부자는 단기매매차익반환의 대상자가 된다.

② 단기의 의미는 매수 후 매도 또는 매도 후 매수의 기간이 6개월 이내를 말한다.

③ 동일인이 다수의 계좌를 통해 매매한 경우에는 전체를 1계좌로 본다.

④ 단기매매차익의 산정 시 증권거래세나 매매수수료의 비용은 원본에 포함된다.

**77** 다음 중 투자매매업자와 투자중개업자의 차액결제제도(CFD)의 요건이 아닌 것은?

① 전문투자자와의 거래이어야 한다.
② 가격변화와 연계하여 계약체결 당시 약정가격과 반대거래로 차액을 현금으로 결제하여야 한다.
③ 증거금 징수여부는 금융투자업자의 자율에 의한다.
④ 기초자산가격 변화의 일정 배율(음의 배율 포함)로 연계되어야 한다.

**78** 다음 중 시장위험이 아닌 것은?

① 금리위험          ② 외환위험
③ 옵션위험          ④ 신용위험

**79** 다음의 전문투자자 중에서 일반투자자로 전환이 가능한 조직은?

① 은 행
② 집합투자기구
③ 지방자치단체
④ 새마을금고연합회

**80** 금융투자업자에 대한 적기시정조치 중 경영개선요구 사항이 아닌 것은?

① 점포의 폐쇄
② 주식의 전부 또는 일부 소각
③ 영업의 일부 정지
④ 임원진 교체 요구

**81** 자산건전성 유지를 위해 '고정 이하(정상-요주의-고정)'의 자산에 대해 쌓아야 하는 대손충당금 적립기준은?

① 20%          ② 22.5%
③ 25%          ④ 75%

**82** 투자자가 추가담보납입을 하지 않으면 그다음 영업날에 임의처분을 통해 채무변제충당을 한다. 이 때 처분대금의 충당순서가 올바른 것은?

① 처분제비용 → 연체이자 → 이자 → 채무원금
② 처분제비용 → 채무원금 → 이자 → 연체이자
③ 채무원금 → 처분제비용 → 연체이자 → 이자
④ 채무원금 → 처분제비용 → 이자 → 연체이자

**83** 효력발생시기에 영향을 미치지 않는 정정신고서의 요건이다. 틀린 것은?

① 증권신고서상 발행예정수량의 80% 이상 120% 이하까지 변경하고자 하는 경우
② 초과배정옵션계약을 추가로 체결하거나 초과배정옵션 수량을 변경하는 경우
③ 사채권발행을 위해 신고서를 제출한 자가 수익률변동으로 인해 발행가액(발행 이자율)을 변경하고자 하는 경우
④ 사소한 문구 수정 등 투자판단에 크게 영향을 미치지 않는 사항을 정정하는 경우

**84** 다음 중 주요사항보고제도의 대상이 되지 않는 것은?

① 자본증가에 대한 이사회결의를 할 경우
② 자산총액의 10% 이상의 자산을 양수하거나 양도하는 경우
③ 자기주식의 취득을 완료한 경우
④ 전환사채, 신주인수권부사채, 교환사채권의 발행에 대한 결정이 있는 경우

**85** 금융분쟁조정위원회의 분쟁조정절차에 대한 설명이다. 가장 거리가 먼 것은?

① 재판상 화해의 효력을 지닌다.
② 합의조정이 안 되면 분쟁조정신청일로 부터 30일 이내에 분쟁조정위원회에 회부해야 한다.
③ 법원의 영장 없이도 사실조사를 할 수 있다.
④ 조정 중인 사안이라도 법원에 소가 제기된 경우는 즉각 분쟁조정절차가 중단된다.

**86** 일반투자자는 일정요건을 갖출 경우 전문투자자로 전환할 수 있다. 이러한 일정요건과 가장 거리가 먼 것은?

① 지정신청일 전일 기준 금융투자상품 잔고가 100억원 이상인 법인 또는 단체
② 지정신청일 현재 금융투자상품 잔고가 50억원 이상인 외부감사 대상법인
③ 최근 5년 중 1년 이상 기간 동안 금융투자상품의 월말평균잔고가 5천만원 이상이면서, 본인소득이 1억원 이상인 경우
④ 최근 5년 중 1년 이상 기간 동안 금융투자상품의 월말평균잔고가 5천만원 이상이면서, 순자산이 3억원 이상인 경우

**87** 다음은 조사분석업무에 대한 규정이다. 옳은 것은?

① 조사분석업무는 이해상충우려가 많으므로 타 부서와의 의견 교환은 원천적으로 금지된다.
② 조사분석부서와 기업금융부서나 고유 계정부서와의 임원의 겸직은 절대 금지된다.
③ 금융투자회사가 5%의 지분을 보유하고 있는 기업이 있다면 해당기업에 대한 조사분석자료의 공표는 절대 금지된다.
④ 금융투자분석사가 보유한 금융투자상품 등의 보유합계액이 300만원 미만이면 재산적 이해관계를 공지할 필요가 없다.

**88** 다음의 설명 중에서 가장 적절하지 않은 것은?

① 신상품에 대한 배타적 사용권은 6개월의 범위 내에서만 인정된다.
② 계좌의 잔량이 0이 된 상태에서 6개월이 경과하면 해당 계좌를 통합할 수 있다.
③ 비상장채권은 어떤 경우라도 담보증권이 될 수 없다.
④ FX마진거래는 자본시장법상 장내파생 상품에 해당된다.

**89** 금융투자회사의 약관운용에 관한 규정이다. 가장 거리가 먼 것은?

① 표준약관을 금융투자회사에 맞게 수정해서 사용하는 것을 개별약관이라 한다.
② '외국집합투자증권 매매거래에 관한 표준약관'은 표준약관 그대로 사용하여야 한다.
③ 개별약관을 사용할 경우에는 시행예정 10영업일 전까지 협회에 보고해야 한다.
④ 표준약관을 그대로 사용하는 경우는 변경 후 7일 이내에 보고하면 된다.

**90** 다음 중 종류주식이 아닌 것은?

① 우선주      ② 열후주
③ 보통주      ④ 혼합주

**91** 주주의 권리 중 단독주주권이 아닌 것은?

① 신주인수권
② 의결권
③ 신주발행유지청구권
④ 재무제표열람권

**92** 주주총회에 대한 설명이다. 가장 거리가 먼 것은?

① 회사의 법정상설기관이다.
② 이사·감사의 임명은 보통결의이나 이사·감사의 해임은 특별결의를 요한다.
③ 의결권이 없는 주주에게도 주총의 소집통지를 해야 한다.
④ 의결권행사를 위해서는 기명주는 명의개서가 되어야 하고, 무기명주는 주총일 1주간 전에 주권을 회사에 공탁해야 한다.

**93** 다음 중 빈칸에 들어갈 내용은?

> 이사는 (    )의 승인이 없으면 자기 또는 제삼자의 계산으로 회사의 영업부류에 속한 거래를 하거나 동종영업을 목적으로 하는 다른 회사의 무한책임사원이나 이사가 되지 못한다.

① 주주총회
② 감사 또는 감사위원회
③ 준법지원인
④ 이사회

**94** 다음 설명 중 가장 거리가 먼 것은?

① 집행임원을 두었을 경우 대표이사를 둘 수 없다.
② 감사위원회를 설치했을 경우 감사를 둘 수 없다.
③ 신주를 우선적으로 받을 수 있는 채권적 권리를 추상적 인수권이라 한다.
④ 회사의 분할은 주식회사에서만 인정된다.

**95** 준비금 및 배당에 대한 다음 설명 중 가장 적절하지 않은 것은?

① 이익준비금은 이익배당총액의 10% 이상의 금액을 자본의 1/2에 달할 때까지 적립해야 한다.
② 자본거래에서 발생한 잉여금은 전액 자본준비금으로 적립해야 한다.
③ 법정준비금은 이익배당의 재원이 된다.
④ 분기배당은 상장법인에게만 허용되는 것으로 현금배당만 허용된다.

**96** 증권거래세법에 대한 내용이다. 틀린 것은?

① 특수관계자에게 시가액보다 낮은 가액으로 양도한 것으로 인정되는 경우에는 시가액을 과세표준으로 한다.

② 국가 또는 지자체가 주권을 양도하는 경우에는 증권거래세가 비과세된다.

③ K-OTC시장에서 양도되는 주권을 계좌간 대체로 매매결제하는 경우에는 예탁결제원이 납세의무자가 된다.

④ 증권거래세의 납세의무자가 예탁결제원이나 금융투자회사가 아닌 경우에는 매 분기분의 과세표준과 세액을 양도일이 속하는 분기의 말일로부터 2개월 이내로 신고, 납부해야 한다(2018.1.1 이후 양도분).

**97** 상증세(상속세 및 증여세)에 대한 설명으로 옳지 않은 것은?

① 2016년부터 증여세는 물납이 허용되지 않는다.

② 상속 또는 증여세액이 1천만원 초과 2천만원 이하일 때 납부일로부터 2개월 이내에 분납할 수 있다.

③ 상속 또는 증여세액이 2천만원을 초과하는 경우에는 분납가능금액은 납부세액의 50% 이하이다.

④ 상속 또는 증여세액이 2천만원을 초과하는 경우에는 세무서의 허가를 얻어 연부연납할 수 있다.

**98** 다음 중 이자소득세가 과세되지 않는 것은?

① 저축성보험의 보험차익

② 환매조건부채권의 매매차익

③ 비영업대금의 이익

④ 법인으로 보는 단체로부터 받는 분배금

**99** 다음 중 국세가 아닌 것은?

① 증권거래세

② 종합부동산세

③ 등록면허세

④ 농어촌특별세

**100** 다음 중 상속재산에 합산되는 것이 아닌 것은?

① 사인증여재산

② 상속개시일 전 10년 이내에 상속인에게 증여한 재산가액

③ 상속개시일 전 2년 이내에 재산의 종류별로 5억원 이상의 재산을 처분한 경우로써 그 용도가 명백한 것

④ 공익법인출연재산이 합산하여 의결권 주식의 5%를 초과하는 경우 그 초과분

**01** 경기순환과 관련한 다음의 설명 중 옳은 것은?

① '회복(Recovery) – 호황(Boom) – 후퇴(Recession) – 불황(Depression)'의 경기순환 4국면이 '확장(Expansion) – 수축(Constraction)'의 2국면보다 더 많이 쓰인다.

② 경기의 정점 또는 저점이 발생한 구체적 시점을 기준순환일(Reference Date)이라 한다.

③ 프리드만을 필두로 한 통화주의자는 투자 및 내구소비재에 대한 불안정한 지출이 경기순환의 주 원인이라고 한다.

④ 경제변수들이 상호간 안정적인 관계를 가지고 일정한 방향으로 함께 움직이는 특성을 지속성이라고 하며 경기전환점과 시차분석을 통해서 측정된다.

**02** 가장 넓은 범위의 통화량 지표부터 순서적으로 옳은 것은?

① M1 > M2 > Lf > L

② M1 > M2 > L > Lf

③ L > Lf > M2 > M1

④ Lf > L > M2 > M1

**03** 빈칸에 적당한 것은?

> 케인즈학파의 경기변동이론은 가격의 경직성과 소비함수 등 주요 행태방정식의 계수들을 임의로 추정함으로써 그 방법론적인 오류가 있음을 비판받았다. 이 비판을 제기하는 경기변동이론은 (          )이다.

① 케인즈학파의 경기변동이론
② 통화주의학파의 경기변동이론
③ 새고전학파의 경기변동이론
④ 새케인즈학파의 경기변동이론

**04** 경기예측지표에 대한 설명이다. 가장 거리가 먼 것은?

① 경기확산지수(DI)는 개별 시계열의 변화방향만을 감안하여 작성하는 데 비하여 경기종합지수(CI)는 각 지표의 전월 대비변화율을 통계적으로 종합·가공하여 산출한다.

② 경기확산지수가 100일 때의 경기확장 속도가 60일 때의 경기확장속도보다 1.7배 빠르다고 할 수 있다.

③ 코스피지수는 선행종합지수의 구성지표이지만 CP유통수익률은 후행종합지수의 구성지표이다.

④ 경제심리지수(ESI)는 기업경기실사지수(BSI)와 소비자태도지수(CSI)를 합성하여 산출한다.

**05** BSI(기업경기실사지수)에 대한 설명이다. 가장 거리가 먼 것은?

① 전체응답자수가 100명이고 긍정적인 응답자 40명, 부정적인 응답자가 60이면 BSI는 80이다.

② 투자에 관한 중요한 의사결정자인 CEO를 대상으로 설문조사한 것이므로, 중장기적인 경기전망에 유용하게 활용된다.

③ 기업활동의 수준 등을 조사하는 판단조사와 매출액 등 영업결과의 실제금액을 조사하는 계수조사의 2가지 형태가 있다.

④ BSI는 경기의 변동방향만을 파악할 수 있을 뿐 경기의 진전상태나 현재의 위치를 판단하기는 어렵다.

**06** 다음 중 빈칸에 들어갈 말로 옳게 연결된 것은?

> 통화량의 증가로 투자가 증가하여 그 결과 국민소득이 증가하지만, 이는 다시 화폐수요의 증가로 나타나 이자율이 (  )한다. 이러한 현상을 화폐공급의 이자율에 대한 (  )라고 한다.

① 하락 – 유동성효과

② 상승 – 소득효과

③ 하락 – 피셔효과

④ 상승 – 피구효과

**07** 주가수익비율(PER)와 관련한 설명이다. 가장 거리가 먼 것은?

① PER는 주가가 주당순이익의 몇 배로 평가받고 있는지를 나타낸다.

② 배당평가모형으로 평가하는 PER는 배당금을 요구수익률에 이익성장률을 뺀 값으로 나눈 것으로 나타낼 수 있다.

③ PER가 낮더라도 PCR이 높다면 해당 기업의 주가는 저평가된 것으로 볼 수 없다.

④ 주당순이익이 평균수준인데 해당 기업의 주가가 높아서 PER가 높게 나타난다면 기업의 성장성이 높을 것으로 이해할 수 있다.

**08** 다음 중 재무상태표상의 자산계정으로만 구성된 것은?

① 원재료, 배당건설이자

② 미수금, 선수수익

③ 미수수익, 선급비용

④ 선급금, 예수금

**09** 다음 자료를 바탕으로 자본자산가격결정모형(CAPM) 이론의 증권시장선(SML)에 의한 할인율을 구한 값은?

> • 국채수익률 3%
> • 시장수익률 8%
> • 베타값 0.7

① 5.0%

② 5.5%

③ 6.0%

④ 6.5%

**10** 한 기업의 재무자료가 다음과 같다. 배당 평가모형으로 평가한 기업의 요구수익률은 얼마인가?

> • 당기순이익 100억원
> • 당기지급 배당금 20억원
> • 발행주식수 100만주
> • 주가 50,000원
> • 자기자본 1,000억원

① 4%  ② 6%

③ 10%  ④ 12%

**11** A사의 배당성향은 45%이고, 성장률은 8%이다. 이 회사의 ROE는? (근사치를 구하시오)

① 3.6%  ② 4.4%

③ 14.5%  ④ 17.8%

**12** 다우이론(Dow theory)의 장기추세 5국면 중 다음 내용이 속하는 국면은?

> 경제 및 기업수익 등이 나빠짐에 따라 주식을 매도하려는 일반투자자들의 마음이 조급해지고, 주식의 매수세력이 상대적으로 크게 위축되어, 주가는 거의 수직적으로 하락하여 거래량도 급감하는 양상을 보인다.

① 매집국면  ② 침체국면

③ 과열국면  ④ 공포국면

**13** 엘리어트파동에 대한 설명으로 가장 거리가 먼 것은?

① 한 번의 움직임은 상승5파와 하락3파로 합 8개의 파동으로 구성되고 각각의 파동은 다시 소파동으로 구성되는데 충격파동은 5개의 소파동으로 조정파동은 3개의 소파동으로 구성된다.

② 3번 파동은 가장 강력한 파동이며 이 국면에서 나타날 수 있는 갭은 돌파갭이나 계속갭에 국한된다.

③ b파동은 하락3파 중 유일하게 상승하는 파동으로 충격파동에 해당된다.

④ 1번 파동은 5개의 파동 중 가장 짧으며 5개의 파동으로 구성된 충격파동이다.

**14** 사케다 전법에 대한 설명이다. 가장 거리가 먼 것은?

① 공(空)은 미국식 차트에서의 갭(Gap)과 같은 의미로 삼공이란 주가상승이 과열되어 갭을 3회 연속 만드는 것을 말한다.

② 바닥권이든 천정권이든 적삼병(양봉이 3개 연속 출현)이 나타나면 상승추세로 전환 내지 상승추세의 강화를 의미한다.

③ 삼산은 주가가 크게 상승한 후 더 이상 상승을 하지 못하는 양상인데 보통 1개월 정도 소요되며 헤드 앤 쇼울더(Head & Shoulder) 패턴과 유사하다고 할 수 있다.

④ 삼법은 매매시점 포착을 위한 관망자세의 개념으로 매매시점 포착을 의식하면서 적극적인 휴식기간을 갖는 의미이다.

**15** 다음 설명 중 가장 적절한 것은?

① VR을 보완하는 지표는 OBV이며, ADR을 보완하는 지표는 ADL이다.

② 일정기간 동안의 이동평균에서 표준편차의 일정배수를 가감하여 상하의 밴드를 결정하는 것은 엔빌로프이다.

③ RSI의 값이 70% 이상 또는 30% 이하에서 Failure Swing이 나타날 경우 강력한 매매신호로 인식한다.

④ 스토캐스틱에서 %K와 %D가 교차할 때는 언제나 매매신호로 인식한다.

**16** 발행시장과 관련된 다음의 설명 중 옳은 것은?

① 발행시장은 추상적인 시장과 구체적인 시장의 성격을 모두 갖는다.

② 장기적인 자본조달을 촉진하는 기능을 한다.

③ 50인 이상의 투자자에게 새로 발행되는 증권의 취득의 청약을 권유하는 것을 매출이라 한다.

④ 인수단이 공모증권 발행총액의 전액을 자기의 책임과 계산하에 인수하고 이에 따른 발행위험과 발행 및 모집사무 모두를 담당하는 방법을 총액인수라고 한다.

**17** 빈칸에 들어갈 수 없는 것은?

- 증권신고서는 금융위원회가 이를 수리한 날로부터 (    )이 경과하면 그 효력이 발생한다.
- 공모예정금액이 (    ) 미만인 경우에는 수요예측을 하지 않아도 된다.
- 초과배정주식수량은 공모주식 수량의 (    ) 이내로 해야 한다.
- 초과배정옵션의 행사는 매매개시일로부터 (    ) 이내로 해야 한다.

① 15%  ② 15일
③ 20일  ④ 50억원

**18** 상장기업의 혜택을 잘못 설명한 것은?

① 소득세법에서 정한 상장기업의 대주주에 해당되지 않을 경우 양도소득에 대해서 과세를 하지 않는다.

② 상법상 주식배당은 이익배당총액의 1/2까지이나 상장법인은 주가와 상관 없이 이익배당총액 전액까지 가능하다.

③ 상법상 무의결권주의 발행한도는 발행주식총수의 1/4까지이나, 상장법인은 발행주식총수의 1/2까지 가능하다.

④ 주총소집에 있어 상장법인은 지분율 1% 이하의 소액주주를 대상으로는 주총 2주일 전에 2개 이상의 일간신문에 2회 이상의 공고로써 주총소집통지에 갈음할 수 있다.

**19** 다음 중 설명이 잘못된 것은?

① 거래소에 주권이 상장되어 있지 아니한 주권의 발행인이 처음으로 유가증권시장에 주권을 상장하는 것을 신규상장이라 한다.

② 기상장된 기업이 유무상증자, 주식배당 등으로 신규로 발행하여 상장하는 것을 추가상장이라 한다.

③ 비상장법인이 상장법인과의 합병 등을 통하여 상장되는 것을 재상장이라 한다.

④ 상호, 액면금액 등을 변경한 후 새롭게 주권을 상장하는 것을 변경상장이라 한다.

**20** 유가증권시장의 상장심사요건에 대한 설명이다. 가장 거리가 먼 것은?

① 유가증권시장에 상장하고자 하는 기업의 경우 상장예정보통주식수가 100만주 이상이고 자기자본이 300억원 이상이어야 한다.

② 일반주주는 500명 이상이어야 한다.

③ 국내외 동시공모의 경우 10% 이상을 공모해야 하며, 이때 국내공모주식수는 100만주 이상이어야 한다.

④ 최근 3사업연도 평균매출액이 700억원 이상 또는 최근 사업연도 매출액이 1,000억원 이상이어야 한다.

**21** 다음 중 정기공시 사항이 아닌 것은?

① 사업보고서
② 반기보고서
③ 분기보고서
④ 증권발행실적보고서

**22** 매매제도와 관련된 다음 설명 중 가장 적절하지 않은 것은?

① 매매체결우선 원칙 중 동시호가에만 적용되는 것은 위탁매매우선 원칙과 수량우선 원칙이다.

② 종가를 확인한 이후 당해 가격으로 매매하고자 하는 투자자의 수요를 수용하고자 도입된 것이 시간외 종가매매 제도이다.

③ 유가증권시장의 장중 대량매매는 정규 시장의 매매수량단위의 5,000배 또는 1억원 이상의 매매요건을 갖추어 상대매매방식으로 체결된다.

④ 결산일이 6월말인 A종목의 배당을 받기 위해서는 6월 29일까지 동 종목을 매수하거나 보유해야만 한다(모두 영업일로 가정할 경우).

**23** 다음 중 거래소의 결제리스크 재원이 아닌 것은?

① 위탁증거금
② 손해배상공동기금
③ 결제적립금
④ 회원보증금

**24** 코스닥상장법인의 상장절차가 순서대로 옳게 나열된 것은?

> 가. 상장신청사전협의
> 나. 상장예비심사신청서 제출
> 다. 상장예비심사결과통지
> 라. 증권신고서 제출

① 가 → 나 → 다 → 라
② 라 → 가 → 나 → 다
③ 나 → 가 → 다 → 라
④ 가 → 라 → 나 → 다

**25** 주권의 상장폐지에 대한 설명이 잘못된 것은?

① 상장폐지는 거래소의 직권에 의해서만 가능하다.
② 관리종목지정은 상장폐지 우려가 있음을 사전에 예고하는 단계로서 투자자의 주의를 환기시키기 위한 제도이다.
③ 거래소는 관리종목 지정 시 해당 상장법인이 상장폐지 사유에 해당할 우려가 있다는 사실을 상장폐지 사유에 해당될 때까지 예고할 수 있다.
④ 상장폐지가 결정되면 투자자에게 최종 매매기회를 주기 위해 7일 동안 정리매매할 수 있도록 한 후 상장을 폐지한다.

**26** 다음 중 한국거래소의 결제리스크 관리제도가 아닌 것은?

① 손해배상공동기금
② 결제적립금
③ 위탁증거금
④ 회원보증금

**27** 다음 중 신용물(크레딧물)의 채권이 아닌 것은?

① 통안채
② 공사채
③ 여전채
④ 은행채

**28** 우리나라에서 비거주자(외국인)가 원화표시로 발행하는 채권을 나타내는 용어는?

① FRN
② 국내채
③ 김치본드
④ 아리랑본드

**29** 채권의 발행방법에 대한 설명이다. 옳은 것으로 모두 묶은 것은?

> ㉠ 채권의 발행조건을 미리 정한 후 일정기간 내에 개별적으로 투자자에게 매출하여 매도한 금액 전체를 발행총액으로 삼는 방식을 매출방식이라 한다.
>
> ㉡ 각 응찰자가 제시한 응찰수익률을 낮은 수익률 순으로 배열하여 최저 수익률부터 발행예정액에 달할 때까지 순차적으로 낙찰자를 결정하는 방법을 Conventional방식이라 한다.
>
> ㉢ 모든 낙찰자에게 낙찰된 수익률 중 가장 높은 수익률이 일률적으로 통일 적용됨으로써 단일가격으로 발행이 이루어지는 것을 Dutch방식이라 한다.
>
> ㉣ 최고 낙찰수익률 이하 응찰수익률을 일정 간격으로 그룹화하여 각 그룹별로 최고낙찰수익률을 적용하는 방식을 비경쟁입찰방식이라 한다.

① ㉠
② ㉠, ㉡
③ ㉠, ㉡, ㉢
④ ㉠, ㉡, ㉢, ㉣

**30** 액면 10,000원, 표면이자율 4%(연 4회 지급), 5년 만기(신용등급 BBB⁺)의 회사채의 투자위험이 아닌 것은?

① 인플레이션 위험
② 수의상환위험
③ 채무불이행 위험
④ 재투자 위험

**31** 다음의 말킬의 채권가격정리 중에서 쇼울더효과와 롤링효과의 차이를 가장 밀접하게 설명할 수 있는 것은 무엇인가?

① 채권가격은 수익률과 반대방향으로 움직인다.
② 채권의 잔존기간이 길수록 동일한 수익률 변동에 대한 가격변동률은 커진다.
③ 채권의 잔존기간이 길어짐으로써 발생하는 가격변동률은 체감적으로 증가한다.
④ 동일한 크기의 수익률변동이 발생하더라도 채권가격의 변동율은 수익률이 하락할 때와 상승할 때가 동일하지 않다.

**32** A사 주식을 연초에 100만원 투자하여 1년 말에 300만원이 되었으며, 2년 말에는 180만원이 되었다면 산술평균수익률은?

① 50%          ② 60%
③ 70%          ④ 80%

**33** 보기는 어떤 채권투자전략을 말하는가?

> • 현재 평평한 형태를 띠고 있는 수익률곡선이 향후 중기물의 수익률은 하락하고 단기물과 장기물의 수익률은 상대적으로 상승하여 수익률곡선의 형태가 역나비형 형태를 띨 것으로 예상한다.
>
> • 포트폴리오에서 장·단기물의 비중은 축소, 중기물의 비중은 확대하는 전략을 취한다.

① 바벨(Barbell)형 포트폴리오
② 불릿(Bullet)형 포트폴리오
③ 사다리형 포트폴리오
④ 면역전략

**34** 빈칸에 들어갈 수 없는 것은?

> - 코넥스시장의 경매매는 ( ① )측이 단수이고 그 상대방은 복수인 경우에 한해서 경매매가 가능하다.
> - 경매매는 최소매도수량요건 '발행주식총수의 ( ② ) 및 ( ③ ) 이상'을 충족해야 한다.
> - 코넥스 상장법인은 ( ④ ) 연속하여 기업설명회를 개최해야 한다.

① 매도      ② 0.5%
③ 2천5백만원      ④ 2분기

**35** K-OTC시장의 신규등록 및 신규지정 요건에 대한 설명으로 옳지 않은 것은?

① 최근 사업연도말 현재 자본전액잠식 상태가 아닐 것
② 최근 사업연도 매출액이 10억원 이상일 것
③ 최근 사업연도의 재무제표에 대한 감사의견이 적정일 것
④ 정관 등에 주식양도에 대한 제한이 없을 것

**36** 우리나라의 금융기관에 대한 설명이다. 옳은 것은?

① 로보어드바이저(Robo-adviser)라는 서비스가 제공되는 금융투자업은 신탁업이다.
② 비은행취급기관으로 우체국, 상호저축은행, 신용협동기구, 외국은행 국내지점이 있다.
③ 신용협동기구는 영세상공인과 서민의 금융편의와 저축증대를 목적으로 일정 지역의 주민과 영업장을 대상으로 설립된 서민금융기관이다.
④ 특수은행 중 개발금융기관으로 분류되고 있는 기관은 한국산업은행이다.

**37** 다음의 설명에 해당하는 카드(card)는?

| 성 격 | 여신상품 |
|---|---|
| 발급대상 | 자격기준 해당자 |
| 주요시장 | 중·고액 거래 업종 |
| 가맹점 이용 | 가맹점 공동 이용 |
| 연회비 | 있 음 |
| 이용한도 | 회사 자체 기준에 의거 신용도에 따라 차등 |

① Credit Card
② Debit Card
③ Prepaid Card
④ Check Card

**38** 다음의 비교 중에서 잘못된 것은?

| 번 호 | 구 분 | ELD | ELS | ELF |
|---|---|---|---|---|
| ① | 발행회사 | 은행 | 증권사 | 자산운용사 |
| ② | 원금보장 여부 | 원금보장 | 원금보장 가능 | 원금보장 불가 |
| ③ | 예금자보호 | 상시보호 | 비보호 | |
| ④ | 수익결정방법 | 사전확정 | 운용에 따른 수익지급 | |

**39** 다음 중 파생결합증권의 기초자산이 될 수 있는 것을 모두 고르시오.

> ⓐ 금융투자상품
> ⓑ 외국통화
> ⓒ 에너지에 속하는 물품
> ⓓ 신용위험

① ⓐ, ⓑ      ② ⓐ, ⓑ, ⓒ
③ ⓐ, ⓑ, ⓓ      ④ ⓐ, ⓑ, ⓒ, ⓓ

**40** 집합투자기구와 관련된 다음의 설명 중 가장 적절한 것은?

① 투자신탁에 투자하면 채권자가 되고 투자회사에 투자하면 주주가 된다.
② 단기금융집합투자기구(MMF)는 펀드재산의 50%를 초과하여 단기금융상품에 투자하는 펀드를 말한다.
③ 중도환매여부에 따라 개방형펀드와 폐쇄형펀드로 구분하는데 폐쇄형은 일정기간 내에 증권시장에 상장할 의무가 있다.
④ ETF는 실시간으로 매매할 수 있다는 장점이 있는 대신 인덱스펀드에 비해 수수료가 비싸다.

**41** 다음 중 ISA에 대한 설명으로 가장 적절한 것은?

① 납입금 한도 내에서 횟수 제한 없이 중도인출할 수 있다.
② 소득이나 나이에 무관하게 국내 거주자는 누구나 가입할 수 있다.
③ 의무가입기간은 5년이다.
④ 비과세 한도 초과분에 대하여 분리과세(16.5%)를 적용한다.

**42** 여러 가지 주가연계증권에 대한 설명으로 옳지 않은 것은?

① Digital형은 채권 + Digital call(또는 put) 옵션 매수로 구성된다.
② 리버스컨버터블(RC)형은 채권 + 외가격 put option 매수로 구성된다.
③ Knock-out형은 채권 + knock-out call option 매수로 구성된다.
④ Bull spread형은 채권 + 낮은 행사가격 call option 매수 + 높은 행사가격 call option 매도로 구성된다.

**43** 보기와 가장 밀접한 자산집단의 성질은 무엇인가?

> 하나의 자산집단은 다른 자산집단과 상관관계가 충분히 낮아서 분산투자 시 위험의 감소효과가 충분하게 발휘될 수 있는 통계적인 속성을 지녀야 한다.

① 분산가능성      ② 독립성
③ 수익성      ④ 투자성

**44** 다음과 같은 증권 X, Y, P, Q, R이 있다. 보수적인 투자자의 최적증권은 무엇인가?

| 구 분 | X | Y | P | Q | R |
|---|---|---|---|---|---|
| 기대수익률(%) | 10 | 5 | 10 | 4 | 8 |
| 표준편차(%) | 14.14 | 3.54 | 18 | 3.54 | 10 |

① X      ② Y
③ P      ④ Q

**45** 전체투자기간의 산술평균수익률과 기하평균수익률은 각각 얼마인가?

> 투자자 A씨는 甲회사의 주식에 원금 1,000만원을 투자하여 1년 후 가격상승으로 2,000만원이 되었다. 그리고 2년 후에는 다시 가격이 하락하여 1,000만원이 되었다(해당 기간 배당수익은 없었다고 가정함).

| | 산술평균수익률 | 기하평균수익률 |
|---|---|---|
| ① | 25% | 0% |
| ② | 25% | 25% |
| ③ | 50% | 25% |
| ④ | 100% | 50% |

**46** 2024년 현재 탄소중립과 온실감축을 위한 기후변화협약과 관련된 것은?

① 교토협약
② 몬트리얼 협약
③ 파리협약
④ 제네바 협약

**47** 다음 중 전략적 자산배분의 실행에 속하는 것은?

① 가치평가모형
② 기술적 분석
③ 포뮬러 플랜
④ 시장가치접근방법

**48** 마코위츠의 평균분산모델의 한계점이라고 할 수 없는 것은?

① 대다수 자산에는 비중이 배분되지 않고, 특정자산에만 편중된다.
② 기대수익률과 위험의 미세한 차이에도 투자비중이 민감하게 변화한다.
③ 표준화된 자산집단의 시가총액을 구하기 어렵다.
④ 투자대상자산의 기대수익률과 위험을 알아야만 모델을 실행할 수 있다.

**49** 다음 중 방문판매에 대한 설명으로 옳지 않은 것은?

① 방문판매인력은 고객에게 방문판매 등의 과정이 녹취(화상권유판매의 경우 녹화를 말한다)된다는 사실을 안내하고 녹취를 진행하여야 한다.
② 방문판매를 수행하는 금융회사 임직원 등은 연 1회 직무교육을 이수하여야 한다.
③ 방문판매 모범규준은 전문투자자에게도 적용한다.
④ 영업점 이외의 장소에서 계약체결을 권유한 후 투자자가 영업점을 내방하여 계약을 체결한 경우에는 방문판매 규제가 적용되지 않는다.

**50** 한국거래소의 장내금융투자상품이 아닌 것은?

① 이자율스왑
② 코스피200선물
③ 유로선물
④ 달러옵션

**51** 위법계약의 해지에 대한 설명으로 옳은 것을 모두 고르면?

> ㉠ 5대 판매규제를 위반하여 계약을 체결한 경우에 해당한다.
>
> ㉡ 해당계약 체결일로부터 5년 이내 범위이면서 위법계약임을 안 날로부터는 2년 이내에 해지가 가능하다
>
> ㉢ 금융회사는 해지요구일로부터 10일 이내에 수락여부를 통지하여야 하며 해지요구를 거절할 경우 거절사유도 함께 통지하여야 한다.
>
> ㉣ 계약의 해지는 장래에 대하여 효력이 상실되므로 금융상품판매업자의 원상회복의무는 없고 또한 금융회사는 이와 관련한 수수료, 위약금 등의 비용을 요구할 수 없다.

① ㉠, ㉡, ㉢
② ㉡, ㉢, ㉣
③ ㉠, ㉢, ㉣
④ ㉠, ㉡, ㉢, ㉣

**52** 고객관리(CRM)에서 '고객획득'보다 '고객유지'가 중요한 이유는?

① 금융기관들의 업무가 명확히 분리되어 있기 때문이다.
② 정보화 사회에서는 데이터베이스 마케팅 전략이 중시되기 때문이다
③ 판매촉진 비용을 절감할 수 있기 때문이다
④ 시장확대의 둔화로 인한 타킷마케팅의 한계 때문이다.

**53** 다음은 어떤 화법에 대한 설명인가?

> • "지금 바쁘니 다음에 봅시다."
> • "네, 참 바쁘신 것 같습니다. 그럴수록 재테크 같은 문제는 전문가인 제게 맡기시고 보다 여유로워지실 필요가 있습니다.

① 부메랑법
② 동문서답법
③ Yes, But 화법
④ 정면격퇴법

**54** 윤리(Ethics)에 대한 설명으로 가장 먼 것은?

① 도덕적 딜레마 상황에서 어느 쪽이든 선택을 위한 판단을 해야 하는데, 이때 판단의 근거가 되는 것이 윤리기준이다.
② 인류의 오랜 법 생활은 '있는 그대로의 법'이 '있어야 할 법'으로 되기를 꿈꾸고 실현해 오는 과정이라 할 수 있다.
③ 기업윤리는 윤리강령으로, 직무윤리는 임직원 행동강령으로 반영되는 것이 일반적이다.
④ 국제투명성기구(TI)에서 발표하는 부패인식지수로 판단해 볼 때, 한국의 부패인식지수는 점진적으로 개선되고 있음을 알 수 있다.

**55** 보기에서 직무윤리가 법제화된 것을 모두 고르면?

> ㉠ 신임의무
> ㉡ 선관주의의무(선량한 관리자로서의 주의의무)
> ㉢ 이해상충방지의무
> ㉣ 금융소비자보호의무

① ㉠, ㉡
② ㉢, ㉣
③ ㉡, ㉢, ㉣
④ ㉠, ㉡, ㉢, ㉣

**56** 금융회사와 금융소비자 간의 이해상충이 발생하는 3가지 이유를 설명한 것이다. 가장 거리가 먼 것은?

① 금융투자업을 영위하는 회사 내에서 공적 업무영역에서 사적업무영역의 정보를 이용할 경우 발생한다.
② 금융투자업자와 금융소비자 간에 정보의 비대칭이 존재하는 경우에 발생한다.
③ 자본시장법상 금융투자업 간의 겸영이 허용되면서 겸영업무 간 이해상충이 발생할 위험이 높아졌다.
④ 오너경영에서 전문경영인체제로 전환되면서 대리인문제가 생길 경우 이해상충이 발생한다.

**57** 금융투자회사 임직원의 직무윤리에 대한 설명으로 옳지 않은 것은?

① 회사는 임직원의 위법·부당한 행위를 사전에 방지하기 위하여 명령휴가제도를 운영하여야 한다.
② 준법감시인은 내부제보 우수자를 선정하여 인사상 혜택을 부여하도록 회사에 요청할 수 있으나 금전적 보상은 요청할 수 없다.
③ 임직원이 외부강연이나 기고, 언론매체 접촉, Social Network Service(SNS) 등 전자통신수단을 이용한 대외활동을 하는 경우 회사의 공식의견이 아닌 경우 사견임을 명백히 표현하여야 한다.
④ 임직원이 대외활동을 하는 경우 대외활동으로 인하여 금전적인 보상을 받게 되는 경우 회사에 신고하여야 한다.

**58** 금융소비자를 보호하기 위해 '상품판매 단계'에서 이행해야 하는 의무는?

① 상품개발 단계에서 금융소비자보호를 위한 부서의 의견 반영
② 불완전판매를 예방하기 위해 적정한 자격증 확보와 보수교육의 이행
③ 요청하지 않는 투자권유의 금지, 부당한 투자권유의 금지 등 준수
④ 미스터리쇼핑, 해피콜서비스, 위법계약해지권 등의 운영

**59** 투자권유에 있어서 '정보의 비대칭'이 존재함으로써 부과되는 금융소비자보호법의 의무는?

① 투자권유 전 실행단계
② 적합성의 원칙
③ 설명의무
④ 적정성의 원칙

**60** 자본시장법 제55조 손실보전 등의 금지조항의 예외사항이 아닌 것은?

① 회사가 자신의 위법행위 여부가 불명확한 경우 사적화해수단으로 손실을 보상하는 행위
② 회사가 위법행위로 인하여 회사가 손해를 배상하는 행위
③ 회사가 투자자에게 일정한 이익을 사후에 제공하는 행위
④ 분쟁조정 또는 화해절차에 따라 손실을 보상하거나 손해를 배상하는 행위

**61** '금융투자회사의 영업 및 업무에 관한 규정'에서 정하고 있는 부당한 재산상의 이익제공에 해당하지 않는 것은?

① 특정거래상대방만 참석한 세미나·설명회에 수반되는 비용을 제공하는 경우
② 집합투자업자의 직원이 펀드판매 증권사 직원에게 백화점 상품권을 제공하는 경우
③ 무역업체의 고유재산을 관리하는 담당직원들에게 문화상품권을 제공하는 경우
④ 증권사 직원이 펀드판매사 변경을 조건으로 금융소비자에게 현금을 제공하는 경우

**62** 준법감시인의 영업점별 영업관리자에 대한 내부통제 권한위임 요건에 대한 설명으로 옳지 않은 것은?

① 영업점에서 1년 이상 근무한 경력이 있거나 준법감시·감사업무를 1년 이상 수행한 경력이 있는 자로서 당해 영업점에 상근하고 있어야 한다.
② 영업관리자가 영업점장을 포함한 책임자급이어야 한다.
③ 단일 영업관리자가 2 이상의 영업점의 영업관리자 업무를 수행하려면 대상 영업점 중 1개의 영업점에 상근하고 있어야 한다.
④ 영업점별 영업관리자의 임기를 1년 이상으로 하여야 한다.

**63** 다음 중 개인정보호법상 개인정보가 아닌 것은?

① 주민등록번호
② 진료기록
③ 신용카드번호
④ 정당의 가입

**64** 간소화된 고객확인제도(CDD)를 실행함에 있어 확인해야 하는 사항을 모두 묶은 것은?

가. 고객의 신원정보
나. 실제당사자 여부
다. 금융거래의 목적
라. 자금의 원천

① 가             ② 가, 나
③ 가, 나, 다       ④ 가, 나, 다, 라

**65** 빈칸을 옳게 연결한 것은?

> CTR은 1거래일 동안 (   ) 이상의 현금거래가 있을 경우 금융정보분석원에 의무적으로 보고하는 것이며, CDD는 일회성거래가 원화 (   ) 이상, 미화 (   ) 이상일 때 신원파악과 실제당사자 여부를 확인하는 것을 말한다.

① 1,000만원, 1,000만원, 1만불

② 2,000만원, 1,000만원, 1만불

③ 1,000만원, 1,500만원, 2만불

④ 1,000만원, 1,000만원, 1만불

**66** 자본시장법상 금융투자상품에 속하는 것은?

① 원화표시 CD

② 신주인수권증서

③ 주식매수선택권

④ 관리형신탁의 수익권

**67** 자본시장법 출범 이전의 증권거래법상으로 증권회사의 고유업무는 자기매매업(Dealing), 인수업무(Underwriting), 위탁매매업(Brokerage)의 세 가지로 분류하였다. 그렇다면 이 세 가지 업무를 모두 영위하기 위해 필요한 금융투자업을 모두 묶은 것은?

> ㉠ 투자매매업      ㉡ 투자중개업
> ㉢ 집합투자업      ㉣ 신탁업

① ㉠, ㉡          ② ㉡, ㉢

③ ㉠, ㉢          ④ ㉠, ㉣

**68** 다음 중 금융투자업자의 순자본비율 규제상 시장위험이 아닌 것은?

① 금리위험          ② 외환위험

③ 옵션위험          ④ 운영위험

**69** 온라인소액투자중개업자가 중개를 할 수 있는 대상이 아닌 것은?

① 채무증권          ② 지분증권

③ 수익증권          ④ 투자계약증권

**70** 다음 중 5% Rule 보고제도와 관련하여 기관투자자의 스튜어드십 코드 도입 활성화와 관련된 공시 조치는?

① 경영권 영향 목적이 아닌 단순투자목적 보고기한 제도

② 경영권 영향 목적이 아닌 일반투자목적 보고기한 제도

③ 경영권 영향 목적 특례적용 전문투자자의 보고기한 제도

④ 경영권 영향 목적의 일반투자자 보고기한 제도

**71** 투자매매업자 또는 투자중개업자의 영업행위 규제에 대한 내용이다. 잘못된 것은?

① 투자매매업자 또는 투자중개업자는 금융투자상품의 매매에 관한 주문을 받은 경우에는 사전에 그 투자자에게 자기가 투자매매업자인지 투자중개업자인지를 서면으로 밝혀야 한다.

② 투자매매업자 또는 투자중개업자는 조사분석자료를 공표하고 24시간이 경과하기 전까지는 해당 금융투자상품을 자기의 계산으로 매매할 수 없다.

③ 매매가 체결되면 지체 없이 해당 거래내용을 투자자에게 통지하고, 월간 거래내역 등을 매매가 체결된 날의 다음 달 20일까지 통지하여야 한다.

④ 투자매매업자 또는 투자중개업자는 투자자예탁금의 100%를 전액 증권금융에 예치해야 하는데 시행령으로 정하는 겸영금융투자업자의 경우 신탁업자에게 신탁할 수 있다.

**72** 증권분석기관은 공모를 하려는 법인과 아래의 관계가 있을 경우 증권분석평가업무를 할 수 없다. 그 관계를 잘못 기술한 것은?

① 증권분석기관이 해당 법인에 그 자본금의 100분의 3 이상을 출자하고 있는 경우 또는 그 반대의 경우

② 동일인이 증권분석기관의 자본금의 100분의 3 이상 그리고 해당 법인의 자본금의 100분의 3 이상을 동시에 출자하고 있는 경우

③ 증권분석기관의 임원이 해당 법인에 그 자본금의 100분의 1 이상을 출자하고 있는 경우 또는 해당 법인의 임원이 증권분석기관의 자본금의 100분의 1 이상을 출자하고 있는 경우

④ 증권분석기관 또는 해당법인의 임원이 서로의 주요주주의 특수관계인인 경우

**73** 공개매수자는 공개매수 공고일 이후에는 공개매수를 철회할 수 없으나 예외 조항이 있다. 그 예외 조항 중 철회조건이 공개매수신고서에 기재되어야만 철회가 가능한 것은?

① 공개매수기간 중 그 공개매수에 대항하는 공개매수가 있는 경우

② 공개매수자가 사망, 해산, 파산한 경우

③ 공개매수자가 발행한 어음 또는 수표가 부도로 되거나 은행과의 당좌거래가 정지 또는 금지된 경우

④ 공개매수대상회사에서 발행한 어음이나 수표가 부도로 된 경우

**74** 기업의 인수합병(M&A)과 관련된 내용이다. 가장 거리가 먼 것은?

① 5% 이상의 지분을 매수하고자 할 때 신고하는 의무인데 대량보유상황보고제도(5% Rule)는 장내에서의, 공개매수는 장외에서의 매수를 규제하는 것이다.

② 공개매수 시의 전부매수 의무란 만일 신고한 공개매수 수량이 100만주이고 응모된 수량이 200만주일 경우 200만주 전부를 매수해야 함을 말한다.

③ '5% Rule'의 보고의무가 발생하는 경우는 새로 5% 이상 보유하게 되는 경우, 5% 이상 보유자의 지분이 ±1% 이상 변동이 발생할 경우, 그리고 보유목적을 변경할 경우이다.

④ 5% 룰은 보유 목적이 발행인의 경영권에 영향을 주기 위한 것인 경우 주식등의 보유 또는 변동이 있었던 날부터 5일 이내에 보고하여야 한다.

**75** 다음 설명 중 가장 적절하지 않은 것은?

① 장외파생상품의 매매 및 그 중개·주선 또는 대리의 상대방이 일반투자자인 경우 그 일반투자자가 위험회피 목적의 거래를 하는 경우에 한해야 한다.

② 공공적법인의 지분소유는 해당 법인이 상장될 당시 발행주식총수의 10% 이상을 소유한 주주는 그 보유비율만큼을, 그 이외의 자는 발행주식총수의 3% 이내에서 정관이 정하는 비율만큼을 소유할 수 있다.

③ 외국인에 대한 한도제한을 위반하여 주식을 취득한 자는 그 주식에 대한 의결권행사가 불가하며, 금융위는 해당 지분을 6개월 이내의 기간을 정하여 그 시정을 명할 수 있다.

④ 단기매매차익반환제도란 일정범위의 내부자가 당해 법인의 내부자정보를 이용하여 6개월 내에 얻은 매매차익 또는 회피손실이익을 해당 법인에게 반환하는 것을 말한다.

**76** 불공정거래행위에 대한 규제이다. 가장 적절하지 않은 것은?

① 미공개 중요정보 규제는 해당 증권의 매매거래뿐 아니라 이용행위도 규제한다.

② 미공개 중요정보 이용행위의 적용대상 증권에는 의결권과 관계없는 증권은 포함되지 않는다.

③ 금지대상 시세조종행위가 성립하려면 일정한 목적이 있어야 한다.

④ 내부자나 준내부자였다가 해당하지 않게 된 날로부터 1년 미만인 경우는 내부자나 준내부자로 인정된다.

**77** 자산건전성에 따른 5가지 분류 중에서, 자산건전성 확보를 위해 적정한 회수예상가액을 산정해야 하는 것을 모두 묶은 것은?

| ㉠ 정상 | ㉡ 요주의 |
|---|---|
| ㉢ 고정 | ㉣ 회수의문 |

① ㉠

② ㉠, ㉡

③ ㉠, ㉡, ㉢

④ ㉠, ㉡, ㉢, ㉣

**78** 다음 중 순자본비율이 개선되지 않는 것은?

① 유상증자를 실시하여 주식발행초과금이 유입되었다.

② 후순위채권을 상환하였다.

③ 운용자산의 분산투자를 강화하여 시장위험액이 감소하였다.

④ 내부통제기준을 강화하여 운영위험액이 감소하였다.

**79** 다음은 적기시정조치에 대한 보기이다. 경영개선 요구에 해당되는 내용을 모두 고르면?

| ㉠ 인력 및 조직운용의 개선 |
|---|
| ㉡ 부실자산의 처분 |
| ㉢ 점포의 폐쇄, 통합 또는 신설제한 |
| ㉣ 자회사의 정리 |
| ㉤ 영업의 일부 정지 |
| ㉥ 6개월 이내의 영업정지 |

① ㉠, ㉡, ㉢

② ㉡, ㉢, ㉣

③ ㉢, ㉣, ㉤

④ ㉡, ㉢, ㉤, ㉥

**80** 다음 빈칸에 들어갈 말로 옳게 연결된 것은?

> 금융투자업자는 다른 업무를 겸영하고자 하는 경우 그 업무를 영위하기 시작한 날로부터 ( ) 이내에 (사후)보고하여야 하고, 금융투자업에 부수업무를 영위하고자 할 경우에는 그 업무를 영위하기 시작한 날로부터 ( ) 이내에 (사후)보고하여야 하며, 금융투자업자가 제3자에게 업무를 위탁하는 경우 실제 업무수행일의 ( )일 전까지 금융위에 (사전)보고하여야 한다.

① 1주, 1주, 3일
② 1주, 2주, 3일
③ 2주, 2주, 7일
④ 2주, 1주, 14일

**81** 경영공시의 대상을 나열한 것이다. 틀린 것은?

① 동일 기업집단별 금융투자업자의 직전 분기말 자기자본의 10%에 해당하는 금액을 초과하는 부실채권의 발생
② 금융사고 등으로 금융투자업자의 직전 분기말 자기자본의 5%에 해당하는 금액을 초과하는 손실이 발생하였거나 손실발생이 예상되는 경우
③ 민사소송의 패소 등으로 금융투자업자의 직전 분기말 자기자본의 1%에 해당하는 금액을 초과하는 손실이 발생한 경우
④ 적기시정조치를 받은 경우

**82** 다음 중 이해상충관리의 규제체계 중 '일반 규제'에 속하는 것은?

① 직무관련 정보이용 금지
② 선행매매금지
③ 과당매매금지
④ 정보차단벽 간 정보제공 금지

**83** 신용공여 시 담보로 제공된 증권의 평가방법이다. 틀린 것은?

① 상장주권 : 당일종가
② 상장 전 청약주식의 취득가액 : 취득가액
③ 상장채권 : 당일종가
④ 집합투자증권 : 당일에 고시된 기준가격

**84** 증권의 발행과 관련된 설명 중 가장 적절하지 않은 것은?

① 청약권유대상자의 산정은 청약권유일 이전 6개월, 발행일로부터 1년 이내를 합산한다.
② 인수인의 명칭을 표시하지 않거나 증권 발행금액을 확정하여 표시하지 않을 경우 청약권유에 산정되지 않는다.
③ 거래소의 시장구분 없이 발행증권이 코넥스시장에 상장이 되면 청약권유대상자의 수가 50인 미만이라 할지라도 간주모집으로 인정된다.
④ 만기 시 최저지급액을 발행가액 이상으로 정한 파생결합증권의 모집 또는 매출의 효력발생기간은 7일이다.

**85** '조정내용을 어느 일방이 이행하지 않을 경우 별도의 소송절차 없이 이행을 강제할 수 있는' 효력이 발생하는 분쟁조정기구를 모두 묶은 것은?

> ⊙ 금융분쟁조정위원회(금융감독원 산하)
> ⓛ 분쟁조정위원회(협회)
> ⓒ 시장감시본부의 분쟁조정(한국거래소)

① ⊙
② ⊙, ⓛ
③ ⓛ, ⓒ
④ ⊙, ⓛ, ⓒ

**86** 장내파생상품시장 적격 개인투자자 제도상 개인투자자가 선물 및 옵션거래를 하고자 하는 경우에 사전적으로 이수해야 하는 교육을 모두 나열한 것은?

① 1시간 이상의 교육이수
② 3시간 이상의 모의거래 이수
③ 1시간 이상의 교육이수, 2시간 이상의 모의거래 이수
④ 1시간 이상의 교육이수, 3시간 이상의 모의거래 이수

**87** 보기를 모두 충족하는 자는?

> • 원한다면 일반투자자로 전환할 수 있다.
> • 장외파생상품거래를 할 경우 전문투자자와 같은 대우를 받겠다는 의사를 금융투자회사에게 서면으로 통지 해야만 장외파생상품거래를 할 수 있다.

① 주권상장법인
② 상호저축은행
③ 기술신용보증기금
④ 새마을금고연합회

**88** 다음 중 조사분석자료의 공표가 전혀 불가능한 대상은?

① 6%의 지분을 보유하고 있는 법인
② 지급보증을 하고 있는 법인에 대한 조사분석자료
③ 대표주관회사로서 IPO업무를 수행한 법인으로서 1년이 경과하지 않은 법인
④ 감사의견이 부적정 또는 의견거절인 법인

**89** 집합투자기구의 명칭 사용에 대한 설명으로 옳지 않은 것은?

① 집합투자기구의 종류를 표시하여야 한다.
② 판매회사의 명칭을 사용하여야 한다.
③ 운용전문인력의 이름을 사용할 수 없다.
④ 사모집합투자기구의 명칭에 '사모'를 포함하여야 한다.

**90** 우리나라의 상법상 변태설립사항에 속하는 것은?

① 본점소재지
② 현물출자
③ 발행주식총수
④ 공고하는 방법

**91** 주주가 사원의 지위로 회사에 가지는 권리에는 자익권과 공익권이 있다. 그 권리의 분류가 잘못된 것은?

① 이익배당청구권 – 자익권
② 신주발행유지청구권 – 자익권
③ 위법행위유지청구권 – 공익권 중 1% 소수주주권
④ 회계장부열람청구권 – 공익권 중 3% 소수주주권

**92** 다음 설명 중 가장 적절하지 않은 것은?

① 주주명부의 폐쇄를 위해서 회사는 3개월을 초과하지 않는 기간을 정하여 주주 명부의 기재변경을 정지시킬 수 있다.
② 약식질이든 등록질이든 질권설정이 되면 해당 주식의 의결권 행사도 제한된다.
③ 주주제안권은 상법상 3% 소수주주권에 해당하나 상장법인의 경우 자본금 1천억원 이상의 경우 0.5%로 완화되는데 이 경우 주식을 6개월 이상 보유한 상태이어야 한다.
④ 주주가 2 이상의 의결권을 가지고 있는 때에는 이를 통일하지 아니하고 행사할 수 있다. 그러나 주주가 주식의 신탁을 인수하였거나 기타 타인을 위하여 주식을 가지고 있는 경우 외에는 회사는 주주의 의결권의 불통일행사를 거부할 수 있다.

**93** 감사 및 감사위원회에 대한 설명으로 가장 적절하지 않은 것은?

① 감사위원회는 3인 이상의 이사로 구성하고 사외이사가 3분의 2 이상이어야 하며 위원회 설치 시 감사는 둘 수 없다.
② 모회사의 감사는 자회사에 대하여 영업의 보고를 요구할 수 있고 자회사의 업무와 재산상태를 조사할 수 있다.
③ 감사의 선임에 있어서 특정주주의 의결권 있는 주식지분율이 100분의 3을 초과하는 경우 그 초과분은 의결권 행사가 불가하다.
④ 상장회사의 경우 감사위원회위원을 선임하거나 해임하는 권한은 이사회에 있다.

**94** 다음 설명 중 옳은 것은?

① 회사발행주식 총수의 90% 이상을 자기 계산으로 보유하고 있는 자는 회사의 다른 주주에게 주식의 매도청구를 할 수 있다.
② 액면주인 자사주를 소각하면 주금액과 주식수가 모두 줄어든다.
③ 이익준비금은 법정준비금으로서 자본금의 1/4에 달할 때까지 이익배당 또는 주식배당의 1/10 이상의 금액을 적립하여야 한다.
④ 회사의 분할은 주식회사에서만 인정된다.

**95** 주식회사의 의결권 행사에 대한 설명으로 옳지 않은 것은?

① 주주가 2개 이상의 의결권을 가진 경우 이를 불통일 행사할 수 있다.
② 회사는 정관으로 대리인에 의한 의결권 행사를 금지할 수 있다.
③ 의결권 없는 주식을 제외한 발행주식 총수의 100분의 3을 초과하는 수의 주식을 가진 주주는 그 초과하는 주식에 관하여 감사의 선임에 있어서는 의결권을 행사하지 못한다.
④ 회사는 자기주식을 취득한 경우 그 주식에 대하여는 의결권을 행사하지 못한다.

**96** 다음 중 직접세에 해당하는 것은?

① 부가가치세　　② 주 세
③ 인지세　　　　④ 종합부동산세

**97** 조세에 대한 설명 중 가장 적절하지 않은 것은?

① 공시송달은 서류의 요지를 공고한 날로부터 14일이 경과함으로써 서류가 송달된 것으로 보는 것이다.
② 소득세와 법인세, 부가가치세의 납세 의무는 과세기간이 종료하는 때에 성립한다.
③ 과세표준신고서를 법정기한 내에 제출한 자가 세액을 과다하게 신고했을 경우 법정신고기한 이후 3년 이내에 경정 청구하면 환급을 받을 수 있다.
④ 국세채권의 소멸시효는 금액 구분 없이 5년이다.

**98** 다음 중 국세기본법상 납세의무의 소멸사유가 아닌 것은?

① 부과 취소
② 납세자의 사망
③ 제척기간의 종료
④ 소멸시효의 완성

**99** 소득세 과세체계상 분류과세로 과세되는 소득을 모두 묶은 것은?

| | | | |
|---|---|---|---|
| ㉠ 퇴직소득 | | ㉡ 양도소득 | |
| ㉢ 연금소득 | | ㉣ 사업소득 | |

① ㉠
② ㉠, ㉡
③ ㉠, ㉡, ㉢
④ ㉠, ㉡, ㉢, ㉣

**100** 상속세와 증여세에 대한 설명이다. 가장 거리가 먼 것은?

① 상속개시 전 5년 이내에 피상속인이 상속인이 아닌 자에게 증여한 재산가액은 상속세과세가액에 포함한다.
② 증여세는 2016년부터 물납이 허용되지 않는다.
③ 상속세는 상속이 개시된 날로부터 6개월, 증여세는 증여재산을 취득한 날로부터 3개월 이내에 신고, 납부해야 한다.
④ 상속세와 증여세 모두 과세표준이 50만원 미만이면 납부의무가 면제된다.

# 제1회 정답 및 해설

| 01 | 02 | 03 | 04 | 05 | 06 | 07 | 08 | 09 | 10 | 11 | 12 | 13 | 14 | 15 | 16 | 17 | 18 | 19 | 20 |
|----|----|----|----|----|----|----|----|----|----|----|----|----|----|----|----|----|----|----|----|
| ② | ④ | ④ | ④ | ① | ③ | ② | ③ | ② | ② | ② | ③ | ③ | ① | ④ | ② | ③ | ④ | ① | ① |
| 21 | 22 | 23 | 24 | 25 | 26 | 27 | 28 | 29 | 30 | 31 | 32 | 33 | 34 | 35 | 36 | 37 | 38 | 39 | 40 |
| ② | ③ | ④ | ① | ④ | ③ | ③ | ③ | ① | ④ | ④ | ① | ④ | ③ | ③ | ③ | ① | ③ | ② | ③ |
| 41 | 42 | 43 | 44 | 45 | 46 | 47 | 48 | 49 | 50 | 51 | 52 | 53 | 54 | 55 | 56 | 57 | 58 | 59 | 60 |
| ④ | ④ | ② | ③ | ④ | ③ | ④ | ② | ④ | ③ | ① | ① | ④ | ④ | ③ | ④ | ③ | ④ | ② | ③ |
| 61 | 62 | 63 | 64 | 65 | 66 | 67 | 68 | 69 | 70 | 71 | 72 | 73 | 74 | 75 | 76 | 77 | 78 | 79 | 80 |
| ① | ④ | ② | ④ | ④ | ④ | ④ | ② | ④ | ① | ② | ③ | ④ | ③ | ② | ③ | ① | ④ | ③ | ② |
| 81 | 82 | 83 | 84 | 85 | 86 | 87 | 88 | 89 | 90 | 91 | 92 | 93 | 94 | 95 | 96 | 97 | 98 | 99 | 100 |
| ② | ① | ③ | ③ | ② | ④ | ③ | ② | ① | ③ | ① | ③ | ④ | ③ | ③ | ④ | ② | ④ | ③ | ③ |

**01** 경기순환은 전통적으로 회복(Recovery) → 호황(Boom) → 후퇴(Recession) → 불황(Depression)으로 나누는 4분법이 이용되었다.

**02** 새케인즈학파는 과거 케인즈가 주장한 가격과 임금의 경직성은 이론적 가정이 아닌 경제주체들의 합리적 행동의 결과로 나타난 것임을 증명하였다.

**03** 신용경로이다. 보기에서 기업의 부채비율이 높을 경우에는 통화정책의 파급효과가 더 크게 나타날 수 있다. 이를 '대차대조표 경로'라고 하는데 이는 신용경로에 포함된다.

**04** ②·③은 재정정책이므로 외부시차가 짧으며, ④는 통화정책이므로 외부시차가 길다.
①은 자동안정화장치(조세, 실업보조금)인데 자동안정화장치의 내부시차는 0이며, 외부시차도 재정정책에 준하여 짧은 것으로 이해할 수 있다.

**05** 선행종합지수의 구성지표에는 재고순환지표, 경제심리지수, 기계류내수출하지수, 건설수주액(실질), 수출입물가비율, 코스피지수, 장단기금리차가 있다.

**06** 경기저점 판단에 더 신뢰도가 높다(소비자는 경기수축국면에 더 민감하게 반응하므로).

**07** $\dfrac{\text{당기순이익}}{\text{매출액}} \times \dfrac{\text{매출액}}{\text{총자본}} = \dfrac{\text{당기순이익}}{\text{총자본}}$, 즉 총자본이익률(ROI) 또는 총자산이익률(ROA)이다.

**08** PCR이 PER를 보완한다(PER가 높아도 PCR이 낮다면 저평가되었다고 할 수 있다).
④는 배당평가모형으로 나타낸 PER$\left(=\dfrac{1-f}{k-g}\right)$의 산식으로 이해하면 된다.

**09** PBR의 듀퐁분석이다.
'PBR = 마진 × 활동성 × 부채레버리지 × PER'이다.

**10** $\text{EV/EBITDA} = \dfrac{400억원 + 200억원}{30억원 + 20억원}$

$= \dfrac{600억원}{50억원} = 12배$

- EV = 시가총액(4만원 × 100만주 = 400억원) + 순차입금(200억원) = 600억원
- EBITDA = 세전영업이익(EBIT) + 감가상각비(DA) = 30억원 + 20억원 = 50억원

**11** 주당배당금 = 40억원 / 100만주 = 4,000원
D1 = 4,000이므로 정률성장모형으로 평가하면
P = 4,000 / (0.15 − 0.05) = 40,000원

**12** 일본식 차트에서 양선은 종가가 시가보다 높을 때에 해당된다.

**13** 3번 파동은 5개의 파동 중 가장 강력하고 가장 긴 충격파동이므로, 가격변동도 활발하다. 따라서 돌파갭, 계속갭은 나타나지만 소멸갭은 나타나지 않는다.

**14** 패턴분석 중 지속형에는 삼각형 모형(대칭삼각형, 직각삼각형), 깃대형, 다이아몬드형, 쐐기형, 직사각형 모형이 있다.

**15** RSI(상대강도지수)는 추세반전형 지표로서 이동평균선을 활용하지 않는다.

**16** 공모는 간접발행, 사모는 직접발행을 하는 것이 보편적이다.

**17** 액면가가 5천원을 초과할 경우에는 1만원의 배수로 발행해야 한다(2016자본시장법 개정).
  ※ 발행가능한 액면금액 : 100원, 200원, 500원, 1,000원, 2,500원, 5,000원, 5,000을 초과 시에는 1만원의 배수이어야 한다(예 2만원, 3만원 등).

**18** 일반공모방식과 제3자 배정방식의 기준주가를 결정하는 방식에 해당한다. 주주배정방식과 주주우선배정방식은 완전자율화, 기업구조조정의 경우는 발행가액결정의 예외를 적용한다.

**19** 접속매매거래(복수가격에 의한 개별경쟁매매)는 매매거래의 종류가 아닌 정규매매거래시간의 매매체결방법 중 하나이다.

**20** 일반주주 200인 미만이거나 일반주주지분이 10% 미만인 경우에는 관리종목으로 지정되며, 관리종목 지정 이후에도 2년 연속 동일한 상태일 경우 상장폐지된다.
  ③에서 코스닥시장은 7일이다.

**21** 랜덤엔드(Random End : 단일가매매 임의연장)란 한국거래소가 임의적으로 시가(始價)나 종가(終價) 등의 정규마감시간을 30초 이내로 연장하여 단일가매매의 가격을 결정하는 제도이다.

**22** 가장 높은 가격이 아니라 직전가격과 가장 가까운 것으로 매매체결한다.

**23** 소수지점 거래집중, 소수계좌 거래집중종목 등은 투자주의종목 지정사유이다.

**24** ①은 코넥스시장에 해당된다.

**25** 투자주의종목은 '투기적이거나 불공정거래의 개연성이 있는 종목'을 투자주의종목으로 공표하여 일반투자자들의 뇌동매매방지 및 잠재적 불공정거래 행위자에 대한 경각심을 고취하기 위하여 지정예고 없이 1일간 지정되며 익일에 자동해지된다(따라서 신용거래도 가능하다).

**26** 42,500 × (1 + 30%) = 55,250, 그러나 50,000 ~ 200,000원 사이의 호가단위는 100원이므로 55,200원이다.

**27** 관행적 복할인 방식이다.

**28** 말킬의 4정리 : 동일한 크기의 수익률변동이 발생할 때 수익률 하락으로 인한 채권가격 상승폭이 수익률 상승으로 인한 채권가격 하락폭보다 크다.

**29** 듀레이션은 표면이율이 낮을수록, 잔존기간이 길수록, 만기수익률이 작을수록 크게 나타난다.

**30** 현재는 전환프리미엄(400원)을 지불한 상태로서 전환이익이 발생하지 아니한다. 주가가 5,500원 이상이 되어야 전환차익이 가능하다.
  (1) 패리티 = 주식의 시장가격 / 전환가격이므로, 5,300 × 2주 / 5,000 × 2주 = 106(%)
  (2) 전환가치 = 주식의 시장가격(5,300원) × 전환주수(2주) = 10,600원
  (3) 전환프리미엄 = 전환사채의 시장가격(11,000) − 전환가치(10,600) = 400원(이 전환프리미엄은 옵션프리미엄과 동일함)

**31** 우상향을 가장 잘 설명하는 것은 유동성선호이론이다. 유동성프리미엄은 기간이 길어질수록 커지므로 유동성선호이론의 수익률곡선은 우상향을 나타낸다(이는 ③의 내용과도 같은 맥락).

**32** 첫해는 (1,000 + 400) / 10,000 = 14%, 둘째 해는 (800 + 300) / 11,000 = 10%

∴ ARR = 1 / 2 × (14% + 10%) = 12%

**33** ①·②·③은 모두 적극적인 전략인데, ④는 면역전략으로 소극적인 전략이다. 국채선물의 경우 가격베이스로 매매하므로 수익률 하락예상 시 선물가격은 상승하므로 매수하면 된다.

**34** 가격제한폭은 15%이다(유가증권, 코스닥시장은 30%).

**35** 경매매가 인정되는 것은 코넥스시장이다.

**36** 산업은행은 특수은행에 속한다.

**37** ② 단순 소유권 보존만 관리하는 것은 을종 관리신탁이다.
③ 분양형 토지신탁은 신탁토지에 택지조성, 건축 등의 사업을 시행한 후 이를 분양하여 발생한 분양수익을 수익자에게 교부하는 것을 목적으로 한다.
④ 부동산담보신탁은 후순위권리설정을 배제할 수 있다.

**38** RP, CD, 은행발행채권 등은 비보호대상이다.

**39** ELW의 최대손실은 콜과 풋 마찬가지로 기초자산의 가격변동과 무관하게 ELW 매수가격으로 한정된다 (ELW가 파생상품이 아닌 이유이다).

**40** 디지털(Digital)형에 대한 설명이다.

**41** "혼합자산집합투자기구"라 함은 집합투자재산을 운용함에 있어서 증권, 부동산, 특별자산 등에 대한 투자비율에 제한을 받지 아니하는 집합투자기구를 말한다.

**42** 만기 후라도 액면금액만 받게 된다(할인식 거래이므로). 참고로, 생계형 비과세 저축 외에는 만기 후에도 추가이자가 가산되는 상품은 없다.

**43** 주택가격이 대출잔액보다 작을 경우 부족 부분은 채무자(상속인)에게 청구하지 않는다.

**44** 충분히 많은 개별증권이 있어야 비체계적 위험을 분산시킬 수 있다. 이를 자산집단의 충분성 또는 분산가능성이라 한다.

**45** 1/PER의 방식을 말한다(PER = 5이면 기대수익률은 20%, PER = 40의 경우 기대수익률은 2.5%).
이 방식은 네 가지 중 시장공동예측치 사용법이다.

**46** 무차별효용곡선의 기울기는 보수적 투자자의 경우 가파르게, 공격적 투자자의 경우 완만하게 나타난다 (평균과 분산의 공간에서 표시하는 것은 옳다).

**47** 퍼지 투자기회선은 마코위츠의 평균분산모형의 일부이므로, 전략적 자산배분전략에 포함되는 개념이다.

**48** ESG는 기업의 중장기 지속가능성에 영향을 미칠 수 있는 요인들을 환경(Environmental), 사회(Social), 지배구조(Governance)로 나누어 체계한 기준으로 자본시장에서 기업을 평가하는 새로운 프레임워크(Framework)로 발전하였다.

**49** 금융투자상품의 위험도 분류에서 정성적 요소에는 상품구조의 복잡성, 거래상대방 위험, 조기상환가능성 및 유동성을 들 수 있다.

**50** 성공적인 CRM은 고객획득에서 고객유지로, 단기적에서 장기적 관계형성으로, 판매촉진에서 고객서비스로, 시장점유율에서 고객점유율로, 제품차별화에서 고객차별화로, 자동화에서 정보화로 옮겨갔다.

**51** ㉡ 투자성 상품의 경우 계약서류를 제공받은 날 또는 계약체결일로부터 7일(→영업일이 아님에 유의) 이내에 철회의사를 표시할 수 있다.
㉢ 대출성 상품의 경우 계약서류를 제공받은 날 또는 계약체결일로부터 14일(→영업일이 아님에 유의) 이내에 철회의사를 표시할 수 있다.
㉣ 청약이 철회된 경우 금융소비자를 대상으로 이로 인한 손해배상 또는 위약금 등 금전 지급을 청구할 수 없으며 청약철회에 대한 특약으로서 금융소비자에게 불리한 것은 무효이다.

**52** Closing은 고객 성향에 따라서 달리하여야 한다.

**53** 모두 해당된다. (p.464의 01번 문항의 해설 참조)

**54** 직무윤리는 고객과의 직무(금융투자업에 관련된 행위)에 종사하는 '일체의 자'를 대상으로 한다.

**55** 상호존중의무는 '회사에 대한 의무'이다.

〈금융투자회사의 표준윤리준칙 분류〉

| 고객에<br>대한 의무 | 본인에<br>대한 의무 | 회사에<br>대한 의무 | 사회에<br>대한 의무 |
|---|---|---|---|
| • 고객우선<br>의무<br>• 신의성실<br>의무 | • 법규준수<br>의무<br>• 자기혁신<br>의무<br>• 품위유지<br>의무<br>• 사적이익<br>추구금지 | • 정보보호<br>의무<br>• 상호존중<br>의무<br>• 경영진의<br>책임<br>• 위반행위<br>보고의무<br>• 고용계약후<br>종료의무<br>• 대외활동 | • 시장질서<br>존중의무<br>• 주주가치<br>극대화<br>• 사회적<br>책임 |

※ 상호존중의무 : 회사는 임직원 개개인의 자율과 창의를 존중하고 삶의 질 향상을 위해 노력해야 하며, 임직원은 서로를 존중하고 원활한 의사소통과 적극적인 협조자세를 견지해야 한다.

**56** 신의칙은 윤리적 원칙인 동시에 법적인 의무이다. 따라서 강행법규 위반에 해당하므로 당사자의 주장이 없더라도 법원은 직권으로 신의칙 위반 여부를 판단할 수 있다.

**57** 전문가로서의 주의의무는 금융소비자보호의무의 근거가 되는 의무로, 상품개발 단계를 포함한 전 단계에 걸쳐 이행되어야 한다.

**58** '사적업무영역'은 M&A업무 등 수행과정에서 미공개정보를 취득할 수 있는 업무영역을 말하며, '공적업무영역'은 공개된 정보를 이용하여 수행하는 업무를 말한다.

**59** ②는 재권유금지의 원칙에 위배된다.
　※ 부당한 투자권유의 금지
　　(1) 거짓 또는 단정적인 투자권유 금지
　　(2) 불초청권유 금지(단, 장외파생상품에 한해 적용)
　　(3) 재권유금지(예외 : 문제의 ③, ④)

**60** ① 정확성, ② 시의성, ③ 접근성 및 용이성, ④ 권익 침해 표시금지

**61** 금융소비자보호 내부통제위원회는 대표이사가 주재하는 회의를 매 반기마다 1회 이상 개최한다. 내부통제위원회는 회의결과를 이사회에 보고하고, 논의사항은 서면·녹취 등의 방식으로 최소 5년간 기록·유지하여야 한다.

**62** ①·② 금융투자협회의 자율규제를 말한다('회원'이란 협회에 가입한 증권사를 말함).
　③ 금융감독원의 분쟁조정을 말함

**63** 일임매매에 해당된다.
　※ 일임매매와 관련된 분쟁
　　(1) 고객과 투자일임계약을 맺은 상태이지만, 당초 계약취지를 위반, 과도한 매매로(수수료수입 증가목적), 충실의무를 지키지 않을 경우 손해배상책임을 질 수 있다.
　　(2) 일임매매유형의 분쟁을 예방하기 위해서는 '포괄적 일임매매 계약'을 금지하는 것이 좋다.

**64** 의심거래보고제도(STR)는 금액과 무관하게 자금세탁으로 의심되는 경우 보고하는 제도이다. ④의 경우 '1거래일 동안 현금 1천만원 이상'인 거래는 자동으로 보고되는데, 이는 고액현금거래보고제도(CTR)에 해당된다.

**65** ④ FBAR(해외금융계좌신고제도)
　① FACTA(해외금융계좌납세자협력법)
　② MCAA[다자간 조세정보자동교환협정(OECD협정국 간 사용)]
　③ FCPA(미국의 해외부패방지법)

**66** 랩어카운트는 자본시장법 전부터 증권사가 영위하던 업무이다.

**67** 자본시장의 불공정거래 조사는 증선위 업무이다(조사와 검사의 용어 차이에 주의).

**68** 인가요건이 아니라 '등록요건'이다.

**69** ①·②는 핵심업무로서 위탁이 불가하며, ③은 본질적 업무로서 위탁받는 자가 인가등록업체이어야 하며(조건부 위탁가능), 경영업무나 부수업무는 언제든지 위탁이 가능하다(④는 겸영업무에 해당된다).

**70** 증권시장에 상장되지 아니한 증권의 매매, 장외파생상품의 매매에는 적용하지 않는다. 최선집행의무는 투자자의 청약 또는 주문을 최선의 조건으로 집행하기 위해 충분히 합리적인 조치를 해야 한다는 것으로 자본시장법(제68조)상의 내용이다.

**71** 7일, 30일이다.

**72** 금적립계좌를 제외한 파생결합증권은 적정성의 원칙 적용상품이다.

**73** 500인 이상이었다가 300인 미만으로 된 경우에도 해당 연도의 사업보고서는 제출해야 하며 다음 연도부터 사업보고서 제출의무가 면제된다.

**74** ② '과거 6개월간 10인 이상의 자로부터'이다.

**75** 냉각기간은 5% rule에 의한 '보고일로부터 5일간'을 말한다.

**76** 단기매매차익반환대상자는 모든 내부자가 아니라 일정범위의 내부자이다.

**77** CFD는 장외거래이므로 반드시 증거금을 징구하여야 하며 증거금은 대용증권으로도 가능하다.

**78** 신용위험은 시장위험이 아닌 독립적인 별개의 위험이다(시장위험 + 신용위험 + 운영위험).

**79** 지방자치단체는 장외파생상품 거래의 경우에는 일반투자자로 취급한다.

**80** 주식의 전부 또는 일부 소각은 경영개선명령 사항이다. (p.599 더알아보기 참조)

**81** 고정 이하는 '정상(0.5%) + 요주의(2%) + 고정(20%)'이므로 22.5%이다.

**82** 처분제비용(수수료 및 증권거래세 등)이 제일 먼저이고, 연체이자는 이자보다 앞서고 마지막으로 채무원금을 충당한다.

**83** ①·②·④는 당초의 효력발생시기에 영향을 주지 않는 '경미한 사유'들이다. ③은 정정신고서의 제출을 말하며, 정정신고서가 수리된 다음날에 효력이 발생한다.

**84** 자사주에 대한 취득 또는 처분의 '결의'는 주요사항보고제도의 대상이 되지만, 결의대로 취득이나 처분을 집행하는 것은 대상이 되지 않는다.

**85** 합의권고를 하고 미합의 시 조정위원회에 회부하고, 회부된 다음 한 번 더 합의노력을 하는데 이것이 합의조정이다(순서에 주의할 것).

**86** 최근 5년 중 1년 이상 기간 동안 금융투자상품의 월말평균잔고가 5천만원 이상이면서, 순자산이 5억원 이상(거주부동산이나 임차보증금은 제외)인 경우에 가능하다.

**87** ① 기업금융부서와의 의견교환은 제한적으로 허용된다.
② 임원수의 제한 등 불가피할 경우는 겸직이 가능하다.
④ 파생상품 등 레버리지가 높은 상품은 보유 가액의 크기와 관계없이 보고해야 한다.

**88** 계좌의 통합이 아니라 폐쇄이다.

**89** 표준약관을 수정해서 사용하는 것을 보통약관이라 하고, 개별약관은 표준약관이 없을 경우에 사용하는 약관이다.

**90** '종류주식'이란 일정한 권리에 대하여 특수한(보통주와는 다른 조건 등) 내용을 부여한 주식을 말한다. 우리나라 상법상 회사는 이익의 배당, 잔여재산의 분배, 주주총회에서의 의결권 행사, 상환 및 전환 등에 관하여 내용이 다른 종류의 주식("종류주식")을 발행할 수 있다.

**91** 신주인수권은 자익권이다. ②・③・④는 단독주주권으로서 공익권에 해당한다.

**92** 의결권이 없는 주주에게는 소집통지를 할 필요가 없다.

**93** 상법 제397조(이사의 경업금지)
① 이사는 이사회의 승인이 없으면 자기 또는 제삼자의 계산으로 회사의 영업부류에 속한 거래를 하거나 동종영업을 목적으로 하는 다른 회사의 무한책임사원이나 이사가 되지 못한다.
② 이사가 제1항의 규정에 위반하여 거래를 한 경우에 회사는 이사회의 결의로 그 이사의 거래가 자기의 계산으로 한 것인 때에는 이를 회사의 계산으로 한 것으로 볼 수 있고 제삼자의 계산으로 한 것인 때에는 그 이사에 대하여 이로 인한 이득의 양도를 청구할 수 있다.
③ 제2항의 권리는 거래가 있은 날로부터 1년을 경과하면 소멸한다.

**94** 추상적 인수권은 자익권의 개념적 권리를 말하고 실제 신주를 인수할 수 있는 채권적 권리는 구체적 인수권이다.

**95** 이익배당가능총액 = 순재산액 − 자본금 − 법정준비금, 즉 법정준비금은 이익배당을 할 수 없으며, 자본의 결손이나 자본전입의 재원이 된다.

**96** 2018.1.1 이후 양도분부터는 매 반기분의 세액을 반기의 말일로부터 2개월 이내로 신고, 납부해야 한다.

**97** 상속 또는 증여세액이 1천만원 초과 2천만원 이하일 때 납부기일 내 1천만원을 납부하여야 하며 초과금액은 납부기일 경과일로부터 2개월 이내에 분납할 수 있다.

**98** 법인으로 보는 단체로부터 받는 배당 또는 분배금은 배당소득이다.

**99** 등록면허세는 지방세이다.
※ 국세 : 소득세, 법인세, 상증세, 종부세, 부가가치세, 주세, 인지세, 증권거래세, 교통・에너지・환경세, 교육세, 농어촌특별세
※ 지방세 : 취득세, 등록면허세, 레저세, 지방소비세, 지역자원시설세, 지방교육세, 주민세, 재산세, 자동차세, 지방소득세, 담배소비세

**100** ③은 그 용도가 명백하지 않을 경우 합산된다. 과세가액불산입은 공익법인에 출연한 재산이 의결권주식의 5%까지만이다(초과분은 산입됨).

# 제2회 정답 및 해설

| 01 | 02 | 03 | 04 | 05 | 06 | 07 | 08 | 09 | 10 | 11 | 12 | 13 | 14 | 15 | 16 | 17 | 18 | 19 | 20 |
|----|----|----|----|----|----|----|----|----|----|----|----|----|----|----|----|----|----|----|----|
| ② | ③ | ③ | ② | ② | ② | ② | ③ | ④ | ④ | ③ | ④ | ③ | ② | ③ | ④ | ③ | ② | ③ | ④ |
| 21 | 22 | 23 | 24 | 25 | 26 | 27 | 28 | 29 | 30 | 31 | 32 | 33 | 34 | 35 | 36 | 37 | 38 | 39 | 40 |
| ④ | ④ | ① | ① | ① | ④ | ② | ④ | ③ | ② | ③ | ④ | ② | ④ | ② | ④ | ① | ④ | ④ | ③ |
| 41 | 42 | 43 | 44 | 45 | 46 | 47 | 48 | 49 | 50 | 51 | 52 | 53 | 54 | 55 | 56 | 57 | 58 | 59 | 60 |
| ① | ② | ② | ② | ① | ③ | ④ | ③ | ④ | ① | ③ | ④ | ① | ④ | ② | ④ | ② | ③ | ③ | ③ |
| 61 | 62 | 63 | 64 | 65 | 66 | 67 | 68 | 69 | 70 | 71 | 72 | 73 | 74 | 75 | 76 | 77 | 78 | 79 | 80 |
| ③ | ② | ③ | ② | ② | ② | ① | ④ | ④ | ② | ① | ② | ② | ④ | ② | ④ | ② | ④ | ② | ② |
| 81 | 82 | 83 | 84 | 85 | 86 | 87 | 88 | 89 | 90 | 91 | 92 | 93 | 94 | 95 | 96 | 97 | 98 | 99 | 100 |
| ② | ① | ③ | ③ | ① | ④ | ① | ① | ② | ② | ② | ② | ④ | ④ | ② | ④ | ② | ② | ② | ③ |

**01** ① 주로 2국면을 사용한다.
③ 케인즈학파(Keynesian)는 투자 및 내구소비재에 대한 불안정한 지출이 경기순환의 주 원인이라고 한다.
④ 경제변수들이 상호간 안정적인 관계를 가지고 일정한 방향으로 함께 움직이는 특성을 공행성이라고 하며, 경기전환점과 시차분석을 통해서 측정된다. 지속성이란 독립투자가 증가하면 이에 따라 생산 및 소득이 증가하고 이는 추가적인 투자를 유발하면서 경기상승이 한동안 지속된다는 뜻이다.

**02** L > Lf > M2 > M1이다.

**03** 루카스비판을 말하는데 새고전학파의 경기변동이론(균형경기변동이론)에 해당한다.

**04** 경기확산지수(DI)는 경기종합지수(CI)와는 달리 경기변동의 진폭이나 속도는 측정하지 않고 변화방향만을 파악한다.

**05** 기업가의 심리적 변화에 기반하여 경기를 예측하는 것이기 때문에 단기적인 경기예측수단으로 사용된다(중장기적으로 사용하기에는 곤란함).

**06** 차례대로 상승 − 소득효과이다. 그리고 화폐공급의 증가로 인플레이션이 발생하면 피셔 방정식에 의해 명목금리가 상승하는 효과를 피셔효과(Fisher Effect)라고 한다.

**07** 배당금(D)이 아니라 배당성향(1− f)이다.
∴ PER $= \dfrac{1-f}{k-g}$

**08** 미수수익, 선급비용, 선급금, 원재료, 미수금은 자산계정이며, 선수금, 선수수익, 예수금은 부채계정이다. 그리고 배당건설이자는 자본조정항목이다.

**09** 할인율(요구수익률) = 무위험수익률 + 위험프리미엄이므로, 3% + (8% − 3%) × 0.7 = 6.5%

**10** 요구수익률(k) = 배당수익률(D/P) + 배당성장률(g)
1) 배당수익률 = 주당배당금 / 주가
 = 2,000 / 50,000 = 0.04
 • 주당배당금 = 20억원 / 100만주 = 2,000원
2) 배당성장률(g) = 유보율 × 자기자본이익률
 = (1 − 배당성향) × 0.1 = 0.8 × 0.1 = 0.08
 • 자기자본이익률 = 100억원 / 1,000억원 = 0.1
 • 배당성향 = 20억원 / 100억원 = 0.2
 (∴) 요구수익률 = 0.04 + 0.08 = 12%

**11** 성장률 = 유보율 × ROE(자기자본이익률)이므로, $0.08 = (1 - 0.45) \times$ ROE에서, $0.08 / 0.55 = 14.5\%$

**12** 공포국면에 해당하는 내용이다.

**13** 충격파동(Impulse Wave)과 조정파동(Corrective Wave)을 구분하는 것은 상승과 하락이 아니라 Main과 Sub로 구분한다. 즉 주파동에 대한 되돌림파동을 조정파동이라 하는데 하락3파에서는 하락이 주파동이므로 a와 c파동이 충격파동이고 잠시 반등하는 b파동은 조정파동이 된다.

**14** 적삼병은 바닥권에서, 흑삼병은 천정권에서 나타나야 의미가 있다.

**15** ① 반대이다. 즉 OBV를 보완하는 것이 VR이며, ADL을 보완하는 것이 ADR이다.
② 볼린저밴드이다.
④ %K와 %D가 교차한다고 해도 무조건 매매신호가 되는 것은 아니다(과매수권이나 과매도권에서 교차할 때만 거래신호로 판단한다).

**16** 간접발행 중 총액인수제도를 말한다.
① 추상적인 시장이다.
② 유통시장의 기능을 말한다.
③ 모집이다.

**17** 차례대로 '15일 - 50억원 - 15% - 30일'이다.

**18** ②의 규정은 시가가 액면가액 이상일 경우에 한해서 적용된다.

**19** ③은 우회상장을 말한다.
※ 재상장 : 상장폐지일로부터 5년이 경과한 법인, 주권상장법인 간 분할·분할합병에 의해서 설립된 법인이 상장신청 시 재상장절차를 거친다.

**20** '또는'이 아니라 '그리고'이다. 예를 들어 매출액 및 시가총액 기준의 경우, '최근 사업연도 매출액이 1,000억원 이상 & 기준시가총액 2,000억원 이상'의 요건을 충족해야 한다.

**21** 증권신고서, 투자설명서, 증권발행실적보고서는 발행시장 공시로서 부정기적으로 공시가 필요할 때마다 공시하여야 한다.

**22** 6월 30일이 결산일이자 배당기준일이다. 배당기준일에 보유상태가 되기 위해서는 6월 28일까지 매수하거나 보유해야만 한다(∵ 주식은 T + 2일 결제이므로). 그리고 배당락은 배당기준일 하루 전인 6월 29일에 이루어진다.

**23** 위탁증거금은 회원이 고객(투자자)으로부터 증권의 매매거래를 수탁하는 경우, 해당 위탁자의 결제이행을 담보하기 위해 징수하는 현금 또는 증권을 말하므로 거래소와 무관하다.

**24** '상장신청사접협의 → 상장예비심사신청서 제출 → 상장예비심사결과통지 → 증권신고서 제출(공모) → 신규상장'이다.

**25** 상장폐지는 당해 주권상장법인의 신청에 의하는 경우도 있으나(신청폐지), 거래소의 직권(상장폐지기준)에 의해서 상장을 폐지하는 경우가 일반적이다. 주권상장법인이 상장폐지를 신청하는 경우 거래소는 상장공시위원회의 심의를 거쳐서 상장폐지 여부를 결정한다.

**26** 위탁증거금은 거래소가 아닌 회원사가 투자자에게 징수한다.

**27** 한국은행이 발행하는 통안채(통화안정증권)는 특수채로서 국가와 동일한 신용도를 제공받는다는 점에서 신용물로 분류하지 않고 별도로 분류된다.

**28** 비거주자(외국인)가 우리나라의 기획재정부 신고로 원화표시로 발행하는 채권을 아리랑본드라고 하며, 외화표시로 발행할 경우는 김치본드라고 한다. 이들은 외국채(Foregin Bond)라고 통칭한다.

**29** ㉣은 차등가격낙찰식이다(Conventional과 Dutch 방식의 혼합).

**30** 일부채권은 만기 전이라도 채권의 발행자가 원금을 상환할 수 있는 권리인 수의상환권(Call Option)이 부여되는 경우 이를 수의상환채권(Callable bond)이라고 한다. 동 지문에는 없는 조건이다.

**31** 중·단기채에서의 가격변동폭을 이용하여 매매차익을 추구하는 전략이 쇼울더효과이고 장기채에서는 가격변동폭이 작으므로 매매를 반복해서 매매차익을 추구한다는 것이 롤링효과이다. 이러한 효과는 채권의 잔존기간이 길수록 가격변동률이 체감적으로 증가한다는 것(오목한 모양)과 가장 밀접한 연관이 있다고 할 수 있다.

**32** 첫해 말 수익률 = 200 / 100 = 200%, 둘째 말 수익률 = −120 / 300 = −40%
산술평균수익률 = 1 / 2 × (200% − 40%) = 80%

**33** 중기물만을 편입하면 탄환형, 즉 불릿(bullet)형 포트폴리오가 된다.

**34** ④는 반기이다.
코넥스시장의 활성화를 위하여 기본예탁금 및 소액투자전용 계좌는 폐지하였다. 유가증권시장과 코스닥시장에서는 7가지 호가가 존재하지만 코넥스시장에서는 지정가호가와 시장가호가의 단 2가지만 존재한다.

**35** 최근 사업연도 매출액이 5억원 이상일 것(크라우딩펀딩기업은 3억원 이상)의 요건이 있어야 한다.

**36** 특수은행(산업은행, 수출입은행, 중소기업은행, 농수협중앙회) 중 산업은행은 다른 특수은행과는 달리 총자금조달 중 예금비중이 낮거나 예금통화의 신용창조기능이 낮다는 이유 등으로 편제상 예금은행이 아닌 개발금융기관으로 분류하고 있다.
① 로보어드바이저는 자동화된 투자자문 또는 투자일임서비스를 말하므로, 투자자문업 또는 투자일임업에 해당한다.
② 외국은행 국내지점은 은행에 속한다.
③ 상호저축은행의 내용이다.

**37** 신용카드(Credit Card)에 대한 설명이다.

**38** ELD와 ELS는 쿠폰(사전에 확정된 제시수익률)을 지급한다. ELF의 경우 펀드상품이므로 구조상 사전확정지급이 불가능하다.

**39** 모두 다 가능한 기초자산이다.

**40** ① 투자신탁에 투자하면 수익자, 투자회사에 투자하면 주주이다, ② MMF는 집합투자재산의 전부를 단기금융상품에 투자한다, ④ 수수료도 싸다.

**41** ISA는 납입한도 내에서 중도인출은 가능하지만 인출한 금액만큼 한도가 되살아나는 것은 아니다. 즉, 납입금 한도 내에서 횟수 제한 없이 중도인출할 수 있다.
② ISA 가입은 만 19세 이상(근로소득자는 만 15세 이상)의 거주자이어야 한다.
③ 의무가입기간은 3년이다. 당해 연도에 불입하지 못한 금액은 이월하여 추가 납입가능하다.
④ 비과세 한도 초과분에 대하여 분리과세(9.9%)를 적용한다.

**42** 리버스컨버터블(RC)형은 채권 + 외가격 put option 매도로 구성된다. 매도를 하여야만 옵션프리미엄의 수입으로 투자수익률을 높일 수 있다.

**43** 자산집단의 독립성을 말한다. 자산집단의 두 가지 요건은,
㉠ 분산가능성(Diversification) − 충분히 많은 개별증권이 있어서 분산투자가 가능해야 한다.
㉡ 독립성(Degree of Independence) − 상관관계가 충분히 낮아서 분산투자 시 위험감소 효과가 충분히 발휘될 수 있어야 한다.

**44** 1) 지배원리에 의해 효율적인 증권을 찾는다.
→ X, Y, R
2) 무차별곡선과의 접점에서 최적증권이 결정되는데 보수적인 투자자의 경우는 무차별곡선의 기울기가 가장 가파르다. 따라서 그 접점은 Y가 될 것이다. 즉 Y가 최적증권이다. 만일 공격적인 투자자라면 X가 최적증권이 된다.

**45** 1기간의 수익률은 100%, 2기간의 수익률은 −50%이다. 따라서,
- 산술평균수익률(ARR)
  $\Rightarrow (100\% - 50\%) / 2 = 25\%$
- 기하평균수익률(GRR)
  $\Rightarrow (1+_0R_2)^2 = (1+1)(1-0.5),$
  $1+_0R_2 = \sqrt{1}, \ _0R_2 = \sqrt{1}-1 = 0\%$

**시사점**
1) 언제나 산술평균은 기하평균보다 크다.
2) 중도현금이 재투자되는 경우, 기하평균이 합리적이다(대부분의 금융투자상품).

**46** 파리협정(Paris Agreement)은 2020년 만료된 (일본)교토의정서를 대체하여 기후변화 대응을 위해 2015년 출범한 기후변화협약이다. 선진국 중심체제를 넘어 지구촌 모든 국가가 참여하는 보편적 기후변화 체제를 마련하여 지구의 평균 온도 상승을 2℃ 이하로 유지하고, 1.5℃ 이하로 제한하기 위해 노력해야 함을 최초로 명시하였다.

**47** 시장가치접근방법은 전략적 자산배분이며 나머지는 전술적 자산배분의 실행도구이다. (p.442 더알아보기 참조)

**48** ③은 블랙리터만 모형(균형기대수익률 이용)의 한계점이다.

**49** 영업점 이외의 장소에서 계약체결을 권유한 후 투자자가 영업점을 내방하여 계약을 체결한 경우에도 방문판매 규제가 적용된다.

**50** 이자율(금리)스왑, 통화스왑은 장외파생상품이다. 한국거래소의 통화선물(Futures)에는 달러선물, 엔화선물, 유로선물, 위안화선물의 4가지가 있다.

**51** 해당계약 체결일로부터 5년 이내 범위의 기간 내에 해지요구가 가능하되, 금융소비자가 위법사실을 인지한 경우에는 위법사실을 안 날로부터 1년 이내의 기간 내에 해지를 요구할 수 있다.
5대 판매규제(적합성의 원칙, 적정성의 원칙, 설명의무, 불공정영업행위금지, 부당권유행위금지)를 위반하여 계약을 체결한 경우에는 위법계약해지를 요청할 수 있다(광고규제 위반은 제외된다).

**52** 정체된 시장(인구 감소 등 시장규모의 축소 등)으로 인한 시장 확대의 둔화로 매스마케팅이나 타킷마케팅의 한계가 존재하기 때문이다.

**53** 부메랑법이다.

**54** 부패인식지수(CPI : Corruption Perception Index)는 해당 국가 공공부문의 부패인식과 전문가 및 기업인 등의 견해를 반영해 사회전반의 부패인식을 조사한 것으로, 점수가 낮을수록 부패정도가 심한 것이다. 2012년부터 조사방법론이 바뀌었기 때문에 점수보다는 순위의 변동추이를 살펴보아야 한다.
※ 우리나라는 아직도 경제규모에 비해 윤리수준이 낮게 평가됨으로써 국제신인도와 국제경쟁력에 부정정인 영향을 미치고 있다.

**55** ㉠ 신임의무(Fiduciary Duty)는 위임자(고객)의 신임을 받는 수임자(금융투자업자)로서 당연히 가지는 의무인데, 이는 법제화된 의무가 아니라 개념상의 의무이다.
㉡ 선관주의 의무 또한 개념상의 의무로 신임의무와 동일시된다(cf 충실의무 : 고객이익을 우선해야 하는 의무로 개념상 신임의무와 선관주의 의무와 크게 다르지 않으며, 역시 법제화된 의무가 아닌 개념상의 의무라고 할 수 있다).

**56** 대리인문제(Agency Problem)는 금융회사와 금융소비자 간의 이해상충이 아니라, 오너와 전문경영인 간의 이해상충에 해당된다.

**57** 내부고발제도

　① 회사는 내부통제의 효율적 운영을 위하여 내부고발제도를 운영하여야 하며, 이에 필요한 세부운영지침을 정할 수 있다.

　② 내부고발제도에는 내부고발자에 대한 비밀보장, 불이익 금지 등 내부고발자 보호와 회사에 중대한 영향을 미칠 수 있는 위법·부당한 행위를 인지하고도 회사에 제보하지 않는 미고발자에 대한 불이익 부과 등에 관한 사항이 포함되어야 한다.

　③ 내부고발자가 고발행위를 이유로 인사상 불이익을 받은 것으로 인정되는 경우 준법감시인은 회사에 대해 시정을 요구할 수 있으며, 회사는 정당한 사유가 없는 한 이에 응하여야 한다.

　④ 준법감시인(또는 감사)은 내부고발 우수자를 선정하여 인사상 또는 금전적 혜택을 부여하도록 회사에 요청할 수 있다. 다만, 내부고발자가 원하지 아니하는 경우에는 그러하지 아니한다.

대외활동

임직원이 외부강연이나 기고, 언론매체 접촉, Social Network Service(SNS) 등 전자통신수단을 이용한 대외활동을 하는 경우 다음 각 호의 사항을 준수하여야 한다.

1. 회사의 공식의견이 아닌 경우 사견임을 명백히 표현하여야 한다.

2. 대외활동으로 인하여 회사의 주된 업무 수행에 지장을 주어서는 아니 된다.

3. 대외활동으로 인하여 금전적인 보상을 받게 되는 경우 회사에 신고하여야 한다.

4. 공정한 시장질서를 유지하고 건전한 투자문화 조성을 위해 최대한 노력하여야 한다.

5. 불확실한 사항을 단정적으로 표현하거나 다른 금융투자회사를 비방하여서는 아니 된다.

**58** ① 상품개발 단계, ② 상품판매이전 단계, ③ 상품판매 단계, ④ 상품판매이후 단계

**59** 금융투자업종사자와 금융소비자 간의 정보비대칭이 존재하기 때문에 설명의무를 부과한다.

**60** 예외로 허용되는 것은 ①·②·④이며, ③은 손실보전의 금지조항에 해당된다.

　투자자에게 일정한 이익을 사전에 약속하거나 사후에 보장하는 행위 등은 그 주체가 회사든, 임직원이든 모두 금지된다.

**61** 문화활동을 할 수 있는 해당 용도로만 정해진(사실상 현금화할 수 없는) 문화상품권 제공은 부당한 재산상의 이익의 제공에 해당하지 아니한다.

　[참고] 다음 어느 하나에 해당하는 경우에는 재산상 이익으로 보지 아니한다(금융투자회사의 영업 및 업무에 관한 규정 제2-6조).

・금융투자상품에 대한 가치분석·매매정보 또는 주문의 집행 등을 위하여 자체적으로 개발한 소프트웨어 및 해당 소프트웨어의 활용에 불가피한 컴퓨터 등 전산기기

・금융투자회사가 자체적으로 작성한 조사분석자료

・경제적 가치가 3만원 이하인 물품·식사·신유형상품권(공정거래위원회의 신유형상품권 표준약관에 따른 물품제공형 신유형상품권을 말한다)·거래실적에 연동되어 거래상대방에게 차별 없이 지급되는 포인트·마일리지

・20만원 이하의 경조비 및 조화·화환

・국내에서 불특정 다수를 대상으로 하여 개최되는 세미나 또는 설명회로서 1인당 재산상 이익의 제공금액을 산정하기 곤란한 경우 그 비용. 이 경우 대표이사 또는 준법감시인은 그 비용의 적정성 등을 사전에 확인하여야 한다.

**62** 영업점장이 아닌 책임자급이어야 한다. 다만, 당해 영업점의 직원 수가 적어 영업점장을 제외한 책임자급이 없는 경우에는 그러하지 아니하다.

**63** 신용카드번호는 개인정보가 아닌 금융식별정보이다.

**64** CDD에서는 '고객의 신원정보(이름, 실명번호, 주소, 연락처 등) + 실제당사자 여부'를 확인하며, EDD(Enhanced Due Diligence)에서는 CDD의 확인사항에 추가하여 '금융거래의 목적 + 자금의 원천'을 확인한다.

**65** '1,000만원, 1,000만원, 1만불'이다.

**66** 신주인수권증서는 금융투자상품이다.

**67** Dealing과 Underwriting은 투자매매업, Brokerage는 투자중개업이다. 즉 과거기준의 증권회사는 '투자매매업·투자중개업을 같이 영위하는 회사'를 말한다(현재도 가장 일반적인 형태라고 할 수 있음).

**68** 총위험액은 시장위험, 신용위험, 운영위험으로 나눈다. 시장위험에는 주식위험, 금리위험, 외환위험, 집합투자증권등위험, 일반상품위험, 옵션위험이 있다.

**69** 온라인소액투자중개업자는 '누구의 명의로 하든지 타인의 계산으로 채무증권, 지분증권, 투자계약증권의 모집 또는 사모에 의한 중개를 영업으로 하는 투자중개업자'를 말한다.

**70** 경영권 영향 목적이 아닌 '일반투자목적'이란 경영권 영향목적은 없으나 지배구조개선 등의 적극적인 주주활동(스튜어드십 코드)의 경우를 말하며 '단순투자목적'(신주인수권, 이익배당청구권 등)과 구분한다.

**71** 사전에 알리되 알리는 방법상의 제한은 없다.

**72** 동일인이 양쪽에 동시에 출자하고 있는 경우에는 '100분의 5 이상'을 요건으로 한다.

**73** ①·②·③은 사유발생 시 바로 철회가 가능하나, ④는 공개매수신고서에 철회조건으로 명시되어야만 철회가 가능하다(공개매수대상회사에서 발생한 사유로써 합병, 어음부도 등).

**74** 전부매수 의무란 신고한 수량을 모두 매수하면 되는 것이다. 응모주식이 더 많은 경우는 안분 비례로 매수하면 된다.

**75** 내부자정보(또는 미공개 중요정보)의 이용여부와 관계없이 반환해야 한다.

**76** 미공개 중요정보의 적용대상 증권은 의결권 여부를 따지지 않고, 시세차익을 얻을 수 있는 증권이면 모두 포함된다(공개매수대상 적용과 차이가 있음에 유의).

**77** 고정 이하(정상, 요주의, 고정) 자산에 대해서는 적정회수예상가액을 산정해야 하고, 나머지 '회수의문, 추정손실' 자산에 대해서는 조기에 상각하여 자산의 건전성을 확보해야 한다.

**78** $$순자본비율 = \frac{영업용순자본 - 총위험액}{필요유지자기자본} \times 100$$

① 주식발행초과금의 유입은 자본잉여금이 증가하므로 영업용순자본이 증가한다. 즉 순자본비율이 증가한다.

② 후순위채권은 청산 시 주식에 준해 취급되므로 자본을 보완하는 기능이 있다. 즉 후순위채권발행(후순위차입금)은 영업용순자본(NCR)의 가산항목에 들어간다. 그런데 NCR을 감소시키므로 순자본비율이 하락한다.

③ 시장위험액이 감소하면 총위험액이 감소하여 순자본비율이 상승한다.

④ 운영위험액이 감소하면 총위험액이 감소하여 순자본비율이 상승한다.

**79** ㉠·㉡은 경영개선 권고조치, ㉢·㉣·㉤은 요구조치, ㉥은 명령조치이다. 이 부분은 암기가 어려우나 단계적으로 이해하는 것이 최선이다. 예를 들어, '점포관리의 효율화(권고) – 점포폐쇄(요구) – 영업양도(명령)'의 식으로 이해할 수 있다. 단, 부실자산처분은 요구가 아닌 권고단계임에 주의한다.

**80** 2주, 2주, 7(일)이다. 단, 금융투자업자가 제3자에게 업무를 위탁하는 경우 그 업무가 본질적 업무가 아닌 경우에는 (중요도가 약하므로) 업무수행일로부터 14일 이내에 (사후)보고한다.
(※ 출제빈도가 높으므로 잘 암기하여야 함)

**81** 금융사고의 경우 2%이다.
※ '10%(부실채권발생) – 2%(금융사고로 인한 손실) – 1%(민사소송패소로 인한 손실)'이다.

**82** 일반 규제에는 신의성실의무, 투자자 이익을 해치면서 자기 또는 제3자의 이익도모금지, 직무관련 정보 이용 금지, 선관주의의무 등이 있다. 이 중 선관주의의무는 자산관리업자(집합투자업, 신탁업, 투자자문 및 일임업)에게만 적용된다.

**83** 채권과 주식의 평가방법이 다름에 주의(상장채권 및 공모파생결합증권은 '둘 이상의 채권 평가회사가 제공하는 가격정보를 기초로 증권회사가 산정한 가격')한다.

**84** 상장주권은 전매가능성이 있다고 간주하여 간주모집이 되는데 코넥스시장은 제외된다.

**85** 재판상 화해의 효력을 발생시키는 분쟁조정기구를 묻는 것이다(㉠은 재판상 화해, ㉡, ㉢은 민법상 화해의 효력).

**86** 1시간 이상의 파생상품교육과정(협회 또는 금융투자회사가 개설하여 운영)과 3시간 이상의 파생상품 모의거래과정(한국거래소가 개설 운영하는 과정과 한국거래소가 인증한 금융투자회사의 과정)을 사전에 이수하고 기본예탁금을 예탁하여야만 거래할 수 있다.

**87** 보기는 상대적 전문투자자인 '주권상장법인 등'을 의미한다. 나머지는 절대적 전문투자자로서 일반투자자로 전환이 불가하다.

**88** 5% 이상 보유법인에 대해서는 조사분석자료의 공표가 불가하다(1% 이상의 지분보유법인에 대해서는 이해관계 명시 후 공표가 가능함).
②・③은 조건부 공표가 가능한 경우이며, ④의 경우 그 자체로는 공표가 불가하나 투자등급을 하향하는 경우는 예외적으로 가능하다.

**89** 판매회사의 명칭을 사용할 수 없다.

**90** 상법 제290조(변태설립사항/상대적 기재사항)에 의하면 정관에 기재함으로써 그 효력이 발생하는 것은 발기인이 받을 특별이익과 이를 받을 자의 성명, 현물출자를 하는 자의 성명과 그 목적인 재산의 종류, 수량, 가격과 이에 대하여 부여할 주식의 종류와 수, 회사성립 후에 양수할 것을 약정한 재산의 종류, 수량, 가격과 그 양도인의 성명, 회사가 부담할 설립비용과 발기인이 받을 보수액 등이다.

**91** 신주발행유지권은 '공익권-단독주주권'이다.

**92** 질권은 재산권의 행사만을 제한하는 것이므로 약식질, 등록질의 구분에 관계없이 의결권은 질권자(채권자)가 아닌 주주(채무자)가 행사한다.

**93** 상장회사의 경우 감사위원회위원을 선임하거나 해임하는 권한은 주주총회에 있으며 감사위원회 설치 의무가 있는 상장회사의 경우 주주총회에서 이사를 선임한 후 선임된 이사 중에서 감사위원회 임원을 선임하여야 한다.

**94** ① 95%(지배주주의 매도청구를 말함) ② 자사주 소각은 주금액은 변화없이 주식수만 감소함 ③ 1/2까지

**95** 회사는 정관으로도 대리인에 의한 의결권의 행사를 금지할 수 없다. 주주는 대리인으로 하여금 그 의결권을 행사하게 할 수 있다. 이 경우에는 그 대리인은 대리권을 증명하는 서면을 총회에 제출하여야 한다.

**96** 납세의무자가 담세자로 직접 세금을 내는 조세를 직접세라 하며, 소득이나 재산을 과세물건으로 하는 소득세・법인세・상속세와 증여세・종합부동산세 등이 직접세에 해당된다.

**97** 5년이 원칙이지만, 5억원 이상의 국세채권에 대해서는 10년이 적용된다.

**98** 확정된 납세의무는 다음의 경우에 소멸한다.
1. 납부・충당(국세환급금을 납부할 국세 등과 상계시키는 것)되거나 부과가 취소된 때
2. 국세부과의 제척기간(除斥期間)이 만료된 때
3. 국세징수권의 소멸시효(消滅時效)가 완성한 때

**99** 퇴직소득과 양도소득이다.

**100** 날로부터 → 날이 속한 달의 말일로부터. 참고로 상속세의 경우 상속인이 국내거주 시는 6개월, 국외거주 시는 9개월이 적용된다.

합 격 의
공 식
SD에듀
S D E D U

당신이 저지를 수 있는 가장 큰 실수는
실수를 할까 두려워하는 것이다.

- 앨버트 하버드 -

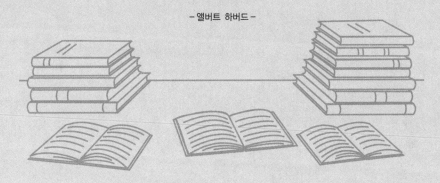

## 2024~2025 SD에듀 증권투자권유자문인력 한권으로 끝내기

| | |
|---|---|
| **개정11판1쇄 발행** | 2024년 03월 05일 (인쇄 2024년 02월 26일) |
| **초 판 발 행** | 2015년 04월 10일 (인쇄 2015년 03월 11일) |
| **발 행 인** | 박영일 |
| **책 임 편 집** | 이해욱 |
| **편 저** | 유창호 · 강성국 |
| **편 집 진 행** | 김준일 · 김은영 · 이보영 |
| **표지디자인** | 하연주 |
| **편집디자인** | 하한우 · 김기화 |
| **발 행 처** | (주)시대고시기획 |
| **출 판 등 록** | 제10-1521호 |
| **주 소** | 서울시 마포구 큰우물로 75 [도화동 538 성지 B/D] 9F |
| **전 화** | 1600-3600 |
| **팩 스** | 02-701-8823 |
| **홈 페 이 지** | www.sdedu.co.kr |
| **I S B N** | 979-11-383-6792-9 (13320) |
| **정 가** | 30,000원 |

# S/D/에/듀
# 금융시리즈

**SD에듀 금융, 경제·경영과 함께라면
쉽고 빠르게 단기 합격!**

| | | |
|---|---|---|
| **금융투자협회** | 펀드투자권유대행인 한권으로 끝내기 | 18,000원 |
| | 펀드투자권유대행인 핵심유형 총정리 | 24,000원 |
| | 펀드투자권유대행인 출제동형 100문항 + 모의고사 3회분 + 특별부록 PASSCODE | 18,000원 |
| | 증권투자권유대행인 한권으로 끝내기 | 18,000원 |
| | 증권투자권유대행인 출제동형 100문항 + 모의고사 3회분 + 특별부록 PASSCODE | 18,000원 |
| | 펀드투자권유자문인력 한권으로 끝내기 | 29,000원 |
| | 펀드투자권유자문인력 실제유형 모의고사 4회분 + 특별부록 PASSCODE | 21,000원 |
| | 증권투자권유자문인력 한권으로 끝내기 | 30,000원 |
| | 파생상품투자권유자문인력 한권으로 끝내기 | 29,000원 |
| | 투자자산운용사 한권으로 끝내기(전2권) | 35,000원 |
| | 투자자산운용사 실제유형 모의고사 + 특별부록 PASSCODE | 49,000원 |
| **금융연수원** | 신용분석사 1부 한권으로 끝내기 + 무료동영상 | 24,000원 |
| | 신용분석사 2부 한권으로 끝내기 + 무료동영상 | 24,000원 |
| | 은행FP 자산관리사 1부 한권으로 끝내기 | 20,000원 |
| | 은행FP 자산관리사 1부 출제동형 100문항 + 모의고사 3회분 + 특별부록 PASSCODE | 17,000원 |
| | 은행FP 자산관리사 2부 한권으로 끝내기 | 20,000원 |
| | 은행FP 자산관리사 2부 출제동형 100문항 + 모의고사 3회분 + 특별부록 PASSCODE | 17,000원 |
| | 은행텔러 한권으로 끝내기 | 23,000원 |
| | 한승연의 외환전문역 Ⅰ종 한권으로 끝내기 + 무료동영상 | 25,000원 |
| | 한승연의 외환전문역 Ⅰ종 실제유형 모의고사 4회분 PASSCODE | 20,000원 |
| | 한승연의 외환전문역 Ⅱ종 한권으로 끝내기 + 무료동영상 | 25,000원 |
| **기술보증기금** | 기술신용평가사 3급 한권으로 끝내기 | 31,000원 |
| | 기술신용평가사 3급 최종모의고사 4회분 | 15,000원 |
| **매일경제신문사** | 매경TEST 실전단기완성 필수이론 + 출제예상문제 + 히든노트 | 30,000원 |
| | 매경TEST 600점 뛰어넘기 | 23,000원 |
| **한국경제신문사** | TESAT 한권으로 끝내기 | 28,000원 |
| | TESAT(테셋) 초단기완성 | 23,000원 |
| **신용회복위원회** | 신용상담사 한권으로 끝내기 | 27,000원 |
| **생명보험협회** | 변액보험판매관리사 한권으로 끝내기 | 18,000원 |
| **한국정보통신진흥협회** | SNS광고마케터 1급 7일 단기완성 | 19,000원 |
| | 검색광고마케터 1급 7일 단기완성 | 20,000원 |

※ 도서의 제목 및 가격은 변동될 수 있습니다.

# SD에듀 금융자격증 시리즈

SD에듀 금융자격증 도서 시리즈는 짧은 시간 안에 넓은 시험범위를 가장 효율적으로
학습할 수 있도록 구성하여 시험장을 나올 그 순간까지 독자님들의 합격을 도와드립니다.

## 투자자산운용사
한권으로 끝내기 &
실제유형 모의고사 + 특별부록 PASSCODE

## 펀드투자권유자문인력
한권으로 끝내기 &
실제유형 모의고사 PASSCODE

## 매경TEST & TESAT
단기완성 & 한권으로 끝내기

매회 최신시험 출제경향을 완벽하게
반영한 종합본과 모의고사!

단기합격을 위한 이론부터 실전까지
완벽하게 끝내는 종합본과 모의고사!

단순 암기보다는 기본에 충실하자!
자기주도 학습형 종합서!